ADMINISTRAÇÃO
Uma perspectiva global e empresarial

ADMINISTRAÇÃO
Uma perspectiva global e empresarial

Décima terceira edição

Harold Koontz
University of California, Los Angeles

Heinz Weihrich
University of San Francisco

Mark Cannice
University of San Francisco

Tradução
Miguel Cabrera
Fátima Murad

Revisão Técnica

Moises Ari Zilber

Doutor em Administração pela USP
Professor do Programa de Doutorado em Administração da Universidade Presbiteriana Mackenzie

Nivaldo Pilão

Doutor em Engenharia pela POLI – USP
Mestre em Administração pela EAESP – FGV
Professor da Graduação e Pós-Graduação da EAESP – FGV
Coordenador de Administração da FACAMP

Maurício Sanches

Administrador e Mestre pela EAESP – FGV
Professor da Graduação e Coordenador-Adjunto do curso de Administração da FACAMP

McGraw Hill

Bangcoc Bogotá Beijing Caracas Cidade do México Cingapura Lisboa Londres
Madri Milão Montreal Nova Delhi Santiago São Paulo Seul Sydney Taipé Toronto

The McGraw·Hill Companies

Administração – uma perspectiva global e empresarial
13ª edição
ISBN 978-85-7726-065-2

Av. Brigadeiro Faria Lima, 201 – 17º andar
São Paulo – SP – CEP 05426-100

Prol. Paseo de la Reforma 1015 Torre A Piso 17, Col. Desarrollo Santa Fe, Delegación Álvaro Obregón
México 01376, D. F., México

Tradução da décima terceira edição em espanhol de *Administración – una perspectiva global y empresarial*

ISBN da obra original: 978-970-10-6524-2

Coordenadora editorial: *Guacira Simonelli*
Editora de desenvolvimento: *Alessandra Borges*
Produção editorial: *Josie Rogero*
Preparação de texto: *Arlete Souza e Gisélia Costa*
Supervisora de pré-impressão: *Natália Toshiyuki*
Capa: *megaart design*
Diagramação: *Casa de Idéias*

Dados Internacionais de Catalogação na Publicação (CIP)
(Câmara Brasileira do Livro, SP, Brasil)

Koontz, Harold
Administração : uma perspectiva global e empresarial / Harold Koontz, Heinz Weihrich, Mark Cannice ; tradução Miguel Cabrera, Fátima Murad ; revisão técnica Moises Ari Zilber, Nivaldo Pilão, Maurício Sanches. – São Paulo : McGraw-Hill, 2009.

Título original: Administración : una perspectiva global y empresarial.
13. ed. americana.
ISBN 978-85-7726-065-2

1. Administração 2. Administração de empresas I. Weihrich, Heinz. II. Cannice, Mark. III. Zilber, Moises Ari. IV. Pilão, Nivaldo. V. Sanches, Maurício. VI. Título.

09-01162 CDD-658

Índice para catálogo sistemático:

1. Administração 658

Dedicatória

Em memória de Harold Koontz, pioneiro na educação administrativa
que "desemaranhou o nó da teoria administrativa" ao organizar
o conhecimento gerencial segundo as funções administrativas,
o marco utilizado nos livros-texto populares de hoje.

Para minha esposa Ursula.

Heinz Weihrich

Para minha esposa Gay
e meus filhos, Jack, James e Joseph.

Mark Cannice

Sumário

Sobre os autores

Harold Koontz†

Foi um ativo administrador de empresas e funcionário do governo dos Estados Unidos. Também foi professor universitário, presidente e diretor de diversos conselhos de companhias importantes, consultor administrativo e palestrante internacional e autor de inúmeros livros e artigos. A partir de 1950, dedicou-se à cátedra em administração. Em 1962, ingressou na University of California, Los Angeles, como titular da cátedra Mead Johnson. De 1979 até 1982 foi chanceler mundial da International Academy of Management. Foi autor ou coautor de 19 obras e mais de 90 artigos em publicações especializadas. Suas principais obras, *Administração – uma perspectiva global e empresarial*, em sua décima 13ª, e *Principios de administración* (7ª edição, McGraw-Hill), foram traduzidas para 16 idiomas. Outra obra sua, *Board of diretors and effective management*, recebeu, em 1968, o Academy of Management Book Award.

Depois de fazer doutorado em Yale, o professor Koontz foi assistente do conselho de fideicomissários da New Haven Railroad, diretor da Divisão de Tráfego da War Production Board, assistente do vice-presidente da Association of American Railroads, assistente do presidente do TransWorld Airlines e diretor de vendas da Convair. Atuou como consultor de administração para as empresas: Hughes Tool Company, Hughes Aircraft Company, Purex Corporation, KLM Royal Dutch Airlines, Metropolitan Life Insurance Company, Occidental Petroleum Corporation e General Telephone Company, entre outras. Entre as honras que recebeu está sua escolha como membro da American Academy of Management e da International Academy of Management. Recebeu o Mead Johnson Award em 1962, e o Society for Advancement of Management Taylor Key

Award, em 1974. Além disso, sua biografia foi incluída nas publicações *Who's Who in America, Who's Who in Finance and Industry* e *Who's Who in the World*. Harold Koontz faleceu em 1984.

Heinz Weihrich

É professor de administração global e ciências do comportamento na University of San Francisco (USF). Fez doutorado na University of California em Los Angeles (Ucla) e atuou como professor convidado na University of California em Berkeley e na Harvard Business School. Seus campos de estudo são a administração, a administração internacional e as ciências do comportamento. O Dr. Weihrich lecionou na Arizona State University, na Ucla e em diferentes países como Áustria, China (Pequim e Xangai), Egito, França, Alemanha, Hong Kong, Jamaica, Kuwait, Malásia, México, Cingapura, Suíça e Taiwan. Também é membro da Gradue School of Business de Zurique, na Suíça, e da China European International Business School (Ceibs), em Xangai, República Popular da China.

Publicou mais de 60 livros, considerando suas diversas edições e traduções. É coautor do clássico *Administração – uma perspectiva global e empresarial* (13ª edição, McGraw-Hill Interamericana), que foi traduzido para 16 idiomas e foi um sucesso da literatura sobre administração durante 10 anos, e é autor de *Elementos de administración* (7ª edição, McGraw-Hill), também traduzido para diversos idiomas, ambos os títulos escritos originalmente por Harold Koontz e Cyril O'Donnell, de quem recebeu a incumbência de continuar a escrevê-los. Outro livro escrito junto com Koontz, *Management excellence-productivity through MBO*, também foi traduzido para o chinês, alemão, grego, italiano, japonês e espanhol. Foram publicados cerca de 100 de seus artigos em diferentes publicações especializadas de vários países, como *Human Resource Planning, Journal of Systems Management, Management International Review, Long Range Planning, European Business Review* e *The Academy of Management Executive*. Ultimamente concentrou-se em estudar a melhoria da competitividade global das empresas e nações, a administração estratégica, a excelência administrativa, a liderança global e a administração da qualidade total.

Além de continuar com suas atividades acadêmicas, Weihrich realiza consultoria administrativa e desenvolvimento organizacional e executivo nos Estados Unidos, Europa, África e Ásia. Em suas experiências de consultoria, administrativas e docentes, trabalhou com a Eastman Kodak, Volkswagen, Hughes Aircraft, ABB (Suíça), Mercedes-Benz, China Resources Co., Guangdong Enterprises (China) e Institute Pembangunan Keusahawanan (Malásia). Realizou palestras sobre administração nos Estados Unidos, Europa, Ásia e México. Foi membro eleito da International Academy of Management, a mais alta honraria outorgada pelo movimento de administração internacional. Além disso, sua biografia foi incluída em *International Businessmen's Who's Who, Men of Achievement, Dictionary of International Biography, International Leaders in Achievement, Who's Who in California, Who's Who in American Education, Marquis' Who is Who in the West, Who's Who in America* e *Who's Who in the World*.

Mark V. Cannice, Ph.D.

Obteve sua licenciatura na Academia Naval dos Estados Unidos, cursou mestrado na USF e pós-graduação e doutorado na Escola de Negócios Kelley da Indiana University. É professor associado de Iniciativa Empresarial na Escola de Negócios e Administração da University of San Francisco (USF) e fundador e diretor executivo do Programa de Iniciativa Empresarial (classificado entre os 25 melhores programas de iniciativa empresarial pela *Princeton Review* e *Entrepreneur Magazine 2006* dos Estados Unidos). Também fundou e dirige o Concurso Internacional de Plano de Negócios (http://www.BusinessPlanCompetition.org) e o Concurso Internacional de Plano de Negócios da Hong Kong University (http://www.ChinaBusinessPlanCompetition.com), ambos considerados entre os mais importantes do mundo. Além disso, trabalha com muitas empresas capitalistas do Vale do Silício, das quais emite um relatório trimestral sobre a confiança no ambiente empresarial de alto crescimento futuro, publicado por *Bloomberg Financial Services Network* e que chega a 200 mil organizações do mundo, e foi mencionado no CNBC TV, *Business Week* e outras publicações e mídia on-line. Também publica um relatório trimestral sobre a confiança entre as empresas capitalistas chinesas.

Publicou inúmeros artigos em diversas revistas acadêmicas e profissionais, como *Management International Review, Journal of High Technology Management Research, Thunderbird International Business Review, Ivey Business Journal, Advances in International Marketing* e *Entrepreneur Magazine*, entre outras, e apresentou os resultados de suas pesquisas em diversas palestras ao redor do mundo. É copresidente da Conferência sobre Pesquisa Empresarial Global de São Francisco-Vale do Silício, que atraiu estudantes dos seis continentes, e é cofundador e editor-chefe da *Silicon Valley Review of Global Entrepreneurship Research*. Foi assessor em educação empresarial de diversos governos da Ásia e da América Latina e professor associado visitante na Hong Kong University of Science and Technology (2006) e na Peking University (2005). Recebeu reconhecimento pela sua relevante pesquisa, ensino, serviço, vocação e apoio ao estudante da Escola de Negócios e Administração da USF. Fundou a companhia internacional Pacific Business Development, Inc. Também serviu durante nove anos como oficial de voo naval no Exército dos Estados Unidos.

Prefácio

O objetivo do livro é preparar homens e mulheres para uma carreira gerencial emocionante, desafiadora e de recompensas.

Durante muitos anos, as edições anteriores deste livro se situaram entre as de maior venda em nível mundial. As edições latino-americanas, sobretudo, foram das mais vendidas no mundo de língua hispânica durante mais de uma década. A obra teve uma orientação internacional pioneira. A décima terceira edição mantém essa tradição e, além de acrescentar muita informação nova relativa ao século XXI, também inclui a importante questão sobre espírito empreendedor. O ponto de vista empreendedor está integrado ao longo do livro.

Como o título já indica, *Administração – uma perspectiva global e empresarial* adota um ponto de vista internacional da administração. Ao mesmo tempo, compreendemos que é o espírito empresarial que impulsiona grande parte do sucesso organizacional e pessoal. A partir de nossa pesquisa, viagens e ensino em muitos países, aprendemos com estudantes, administradores e professores e ouvimos seus desafios. Em consequência, responderam utilizando o livro, que foi traduzido para 16 idiomas. A perspectiva internacional é essencial, porque as barreiras nacionais estão se dissolvendo, e novas alianças entre companhias e povos estão se formando. Nesta edição, como nas anteriores, os autores recorrem a suas experiências nos negócios e integram a teoria com a prática. Também ressaltamos agora a perspectiva empresarial do Vale do Silício no texto. A partir de nossa experiência trabalhando com muitos líderes no ecossistema empresarial do Vale do Silício, tratamos de incluir uma perspectiva inovadora à prática da administração não encontrada em outros textos sobre o assunto. Além da discussão de problemas administrativos nas Américas, dedica-se atenção a questões na União Europeia e na Ásia.

Quem se beneficiará do livro?

Todas as pessoas que trabalham nas organizações e os empresários, por poderem conhecer a administração contemporânea. Incluem-se estudantes em colégios e universidades (que um dia se unirão às organizações), aspirantes a gerentes, gerentes que querem tornar-se mais eficazes, outros profissionais que querem compreender a organização em que trabalham e empresários que precisam aprender a planejar novos negócios e comunicar aos investidores seu diferencial competitivo. Este livro é para pessoas em todo tipo de organizações, não só empresas de negócios; também é relevante para organizações como governos, prestadores de cuidados à saúde, instituições educacionais e outras empresas sem fins lucrativos.

As funções gerenciais, em essência, são as mesmas para supervisores de primeira linha, gerentes de nível médio, altos executivos e empresários. Está claro que existem consideráveis variações no ambiente, âmbito de autoridade e tipos de problemas nas diversas posições. Apesar disso, todos os administradores realizam as mesmas funções básicas para obter resultados, estabelecendo um ambiente para o desempenho eficaz e eficiente de indivíduos que trabalham em equipe.

Organização do livro

Assim como em edições anteriores, o conhecimento gerencial é classificado de acordo com as funções de planejar, organizar, integrar pessoal, liderar e controlar. Um modelo de sistemas utilizado ao longo da obra integra essas funções em um sistema; também relaciona a empresa com o ambiente externo. O ponto de vista de sistema aberto sugerido é agora mais importante do que no passado, já que o ambiente externo se tornou mais desafiador a partir da internacionalização e mais aberto à comunicação pela Internet.

A Parte 1 trata da base da teoria e da prática da administração global; também introduz o modelo de sistemas que serve como o marco do livro. Para demonstrar a perspectiva da obra, essa parte inclui capítulos sobre administração e suas relações com o ambiente externo, a responsabilidade social e a ética. Além disso, para ressaltar a orientação internacional, também há um capítulo sobre administração global, comparativa e da qualidade. As partes 2 a 6 discutem as funções gerenciais de planejar, organizar, integrar pessoal, liderar e controlar. Os princípios relevantes, ou guias, de cada função são resumidos no Apêndice A, no fim do livro.

A perspectiva empresarial e internacional da administração é destacada em cada uma das conclusões de cada parte. Especificamente, as conclusões das partes têm as seções "Enfoque internacional" e "Enfoque Empresarial", que abordam problemas importantes no ambiente empresarial do Vale do Silício, entre outros. Para exemplificar a competitividade global das companhias automobilísticas, apresentamos um caso da indústria global do automóvel nas conclusões de cada parte. Para ajudar os novos empresários, incluímos um perfil de plano de negócios no formato esperado pelos profissionais de negócios do Vale do Silício.

O que há de novo nesta edição

Além de manter o material que foi bem recebido ao longo dos anos, adicionamos muita informação nova. Por exemplo, esta edição baseia-se nas fortes características de edições anteriores, como amplitude, profundidade, uso de exemplos e casos; ao mesmo tempo, foram acrescentadas muitas ideias, técnicas e características modernas, especialmente aquelas que proporcionam uma perspectiva global da administração. A análise do espírito empresarial é visível no decorrer do livro.

Ao revisar o texto, respondemos a três influências importantes. Uma é o valioso retorno de professores, especialistas e estudantes de diversos países, que utilizaram edições passadas do livro em níveis da educação administrativa acadêmica e prática, em uma ampla variedade de universidades e empresas. Outra influência importante a qual respondemos é o grande volume de pesquisas, novas ideias e técnicas avançadas, especialmente aquelas que se aplicam à administração das ciências do comportamento, sociais e físicas, assim como da tecnologia da informação. A influência final na nova edição vem dos empresários, capitalistas de investimento e advogados que generosamente compartilharam suas experiências. O interesse está na prática gerencial baseada em uma teoria comprovada.

Mesmo não podendo citar aqui todas as mudanças, devemos mencionar o trabalho de revisão. Todos os capítulos foram atualizados. O efeito da tecnologia da informação sobre as práticas gerenciais é examinado brevemente no Capítulo 1 e com maiores detalhes no Capítulo 19. A preocupação com o meio ambiente e o estudo da ética na China são abordados no Capítulo 2. Nesse mesmo capítulo, é analisado o ecologismo da Toshiba. As perspectivas globais se estendem por toda a obra, mas são ressaltadas no Capítulo 3, que se ocupa da administração global e comparativa. São apresentadas ilustrações de práticas gerenciais na França, Alemanha, Coreia do Sul e outros países. Também se descrevem os blocos comerciais regionais e se ressalta a vantagem competitiva da Tailândia no setor das caminhonetes pick-up. As conclusões da Parte 1 se concentram na economia emergente da China e na indústria europeia do automóvel.

A Parte 2 (capítulos 4 a 6) apresenta os diversos aspectos de *planejar*. O Capítulo 5, por exemplo, contém um caso sobre as estratégias do muito bem-sucedido projeto da Shanghai Volkswagen, assim como o conceito de estratégias de oceano azul. As conclusões dessa parte destacam os problemas envolvidos com a Daimler–Chrysler.

Os diversos problemas de *organizar* são discutidos na Parte 3 (capítulos 7 a 10), focando questões como a organização "sem fronteiras" praticada pela General Electric e os problemas enfrentados pela empresa de computadores Acer, em Taiwan.

Os problemas de *integrar pessoal* são examinados na Parte 4 (capítulos 11 a 13) com uma análise da diversidade no centro de trabalho e a aprendizagem global do Wal-Mart. O Capítulo 13 apresenta a aplicação de modernas tecnologias da informação para o e-training.

A função gerencial de *liderar* é analisada na Parte 5 (capítulos 14 a 17). Foi acrescentada a teoria do estabelecimento de metas. Mais ainda, foram comparados os estilos de liderança de Bill Gates da Microsoft e Steve Jobs da Apple. A difícil decisão de Carleton Fiorina de fundir a Hewlett-Packard e a Compaq é destacada no caso do Capítulo 16.

A Parte 6 (capítulos 18 a 20), que se ocupa da função gerencial de *controlar*, agora cobre também o controle burocrático e de clã. O estudo atualizado da tecnologia da informação contém questões como Internet, groupware, segurança da informação e os emergentes da economia digital, e-commerce, e as comunicações sem fio (wireless). O último capítulo agora inclui a análise da fusão dos sistemas de produção da Daimler e da Chrysler, assim como a transformação da General Electric, de uma orientação de produtos para serviços. Foram acrescentadas a administração da cadeia de suprimentos e a administração da cadeia de valor. As conclusões dessa parte se concentram no futuro da administração global.

No fim do livro há dois apêndices. O primeiro, Apêndice A, resume os princípios ou guias das funções gerenciais de planejar, organizar, integrar pessoal, liderar e controlar. Os princípios permitem que estudantes e gerentes verifiquem se os problemas organizacionais podem ser rastreados na violação dos princípios gerenciais. O segundo, Apêndice B, é ainda mais específico, identificando áreas concretas críticas para o sucesso de gerentes e organizações. A pesquisa sobre a excelência na administração pode ser utilizada para o desenvolvimento gerencial e organizacional. O propósito de ambos os apêndices é facilitar a integração da teoria com a prática.

Orientações para o aprendizado

Para ajudar no aprendizado, cada capítulo está organizado da seguinte maneira: começa com os *objetivos* a serem alcançados depois de ler o capítulo. O texto nas margens apresenta uma panorâmica dos *pontos-chave* do capítulo. Do mesmo modo, ajuda a revisar os conceitos críticos. Nas margens também aparecem indicações de sites, oferecendo ao leitor informação adicional relacionada com a organização ou a questão em discussão. O uso das *perspectivas* internacionais e empresariais ilustra os conceitos, princípios e teorias apresentados. Cada capítulo é encerrado com um *resumo* e uma lista de *ideias e conceitos básicos*. Para relacionar essas ideias e conceitos com o mundo "real", sugerimos *exercícios e atividades*. Os leitores são encorajados também a realizar pesquisas na Internet. Um *caso* com *perguntas* encerra cada capítulo.

O que torna este livro diferente de muitos outros livros didáticos de administração é a seção de conclusões de cada uma das seis partes. Elas contêm uma discussão de *enfoque internacional* com uma questão desafiadora, uma discussão de *enfoque empresarial* atual e um *caso global da indústria do automóvel*. Esses fechamentos, junto com a discussão de problemas internacionais de administração ao longo do livro, acrescentam uma verdadeira perspectiva global e empresarial da teoria e da prática da administração.

Agradecimentos

Sentimos saudades do Dr. Harold Koontz. Em uma reunião em sua memória realizada pela Academy of Management, o professor Ronald Greenwood declarou que Harold Koontz estava muitos anos à frente de seu tempo. Na verdade, sua inspiração e guia popularizaram a classificação do conhecimento administrativo de acordo com as funções gerenciais, um marco agora utilizado em todo o mundo. Por suas contribuições à administração, preservadas em numerosos artigos e livros, atualizados continuamente, ele nunca será esquecido.

O professor Koontz e nós estamos em dívida com tantas pessoas que contribuíram com as diversas edições que um reconhecimento completo seria enciclopédico. Muitos estudiosos, escritores e gerentes têm nosso reconhecimento por meio de referências no texto. Alguns gerentes com quem trabalhamos em empresas de negócios, governo, instituições educacionais e outros lugares contribuíram com as palavras e os exemplos. Milhares de administradores de todo tipo de empresas em diversos países nos honraram ao longo dos anos, ao nos permitir comprovar nossas ideias em salas de aula e palestras de capacitação executiva. Especialmente úteis foram os muitos executivos de todo o mundo que, com generosidade, compartilharam suas experiências internacionais. Por exemplo, os gerentes de programas executivos da Suíça, Kuwait, Malásia, Tailândia, China e Hong Kong nos ofereceram oportunidades de aprender sobre sua cultura e suas práticas gerenciais. Concretamente, nossos estudantes e executivos da China Europe International Business School (Ceibs), de Xangai, da Pekin University, em Pequim, da Hong Kong University of Science and Technology e da Chulalongkorn University, de Bangkok ofereceram valiosas percepções das práticas gerenciais em seus países. Estamos agradecidos àqueles executivos com quem tivemos o privilégio de trabalhar como diretores, consultores ou professores, pela oportunidade de obter a prática clínica de administrar.

Muitos colegas, estudiosos, gerentes e estudantes contribuíram com suas ideias e sugestões para este livro. O falecido professor Keith Davis da Universidade Estadual do Arizona foi muito generoso, em especial com seu tempo. Os mentores de Weihrich na Universidade da Califórnia, em Los Angeles, em especial o professor George S. Steiner, fizeram muito para estimular o interesse no desenvolvimento da matriz SWOT para o planejamento estratégico. Os professores Peter F. Drucker, George S. Odiorne e Gene Seyna, aos quais foi dedicado o livro de Weihrich, *Management excellence: productivity through MBO*, afinaram o pensamento a respeito dos sistemas de administração impulsionados por metas e pela produtividade gerencial. Em edições anteriores, expressou-se um agradecimento especial àqueles que contribuíram de muitas maneiras importantes. Embora aqui não sejam mencionados, suas contribuições também foram importantes para esta edição.

Gostaríamos de agradecer aos muitos que adotaram e contribuíram com as edições de *Administração – uma perspectiva global e empresarial* em espanhol e às muitas pessoas da McGraw-Hill Interamericana que participaram da publicação das edições anteriores. Eles contribuíram muito para fazer da obra um dos livros de maior venda no mundo de língua hispânica.

Para esta edição queremos expressar nosso apreço a todas as pessoas da McGraw-Hill Interamericana do México, em especial a Javier Neyra, Miguel Ángel Toledo, Ricardo del Bosque e Jesús Mares; e a Marcela Rocha, por seu trabalho consciente ao editar o texto e elaborar parte das vinhetas das Perspectivas internacionais.

Agradeço também a Alessandra Borges, editora de desenvolvimento da McGraw-Hill Interamericana do Brasil, por seu trabalho na tradução e edição do livro em língua portuguesa.

Por último, agradecemos a nossas esposas Ursula e Gay pelo constante apoio.

Heinz Weihrich
Mark Cannice

Prólogo da décima terceira edição em espanhol

Esta edição comemorativa foi publicada em 2008 pela McGraw-Hill Interamericana do México e representa um marco na literatura da administração comemorando seu trigésimo aniversário no mercado (considerando as edições em inglês). Esta edição do texto clássico de Koontz, *Administração*, foi atualizada completamente graças aos esforços de seus autores, Heinz Weihrich e Mark Cannice. Além disso, foram incorporados diversos casos relacionados com a realidade latino-americana e espanhola, que ilustram como são aplicados os diversos modelos e teorias nessas regiões. Como já é tradição nesta obra, foram convocados os docentes para que contribuam com casos de estudo que mostrem a realidade da administração no entorno global. Esta edição foi enriquecida pelas colaborações dos seguintes professores: Francisco López Herrera, Universidade Nacional Autônoma do México; Hugo Garde, Universidade Católica da Argentina; Mónica Río Nevado de Zelaya, Universidade Francisco Marroquín (Guatemala); Cornelio Francisco, Universidade Católica de Santo Domingo (República Dominicana); María del Rosario Trejo, Instituto Politécnico Nacional (México); Tiziana Priede Bergamini e Cristina Figueroa Domecq, Universidade Europeia de Madri; Juan Guzmán Cuevas, Universidade Andrés Bello (Chile); Moisés Ruiz González, Universidade Europeia de Madri; Carolina Cornejo Orellana, Universidade Andrés Bello (Chile); Sonia Benito Hernández e Cristina López-Cózar Navarro, Universidade Europeia de Madri; María Cristina Arias, Universidade Andrés Bello (Chile).

Agradecimentos

Esta décima terceira edição foi enriquecida com os muitos comentários dos professores que a conhecem. Para todos eles, que impulsionaram esta obra com sua preferência, nosso mais amplo reconhecimento.

Argentina, Colômbia e Venezuela

Germán Casas H.	Universidad de Rosario, Argentina
Jesús Alberto Ramírez	Universidad Antonio Norino, Colômbia
Leonardo A. Cialdella	Universidad del Museo Social Argentino
Jesús Báez Aparicio	Escuela de Administración de Negocios, Colômbia
Aída Lucía Vélez Vengochea	Universidad del Norte, Colômbia
José Bernardo Roa Fernández	Universidad de La Salle y Universidad América, Colômbia
Álvaro Camacho Caidedo	Universidad Libre, Colômbia
Liyis Gómez Núñez	Universidad del Norte, Colômbia
Álvaro de Jesús Herrera Castañeda	Univalle, Icesi-IFL, Colômbia
Luis Eduardo Vallamil Carreño	Unisangil-Universidad Cooperativa de Colômbia
Ana Vega Trujillo	Eafit, Colômbia
Magdalena Puentes Herrera	Universidad de La Salle, Colômbia
Antonio José Avendaño C.	Universidad de La Salle, Colômbia
Raúl Carrascal Kutt	Universidad Autónoma del Caribe, Colômbia
Fanny Sánchez Palacio	Icesi, Colômbia
Gustavo Pereda Lecuna	Universidad Católica Andrés Bello, Venezuela
Gloria Inés López Bohórquez	Universidad Cooperativa de Colômbia
Italo Osorio Sánchez	Universidad Católica Andrés Bello, Venezuela
Helena Borrios de Caputo	Universidad del Norte, Colômbia
Luis Guillermo Escalante	Universidad Metropolitan, Venezuela

México

Aguayo, Héctor Manuel	Universidad Autónoma del Estado de México-Ecatepec
Aguayo, José	Universidad Autónoma de Tamaulipas, México
Aguila, Antonio	Universidad Autónoma de Chiapas, México
Aguilar Chávez, Héctor	Instituto Politécnico Nacional-Tepepan, México
Aguilar, Adrián	Universidad Nacional Autónoma de México
Aguilar, José Luis	Universidad del Valle de Grijalva, México
Aguilar, María de Jesús	Universidad Autónoma de Nuevo León, México
Aguirre Aguirre, Francisco	Universidad de Occidente-Culiacán, México
Albarrán, Silvia Edith	Universidad Autónoma del Estado de México-Toluca
Albores, Verónica	Instituto de Estudios Superiores de Chiapas, México
Alejos Gallardo, Alicia Alma	Instituto Tecnológico de Celaya, México
Alvano, José	Universidad Veracruzana-Xalapa, México
Álvarez Garay, Samuel	Universidad Nacional Autónoma de México
Álvarez, Gloria	Universidad Iberoamericana, México
Alvarrán Trujillo, Silvia Edith	Universidad Autónoma del Estado de México-Toluca
Ampart, Martha	Universidad Autónoma de Guerrero, México
Andrade Rosas, Eduardo	Universidad Tecnológica de Cuitláhuac, México
Aragón, Carlos	Instituto de Estudios Superiores de Chiapas, México
Araiza, Óscar	Universidad Nacional Autónoma de México
Araiza, Sandra	Universidad Metropolitana, México

Argüello, Karina	Instituto de Estudios Superiores de Chiapas, México
Arizmendi, Carolina	Universidad Autónoma de Durango, México
Arredondo, Enrique	Colegio Holandés, México
Arredondo, José Luis	Universidad Autónoma de Nuevo León, México
Arreola Hernández, Alonso	Universidad de Occidente-Los Mochis, México
Arriaga Martínez, Fernando	Universidad La Salle Victoria, México
Astudillo, Juan	Universidad Autónoma de Chiapas, México
Ayala Martínez, Jorge Enrique	Universidad Autónoma de Yucatán, México
Ayala, Jorge Enrique	Escuela Bancaria Comercial, México
Ayala, María Rita	Centro Universitario Grupo Sol, México
Azcona, Pablo	Universidad Juárez Autónoma de Tabasco, México
Barber, Carlos	Universidad Anáhuac Sur, México
Barber, Jesús	Universidad Autónoma de Morelos, México
Barragán, Nora	Universidad Hispanoamericana, México
Becerra Trejo, Leonardo	Universidad de León, México
Ber, María Elena	Instituto Tecnológico de Tlalnepantla, México
Bocanegra, Guadalupe	Instituto Politécnico Nacional-UPIICSA, México
Bojorquez Gutiérrez, Fernando	Universidad de Occidente-Culiacán, México
Bojorquez Gutiérrez, Alberto	Universidad de Occidente-Culiacán, México
Bolaños M., Laura Elena	Universidad Autónoma de Guadalajara, México
Borquez Tamayo, Guadalupe	Universidad de Occidente-Hermosillo, México
Bueno, Víctor Manuel	Universidad Regional del Norte, México
Cabral Ramos, Manuel de Jesús	Universidad Regional del Sureste, México
Cabrera, Alejandra	Universidad Autónoma de Aguascalientes, México
Cabrera, Ana María	Universidad de Sonora, México
Cabrera, César	Universidad Autónoma de Chiapas, México
Calderón Rubio, Blanca Gabriela	Universidad del Tepeyac, México
Camargo, Isabel	Universidad Autónoma Metropolitana-Azcapotzalco, México
Campa, Guillermo	Instituto Tecnológico de Nuevo León, México
Campos, Luis	Universidad de Cuautitlán Izcalli, México
Candelas Ramírez, Edith	Universidad Nacional Autónoma de México
Canseco, Elvia	Universidad Regional del Sureste, México
Capeela Islas, Susan	Escuela Nacional de Estudios Profesionales-Acatlán, México
Cárdenas, Ignacio	Centro de Estudios Tecnológicos y Superiores-Tijuana, México
Cardoso, Miriam	Universidad Autónoma Metropolitana-Xochimilco, México
Carreño, Javier	Universidad de Sonora, México
Castañón, Jesús L.	Universidad Fray Bartolomé de las Casas, México
Castellanos, Helia	Centro de Estudios Tecnológicos y Superiores-Mexicali, México
Castillejos, Adán	Universidad Fray Bartolomé de las Casas, México
Ceja Flores, José Manuel	Universidad de Occidente-Culiacán, México
Cerezo, Filemón	Instituto de Estudios Superiores de Chiapas, México
Cervera Solorzano, Fernando	Instituto Tecnológico y de Estudios Superiores de Monterrey-Querétaro, México
Cervera, Fernando	Universidad del Valle de México-Juriquilla, México
Chávez, Carmen	Universidad La Salle, AC
Chávez, Edith	Universidad de Cuautitlán Izcalli, México

Chávez, Nancy	Universidad La Salle-Cuernavaca
Concepción, Silvia	Instituto de Estudios Superiores de Chiapas, México
Contreras, Héctor	Instituto Politécnico Nacional-UPIICSA, México
Contreras, María Eugenia	Universidad La Salle, AC
Cortés, Dolores	Instituto Tecnológico de Tlalnepantla, México
Cortés, María de Jesús	Universidad Autónoma del Estado de México-Toluca
Cristal, Linda	Universidad del Valle de México-Lomas Verdes, México
Cristian, María del Carmen	Universidad Autónoma de Chiapas, México
Cruz González, Reyna	Universidad Autónoma del Estado de México-Toluca
Cruz Rivera, Socorro	Instituto Tecnológico de Coacalco, México
Cruz, Jorge Antonio	Instituto de Estudios Superiores de Chiapas, México
De la Cruz, Elodia	Instituto de Estudios Superiores de Chiapas, México
De la Cruz, José Luis	Instituto de Estudios Superiores de Chiapas, México
De la Mora, Sandra	Universidad del Valle de México-Lago de Guadalupe, México
De la Peña, Alicia	Universidad Autónoma de Coahuila-Saltillo, México
De León Jiménez, Salvador	Universidad Autónoma Metropolitana-Azcapotzalco, México
Delgado, Luis Manuel	Instituto Politécnico Nacional-Esca, México
Delgado, Roberto	Instituto Tecnológico de Zacatepec, México
Díaz, Cecilio	Instituto de Estudios Superiores de Chiapas, México
Díaz, Daniel	Universidad del Valle de Grijalva, México
Domínguez Flores, Lilia	Universidad La Salle, AC
Domínguez, Rosalba	Universidad Nacional Autónoma de México
Durand, Silvia	Universidad Nacional Autónoma de México
Elizárraga, Alejandro	Cenhies, México
Encinas, Leticia	Universidad de Sonora-Hermosillo, México
Ernesto L., Navarro	Universidad Autónoma Metropolitana-Azcapotzalco, México
Escalante Torres, Rafael Humberto	Universidad Autónoma de Yucatán, México
Escamilla, María del Rosario	Universidad Veracruzana, México
Espinobarros Salinas, Margot Olimpia	Instituto Tecnológico de Chilpancingo, México
Espinosa González, Gerardo	Universidad Autónoma del Estado de México-Atizapán, México
Espinosa González, Gonzalo	Universidad Autónoma del Estado de México-Atizapán, México
Espinosa, Margarita	Instituto Tecnológico de Querétaro, México
Espinoza Zamora, Martha	Instituto Politécnico Nacional-Esca Santo Tomás, México
Espinoza, Francisco José	Universidad La Salle- Pachuca, México
Espinoza, Sara	Universidad Americana de Acapulco, México
Esteban, Rodolfo	Universidad de Oriente, México
Estrada, Eduardo	Universidad Nacional Autónoma de México
Eustorgio, Ángel	Instituto Politécnico Nacional-UPIICSA, México
Fernández Moreno, Jorge	Instituto Politécnico Nacional-UPIICSA, México
Fernández, Rosy	Instituto Tecnológico de Chihuahua, México
Flores, María Luisa	Instituto Politécnico Nacional-Esca Tepepan, México
Fragoso, Silvia	Instituto Tecnológico de Coacalco, México
Fuentes, Mario	Universidad de Cuautitlán Izcalli, México
Fuentes, Raymundo	Universidad del Valle de Atemajac-León, México
Galicia Villanueva, Silvia	Universidad Nacional Autónoma de México

Galicia, Silvia	Universidad del Valle de México, México
Gálvez Vega, Benjamín	Universidad de Occidente-Culiacán, México
García Aranda, Leticia	Instituto Tecnológico de San Luis Potosí, México
García, Pedro	Universidad Autónoma del Estado de México-Toluca
García, Roberto	Instituto Politécnico Nacional-Esca Tepepan, México
García, Rosa	Instituto Tecnológico de Tuxtla Gutiérrez, México
Garciaroger Irán, Rosa	Universidad Autónoma de Chiapas, México
Garcilazo, Sergio	Universidad Panamericana, México
Godinez, Teresa	Universidad Autónoma Metropolitana-Azcapotzalco, México
Gómez Brena, Roberto	Instituto Tecnológico de Oaxaca, México
Gómez Durán, José	Universidad Veracruzana-Xalapa, México
Gómez Yáñez, Angélica Gómez	Universidad Autónoma del Estado de Hidalgo y Tecnológico de Estudios Superiores de Coacalco, México
Gómez, Abigaíl C.	Universidad Autónoma del Estado de México-Toluca
Gómez, José Luis	Universidad Iberoamericana, México
Gómez, María del Socorro	Universidad Autónoma del Estado de México-Toluca
González Luna, Alicia	Universidad de Occidente, México
González Ortiz, José Arnoldo	Universidad Autónoma de San Luis Potosí, México
González Rivas, Bernardo	Universidad Autónoma Benito Juárez de Oaxaca, México
González Torrijos, Yanet	Tecnológico de Estudios Superiores de Jilotepec, México
González, Carlos	Universidad Autónoma de San Luis Potosí, México
González, Delia Imelda	Universidad Autónoma de Nuevo León, México
González, Juan Antonio	Universidad Valle de Bravo, México
González, María Elena	Universidad Popular de la Chontalpa, México
González, Santos	Universidad Autónoma de Guadalajara, México
Grajales, María Esther	Instituto de Estudios Superiores de Chiapas, México
Granados Hernández, Ana Jazmín	Instituto Politécnico Nacional-Esca Tepepan, México
Guerrero Castillo, Daniel	Escuela Bancaria Comercial, México
Guerrero, Luis Alfonso	Instituto Tecnológico de Aguascalientes, México
Guevara, Fermín	Universidad Autónoma de Baja California-Tijuana, México
Gutiérrez Rodríguez, María Concepción	Universidad Autónoma de Zacatecas, México
Gutiérrez, Olga Lidia	Universidad Autónoma de Baja California-Mexicali, México
Harias, Mario	Universidad de Sonora, México
Heras Arias, Mario	Universidad Autónoma de Baja California-Mexicali, México
Hernández Sánchez, Rosa María	Instituto Politécnico Nacional-UPIICSA, México
Hernández, Sandra	Universidad Autónoma del Estado de México-Toluca
Hernández, Artemio	Universidad Hispanoamericana, México
Hernández, Francisco	Universidad Nacional Autónoma de México
Hernández, Janín Arely	Instituto de Estudios Superiores de Chiapas y Universidad del Valle de Grijalva, México
Hernández, Marbel	Instituto Politécnico Nacional-UPIICSA, México
Hernández, Moisés	Universidad Nacional Autónoma de México
Hernández, Rosa María	Instituto Tecnológico de Tijuana, México
Herrera, Juan Carlos	Universidad del Valle de México, Lomas Verdes
Hinojosa Mayel, Juan Manuel	Universidad del Valle de México, Lomas Verdes

Hinojosa, José Luis	Instituto Tecnológico de Chihuahua, México
Holzheimer, Sandra	Universidad Autónoma del Veracruz-Villa Rica, México
Huesca Chávez, José Antonio	Universidad del Istmo, México
Hugo, Miguel	Universidad de Xalapa, México
Ibañez, Blanca Estela	Escuela Bancaria Comercial, México
Iturbide, Luz del Carmen	Universidad Nacional Autónoma de México
Jiménez Jiménez, Ernesto Javier	Instituto Politécnico Nacional-Tepepan, México
Jiménez Noh, Julio	Centro Educativo Felipe Carrillo Puerto, México
Jiménez Rodríguez, David	Instituto Politécnico Nacional-Tepepan, México
Jiménez, Delia	Universidad Autónoma de Baja California-Tijuana, México
José Valenzuela, Adriana	Universidad Nacional Autónoma de México
Juárez Reyes, Marissa	Instituto Tecnológico de Tlalnepantla, México
Lascano, Manuel	Instituto Tecnológico de San Luis Potosí, México
Leyva Quintero, Rosa María	Universidad La Salle, AC
Leyva, Martha	Instituto Politécnico Nacional-UPIICSA, México
Lira Trejo, Arturo	Universidad Autónoma de Morelos, México
López de Lerena, Francisco Javier	Escuela Bancaria Comercial, México
López Montes, Francisco	Universidad Autónoma de Baja California-Mexicali y Universidad del Noroeste, México
López, Ema Alicia	Universidad Hispanoamericana, México
López, Ernesto	Universidad Autónoma del Estado de México-Toluca
López, Manuel	Universidad Autónoma de Chiapas, México
López, Martha Elena	Universidad Autónoma de Baja California-Tijuana, México
López, Samuel	Universidad Autónoma del Estado de Hidalgo, México
Lozano Mora, Claudia	Tecnológico de Estudios Superiores de Ecatepec, México
Luna, Flor Esthela	Universidad Autónoma del Estado de México-Ecatepec
Magaña, Angélica	Universidad Iberoamericana, México
Maldonado, Jaime	Universidad Regional del Sureste, México
Malpica, Bertha	Instituto de Estudios Superiores de Chiapas, México
Manriquez, Roberto	Instituto Tecnológico de Celaya, México
Martínez Ramos, María del Carmen	Tecnológico de Estudios Superiores de Jilotepec, México
Martínez, Flor	Universidad del Pedregal, México
Martínez, Guadalupe	Instituto Tecnológico de Villahermosa, México
Martínez, Omaira	Universidad Autónoma de Baja California-Tijuana, México
Martínez, Rey	Universidad Autónoma de Morelos, México
Martínez, Víctor	Instituto Politécnico Nacional-UPIICSA, México
Medrano Centeno, Carlos	Universidad Nacional Autónoma de México
Megchun, Luz María	Instituto de Estudios Superiores de Chiapas y Universidad del Valle de Grijalva, México
Mejía Guerrero, Adriana	Instituto Politécnico Nacional-Tepepan, México
Meliá, Jorge Mario Alberto	Colegio Holandés, México
Mendoza Guerra, Yolanda	Instituto Politécnico Nacional-Tepepan, México
Méndoza Martínez, Ignacio	Universidad La Salle, AC
Mendoza, Mónica	Instituto Politécnico Nacional-UPIICSA, México
Mercado Martínez, Lucía	Universidad Autónoma de Guadalajara, México
Merlo Magaña, Fortino	Instituto Tecnológico de Tehuacán, México
Mina, Thomas	Tecnológico de Estudios Superiores de Ecatepec, México
Moisés Azar, Irma	Instituto Tecnológico de Acapulco, México

Molina, Belinda	Instituto Politécnico Nacional-UPIICSA, México
Molina, Blanca	Universidad Autónoma de Chiapas e Instituto Tecnológico de Tuxtla Gutiérrez, México
Montalvo, Daniel	Universidad de Guanajuato, México
Montero, Gabriela	Universidad Nacional Autónoma de México
Monterrosa, Elver	Instituto de Estudios Superiores de Chiapas, México
Montoya, Raúl	Universidad Intercontinental, México
Mora Brito, Ángel	Universidad Cristobal Colón, México
Morales Rodríguez, Aria Elena	Instituto Politécnico Nacional-Tepepan, México
Morales, Guillermo	Instituto Tecnológico de Tuxtla Gutiérrez, México
Moreno Hijuelos, Luis	Universidad Autónoma de Yucatán y Universidad Marista, México
Moreno, Nayely	Universidad del Valle de México-Lomas Verdes
Munguía Jiménez, Francisco	Universidad Autónoma Benito Juárez de Oaxaca, México
Muro, José Manuel	Universidad Autónoma de Guadalajara, México
Nava, Irma Yolanda	Universidad del Pedregal
Ntumba, Bernard	Universidad Intercontinental, México
Núñez Murra, Jesús	Universidad Juárez del Estado de Durango
Núñez Murra, Jesús	Universidad Autónoma de Yucatán, México
Ochoa, Beatriz	Instituto Tecnológico de Sonora, México
Ojeda Sánchez, Marina	Instituto Tecnológico de Querétaro, México
Olivia, Angélica	Universidad Intercontinental, México
Olliver Gómez, Auroro	Universidad Autónoma Benito Juárez de Oaxaca, México
Ortega, Hilda	Universidad Autónoma del Estado de México-Toluca
Ortiz, Raúl	Instituto Politécnico Nacional-Esca Santo Tomás, México
Padilla, Alfonso	Universidad La Salle-León, México
Palacios, Gabriela	Universidad Autónoma de Chiapas, México
Palencia, María Eugenia	Universidad Veracruzana, México
Parada Ruiz, Rodrigo	Universidad de Sonora-Hermosillo, México
Páramo, Salvador	Universidad Autónoma del Estado de México-Ecatepec
Paredes, Ignacio	Universidad Americana de Acapulco, México
Paredes, Ignacio	Universidad Nacional Autónoma de México
Paredes, Ricardo	Benemérita Universidad Autónoma de Puebla, México
Patiño Navarro, María Eugenia	Universidad Nacional Autónoma de México
Pelayo Hernández, Ramón	Instituto Tecnológico de Veracruz, México
Peñúñuri, Alba Rosa	Instituto Tecnológico de Sonora-Obregón
Peralta, María Ivette	Instituto Tecnológico de Chilpancingo, México
Peralta, Sergio	Universidad de Cuautitlán Izcalli, México
Pérez Cruz, Ángel	Instituto Tecnológico de Oaxaca, México
Pérez de León, Eduardo	Instituto Tecnológico de Tuxtla Gutiérrez, México
Pérez León, Eduardo	Instituto de Estudios Superiores de Chiapas, México
Pérez, Electra	Universidad Autónoma Metropolitana-Azcapotzalco, México
Pérez, Jerónimo	Universidad Autónoma de Morelos, México
Pérez, Jeyaniro	Universidad Autónoma de Morelos, México
Pérez, Óscar	Universidad Autónoma de Chiapas, México
Piana Bertrand, Raúl	Universidad Veracruzana, México
Pineda, Ángeles	Universidad Autónoma de Chiapas, México

Pineda, Héctor	Universidad del Valle de México-Tlalpan, México
Pineda, Víctor Manuel	Universidad Autónoma del Estado de México-Toluca
Polo Jiménez, Sergio Demetrio	Universidad Autónoma del Estado de Hidalgo, México
Portilla, Héctor	Universidad del Valle de Grijalva, México
Ramírez, Antonio	Tecnológico de Estudios Superiores de Ecatepec, México
Ramírez, Rodolfo	Universidad Autónoma de Guadalajara, México
Reyes García, Juan Ignacio	Instituto Politécnico Nacional-UPIICSA, México
Reyes Ruiz, Francisca Guadalupe	Instituto Tecnológico de Sonora-Obregón
Reynoso, Angélica	Universidad Hispanoamericana, México
Rivera, Pedro	Instituto Tecnológico de Zacatepec, México
Robles, Luz María	Universidad Autónoma del Estado de México-Toluca
Rocha, Ramón	Universidad Hispanoamericana, México
Rodríguez Lagunes, Irma Adriana	Universidad Cristóbal Colón, México
Rodríguez Mader, Pablo César	Universidad de Las Américas, México
Rodríguez, Marcelo	Instituto Tecnológico de Laredo, México
Rodríguez, Miguel Ángel	Instituto Tecnológico y de Estudios Superiores de Monterrey, México
Rogers, Martha	Universidad de Occidente-Culiacán, México
Romo, Laura	Universidad Autónoma de Aguascalientes, México
Rosales González, Omar	Universidad Autónoma del Estado de México-Toluca
Rúa, María del Carmen	Instituto de Estudios Superiores de Chiapas, México
Ruiz Gómez, Patricia	Universidad del Valle de Grijalva, México
Ruiz Hernández, Hugo	Instituto Tecnológico de León, México
Salas, Lourdes	Universidad Nacional Autónoma de México
Salas, María del Refugio	Universidad Veracruzana-Xalapa, México
Salazar Alcaraz, Ahida, Araceli	Universidad de Occidente-Culiacán, México
Salazar Vázquez, Edith	Universidad Autónoma del Estado de México-Toluca
Salinas, Julieta	Universidad Justo Sierra, México
Sánchez Alvarado, María Elena	Instituto Tecnológico de San Luis Potosí, México
Sánchez, Samuel	Facultad de Ciencias Administrativas de Celaya, México
Sánchez, Susana	Universidad Autónoma de Veracruz-Villa Rica, México
Santamaría, Elvira	Universidad Veracruzana-Veracruz, México
Santibañez, Ramiro	Universidad Autónoma de Chiapas, México
Serrano, Jorge	Universidad Anáhuac Norte, México
Serna Solís, Napoleón	Instituto Politécnico Nacional-UPIICSA, México
Serrano, María Luisa	Cenhies, México
Solano, Graciela	Instituto Tecnológico de Chihuahua II, México
Solano, María Elena	Benemérita Universidad Autónoma de Puebla, México
Sosa Acosta, Rafael	Instituto Tecnológico de Veracruz, México
Soto Martínez, Graciela	Universidad Autónoma de Guadalajara, México
Suárez Andere, Yamel	Escuela Bancaria Comercial, México
Suárez, Jorge	Colegio Holandés, México
Surdez, Edith Georgina	Universidad Juárez Autónoma de Tabasco, México
Talamante, Rosario	Universidad de Occidente-Los Mochis, México
Tenorio, Guillermo	Tecnológico de Estudios Superiores de Ecatepec, México
Toledo, Jorge	Universidad Autónoma de Chiapas, México
Torres Alceda, Jaime	Tecnológico de Estudios Superiores de Coacalco, México
Torres Buentello, Guadalupe	Universidad La Salle Obregón, México
Torres, Clara	Instituto Politécnico Nacional-UPIICSA, México
Torres, Francisco Javier	Universidad Latinoamericana, México
Torres, José A.	Universidad Autónoma de Tamaulipas, México

Torres, Luz	Universidad Nacional Autónoma de México
Trejo, María del Rosario	Instituto Politécnico Nacional-UPIICSA, México
Urban Segoviano, Alberto	Universidad Nacional Autónoma de México
Valdez Mendivil, María del Carmen	Instituto Tecnológico de Huatabampo, México
Valenzuela Unzueta, Bernardo	Universidad Nacional Autónoma de México
Vega Cornejo, Patricia	Universidad del Tepeyac, México
Vela, Yasmi A. L.	Instituto de Estudios Superiores de Chiapas, México
Velasco, Raquel	Instituto Tecnológico de Sonora-Obregón, México
Velázquez Campa, Gloria Luz	Instituto Tecnológico de Sonora-Obregón
Velázquez, Humberto	Instituto de Estudios Superiores de Chiapas, México
Villicaña Morales, María	Universidad Autónoma de Guadalajara, México
Viramontes, Arturo	Universidad Autónoma de Aguascalientes, México
Yáñez, Carmen	Universidad del Valle de Grijalva, México
Yáñez, José Luis	Escuela Bancaria Comercial, México
Yee Viscarra, Alfonso	Universidad Autónoma de Durango, México
Zapak, Mauricio	Universidad Intercontinental, México

2007

1 Parte

O fundamento da teoria e a prática da administração global

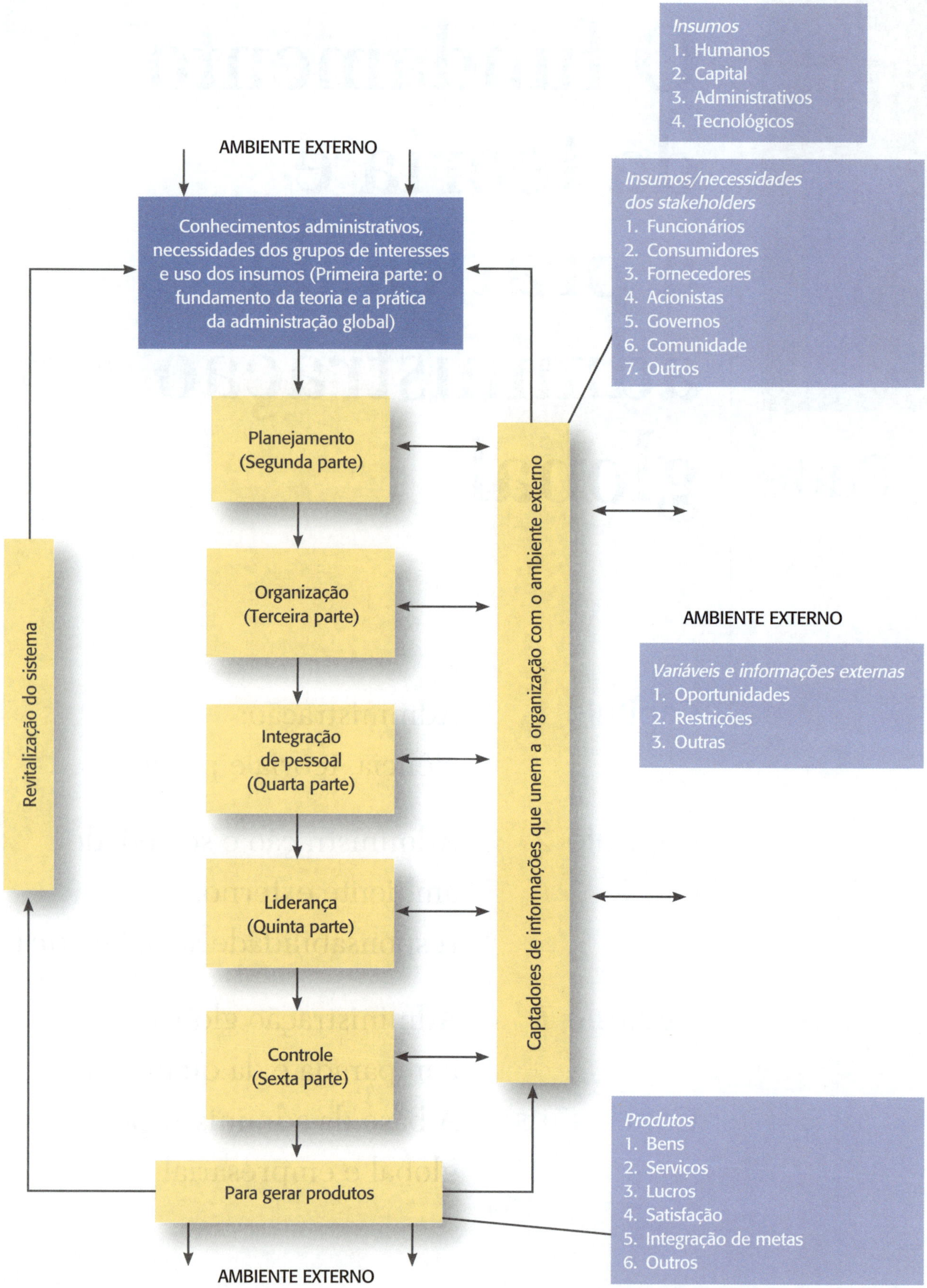

Insumos
1. Humanos
2. Capital
3. Administrativos
4. Tecnológicos
AMBIENTE EXTERNO
Conhecimentos administrativos, necessidades dos grupos de interesses e uso dos insumos (Primeira parte: o fundamento da teoria e a prática da administração global)
Insumos/necessidades dos stakeholders
1. Funcionários
2. Consumidores
3. Fornecedores
4. Acionistas
5. Governos
6. Comunidade
7. Outros
Planejamento (Segunda parte)
Organização (Terceira parte)
Integração de pessoal (Quarta parte)
Liderança (Quinta parte)
Controle (Sexta parte)
Revitalização do sistema
Captadores de informações que unem a organização com o ambiente externo
AMBIENTE EXTERNO
Variáveis e informações externas
1. Oportunidades
2. Restrições
3. Outras
Para gerar produtos
Produtos
1. Bens
2. Serviços
3. Lucros
4. Satisfação
5. Integração de metas
6. Outros
AMBIENTE EXTERNO

1

Capítulo

Administração: ciência, teoria e prática

Objetivos de aprendizagem

Depois de estudar o capítulo, você deverá ser capaz de:

1. Explicar a natureza e o propósito da administração.
2. Compreender que a administração, como é concebida neste livro, aplica-se a todo tipo de organizações e aos gerentes de todos os níveis organizacionais.
3. Identificar que a meta de todos os gerentes é criar um *superavit*.
4. Identificar as tendências na tecnologia da informação e na globalização.
5. Explicar os conceitos de produtividade, eficácia e eficiência.
6. Descrever a evolução da administração e algumas contribuições recentes para o pensamento administrativo.
7. Descrever os diversos enfoques para administração, suas contribuições e suas limitações.
8. Demonstrar como o enfoque do processo administrativo ou o processo operacional da teoria e ciência da administração tem um núcleo básico próprio e se nutre de outros enfoques.
9. Compreender que administrar requer um enfoque sistêmico e que a prática sempre deve levar em conta situações e contingências.
10. Definir as funções gerenciais de planejar, organizar, integrar pessoal, liderar e controlar.
11. Compreender como está organizado o livro.

Uma das atividades humanas mais importantes é administrar. Desde que as pessoas começaram a formar grupos para obter metas que não podiam cumprir como indivíduos, a administração foi essencial para assegurar a coordenação dos esforços individuais. À medida que a sociedade chegou a depender cada vez mais do esforço em grupo e que muitos grupos organizados se tornaram grandes, a tarefa dos gerentes foi crescendo em importância. O propósito do livro é promover a excelência entre todas as pessoas das organizações, especialmente entre gerentes, aspirantes a gerentes e outros profissionais.[1]

Definição da administração: sua natureza e propósito

Administração

Processo de definir e manter um ambiente no qual indivíduos que trabalham em grupos cumpram metas específicas de maneira eficiente.

Administração é o processo de definir e manter um ambiente no qual indivíduos que trabalham juntos em grupos cumpram metas específicas de maneira eficiente. Essa definição básica precisa ser ampliada:

1. Como gerentes, as pessoas realizam as funções gerenciais de planejar, organizar, integrar pessoal, liderar e controlar.
2. A administração se aplica a qualquer tipo de organização.
3. Também se aplica aos gerentes de todos os níveis organizacionais.
4. A meta de todos os gerentes é a mesma: criar um *superavit*.
5. A administração se ocupa da produtividade, que envolve eficácia e eficiência.

http://www.apple.com
http://www.ford.com
http://www.sun.com
http://www.ge.com
http://www.cisco.com
http://www.microsoft.com

Estes são alguns gerentes dos quais você talvez tenha ouvido falar: Steve Jobs, da Apple Computer; Bill Ford Jr., da Ford Motor Company; Scott McNealy, da Sun Microsystems; Jack Welch, da General Electric e seu sucessor, Jeff Immelt; John Chambers, da Cisco; e Bill Gates, da Microsoft. Um dos gerentes mais poderosos era George W. Bush, ex-presidente dos Estados Unidos. O governador do estado da Califórnia também é um gerente e, de alguma forma, o papa Bento XVI também o é, pois ele é a cabeça da Igreja Católica Romana, uma das maiores organizações mundiais. Mas os gerentes de nível médio e os supervisores de primeira linha também fazem contribuições importantes para as metas de suas organizações.

Todos administram organizações. Definimos uma organização como um grupo de pessoas que trabalham juntas para criar um *superavit*. Em organizações de negócios, este *superavit* significa lucro. Em organizações sem fins lucrativos, como as beneficentes, pode ser a satisfação de necessidades. As universidades também criam um excedente por meio da geração e disseminação do conhecimento, assim como prestar serviço à comunidade ou à sociedade.

Funções da administração

Muitos estudiosos e gerentes acreditam que uma eficiente organização do conhecimento facilita a análise da administração. Portanto, ao estudar administração é necessário dividi-la em cinco funções gerenciais (planejar, organizar, integrar pessoal, liderar

[1] Em algumas ocasiões, o termo não-gerente é utilizado em referência a pessoas que não têm subordinados. Por isso, os não-gerentes incluem profissionais que podem ter uma alta posição nas organizações.

e controlar) em torno das quais seu conhecimento pode ser organizado. Por isso, neste livro, conceitos, princípios, teorias e técnicas da administração estão agrupados nestas cinco funções.

As cinco funções gerenciais em torno das quais está organizado o conhecimento administrativo neste livro são: planejar, organizar, integrar pessoal, liderar e controlar.

Este marco foi utilizado e comprovado durante muitos anos. Mesmo havendo diferentes formas de organizar o conhecimento gerencial, a maioria dos livros-texto e autores de hoje adotaram este marco, ou outro similar, mesmo depois de experimentar, em outras ocasiões, alternativas para estruturar o conhecimento administrativo.

Embora a importância desta obra esteja nas tarefas dos gerentes relativas à definição de um ambiente interno para o desempenho da organização, nunca podemos ignorar que eles também devem atuar no ambiente externo da empresa. É evidente que os gerentes não podem realizar bem suas tarefas sem compreender e responder aos muitos elementos do ambiente externo (fatores econômicos, tecnológicos, sociais, ecológicos, políticos e éticos) que afetam suas áreas de operação. Mais ainda, muitas organizações agora operam em diferentes países. Portanto, este livro adota uma perspectiva global da administração. Indivíduos criativos fazem grandes contribuições para a criação de valor. Por isso, o espírito empresarial é analisado ao longo da obra.

Alguns elementos externos que afetam a operação: fatores econômicos, tecnológicos, sociais, ecológicos, políticos e éticos.

A administração como elemento essencial para qualquer organização

Os gerentes têm a responsabilidade de tomar ações que permitam aos indivíduos fazer suas melhores contribuições para os objetivos do grupo. Por isso, a administração se aplica a organizações grandes e pequenas, empresas com ou sem fins lucrativos, e a mercados de manufatura e de serviços. O termo **empresa** se refere a um negócio, a uma repartição governamental, hospital, universidade ou qualquer outro tipo de organização, já que quase tudo o que é mencionado no livro se refere a organizações de negócios e de não-negócios. A administração eficaz está a cargo do presidente da corporação, do administrador do hospital, do supervisor de primeira linha do governo, do líder dos escoteiros, do bispo de uma igreja, do técnico de uma equipe de futebol e do reitor de uma universidade.

Empresa
Um negócio, repartição governamental, hospital, universidade e qualquer outro tipo de organização.

Funções gerenciais em diferentes níveis organizacionais

Neste livro não se faz uma distinção básica entre gerentes, executivos, administradores e supervisores. Com certeza, uma situação determinada pode ser muito diferente entre vários níveis de uma organização ou entre vários tipos de empresas. Do mesmo modo, o âmbito de autoridade presente pode variar e os tipos de problemas tratados podem ser muito diferentes. Mais ainda, a pessoa que desempenha um papel gerencial pode estar dirigindo pessoas do departamento de vendas, engenharia ou financeiro. Mas permanece o fato de que, como gerentes, todos obtêm resultados quando estabelecem um ambiente que permita ao grupo desenvolver-se de maneira eficaz.

Todos os gerentes realizam funções gerenciais, mas o tempo dedicado a cada função pode variar.

Todos os gerentes realizam funções gerenciais. Entretanto, o tempo dedicado a cada função pode variar. A Figura 1.1 ilustra uma aproximação do tempo relativo dedicado a cada função. Por isso, os gerentes de alto nível dedicam mais tempo ao planejamento e organização que os gerentes de menor nível. A liderança, por outro lado, ocupa mais

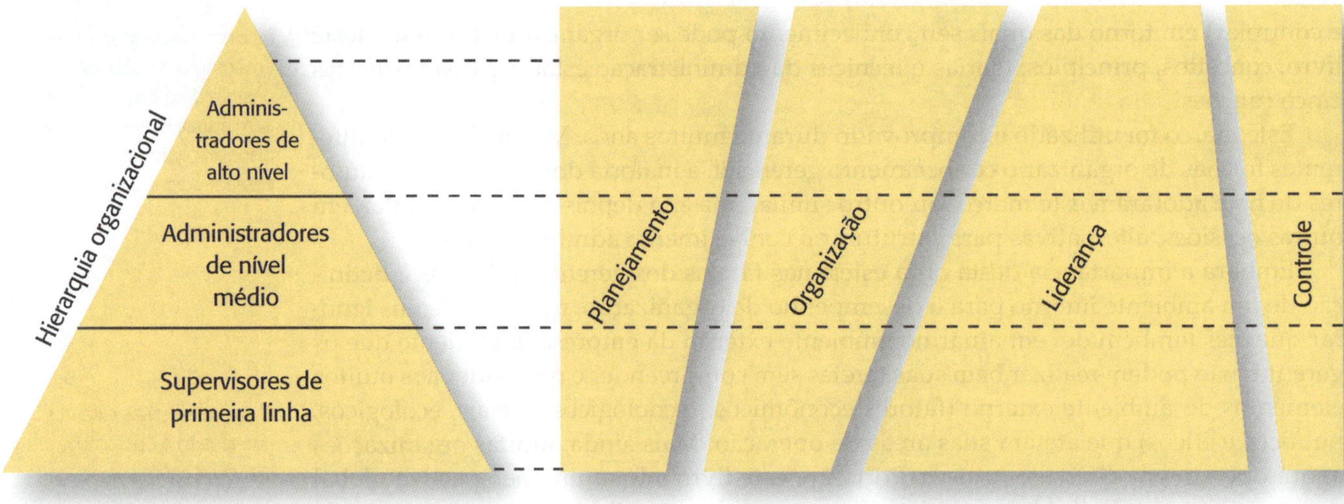

Figura parcialmente baseada em e adaptada de Thomas A. Mahoney; Thomas H. Jerdee e Stephen J. Carroll. "The job(s) of management". *Industrial Relations*. Fevereiro de 1965, p. 97-110.

FIGURA 1.1 Tempo dedicado ao desempenho de funções administrativas

tempo dos supervisores de primeira linha. A diferença no tempo dedicado ao controle varia um pouco para os gerentes em diversos níveis.

Habilidades gerenciais e a hierarquia organizacional

Robert L. Katz identificou três tipos de habilidades para os administradores.[2] A elas pode ser adicionada uma quarta, a habilidade de definir soluções.

A importância relativa destas habilidades pode ser diferente em vários níveis da hierarquia organizacional. Como ilustra a Figura 1.2, as *habilidades técnicas* são as de maior importância no nível supervisor e as *habilidades humanas* são úteis nas frequentes interações com os subordinados. Por outro lado, as habilidades conceituais e de definição não costumam ser tão críticas para supervisores do mais baixo nível. No nível de média gerência, a necessidade de habilidades técnicas diminui, as habilidades humanas continuam sendo essenciais, mas as conceituais crescem em importância. No nível de alta administração, as habilidades conceituais, de definição e as humanas são especialmente valiosas, mas há relativamente pouca necessidade de habilidades técnicas. Considera-se, em especial nas grandes companhias, que os diretores executivos (ou *chair executive officer*, CEO) podem utilizar as habilidades técnicas de seus subordinados. Entretanto, em empresas menores, a experiência técnica seria o aspecto mais importante.

2 Katz, Robert L. "Skills of an effective administrator". *Harvard Business Review*, janeiro-fevereiro de 1955, p. 33-42; Katz. "Retrospective commentary". *Harvard Business Review*, setembro-outubro de 1974, p. 101-102.

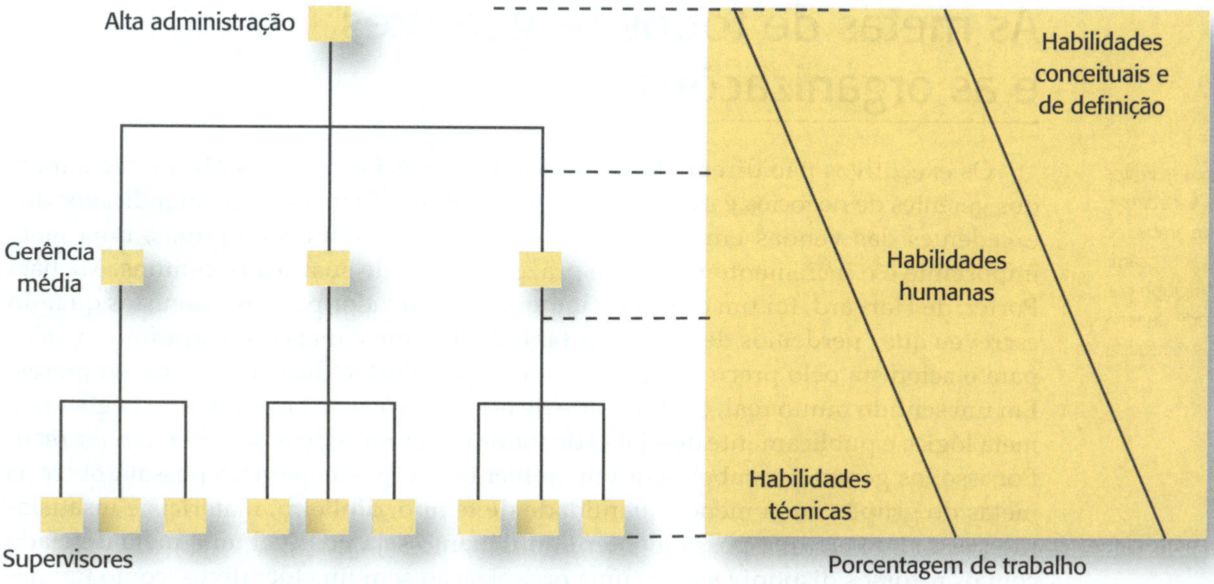

As habilidades variam de importância de acordo com os níveis administrativos.

FIGURA 1.2 Habilidades e níveis administrativos

Perspectiva internacional

O Google e sua gestão do futuro

É bem conhecido que a administração do Google tem sua própria visão do que é administrar; não foi sem razão citada pela *Fortune* como "o melhor lugar para trabalhar", em março de 2007. Conseguiu essa fama graças à sua maneira muito particular de dirigir seu talento humano, e também de consenti-lo. Por exemplo, um aspecto essencial na direção do Google é o trabalho de suas equipes autogerenciadas e a estratégia de lançar produtos antes de prontos, para que os usuários os experimentem, e de permitir a seus engenheiros utilizarem 20% de seu tempo de trabalho em projetos próprios. Outro aspecto é incentivar a criatividade de seu pessoal, para que "sempre tenham ocupados seus neurônios", mesmo quando descansam. Para o estudioso em gestão Gary Hamel, o Google está marcando o "futuro da administração". Segundo ele, o sucesso desta empresa, cuja participação de mercado é de US$ 160 bilhões, não se deve somente ao processo de busca incessante de novos serviços e produtos; uma grande parte deste sucesso se deve ao seu estilo administrativo tão peculiar: a autogestão, combinada com uma boa estratégia focada em seu negócio, em incentivar a criatividade e penetrar em novos negócios com grande rapidez (como sua gestão de arquivos de fotos, mapas, notícias etc.), construiu uma empresa que evolui tão rapidamente quanto a Internet.

Entretanto, a política administrativa do Google também gerou desconfiança, em particular para Thomas Eisenmann, professor da Escola de Negócios da Universidade de Harvard, que opina: "existe a possibilidade de um desajuste entre para onde poderia ir com sua estratégia e aonde quer chegar com seu enfoque de gestão". Segundo Eisenmann, as maiores oportunidades do Google estão nos mercados enormes de aplicações de software, comércio eletrônico e programas que substituam o Microsoft Windows, que exigem uma liderança vertical tradicional e uma hierarquia disciplinada de objetivos que a empresa não tem.

Fonte: Com base em informação de http://www.google.com e George Sanders. "¿Es Google un fenómeno que reescribe las reglas de la gestión?". *The Wall Street Journal Americas*, publicado em *Reforma*, em 15 de agosto de 2007.

As metas de todos os gerentes e as organizações

A meta de todos os gerentes deve ser criar um excedente, estabelecendo um ambiente em que as pessoas possam obter as metas do grupo com a menor quantidade de tempo, dinheiro, materiais e insatisfação pessoal.

Os executivos não diretamente ligados aos negócios às vezes dizem que a meta dos gerentes de negócios é simples: obter lucro. Mas os lucros são só um indicador dos excedentes das vendas em relação às despesas. Para muitas empresas, uma meta importante é o incremento em longo prazo do valor de suas ações comuns. Michael Porter, de Harvard, foi um crítico da importância do valor para os acionistas quando escreveu que "perdemos de vista a rentabilidade como a meta e substituímos o valor para o acionista pelo preço da ação".[3] Isso, sugere Porter, destruiu muitas empresas. Em um sentido muito real, em todo tipo de organizações, sejam ou não de negócios, a meta lógica e publicamente desejável de todos os gerentes deve ser *obter um superavit*. Por isso, os gerentes estabelecem um ambiente em que as pessoas possam obter as metas do grupo com a menor quantidade de tempo, dinheiro, materiais e insatisfação pessoal ou em que possam obter tanto quanto seja possível uma meta desejada com os recursos disponíveis. Em uma organização sem fins lucrativos, como um departamento de polícia, ou unidades de negócio não responsáveis pelos seus lucros totais (como um departamento de contabilidade), os gerentes têm metas e devem tratar de alcançá-las com o mínimo de recursos ou obter o máximo possível com os já disponíveis.

Características de companhias de classe mundial – consideradas centros de excelência

Nos Estados Unidos, a rentabilidade é uma importante medida da excelência de uma companhia. Entretanto, em várias ocasiões também são usados outros critérios que, com frequência, coincidem com o desempenho financeiro. Em seu livro *In search of excellence*, Thomas Peters e Robert Waterman identificaram 43 companhias que consideraram centros de excelência.[4] Para escolher as empresas, levaram em conta fatores como o crescimento de ativos e capital acionário, a rentabilidade média sobre o capital total e os indicadores similares. Também consultaram especialistas de mercado sobre o caráter inovador das companhias.

Os autores identificaram oito características das empresas de classe mundial. Especificamente, estas empresas:

1. estavam orientadas para a ação;
2. aprendiam sobre as necessidades de seus clientes;
3. promoviam a autonomia gerencial e o espírito empresarial;
4. obtiveram produtividade dando muita atenção às necessidades de seu pessoal;
5. eram impulsionadas por uma filosofia de companhia frequentemente baseada nos valores de seus líderes.

---

3 Argyres, Nicholas, McGahan, Anita M. "An interview with Michael Porter". *Academy of Management Executive*, maio de 2002, p. 47.

4 Peters, Thomas J. Jr., Robert H. Waterman, *In search of excellence*. Nova York: Harper & Row, 1982.

Perspectiva internacional

As companhias mais reconhecidas dos Estados Unidos[5]

Em sua pesquisa anual, as dez companhias mais reconhecidas relacionadas na edição de 6 de março de 2006 da *Fortune* foram:

1. General Electric
2. FedEx
3. Southwest Airlines
4. Procter & Gamble
5. Starbucks
6. Johnson & Johnson
7. Hathaway
8. Dell
9. Toyota Motor
10. Microsoft

6. focavam o negócio que conheciam melhor.
7. tinham uma estrutura organizacional simples com um mínimo de pessoal.
8. eram centralizadas e descentralizadas, conforme apropriado.

Dois anos depois da publicação de *In search of excellence*, a *Business Week* voltou a examinar as companhias que Peters e Waterman consideraram de excelência.[6] A pesquisa da revista revelou que pelo menos 14 das 43 companhias não atendiam muito bem várias das oito características de excelência. Nove companhias mostravam uma forte queda em suas receitas. Embora Peters e Waterman fossem criticados em vários aspectos (como seus métodos para compilar e interpretar os dados, como o amplo uso de anedotas e entrevistas de líderes da área, em vez de utilizar fontes de pesquisa mais científica), a revisão de desempenho das empresas indicou que o sucesso pode ser só transitório e que exige um trabalho duro e constante para se adaptar às mudanças no ambiente.[7]

A FedEx melhorou notavelmente sua qualificação com novos voos entre Xangai e Japão, novos escritórios gerais em Wuhan (China) e a primeira entrega expressa entre a China e a Índia. Outras companhias que melhoraram sua qualificação foram a Procter & Gamble (4ª colocada) e a Johnson & Johnson (6ª colocada). A Dell caiu do 1º lugar no ano anterior para o 8º em 2006. A Wal-Mart não está na lista de 2006 porque caiu para o 12º lugar, em parte por críticas recebidas e pela redução do preço das ações. As classificações podem mudar de um ano para outro, como comentou Warren Buffett: "são necessários 20 anos para estabelecer uma reputação, e cinco minutos para arruiná-la".[8]

---

[5] Fisher, Anne. "America's most admired companies 2006". *Fortune*, 6 de março de 2006.

[6] "Who's excellent now?". *BusinessWeek*, 5 de novembro de 1984, p. 76-88. Ver também Hitt, Michael A. e Ireland, R. Duane. "Peters and Waterman revisited: The unending quest for excellence". *Academy of Management Executive*, maio de 1987, p. 91-98.

[7] Peters e Waterman. *In search of excellence*. Para excelentes discussões com os autores realizadas por William C. Bogner cerca de 20 anos depois da publicação de seu livro (e os demais), ver a edição de fevereiro de 2002 de *Academy of Management Executive* para "Introduction: a bright signal in a dark time", p. 38-39; "Tom Peters on the real world of business", p. 40-44; e "Robert H. Waterman, Jr., on being smart and lucky", p. 45-50. Também há dois valiosos comentários sobre *In search of excellence* na mesma edição da publicação: Les Misik, "The attributes of excellence: the importance of doing", p. 51-52; John W. Newstrom, "In search of excellence: its importance and effects", p. 53-56.

[8] Fisher. *Fortune*.

Perspectiva internacional

As 10 melhores companhias da América Latina

Segundo a revista *América Economía*, o crescimento das economias asiáticas e dos Estados Unidos em 2005 gerou crescimento nas economias da América Latina. Em média, as vendas das 500 maiores empresas latino-americanas foi de US$ 1,364 bilhão, o que representa um crescimento de 21,5% em relação a 2004. As 10 principais empresas são:

Lugar	Empresa/Ramo	País
1	Pemex (petróleo)	México
2	PDVSA (petróleo)	Venezuela
3	Petrobras (petróleo)	Brasil
4	Pemex Refinación (refinaria)	México
5	Comisión Federal de Electricidad (eletricidade)	México
6	América Móvil (telefonia celular)	México
7	Petrobras Distribuidora (distribuição de derivados do petróleo)	Brasil
8	Wal-Mart de México (supermercados)	México
9	Telmex (telefonia)	México
10	Cemex (fabricante de cimento)	México

Fonte: "500 sobre 500". *América Economía*. México, n. 326, 14 de julho a 17 de agosto de 2006, p. 120-121.

Como adaptar-se às mudanças no século XXI: adotar avanços tecnológicos, tendências em globalização e um enfoque no espírito empresarial

Para ter sucesso no século XXI, as companhias devem aproveitar a nova tecnologia da informação, em especial a Internet, a globalização e o espírito empresarial.

Para ter sucesso no século XXI, as companhias devem aproveitar a nova tecnologia da informação, em especial a Internet, a globalização e o espírito empresarial.

Tecnologia[9]

A tecnologia e a tecnologia da informação (TI), em especial, têm um profundo impacto tanto nas organizações como nos indivíduos. A Internet conecta pessoas e organizações, gerando uma rede mundial. O comércio eletrônico (*e-commerce*) é utilizado cada vez mais para transações entre indivíduos e companhias (B2C) e entre companhias

[9] Ver o Technology Quarterly no *The Economist*, 2 de dezembro de 2006, que analisa, por exemplo, tendências do efeito da tecnologia na sociedade, computação, robótica, comunicações, eletrônica, mídia, inovação, biometria e segurança, transportes e outras áreas; ver também *Business Week*. Disponível em: http://www.businessweek.com/ebiz, acesso em 1º de outubro de 2008; http://searchmobilecomputing.techtarget.com/sDefinition/O,,sid40_gci214590,co.html, acesso em 12 de fevereiro de 2007; http://money.cnn.com/2006/11/09/technology/fastforward_secondlife.fortune/index.htm, acesso em 1º de outubro de 2008; http://www.hbs.edu/units/tom, acesso em 1º de outubro de 2008.

Perspectiva empresarial

As companhias de tecnologia de crescimento mais rápido nos Estados Unidos[10]

Em 2006, a revista *Business 2.0* compilou uma lista das companhias de tecnologia com crescimento mais rápido nos Estados Unidos em termos de faturamento e lucros. Elas enfrentam uma intensa concorrência, não só de novas empresas em seus ramos, mas também de ciclos de vida cada vez mais curtos dos produtos. Portanto, devem ser administradas de maneira profissional para continuar prosperando e sobreviver.

1. Celgene (Médica)
2. Rede Hat (Software)
3. Apple Computer (Eletrônica)
4. SanDisk (Eletrônica)
5. ValueClick (Serviços para negócios)
6. Palomar Medical Technologies (Médica)
7. aQuantive (Serviços para negócios)
8. LifeCell (Médica)
9. Gilead Sciences (Médica)
10. Clinical Data (Médica)

(B2B). O número de pessoas que se conectam à Internet varia entre países. Os Estados Unidos, Canadá, os países nórdicos da Europa e Austrália têm altas taxas de acesso à rede, igual a muitos países asiáticos. Por exemplo, Xangai, na China, tem uma população de 18 milhões e mais de 16 milhões de assinantes de telefones celulares.[11] Mas outras nações, incluídos países em desenvolvimento, estão conectando-se rapidamente à rede global.

Outra tendência é o uso do *m-commerce*, isto é, comércio móvel ou sem fio para comprar e vender bens utilizando, por exemplo, telefones celulares. Cada vez mais as pessoas podem se comunicar sem necessidade de computadores, utilizando dispositivos sem fio. Por exemplo, no Japão, a NTT DoCoMo desenvolveu um serviço de Internet chamado *i-mode*, que já tem milhões de assinantes.[12] Estes serviços estão crescendo rapidamente com a chegada da terceira geração de tecnologia sem fio, que permite a transmissão rápida de dados (incluindo vídeo). Essas e outras tendências da tecnologia são tão importantes que serão amplamente discutidas no Capítulo 19 e no fechamento da sexta parte.

Globalização[13]

A segunda tendência importante é a globalização. A maioria das grandes corporações tem presença internacional. A Organização Mundial de Comércio (OMC), uma organização guarda-chuva, foi fundada em 1995 para supervisionar o comércio internacional. Apesar de protestos de rua em reuniões da OMC, a globalização continua. Os lucros da globalização não só beneficiam as corporações ocidentais como também signi-

[10] Ver *The Economist*, 23 de setembro de 2000, edição que cobre "The case for globalization"; ver também Rugman; Alan M. e Hodgetts, Richard M. *International business: a strategic management approach*, Harlow: Pearson Education, 2000; Wild, John J.; Wild, Kenneth L.; e Han, Jerry C. Y. *International business: the challenges of globalization*, 4ª ed., Upper Saddle River, Nova Jersey: 2008; Griffin, Ricky W. e Pustay, Michael W. *International business*, 5ª ed., Upper Saddle River, Nova Jersey: 2007.

[11] "Shanghai rising". *Business Week*, 19 de fevereiro de 2007, p. 50-55.

[12] Disponível em: http://www.nttdocomo.com/services/imode/index.html, acesso em 1º de outubro de 2008.

[13] Disponível em: http://www.china.org.cn, acesso em 1º de outubro de 2008.

Perspectiva internacional

O que a tecnologia fez pelas pequenas e médias empresas: tornou-as globais

Hoje é impensável o cotidiano nos ambientes de negócios sem computadores, celulares, televisão ou videoconferências, apresentações virtuais, chats de negócios, PC pocket ou correio eletrônico. Mas unindo tudo isso aos softwares adequados, o que temos é um escritório com capacidade de fazer negócios em todo o mundo!

Isso se torna uma mina de oportunidades para as pequenas e médias empresas quando sabem aproveitá-las. Assim comprova a E-volution, uma empresa de marketing digital com sede em Miami, mas com escritórios no México, Buenos Aires e Barcelona. Entre suas contas estão as campanhas da Hewlett-Packard, History Channel e Peugeot. Organizam suas reuniões por correio eletrônico, confirmam-nas por chat e as realizam mediante videoconferências, graças à telefonia IP. Além disso, utilizam aplicações web, datawarehouse, intranet e extranet.

Outra empresa bem-sucedida graças à tecnologia é a Simitel, um provedor de serviços de contact center para empresas pequenas e médias, que conta com 24 pessoas no México, duas nos Estados Unidos e três na Inglaterra. Todos se comunicam por meio da Internet, correio eletrônico, chat softphones e voz sobre IP, além de ferramentas de colaboração na Web, como Webex ou GotoMeeting. Essa estrutura lhes permite ter reuniões de *brainstorming*. Também utilizam um sistema de videocâmeras conectadas a uma página na Internet que lhes permite monitorar em tempo real quem está no escritório.

A DentalCorp é uma empresa brasileira fornecedora de serviços odontológicos corporativos que abriu uma sucursal em Santiago no Chile. Para atender suas empresas clientes, desenvolveu um banco de dados de tratamentos do qual podem fazer parte os dentistas que trabalham no Brasil e no Chile. Para conectarem-se, utilizam o programa de banco de dados SQL e também realizam conferências telefônicas com Skype ou por chat.

Fonte: Com informação de Arly Faundes Berkhoff. "El salto de las microglobales". *América Economía*. México, n. 328, 1 a 14 de setembro de 2006.

ficam ganhos mais altos para pessoas de outros países, como a China.[14] É evidente que os gerentes devem desenvolver uma perspectiva internacional. O Capítulo 3 abordará vários problemas globais detalhadamente. Além disso, questões internacionais são discutidas em cada uma das seis partes e as perspectivas internacionais são apresentadas ao longo do livro.

Espírito empreendedor[15]

Um enfoque crescente do espírito empreendedor como um imperativo nacional e organizacional é inequivocamente claro. O espírito empreendedor é visto pelos governos como um meio para aumentar os índices de emprego e a prosperidade da população. As grandes e pequenas organizações consideram que a inovação e a expansão empresarial em novos mercados são essenciais para seu sucesso e sobrevivência em mercados cada vez mais competitivos que estão enlaçados globalmente por meio de tecnologias de comunicação mais sofisticadas e sempre presentes.

---

14 Ver também Zimmerer, Thomas W. e Scarborough, Norman M. com Doug Wilson. *Essentials of entrepreneurship and small business management*. 5ª ed., Upper Saddle River, Nova Jersey: 2008; e Barringer, Bruce R. e Ireland, R. Duane. *Entrepreneurship*. 2ª ed., Upper Saddle River, Nova Jersey: 2008.

15 *Business 2.0*, conforme visto em CNNMoney. Disponível em: http://money.cnn.com/magazines/business2, acesso em 1º de outubro de 2008.

Perspectiva internacional

O que gera empreendedores?

De acordo com uma pesquisa da Global Entrepreneurship Monitor proposta pela London Business School e o Babson College, que considerou 43 países, os locais em que mais se desenvolveu o espírito empreendedor não são precisamente os que têm as melhores condições para isso. A falta de oportunidades e a rentabilidade obrigam os empreendedores a procurarem alternativas. Mas muitas dessas iniciativas estão condenadas a fracassar pelo ambiente adverso. Assim, os primeiros cinco países mais empreendedores são: Venezuela, Tailândia, Nova Zelândia, Jamaica e China.

Fonte: Com informação de "Emprendedores por necesidad". *América Economía*. México, n. 327, 18 a 31 de agosto de 2006, p. 98.

O **espírito empreendedor** é um processo criativo, centrado na noção de identificar oportunidades de mercado e necessidades não satisfeitas. Constrói soluções que satisfazem estas necessidades e trazem valor aos clientes. Os empresários criam organizações que contribuem com produtos para aliviar a dor das pessoas (como as companhias farmacêuticas) ou proporcionam os meios para que as pessoas melhorem suas próprias vidas por meio de telecomunicações sofisticadas (como as companhias de tecnologia da informação). Do epicentro empresarial do Vale do Silício até centros empresariais emergentes em todo o mundo, a criação e inovação de novos projetos são a força impulsora do progresso para a humanidade. Ressaltamos estas tendências empreendedoras e sua correspondência com um amplo leque de desafios administrativos ao longo de cada capítulo e na seção de fechamento de cada parte do livro para centrar a atenção no efeito crítico do espírito empreendedor nas organizações de hoje.

Espírito empreendedor

É um processo criativo centrado na noção de identificar oportunidades de mercado e necessidades não satisfeitas.

Produtividade, eficácia e eficiência

Outra forma de medir a meta dos gerentes é a elevação da produtividade. Depois da Segunda Guerra Mundial, os Estados Unidos se tornaram o líder mundial em produtividade. Mas, no fim dos anos 60, o crescimento da produtividade começou a desacelerar. Atualmente, a urgente necessidade de melhoria na produtividade é reconhecida em todo o mundo por governos, indústria e universidades. Frequentemente voltamos nossa atenção para o Japão, para encontrar respostas para nosso problema de produtividade (questão a considerar mais adiante no Capítulo 3), mas o que tendemos a ignorar é a importância de desenvolver atividades gerenciais e não-gerenciais básicas.

Definição de produtividade

As companhias bem-sucedidas criam um excedente por meio de operações produtivas. Mesmo não existindo um total acordo sobre o verdadeiro significado de **produtividade**, podemos defini-la como a relação entre a saída de produtos e/ou serviços e a entrada de insumos necessários para produzi-los dentro de um determinado período de tempo, considerando-se um determinado nível de qualidade. Pode expressar-se como segue:

Produtividade

Relação entre a saída de produtos e/ou serviços e a entrada de insumos necessários para a sua produção dentro de um determinado período de tempo, considerando-se um nível de qualidade específico.

$$\text{Produtividade} = \frac{\text{Saídas}}{\text{Insumos}} \text{ (dentro de um período, considerando a qualidade)}$$

A fórmula indica que a produtividade pode melhorar 1) incrementando as saídas com os mesmos insumos, 2) reduzindo os insumos, mas mantendo as mesmas saídas, ou 3) incrementando as saídas e reduzindo os insumos para alterar a relação favoravelmente. As companhias utilizam vários tipos de insumos, como mão-de-obra, materiais e capital. A produtividade é uma medida de eficiência que pode ser mensurada parcialmente para vários fatores ou para fatores totais, combinando diversos insumos para chegar a um insumo composto. No passado, os programas de melhoria na produtividade estavam voltados em maior grau para o nível do trabalhador. Mas, como disse Peter F. Drucker, um dos autores mais reconhecidos em administração, "a maior oportunidade para incrementar a produtividade deve encontrar-se com certeza no conhecimento do próprio trabalho e, em especial, na administração".[16]

Definições de eficácia e eficiência

Eficácia

Atingir os objetivos.

Eficiência

Alcançar os fins com o mínimo de recursos.

A produtividade envolve eficácia e eficiência no desempenho individual e organizacional. **Eficácia** é atingir os objetivos. **Eficiência** é alcançar os fins com o mínimo de recursos. Os gerentes não podem saber se foram produtivos sem antes conhecer suas metas e as da organização. Essa questão será analisada no Capítulo 4.

Administrar: ciência ou arte?

Administrar como prática é uma *arte*; o conhecimento organizado relativo à prática é uma ciência.

Administrar, como todas as demais práticas (seja em medicina, música, engenharia, contabilidade ou até futebol), é uma arte. É saber como administrar diversos aspectos diante da realidade de uma situação. Entretanto, os administradores podem trabalhar melhor utilizando o conhecimento organizado da administração. Esse conhecimento constitui uma ciência. Assim, administrar como prática é uma *arte*; o conhecimento organizado relativo à prática pode ser chamado de *ciência*. Nesse contexto, ciência e arte não são mutuamente excludentes, mas complementares.

Conforme a ciência melhora, também deve melhorar a arte, como aconteceu nas ciências físicas e biológicas. Podemos estar seguros de que a ciência subjacente é tosca e inexata, porque as muitas variáveis que os gerentes administram são bastante complexas. Mas esse conhecimento administrativo pode melhorar a prática gerencial. Os médicos sem a vantagem da ciência seriam pouco mais do que feiticeiros. Os executivos que tentam administrar sem a ciência administrativa devem confiar na sorte, intuição, ou fazer o que faziam no passado.

Na administração, como em qualquer outro campo, a menos que os praticantes aprendam por tentativas e erros (costuma-se dizer que os erros dos gerentes são as tentativas de seus subordinados), não há como recorrer em busca de guia significativa, além do conhecimento acumulado relativo à sua prática.

---

[16] Drucker, Peter F. *Management: tasks, responsibilities, practices*, Nova York: Harper & Row, 1973, p. 69. Ver também Davis, Tim R. V. "Information technology and white-collar productivity". *Academy of Management Executive*, fevereiro de 1991, p. 55-67; Drucker, Peter. "The next society". *The Economist*, 3 de novembro de 2001, p. 3-20; Disponível em: http://www.peter-drucker.com, acesso em 2 de outubro de 2008.

Evolução do pensamento administrativo

Diversas contribuições de muitos autores e profissionais da administração apresentaram diferentes enfoques e integraram um "emaranhado de conhecimentos que formam a teoria da administração". Mais adiante neste capítulo, você aprenderá sobre os diferentes padrões de análise administrativa e o que pode ser feito para desemaranhar este conhecimento. A Tabela 1.1 resume as principais contribuições de autores e profissionais da administração.[17] Ressaltaremos a administração científica de Frederick Taylor, a teoria da administração científica moderna de Henri Fayol e os estudos Hawthorne de Elton Mayo e F. J. Roethlisberger.

TABELA 1.1 O surgimento do pensamento administrativo

Autor, título e ano de trabalhos importantes	Principal contribuição para a administração
	Administração científica
Frederick W. Taylor *Shop management* (1903) *Principles of scientific management* (1911) *Testimony before the special house committee* (1912)	Reconhecido como o pai da administração científica. Sua principal preocupação era elevar a produtividade por meio de uma maior eficiência da produção e um melhor pagamento aos trabalhadores ao aplicar o método científico. Seus princípios enfatizam utilizar a ciência, criar harmonia e cooperação do grupo, obter uma produção ótima e desenvolver os trabalhadores, centrando-se fortemente em aspectos econômicos e de divisões de trabalho.
Henry L. Gantt (1901)	Pedia a seleção científica dos trabalhadores e a "cooperação harmoniosa" entre a mão-de-obra e a administração. Desenvolveu o gráfico de Gantt (Capítulo 19). Insistiu na necessidade da capacitação.
Frank e Lillian Gilbreth (1900)	Frank é conhecido por seus estudos de tempos e movimentos. Lillian, psicóloga industrial, focou os aspectos humanos do trabalho e a compreensão das personalidades e necessidades dos trabalhadores.
	Teoria da administração operacional moderna
Henri Fayol *Administration industrielle et générale* (1916)	Considerado o pai da teoria da administração moderna. Dividiu as atividades industriais em seis grupos: técnico, comercial, financeiro, segurança, contabilidade e gerencial. Reconheceu a necessidade de ensinar administração. Formulou 14 princípios da administração, como autoridade e responsabilidade, unidade de comando, cadeia de comando e o espírito de equipe.
	Ciências do comportamento
Hugo Münsterberg (1912)	Aplicação da psicologia à indústria e à administração.
Walter Dill Scott (1910, 1911)	Aplicação da psicologia à publicidade, ao marketing e aos recursos humanos.
Max Weber (traduções, 1946, 1947)	Teoria da burocracia.
Vilfredo Pareto (livros, 1896-1917)	Considerado o pai do enfoque dos sistemas sociais à organização e à administração.

(*continua*)

[17] A Tabela 1.1 mostra alguns dos pioneiros que contribuíram para o pensamento administrativo, de Henry Gantt até Chester Barnard. Para mais informações sobre suas contribuições, ver http://www.sdsc.edu/ScienceWomen/gilbreth.html, acesso em 29 de setembro de 2006, e http://www.lib.uwo.ca/business, acesso em 30 de março de 2007.

TABELA 1.1 (*conclusão*)	
Autor, título e ano de trabalhos importantes	**Principal contribuição para a administração**
Elton Mayo e F. J. Roethlisberger (1933)	Famosos estudos na planta Hawthorne da Western Electric Company sobre a influência das atitudes e relações sociais dos grupos de trabalho sobre o desempenho.
Teoria de sistemas	
Chester Barnard *The functions of the executive* (1938)	A tarefa dos gerentes é a de manter um sistema de esforço cooperativo em uma organização formal. Sugeriu um enfoque amplo de sistemas sociais a administrar.
Pensamento administrativo moderno	
Muitos autores são analisados no livro. As principais contribuições são de Chris Argyris, Robert R. Blake, C. West Churchman, Ernest Dale, Keith Davis, Mary Parker Follett, Frederick Herzberg, G. C. Homans, Harold Koontz, Rensis Likert, Douglas McGregor, Abraham H. Maslow, Lyman W. Porter, Herbert Simon, George A. Steiner, Lyndall Urwick, Norbert Wiener e Joan Woodward.	
Peter F. Drucker (1974)	Um dos mais importantes autores modernos escreveu sobre muitas questões gerais da administração.
W. Edwards Deming (depois da Segunda Guerra Mundial)	Introduziu o controle da qualidade no Japão.
Laurence Peter (1969)	Observou que eventualmente as pessoas são promovidas para um nível em que são incompetentes.
William Ouchi (1981)	Selecionou e discutiu práticas gerenciais japonesas adaptadas para o ambiente ocidental.
Thomas Peters e Robert Waterman (1982)	Identificaram características das companhias que consideraram de excelência ou de classe mundial.

Fonte: Parte da informação desta tabela se baseia em George, Jr.; Claude S. *The history of management thought*, Englewood Cliffs, NJ: Prentice Hall, 1972.

Frederick Taylor e a administração científica[18]

Frederick Winslow Taylor deixou a universidade e começou como aprendiz na fabricação de moldes em 1875. Entrou na Midvale Steel Company de Filadélfia como maquinista em 1878 e chegou ao cargo de engenheiro-chefe após obter um diploma de engenharia na escola noturna. Inventou ferramentas para corte de alta velocidade de aço e passou a maior parte de sua vida como engenheiro consultor. Em geral, Taylor é reconhecido como o pai da administração científica. Talvez nenhuma outra pessoa tivesse uma presença maior no desenvolvimento inicial da administração. Suas experiências como aprendiz, como operário comum, capataz, mestre mecânico e depois como engenheiro-chefe de uma aciaria deram a Taylor ampla oportunidade de aprender em primeira mão os problemas e atitudes dos trabalhadores e de ver as grandes possibilidades de melhorar a qualidade da administração.

[18] Para uma análise adicional de Frederick Taylor, ver http://www.fordham.edu/halsall/mod/1911taylor.html, acesso em 3 de outubro de 2008; http://www.cohums.ohio-state.edu/history/courses/hist563/fwt5-29.htm, acesso em 3 de outubro de 2008, e http://en.wikipedia.org/wiki/Frederick_Winslow_Taylor, acesso em 3 de outubro de 2008.

O famoso trabalho de Taylor, *Principles of scientific management*, foi publicado em 1911. Nele, o autor define os princípios fundamentais do enfoque científico da administração como os seguintes:

- Substituir as regras práticas pela ciência (conhecimento organizado);
- Obter harmonia, mais do que discórdia, na ação de grupo;
- Obter a cooperação dos seres humanos, mais do que o individualismo caótico;
- Trabalhar para obter a produção máxima, mais do que uma produção restrita;
- Desenvolver todos os trabalhadores até o maior nível possível para sua própria prosperidade e a da companhia.

Podemos observar que estes preceitos básicos de Taylor não estão muito longe das crenças fundamentais do gerente moderno.

Henri Fayol, o pai da teoria da administração moderna[19]

Possivelmente, o verdadeiro pai da teoria da administração moderna é o industrial francês Henri Fayol, que identificou uma ampla necessidade de princípios e ensino administrativo. Em consequência, identificou 14 desses princípios, que qualificou como flexíveis, não absolutos e úteis, independentemente das mudanças nas condições. Vejamos alguns destes princípios:

- *Autoridade e responsabilidade*. Fayol sugere que a autoridade e a responsabilidade estejam relacionadas e que a segunda seja consequência da primeira. Vê a autoridade como uma combinação de fatores oficiais, derivados da posição do gerente, e fatores pessoais "compostos por inteligência, experiência, valor moral, serviços anteriores etc.".
- *Unidade de comando*. Os funcionários devem receber ordens de um único superior.
- *Cadeia de comando*. Para Fayol, isso é como uma "cadeia de hierarquia" das posições mais altas até as mais baixas. Deverá ser respeitada, a menos que seja prejudicial se for seguida de maneira escrupulosa, por entrar em curto-circuito.
- *Espírito de equipe*. Este é o princípio de "a união faz a força", assim como uma extensão do princípio de unidade de comando. Ressalta a necessidade do trabalho em equipe e a importância da comunicação para obtê-la.

Fayol considera os elementos da organização como as funções de planejar, organizar, comandar, coordenar e controlar.

[19] Fayol, Henri. *General and industrial management*. Nova York: Pitman, 1949. Disponível em: http://sol.brunel.ac.uk/~jarvis/ bola/competence/fayol.html, acesso em 5 de outubro de 2002.

Elton Mayo e F. J. Roethlisberger e os estudos Hawthorne

Elton Mayo, F. J. Roethlisberger e outros conduziram os famosos experimentos na planta Hawthorne, da Western Electric Company, entre 1927 e 1932.[20] Antes, de 1924 a 1927, o National Research Council realizou um estudo em colaboração com a Western Electric para determinar o efeito da iluminação e outras condições sobre os trabalhadores e sua produtividade. Descobriram que a produtividade melhorava quando a iluminação aumentava, ou diminuía para um grupo de prova. Os pesquisadores estiveram a ponto de declarar a experiência um fracasso. Entretanto, Mayo, da Harvard, percebeu algo diferente e, com Roethlisberger e outros, continuou a pesquisa.

O que Mayo e seus colegas encontraram, em parte, sobre a base das ideias anteriores de Vilfredo Pareto, iria ter um efeito radical no pensamento administrativo. Mudar a iluminação para o grupo de prova, modificar os períodos de descanso, recortar os dias de trabalho e diversos sistemas de pagamento de incentivos não pareciam explicar as mudanças na produtividade. Mayo e seus pesquisadores chegaram, então, à conclusão de que outros fatores eram os responsáveis e assumiram que a melhoria na produtividade se devia a fatores sociais, como a moral, as relações satisfatórias entre os membros de um grupo de trabalho (senso de fazer parte do grupo) e a administração eficaz, um tipo de administração que leva em conta o comportamento humano, em especial o comportamento de grupo, e o atende por meio de habilidades interpessoais, como motivação, aconselhamento, direção e comunicação. Este fenômeno, que surge basicamente do fato de as pessoas serem "percebidas", foi chamado de o efeito Hawthorne.

http://www.thoemmes.com/encyclopedia/mayo.htm

Contribuições recentes para o pensamento administrativo

Dentre aqueles que contribuíram para o pensamento administrativo estão os administradores públicos, gerentes de empresas e cientistas do comportamento, cujos trabalhos são analisados ao longo do livro. Mencionaremos somente alguns deles.

Peter F. Drucker escreveu sobre diversas questões administrativas,[21] e Keith Davis nos ajudou a compreender a organização informal. W. Edwards Deming[22] e Joseph M.

[20] Para uma descrição completa destas experiências, ver Mayo, Elton. *The human problems of an industrial civilization.* Nova York: Macmillan, 1933, caps. 3-5; Roethlisberger, F. J. e Dickson, W. J. *Management and the worker.* Cambridge, MA: Harvard University Press, 1939. Ver também http://www.lib.uwo.ca/business/fritz.html, acesso em 5 de outubro de 2008; http://www.thoemmes.com/404.asp?404 e http://www.thoemmes.com/encyclopedia/mayo.htm, acesso em 5 de outubro de 2008.

[21] Ver, por exemplo, "Peter Drucker awarded the presidential medal of freedom". Disponível em: http://drucker.cgu.edu/html/popup/presaward.htm, acesso em 5 de outubro de 2008.

[22] Disponível em: http://www.deming.org, acesso em 5 de outubro de 2008.

Perspectiva internacional

A sabedoria de Peter Drucker[23]

Peter Drucker, nascido em 1909, em Viena, educado na Áustria e na Inglaterra, transmitiu seus ensinamentos até 2005, deixando um verdadeiro legado. Muitas de suas ideias continuarão a fazer parte do dia-a-dia das organizações por muitos anos. Ele foi um dos pensadores da administração com maior influência. Durante os séculos XX e XXI, foi e ainda é frequentemente citado como "o guru dos gurus" da administração. Durante seus 70 anos de carreira, escreveu mais de 40 livros e foi consultor de importantes companhias. Entretanto, seus interesses não estavam restritos a percepções gerenciais, mas se estenderam até a arte japonesa e a história europeia. Não obstante, seu objetivo era conseguir que os trabalhadores fossem mais produtivos. Popularizou a administração por objetivos em seu livro clássico *The practice of management*, no qual ressaltou a importância de ter um propósito claro e o estabelecimento de objetivos verificáveis. Isso significa que os objetivos são verificáveis quando no final do ciclo podemos ver se o objetivo foi atingido.

Drucker foi consultor de diretores executivos de importantes companhias, como Jack Welch, ex-CEO da General Electric (GE), considerado por muitos o gerente executivo mais eficaz de uma grande organização complexa. O questionamento de Drucker pôde levar até o axioma de Welch, que sugeriu que se uma das unidades de negócios da GE não era a nº 1 ou a nº 2 em seu mercado (ou se não tinha uma boa oportunidade de sê-lo), deveria ser descartada. A eficácia de Drucker estava em fazer perguntas importantes. Um alto gerente questionou por que deveria pagar os honorários de consultoria de Drucker, se era o diretor executivo quem devia responder a todas as perguntas. Mas o enfoque de perguntas de Drucker frequentemente levava a identificar a direção em que a companhia deveria ir. Andrew Grove, ex-CEO da Intel, ficou impressionado pela análise de Drucker sobre os diversos papéis do CEO, em especial o de representar a empresa diante do público, o de estrategista e o de gerente operacional. Mais ainda, Drucker sugeriu que um gerente não deve ser promovido pelo seu potencial, mas pelo seu desempenho.

Em 1943, estudou a estrutura organizacional da GM, que resultou no livro *The concept of the corporation*. Seu ponto de vista era que "são necessárias pessoas capazes de desempenhar atividades em conjunto para tornar seus pontos fortes eficazes e seus pontos fracos irrelevantes".

Drucker sentia uma forte preocupação não somente por conseguir que os trabalhadores fossem mais produtivos, mas porque eles são os ativos mais valiosos da organização, e a tomada de decisões deve ser levada na organização até os níveis da hierarquia mais baixos possíveis (isto é, a delegação). Outro ponto destacado de sua filosofia empresarial é que no centro da organização existem seres humanos, e não máquinas ou edifícios. Também sugeriu que os gerentes façam o mesmo nos Estados Unidos, Alemanha, Japão e China, mas pode ser diferente a maneira como o fazem.

Aprendizagem organizacional, capacitação e desenvolvimento devem ser realizados em todos os níveis da organização. É um esforço contínuo. A rentabilidade não é o propósito, mas uma necessidade nas organizações. O marketing começa com o cliente, seus valores e necessidades, e são feitas perguntas como: "Onde moram os clientes? O que querem comprar?". Simples? Sim, mas muito fortes para uma estratégia eficaz.

Muito antes de ser amplamente reconhecida, Drucker popularizou a noção do "trabalhador do conhecimento" e as considerações especiais para administrá-lo. Mas a administração não é só para empresas com fins lucrativos. Também é para igrejas, sindicatos de trabalhadores, grupos juvenis e hospitais, e este é o ponto de vista ressaltado no livro.

---

23 Thurm, Scott e Lublin, Joann S. "Peter Drucker's legacy includes simples advice: it's all about people". *The Wall Street Journal*, 14 de novembro de 2005; e Flanigan, James e Mulligan, Thomas S. "Drucker regarded as father of modern management". *Los Angeles Times* em *The Contra Costa Times*, 12 de novembro de 2005.

Juran,[24] dois norte-americanos, fizeram muito para melhorar a qualidade dos produtos japoneses. Laurence Peter sugeriu que, eventualmente, as pessoas fossem promovidas até um nível em que eram incompetentes e de onde não era possível promovê-las mais. Infelizmente, isso pode gerar organizações com pessoal incompetente. William Ouchi, que escreveu o bem-sucedido livro *Theory Z*, mostrou como práticas administrativas japonesas podem ser adaptadas nos Estados Unidos. Por último, Thomas Peters e Robert Waterman analisaram características de companhias excelentes. A maioria destas obras será discutida com detalhes em outras partes do livro.

Guias de análise administrativa: um emaranhado de teoria administrativa?

Mesmo que os autores e teóricos acadêmicos tenham contribuído muito pouco para o estudo da administração até princípios da década de 1950 (escritos anteriores eram principalmente de praticantes), as últimas décadas testemunharam um verdadeiro dilúvio de escritos provenientes das salas acadêmicas. A variedade de enfoques para a análise da administração, a quantidade de pesquisas e o grande número de pontos de vista divergentes geraram muita confusão quanto ao que é a administração, o que é a teoria e o que é a ciência e como devem ser analisadas as ocorrências gerenciais. De fato, há muitos anos, Harold Koontz chamou esta situação de "o emaranhado da teoria da administração".[25] Desde então, este cenário mudou um pouco, desenvolveram-se novos enfoques e outros mais antigos adquiriram novos significados, acrescentando palavras novas, mas o desenvolvimento da ciência, assim como o da teoria da administração, segue com as mesmas características.

Os diferentes enfoques para a análise da administração estão ilustrados na Figura 1.3, na qual estão agrupados em 14 categorias. As características, contribuições e limitações de cada enfoque aparecem na figura. Aqui, nos concentraremos no enfoque de papéis gerenciais e no processo administrativo (ou operacional).

Características/contribuições	Limitações	Ilustração
	Enfoque empírico ou de caso[26]	
Estuda a experiência a partir de casos. Identifica sucessos e fracassos.	Todas as situações são diferentes. Não há tentativas para identificar princípios. Valor limitado para desenvolver a teoria da administração.	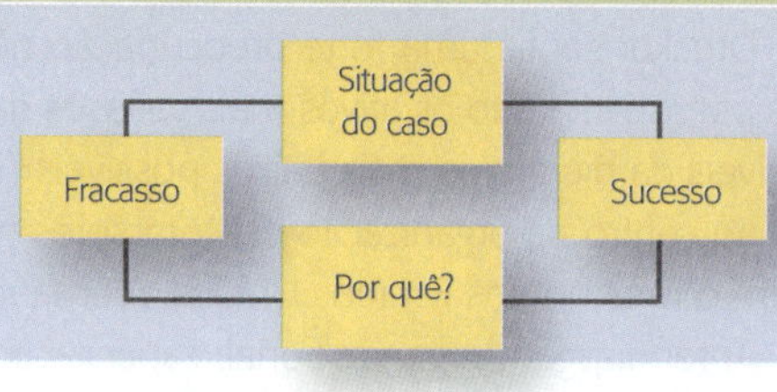

FIGURA 1.3 Enfoques da administração *(continua)*

[24] Para a biografia de Juran, ver http://www.juran.com/drjuran/bio_jmj.html, acesso em 5 de outubro de 2008.

[25] Koontz, Harold. "The management theory jungle". *Journal of the Academy of Management*, dezembro de 1961, p. 174-188. Ver também seu "Making sense of management theory". *Harvard Business Review*, julho-agosto de 1962, p. 24ff.; "The management theory jungle revisited". *Academy of Management Review*, abril de 1980, p. 175-187. Muito deste material foi extraído desses artigos. Ver também http://findaid.oac.cdlib.org/texts, acesso em 5 de outubro de 2008.

[26] Greiner, Larry E.; Bhambri, Arvind e Cummings, Thomas G. "Searching for a strategy to teach strategy". *Academy of Management – Learning & Education*, dezembro de 2003, p. 402-419.

FIGURA 1.3 (*continuação*)

Características/contribuições	Limitações	Ilustração
	Enfoque de papéis gerenciais	
O estudo original consistiu de observações de cinco diretores executivos. Com base neste estudo, foram identificados dez papéis gerenciais agrupados em papéis interpessoais, informacionais e de decisão.	A amostra original era muito pequena. Algumas atividades não são gerenciais; muitas são evidências de planejar, organizar, integrar pessoal, liderar e controlar. Algumas atividades gerenciais importantes ficam fora (como avaliar os gerentes).	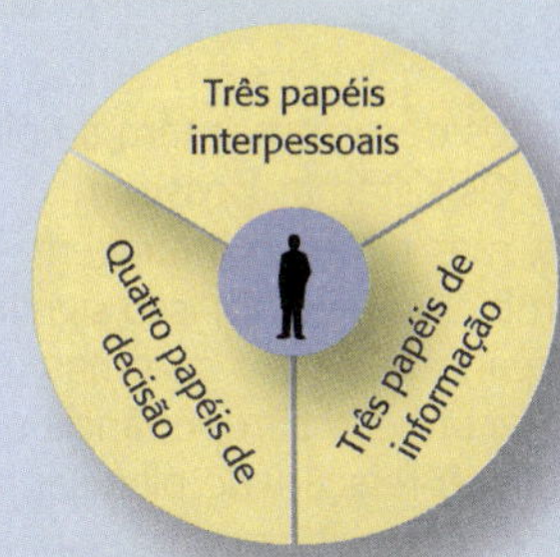
	Enfoque de contingência ou situacional	
A prática gerencial depende de circunstâncias (uma contingência ou uma situação). A teoria da contingência reconhece a influência de determinadas soluções em padrões de comportamento organizacional.	Faz tempo que os gerentes compreenderam que não existe uma única forma de fazer as coisas. É difícil determinar todos os fatores de contingência relevantes e mostrar suas relações. Pode ser muito complexo.	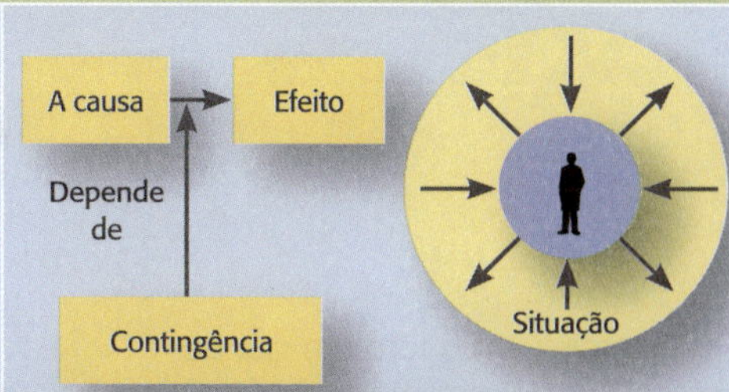
	Enfoque matemático ou "ciência da administração"	
Considera a administração como processos, conceitos, símbolos e modelos matemáticos. Contempla a administração como um processo puramente lógico, que pode ser expresso em símbolos e relações matemáticas.	Preocupação pelos modelos matemáticos. Muitos aspectos de administrar não podem ser modelados. A matemática é uma ferramenta útil, mas não uma escola ou um enfoque para a administração.	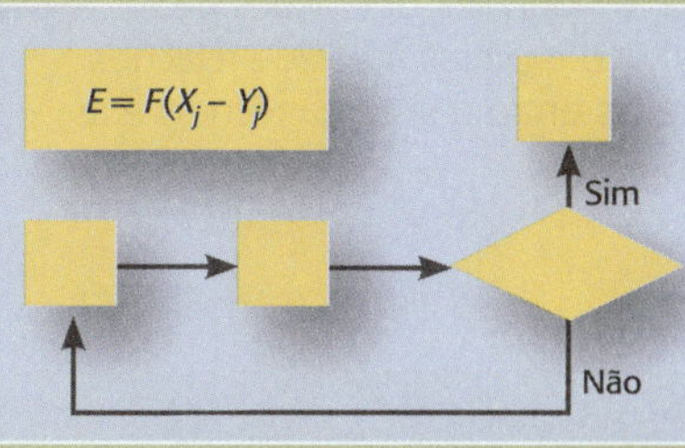
	Enfoque de teoria de decisões	
Focada na tomada de decisões, pessoas ou grupos que tomam decisões, e no processo de tomada de decisões. Alguns teóricos usam a tomada de decisões como um trampolim para estudar todas as atividades empresariais. Os limites do estudo não estão claramente definidos.	Há mais na administração do que tomar decisões. O enfoque é, ao mesmo tempo, excessivamente estreito e amplo.	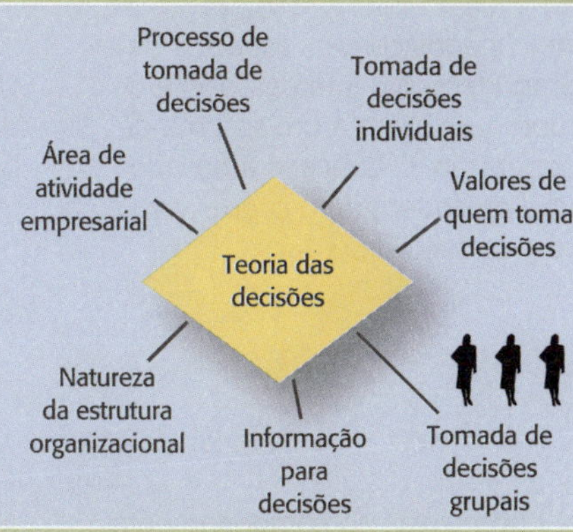
	Enfoque de reengenharia	
Centrado em pensamentos fundamentalmente renovadores, análise de processos, redesenho radical e resultados espetaculares.	Descuida do ambiente externo. Talvez ignore as necessidades dos clientes. Descuida das necessidades humanas. Ignora o sistema de administração total, diferentemente do processo de administração ou operacional.	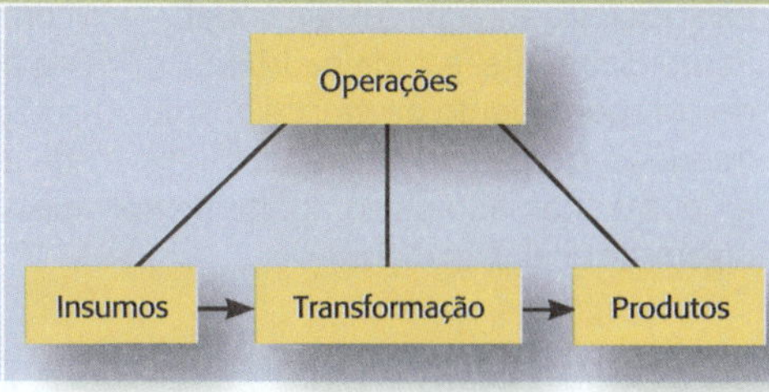

(*continua*)

FIGURA 1.3 (*continuação*)

Características/contribuições	Limitações	Ilustração
Enfoque de sistemas		
Os conceitos de sistemas têm ampla aplicação. Os sistemas possuem fronteiras, mas também interagem com o ambiente externo; isso significa que as organizações são sistemas abertos. Reconhece a importância de estudar a inter-relação, de planejar, organizar e controlar em uma organização, assim como nos muitos subsistemas.	Pode ser considerado somente um novo enfoque para a administração, como afirmam alguns proponentes deste enfoque.	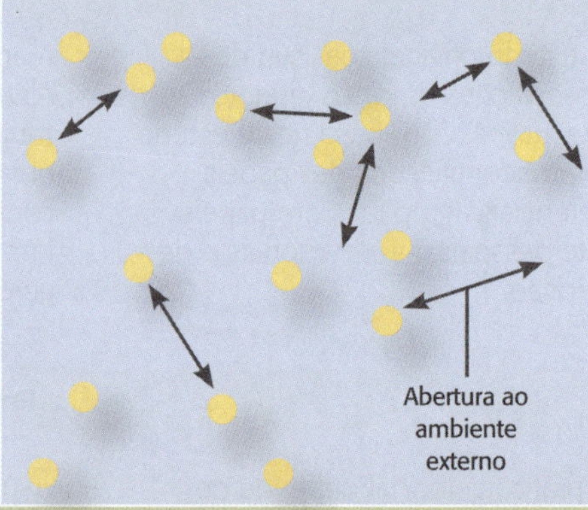
Enfoque de sistemas sociotécnicos		
O sistema técnico tem um grande efeito sobre o sistema social (atitudes pessoais, comportamento do grupo). Foca a produção, operações de escritório e outras áreas de relações estreitas entre o sistema técnico e as pessoas.	Só dá importância ao trabalho do operário e do administrativo de nível mais baixo. Ignora muito outros conhecimentos gerenciais.	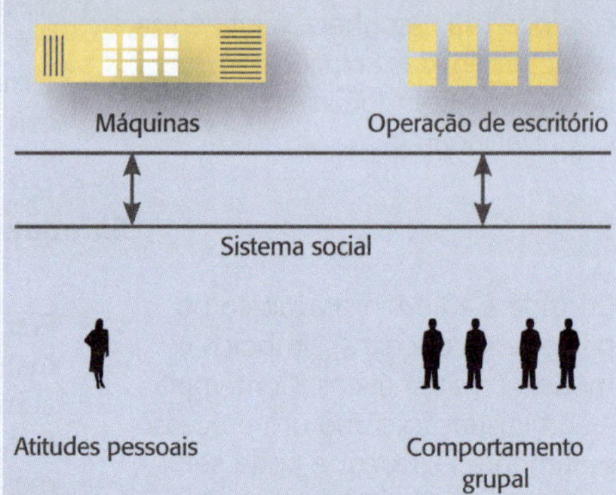
Enfoque de sistemas cooperativos sociais		
Preocupados com os aspectos de comportamento interpessoais e de grupo que levam a um sistema de cooperação. O conceito ampliado inclui qualquer grupo cooperativo com um propósito claro.	Um campo muito amplo para o estudo da administração. Ao mesmo tempo, ignora muitos conceitos, princípios e técnicas gerenciais.	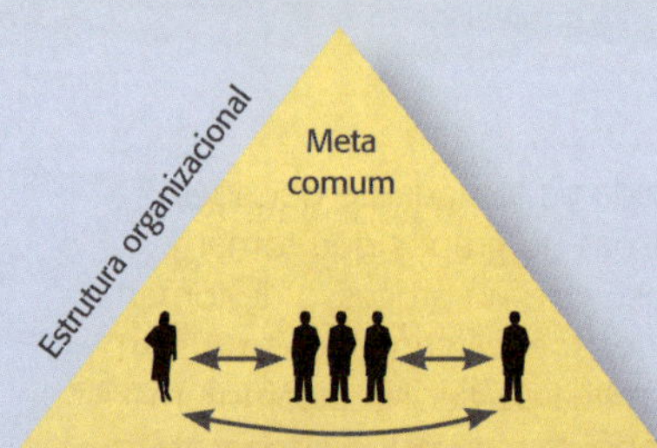
Enfoque de comportamento de grupo		
Dá importância ao comportamento das pessoas em grupos. Baseado na sociologia e na psicologia social. Primordialmente, estuda padrões de comportamento de grupos. Com frequência, o estudo de grandes grupos é chamado de comportamento organizacional.	Frequentemente, não está integrado aos conceitos, princípios, teoria e técnicas da administração. Necessidade de uma integração mais estreita com a definição da estrutura organizacional, integração de pessoal, planejamento e controle.	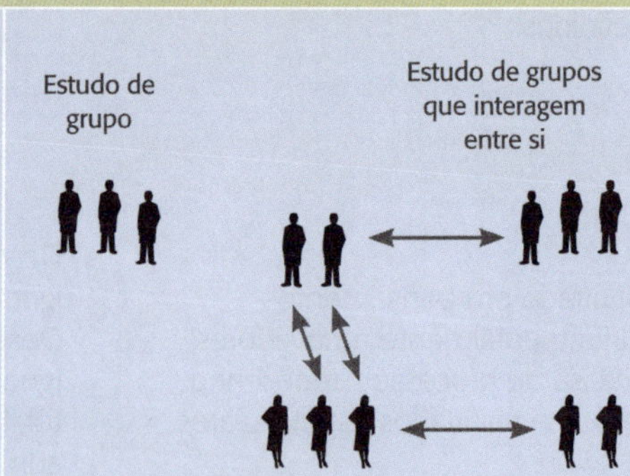

(*continua*)

FIGURA 1.3 (*continuação*)

Características/contribuições	Limitações	Ilustração
Enfoque de comportamento interpessoal		
Focado no comportamento interpessoal, relações humanas, liderança e motivação. Com base na psicologia individual.	Ignora planejar, organizar e controlar. A capacitação psicológica não é suficiente para tornar-se um gerente eficaz.	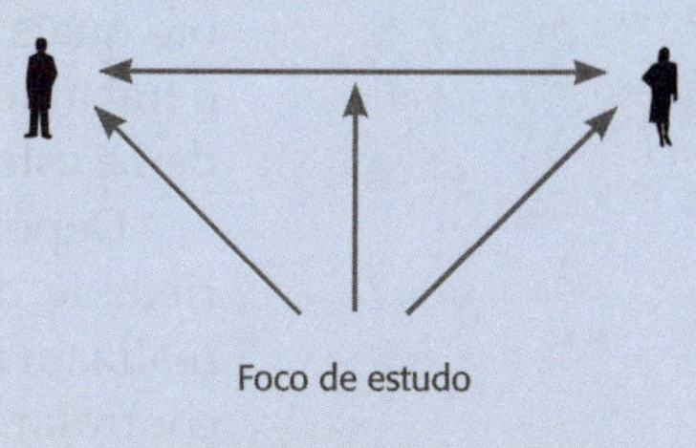
O modelo 7 S de McKinsey		
O 7S (sigla em inglês) é 1) estratégia (*strategy*), 2) estrutura (*structure*), 3) sistemas (*systems*), 4) estilo (*style*), 5) pessoal (*staff*), 6) valores compartilhados (*shared*) e 7) habilidades (*skills*).	Embora esta experimentada empresa de consultoria utilize um marco similar àquele considerado útil por Koontz e outros autores desde 1955 e confirme seu sentido prático, os termos utilizados não são precisos e as questões não são discutidas com profundidade.	
Enfoque de administração da qualidade total		
Focado em proporcionar produtos e serviços confiáveis e satisfatórios (Deming), ou produtos e serviços aptos para seu uso (Juran), ou em conformidade com os requisitos da qualidade (Crosby). Os conceitos gerais são melhoria contínua, atenção aos detalhes, trabalho em equipe e educação de qualidade.	Não existe um completo acordo sobre o que é a administração da qualidade total.	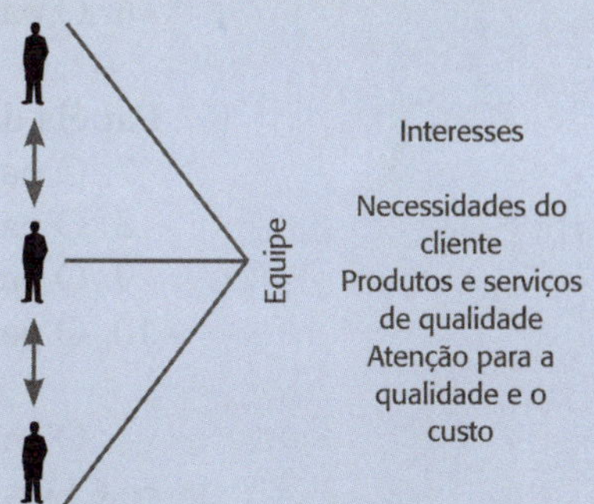
Enfoque de processo de administração ou operacional		
Reúne conceitos, princípios, técnicas e conhecimento de outros campos e enfoques gerenciais. Tenta desenvolver ciência e teoria com aplicação prática. Distingue entre conhecimento gerencial e não-gerencial. Desenvolve um sistema de classificação construído ao redor das funções gerenciais de planejar, organizar, integrar pessoal, liderar e controlar.	Não identifica a função de representar ou coordenar como uma função separada, como o fazem alguns autores. A coordenação, por exemplo, é a essência da arte de administrar e é o propósito da administração.	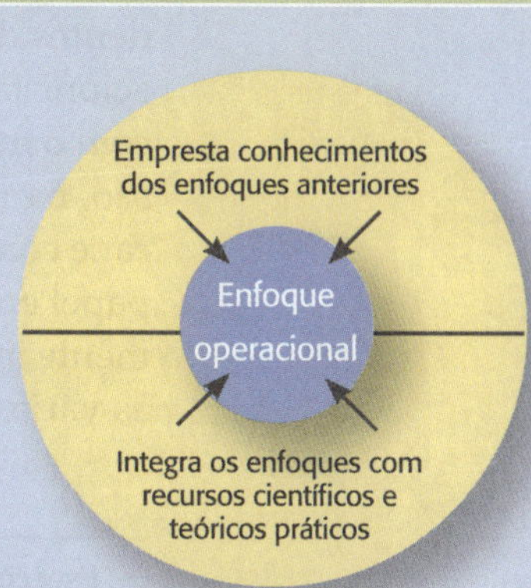

O enfoque de papéis gerenciais

Um enfoque para a teoria da administração é o dos papéis gerenciais, popularizado por Henry Mintzberg, da Universidade McGill.[27] Em essência, seu enfoque consiste em observar o que os gerentes fazem, e a partir dessas observações chegar a conclusões sobre quais são essas atividades (ou papéis) gerenciais. Vários pesquisadores estudaram o trabalho real dos administradores (do CEO até supervisores de linha), mas Mintzberg deu a este enfoque muito mais visão.

Depois de estudar sistematicamente as atividades de cinco CEOs em uma variedade de organizações, Mintzberg chegou à conclusão de que os executivos não realizam as funções gerenciais clássicas de planejar, organizar, comandar, coordenar e controlar. Em vez disso, dedicam-se a uma variedade de atividades diferentes. A partir desta pesquisa, e de pesquisas de outros que haviam estudado o que os gerentes na realidade faziam, Mintzberg concluiu que os administradores desempenham uma série de dez papéis:

Papéis interpessoais

1. O papel de figura central (realizar deveres cerimoniais e sociais como representante da organização);
2. O papel de líder;
3. O papel de enlace (em particular, com pessoas de fora).

Papéis informativos

4. O papel de receptor (receber informação sobre a operação de uma empresa);
5. O papel de disseminador (passar informação aos subordinados);
6. O papel de porta-voz (transmitir informação àqueles fora da organização).

Papéis de decisão

7. O papel empresarial;
8. O papel de administrador de distúrbios;
9. O papel de designador de recursos;
10. O papel de negociador (tratar com várias pessoas e grupos de pessoas).

O enfoque de Mintzberg também foi criticado. Em primeiro lugar, a amostra de cinco CEOs utilizados em sua pesquisa é muito pequena para embasar uma conclusão tão radical. Em segundo, ao analisar as atividades reais dos administradores (do CEO até os supervisores), qualquer pesquisador deve compreender que todos os administradores realizam algum trabalho que não é puramente gerencial; esperaríamos que até os presidentes de companhias grandes dedicassem parte de seu tempo a relações públicas, aos acionistas, a arrecadar recursos e, possivelmente, às suas relações com os distribuidores, com o marketing etc. Em terceiro lugar, muitas das atividades que Mintzberg encontrou são, na realidade, evidência de planejamento, organização, integração de pessoal, liderar e controlar. Por exemplo, o que é a integração de recursos, senão planejar? Decerto, o papel empresarial é um elemento do planejamento e os papéis interpessoais são basicamente instâncias de direção. Além disso, os papéis informacionais podem ser ajustados às várias áreas funcionais.

[27] Especialmente "The manager's job: folklore and fact" de Mintzberg, *Harvard Business Review*, julho-agosto de 1975, p. 49-61, e seu *The nature of managerial work*. Nova York: Harper & Row, 1973.

Observar, porém, o que os administradores, na verdade, fazem pode ter um valor considerável. Ao analisar atividades, um gerente eficaz poderia averiguar como as atividades se encaixam nos diversos campos do conhecimento refletidos pelas funções básicas dos gerentes. Entretanto, os papéis que Mintzberg identificou parecem incompletos. Onde se encontram atividades gerenciais muito importantes, como estruturar uma organização, selecionar e avaliar gerentes e determinar estratégias importantes? Omissões como estas fazem com que nos perguntemos se os executivos destas amostras eram, na verdade, gerentes eficazes. Certamente, deixam uma pergunta importante quanto aos papéis gerenciais, pelo menos como é apresentado aqui, cuja resposta é necessária para embasar uma teoria da administração prática e operacional.

Processo administrativo ou enfoque operacional

O **processo ou enfoque operacional** para a teoria e ciência da administração reúne o conhecimento pertinente da administração ao relacioná-lo com a tarefa gerencial, que é o que os gerentes fazem. Como as outras ciências operacionais, trata de integrar os conceitos, princípios e técnicas relacionados com a tarefa de administrar.

O processo administrativo ou enfoque operacional

Reúne o conhecimento pertinente da administração ao relacioná-lo com a tarefa gerencial.

Este enfoque reconhece que existe um grupo central de conhecimentos sobre a administração que só é pertinente no seu campo. Questões como linha e pessoal de assessoria (staff), departamentalização, avaliação gerencial e várias técnicas de controle gerencial incluem conceitos e teorias que somente se localizam em situações que envolvem os gerentes. Além disso, este enfoque recorre a conhecimentos de outros campos e os absorve, inclui a teoria de sistemas, conceitos de qualidade e reengenharia, teoria da decisão, teorias de motivação e liderança, comportamento individual e de grupo, sistemas sociais e cooperação, comunicações, assim como a aplicação de análise e conceitos matemáticos.

FIGURA 1.4 O enfoque do processo administrativo ou operacional

Como sistema, a teoria e a ciência da administração se apoiam em outras áreas de conhecimentos organizados. Na figura, mostramos que a teoria e a ciência da administração operacional, que aparecem dentro de círculo, contam com um núcleo científico e teórico básico e recorrem a outros campos de conhecimentos pertinentes para a compreensão da administração. Assim, a administração básica é parcialmente uma ciência e teoria ecléticas.

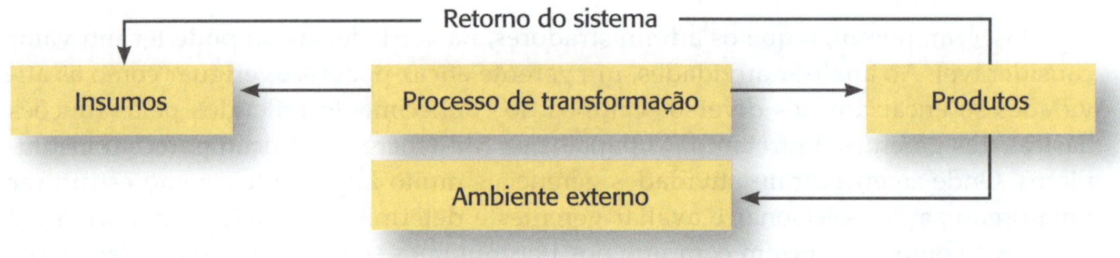

FIGURA 1.5 Modelo insumo-produto

A natureza deste enfoque é apresentada na Figura 1.4. Como mostra este diagrama, a escola do processo administrativo, ou operacional, reconhece a existência de um grupo central de ciência e teoria peculiar à administração e também recebe contribuições de várias escolas e enfoques adicionais. Além disso, os teóricos do processo de administração se interessam não por todo o conhecimento importante destes diversos campos, mas por aquilo que é considerado mais útil e relevante para a administração.

Enfoque sistêmico do processo administrativo

É evidente que uma empresa organizada não existe no vácuo. Para existir, ela depende de seu ambiente externo, pois faz parte de sistemas maiores, como o ramo ao qual pertence, o sistema econômico e a sociedade. Assim, a empresa recebe insumos, transforma-os e exporta os resultados ao ambiente, como mostra o modelo básico da Figura 1.5. Entretanto, este modelo simples precisa estender-se e desenvolver-se em um modelo de administração do processo, ou operacional, que indique como os diversos insumos se transformam por meio das funções gerenciais de planejar, organizar, integrar pessoal, liderar e controlar, como mostra a Figura 1.6. Quando perguntaram a Peter Senge, autor de *The fifth discipline: the art and practice of the learning organization*, qual é o problema mais importante que os negócios nacionais e internacionais de hoje enfrentam, ele respondeu: "eu diria que é o sistema de administração".[28] Este livro trata do enfoque de sistemas para o processo de administração. Não é somente a preocupação pelo funcionamento interno da empresa, mas também deve incluir as interações entre a empresa e seu ambiente externo.

Insumos e grupos de interesses*

Insumos

Pessoas, capital, habilidades gerenciais, conhecimento e habilidades técnicas.

Os **insumos** do ambiente externo (ver Figura 1.6) podem incluir pessoas, capital, habilidades gerenciais, conhecimentos e habilidades técnicas, além de vários grupos de interesses, que são grupos de pessoas que fazem demandas à empresa. Por exemplo, os funcionários querem salários mais altos, mais benefícios e mais segurança no trabalho. Os consumidores exigem produtos seguros e confiáveis a preços razoáveis. Os fornecedores querem a segurança de que seus produtos serão comprados. Os acionistas

[28] Entrevista com Peter Senge em *Quality Digest*, novembro de 1996, p. 39. Ver também http://www.infed.org/thinkers/senge.htm, acesso em 7 de outubro de 2008.

* Os grupos de interesses também podem ser chamados de stakeholders.

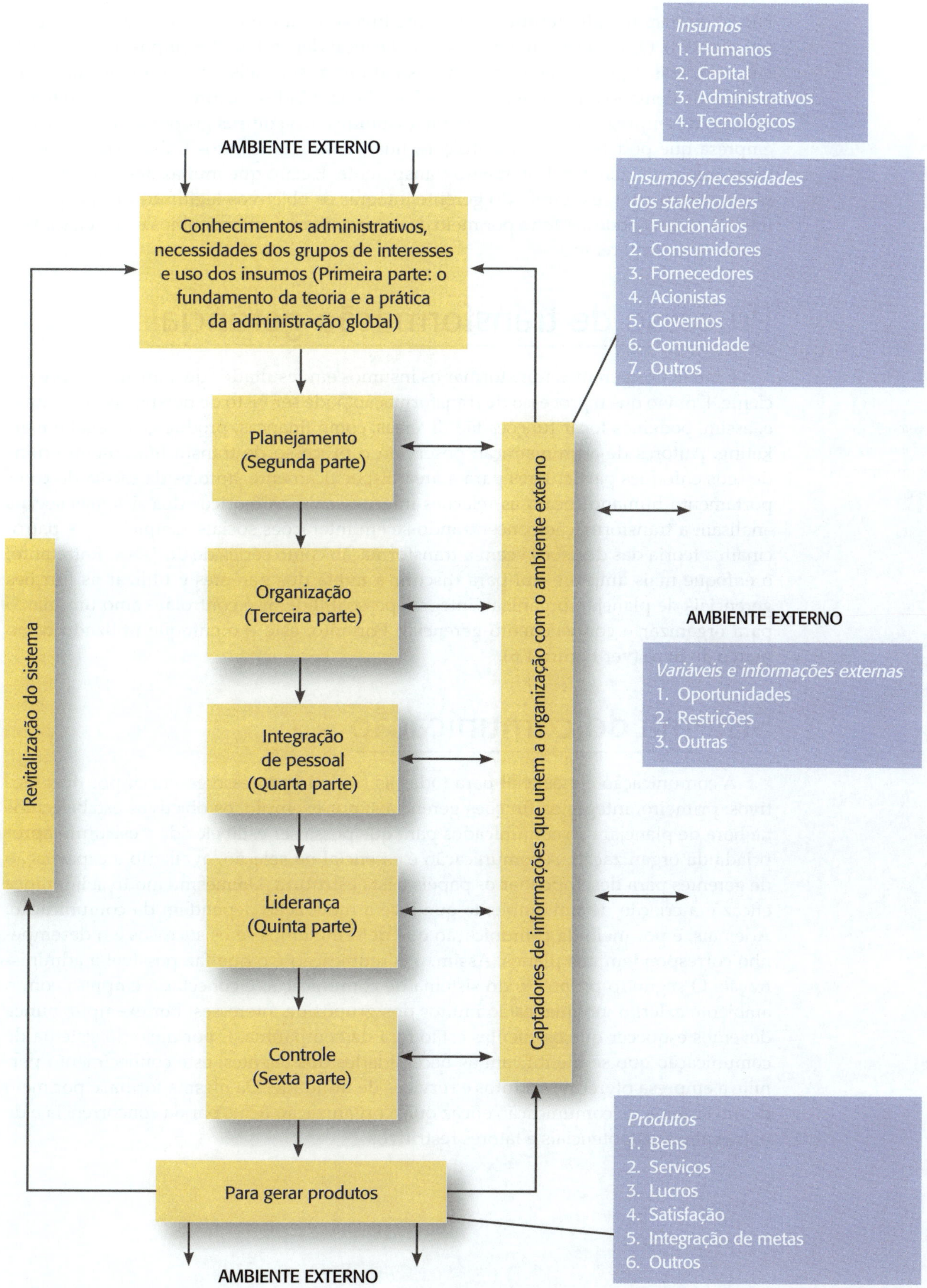

FIGURA 1.6 Enfoques da teoria geral de sistemas

não só querem um alto rendimento de seu investimento, mas também segurança para seu dinheiro. Os governos federal, estadual e local dependem dos impostos pagos pela empresa, mas esperam também que elas cumpram suas leis. Da mesma forma, a comunidade demanda que as empresas sejam "boas cidadãs", contribuindo com o maior número de empregos e com um mínimo de poluição; há outros grupos de interesses da empresa que podem incluir instituições financeiras e sindicatos trabalhistas, e até os concorrentes exigem um tratamento transparente. É claro que muitas destas exigências são incongruentes, e é tarefa do gerente integrar os objetivos legítimos dos grupos de interesses. Isso pode ser feito por meio de compromissos, intercâmbios e da negação do ego pessoal do gerente.

Processo de transformação gerencial

A tarefa dos gerentes é transformar os insumos em resultados de uma maneira eficaz e eficiente.

É tarefa dos gerentes transformar os insumos em resultados de maneira eficaz e eficiente. É óbvio que o processo de transformação pode ser visto de perspectivas distintas e, assim, podemos focar funções tão diversas, como finanças, produção, pessoal e marketing. Autores de administração observam o processo de transformação em termos de seus enfoques particulares para a área. Especificamente, autores da escola do comportamento humano focam as relações interpessoais, os teóricos dos sistemas sociais analisam a transformação concentrando-se em interações sociais, e aqueles que patrocinam a teoria das decisões veem a transformação como séries de decisões. Entretanto, o enfoque mais amplo e útil para discutir a tarefa dos gerentes é utilizar as funções gerenciais de planejar, organizar, integrar pessoal, liderar e controlar como um marco para organizar o conhecimento gerencial. Portanto, este é o enfoque utilizado como marco do livro (ver Figura 1.6).

Sistema de comunicação

A comunicação é essencial para todas as fases do processo gerencial por dois motivos: primeiro, integra as funções gerenciais; por exemplo, os objetivos estabelecidos na hora de planejar são comunicados para que possa ser estabelecida a estrutura apropriada da organização. A comunicação é essencial na seleção, avaliação e capacitação de gerentes para desempenhar os papéis nesta estrutura. Do mesmo modo, a liderança eficaz e a criação de um ambiente que leve à motivação dependem da comunicação. Ademais, é por meio da comunicação que determinamos se os sucessos e o desempenho correspondem aos planos. Assim, a comunicação é o que faz possível a administração. O segundo propósito do sistema de comunicação é conectar a empresa com o ambiente externo, no qual estão muitos dos grupos de interesses. Por exemplo, nunca devemos esquecer que os clientes estão fora da companhia. É por meio do sistema de comunicação que se identificam as necessidades dos clientes; este conhecimento permite à empresa oferecer produtos e serviços de utilidade. Da mesma forma, é por meio de um sistema de comunicação eficaz que a organização fica a par da concorrência e de outras ameaças potenciais e fatores restritivos.

Variáveis externas

Os gerentes eficazes revisarão regularmente o ambiente externo. É verdade que os gerentes podem ter pouco ou nenhum poder para alterar o ambiente externo, mas não têm como evitar responder a ele. As forças que atuam sobre ambiente externo serão discutidas em vários capítulos, em especial nos Capítulos 2, 3 e 5.

Saídas

É tarefa dos gerentes assegurar e utilizar os insumos da empresa para transformá-los em **saídas** por meio das funções gerenciais, com a consideração devida às variáveis externas. Embora os tipos de saída mudem de empresa para empresa, em geral incluem: produtos, serviços, lucros, satisfação e integração das metas dos diversos grupos de interesses da empresa. A organização deve, na verdade, proporcionar muitas "satisfações" se quiser reter e conseguir a contribuição de seus funcionários. Deve contribuir com a satisfação não só de necessidades materiais básicas, como obter renda para alimentação e moradia ou segurança no emprego, mas também das necessidades que um ser humano tem de ser parte de um grupo, de aceitação, estima e, possivelmente, até autorrealização para que cada um possa desenvolver seu potencial dentro de uma organização.

Saídas
Produtos, serviços, lucros, satisfação e integração das metas de diversos grupos de interesses da empresa.

Outra saída ou resultado esperado do "sistema empresa" é a integração de metas. Como indicamos antes, os diferentes stakeholders da empresa têm objetivos muito divergentes e frequentemente em direta oposição. É tarefa dos gerentes resolver conflitos e integrar estas metas.

Realização do sistema

Por último, é importante lembrar que, no modelo proposto pela teoria geral de sistemas no processo de administração, algumas das saídas voltam em forma de insumos. Assim, a satisfação e os novos conhecimentos ou habilidades dos funcionários tornam-se importantes insumos. Do mesmo modo, os lucros e o excedente de ingressos sobre os custos são reaplicados em pessoal e em bens de capital, como máquinas, equipamentos, prédios e estoques. Logo, veremos que o modelo da Figura 1.6 servirá como marco no livro para organizar o conhecimento gerencial. Mas, antes, vejamos mais de perto as funções gerenciais.

Funções dos gerentes

As funções dos gerentes proporcionam uma estrutura útil para organizar o conhecimento administrativo (ver a parte central da Figura 1.6). Praticamente, inexistem novas ideias descobertas de pesquisa ou técnicas que não possam facilmente ser classificadas nas funções administrativas de planejar, organizar, integrar pessoal, liderar e controlar.

Planejar

Planejar

Selecionar metas e objetivos, assim como as ações para obtê-los, o que requer tomada de decisões.

Planejar inclui selecionar metas e objetivos, assim como as ações para obtê-los; requer tomada de decisões, isto é, escolher projetos futuros de ação entre diversas alternativas. Como veremos no Capítulo 4, existem vários tipos de planos, que vão de propósitos e objetivos gerais até as ações mais detalhadas que devem ser seguidas, como encomendar um parafuso especial de aço inoxidável para um instrumento ou contratar e capacitar trabalhadores para uma linha de montagem. Não existe um plano real até que se tome uma decisão ou se comprometam recursos humanos ou materiais. Antes de tomar uma decisão, existe somente um estudo, um planejamento, uma análise ou uma proposta; não há um plano real. Os diversos aspectos do planejamento serão discutidos na segunda parte do livro.

Organizar

As pessoas que trabalham juntas em grupos para alcançar uma meta devem ter papéis específicos a desempenhar, semelhantes àqueles que os atores desempenham em um filme, sejam estes definidos e estruturados por eles ou por alguém que quer se assegurar de que contribuem de maneira específica para o esforço do grupo. Quando um papel é definido, significa que aquilo que as pessoas irão fazer tem um propósito ou objetivo já estabelecidos; sabem como seu objetivo de trabalho se encaixa no esforço do grupo e têm a autoridade, ferramentas e informação necessárias para realizar a tarefa. Isso pode ser visto em coisas muito simples, como o esforço de um grupo para instalar o acampamento em uma expedição de pesca. Todos poderiam fazer o que quisessem, mas a atividade certamente seria mais eficaz e algumas tarefas não ficariam pendentes se cada integrante do grupo se responsabilizasse por uma tarefa específica. Por exemplo, a tarefa de reunir lenha para a fogueira pode ser atribuída a uma ou duas pessoas, e outras tarefas, como conseguir água, acender o fogo ou cozinhar, a outros pequenos grupos de uma, duas ou mais pessoas.

Organizar

Estabelecimento de uma estrutura intencional de papéis que as pessoas desempenharão em uma organização.

Organizar, então, é a parte da administração que inclui o estabelecimento de uma estrutura intencional de papéis para serem desempenhados pelas pessoas em uma organização. É intencional no sentido de assegurar que todas as tarefas necessárias para obter as metas sejam atribuídas e que sejam concedidas às pessoas que possam realizá-las melhor.

O propósito de uma estrutura de organização é ajudar a criar um ambiente para o desenvolvimento humano. É, então, uma ferramenta administrativa e não um fim em si mesma. Embora a estrutura defina as tarefas a realizar, os papéis assim estabelecidos também devem ser definidos em função das habilidades e motivações das pessoas disponíveis.

Definir uma estrutura organizacional eficaz não é tarefa gerencial fácil. Enfrentam-se muitos problemas para fazer com que as estruturas se ajustem às situações, como definir os tipos de trabalhos que devem ser realizados e encontrar as pessoas que os façam. Estes problemas e as teorias, princípios e técnicas essenciais para dirigi-los são o tema da terceira parte.

Integrar pessoal

Integrar pessoal

Preencher e manter preenchidos os cargos na estrutura da organização.

Integrar pessoal envolve, entre outras responsabilidades, o preenchimento das vagas em aberto, visando manter os cargos da estrutura da organização com pessoas adequadas a cada função. Isso pode ser alcançado identificando os requisitos da força de trabalho, recrutando, selecionando, promovendo, avaliando e planejando as carreiras, compensando e capacitando. Tudo isso tendo em vista que os futuros funcionários ou os que já fazem parte da organização possam cumprir as tarefas com eficácia e eficiência. Esse tema será tratado na quarta parte.

Liderar

Liderar é influenciar as pessoas para que contribuam com as metas organizacionais e de grupo; também tem a ver predominantemente com o aspecto interpessoal de administrar. Todos os gerentes entendem que seus problemas mais importantes surgem das pessoas, de seus desejos e atitudes, assim como de seu comportamento individual e em grupo, e que os gerentes eficazes também precisam ser líderes eficazes. Como a liderança representa capacidade de seguimento e as pessoas tendem a seguir àqueles que oferecem meios para satisfazer suas necessidades, sonhos e desejos, é compreensível que liderar envolva motivação, estilos e enfoques de liderança e comunicação. Os elementos essenciais destes temas serão tratados na quinta parte.

Liderar
Influenciar as pessoas para que contribuam com as metas organizacionais e de grupo.

Controlar

Controlar é medir e corrigir o desempenho individual e organizacional para assegurar que os resultados sejam coerentes com os planos. Inclui medir o desempenho em relação às metas e planos, mostrar onde existem desvios dos padrões e ajudar a corrigi-los. Em suma, controlar facilita o cumprimento dos planos. Mesmo que planejar preceda o controle, os planos não se cumprem sozinhos. Eles guiam os gerentes no uso de recursos para alcançar metas específicas; depois, as atividades são examinadas para determinar se atendem aos planos.

Controlar
Medir e corrigir o desempenho individual e organizacional para assegurar que os resultados sejam coerentes com os planos.

As atividades de controle geralmente se relacionam com a mensuração do lucro. Alguns dos meios de controle, como o orçamento de despesas, registros de inspeção e o registro de horas de trabalho perdidas, são bastante conhecidos. Cada um deles mede e mostra se os planos funcionam. Se os desvios persistirem, será indicada sua correção. Mas o que é corrigido? Atividades através de pessoas. Nada pode ser feito, por exemplo, a respeito de reduzir resíduos, ou de comprar de acordo com especificações, ou de cuidar das devoluções de vendas, a menos que alguém saiba quem é o responsável por essas funções. Fazer com que os acontecimentos coincidam com os planos significa localizar as pessoas responsáveis pelos resultados diferentes da ação planejada e tomar as providências necessárias para melhorar o desempenho. Por isso, os resultados são controlados registrando o que as pessoas fazem. Esse tema será tratado na sexta parte.

Articulação, a essência da arte de administrar

Algumas autoridades consideram a articulação uma função independente do gerente. Entretanto, parece mais preciso considerá-la a essência da arte de administrar para obter harmonia entre os esforços individuais para o cumprimento das metas do grupo. Cada uma das funções gerenciais é um exercício que contribui para a articulação.

Até no caso de uma igreja ou de uma organização que não vise à obtenção de lucros, os indivíduos frequentemente interpretam de diferentes maneiras interesses similares, e seus esforços em direção às metas mútuas não se fundem automaticamente com os esforços dos demais. Por isso, torna-se a tarefa central do gerente conciliar diferenças em enfoque, tempo, esforço ou interesse e harmonizar as metas individuais para contribuir com as organizacionais.

Modelo de sistemas administrativos e a organização do livro

O modelo do enfoque de sistemas administrativos também é o fundamento para organizar o conhecimento gerencial. Observe que na Figura 1.6 os números mostrados no modelo correspondem às partes do livro. A primeira parte cobre a base da administração e as interações entre a organização e seu ambiente. Essa parte inclui todas as funções gerenciais. Ocupa-se do conhecimento gerencial básico, como teoria, ciência e prática. Também analisa a evolução da administração e os diversos enfoques para a administração. Como as organizações são sistemas abertos, interagem com o ambiente externo: doméstico e internacional.

A figura também mostra que a segunda parte se ocupa dos diversos aspectos de planejar (Capítulos 4 a 6). A terceira trata de organizar (Capítulos 7 a 10); a quarta se ocupa da integração de pessoal (Capítulos 11 a 13); a quinta parte, de liderar (Capítulos 14 a 17); e a sexta, de controlar (Capítulos 18 a 20).

O livro tem uma perspectiva mundial da administração. Cada vez mais, as organizações operam no mercado mundial. Portanto, aspectos de administração comparativos e internacionais são analisados não só no Capítulo 3, mas também ao longo do livro. O espírito empreendedor é discutido durante toda a obra, mas em especial nas partes de fechamento de 1 a 6.

O modelo ilustrado na Figura 1.6 é repetido no início das partes 2 a 6, mas com a parte apropriada ressaltada. Essa característica de um modelo integrador apresenta as relações dos temas do livro.

Resumo

Administrar é o processo de definir e manter um ambiente para cumprir com eficiência as metas selecionadas. Os gerentes realizam as funções de planejar, organizar, integrar pessoal, liderar e controlar. Administrar é uma atividade essencial em todos os níveis organizacionais, porém as habilidades gerenciais requeridas variam com o nível organizacional. A meta de todos os gerentes é criar um excedente. As empresas devem aproveitar as tendências do século XXI em tecnologia da informação, a globalização e o espírito empreendedor. Também devem focar a produtividade, isto é, alcançar uma relação favorável entre saídas de produtos e serviços e insumos dentro de um período específico e com um determinado nível de qualidade. A produtividade significa eficácia (alcançar os objetivos) e eficiência (utilizando menos recursos). Administrar como prática é uma arte; o conhecimento organizado sobre a administração é uma ciência.

Muitos autores e profissionais da administração contribuíram com o desenvolvimento do pensamento administrativo. Os principais contribuintes e suas obras são apresentados na Tabela 1.1. Foram propostas muitas teorias sobre a administração, e cada uma contribui com algo para o conhecimento sobre o que fazem os gerentes. As características e contribuições, assim como as limitações dos diversos enfoques para administração, são resumidas na Figura 1.3. O enfoque do processo administrativo (ou operacional) se nutre de outras teorias da administração e as integra em um sistema total de administração.

A organização é um sistema aberto que opera dentro e interage com o ambiente. O enfoque da teoria de sistemas para a administração inclui insumos do ambiente externo e dos stakeholders, o processo de transformação, o sistema de comunicação, fatores externos, saídas e uma forma de retorno do sistema. O processo de transformação consiste nas funções gerenciais, que também proporcionam o marco para organizar o conhecimento no livro. Ao longo da obra, mas especialmente no Capítulo 3, serão destacados os aspectos internacionais da administração.

Ideias e conceitos básicos

Administração.

Funções gerenciais.

Habilidades gerenciais na hierarquia organizacional.

A meta de todos os gerentes.

Características das companhias de classe mundial e centros de excelência mais renomados.

Três tendências importantes: avanços na tecnologia, globalização e espírito empreendedor.

Produtividade, eficácia e eficiência.

Administrar: ciência ou arte?

Principais contribuições para o pensamento administrativo.

Contribuições para a administração científica.

Teoria da administração operacional moderna de Fayol.

Ciência do comportamento de Mayo e Roethlisberger.

Contribuições recentes para o pensamento administrativo.

Emaranhado da teoria administrativa.

Enfoque dos papéis gerenciais.

Enfoque do processo administrativo ou operacional.

Enfoque da teoria de sistemas ao processo de administração.

Cinco funções gerenciais.

Para analisar

1. Como você definiria a administração? É diferente sua definição da apresentada no livro? Explique.
2. Quais são as funções gerenciais?
3. Em que são diferentes as habilidades gerenciais requeridas na hierarquia organizacional?
4. De que forma fundamental são iguais as metas básicas de todos os gerentes de todos os níveis e em todos os tipos de empresa?
5. Quais são algumas das características de companhias de classe mundial ou centros de excelência (conforme Peters e Waterman)? As companhias que você conhece têm as mesmas características?
6. Como os avanços em tecnologia, globalização e espírito empreendedor afetam os negócios?
7. Quais são as diferenças entre produtividade, eficácia e eficiência?
8. A administração é uma ciência ou uma arte? Poderia ser aplicada a mesma explicação à engenharia ou à contabilidade?
9. Por que Frederick Taylor foi chamado de "o pai da administração científica", e Henri Fayol de "o pai da teoria da administração moderna"?
10. Por que se costuma dizer que um emaranhado de conhecimento forma a teoria da administração?
11. Identifique os diversos enfoques para a análise da administração. Analise suas características e contribuições, assim como suas limitações.

Exercícios e atividades

1. Entreviste dois gerentes de negócios ou empresários e pergunte como aprenderam a administrar. Pergunte também que tipo de livros leram sobre administração (se eram didáticos ou outros textos administrativos). Estas são algumas sugestões de livros sobre administração: Hamel, Gary e Prahalad, C. K. *Competing for the future*; Hammer, Michael e Champy, James. *Reengineering the corporation*; Handy, Charles. *The age of paradox*; Kotter, John P., *The new rules: how to succeed in today's post-corporate world*; Senge, Peter M. *The fifth discipline*; Chan Kim, W. e Mauborgne, Renee. *Blue ocean strategy.* Descubra até que ponto estes livros ou outros do gênero que você leu o ajudaram a administrar.
2. Leia alguns dos livros de maior venda que seu professor possa recomendar e apresente-os nas discussões sobre o capítulo em sala de aula.

3. Entreviste dois administradores públicos e pergunte qual é a diferença entre seu trabalho e o dos gerentes de negócios. Como avaliam o desempenho de seu departamento, repartição ou organização, considerando que os lucros não são um dos critérios para medir a eficácia e a eficiência? Eles consideram a administração uma arte ou uma ciência?

Pesquisa na Internet

1. Revise três dos seguintes sites para encontrar questões atuais sobre administração: http://www.businessweek.com, http://www.economist.com, http://www.fortune.com, http://www.forbes.com, http://www.industryweek.com, http://public.wsj.com/home.html, http://www.hbsp.harvard.edu/products/hbr/index.html, http://mitsloan.mit.edu/smr/index.html.
2. Leia os artigos de capa de *BusinessWeek*, *Fortune* e *The Economist* na Internet (http://www.businessweek.com, http://www.fortune.com, http://www.economist.com) e identifique alguma seção do livro relacionada a estes artigos.

Caso internacional 1.1

McDonald's: Servir fast-food ao redor do mundo[29]

Ray Kroc abriu o primeiro restaurante McDonald's em 1955, nos Estados Unidos. Oferecia um cardápio limitado de comida de alta qualidade a preços moderados, servida rapidamente em um ambiente impecável. O sistema de qualidade, serviço, limpeza e valor (QSLV) do McDonald's foi um sucesso. A cadeia chegou a cada estado da nação. Em 1983, tinha mais de 6 mil restaurantes nos Estados Unidos e, em 1995, mais de 18 mil em 89 países, de seis continentes. Só em 1995, a companhia construiu 2 mil e 400 restaurantes e, em 2007, tinha mais de 31 mil restaurantes em 119 países.

Em 1967, o McDonald's abriu seu primeiro restaurante fora dos Estados Unidos, no Canadá. Desde então, seu crescimento internacional acelerou. Em 1995, os "seis grandes" países que contribuíam com cerca de 80% das receitas operacionais internacionais eram Canadá, Japão, Alemanha, Austrália, França e Grã-Bretanha.

[29] O caso se baseia em diversas fontes, que incluem entrevistas e uma visita à Universidade do Hambúrguer, assim como: Hertzfeld, Jeffrey M. "Joint ventures: saving the soviets from Perestroika". *Harvard Business Review*, janeiro-fevereiro de 1991, p. 80-91; McDonald's Corporation, 1995 *Annual Report*, Oak Brook, IL, 1996; "Strategies for mundial dominance", *The Annual–McDonald's Corporation*, 1996, p. 7-12; *Welcome to McDonald's*, McD5-2940, 1996; "Big Mac currencies". *The Economist*, 15 de abril de 1995, p. 74; Hill Updike, Edith; De-George, Gail e Dawley, Heidi. "Burger King wants to build a kingdom in Asia". *Business Week*, 25 de novembro de 1996, p. 52; Burns, Greg. "McDonald's: now, it's just another burger joint", *BusinessWeek*, 17 de março de 1997, p. 38. Ver também a página principal de McDonald's, http://www.mcdonalds.com, acesso em 8 de outubro de 2008; McDonald's in Britainn, McDonald's in Germany, http://www.mcdonalds.de, acesso em 8 de outubro de 2008; McDonald's in Japan, http://www.mcdonalds.co.jp, acesso em 8 de outubro de 2008; Ronald McDonald House Charity, http://www.rmhc.com, acesso em 8 de outubro de 2008.

Entretanto, o *fast-food* ainda não entrou em contato com muitas culturas. As oportunidades de expansão são grandes, pois 99% da população mundial ainda não é cliente do McDonald's. Na China, por exemplo, com uma população de 1,2 bilhão de pessoas, só havia 62 restaurantes McDonald's em 1995. A visão do McDonald's é ser um player importante em serviços de alimentos em todo o mundo.

Na Europa, o McDonald's mantém uma pequena porcentagem das vendas de restaurantes, mas alega uma forte participação do mercado de *fast-food.* A companhia precisou de 14 anos de planejamento antes de abrir um restaurante em Moscou, em 1990. Mas o planejamento deu fruto. Depois da abertura, as pessoas faziam filas de até duas horas para conseguir um hambúrguer. Comenta-se que o restaurante do McDonald's em Moscou atrai mais visitantes (em média, 27 mil por dia) do que o mausoléu de Lenin (9 mil pessoas), que costumava ser o principal lugar a receber visita. A abertura em Pequim em 1992 atraiu 40 mil pessoas ao maior restaurante McDonald's da China (mais de 9 mil metros quadrados) em um ponto por onde 800 mil pedestres passam todos os dias. A comida é preparada de acordo com as leis locais. Por exemplo, os menus nos países árabes cumprem as leis islâmicas de preparação de alimentos. Em 1995, o McDonald's abriu seu primeiro restaurante kosher em Jerusalém, onde não servem produtos lácteos. O gosto pelo *fast-food,* ao estilo norte-americano, cresce com maior rapidez no exterior do que no próprio país. As vendas internacionais do McDonald's têm crescido muito a cada ano. Todos os dias, mais de 33 milhões de pessoas comem um McDonald's por todo o mundo, 18 milhões delas nos Estados Unidos.

Os preços variam muito, indo de US$ 4,90 na Suíça até US$ 1,23 nas Filipinas por um Big Mac, que nos Estados Unidos custa US$ 2,90. A revista *The Economist* até estabeleceu um índice Big Mac para estimar se a moeda de um país está supervalorizada ou desvalorizada.[30] Por exemplo, o Mac chinês de US$ 1,26 representa uma paridade de poder de compra implícito de US$ 3,59. A dedução é que a moeda da China está desvalorizada. São estas outras comparações de preços para o Big Mac de US$ 2,90 nos Estados Unidos: Chile, US$ 2,18; Comunidade Europeia, US$ 3,28 (média ponderada dos países membros); Hong Kong, US$ 1,54; Japão, US$ 2,33; México, US$ 2,08; Peru, US$ 2,57; Cingapura, US$ 1,92; e Tailândia, US$ 1,45.

O cardápio tradicional do McDonald's teve um sucesso surpreendente. Pessoas com diversos hábitos alimentares adotaram com alegria os hambúrgueres e as batatas fritas. Antes de o McDonald's introduzir para os japoneses as batatas fritas, as batatas só eram usadas no Japão para fazer amido, enquanto os alemães pensavam que hambúrgueres eram algo proveniente da cidade de Hamburgo. Agora, o McDonald's também serve frango, salsichas e saladas. Na Noruega, o McDonald's serve um sanduíche de salmão grelhado; no Canadá, serve pizza; nas Filipinas, massa em um molho com pedaços de salsicha; e no Uruguai, hambúrgueres com um ovo quente. Qualquer projeto novo é arriscado e pode ser uma novidade muito rentável, ou uma experiência muita cara.

Apesar das operações mundiais, o McDonald's se mantém em estreito contato com seus clientes, que querem bom paladar, serviço rápido e amável, instalações limpas e qualidade. Para alcançar a qualidade, os chamados centros de qualidade assegurada estão localizados nos Estados Unidos, Europa e Ásia, e a capacitação desempenha um papel importante no serviço ao cliente. Além do assessoramento diário, as universidades do Hambúrguer nos Estados Unidos, Alemanha, Grã-Bretanha, Japão e Austrália ensinam as habilidades necessárias em 22 idiomas para proporcionar 100% de satisfação ao cliente. É interessante o fato de que o McDonald's foi um dos primeiros restaurantes da Europa a receber famílias com crianças, e estas não são somente bem-vindas, mas também, em muitos restaurantes, entretidas com lápis de cera e papel, área de jogos e o palhaço Ronald McDonald, que fala 20 idiomas.[31]

Com uma população que envelhece gradualmente, o McDonald's está focando o mercado adulto. Com forte publicidade (foi dito que o McDonald's gastará US$ 200 milhões para promover o novo hambúrguer), a companhia introduziu, em alguns de seus restaurantes ao redor do mundo, o sanduíche Arch Deluxe, constituído por um pão com alface, cebola, molho de tomate, fatias de tomate, queijo amarelo, mostarda e maionese. Embora o McDonald's considere o

---

Where's the beef?" *The Economist*, 3 de novembro de 2001, p. 70; Stires, David. "Fallen arches". *Fortune*, 29 de abril de 2002, p. 74-76; http://en.wikipedia.org/wiki/McDonald's, acesso em 9 de outubro de 2008; http://en.wikipedia.org/wiki/Mcdonalds#McDonald.27s, acesso em 9 de outubro de 2008; http://www.mcdonalds.ca/en/aboutus/faq.aspx, acesso em 9 de outubro de 2008.

30 "The Big Mac index – food for thought". *The Economist*, 27 de maio de 2004; para uma análise do Índice Big Mac, ver http://en.wikipedia.org/wiki/Big_Mac_index, acesso em 9 de outubro de 2008.

31 Para uma análise do Ronald McDonald, ver http://www.rmhc.org/rmhc/index.html, acesso em 9 de outubro de 2008, e http://www.mcdonalds.com/corp/about/factsheets.RowPar.0001.ContentPar.0001.ColumnPar.0012. File1.tmp/RMHC%20Fact%20Sheet.pdf, acesso em 9 de outubro de 2008.

hambúrguer para adultos um grande sucesso, uma pesquisa realizada cinco semanas após seu lançamento mostrou resultados mistos.

Os arcos dourados do McDonald's prometem o mesmo cardápio e QSLV básicos em todos os seus restaurantes. Seus produtos, processos de manuseio e cozimento e distribuição das cozinhas estão padronizados e estritamente controlados. O McDonald's revogou a primeira franquia francesa porque o franqueado deixou de cumprir seus padrões de serviço rápido e limpeza, mesmo que seus restaurantes fossem bastante rentáveis. Isso pode ter sido um dos motivos da demora de sua expansão na França.

Os restaurantes McDonald's são operados por gerentes e pessoal local. Proprietários e gerentes frequentam a Universidade do Hambúrguer perto de Chicago ou em outros locais do mundo para aprender a operar um restaurante McDonald's e manter seu sistema de QSLV. A biblioteca das instalações principais e modernos salões de aula eletrônicos (que incluem sistemas de tradução simultânea) são a inveja de muitas universidades. Quando o McDonald's abriu seu primeiro restaurante em Moscou, um anúncio de uma página gerou 30 mil consultas sobre emprego; 4 mil pessoas foram entrevistadas e 300 contratadas. O pagamento é 50% superior ao salário russo médio.

O McDonald's garante produtos consistentes, controlando cada etapa da distribuição. Os centros de distribuição regionais adquirem produtos e os distribuem para os restaurantes individuais, e tais centros comprarão os produtos de fornecedores locais se estes cumprirem as especificações detalhadas. O McDonald's realizou algumas concessões para a disponibilidade dos produtos. Por exemplo, é difícil introduzir na Europa a batata proveniente do estado de Idaho em decorrência de requisitos especiais do solo para plantio.

Em essência, o McDonald's usa a mesma estratégia competitiva em cada país: ser o primeiro no mercado e estabelecer sua marca tão rapidamente quanto possível, com forte campanha publicitária. Os novos restaurantes são abertos com grande estardalhaço. Foram tantas pessoas que assistiram à abertura de um restaurante de Tóquio que a polícia teve de fechar o trânsito de veículos. A estratégia ajudou o McDonald's a desenvolver uma forte participação de mercado no giro do *fast-food*, mesmo que seus competidores dos Estados Unidos e novos competidores locais entrem rapidamente no mercado.

As campanhas de publicidade do McDonald's se baseiam em temas locais e refletem os diferentes ambientes. No Japão, onde os hambúrgueres são um sanduíche, o McDonald's concorre com padarias e novos restaurantes de "sushi rápido". Muitas das causas sociais que o McDonald's apoia no exterior foram recomendadas por seus restaurantes locais.

As estruturas de negócios do McDonald's adotam diversas formas, sendo as franquias 66% dos restaurantes. As licenças de desenvolvimento são similares à concessão de franquias, mas não requerem um investimento do McDonald's. Os investimentos conjuntos são realizados quando o ambiente local é muito importante. A Corporação McDonald's opera cerca de 21% dos restaurantes. O McDonald's esteve disposto a ceder o maior controle de suas operações do Extremo Oriente, onde muitos restaurantes são investimentos conjuntos com empresários locais, donos de 50% ou mais do restaurante.

Os restaurantes europeus e sul-americanos são operados em geral pela companhia ou por franqueados (embora existam muitos afiliados ou investimentos conjuntos na França). Semelhantes às franquias norte-americanas, os restaurantes no exterior têm autorização para experimentarem seus menus. No Japão, os hambúrgueres são menores porque são considerados sanduíches. O Quarter Pounder (quarto de libra) não faz muito sentido para pessoas que usam o sistema métrico, por isso é chamado de Double Burger (hambúrguer duplo). Alguns restaurantes alemães servem cerveja; outros, franceses, vinho. Alguns restaurantes do McDonald's no Extremo Oriente oferecem macarrão oriental. No Canadá, o menu inclui queijo, verduras, pepperoni e pizza. Entretanto, estes novos artigos não devem interferir na operação existente.

Apesar de seu sucesso, o McDonald's enfrenta fortes competidores, como Burger King, Wendy's, Kentucky Fried Chicken (KFC) e também Pizza Hut. Mais ainda, *fast-food* em recipientes aquecidos agora também é oferecido em supermercados, mercearias, lojas de conveniência e até em postos de gasolina. O McDonald's tem se saído muito bem, com uma grande porcentagem de seus lucros procedente de suas operações internacionais. Por exemplo, ele dominava o mercado japonês com 1.860 pontos-de-venda (a metade do mercado japonês) em 1996, comparados com apenas 43 restaurantes Burger King. Entretanto, o conglomerado de alimentação britânico Grand Metropolitan PLC, dono do Burger King, tem uma forte estratégia para a Ásia. Mesmo que o McDonald's tenha estado em uma posição competitiva muito favorável, desde 2001 o nível de satisfação do cliente esteve abaixo do de seus competidores Wendy's e Burger King.[32]

---

[32] Para uma análise sobre como concorrentes como KFC, Pizza Hut e Taco Bell (todos de propriedade da Tricon Mundial Restaurants) adaptam-se aos gostos e culturas de outros países, ver O'Keefe, Brian. "Mundial brands". *Fortune*, 26 de novembro de 2001, p. 102-110.

Alguns observadores sugerem que o McDonald's se alastrou muito rapidamente e que Burger King e Wendy's têm alimentos mais saborosos. É tarefa do gerente geral do McDonald's fazer com que as coisas mudem.

Nos dois últimos anos, o McDonald's criou novas estratégias e projetos de negócios para satisfazer às necessidades de seu mercado em evolução e manter sua vantagem competitiva.[33] Devido à crescente popularidade da Starbucks e das cafeterias em geral, o McDonald's introduziu o McCafé para capitalizar esta tendência recente. O McCafé é um conceito desenvolvido pelo McDonald's da Austrália, em 1993. No fim de 2003, havia mais de 600 McCafés em todo o mundo.

Em 2006, o McDonald's também introduziu sua marca "Forever Young" (jovem para sempre), redesenhando todos seus restaurantes, a primeira mudança importante desde a década de 1970.[34] O novo design incluiu as cores tradicionais amarela e vermelha do McDonald's, mas o vermelho foi suavizado para terracota, o amarelo se tornou dourado para uma aparência mais "ensolarada", e foram adicionados tons verde oliva e sálvia. Para tornar mais agradável a sua aparência, os restaurantes teriam menos plástico e mais divisórias de madeira, com modernas luminárias suspensas para produzir um brilho mais suave. As paredes trariam arte contemporânea ou fotografias emolduradas. Os novos restaurantes apresentam três áreas diferenciadas:

- A área de "estar" oferece poltronas, sofás e conexões Wi-Fi, um conceito introduzido pela Starbucks.
- A área "comer e sair" traz balcões altos e bancos para clientes que comem sozinhos; televisores de plasma oferecem jornais e noticiários sobre o tempo.
- A área "flexível" está dedicada às famílias e tem cubículos com almofadas de tecido com desenhos coloridos e assentos flexíveis.

Por último, a companhia também fez um esforço para oferecer margem mais ampla de opções de cardápio para os consumidores conscientes de sua saúde. O McDonald's agora oferece alimentos de alta qualidade, que se ajustam a uma dieta balanceada, desde saladas até sobremesas com cobertura e baseadas em iogurte.

A companhia está consciente da concorrência crescente e das mudanças nas tendências de seus consumidores; portanto, é crucial inovar e introduzir novas alternativas para reter e atrair novos amantes do McDonald's. ■

Perguntas

1. Que oportunidades e ameaças enfrentou o McDonald's? Como as tratou? Que alternativas poderia ter escolhido?
2. Antes de o McDonald's entrar no mercado europeu, poucas pessoas acreditavam que o *fast-food* tivesse sucesso na Europa. Por que você acredita que o McDonald's teve êxito? Que estratégias seguiu? Em que difere de suas estratégias na Ásia?
3. Qual é a filosofia básica do McDonald's? Como impõe essa filosofia e se adapta a diferentes ambientes?
4. O McDonald's deveria ampliar o seu menu? Por quê? Que tipo de produtos deveria agregar?
5. Por que o McDonald's é bem-sucedido em muitos países do mundo?

---

[33] Ver também http://www.consumerreports.org/cro/food/coffee-taste-test-3-07/overview/0307_coffee_ov_1.htm, acesso em 9 de outubro de 2008; http://bizjournals.bison.com/press/pr5-1mcdon.html, acesso em 9 de outubro de 2008.

[34] Disponível em: http://www.businessweek.com/magazine/content/06_20/b3984065.htm, acesso em 9 de outubro de 2008.

2

Capítulo

Administração e sociedade: ambiente externo, responsabilidade social e ética

Objetivos de aprendizagem

Depois de estudar o capítulo, você deverá ser capaz de:

1. Descrever a natureza da sociedade plural e dos diversos ambientes nos quais a empresa está inserida.
2. Explicar a responsabilidade social dos gerentes e seus argumentos a favor e contra a participação social dos negócios.
3. Compreender a natureza e importância da ética na administração e as formas para institucionalizar a ética e elevar os padrões éticos.
4. Reconhecer que alguns padrões éticos variam entre diferentes sociedades.
5. Compreender que a confiança é a base da interação humana.

Todos os administradores fazem planos e consideram as necessidades e desejos dos membros da sociedade externos à organização, assim como as necessidades de recursos materiais e humanos, tecnologia e outros recursos do ambiente externo. Também atuam da mesma maneira em quase todo tipo de atividade empresarial.

Todos os administradores, quer gerenciem um negócio, um órgão governamental, uma igreja, uma fundação de beneficência ou uma universidade, devem, até onde for possível, considerar os elementos e forças de seu ambiente externo. Podendo ou não mudar estas forças, devem se adaptar. Tratarão de identificar, avaliar e adaptar-se diante das forças externas à empresa que possam afetar seu funcionamento. O efeito do ambiente externo na organização aparece na Figura 2.1. As influências restritivas dos fatores externos à empresa são muito mais cruciais para a administração internacional (isto será analisado no Capítulo 3).

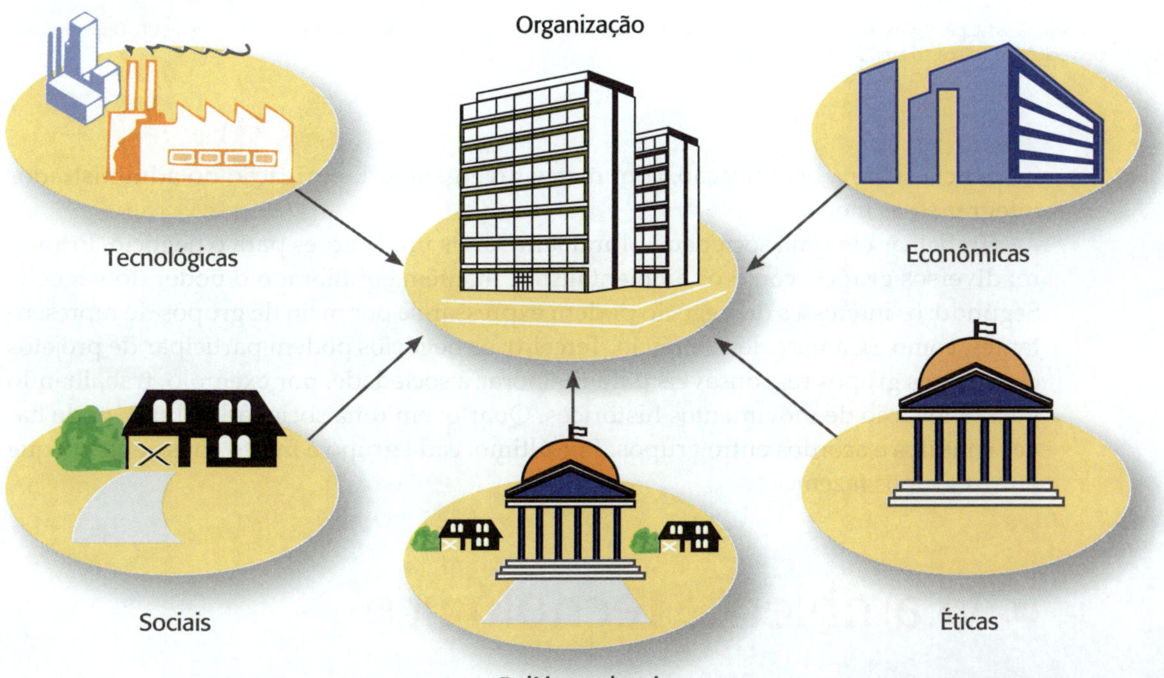

FIGURA 2.1 A organização e seu ambiente externo

Este capítulo trata do efeito do ambiente externo sobre a organização – com um enfoque no ambiente tecnológico e ecológico – e as relações entre os negócios e a sociedade em que opera. Primeiro, foca a natureza da sociedade plural. Em seguida, a discussão se estende para as questões da responsabilidade social e do comportamento ético.

A sociedade afeta o ambiente externo das organizações

Operar em uma sociedade plural

Os administradores operam em uma **sociedade plural** em que muitos grupos organizados representam diferentes interesses. Cada grupo exerce um efeito nos outros, mas nenhum deles com um grau de poder exagerado. Alguns grupos exercem certo poder sobre os negócios. Como já foi explicado no Capítulo 1, muitos grupos de interesses têm

Sociedade plural

É aquela em que muitos grupos organizados representam diferentes interesses.

Perspectiva internacional

Contratação de presos por maquiladoras têxteis

A indústria da confecção no México enfrenta uma grave crise, não só pelas importações de mercadoria asiática (principalmente da China), cujo custo é muito mais baixo do que a nacional, mas também pela escassez de mão-de-obra, que permitiria manter uma produção constante.

Com a finalidade de resolver essa deficiência, o dono de uma maquiladora do estado de Nuevo León contratou 30 reclusos da Penitenciária do Estado para trabalhar em sua empresa, com a possibilidade de chegar até 120, segundo Nora Elizondo, então presidenta da Câmara da Indústria Têxtil, da delegação de Nuevo León, que afirmou: "Há uma grande necessidade de mão-de-obra. Acredito que teríamos chegado facilmente a 10% neste fechamento (de 2006), mas necessitamos de mão-de-obra". Desta maneira, espera-se que a contratação de reclusos impulsione a produção e gere um crescimento de 10%.

Fonte: Núñez, Nohelia Guadalupe. "Usará industria maquiladora mano de obra del penal". Diário *El Porvenir*, 13 de dezembro de 2006. Disponível em: http://www.elporvenir.com.mx, acesso em 22 de maio de 2007.

influência sobre a organização, com metas divergentes. É obrigação do administrador integrar essas metas.

Trabalhar em uma sociedade plural tem várias implicações para o negócio. Primeiro: diversos grupos, como os ambientalistas, mantêm equilibrado o poder do negócio. Segundo: os interesses do negócio podem expressar-se por meio de grupos de representantes, como a Câmara de Comércio. Terceiro: os negócios podem participar de projetos com outros grupos responsáveis para melhorar a sociedade, por exemplo, trabalhando pela renovação de movimentos históricos. Quarto: em uma sociedade plural, pode haver conflitos e acordos entre grupos. Por último: cada grupo é muito consciente do que outros grupos fazem.

O ambiente tecnológico

Tecnologia

A soma total do conhecimento que temos das formas de fazer as coisas.

Um dos fatores de maior influência no ambiente é a tecnologia. O termo **tecnologia** se refere à soma total do conhecimento que temos sobre como fazer as coisas. A tecnologia inclui inventos, técnicas e todo o conhecimento acumulado organizado – a respeito de tudo, da aerodinâmica à zoologia. Mas sua principal influência está na forma de fazer as coisas, ou em como estabelecemos, produzimos, distribuímos e vendemos bens e serviços.

Perspectiva internacional

A tecnologia, fator-chave do novo ambiente global

O economista e professor Lester Thurow, do Massachusetts Institute of Technology, afirma que a abundância de recursos humanos não é mais garantia de sucesso, pois a tecnologia pode suprir essa vantagem. Thurow afirma que a tecnologia, a educação e as habilidades são os ativos mais importantes na era da tecnologia da informação. Entre os ramos mais interessantes da tecnologia estão os que tratam da convergência das telecomunicações, computação, televisão e outros meios de comunicação de massa. Thurow recomenda uma política de mercado com metas nacionais estabelecidas pelo governo. O capitalismo de *laissez-faire* não é mais suficiente para enfrentar as novas realidades globais.

Perspectiva internacional

A terceira onda: a era do conhecimento[1]

A economia da primeira onda se baseava na terra e na mão-de-obra agrícola. A segunda onda estava centrada nas máquinas e nas grandes indústrias. A economia da terceira onda é a era do conhecimento, que inclui dados, imagens, símbolos, cultura, ideologia, valores e informação. Por estar nas fronteiras das novas tecnologias, a sociedade deve pensar de novo na forma em que se estrutura e como estabelece o equilíbrio entre liberdade e restrições (por exemplo, como administrar ou controlar a enorme quantidade de informação disponível na Internet). O ciberespaço é um ambiente bioeletrônico que existe em qualquer lugar em que houver um telefone e cabos coaxiais, linhas de fibra óptica ou ondas eletromagnéticas. É necessário voltar a pensar na centralização perante a descentralização, na hierarquia organizacional perante a delegação do poder e nas estruturas verticais perante as horizontais da organização, para mencionar apenas alguns fatores.

O ambiente ecológico

Os administradores devem considerar os fatores ecológicos em sua tomada de decisões. Por **ecologia** nos referimos à relação das pessoas e outros seres vivos com seu

Ecologia

A relação de pessoas e outros seres vivos com seu ambiente.

Perspectiva internacional

Cultivos orgânicos: um mercado em alta

Na medida em que o século XXI avança, existe uma tendência crescente dos consumidores em alimentar-se com produtos 100% naturais ou orgânicos, devido ao uso indiscriminado de fertilizantes químicos, inseticidas, agrotóxicos, praguicidas e sementes transgênicas da indústria agrícola.

Essa tendência gerou um nicho econômico em crescimento: nos Estados Unidos, calcula-se que a demanda de produtos orgânicos em 2007 tenha sido de US$ 30,7 bilhões. Segundo a Federação Internacional de Movimentos da Agricultura Orgânica, o México ocupa o 13º lugar pelo território dedicado à agricultura orgânica, com uma extensão de 400 mil hectares, embora não represente nem 1% do terreno de cultivo total.

Os cultivos orgânicos apresentam diversas vantagens: *a*) não é preciso investir muito em insumos naturais; *b*) não prejudica o ambiente nem a saúde dos consumidores; *c*) pode favorecer o desenvolvimento de comunidades rurais, por ser um produto de exportação muito valorizado pelo mercado.

No entanto, o desenvolvimento desse negócio ainda é incipiente. É preciso abrir novos mercados e reeducar o consumidor, pois esses produtos são de 20% a 40% mais caros que os comuns. Mesmo havendo no México casos bem-sucedidos de fabricantes de produtos desse tipo, uma grande porcentagem de consumidores de classe média e alta ainda não conhece o que é um produto orgânico nem suas vantagens para a saúde e o ambiente.

Aqui é o momento em que entram os empresários e agricultores, que devem apostar nessa opção e implementar estratégias de produção, logística, informação ao consumidor e publicidade que posicionem a etiqueta "orgânica" e os benefícios que oferece.

Fonte: Adaptação de Baz, Verónica, "Agricultura orgánica: negocio rentable", em *Reforma*, 1º de junho de 2005.

---

[1] "A magna carta for the knowledge age", *New Perspectives Quarterly*, Centro para o Estudo das Instituições Democráticas, 1994; Drucker, Peter. "Knowledge is all", *The Economist*, 3 de novembro de 2001, p. 4.

A contaminação do ambiente é uma grande responsabilidade das organizações e da sociedade.

ambiente, como a terra, a água e o ar. A contaminação da terra, água e ar é motivo de grande preocupação para todas as pessoas. A terra pode ser poluída por resíduos industriais, como as embalagens; a água, por resíduos perigosos e esgotos; o ar, por diversas fontes, como a chuva ácida, os gases dos escapamentos dos veículos e resíduos cancerígenos dos processos de manufatura.

Em todo o mundo, foram aprovadas leis que se ocupam dos resíduos sólidos e da contaminação da água e do ar. Os gerentes devem estar muito atentos a essas leis e regulamentos, incorporando os assuntos ecológicos na sua tomada de decisões.

Perspectiva internacional

http://www.bhopal.net

A planta Bhopal na Índia e a Union Carbide[2]

Em dezembro de 1984, um vazamento de vapores letais da planta-base dos pesticidas da Union Carbide matou mais de 2 mil pessoas e afetou outras 30 mil a 40 mil. Foi o pior desastre industrial na região, que primeiro foi atribuído a falhas em dispositivos e procedimentos de segurança. A investigação posterior sugeriu a teoria de que o desastre fora provocado pela sabotagem de um funcionário insatisfeito.

Em 1975, a empresa obteve permissão do Ministério de Indústria em Nova Delhi para construir uma planta produtora de metilissocianato. Depois de 1982, a planta foi entregue ao povo indiano, por pressão governamental, para tornar autossuficiente a indústria do país. As inspeções de segurança ficaram sob a responsabilidade da UCIL, a subsidiária, na Índia, da Union Carbide, que mantinha o controle majoritário. Depois do acidente, Warren Anderson, presidente do conselho da Carbide, aceitou a responsabilidade moral da tragédia. Entretanto, desenvolveram-se várias teorias sobre a causa real do acidente.

Peritos e equipes de socorro norte-americanos foram enviados à Índia, seguidos de advogados dispostos a representar as vítimas, embora não lhes foi permitido fazê-lo. Depois de muitas discussões, instaurou-se o processo na Índia. Em 1989, a demanda foi resolvida e a Union Carbide aceitou pagar US$ 470 milhões.

Não obstante, permanece a questão de quem é responsável: a alta administração da Union Carbide? Os gerentes da UCIL? Os operadores da unidade de metilissocianato? O governo indiano, que emitiu a permissão? São perguntas realmente difíceis para as corporações transnacionais e os governos.

Para proteger o ambiente, os países europeus desenvolveram as normas ISO 14001, que garantem que as políticas das companhias atendam diversas preocupações públicas, incluindo a prevenção da contaminação e o cumprimento das leis e regulamentos aplicáveis. Desde a adoção da ISO 14001, em 1996, 10 mil companhias já estavam certificadas em 2000. As normas tiveram início lento nos Estados Unidos, mas receberam forte impulso quando a Ford Motor Company certificou todas as suas instalações ao redor do mundo em conformidade com a ISO 14001.[3] Outras companhias, como a General Motors, IBM e Xerox, seguiram seu exemplo. A norma foi valiosa para a Ford, pois reduziu o consumo de água e facilitou o manejo de resíduos de tinta e materiais de embalagem descartáveis.

---

2 Steiner, John F. "Union Carbide and the Bhopal plant gas leak". *Industry, society, and change*. Nova York: McGraw-Hill, 1991, p. 295-319. Ver também Shrivastava, Paul. "Crisis in Bhopal", em Frost, Peter J. et al. *Organizational Reality*, 4ª ed., Reading, Addison-Wesley, 1997, p. 337-340; Post, James E. et al. *Business and society*. Nova York: McGraw-Hill, 1996, p. 576-586; Union Carbide. Disponível em: http://www.bhopal.com, acesso em 29 de setembro de 2006.

3 Fielding, Stanley. "ISO 14001 brings change and delivers profits". *Quality Digest*, novembro de 2000, p. 32-35.

Perspectiva internacional

A postura ecológica da Toshiba[4]

A Toshiba Corporation, líder em alta tecnologia, leva a proteção ambiental muito a sério, ao considerar como descartar ou reciclar seus produtos quando diminuem sua utilidade.

http://www.toshiba.com

Em 1988, a companhia estabeleceu seu Centro de Proteção Ambiental em nível corporativo. Os esforços, desde então, não passaram despercebidos. Em 1997, conseguiu a certificação ISO 14001, que reconhece os esforços por criar um ambiente amigável. O balanço social é utilizado para quantificar benefícios econômicos, como a redução de resíduos e o uso de água e eletricidade. Esses esforços exigem fornecer educação ambiental a seus funcionários, assim como a seus parceiros e fornecedores. A administração ambiental é mais do que um lema na Toshiba, é um esforço sistemático para reduzir o efeito indesejável de sua operação sobre o ambiente.

Recentemente, as preocupações ecológicas se concentraram na mudança climática e no aquecimento global. O aquecimento se refere ao incremento da temperatura da atmosfera da Terra e seus oceanos, provocado pelo excesso de dióxido de carbono produzido por algumas atividades humanas. O incremento da temperatura pode elevar os níveis dos oceanos e criar climas extremos.[5] Por isso, os gerentes agora devem considerar a forma com que seus produtos e processos de produção afetam o clima da Terra a longo prazo, procurando formas de minimizar qualquer consequência negativa das atividades de suas empresas. Apesar dessa ameaça iminente, os Estados Unidos, segundo produtor de gases tóxicos em nível mundial, não quiseram assinar o Protocolo de Kyoto, que compromete vários países industrializados a reduzir suas emissões atmosféricas.

A mudança climática desencadeou grandes catástrofes.

A responsabilidade social dos administradores

No início do século XX, o objetivo das empresas de negócios era exclusivamente econômico. Atualmente, em parte devido às interdependências dos muitos grupos que formam nossa sociedade, a participação social dos negócios aumentou. Como indicamos no enfoque do modelo da teoria geral de sistemas, mencionado no Capítulo 1, existem muitos interessados ou grupos de interesses na organização. Na realidade, é uma questão sobre qual é a responsabilidade social do negócio. Mais ainda, a questão da responsabilidade social, originalmente associada aos negócios, agora surge com crescente frequência relacionada a governos, universidades, fundações sem fins lucrativos, organizações beneficentes e até igrejas. Por isso, estamos falando da responsabilidade social e do grau de resposta social de todas as organizações, embora o enfoque desta

4 Central do Planejamento de Proteção Ambiental e Reciclagem da Toshiba Corporation (Tóquio), *Toshiba Environmental Report, 2001*. Disponível em: http://www.toshiba.co.jp/env/english/pdf/report01e.pdf; "The history of Toshiba's environmental commitment". Disponível em: http://www.toshiba.co.jp/env/english/m084/main.htm; Toshiba. Disponível em: http://www.toshiba.co.jp, acesso em 30 de setembro de 2006.

5 Disponível em: http://en.wikipedia.org/wiki/Global_warming.

Perspectiva internacional

A maçã verde da Apple

Tiveram sucesso as fortes críticas que a organização ambientalista Greenpeace fez à Apple por meio de uma página em seu site, em que denuncia o uso de materiais químicos nocivos na fabricação dos computadores Mac e iBooks e dos iPods.

A organização ambientalista denunciou o grande prejuízo gerado na fabricação dos produtos e contidos nos seus resíduos tecnológicos, devido à sua elevada toxicidade; e também tem proposto diversas alternativas. Assim, conseguiu que empresas como a Hewlett-Packard e a Dell (concorrentes da Apple) fossem responsáveis pelos resíduos de seus produtos. Entretanto, exigiu da Apple que eliminasse o cloridrato de polivinilo, mais conhecido como PVC, que é utilizado na fabricação de cabos e componentes para computadores. No dia 21 de abril de 2005, vários manifestantes, reunidos fora do prédio em que se realizava a reunião anual de acionistas da Apple, questionaram Jobs, diretor executivo, que defendia a política ambientalista da empresa. Os ativistas exigiram em 2006 que "todas as novas linhas de produtos da Apple lançadas a partir de 2007 estivessem livres das substâncias químicas mais tóxicas, tanto nos processos de produção como nos próprios produtos".

Devido à pressão, em 2 de maio de 2007, o site da Apple divulgou um comunicado de Steven Jobs detalhando as ações que a companhia empreendeu e seus compromissos com o ambiente para 2008.

Fontes: http://www.greenpeace.org/Apple, a página do Greenpeace, que expõe os problemas ambientais em que a Apple estava envolvida, acesso em 22 de maio de 2007; "A greener Apple", comunicado de Steven Jobs de 2 de maio de 2007. Disponível em: http://www.apple.com/hotnews/agreenerapple, acesso 22 de maio de 2007; "Jobs defends Apple's record on environment", ZDNet News, 21 de abril de 2007. Disponível em: http://news.zdnet.com/2100-1040_22-5680152.hTML, acesso em 21 de maio de 2002.

discussão sejam os negócios. A sociedade, consciente e crítica em relação à urgência dos problemas sociais, concentra-se em perguntar aos gerentes, em especial àqueles que se encontram no topo, o que fazem para cumprir suas responsabilidades sociais e por que não fazem mais.

Responsabilidade e sensibilidade sociais

O conceito de responsabilidade social não é novo. Mesmo que a ideia já fosse considerada na primeira metade do século XX, recebeu um impulso importante em 1953, com o livro *Social responsibilities of the businessman*, de Howard R. Bowen, que sugeriu que os negócios deviam considerar as consequências sociais de suas decisões.[6] Como era de se esperar, não existe um consenso sobre a definição. Em uma pesquisa feita

6 Bowen, Howard R. *Social responsibilities of the businessman*. Nova York: Harper & Brothers, 1953.

com 439 executivos, 68% dos gerentes aceitaram esta definição: **responsabilidade social das empresas** é "considerar seriamente o efeito das ações da companhia sobre a sociedade".[7]

Um conceito recente, mas similar ao da responsabilidade social, é a **sensibilidade social**, que, em termos mais simples, é "a habilidade de uma empresa de relacionar suas operações e políticas com o ambiente social, para que sejam mutuamente benéficas para a companhia e para a sociedade".[8] Ambas as definições focam as empresas, mas esses conceitos devem ser ampliados para incluir organizações diferentes das privadas e tratar das relações dentro de uma empresa. A principal diferença entre responsabilidade e sensibilidade social é que esta última envolve ações e formas de implantar as respostas da empresa. Neste livro, os termos serão utilizados indistintamente.

Responsabilidade social das empresas

A consideração séria do efeito das ações da companhia sobre a sociedade.

Sensibilidade social

A habilidade de uma corporação em relacionar suas operações e políticas com o ambiente social, para que sejam mutuamente benéficas para a companhia e a sociedade.

Argumentos a favor e contra a participação dos negócios em ações sociais

Mesmo que existam argumentos a favor da participação das empresas nas atividades sociais, também há argumentos contrários, como mostra a Tabela 2.1.

Atualmente, muitos negócios participam de ações sociais. Um bom exemplo é a Petrobras, que contribui, entre outros, com o Projeto Tamar. Decidir se as companhias deveriam ampliar sua participação social requer uma análise cuidadosa dos argumentos a favor e contra essas ações. Certamente, as expectativas da sociedade mudam e a tendência parece ir no sentido de uma maior sensibilidade social.

TABELA 2.1 Argumentos a favor e contra a participação social das empresas

Argumentos a *favor* da participação social das empresas
1. As necessidades públicas mudaram e, com elas, as expectativas. Considera-se que as empresas receberam da sociedade sua permissão para o funcionamento e, em consequência, devem responder às suas necessidades.
2. A criação de um melhor ambiente social beneficia tanto a sociedade como as empresas. A sociedade ganha por ter um melhor ambiente e mais oportunidades de emprego. As empresas se beneficiam de uma melhor comunidade, pois a comunidade é a fonte de sua força de trabalho e a consumidora de seus produtos e serviços.
3. A participação social desestimula as regulamentações e a intervenção do Estado. O resultado é a maior liberdade e flexibilidade na tomada de decisões pelas empresas.

(*continua*)

[7] Paluszek, John L. *Business and society*. 1976-2000. Nova York: Amacom, 1976, citado em Steiner, George A. e Miner, John B. *Management policy and strategy*. 3ª ed. Nova York: Macmillan, 1986, p. 38-39; Wokutch, Richard E. "Corporate social responsibility japanese style". *Academy of Management Executive*, maio de 1990, p. 56-74.

[8] Davis, Keith e Frederick, William C. *Business and society*. 5ª ed. Nova York: McGraw-Hill, 1984, p. 564. Ver também Frederick, William C. et al. *Business and society*. 6ª ed. Nova York: McGraw-Hill, 1988.

TABELA 2.1 (*continuação*)
4. As empresas têm um grande poder que, quando bem analisado, deve ser acompanhado de uma quantidade igual de responsabilidade.
5. A sociedade moderna é um sistema interdependente e suas atividades internas afetam o ambiente externo.
6. A participação social deve estar de acordo com o interesse dos acionistas e stakeholders.
7. Os problemas podem tornar-se oportunidades. É o caso de artigos antes considerados como desperdício (por exemplo, latas de refrigerante vazias) e que agora podem ser reutilizados de maneira rentável.
8. A participação social cria uma imagem pública favorável. Como resultado, a empresa pode atrair clientes, funcionários e investidores.
9. As empresas devem tratar de resolver os problemas que outras instituições não puderam solucionar. Afinal, elas contam com a experiência necessária para apresentar novas ideias.
10. As empresas têm os recursos. Especificamente, os negócios devem usar o talento de seus gerentes e especialistas, assim como seus recursos de capital, para resolver alguns dos problemas da sociedade.
11. É melhor prevenir os problemas sociais por meio da participação das empresas do que solucioná-los. Por exemplo, pode ser mais fácil ajudar os que estão desempregados há muito tempo do que enfrentar a instabilidade social.
Argumentos *contra* a participação social das empresas
1. A principal tarefa das empresas é otimizar os lucros, concentrando-se estritamente nas atividades econômicas. A participação social poderia reduzir a eficiência econômica.
2. A sociedade acaba pagando preços mais altos pela participação social dos negócios. Essa participação geraria custos excessivos para as empresas, que não podem comprometer seus recursos em ações sociais.
3. A participação social pode criar uma situação enfraquecida de balanço de pagamentos internacional. O custo dos programas sociais, diz o raciocínio, deveria ser agregado ao preço do produto. Assim, as companhias socialmente envolvidas que vendem nos mercados internacionais estariam em desvantagem ao competir com empresas de outros países que não precisam suportar esses custos sociais.
4. As empresas já têm poder suficiente, por isso sua participação social adicional aumentaria mais seu poder e influência.
5. Empresários e pessoas de negócios carecem de habilidades sociais para tratar dos problemas da sociedade. Sua competência e experiência estão voltadas para questões econômicas e suas habilidades podem não ser as adequadas para os problemas sociais.
6. Existe uma falta de responsabilidade das empresas com a sociedade. A menos que as empresas estabeleçam essa responsabilidade e se comprometam, não deveriam envolver-se.
7. Por não haver um pleno apoio sobre a participação em ações sociais, os desacordos entre grupos com diferentes pontos de vista ocasionarão conflitos.

Baseada em diversas fontes, incluindo Frederick, William C. et al. *Business and society.* 6ª ed. Nova York, McGraw-Hill: 1988, Capítulo 2.

Perspectiva empresarial

Entrevista com David Epstein, sócio da empresa de capital de risco Crosslink Capital[9]

Que função desempenha a responsabilidade social ou a percepção social na administração empresarial? David Epstein é um dos sócios da Crosslink Capital, uma empresa de capital de risco especializada em companhias de tecnologia da informação. Epstein afirma que a responsabilidade social será diferente em distintas empresas: "No nosso caso, a percepção social é importante se afetar diretamente a companhia e seus planos. Por exemplo, a energia limpa é uma questão social importante que está presente na mente de muitos; mas, a avaliação de uma empresa dependerá não de se ela é boa com o ambiente, mas de como afetará essa percepção social à companhia e ao mercado. É mais alta a demanda pela percepção? Existem incentivos governamentais que incentivem a adoção? É necessário quantificar isso de novo. As companhias não obtêm recursos por se sentirem bem. Devem produzir um benefício econômico. Os investidores devem obter um benefício para ter sucesso. Isso não é válido para as empresas filantrópicas, que não procuram lucros. Mas para o mercado Venture (de risco) é. O fundador pode entrar no negócio por motivos de consciência social, mas só terá sucesso se houver um resultado monetário favorável. Os programas sociais, além do negócio central, devem ficar em segundo plano até que a companhia possa sustentar-se por si própria e suportar esses programas sem precisar de recursos externos. Forçar os investidores a pagar e apoiar programas de caridade, sem importar se eles são altruístas, é um erro. Cada investidor, e os investidores do investidor, escolhem onde e quando gostariam de gastar seu dinheiro para beneficência; e o dinheiro investido em campanhas de investimento empresarial já foi alocado para ativos geradores de lucro. Ninguém fala a respeito de quanto são filantrópicas realmente as entidades."

Reação ou proatividade?

Os gerentes não devem limitar-se a reagir diante das pressões só porque vivem em um ambiente e são sensíveis a ele. Já que não se espera que nenhuma empresa reaja tão rapidamente aos acontecimentos imprevistos, a empresa deve dispor de meios para antecipar-se aos acontecimentos mediante prognósticos. Uma companhia alerta, por exemplo, não espera até que seu produto fique obsoleto e as vendas caiam antes de lançar um produto novo ou melhorado. Um órgão governamental não deve esperar que seus regulamentos fiquem obsoletos e desacreditados antes de procurar outra forma de atingir seus objetivos. Nenhuma empresa deve esperar os problemas chegarem para, somente então, se preparar para enfrentá-los. A proatividade é parte essencial do processo de planejamento.

A função do Estado

Em muitos casos, as mudanças sociais só podem ser implantadas mediante a promulgação de leis. Não obstante, vários administradores no âmbito dos negócios e em outras áreas encontraram vantagens em fazer algo para solucionar os problemas sociais. Por exemplo, muitos negócios obtiveram lucros filtrando os poluentes de chaminés e vendendo ou utilizando esses resíduos recuperados. Outras empresas lucraram construindo prédios de apartamentos de baixo custo em áreas economicamente deprimidas.

[9] Entrevista eletrônica realizada com David Epstein, diretor executivo e sócio da Crosslink Ventures, por Mark Cannice, em 8 de janeiro de 2007.

Perspectiva internacional

Bill Gates e a Microsoft são um monopólio?[10]

http://www.microsoft.com

Em 5 de novembro de 1999, o juiz Thomas Penfield Jackson divulgou um documento que afirmava: "Através de sua conduta com a Netscape, IBM, Compaq, Intel e outras, a Microsoft provou que usará seu prodigioso poder de mercado e imensos lucros para prejudicar qualquer empresa que insista em seguir iniciativas que possam intensificar a concorrência contra os produtos centrais da Microsoft".[11] Sugeriu-se que o comportamento da Microsoft estivesse prejudicando consumidores e concorrentes.

A Microsoft teve uma origem modesta: estabeleceu-se em Albuquerque, Novo México, Estados Unidos, em 1975. No início da década de 1980, Bill Gates e seus colegas criaram o sistema operacional do computador pessoal da IBM: o MS-DOS que, com o tempo, se tornou o mais popular. E foi seguido pelo Windows, que agora está instalado na maioria dos computadores pessoais. Com o tempo, a companhia teve tanto sucesso que o governo abriu uma investigação "em busca de evidências" que precisou de dois anos para provar o comportamento monopolista da Microsoft. A posição do juiz Jackson era que o padrão de comportamento da Microsoft tinha o propósito de destruir a Netscape e pressionar outras empresas para que cedessem diante de seus interesses. O correio eletrônico interno da Microsoft parecia confirmar este comportamento. Mas a Microsoft afirmava que sua meta era servir seus clientes e proteger sua propriedade intelectual. Ademais, sugeriu-se que a mudança tecnológica acabaria agindo contra os monopólios. Por exemplo, a Internet altera as "regras do jogo", oferecendo padrões abertos que reduzem a influência da Microsoft no mercado dos computadores pessoais. A companhia também afirmou que não prejudicava os consumidores, nem freava a inovação.

Além desse julgamento antimonopólio, a Microsoft teve de enfrentar um interposto pela União Europeia, em 2000, e outro da RealNetwork, contra a instalação de seus softwares de áudio e vídeo.

Em outras palavras, contribuir para a solução de problemas sociais nem sempre inclui somente gastos. Mas a sociedade necessita do apoio da legislação para empreender melhorias.

A ética na administração[12]

Ética

A disciplina que se ocupa do que é bom e ruim do ponto de vista do dever e obrigação morais.

Todas as pessoas, dos negócios, do governo, da universidade ou de qualquer outra organização, estão preocupadas com a ética. No *Webster's Ninth New Collegiate Dictionary*, a **ética** é definida como "a disciplina que se ocupa do que é bom e ruim do ponto de

---

[10] Foram utilizadas diversas fontes, incluindo "Now bust Microsoft's trust", *The Economist*, 13 de novembro de 1999, p. 15 e seguintes; "Microsoft and the future: busted", ibid., p. 21 e seguintes; "The future: tomorrow's Internet", ibid., p. 23 e seguintes; Gates, Bill. *The road ahead.* Nova York: Penguin, 1996; Carney, Dan et al. "Bill isn't home free yet", *The Economist*, 11 de março de 2002, p. 26.

[11] "Microsoft and the future: busted", *The Economist*, 13 de novembro de 1999, p. 22.

[12] A edição especial sobre ética e responsabilidade social em *The Academy of Management Learning & Education*, setembro de 2006, discute vários pontos de vista sobre a ética.

Perspectiva internacional

Escândalos relacionados com a gestão da corporação[13]

Em julho de 2002, a WorldCom apresentou a maior declaração de falência na história dos Estados Unidos. Enquanto os investidores da WorldCom, da Global Crossing e outras companhias de telecomunicações sofriam, a alta administração de muitas dessas companhias enriquecia. O analista Jack Grubman, pertencente à Salomon, Smith and Barney, do Citigroup, parecia ter enganado os stakeholders, com resultados de perdas e falências que poderiam afetar os investidores e também a indústria de telecomunicações dos Estados Unidos, no que se refere à competição global com empresas em países como a Coréia do Sul e o Japão, que já estão tecnologicamente à frente das companhias norte-americanas em certas áreas.

Os escândalos corporativos como os da Enron e da WorldCom prejudicaram a confiança dos investidores. Em resposta à revelação de supostos fatos impróprios, os Estados Unidos aprovaram nova legislação.

Desde agosto de 2002, é preciso que os diretores executivos e os diretores financeiros de muitas das maiores companhias americanas declarem sob juramento que, pelo seu leal saber e entender, seus resultados financeiros mais recentes são verdadeiros. A lei Sarbanes-Oxley obriga os CEOs e CFOs a certificarem a veracidade de seus resultados financeiros para recuperar a confiança dos investidores. Essa legislação também estipula que ficam proibidos os empréstimos pessoais subsidiados.

A revista *Business Week* sugere várias ideias para a criação da corporação ideal, que deve estar baseada em integridade, ética, equidade e confiança.[14] O novo modelo corporativo será mais transparente para os investidores, fornecedores, clientes e funcionários. Os dados de desempenho devem ser precisos, para que os investidores possam confiar nas cifras. O pagamento aos executivos será percebido como equitativo. A cultura corporativa mais aberta deve enfatizar a responsabilidade e os funcionários se sentirão livres para relatar práticas sem ética ou injustas.

vista do dever e da obrigação moral". A **ética nos negócios** trata da verdade e da justiça e se relaciona com diversos aspectos, como as expectativas da sociedade, a concorrência leal, a publicidade, as relações públicas, a responsabilidade social, a autonomia do consumidor e o comportamento corporativo no país de origem e no exterior.

A ética nos negócios

Trata da verdade e da justiça relacionadas com aspectos como as expectativas da sociedade, a concorrência leal, a publicidade, as relações públicas, a responsabilidade social, a autonomia do consumidor e o comportamento corporativo.

Teorias éticas[15]

Nas organizações, os administradores concorrem por informação, influência e recursos. A possibilidade de que surjam conflitos ao escolher os fins e os meios para obtê-los é muito alta; e a questão sobre quais critérios devem guiar o comportamento ético torna-se crítica.

---

13 Rosenbush, Steven et al. "Scandals in corporate America". *Business Week*, 5 de agosto de 2002, p. 34-40; "I swear… oaths are only a small step in the business of cleaning up american companies". *The Economist*, 17 de agosto de 2002, p. 11; "In search of honesty". *The Economist*, 17 de agosto de 2002, p. 49-50; Byrne, John A. "After Enron: the ideal corporation", *Business Week*, 26 de agosto de 2002, p. 68-74; "When something is rotten". *The Economist*, 27 de julho de 2002, p. 53-54; Bianco, Anthony, "The angry market". *Business Week*, 29 de julho de 2002, p. 32-33; Mehta, Stephanie N. "Is there any way out of the mess?". *Fortune*, 22 de julho de 2002, p. 83-86; "The pay of chief executives can seem ridiculous. Often, it is". *The Economist*, 13 de julho de 2002, p. 64; Gimein, Mark. "You bought. They sold". *Fortune*, 2 de setembro de 2002, p. 64-74.

14 Byrne, John A. "After Enron: the ideal corporation". *Business Week*, 26 de agosto de 2002, p. 68-74.

15 Ver também Brass, Daniel J. et al. "Relationships and unethical behavior: a social network perspective". *Academy of Management Review*, janeiro de 1998, p. 14-31.

Teoria utilitária

Os planos e ações devem ser avaliados pelas consequências.

Teoria baseada nos direitos

Todas as pessoas têm direitos básicos.

Teoria da justiça

Aqueles que tomam decisões devem guiar-se pela justiça e pela equidade, assim como pela imparcialidade.

Foram desenvolvidos três tipos de teorias morais básicas no campo da ética normativa. Primeiro, a **teoria utilitária** alega que devem ser avaliados planos e ações pelas suas consequências. A ideia por trás disso é que planos ou ações devem gerar o maior bem-estar para o maior número de pessoas. Segundo, a **teoria baseada nos direitos** afirma que todas as pessoas têm direitos básicos. Alguns exemplos são os direitos à liberdade de consciência, liberdade de expressão e julgamento justo. Vários desses direitos se encontram na Carta Internacional dos Direitos Humanos e na Constituição da maioria dos países do mundo. Terceiro, a **teoria da justiça** exige que aqueles que tomam decisões se guiem pela justiça e equidade, assim como pela imparcialidade.

Institucionalização da ética

A ética nos negócios é cada vez mais discutida em seminários e palestras.[16] Os administradores, especialmente os altos gerentes, são responsáveis por criar um ambiente organizacional que promova a tomada de decisões éticas mediante sua institucionalização. Isso significa aplicar e integrar conceitos éticos nas ações diárias. Theodore Purcell e James Weber sugerem que isso pode ser atingido de três maneiras: 1) estabelecer uma política de companhia ou um código de ética apropriados; 2) estabelecer um comitê de ética formalmente designado; e 3) ensinar ética em programas de desenvolvimento administrativo.[17] A forma mais comum de institucionalizar a ética é o estabelecimento de um código de ética; menos comum é usar comitês de ética. Os programas de desenvolvimento gerencial relacionados à ética são pouco frequentes, embora companhias como a Allied Chemical, IBM e General Electric os tenham estabelecido em suas organizações.

A publicação de um código de ética não é suficiente. Por isso, algumas companhias exigem que seus funcionários assinem o código e incluem critérios éticos na avaliação de seu desempenho. Além disso, certas empresas relacionam as remunerações e bônus ao comportamento ético de seus funcionários. Do mesmo modo, os gerentes também devem aproveitar qualquer oportunidade para estimular e divulgar o comportamento ético; e os funcionários devem ser incentivados a relatar práticas carentes de ética. Mas o mais importante é que os gerentes devem ser um bom exemplo, pelo seu comportamento e práticas éticas.

Código de ética e sua instrumentação em um comitê

Código

Uma declaração de políticas, princípios ou regras que guia o comportamento das organizações e das pessoas.

Um **código** é uma declaração de políticas, princípios ou regras que guia o comportamento ético não somente das empresas, mas das pessoas de todas as organizações e na vida diária.

16 Kaplan, Jeffrey M. "Business ethics conferences". *Business and Society Review*, 1999, p. 53 e seguintes; Daly, Francis J. "The ethics dynamics", ibid., p. 37 e seguintes.

17 Grande parte desta análise está baseada em Weber, James. "Institutionalizing ethics into the corporation". *MSU Business Topics*, 1981, p. 47-52; e Purcell, Theodore V. e Weber, James. *Institutionalizing corporate ethics: a case history*. Nova York: Presidents Association, divisão de diretores executivos da American Management Association, 1979.

Perspectiva internacional

Aspectos gerais do Código de Ética Profissional do Administrador (Cepa) no Brasil[18]

O novo Código de Ética Profissional do Administrador foi divulgado pela Resolução Normativa nº 253, de 30 de março de 2001. Aqui, mencionamos algumas das principais normas que regem os administradores no Brasil:

1. O Código de Ética Profissional do Administrador é o guia orientador e estimulador de novos comportamentos e está fundamentado num conceito de ética direcionado para o desenvolvimento, servindo simultaneamente de estímulo e parâmetro para que o administrador amplie sua capacidade de pensar, visualize seu papel e torne sua ação mais eficaz diante da sociedade.

   O administrador deve:

a. exercer a profissão com zelo, diligência e honestidade, defendendo os direitos, bens e interesse de clientes, instituições e sociedades sem abdicar de sua dignidade, prerrogativas e independência profissional;
b. manter sigilo sobre tudo o que souber em função de sua atividade profissional;
c. assegurar, quando investido em cargos ou funções de liderança, as condições mínimas para o desempenho ético-profissional;
d. informar e orientar o cliente, com respeito à situação real da empresa a que serve;
e. esclarecer o cliente sobre a função social da empresa e a necessidade de preservação do meio ambiente.

Ao administrador é proibido:

a. anunciar-se com excesso de qualificativos, admitida a indicação de títulos, cargos e especializações;
b. permitir a utilização de seu nome e de seu registro por qualquer instituição pública ou privada onde não exerça pessoal ou efetivamente função inerente à profissão;
c. organizar ou manter sociedade profissional sob forma desautorizada por lei;
d. deixar de cumprir, sem justificativa, as normas emanadas dos Conselhos Federal e Regionais de Administração, bem como atender às suas requisições administrativas, intimações ou notificações, no prazo determinado.

Limitar-se a estabelecer um código de ética não é suficiente para garantir seu cumprimento. Por isso, é essencial designar um comitê de ética integrado por diretores internos e externos para institucionalizar o comportamento ético.[19] As funções desse comitê podem consistir em:

[18] Adaptado do Código de Ética Profissional do Administrador – Cepa.
[19] Weber. "Institutionalizing ethics into the corporation". *MSU Business Topics*, 1981, p. 47-51.

1. Realizar reuniões regularmente para discutir problemas éticos;
2. Ocupar-se das "áreas cinzentas";
3. Comunicar o código a todos os membros da organização;
4. Revisar possíveis violações do código;
5. Reforçar o código;
6. Premiar o cumprimento e punir as violações;
7. Revisar e atualizar o código;
8. Relatar as atividades do comitê ao conselho de diretores.

Fatores que elevam os padrões éticos

Segundo os participantes em um estudo, os dois fatores que mais elevam os padrões éticos são: 1) a revelação pública e a publicidade; e 2) a preocupação crescente de um público bem informado. Esses fatores são seguidos por regulamentos governamentais e pela educação para elevar o profissionalismo dos gerentes.[20]

Para que os códigos de ética sejam eficazes, devem adotar-se medidas para sua aplicação. Os gerentes sem ética deverão ser responsáveis por suas ações. Isso significa que os privilégios e os benefícios lhes serão retirados e que serão sancionados. Mesmo que a aplicação de códigos de ética possa não ser fácil, a simples existência desses códigos incrementa o comportamento ético por esclarecer expectativas. Por outro lado, não devemos esperar que os códigos de ética resolvam todos os problemas. De fato, podem criar um falso sentimento de segurança. A aplicação eficaz do código requer a demonstração de um comportamento ético coerente e o apoio da alta administração. Outro fator que poderá elevar os padrões éticos é o ensino da ética e dos valores em instituições de educação superior.

Perspectiva internacional

Nepotismo no Banco Mundial

No dia 13 de abril de 2007, a maioria dos jornais do mundo tinha a mesma notícia principal: a demissão de Paul Wolfowitz do cargo de presidente do Banco Mundial. Aquele que foi um dos principais homens do presidente George Bush, e incentivador da invasão do Iraque (como vice-secretário de Defesa de 2001 a 2005) junto com Donald Rumsfeld, foi acusado de violar o código de conduta dessa instituição. A Comissão Especial que investiga o caso argumenta que Wolfowitz incorreu em conflito de interesses ao dar instruções ao vice-presidente do RH para conceder condições especiais para sua amante, Shaha Ali Riza, funcionária do BM, na forma de uma promoção e de um aumento que superava o nível máximo estabelecido. Wolfowitz acertou que Riza recebesse um aumento inicial de US$ 50 mil, sujeitos a revisões anuais. Logo após a primeira revisão anual, seu salário passou para US$ 193.590 anuais, livres de impostos, superior ao da secretária de Estado norte-americano, Condoleezza Rice.

Embora a Casa Branca tenha pressionado para manter Wolfowitz no cargo, vários países europeus e de outras partes do mundo, que eram maioria nos órgãos de direção do Banco Mundial, não apoiaram essa decisão, por isso a demissão em 30 de junho de 2007.

---

[20] Brenner, Steven N. e Molander, Earl A. "Is the ethics of business changing?". *Harvard Business Review*, janeiro-fevereiro de 1977, p. 63.

Diretrizes para a ética nos negócios internacionais com um enfoque na China[21]

Com as crescentes atividades de negócios na China, os tomadores de decisões procuram diretrizes. Em seu livro, *Becoming a top-notch player. 18 rules of international business ethics*, Stephan Rothlin não só procura assessorar os gerentes para que sejam éticos, mas para que tenham sucesso. Embora o livro tenha sido escrito principalmente para gerentes chineses (é uma edição bilíngue inglês-chinês), os conceitos expostos têm aplicações mais amplas. As diretrizes são analisadas em quatro seções, que se ocupam da ética internacional nos negócios, das condições de trabalho, da justiça e das virtudes éticas. Naturalmente, essas diretrizes focam muitos problemas atuais na China, além de outros países.

Os administradores chineses tratam de preparar melhor seu pessoal.

Parte 1 Ética dos negócios internacionais

1. Se tratar de compreender os valores de diferentes culturas, encontrará pontos em comum.
2. Se analisar os fatos, compreenderá que a honestidade e a confiabilidade o beneficiarão.
3. Se analisar casos de estudo de diferentes perspectivas, descobrirá as vantagens de um plano justo.

Parte 2 Condições trabalhistas

4. Respeitar seus colegas é o investimento mais inteligente que você pode fazer.
5. Para incrementar a produtividade, ofereça condições de trabalho seguras e saudáveis.
6. Para inspirar confiança, tenha um desempenho transparente.
7. Postura leal pode levar sua instituição na direção certa.
8. Reduzir o tamanho de sua força de trabalho só será positivo se respeitar cada interessado.

Parte 3 Áreas de justiça

9. Para estabelecer o nome de sua marca, atue como um concorrente leal.
10. Reduza a distância entre ricos e pobres desenvolvendo um novo sistema de seguridade social.
11. Atuando contra a discriminação, você incrementará sua produtividade e rentabilidade.
12. Protegendo a propriedade intelectual, todos os interessados receberão sua participação justa.
13. As mudanças constantes na tecnologia da informação exigem novas formas de lealdade.
14. Sua estratégia de relações públicas só assegurará sua reputação se puder comprovar sua prioridade pela qualidade e a excelência.
15. Seus resultados econômicos só estarão seguros se diminuir a corrupção.
16. O sucesso a longo prazo requer com urgência que se preocupe constantemente com o meio ambiente.

[21] Rothlin, Stephan. *Becoming a top-notch player. 18 rules of international business ethics*, Pequim, Renmin University Press, 2003. Usado com autorização da Renmin University Press e do autor. O autor utilizou o termo "regra", mas preferimos chamá-las de "diretrizes" para sermos coerentes com a terminologia usada no livro.

Parte 4 Na direção da ética das virtudes

17. Para tornar-se um profissional refinado, molde seu discernimento e cultive boas maneiras.
18. Cuide de seu negócio quando cuidar da sociedade.

O rápido crescimento econômico da China (cerca de 10% durante vários anos) fez com que as atividades de negócios também crescessem. Os líderes de negócios procuram diretrizes operacionais não somente para seu país, mas também para concorrer em nível global. Essas diretrizes podem ajudar os gerentes chineses e também os de outros países na sua tomada de decisões.

Denúncias de irregularidades

Denúncia de irregularidades

Divulgar para organizações externas as práticas sem ética de uma companhia.

Outra forma de incentivar o comportamento ético corporativo é por meio das **denúncias de irregularidades** (*whistle-blowing*), isto é, divulgar para organizações externas as práticas sem ética de uma companhia. O *Black's Law Dictionary* define um denunciante (*whistle blower*) como "um funcionário que se nega a participar em (ou relata) atividades ilegais ou incorretas de seu chefe ou de colegas de trabalho". Existe um site na Internet de denunciantes que discute problemas de denúncia nos Estados Unidos e oferece assessoria legal e proteção.[22] Essa central de denúncias é uma organização sem fins lucrativos que ajuda a aplicar leis ambientais e busca a responsabilidade de organizações de negócios e governamentais. Seu principal objetivo é proteger e defender as pessoas que revelam ações prejudiciais para o ambiente e para a saúde pública.

Adiante, analisaremos mais a fundo o caso de Roger Boisjoly, engenheiro da Morton Thiokol e empreiteiro do impulsor de foguetes da nave espacial Challenger, que alertou sobre o problema que existia com as vedações 'O', que perdiam eficácia em baixas temperaturas. Seus temores e preocupações foram ignorados durante muito tempo pela administração e, finalmente, levaram ao desastre da Challenger. Outro exemplo é o de Casey Ruud, um denunciante que foi dispensado de seu trabalho na operadora da central nuclear Westinghouse Hanford Company. Ruud processou a empresa e lhe foi concedido por um juiz federal o pagamento vitalício de seu salário base.[23] Nos Estados Unidos, a legislação agora oferece maior proteção para os denunciantes do governo. Existe certa evidência de que, depois dos ataques suicidas de 11 de setembro de 2001 ao World Trade Center, mais funcionários se apresentaram para revelar problemas de segurança.[24]

A explosão da Challenger em 28 de janeiro de 1986.

Padrões éticos divergentes entre as sociedades

Os padrões éticos e os legais diferem entre nações e sociedades. Por exemplo, determinadas nações permitem que as companhias privadas façam contribuições monetárias a partidos, campanhas e candidatos políticos (prática proibida nos Estados Unidos). Em

[22] National Whistleblower Center. Disponível em: http://www.whistleblowers.org, acesso em 29 de setembro de 2006.

[23] Allen, Michelle L. "Whistle blowing", 1999. Disponível em: http://science.kennesaw.edu/csis/msis/stuwork/Whistle-Blowing.html.

[24] "Whistleblowing". *The Economist*, 12 de janeiro de 2002, p. 55-56.

determinados países, os pagamentos a funcionários governamentais e a outras pessoas que possam influir politicamente para garantir o tratamento favorável de um negócio ou de outra transação não são considerados como subornos, mas como pagamentos por serviços prestados. Em alguns casos, os pagamentos realizados para conseguir um contrato são considerados uma forma normal e aceitável de fazer negócios. Consideremos a posição da Quaker Oats Company, que enfrentou as ameaças de funcionários estrangeiros de fechar sua operação se a exigência por "pagamentos" não fosse satisfeita; ou a de uma companhia que pode encontrar-se na situação em que a segurança do gerente da planta estará em jogo se os pagamentos não forem realizados.[25] A pergunta que os gerentes de negócios responsáveis no exterior enfrentam é: que padrões éticos devem ser seguidos?[26] Por exemplo, *guanxi*, que se refere a relações informais e intercâmbio de favores, influi nas atividades de negócios na China e no Leste da Ásia. Não há dúvida do que deve ser feito em situações similares nos Estados Unidos: os executivos devem recusar a sugestão de colocar dinheiro em uma "sacola de papel". Mas, em um país em que essas práticas são esperadas e são comuns, os executivos enfrentam um problema difícil. Com a aprovação de leis no Congresso dos Estados Unidos e com a adoção de regulamentos pela Securities and Exchange Commission, as empresas norte-americanas não só devem reportar tudo o que poderia ser considerado uma gentileza, como também está proibida qualquer ação que possa ser considerada um suborno. As disposições contra subornos da Lei de Práticas Corruptas no Exterior estabelecem: "As empresas dos Estados Unidos que procuram fazer negócios em mercados estrangeiros devem estar familiarizadas com a FCPA. Em geral, a FCPA proíbe pagamentos corruptos a funcionários estrangeiros com o propósito de obter ou manter um negócio".[27] Por isso, os Estados Unidos tentaram exportar a outros países seus padrões para fazer negócios, os quais podem melhorar os padrões éticos no exterior.

http://www.quakeroats.com
http://www.sec.gov

Por outro lado, em vários países da América Latina também foram promulgadas leis anticorrupção, como aconteceu no México, Venezuela, Bolívia, Brasil, Peru e República Dominicana.

Perspectiva internacional

Índice de percepção de corrupção de acordo com a Transparência Internacional 2006 (países selecionados)

De acordo com os dados solicitados pela Transparência Internacional, existe uma relação estreita entre o nível de corrupção e o de pobreza em um país. Considera-se que os países com 3 ou menos pontos sofrem de um forte problema de corrupção.

Classificação	País ou território	Pontuação do IPC 2006
1	Finlândia	9,6
9	Austrália	8,7
11	Reino Unido	8,6
18	França	7,4
20	Estados Unidos	7,3

(*continua*)

[25] Walton, Clarence D. (editor). *The ethics of corporate conduct*. Nova Jersey: Prentice Hall, 1977, Capítulo 7.

[26] Lovett, Steve et al. "Guanxi versus the market: ethics and efficiency". *Journal of International Business Studies*, 1999, p. 231 e seguintes.

[27] Foreign Corrupt Practices Act Antibribery Provisions (U.S. Department of Justice Fraud Section, Criminal Division). Disponível em: http://www.usdoj.vog/criminal/fraud/fcpa.html.

(*continuação*)

Classificação	País ou território	Pontuação do IPC 2006
23	Espanha	6,8
28	Uruguai	6,4
34	Israel	5,9
45	Itália	4,9
55	Costa Rica	4,1
57	El Salvador	4,0
59	Colômbia	3,9
60	Turquia	3,8
66	Cuba	3,5
70	Brasil	3,3
70	China	3,3
70	Índia	3,3
70	México	3,3
70	Peru	3,3
84	Panamá	3,1
93	Argentina	2,9
99	República Dominicana	2,8
105	Bolívia	2,7
111	Guatemala	2,6
121	Rússia	2,5
138	Venezuela	2,3
160	Iraque	1,9
163	Haiti	1,8

Fonte: Dados de Transparency International, *Índice de percepção da corrupção de Transparency International 2006*. Disponível em: http://www. transparency.org/policy_research/surveys_indices/cpi, acesso em 21 de maio de 2007.

Perspectiva internacional

A veracidade nos regulamentos publicitários difere em diversos países[28]

A publicidade na China se tornou cada vez mais difícil. A Procter & Gamble (P&G) afirmava que seu produto Pantene deixava o cabelo dez vezes mais forte; e as autoridades do governo exigiram evidências que eram difíceis de apresentar mediante estudos objetivos. Em consequência, a P&G retirou o anúncio. No passado, os anunciantes na China tinham relativa liberdade para fazer afirmações sobre seus produtos. Mas foi aplicada uma lei da China de 1995 (raramente usada) que estabelece que as afirmações estatísticas devem ser precisas e verídicas.

Os regulamentos publicitários são diferentes entre países. Nos Estados Unidos, por exemplo, a Federal Trade Commission oferece supervisão. Além disso, os concorrentes também vigiam e denunciam afirmações questionáveis de seus rivais. Na maioria dos países europeus, o mercado é guiado por autorregulamentação, assim como por fortes regulamentos governamentais.

[28] Jonathan Cheng com contribuições de Geoffrey A. Fowler, Ivy Zhang e Sarah Ellison. "China demands concrete proof of ad claims". *Wall Street Journal*, 8 de julho de 2005.

A confiança como base de uma administração da mudança

Frequentemente, os gerentes são bombardeados por novos conceitos gerenciais e também pelos antigos, às vezes disfarçados com nova terminologia, que são modificados para fazer frente à mudança gerencial exigida pela concorrência global, pelas expectativas dos clientes e pela necessidade de responder com rapidez às mudanças ambientais. Mesmo que diversos enfoques da administração da mudança na Nova Era sejam discutidos ao longo do livro, um conceito frequentemente ignorado é a confiança. O professor Salvatore Belardo afirma que a confiança é o ponto central da comunicação, colaboração e disposição de mudar.[29] Por tradição, o conceito de confiança se compara ao de integridade, lealdade, afeto e o cumprimento de promessas nas relações entre e com os indivíduos. Mas Belardo diz que a confiança deve ir além das relações individuais e estender-se até a organização, por meio da criação de uma cultura de confiança que vá além da liderança individual. Os líderes podem ir e vir, mas a organização segue. Por exemplo, David Packard, da Hewlett-Packard, deixou como seu legado a HP Way (o estilo HP), uma filosofia baseada em um código de ética que impregna toda a organização e segue vigente depois de seu falecimento.

http://www.hp.com

Perspectiva empresarial

Entrevista com David Epstein, diretor gerente da Crosslink Capital Ventures[30]

Que papel desempenham a ética e a confiança na administração empresarial? Segundo David Epstein, sócio de investimento de risco da Crosslink Capital, "qualquer pergunta sobre a ética ou a confiança em geral mata um negócio de maneira rápida e definitiva. Quando duas empresas 'estão casando-se' e devem cuidar de muitos problemas comuns, deve haver uma honestidade absoluta em suas interações. Se alguma coisa não se ajusta, ou se existem inconsistências, as coisas param. Pode perder-se muito tempo para compreender por que e o que não deu certo. Na maioria dos casos, acabará sendo abortado todo o esforço, mas, às vezes, pode dar certo com um acordo para substituir a pessoa de ética questionável antes que os recursos sejam alocados, se todo o resto parece estar certo. Em tempos de casos como o da Enron, as opções passadas para a alta administração, os pretextos e a lei Sarbanes-Oxley, simplesmente não vale a pena correr os riscos de tratar com alguém que não seja totalmente correto".

Nesta obra, muitos conceitos, princípios, teorias e práticas administrativas serão apresentados para administrar a mudança na Nova Era. Mas, em essência, uma empresa é uma organização humana que funciona bem só quando se baseia na confiança, no comportamento ético e no reconhecimento da dignidade humana.

Resumo

Os gerentes trabalham em um ambiente complexo, se veem afetados por ele e, até certo ponto, influem sobre ele. Os gerentes operam em uma sociedade plural em que muitos grupos organizados representam vários interesses.

29 Belardo, Salvatore e Belardo, Anthony W. "Re-engineering re-engineering: how an ethical organization can encourage the generative use of reengineering", manuscrito.

30 Entrevista eletrônica (e-mail) realizada com David Epstein, diretor gerente e sócio da Crosslink Ventures, por Mark Cannice em 8 de janeiro de 2007.

Na sua tomada de decisões, os gerentes devem considerar o ambiente externo. A tecnologia contribui com muitos benefícios, mas também gera alguns problemas. Cada vez mais, as empresas consideram o efeito das ações gerenciais no ambiente ecológico. Muitas corporações empresariais e outras organizações realizam esforços sérios para estabelecer um ambiente que seja positivo para os indivíduos, os negócios e a sociedade.

A responsabilidade social corporativa requer que as organizações considerem com seriedade o efeito de suas ações na sociedade. Do mesmo modo, a sensibilidade social relaciona as operações e políticas corporativas ao ambiente social, para que sejam positivas tanto para a companhia como para a sociedade. Determinar as relações apropriadas entre diversos tipos de organizações e a sociedade não é tarefa fácil; e podemos levantar argumentos a favor e contra a participação dos negócios nas atividades sociais. Mas agora existe um reconhecimento generalizado de que a responsabilidade do negócio vai além da otimização dos lucros.

A ética se ocupa do que é bom e ruim, assim como do dever e da obrigação moral. Existem três teorias morais na ética normativa: a teoria utilitária, a teoria baseada nos direitos e a teoria da justiça. Alguns autores sugeriram que os negócios institucionalizem a ética e desenvolvam um código de ética. Também existem outros fatores que elevam os níveis éticos, entre eles a denúncia. Os gerentes devem fazer escolhas difíceis quando os padrões são diferentes em outras sociedades. A confiança é o fundamento das relações humanas e dos enfoques para a administração moderna.

Ideias e conceitos básicos

- Sociedade plural
- Ambiente tecnológico
- Ambiente ecológico
- Responsabilidade social corporativa
- Sensibilidade social
- Argumentos a favor e contra a participação social dos negócios
- A função do governo na aplicação do comportamento ético
- Ética
- Teoria utilitária da ética
- Teoria ética baseada nos direitos
- Teoria ética da justiça
- Institucionalização da ética
- Código de ética
- Fatores que elevam os níveis éticos
- Dezoito diretrizes da ética dos negócios internacionais
- Denúncias de irregularidades
- Padrões éticos divergentes
- A confiança como um fator crítico para a mudança

Para analisar

1. Por que o ambiente externo de uma empresa é tão importante para todos os gerentes? Um gerente pode evitar a influência do ambiente externo?
2. Identifique os elementos do ambiente externo mais importantes para cada um dos seguintes administradores: o presidente de uma companhia, um gerente de vendas, um gerente de produção, um controller e um gerente de pessoal.
3. Quais são as principais responsabilidades sociais dos gerentes de negócios? E dos administradores públicos? Essas responsabilidades mudaram com os anos? Como?
4. Se você fosse o diretor executivo de uma grande corporação, como institucionalizaria a ética na organização?
5. Quais códigos de ética você recomendaria para sua universidade, sua classe e sua família? Como deveriam aplicar-se estes códigos?

Exercícios e atividades

1. O grupo de classe deve selecionar e ler um artigo publicado em uma edição recente do *Wall Street Journal, Business Week* ou *Fortune* que apresente algumas questões éticas. O grupo deve ser dividido em vários segmentos que irão analisar a situação usando as teorias éticas apresentadas no capítulo.
2. Entreviste um gerente de negócios e um administrador do governo local e descubra como exercem suas responsabilidades sociais. Essas responsabilidades estão relacionadas principalmente ao ambiente externo à organização ou também envolvem aspectos internos?

Pesquisa na Internet

1. Procure na Internet o termo "ética nos negócios" e selecione dois artigos para discutir na sala de aula.
2. Os automóveis poluem o ar. Procure "ecologia" e "automóveis" na Internet para averiguar o que fazem os fabricantes de carros para reduzir a contaminação.
3. Procure "era do conhecimento" na Internet e descreva três acontecimentos que poderiam afetar você ou trazer-lhe oportunidades.

Caso internacional 2.1

Espiritualidade no escritório[31]

Tradicionalmente, o escritório e a espiritualidade não se misturam nos Estados Unidos. Mas as coisas mudam. Andre Delbecq, professor da Universidade de Santa Clara, instituição jesuítica, disse: "Havia duas coisas que pensava que nunca veria em minha vida, a queda do império russo e que se falasse de Deus em uma escola de administração". Agora, os livros e as palestras administrativas (inclusive a reunião anual da Academia de Administração) ocupam-se dos diversos aspectos de como Deus pode ser levado ao ambiente organizacional. De fato, as pessoas que querem juntar as dimensões espirituais com o escritório continuam sendo consideradas rebeldes. Mas a ServiceMaster, uma companhia que se encontra na listagem das 500 empresas da *Fortune*, com cerca de 75 mil funcionários, criou uma cultura de organização espiritual há muitos anos. Na verdade, Peter Drucker, um dos autores mais prolíficos sobre administração, tinha alta estima pela companhia, conhecida por produtos como Terminix, TruGreen e Merry Maids.

---

31 Foram consultadas diversas fontes, entre elas: Mitroff, Ian I. e Denton, Elizabeth A. "A study of spirituality in the workplace". ***MIT Sloan Management Review***, 1999; Conlin, Michelle. "Religion in the workplace". ***Business Week***, 1º de novembro de 1999, p. 150-158; Mitroff, Ian I. e Denton, Elizabeth A. ***A spiritual audit of corporate America.*** San Francisco: Jossey-Bass, 1999; "Fortune magazine: spirituality in the workplace surging". Disponível em: http://www_ezboard_com.htm, acesso em 1º de dezembro de 2001; Delbecq, Andre L. "Spirituality for business leadership: reporting on a pilot course for MBAs and CEOs". ***Journal of Management Inquiry***, junho de 2000, p. 117-128; Delbecq, Andre L. et al. "***Seminar in spirituality and business leadership***". Disponível em: http://contemplativemind.org/programs/academic/syllabi/delbecq.pdf#search=%22Andre%20L.%20Delbecq%20Spirituality%20%22, acesso em 29 de setembro de 2006; Vaill, Peter. "Introduction to spirituality for business leadership". ***Journal of Management Inquiry***, junho de 2000, p. 115-116; ver a Reunião Anual da Academy of Management de 2006. Disponível em: http://meeting.aomonline.org/2006/index.php?option=com_content&task=view&id=93&Itemid=98, acesso em 31 de janeiro de 2007.

Quando cidadãos norte-americanos foram questionados sobre se acreditavam em Deus, 95% deles disseram que sim. As pessoas de negócios, sob a pressão diária do trabalho, podem discutir seus sentimentos internos em um contexto espiritual. Uma vez que os baby boomers, agora cinquentões, estão próximos do ponto mais alto de sua vida corporativa, começam a perguntar-se sobre a vida. Viveram a cultura juvenil das décadas de 1960 e 1980 dominados pela avareza. Agora, questionam o verdadeiro significado da vida e a dimensão ética do trabalho. Jose Zeilstra, executiva da PriceWaterhouseCoopers, trabalhou por todo o mundo, praticando seus princípios cristãos em diferentes culturas. Durante sua transferência para a China, com veemência argumentou contra a prática de dar "presentes muito caros". Em consequência, perdeu o negócio. Mas, no longo prazo, integrar suas crenças pessoais ao seu trabalho fez com que sua carreira fosse muito bem-sucedida. Instituições acadêmicas, como a Universidade de St. Thomas, a Universidade de Denver e a Harvard Divinity School, acompanham e estudam o movimento da espiritualidade. Outras escolas norte-americanas, como a Universidade Antioch, a Universidade de New Haven, a Universidade de Scranton e a Universidade de Santa Clara, assim como instituições estrangeiras, como a Universidade de Bath, na Inglaterra, e o Centro Indiano para Estimular a Excelência, na Índia, realizam pesquisas, organizando palestras ou apresentações sobre a espiritualidade.

O artigo principal da *Business Week* (1º de novembro de 1999) analisou como companhias como a Taco Bell, Pizza Hut, McDonald's e Xerox dão atenção às necessidades espirituais de seus funcionários. Algumas companhias mostram um incremento na produtividade, decréscimo na rotatividade e redução do medo. Um estudo de pesquisa da empresa consultora McKinsey da Austrália descobriu que as companhias com programas espirituais apresentavam menor rotatividade e melhor produtividade. O professor Ian I. Mitroff, da Universidade do Sul da Califórnia, inclusive declarou: "A espiritualidade poderia ser a definitiva vantagem competitiva". Mas também existe a preocupação de que os membros do culto e grupos com uma perspectiva radical usem o escritório para servir às suas próprias metas. Entretanto, os funcionários de companhias que integram a espiritualidade em seu escritório contam com as vantagens potenciais de maior respeito pelos indivíduos, tratamento mais humano para com seus colegas de trabalho e ambiente com maior confiança permeando sua organização. ■

Perguntas

1. O que significa a espiritualidade para você?
2. A espiritualidade poderia afetar o comportamento ético?
3. É apropriado este tema para os negócios?
4. Quais são os argumentos a favor e contra a inclusão da espiritualidade nos negócios?

Caso internacional 2.2

Unicef

Caso elaborado pelo professor Hugo Garde, do Departamento de Administração da Faculdade de Ciências Sociais e Econômicas – Universidade Católica Argentina. As fontes de informação utilizadas para este caso são de acesso público.

Depois da Segunda Guerra Mundial, em 1946, a Organização das Nações Unidas decidiu fundar a Unicef, como um veículo para resolver o problema da fome e das doenças que afligem as crianças na Europa. Uma vez recuperada a Europa, a missão da entidade foi ampliada para ajudar as crianças e suas famílias de países em desenvolvimento.

Em 1953, as Nações Unidas decidiram ampliar indefinidamente o mandato da Unicef. A finalidade da organização era implementar uma série de programas relacionados à fome, desnutrição infantil e doenças da infância. A partir daquele ano, centrou-se na luta contra uma doença que provoca desfigurações, cujo remédio é a penicilina. A Unicef proclamou 1979 "o ano internacional da criança" para reiterar o compromisso com os direitos das crianças. Em 1987, realizou um trabalho de campo em 10 países, cujo resultado foi o relatório "Ajuste com Dimensão Humana", sobre as economias com problemas. A finalidade era contribuir com ideias para evitar que os ajustes incidissem sobre as pessoas de recursos escassos. As palavras do ex-secretário geral das Nações Unidas, Kofi Annan, sintetizam o trabalho que a Unicef realiza sobre este tema:

> "Se as Nações Unidas não podem defender os direitos humanos, as Nações Unidas não podem defender-se a si próprias." A missão da entidade reconhece expressamente a defesa dos direitos da criança e da mulher. Também estabelece que, para a defesa dos direitos da criança, se guia pelos princípios e normas da Convenção dos Direitos da Criança; e, no caso da defesa dos direitos da mulher, se baseia nos princípios e normas da Convenção contra toda forma de discriminação contra a mulher. A Unicef expressa que quanto mais se respeitarem os direitos da mulher, mais protegidos estarão os direitos da criança.

As receitas da Unicef vêm de doações, cartões e presentes. As doações podem ser realizadas na página da Internet, identificando o país. Existe um menu principal em que se detalha o uso dos fundos recebidos por esse meio. Alguns desses recursos são destinados a resolver a desnutrição das crianças na guerra do Iraque. Desde o fim da guerra, a Unicef enviou milhares de toneladas de alimentos e roupas para ajudar os lares mais desfavorecidos.

A comunicação com essa organização pode ser de forma direta, nos escritórios existentes em todos os países, ou por e-mail, para saber sobre os problemas que afligem a criança e a mulher.

Existem os seguintes canais à disposição:

- Unicef Alert, que recebe informação sobre os problemas atuais da criança e da mulher.
- Unicef in your country, para acessar o endereço da Unicef na cidade em um país, por meio de um menu.
- Unicef International, um site para ter informação geral e particular sobre a organização e sobre os empreendimentos humanitários que estão sendo realizados.

A Unicef conta com uma organização funcional do ponto de vista de estrutura organizativa e com delegações em todos os países do mundo.

Existe a possibilidade de ser membro da Unicef, por meio do chamado trabalho administrativo retribuído, um programa de jovens profissionais, e por meio do programa de voluntários. ■

Perguntas

Com base na história, atividades e programas citados da Unicef:

1. Escreva a missão, visão, valores e cultura da Unicef.
2. De acordo com as disciplinas de valor definidas por Treacy, faça uma adaptação e aplique-as a essa organização internacional.
3. Qual seria o tipo de estrutura organizacional com que deveria contar essa organização?

3

Capítulo

Administração global, comparada e da qualidade

Objetivos de aprendizagem

Depois de estudar o capítulo, você deverá ser capaz de:

1. Discutir a natureza e o propósito das empresas e das corporações transnacionais.
2. Compreender as alianças de países que formam blocos comerciais.
3. Apreciar as diferenças culturais de cada país e como isso afeta a sua administração.
4. Identificar as diferenças de administrar em diversos países.
5. Descrever as práticas gerenciais no Japão e a teoria Z.
6. Compreender os fatores que têm influência nas vantagens competitivas das nações, segundo Michael Porter.
7. Identificar as principais contribuições para a administração da qualidade e descrever o Prêmio da Qualidade Baldrige, a ISO 9000 e o Prêmio da Qualidade Europeu.

O capítulo anterior considerou especialmente a questão dos fatores externos presentes no ambiente nacional. É possível que os fatores restritivos da administração sejam mais severos para as empresas transnacionais. Os executivos que atuam em um país estrangeiro precisam aprender muito a respeito dos sistemas educacionais, econômicos, legais e políticos desse país e, em especial, seu ambiente sociocultural.

A primeira seção deste capítulo se ocupará da administração internacional e da função das corporações transnacionais. Depois será examinado o efeito ambiental na administração de diversos países, com atenção especial para as práticas gerenciais japonesas. Por último, será analisada a vantagem competitiva das nações, assim como a administração da qualidade.

Administração internacional e corporações transnacionais

O estudo da **administração internacional** está voltado para a maneira de operar das empresas transnacionais nos países anfitriões. Concentra-se em problemas gerenciais relacionados ao fluxo de pessoas, bens e dinheiro, para melhorar a administração em situações que ultrapassam as fronteiras nacionais.

Prédio corporativo do Grupo Bimbo no México.

Os fatores ambientais que afetam as empresas nacionais em geral são mais críticos para as corporações transnacionais que operam em países estrangeiros. Como se observa na Tabela 3.1, os administradores envolvidos em empresas transnacionais enfrentam muitos fatores diferentes dos das empresas de orientação nacional. Devem interagir com funcionários com educação e cultura diferentes, além de outros sistemas de valores; também precisam enfrentar diferentes fatores legais, políticos e econômicos. É compreensível que esses ambientes tenham influência na forma como se desenvolvem as funções gerenciais e da empresa.

A **administração internacional** focaliza a forma de operar das empresas transnacionais nos países anfitriões.

Tabela 3.1 Administração de empresas nacionais e transnacionais

Funções administrativas	Empresa nacional (país industrializado)	Empresa transnacional
Planejamento:		
Análise do ambiente em busca de ameaças e oportunidades	Mercado nacional	Mercado mundial
Organização:		
1. Estrutura da organização	Estrutura para operações dentro do país	Estrutura global
2. Visão da autoridade	Similar	Diferente
Integração de pessoal:		
1. Fontes de talento administrativo	Bolsa de trabalho nacional	Bolsa de trabalho mundial
2. Orientação do administrador	Frequentemente etnocêntrica	Geocêntrica

(continua)

TABELA 3.1 (*continuação*)		
Direção (liderança):		
1. Liderança e motivação	Sob a influência de uma cultura similar	Sob a influência de muitas culturas diferentes
2. Linhas de comunicação	Relativamente curtas	Rede de longas distâncias
Controle:		
Sistemas de controle	Requisitos semelhantes	Muitos requisitos diferentes

A natureza e o propósito das empresas transnacionais

Empresas transnacionais
Dedicam-se às transações entre fronteiras nacionais.

Mesmo que há muito tempo já atuem em escala internacional, as empresas transnacionais adquiriram maior visão e importância devido ao seu próprio crescimento. As **empresas transnacionais** realizam transações entre países. Essas transações incluem a

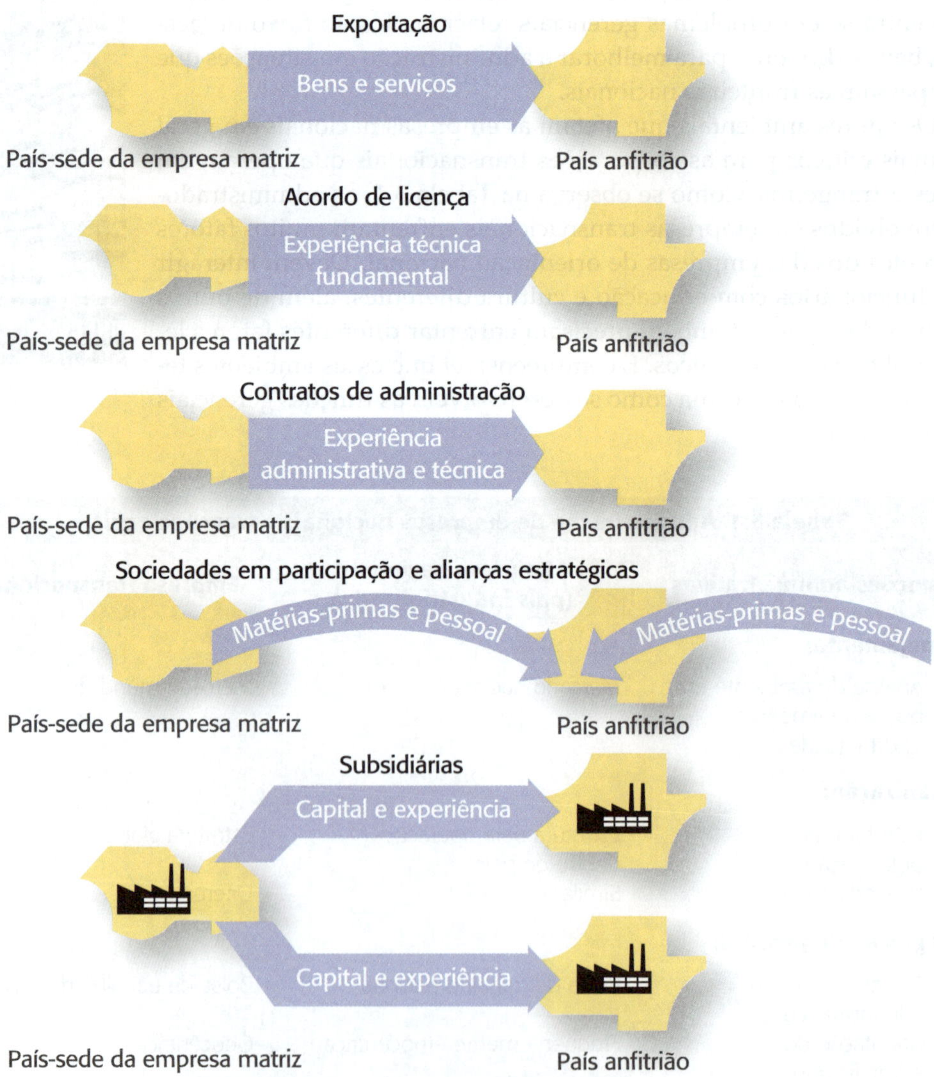

FIGURA 3.1 Tipos de empresas transnacionais

transferência de bens, serviços, tecnologia, conhecimento gerencial e capital para outros países.

A interação de uma empresa com o país anfitrião pode acontecer de muitas maneiras, como mostra a Figura 3.1. Uma delas é a exportação de bens e serviços. Outra seria um contrato de licença para produzir bens em qualquer outro país. A empresa também pode realizar contratos administrativos para operar companhias estrangeiras. Uma forma adicional de interação é o investimento conjunto (*joint venture*) com uma empresa no país anfitrião; e essa poderia ser a aliança estratégica que frequentemente se forma para crescer geograficamente (comum entre as linhas aéreas) ou ampliar o mercado de produtos e serviços. Por último, as transnacionais podem estabelecer subsidiárias ou sucursais de propriedade total com instalações produtivas no país anfitrião. Desse modo, a empresa transnacional que desenvolve uma estratégia mundial conta com muitas opções.

Perspectiva internacional

Star Alliance faz aniversário

A partir da crise da aviação, no final da década de 1990, o futuro de muitas linhas aéreas se tornou incerto. Não eram apenas os altos custos da própria atividade, mas também as crises econômicas em que estavam imersos vários países do Primeiro Mundo, como Estados Unidos, Alemanha e Japão; e também outros em desenvolvimento, como Brasil, Argentina e México, o que diminuiu a atividade comercial e as viagens de negócios. Além disso, havia as dificuldades que os passageiros encontravam para conectar um destino com outro e o serviço muito diferente que encontravam entre as linhas aéreas. Para fazer frente a esse panorama nada animador, cinco linhas aéreas com uma mesma visão decidiram se unir, em 1997, para formar a primeira aliança multilateral na indústria da aviação: a Star Alliance.

As linhas aéreas fundadoras foram Air Canada, Lufthansa, SAS, Thai Airway International e United. Nessa época, ninguém pensava que essa aliança pudesse dar certo. Como comenta Jaan Albrecht, diretor executivo da Star Alliance: "Tínhamos desafiado muitos céticos que nos viam como um bando de marqueteiros que só duraria dois anos. Agora, cerca de 30% dos viajantes aéreos do mundo usam os serviços de nossas linhas aéreas membros ou procuram uma solução global no mercado, dois terços dos passageiros aéreos do mundo usam uma das três alianças aéreas".

Em maio de 2007, a Star Alliance completou 10 anos de existência; aquilo que começou como uma ideia descabida de cinco linhas aéreas, agora congrega 17 membros e três linhas aéreas regionais: Air Canada, Air New Zealand, ANA, Asiana Airlines, Austrian, bmi, LOT Polish Airlines, Lufthansa, Scandinavian Airlines, Singapore Airlines, South African Airways, Spanair, SWISS, TAP Portugal, THAI, United e US Airways; e a Airways (Eslovênia), Blue1 (Finlândia) e Croatia Airlines. Espera-se que a aliança cresça com o ingresso da Air China, Shanghai Airlines e Turkish Airlines. Em cifras, a Star Alliance realiza 16 mil voos diários e transporta mais de 406 milhões de passageiros por ano para cerca de 855 destinos, em 15 países; não é à toa que recebeu o título Best Airline Alliance pela revista *Business Traveller Magazine* em 2003 e 2006 e pela Skytrax em 2003 e 2005.

Fonte: "Star alliance celebrates 10 years". Disponível em: http://www.staralliance.com/es/press/press_release/2007/20070514_star_alliance_celebrates_10years.html.

O contato entre a empresa matriz e o país anfitrião pode ser afetado por vários fatores; alguns unificam, mas outros geram conflitos.

Efeitos unificadores

As influências unificadoras ocorrem quando a empresa matriz proporciona e compartilha conhecimentos técnicos e administrativos, ajudando assim a companhia local no desenvolvimento de recursos humanos e materiais. Mais ainda, para ambos pode ser vantajosa a integração em uma estrutura organizacional mundial. Qualquer que seja a interação, as políticas organizacionais devem contribuir com equidade e gerar benefícios para a empresa matriz e a companhia local. Só então será possível esperar relações duradouras.

Conflitos potenciais

Muitos fatores podem ocasionar conflitos entre a empresa matriz e o país anfitrião. Um deles seria o interesse nacionalista, que pode afetar os benefícios obtidos mediante a cooperação. Da mesma maneira, as diferenças socioculturais podem levar a um rompimento na comunicação e a mal-entendidos. Uma empresa transnacional também pode ter um efeito econômico tão forte em um país anfitrião pequeno, que este chegue a sentir-se oprimido. Algumas corporações transnacionais foram acusadas de obter lucros excessivos, de retirar os melhores elementos das empresas locais e de operar contra os costumes sociais, o que as leva a desenvolver em seus administradores habilidades sociais e diplomáticas para evitar esses conflitos e resolver os que inevitavelmente acontecerão.

Corporações transnacionais

Corporações transnacionais
Têm sua sede em um país determinado, mas operam em muitos outros.

As **corporações transnacionais** (CTN) têm sua sede em um país determinado, mas suas operações acontecem em muitos outros. A revista *Fortune* identifica a cada ano as 500 maiores companhias mundiais. Das 10 principais corporações transnacionais

Perspectiva empresarial

Entrevista com Bryant Tong, diretor geral da Nth Power

A Nth Power é uma empresa de capital de risco voltada para investimentos de alto potencial na indústria da energia mundial. O financiamento que a Nth Power oferece às empresas de seu portfolio vem de organizações de todo o mundo. Quando foi questionado se existiam diferenças culturais ou de estilos de comunicação entre a diversidade de investidores com quem tratava, Tong afirmou que as expectativas e os estilos pareciam estar muito mais sujeitos às características individuais que às culturais. Continuou dizendo que os investidores, independentemente de seus antecedentes culturais, esperam rendimentos financeiros sobre seu capital investido; e essa expectativa é unificadora e supera qualquer diferença cultural.[1]

[1] Entrevista realizada com Bryant Tong da Nth Power, em 11 de janeiro de 2007, por Mark Cannice.

qualificadas por faturamentos em 2006, seis eram norte-americanas, uma alemã, uma anglo-holandesa, uma britânica e uma japonesa. Elas são: 1) Exxon Mobil, 2) Wal-Mart Stores, 3) Royal Dutch Shell, 4) BP (British Petroleum), 5) General Motors, 6) Chevron, 7) DaimlerChrysler, 8) Toyota Motor Corporation, 9) Ford Motor Company e 10) ConocoPhillips.[2]

A *Fortune* também qualificou as companhias mundiais mais admiradas. Em 2006, as companhias norte-americanas ocupavam 9 das 10 posições mais importantes, com a General Electric em primeiro lugar e a Toyota Motors do Japão em segundo.[3]

Da orientação etnocêntrica para a geocêntrica[4]

No início, as empresas transnacionais se regiam por uma perspectiva **etnocêntrica**, orientadas pela operação estrangeira baseada na operação da empresa matriz.[5] A atitude **policêntrica**, por outra parte, baseia-se na noção de que é melhor dar às subsidiárias estrangeiras, com pessoal local, inteira liberdade administrativa. Assume-se que o pessoal nativo conheça melhor o ambiente local. Uma orientação **regiocêntrica** conta com a presença de pessoal com conhecimento em operações estrangeiras com uma base regional. Assim, um ponto de vista europeu pode ser formado pelas influências britânicas, francesas, alemãs, italianas e outras mais. A CTN moderna tem uma orientação **geocêntrica**, que significa que toda a organização é contemplada como um sistema interdependente, que opera em muitos países. As relações entre o escritório principal e as subsidiárias são de colaboração, com uma comunicação que flui em ambas as direções. Mais ainda, as posições-chave são cobertas por gerentes de diferentes nacionalidades. Em resumo, a orientação da CTN é, na verdade, internacional e vai além de um ponto de vista nacionalista estreito.

Orientação etnocêntrica
O estilo das operações estrangeiras se baseia no estilo da empresa matriz.

Orientação policêntrica
As subsidiárias estrangeiras desfrutam de uma grande liberdade gerencial.

Orientação regiocêntrica
As operações estrangeiras contam com pessoal com uma base regional.

Orientação geocêntrica
Toda a organização é contemplada como um sistema interdependente que opera em muitos países.

Vantagens das transnacionais

As CTNs têm vantagens sobre as empresas com uma orientação nacional. É óbvio que a CTN pode aproveitar oportunidades em países muito distintos. Também pode arrecadar dinheiro para suas operações em todo o mundo. Ademais, beneficia-se por ser capaz de estabelecer instalações de produção em países em que seus produtos podem ser elaborados com maior eficácia de custos e eficiência. As companhias com operações ao redor do mundo, às vezes, têm mais acesso a recursos e materiais naturais que podem não estar disponíveis para as empresas nacionais. Por último, as grandes transnacionais podem recrutar gerentes e pessoal de uma fonte de mão-de-obra mundial.

2 Disponível em: http://en.wikipedia.org/wiki/Fortune_Global_500, acesso em 20 de outubro de 2008.

3 Disponível em: http://money.cnn.com/magazines/fortune/globalmostadmired/top50, acesso em 20 de outubro de 2008.

4 Ver também Kostova, Tatiana e Zaheer, Srilata. "Organizational legitimacy under conditions of complexity: the case of the multinational enterprise". *Academy of Management Review*, janeiro de 1999, p. 64-81.

5 Heenan, David A. e Perlmutter, Howard V. *Multinational organization development*. Reading, MA: Addison-Wesley, 1979, Capítulo 2. Ver também Balabanis, George et al. "The impact of nationalism, patriotism and internationalism on consumer ethnocentric tendencies (in Turkey and the Czech Republic)". *Journal of International Business Studies*, 2001, p. 157.

Perspectiva empresarial

Desafios e oportunidades transnacionais na Índia para companhias como a Wipro[6]

Os desafios para algumas companhias podem ser oportunidades para outras. No fim da década de 1970, a IBM vendia máquinas obsoletas e descontinuadas na Índia. O governo desse país pediu à companhia que trocasse seu equipamento por outro mais novo ou deveria retirar-se. A IBM não o fez e, portanto, saiu do país, criando oportunidades para companhias como a Wipro, que era uma empresa muito pequena no final daquela década. Mas até 2006 a companhia cresceu até tornar-se uma empresa de US$ 3 bilhões, proporcionando tecnologia da informação, operações de processos de negócios e serviços de pesquisa e desenvolvimento (P&D), atendendo a clientes ao redor do mundo.

Sob a direção de Azim H. Premji, formado pela Universidade de Stanford, a Wipro aproveitou a tendência da terceirização (*outsourcing*). Os países desenvolvidos iniciaram a terceirização para sua produção na China, tanto que a Índia, com uma mão-de-obra bem educada, de língua inglesa, começou a contratar serviços. A Wipro e outras companhias indianas prestavam serviços como *call centers*, processamento de folha de pagamentos para companhias estrangeiras, sistemas de capacitação interativos e administração de portfolios para companhias de seguros. Atualmente, a Índia é considerada um prestador de serviços de TI (tecnologia da informação) de qualidade com baixo custo.

Essas companhias de alta tecnologia, como a Wipro, atraem estudantes do renomado Instituto Tecnológico Indiano, do Instituto Indiano de Administração de Bangalore e de outras instituições de educação superior. A Wipro, que começou como uma companhia produtora de óleo de amendoim, agora está no negócio da crescente inovação com sofisticada capacidade de P&D.

Desafios para as transnacionais

As vantagens das operações transnacionais devem ser valorizadas diante dos desafios e riscos associados à operação em ambientes estrangeiros. Um problema é o crescente nacionalismo em muitos países. Poucos anos atrás, os países em vias de desenvolvimento careciam de habilidades gerenciais, de marketing e de técnicas de gestão. Em consequência, viram-se na necessidade de utilizar as CTNs. Mas a situação mudou para as pessoas daqueles países, que estão adquirindo essas habilidades rapidamente. Além disso, estes países não só se preocuparam com o valor de seus recursos naturais, mas também adquiriram mais habilidades em relação às negociações internacionais. Por último, as CTNs devem manter boas relações com o país anfitrião, tarefa que seria difícil em alguns países, pois seus governos têm frequentes mudanças no poder e as empresas devem se adaptar a essas mudanças.

De corporações multinacionais para mundiais ou transnacionais

As corporações mundiais ou **transnacionais**

Enxergam o mundo inteiro como um único mercado.
http: //www.exxon.com
http: //www.gm.com

Operar em diferentes países não é suficiente para as grandes corporações serem competitivas no mercado mundial; tampouco é suficiente o estabelecimento de unidades de manufatura em vários países (como fizeram a Exxon e a General Motors). A mudança é na liderança da **corporação mundial**, ou **transnacional**, que enxerga o mundo

6 McCormick, Joel. "The world according to Azim Premji". *Stanford Magazine*, maio-junho de 2006; "Q&A with Wipro's Azim Premji". *BusinessWeek Online*, 27 de novembro de 2006. Disponível em: http://www.wipro.com, acesso em 30 de novembro de 2006.

inteiro como um único mercado. Entretanto, isso significa que a corporação também deve adaptar-se a necessidades nacionais e até locais.

Os mercados domésticos se tornaram muito pequenos. Desenvolver um medicamento pode custar várias centenas de milhões de dólares e requerer mais de 10 anos para seu pleno desenvolvimento. Recuperar os custos exige vender o medicamento em um mercado mundial. Mais ainda, as companhias transnacionais devem ficar à frente do desenvolvimento tecnológico mundial. A Ford Motor Company decidiu, na segunda metade da década de 1980, tornar-se uma corporação mundial. As tentativas de fabricar o "automóvel mundial" (chamado de Escort) não foram muito bem-sucedidas. Não obstante, o uso de moderna tecnologia de comunicação, como as teleconferências, estabeleceu um vínculo mais estreito entre a empresa matriz da Ford e suas operações europeias. Embora a Ford procurasse tornar-se uma corporação mundial, precisava de linhas de montagem no Japão. Para compensar essa necessidade, a Ford adquiriu 25% das ações da Mazda, que mais tarde chegaram até 33,4%. Depois que a Ford obteve o controle acionário, designou Henry Wallace como presidente, o primeiro estrangeiro a liderar uma companhia japonesa importante.[7] Do mesmo modo, a companhia tem outro projeto com a Nissan, no Japão, que projetou a minivan construída pela Ford e comercializada como Villager e Quest, vendida pelos distribuidores da Nissan.

http://www.ford.com
http://www.mazda.com

Muitas empresas querem se tornar mundiais, mas só poucas conseguem. É necessário desenvolver produtos tendo em mente o mundo inteiro, em especial os mercados da América do Norte, da Ásia e da Europa Ocidental. Do mesmo modo, as decisões estratégicas devem levar em conta todo o mundo e, ao mesmo tempo, se adaptar a táticas para os ambientes nacionais e locais. Quanto ao pessoal, serão abertas oportunidades para que os estrangeiros avancem em posições administrativas mais elevadas. Em países em que a corporação mundial não pode entrar, é necessário estabelecer alianças estratégicas com companhias locais.

Perspectiva empresarial

O sucesso da eBay vai continuar?[8]

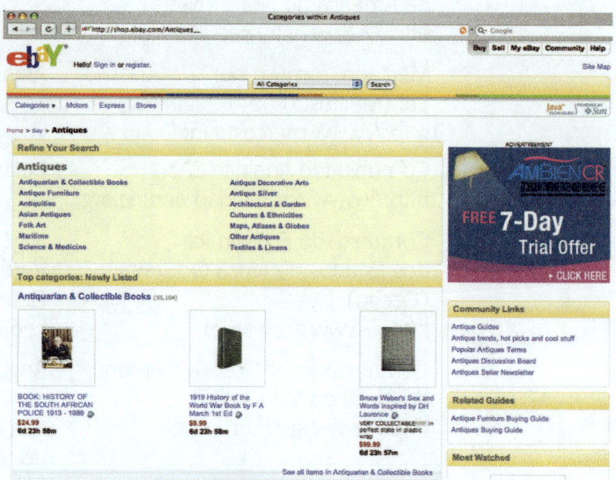

Com as mudanças rápidas da Internet, o sucesso da eBay vai continuar? Por volta de 1994, Pierre Omidjar começou a utilizar a Internet para vender. Atualmente, a loja eBay é mais do que uma companhia comercial com milhões de itens à venda; a empresa obtém um quarto de todas as vendas do comércio eletrônico, sem incluir alimentos e viagens. Esperava-se que a companhia obtivesse US$ 1 bilhão de lucros em 2005, com um modelo de negócios único, em que os usuários realizam a maior parte do trabalho, que inclui fotografar, descrever, listar, empacotar e enviar seus bens, enquanto a companhia cobra uma comissão por cada transação. Um dos serviços lucrativos oferecidos pela eBay é o PayPal, que oferece pagamentos on-line para cerca de três quartos dos valores comercializados nos Estados

7 Schoenberger, Karl. "Has Japan changed?". *Fortune*, 13 de agosto de 1996, p. 72-82.

8 "Anniversary Lessons from eBay". *The Economist*, 11 de junho de 2005, p. 9, e "Meg and the power of many". *The Economist*, 11 de junho, p. 65-67. Disponível em: http://www.ebay.com, acesso em 5 de setembro de 2006.

Unidos. A popularidade da empresa cresce a cada dia no exterior; e a eBay não foca só a Europa, mas também países de outros continentes, em especial a China. Espera-se que o comércio entre fronteiras continue crescendo, pois a eBay investiu cerca de US$ 100 milhões para promover a companhia na China.

O sucesso da eBay vai continuar? O crescimento de sua participação de mercado nos Estados Unidos diminuiu, e outras companhias de Internet aproveitam a situação para ampliar seus serviços. O Google, por exemplo, tornou-se algo mais do que um mecanismo de busca, a Amazon vende muito mais do que livros, e a Yahoo! agora é muito mais do que um portal de rede. De fato, tanto a Amazon como a Yahoo agora também oferecem leilões. O sucesso da eBay no passado se devia, em grande parte, a saber escutar seus clientes e atender suas necessidades. Mas, isso basta para o futuro? Afinal, as barreiras para entrada no negócio são relativamente baixas se comparadas à grande parte das outras indústrias.

Alianças entre países e blocos econômicos

Em determinado momento, os países de uma região em particular competiam entre si (e ainda o fazem). Mas, agora, esses países formam alianças regionais, o que faz com que a competição ocorra entre blocos de países. Exemplos disso são a União Europeia, o Acordo de Livre Comércio da América do Norte (Nafta), a Associação de Nações do Sudeste Asiático (Asean, Association of SouthEast Asian Nations) e o Mercosul.

TABELA 3.2 Diversos blocos econômicos e comerciais do mundo

Bloco	Países integrantes	Ano de início
Comunidade e Mercado Comum Caribenho (Caricom) http://www.caricom.org	Antígua e Barbuda, Bahamas, Barbados, Belize, Dominica, Granada, Guiana, Haiti, Jamaica, Montserrat, São Cristóvão e Névis, Santa Lúcia, São Vicente e Granadinas, Suriname e Trinidad e Tobago	1958
Acordo de Livre Comércio da América do Norte (Nafta) http://www.nafta-sec-alena.org	Canadá, Estados Unidos e México	1994
Mercado Comum do Sul (Mercosul) http://www.mercosur.int	Argentina, Brasil, Paraguai e Uruguai	1991
Comunidade Andina (CA) http://www.comunidad andina.org	Bolívia, Colômbia, Equador e Peru	1969
Comunidade Econômica dos Estados da África Ocidental (Ceeao) http://www.ecowas.int	Nigéria, Níger, Burkina Fasso, Benín, Cabo Verde, Senegal, Costa do Marfim, Gana, Guiné-Bissau, Guiné, Libéria, Mali, Serra Leoa e Togo	1975
Comunidade de Desenvolvimento da África do Sul (SADC) http://www.sadc.int	Angola, Botsuana, República Democrática do Congo, Lesoto, Madagascar, Malawi, Maurício, Moçambique, Namíbia, África do Sul, Reino da Suazilândia, Tanzânia, Zâmbia, Zimbábue	1980
Associação do Sul da Ásia para a Cooperação Regional (Saarc) http://www.saarc-sec.org	Afeganistão, Bangladesh, Butão, Índia, Maldivas, Nepal, Paquistão e Sri Lanka	1985

(*continua*)

MAPA DOS BLOCOS ECONÔMICOS

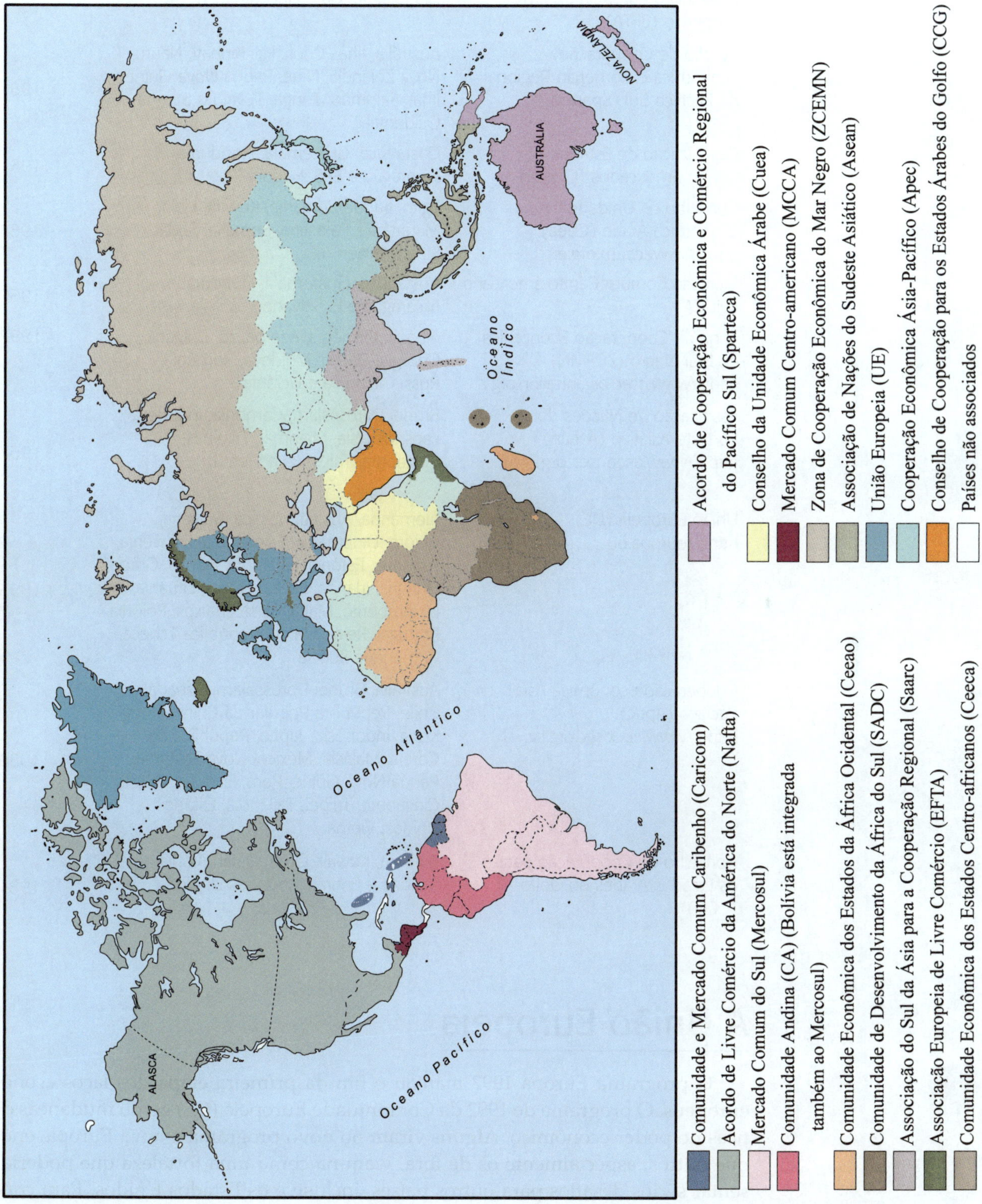

TABELA 3.2 (*continuação*)

Bloco	Países integrantes	Ano de início
Associação Europeia de Livre Comércio (EFTA)	Islândia, Suécia e Liechtenstein	1960
Acordo de Cooperação Econômica e Comércio Regional do Pacífico Sul (Sparteca)	Austrália, Ilhas Cook, Fiji, Kiribati, Nauru, Nova Zelândia, Niue, Papua-Nova Guiné, Ilhas Salomão, Tonga, Tuvalu e Samoa Ocidental	1981
Organização de Estados Centro-americanos (Odeca)	Costa Rica, Guatemala, Honduras, Nicarágua e El Salvador	1951
Conselho da Unidade Econômica Árabe (Cuea) http://www.caeru.org.eg	Egito, Iraque, Jordânia, Kuwait, Líbia, Mauritânia, Palestina, Somália, Sudão, Síria e Iêmen	1964
Mercado Comum Centro-americano (MCCA)	Costa Rica, Guatemala, Honduras, Nicarágua e El Salvador	1960
Zona de Cooperação Econômica do Mar Negro (ZCEMN) http://www.bsec-organization.org	Albânia, Armênia, Azerbaijão, Bulgária, Geórgia, Grécia, Moldova, Romênia, Rússia, Turquia e Ucrânia	1992
Associação de Nações do Sudeste Asiático (Asean) http://www.aseansec.org	Brunei Darussalam, Camboja, Indonésia, Laos, Malásia, Mianmar, Filipinas, Cingapura, Tailândia e Vietnã	1967
União Europeia (UE) http://europa.eu	Alemanha, Áustria, Bélgica, Bulgária, Chipre, Dinamarca, Eslováquia, Eslovênia, Espanha, Estônia, Finlândia, França, Grécia, Hungria, Irlanda, Itália, Letônia, Lituânia, Luxemburgo, Malta, Países Baixos, Polônia, Portugal, Reino Unido, República Tcheca, Romênia e Suécia	1993
Cooperação Econômica Ásia-Pacífico (Apec) http://www.apecsec.org.sg	Austrália, Brunei Darussalam, Canadá, Chile, República Popular da China, Hong Kong, Indonésia, Japão, República da Coreia, Malásia, México, Nova Zelândia, Papua-Nova Guiné, Peru, Filipinas, Rússia, Cingapura, Taipei, Tailândia, Estados Unidos, Vietnã.	1989
Conselho de Cooperação para os Estados Árabes do Golfo (CCG)	Bahrein, Kuwait, Omã, Qatar, Arábia Saudita e Emirados Árabes Unidos	1981

A União Europeia

O programa Europa 1992 marcou o fim da primeira etapa dos laços econômicos europeus. O programa de 1992 da Comunidade Europeia (CE) gerou mudanças dramáticas no poder econômico. Alguns viram no novo programa a nova Europa, enquanto que outros, especialmente os de fora, viam-na como uma fortaleza que poderia apresentar sérios desafios para outros países, inclusive os Estados Unidos. Para concorrer com eficácia, os países norte-americanos e asiáticos se prepararam para a nova Europa criando o Nafta e a Asean.

A Comissão Europeia trabalhou em quase 300 ações legislativas para retirar as barreiras comerciais e criar um mercado interno. As novas medidas tinham como propósito incrementar as oportunidades de mercado, incrementar a concorrência dentro da CE e promover a concorrência de companhias fora dela. A abolição das restrições ao comércio internacional e o relaxamento dos controles de fronteiras tiveram um efeito considerável nas companhias norte-americanas que faziam negócios na Europa. Mais ainda, companhias europeias fortes se tornaram concorrentes formidáveis no mercado norte-americano, como a Siemens, a companhia mundial alemã.

http://www.siemens.com
http://www.europa.eu.int

O objetivo do Europa 1992 era criar um mercado único por meio da remoção de barreiras comerciais e da livre circulação de bens, pessoas, serviços e capitais. As mudanças iriam além dos interesses econômicos e abrangeriam também muitas transformações sociais. Por exemplo, as qualificações acadêmicas se veriam afetadas. O Conselho de Ministros estabeleceu uma diretriz que reconheceria os diplomas de educação superior entre as fronteiras nacionais, facilitando aos profissionais trabalhar em diversos países. Está claro, então, que a CE é mais do que uma comunidade econômica: é um estado mental com poder político.

A CE 1992 original (que mais tarde se tornou a União Europeia) consistia em 12 nações membros: Bélgica, Dinamarca, França, Alemanha, Grécia, Irlanda, Itália, Luxemburgo, os Países Baixos, Portugal, Espanha e o Reino Unido; em 1995 passou a incluir a Áustria, a Finlândia e a Suécia. Depois foram admitidos Chipre, República Tcheca, Estônia, Hungria, Letônia, Lituânia, Malta, Polônia, Eslováquia e Eslovênia.

O Acordo de Livre Comércio da América do Norte e outros blocos de livre comércio latino-americanos[9]

Em 1994, entrou em vigor o Nafta, que contém acordos entre Estados Unidos, Canadá e México. Depois disso, o comércio entre esses países cresceu enormemente. Os objetivos do Nafta são eliminar as barreiras comerciais e facilitar os movimentos de bens e serviços entre fronteiras, promover o comércio justo, incrementar as oportunidades de investimento, proteger a propriedade intelectual, contribuir para a solução de disputas e apresentar oportunidades para melhorar os benefícios desse acordo. O tratado abrange diversas áreas, como o acesso ao mercado, regras que tratam da origem dos bens, procedimentos de alfândegas, energia, agricultura e medidas a serem adotadas em emergências.

http://www.nafta-sec-alena.org
http://ww.mercosur.org
http://www.ftaa-alca.org

Por sua vez, outros países latino-americanos e do Caribe formaram seus próprios blocos comerciais. Argentina, Brasil, Bolívia, Chile, Paraguai e Uruguai são membros do grupo Mercosul.[10] A União Europeia tem amplo comércio com os membros do Mercosul, que ficou fortalecido pelas negociações da Quinta Rodada da Associação, celebrada em julho de 2001. Além disso, os países do Caribe e do Centro e Sul da América consideram reduções nas barreiras comerciais através da Área de Livre Comércio das Américas (Alca), que alguns pretendem ver como uma extensão do Nafta.[11]

9 Nafta Secretariat. Disponível em: http://www.nafta-sec-alena.org, acesso em 17 de março de 2002.

10 Mercosul. Disponível em: http://www.mercosur.org/english/default.htm, acesso em 21 de janeiro de 2002. Existe a preocupação de que o Mercosul, o maior bloco comercial da América do Sul, esteja perdendo foco e eficácia, analisada em "Another blow to Mercosul". *The Economist*, 31 de março de 2001, p. 33-34.

11 ASJE Global Trade Working Group. Disponível em: http://www.stopftaa.com, acesso em 1º de março de 2002.

Esses tratados comerciais, porém, não deixam de ser constantemente desafiados, como mostram os protestos nas reuniões da Organização Mundial do Comércio. A argumentação de seus críticos é que só beneficiam as nações desenvolvidas.

A Associação de Nações do Sudeste Asiático (Asean)[12]

http://www.aseansec.org

Dez países (Brunei Darussalam, Camboja, Indonésia, Laos, Malásia, Mianmar, Filipinas, Cingapura, Tailândia e Vietnã) formaram um bloco comercial para enfrentar o Nafta e a União Europeia cada vez com maior força, não só econômica, mas também política.

Durante a conferência de cúpula da Asean, em outubro de 2003, em Bali, os líderes dessa organização discutiram a segurança política, a cooperação sociocultural e problemas econômicos com os líderes da China, Japão, Índia e Coreia do Sul. Além disso, os ministros da economia da Asean se reúnem com frequência para analisar problemas e estratégias econômicas. A 35ª dessas reuniões ocorreu em Phnom Penn, em setembro de 2003. Um mês depois, Kuala Lumpur, na Malásia, foi sede da reunião inaugural que os ministros da Asean organizaram sobre a cultura e as artes. A meta da reunião era melhorar a cooperação entre os países da Asean, fortalecer a compreensão entre seus povos e promover uma identidade regional; em datas recentes, esses países também ofereceram sua ajuda para combater o terrorismo. Eventualmente, a aliança Asean poderia rivalizar com o Nafta e a União Europeia.

Perspectiva internacional

A vantagem competitiva da Tailândia: caminhonetes picape[13]

Quando os Estados Unidos e a Tailândia se preparavam para um novo pacto comercial, as companhias montadoras de automóveis e os sindicatos norte-americanos, assim como os banqueiros tailandeses, temiam uma maior concorrência. A atividade bancária tailandesa esteve protegida contra a concorrência estrangeira. Por sua vez, as caminhonetes do tipo picape da Tailândia poderiam tornar-se uma concorrência formidável para os fabricantes norte-americanos, pois a Tailândia já conta com um tratado de livre comércio (FTA) com o Japão; e os Estados Unidos não querem desistir de sua influência no Sudeste Asiático, onde a China avança cada vez mais.

As caminhonetes tailandesas poderiam apresentar uma forte concorrência para a indústria dos Estados Unidos se a tarifa de 25% fosse retirada das caminhonetes importadas. No início de 2006, a questão tarifária não havia sido decidida e os sindicatos americanos estavam muito preocupados com a perda de empregos, especialmente depois que a Ford anunciou, em janeiro de 2006, que fecharia nos próximos seis anos 14 plantas de montagem na América do Norte, com perdas de cerca de 34 mil empregos. Da mesma maneira, a General Motors também enfrentava a necessidade de reduzir sua mão-de-obra.

Mas a Ford e a GM poderiam beneficiar-se mais do tratado comercial. Ambas as companhias produzem caminhonetes picape na Tailândia, que, entretanto, destinam-se principalmente ao Sudeste Asiático e não aos Estados Unidos. A meta da Tailândia é tornar-se "a Detroit do Leste". Se o FTA entre a Tailândia e os Estados Unidos avançar, a indústria das caminhonetes do tipo picape poderia contribuir para a vantagem competitiva da Tailândia.

---

12 Disponível em: http://www.aseansec.org; http://english.peopledaily.com.cn, acesso em 1º de outubro de 2006.

13 Hookway, James. "Big stakes hang up U.S. Thai trade pact". *The Wall Street Journal*, 30 de janeiro de 2006.

Administração internacional: diferenças culturais e de país[14]

É interessante conhecer algumas das diferenças nas práticas gerenciais. Um amplo estudo realizado por Geert Hofstede apresenta um marco importante e interessante para estudar as diferenças culturais que existem entre os países. Nossa discussão se concentrará em países específicos, sendo mais ilustrativa do que ampla e se baseando em generalizações. A princípio, tenhamos em mente que existem, por exemplo, grandes diferenças entre os gerentes de qualquer país; e mais, uma sociedade não é estática e as mudanças ocorrem com o tempo. Por exemplo, o estilo autoritário tradicional dos gerentes alemães está dando lugar lentamente a um enfoque mais participativo.

Comportamentos em culturas diferentes[15]

O estudo realizado por Geert Hofstede, pesquisador holandês, apurou que a cultura de um país afeta o comportamento dos funcionários. Em seu estudo inicial de mais de 110 mil pessoas, identificou quatro dimensões e, mais tarde, adicionou uma quinta, que são: 1) individualismo em detrimento do coletivismo; 2) distância no poder hierárquico; 3) tolerância à incerteza; 4) masculinidade em detrimento da feminilidade, ou compor-

Perspectiva internacional

Banco Itaú: um caso de consolidação regional

Nesta época de globalização e fusões, o panorama não é muito alentador para os bancos regionais, que devem enfrentar a concorrência global de bancos em grande escala, que realizam operações mundiais. Por isso, deve ser comemorada a compra do BankBoston no Chile e Uruguai pelo Banco Itaú do Brasil por US$ 650 milhões. "Uma vez que o mercado mundial se consolida e forma instituições de grande escala, as empresas latino-americanas devem esperar ser compradas por aqueles grandes conglomerados ou concorrer expandindo-se por vários países da região, como fez o Banco Itaú", explicou Luis Felipe Jiménez, especialista de finanças da Unidade de Estudos Especiais da Comissão Econômica para a América Latina e o Caribe (Cepal).

Fonte: Com informação de Murphy, Priscila. "Jogo de Gigantes", em *América Económica*, Santiago do Chile, n. 332, 10-23 de novembro de 2006.

---

14 Para uma análise da transferência mundial do conhecimento gerencial, ver a edição especial sobre este tema em *The Academy of Management Executive*, maio de 2005.

15 Hofstede, Geert. *Cultures and organizations: software of the mind*. Nova York: McGraw-Hill, 1991; *Uncommon sense about organizations: case, studies and field observations*. Thousand Oaks, CA: Sage, 1994; *Culture's consequences: comparing values, behaviors, institutions and organizations across nations*. Thousand Oaks, CA: Sage, 2001. Ver também o centro para as obras de Hofstede da Universidade Tilburg. Disponível em: http://center.kub.nl/extra/hofstede, acesso em 1º de outubro de 2006; o estudo de Hofstede foi ampliado no projeto de pesquisa Global Leadership and Organizational Behavior Effectiveness (GLOBAL) de 61 nações. Esse projeto identificou nove dimensões de culturas nacionais. São: 1) fuga da incerteza; 2) distância do poder; 3) coletivismo social; 4) coletivismo de grupo; 5) igualitarismo de gênero; 6) assertividade; 7) orientação para o futuro; 8) orientação para o desempenho e 9) orientação humana. Ver House, Robert et al. "Understanding cultures and implicit leadership theories across the globe: an introduction to Project GLOBE". *Journal of World Business*, 37, 2002, p. 3-10; e Javidan, Mansour e House, Robert J. "Cultural acumen for the global manager: lesson from Project GLOBE". *Organizational Dynamics* 29, n. 4, 2001, p. 289-305.

TABELA 3.3 Cinco dimensões do comportamento	
Individualismo	**Coletivismo**
As pessoas se concentram em seus próprios interesses e em quem as rodeiam. As tarefas são mais importantes do que as relações. Exemplos: Estados Unidos, Reino Unido, Canadá.	Concentra-se no grupo, com a expectativa de contar com seu apoio. As relações são mais importantes do que a orientação para a tarefa. Exemplos: Guatemala, Equador, Panamá.
Grande distância do poder	**Pequena distância do poder**
A sociedade aceita a distribuição desigual do poder. Há respeito à autoridade. Dá-se importância a títulos e categorias. Os subordinados querem que seja dito o que devem fazer. Impera uma centralização acentuada.	A sociedade aceita menos o poder. Os funcionários estão bastante dispostos a discutir com o superior. É dada menos importância à autoridade, aos títulos e às categorias. Minimiza-se a desigualdade. Aumenta a descentralização.
Tolerância à incerteza	**Fuga da incerteza**
As pessoas aceitam a incerteza e estão dispostas a assumir riscos.	Temor à ambiguidade e à incerteza. É dada preferência à estrutura e às regras formais.
Masculinidade	**Feminilidade**
Conduta agressiva. Autoconfiança e competitividade. Enfoque nas coisas materiais, no sucesso e no dinheiro. Conduta enérgica.	Orientação para a relação. É favorecida a qualidade de vida. Interesse pelo bem-estar dos demais e por receber a atenção deles. É dada importância à modéstia.
Orientação de longo prazo	**Orientação de curto prazo**
Caracterizada pelo trabalho árduo e a perseverança. Sentem o impulso de economizar.	Menor enfoque no trabalho duro e na perseverança. As pessoas sentem impulso para o consumo.

tamento agressivo perante o passivo diante das metas; e 5) orientação de curto prazo *versus* longo prazo. Os comportamentos nas cinco dimensões aparecem na Tabela 3.3.

Os resultados da pesquisa de Hofstede mostraram que, por exemplo, o individualismo prevalecia nos Estados Unidos, Austrália, Grã-Bretanha e Canadá; pelo contrário, o coletivismo se concentrava em países como a Guatemala, Equador e Panamá. Entre os 50 países estudados, a Índia teve nota 21, perto da qualificação dos japoneses (22/23); enquanto Hong Kong, Cingapura, Tailândia e Taiwan tiveram entre 37 e 44, indicando tendência para o coletivismo.[16] No índice masculinidade/feminilidade, o Japão, Áustria, Itália e Suíça pontuaram alto, enquanto a Suécia, Noruega, os Países Baixos e Dinamarca pontuaram baixo, o que significa esses países tendem ao feminismo.[17]

Essas descobertas sugerem que os gerentes precisam compreender os ambientes culturais e suas implicações para ter sucesso no país em que atuam. Agora analisaremos os estilos gerenciais de países selecionados.

---

[16] Hofstede. *Cultures and organizations*, p. 53.

[17] Ibid., p. 84.

França: *le plan e le Cadre*

Na França, o planejamento governamental em escala nacional (fator ambiental legal e político) ajuda a coordenar os planos de indústrias e companhias individuais (função gerencial do planejamento). A meta do governo é utilizar os recursos do país com maior eficácia e evitar a expansão em áreas não econômicas. Mesmo que o planejamento do governo (que também abrange áreas regionais) seja realizado por relativamente poucas pessoas, mas muito competentes, outros departamentos do governo, organizações patronais, sindicatos e consumidores contribuem com cooperação e assistência.

Em certas ocasiões, o plano se torna uma estratégia mundial que ajuda a mercados concretos; por exemplo, o governo trata de integrar o mercado eletrônico como um todo, para que possa superar suas fraquezas no processamento da informação eletrônica, do consumidor, microeletrônica e automatização. Para implementar a estratégia, o governo planeja apoiar vários projetos nacionais, como síntese da voz, mini e microcomputadores e computadores centrais. Está claro que existe uma estreita relação entre o planejamento do governo e as empresas, especialmente aquelas que são propriedade do governo e as que recebem ajuda diretamente dele.

A forte participação do governo em atividades econômicas e sociais gerou um enorme serviço civil, com 4,5 milhões de trabalhadores.[18] Os servidores civis têm vantagens sobre os trabalhadores do setor privado: salários mais altos, jornadas de trabalho mais curtas, mais feriados, melhor pensão, mais bônus, segurança no trabalho quase total e outros benefícios. Na França, em contraste com outros países europeus, a força de trabalho do governo cresceu cerca de 20% entre 1979 e 1999, por isso um de cada quatro franceses recebia seu pagamento diretamente do governo. Não é de surpreender, então, que muitos franceses gostassem de ser servidores civis ou "funcionários".

Jean-Louis Barsoux e Peter Lawrence mostraram não só a estreita relação entre governo e mercado, mas também o efeito das universidades de elite, as *Grandes Écoles*, ao formar nos alunos a mente gerencial francesa, que é considerada essencial para administrar no governo e nas organizações de negócios.[19] Essas escolas proporcionam o *cadre*, a elite gerencial. Mais ainda, as conexões das escolas são vitais para o sucesso gerencial. O mais valorizado nesses gerentes é a habilidade analítica, a independência e a eficiência para sintetizar fatos. Enquanto a comunicação escrita é considerada importante, a comunicação oral recebe menos atenção. Esses gerentes exibem sua habilidade intelectual mais do que sua ação. A racionalidade, a solução de problemas e a análise numérica são importantes para obter altos cargos gerenciais tanto no governo como nas empresas privadas; é habitual que os gerentes trabalhem para ambos os lados de maneira alternativa.

O modelo gerencial francês também tem desvantagens: pode limitar os gerentes no trato com dados não quantificáveis e "não racionais" e na resposta rápida às mudanças no ambiente; finalmente, podem não ser selecionados como os melhores gerentes porque os laços escolares seriam mais importantes do que o desempenho. Mesmo que as características gerenciais possam limitar a obtenção de uma panorâmica mundial, em geral, os gerentes franceses apoiam bastante a União Europeia e a consideram uma oportunidade para reestruturar a nova Europa.

---

18 "France: a civil self-service". *The Economist*, 1º de maio de 1999, p. 49-50.

19 Ver, por exemplo, Barsoux, Jean-Louis e Lawrence, Peter. "The making of a French manager". *Harvard Business Review*, julho-agosto de 1991, p. 58-67.

Alemanha: autoridade e codeterminação

No passado (hoje, em menor grau), o ambiente cultural alemão favorecia a dependência da autoridade para liderar a força de trabalho, embora com frequência fosse um autoritarismo benevolente (função gerencial de liderar). Até hoje, embora os gerentes possam demonstrar preocupação por seus subordinados, também esperam obediência. Em 1951, foi aprovada uma lei que contemplava a **codeterminação**, que requer a participação da força de trabalho no conselho de supervisão e no comitê executivo de certas grandes corporações. Ademais, é escolhido um diretor trabalhista como membro do comitê executivo. Trata-se de um cargo difícil. Os diretores trabalhistas representam os interesses dos funcionários e, ao mesmo tempo, devem tomar decisões gerenciais, que são o maior interesse da empresa.

Codeterminação

Requer a participação trabalhista no conselho de supervisão e no comitê executivo da corporação.

Fatores específicos que têm influência na administração em países ocidentais

A administração na Austrália é influenciada pela posição moralista do próprio país e sua importância nos valores políticos e sociais, assim como por obter sucesso e assumir riscos.

Os gerentes italianos atuam em um ambiente de baixa tolerância aos riscos. São muito competitivos, mas, ao mesmo tempo, gostam das decisões tomadas em grupo.

A administração na Áustria (e na Alemanha) caracteriza-se pela autorrealização e a liderança. A independência e a competitividade são valorizadas. A tolerância a assumir riscos é relativamente baixa.

Perspectiva internacional

Existe um modelo de administração europeu?[20]

Os gerentes dos países europeus administram suas companhias de diferentes maneiras. Porém, existem alguns pontos em comum. Em entrevistas com os altos gerentes de empresas europeias, foi encontrado:

- Os gerentes europeus consideram a si mesmos mais orientados às pessoas do que os gerentes norte-americanos.
- Existem muitas negociações dentro das empresas europeias, como entre gerência e trabalhadores ou sindicatos, e entre a empresa matriz e as subsidiárias. A prática da codeterminação em empresas grandes alemãs pode ser uma ilustração dessas negociações extensas. Os gerentes europeus percebem o estilo norte-americano como mais de cima para baixo.
- Os europeus também desenvolveram grandes habilidades para administrar a diversidade internacional. Administrar entre fronteiras é possível mais por meio das pessoas do que por meio de estruturas e procedimentos. A habilidade da maioria dos gerentes europeus de falar vários idiomas facilita o "foco nas pessoas".
- Os gerentes europeus operam entre os extremos da orientação para o lucro em curto prazo (dos gerentes norte-americanos, como os percebem os gerentes europeus) e a orientação para o crescimento em longo prazo dos gerentes japoneses.

Por outro lado, os administradores europeus adotaram muitas técnicas gerenciais dos norte-americanos e também poderiam aprender do espírito empresarial norte-americano. No ambiente mundial, com o livre fluxo de informação e com as CTNs que operam em muitos países, poderia haver certa convergência de enfoques administrativos.

[20] Calori, Roland e Dufour, Bruno. "Management European style". *Academy of Management Executive*, agosto de 1995, p. 61-71. Ver também EUROCADRES. Disponível em: http://www.etuc.org/EUROCADRES/info/2-43.cfm, acesso em setembro de 2006.

Na Grã-Bretanha, a segurança no emprego é importante tanto quanto os recursos, a adaptabilidade e a lógica. O individualismo é também muito valorizado.

Administração coreana

A administração japonesa recebe muita atenção, em parte devido ao sucesso econômico das companhias japonesas no passado. A República da Coreia (Coreia do Sul, aqui mencionada como Coreia) também mostrou um notável crescimento econômico, mas a crise econômica asiática, que começou em 1997, provocou uma forte freada de sua economia. As práticas gerenciais coreanas não são muito conhecidas, por isso seria incorreto assumir que a direção coreana é simplesmente uma extensão da administração japonesa. Não é, embora existam algumas semelhanças culturais e estruturais, como o domínio de poderosas companhias conglomeradas. O modelo coreano foi caracterizado pelo *chaebol*, um estreito relacionamento entre o governo e os conglomerados industriais. Entretanto, quando Kim Young Sam era presidente da Coreia, sugeriu: "Necessitamos de um melhor equilíbrio entre as companhias grandes e pequenas. Não podemos permitir que o *chaebol* cresça por absorver as empresas pequenas".[21] Chegou também a declarar: "O sistema *chaebol*, que dá atenção especial à expansão externa que aflige as pessoas, chegou a seu fim".[22]

Chaebol

Caracteriza-se por um estreito relacionamento entre o governo e os conglomerados industriais.

No Japão, os gerentes dão importância à harmonia do grupo e à coesão expressa no conceito de *wa*; o conceito coreano de *inhwa* também se traduz como harmonia, mas com menos ênfase nos valores do grupo. As organizações coreanas são bastante hierarquizadas, de maneira que membros da família ocupam as posições-chave. Além das relações de sangue, os fatores que afetam as decisões de contratação frequentemente incluem a escola que foi frequentada ou pertencer à mesma região geográfica que a pessoa principal. O estilo de liderança pode ser mais bem descrito como de cima para baixo, ou autocrático/paternalista. Esse enfoque permite que a empresa se ajuste com rapidez às exigências do ambiente ao emitir ordens. O emprego vitalício não prevalece, as taxas de rotação trabalhista são altas se comparadas às taxas baixas do Japão. Essa rotatividade é atribuível principalmente a renúncias, mais que a demissões. Em resumo, a administração coreana é diferente das práticas americanas e japonesas.

Inhwa

Conceito coreano da harmonia.

A administração japonesa e a teoria Z

Japão, uma das principais nações industriais do mundo, adotou práticas administrativas que são muito distintas das de outros países economicamente avançados do mundo ocidental. A discussão aqui se ocupa de duas práticas japonesas comuns: o emprego vitalício e a tomada de decisões por consenso. Mais adiante, serão comparadas e contrastadas as práticas gerenciais japonesas e norte-americanas, incluindo a teoria Z. Nas seções de fechamento das partes 2 a 6 do livro, serão discutidas outras práticas gerenciais do Japão e comparadas às dos Estados Unidos e da China.

---

21 Entrevista com o presidente Kim Young Sam, "Now it is our turn to contribute to the world". *Business Week*, 31 de julho de 1995, p. 64. Ver também "Hollowing out South Korea's corporations". *The Economist*, 14 de setembro de 1996, p. 63-64.

22 "Nation-builders". *The Economist*, 10 de julho de 1999, encarte p. 6.

Perspectiva internacional

Os trabalhadores japoneses são felizes?[23]

Os trabalhadores japoneses suportavam longas jornadas trabalhistas e, às vezes, más condições de trabalho em troca de um emprego vitalício. Embora essa prática ainda prevaleça em muitas companhias, algumas não proporcionam a seus trabalhadores uma rede suficiente de segurança de emprego. Essa insegurança pode ter contribuído para o fato de que os trabalhadores japoneses são os menos satisfeitos entre sete países pesquisados.

Um estudo realizado pela International Survey Research mostrou que os japoneses eram os menos satisfeitos e os suíços os mais satisfeitos em seus lugares de trabalho. Especificamente, como resposta à pergunta "Considerando tudo, qual é sua satisfação com sua companhia e com seu patrão?", obtiveram-se os seguintes resultados: na Suíça, 82% dos trabalhadores estavam satisfeitos; no Canadá, 73%; no México, 72%; na Alemanha, 66%; nos Estados Unidos, 65%; no Reino Unido, 63%; e no Japão, só 44%.

Além disso, só 33% dos trabalhadores japoneses consideravam que sua companhia era bem administrada. Entre os participantes, 60% deles consideravam que não eram bem avaliados; só 37% consideravam justa sua remuneração.

A força de trabalho japonesa, com frequência admirada pela sua disciplina, parece acreditar que suas contribuições ao sucesso econômico do Japão não foram suficientemente reconhecidas e recompensadas, como o prova a baixa satisfação de seus trabalhadores.

http://www.isrsurveys.com
http://www.world.sony.com

Emprego vitalício

Características importantes da administração japonesa são o emprego vitalício para os funcionários permanentes (relacionados com a função gerencial de dotação de pessoal), a preocupação pelo funcionário no aspecto individual e a importância do tempo na empresa.

Normalmente, os funcionários passam toda a sua vida profissional em uma única empresa, o que lhes dá segurança e sensação de propriedade. Essa prática gera o conceito culturalmente induzido de *wa* (harmonia) à empresa, tendo como resultado a lealdade do funcionário e a identificação com as metas da companhia. Entretanto, também aumenta os custos da empresa, pois os funcionários são contemplados na folha de pagamento mesmo que o trabalho prestado não seja suficiente. Por isso, as empresas começam a questionar tal prática. Na verdade, parecem estar iniciando mudanças, mas são lentas. Não obstante, com frequência ignora-se que essa prática de emprego permanente é habitual principalmente nas empresas grandes. De fato, estima-se que o sistema de segurança no emprego só se aplica aproximadamente a um terço da mão-de-obra.

Wa
Conceito japonês de harmonia.

Em estreita relação com o emprego vitalício está o sistema de tempo na empresa, que oferece privilégios para os funcionários mais velhos que estiveram na empresa por muito tempo. Mas há indicações de que o sistema pode ser substituído por um enfoque mais aberto, que oferece oportunidades de avanço aos jovens. Por exemplo, a Sony Corporation tem líderes de equipe (insiste-se em não serem chamados de supervisores) que frequentemente são mulheres jovens, de 18 ou 19 anos. Quase não há diferenças de idade entre esses líderes e os operários que dirigem.

A tomada de decisões no Japão

A prática gerencial de tomar decisões no Japão também é muito diferente daquela dos Estados Unidos. Está construída sobre o conceito de que a mudança e as novas

[23] Grant, Linda. "Unhappy in Japan". *Fortune*, 13 de janeiro de 1997, p. 142.

ideias devem vir principalmente de baixo. Assim, os funcionários de nível inferior preparam propostas para o pessoal do nível mais alto. Mais do que limitar-se a aceitar ou rejeitar as propostas, os supervisores as questionam respeitosamente, fazem sugestões e estimulam os subordinados; se for necessário, as propostas voltam a seu criador em busca de maior informação. Mas, nas decisões importantes, a alta administração retém seu poder.

Então, a gerência japonesa utiliza a tomada de decisões por consenso para tratar dos problemas diários. Os funcionários de nível inferior iniciam uma ideia e a submetem ao nível imediatamente superior, até chegar ao escritório do executivo principal. Se a proposta for aceita, volta ao iniciador para sua implementação.

A teoria Z

Na **teoria Z**, práticas gerenciais japonesas específicas são adaptadas ao ambiente dos Estados Unidos. Esse enfoque é praticado por companhias como a IBM, Hewlett-Packard e a diversificada companhia varejista Dayton-Hudson. Uma das características da organização tipo Z, como sugere o professor William Ouchi, é a importância das habilidades interpessoais necessárias para a integração em grupo.[24] Mas, apesar de sublinhar a tomada de decisões em grupo, a responsabilidade permanece no indivíduo (que é bastante diferente da prática japonesa, que insiste na responsabilidade coletiva). Também se levam muito em conta as relações informais e democráticas baseadas na confiança. Entretanto, a estrutura hierárquica permanece intacta, como o prova a IBM, onde as metas, a autoridade, as regras e a disciplina guiam o comportamento corporativo.

Teoria Z
A adaptação de práticas gerenciais japonesas específicas para o ambiente americano.

http://www.ibm.com
http://www.hp.com

A vantagem competitiva das nações de Porter[25]

Além de apreciar as diferenças culturais no estilo gerencial, os gerentes também devem compreender as situações econômicas de outros países. Michael Porter, professor da Escola de Administração de Harvard, questiona a teoria econômica da vantagem competitiva. Sugere quatro fatores que contribuem para o bem-estar de uma nação. O primeiro refere-se ao fator de condições como os recursos de uma nação, seus custos trabalhistas e as habilidades e educação de seu povo. O segundo consiste nas condições de demanda de uma nação, como o tamanho do mercado, a forma como os produtos podem ser anunciados e o grau de sofisticação do consumidor. O terceiro trata dos fornecedores: uma companhia prospera quando as companhias que a apoiam estão localizadas na mesma área. O quarto consiste na estratégia e estrutura da empresa, assim como na rivalidade entre concorrentes.

Uma combinação favorável dos quatro fatores leva à vantagem competitiva. Quando só dois fatores são favoráveis, a vantagem competitiva não costuma sustentar-se. Por outra parte, a disponibilidade de recursos nem sempre é necessária. O Japão, por

---

24 Ouchi, William G. *Theory Z*, Reading. MA: Addison-Wesley, 1981.

25 Porter, Michael E. ***The competitive advantage of nations***. Nova York: Free Press, 1990, especialmente o Capítulo 3; Weihrich, Heinz. "Analyzing the competitive advantages and disadvantages of Germany with the TOWS matrix: an alternative to Porter's model". ***European Business Review***, v. 99, n. 1, 1999, p. 9-22.

exemplo, carece de recursos naturais, mas prosperou no passado. De fato, as dificuldades econômicas podem estimular a atividade econômica e o sucesso, como o provam o Japão e a Alemanha depois da Segunda Guerra Mundial. Entretanto, esses dois países têm consumidores que exigem produtos sofisticados e de alta qualidade. Da mesma maneira, as companhias japonesas e alemãs têm boas relações com seus fornecedores e desfrutam de excelentes sistemas educacionais e mão-de-obra qualificada. Apesar da cooperação entre as companhias japonesas em certos níveis, elas também são extremamente competitivas.

Conseguir uma vantagem competitiva mundial por meio da administração da qualidade

A qualidade se tornou uma arma estratégica no mercado mundial. As companhias norte-americanas, algumas vezes reconhecidas como líderes mundiais em produtividade, viram-se ofuscadas por empresas de todo o mundo. Isso aconteceu porque muitas companhias norte-americanas se tornaram complacentes e deixaram de ver as necessidades mutáveis do mercado mundial, que exigia cada vez mais produtos de qualidade. Essa tolerância e a falta de previsão permitiram que os concorrentes, em especial os do Japão, usassem uma arma poderosa para incrementar sua participação de mercado, sobretudo nos mercados dos Estados Unidos e da Europa. Essa arma é a qualidade.

Antes que os gerentes possam revolucionar o processo de produção, devem revolucionar a forma de pensar sobre a qualidade. A necessidade de uma nova filosofia da qualidade é vital, já que a antiga filosofia do adequado (manter o *status quo* enquanto o produto dá lucro) não é mais aceitável. Agora a meta das companhias deve ser a excelência. Entretanto, para alcançá-la, os gerentes teriam de estar dispostos a antepor as necessidades de seus clientes. Nunca esquecer que os clientes são indispensáveis: são o motivo da existência da companhia.

Gurus da administração da qualidade tradicional[26]

Mesmo que a preocupação pela qualidade possa parecer um fenômeno recente, houve vários gurus da qualidade que trataram de introduzir suas teorias nas companhias norte-americanas na década de 1950, mas os gerentes norte-americanos não escutaram. Mas isso começa a mudar. De fato, os pioneiros da administração da qualidade foram agregados por novos defensores da qualidade. Faremos um breve exame das contribuições de três campeões da qualidade: Deming, Juran e Crosby. Cada um seguiu um enfoque distinto na administração da qualidade, mas todos ajudaram a moldar sua direção.

[26] Ver Deming, Edwards W. *Out of the crisis*. 2ª ed. Cambridge, MA: MIT Center for Advanced Engineering Study, 1986; Juran, J. M. *Juran on leadership for quality: an executive handbook*. Nova York: Free Press, 1989; Crosby, Philip B. *Quality is free: the art of making quality certain*. Nova York: McGraw-Hill, 1979 e "Criticism and support for the Baldrige Award". *Quality Progress*, maio de 1991, p. 42-43.

Existem vários paralelos interessantes entre as carreiras profissionais dos dois professores norte-americanos: o Dr. Deming e o Dr. Juran. Os dois lecionavam na faculdade de administração da Universidade de Nova York na década de 1950. Durante o auge econômico posterior à Segunda Guerra Mundial, Deming e Juran fizeram tentativas infrutíferas de persuadir os gerentes norte-americanos a focar a qualidade. Quando os norte-americanos ignoraram seus ensinamentos, os dois eruditos decidiram levar sua mensagem a uma audiência mais receptiva: os japoneses.

Sua peregrinação ao Japão não podia ter ocorrido em um momento mais favorável. Antes da década de 1950, as exportações comerciais do Japão sofriam, pois seus bens domésticos tinham a reputação de serem feitos por mão-de-obra ruim e terem qualidade inferior. Por exemplo, os automóveis japoneses eram mal projetados e fabricados, não eram confiáveis e tinham um estilo pouco atrativo. Com essa combinação de características indesejáveis do produto, era de se supor que os consumidores norte-americanos não estivessem interessados nos veículos fabricados no Japão.

Mas nas três últimas décadas, os fabricantes de automóveis japoneses conquistaram de maneira consistente uma maior participação de mercado nos Estados Unidos vendendo carros de qualidade. Essa transformação de qualidade inferior para superior foi possível graças aos ensinamentos de Deming e Juran, que ajudaram a revolucionar a qualidade das indústrias do Japão, tornando-se heróis da qualidade. Em parte devido ao seu trabalho, os consumidores ao redor do mundo agora veem os produtos japoneses como sinônimo de alta qualidade. Como um tributo às suas contribuições, o prêmio da qualidade mais cobiçado no Japão leva o nome do falecido Dr. Deming. Hoje, muitos anos depois de ensinarem os gerentes japoneses a elaborar produtos de qualidade, Deming e Juran finalmente recebem a muito merecida atenção dos gerentes norte-americanos.

O último desse trio de gurus da qualidade é Phil Crosby. Diferentemente de Deming e Juran, Crosby não cruzou o Pacífico para instruir os japoneses, nem originou seu enfoque dentro do ambiente universitário. Crosby não era um acadêmico. Formulou ideias práticas para melhorar a qualidade enquanto trabalhava para diversas corporações nos Estados Unidos. Seu estilo de aplicação prática lhe permitiu implantar suas ideias na Martin Marietta e ITT, onde trabalhou antes de tornar-se um consultor corporativo.

Embora os três especialistas, Deming, Juran e Crosby, contemplem a qualidade como um imperativo para sobreviver, cada um deles a define de maneira diferente. Para Deming, a qualidade significava proporcionar aos clientes produtos e serviços satisfatórios por um baixo custo. Também significava um compromisso com a inovação e melhorias contínuas, que os japoneses chamam "kaizen". Para Juran, um elemento-chave na definição da qualidade é a "adequação de um produto para seu uso". Por último, Crosby explica a qualidade de uma perspectiva de engenharia, como a conformidade com padrões e requisitos concretos. Seu lema é: "Faça bem na primeira vez, [e] obtenha zero defeitos". Os três especialistas consideram as estatísticas uma ferramenta valiosa para medir a qualidade, embora Deming seja possivelmente o mais conhecido pelo seu compromisso com a análise estatística.

http://www.deming.org
http://www.juran.com
http://www.philipcrosby.com

Outros enfoques e prêmios à qualidade[27]

Como já mencionamos, o Prêmio Deming reconhece as companhias que obtiveram qualidade superior no Japão. Um prêmio semelhante, mas com um enfoque diferente,

[27] Ver também *Journal of Quality Management*, 1996 a 2003.

é o Prêmio Nacional da Qualidade Malcolm Baldrige, estabelecido pelo Congresso dos Estados Unidos em 1987. Outro enfoque é conhecido como a ISO 9000, promovido pela primeira vez pelos europeus. Também há o Prêmio da Qualidade Europeu, outorgado pela Fundação Europeia para a Administração da Qualidade.[28]

O Prêmio Nacional da Qualidade Malcolm Baldrige 1996[29]

O Prêmio Malcolm Baldrige é o maior reconhecimento nacional que uma empresa norte-americana pode receber por excelência nos negócios. O prêmio ajuda a compreensão dos requisitos de desempenho da excelência e da competitividade. As três categorias de participação são: 1) empresas de manufatura; 2) companhias de serviços; e 3) pequenas empresas. Espera-se que os aspirantes a esses prêmios compartilhem informações a respeito dos processos e os resultados das melhorias, para que outras organizações possam utilizá-las. Cada companhia se beneficia por receber retorno dos examinadores.

http://www.quality.nist.gov

Os participantes no programa do prêmio devem mostrar resultados e melhorias em diversas áreas. Especificamente, os critérios são agrupados em sete categorias de 24 pontos. Entretanto, a avaliação é adaptada aos requisitos dos fatores-chave de sucesso da companhia específica, dependendo do tipo de empresa, seu tamanho, sua estratégia e sua etapa de desenvolvimento. As sete categorias, ilustradas na Figura 3.2, são as seguintes:[30]

1. A categoria de *liderança* requer que os altos executivos estabeleçam a direção e construam, por sua vez, a liderança requerida para um alto desempenho. Este critério também exige liderança para criar um sistema de organização e administração eficaz, assim como demonstrar responsabilidade pública e cidadania corporativa.
2. A categoria de *informação e análise* examina a eficácia da companhia e o uso de informação administrativa (financeira e não financeira). Não só requer a análise de dados da companhia, mas também inclui análises competitivas e *benchmarking*, isto é, comparar o desempenho com as melhores empresas.
3. O *planejamento estratégico* inclui o planejamento de empresas com interesse especial em traduzir os planos em requisitos do cliente e operacionais. O planejamento deve ser impulsionado pelas necessidades do cliente e a melhoria operacional.
4. A categoria de *desenvolvimento e administração* de recursos humanos inclui critérios para todos os aspectos-chave dos recursos humanos.
5. A *administração de processos* foca todos os processos-chave de trabalho, que incluem o projeto, lançamento, produção e entrega de produtos e serviços. Também inclui critérios para serviços de suporte e desempenho dos fornecedores.

---

28 Para fontes europeias sobre os enfoques para a qualidade, ver ***Qualität: Garanti fuer die Zukunft.*** Frankfurt: Deutsche Gesellschaft fuer Qualität e.V., sem data; ***DQS Deutsche Gesellschaft zur Zertifizierung von Qualitätsmanagementsystemen.*** Frankfurt: DQS, 1993; Zink, Klaus J. e Schildknecht, Rolf. "German companies react to TQM". ***Total Quality Management***, outubro de 1990, p. 259-262.

29 The 1996 Regional Malcolm Baldrige Award Conference, San Francisco, 13 de junho de 1996; ***Malcolm Baldrige National Quality Award 1996 Award Criteria***, Gaithersburg, MD: Departamento de Comércio dos Estados Unidos, Technology Administration, National Institute of Standards and Technology, sem data; Schonberger, Richard J. "Is the Baldrige Award still about quality?" ***Quality Digest***, dezembro de 2001, p. 30.

30 ***Malcolm Baldrige National Quality Award 1996 Award Criteria.***

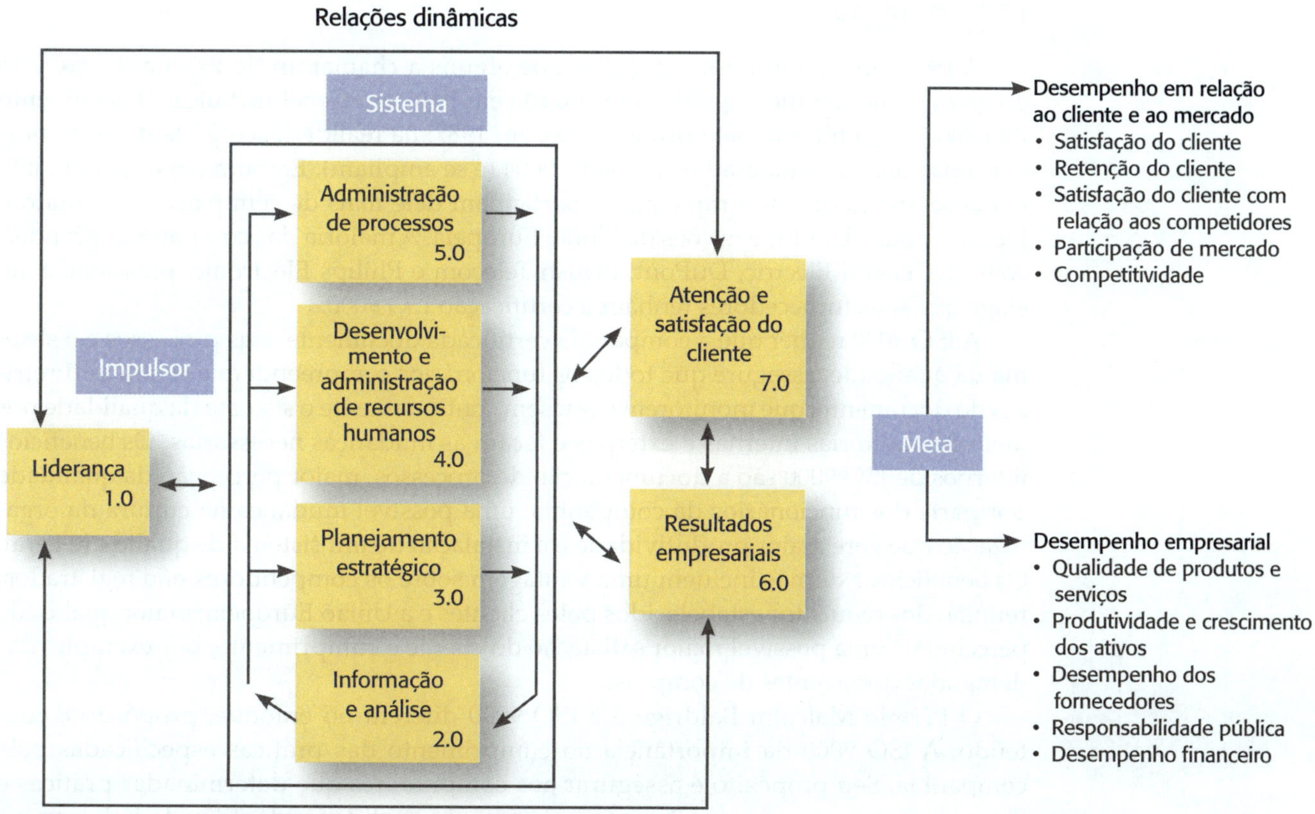

Fonte: *Malcolm Baldrige National Quality Award 1996 Award Criteria*, Gaithersburg, MD: Departamento de Comércio dos Estados Unidos, Technology Administration, National Institute of Standards and Technology, sem data.

FIGURA 3.2 Os critérios do marco do Prêmio Baldrige: relações dinâmicas

6. As organizações estão orientadas para resultados. Esta categoria examina *resultados*: os de qualidade em produtos e serviços e os resultados operacionais e financeiros da companhia; também os resultados dos recursos humanos e de desempenho do fornecedor.
7. A última categoria é *foco na satisfação do cliente*. Especificamente, os critérios desta categoria requerem um amplo conhecimento do cliente e do mercado, relações com o cliente e sua satisfação comparados aos dos competidores da empresa.

Os critérios do prêmio focam resultados de negócios. Não são por prescrição, o que significa que podem ser alcançados de diversas formas. Como mostramos nas sete categorias, os critérios são amplos, incluindo processos e resultados inter-relacionados focados na melhoria e na aprendizagem contínua. Também enfatizam um enfoque de sistemas em que todas as partes da organização estão alinhadas entre si. Ademais, os critérios servem como uma ferramenta de diagnóstico, que indicam os pontos fortes e fracos da companhia.

Os critérios dos prêmios não são estáticos, mas evoluem para um sistema amplo. Por exemplo, os critérios do prêmio 1996 analisados tinham uma categoria de "resultados de negócios" adicional. De qualquer modo, o Prêmio Malcolm Baldrige está definido para tornar as companhias norte-americanas mais competitivas no ambiente mundial. Seus critérios são congruentes com as análises deste livro.

ISO 9000[31]

A ISO 9000 se tornou tão popular que alguns a chamaram de ISOmania. ISO, do grego *isos*, que significa "igual", foi fundada em 1946, em Genebra, Suíça. O documento ISO 9000 foi publicado pela primeira vez em 1987; na realidade, consiste de cinco normas relacionadas, numeradas de 9000 a 9004 (e se ampliam). Embora o movimento ISO tenha se originado na Europa, agora participam dele mais de cem países, incluindo o Japão, Estados Unidos e nações da União Europeia. A maioria das companhias grandes, como a General Electric, DuPont, British Telecom e Philips Electronic, pressiona e até exige que seus fornecedores tenham a certificação ISO 9000.

http://www.iso.ch

A ISO 9000 requer que a companhia certificada documente seus processos e o sistema da qualidade, assegure que todos os funcionários compreendam e sigam as diretrizes do documento, que monitorem e revisem continuamente o sistema da qualidade por meio de auditorias internas e externas e façam as mudanças necessárias. Os benefícios internos da ISO 9000 são a documentação de processos; maior percepção da qualidade por parte dos funcionários da companhia; uma possível mudança na cultura da organização que gere maior produtividade e a instalação de um sistema de qualidade geral. Os benefícios externos incluem uma vantagem sobre os competidores não registrados; reunião dos requisitos estabelecidos pelos clientes e a União Europeia; maior qualidade percebida e uma possível maior satisfação do cliente e cumprimento, por exemplo, das demandas dos agentes de compras.

O Prêmio Malcolm Baldrige e a ISO 9000 diferem no enfoque, propósito e conteúdo. A ISO 9000 dá importância ao cumprimento das práticas especificadas pela companhia. Seu propósito é assegurar aos compradores que determinadas práticas e documentação estão de acordo com o sistema da qualidade identificado pela empresa. A ISO 9000 não avalia a eficiência da operação, as tendências de melhoria, nem a qualidade do produto. Não assegura produtos ou serviços de qualidade, não tem um interesse especial na melhoria contínua e não se ocupa da delegação do poder ou do trabalho em equipe. Mas a ISO 9000 proporciona a documentação para mostrar aos clientes como a empresa capacita seus funcionários, inspeciona seus produtos e corrige problemas. Os agentes de compras querem provas de que a companhia certificada conta com um sistema de qualidade documentado e o segue. A documentação é um aspecto central da ISO 9000. Portanto, o certificado ISO não pode comparar-se às qualificações do Prêmio Baldrige.

Um modelo europeu para a administração da qualidade total

Outro programa da qualidade é o chamado Prêmio da Qualidade Europeu, que é concedido a companhias excelentes pela Fundação Europeia para a Administração

31 Landes, Les. ***Leading the duck at mission control***. St. Peters, MO: Wainwright Industries, sem data, p. 38-219; Henkoff, Ronald. "The hot new seal of quality". ***Fortune***, 28 de junho de 1993, p. 116-120; Dedhia, Navin S. "The basics of ISO 9000". ***Quality Digest***, outubro de 1995, p. 52-54; Hemenway, Caroline G. "10 things you should know about ISO 14000". ***Quality Digest***, outubro de 1995; Hemenway, Caroline G. e Hale, Gregory J. "Implementing ISO 14000: taking the first steps". ***Quality Digest***, janeiro de 1996, p. 25-30; Hale, Gregory J. e Hemenway, Caroline G. "ISO 14001 Certification: are you ready?". ***Quality Digest***, julho de 1996, p. 35-41; Kirchner, R. Michael. "What's beyond ISO 9000?". ***Quality Digest***, novembro de 1996, p. 41-45; Stimson, William A. "Internal quality: meeting the challenge of ISO 9000:2000". ***Quality Digest***, novembro de 2001, p. 39-43. (Embora não relacionadas à qualidade de produtos e serviços, as normas ISO 14000 estão muito na moda. Essas normas se referem a padrões voluntários para a administração ambiental. Foram criadas sob a direção da Organização Internacional de Normatização.)

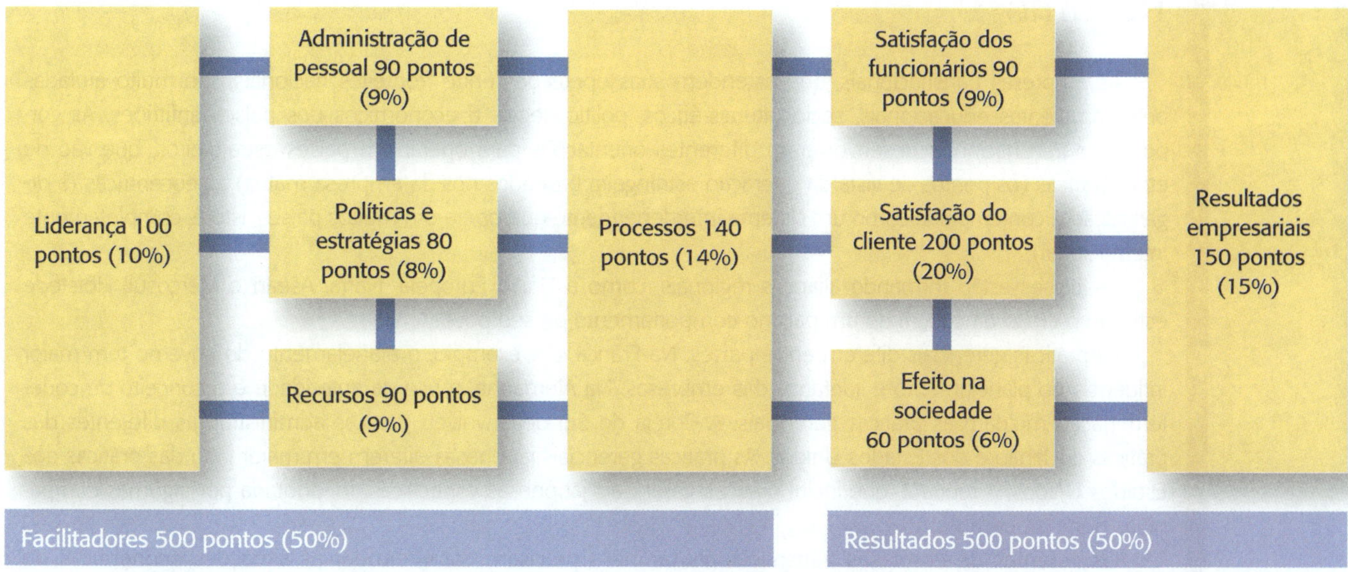

Utilizado com autorização. "The EFQM model for business excellence", em *Self-Assessment 1997 Guidelines for Companies.* Bruxelas: European Foundation for Quality Management, 1997, p. 8.

FIGURA 3.3 Modelo de administração da qualidade para a excelência nas empresas da Fundação Europeia

da Qualidade.[32] O modelo europeu de 1996 para a administração total da qualidade, apresentado na Figura 3.3, se baseia na seguinte premissa: "Satisfação do cliente, satisfação das pessoas (funcionários) e efeito na sociedade se obtêm por meio de liderança, impulsionando políticas e estratégias, administração de pessoal, recursos e processos, até finalmente chegar à excelência nos resultados do negócio".[33] As porcentagens mostradas na figura são utilizadas para atribuir pesos no prêmio.

http://www.efqm.org

O modelo europeu de administração total da qualidade se baseia no Prêmio Baldrige norte-americano, mas o primeiro contém alguns aspectos novos, como o prova uma comparação realizada entre os dois modelos. Mas os dois modelos são muito parecidos. Por exemplo, a variável do "efeito sobre a sociedade" do modelo europeu é considerada no conceito de "liderança" do Prêmio Baldrige como "responsabilidade pública e cidadania corporativa". Do mesmo modo, "a satisfação das pessoas", no modelo europeu, faz parte do "desenvolvimento e administração dos recursos humanos" no modelo Baldrige. O interessante no modelo europeu é que as primeiras cinco variáveis (liderança, administração das pessoas, política e estratégia, recursos e processos) são chamadas de "facilitadores". Isso significa que se ocupam de *como* uma organização obtém resultados. Os outros quatro critérios (satisfação das pessoas, satisfação do cliente, efeito sobre a sociedade e resultados de negócios) são chamados de "resultados" e tratam do *que* uma organização conseguiu.

Em conclusão, o Prêmio Nacional da Qualidade Malcolm Baldrige norte-americano e o modelo europeu de administração total da qualidade são similares, mas ambos são muito diferentes da ISO 9000.

32 *Total quality management: the European model for self-appraisal, 1993*, Eindhoven. Países Baixos: European Foundation for Quality Management, 1992; *Self-Assessment 1996 Guidelines for Companies.* Bruxelas: European Foundation for Quality Management, 1995; "The EFQM model for business excellence". *Self-Assessment 1997 Guidelines for Companies.* Bruxelas: European Foundation for Quality Management, 1997, p. 9.

33 *Self-Assessment 1996 Guidelines for Companies*, p. 7.

Resumo

As empresas transnacionais, que estendem suas operações entre fronteiras nacionais, são muito afetadas pelos ambientes educacionais, socioculturais-éticos, político-legais e econômicos dos países anfitriões. As corporações transnacionais desenvolveram diferentes orientações para operar em países estrangeiros, que vão de etnocêntricas (os pontos de vista da operação estrangeira baseados nos da empresa matriz) a geocêntricas (a organização é contemplada como um sistema interdependente que opera em muitos países, isto é, completamente internacional).

Os países estão formando alianças regionais, como a União Europeia, Nafta, Asean e Mercosul. Hofstede estudou o efeito da cultura de um país no comportamento de seu povo.

As práticas gerenciais diferem entre países. Na França, por exemplo, o planejamento do governo tem maior influência no planejamento e liderança das empresas. Na Alemanha, o uso da autoridade e o conceito de codeterminação moldam as práticas gerenciais. A Coreia do Sul desenvolveu práticas administrativas diferentes das práticas do Japão e dos Estados Unidos. As práticas gerenciais japonesas diferem em maior grau das práticas dos Estados Unidos. A teoria Z, que inclui práticas gerenciais japonesas específicas, foi adotada por algumas companhias norte-americanas.

Os gerentes de empresas transnacionais também precisam compreender as situações econômicas de outros países. Porter identificou quatro séries de fatores que contribuem para a vantagem competitiva de uma nação.

A qualidade é uma arma estratégica no mercado mundial. Os pioneiros para a administração da qualidade foram Deming, Juran e Crosby. O Prêmio Nacional da Qualidade Malcolm Baldrige reconhece as organizações norte-americanas pelo seu excelente desempenho. A busca europeia da qualidade é exemplificada pela ISO 9000 e o Prêmio da Qualidade Europeu.

Ideias e conceitos básicos

- Empresa transnacional
- Exportação
- Concessão de licenças
- Contrato de administração
- Investimento conjunto
- Subsidiária
- Corporação transnacional
- Orientação etnocêntrica
- Orientação policêntrica
- Orientação regiocêntrica
- Orientação geocêntrica
- Corporação mundial ou transnacional
- Aliança de países e bloco comercial
- As cinco dimensões do comportamento segundo Hofstede
- Práticas gerenciais na França, Alemanha e Coreia do Sul
- Práticas gerenciais no Japão e a teoria Z
- Vantagem competitiva das nações de Porter
- Contribuições para a administração da qualidade de Deming, Juran e Crosby
- Critérios do Prêmio Nacional da Qualidade Malcolm Baldrige
- ISO 9000
- Modelo do Prêmio da Qualidade Europeu

Para analisar

1. Que vantagens têm as corporações transnacionais? Que desafios devem enfrentar? Dê exemplos.
2. Quais são as cinco dimensões culturais identificadas por Hofstede?
3. Quais são algumas das características-chave das práticas administrativas francesas, alemãs, coreanas e japonesas?
4. O que é a teoria Z?
5. Você acredita que os conceitos e práticas gerenciais aplicados nos Estados Unidos possam transferir-se para a Grã-Bretanha, França, Alemanha ou qualquer outro país?
6. Considere qualquer país com que tenha familiaridade e analise o efeito dos fatores do ambiente educacional na administração de uma empresa.
7. Analise como pode ser administrada uma companhia de orientação geocêntrica. Compare essas práticas com uma companhia de perspectiva etnocêntrica.
8. Você acredita que a forma de tomar decisões administrativas no Japão funcionaria nos Estados Unidos? Por quê?
9. Dos diversos enfoques para a administração da qualidade, qual modelo você considera mais útil? Por quê?

Exercícios e atividades

Entreviste os gerentes de uma companhia conhecida por seus produtos ou serviços excelentes. Descubra como obtiveram seu alto nível de qualidade.

Pesquisa na Internet

1. Procure Geert Hofstede na Internet e identifique seus livros e artigos. Analise as características culturais de três países.
2. Use a Internet para averiguar as condições econômicas dos países da Europa Oriental que foram admitidos na União Europeia. Selecione um país para analisá-lo em detalhes.

Caso empresarial 3.1

Starbucks: Qualidade junto com consciência social vendem por todo o mundo[34]

A Starbucks iniciou suas operações em 1971 sob o comando de três acadêmicos em Seattle. Dez anos mais tarde, Howard Schultz entrou na companhia. Durante uma viagem à Itália compreendeu que uma cafeteria podia ser muito mais do que um simples local para tomar café. Mas suas ideias não foram aceitas pelos proprietários da companhia. Frustrado, Howard Schultz procurou investidores e posteriormente comprou a empresa. Entre 1987 e 1992, a Starbucks continuou sendo uma companhia de propriedade privada. Quando a empresa se aventurou fora do Noroeste do Pacífico, teve decepções, que depois viraram sucessos que iam de mistos a moderados.

O sonho de Howard era não só oferecer um ambiente agradável para seus clientes, mas também para seus funcionários, e que eles proporcionassem um serviço amigável. Isso significava cuidar muito de seus funcionários, oferecendo benefícios de saúde para os de tempo integral e também para aqueles que trabalhavam 20 horas semanais ou mais. Além disso, os funcionários podiam comprar ações da companhia. Em suma, salários e benefícios da empresa atraíam funcionários motivados e com boas habilidades.

A meta da Starbucks era "construir uma companhia com alma". Isso significava que os funcionários deviam escutar com cuidado aquilo que os clientes queriam e atender suas expectativas. A filosofia orientada ao cliente foi expressa na declaração de missão, que também ressaltava que os funcionários deveriam tratar com dignidade entre si, desfrutar da diversidade no centro de trabalho, refletir a comunidade local, ter padrões elevados para o café, ser bons membros da comunidade e também, naturalmente, ser rentáveis.

A declaração de missão gerou estratégias que levaram não só à expansão nacional, mas também à internacional. Em 2006, a página da Starbucks na Internet mostrava 16 países, mais Pequim, Xangai e Hong Kong. A meta a longo prazo era ter cerca de 25 mil lojas em localizações diferentes. Para cumprir essa meta a longo prazo, a Starbucks projetou lojas em que os clientes realmente desfrutassem de um ambiente agradável, rodeados pelo aroma do café. Além disso, desde 2002, a companhia trabalhou com a T-Mobile USA, proporcionando acesso à Internet nas cafeterias. Não só oferecem bebidas cafeinadas e descafeinadas, como uma grande variedade de cafés especiais e chás. Os clientes podem conseguir sucos, massas, potes para café, equipamentos para prepará-lo e até CDs. Ademais, a Starbucks se associou à PepsiCo e Dreyer's Grand Ice Cream e também iniciou acordos de licenças com a Kraft Foods. O café é oferecido em clubes de compras, Marriott Host International, United Airlines e até no Wells Fargo Bank. Tentaram as vendas por catálogo, mas não tiveram sucesso e foram descontinuadas. A Starbucks também investiu sem sucesso em várias companhias "ponto-com".

O senso de responsabilidade social guiava as ações da companhia. A empresa não só participava de obras de beneficência locais para "retribuir" à comunidade em que opera, como também aplicou esse conceito de responsabilidade às suas práticas de compra. A maioria das lojas de varejo e hotéis com quem a companhia tinha contratos de licença usavam cafés com Certificado de Comércio Justo.[35]

É evidente que a companhia teve sucesso, apesar da concorrência de fabricantes de café como Procter & Gamble, Nestlé e Kraft General Foods. Como, então, a Starbucks pode enfrentar esses e outros desafios no futuro? ■

---

[34] Esse caso se baseia em diversas fontes, que incluem Schultz, Howard e Yang, Dori Jones. *Pour your heart into it*. Nova York: Hyperion, 1997; Relatório Anual 2005 da Starbucks. Disponível em: http://www.starbucks.com, acesso em 4 de fevereiro de 2006. Ver também o Relatório Anual. Disponível em: http://www.starbucks.com/aboutus/FY05_CSR_Total.pdf, acesso em 5 de outubro de 2006.

[35] Starbucks vence a batalha pelos grãos de café etíopes; ver "Starbucks vs. Ethiopia – storm in a coffee cup". *The Economist*, 2 de dezembro de 2006, p. 66-67.

Perguntas

1. Por que a Starbucks teve tanto sucesso?
2. Em que a Starbucks difere de outras cafeterias?
3. Como a companhia poderia atrair consumidores que não consomem café?
4. Que outros desafios a Starbucks pode enfrentar no futuro?

Caso internacional 3.2

As turbulências da Aserca

Os sonhos de Simeón García não eram tão ambiciosos aos 29 anos, em 1991, quando comprou uma companhia de táxi aéreo, a Aeroservicios Carabobo (Aserca), por US$ 1.000. Depois de ter fechado a operação, começou a revisar toda a documentação e suas licenças e percebeu que tinha licenças para operar como linha aérea comercial. Então viu uma oportunidade, pois em 1991 só existiam três linhas aéreas na Venezuela: Viasa, Avensa e Aeropostal; por isso decidiu averiguar quais eram as possibilidades.

Apesar do ambiente político instável e da crise econômica pela qual passou a Venezuela a partir de 1992, Simeón García e sua equipe não se desiludiram e aceitaram o desafio de "aprender a fundar e dirigir uma empresa de aviação em tempos de crise". De 1994 a 1996, o país passou por várias crises econômicas agudas, que provocaram a perda de 70% do sistema financeiro e um controle férreo do câmbio até abril de 1996. Embora em 1997 a crise do controle do câmbio tivesse acabado e o país recuperasse a credibilidade, o clima político de incerteza a partir de 1998 e até depois de 2000 não ajudou a melhorar a situação de muitas empresas. A indústria aérea em particular sofreu muitos contratempos: as operações aéreas foram transferidas para o Aeroporto de Valencia, que não tinha capacidade operacional suficiente. O Aeroporto da Maiquetía ficou fechado durante mais de um mês, provocando grandes perdas às empresas.

Apesar dos acontecimentos adversos, a Aserca conseguiu crescer aos poucos. Sobre isso, comenta Simeón García: "... acredito que se deve ter muito claro o que é administrar em tempos de crise. Isso te leva a tomar passos muito medidos e firmes. No nosso caso, de algum modo tivemos um pouco de sorte dentro da crise. Em 1994, fechou a Aeropostal; e a Viasa fechou em 1996".

As principais empresas aéreas eram a Avensa e Aeropostal (ambas do Estado); e a Viasa tinha pouca presença no mercado doméstico. Quando a Aeropostal fechou, deixou livre o nicho de mercado dos passageiros de negócios. A isso se somou a má qualidade do serviço da Avensa: problemas de falta de pontualidade e de serviço.

Além disso, a Aserca enfrentou novos concorrentes, como Zuliana de Aviación, JD Valenciana, Air Margarita, entre outros, que foram ficando no caminho. Mas realmente a saída da Aeropostal colocou a Aserca como a segunda linha aérea da Venezuela.

Em grande medida, a empresa deve seu crescimento a ter sabido reagir rapidamente diante da crise e ter captado a participação de mercado que as outras empresas que saíam foram deixando. Simeón García argumenta: "A empresa que nestes momentos está mais bem posicionada do ponto de vista financeiro e do ponto de vista de oportunidades é a Aserca. Nunca apostamos em um crescimento desmedido, mas em um crescimento sustentável". A administração da Aserca não quer que a linha aérea seja a maior, mas a melhor; que seu serviço seja reconhecido como o melhor do mercado; e isso exige cumprir os padrões de pontualidade. Embora suas metas econômicas ainda estejam determinadas pela situação do país, a administração procura manter sua participação no mercado em 41%, manter seu volume de passageiros em 1,4 milhão, otimizar os recursos econômicos e, o mais importante, otimizar os custos, que recebem atenção especial.

Em 2001, a Aserca registrou faturamento de US$ 80 milhões e esperava chegar a US$ 110 milhões em 2002. Entre as estratégias que a empresa implantou estão: fortalecer sua imagem para focar não só os passageiros de negócios, mas também o venezuelano comum. Também consideram comprar uma nova frota e ampliar suas rotas. Simeón explica o porquê dessas mudanças: "Percebemos que, de algum modo, era necessária uma transformação total para mostrar toda uma transparência para o público. Quer dizer, se antes tínhamos um bar aberto com bebidas de qualidade padronizada, agora a oferta inclui produtos de excelência".

A empresa conta com uma frota de 17 aeronaves DC-9 31 e 32, que devem chegar até 21 ao final de 2007, das quais 13 estarão destinadas aos voos nacionais e quatro aos internacionais. As aeronaves restantes estarão no denominado "*back-up* de voos". Atualmente, a linha aérea viaja para as seguintes cidades: Caracas, Valencia, Maracaibo, Santo Domingo (Táchira), San Antonio do Táchira, Porlamar, Barquisimeto, Barcelona, Puerto Ordaz e Maturín. Também cobre destinos internacionais como Aruba, Curaçao e a República Dominicana. René Cortés, diretor comercial, assegura que "esta operação permitirá oferecer um esquema de itinerários muito competitivo e adaptado aos mercados envolvidos, com horários e frequências que tratam de melhorar as opções aos passageiros de negócios e lazer". ■

Fonte: Informação retirada da página da Aserca na Internet. Disponível em: http://www.asercaairlines.com/index.asp; de *Producto Online*, março de 2002, Venezuela. Disponível em: http://www.producto.com.ve/222/notas/campanas.html; e de *World Investment News*, 17 de novembro de 2000. Disponível em: http://www.winne.com/venezuela/TopASinterv.html.

Perguntas

1. As oportunidades apresentadas no mercado venezuelano de aviação foram o único fator que ajudou a Aserca a crescer?
2. Como você considera que a empresa administra a qualidade de seu serviço?
3. Que fatores a Aserca deverá considerar para ampliar sua estratégia de internalização?
4. Como repercute a frase "...não quer que a linha aérea seja a maior, mas a melhor; que seu serviço seja reconhecido como o melhor do mercado" em sua estratégia de crescimento?

CONCLUSÕES DA PRIMEIRA PARTE

A base da administração global e empresarial

O fechamento da primeira parte foca primeiro o entorno global. Ilustraremos o entorno internacional por meio do crescente poder econômico da China (no livro nos referiremos à República Popular da China). O entorno empresarial é exemplificado mediante companhias do Vale do Silício, perto de São Francisco, na Califórnia, Estados Unidos. Por último, a discussão concluirá com o caso do mercado global do automóvel.

Enfoque internacional

A China: o novo gigante econômico[1]

Nos últimos 25 anos, a China passou de um sistema marxista para uma força empresarial. Trata-se de uma transformação de tirar o fôlego desde que o país abriu suas portas. Seu elevado crescimento contínuo de 9% a 10% anual foi obtido sem uma inflação excessiva. Com essa taxa de crescimento e uma população de cerca de um quinto do total mundial, a China atrai quantidades consideráveis de investimentos estrangeiros.

O revolucionário desenvolvimento econômico, iniciado por Deng Xiaoping (que, por sinal, não era economista) e continuado pelo então presidente Jiang Zemin, foi acompanhado por expectativas crescentes. Foi até 1992, quando foi declarada a meta da economia de mercado (embora de caráter socialista).

Em seu discurso traçador de rota em 12 de setembro de 1997, pronunciado diante do 15º Congresso do Partido, Jiang anunciou mudanças drásticas. Seu plano era tornar a maior parte das 305 mil companhias de propriedade estatal em empresas de participação acionária, que estariam abertas à concorrência internacional. Embora a questão da propriedade só tenha sido mencionada de maneira vaga, algumas empresas declararam a falência. Ao mesmo tempo, as companhias de propriedade estatal ainda produziam cerca de 40% da produção industrial; mas usavam a maior parte do capital disponível, restrito às empresas de propriedade privada, mais produtivas e flexíveis. Mas as mil empresas maiores ficaram sob o controle do governo, e a maioria teria de competir no mercado. Assim, o presidente Jiang teve de lutar com os dinossauros da indústria, da qual cem milhões de trabalhadores dependiam para sua sobrevivência.

Mesmo que o discurso de 1997 possa ter estabelecido a base para a direção futura da China, Jiang fez uma declaração ainda mais ousada na reunião do partido de 1º de julho de 2001, quando sugeriu que o partido deveria usar capitalistas para incrementar sua "influência e coesão".[2]

O plano era formar grandes corporações que operassem em mercados como a eletrônica de alta tecnologia, telecomunicações e petroquímicos. A China já é um importante exportador de aparelhos eletrodomésticos, confecção e diversos produtos de baixo custo. Para implementar o ambicioso plano, a China deve reduzir as tarifas sobre muitos bens para operar na Organização Mundial de Comércio. Xangai e Hong Kong podem tornar-se centros financeiros que rivalizam com os de Londres, Tóquio e Nova York.

1 "After Deng". *The Economist*, 22 de fevereiro de 1997, p. 15; "The long march to capitalism". *The Economist*, 13 de setembro de 1997, p. 12-26; "Greeting the dragon". *The Economist*, 25 de outubro de 1997, p. 15-16; "Shanghai Volkswagen". Harvard Business School, Caso 9-696-092, 23 de abril de 1996; *Multinational companies in China*. Hong Kong: Economist Intelligence Unit, 1997; "Taiwan and China: China learns to live with Chen". *The Economist*, 1º de dezembro de 2001, p. 39-40; "China learns the world's rules". *The World in 2001*. Londres: *The Economist*, 2001; Clifford, Mark L. et al. "Can two Chinas live together in the WTO?". *Business Week*, 19 de novembro de 2001, p. 56; World Trade Organization. Disponível em: http://www.wto.org; *China Online*. Disponível em: http://www.chinaonline.com/issues/wto/wto.asp; BBC Business News. Disponível em: http://news.bbc.co.uk/hi/english/business, acesso em 1º de janeiro de 2002.

2 "China's communists: business as unusual". *The Economist*, 6 de outubro de 2001, p. 43.

Entretanto, os ambiciosos planos vêm acompanhados do risco de um desemprego maciço, o que, por sua vez, poderia resultar em instabilidade política. Portanto, se muitas empresas fecharem durante o processo de transformação, os afetados deveriam ser atendidos. Devem ser tomadas medidas para ajudá-los a satisfazer suas necessidades médicas e de moradia, assim como pensões e benefícios que antes eram concedidos por seus patrões. Além de proporcionar uma rede de segurança social, os trabalhadores também precisam ser reciclados para as demandas criadas pela economia de mercado.

A China enfrenta perguntas difíceis sobre como proceder. Alguns políticos se aferram à filosofia comunista, outros promovem ideias ocidentais. O país tem muitos pontos fortes, mas também enfrenta muitos desafios. Entre os pontos fortes está a relativa abertura à reforma, avanços em tecnologia, a reunificação com Hong Kong, o progresso educativo por meio de associações com universidades ocidentais e o acesso à tecnologia moderna por meio de investimentos conjuntos. Muitas empresas transnacionais também se concentram no petróleo, gás, farmacêuticos, telecomunicações e uma variedade de serviços.

Em educação administrativa, o mestrado internacional de Pequim da Universidade de Pequim e a Escola de Negócios Internacional China Europa oferecem vários programas de administração, incluindo um MBA Executivo (mestrado em administração de negócios). Essas escolas introduzem os executivos nas teorias administrativas e nas habilidades práticas necessárias para integrar a economia chinesa à economia global.

Mas a China também enfrenta formidáveis desafios, como uma oposição política interna e a possibilidade de instabilidade social. A situação se agrava pela migração das pessoas para as já superpovoadas áreas urbanas, devastadas pela poluição e outros problemas urbanos. Ademais, a regulamentação governamental inconsistente poderia desmotivar o investimento estrangeiro.

Fora de suas fronteiras, a China tem grandes oportunidades. É uma força importante na região do oceano Pacífico. Também tem acesso à tecnologia ocidental, podendo assim ficar nivelada com os países desenvolvidos com rapidez. A avidez de empresas estrangeiras por ingressar no mercado permite aos chineses negociar condições favoráveis. Por outro lado, a China também enfrenta ameaças consideráveis do exterior. A redução de barreiras comerciais pode ajudar o país como um todo, mas afetará as empresas individuais, pois terão de concorrer com produtos de qualidade do estrangeiro.

Por isso, resumindo, a China tem força, não só para superar suas fraquezas, mas também para aproveitar suas oportunidades e fazer frente às ameaças. Os desafios são manter a economia em crescimento (embora a uma taxa inferior à da década de 1990) sem inflação e enfrentar as forças sociais que podem tornar-se inquietantes durante a transformação em um momento de expectativas crescentes. A relação com Taiwan continua sendo um problema que necessita ser resolvido. A China também precisa apresentar um clima político e legal livre de corrupção para atrair investidores estrangeiros e, assim, tornar-se uma força importante na comunidade global.[3]

Depois de 15 anos de negociações, a China se tornou membro da OMC. A assinatura do acordo de admissão na OMC em 11 de novembro de 2001, e sua ratificação um mês mais tarde como o membro de número 143 da OMC, certamente criará oportunidades e desafios (por exemplo, reduzirá de maneira drástica as barreiras para importar produtos agrícolas dos Estados Unidos) para a China, assim como para o presidente Hu Jintao, o sucessor de Jiang.[4]

A Figura C1-1 resume a posição competitiva da China, mostrando seus pontos fortes e fracos internos, assim como as oportunidades e ameaças externas de outros países. A figura também indica possíveis estratégias chinesas ao combinar os fatores internos e externos, mostrados como estratégias maxi-maxi (maximizar pontos fortes internos para aproveitar oportunidades externas), mini-maxi (minimizar pontos fracos e maximizar oportunidades), maxi-mini (maximizar pontos fortes e minimizar ameaças) e mini-mini (minimizar pontos fracos e ameaças). Essas estratégias de alternativa são impulsionadas pela cultura, propósitos e objetivos da China mostrados no primeiro quadro da figura.

As condições econômicas asiáticas também estão vinculadas à Europa; e uma das forças impulsoras na União Europeia é a indústria do automóvel, como mostramos no caso "O mercado de automóveis na nova Europa", no final desta parte.

---

3 "Corruption in China: rocking the boat". *The Economist*, 24 de novembro de 2001, p. 40.

4 World Trade Organization. Disponível em: http://www.wto.org, acesso em 1º de janeiro de 2002.

Cultura, valores, propósitos, objetivos do país etc.	Pontos fortes internos (S)	Pontos fracos internos (W)
• Ser um membro poderoso da comunidade internacional (Organização Mundial de Comércio, OMC) • Dirigir-se a uma economia de mercado • Melhorar o padrão de vida de sua população • Unificar uma cultura diversa • Aumentar o poder econômico e político	• Reformas governamentais agressivas • Capacidade de mudar regulamentações (intervenção governamental) • Posição de barganha forte com os investidores interessados • Mercado doméstico muito amplo • Pontos fortes crescentes em alta tecnologia, sem cabos e produtos eletrônicos • Custos baixos de mão-de-obra e ética confuciana (lealdade, dever etc.)	• Desemprego: risco de descontentamento trabalhista • Alto nível de pobreza • Brecha regional de desenvolvimento econômico • Falta de administradores capacitados • Incerteza política • Sistema legal deficiente; carência de amparo a direitos autorais ou a patentes • Empresas não rentáveis administradas pelo Estado
	• Amplos recursos naturais (carvão, aço, minério, petróleo etc.) • Crescimento elevado com baixa inflação • Notável melhoria nas condições socioeconômicas na última década (saúde, nutrição, qualidade de vida, educação) • Vantagem competitiva na produção têxtil, de bens de consumo, fabril, brinquedos e alta tecnologia • Estudantes que estudam fora • Membro da Organização Mundial de Comércio (OMC)	• Sem importação de recursos naturais, fornecimento de energia insuficiente • Sistema bancário obsoleto • Excesso de demanda de edifícios e residências caras • Variedade de dialetos que impedem a comunicação • Burocracia e corrupção excessivas • Inventário alto com tendências de deflação
Oportunidades externas (O)	**SO: maxi-maxi**	**WO: mini-maxi**
• Exportação de componentes industriais leves a custos altos, mercados de preços altos e atração de investidores estrangeiros • Desenvolvimentos tecnológicos demandam bens de baixo custo em países de ingresso alto e baixo • Zona da Ásia e Pacífico: relações tradicionais dessas economias; financiamento de Hong Kong, Cingapura e outros países ou regiões • Estados Unidos: a avidez por penetrar na economia chinesa permite às empresas desse país o acesso a seus mercados com muito pouca resistência; relações políticas melhoradas	• Atrai o investimento ao reduzir as barreiras comerciais e introduzir políticas claras de longo prazo • Política contínua de acordos comerciais com os Estados Unidos • Ampla presença ao longo da Ásia ao fortalecer as empresas grandes e mais competitivas do Estado • Protecionismo ao introduzir novas barreiras comerciais e regras sempre mutáveis • Exportar produtos para onde a China tem vantagem competitiva (eletrônica, brinquedos, sapatos, bijuteria, equipamentos de geração de energia, têxteis, aço e ferro)	• Melhorar a educação administrativa, ao estabelecer e promover vínculos contínuos com universidades ocidentais e oferecer mestrados nas universidades estatais • Oferecer uma rede social segura • Reformar o sistema legal e eliminar a corrupção; reforçar e estimular leis que protejam a propriedade intelectual • Apoiar a transição das empresas de propriedade estatal não rentáveis, para que sejam absorvidas por outras empresas estatais maiores, ou a privatização (modelo da Alemanha Oriental) • Incentivar o investimento estrangeiro direto nas regiões ocidentais menos desenvolvidas, para promover seu crescimento econômico e

FIGURA C1-1 Matriz SWOT da situação competitiva da China

(*continua*)

FIGURA C1-1 *(continuação)*

• União Europeia (UE): tem a mesma avidez que os Estados Unidos; a tradicional relação de Hong Kong com a economia dos Estados Unidos cria laços naturais com a China, em especial no mercado bancário • Ser membro da OMC permite à China um maior acesso aos mercados dos Estados Unidos, União Europeia e Japão		reduzir a emigração para cidades do leste • Arrecadar dinheiro de outros países da Ásia para reestruturação • Reduzir a burocracia e introduzir políticas que diminuam as restrições arbitrárias aos estrangeiros • Atrair companhias estrangeiras dispostas a compartilhar tecnologia
Ameaças externas (T)	**ST: maxi-mini**	**WT: mini-mini**
• Competência de exportação e investimento estrangeiro de outros países asiáticos de custos baixos • Dúvidas dos investidores estrangeiros pela incerteza política e legal • Restrições potenciais ao comércio de importação dos Estados Unidos e União Europeia	• Continuar o investimento em mercados de alta tecnologia • Tarifas mais reduzidas e outras barreiras ao livre comércio • Proporciona um sistema legal estável ao investimento estrangeiro • Tendência contínua para uma economia de mercado, por reformar as empresas de propriedade do Estado e por reduzir os subsídios governamentais • Considera investir nas economias de emergência • Considera desvalorizar a moeda como último recurso	• Cumpre com os requisitos da OMC para ser membro • Aumento das reformas sociais para reduzir a pobreza e melhorar a qualidade de vida dos trabalhadores

A matriz SWOT é descrita no Capítulo 5. Os autores agradecem a assistência de Chris Capistran, que coordenou a pesquisa. A informação se baseou no ensaio da próxima publicação de Weihrich, Heinz e Ma, Chunguan. "An analysis of a China's competitive environment with the TOWS matrix: an alternative to Porter's model"; Porter, Michael E. *The competitive advantage of nations.* Nova York: Free Press, 1990, p. 71; Weihrich, Heinz. "The TOWS matrix: a tool for situational analysis". Long Range Planning, 1982, p. 54-66; World Bank, China Country Brief, Washington, DC, 1998, p. 1; Roberts, Dexter e Clifford, Mark L. "The engine is misfiring". *BusinessWeek,* 1º de outubro de 2001, p. 80-81; "China opens up". *The Economist,* 20 de novembro de 1999, p. 17-18; "China's future: a dampened blaze". *The Economist,* 9 de março de 2002, p. 46-47; "Systemic corruption: something rotten in the State of China". *The Economist,* 16 de fevereiro de 2002, p. 37-38; "Corruption in China: rocking the boat". *The Economist,* 24 de novembro de 2001; "China's economy: East Asia's whirlwind hits the middle kingdom". *The Economist,* 14 de fevereiro de 1998, p. 37-39; Chen, Roger. "An analysis of China's economic development policies and prospects". *Business Economics,* julho de 1998, p. 29-34; "Chinese companies, Silicon Valley, PRC". *The Economist,* 27 de junho de 1998, p. 64-65. Também com informação emitida por International Data Company, 21 de janeiro de 2003; pelo Ministério de Informação Tecnológica da China, 21 de janeiro de 2003; e pelo Ministério de Cooperação Comercial e Econômica Estrangeira, 23 de janeiro de 2003; *"China in transition". Far Eastern Economic Review,* 29 de janeiro de 1998, p. 26; Mastel, Greg. *The rise of the Chinese economy.* Armonk, NY, M.E. Sharpe, 1997, p. 44; Starr, John Bryan. *Understanding China.* Nova York: Hill and Wang, 1997, p. 61; U.S. Census Bureau, Foreign Trade Division, Data Dissemination Branch. Disponível em: http://www.census.gov/foreign-trade, acesso em 22 de maio de 2002; "Bush's Asian challenge". *The Economist,* 17 de março de 2002, p. 13-14; "China, America and Japan". *The Economist,* 17 de março de 2001, p. 21-23; "Crashing to Earth". *The Economist,* 7 de abril de 2002, p. 29; "China complains to WTO". *Far Eastern Economic Review,* 4 de abril de 2002; Gelb, Catherine. "Are you ready?". *China Business Review,* janeiro-fevereiro de 2002. Disponível em: http://www.BIMBA.edu.cn, acesso em 9 de março de 2003; "Cars in China: leave it to the locals". *The Economist,* 13 de abril de 2002, p. 60-61.

Enfoque empresarial

O Vale do Silício e o ambiente da administração empresarial

O Vale do Silício foi reconhecido em todo o mundo como o epicentro de inovação da tecnologia e investimentos de capital de investimento conjunto. O desenvolvimento histórico e a cultura resultante do Vale do Silício levaram à formação de um ambiente empresarial ideal, uma criação de negócios de "ecossistema", como é chamado às vezes. Esse ambiente empresarial levou à criação de empresas que mudaram a face do mundo (por exemplo, Intel, Yahoo, Apple,

Google e outros). Que fatores levaram ao desenvolvimento dessa nova criação de investimento conhecido como ecossistema no Vale do Silício? Quais técnicas de administração empresarial desenvolvidas lá podem ser aplicadas a outras organizações que quisessem ser mais ágeis e inovadoras? Essas perguntas deveriam ser consideradas por aqueles que querem aprender a administrar de maneira mais empresarial.

Vários elementos-chave coincidiram no Vale do Silício que ajudaram a torná-lo padrão mundial em inovação e administração empresarial.[5] Esses fatores incluem o desenvolvimento histórico e cultural da região; o resultante ecossistema de atividades relacionadas de serviço e suporte; redes-chave históricas de produção, talento e recursos do oceano Pacífico; excelentes universidades que focam a pesquisa científica e de negócios e, possivelmente, o mais decisivo: fontes de recursos localizadas, com imensos recursos para novos negócios na forma de capital de investimento. Cada um deles será examinado a seguir.

A cultura empresarial do Vale do Silício foi crucial para seu surgimento como o berço ardente da inovação que influencia o mundo.[6] Uma história de sucesso com companhias inovadoras (como Hewlett-Packard e Apple) ajudou a promover uma cultura de confiança no lançamento de novos projetos. Ao redor desse sucesso, surgiu um ecossistema de indústrias de suporte que promove o desenvolvimento de empresas de início de elevado crescimento. Escritórios de contabilidade e de advocacia de prestígio próximos à área da baía, com frequência, representam companhias iniciantes, que podem ter diante delas um grande futuro. Na maioria dos centros de negócios do mundo não é esse o caso, pois as grandes empresas de serviços tendem a representar companhias grandes e bem estabelecidas. Essa cultura de assumir riscos para apoiar um novo negócio, que bem poderia ser o novo Yahoo (ou um fracasso), ajuda a proporcionar a infraestrutura necessária para apoiar a tecnologia de inovação e crescimento de negócios. Esta capacidade de assumir riscos também se estende a gerentes profissionais em todo o vale. Fazer parte de uma companhia de recente fundação fracassada não é considerado necessariamente como uma desvantagem para a carreira de um gerente no Vale do Silício. Pelo contrário, pode ser considerado uma grande aprendizagem e experiência que o gerente pode levar consigo para a próxima companhia.[7] Ademais, a concessão de opções de compra de ações é uma parte importante da remuneração e tende a incentivar os gerentes a correr o risco com companhias iniciantes.

As redes de desenvolvimento, produção, distribuição e talento do oceano Pacífico permitem um sistema integrado e eficiente de inovação e criação de produtos. Muitas companhias de projeto de circuitos integrados se estabelecem no vale para realizar o projeto em si; então terceirizam a produção de seus chips em Taiwan ou Malásia, com distribuição feita por meio de redes cooperativas e competitivas por todo o mundo. Esse eficiente desenvolvimento e infraestrutura de manufatura permitem o surgimento de várias pequenas empresas de projeto que trazem diferentes modelos de pensamento a um sistema de produção flexível. O resultado para muitas dessas empresas de tecnologia da informação empresarial é de classe mundial, levando seus produtos ao mercado em tempo recorde.

Outros fatores, como uma rede de universidades dedicadas à pesquisa e o desenvolvimento em ciência e engenharia (por exemplo, a Universidade de Stanford e a Universidade da Califórnia em Berkeley) e negócios (como a Universidade de São Francisco), proporcionam a matéria-prima em tecnologia e capital humano formado necessários para impulsionar empresas locais de alto crescimento.

O capital de investimento é possivelmente o elemento mais difícil de duplicar em outra parte por causa de seu tamanho e disponibilidade, pois tende a estar ligado à localização das empresas de capital de investimento (CI).[8] Os compromissos com o CI dos Estados Unidos cresceram de US$ 18,7 bilhões em 2004 para US$ 22,2 bilhões em 2005.[9] As empresas de capital de investimento no Vale do Silício e a área da baía de São Francisco representam mais

---

5 Ver também Winslow, Ward e McLaughlin, John. *The making of Silicon Valley: a 100 year renaissance.* Santa Clara Valley Historical Foundation, 1996, para uma perspectiva histórica sobre o desenvolvimento da região.

6 Ver também Sherwin, Elton Jr. *The Silicon Valley way.* 2ª ed. Prima Lifestyles, 2000, para uma discussão sobre a cultura empresarial do Vale do Silício.

7 Embora aprender com o fracasso seja aceitável, excesso de fracassos poderia pôr em dúvida a capacidade de julgamento do gerente.

8 Os capitalistas de investimento desempenham um papel ativo nas companhias do portfolio que financiam; portanto, tendem a investir primordialmente em empresas que estão em locais fáceis para assistir a reuniões de conselho e outros eventos.

9 PricewaterhouseCoopers/National Venture Capital Association MoneyTree Report Investments by Region Q1–Q2 2006.

de um terço desse investimento.[10] Por que isso é importante? O capital de investimento (CI) financia novos negócios de alto potencial e alto risco, que os bancos e outras fontes de financiamento de negócios tradicionais simplesmente não podem atender. As empresas de CI do Vale do Silício, em particular, tendem a concentrar-se em financiar empresas de alta tecnologia (focadas em software, arquitetura da comunicação, ciência da vida, energia ou materiais). Nesses mercados de alta tecnologia, existe um risco adicional de desenvolvimento do produto. Frequentemente, é questionável se o tempo e o financiamento dedicados à pesquisa e desenvolvimento levarão a um produto que dê certo.

Também deve ser considerado o risco adicional da aceitação do produto, ou quanto a ser o primeiro no mercado. As empresas de capital de investimento têm experiência em avaliar e financiar as companhias que assumem esses riscos. Por financiar negócios nesses empréstimos desafiadores, as empresas de CI esperam rendimentos das empresas em que investem da ordem de 40% a 50% ao ano. Esses altos rendimentos das empresas do portfolio de CI bem-sucedidas são necessários, pois outras companhias de seu portfolio fracassarão por completo e todo o investimento do CI se perderá. Por exemplo, um investimento bem-sucedido na próxima Yahoo ou Google compensará os investimentos em um grupo de empresas fracassadas. Essa fácil disponibilidade de financiamento para investimento permite o financiamento dessas empresas no Vale do Silício, que talvez não seriam financiadas em quase nenhuma outra parte do globo.[11] Os gerentes empresariais devem compreender o processo do capital de investimento para tratar esse entorno com eficácia.

O efeito local do capital de investimento é inegável. Em 2003, só na Califórnia, 2 milhões 479 mil pessoas foram contratadas por empresas financiadas por investimento. Isso é aproximadamente três vezes o emprego de empresas de CI do Texas, o estado mais próximo.[12] As empresas respaldadas pelo CI também tendem a superar o desempenho de companhias sem respaldo de CI em termos de vendas e crescimento de empregos.[13] De novo, as empresas com CI tenderam a investir localmente, pois desempenham um papel ativo nas companhias que respaldam. Essa tendência histórica em manter-se na região reforça o valor de uma vantagem comparativa regional em inovação tecnológica.[14]

A grande disponibilidade de capital de investimento para as empresas no Vale do Silício claramente apresenta oportunidades para a região. Liderar uma empresa respaldada pelo CI também requer habilidades administrativas únicas, pois essas empresas se orgulham de ser não só uma fonte de capital para as companhias de seu portfolio, mas também uma fonte crítica de assessoria estratégica, contatos industriais e capital intelectual. O sócio administrativo de uma empresa de CI que dirigiu o financiamento de uma companhia de portfolio específica frequentemente também ocupa um cargo no conselho diretor da jovem empresa e exerce um controle importante no futuro da organização. O gerente da companhia respaldada com capital de investimento deve estar consciente das regras do CI e administrar com eficácia nesse contexto.

Os capitalistas de investimento têm opiniões definitivas sobre a importância das equipes administrativas das companhias que financiam. No relatório do segundo trimestre de 2006 do Índice de Confiança de Capital de Investimento do Vale do Silício da Universidade de São Francisco, Robert Troy, da Geneva Venture Capital, afirmou: "O cenário está preparado para o auge de maturidade esperado no mercado de alta tecnologia. É evidente que empresários experientes que aprenderam com os erros do passado recente, com os correspondentes paradigmas, podem servir melhor a seus clientes com maior valor agregado e interessantes modelos de negócios... A área da baía é mais do que nunca a Meca da alta tecnologia, graças à extraordinária fonte de talento". No mesmo relatório, Charles Beeler, da Dourado Ventures, declarou: "Continuamos visualizando oportunidades de investimento muito atrativas, tratadas por fortes equipes administrativas de primeira linha. Esse é o tipo de pessoas que podem tornar boas oportunidades em grandes resultados e se ajustarão ao mercado conforme seja necessário para ter sucesso". Em um relatório 2005 USF VC Index, Debra R. Guerin, da Invencor, comentou: "O espírito empreendedor esteve presente desde o homem das cavernas. Nunca cessará, pois já

---

10 PricewaterhouseCoopers/National Venture Capital Association MoneyTree Report Investments by Region Q1–Q2 2006.

11 Existem outros centros de capital na Nova Inglaterra, Nova York, Texas, Carolina do Norte e outros, mas esses centros são muito menores.

12 Venture Impact 2004 – *Venture Capital Benefits to the US Economy*, 2004, Global Insight, National Venture Capital Association.

13 Venture Impact 2004 – *Venture Capital Benefits to the US Economy*, 2004, Global Insight, National Venture Capital Association.

14 Um estudo de 2006 sobre tendências globais no capital de investimento da Deloitte e Touché indica uma mudança gradual de cerca da metade das empresas de investimento, que agora consideram o investimento internacionalmente. O principal estava na China e na Índia.

faz parte da natureza humana. É mais penetrante (embora não exclusivo) no Vale do Silício, já que a infraestrutura aqui promove a inovação e proporciona a disciplina necessária para transformar a tecnologia em projetos comerciais".[15]

Esses fatores regionais de inovação e vantagem empresarial não foram igualados por completo em outra parte até a presente data. Quais técnicas de administração empresarial bem-sucedidas podem ser aprendidas do exemplo do Vale do Silício? Como os gerentes podem liderar melhor e fazer crescer as empresas de maneira inovadora e empresarial? Os gerentes que estão fora do Vale do Silício podem aproveitar esse ecossistema de inovação e oportunidade como um mercado potencial ou uma aliança? Os seguintes capítulos apresentam um contexto para aproveitar melhor o poder empresarial do Vale do Silício para estudantes de administração em seu próprio contexto nacional e regional. A difusão global do capital de investimento do vale provocou uma nova onda de oportunidades empresariais para gerentes afinados com o entorno. Redes de capital, talento, tecnologia e paixão empresarial unem gerentes que pensam em todo o globo. Compreender o processo empresarial para promover essas relações para o desenvolvimento de companhias e regiões é responsabilidade dos gerentes de cada organização. Como administrar empresarialmente e com sucesso? Essas são as duas perguntas-chave tratadas no texto.

Caso da indústria automobilística global

O mercado de automóveis na nova Europa[16]

O mercado de automóveis europeu estava em uma encruzilhada e a União Europeia (UE) era o motivo. Certos países europeus, em especial a Itália e França, tinham seu mercado de carros protegido contra os automóveis japoneses. A pergunta é: como as disposições de 1992 da Comunidade Europeia (CE), que exigem a eliminação de barreiras comerciais, afetarão os fabricantes de automóveis europeus?

No final da década de 1980, os fabricantes europeus tinham vendas excelentes. O Fiat italiano, o Peugeot Citroen francês e o alemão Volkswagen vendiam bem na Europa, o maior mercado do mundo. Mas, na década de 1990, as vendas de carros caíram. Na classe de luxo, Mercedes e BMW mantinham uma forte posição de mercado. Entretanto, ambas as empresas estão sendo desafiadas pelos modelos japoneses de alto nível, como o Infinity, da Nissan, e o Lexus, da Toyota. Os fabricantes de automóveis alemães pouco podem argumentar a favor das restrições às importações japonesas, a menos que estejam dispostos a arriscar restrições dos japoneses, que desfrutam do luxo de conduzir carros BMW e Mercedes em seu próprio país.

Mas outros fabricantes pediam diante da Comissão da UE a transição indefinida dos regulamentos da CE de 1992. A Itália havia estabelecido as barreiras mais estritas para as importações japonesas, limitando-as a 1% do mercado italiano. De igual modo, a França limitou as importações de veículos japoneses a 3% do mercado total. No fim da década de 1980, os fabricantes italianos Alfa Romeo, Fiat e Lancia registravam 60% do mercado doméstico; e Peugeot e Renault da França tinham mais de 60% do mercado francês. Outros países da UE, diferentes da Itália e França, são menos restritivos com respeito à importação de automóveis japoneses. A eliminação de todas as barreiras comerciais incremen-

15 Ver o volume completo das publicações da University of San Francisco Silicon Venture Capitalist Confidence Index Reports. Disponível em: http://www.EntrepreneurshipProgram.org.

16 Melcher, Richard E. "Ford is ready to roll in the new Europe". *Business Week*, 12 de dezembro de 1988, p. 60; Lublin, Joann S. "Toyota's plan to build cars in Europe adds to pressures in competitive market". *Wall Street Journal*, 30 de janeiro de 1989; Peterson, Thane e Borrus, Amy. "Japanese carmakers flash their cash at the EC". *BusinessWeek*, 13 de fevereiro de 1989, p. 43-46; Bonine, Keir B. "Europe's carmakers gear up for 1992". *Europe*, outubro de 1989, p. 30-32; Rapoport, Carla. "Mazda's bold new global strategy". *Fortune*, 17 de dezembro de 1990, p. 109-113; Taylor III, Alex. "BMW and Mercedes make their move". *Fortune*, 12 de agosto de 1991, p. 56-63; "Europe's great car war". *The Economist*, 8 de março de 1997, p. 69-70; "Driven to distraction: reform of the European car market is overdue". *The Economist*, 1º de dezembro de 2001, encarte p. 14; Taylor III, Alex. "Speed! Power! Status!". *Fortune*, 10 de junho de 1996, p. 46-58; Zesiger, Sue. "German supercars and me: a test drive, a love story". ibid., p. 60-61; "Fiat falters: nibbling the bullet". *The Economist*, 15 de dezembro de 2001, p. 53; "Automotive industry". Comissão Europeia. Disponível em: http://europa.eu.int/comm/enterprise/automotive/pagesbackground/sectoralanalysis/index.htm, acesso em 15 de janeiro de 2002.

taria a participação japonesa do mercado de automóveis, que esteve protegido por diversas barreiras comerciais encobertas e descobertas.

Não há acordo sobre quais companhias se beneficiariam mais de um mercado livre. Alguns acreditavam que a Fiat, Peugeot Citroen e Volkswagen seriam os que mais ganhariam, outros sugeriram que a Ford, General Motors e Volkswagen seriam os ganhadores. Na verdade, a Ford pode estar em uma posição única. Há vários anos, a companhia começou a integrar suas 22 fábricas nos diversos países da CE em uma verdadeira empresa europeia. Por sua vez, essa rede integrada poderia resultar em crescente produtividade e tem o potencial de fazer competitivos os carros da Ford. Entretanto, em 1996, a Ford, Peugeot Citroen, Renault (da qual 45% é propriedade do Estado) e Fiat tinham posições fracas na Europa, tendo a Volkswagen (17,3% de participação do mercado) e a General Motors (12,6%) como líderes do mercado.

Para compreender o mercado automobilístico europeu no século XXI, devemos reconhecer sua capacidade excessiva. O mercado europeu mostra uma feroz concorrência entre companhias como a Volkswagen, BMW, DaimlerChrysler, General Motors, Ford, Peugeot Citroen e Renault. Tanto é que a Volkswagen liderava o mercado de automóveis para passageiros com quase 19% das vendas em 2001, enquanto General Motors, Ford e Renault tinham dificuldades. Um fator-chave na competitividade restante é encurtar o ciclo de desenvolvimento do produto.[17] A média da indústria é cerca de quatro anos; aumentar o ciclo pode resultar em perda de participação de mercado. Entretanto, desenvolver novos produtos pode ser muito caro. A Volkswagen superou esse problema compartilhando plataformas em vários modelos. A Ford parece ter aprendido com a experiência da Volkswagen, como se vê em uma versão posterior do Mondeo. A Fiat, que perdeu participação de mercado até na Itália, supera o problema de novo produto/custo com uma nova tecnologia de produção chamada "tecnologia de marco espacial", que permite que um modelo seja mais estreito ou mais largo, mais curto ou mais longo, sem exigir fortes investimentos no desenvolvimento de novos produtos. A meta é assegurar um fluxo de novos produtos a custos razoáveis. Novos modelos ajudaram a Peugeot Citroen a melhorar sua participação de mercado de 11% para 14%. A feroz concorrência entre os fabricantes de automóveis europeus enfrenta agora a ameaça das empresas japonesas.

Por tradição, os automóveis japoneses vendidos na Europa são importados do Japão. Não obstante, preocupados com as barreiras da UE, os fabricantes de carros japoneses estão se posicionando para fugir das restrições às importações e outras barreiras indiretas, como os requisitos de conteúdo local. A Toyota, por exemplo, está estabelecendo uma montadora na Grã-Bretanha, mas está preocupada com o requisito de 80% de componentes europeus. A Honda esteve construindo uma fábrica em Swindon, Inglaterra, que por sua vez poderia incrementar a participação de mercado europeu da Honda. A Nissan é ainda mais ambiciosa: vem montando carros em uma fábrica ao norte da Inglaterra desde 1986.

A Mazda, que é a quarta maior empresa automobilística no Japão, está formulando uma estratégia global por meio de alianças em todo o mundo. A cooperação é especialmente forte com a Ford, que é proprietária de uma parte considerável da Mazda. De fato, muitos automóveis de marca Ford são fabricados pela Mazda. A Mazda também tem vínculos com a companhia japonesa Suzuki e com a francesa Peugeot Citroen. Enquanto isso, está em busca de outros sócios europeus.

Para os fabricantes de automóveis japoneses, será mais difícil penetrar no mercado da Europa que no dos Estados Unidos. Lee Iacocca, o ex-diretor executivo da Chrysler, declarou em uma entrevista: "A Europa aprendeu com a experiência nos Estados Unidos. Não permitirão que os japoneses façam o que fizeram aqui, obter quase 35% do mercado em uma década. Haverá concorrência, mas será honesta".[18]

---

17 "The European car industry: the art of overtaking". *The Economist*, 8 de setembro de 2001, p. 68. Ver também Volkswagenwerk in Germany. Disponível em: http://www.volkswagen.de/home/index_.htm. Renault. Disponível em: http://www.renault.com/gb/accueil.html, acesso em 12 de janeiro de 2002.

18 Morrow, David J. "Iacocca talks on what ails Detroit". *Fortune*, 12 de fevereiro de 1990, p. 72.

Como resultado, o Japão não esgotou sua cota de 1995 e, em consequência, aceitou um corte de sua cota de 1,071 milhão de veículos em 1995 para 1,066 em 1996. Essa redução foi negociada em Tóquio durante consultas regulares no início de 1996. Embora um funcionário do ministério japonês para comércio e indústria internacional tivesse afirmado que a cota reduzida não seria uma carga para as exportações do Japão, Jacques Calvet, chefe do grupo Peugeot Citroen, da França, aproveitou de novo a oportunidade para exigir uma ampliação indefinida do sistema de cotas de cinco anos, programado para concluir em 1999. Também queria a ampliação das cotas em veículos japoneses, para incluir os automóveis feitos por fabricantes japoneses na União Europeia.

Além da concorrência do Japão, os carros importados da Coreia do Sul, como Hyundai e Daewoo (alguns dos quais estão sendo feitos na Polônia), apresentam uma nova ameaça para a indústria automobilística europeia.

Perguntas

1. Quais seriam os argumentos de políticas da UE para abrir o mercado de automóveis europeus?
2. Se você fosse um representante italiano ou francês, como argumentaria diante da Comissão da UE em busca de regras especiais que restringissem as importações japonesas para a Itália ou França?
3. Como representante da França, quais regras ou políticas especiais gostaria de ter para proteger seu mercado doméstico?
4. Qual seria sua posição diante da Comissão da UE se você fosse um representante da Grã-Bretanha, onde muitas empresas japonesas têm feito fortes investimentos?
5. Como representante da Alemanha, que posição assumiria diante da Comissão da UE?
6. De que modo apresentaria seu caso como representante da indústria automobilística japonesa?

Sugestão para um exercício com desempenho de papéis. Imagine uma reunião da Comissão da UE em Bruxelas, em que cada país apresenta sua preocupação. Os seguintes papéis podem ser atribuídos: o comissionado da UE dirige a reunião e apresenta as metas da União Europeia. Os representantes do país e os dos automóveis da Alemanha, Grã-Bretanha, França e Itália apresentam suas posições. Também deverá ser convidado um representante do Japão, para que participe da discussão.

2

Parte

Planejamento

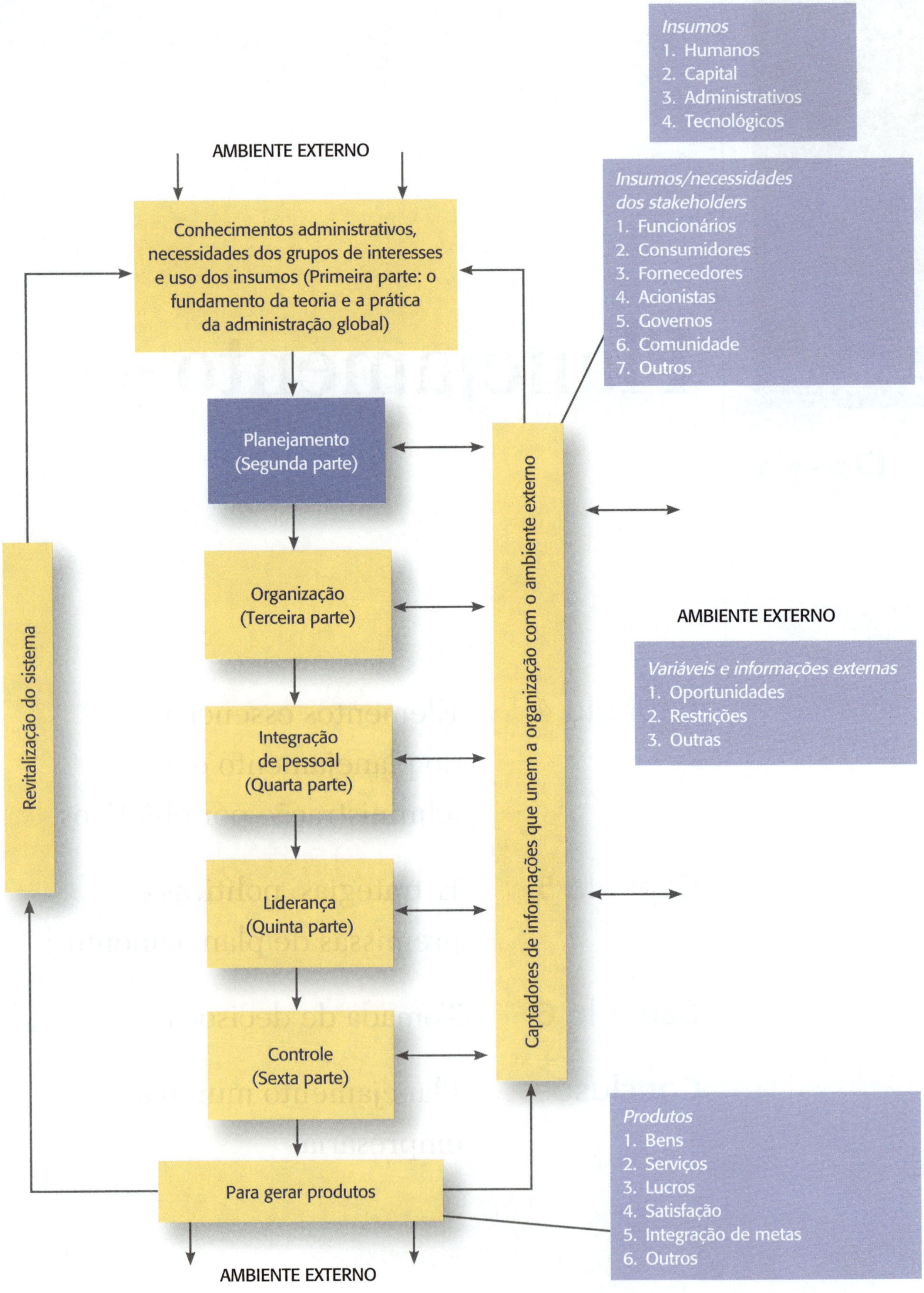

AMBIENTE EXTERNO
Conhecimentos administrativos, necessidades dos grupos de interesses e uso dos insumos (Primeira parte: o fundamento da teoria e a prática da administração global)
Planejamento (Segunda parte)
Organização (Terceira parte)
Integração de pessoal (Quarta parte)
Liderança (Quinta parte)
Controle (Sexta parte)
Para gerar produtos
AMBIENTE EXTERNO
Revitalização do sistema
Captadores de informações que unem a organização com o ambiente externo
Insumos
1. Humanos
2. Capital
3. Administrativos
4. Tecnológicos
Insumos/necessidades dos stakeholders
1. Funcionários
2. Consumidores
3. Fornecedores
4. Acionistas
5. Governos
6. Comunidade
7. Outros
AMBIENTE EXTERNO
Variáveis e informações externas
1. Oportunidades
2. Restrições
3. Outras
Produtos
1. Bens
2. Serviços
3. Lucros
4. Satisfação
5. Integração de metas
6. Outros

4

Capítulo

Elementos essenciais do planejamento e da administração por objetivos

Objetivos de aprendizagem

Depois de estudar o capítulo, você deverá ser capaz de:

1. Compreender o que é o planejamento administrativo e por que é importante.
2. Identificar e analisar os diversos tipos de planos e mostrar como se relacionam entre si.
3. Enumerar e discutir os passos lógicos do planejamento e ver eles como são, em essência, um enfoque racional para o estabelecimento de objetivos, assim como selecionar os meios para alcançá-los.
4. Explicar a natureza dos objetivos.
5. Descrever como é possível estabelecer objetivos comparáveis para diferentes situações.
6. Enumerar os conceitos em evolução da administração por objetivos (APO).
7. Compreender o modelo do enfoque sistêmico para a APO.
8. Descrever os benefícios da APO.
9. Identificar os pontos fracos da APO e sugerir formas de superá-los.

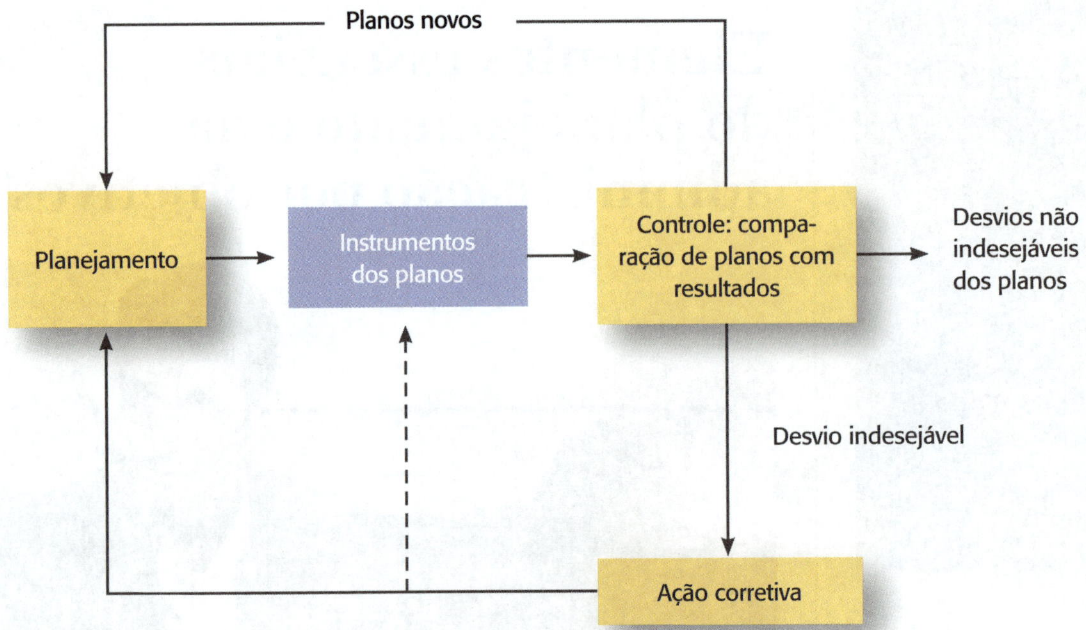

FIGURA 4.1 Relações entre planejamento e controle

Agora você está familiarizado com os conceitos básicos da teoria da administração e tem as bases para a compreensão das cinco funções administrativas essenciais: planejamento, organização, integração de pessoal, liderança e controle. Na segunda parte do livro, analisaremos o planejamento.

Ao criar um ambiente para o desempenho eficaz e funcional dos indivíduos que trabalham em grupo, a tarefa principal de um administrador é assegurar que todos compreendam o projeto a ser realizado e os objetivos do grupo, assim como os métodos para alcançá-los. Se o esforço do grupo estiver dirigido para a eficácia, as pessoas devem saber o que se espera que cumpram. Essa é a função do planejamento, a mais básica de todas as funções gerenciais. O **planejamento** inclui selecionar projetos e objetivos e decidir sobre as ações necessárias para obtê-los; exige a tomada de decisões, isto é, escolher uma ação entre várias alternativas. Assim, os planos proporcionam um enfoque racional para alcançar objetivos pré-selecionados. O planejamento também envolve com força a inovação gerencial, como analisaremos no Capítulo 6. O planejamento cobre o espaço entre onde estamos e para onde queremos ir. Também é importante indicar que o planejamento e o controle são inseparáveis; são os gêmeos siameses da administração (ver a Figura 4.1). Qualquer tentativa de controle sem um bom planejamento não tem sentido, pois não há uma forma de as pessoas saberem se estão indo na direção que querem (o resultado da tarefa do controle), a menos que antes estejam seguras de onde querem ir (parte da tarefa de planejamento). Dessa maneira, os planos incluem os padrões de controle.

Planejamento

Selecionar projetos e objetivos, assim como as ações para obtê-los, o que exige a tomada de decisões, isto é, escolher uma ação dentre várias alternativas.

Tipos de planos

Os planos podem ser classificados como: 1) projetos ou propósitos; 2) objetivos ou metas; 3) estratégias; 4) políticas; 5) procedimentos; 6) regras; 7) programas e 8) pressupostos.

As missões e os propósitos[1]

A **missão** ou **propósito** (os termos são utilizados indistintamente nesta obra)[2] identifica o propósito básico da organização, a função ou tarefas de uma empresa, departamento ou qualquer parte delas. Todo tipo de operação organizada tem, ou deveria ter, se fizer sentido, uma missão ou um propósito. Em cada sistema social, as empresas devem realizar uma função básica ou tarefa que é atribuída pela sociedade. Por exemplo, a missão de uma empresa em geral é a produção e a distribuição de bens e serviços. A missão de uma repartição estatal de estradas é o projeto, construção e operação de um sistema de estradas estatais; a missão dos tribunais é a interpretação das leis e sua aplicação; a missão de uma universidade é ensinar, pesquisar e proporcionar serviços à comunidade.

Missão ou **propósito**
É o propósito básico, a função ou as tarefas de uma empresa, departamento ou qualquer parte delas.

Perspectiva internacional

Missão da empresa Crédito Afianzador

Devido à importância cada vez maior que as empresas dão para enunciar e difundir sua missão, consideramos interessante descrever a missão desenvolvida pela empresa Crédito Afianzador:

- Ser a empresa líder na prestação de serviços de fiança, para garantir com solidez o cumprimento das obrigações entre particulares ou deles com o governo, merecendo sempre a confiança plena de colaboradores, acionistas, intermediários e clientes.
- Satisfazer as necessidades de nossos clientes por meio de uma administração profissional, com produtos de qualidade e serviços necessários; oferecer assessoria, oportunidades de desenvolvimento, respeito e justa retribuição a nossos intermediários; cuidar e incrementar o capital investido dos acionistas; fomentar um clima organizacional democrático, de confiança e de desenvolvimento entre nossos colaboradores, participando do desenvolvimento de nosso país.

Observa-se que a Crédito Afianzador define sua missão ou tarefa básica a partir da obtenção de um desempenho excelente, capaz de satisfazer as necessidades dos clientes e de retribuir a confiança que os acionistas depositaram nos administradores; pretende alcançá-la apoiando-se na administração e na qualidade de seus produtos e serviços como elementos essenciais. Deve-se destacar ainda que a empresa dá grande importância à cadeia de intermediação utilizada para chegar aos clientes, considerando também a importância das condições de trabalho (como um clima organizacional democrático e confiável) mais propícias para um bom desempenho e o desenvolvimento dos trabalhadores, a quem considera como colaboradores.

Nesse enunciado de missão se descreve o propósito básico que, da perspectiva da empresa, dá sentido à sua própria existência, sublinhando ao mesmo tempo como deve obtê-lo e o papel que corresponde a cada um dos que vão participar da busca do cumprimento do propósito básico. Uma declaração de missão como essa indica claramente as áreas de prioridade para a empresa, dando aos administradores um marco geral para definir os objetivos concretos desejáveis e que deverão ser alcançados em cada área, que, por sua vez, podem servir de base para desenvolver os planos de ação.

---

1 Com frequência o termo é mencionado em relação ao tema da missão de uma empresa. Os livros mais populares de administração analisam os conceitos como o estabelecimento de metas, administração de equipes e administração focada no futuro em relação à análise de visão.

2 Um estudo recente não encontrou um acordo entre executivos sobre o significado de visão. Entretanto, foram identificados sete fatores na estrutura e conteúdo de declarações de visão. Trata-se de “formulação, implantação, realismo inovador, geral, grau de detalhe, propensão ao risco e orientação para os lucros”.

Perspectiva

Desenvolvimento de declarações de missão

A filosofia e a visão de uma organização se expressam em uma declaração de missão, que basicamente consiste em desenvolver os seguintes pontos:

- Valores essenciais;
- Âmbito geográfico;
- Direção;
- Relações com quem participa dela;
- Visão do futuro (frequentemente, com base na missão histórica).

Os passos para o desenvolvimento de uma declaração de missão (embora possam variar) são os seguintes:

- Avaliação do perfil passado e presente da empresa;
- Contribuições dos participantes da empresa a respeito da direção futura;
- Consenso das necessidades opostas dos grupos de interesses (acionistas, credores, administradores, funcionários e comunidade, por exemplo);
- Elaboração da declaração da missão que descreva a direção geral da organização, seus valores e filosofia, seu âmbito geográfico e sua contribuição para a sociedade;
- Discussão da declaração de missão com os grupos de interesses, administradores e funcionários, e realização dos ajustes necessários;
- Comunicação da declaração de missão a todos os que devam conhecê-la e exposição de suas repercussões para a direção estratégica da organização, seus objetivos organizacionais específicos e, inclusive, as metas e objetivos específicos de cada unidade organizacional.

Mesmo que nós não o façamos, alguns autores distinguem missão de propósito. Por exemplo, embora uma empresa possa ter o propósito social de produzir e distribuir bens e serviços, pode consegui-lo cumprindo a missão de produzir determinadas linhas de produtos. A missão de uma companhia petroleira, como a Exxon, é buscar petróleo e também produzir, refinar e comercializar o petróleo e seus derivados, de combustível diesel a químicos. A missão da Du Pont foi expressa como "melhores coisas por meio da química" e a Kimberly-Clark (notável por sua marca registrada Kleenex) considera missão da empresa a produção e venda de papel e produtos de papel. Na década de 1960, a missão da National Aeronautics Space Administration (Nasa) era a de levar uma pessoa à Lua antes que os russos. É verdade que em alguns negócios e em outras empresas propósito e missão frequentemente se confundem. Por exemplo, muitos conglomerados consideram sua missão como **sinergia**,[3] obtida mediante a combinação de várias companhias.

http://www.exxon.com
http://www.dupont.com
http://www.kimberly-clark.com
http://www.nasa.gov

Sinergia
O todo é maior do que suas partes.

Objetivos ou metas

Objetivos ou **metas**
Os fins para os quais a atividade está voltada.

Objetivos ou **metas** (os termos são usados indistintamente nesta obra) são os fins para os quais é dirigida a atividade. Representam não só o ponto final do planejamento,

[3] O conceito de sinergia pode ser expresso simplesmente como uma situação em que 2 mais 2 é igual a 5, ou em que o todo é maior que a soma de suas partes.

mas o fim para o qual a organização, a integração de pessoal, a liderança e o controle estão voltados. A natureza dos objetivos e a administração por objetivos serão analisadas com mais detalhes mais adiante neste capítulo.

Estratégias

Durante anos, os militares usaram a palavra "estratégias" para referir-se aos planos elaborados sobre o que se acreditava que um inimigo poderia fazer ou não. Embora o termo tenha um sentido competitivo, os gerentes o usam cada vez mais para refletir áreas amplas do funcionamento de uma empresa. Neste livro, **estratégia** se define como a maneira de determinar os objetivos básicos de longo prazo dentro de uma empresa e a implementação de rotas de ação e atribuição dos recursos necessários para alcançar essas metas.

Estratégia
Determinação dos objetivos básicos de longo prazo de uma empresa e a implementação de rotas de ação e atribuição dos recursos necessários para alcançar essas metas.

Políticas

As **políticas** também poderiam ser planos, pois são declarações ou entendimentos gerais que guiam ou canalizam o pensamento na tomada de decisões. Nem todas as políticas são "declarações"; frequentemente só estão implícitas nas ações dos gerentes. Por

Políticas
Declarações ou entendimentos gerais que guiam ou canalizam o pensamento na tomada de decisões.

Perspectiva empresarial

Políticas de liderança no mercado[4]

Michael Treacy e Fred Wiersema sugerem que os líderes de mercado devam destacar-se em pelo menos uma das três áreas: 1) liderança operacional; 2) liderança do produto e 3) proximidade com o cliente. Geralmente, companhias não sobressaem nas três áreas. A *excelência operacional* significa proporcionar um bom produto ou serviço a baixo custo. Por exemplo, a loja Costco tem uma seleção limitada de produtos, mas de baixo custo, devido à sua eficácia e eficiência operacional. Do mesmo modo, a Southwest Airlines oferece voos sem luxos por tarifas baixas. A *liderança no produto* pode ser ilustrada por companhias que desenvolvem um fluxo de novos produtos com maior rapidez que seus concorrentes. Por exemplo, a Apple, Inc. com frequência desenvolve computadores pessoais e produtos eletrônicos menores e mais amigáveis para o consumidor do que a concorrência. O iPod e o iTunes da Apple revolucionaram a forma de adquirir e reproduzir a música; e seu novo iPhone pode fazer o mesmo no mercado dos telefones celulares. A proximidade com o cliente exige estar perto deles e aprender sobre suas metas e necessidades. Assim, toda companhia visa a atender seus clientes, como ilustra a relação estreita que existe entre as empresas de encomendas expressas, como a DHL, FedEx e UPS e seus clientes.

http://www.costco.com
http://www.iflyswa.com
http://www.apple.com
http://www.DHL.com
http://www.FedEx.com
http://www.UPS.com

[4] Treacy, M. e Wiersema, F. *The discipline of market leaders: choose your customers, narrow your focus, dominate the market*. Nova York: Addison-Wesley, 1995. Wallis, L. "Staying ahead of the pack". *Across the board*, abril de 1995, p. 59-60. Ver também Kelly, K. "How not to write a business 'how to'". *Business Week*, 6 de março de 1995, p. 18.

exemplo, o presidente de uma companhia pode seguir estritamente (talvez por conveniência, mais do que por política) a prática de promover pessoas de dentro da empresa; a prática pode ser interpretada como política e os subordinados irão segui-la com muito cuidado. De fato, um dos problemas que os gerentes enfrentam é assegurar-se de que os subordinados não interpretem como política decisões gerenciais menores que não têm o propósito de servir como padrões.

As políticas definem uma área dentro da qual deve ser tomada uma decisão e garantem que será consistente com os objetivos, contribuindo com eles. As políticas ajudam a solucionar problemas antes que se tornem sérios, sendo desnecessário analisar a mesma situação cada vez que se apresenta; também unificam outros planos, permitindo assim que os gerentes deleguem autoridade, mas com o controle sobre o que seus subordinados fazem.

Existem muitos tipos de políticas. Alguns exemplos incluem políticas de somente contratar engenheiros de formação universitária, promover as sugestões dos funcionários para uma melhor cooperação, promover pessoas de dentro da empresa, apegar-se estritamente a um alto padrão de ética nas empresas, estabelecer preços competitivos e insistir no estabelecimento de preços fixos e não do custo mais lucro.

Procedimentos

Procedimentos

Planos que estabelecem um método necessário para a realização de atividades futuras.

Os **procedimentos** são planos que estabelecem um método de atuação necessário para atividades futuras. São sequências cronológicas de ações requeridas; são guias para a ação, mais do que para pensar, e detalham a maneira precisa de como devem realizar-se certas atividades. Por exemplo, a Universidade Case Western define três passos para seu processo de avaliação: 1) estabelecer objetivos de desempenho; 2) realizar uma revisão semestral dos objetivos e 3) realizar uma análise do desempenho no final do período.[5] Os procedimentos frequentemente cruzam as linhas entre departamentos. Por exemplo, em uma companhia de manufatura, o procedimento para tratar os pedidos pode incluir o departamento de vendas (para o pedido original), o departamento financeiro (para o reconhecimento de cobranças e a aprovação de crédito ao cliente), o departamento de contabilidade (para registrar a operação), o departamento de produção (para a ordem de produzir os bens ou a autoridade de liberá-los do almoxarifado) e o departamento de expedição (para a determinação dos meios e rota de embarque).[6]

Alguns exemplos ilustram a relação entre procedimentos e políticas. A política das companhias estabelece que podem ser dadas férias aos funcionários; os procedimentos estabelecidos para implementar esta política proporcionarão o programa das férias para evitar a interrupção do trabalho, com tarifas para o pagamento de férias e métodos para calculá-los também deverão manter os registros correspondentes para assegurar as férias de cada funcionário e estabelecer os meios para solicitar licenças.

Regras

As regras

Estabelecem as ações, ou a falta de ação, específicas necessárias, em que não é permitida a livre interpretação.

As **regras** estabelecem as ações específicas necessárias, ou a falta de ação, e não permitirão que existam desvios. Pelo senso comum, são um tipo de plano mais simples.

5 Case Western University. Disponível em: http://www.cwru.edu/finadmin/humres/policies, acesso em 17 de outubro de 2008.

6 Hammer, M. e Champy, J. *Reengineering the corporation*. Nova York: HarperBusiness, 1993.

Perspectiva internacional

Procedimentos e regras impostos de fora da organização

Em certas ocasiões, as regras e os procedimentos se estabelecem devido a uma má divulgação. A General Dynamics, um dos maiores empreiteiros de defesa dos Estados Unidos, foi acusada de procedimentos indevidos.[7] Para não ser suspensa da participação em licitações de contratos de defesa, a companhia teve de aceitar uma lista de regras e procedimentos impostos pelo Departamento de Defesa dos Estados Unidos.

http://www.gd.com

Esses novos requisitos foram definidos para impedir a mudança de custos de um contrato para outro. Por exemplo, os trabalhadores têm de preparar e assinar seus próprios cartões de assistência. O supervisor tem de revisar cada cartão; se um deles não estiver bem preenchido, o próprio trabalhador deve fazer a correção, que deverá começar de novo pelo trabalhador e o chefe. O registro original não deve ser apagado, para que posteriormente seja revisado. Também foi exigido da General Dynamics que estabelecesse regras estritas para incluir despesas indiretas. Não é permitido que os funcionários aceitem presentes, nem mesmo uma caneta ou um calendário.

Assim, regras e procedimentos podem ser impostos por um cliente importante e são exemplos não só de planejamento, mas também de controle, o que mostra a estreita relação entre as duas funções.

"Não fumar" é uma regra que não permite um desvio de uma rota de ação estabelecida. A finalidade de uma regra é mostrar uma decisão gerencial de que determinada ação deve ou não ser seguida. As regras são diferentes das políticas quando estas últimas têm o propósito de guiar a tomada de decisões, marcando situações em que os gerentes podem tomar suas decisões; as regras, portanto, não permitem interpretação em sua aplicação.

Programas

Os **programas** são um complexo de metas, políticas, procedimentos, regras, atribuição de tarefas, passos a seguir, recursos a empregar e outros elementos necessários para realizar uma rota de ação determinada; normalmente contam com o apoio de um orçamento designado. Podem ser tão importantes como o programa de uma linha aérea para adquirir uma frota de jatos de US$ 400 milhões; ou um programa de cinco anos para melhorar a situação e a qualidade de seus milhares de supervisores; ou podem ser tão pequenos como um programa formulado por um único supervisor para melhorar o moral dos trabalhadores do departamento de manufatura de peças em uma companhia de máquinas agrícolas.

Programa
Um complexo de metas, políticas, procedimentos, regras, atribuições de tarefas, passos a seguir, recursos a utilizar e outros elementos necessários para realizar uma rota de ação determinada.

Orçamento

Um **orçamento** é um relatório dos resultados esperados, expresso em termos monetários. Pode ser chamado de plano "quantificado". De fato, o orçamento operacional financeiro frequentemente é um plano de lucros. Ele pode expressar-se em termos financeiros; em termos de horas de trabalho, unidades de produto, ou horas-máquina; ou em qualquer unidade numericamente mensurável. Pode tratar da operação, como faz o

Orçamento
Relatório de resultados esperados expresso em termos monetários.

[7] Worthy, F. "Mr. clean charts a new course at General Dynamics". *Fortune*, 28 de abril de 1986, p. 70-76. General Dynamics. Disponível em: http://www.gd.com, acesso em 30 de março de 2002.

orçamento de gastos; pode refletir o desembolso de capitais, como faz o orçamento de despesas de capital; ou pode mostrar o fluxo de caixa, como faz o orçamento de caixa. Um dos orçamentos mais amplos é preparado pelo Escritório de Administração e Orçamento da Casa Branca.[8] Depois, o presidente dos Estados Unidos apresenta a proposta do orçamento ao Congresso.

Já que os orçamentos também são dispositivos de controle, reservamos nossa discussão principal deles para o Capítulo 19 sobre técnicas de controle. Entretanto, fazer um orçamento é, evidentemente, um planejamento. Ele é o instrumento de planejamento, fundamental em muitas companhias, pois as obriga a elaborar com antecedência (seja para uma semana ou para cinco anos) uma compilação numérica dos fluxos de caixa, despesas e receitas, despesas de capital ou a utilização de mão-de-obra ou horas-máquina esperadas. O orçamento é necessário para o gerenciamento, mas não pode servir como um padrão sensível de controle, a menos que apresente planos.

Passos do planejamento

Os passos práticos listados a seguir e esquematizados na Figura 4.2 são de aplicação geral. Não obstante, na prática, devemos estudar a viabilidade das possíveis rotas de ação em cada etapa.

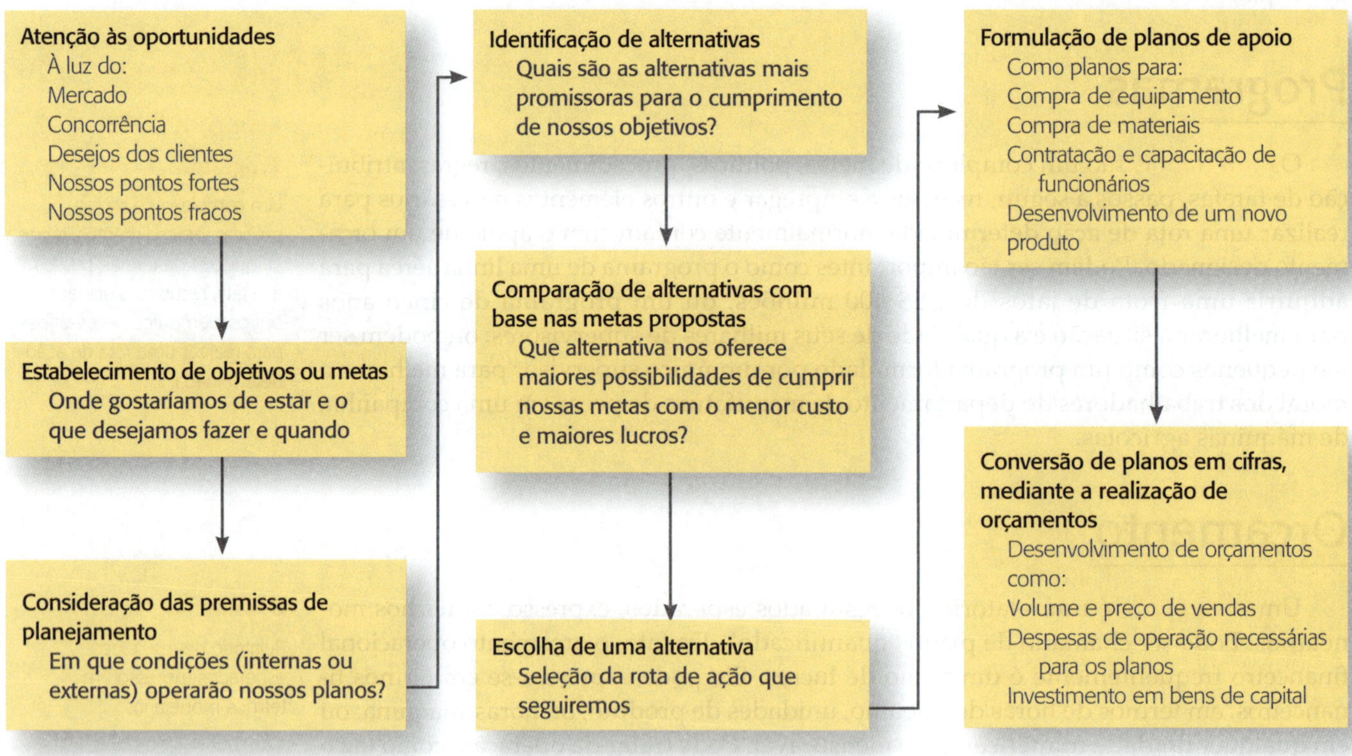

FIGURA 4.2 Passos do planejamento

[8] *Office of management and budget at the White House*. Disponível em: http://www.whitehouse.gov/omb, acesso em 2 de abril de 2002.

1. Estar consciente das oportunidades

Mesmo que preceda o planejamento real e, portanto, não seja estritamente uma parte do processo de planejamento, a percepção de oportunidades[9] no ambiente externo, assim como dentro da organização, é o verdadeiro ponto de partida do planejamento. Todos os gerentes devem fazer uma análise preliminar das possíveis oportunidades futuras e vê-las com clareza e por completo; saber qual é a posição de sua companhia com respeito a seus pontos fortes e fracos; compreender quais problemas devem ser resolvidos e por quê e saber o que podem esperar para ganhar. Estabelecer objetivos realistas depende dessa percepção. O planejamento exige um diagnóstico realista da situação de oportunidade.

2. Estabelecer objetivos

O segundo passo no planejamento é estabelecer objetivos para toda a empresa e, depois, para cada unidade de trabalho subordinada. Isso deve ser feito pensando no longo e no curto prazo. Os objetivos especificam os resultados que se esperam e indicam o ponto final do que deve ser feito, onde deve estar o interesse primário e o que deve ser conseguido pela rede de estratégias, políticas, procedimentos, regras, orçamentos e programas.

Os objetivos da empresa orientam para os planos maiores, que, por refletir esses objetivos, definem o objetivo de cada departamento importante. Os principais objetivos departamentais, por sua vez, controlam os objetivos dos departamentos subordinados, e assim até o fim da linha. Em outras palavras, os objetivos formam uma hierarquia. Os objetivos dos departamentos inferiores serão mais precisos se os gerentes de subdivisão compreendem os objetivos gerais da empresa e as metas derivadas. Os gerentes também devem ter a oportunidade de contribuir com ideias para estabelecer suas próprias metas e as da empresa.

3. Desenvolver premissas

O próximo passo lógico no planejamento é estabelecer, negociar e obter o acordo para utilizar premissas de planejamento críticas, como prognósticos, políticas básicas aplicáveis e os planos existentes da companhia. As **premissas** são hipóteses sobre o ambiente em que o plano deve ser desenvolvido. É importante para todos os gerentes envolvidos no planejamento chegar a um acordo sobre as premissas. De fato, o mais importante **princípio das premissas de planejamento** é este: quanto mais compreenderem e concordarem os indivíduos no cargo de planejamento a utilizar premissas de planejamento consistentes, melhor será o planejamento coordenado da empresa.

Premissas
Hipóteses sobre o ambiente em que o plano será desenvolvido.

Princípio das premissas de planejamento
Quanto mais compreenderem e concordarem os indivíduos no cargo do planejamento a utilizar premissas de planejamento consistentes, melhor será o planejamento coordenado da empresa.

Os prognósticos são importantes para o estabelecimento de premissas: Que tipo de mercados haverá? Que volume de vendas? Que preços? Que produtos? Que desenvolvimentos técnicos? Que custos? Que níveis de salários? Que taxas e políticas de impostos? Que novas plantas? Que políticas sobre os dividendos? Que

[9] A palavra "problemas" poderia ser usada em vez de "oportunidades". Porém, um estado de desordem ou confusão e a necessidade de uma solução para obter uma determinada meta podem ser considerados mais construtivos como uma oportunidade. De fato, o presidente de uma companhia muito bem-sucedida e inteligente não permite que seus colegas falem de problemas; só devem falar de oportunidades.

ambiente político ou social? Como se financiará a expansão? Quais são as tendências a longo prazo?

4. Determinar rotas alternativas

O quarto passo do planejamento é procurar e examinar rotas de ação alternativas, especialmente as mais evidentes. Poucas vezes existe um plano sem alternativas razoáveis ou, com frequência, uma alternativa que não seja a óbvia e resulte ser a melhor.

O problema que se apresenta com mais regularidade não é encontrar alternativas, mas reduzir seu número para, assim, analisar a mais promissora. Até com as técnicas matemáticas e computadores existe um limite para o número de alternativas que podem examinar-se a fundo. Geralmente, o planejador deve fazer um exame preliminar para descobrir as possibilidades mais frutíferas.

5. Avaliar rotas alternativas

Depois de procurar rotas alternativas e examinar seus pontos fortes e fracos, o passo seguinte é avaliar essas alternativas à luz de premissas e metas. Uma rota pode parecer a mais rentável, mas requerer um forte investimento de capital e ter uma lenta recuperação; outra pode parecer menos rentável, mas envolver menos risco; ainda outra pode adequar-se melhor aos objetivos de longo prazo da companhia.

Existem tantas rotas alternativas na maioria das situações, assim como tantas variáveis e limitações a considerar, que a avaliação pode ser muito difícil. Devido a essas complexidades, as metodologias mais novas e as aplicações, assim como a análise, serão discutidas na sexta parte sobre o controle.

6. Selecionar uma rota

Este é o ponto em que o plano é adotado, o ponto real da tomada de decisões. Em algumas ocasiões, uma análise e uma avaliação de rotas alternativas revelarão que duas ou mais são aconselháveis; e o gerente pode decidir utilizar várias em lugar de somente a melhor.

7. Formular planos derivados

Quando é tomada uma decisão, o planejamento poucas vezes é completo e é indicado um sétimo passo. Os planos derivados são quase sempre requeridos para apoiar o básico.

8. Quantificar planos mediante orçamentos

Depois de tomadas as decisões e estabelecidos os planos, o passo final para lhes dar significado, como foi destacado na discussão sobre os tipos de planos, é quantificá-los ao torná-los orçamentos. O orçamento geral de uma empresa representa a soma total de

Perspectiva empresarial

Preparar um plano de negócios para um novo projeto

Normalmente, os empresários começam o processo de planejamento elaborando um plano de negócios para seu novo projeto. Em seu plano de negócios, os empresários tentam descrever claramente o propósito de seu negócio (o que a empresa realmente faz) e depois identificam a oportunidade ou o problema de mercado que querem resolver. Descrevem como seu produto se relaciona com a oportunidade de mercado e como pretendem vender seu produto e financiar a operação de sua nova empresa. Esse processo de planejamento do negócio é essencial para ajudar a dirigir os esforços do empresário. O plano de negócios também é essencial para apresentar os investidores potenciais à nova empresa, para conseguir sua confiança e apoio. No fechamento da segunda parte do texto, apresentamos um perfil completo do plano de empresas, que pode ser utilizado como referência para gerentes e estudantes empresariais.

receitas e despesas, com lucros ou prejuízos; e os orçamentos das diversas áreas do balanço geral apontam como despesas de caixa e capital. Cada departamento ou programa de uma empresa pode ter seus próprios orçamentos, geralmente de despesas e despesas de capital, relacionados ao orçamento geral.

Se bem-feitos, os orçamentos se tornam os meios para agregar os diversos planos e estabelecem padrões importantes contra os quais o avanço do planejamento pode ser medido.

Coordenação de planos de curto e longo prazo

Frequentemente, são feitos planos de curto prazo sem referência a planos de longo prazo. Evidentemente, é um erro grave. A importância de integrá-los não pode ser exagerada e não deve ser feito um plano de curta duração a menos que contribua para a realização do plano de longo prazo. Muito tempo é perdido com tomadas de decisões relativas a situações imediatas que não consideram seu efeito nos objetivos mais distantes no tempo.

Os diretores devem revisar e analisar continuamente as decisões imediatas para determinar se contribuem para os programas de longo prazo; e os gerentes deverão ser informados regularmente sobre os planos de longo prazo para que tomem decisões consistentes com as metas de longo prazo da companhia. Fazer isso é muito mais simples do que corrigir inconsistências mais adiante, em especial quando os compromissos de curto prazo tendem a levar a compromissos adicionais na mesma linha.

Objetivos

Já definimos os *objetivos* como os fins importantes para os quais as atividades organizacionais e individuais estão dirigidas. Já que os autores e os administradores profissionais não fazem distinção entre os termos *metas* e *objetivos*, neste livro ambos serão utilizados indistintamente. Dentro do contexto da discussão, ficará claro se os objetivos são de curto ou longo prazo, amplos ou específicos. O principal interesse está em objetivos **verificáveis**, o que significa que, no final do período, deve ser possível determinar se foram atingidos ou não. A meta de cada administrador é criar um excedente (nas

Um objetivo é **verificável** quando, no final do período, podemos determinar se foi atingido ou não.

organizações de empresas, isso significa lucro). Objetivos claros e verificáveis facilitam a medição do excedente, assim como a eficácia e eficiência das ações gerenciais.

A natureza dos objetivos

Os objetivos estabelecem os resultados finais e os objetivos gerais devem estar apoiados por subobjetivos. Assim, os objetivos formam uma hierarquia, como uma rede. Ademais, organizações e gerentes têm diversas metas que em certas ocasiões são incompatíveis e podem levar a conflitos dentro da organização, do grupo e até entre indivíduos. O administrador terá de escolher entre um desempenho de curto ou longo prazo e os interesses pessoais possivelmente devem subordinar-se aos objetivos organizacionais.

Hierarquia de objetivos

Como mostra a Figura 4.3, os objetivos formam uma hierarquia, que vai dos objetivos mais amplos da organização até objetivos individuais específicos. O topo da hierarquia é o propósito ou a missão, que tem duas dimensões. Primeiro, está o propósito social, como contribuir ao bem-estar das pessoas, proporcionando bens e serviços por um preço razoável. Segundo, está a missão ou o propósito da empresa, que poderia ser o fornecimento de transporte conveniente e de baixo custo para um determinado público-alvo. A missão estabelecida poderia ser produzir automóveis, comercializá-los e lhes dar serviço. Como podemos observar, a distinção entre propósito e missão é tênue e, portanto, muitos autores e administradores profissionais não fazem distinção entre os

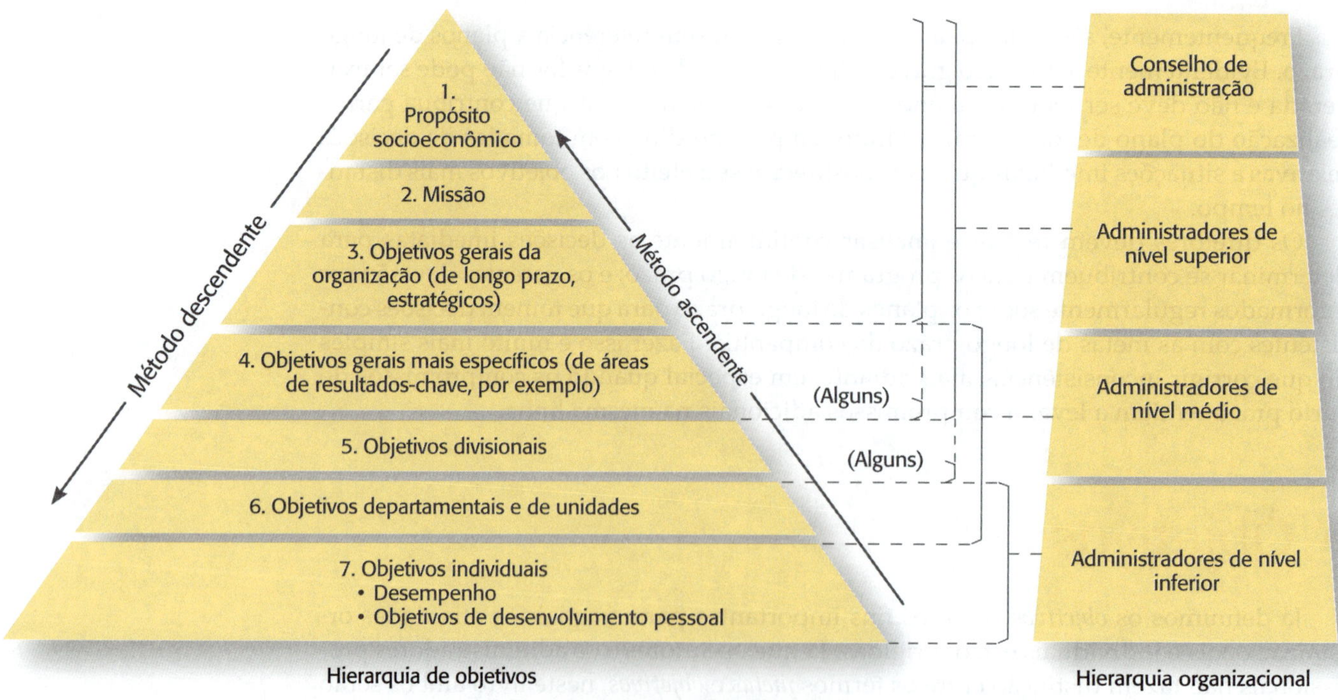

Adaptado de Weihrich, H. e Mendleson, J. *Management: an MBO approach*, Dubuque, Iowa, Wm, C. Brown Co., 1987, p. XI. Reproduzido com autorização.

FIGURA 4.3 Relação de objetivos e a hierarquia organizacional

Perspectiva

As áreas de resultados-chave, segundo P. Drucker

Embora não exista um acordo a respeito de quais devam ser as áreas de resultados-chave de uma empresa (que, ademais, podem diferir de uma empresa para outra), Peter F. Drucker sugere as seguintes: posição de mercado, inovação, produtividade, recursos físicos e financeiros, rentabilidade, desempenho e desenvolvimento dos administradores, desempenho e atitude dos trabalhadores e responsabilidade pública. Mas, em datas mais recentes, receberam importância estratégica outras duas áreas de resultados-chave: serviço e qualidade.

Fonte: Extraído de Drucker, P. *The practice of management*. Nova York: Harper & Brothers, 1954. Para as contribuições de Drucker para a administração, consulte http://drucker.cgu.edu/html/aboutdrucker/index.htm e http://drucker.cgu.edu/html/aboutdrucker/timelineh.htm. Páginas a cargo da Peter F. Drucker Graduate School of Management, acesso em 30 de março de 2002.

dois termos. De qualquer maneira, essas metas se traduzem em objetivos e estratégias gerais, como projetar, produzir e comercializar automóveis confiáveis, de baixo custo e eficientes no consumo de combustível.

Os níveis subsequentes da hierarquia contêm objetivos mais específicos, como os das **áreas de resultados-chave**. Essas são as áreas em que o desempenho é essencial para o sucesso da empresa.

Área de resultado-chave

Uma área em que o desempenho é essencial para o sucesso da empresa.

Embora não exista um acordo total a respeito de quais devam ser as áreas de resultados-chave de uma empresa (que, ademais, podem diferir de uma empresa para outra), Peter F. Drucker sugere as seguintes: posição de mercado, inovação, produtividade, recursos físicos e financeiros, rentabilidade, desempenho e desenvolvimento dos administradores, desempenho e atitude dos trabalhadores e responsabilidade pública.[10] Mas, em datas mais recentes, receberam importância estratégica outras duas áreas de resultados-chave: serviço e qualidade.

A seguir, apresentamos alguns exemplos de objetivos para áreas de resultados: obter um rendimento de 10% sobre o investimento no fim do ano calendário de 2005 (rentabilidade); incrementar o número de unidades produzidas do produto X em 7% em 30 de junho de 2009, sem elevar os custos nem reduzir o nível de qualidade atual (produtividade).

Os objetivos devem ser desdobrados pelas divisões, departamentos e unidades, até o nível mais baixo da organização.

O estabelecimento de objetivos e a hierarquia organizacional[11]

Como mostra a Figura 4.3, os gerentes de diferentes níveis da hierarquia organizacional estão preocupados com diferentes tipos de objetivos. O conselho de diretores e os gerentes do mais alto nível estão muito envolvidos com a determinação do propó-

[10] Drucker, P. *The practice of management*. Nova York: Harper & Brothers, 1954, p. 63. Para as contribuições de Drucker à administração, ver http://drucker.cgu.edu/html/aboutdrucker/index.htm e http://drucker.cgu.edu/html/aboutdrucker/timelineh.htm, mantidos pela Escola de Administração para Graduados Peter F. Drucker, acesso em 30 de março de 2002.

[11] Partes desta discussão se baseiam em Weihrich, H. *Management excellence: productivity through MBO*. Nova York: McGraw-Hill, 1985, Capítulo 4.

sito, o projeto e os objetivos gerais da empresa, assim como os objetivos gerais mais específicos das áreas de resultados-chave. Os gerentes de nível médio, como o gerente de marketing ou o de produção, estão envolvidos no estabelecimento de objetivos de áreas de resultados-chave, objetivos de divisão e objetivos departamentais. A principal preocupação dos gerentes de nível inferior é estabelecer os objetivos de departamentos e unidades e os de seus subordinados. Mesmo que os objetivos individuais, consistentes em metas de desempenho e desenvolvimento, apareçam no ponto mais baixo da hierarquia, os gerentes dos mais altos níveis também devem estabelecer objetivos para seu próprio desempenho e desenvolvimento.

Existem pontos de vista diferentes sobre se uma organização deveria usar o enfoque de cima para baixo ou o de baixo para cima para estabelecer objetivos, como mostram as setas da Figura 4.3. No enfoque de cima para baixo, os gerentes de alto nível determinam os objetivos dos subordinados, enquanto no enfoque de baixo para cima, os subordinados iniciam o estabelecimento de objetivos para suas posições e os apresentam a seus superiores.

Os defensores do enfoque de cima para baixo sugerem que toda a organização necessita de direção por meio de objetivos corporativos proporcionados pelo diretor executivo (em conjunto com o conselho de diretores). Os defensores do enfoque de baixo para cima, por outro lado, afirmam que a alta administração precisa ter informação dos níveis mais baixos para a determinação de objetivos. Além disso, é provável que os subordinados sejam motivados pelas metas que eles iniciam e que se comprometam com elas. A experiência pessoal demonstra que o enfoque de baixo para cima foi subutilizado, mas que qualquer um dos dois por si só é insuficiente.

Multiplicidade de objetivos

Os objetivos são normalmente diversos. Por exemplo, não é suficiente estabelecer que o projeto de uma universidade é a educação e a pesquisa. Seria mais preciso (mas ainda não verificável) relacionar os objetivos gerais, que poderiam ser os seguintes:

- Atrair estudantes de alta qualidade;
- Oferecer capacitação básica nas artes liberais e ciências, assim como em determinados campos profissionais;
- Outorgar títulos de pós-graduação a candidatos qualificados;
- Atrair professores renomados;
- Descobrir e organizar novos conhecimentos por meio da pesquisa;
- Operar como uma escola privada, que se baseia principalmente em bolsas e donativos de ex-alunos e amigos.

A cada nível da hierarquia de objetivos, é provável que as metas sejam diferentes. Algumas pessoas consideram que um gerente não pode procurar mais de dois a cinco objetivos com eficácia. O argumento é que muitos objetivos tendem a diluir o impulso para seu cumprimento. Mas o limite de dois a cinco objetivos parece muito arbitrário; os gerentes poderiam procurar objetivos mais significativos. Seria prudente estabelecer a importância relativa de cada objetivo para que as principais metas recebam mais atenção que as secundárias. De qualquer modo, o número de objetivos que os gerentes devem estabelecer para si próprios de maneira realista depende de quanto eles farão e quanto podem delegar aos subordinados, limitando assim seu papel ao de integrar, fiscalizar e controlar.

Como estabelecer objetivos[12]

Sem objetivos claros, a administração se torna arriscada. Nenhum indivíduo e nenhum grupo pode esperar um bom desempenho eficaz e eficiente, a menos que exista uma meta clara. A Tabela 4.1 ilustra alguns objetivos e como podem ser estabelecidos de maneira que permitam sua mensuração.

TABELA 4.1 Exemplos de objetivos verificáveis e não verificáveis

Objetivos não verificáveis	Objetivos verificáveis
1. Obter lucros razoáveis	1. Obter um retorno sobre o investimento de 12% no final do ano fiscal em curso
2. Melhorar as comunicações	2. Publicar um boletim mensal de duas páginas a partir de 1º de julho de 2009, que envolva não mais de 40 horas de trabalho em sua preparação (depois da primeira edição)
3. Melhorar a produtividade do departamento de produção	3. Incrementar a produção em 5% para 31 de dezembro de 2009, sem custos adicionais, mantendo o nível de qualidade atual
4. Desenvolver melhores gerentes	4. Definir e realizar um programa interno de 40 horas sobre os "fundamentos da administração", para ser completado em 1º de outubro de 2009, que precise de não mais de 200 horas de trabalho do pessoal de desenvolvimento gerencial e que pelo menos 90% dos 100 gerentes façam o exame (especificado)
5. Instalar um sistema informatizado	5. Instalar um sistema de controle informatizado no departamento de produção para 31 de dezembro de 2009, sem ultrapassar 500 horas de trabalho de análise de sistemas e em operação, com não mais de 10% de tempo inativo durante os primeiros três meses ou 2% nos demais meses

Objetivos quantitativos e qualitativos

Para serem mensuráveis, os objetivos devem ser verificáveis. Isso significa que poderemos responder a esta pergunta: No final do período, como saberei se o objetivo foi alcançado? Por exemplo, o objetivo de obter um lucro razoável (ver Tabela 4.1) não estabelece que lucro deve ser obtido nem o que é razoável para o subordinado, o qual pode não ser aceitável para o superior. No caso de desacordo, é óbvio que o subordinado é quem perde a discussão. Em contraste, um retorno sobre o investimento de 12% no fim do ano fiscal atual pode ser medido; devem ser respondidas estas perguntas: Quanto ou o quê? Quando?

Às vezes, estabelecer resultados em termos quantificáveis numericamente é mais difícil. Isso é válido, em especial, quando inclui os objetivos de pessoal administrativo e do governo. Por exemplo, instalar um sistema informatizado é uma tarefa importante, mas "instalar um sistema informatizado" não é uma meta verificável. Entretanto,

12 "Planning and goal setting for small business". *U.S. Small business administration MP-6*. Disponível em: http://www.sba.gov/library/pubs/mp-6.doc; Weihrich, H. "How to set goals that work for your company – and improve the bottom line". Disponível em: http://www.usfca.edu/fac-staff/weihrichh/docs/goals.pdf, acesso em 1º de outubro de 2006.

Perspectiva internacional

O estabelecimento de metas públicas pode ser arriscado, mas funcionou para a Nissan[13]

O brasileiro Carlos Ghosn, que imprimiu uma virada à Nissan, estabeleceu uma meta ambiciosa de vender 3,6 milhões de automóveis em 2005. Essa meta quantificável recebeu ampla publicidade. Tê-lo feito significou um alto risco para Ghosn, porque estabelecer uma meta que depois não é alcançada poderia afetar suas habilidades de liderança. Por outro lado, os funcionários se identificaram com essa meta clara e estavam motivados para sua obtenção. Na verdade, a meta foi atingida em parte com a introdução de novos modelos, o Murano e o Fuga. Devido a essa liderança na Nissan, Ghosn foi considerado o líder de uma aliança entre a japonesa Nissan, a francesa Renault e a norte-americana General Motors.

http://www.nissan.com

suponhamos que o objetivo seja "instalar um sistema de controle informatizado (com determinadas especificações) no departamento de produção para 31 de dezembro de 2009, com um gasto de não mais de 500 horas úteis". Assim, o cumprimento da meta pode ser medido. Ademais, a qualidade pode ser especificada também em termos de tempos inativos do computador, como "o sistema deverá ser operacional 90% do tempo durante os primeiros dois meses de operação".

Guia para estabelecer objetivos

Estabelecer objetivos é, na verdade, uma tarefa difícil. Requer assessoramento inteligente por parte do superior e grande prática pelo subordinado. As perguntas apresentadas na Tabela 4.2 ajudarão os gerentes a estabelecer seus objetivos.

A lista de objetivos não deve ser muito extensa, mas deve cobrir as principais características do cargo. Como este capítulo já destacou, os objetivos devem ser quantificáveis e deve ser estabelecido o que se deve obter e quando. Se possível, a qualidade desejada e o custo projetado para atingir os objetivos devem estar indicados. Ademais, os objetivos devem apresentar um desafio, estabelecer prioridades e promover o crescimento profissional e o desenvolvimento pessoal. Esses e outros critérios são resumidos na Tabela 4.2. Provar os objetivos em relação aos critérios mostrados na lista de verificação é um bom exercício para gerentes e aspirantes a gerentes.

TABELA 4.2 Lista de verificação de objetivos gerenciais

Se os objetivos cumprirem o critério, anote "+" no quadro à direita da declaração.

Se não for assim, marque "–" no quadro.

1. As principais características de meu cargo cobrem os objetivos? ☐
2. É muito longa a lista de objetivos? Nesse caso, posso combinar alguns objetivos? ☐
3. São verificáveis os objetivos, isto é, saberei no final do período se foram alcançados? ☐

(continua)

[13] Morse, A. *The Wall Street Journal*, 26 de julho de 2006.

TABELA 4.2 (*continuação*)

4. Indicam os objetivos:
   a) quantidade (quanto)? ☐
   b) qualidade (forma de mensuração ou características específicas)? ☐
   c) tempo (quando)? ☐
   d) custo (a que custo)? ☐
5. Os objetivos são desafiadores, mas razoáveis? ☐
6. Atribuem-se prioridades aos objetivos (classificação, peso etc.)? ☐
7. Inclui também a série de objetivos:
   a) objetivos de melhoria? ☐
   b) objetivos de desenvolvimento pessoal? ☐
8. Os objetivos estão sintonizados com os de outros gerentes ou unidades organizacionais? ☐
   São consistentes com os objetivos de meu superior, de meu departamento e da companhia? ☐
9. Comuniquei os objetivos a todos os que precisam estar informados? ☐
10. Os objetivos de curto prazo são consistentes com as metas de longo prazo? ☐
11. As hipóteses para os objetivos estão identificadas claramente? ☐
12. Os objetivos estão expressos com clareza e por escrito? ☐
13. Os objetivos proporcionam retorno oportuno para poder tomar as ações corretivas necessárias? ☐
14. Meus recursos e autoridade são suficientes para obter os objetivos? ☐
15. Aos indivíduos de quem se espera que obtenham os objetivos, lhes dei a oportunidade de expressar os deles? ☐
16. Meus subordinados têm controle sobre aspectos em que têm responsabilidade atribuída? ☐

Perspectiva empresarial

Entrevista com Bryant Tong, diretor executivo da Nth Power

Como investidor de uma destacada empresa de investimentos de capital de risco do Vale do Silício, Bryant Tong aconselha aos empresários das companhias que sua empresa financia a necessidade de estabelecer objetivos agressivos, mas acessíveis, ou pedras angulares. Essas pedras angulares nem sempre se relacionam às metas financeiras, pois as empresas podem precisar de vários meses para desenvolver produtos que se vendam. Mas as pedras angulares são chave e verificáveis para desenvolver produtos-protótipos, assegurar proteção de propriedade intelectual para produtos-chave, formar uma equipe administrativa com as melhores pessoas e começar um ciclo de vendas com clientes potenciais. Esses objetivos ou pedras angulares frequentemente estão ligados a rodadas de financiamento adicionais; e o sucesso da empresa se baseia no seu cumprimento.[14]

http://www.nthpower.com

[14] Entrevista realizada com Bryant Tong, da Nth Power, em 11 de janeiro de 2007, por Mark Cannice.

Conceitos em evolução na administração por objetivos[15]

Administração por objetivos

Um amplo sistema gerencial que integra muitas atividades gerenciais chave de maneira sistemática, conscientemente dirigido para a obtenção eficaz e eficiente dos objetivos organizacionais e individuais.

A administração por objetivos (APO) é praticada em todo o mundo. Mas, apesar de sua ampla aplicação, nem sempre está claro o que a APO representa. Alguns ainda acreditam que é uma ferramenta de avaliação; outros a consideram uma técnica de motivação; e outros ainda a consideram um dispositivo de planejamento e controle. Em outras palavras, as definições e aplicações da APO diferem muito. Nós definimos a **administração por objetivos** como um amplo sistema gerencial que integra muitas atividades gerenciais chave de maneira sistemática, que está conscientemente dirigido para o alcance eficaz e eficiente de objetivos organizacionais e individuais. Esse ponto de vista da APO como um sistema para administrar não é compartilhado por todos, tanto que alguns ainda definem a APO de maneira muito estreita e limitada. Nós preferimos vê-la como um amplo sistema administrativo impulsionado por metas e orientado ao sucesso, como mostra a

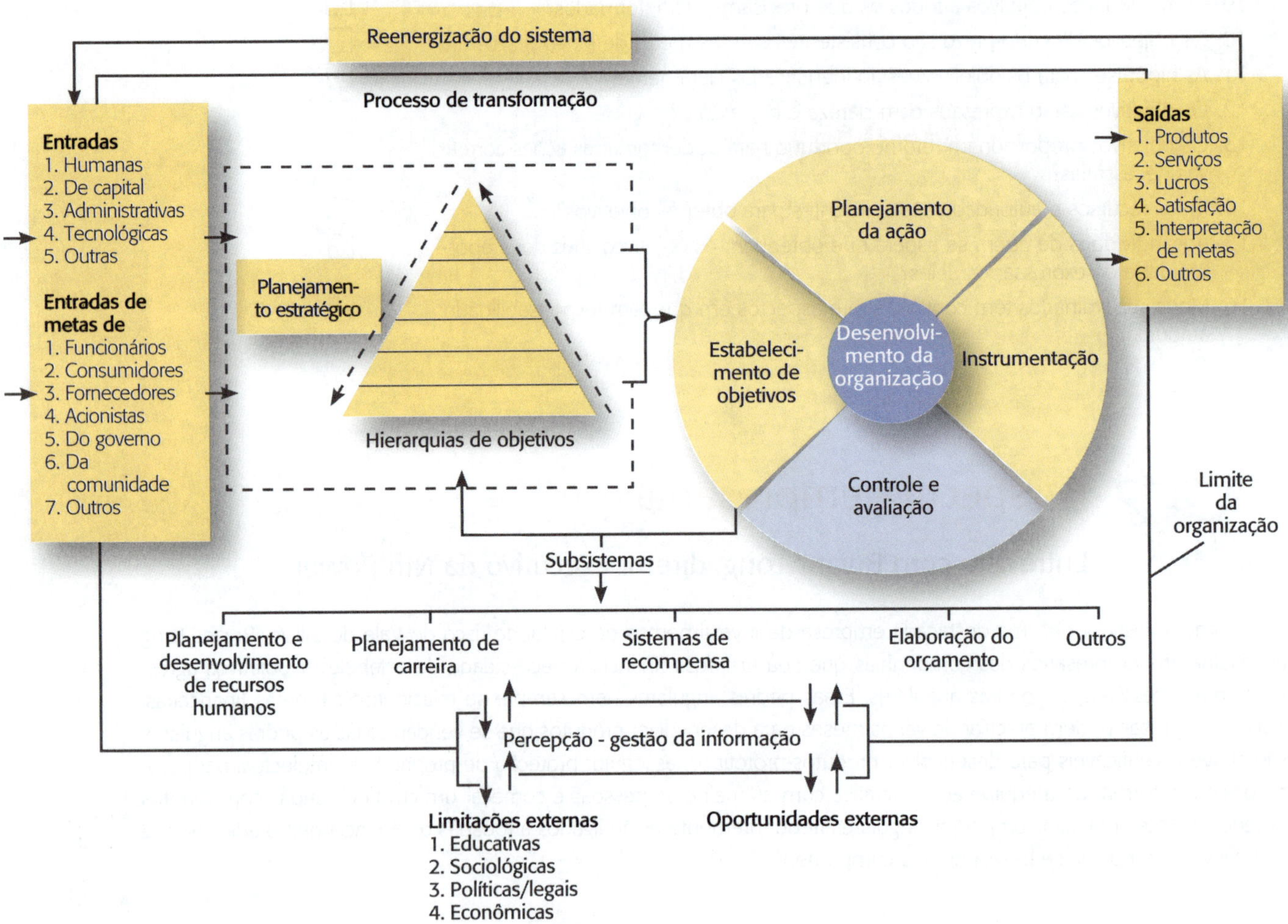

Adaptado de Weihrich, H. *Management excellence: productivity through MBO.* Nova York: McGraw-Hill, 1985, p. 18.

FIGURA 4.4 Enfoque de sistemas para a administração por objetivos

[15] Ver também ManagementLearning.com. Disponível em: http://managementlearning.com/topi/mngtobje.html. Weihrich, H. "A new approach to MBO: updating a time-honored technique". Disponível em: http://www.usfca.edu/fac-staff/weihrichh, acesso em 18 de outubro de 2008.

Figura 4.4. Além de seu uso para a avaliação do desempenho, como um instrumento para motivar os indivíduos e no planejamento estratégico, existem outros subsistemas gerenciais que podem ser integrados ao processo da APO, que são o planejamento e o desenvolvimento de recursos humanos (integração de pessoal e desenvolvimento individual e da organização), planejamento da carreira (construir sobre pontos fortes individuais e superar pontos fracos), o sistema de recompensas (pagar pelo desempenho), orçar (planejamento e controle) e outras atividades administrativas importantes para uma posição específica. Essas diversas atividades gerenciais precisam estar integradas em um sistema. Em resumo, para que a APO seja eficaz, deve considerar-se como uma forma de administrar, como mostra a Figura 4.4, e não como uma adição ao cargo gerencial.[16]

Vantagens e pontos fracos da administração por objetivos

Mesmo que a administração orientada às metas seja um dos enfoques gerenciais de prática mais ampla, sua eficácia às vezes é questionada. Frequentemente, isso ocorre devido à sua implementação defeituosa, mas outro motivo é que a APO pode ser aplicada como uma técnica mecânica que foca aspectos selecionados do processo gerencial, sem integrá-los em um sistema.

Vantagens da administração por objetivos

Existem evidências consideráveis sobre as vantagens da administração por objetivos (grande parte vem de estudos de laboratório, que mostram os aspectos motivacionais das metas claras), mas existem outras vantagens, como as seguintes:

- Melhorar a administração por meio do planejamento orientado a resultados;
- Determinar os papéis e estruturas, assim como a delegação de autoridade de acordo com os resultados esperados das pessoas que desempenham os papéis;
- Estimular o compromisso com as metas pessoais e organizacionais;
- Desenvolver controles eficazes que meçam resultados e levem a ações corretivas.

Fracassos da administração por objetivos e algumas recomendações

Apesar de todas as suas vantagens, um sistema de APO tem pontos fracos. A maioria se deve a falhas na aplicação dos conceitos da APO. A forma ineficiente de ensinar a filosofia da APO é um dos pontos fracos de certos programas. Os gerentes devem explicar aos subordinados o que é, como funciona, por que se faz, que papel desempenhará na avaliação do desempenho e, sobretudo como os participantes podem se beneficiar. A filosofia está construída nos conceitos de autocontrole e autogestão.

Errar ao dar diretrizes a quem estabelece metas costuma ser outro problema. Os gerentes devem saber quais são as metas corporativas e como suas próprias atividades

[16] Weihrich, H. *A study of the integration of management by objectives with key managerial activities and the relationship to selected effectiveness measures.* Dissertação para o doutorado, Universidade da Califórnia, Los Angeles, 1973. Weihrich, H. *Management excellence: productivity through MBO.* Vogl, A. J. "Drucker, of course". *Across the board,* novembro/dezembro de 2000.

se ajustam a elas; também necessitam de premissas de planejamento e conhecimento das principais políticas da companhia.

Do mesmo modo, existe a dificuldade de estabelecer metas verificáveis com o grau correto de flexibilidade. Os participantes em programas de APO relatam que, em algumas ocasiões, pode ocorrer que a preocupação excessiva pelos resultados econômicos pressione os indivíduos, o que pode provocar um comportamento questionável. Para reduzir a probabilidade de utilizar meios pouco éticos para alcançar resultados, a alta administração deve aceitar objetivos razoáveis, estabelecer expectativas claras de comportamento e dar alta prioridade ao comportamento ético, punindo atividades não éticas.

Além disso, pode ser dada importância exagerada às metas de curto prazo em prejuízo à saúde de longo prazo da organização. Além disso, os problemas de falta de flexibilidade podem provocar dúvidas e mudança de objetivos nos gerentes, mesmo que um ambiente em mudança exigisse esses ajustes.

Outros problemas importantes são o uso excessivo de metas quantitativas e a tentativa de usar cifras em áreas em que não são aplicáveis, ou podem degradar metas importantes difíceis de declarar em termos de resultados finais. Por exemplo, uma imagem de companhia favorável pode ser o ponto alto de uma empresa, mas estabelecê-la em termos quantitativos é difícil. Também existe o perigo de esquecer que administrar inclui mais do que estabelecer metas.

Mesmo com as dificuldades e os problemas de administrar por objetivos em certas situações, o sistema ressalta na prática o estabelecimento de metas que há tempo são consideradas parte essencial do planejamento e da administração.

Resumo

O planejamento inclui a seleção dos projetos e objetivos, assim como as ações para obtê-los. Exige tomada de decisões, o que significa escolher um rumo de ação para o futuro entre várias alternativas. O planejamento e o controle estão estreitamente relacionados, embora sejam discutidos em separado neste livro. Existem muitos tipos de planos, como projetos ou propósitos, objetivos ou metas, estratégias, políticas, procedimentos, regras, programas e orçamentos. Após reconhecer uma oportunidade, o gerente deve planejar com sensatez ao estabelecer objetivos, fazer hipóteses (premissas) sobre o ambiente presente e futuro, encontrar e avaliar rotas de ação alternativas e escolher uma. Depois, o gerente deve fazer planos de suporte e elaborar um orçamento. Essas atividades são realizadas com base no ambiente total. Os planos de curto prazo, naturalmente, devem coordenar-se com os planos de longo prazo.

Os objetivos são o ponto final para o qual as atividades estão dirigidas. Devem ser verificados, se for possível, no final do período, para determinar se foram obtidos. Os objetivos formam uma hierarquia, começando pelas missões ou propósitos corporativos, para continuar até as metas individuais. Os gerentes determinam o número de objetivos que deveriam estabelecer em termos realistas para si mesmos ao analisar a natureza do cargo, assim como quanto podem fazer eles mesmos e quanto podem delegar. Em qualquer caso, os gerentes devem conhecer a importância relativa de cada uma de suas metas.

A administração por objetivos (APO) foi utilizada amplamente para a avaliação do desempenho e a motivação dos funcionários, mas, na realidade, é um sistema de administração. Entre suas vantagens, a APO melhora a administração, frequentemente consegue que os gerentes simplifiquem a estrutura de suas organizações, motiva as pessoas a comprometer-se com suas metas e ajuda a desenvolver controles eficazes.

Alguns de seus pontos fracos são os gerentes que ocasionalmente deixam de explicar a filosofia da APO (que ressalta o autocontrole e a autogestão) aos subordinados ou deixam de proporcionar diretrizes para o estabelecimento de suas metas. Além disso, as próprias metas são difíceis de estabelecer, tendem a ser de curto prazo e podem tornar-se inflexíveis, mesmo que haja mudanças no ambiente. Na busca pela verificação de seu alcance, as pessoas podem exagerar nas metas quantificáveis.

Ideias e conceitos básicos

Planejamento
Missão ou propósito
Objetivo ou meta
Estratégia
Política
Procedimento
Regra
Programa
Orçamento
Passos do planejamento
Hierarquia dos objetivos
Áreas de resultados-chave
Objetivos quantitativos e qualitativos
Capacidade de verificação
Conceitos em evolução na administração por objetivos (APO)
Enfoque de sistemas para a APO
Vantagens da APO
Pontos fracos da APO
Recomendações para melhorar a APO

Para analisar

1. "Planejar é olhar para a frente e controlar é olhar para trás." Comente.
2. Prepare uma declaração de política e elabore um procedimento breve que pudesse ser útil para implementá-la. Você tem certeza de que sua política não é uma regra?
3. Pense em uma organização que você conheça e identifique seu propósito ou projeto, mesmo que não tenha sido estabelecido formalmente pela empresa.
4. Em que grau acredita que os gerentes que você conhece, em empresas ou em outros lugares, tenham uma compreensão clara de seus objetivos? Se acreditar que não é assim, sugira o que poderiam fazer para estabelecer seus objetivos.
5. Algumas pessoas se recusam a definir metas de longo prazo porque acreditam que é impossível saber o que ocorrerá. Você acredita que esta é uma posição inteligente a assumir? Por quê?
6. É possível introduzir a administração por objetivos em uma agência governamental? Uma universidade? Uma associação atlética de alunos universitários? Explique.
7. Quais são seus cinco objetivos pessoais mais importantes? São de curto ou de longo prazo? Esses objetivos são verificáveis?
8. Na sua organização, o que seu superior espera em termos de desempenho? Está documentado por escrito? Se você estabeleceu por escrito seu objetivo de trabalho e seu chefe documentou o que espera de você, ambos os documentos são consistentes?

Exercícios e atividades

No capítulo, identificaram-se os objetivos gerais de várias organizações. Desenvolva objetivos gerais para sua universidade e para seus diversos departamentos. Mostre como esses objetivos se inter-relacionam para formar uma rede.

Pesquisa na Internet

1. Use um mecanismo de busca para encontrar "administração por objetivos" e identifique como se usa a APO: Como uma ferramenta de planejamento? Para avaliação gerencial? Para motivar as pessoas? Em conjunto com o planejamento estratégico? Para desenvolver os gerentes?
2. Procure na Internet o termo "orçamento" e analise os resultados com seus colegas.

Caso internacional 4.1

Desenvolvimento de metas verificáveis

O gerente da divisão assistiu recentemente a uma palestra sobre administração por objetivos. Seu entusiasmo, nesse momento, aumentou ao pensar sobre o tema. Finalmente decidiu introduzir o conceito e ver o que podia obter na próxima reunião com seu pessoal.

Fez um resumo do desenvolvimento teórico da técnica, citou as vantagens de sua aplicação para a divisão e pediu a seus subordinados que pensassem se deviam adotá-la.

Não foi tão fácil como todos pensaram. Na reunião seguinte, surgiram várias perguntas: "Você tem metas para a divisão que lhe foram designadas pelo presidente para o próximo ano?", queria saber o gerente financeiro.

"Não, não tenho", respondeu o gerente de divisão. "Estive esperando que o pessoal da presidência me diga o que espera, mas parece que não farão nada a respeito."

"O que a divisão fará então?", perguntou o gerente de produção, com a esperança de que não fosse indicada nenhuma ação.

"Proponho listar minhas expectativas da divisão", manifestou o gerente de divisão. "Não são um grande mistério. Espero US$ 30 milhões em vendas; um lucro sobre as vendas antes de impostos de 8%; um retorno sobre o investimento de 15%; um programa em funcionamento para 30 de junho, com características específicas que depois mencionarei, para desenvolver nossos futuros gerentes; a conclusão do trabalho de desenvolvimento de nosso modelo XZ para o fim de ano e a estabilização da rotação de pessoal em 5%."

Os assistentes ficaram assombrados que seu superior tivesse pensado nesses objetivos verificáveis e os tivesse estabelecido com tanta clareza e segurança. Também lhes surpreendeu sua sinceridade de querer alcançá-los.

"Durante o próximo mês, quero que cada um de vocês transforme esses objetivos em metas verificáveis para suas funções. Naturalmente, serão diferentes para finanças, marketing, produção, engenharia e administração. Como quero que as estabeleçam, espero que contribuam para a realização das metas da divisão." ■

Perguntas

1. Um gerente de divisão pode desenvolver metas ou objetivos verificáveis quando não lhe foram designadas pelo presidente? Como? Que tipo de informação ou ajuda você acredita ser importante que o gerente de divisão receba da matriz?
2. O gerente de divisão estabeleceu as metas da melhor maneira? O que você teria feito?

Caso internacional 4.2

Poderemos concorrer neste mercado?

Elaborado por Mónica Zelaya, diretora do Departamento de Administração de Empresas, Faculdade de Ciências Econômicas, Universidade Francisco Marroquín, Guatemala.

Você é um famoso empresário latino-americano que teve há anos grande interesse por investir no mercado da telefonia celular. Para isso, pediu um parecer a uma equipe de pesquisa em questões de estratégia. Depois de vários meses de pesquisa, identificou-se um mercado com características muito interessantes, especialmente em dois territórios: El Salvador e Guatemala, por seu comportamento nos últimos anos. A seguir, há um resumo do que foi analisado do mercado de telefonia celular na Guatemala.

...(EXTRATO DO RELATÓRIO SOBRE TELEFONIA CELULAR NA GUATEMALA)

A telefonia celular na Guatemala experimentou grandes mudanças que beneficiaram os consumidores. Assim como em outros países, a telefonia celular teve um aumento de interesse importante e se encontra em constante crescimento. Mas, no caso da Guatemala, apresenta um comportamento muito particular, graças a uma inteligente modificação da legislação local,[17] que permite a emissão de títulos de usufruto (comercializáveis) que geram direitos de propriedade privada do uso do espectro radiofônico durante 30 anos. Depois dessa modificação, no fim de 1990, o mercado começou a abrir-se. No mercado da Guatemala só existia uma empresa autorizada para a venda do serviço de telefonia celular: a Comcel (hoje Tigo). A partir de então, começou a luta por conseguir clientes de telefonia celular, incorporando-se ao mercado local mais opções, como Telefónica, PCS (propriedade da já privatizada empresa estatal de telefones Telgua, que inclui investimento de capital mexicano e comprada pela Claro) e Bellsouth (que posteriormente foi comprada pela Telefónica).

As práticas realizadas por essas empresas são exemplo de uma contínua aprendizagem na questão de estratégia e empreendedorismo. Elas realizaram mudanças tanto em seus processos como nos produtos que oferecem, principalmente na questão de preços e opções disponíveis, criando assim um consumidor cada vez mais exigente. Como exemplo disso, no fim de 2006, as empresas de telefonia celular tentaram introduzir algumas mudanças em suas políticas, inclusive eliminando algumas promoções e reimplantando o pagamento de chamadas recebidas. Pouco depois, a notícia se espalhou e os protestos dos consumidores conseguiram dissuadir as empresas.

As consequências são verdadeiramente impressionantes: a Guatemala hoje tem o custo médio por minuto (CPPM) de telefonia celular mais baixo da América Latina e se encontra entre os três países de maior consumo

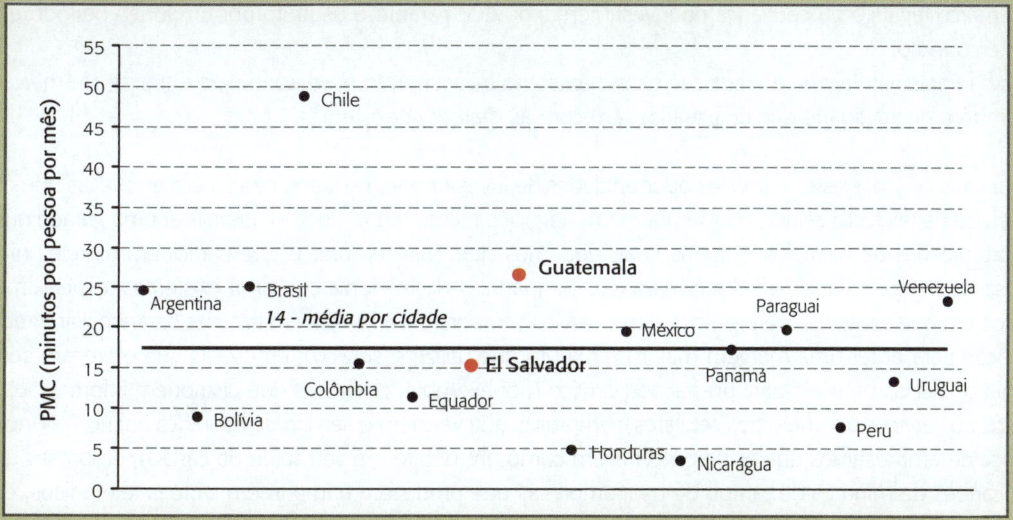

[17] Lei Geral de Telecomunicações, Decreto 94-96, 14 de novembro de 1996 (Guatemala).

(PMC), o que gera desafios interessantes para as empresas que querem entrar no mercado da telefonia na Guatemala, pois o investimento inicial em comparação ao retorno obtido por minuto pode chegar a ser muito alto, dependendo das estratégias que a empresa adotar.

Essa abertura do mercado de telecomunicações permitiu conectar muitas áreas remotas do país com novos mercados, criando um impacto em todo o país. O mais interessante é observar a quantidade de opções que hoje têm os guatemaltecos para usar esse serviço, desde disponibilidade de equipamentos de última geração em nível internacional, até os serviços da mais alta tecnologia, adaptados às necessidades de cada mercado, criando continuamente novas oportunidades para os guatemaltecos.

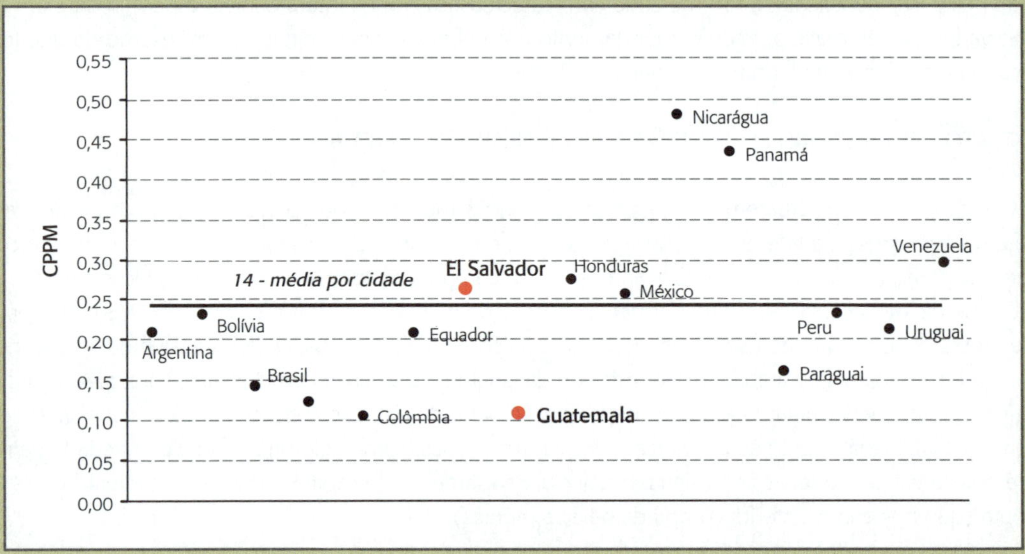

Direitos autorais de Hazlett, T. et al. *Radio Spectrum in Guatemala and El Salvador: an experiment in liberalization*, 19 de março de 2007

Esse mercado tem algumas características interessantes:

- É definitivamente um mercado em constante crescimento;
- Observa-se muita demanda pelo serviço de telefonia celular;
- Existe uma grande diversidade em serviços, isto é, oferecem-se serviços para uma grande variedade de segmentos de mercado;
- O marco legal gerou confiança no investimento, porque garante o usufruto por um longo período e facilita a interconexão;
- As barreiras naturais de entrada são altas, não só no investimento necessário para entrar neste mercado, mas também na fidelidade que os usuários têm com as marcas já existentes.

Por causa disso, existem diversas oportunidades de investimento no setor, não só em empresas que oferecem esse serviço de telefonia celular, mas também em negócios relacionados. Pode-se identificar uma grande quantidade de oportunidades de negócios, entre as quais podemos citar: mais empresas que participem da telefonia celular; empresas que sejam canais de distribuição das companhias de telefonia celular já existentes, especialmente em territórios em que ainda não há presença desse serviço (embora deva investir em antenas para ampliar a rede de comunicação para obter uma margem maior no minuto que utilize o serviço); empresas que ofereçam serviços de telefonia celular como meio para prestar seu serviço (por exemplo, empresas que distribuem informação, vendem produtos ou serviços por meio dos celulares); empresas que vendem o serviço de cobrança financeira (inclusive de cobrança de empréstimos que as pessoas pagam como um débito em seu saldo do cartão); empresas que distribuem cartões de minutos de tempo de uso; empresas que produzem e imprimem cartões telefônicos; empresas que vendem acessórios para celulares; e muitas outras. ■

Perguntas

Como assessor, esse investidor lhe pediu que selecionasse a oportunidade de negócios que você considera mais atrativa. Para isso, você deve fazer um relatório que inclua o seguinte:

1. Pontos fortes e fracos, oportunidades e ameaças;
2. Missão da empresa;
3. Objetivos globais dessa empresa;
4. Estratégia.

5

Capítulo

Estratégias, políticas e premissas de planejamento

Objetivos de aprendizagem

Depois de estudar o capítulo, você deverá ser capaz de:

1. Explicar a natureza e o propósito das estratégias e políticas.
2. Descrever o processo do planejamento estratégico.
3. Compreender a matriz SWOT e a matriz de portfolio de empresas.
4. Descrever alguns tipos de estratégias e políticas importantes e a hierarquia de estratégias.
5. Identificar as estratégias genéricas de Porter.
6. Discutir a natureza de premissas e previsões.

Atualmente, quase todas as empresas de negócios realizam o planejamento estratégico, embora o grau de sofisticação e formalidade varie de maneira considerável. De modo conceitual, o planejamento estratégico é enganosamente simples: analisar a situação atual e a que se espera no futuro, determinar a direção da empresa e desenvolver meios para obter a missão. Na verdade, esse é um processo extremamente complexo que demanda um enfoque sistemático para identificar e analisar fatores externos à organização e compará-los à capacidade da empresa.

O planejamento é realizado em um ambiente de incerteza. Ninguém pode assegurar se o ambiente externo e o interno serão os mesmos na próxima semana; muito menos dentro de vários anos. Portanto, as pessoas só fazem hipóteses ou prognósticos sobre o ambiente antecipado. Alguns dos prognósticos se tornam hipóteses para outros planos. Por exemplo, o prognóstico do produto nacional bruto se torna hipótese para o planejamento das vendas, que, por sua vez, se torna a base para o planejamento da produção etc.

Neste capítulo, você aprenderá a respeito da natureza e o propósito de estratégias e políticas, o processo de planejamento estratégico (que identifica os aspectos críticos de formular uma estratégia), a matriz SWOT (uma ferramenta para integrar sistematicamente fatores externos e internos), a matriz de portfolio de empresas (uma ferramenta para alocar recursos), algumas classes de estratégias e políticas importantes, a hierarquia de estratégias e estratégias genéricas. Como os planos são feitos em um ambiente de incerteza, você também aprenderá sobre a realização de premissas e previsões.

A natureza e o propósito de estratégias e políticas

As estratégias e as políticas estão estreitamente relacionadas. Ambas dão a direção, são o marco para os planos, são a base dos planos operacionais e afetam todas as áreas da administração.

O termo "estratégia", que vem da palavra grega *strategos* e significa "general", foi utilizado de diferentes maneiras. Os autores diferem em pelo menos um aspecto importante. Alguns enfocam os dois pontos finais (missão/propósito e metas/objetivos) e os meios para alcançá-los (políticas e planos). Outros ressaltam os meios para os fins no processo estratégico mais do que os fins por si mesmos. Como já dissemos no Capítulo 4, a **estratégia** se refere à determinação da missão (ou o propósito fundamental) e os objetivos básicos de longo prazo de uma empresa, seguidos da adoção de rotas de ação e a atribuição dos recursos necessários para alcançar essas metas. Portanto, os objetivos fazem parte da formulação da estratégia.

As **políticas** são declarações que guiam o pensamento dos gerentes na tomada de decisões, que asseguram que essas decisões se realizem dentro de certos limites. Normalmente, não requerem ação, mas têm o propósito de guiar os gerentes em seu compromisso de tomar uma boa decisão no fim.

A essência da política é a discrição. A estratégia, por sua vez, refere-se à direção em que os recursos humanos e materiais serão aplicados para incrementar a oportunidade de alcançar os objetivos selecionados.

Estratégia

Determinação da missão ou propósito e os objetivos básicos de uma empresa no longo prazo, seguida da adoção de cursos de ação e a atribuição dos recursos necessários para alcançar essas metas.

Políticas

Declarações ou compreensões gerais que guiam o pensamento dos gerentes na tomada de decisões.

Perspectiva internacional

Impulsionada pelo valor (e política), a Samsung procura reconhecimento global[1]

O Grupo Samsung é um conglomerado coreano voltado para produtos eletrônicos e serviços financeiros. No passado, muitas companhias coreanas encontravam dificuldades porque diversificavam para campos não relacionados. Em seu novo enfoque para a administração, a Samsung trata de evitar os erros de outras companhias. No começo deste século, a Samsung iniciou uma política projetada para fazer a companhia ser líder em seu campo, competindo contra empresas como a Sony, do Japão.

A companhia é impulsionada por seus valores e filosofia, que estabelece: "Dedicaremos nosso pessoal e tecnologias a criar produtos e serviços superiores, contribuindo assim para uma sociedade global melhor".[2] A Samsung reconhece a importância de suas pessoas e o uso das tecnologias mais recentes para alcançar o sucesso no mercado. Ao mesmo tempo, está consciente da responsabilidade de contribuir para a sociedade, não só na Coreia, mas também em todo o mundo.

O presidente Lee Kun-Hee estabeleceu as bases para um novo enfoque da administração que considera os defeitos como crimes. Qualidade, produtos superiores e excelente serviço ao cliente são considerados fatores-chave para o sucesso em um ambiente muito competitivo que esteve dominado por empresas japonesas. Com seu enfoque de "administração digital", a Samsung tenta explorar as oportunidades criadas pelas tecnologias da era da informação.

Os valores, filosofias e políticas da Samsung, assim como sua meta de tornar-se um líder global em seu campo, atraíram muitos estudantes universitários coreanos. Esses jovens ajudarão a companhia a competir com sucesso no ambiente global?

Para serem eficazes, as estratégias e as políticas devem ser implantadas por meio de planos, com detalhes crescentes, até chegar ao centro da operação. Os planos de ação por meio dos quais se realizam as estratégias são conhecidos como táticas, e as estratégias devem estar apoiadas em táticas eficazes.

O processo de planejamento estratégico

Embora os passos específicos para a formulação de uma estratégia possam variar, o processo pode ser construído, pelo menos conceitualmente, com base nos elementos-chave mostrados na Figura 5.1 e elaborados a seguir.

---

1 Ihlwan, M. e Khermouch, G. "Samsung: no longer unsung". *BusinessWeek*, 6 de agosto de 2001. Ver também http://www.samsung.com, acesso em 1º de outubro de 2006.

2 Samsung. Disponível em: http://www.samsung.com, acesso em 14 de janeiro de 2002.

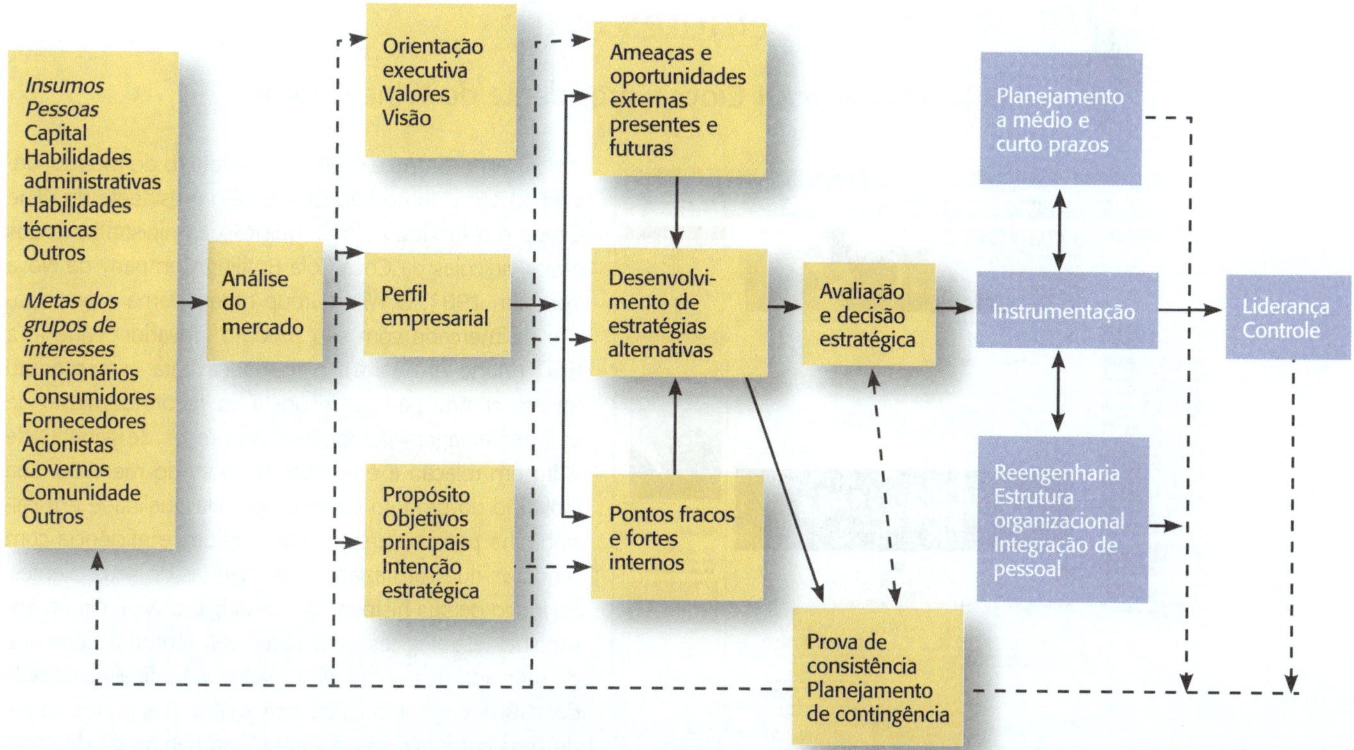

Adaptado e modificado de Weihrich, H. "The TOWS matrix: a tool for situational analysis". *Long Range Planning*, v. 15, n. 2, 1982, p. 54-66.

FIGURA 5.1 Modelo do processo de planejamento estratégico

Insumos para a organização

Os diversos insumos organizacionais, que incluem os insumos e metas dos grupos de interesses, foram analisados no Capítulo 1 e não requerem elaboração adicional.

Análise do mercado

Como veremos mais adiante neste capítulo, Michael Porter sugere que a formulação de uma estratégia necessita da avaliação da atratividade de um mercado ao analisar o ambiente externo. O enfoque deve estar no tipo de concorrência dentro de um mercado, a possibilidade de que novas empresas entrem no mercado, a disponibilidade de produtos ou serviços substitutos e as posições de negociação dos fornecedores, assim como de compradores ou clientes.

Perfil da empresa

O perfil da empresa é quase sempre o ponto de partida para determinar onde está posicionada a companhia e para onde deveria ir. Dessa forma, a alta administração determina a missão da empresa e esclarece sua orientação geográfica, assim como deveria ser operada em regiões selecionadas, em todo o país de origem ou até em diferentes países. Além disso, os gerentes avaliam a posição competitiva de sua empresa.

Perspectiva empresarial

Entrevista com Art Ciocca, presidente do Wine Group[3]

O Wine Group é o terceiro vinhateiro do mundo, devido ao seu volume.[4] Art Ciocca[5] é o presidente do Wine Group e o fundou com a aquisição administrativa e dos ativos vinícolas da Coca-Cola Bottling Company de Nova York, em 1981. O Wine Group obteve fama e participação de mercado com seu produto inovador "Wine in a Box" (Vinho em caixa). A mudança para esse produto foi em grande parte a resposta ao reconhecimento de sua desvantagem competitiva de preços de garrafas de vidro em relação a empresas maiores do mercado. Sua inovação do produto de vinho de alta qualidade em caixinha lhe permitiu crescer com rapidez e eficiência com produtos que satisfaziam as demandas de seus clientes. Ao longo de sua história, Ciocca dirigiu o Wine Group em escolhas estratégicas bem-sucedidas (como a demanda do mercado dos vinhos de meados até o final da década de 1980), com uma cuidadosa análise dos pontos fortes de seus competidores e sua própria habilidade de escolher os mercados em que podia competir com eficácia e rentabilidade. Ciocca contempla a administração empresarial como uma prática que pode e deve ser utilizada em organizações de todos os tamanhos; não só em novas empresas.

Orientação, valores e visão dos executivos[6]

O perfil da empresa é moldado por pessoas, em especial os executivos; e sua orientação e valores são importantes para formular a estratégia. Estabelecem o clima organizacional e determinam a direção da empresa por meio de sua visão ao responder a seguinte pergunta: "Que vamos querer ser?"[7] Em consequência, devem examinar com cuidado seus valores, suas preferências e suas atitudes para com os riscos, porque têm efeito na estratégia. Por exemplo, mesmo que a alternativa de distribuir bebidas alcoólicas possa parecer rentável, os executivos poderiam decidir contra essa estratégia por causa de um sistema de valores da alta administração que condenasse estas bebidas.

---

3 Entrevista realizada com Art Ciocca, presidente do Wine Group, em 11 de janeiro de 2007, por Mark Cannice.

4 Disponível em: http://en.wikipedia.org/wiki/The_Wine_Group

5 Escute Art Ciocca em formato podcast. Disponível em: http://www.usfmbapodcast.com/archive.htm#Ciocca

6 Para uma discussão de visão, ver Collins, J. e Porras, J. "Building your company's vision". *Crafting and executing strategy.* 12ª ed. Burr Ridge, IL: McGraw-Hill, 2001, p. 442-456.

7 David, F. "Vision versus mission". *Strategic management.* 8ª ed. Upper Saddle River, NJ: Prentice Hall, 2001, p. 56.

Missão (propósito), principais objetivos e intenção estratégica[8]

A **missão**, às vezes também chamada de propósito, é a resposta à pergunta: "Qual é nosso negócio?" Os principais objetivos são os pontos finais para onde se dirigem as atividades da empresa. Estas questões foram analisadas no capítulo anterior.

A **intenção estratégica** é o compromisso de vencer no ambiente competitivo. Os professores Gary Hamel e C. K. Prahalad analisaram companhias que obtiveram liderança global.[9] Descobriram que essas empresas tinham a obsessão de ganhar, não só ao mais alto nível, mas também em toda a organização. Essa obsessão é chamada de "intenção estratégica" e é ilustrada com o exemplo da intenção da Komatsu de "encerrar em um círculo a Caterpillar", seu principal rival; da ideia da Canon de "derrotar a Xerox"; ou da intenção da Honda de tornar-se um pioneiro automobilístico, "uma segunda Ford". Os autores afirmam que a intenção estratégica requer esforço e compromisso pessoal. A declaração de intenção se estabelece com o tempo e foca a essência de ganhar.

Missão
Uma declaração que responde à pergunta: "Qual é nosso negócio?"

Intenção estratégica
Compromisso de vencer no ambiente competitivo.

http://www.caterpillar.com
http://www.xerox.com
http://www.honda.com
http://www.ford.com

Ambiente externo presente e futuro

O ambiente externo presente e futuro deve ser avaliado em termos de ameaças e oportunidades. A avaliação foca a situação competitiva, assim como fatores econômicos, sociais, políticos, legais, demográficos e geográficos. Além disso, o ambiente é examinado em busca de desenvolvimentos tecnológicos, de produtos e serviços no mercado e de outros fatores pertinentes para determinar a situação competitiva da empresa.

Ambiente interno[10]

Do mesmo modo, o ambiente interno da empresa deve ser auditado e avaliado com respeito a seus recursos e pontos fortes, pontos fracos em pesquisa e desenvolvimento, produção, operação, compras, marketing, produtos e serviços. Outros fatores internos importantes devem ser avaliados para formular uma estratégia, que incluem recursos humanos e financeiros, assim como a imagem da companhia, estrutura e clima da organização, sistema de planejamento e controle e relações com os clientes.

---

8 Hamel, G. e Prahalad, C. "Strategic intent". *Readings in strategic management.* 5ª ed. Chicago: Irwin, 1995, p. 56-76. Hamel, G. e Prahalad, C. *Competing for the future.* Boston: Harvard Business School Press, 1994, p. 141-149. Hamel, G. *Leading the revolution.* Boston: Harvard Business School Press, 2000. Hamel, G. "Inside the revolution: take it higher". *Fortune,* 5 de fevereiro de 2001, p. 169-170.

9 O artigo de Hamel e Prahalad foi publicado originalmente na *Harvard Business Review,* maio-junho de 1989, e foi reimpresso com alguns cortes em Mintzberg, H. e Quinn, J. *The strategy process: concepts and cases.* Upper Saddle River, NJ: Prentice Hall, 1996, p. 41-45.

10 Thomas, H. et al. "Global strategic analyses: frameworks and approaches". *Academy of Management Executive,* fevereiro de 1999, p. 70-82.

Desenvolvimento de estratégias alternativas

http://www.hyundai.com
http://www.gm.com

As estratégias alternativas se desenvolvem sobre a base de uma análise do ambiente externo e interno. Uma organização pode procurar tipos de estratégias muito diferentes,[11] *especializar-se* ou *concentrar-se*, como fez a coreana Hyundai ao produzir automóveis de menor preço (ao contrário da General Motors, por exemplo, que tem uma linha de produtos completa que vai de automóveis baratos até os de luxo). Sob a liderança de Chung Mong Koo, seu diretor executivo, a companhia introduziu o veículo utilitário Santa Fé, de preço competitivo, que foi bem recebido no mercado.[12]

Perspectiva internacional

A estratégia de expansão da ZX Auto China

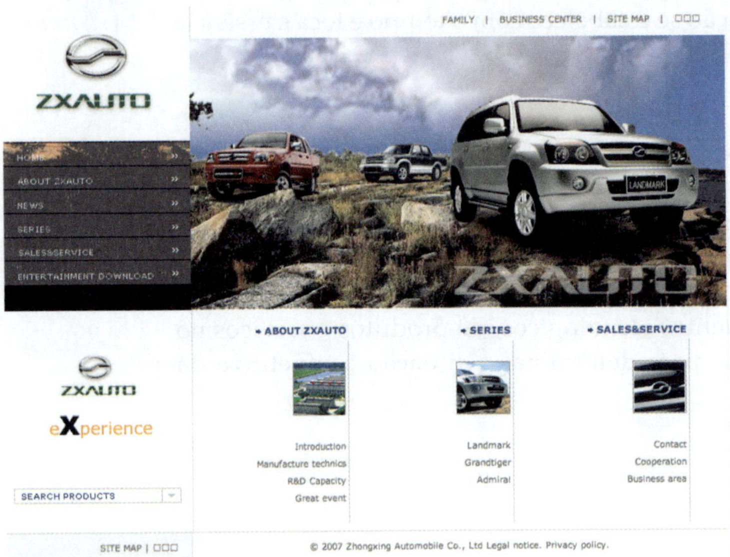

Agora ninguém se surpreende ao encontrar artigos chineses de diversos tipos em qualquer país da Europa ou da América. Não obstante, sempre é um duro golpe para as empresas que já estão no mercado saber que terão de competir com artigos chineses, que têm um preço muito menor. Por isso, quando foi anunciado que entrariam automóveis chineses no México, em 2008, importados pela ZX Auto China, a maioria dos distribuidores estabelecidos nesse país, como a Ford, Chevrolet, Chrysler, Nissan, Toyota, Honda e Jeep, recebeu um duro golpe. Além disso, a ZX Auto China anunciou que instalaria uma fábrica de automóveis na cidade mexicana de Tijuana em 2008, pretendendo fabricar veículos utilitários e caminhonetes, para vendê-los nos Estados Unidos por meio da Camco Automóveis.

Em setembro de 2007 chegaram os primeiros 30 mil veículos importados pela ZX Auto México, que inauguraram as operações da Zhongxing Auto na América, com preços entre US$ 12 mil para caminhonetes e cerca de US$ 2.999 a US$ 3.200 para suas trimotos.[13] Seu plano é expandir-se do México para os Estados Unidos e a América Latina. Seu objetivo é produzir 800 mil veículos de 2008 a 2012, com uma estratégia agressiva de introdução: na compra dos primeiros modelos darão de presente uma trimoto. A ZX Auto espera entrar no mercado norte-americano em 2008, mediante sua subsidiária ZX Automobile Corporation NA.

Fontes: Informação baseada em http://es.cars.yahoo.com/26062007/185/china-zx-auto-instalara-mexico-fabrica-america.hTML, acesso em 13 de julho de 2007. Durán, A. "Llegan autos chinos a México". *El Financiero* (on-line). Disponível em: http://www.elfinanciero.com, acesso em 12 de junho de 2007.

---

11 Para uma discussão detalhada sobre vários tipos de estratégias, ver David, F. *Strategic management*. 8ª ed. Upper Saddle River, NJ: Prentice Hall, 2001, Capítulo 5.

12 Bremner, B. "Hyundai gets hot". *BusinessWeek*, 2001, p. 84-86.

13 NE: moto de três rodas.

De maneira alternativa, uma empresa pode *diversificar-se*, ampliando suas operações para mercados novos e rentáveis. A Kmart Corporation formou um grupo varejista especializado, incluindo lojas como a Walden Book Company, Builders Square, Designer Depot e PayLess Drug Stores. Outra estratégia foi a *expansão internacional* a outros países, como descrito no Capítulo 3. Outros exemplos de possíveis estratégias são os *investimentos conjuntos* e as *alianças estratégicas* apropriadas para algumas empresas.[14]

http://www.kmart.com
http://www.bordersgroupinc.com (Walden)
http://www.paylessdrug.com
http://www.toyota.com
http://www.nummi.com

Nos grandes negócios, empresas devem reunir seus recursos, como o caso do investimento conjunto da General Motors e a Toyota para produzir automóveis pequenos na Califórnia.[15]

Em algumas circunstâncias, uma companhia pode adotar uma estratégia de *fechamento* ao encerrar uma linha de produtos não rentável, pode dissolver a empresa, como no caso das Associações de Poupança e Empréstimos, ou declarar a falência, como exemplifica bem a companhia de energia Enron. Mas, em alguns casos, pode não ser necessário fechar; só uma estratégia de *entrincheiramento* pode ser suficiente. Nessa situação, a companhia para sua operação temporariamente.

Esses são só alguns exemplos de possíveis estratégias. Na prática, as companhias, em especial as grandes, procuram uma combinação de estratégias.

Avaliação e escolha de estratégias[16]

As diversas estratégias devem ser avaliadas com muito cuidado antes de se fazer a escolha. As escolhas estratégicas devem ser consideradas à luz dos riscos envolvidos em uma decisão concreta. Algumas oportunidades rentáveis podem não ser aproveitadas porque o fracasso em um projeto arriscado provoca a quebra da empresa. Outro elemento difícil ao escolher uma estratégia é o momento. Até o melhor produto pode fracassar se for introduzido no mercado em um momento inadequado. Mais ainda, a reação dos competidores deve ser considerada. Quando a IBM reduziu o preço de seu computador pessoal como reação ao sucesso do computador Macintosh, da Apple, as empresas que produziam computadores compatíveis com o da IBM não tiveram outra opção a não ser reduzir seus preços também. Isso mostra a interconexão das estratégias de empresas no mesmo mercado.

Testes de consistência e planejamento de contingências

O último aspecto-chave do processo de planejamento estratégico é o teste de consistência e o planejamento de contingências. Durante todas as fases do processo de planejamento estratégico, os testes de consistência são essenciais. Como não se pode

14 Para uma discussão sobre alianças estratégicas, ver Serapio, M. e Cascio, W. "End-games in international alliances". *Academy of Management Executive*, fevereiro de 1996, p. 62-73. Garai, G. "Leveraging the rewards of strategic alliances". *Crafting and executing strategy.* 12ª ed. Burr Ridge, IL: McGraw-Hill, 2001, p. 601-606. Inkpen, A. "Learning and knowledge acquisition through international strategic alliances". *Academy of Management Executive*, novembro de 1998, p. 69-80.

15 New United Motor Manufacturing, Inc. Disponível em: http://www.nummi.com, acesso em setembro de 2006.

16 Ver também Hamel, G. "Strategy as revolution". *Harvard Business Review*, julho-agosto de 1996, p. 69-82.

prever o futuro com um alto grau de certeza, é necessário ter planos de contingência preparados. Por exemplo, uma estratégia pode ser preparada sob a hipótese de que o produto nacional bruto possa crescer 3% ao ano nos próximos três anos. Também pode ser elaborado um plano de contingência em que o cenário inclua uma importante recessão.

Planejamento a médio e curto prazos, implementação por meio de organização, integração de pessoal, liderança e controle

Embora não faça parte do processo de planejamento estratégico (e, portanto, aparece com linhas pontilhadas na Figura 5.1), o planejamento a médio e curto prazo, assim como a implementação dos planos, deve ser considerado durante todas as fases do processo. A implementação da estratégia requer organizar e possivelmente até submeter a organização a um processo de reengenharia (ver Parte 3 deste livro), integrar pessoal (*staffing*), isto é, preencher e manter preenchidos os cargos da estrutura da organização (ver Parte 4) e proporcionar liderança por meio de motivação e comunicação eficaz (ver Parte 5). Também se devem instalar controles para monitorar o desempenho contra os planos (ver Parte 6). A importância do retorno é mostrada pelos *loops* do modelo. Esses aspectos de implementação da estratégia serão discutidos mais adiante no livro.

A matriz SWOT: ferramenta moderna para a análise da situação

Na atualidade, os projetistas de estratégias são assistidos por várias matrizes que mostram as relações de variáveis críticas, como a matriz do portfolio de empresas do Boston Consulting Group, que será analisada mais adiante. Durante muitos anos, a análise SWOT foi utilizada para identificar os pontos fortes e fracos, as oportunidades e ameaças de uma companhia. Entretanto, esse tipo de análise é estático e poucas vezes leva ao desenvolvimento de estratégias alternativas claras baseadas nele. Portanto, foi introduzida a matriz SWOT para analisar a situação competitiva da companhia ou até de uma nação que desenvolva quatro séries de alternativas estratégicas diferentes.[17]

A matriz SWOT tem âmbito mais amplo e importância diferente da matriz de portfolio de empresas. A primeira não substitui a segunda. A matriz SWOT é um marco conceitual para uma análise sistemática que facilita a comparação de ameaças e oportunidades externas com os pontos fortes e fracos internos da organização.

17 Esta discussão e as cifras que a acompanham foram adaptadas de Weihrich, H. "The TOWS matrix: a tool for situational analysis". *Long Range Planning.* v. 15, n. 2, 1982, p. 54-66. Weihrich, H. "Analyzing the competitive advantages and disadvantages of Germany with the TOWS matrix: an alternative to Porter's model". *European Business Review.* v. 99, n. 1, 1999, p. 9-22.

É comum sugerir que as companhias deveriam identificar seus pontos fortes e fracos, assim como as oportunidades e ameaças do ambiente externo, mas o que com frequência se ignora é que combinar esses fatores pode requerer diferentes opções estratégicas. Para sistematizar tais escolhas, foi proposta a SWOT, onde S representa pontos fortes (do inglês, *strenght*); W, pontos fracos (do inglês, *weakness*); e O, oportunidades (do inglês, *opportunity*); T, ameaças (do inglês, *treat*). O modelo SWOT começa com a avaliação de ameaças porque, em muitas situações, uma companhia empreende o planejamento estratégico como resultado de uma crise, problema ou ameaça percebidos.

Quatro estratégias de alternativa

A Figura 5.2 apresenta as quatro estratégias de alternativa da matriz SWOT (embora a importância esteja nas estratégias, nesta discussão podem ser realizadas análises similares para desenvolver táticas ou planos de ação mais detalhados). As estratégias se baseiam na análise do ambiente externo (ameaças e oportunidades) e ambiente interno (pontos fortes e fracos):

1. A *estratégia WT* busca minimizar os pontos fracos e ameaças e é chamada de estratégia mini-mini ("minimizar-minimizar"). Pode requerer que a companhia, por exemplo, estabeleça um investimento conjunto, pare temporariamente suas operações ou seja fechada.
2. A *estratégia WO* tenta minimizar os pontos fracos e maximizar as oportunidades. Assim, uma empresa com pontos fracos em algumas áreas pode desenvolver essas mesmas áreas dentro dela; ou adquirir fora as competências necessárias (como tecnologia ou pessoas com as habilidades necessárias) para poder aproveitar as oportunidades no ambiente externo.
3. A *estratégia ST* utiliza os pontos fortes da organização para ocupar-se das ameaças no ambiente. A meta é maximizar os primeiros, minimizando as segundas. Assim, uma companhia pode usar seus pontos fortes tecnológicos, financeiros, gerenciais ou de marketing para fazer frente às ameaças de um novo produto introduzido no mercado por seu concorrente.
4. A *estratégia SO*, que capitaliza os pontos fortes de uma companhia para aproveitar as oportunidades, é a mais desejável. Na verdade, é a meta das empresas passar de outras posições na matriz para esta. Se tiverem os pontos fracos, procurarão superá-los, tornando-os fortes. Se enfrentarem ameaças, as enfrentarão para poder focar as oportunidades.

Fatores internos / Fatores externos	**Pontos fortes internos (S)** Ezm administração, operações, finanças, marketing, pesquisa e desenvolvimento, engenharia	**Pontos fracos internos (W)** Nas áreas mostradas no quadro "pontos fortes"
Oportunidades externas (O) (Considere também os riscos) como condições econômicas atuais e futuras; mudanças políticas e sociais; novos produtos, serviços e tecnologia	**Estratégia SO: maxi-maxi** Potencialmente a estratégia mais bem-sucedida, utilizando os pontos fortes da organização para aproveitar oportunidades	**Estratégia WO: mini-maxi** Como estratégia de desenvolvimento para superar pontos fracos para aproveitar oportunidades
Ameaças externas (T) Como falta de energia, concorrência e áreas similares às mostradas no quadro de "oportunidades" acima citado	**Estratégia ST: maxi-mini** Uso de pontos fortes para enfrentar ou evitar ameaças	**Estratégia WT: mini-mini** Parada temporária das operações, fechamento ou investimento conjunto para minimizar pontos fracos e ameaças

FIGURA 5.2 Matriz SWOT para a formulação de estratégias

Dimensão de tempo e a matriz SWOT

Até agora, os fatores apresentados na matriz SWOT se referem à análise em um momento concreto. Mas os ambientes internos e externos são dinâmicos: alguns fatores mudam com o tempo e outros, quase nada. Portanto, os estrategistas devem preparar várias matrizes em diferentes pontos do tempo, como mostra a Figura 5.3. Assim, podemos começar com uma análise SWOT do passado, continuar com uma análise do presente e, possivelmente, o mais importante, focar diferentes períodos (T1, T2 etc.) no futuro.

Aplicação da matriz de fusões SWOT para fusões, aquisições, investimentos conjuntos e alianças

Companhias de todo o mundo utilizam a matriz SWOT; a matriz também foi incluída em vários livros modernos sobre administração estratégica.[18] Recentemente, o conceito da matriz SWOT foi introduzido para planejar fusões, aquisições, investimentos conjuntos e alianças.[19] Quando dois sócios consideram atividades conjuntas, é prudente analisar os pontos fortes e fracos de cada um, assim como suas oportunidades e ameaças. Ademais, devem ser consideradas suas estratégias de alternativa antes de decidir sua associação: essas duas matrizes SWOT proporcionam melhor compreensão dos sócios potenciais antes de formalizar laços. Por exemplo, pontos fortes e fracos complementares poderiam resultar em uma vantagem competitiva para ambas as companhias. Por outro lado, a repetição e a sobreposição podem resultar em uma duplicação de

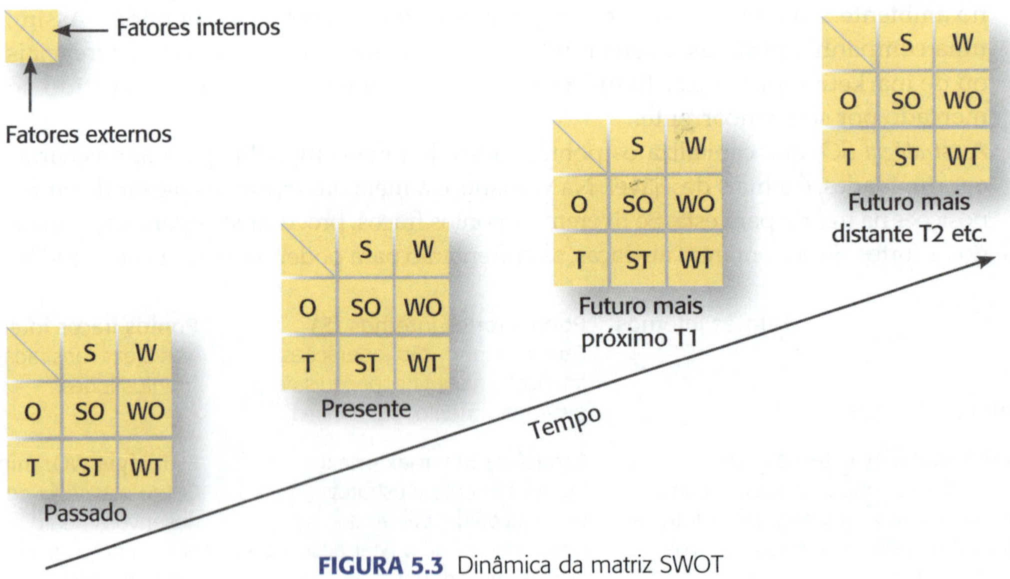

FIGURA 5.3 Dinâmica da matriz SWOT

18 David, F. "Vision versus mission". *Strategic management*. 8ª ed. Upper Saddle River, NJ: Prentice Hall, 2001, Capítulo 6. Hunger, J. e Wheelen, T. *Essentials of strategic management*. Upper Saddle River, NJ: Prentice Hall, 2001, Capítulo 5.

19 A matriz de fusões SWOT foi apresentada na Eastern Academy of Management Conference de San José, Costa Rica, de 17 a 21 de junho de 2001 e foi ilustrada pela fusão DaimlerChrysler.

Perspectiva internacional

DaimlerChrysler e Mercedes se separam

Depois de quase 10 anos desde sua fusão, em 1998, a DaimlerChrysler anunciou sua separação em 14 de maio de 2007. Três anos de perdas milionárias consecutivas no Chrysler Group (em 2006, 1 bilhão de euros) e o fechamento de sua fábrica de Newark, devido à volatilidade e às fortes pressões sobre as margens de lucro na América do Norte, seu principal mercado, tiveram um efeito negativo em seu crescimento. No mercado automobilístico, considera-se que a Chrysler tem uma linha de veículos obsoleta, formada por picapes e caminhonetes enormes para todo tipo de terreno, com tanques de gasolina também enormes; essas características, junto com a forte concorrência, podem ser as causadoras de seus apuros.

Por outro lado, a Daimler-Benz registrou lucros recordes em 2006; o consórcio cresceu 5,5 bilhões de euros esse ano. Por isso, a central alemã teme que sua estrela Daimler-Benz tenha seu desempenho prejudicado por seu sócio norte-americano.

Em um comunicado em sua página na Internet, afirma que apesar de as sinergias entre ambas as empresas serem utilizadas por completo, "não pode haver mais colaboração entre seus segmentos de mercado diferentes".

Assim, a Cerberus Capital Management, uma empresa afiliada de capital privado, tomou o controle da DaimlerChrysler e seu negócio de serviços financeiros por US$ 7,4 bilhões; espera-se que em breve anunciem a nova estratégia do que será a Daimler AG.

Fontes: Baseado em informação de Pahl, C. "DaimlerChrysler: ¿divorcio programado?". *DW-World.* Disponível em: http://www.dw-world.de/dw/article/0,2144,2351291,00.html. DaimlerChrysler. Disponível em: http://www.daimlerchrysler.com, acesso em 13 de julho de 2007.

esforços. Depois de avaliar as duas matrizes, deve ser desenvolvida uma terceira para a sociedade. Isto tem importância especial para aquisições e fusões pela permanência relativa da entidade resultante. Preparar as três matrizes SWOT pode facilitar a identificação de problemas potenciais em associações mais soltas como uma aliança estratégica. A matriz de fusões SWOT será ilustrada pela fusão DaimlerChrysler na seção de fechamento da segunda parte.

Estratégia de oceano azul: em busca de oportunidades em um mercado não disputado[20]

Na análise da matriz SWOT, mostramos que as companhias podiam usar seus pontos fortes e superar seus pontos fracos aproveitando as oportunidades e enfrentando as ameaças. Foi sugerido que a estratégia potencial mais bem-sucedida era usar os pontos fortes da empresa e aproveitar as oportunidades.

No livro *Blue ocean strategy – how to create uncontested market space and make the competition irrelevant,* os autores W. Chan Kim e Renee Mauborgne especificamente sugerem focar oportunidades que exploram águas não disputadas (oportunidades) no

[20] Kim, W. e Mauborgne, R. *Blue ocean strategy – how to create uncontested market space and make the competition irrelevant.* Boston: Harvard Business School Press, 2005. Hof, R. e Arndt, M. "How to hit a moving target". *BusinessWeek Online,* 21 de agosto de 2006. "Blue ocean strategy". Disponível em: http://knowledge.insead.edu, acesso em 24 de novembro de 2006.

"oceano azul", em vez de tratar de derrotar a concorrência no mercado existente, ou o "oceano vermelho", como os autores sugerem. O oceano vermelho pode ser ilustrado com a "sangrenta" concorrência atual na indústria automobilística, em que as companhias tratam de ser um pouco melhores que seu competidor tendo, por exemplo, uma estrutura de custos mais enxuta. A estratégia de oceano azul, ao contrário, pode ser comparada ao leilão *on-line* da eBay ao entrar em um mercado sem competidores. Exploremos mais a fundo as diferenças entre as estratégias de oceano vermelho e azul.

Estratégias competitivas tradicionais, que operam no oceano vermelho, visam derrotar a concorrência em um mercado existente. As companhias tentavam ser melhores que seus competidores. Michael Porter, de Harvard, sugeriu que as companhias devem fazer uma escolha estratégica entre a diferenciação, oferecendo aos clientes algo especial pelo que estão dispostos a pagar um preço adicional, ou ter uma menor estrutura de custos enxutos, como no caso do Wal-Mart, que veremos mais adiante, no Capítulo 6.

A estratégia de oceano azul, por outro lado, foca o mercado não disputado, oferecendo um produto ou serviço que é único em um espaço de mercado em que não há competidor, tornando irrelevante a concorrência, como sugere o subtítulo do livro *Blue ocean strategy*. Mais do que competir em uma situação de demanda existente, a estratégia de oceano azul tenta criar e desenvolver uma nova demanda para seus produtos ou serviços. Mais ainda, a companhia bem-sucedida procurará estratégias visando à diferenciação e baixo custo, como foi mostrado com a introdução do carro Lexus, que tinha características de diferenciação dos automóveis de luxo, mas a um menor preço. Desse modo, a Toyota, fabricante do Lexus, criou valor para o comprador. A inovação com valor é mais do que simples inovação, é uma estratégia que requer que toda a companhia esteja comprometida com a criação de valor para o cliente, oferecendo algo especial por um custo e preço relativamente baixos.

http://www.toyota.com

Para capturar o oceano azul e tornar irrelevante a concorrência, Kim e Mauborgne introduzem uma ferramenta de diagnóstico e marco de ação chamada *The Strategic Canvas*. Essa ferramenta identifica os fatores relevantes de um mercado em que as companhias competem. Esses fatores variam de um mercado para outro. Por exemplo, nas linhas aéreas, os fatores podem incluir o preço do transporte aéreo, alimentos, a gentileza no serviço etc. A Southwest Airlines, a bem-sucedida linha aérea dos Estados Unidos, tem baixa pontuação em preços, alimentação e conexões nos aeroportos. Mas tem alta pontuação em atendimento no serviço e frequência de voos. Já que a Southwest tinha pouca concorrência nestes últimos critérios, em que obtinha altas qualificações, procurava uma estratégia de oceano azul.

As companhias que procuram a estratégia de oceano azul devem concentrar-se em quatro ações. Primeiro, identificar e eliminar aqueles fatores que possam não ter importância para o comprador. Segundo, se a eliminação não for uma opção, considere reduzir esses fatores. Terceiro, eleve ou reforce aqueles fatores que são únicos. E quarto, crie fatores novos, ou novos e únicos, desejados pelos compradores, mas ignorados pelos concorrentes. Isso foi o que a Southwest Airlines e outras empresas fizeram também, adotando uma estratégia de oceano azul.

Como pode ser aplicada a estratégia de oceano azul ao formular uma estratégia baseada na matriz SWOT da Figura 5.2, mostrada antes? A estratégia tradicional de oceano vermelho pode ser exemplificada pela estratégia ST (pontos fortes e ameaças), em que uma companhia usa seus pontos fortes para enfrentar as ameaças criadas pela concorrência. A concorrência frente a frente costuma acabar em um massacre, por meio de uma estratégia de oceano vermelho. Pelo contrário, a estratégia SO (pon-

Perspectiva internacional

O oceano azul do iPod

Um divisor de águas nas inovações tecnológicas maciças foi, sem dúvida, a criação do iPod, pela Apple, um reprodutor de música digital que em seus últimos modelos já inclui uma tela colorida, bateria com duração de 20 horas, capacidade de 80 GB para vídeo e música. Desde sua introdução, em outubro de 2001, foram vendidos 1,5 milhão de iPods, o que contribuiu muito para que a Apple alcançasse lucros operativos, em 2003, de US$ 24 milhões. Por isso, há quem pense que o pequeno *gadget* tenha salvado a vida da Apple.

Mas a concorrência reagiu e, o que havia sido uma mina de ouro para Steven Jobs, diretor executivo da Apple, agora se vê ameaçado pela introdução de reprodutores de música da Dell, que custam US$ 100 menos que o iPod, ou o da Samsung, que trabalha com o Napster e é mais barato.

Fontes: Baseado em informação de Carleen, H. "If he's so smart... Steve Jobs, Apple, and the limits of innovation". *Fast Company.com.* Disponível em: http://www.fastcompany.com/magazine/78/jobs.html, acesso em 13 de julho de 2007. Página da Apple na Internet: http://www.apple.com.

tos fortes-oportunidades), em que uma companhia usa suas estratégias para aproveitar oportunidades, seria um exemplo de estratégia de oceano azul. É verdade que na matriz SWOT as análises de oportunidades foram consideradas genericamente, entretanto Kim e Mauborgne focam oportunidades únicas ignoradas pelos concorrentes.

Existe uma alternativa de estratégia de oceano azul (a estratégia WO) em que uma companhia compreende seus pontos fracos e reconhece que uma forma de superá-los é procurar oportunidades únicas. Frequentemente, uma companhia com pontos fracos pode estar com problemas e sentir-se motivada a procurar oportunidades que não tenham sido exploradas por seus concorrentes com intensidade, isto é, adotar uma estratégia de oceano azul.

Em resumo, as companhias que adotam uma estratégia de oceano azul podem procurar as estratégias SO e ST, mostradas na Figura 5.2. Mesmo não podendo evitar entrar na estratégia ST, é prudente que as empresas tentem antes adotar uma estratégia de oceano azul, para evitar o confronto sangrento resultante da alternativa ST.

A matriz de portfolio: uma ferramenta para atribuir recursos

O Boston Consulting Group desenvolveu a matriz de portfolio de empresas.[21] A Figura 5.4, uma versão simplificada da matriz, mostra as relações entre taxa de cresci-

21 Henderson, B. *The experience curve revisited.* Boston: Boston Consulting Group, sem data. Hedly, B. "Strategy and the 'business portfolio'". *Long Range Planning*, fevereiro de 1977, p. 9-15. Henderson, B. "The application and misapplication of the experience curve". *Journal of Business Strategy*, 1984. Boston Consulting Group. Disponível em: http://www.bcg.com, acesso em 14 de janeiro de 2002.

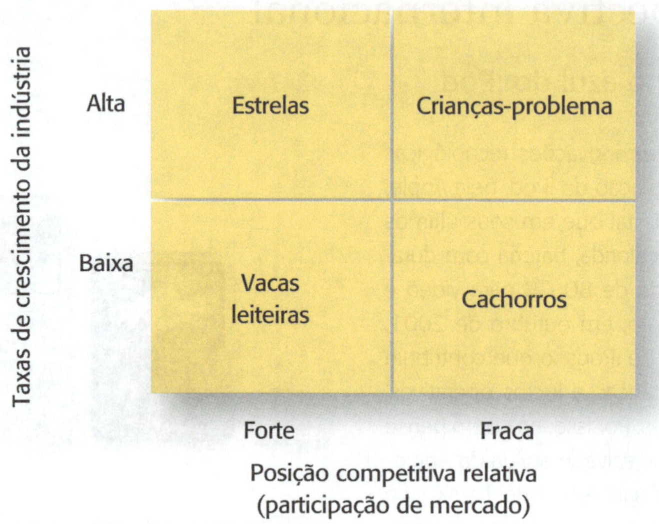

Adaptado de *The product portfolio matrix*, copyright 1970, The Boston Consulting Group, Inc.

FIGURA 5.4 Matriz de portfolio de empresas

http://www.bcg.com

mento da empresa e sua posição competitiva relativa, identificada pela participação de mercado. As empresas localizadas no quadrante das "crianças-problema", com uma participação de mercado fraca e uma alta taxa de crescimento, em geral requerem investimento de capital para tornarem-se "estrelas", empresas em posição de alto crescimento e muito competitivas. Esses tipos de empresas têm oportunidades de crescimento e lucros. As "vacas leiteiras", com uma forte posição competitiva e baixa taxa de crescimento, encontram-se bem estabelecidas no mercado e em uma posição de elaborar seus produtos a baixos custos. Portanto, seus produtos proporcionam o dinheiro necessário para sua operação. Os "cães" são empresas com baixo crescimento e fraca participação no mercado. Em geral, não são empresas rentáveis e será necessário desfazer-se delas.

A matriz de portfolio foi desenvolvida para grandes corporações com várias divisões que costumam estar organizadas ao redor de unidades estratégicas de empresas (será discutido no Capítulo 8). Embora a análise de portfolio tenha sido popular na década de 1970, não deixou de ter críticos que sustentam que é muito simplista. Do mesmo modo, o critério da taxa de crescimento foi considerado insuficiente para a avaliação da importância de um mercado. Além disso, a participação de mercado como regra para medir a posição competitiva pode ser inadequada.

Principais tipos de estratégias e políticas

Para uma empresa de negócios (e com alguma modificação, também para outros tipos de organizações), as principais estratégias e políticas que dão uma direção geral à operação provavelmente são aquelas que estão nas áreas de crescimento, finanças, organização, pessoal, relações públicas, produtos ou serviços e marketing. Analisaremos só estas duas últimas.

Produtos ou serviços

Uma empresa existe para oferecer produtos ou serviços. Em um sentido muito real, os lucros são simplesmente uma medida, embora importante, de como uma companhia atende seus clientes. Os novos produtos ou serviços, mais que qualquer outro fator único, determinam o que é ou será uma empresa.

As perguntas-chave nessa área podem resumir-se assim:

- Qual é o giro de nossa empresa?
- Quem são nossos clientes?
- Que querem nossos clientes?
- Quanto comprarão nossos clientes; e a que preço?
- Queremos ser um líder do produto?
- Qual é nossa vantagem competitiva?
- Queremos desenvolver nossos próprios novos produtos?
- Que vantagens temos para atender as necessidades do cliente?
- Como devemos reagir à concorrência existente ou potencial?
- Até onde podemos atender as necessidades do cliente?
- Que lucros podemos esperar?
- Que forma básica deve assumir nossa estratégia?

Marketing

As estratégias de marketing são estabelecidas para guiar os gerentes a levar produtos ou serviços aos clientes e motivá-los a comprar. Elas estão estreitamente relacionadas às estratégias de produtos; devem estar inter-relacionadas e apoiar-se mutuamente. De fato, Peter Drucker considera as duas funções básicas da empresa como inovação (a criação de novos bens ou serviços) e marketing. Uma empresa dificilmente poderá sobreviver sem fazer bem pelo menos uma destas funções e, preferivelmente, as duas.

As perguntas-chave que servem como guia para estabelecer uma estratégia de marketing são:

- Onde estão nossos clientes e por que compram?
- Como compram nossos clientes?
- Como é melhor para nós vendermos?
- Temos algo a oferecer que os concorrentes não tenham?
- Queremos tomar medidas legais para desmotivar a concorrência?
- Necessitamos e podemos proporcionar serviços de suporte?
- Qual é a melhor política e estratégia de definição de preços para nossa operação?
- Como podemos atender melhor nossos clientes?

FIGURA 5.5 Pirâmide de hierarquias de estratégias

Hierarquia das estratégias da companhia

Em companhias grandes e diversificadas, a estratégia geral pode adotar a forma de uma hierarquia. No topo da pirâmide está a estratégia em nível corporativo. Nesse nível, os executivos preparam a estratégia geral para uma companhia diversificada. As decisões são tomadas em relação aos mercados em que a companhia quer competir. Frequentemente, é selecionado um portfolio de empresas para alcançar sinergias entre as unidades de empresas.

O segundo nível da hierarquia são as estratégias de negócios, que em geral são desenvolvidas pelo gerente geral de uma unidade de negócios. Essas estratégias são revisadas e aprovadas (ou reprovadas) pelo diretor executivo. A meta da estratégia de negócios é obter uma vantagem competitiva em uma área em particular de uma linha de produtos.

No terceiro nível hierárquico, desenvolvem-se as *estratégias funcionais* (ou políticas). São definidas para os diferentes departamentos ou outras unidades organizacionais, como finanças, produção, marketing, serviço e pessoal. A meta é apoiar o negócio e as estratégias corporativas.

Análise do mercado e estratégias competitivas genéricas de Porter[22]

O professor Michael Porter sugere que a formulação de estratégias requer uma análise do atrativo de um mercado e a posição da companhia dentro desse mercado. Essa análise se torna a base para formular as estratégias genéricas.

[22] Porter, M. "How competitive forces shape strategy". *Harvard Business Review*, março-abril de 1979, p. 137-145. Ver também seu *Competitive strategy*. Nova York: Free Press, 1980. *Competitive advantage*. Nova York: Free Press, 1985. *The competitive advantage of nations*. Nova York: Free Press, 1990. "The competitive advantage of the inner city". *Harvard Business Review*, maio-junho de 1995, p. 55-71. "Strategy and the Internet". *Harvard Business Review*, março de 2001, p. 63.

Análise do mercado[23]

Na análise do mercado, Porter identificou cinco forças: 1) a concorrência entre as companhias; 2) a ameaça de novas companhias que entram no mercado; 3) a possibilidade de usar produtos ou serviços substitutos; 4) o poder de negociação dos fornecedores e 5) o poder de negociação de compradores ou clientes. Sobre a base da análise do mercado, uma companhia pode adotar estratégias genéricas, que são genéricas porque podem ser adequadas em um amplo nível para diferentes tipos de organizações. Entretanto, qualquer empresa pode usar mais de uma estratégia.

Estratégia geral de liderança de custo

Este enfoque estratégico procura a redução de custos, baseado em maior grau na experiência. Por isso, a importância pode estar em manter vigilância estreita nos custos em áreas como pesquisa e desenvolvimento, operação, vendas e serviço. O objetivo é que uma companhia tenha uma estrutura de baixo custo quando comparada a seus concorrentes. Esta estratégia frequentemente requer uma participação de mercado relativamente grande e uma operação eficiente em custos e com venda em um amplo mercado.

Estratégia de diferenciação

A companhia que segue uma estratégia de diferenciação tenta oferecer algo único no mercado em termos de produtos ou serviços. Os automóveis esportivos Porsche são, na verdade, especiais; igual à Caterpillar Company, conhecida por seu serviço rápido e disponibilidade de peças de reposição.

Estratégia focada

Uma companhia que adota uma estratégia focada se concentra em grupos de clientes especiais, uma linha de produtos concreta, uma região geográfica específica ou outros aspectos que se tornam o ponto central dos esforços da empresa. Em lugar de atender todo o mercado com seus produtos ou serviços, a empresa pode dar importância a um segmento específico do mercado. Uma estratégia de baixo custo, de diferenciação, ou ambas, podem conseguir isso. Porter ilustra a estratégia de baixo custo focada com o exemplo de La Quinta Inns, uma cadeia de motéis que opera em determinada região dos Estados Unidos e atrai representantes de empresas em viagem, como o pessoal de vendas. A *estratégia de diferenciação focada* pode ser exemplificada pela Cray Research Inc., especializada em supercomputadores poderosos e sofisticados. A diferenciação permite à companhia cobrar preços elevados.

Em geral, uma companhia precisa escolher uma estratégia genérica para "não verse apanhada no centro", segundo Porter. Aquela que ficar presa no centro precisa decidir por uma estratégia de baixo custo em um mercado amplo ou estreito ou oferecer um produto ou serviço diferenciado (único) em um mercado amplo ou estreito.

[23] Nickols, F. "Industry analysis ala Michael Porter: five forces affecting competitive strategy", 2000. Disponível em: http://home.att.net/~nickols/five_forces.htm, acesso em 1º de outubro de 2006.

Premissas e previsões para o planejamento

Um dos passos essenciais e frequentemente ignorados em um planejamento eficaz e coordenado é a elaboração de premissas, que é o estabelecimento e acordo de gerentes e planejadores para usar hipóteses coerentes e críticas para os planos considerados. As **premissas de planejamento** são definidas como o ambiente antecipado em que se espera que os planos operem. Incluem hipóteses ou prognósticos das condições futuras e conhecidas que afetarão a operação dos planos.[24] Como exemplo, podemos citar as políticas vigentes e os planos existentes da companhia que controlam a natureza básica de suporte dos planos.

Premissas de planejamento

O ambiente antecipado em que se espera que os planos operem.

Deve-se fazer uma distinção entre previsões, que são premissas de planejamento, e prognósticos, que se traduzem em expectativas futuras, geralmente em termos financeiros de planos reais elaborados. Por exemplo, um prognóstico para determinar condições futuras de empresas, volume de vendas ou o ambiente político apresenta premissas sobre as quais desenvolver planos. Entretanto, um prognóstico dos custos ou ingressos de um novo investimento de capital transforma um programa de planejamento em expectativas futuras. No primeiro caso, a previsão é um requisito prévio do planejamento; no segundo, o prognóstico é um resultado do planejamento.

Ao mesmo tempo, os próprios planos e prognósticos de seus efeitos futuros frequentemente se tornam premissas para outros planos. A decisão de uma companhia de eletricidade de construir uma planta geradora nuclear, por exemplo, cria condições que dão lugar a premissas para planos de linhas de transmissão e outros planos que necessariamente dependem da construção da planta geradora.

Prognósticos ambientais

Se o futuro pudesse ser previsto com precisão, o planejamento seria relativamente simples. Os gerentes só teriam de levar em conta seus recursos humanos e materiais, suas oportunidades e ameaças, calcular o método ótimo para alcançar seu objetivo e avançar para ele com um grau de certeza mais ou menos elevado. Mas, na prática, prever é muito mais complicado.

Valores e áreas de previsão

O ato de prever gera valores adicionais pelo seu uso. Primeiro, a elaboração de previsão e sua revisão pelos gerentes obrigam a pensar com antecedência, olhar para o futuro e tomar medidas. Segundo, a preparação da previsão pode revelar áreas em que falta o controle necessário. Terceiro, fazer previsões, especialmente quando existe participação de toda a organização, ajuda a unificar e coordenar planos. Ao enfocar a atenção no futuro, ajuda a trazer unidade de propósito para o planejamento.

As áreas ambientais que com frequência são escolhidas para fazer previsões incluem os ambientes econômicos, sociais, político-legais e tecnológicos.

---

24 Para percepções sobre o futuro, ver o relatório especial de Drucker, P. "The next society: a survey of the near future". *The Economist*, 3 de novembro de 2001, encarte p. 3-20.

Prever com a técnica Delphi

Uma das tentativas de fazer as previsões tecnológicas mais precisas e significativas é a técnica Delphi. Desenvolvida por Olaf Helmer e seus colegas da Rand Corporation, possui alto grau de respeitabilidade e aceitação científica. Um processo típico da técnica Delphi é o seguinte:

http://www.rand.org

1. É selecionado um painel de especialistas sobre um problema em uma área concreta, em geral de dentro e de fora da organização.
2. Pede-se aos especialistas (de maneira anônima para que não tenham a influência dos outros) que façam uma previsão do que acreditam que ocorrerá e quando, em várias novas áreas de descobertas ou acontecimentos.
3. As respostas são compiladas e os resultados, apresentados ou reapresentados aos membros do painel.
4. Com essa informação em mãos (mas ainda com o anonimato individual), são realizadas estimativas adicionais do futuro.
5. O processo pode repetir-se várias vezes.
6. Quando uma convergência de opiniões começa a evoluir, utilizam-se os resultados como um prognóstico aceitável.

Deve-se observar que o propósito das opiniões sucessivas e o retorno não servem para comprometer os especialistas, mas para expor opiniões adicionais, chegando assim a opiniões mais bem informadas. Desse modo, espera-se, e a experiência confirmou essa esperança, chegar a um consenso formado entre os especialistas.

Resumo

Existem diversas definições de estratégia. Uma delas se refere à determinação da missão ou propósito da empresa e seus objetivos básicos de longo prazo, seguidos pela adoção de cursos de ação e a atribuição dos recursos necessários para alcançar essas metas. As políticas são declarações gerais ou entendimentos que guiam os pensamentos dos gerentes na tomada de decisões. Tanto estratégias como políticas dão direção aos planos. Proporcionam o marco para os planos e servem como base para o desenvolvimento de táticas e outras atividades gerenciais.

O modelo de planejamento estratégico mostra como funciona o processo. Identifica os elementos críticos do processo e indica como se relacionam entre si. A matriz SWOT é uma ferramenta moderna para analisar as ameaças e as oportunidades no ambiente externo e suas relações com os pontos fracos e fortes internos da organização. É necessário desenvolver três matrizes SWOT para fusões, aquisições, investimentos conjuntos e alianças. A matriz de portfolio é uma ferramenta para alocar recursos, relacionando a taxa de crescimento da empresa à posição competitiva relativa (medida pela participação de mercado) da mesma empresa.

A estratégia de oceano azul foca o espaço no mercado sem concorrência séria. Por outro lado, a estratégia de oceano vermelho enfrenta os concorrentes em uma luta sangrenta.

É necessário desenvolver importantes tipos de estratégias e políticas em áreas como crescimento, finanças, organização, pessoal, relações públicas, produtos ou serviços e marketing. As estratégias formam uma hierarquia do nível corporativo no nível de negócio e no nível funcional. Porter identificou três estratégias competitivas genéricas relacionadas à liderança de custo geral, diferenciação e enfoque.

As premissas de planejamento são o ambiente antecipado. Incluem hipóteses ou previsões de futuro e condições conhecidas. Mais recentemente, as previsões ambientais se tornaram importantes. Um enfoque para as previsões é a técnica Delphi, desenvolvida pela Rand Corporation.

Ideias e conceitos básicos

- Estratégia
- Política
- Táticas
- Elementos-chave no processo de planejamento estratégico
- Matriz SWOT de Weihrich
- Matriz de fusões SWOT
- Estratégia de oceano azul
- Matriz de portfolio do Boston Consulting Group – BCG
- Principais tipos de estratégias
- Hierarquia das estratégias
- Estratégias genéricas de Porter
- Premissas de planejamento
- Prognósticos ambientais
- Técnica Delphi

Para analisar

1. Qual é a diferença entre estratégias e políticas?
2. As estratégias e políticas são tão importantes em uma empresa sem fins lucrativos (como um sindicato trabalhista, uma repartição governamental, um hospital ou o departamento de bombeiros de uma cidade) como em uma empresa? Por quê e como?
3. Por que são importantes os planos de contingência?
4. Escolha uma organização que você conheça e identifique pontos fortes e fracos. Quais são as oportunidades e ameaças especiais no ambiente externo?
5. Como você faria uma avaliação organizacional de sua escola ou universidade? Em que tipo de "negócio" está a escola?
6. Como as estratégias podem ser implantadas com eficácia?
7. Identifique premissas que você considera importantes e necessárias para a Honda Motor Company prever suas vendas de automóveis nos próximos dois anos.

Exercícios e atividades

1. Leia dois artigos que tratam de estratégia em revistas como *Fortune*, *Business Week* ou *Exame*. Relacione os pontos fracos e fortes de uma companhia relatada, assim como as oportunidades e ameaças enfrentadas pela empresa.
2. Considere um problema de decisão importante enfrentado por você e relacione as premissas de planejamento mais críticas que as rodeiam. Quantas delas são questões de conhecimento e quantas são de prognóstico? Quantas são qualitativas e quantas, quantitativas? Quantas estão sob seu controle?

Pesquisa na Internet

1. A matriz SWOT foi utilizada para desenvolver estratégias de alternativa para as organizações, para analisar as vantagens competitivas das nações e para desenvolver uma estratégia na carreira. Procure na Internet o termo "TOWS Matrix" e identifique a aplicação da matriz.
2. Procure na Internet o termo "strategic intent" (intenções estratégicas) e compare as intenções de quatro organizações.
3. Procure na Internet "competing for the future" (competir para o futuro) e encontre críticas do livro de mesmo nome de Hamel e Prahalad.

Caso internacional 5.1

O futuro da Shanghai Volkswagen[25]

A Shanghai Volkswagen é um investimento conjunto entre a alemã Volkswagen AG e um consórcio chinês. O contrato de 25 anos assinado pelos sócios em meados da década de 1980 dispunha de uma participação de 50% do capital para a Volkswagen AG na empresa. Para 2001, essa cooperação era o projeto automobilístico de maior sucesso na China. Tentativas da AMC Jeep Corporation, dos Estados Unidos, e outros fabricantes de automóveis fracassaram. Enquanto outras companhias eram atraídas pelo potencial de rápidos e enormes retornos devido à enorme população da China, de 1,2 bilhão de pessoas (logicamente, só uma parte muito pequena dela seria cliente), a Volkswagen construiu a empresa gradualmente com o passar dos anos. Em 2001, havia alcançado uma participação de mercado de mais de 50% introduzindo bons modelos e garantindo um serviço confiável. Mas foi necessário um grande esforço para construir esse mercado.

Os primeiros anos não deixaram de ter dificuldades. Por exemplo, a Volkswagen precisou desenvolver fornecedores para componentes de qualidade, capacitar mão-de-obra, trabalhar sob restrições impostas pelo governo anfitrião e compartilhar sua tecnologia mais recente de motores. O modelo Santana, bem-sucedido no Brasil, era o veículo mais adequado para o mercado chinês. Em 1995, o Santana 2000 melhorado foi lançado. Mas a meta final dos sócios chineses sempre foi projetar e eventualmente desenvolver seus próprios automóveis. A fábrica, localizada perto de Xangai, tem uma das plantas de motores mais modernas. Engenheiros e gerentes chineses foram enviados para a fábrica em Wolfsburg, Alemanha, para capacitação. Além disso, gerentes e técnicos chineses cursaram universidades alemãs para adquirir experiência em engenharia. Uma das principais dificuldades era a falta de fornecedores de componentes de qualidade. Portanto, a Volkswagen introduziu um sistema de incentivos que recompensava seus fornecedores por componentes de qualidade para automóveis. Ao mesmo tempo, a companhia se esforçou por estabelecer relações, não só com os fornecedores, mas também com a comunidade. O governo chinês, por outro lado, concedeu incentivos fiscais e protegeu o mercado de carros para a Volkswagen durante os primeiros anos. Por exemplo, de 1993 até 1996, não foi permitido que outros fabricantes de automóveis fizessem investimentos conjuntos para a montagem de automóveis para passageiros.

A combinação de modelos atrativos e serviço confiável geraram um incremento nas vendas de 8% em 2000 e de vendas esperadas de mais de 14% em 2001. Além do popular modelo Santana, a Volkswagen também fabrica Jettas, Passats e Polos, que deveriam levar a produção para 400 mil automóveis em 2001. Mas a concorrência não dorme e veio o lançamento de um automóvel de baixo orçamento por parte da Ford e de um automóvel compacto da Toyota. Com 90% das peças produzidas na China, a Volkswagen foi capaz de manter o preço mais baixo que o de seus concorrentes. Mas, a um custo de US$ 29 mil, o Passat é caro para uma pessoa que ganha US$ 1.200 por mês. Em comparação, o Buick de tamanho médio da General Motors custa US$ 44 mil, em parte devido ao fato de que só 60% das peças são de produção local. Com o ingresso da China na Organização Mundial de Comércio, em 2001, a probabilidade era de aumento da concorrência, pressionando os preços. A Volkswagen poderia contra-atacar, levando à China o Skoda tcheco de baixo preço (que é propriedade total da Volkswagen). Embora bem-sucedida no passado, a Volkswagen não pode se acomodar; deve preparar-se para a concorrência mundial futura. ■

Perguntas

1. Por que a Volkswagen teve tanto sucesso na China e as outras companhias fracassaram?
2. O que você recomendaria à Shanghai Volkswagen para continuar sua bem-sucedida carreira no futuro?
3. Foi prudente que a Volkswagen AG na Alemanha compartilhasse sua tecnologia mais recente de motores com os chineses?

---

[25] Baseado em diversas fontes, incluindo uma visita de um dos autores à Shanghai Volkswagen. Webb, A. e Shari, M. "The people's carmaker in China, for now". *BusinessWeek*, 23 de julho de 2001. Website da Volkswagen (em alemão). Disponível em: http://www.volkswagen.de, acesso em 1º de outubro de 2006. "Shanghai VW adds new model to Santana family". *People's Daily*. Disponível em: http://english.peopledaily.com.cn, acesso em 3 de abril de 2001. Shanghai Volkswagen, Harvard Business School Case 9-696-092, 23 de abril de 1996. "Skoda Auto: Slav Motown". *The Economist*, 6 de janeiro de 2001, p. 54-55.

Caso internacional 5.2

De seguidor a concorrente! Como uma marca seguidora virou uma marca com sua própria personalidade

Elaborado pelo professor Cornelio Francisco, diretor de Marketing, Universidade Católica de Santo Domingo

O licenciado Danilo Campo e o Dr. Emilio Colón conversam enquanto viajam ao município de Pedro Santana, na região sul da República Dominicana, que faz fronteira com o Haiti, só separados pelo rio Artibonito. Ambos os profissionais observaram um estranho fenômeno no consumo de cerveja dos residentes dessa região, que, em ritmo de merengue e bachata, desfrutavam de uma festa tradicional.

Enquanto observavam as divertidas atividades dos que participavam das festas, Campo (conhecedor das idiossincrasias dos mercados, por seus 40 anos como homem de negócios) notou que a maioria das caixas de garrafas vazias que os caminhões de coleta levavam era da cerveja La Fría, com sua característica garrafa azul. Essa marca, com 30 anos de presença no mercado nacional, era produzida e comercializada pela Compañía Dominicana de Cerveza (CDC), cuja atenção nos últimos 15 anos fora proteger a marca líder do mercado e da CDC, La Primera, considerada a "cerveja do país". No entanto, a cerveja La Fría agora exibia uma incomum demanda, o que levou o analista de mercado a considerar que algo fora do comum acontecia nesse mercado. A marca de cerveja La Primera se manteve como líder do mercado nos últimos 50 anos na República Dominicana. Em um mercado formado por seis marcas de cervejas de produção local, La Primera tinha 84% do mercado e as outras cinco tinham uma participação global de 16%. A marca La Fría tinha uma participação de 6%, por isso as marcas concorrentes da CDC compartilhavam 10% do mercado de cerveja de origem local.

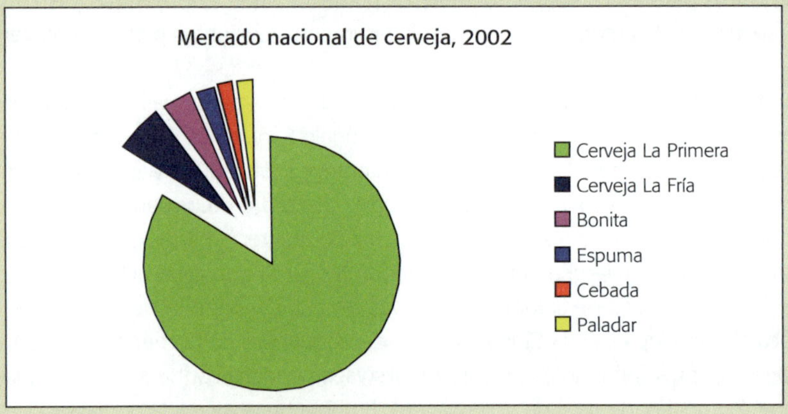

Fonte: Oficina Nacional de Estatística (ONE), 2002.

Os esforços de marketing da CDC, logicamente, visavam impulsionar sua marca estrela, que representava o maior volume de vendas e, em consequência, maiores lucros. Foram consideradas a classificação e as recomendações da matriz do Boston Consulting Group (BCG) sobre o que um produto estrela é: aquele que tem uma alta participação dentro de sua empresa e está localizado em um mercado com uma alta taxa de crescimento, por isso são produtos líderes da empresa e do mercado; além disso, demandam maior cuidado mercadológico e uma atenção especial. É verdade que são os produtos que contribuem com maiores receitas para a companhia e os que também exigem os maiores investimentos em marketing e publicidade para manter-se como os de maior preferência do mercado. Por isso a administração deve definir um plano estratégico de negócios para administrá-los, pois qualquer queda nas vendas das marcas líderes refletiria significativamente nas operações e no desenvolvimento da companhia.

Voltando à observação dos dois viajantes em férias: Danilo Campo e Emilio Colón concordaram que era estranho encontrar tantas garrafas de uma cerveja que não era a líder do mercado. A curiosidade os levou a indagar mais a fundo sobre o tema: visitaram os bares da comunidade e casas de amigos de Colón, que é oriundo da região em que se consumia a cerveja. Em cada mesa em que serviam cerveja, a preferida era La Fría, em uma relação de 6 para 2, ou seja, de cada 6 cervejas compradas, 4 eram de La Fría e 2 de La Primera. Isso dava uma participação 67% a La Fría e de 33% a La Primera. Ao questionar à população por que consumia mais a cerveja La Fría, em vez de La Primera, as respostas foram as mesmas: "Por toda esta região, de San Juan de la Maguana até aqui, o que tomamos é a cerveja La Fría! No Sul, esta é a de maior demanda".

Surpresos, os administradores prosseguiram sua viagem até a província de Elías Piña, a Padre las Casas e a alguns outros povoados da região; e em todos eles constataram o mesmo comportamento: preferiam La Fría e não La Primera. Em San Juan de la Maguana, província considerada a Capital do Extremo Sul, que tem o maior movimento comercial e de onde se abastecem muitas comunidades próximas, os "pesquisadores" sobre a preferência de cerveja na região fizeram uma parada na cervejaria de maior movimento na província Los Frezeer. Havia ali uma grande quantidade de pessoas tomando La Fría. A relação era similar à obtida em Pedro Santana; e as respostas dos consumidores foram idênticas. Era evidente o domínio total de marca, cuja função era a de seguir a marca líder, que, embora fosse da mesma empresa, agora era um concorrente, com sua própria personalidade e ameaçando diretamente a cerveja a quem protegia historicamente.

Voltando a Santo Domingo, os pesquisadores de cerveja decidiram continuar sua pesquisa no sul. O mercado de Santo Domingo é o mais representativo do comportamento nacional, pois concentra a maioria da população e é o centro de maior consumo de cerveja; onde também a oferta de cervejas é mais ampla.

Danilo Campo, professor da área de negócios da Universidade de Negócios e Comunicação (Uneco) opta por visitar os principais supermercados, restaurantes, bares e quitandas da cidade, para compilar dados que permitam confirmar suas informações sobre o consumo de cerveja no país mediante a técnica da observação. Seus resultados confirmaram a preferência pela cerveja La Fría em detrimento de La Primera. Havia mudanças essenciais no mercado: um defensor se tornava um concorrente. La Fría deixou de "amarrar" para o outro laçar e definiu seu próprio nó, adquirindo personalidade de concorrente, mas não qualquer concorrente. O que estava acontecendo? Simplesmente, o mercado da cerveja estava mudando. Os consumidores estavam modificando seu hábito de consumo de cerveja, abandonando uma cerveja forte, com alto grau de álcool, elevada posição no mercado, uma qualidade até o momento incontestável, com boa imagem nacional e internacional e um abundante orçamento promocional: uma marca que havia sido favorecida pelos consumidores em todo o mundo (ocupava o 30º lugar na lista de cervejas do mundo). Tanto os consumidores como as personalidades também começaram a difundir esse fenômeno.

Várias hipóteses foram analisadas. Alguns achavam que era questão de preço, pois La Fría era vendida a um preço mais baixo que a líder do mercado. Para outros era questão de um plano estratégico da CDC, voltado a elevar a participação de La Fría, para deixar de ser seguidora e tornar-se uma marca de peso no portfolio de produtos da empresa. Outros comentavam que os consumidores mudaram sua preferência para um produto leve e suave. Acreditava-se que o crescimento de La Fría era consequência de uma decisão do consumidor, não o resultado de algum plano estratégico ou influência de variáveis controláveis do mercado implantadas pela empresa que comercializava ambas as marcas.

Os executivos da CDC atribuíram o comportamento do mercado ao fator preço. Em 2002, a economia da República Dominicana sofreu uma séria recessão, alta inflação, os preços dos produtos aumentaram como consequência do aumento na taxa de câmbio do dólar. O peso dominicano perdeu rapidamente valor, por isso os preços seguiam uma tendência instável. Isso levou os consumidores a procurar produtos em função do preço, deixando para trás a preferência pela qualidade, imagem, posicionamento, costume, hábitos etc. Compravam o que interessava racionalmente e não o que preferiam emocionalmente. A cerveja La Fría tinha uma estrutura de preços inferior à La Primera (ver a relação de preços a seguir).

Preço de vendas por marca e apresentação, 2002			
Marca	**Preço garrafa**	**Preço 1/2 garrafa**	**Preço lata**
La Primera	RD$ 60.00	RD$ 35.00	RD$ 40.00
La Fría	RD$ 45.00	RD$ 25.00	RD$ 30.00
Bonita	RD$ 50.00	RD$ 30.00	RD$ 30.00
Espuma	RD$ 50.00	RD$ 30.00	RD$ 30.00
Cebada	RD$ 45.00	RD$ 25.00	RD$ 30.00
Paladar	RD$ 45.00	RD$ 25.00	RD$ 30.00

Fonte: Associação de Empresas Cervejeiras da República Dominicana.

A maioria dos consumidores pesquisados concordava em qualificar a cerveja La Primera com expressões pejorativas, enquanto elogiavam a suavidade e leveza de La Fría. Isso preocupou os executivos da CDC, pois, embora interessasse o aumento do consumo de La Fría e sua participação no mercado, isso acontecia em prejuízo de sua marca líder, La Primera. É que o seguidor parou, adquirindo sua própria personalidade, o que gerou um nervosismo na alta administração da CDC, que foi obrigada a definir e implementar programas de marketing para apoiar a La Fría. Foi obrigada ao mesmo tempo a analisar a situação de La Primera, pois era o produto de imagem da empresa e quem carregava com maior responsabilidade a fonte de suas receitas, por ser a de maior volume de faturamento e, portanto, a de maior produção. Isso lhe dava um menor custo, gerando assim maior rentabilidade unitária.

Entre as estratégias que a empresa implementou para proteger sua marca líder, destacaremos as seguintes:

- Foi definida uma campanha para melhorar sua imagem externa, introduzindo mudanças no rótulo, com uma nova frase publicitária e um novo posicionamento. Foi a campanha intitulada: "Que linda!"
- Aplicar uma diversificação concêntrica, que consistiu em apresentar a cerveja em uma garrafa de maior tamanho (de 1 litro). A promoção de vendas era "agora mais produto, para que te rendas mais".
- Outra diversificação do mesmo tipo foi oferecer o produto em uma lata de 207 mililitros, direcionada a um mercado segmentado que consumia pouca cerveja.

Todas essas estratégias estavam voltadas para produzir melhorias externas no produto, mas não tiveram efeito, já que a tendência no consumo de cerveja era a suavidade e a leveza; e La Primera continuava sendo uma cerveja forte.

Enquanto os executivos da CDC procuravam a solução para sua cerveja líder, foi anunciada uma aliança estratégica entre um dos principais distribuidores de refrigerantes do país, Cobertura, e uma das mais conhecidas e bem-sucedidas empresas cervejeiras latino-americanas, La Sin Rival. Essa cervejaria, de ampla experiência nos mercados latinos, iria instalar-se na República Dominicana e concorreria com os produtos da CDC, em 2004. A característica das cervejas de La Sin Rival é que são suaves, leves, por um preço competitivo em relação ao preço de La Fría, para um mercado que exigia produtos *light*.

A preocupação dos executivos de marketing da CDC tornou-se dupla, pois tinham o problema do enfrentamento entre La Fría e La Primera e deviam lutar com as cervejas que entrariam no mercado sob a administração da nova empresa. O lançamento da cerveja La Sin Rival seria em setembro de 2004, impulsionada por sua marca conhecida em todo o mundo, líder em mercados vizinhos, como Venezuela, México, Brasil, Argentina, entre outros. É conhecida com o nome de La Ceniza.

As ações estratégicas que os executivos de marketing da Compañía Dominicana de Cerveza definiram foram as seguintes:

1. Fortalecer o apoio mercadológico de La Fría, para a qual foi definida uma campanha publicitária baseada em um novo comercial, novo conceito, desdobramento em publicidade exterior e apoio aos sócios comerciais, isto é, os estabelecimentos que a comercializam.
2. Lançar no mercado a cerveja La Primera Ligera (leve), para responder ao mercado que exigia uma cerveja mais leve. Com essa nova cerveja se pretendia reposicionar La Primera, que havia passado ao segundo lugar, com uma participação de 37%. Ao mesmo tempo, se pretendia enfrentar o novo rival: La Ceniza, que projetava lançar no mercado a companhia La Sin Rival. Havia o risco de afetar a participação de La Fría, pois era provável que a cerveja La Primera suave ocupasse sua posição, ao apresentá-la com iguais características e aproveitando a força da marca, assim como seu forte posicionamento, que não foi afetado pela queda na preferência do mercado.
3. Definir um ambicioso programa de marketing para La Primera Ligera, em que se mantinha a imagem de força de marca, mas adaptada às exigências do mercado. Por isso a frase: "Leve, mas com personalidade". Todos os esforços de comercialização foram concentrados na promoção dessa extensão de marca.
4. Realizar uma grande festa com artistas de diversos gêneros, nacionais e internacionais, para abafar o efeito do lançamento no mercado dominicano da cerveja La Ceniza, anunciado em setembro de 2004. A intenção era gerar publicidade boca-a-boca de La Primera em suas versões Leve e Clássica. Estava sendo reafirmada a posição de liderança que tinha a Compañía Dominicana de Cerveza, com suas duas marcas preferidas do mercado.

Quando aconteceu o lançamento no mercado de La Ceniza, a CDC introduziu La Ligera (A Leve) como uma forma de segmentar o mercado saturado. Essa estratégia teve efeito na concorrência com La Sin Rival, mas acarretou o crescimento de La Fría e a queda de La Primera, tanto na sua versão Leve como na Clássica. A concorrência das cervejas é evidente, com a rivalidade de quatro marcas do tipo suave: La Fría, La Primera Ligera e La Ceniza, e uma marca clássica, Cerveza La Primera Clásica.

Considere que você é um especialista de negócios e de planejamento estratégico. A CDC o contrata para analisar a situação do mercado de cervejas da República Dominicana. Para começar, você deve responder às seguintes perguntas que marcariam o início de sua participação como consultor. ■

Perguntas

1. Avalie as ações estratégicas de marketing que a Compañía Dominicana de Cerveza (CDC) implementou quando foi anunciado o lançamento da nova cerveja La Ceniza da empresa La Sin Rival.
2. Qual é o maior problema que a CDC deve enfrentar: a concorrência interna que La Fría faz à sua marca líder, La Primera, ou a nova concorrência que virá com o lançamento da cerveja La Ceniza da concorrente La Sin Rival? Justifique sua resposta.
3. Analise as estratégias que a CDC implementou para proteger sua marca líder, La Primera, contra o crescimento de sua seguidora, La Fría.
4. Como você avalia a atitude dos executivos da CDC, no sentido de atribuir o comportamento do mercado quanto à preferência pela La Fría por critério de preço, querendo evitar a resposta natural que dava o mercado de que era uma decisão tomada pelos consumidores como consequência de uma mudança de hábitos no consumo? Essa crença pode ter afetado o crescimento de La Fría? Os executivos da empresa tinham razão? Descuidaram da estratégia de defesa? Responda detalhadamente.
5. Foi correta a estratégia de defesa que os gerentes de La Primera implementaram para enfrentar a La Fría, dirigindo suas ações para melhorar os atributos externos, em vez de melhorar a estrutura interna do produto?
6. Na sua opinião, o que aconteceu no mercado da cerveja dominicano, para que um líder de tantos anos e com uma imagem bem posicionada, com muita promoção, com grandes investimentos para a marca, como o caso de La Primera, perdesse o mercado em tão pouco tempo? Será que não há liderança para sempre? Todos os mercados tendem a mudar? Será que a fidelidade à marca se perdeu e agora os consumidores são mais exigentes e que, por isso, é necessário estar permanentemente monitorando suas mudanças, para gerar alterações na oferta dos produtos e poder seguir atendendo a variação de seus desejos, embora sejam as mesmas necessidades?
7. Uma estratégia recomendada aos executivos da CDC para proteger La Primera perante o crescimento de La Fría foi diminuir seu preço, pois os diretores executivos de marketing da empresa argumentavam que o motivo do crescimento de La Fría era o preço. Analise a conveniência dessa estratégia.
8. O mercado da República Dominicana agora está dominado pela tendência da cerveja leve, com menos álcool. O Estado dominicano estabelece os impostos para as bebidas alcoólicas segundo seu teor de álcool. La Primera Clásica tem 18% de álcool, enquanto as cervejas La Primera Ligera e La Fría só têm 9%. As mais recentes medições realizadas quanto ao tipo de cerveja que mais se vende indicam La Primera Ligera, com uma preferência de 78% em relação à La Clásica, com 22% de participação na demanda do consumidor. O Estado foi prejudicado com a mudança nos hábitos de cerveja dos dominicanos?

6

Capítulo

Tomada de decisões

Objetivos de aprendizagem

Depois de estudar o capítulo, você deverá ser capaz de:

1. Analisar a tomada de decisões como um processo racional.
2. Desenvolver rotas de ação alternativas considerando o fator limitante.
3. Avaliar diferentes alternativas e selecionar entre elas um projeto de ação.
4. Distinguir entre decisões programadas e não programadas.
5. Compreender as diferenças entre decisões tomadas sob condições de certeza, incerteza e risco.
6. Identificar a importância da criatividade e da inovação na administração.

Tomada de decisões
A seleção de uma rota de ação entre várias alternativas.

A **tomada de decisões** é definida como a seleção de um projeto de ação entre várias alternativas; ela está no centro do planejamento. Não é possível dizer que um plano existe até que uma decisão (um compromisso de recursos, direção ou reputação) tenha sido tomada. Até esse momento, só existem estudos de planejamento e análise. Em determinadas ocasiões, os gerentes consideram a tomada de decisões sua tarefa principal, pois constantemente decidem o que deve ser feito, quem deve fazê-lo e quando, onde e, às vezes, até como. Entretanto, a tomada de decisões é só um passo no sistema do planejamento. Mesmo quando feita de modo rápido e quase sem pensar, ou quando uma ação tenha influência só durante alguns minutos, faz parte do planejamento. Também faz parte da vida diária de todos. Poucas vezes é possível julgar um projeto de ação por si só, porque virtualmente cada decisão deve estar dirigida a outros planos.

A importância e as limitações da tomada de decisões racional

Na análise feita dos passos do planejamento no Capítulo 4, a tomada de decisões foi considerada parte importante do planejamento. De fato, dada a percepção de uma oportunidade e uma meta, o processo de tomada de decisões é, na realidade, o centro do planejamento. Por isso, neste contexto, o processo que leva a tomar uma decisão poderia ser considerado da seguinte maneira: 1) fazer premissas; 2) identificar alternativas; 3) avaliar alternativas em termos da meta buscada e 4) escolher uma alternativa, isto é, tomar uma decisão.

Mesmo que o capítulo destaque a lógica e técnicas de escolha de uma rota de ação, o estudo mostrará que a tomada de decisões é, na verdade, um dos passos do planejamento.

Racionalidade na tomada de decisões

Com frequência, se diz que a tomada de decisões efetiva deve ser racional. Mas o que é a racionalidade? É quando uma pessoa está pensando ou decidindo racionalmente?

As pessoas que atuam ou decidem com racionalidade tentam alcançar uma meta que não se pode obter sem ação. Devem ter uma clara compreensão das rotas de ação mediante as quais se pretende chegar a uma meta sob as circunstâncias e limitações existentes, assim como reunir a informação e a habilidade para analisar e avaliar alternativas à luz da meta procurada e, por último, ter o desejo de chegar à melhor solução selecionando a alternativa que leve à meta.

As pessoas poucas vezes obtêm racionalidade completa, especialmente na administração.[1] Em primeiro lugar, como ninguém pode tomar decisões que afetem o passado, elas devem agir para o futuro, que quase sempre inclui incertezas. Em segundo, é difícil identificar todas as alternativas possíveis para chegar a uma meta; isto é muito claro quando a tomada de decisões inclui fazer algo que nunca foi feito antes. Além disso, na maioria dos casos, nem todas as alternativas podem ser analisadas, mesmo com as técnicas analíticas e os computadores disponíveis.

[1] Ver March, James G. e Herbert A. Simon. *Organizations*. Nova York: Wiley, 1958.

Perspectiva internacional

Decisões, decisões, decisões[2]

Que diferença pode fazer o mau tempo? Quando uma tempestade de neve castiga a costa Leste dos Estados Unidos, são tomadas muitas decisões. Vejamos o caso de apenas uma linha aérea para ilustrar a situação. No centro de comando da American Airlines se rastreiam centenas de voos domésticos e internacionais. É necessário reunir informação de meteorologistas, revisar a visibilidade, obter informação local sobre se os funcionários poderão comparecer ao trabalho, quantos clientes têm reservas em diversos voos, quais deles precisam ser cancelados ou desviados. Imagine a complexidade de reprogramar centenas ou milhares de passageiros, e, por sua vez, o clima também pode ocasionar falhas nos equipamentos. A linha aérea se preocupa em grande parte com os voos atrasados porque a Administração Federal de Aviação tem um registro dos que chegam com 15 minutos ou mais de atraso. Do mesmo modo, os voos devem ser coordenados com outras linhas aéreas. Certamente, os tomadores de decisões são acompanhados por computadores, mas muitas decisões devem ser tomadas por uma única pessoa. Também é certo que os clientes se verão afetados, tanto quem realiza uma importante viagem de negócios como aqueles que planejaram suas férias possivelmente com muitos anos de antecedência. Conscientes da complexidade das decisões, talvez os passageiros pudessem ser mais compreensivos quando um voo é atrasado ou cancelado.

http://www.americanairlines.com

Racionalidade limitada

Um gerente deve estar consciente e aceitar a racionalidade limitada ou "ligada". Em outras palavras, limitações de informação, tempo e certeza restringem a racionalidade, até mesmo se o gerente se esforça por ser completamente racional. Já que na prática eles não podem ser totalmente racionais, em algumas ocasiões permitem que seu desconforto com os riscos (seu desejo de "agir com segurança") interfira no desejo de chegar à melhor solução conforme as circunstâncias. Herbert Simon[3] chamou a isto **satisfazer**, isto é, escolher uma rota de ação satisfatória ou boa, conforme as circunstâncias. Embora muitas decisões gerenciais sejam tomadas com o desejo de "resolver" com a maior segurança possível, muitos gerentes tentam tomar as melhores decisões dentro dos limites da racionalidade e à luz do grau e natureza dos riscos envolvidos.

Satisfazer

Escolher uma rota de ação satisfatória ou boa conforme as circunstâncias.

Desenvolvimento de alternativas e o fator limitante

Considerando que sabemos quais são nossas metas e estamos de acordo com as premissas de planejamento, o primeiro passo na tomada de decisões é desenvolver alternativas. Quase sempre há alternativas para qualquer rota de ação; na verdade, se parece haver somente uma maneira de fazer algo, essa forma provavelmente está errada. Se podemos somente pensar em uma rota de ação única, é evidente que não foi bem pensada.

A capacidade de desenvolver alternativas com frequência é tão importante como ser apto para selecioná-las corretamente. Por outro lado, a ingenuidade, a pesquisa e o sentido comum frequentemente descobrirão tantas opções que nenhuma delas será avaliada de maneira adequada. O gerente precisa ajudar nessa situação. E essa ajuda,

2 Trottman, Melanie. "Bad weather, tough choices". *The Wall Street Journal*. 14 de fevereiro de 2006.

3 Em 1978, o professor Simon recebeu o Prêmio Nobel de Economia. Faleceu em 2001 aos 84 anos. Ver Herbert Simon. *The Economist*. 24 de fevereiro de 2001, p. 91. Sua autobiografia pode ser vista em http://www.nobel.se/economics/laureates/1978/simon-autobio.html, acesso em 1º de outubro de 2006.

assim como a assistência na escolha da melhor alternativa, encontram-se no conceito do fator limitante ou estratégico.

Um fator limitante obstrui a maneira de alcançar um objetivo desejado. Identificar os fatores limitantes de uma determinada situação torna possível definir a busca de alternativas para aquelas que os superarão. O **princípio do fator limitante** estabelece que, identificando e superando esses fatores que se opõem de maneira importante a uma meta, é possível selecionar a melhor rota de ação.

Princípio do fator limitante

Identificar e superar os fatores que se opõem de maneira importante a uma meta torna possível selecionar a melhor rota de ação.

Avaliação de alternativas

Após determinar as alternativas apropriadas, o passo seguinte do planejamento é avaliá-las e selecionar a que melhor contribua para a meta. Este é o ponto final da tomada de decisões, embora elas também devam ser tomadas nos outros passos do planejamento: selecionando metas, escolhendo premissas críticas e até selecionando alternativas.

Fatores quantitativos e qualitativos

Comparando alternativas para alcançar um objetivo, é provável que as pessoas pensem exclusivamente em **fatores quantitativos**. Trata-se de fatores que podem ser medidos em termos numéricos, como o tempo ou os custos fixos e operacionais. Ninguém questionaria a importância desse tipo de análise, mas o sucesso do projeto estaria em risco se os fatores intangíveis ou qualitativos fossem ignorados. Os **fatores qualitativos ou intangíveis** são aqueles difíceis de medir numericamente, como a qualidade das relações trabalhistas, o risco de mudanças tecnológicas ou o clima político internacional. Existem muitas instâncias em que um excelente plano quantitativo foi destruído por uma guerra imprevista, um bom plano de marketing ficou inoperante por uma prolongada greve de motoristas, ou um plano de empréstimos racional foi afetado por uma recessão econômica. Essas ilustrações mostram a importância de prestar atenção aos fatores quantitativos e qualitativos ao comparar alternativas.

Fatores quantitativos

Fatores medidos em termos numéricos.

Fatores qualitativos ou intangíveis

Fatores difíceis de medir numericamente.

Perspectiva empresarial

Entrevista com David Epstein, diretor-gerente da Crosslink Capital[4]

David Epstein é sócio de capital de investimento da Crosslink Capital em São Francisco, Califórnia. Atua em projetos de investimento em tecnologias centrais e semicondutores. Quando foi questionado sobre o processo de decisões de sua empresa na hora de avaliar companhias para possíveis investimentos, Dave deu uma resposta detalhada. "Criamos uma estratégia ao redor de um mercado e identificamos companhias e características de uma empresa que chame nossa atenção. Reunimo-nos com muitas delas no mesmo mercado e nos tornamos especialistas na dinâmica do mercado e a posição de cada uma. Posteriormente, tomamos uma decisão rápida sobre possíveis falhas na equiparação entre nossa direção e a da companhia. Ambos os conceitos qualitativos e quantitativos importam, e qualquer um pode fazer fracassar um acordo." A Crosslink avalia o mercado de maneira muito quantitativa, mas a avaliação da equipe administrativa é um processo muito qualitativo. O resultado de financiar um novo projeto empresarial é um "casamento entre empresas", por isso é essencial tomar a decisão de financiamento de uma maneira muito ampla.

http://www.crosslinkcapital.com/

[4] Entrevista realizada com David Epstein em 11 de janeiro de 2007, por Mark Cannice.

Para avaliar e comparar os fatores intangíveis de um problema de planejamento e tomar decisões, os gerentes devem primeiro identificar estes fatores e depois determinar se é possível dar-lhes uma medição quantitativa razoável. Se não for assim, devem averiguar o mais que puderem a respeito dos fatores, possivelmente qualificá-los em termos de sua importância, comparar sua influência provável no resultado com a dos fatores quantitativos e depois chegar a uma decisão, que pode dar um peso predominante a um dado fator intangível.

Perspectiva internacional

Batalha entre titãs: Boeing *versus* Airbus[5]

Muitos fatores quantitativos e qualitativos foram avaliados pela Boeing e a Airbus na batalha pela liderança do mercado aeronáutico. No início de 2000, a Airbus, uma unidade da European Aeronautic Defense & Space (EAD), era o fabricante líder de aeronaves, superior à Boeing norte-americana. Isso pode ter gerado um excesso de confiança. O Airbus A380 de enorme tamanho foi desenvolvido com a meta de superar o Boeing 747, a aeronave de 450 lugares que havia dominado os céus durante muitos anos. Mas em 2006 a sorte parecia mudar.

A produção do A380 enfrentou problemas, provocando demoras muito caras para a companhia. A Airbus subestimou a complexidade da enorme aeronave com seus sofisticados equipamentos. A instalação de sistemas de comunicação e entretenimento a bordo causou problemas importantes. A escassez de engenheiros qualificados dificultou a introdução de modelos múltiplos projetados para competir com a Boeing. As lutas internas entre os gerentes da Airbus tampouco ajudaram a companhia.

Várias linhas aéreas reconsideraram suas decisões e algumas delas colocaram seus pedidos na Boeing. A Thai Airways, por exemplo, considerava cancelar seus pedidos de seis aviões. Em dezembro de 2006, a Lufthansa, a linha aérea alemã, anunciou a aquisição do Jumbo Jet Boeing 747 atualizado, que havia dominado o mercado dos jatos no passado. A Singapore Airlines, uma importante compradora de aeronaves novas, também encomendou 20 aparelhos 787 Dreamliners da Boeing, bem recebidos pelos clientes por seu conforto e eficiência. A nave é menos cara de operar e manter que o Airbus A330 do concorrente. Em resposta, a Airbus desenvolveu o A350 como concorrente do 787 da Boeing. Não obstante, espera-se que o Dreamliner entre em serviço quatro anos antes que o A350 (2008 *versus* 2012).

Para ajudar a Airbus a sair de seus problemas, a União Europeia pensa em continuar dando apoio ao fabricante. Em consequência, a Boeing apresentou uma queixa diante da Organização Mundial de Comércio (OMC), alegando que os subsídios pagos para o desenvolvimento dos aviões Airbus eram ilegais. A Boeing, por outro lado, foi acusada de receber subsídios estatais para desenvolver novas aeronaves.

Enquanto os argumentos se dirimem nos tribunais, a Airbus e a Boeing continuam sua batalha no mercado. A antiga posição dominante da Boeing foi seguida pelos sucessos da Airbus no início do século XXI. Mas em 2006/2007, o panorama para a Boeing parece mais favorável, por isso a batalha de titãs continua.

http://www.boeing.com
http://www.airbus.com
http://www.lufthansa.com
http://www.singaporeair.com/saa/

[5] Lunsford, J. Lynn e Daniel Michaels. "Bet on huge plane trips up Airbus". *The Wall Street Journal*, 15 de junho de 2006; Lunsford, J. Lynn e Daniel Michaels. "Boeing may get lift from Lufthansa". *The Wall Street Journal*, 6 de dezembro de 2006. "EU vows continuing Airbus support". *BBC News*, 6 de dezembro de 2006; Michaels, Daniel e J. Lynn Lunsford; "Airbus pitch: new A350 was worth wait". *The Wall Street Journal*, 4 de dezembro de 2006; "Airbus-A long haul to recovery". *The Economist*, 9 de dezembro de 2006, p. 70; Michaels, Daniel. "Airbus A380 is set to gain clearance". *The Wall Street Journal*, 12 de dezembro de 2006; Lunsford, J. Lynn. "Boeing flight plan for growth". *The Wall Street Journal*, 5 de janeiro de 2007.

Análise marginal

A avaliação de alternativas pode requerer a utilização da técnica de **análise marginal** para comparar as receitas e o custo adicional que surgem da produção crescente. Se o objetivo é maximizar os lucros, esta meta será alcançada, como a economia elementar ensina, quando as receitas e os custos adicionais forem iguais. Em outras palavras, se as receitas adicionais da maior quantidade forem superiores a seus custos adicionais, serão obtidos mais lucros ao produzir mais. Entretanto, se as receitas adicionais da maior quantidade forem inferiores a seu custo adicional, pode haver maior lucro ao produzir menos.

Análise marginal
Comparar a receita e o custo adicional que surgem ao incrementar a produção.

A análise marginal pode ser utilizada para comparar fatores distintos de custos e receitas. Por exemplo, para encontrar a produção ótima de uma máquina, os insumos poderiam ser variados em relação com a produção, até que os insumos adicionais sejam iguais à produção adicional. Este seria então o ponto de eficiência máxima da máquina. Ou o número de subordinados que reportam a um gerente poderia ser incrementado até o ponto em que as economias em custos adicionais, melhor comunicação e moral, e outros fatores, sejam iguais às perdas adicionais na eficácia de controle, liderança e fatores similares.

Análise de eficácia de custos

Uma melhoria ou variação da análise marginal tradicional é a análise de eficácia de custos, ou análise custo-benefício. A **análise custo-benefício** busca a melhor relação de benefício e custo; isso significa, por exemplo, encontrar a forma menos cara de chegar a um objetivo ou obter o maior valor para um gasto determinado.

Análise custo-benefício
Busca a melhor relação de benefício e custo.

Selecionar uma alternativa: três enfoques

Ao selecionar entre alternativas, os gerentes podem utilizar três enfoques básicos: 1) experiência; 2) experimentação e 3) pesquisa e análise (Figura 6.1).

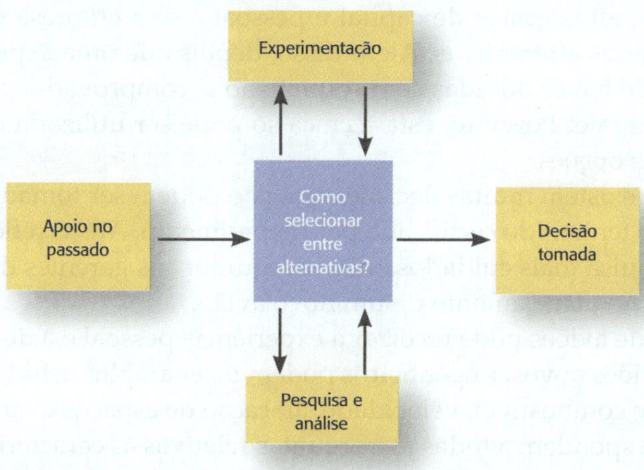

FIGURA 6.1 Bases para a seleção entre rotas de ação alternativas

Experiência

Depender da experiência anterior talvez tenha mais importância que a merecida na tomada de decisões. Os gerentes experimentados acreditam, em geral sem perceber, que as coisas que obtiveram com sucesso e os erros que cometeram oferecem guias quase infalíveis para o futuro. É provável que esta atitude seja mais pronunciada quanto maior seja a experiência do gerente e quanto mais ele tenha escalado posições na organização.

Até certo ponto, a experiência é a melhor guia. O próprio fato de que os gerentes tenham alcançado sua posição parece justificar suas decisões passadas. Mais ainda, o processo de analisar os problemas a fundo, de tomar decisões e ver programas, de ter sucesso ou fracassar, dá lugar a um grau de bom julgamento (às vezes chegando até a intuição). Mas muitas pessoas não aprendem com seus erros, e há gerentes que nunca parecem adquirir o bom juízo que a empresa moderna exige.

Depender da experiência passada como guia para uma ação futura pode ser perigoso. Primeiro, a maioria das pessoas não reconhece as razões por trás de seus erros ou fracassos. Segundo, as lições da experiência podem ser completamente inaplicáveis a novos problemas. As boas decisões devem ser avaliadas para os sucessos futuros, enquanto a experiência faz parte do passado.

Por outro lado, se uma pessoa analisar a experiência com cuidado, em vez de segui-la cegamente, e extrair dela os motivos fundamentais de sucessos ou fracassos, tal experiência pode ser útil como uma base para a análise de decisões. Um programa bem-sucedido, uma companhia bem administrada, uma promoção de produtos bem-sucedida ou qualquer outra decisão que dê certo podem proporcionar dados úteis para essa dedução. Como com os cientistas, que não hesitam em trabalhar sobre pesquisas de outros e seria bobagem simplesmente repeti-las, os gerentes podem aprender muito com as experiências de outros gerentes.

Experimentação

Uma forma evidente de decidir entre alternativas é experimentar uma delas e ver o que acontece. A experimentação é utilizada frequentemente na pesquisa científica. Acredita-se que deveria ser utilizada com maior frequência na administração e que a única forma de um gerente estar seguro de que alguns planos são corretos (em especial diante dos fatores intangíveis) é experimentar as diversas alternativas e ver qual é a melhor.

É provável que a técnica experimental seja a preferida de todas, especialmente se um programa exige altos gastos de capital e pessoal e se a empresa não pode se dar ao luxo de testar várias alternativas. Além disso, depois que uma experiência foi comprovada, ainda pode haver dúvidas com respeito ao já comprovado, pois o futuro não pode replicar o presente. Portanto, esta técnica só pode ser utilizada depois de serem consideradas outras opções.

Por outro lado, existem muitas decisões que não podem ser tomadas até que o melhor projeto de ação tenha sido certificado pelo experimento. Até as reflexões sobre a experiência ou a pesquisa mais cuidadosa não asseguram aos gerentes decisões corretas. Isso fica mais claro no planejamento de um novo avião.

Um fabricante de aviões pode recorrer à experiência pessoal e à de outros fabricantes e usuários de aviões novos. Engenheiros podem fazer amplos estudos de tensões, vibração, consumo de combustível, velocidade, alocação de espaços e outros fatores. Mas estes estudos não respondem a todas as perguntas relativas às características de voo e à economia de um avião bem-sucedido; portanto, quase sempre é necessária certa experimentação no processo de selecionar o projeto correto a ser seguido. Normalmente, um avião de primeira produção, ou protótipo, é construído e aprovado; e, baseado nestas provas, fabricam-se aviões de produção de acordo com o projeto bastante revisado.

A experimentação é utilizada de outras formas: uma empresa pode testar um produto novo em determinado mercado antes de estender sua venda em âmbito nacional; as técnicas organizacionais frequentemente são testadas em uma filial ou planta antes de serem aplicadas a toda a companhia; e um candidato para uma posição gerencial pode ser avaliado no cargo durante as férias do titular.

Pesquisa e análise

Uma das técnicas mais efetivas para selecionar entre alternativas quando estão envolvidas decisões importantes é a pesquisa e a análise. Inclui uma busca de relações entre as variáveis, restrições e premissas mais críticas que afetam a meta procurada. É o enfoque do lápis e papel (ou melhor, do computador e da impressora) para a tomada de decisões.

Resolver um problema de planejamento requer destrinchá-lo em suas partes componentes e estudar os diversos fatores quantitativos e qualitativos. É provável que o estudo e a análise sejam muito mais baratos do que a experimentação. As horas e as pilhas de papel usadas para as análises normalmente custam muito menos do que experimentar as diversas alternativas. Na fabricação de aviões, por exemplo, se uma pesquisa cuidadosa não anteceder a construção e ensaio do avião protótipo e suas partes, os custos resultantes serão enormes.

Um passo importante no enfoque da pesquisa e análise é desenvolver um modelo que simule o problema. Por isso, com frequência os arquitetos constroem modelos

Perspectiva internacional

A decisão da Boeing de tornar-se digital no desenvolvimento do 777[6]

O modelo 777 da Boeing pode ser uma das aeronaves mais avançadas do mundo. Entretanto, o aspecto mais inovador é a forma de construção do aparelho: projeto 100% digital tridimensional utilizando a tecnologia CAD/CAM. Tornar-se digital foi uma decisão difícil para a Boeing. Com o novo sistema, os engenheiros podiam ver na tela o projeto e pré-montar os mais de 3 milhões de peças do avião e seus 132.500 componentes de engenharia única. Esse novo enfoque, uma mudança de paradigma, exigiu relações completamente novas com fornecedores e clientes. Por exemplo, a companhia solicitou ideias de oito linhas aéreas para o modelo 777. No âmbito interno, planejadores, engenheiros e projetistas de ferramentas trabalharam juntos como uma única equipe e tinham informação atualizada sobre o processo de desenvolvimento. Com antecedência, engenheiros e mecânicos trabalharam em algumas simulações em tamanho natural para ver se as peças se ajustavam ou não, para que os problemas não provocassem reprocessos caros. Recentemente, a Boeing começou a utilizar um sistema CAD inteligente avançado (chamado ICAD) que permite mudanças importantes no projeto. Agora, e no futuro, as tecnologias emergentes ajudam na tomada de decisões.

http://www.boeing.com

6 "Taking off: Boeing". *Fortune*, 9 nov. 1993, p. 53-54; Taninecz, George. "Blue Sky meets Blue Sky". *Industry Week*, 16 de dezembro de 1995, p. 48-52; Boeing. Disponível em: http://www.boeing.com/commercial/777family/flash.html, acesso em 2 de abril de 2002. Ver também http://www.boeing.com/commercial/777family/index.html, acesso em 2 de outubro de 2006.

de edifícios na forma de extensos planos, ou visões tridimensionais. Os engenheiros testam modelos das asas de aviões e mísseis em um túnel de vento. Mas a simulação mais útil talvez seja uma representação das variáveis em uma situação problemática mediante expressões e relações matemáticas. Conceitualizar um problema é um passo importante para sua solução. As ciências físicas dependem há muito tempo dos modelos matemáticos, e é animador ver que este método se aplica na tomada de decisões gerenciais.

Decisões programadas e não programadas

Decisões programadas

São utilizadas para o trabalho estruturado ou rotineiro.

Decisões não programadas

São utilizadas em situações não estruturadas, novas e mal definidas, de natureza não recorrente.

Pode-se fazer uma distinção entre as decisões programadas e as não programadas. Uma **decisão programada**, como mostra a Figura 6.2, aplica-se a problemas estruturados ou rotineiros. Por exemplo, os operadores de tornos têm especificações e regras que dizem se a peça que fabricaram é aceitável, se tem de ser descartada, ou se deve ser retrabalhada. Outro exemplo de uma decisão programada é a reposição de um item padrão do inventário. Este tipo de decisão é utilizado para um trabalho rotineiro e repetitivo; relaciona-se primordialmente com critérios preestabelecidos. De fato, é a tomada de decisões por meio de precedentes.

As **decisões não programadas** são utilizadas em situações não estruturadas, novas ou mal definidas de natureza não recorrente. São exemplos a introdução do computador Macintosh, da Apple Computer, ou o desenvolvimento do carro Audi de dupla tração para passageiros. De fato, em geral, as decisões estratégicas são decisões não programadas, pois requerem julgamentos subjetivos.

A maioria das decisões não é completamente programada, nem não programada; é uma combinação das duas. Como a Figura 6.2 mostra, os gerentes de alto nível tomam a maioria das decisões não programadas; isto se deve ao fato de tratarem com problemas não estruturados. Os problemas em níveis mais baixos da organização frequentemente são rotineiros e estão bem estruturados, o que requer menos atribuições nas decisões de gerentes e não gerentes.

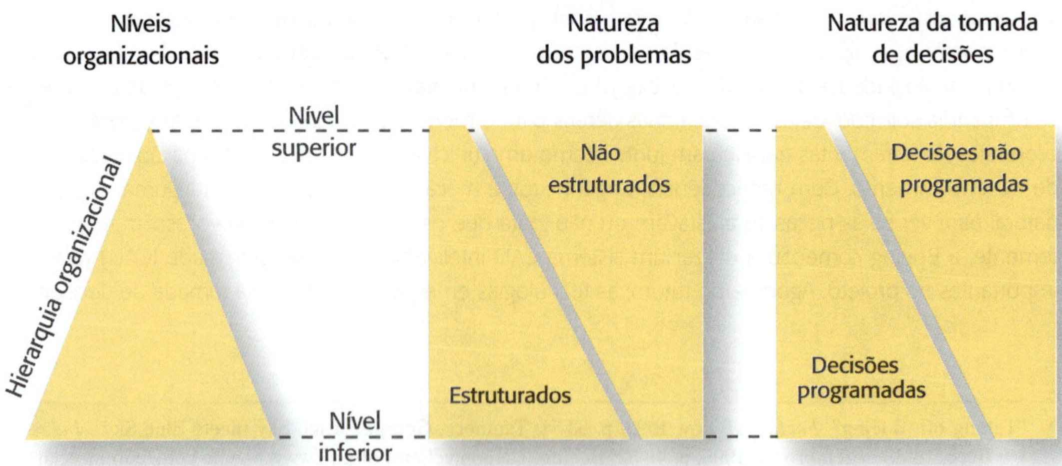

FIGURA 6.2 Natureza dos problemas e da tomada de decisões na organização

Perspectiva internacional

Louis Gerstner, da IBM, como tomador de decisões[7]

Inicialmente, parecia pouco provável que um gerente com carreira na RJR Nabisco e na American Express seria a pessoa que pudesse dirigir uma companhia de orientação técnica, como a IBM, para tirá-la de sua difícil situação em 1993. No entanto, isso foi precisamente o que Louis Gerstner fez com duas decisões-chave: primeiro, não dividiu a companhia; segundo, concentrou-se no negócio de serviços. Em 2001, seu negócio mundial era a área de mais rápido crescimento. Apesar das exigências sobre seu tempo, houve a oportunidade de dedicar-se às causas sociais, em especial às relacionadas com as escolas.

Uma das decisões estratégicas de Gerstner foi no mercado de servidores, em que a Sun Microsystems dominava com seus servidores Unix. A IBM foi capaz de reduzir seus preços e, portanto, deixou seus competidores, como a Sun, Hewlett-Packard e Compaq, sob extrema pressão.

Assim, como gerente de alto nível, Gerstner teve de equilibrar seus recursos de tempo entre tomar decisões estratégicas e táticas, decidir entre produtos e serviços, planejamento mundial e doméstico e formulação de estratégias e sua implementação, assim como equilibrar sua energia entre ações organizacionais e socialmente responsáveis.

http://www.ibm.com

Tomada de decisões sob condições de certeza, incerteza e risco

Virtualmente, todas as decisões são tomadas em um ambiente de pelo menos alguma certeza. No entanto, o grau variará de uma certeza relativa para uma grande incerteza. Existem determinados riscos envolvidos na tomada de decisões.

Em uma situação que inclui certeza, as pessoas estão razoavelmente seguras do que ocorrerá quando tomarem uma decisão. A informação está disponível e é considerada confiável, e as relações causa e efeito são conhecidas.

Por outro lado, em uma situação de incerteza, as pessoas só têm uma pequena base de dados, não sabem se eles são confiáveis e estão inseguras sobre se a situação pode mudar ou não. Além disso, não podem avaliar as interações das diferentes variáveis. Por exemplo, uma corporação que decide estender sua operação para um país que não é familiar pode saber pouco sobre cultura, leis, ambiente econômico e política do país. A situação política pode ser tão volátil que até os especialistas podem não antecipar uma possível mudança de governo.

Em uma situação com riscos, a informação real pode existir, mas ser incompleta. Para melhorar a tomada de decisões, podemos estimar a probabilidade objetiva de um resultado usando, por exemplo, modelos matemáticos. Por outro lado, é possível utilizar a probabilidade subjetiva, baseada em julgamento e experiência.

Todos os tomadores de decisão inteligentes que lidam com a incerteza querem conhecer o grau e a natureza do risco que estão correndo ao escolher uma rota de ação.

---

7 "The top 25 managers: Louis V. Gerstner Jr., IBM". *BusinessWeek*, 14 de janeiro de 2002, p. 54; Park, Andrew; Peter Burrows e Spencer E. Ante. "How low can Big Blue go". *BusinessWeek*, 22 de outubro de 2001, p. 56-57; Vogelstein, Fred. "Sun on the ropes". *BusinessWeek*, 7 de janeiro de 2002, p. 82-87; Kirkpatrick, David. "The future of IBM". *Fortune*, 18 de fevereiro de 2002, p. 70.

Uma das deficiências ao usar os enfoques tradicionais de pesquisa de operações para a solução de problemas é que muitos dos dados utilizados em um modelo são só estimativas, e outros se baseiam em probabilidades. A prática geral é fazer com que pessoal especializado apresente "as melhores estimativas".

Virtualmente, cada decisão está baseada na interação de diversas variáveis importantes, muitas das quais têm um elemento de incerteza, mas, possivelmente, um relativo alto grau de probabilidade. Por isso, a determinação de lançar um novo produto poderia depender de um número de variáveis críticas: o custo de introduzir o produto, o custo de produzi-lo, o investimento de capital necessário, o preço que ele poderá ter, o tamanho do mercado potencial e a futura participação do mercado.

Perspectiva internacional

A Disneyland Paris foi construída com hipóteses equivocadas?[8]

As hipóteses são ruins para preparar estratégias; sua utilização pode ser ilustrada com a decisão de construir a EuroDisney, posteriormente chamada Disneyland Paris. O projeto foi planejado em um ambiente incerto e baseado em hipóteses erradas. Nos primeiros dias desta aventura, de 1992 a 1994, a companhia perdeu mais de um bilhão de dólares. A Disney originalmente era proprietária de 49% do projeto, mas sua participação logo caiu para 39%. O que saiu errado? Afinal, a decisão anterior de ir ao Japão foi muito bem-sucedida. Usar as experiências de outros projetos para a Disneyland francesa foi exatamente o problema. Nos Estados Unidos e Japão, o preço dos ingressos subiu gradualmente, uma vez estabelecido o interesse inicial. Mas a EuroDisney começou com um preço de entrada insustentável de mais de US$ 40. Era muito alto em comparação com o de outros parques temáticos. Em consequência, o preço do ingresso teve de ser reduzido drasticamente e depois elevado de maneira gradual. Em 1996, o preço do ingresso de um dia para um adulto era de cerca de US$ 38. No entanto, o preço inicial elevado provocou a perda de clientes nos primeiros anos de operação.

Outra hipótese errada era que as pessoas ficariam quatro dias em média nos hotéis da Disney. Mas, em 1993, a estadia média era só de dois dias. O parque temático abriu com um terço das atrações que se encontram na Disney World nos Estados Unidos. Assim, todo o percurso podia ser feito em um dia. Portanto, era desnecessário tanto tempo de hospedagem.

A tradição europeia para o almoço ao meio-dia tampouco foi levada em consideração. Os locais para comer estavam saturados nessa hora e subutilizados nas demais. Em lugar de esperar, os visitantes saíam e comiam fora do parque. Nos Estados Unidos e Japão, as pessoas comem ao longo do dia, evitando assim longas filas nos restaurantes.

A compra de mercadorias na França é diferente dos Estados Unidos: os europeus adquirem menos artigos de margem alta.

Estas poucas ilustrações parecem indicar que a Disney não testou suficientemente suas instalações para o projeto EuroDisney. Usar hipóteses baseadas em sucessos anteriores pode custar muito caro. Uma cuidadosa análise dos hábitos culturais e observações de outros parques temáticos poderiam ter evitado fazer planos sobre hipóteses equivocadas.

Enquanto a EuroDisney sofria, alguns competidores prosperavam. O EuroPark era um deles. Trata-se de um parque temático menor do que a EuroDisney, localizado na Alemanha, perto das fronteiras com a França e a Suíça. Apesar de a EuroDisney não ter considerado as diferenças culturais, a gerência do EuroPark estava muito familiarizada com os costumes europeus. Em pesquisas, pedia-se aos visitantes que qualificassem a limpeza, preços, horários, passeios, espetáculos especiais etc. As pesquisas indicaram, por exemplo, que os visitantes franceses gostam de levar cestas com

http://www.disneylandparis.com

8 "The top 25 managers: Louis V. Gerstner Jr., IBM". *BusinessWeek*. 14 de janeiro de 2002, p. 54; Park, Andrew, Peter Burrows e Spencer E. Ante. "How low can Big Blue go". *BusinessWeek*. 22 de outubro de 2001, p. 56-57; Vogelstein, Fred. "Sun on the ropes". *BusinessWeek*. 7 de janeiro de 2002, p. 82-87; Kirkpatrick, David. "The future of IBM". *Fortune*, 18 de fevereiro de 2002, p. 70.

pão, queijo e vinho, por isso é permitido que os assistentes levem seus alimentos ao parque (proibido no Disney). O preço de entrada também era muito mais baixo que no EuroDisney. O EuroPark estava considerando construir um hotel, mas a gerência compreendeu que seria algo arriscado, porque necessitavam de outro tipo de atividades, o qual requeria habilidades diferentes das de administrar um parque temático.

Em 2003, a estimativa era que a Disneyland Paris havia perdido US$ 64 milhões, devido às dificuldades do mercado turístico, às greves na França e à depressão econômica nesse ano. No entanto, em 2005 já se recuperava, como mostram suas cifras: 12.200 trabalhadores, 12 milhões de visitantes, 25 milhões de lembranças vendidas e 5.200 quartos em sete hotéis temáticos.

Criatividade e inovação[9]

Criatividade e inovação são o ponto central do processo empresarial. A atividade empresarial começa com o ato criativo: criar algo que não existiria sem o empresário. O gerente empresarial também pode motivar as pessoas permitindo que sigam suas próprias ideias criativas. Pode ser feita uma distinção entre a criatividade e a inovação. O termo **criatividade** se refere à habilidade e ao poder de desenvolver novas ideias. A **inovação**, por outro lado, significa o uso destas novas ideias. Em uma organização, isso pode significar um novo produto, um novo serviço ou uma nova maneira de fazer as coisas. Embora esta análise foque o processo criativo, está implícito que as organizações não só geram novas ideias, mas as transformam em aplicações práticas.

Criatividade
Habilidade e poder de desenvolver novas ideias.

Inovação
O uso de novas ideias.

Processo criativo

O **processo criativo** poucas vezes é simples e linear. Pelo contrário: consiste em quatro fases que se superpõem e interagem: 1) mapeamento inconsciente; 2) intuição; 3) percepção e 4) formulação lógica.

Quatro fases do **processo criativo:** mapeamento inconsciente, intuição, percepção e formulação lógica ou verificação.

A primeira fase, *mapeamento inconsciente*, é difícil de explicar porque está além do estado consciente. Este mapeamento requer a absorção no problema, que pode não estar claro na mente. Mas os gerentes que trabalham sob restrições de tempo costumam tomar decisões prematuramente, em lugar de tratar a fundo problemas ambíguos e maldefinidos.

A segunda fase, *intuição*, conecta o inconsciente com o consciente. Essa etapa pode incluir uma combinação de fatores aparentemente contraditórios no início. Por exemplo, Donaldson Brown e Alfred Sloan, da General Motors, conceberam a ideia de uma estrutura de divisão descentralizada com controle centralizado, conceitos que parecem contraditórios. Entretanto, a ideia faz sentido quando reconhecemos os princípios subjacentes de: 1) fazer responsável pelas operações o gerente geral de cada divisão e 2) manter um controle centralizado na matriz sobre certas funções. Foi necessária a intuição de dois grandes líderes corporativos para ver que esses dois princípios podiam interagir no processo gerencial.

http://www.gm.com

A intuição necessita de tempo para funcionar. Exige que as pessoas encontrem novas combinações e integrem diversos conceitos e ideias. Por isso, devemos pensar no problema a fundo. O raciocínio intuitivo é promovido por meio de várias técnicas, como a tempestade de ideias (*brainstorming*).

---

9 Ver também a análise da intuição na tomada de decisões de Dane, Erik e Michael G. Pratt. "Exploring intuition and its role in managerial decision making". *The Academy of Management Review*, janeiro de 2007, p. 33-32.

Percepção, a terceira fase do processo criativo, é em maior grau o resultado de um trabalho duro. Por exemplo, necessitam-se de muitas ideias para o desenvolvimento de um produto útil, um serviço novo ou um processo novo. O lado interessante é que a percepção pode aparecer quando o pensamento não está diretamente focado no problema que nos ocupa. Mais ainda, as novas percepções podem durar só alguns minutos, e os gerentes eficazes podem beneficiar-se caso tenham papel e lápis à mão para anotar suas ideias criativas.

A última fase do processo criativo é a *formulação lógica ou verificação*. A percepção precisa ser comprovada mediante a lógica ou a experiência. Isto pode ser obtido continuando com o trabalho sobre uma ideia ou escutando comentários de outros. A ideia da descentralização de Brown e Sloan, por exemplo, teve de ser comprovada em relação à realidade organizacional.

Tempestade de ideias (*brainstorming*)

A criatividade pode ser ensinada. O pensamento criativo frequentemente é o fruto de muitos esforços. Algumas técnicas focam interações de grupo; outras, ações individuais.

Uma das técnicas mais conhecidas para facilitar a criatividade foi desenvolvida por Alex F. Osborn, que ficou conhecido como o pai da tempestade de ideias.[10] O propósito deste enfoque é melhorar a solução de problemas encontrando soluções novas e fora do comum. Na sessão de tempestade de ideias, procura-se a multiplicação das ideias. As regras são as seguintes:

- Nenhuma ideia é criticada.
- Quanto mais radicais forem as ideias, melhor.
- Ênfase na quantidade da produção de ideias.
- É incentivado o melhoramento das ideias de outros.

A tempestade de ideias, que destaca o pensamento em grupo, teve uma grande aceitação depois de sua introdução. Porém, o entusiasmo foi ofuscado pela pesquisa que mostrou que os indivíduos podiam desenvolver melhores ideias trabalhando sozinhos do que trabalhando em grupo. Entretanto, uma pesquisa adicional mostrou que, em algumas situações, o enfoque de grupo pode funcionar bem. Este pode ser o caso quando a informação está distribuída entre várias pessoas, ou quando a decisão mais pobre do grupo é mais aceitável do que uma melhor decisão individual que, por exemplo, pode ter a oposição daqueles que devem executá-la. Também, a aceitação de novas ideias é geralmente maior quando a decisão é tomada pelo grupo a cargo de sua implementação.

Limitações da análise de grupo tradicional

Mesmo que a técnica da tempestade de ideias possa gerar ideias criativas, seria incorreto assumir que a criatividade floresce só em grupos. Na verdade, a habitual

[10] Osborn, Alex F. *Applied imagination*. 3. ed. rev. Nova York: Scribner, 1963.

reunião em grupo pode inibir a criatividade. Por exemplo, os membros do grupo podem seguir uma ideia excluindo outras. Os especialistas em um tema podem não estar dispostos a expressar suas ideias em um grupo por medo de serem ridicularizados. Também, os gerentes de menor nível podem sentir-se inibidos de expressar seus pontos de vista diante de um grupo com gerentes de nível superior. As pressões para conformar-se podem desmotivar a expressão de opiniões divergentes. A necessidade de dar-se bem com os demais pode ser mais forte do que a necessidade de explorar alternativas criativas, embora impopulares, para a solução de um problema. Por último, como devem chegar a uma decisão, os grupos podem não esforçar-se por procurar dados relevantes para uma decisão.

Perspectiva empresarial

Como a 3M promove a inovação[11]

As companhias têm estratégias diferentes para promover a inovação. Por exemplo, na Johnson & Johnson, as unidades operacionais autônomas são estimuladas a inovar, e a cultura da organização permite o fracasso. Na Rubbermaid, 30% de suas vendas derivam de produtos com menos de cinco anos de idade. A Hewlett-Packard estimula os pesquisadores a dedicarem 10% de seu tempo a seus projetos preferidos, e a Merck aloca tempo e recursos para seus pesquisadores trabalharem em produtos de alto risco e com potencial de grandes benefícios. A Dow Corning e a General Electric empreendem projetos conjuntos com os clientes para desenvolver novos produtos. Uma das mestras da inovação é a Minnesota Mining & Manufacturing (3M).

Quando ouvimos falar da 3M, pensamos na inovação. O ambiente organizacional da 3M promove o pensamento criativo e a tolerância para as novas ideias. Mesmo que o desempenho financeiro em 1995 não tenha sido tão bom como antes, a companhia cumpriu sua meta de obter pelo menos 30% de suas vendas de produtos com menos de quatro anos de idade. Promove-se a inovação contínua pela regra de 15%, que sugere que os pesquisadores dediquem 15% de seu tempo a atividades não relacionadas com seu projeto principal.

A companhia está muito descentralizada. Seus 8.300 pesquisadores trabalham em muitos laboratórios diferentes. Isso gera redundância. Em teoria, os laboratórios principais e os centros de desenvolvimento deveriam fazer a pesquisa, e os outros o desenvolvimento. Mas isso não costuma funcionar assim. A companhia opera com poucas regras e não tem uma estratégia no sentido tradicional. Em vez disso, se guia por dois princípios: 1) ser muito inovadora e 2) satisfazer ao cliente em qualquer aspecto. É eliminado tudo aquilo que possa frear a inovação, como um planejamento excessivo ou a intolerância pelos erros. Por outro lado, compartilhar informação é obrigatório. Mesmo que as medidas financeiras atuem como controle, o verdadeiro controle vem dos pares, que revisam o trabalho uns dos outros.

O processo de inovação típico na 3M funciona assim: quando uma pessoa da organização tem a ideia de um novo produto, forma uma equipe integrada por indivíduos das áreas funcionais, como o departamento técnico, manufatura, marketing, vendas e, às vezes, finanças. A companhia também estimula os clientes a contribuírem com suas ideias: a equipe trabalha no projeto do produto, produção e marketing; além disso, exploram-se vários usos do produto, e os membros da equipe são retribuídos pelo sucesso dele.

As regras ou guias são bastante simples: desenvolver tolerância ao fracasso; recompensar aqueles que têm a ideia de um bom produto e que podem formar uma boa equipe de ação para promovê-lo; estabelecer relações estreitas com os clientes; compartilhar tecnologia com outros na companhia; manter o projeto vivo ao destinar para ele tempo ou dinheiro e manter pequenas as divisões.

O futuro dirá se a inovação continuará sendo um fator-chave do sucesso para a 3M.

http://www.jnj.com
http://www.rubbermaid.com
http://www.hp.com
http://www.dowcorning.com
http://www.ge.com
http://www.3m.com

11 Stewart, Thomas A. "3M fights back". *Fortune*, 5 de fevereiro de 1996, p. 94-99; "3M and then there were two". *The Economist*, 18 de novembro de 1995, p. 74-75; Arndt, Michael. "3M: A lab for growth?". *BusinessWeek*, 21 de janeiro de 2002, p. 50-51; 3M worldwide. Disponível em: http://www.3m.com, acesso em 26 de março de 2002.

O gerente criativo[12]

Frequentemente se considera que a maioria das pessoas não é criativa e que tem pouca habilidade para desenvolver novas ideias. Esta hipótese, infelizmente, pode ser prejudicial para a organização, pois no ambiente apropriado virtualmente todas as pessoas são capazes de ser criativas, embora o grau de criatividade varie muito entre os indivíduos.

Em termos gerais, as pessoas criativas são inquisitivas e apresentam muitas ideias novas e incomuns; poucas vezes estão satisfeitas com o *status quo*. Mesmo sendo inteligentes, não só dependem do processo racional, mas também incluem os aspectos emocionais de sua personalidade na solução de problemas. Parecem estar muito interessadas em resolver um problema, com tenacidade. Os indivíduos criativos são conscientes de si mesmos e são capazes de elaborar julgamentos independentes. Opõem-se à conformidade e se consideram diferentes.

Não há dúvida de que as pessoas criativas podem fazer grandes contribuições para uma empresa. Entretanto, ao mesmo tempo, criam dificuldades nas organizações. A mudança, como sabe qualquer gerente, nem sempre é popular. Além disso, com frequência esta mudança tem efeitos secundários indesejáveis e inesperados. Também, ideias incomuns seguidas com teimosia podem frustrar os demais e inibir o bom funcionamento de uma organização. Por último, os indivíduos criativos podem causar problemas por ignorar políticas, regras e regulamentos estabelecidos. John Kao, que leciona na Escola de Negócios de Harvard, sugere que as pessoas criativas devam ter liberdade suficiente para seguir suas ideias, mas não tanta que percam tempo ou não tenham o necessário para colaborar com outros na busca de metas comuns. Sugere que os gerentes devem ser considerados músicos de jazz, que seguem uma série de partituras, mas têm suficiente liberdade para fazer variações.[13]

Como resultado, a criatividade da maioria dos indivíduos talvez seja subutilizada em muitos casos, apesar do fato de que as inovações incomuns possam ser de grande valor para a empresa. Mas podem ser utilizadas técnicas efetivas, individuais e de grupo para nutrir a criatividade, em especial na área do planejamento. A criatividade, porém, não é um substituto do julgamento gerencial, é o gerente quem deve determinar e avaliar os riscos envolvidos ao seguir ideias incomuns e torná-las práticas inovadoras.

Resumo

A tomada de decisões é a seleção de uma rota de ação entre várias alternativas; é o centro do planejamento. Os gerentes devem fazer escolhas sobre a base da racionalidade limitada, isto é, à luz de tudo o que podem aprender a respeito de uma situação, que talvez não é tudo o que deveriam saber. Satisfazer é um termo utilizado ocasionalmente para descrever a seleção de uma rota de ação que seja satisfatória conforme as circunstâncias.

Como quase sempre existem alternativas (normalmente muitas) para uma rota de ação, os gerentes devem reduzi-las àquelas que se referem aos fatores limitantes. Estes são os fatores que se opõem no caminho de alcançar um objetivo desejado. A seguir, as alternativas são avaliadas em termos de fatores qualitativos e quantitativos. Outras técnicas para a avaliação de alternativas incluem a análise marginal e a análise custo-benefício. A experiência, a experimentação e a pesquisa e análise entram em jogo ao selecionar uma alternativa.

---

12 Ver também Anderson, Joseph V. "Weirder than fiction: The reality and myths of creativity". *Academy of Management Executive*, novembro de 1992, p. 40-47.

13 "Mr. creativity". *The Economist*, 17 de agosto de 1996, p. 55.

As decisões programadas e não programadas são diferentes. As primeiras são adequadas para problemas estruturados ou rotineiros. Essas decisões são tomadas principalmente por gerentes de menor nível. As decisões não programadas são utilizadas para problemas não estruturados e não rotineiros e são tomadas especialmente por gerentes de alto nível.

Virtualmente, todas as decisões são tomadas em um ambiente de pelo menos alguma incerteza, que inclui a interação de diversas variáveis importantes e onde existem certos riscos envolvidos ao tomar decisões. Os gerentes que tratam com a incerteza devem conhecer o grau e a natureza do risco que correm ao escolher uma rota de ação.

A criatividade, a habilidade e o poder de desenvolver novas ideias são importantes para a administração efetiva. A inovação é o uso destas ideias. O processo criativo consiste em quatro fases sobrepostas: mapeamento inconsciente, intuição, percepção e formulação lógica. Uma técnica popular para fortalecer a criatividade é a tempestade de ideias. Os indivíduos criativos podem dar uma grande contribuição para a empresa e, ao mesmo tempo, criar problemas por não seguir regras de comportamento geralmente aceitas.

Ideias e conceitos básicos

Tomada de decisões
Racionalidade limitada
Satisfazer
Princípio do fator limitante
Fatores quantitativos
Fatores qualitativos ou intangíveis
Análise marginal
Análise custo-benefício
Selecionar uma alternativa: três enfoques
Decisões programadas
Decisões não programadas
Tomada de decisões sob condições de certeza, incerteza e riscos
Criatividade
Inovação
Processo criativo
Tempestade de ideias (*brainstorming*)
O gerente criativo

Para analisar

1. Por que a experiência é frequentemente citada não só como uma base cara para a tomada de decisões, mas também perigosa? Como um gerente pode utilizar melhor a experiência?
2. Em um problema de decisões que você conheça, como e onde você aplicaria o princípio do fator limitante? Você aplicou esse princípio ao selecionar a turma ou a seção da turma que frequenta? De que maneira?
3. Identifique cinco problemas de decisões e recomende decisões programadas ou não programadas. Se os exemplos forem de uma organização, elas ocorreram nos níveis altos ou baixos?
4. "A tomada de decisões é a tarefa primária do gerente." Comente.
5. Pense em um problema resolvido com criatividade. A solução veio de um estudo em grupo ou foi o resultado de um esforço individual? Reconstrua as fases do processo criativo.

Exercícios e atividades

Seu chefe lhe oferece uma promoção para um cargo em um lugar que não agrada a sua família. Faça as hipóteses necessárias e explique como e o que você decidiria.

Pesquisa na Internet

1. Procure "criatividade" na Internet e ilustre como a criatividade pode ser aplicada na tomada de decisões.
2. Encontre três aplicações de "tempestade de ideias" na Internet.

Caso internacional 6.1

Carrefour: aonde ir?[14]

O principal competidor mundial do Wal-Mart é o grande varejista francês Carrefour, uma empresa que tem hipermercados, grandes lojas que oferecem uma variedade de artigos. Investiu muito em todo o mundo, na América Latina e na China. Mas nem tudo está bem, como o fato de os competidores tirarem dele sua participação no mercado doméstico. Houve até especulações sobre uma tomada de controle acionário por parte do Wal-Mart ou da Tesco, uma cadeia inglesa. O Sr. Barnard foi destituído depois de dirigir a companhia durante 12 anos e substituído por José Luis Durant, de ascendência alemã-espanhola. Embora a expansão mundial seja citada por alguns como um sucesso, pode ser um grande erro. Saiu do Japão e vendeu 29 hipermercados no México. O Carrefour também teve problemas concorrendo com a Tesco na Eslováquia e na República Tcheca. Na Alemanha, a companhia enfrentou forte concorrência da Aldi e Lidle, duas redes que operam com desconto, bem-sucedidas. Por outro lado, comprou lojas na Polônia, Itália, Turquia e abriu novas lojas na China, Coreia do Sul e Colômbia. O Carrefour se tornou mais cuidadoso ao selecionar mercados. A companhia está ávida por entrar no mercado da Índia, mas soube no final de 2006 que o Wal-Mart também o fará.

Na França, onde o Carrefour está bem estabelecido, cometeu um grave erro em sua política de definição de preços. Talvez tenha começado com a fusão de 1999 com o Promodes, a cadeia de descontos francesa. O Carrefour confundiu a clientela francesa ao perder sua imagem de baixo custo; ainda está por se ver se sua imagem pode ser mudada. O Sr. Durant, o novo diretor-executivo desde 2005, embarcou na nova estratégia ao oferecer 15% de novos produtos em seus hipermercados e 10% em seus supermercados. Além disso, quer contratar mais pessoal, ampliar o horário de operação de alguns hipermercados, cortar preços, experimentar lojas pequenas e empurrar para baixo a tomada de decisões. Durant se propõe a permanecer somente em países em que o Carrefour esteja entre os principais varejistas. ■

Perguntas

1. Como o Sr. Durant deveria avaliar as oportunidades em diversos países de todo o mundo?
2. O Carrefour deveria adotar a estratégia do Wal-Mart de "preços baixos todos os dias"? Qual seria a vantagem ou desvantagem dessa estratégia?
3. Como o Carrefour poderia diferenciar-se do Wal-Mart?
4. Identifique culturas em países selecionados que devam ser considerados para obter sucesso.

[14] "Carrefour at the crossroads". *The Economist*, 22 de outubro de 2005, p. 7; Rohwedder, Cecilie. "A new chief seeks to make French retailing giant nimbler". *Wall Street Journal*, 30 de novembro de 2006; "Setting up shop in India". *The Economist*, 4-10 de novembro de 2006, p. 73-74. Disponível em: http://www.carrefour.com, acesso em 14 de fevereiro de 2007.

Caso internacional 6.2

Lavamax

Elaborado pelo professor Cornelio Francisco, diretor da Escola de Marketing e Vendas, Universidade Católica Santo Domingo.

De 1950 a 1990, a roupa era lavada à mão nas casas dominicanas, pois as máquinas de lavar roupa ainda estavam começando a entrar no mercado e, portanto, eram muito caras para que uma família de classe média ou baixa pudesse comprá-las.

O mais comum para lavar era o sabão em barra. No início, só era comercializado em massa, e depois passou para a forma de bola. Nesse cenário, estabeleceu-se, na década de 1950, uma empresa dedicada à produção e comercialização de sabão para lavar, feito primeiro de gordura de porco e depois de gorduras vegetais. Esta empresa, propriedade do Consórcio de Desenvolvimento Industrial, chamava-se Indústria Jabonera Nacional, La Jabonera (A Saboeira), que desenvolveu uma marca de sabão que em pouco tempo alcançou a liderança absoluta no mercado. A marca Lavamax se manteve como aliada inseparável de quem tinha de lavar a roupa. Era um dos produtos de melhor distribuição e conhecimento, comercializado por um excelente preço e considerado de extraordinária qualidade. A Saboeira focou a produção em seus primeiros anos, de 1950 a 1960.

Em 1965 surgiu outra indústria de sabão, que introduziu a marca Lavaplus, entrando com uma estratégia de preços baixos, e focou as vendas, sendo o vendedor quem definia a estrutura do produto (aplica-se aquilo que antes se vende), depois se fabrica para que o cliente compre produtos destinados a satisfazer suas necessidades.

Isto obrigou a Saboeira a mudar sua estratégia e a considerar a orientação para a venda, por isso criou um Departamento de Vendas dirigido por um engenheiro industrial e formado por vários vendedores, cujo perfil se centrava nas habilidades para convencer, mas com pouca ou nenhuma formação na área de vendas. Essa decisão foi tomada sem uma pesquisa de mercado prévia que indicasse o que acontecia no mercado e qual deveria ser a estratégia de contra-ataque do líder. Esqueceram-se de que a tomada de decisões deve estar embasada nas informações mais relevantes do ambiente, tanto externo como interno.

A Saboeira e sua marca Lavamax continuaram com sucesso, embora, desde que teve concorrência, a administração da companhia iniciou o processo de conduzi-la conforme os princípios da administração científica. Por volta de 1970 já havia um departamento de vendas e foi contratada uma agência de comunicação e promoção para gerenciar a publicidade da marca. Além disso, tinha uma presença importante na mídia, principalmente no rádio. A publicidade era em exteriores, mediante o patrocínio dos cartazes nas quitandas e armazéns que vendiam o sabão. As estatísticas mostravam que até 1975 existiam quatro marcas de sabão de roupa de uso doméstico: Lavamax, líder do mercado; Lavaplus, que ocupava o segundo lugar; Limpiador, na terceira posição, e Espuma, que foi o último introduzido no mercado e que está na quarta posição. O gráfico a seguir ilustra a composição do mercado dominicano de sabão para lavar, em 1975.

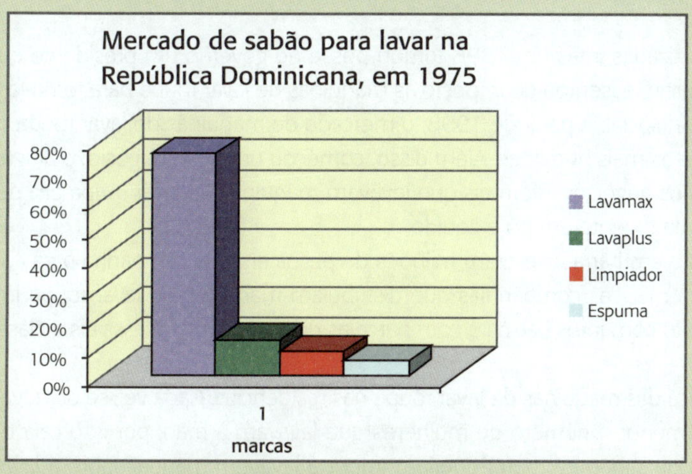

Fonte: Associação de Indústria da República Dominicana, 1975.

A partir de 1980 surge um novo modelo de gestão de negócios. Agora assume-se o conceito de marketing como orientação das empresas. Esta nova filosofia de negócios estabelece "o cliente em primeiro lugar", e que é o ponto de partida para o sucesso de uma empresa. Agora muda a orientação dos atores do processo de comercialização. Em primeiro plano está o consumidor, que decide o que quer comprar, impondo seus gostos, hábitos, costumes etc. O cliente é agora quem manda. Em segundo lugar está o produto, que deve ser projetado de acordo com os requisitos do mercado. Por último, as vendas como ato, que permite o contato do cliente com o produto, isto é, atividade que tende a facilitar o intercâmbio.

Mas em 1980 surgem novas formas de lavagem. O desenvolvimento da tecnologia e a abertura das relações comerciais com países de maior desenvolvimento industrial permitem que penetrem no mercado local máquinas de lavar roupa a preços acessíveis para a classe média. Esta máquina requeria um produto em pó, por isso o sabão em barra, em massa ou em bola não podiam ser usados.

No entanto, os fabricantes de sabão não se preocuparam muito. Acreditaram que, com uma boa estratégia de marketing, podiam continuar fazendo bons negócios, apesar de seus métodos para os mercados de ontem. Nunca pensaram que a forma de lavar estava mudando, nem que os donos de máquinas de lavar roupa já não eram tão poucos como antes.

Como resposta, decidiram associar-se para implementar programas de marketing, vendas, publicidade e promoção, que destacassem as vantagens competitivas de lavar a roupa com um sabão especial, e que não era o mesmo lavar com uma máquina do que fazê-lo com a inteligência e delicadeza da pessoa. Sua estratégia era criar um confronto: máquina de lavar roupa humana contra a máquina de lavar roupa elétrica. A Associação de Fabricantes de Sabões para Lavar (Asofajala) optou por implementar o seguinte plano:

1. Designar Ruperto Privon como assessor comercial, pois era um experiente homem de marketing que exerceu funções gerenciais em uma companhia alemã durante 28 anos e foi destacado professor universitário da Universidade Central de Londres. Atualmente se dedica à consultoria em marketing e vendas, sobretudo para produtos de consumo de massa e para o lar.
2. Contratar a agência de publicidade Shadol para gerenciar a conta de todas as empresas e marcas associadas. A Shadol é uma conhecida agência norte-americana de publicidade sem experiência no mercado latino, mas considerada uma das principais do mundo. Atualmente gerencia dez das marcas de produtos de consumo de massa mais importantes do mercado dos Estados Unidos.
3. Projetar uma agressiva campanha publicitária visando persuadir os usuários de sabão sobre as qualidades do sabão em barra, explorando o conceito de lavagem natural.
4. Designar um supervisor geral de distribuição para cuidar da presença em todo o país das marcas de sabão da associação.
5. Focar a uniformidade dos preços entre as marcas. Deste modo, os preços são os mesmos para as diferentes marcas de sabão, tanto em bola como em massa.
6. Enfrentar diretamente o uso de detergente em pó ou líquido para a limpeza de roupa, entendendo que são produtos artificiais e provocam danos irreparáveis às malhas.

Todas essas ações foram realizadas, mas em 1996 tomou posse do governo um presidente que tinha orientação para a globalização e o livre comércio, e isentou de imposto as máquinas de lavar roupa para torná-las acessíveis a todas as pessoas, sem importar seu nível social. A partir de 1998, o mercado de máquinas de lavar roupa cresceu, garantindo sua presença em qualquer lar, até os mais humildes. Além disso, começou um novo negócio: o aluguel de máquinas de lavar roupa, com a criação de vários negócios informais que levavam máquinas de lavar roupa em domicílio. Isto, como é natural, incrementou o uso de detergente em pó e líquido.

Enquanto as marcas de sabão em barra investiram milhões de pesos em sua campanha para convencer as mulheres sobre as vantagens de lavar à mão, as companhias que distribuíam máquinas de lavar roupa implementavam um agressivo plano de vendas a crédito com juros baixos e com parcelas de pagamento acessíveis à classe de menor poder econômico.

Cada vez era maior a presença das máquinas de lavar roupa nas residências. Cada vez se utilizava mais o detergente em pó e líquido, e cada vez era menor o número de mulheres que lavavam à mão, por isso caía o uso do sabão em barra. No entanto, os fabricantes de sabão em barra queriam impor a lavagem manual sobre a lavagem em máquina.

Não queriam entender que, se o mercado muda, as estratégias têm de mudar. Que o cliente manda e impõe seu gosto, hábitos e preferências sobre qualquer oferta. Que deviam tomar uma decisão que correspondesse à tendência do mercado, para garantir a existência dos fabricantes de sabão, mas adequando suas estratégias à realidade. Não só não foram visionários como foram incapazes de adequar sua missão como empresa aos desejos do mercado. Quiseram manter a missão histórica da empresa de vender sabão em barra e não orientar sua missão às características do novo usuário de produtos para lavar. Não entenderam que era a vez das máquinas de lavar roupa, e com elas a vez do detergente em pó ou líquido. Tomaram sua decisão ignorando a recomendação de Privon, que insistia em fazer a conversão das marcas de sabão em barra para sabão em pó ou líquido, para assim aproveitar a força das marcas, principalmente de Lavamax, e seguir sendo marcas preferidas dentro do gosto dos usuários. Foi-lhes recomendado que fizessem investimentos para representar algumas marcas de máquinas de lavar roupa e que as distribuíssem em todo o país a preços e condições de fácil acesso ao público, como uma forma de associar o sabão com a máquina de lavar roupa. Com isto poderiam ter transformado um ponto fraco em uma oportunidade.

Todas as observações feitas por Ruperto Privon entraram em conflito com os executivos das marcas associadas. As diferenças cresceram, e o Conselho Diretor da Asofajala decidiu cancelar o contrato com seu assessor, que saiu do país no final do ano 2000. Decidiram mudar de agência publicitária, considerando que as campanhas que a Shadol implementara não haviam produzido bons resultados. A conta foi passada a uma transnacional que tem uma agência representada no país, a mundialmente famosa CRF Agencie, que ocupa o terceiro lugar entre as agências de comunicação do mundo. Do mesmo modo, em vez de um supervisor geral de vendas, foram contratados mais seis: três para a cidade de Santo Domingo, dois para a zona de Cibao, um para a região Leste e outro para o Sul.

Enquanto isso, o mercado encolheu mais de 65%. Só nas zonas rurais, onde não existe a energia elétrica que a máquina de lavar roupa necessita, continua-se lavando à mão. Considerando isso, a CRF Agencie recomenda que se apliquem duas estratégias específicas:

1. Concentrar todos os recursos na zona rural, onde se visualiza um nicho explorável. Recomenda abandonar os esforços dirigidos a que as usuárias demandem o sabão em seu estado natural, pois é um problema da categoria, e não da marca. Por isso, a comunicação não fará mudar a forma de lavar, pois isso envolve maior comodidade para as pessoas que têm de lavar.
2. Recomenda que, ao mesmo tempo em que se concentram na zona rural, deveriam investir em maquinaria e tecnologia para transformar a estrutura e a forma do produto, isto é, produzir sabão em pó e sabão líquido para uso de máquinas de lavar roupa. Isso contradizia a filosofia dos pioneiros da marca Lavamax.

A posição da agência não encontrou apoio nos diretores da associação, que reagiram indignados e suspenderam o contrato com a CRF Agencie. Foi contratada uma nova agência, agora de origem local, a Cornibrand & Communication, com grande prestígio como agência de comunicação.

Em 2005, a participação dos detergentes em pó, líquidos e sabão para lavar era a seguinte:

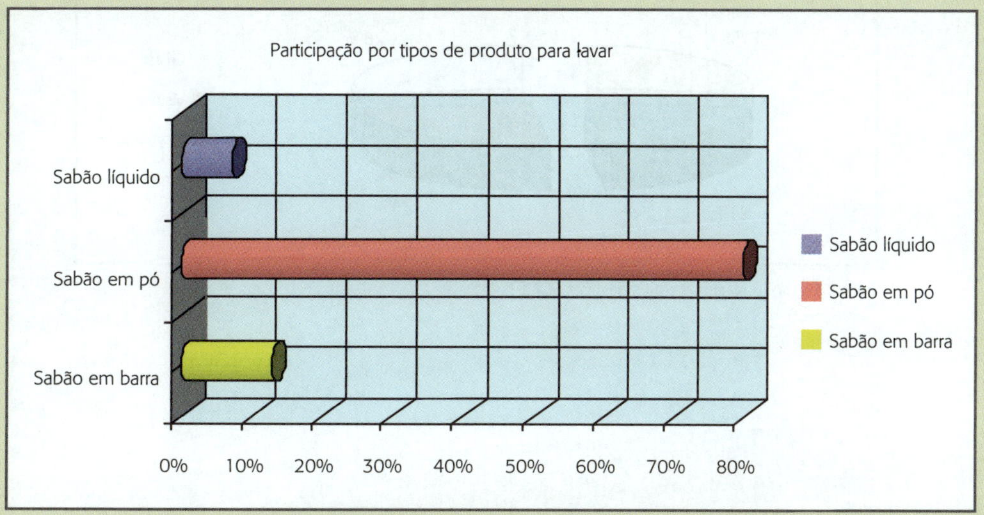

Fonte: Escritório Nacional de Estatísticas (ONE).

Finalmente, em janeiro de 2005, os produtores de sabão em massa e em bola decidem cancelar a associação, e cada um define sua própria estratégia para seguir negociando. A marca Lavamax, que foi a mais prejudicada, decidiu lançar no mercado o sabão 'Rayado', que podia ser usado em máquinas de lavar roupa. Não obstante, essa estratégia parece que chegou tarde, pois as marcas de sabão em pó já estavam bem posicionadas perante os clientes. Em 2006, comercializavam-se as seguintes marcas, com o nível de preferência indicado no gráfico a seguir.

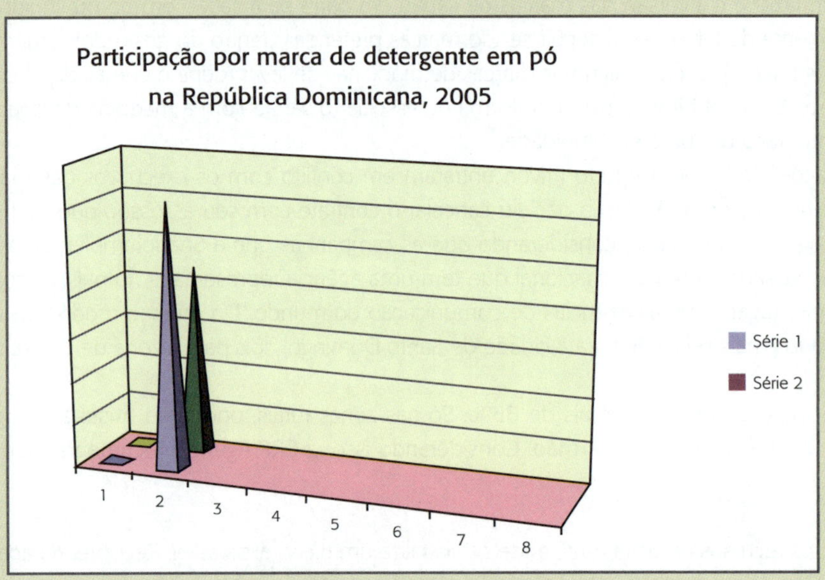

Fonte: Escritório Nacional de Estatísticas (ONE).

Do mesmo modo, ilustramos o comportamento no mercado do detergente líquido. Neste, são comercializadas quatro marcas, com a seguinte participação:

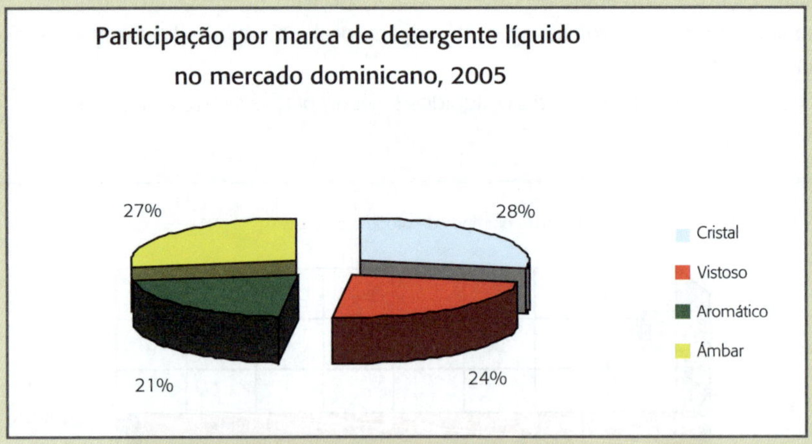

Fonte: Escritório Nacional de Estatísticas (ONE).

Perguntas

1. Qual é sua opinião sobre a decisão dos executivos da Lavamax de dar pouca importância à tendência do mercado de deixar de lavar à mão com sabão em barra para usar máquina de lavar roupa, que não utilizava o produto Lavamax, mas sabão em pó ou líquido?
2. Como a Associação de Fabricantes de Sabões em Barra para Lavar pôde ajudar a manter o sabão em barra no mercado? O problema que chegava era de marca ou de categoria, pelas mudanças na opção dos consumidores?
3. Avalie a decisão que a diretoria da Asofajala tomou de contratar Ruperto Privon como seu assessor comercial, com um excelente currículo como *expert* estrategista na gestão de mercados de consumo em massa, mas com experiência em um país estrangeiro, com outro perfil, outro tipo de clientes, diferentes expectativas e nível econômico-sociocultural.
4. Analise a contratação da agência de publicidade Shadol, que é uma das mais conceituadas e bem-sucedidas dos Estados Unidos, mas que nunca havia trabalhado em mercados latino-americanos e, portanto, na República Dominicana.
5. Compare a estratégia das companhias distribuidoras de máquinas de lavar roupa, de incentivar sua compra por meio de um plano estratégico de vendas a crédito, à decisão dos fabricantes de sabão em barra, de continuar investindo recursos milionários em publicidade, reduzir o preço do produto, visando a uma ampla presença do sabão em todo o mercado nacional.
6. Analise a decisão dos proprietários da Lavamax de lançar no mercado o sabão Rayado, que pode ser usado nas máquinas de lavar roupa. Que possibilidades de sucesso teria esta nova forma de apresentar o sabão em barra Lavamax? É possível reposicionar a marca na mente do consumidor, apesar de terem transcorrido mais de 15 anos desde a época em que se usava o produto, o que significa que há uma nova geração que não conhece as vantagens do sabão em barra?

CONCLUSÕES DA SEGUNDA PARTE

Planejamento mundial e empresarial

O encerramento desta parte enfoca as dimensões empresarial e mundial do planejamento. Primeiro, expõem-se as práticas administrativas próprias do Japão, Estados Unidos, China,[1] México e Colômbia; depois, identificam-se as vantagens e desvantagens competitivas da Alemanha; em terceiro lugar, desenvolve-se o enfoque empresarial redigindo um plano de negócios para um projeto novo. Por último, o caso da indústria automobilística mundial discute a fusão entre as corporações Daimler alemã e a Chrysler norte-americana em 1998, que finalizou em maio de 2007.

Práticas de planejamento no Japão, Estados Unidos, China, México e Colômbia[2]

O nível de produtividade é de grande interesse para todas as nações. Muitas empresas agora analisam o Japão para estudar práticas administrativas, como as da Toyota Motors. Por outro lado, muitos estudantes japoneses vão a universidades dos Estados Unidos para estudar administração e obter o mestrado em administração de empresas. O impressionante sucesso alcançado pelo Japão no incremento da produtividade costuma ser atribuído ao enfoque administrativo dominante nesse país.[3] Entretanto, não devem ser ignoradas as forças externas, como cultura e filosofia, que determinam essas práticas. Devemos destacar também que as práticas administrativas estão sendo objeto de rápidas mudanças. As empresas japonesas, por exemplo, já adotaram estilos ocidentais de administração pela experiência obtida por seus administradores nas alianças estratégicas com companhias ocidentais. É abundante a bibliografia sobre a administração norte-americana e a japonesa. Um dos livros desta bibliografia apareceu até nas listas dos mais vendidos,[4] e existem muitos outros livros[5] e ainda mais artigos sobre o assunto. Mas a bibliografia sobre a administração na China é muito escassa.[6] Como o Japão e os Estados Unidos têm métodos administrativos contrastantes, possivelmente os administradores chineses tenham adotado aspectos de ambos os enfoques para tornar suas empresas mais eficazes e eficientes.

---

1 Consultar também Wall, James A. Jr., "Managers in the people's Republic of China", em *Academy of Management Executive*, maio de 1990, p. 19-32.

2 As fontes de informação aparecem na nota 6, mais adiante. Ver também "A survey of Japan: What ails Japan?". *BusinessWeek*, 20 de abril de 2002, encarte, p. 1-16.

3 Durante as décadas de 1950, 1960 e até 1970 se fazia referência frequentemente aos baixos índices salariais para explicar o sucesso das empresas japonesas. Mas, com a subida do iene japonês e a importância cada vez menor do componente de custos trabalhistas dos produtos, a aptidão administrativa se tornou ainda mais decisiva. Peter F. Drucker. "Low wages no longer give competitive edge". In: *The Wall Street Journal*, 16 de março de 1988.

4 W. G. Ouchi. *Theory Z*. Reading: Addison-Wesley Publishing Company, 1981.

5 Ver, por exemplo, R. T. Pascale e A. G. Athos. *The art of Japanese management*. Nova York: Simon & Schuster, 1981; Ezra F. Vogel. *Japan as number one*. Nova York: Harper & Row Publishers, 1979.

6 Entretanto, há livros que ajudam a entender a cultura e as antigas estratégias militares chinesas. Alguns exemplos: Chin-Ning Chu. *The Chinese mind game*. Beaverton: AMC Publishing, 1988; Mark R. McNeilly. *Sun Tzu and the art of war*. Nova York: Oxford Press, 1996.

O propósito desta apresentação é comparar e contrastar os modelos administrativos japonês e norte-americano e avaliá-los em relação às práticas em uso nas grandes empresas de propriedade estatal da República Popular da China, que chamaremos simplesmente de China.

Esta seção enfoca o planejamento, como mostra sinteticamente a Tabela C2.1 (página 184).[7] A terceira, a quarta, a quinta e a sexta partes tratam da organização, integração de pessoal, liderança e controle. Para começar, é preciso fazer uma advertência. É óbvio que nem todas as empresas norte-americanas são administradas como é explicado neste texto. O mesmo podemos dizer das práticas administrativas japonesas e chinesas. As práticas administrativas mudam com o tempo, por isso, na atualidade, os métodos japoneses e chineses se assemelham mais ao estilo administrativo ocidental. Isto é assim não só quanto ao planejamento, mas também quanto às funções administrativas de organização, integração de pessoal, liderança e controle, que serão tratadas em seções posteriores neste livro.

Planejamento no Japão

No Japão, o planejamento se beneficia muito da cooperação entre governo e empresas. Depois da Segunda Guerra Mundial, o Japão desenvolveu políticas para o crescimento e fortalecimento econômicos, assim como para a competitividade internacional. Estas políticas harmonizaram as políticas monetária e fiscal com a estrutura industrial. Essa relativa previsibilidade econômica significa menores riscos no planejamento. O planejamento consiste na escolha do propósito e objetivos da

---

7 A informação das tabelas das conclusões das partes 2 a 6 se baseia em diversas fontes: as práticas administrativas japonesas foram amplamente expostas na bibliografia especializada e nos encontros profissionais. Para um excelente levantamento da bibliografia sobre isso e propostas sobre o futuro da administração japonesa, ver J. Bernard Keys; Luther Trey Denton e Thomas R. Miller, "The Japanese management theory jungle – revisited", em *Journal of Management*, v. 20, n. 2, 1994, p. 373-402. Ver também Richard E. Wokutch, "Corporate social responsability Japanese style", em *Academy of Management Executive*, maio de 1990, p. 56-74; William G. Ouchi e Alfred M. Jaeger, "Type Z organization: stability in the midst of mobility". *Academy of Management Review*, abril de 1978, p. 305-314; John Lie, "Is Korean management just like Japanese management?", em *Management International Review*, v. 30, n. 2, segundo trimestre 1990, p. 113-118; Christine Nielsen Specter e Janet Stem Solomon, "The human resource factor in Chinese management reform", em *International Studies of Management and Organization*, primavera-verão 1990, p. 15 e ss. "A survey of Japan: what ails Japan?", em *BusinessWeek*, 20 de abril de 2002, encarte em p. 1-16. Ver também "China opens up", em *BusinessWeek*, 20 de novembro de 1999, p. 17-18; "China's middle class – To get rich is glorious", em *The Economist*, 19 de janeiro de 2002, p. 33-34; "China's future – A dampened blaze", em *The Economist*, 9 de março de 2002, p. 46-47; "The sadness of Japan", em *The Economist*, 16 de fevereiro de 2002, p. 11; "Spacial report Japan – The non performing country", em *The Economist*, 16 de fevereiro de 2002, p. 24-26; "Japanese careers – show me the money", em *The Economist*, 26 de janeiro de 2002, p. 56; "Japanese management today". Disponível em: http://www.apmforum.com/japan/jmt.htm, acesso em 26 de maio de 2002; Susumu Ishizaka, "Management development in Torray – now and in the future". *The Journal of Managament Development*, v. 15, n. 8; Masayuki Kitaura, "The current state of human resource development administration in Japan and the debate on its future", *The Journal of Management Development*, v. 15, n. 8; "Japanese management today". Disponível em: http://www.apmforum.com/japan/jmt, acesso em 26 de maio de 2002. Também foram reunidas informações em visitas ao Japão e em pesquisas realizadas com administradores japoneses em funções nos Estados Unidos e com executivos e acadêmicos em suas aulas na China European Business School em Shanghai. Os autores agradecem as contribuições e ajuda de numerosos pesquisadores e administradores chineses, especialmente da Srta. Jie Yu e do Sr. Zhijian Yang. O professor Richard Babcock, da Universidade de São Francisco, prestou uma valiosa ajuda na redação das seções sobre as práticas administrativas chinesas.

organização em seu conjunto ou de uma parte desta e na seleção dos meios para alcançar esses fins; envolve, portanto, a tomada de decisões. Em geral, a orientação dos administradores japoneses em relação ao planejamento é de mais longo prazo que a dos administradores americanos. São várias as razões para isso: no Japão, por exemplo, os bancos são a fonte básica de capital, e seu interesse se explica pela solidez a longo prazo das empresas. Além disso, o Ministério de Comércio Internacional e Indústria elabora um plano quinquenal para a promoção e orientação do planejamento industrial. Mais além, os conglomerados empresariais conhecidos como keiretsu costumam vincular-se com os grandes bancos, interessados no desempenho de longo prazo das companhias. Estes keiretsu oferecem oportunidades para grandes economias de escala, redes que inibem a concorrência, a integração vertical e a influência sobre as decisões governamentais.

Planejamento nos Estados Unidos

Pelo contrário, os administradores norte-americanos costumam estar sob a pressão dos acionistas para mostrar razões financeiras favoráveis sempre que for preciso apresentar informações a respeito. Infelizmente, isso tende a desestimular os investimentos cujo rendimento deva ser esperado em um futuro mais distante. Da mesma maneira, é comum que os norte-americanos ocupem um cargo administrativo durante períodos relativamente curtos. Por isso é difícil que uma decisão míope possa ser rastreada até o administrador que a tomou, porque em geral ele já foi promovido ou até mudou de companhia. Normalmente, os administradores japoneses têm uma orientação de mais longo prazo em suas atividades de planejamento estratégico do que seus colegas nos Estados Unidos.

Planejamento na China[8]

A situação na China é muito diferente. A maioria das empresas é de propriedade do Estado, e somente agora surgiram algumas empresas privadas. Entretanto, nesta comparação nos ocuparemos unicamente das primeiras. Nestas empresas se elaboram planos tanto de longo como de curto prazo. O plano quinquenal é elaborado na cúpula (o Comitê do Planejamento do Estado), enquanto planos mais detalhados são realizados em níveis inferiores. A orientação é o cumprimento dos objetivos e a conclusão do plano atribuído é mais do que ter sucesso no mercado. Embora seja provável que a formulação de estratégias não seja uma prática comum em termos formais, o pensamento estratégico de essência militar faz parte da cultura da China. O livro *Bing-Fa* é um dos manuais chineses mais completos sobre estratégia militar. Assim, é provável que os administradores chineses apliquem certos princípios em seus contratos com companhias ocidentais. Por exemplo, considera-se que a melhor estratégia é vencer sem necessidade de uma guerra. Por outro lado, a integração de metas organizacionais e pessoais é difícil, porque no cumprimento dos objetivos organizacionais virtualmente não se consideram os benefícios pessoais.

---

8 Para um excelente levantamento sobre a bibliografia de planejamento e propostas sobre o futuro da administração japonesa, ver J. Bernard Keys, Luther Trey Denton e Thomas R. Miller, "The Japanese management theory jungle – revisited", em *Journal of Management*, v. 20, n. 2, 1994, p. 373-402.

Planejamento no México

No México, o planejamento está direcionado mais para o curto do que para o longo prazo. Mas em virtude da maior participação no contexto internacional por meio de tratados e acordos, como o TLC e os esquemas de globalização, a dinâmica de crescimento está modificando radicalmente a conformação das organizações, assim como sua mecânica de operação, o que influencia muito os prazos para instrumentá-la.

O processo de planejamento é responsabilidade da alta administração, mas é realizado com a participação dos níveis médios e operacionais, em quem recai a responsabilidade da gestão da informação. Apesar do peso que esta função representa para consolidar os processos de tomada de decisões, o planejamento ainda não é uma ferramenta suficientemente poderosa para orientar os destinos das organizações, situação devida, por um lado, às pressões variáveis no ambiente e, por outra, à dependência das medidas econômicas ditadas pelo setor governamental.

Apesar disso, a crescente abertura para a descentralização e/ou desincorporação das áreas geradoras de produtos e serviços, a compactação de estruturas orgânicas, a incorporação de nova tecnologia, uma maior profissionalização das unidades produtivas e a reestruturação de processos essenciais das organizações estão favorecendo uma flexibilização funcional que as faz mais permeáveis à mudança, o que aumenta muito as expectativas de melhoria da qualidade e eficácia do planejamento.

Planejamento na Colômbia

Em quase todas as grandes empresas e em algumas de tamanho médio, existem áreas de planejamento formalmente estabelecidas. Especialmente nos órgãos públicos é comum o planejamento formal há cerca de 30 anos. Apesar disso, o planejamento geralmente se torna um formalismo ou um ritual que tem pouco efeito sobre o aprendizado institucional e contribui pouco para a melhoria da capacidade competitiva das empresas. Essas deficiências se devem, entre outras razões, a que o planejamento pode, em alguns casos, estar limitado à elaboração de orçamentos, com um caráter meramente operacional e, portanto, desconectado de uma orientação estratégica.

Em outros casos, o principal esforço da organização recai sobre a definição da missão, a visão, as estratégias corporativas e as políticas da empresa, mas não tem capacidade para operacionalizar esses elementos, orientando sistematicamente os processos, os recursos e o tempo dos executivos para sua implantação; também não tem mecanismos para submetê-los a um acompanhamento rigoroso.

O planejamento continua sendo centralizado e autoritário, apesar de que muitos executivos percebem a necessidade de uma maior flexibilidade que favoreça a iniciativa, a criatividade e o compromisso dos trabalhadores.

Um problema tangível consiste em que os diferentes componentes do sistema de planejamento se encontram fragmentados e dispersos pela estrutura organizacional, de modo que, em uma área, se formulam os objetivos, em outra, os orçamentos, em outra, ainda, se definem os sistemas de operação, e os chefes de diferentes níveis atribuem as responsabilidades individuais, e em outro lugar se definem os critérios de sucesso e os mecanismos de acompanhamento e avaliação. Tudo isso impede que os dirigentes tenham uma visão de conjunto sobre o que se pretende fazer, os instrumentos para realizá-lo e os recursos humanos, físicos e financeiros necessários para transformá-los em resultados. Reflete, também, a incapacidade para tornar o planejamento um modelo de referência que sistematize a experiência e sirva de fundamento para a aprendizagem institucional.

Tomada de decisões no Japão[9]

Um dos aspectos mais interessantes da administração japonesa é a maneira com que se tomam decisões. Em uma organização comum, vários níveis participam da tomada de decisão. Em termos reais, a parte mais importante do processo são a compreensão e a análise do problema, assim como o desenvolvimento de soluções alternativas. As decisões cruciais podem fluir da alta administração para os níveis inferiores, e depois voltar para cima. As decisões não cruciais podem surgir na base e ser submetidas à consideração dos administradores de mais alto nível. A autoridade final na tomada de decisões depende sempre da alta administração. Mas antes que uma proposta chegue ao escritório dos executivos, o problema e suas possíveis soluções foram discutidos em vários níveis da hierarquia organizacional. A alta administração mantém a opção de aceitar ou não uma decisão, mas é mais provável que uma decisão seja devolvida aos subordinados para seu maior estudo, e não recusada autoritariamente.

Uma proposta é confirmada mediante o processo de *ringi*. O *ringi-sho* é um documento que contém uma proposta elaborada por um membro do pessoal da assessoria e apoio. Esse documento circula entre vários administradores antes de ser enviado à alta administração para sua aprovação formal. O documento, que é assinado pelos envolvidos ou interessados por uma decisão, incentiva a cooperação e participação de muitas pessoas. Isso, por sua vez, garante o exame do problema ou decisão a partir de diferentes perspectivas. É evidente que este processo de tomada de decisões consome muito tempo; mas, uma vez obtido o consenso, a instrumentação do plano é mais ágil graças à compreensão do plano, a clareza do problema, a avaliação das diferentes alternativas e a participação de quem instrumentará a decisão. As companhias japonesas são criticadas pela lentidão e ambiguidade na tomada de decisões. O fato de que autoridade e responsabilidades de decisão sejam compartilhadas também pode gerar um problema, pois ninguém se sente individualmente responsável pela decisão. Por outro lado, assumir uma responsabilidade coletiva é congruente com os valores japoneses.

Tomada de decisões nos Estados Unidos

Nas organizações norte-americanas, quem fundamentalmente toma decisões são os indivíduos e, em geral, só participam algumas pessoas. Em consequência, depois de tomada uma decisão é preciso convencer os demais de sua conveniência, que frequentemente têm diferentes valores e percepções sobre qual é realmente o problema e o modo como deveria ser resolvido. Assim, a tomada de decisão é bastante rápida, mas sua instrumentação é muito lenta e requer negociações entre os administradores com pontos de vista diferentes. O resultado é que a decisão finalmente instrumentada pode não ser a ideal, por causa das negociações necessárias para conciliar opiniões divergentes. Certamente, essa responsabilidade de decisão pode ser rastreada até encontrar os

9 Ver também a análise da tomada de decisões japonesa no Capítulo 3.

indivíduos envolvidos, se for possível localizá-los no mesmo cargo, mas também pode acontecer, na prática, encontrar, nesse mesmo cargo, "bodes expiatórios" a quem se atribuem decisões incorretas. Mas nas companhias norte-americanas, a autoridade e a responsabilidade de decisão se concentram em indivíduos determinados, enquanto no Japão várias pessoas compartilham tanto a autoridade como a responsabilidade pelas decisões.

Tomada de decisões na China

Na China, as decisões importantes são tomadas por indivíduos que ocupam a direção, mas nas decisões operacionais participam muitas pessoas.[10] Os administradores de nível inferior têm pouca autoridade para tomar decisões. A tomada de decisões realizada no órgão de planejamento central está sob controle direto do Estado. Infelizmente, isso gera falta de flexibilidade na instrumentação das decisões. Embora se compreenda a necessidade de mudanças, os administradores dos níveis superiores da hierarquia resistem às reformas, pois seriam obrigados a renunciar a alguns dos privilégios que têm como funcionários.

Os métodos administrativos da organização no Japão, Estados Unidos e China são tratados na terceira parte.

Tomada de decisões no México

A estrutura do processo de decisão no México parte de elementos como a natureza e o alcance das alternativas consideradas prioritárias, o âmbito de aplicação, os recursos atribuídos, as técnicas de análise administrativa possíveis, assim como o fluxo e seguimento de resultados esperados.

As decisões que representam um impacto econômico significativo modificam a fundo o funcionamento do ambiente de trabalho ou exigem uma grande velocidade de resposta, fluem normalmente da presidência para o resto da organização e são adotadas com o apoio da alta administração.

Quando a tomada de decisões requer emprego de recursos, afeta de forma mais racional as estruturas organizacionais ou permite uma análise de alternativas mais a fundo, a presidência dá maiores faculdades à alta administração para envolver-se e/ou assumir a responsabilidade do processo.

Se as decisões se revestirem de um caráter francamente operacional, os níveis superiores só intervêm como órgãos de supervisão, delegando aos níveis médios a faculdade de tomá-las.

Em função de seu conteúdo, as decisões são compartilhadas por todos os níveis hierárquicos. Na sua execução, cada vez mais se dá importância à coerência que deve existir entre os objetivos propostos e os lucros alcançados, considerando não só as ações implementadas, mas também seu significado.

---

[10] Consultar também John S. Henley e Mee Kau Nyaw, "Introducing market forces into managerial decision making in chinese industrial enterprises", em *Journal of Management Studies*, v. 23, 1986, p. 635-656; International Journal of Information Technology and Decision Making (IJITDM). Disponível em: http://www.worldscinet. com/ijitdm/mkt/editorial.shtml, acesso em 26 de maio de 2002.

TABELA C2.1 Comparação de planejamento japonês, norte-americano, chinês e mexicano

Japonês	Norte-americano	Chinês*	Mexicano
• Orientação de longo prazo	• Principalmente orientação de curto prazo	• Orientações de longo e curto prazos (planos de cinco anos e um ano)	• Fundamentalmente orientada a curto prazo
• Tomada de decisões coletiva (*ringi*) com consenso	• Tomada de decisões individual	• Tomada de decisões por comitês; no topo, frequentemente individual.	• Tomada individual de decisões, embora baseada no consenso do nível da direção
• Participação de muitas pessoas para preparar e tomar a decisão	• Participação de algumas pessoas para tomar a decisão e "vendê-la" a colegas com valores divergentes	• Participação de cima para baixo; participação em níveis inferiores.	• Participação de um grupo da alta administração na preparação e tomada de decisões
• Fluxo de decisões críticas de cima para baixo e de volta para cima; fluxo de decisões não críticas de baixo para cima (em qualquer caso, o interesse está no consenso)	• Decisões iniciadas no topo, que fluem para baixo.	• De cima para baixo, iniciadas no topo.	• O processo de tomada de decisões se realiza no topo da organização, suportado pelos comandos médios e operacionais
• Tomada de decisões lenta; rápida implementação da decisão.	• Tomada de decisões rápida; lenta implementação que requer compromisso frequentemente gera decisões subótimas	• Tomada de decisões lenta; implementação lenta (mas as mudanças acontecem)	• Tomada ágil de decisões, o que com frequência provoca sua revisão e ajustes posteriores.

* Como é praticado em empresas de propriedade do Estado.

Tomada de decisões na Colômbia

O processo de tomada de decisões é um dos traços mais significativos para caracterizar uma organização, porque nele se resumem sua cultura e seus paradigmas administrativos. Nas organizações colombianas, em geral, não se faz uma busca sistemática de alternativas, mas se passa a procurar as mais óbvias e familiares. Como as empresas dedicam quase todo o seu tempo e recursos à realização dos processos de transformação diretamente relacionados com a elaboração de seus produtos e não estão orientadas para a inovação nem para o aperfeiçoamento, os problemas que percebe e, portanto, as decisões que toma são rotineiros e se baseiam na experiência e na memória pessoal dos executivos.

Esse conhecimento direto da realidade é considerado suficiente para sustentar algumas decisões sobre fatos que se repetem periodicamente e torna desnecessário criar sistemas de informação mais desenvolvidos. Dessa forma, o fluxo de informação gira em torno das funções das dependências e não está referido nos processos mais amplos e

Enfoque internacional

Uma análise SWOT das vantagens e desvantagens competitivas da Alemanha

Toda nação se preocupa em competir no mercado mundial de maneira eficaz. A competitividade não depende somente da eficácia das companhias individualmente, mas também dos mercados e do sistema socioeconômico de uma nação. As rápidas mudanças ambientais dos mercados do mundo livre estabelecem que as nações usem totalmente suas vantagens comparativas para continuar ou prosperar no futuro. Os líderes políticos, econômicos e de negócios devem avaliar as oportunidades e as ameaças do ambiente externo para elaborar estratégias apropriadas que aproveitem os pontos fortes de seu mercado e eliminem os pontos fracos de sua nação.

complexos, é limitado, esporádico e cobre períodos curtos. Em outros casos, é necessário procurar os dados e processá-los cada vez que um escritório central ou um superior solicita um relatório. Os modelos de simulação e os métodos quantitativos para reduzir a incerteza e o risco na tomada de decisões são utilizados poucas vezes.

Uma deficiência notória na prática da tomada de decisões é a ausência de mecanismos de acompanhamento e avaliação. Esta carência priva a organização da oportunidade de apreciar o efeito de suas decisões e aprender com sua experiência.

A tomada de decisões é centralizada. Se o chefe considerar que o problema é particularmente complexo, pode solicitar a seus subordinados que contribuam com suas opiniões e sugestões, que podem ser ignoradas ou incorporadas à decisão, mas sem que exista o propósito de construir coletivamente uma solução. Nas organizações colombianas, nas quais predomina um clima hostil e de conflito, evidenciado por uma atitude fortemente competitiva entre os executivos e trabalhadores em geral, a possibilidade de permitir que os subordinados participem da tomada de decisões significaria ceder parte do poder gerencial. Como o trabalhador não se considera envolvido na decisão, e frequentemente não a compartilha, observam-se diversas manifestações de resistência passiva, na apatia, falta de iniciativa e lentidão, que obstaculizam e fazem mais difícil a implantação das decisões.

As práticas administrativas da organização no Japão, Estados Unidos, China, México e Colômbia são explicadas na terceira parte.

A matriz SWOT para a análise da Alemanha[11]

No Capítulo 5 estudamos a matriz SWOT para analisar a posição competitiva de uma companhia. Agora, os conceitos SWOT serão utilizados para determinar a vantagem competitiva da Alemanha. A matriz SWOT da Figura C2.2 mostra aspectos concretos de indústrias alemãs que tiveram um efeito significativo (positivo ou negativo) na economia do país e sua posição na União Europeia (UE) e no mundo. Foram consideradas as forças nacionais intrínsecas nas áreas sociais, econômicas, políticas e tecnológicas para determinar a origem dos pontos industriais fortes e fracos da Alemanha. Por isso, podem ser analisadas as oportunidades e ameaças externas dessas indústrias. Depois da análise de uma ampla gama de forças, podem delinear-se estratégias das indústrias alemãs e desenvolver estratégias industriais alternativas. Já que a antiga Alemanha

[11] Governo Federal, *Facts about Germany*, Frankfurt: Societats-Verlag, 2000. Ver também http://www.bundesregierung.de, acesso em 29 de setembro de 2006.

Fatores internos / Fatores externos	*Pontos fortes internos* • Força de trabalho bem preparada e muito qualificada, orgulho da destreza e qualidade • Experiência no mercado global (por exemplo, exportações) • Solidez em engenharia, máquinas, produtos químicos (Basf, Bayer, Hoechst, por exemplo), banca (por exemplo, Siemens), automóveis (como Mercedes-Benz, BMW, VW) • Companhias pequenas/médias (mittelstand) • Relações trabalhistas estáveis • Unificação alemã • Solidez do euro	*Pontos fracos internos* • Altos custos trabalhistas e sociais • Lentidão na resposta a mudanças • Alto custo da unificação alemã • Lentidão na inovação • Escassos recursos naturais • Relativa falta de habilidade em novas ciências (semicondutores, eletrônica, computação, software, biotecnologia) • Problemas em alguns mercados (construção naval, eletrônica, aço) • Serviço • Taxa de desemprego relativamente alta • Conversão de alguns pontos fortes em fracos (relações trabalhistas)
Oportunidades externas • Europa: crescente comércio com a UE e a Associação Europeia de Comércio Justo. Comércio transfronteiriço. Padronização (por exemplo, ISO 9000). Bancos e seguros sem fronteiras (UE) • América do Norte: investimentos alemães nos Estados Unidos graças à solidez da moeda alemã (o euro) • Europa Oriental: relações da ex-Alemanha Oriental com os países membros da Comecon • Ex-repúblicas soviéticas: expansão industrial, demanda assegurada, relações com a ex-Alemanha Oriental • Bacia do Pacífico e Ásia: riqueza crescente, oportunidades de investimento, abertura da China	*SO: maxi-maxi* • A regulação e padronização do setor bancário europeu facilitará aos bancos alemães a expansão para a UE (mediante o estabelecimento de sucursais, por exemplo). • Crescente rivalidade na UE para promover a vantagem competitiva da Alemanha (por exemplo, a aquisição do Grupo Rover pela BMW) • A ISO facilitará uma produtividade crescente e qualidade superior • Avanços tecnológicos em telecomunicações, aviação e aquisição de companhias norte-americanas (por exemplo, fusão DaimlerChrysler) • Expansão para o leste dos mercados automobilístico, de geração de energia elétrica e de consumo • Capitalização do interesse asiático pela Alemanha mediante alianças	*WO: mini-maxi* • Instalação de filiais na Espanha e Portugal para explorar a mão-de-obra barata e reduzir custos • Investimento nos Estados Unidos para a construção de unidades automobilísticas (de BMW e Mercedes-Bens, por exemplo) • Transferência de operações para países com menores custos trabalhistas (como a Ásia e os Estados Unidos) • Prudente expansão para a China
Ameaças externas • UE: competição de preços de outros países da UE, instabilidade econômica em outros países da UE • Europa Oriental: imigração maciça (também de países não europeus) • Ex-repúblicas soviéticas: incerteza política e econômica, fracas estruturas legais e econômicas • Bacia do Pacífico e Ásia: custos reduzidos (na Coreia do Sul, por exemplo), produtos de alta qualidade (como no Japão), vigorosa atividade econômica (alta taxa de crescimento da Coreia do Sul)	*ST: maxi-mini* • Promoção das exportações das Mittelstand • Maiores garantias do governo alemão e o G-7, para que os bancos alemães concedam mais empréstimos de assistência ao bloco oriental e para impedir a imigração em massa • Estabelecimento de atividades bancárias mais amplas na Ásia • Estabelecimento de sociedades em participação com fabricantes asiáticos de automóveis • Adoção das filosofias japonesas *just in time* e qualidade total para a maior participação dos funcionários. Força de trabalho bem preparada e muito qualificada, orgulho da destreza e qualidade	*WT: mini-mini* • União de esforços entre governo, empresas e trabalhadores para resolver os problemas de moeda supervalorizada, altos salários e excessivas ambições sindicais, altos custos de seguridade social, falta de ação governamental e concorrência dos tigres asiáticos • Estabelecimento de bases de produção na Europa Oriental para reduzir os efeitos da solidez das divisas alemãs em custos e preços de exportação

FIGURA C2.2 Matriz SWOT da Alemanha

Ocidental difere muito da antiga Alemanha Oriental, a análise focará o que se costumava chamar Alemanha Ocidental antes da reunificação; nesse estudo, só será chamada de Alemanha. A figura resume a situação competitiva dessa parte da Alemanha.

O ambiente interno da Alemanha: seus pontos fortes e fracos

A Alemanha costuma ser considerada uma potência econômica. No entanto, de uma perspectiva global, corporações transnacionais do Japão e Estados Unidos dominam os mercados mundiais. Entre as principais corporações mundiais do *Fortune* 500, poucas empresas eram alemãs na classificação de 2000. A Volkswagen estava no 21º lugar e a Siemens, no 23º.[12] A DaimlerChrysler, há até pouco tempo uma companhia de fusão alemã – norte-americana, estava em quinto lugar. Em escala mundial, na ocasião, as grandes corporações alemãs integram uma porção muito menor que suas concorrentes japonesas e norte-americanas.

Como mostra a Figura C2.2, os pontos fortes da Alemanha vão da mão-de-obra educada e capacitada até as relações mão-de-obra – administração relativamente estáveis e os resultantes da reunificação das antigas Alemanha Ocidental e Oriental. Mas a reunificação também significou um alto custo, que também aparece como um ponto fraco interno na figura. Outros pontos fracos vão dos altos custos trabalhistas e sociais até a relativamente alta taxa de desemprego.

Oportunidades e ameaças externas

As oportunidades externas da Alemanha se estendem da União Europeia até os países da Europa Oriental, as Américas e a bacia do Pacífico e Ásia. Embora as oportunidades sejam muitas, as ameaças também vêm de alguns mercados mundiais, como mostra a figura. Por exemplo, produtos eletrônicos japoneses de alta qualidade para o consumidor substituíram muitos produtos alemães.

Quatro séries de estratégias para a Alemanha

Levando em conta os pontos fortes e fracos internos do país e as oportunidades e ameaças de outras nações, devem ser consideradas quatro séries de estratégias alternativas.

Estratégias SO (maxi-maxi)

As estratégias potencialmente mais bem-sucedidas para a Alemanha usariam seus pontos fortes para aproveitar as oportunidades, não só dentro da União Europeia, mas também na América do Norte, Europa Oriental, Ásia e os países da bacia do Pacífico.

[12] Taylor II, Alex, "Fortune's global 500". *Fortune*, 22 de julho de 2002, p. F-1.

As oportunidades criadas pela União Europeia permitem o livre fluxo de capitais, guiadas por regulamentos comuns para as transações financeiras. Regulamentação e padronização dentro do ramo bancário europeu farão a União Europeia mais acessível à expansão dos bancos alemães. Por exemplo, a estratégia do Deutsche Bank de expansão em toda a UE gira ao redor do estabelecimento de sucursais em toda a União Europeia e da cooperação com bancos estrangeiros. Além disso, o banco tem mais liberdade para expandir-se com maior força nos Estados Unidos.

Estratégias ST (maxi-mini)

As estratégias maxi-mini procuram maximizar os pontos fortes do país e minimizar as ameaças externas. Por exemplo, a economia da Alemanha, impulsionada pelas exportações, depende de obter e manter participação de mercado em mercados do exterior.[13] As exportações alemãs representam alta porcentagem de seu produto interno bruto, grande parte procedente de companhias pequenas e médias (mittelstand). As exportações de empresas médias e pequenas são promovidas pelo governo alemão, que ajuda estas companhias a obter seguros de exportação para países como a Tailândia. Várias outras estratégias aparecem na figura.

Estratégias WO (mini-maxi)

As estratégias mini-maxi tratam de superar os pontos fracos da indústria alemã para poder aproveitar as oportunidades, como mostram os exemplos seguintes. A indústria alemã do aço poderia considerar o estabelecimento de unidades na Espanha e Portugal para explorar a mão-de-obra barata. Devido aos altos custos trabalhistas e sociais na Alemanha, a Mercedes-Benz investiu em uma planta no Alabama, Estados Unidos, para produzir um veículo utilitário esportivo. Esse veículo é comercializado não só nos Estados Unidos, mas também no exterior.[14]

Estratégias WT (mini-mini)

As estratégias mini-mini são uma tentativa de minimizar os pontos fracos internos e as ameaças externas. Embora alguns alemães aceitem que o país está com problemas, a maioria das pessoas não percebe isso. De fato, diferentes grupos se culpam entre si por alguns dos problemas atuais, que incluem altos salários, sindicatos trabalhistas ambiciosos, altos impostos sociais, falta de ação do governo e a concorrência dos "Tigres Asiáticos".[15] Fazer frente a esses problemas requererá um esforço unido entre o governo, as empresas e os setores trabalhistas da Alemanha. Uma dessas estratégias se relaciona com a forte moeda da Alemanha, que dificulta as exportações. Portanto, as indústrias

---

13 Governo federal, "Foreign trade", em *Facts about Germany*, p. 331-335.

14 Woodruff, David e Karen Lowry Miller, "Mercedes' maverick in Alabama". *BusinessWeek*, 11 de setembro de 1995, p. 64-65; Mercedes-Benz US international–Home of the M-Class. Disponível em: http://www.mbusi.com, acesso em 29 de setembro de 2006; Mercedes model Portfolio. Disponível em: http://www.mbusa.com/brand/index.jsp, acesso em 29 de setembro de 2006.

15 "A survey of business in China". *The Economist*, 9-15 de março de 1996, p. 1-26.

alemãs podem considerar o estabelecimento de bases de produção na Europa Oriental para reduzir custos e barreiras.

Selecionar uma série de estratégias

Sem dúvida, a educada e capacitada força de trabalho ajudou a Alemanha a obter e manter sua competitividade. Além disso, a força industrial alemã em produtos químicos, automóveis, maquinária e bancos são fatores importantes para o sucesso do país. Entretanto, o ponto forte relativo em muitos destes mercados começou a diminuir. Os pontos fracos internos, assim como os altos custos trabalhistas e sociais, a relativa lentidão na inovação e problemas em certos ramos, como eletrônica, aço e construção naval, indicam a necessidade de transformação. Além disso, a Alemanha carece de habilidades suficientes nas novas ciências de semicondutores, computadores, software e biotecnologia.

O enfoque da matriz SWOT gera várias alternativas para que uma nação obtenha uma vantagem competitiva. Essas alternativas, porém, são descritivas e não prescritivas, mas ajudam os geradores de políticas na análise sistemática de fatores internos e externos e em combiná-los para obter um efeito sinérgico. Mesmo ilustrando a aplicação prática da matriz SWOT para a Alemanha, outros países também podem se beneficiar gerando estratégias para manter ou obter vantagens competitivas no mercado mundial.[16]

Enfoque empresarial: elaborar um plano de negócios para um projeto empresarial

Como foi discutido na segunda parte, o processo de planejamento é o primeiro passo para a administração efetiva. Envolve desenvolver a visão e a missão para a organização, assim como estabelecer objetivos e metas. No contexto empresarial, o planejamento se associa à elaboração de um plano de negócios para um projeto novo. Os planos de negócios são utilizados pelos empresários como um mecanismo de planejamento para ajudá-los a lançar e fazer crescer suas novas empresas e também para ajudá-los a arrecadar recursos de investidores profissionais, como capitalistas de investimento ou bancos. Embora muitos recursos para a elaboração de planos de negócios possam encontrar-se alinhados,[17] o seguinte descreve o que a maioria dos investidores e empresários espera no Vale do Silício.[18]

---

16 Ver, por exemplo, Weihrich, Heinz, "Decision making for gaining a competitive advantage for the nation with the TOWS matrix–An Alternative to Porter's model–Illustrated by the people's Republic of China", em *Decision Sciences Institute 5th International Conference Proceedings*. Atenas, julho de 1999.

17 A Administração de Pequenos Negócios dos Estados Unidos (http://www.SBA.gov) proporciona assessoria para elaborar um plano de negócios, assim como enlaces a planos de negócios como amostra.

18 O conhecimento dos padrões de planejamento de negócios do Vale do Silício vem de anos de intensa interação e colaboração com dúzias de capitalistas de investimento e empresários do local.

Especificamente, os planos de negócios podem ser de 40 páginas ou mais, mas com as limitações de tempo de executivos e investidores, a maioria dos profissionais quer ver um documento relativamente breve que vá à essência do conceito do negócio. Como norma, o empresário preparará primeiro um plano de negócios completo que detalhe numerosos pontos-chave, planos operacionais e prognósticos financeiros. Mas a apresentação e persuasão de investidores e sócios potenciais normalmente dependem de um documento ou apresentação breve.

A proposta a seguir detalha os elementos essenciais de uma proposta de plano de negócios que foi preparada com base em interações estreitas com capitalistas de investimento e executivos do Vale do Silício.[19] Primeiro, é apresentado o perfil básico, seguido de mais detalhes de cada seção.

Formato de proposta de um plano de negócios

Um plano de negócios pode ter muitas formas. Este formato proposto lista as partes essenciais da proposta.

1. Nome da companhia e uma descrição breve. (É fundamental explicar o conceito do negócio com clareza e persuasão!)
2. Oportunidade ou problema no mercado a ser atendido.
3. Como o produto/serviço resolve o problema ou a oportunidade?
4. Quem são os concorrentes atuais ou potenciais, e qual é a vantagem competitiva da companhia?
5. Descrição do mercado-alvo em termos de seus atributos demográficos (gênero, nível de renda, idade etc.) e seu tamanho.
6. Estratégia de marketing para chegar ao mercado-alvo e estimativa da penetração de mercado projetada para os primeiros cinco anos.
7. Modelo de negócios e pontos-chave estratégicos.
8. Resumo dos faturamentos e lucros projetados em função da penetração no mercado-alvo, o crescimento do mercado e os gastos estimados para os cinco primeiros anos.
9. Descrição da equipe administrativa e sua principal experiência.
10. Quantidade de dinheiro necessária dos investidores e para que finalidade.
11. Estado atual da empresa (por exemplo, etapa de desenvolvimento do produto, patentes, contratos, vendas atuais, nível de lucros, capital/dívida adquirida até agora etc.).

Naturalmente, os empresários e investidores de diferentes mercados ou em distintas etapas de seu negócio darão mais importância a alguns elementos deste formato de proposta em maior ou menor grau. Entretanto, discussões com dúzias de investidores e empresários indicam que esses são os elementos essenciais que os investidores profissionais procuram em uma proposta de plano de negócios. O que apresentamos a seguir mostra mais detalhes para cada seção.

---

[19] Ver também Timmons, Jeffry A. e Stephen Spinelli, "*New venture creation: entrepreneurship for the 21st century*". 7. ed. Nova York: McGraw-Hill Irwin, 2007, para um excelente formato e estudo de um plano de negócios.

1. Nome da companhia e uma descrição breve

É vital explicar o conceito do negócio com clareza, de maneira concisa e com persuasão. O tempo é o recurso mais precioso de executivos e investidores ocupados. Esperam que o empresário possa descrever de modo rápido e completo os elementos-chave do negócio. Os empresários experientes podem transmitir sua descrição de negócio (até para empresas muito técnicas ou científicas) em poucos minutos. Essa habilidade indica que o empresário entende seu negócio o suficiente para transmiti-lo a um público não experiente. Se depois de uma apresentação de 15 minutos de um empresário o investidor pergunta: "o que faria de novo?", o empresário falhou na descrição de sua companhia.

2. Oportunidade ou problema no mercado a ser atendido

Os empresários bem-sucedidos estão orientados para as oportunidades. Uma frase que frequentemente se diz aos investidores profissionais no Vale do Silício é: "qual é o ponto nevrálgico?" Em outras palavras, que problema sentido pelos consumidores ou negócios o empresário trata de resolver? É muito significativo o problema? Este deve ser o enfoque de um negócio, mais do que elaborar um produto sem uma necessidade clara. Assim como a descrição básica da companhia, explicar o problema com clareza é importante para uma proposta ou apresentação de negócios bem-sucedida.

3. Como o produto/serviço resolve o problema ou a oportunidade?

Uma vez que o empresário identificou a oportunidade de mercado ou o problema, deve, é óbvio, oferecer uma solução a esse problema em termos de um produto ou serviço, ser capaz de descrever com clareza seu produto e como resolver especificamente o problema que os clientes potenciais enfrentam. O empresário tem de provar como seu produto diminuirá os pontos nevrálgicos específicos (custo, tempo, prejuízos) do cliente.

4. Quem são os concorrentes atuais e potenciais, e qual é a vantagem competitiva da companhia?

Uma vez que o empresário provou ter um produto que *pode aliviar a dor do cliente*, deve indicar com clareza qual é a concorrência e como sua solução se compara com as oferecidas pelos competidores. Seu produto alivia melhor a dor dos clientes, mais a fundo ou de maneira mais barata? Ademais, deve indicar qual é a vantagem competitiva subjacente de sua companhia em termos de proporcionar esta solução. Em outra parte do texto apresentamos uma análise sobre como obter uma vantagem competitiva; mas, de forma breve, a vantagem competitiva pode ser atingida ao criar ou ter propriedade intelectual cuja funcionalidade seja difícil de replicar, desenvolver uma marca forte ou identificar uma rede de distribuição ou suprimento exclusiva.

5. Descrição do mercado-alvo em termos de seus atributos demográficos (gênero, nível de rendas, idade etc.) e seu tamanho

O empresário deve realizar uma pesquisa de mercado primária e secundária para determinar com precisão quem é o cliente mais provável, quantos tem e como é melhor comercializar e distribuir. A pesquisa primária poderia começar com um grupo de atenção no qual um produto protótipo é passado a um grupo de cinco a dez clientes potenciais para que o comentem, ou poderia ser iniciado um processo de pesquisa ou entrevista. Se essa pesquisa primária levou a uma boa descrição de quem é o cliente mais provável (em termos de idade, gênero, renda etc.), deverá ser realizada a pesquisa secundária para determinar quantos desses clientes existem. A pesquisa de mercado secundária[20] utilizará dados de mercado existentes para encontrar quantos indivíduos se encaixam nas dimensões ou características do cliente mais provável determinado pela pesquisa primária.

6. Estratégia de marketing para chegar ao mercado-alvo e estimativa da penetração de mercado projetada para os primeiros cinco anos

Uma vez que o mercado foi definido por meio do processo de pesquisa de marketing, o empresário deve desenvolver uma ampla estratégia de marketing para chegar a esse mercado-alvo. Primeiro, terá de fazer o cliente saber que o produto da companhia existe e pode proporcionar benefícios. Continuando, o produto deve ser requerido por esse segmento do mercado-alvo. Este processo de educação e persuasão se ajustará estreitamente às necessidades e comportamentos do cliente. De novo, qual é o "ponto nevrálgico" ou necessidade que o empresário quer resolver com o produto? Como pode comunicar melhor a eficácia do produto ao cliente? Qual é a mídia preferida do cliente? Como o empresário faz a mensagem chegar melhor ao cliente? Como deve levar o produto ou serviço até o cliente quando a necessidade de nosso produto foi estabelecida?

A estratégia de marketing deve ser específica. Como chega o empresário a seu primeiro cliente, ao segundo, ao terceiro, e assim por diante? O empresário deve evitar o seguinte: "É um mercado nacional potencial de um bilhão de dólares, então, mesmo se só conseguirmos 10% dele, isto é, US$ 100 milhões em vendas..." Um relatório ou análise como este poria fim à reunião com um investidor inteligente. Pelo contrário, a estratégia de marketing ajuda a criar um argumento e estimativa lógicos para a penetração de mercado (a porcentagem do mercado-alvo que comprará o produto). Essa estimativa junto com o tamanho do mercado, determinado pela pesquisa de mercado, leva ao total de vendas.

7. Modelo de negócios e pontos-chave estratégicos

O empresário deve detalhar um modelo de negócios para a empresa proposta. Especificamente, como é criado o produto ou serviço? Quais são as fontes de suprimento primárias? Quais são os canais de distribuição para os mercados-alvo? Como se promovem esses canais de distribuição? Quais são os fluxos de renda estimados, e quais são as margens? Uma compreensão e explicação claras do modelo de negócios da empresa pelo empresário indicam que conhece sua empresa bastante bem e, portanto, é mais provável que execute bem o plano. O empresário também deve especificar pontos-chave que a empresa pensa cumprir.[21] Esses pontos-chave estratégicos costumam estar ligados às necessidades de recursos. Em outras palavras, uma rodada de recursos pode ser uma condição para cumprir esses pontos-chave projetados. Por isso, o empresário deve estar seguro de não superestimar o que se pode alcançar.[22]

8. Breve resumo financeiro

Embora o plano de negócios completo tenha de detalhar gastos específicos e uma lógica de geração de vendas com entradas mensais ou trimestrais, uma proposta deve

---

[20] Um excelente ponto de partida para recopilar dados demográficos dos clientes nacionais e locais é http://www.Census.gov, acesso em 2 de outubro de 2006.

[21] Os pontos-chave estratégicos poderiam incluir datas estimadas da conclusão do desenvolvimento do produto, o início das vendas, o ponto de equilíbrio em termos do nível de vendas e tempo, planos de expansão etc.

[22] Uma regra básica do Vale do Silício para empresários em relação a pontos-chave e projeções é "prometa menos e entregue mais".

ser muito mais condensada para permitir uma avaliação rápida dos investidores interessados.[23] Por exemplo, espera-se normalmente um breve resumo de faturamentos e lucros projetados em função do tamanho do mercado, a incorporação ao mercado-alvo e os gastos estimados para os primeiros cinco anos da empresa.

	Ano 1	Ano 2	Ano 3	Ano 4	Ano 5
Tamanho do mercado					
Faturamento					
Gastos					
Lucros					

9. Descrição da equipe administrativa e sua principal experiência

A maioria dos investidores profissionais dirá que a equipe administrativa de um novo projeto é o principal ou um dos principais critérios usados para avaliar uma nova empresa para seu possível financiamento. Existe um ditado que diz: "melhor ter uma equipe 'A' com uma ideia 'B' do que uma ideia 'A' com uma equipe 'B'". Isto se deve em parte a que a ideia original para um negócio normalmente será modificada e a equipe administrativa deve ter força suficiente para adaptar-se. O empresário deve indicar sua experiência prévia no ramo e a experiência no lançamento de outras companhias. Ter estado associado antes a uma ou duas companhias que iniciaram e fracassaram não é visto como problemático no Vale do Silício, porque essas experiências costumam agregar maior aprendizagem. Além disso, identificar lacunas na equipe administrativa indicaria a necessidade de recrutar para cobrir esses cargos. Por último, a integridade e a ética são características essenciais de cada membro da equipe administrativa. Se falhar a confiança entre o empresário e o investidor, o trato está perdido. Por isso, o empresário nunca deve exagerar nem amolecer. A honestidade e a sinceridade são essenciais.

10. Quantidade de dinheiro necessária dos investidores e para que finalidade

O empresário não deve esquecer de pedir o necessário dos investidores em termos de financiamento. Esta solicitação de financiamento inicial se baseia no prognóstico financeiro do plano de negócios. Quanto capital é necessário para lançar o projeto em termos do dinheiro necessário para operações e investimento? É comum ter várias rodadas de financiamento conforme a empresa cresce. A primeira deve cobrir pelo menos 12 meses das operações da companhia.[24]

11. Estado atual da empresa

Já que o plano de negócios é um documento vivo, para ser atualizado ao longo da vida do projeto, o empresário pode apresentar seu plano depois de operar vários anos. Por isso, é importante que ele indique o estado atual da empresa em termos de desenvolvimento do produto, vendas, lucros etc. É mais provável que uma empresa estabelecida obtenha respaldo financeiro, pois grande parte do risco do lançamento inicial foi

[23] Ver também Adelman, Philip J. e Alan M. Marks, *Entrepreneurial finance*. 4ª ed. Pearson Prentice Hall, 2007.

[24] Ver também Dorf, Richard C. e Thomas H. Byers, *Technology ventures: from idea to enterprise*. McGraw-Hill, 2005.

eliminada, por isso o empresário não deve sentir-se inibido por falar sobre os lucros de sua empresa.

A proposta de negócios mostrada apresenta o perfil padrão para organizar um plano de negócios para um projeto novo no Vale do Silício. Normalmente, o empresário terá de desenvolver um amplo plano de negócios com ampla pesquisa de mercado e prognósticos financeiros para extrair a essência para esta proposta. Não obstante, este guia deveria ajudar o empresário a focar os elementos essenciais que os investidores procuram. Os pontos-chave estratégicos e o planejamento são a espinha dorsal de um plano de negócios bem elaborado. O empresário deve começar por aí e seguir seu entusiasmo para levar a nova empresa à vida.

Antecedentes

Lee Iacocca, o pitoresco presidente da Chrysler, saiu da Ford para ir para a Chrysler por um desentendimento com Henry Ford II, em 1978. A ele era creditado o mérito de salvar a Chrysler da falência em 1979/1980 quando negociou uma garantia de empréstimo por parte do governo americano. Iacocca também dirigiu a aquisição da Chrysler da American Motors em 1987, que somou o Jipe à linha Chrysler. Robert Eaton, o CEO da Chrysler que negociou a fusão com a Daimler em 1998, substituiu Iacocca em 1992.

Caso da indústria automobilística global

A fusão DaimlerChrysler: uma nova ordem mundial?[25]

Em maio de 1998, fundiram-se a Daimler-Benz, a maior empresa industrial da Europa, e a Chrysler, o terceiro maior fabricante de automóveis dos Estados Unidos. A cuidadosamente planejada fusão parecia ser um "ajuste estratégico". A Chrysler, com seus carros de menor preço, caminhões leves, pickups e bem-sucedidas minivans, parecia complementar os veículos de luxo, veículos comerciais e veículos utilitários esportivos [*sports utility vehicles* (SUV)] da Daimler. Não havia quase nenhuma sobreposição de linhas de produtos.

A fusão seguiu uma tendência de outras consolidações. A General Motors (GM) é proprietária de 50% da sueca Saab AB e tem como subsidiárias a Opel, na Alemanha, e a Vauxhall, na Inglaterra. A Ford adquiriu as britânicas Jaguar e Aston Martin. A fabricante de automóveis alemã BMW adquiriu a britânica Rover (mais tarde se desfez dela e só manteve o modelo Mini) e a Rolls-Royce vendeu com sucesso seus interesses à Volkswagen e BMW. Por outro lado, a pretendida fusão da Volvo com a Renault fracassou e, mais tarde, a Ford adquiriu a Volvo.

A fusão entre as culturas DaimlerChrysler tinha a vantagem de que os diretores executivos de ambas as companhias tinham experiência internacional e conhecimento das culturas alemã e norte-americana. Robert Eaton, da Chrysler, teve experiência em mudar o estilo dos autos da Opel na operação europeia da GM. Lutz, o copresidente da Chrysler, fala alemão, inglês, francês e italiano com fluência e teve experiência de trabalho anterior com a BMW, GM e Ford. Jürgen Schrempp, o CEO da Daimler, trabalhou nos Estados Unidos e na África do Sul, adquirindo uma perspectiva mundial.

---

[25] O caso se baseia em diversas fontes, que incluem Weihrich, Heinz e Kai-Uwe Seidenfuss, "Reengineering the global car industry: Will the DaimlerChrysler merger criate a new world order?", em *The Automobile Industry in the 21st Century*, Seul: Universidade Nacional de Seul, 2 de junho de 1998, p. 45-46 "DaimlerChrysler: crunch time". *The Economist*, 25 de setembro de 1999, p. 73-74; "Merger Brief: The DaimlerChrysler emulsion". *The Economist*, 29 de julho de 2000, p. 67-68; DaimlerChrysler. Disponível em: http://www.daimlerchrysler.com; http://www.daimlerchrysler.com/index_e.htm?/news/top/1999/t90924_e.htm; Maynard, Micheline, "Amid the Turmoil, a rare success at DaimlerChrysler". *Fortune*, 22 de janeiro de 2001, p. 112C-P; Taylor III, Alex, "Can the Germans rescue Chrysler?". *Fortune*, 30 de abril de 2001; Stipp, David, "The coming hydrogen economy". *Fortune*, 12 de novembro de 2001, p. 90-100.

No momento da fusão, a Daimler vendia menos veículos que a Chrysler, mas tinha receitas superiores. Os 300 mil funcionários da Daimler em todo o mundo produziram 715 mil carros e 417 mil caminhões e veículos comerciais em 1997. A companhia também estava no negócio de aviões, trens e helicópteros, e dois terços de seu faturamento vinham de fora da Alemanha.

Então, por que a Daimler de Stuttgart, Alemanha, iria para a Chrysler em Detroit, Estados Unidos? As companhias tinham linhas de produtos complementares e a Chrysler viu a fusão como uma oportunidade para superar algumas das barreiras comerciais europeias. Entretanto, os motivos principais das fusões no mercado automobilístico são a tecnologia (que tem custos fixos muito altos) e a capacidade excessiva (estimada em 20%). Somente as companhias com economias de escala podem sobreviver. Park, presidente da Hyundai Motor Company, declarou que as linhas de produção na Coreia do Sul operavam ao redor de 50% de sua capacidade em 1998. A indústria automobilística conseguiria produzir cerca de um terço de carros adicionais. A previsão era de que só seis ou sete dos principais fabricantes poderiam sobreviver no século XXI. Isso faz com que a fusão seja mais do que uma necessidade competitiva, uma vantagem competitiva ou estratégica.

Daimler + Chrysler = nova companhia automobilística*

No final da década de 1980 e princípios de 1990, os japoneses deram grandes passos na indústria automobilística por meio de eficientes métodos de produção e produtos de alta qualidade. Entretanto, uma nova tendência foi estabelecida pelo fabricante alemão que mudou o mercado do automóvel com a fusão DaimlerChrysler, em que a primeira detém a propriedade de 53% e a segunda, o restante. A nova companhia automobilística é agora a quinta maior do mundo e poderia tornar-se a produtora por volume em toda a gama de produtos.

Os respectivos pontos fortes são que a Daimler é conhecida por seus automóveis de luxo e sua inovação em carros pequenos (Classe A e o Smart Car).[26] A Chrysler, por outro lado, tem um lucro médio por veículo que é o maior entre as três grandes (GM, Ford e Chrysler) em Detroit, graças às altas margens derivadas da venda de minivans e Jipes. Também é conhecida por sua muito competente administração e produção eficiente. Baixos custos e simplicidade (como no modelo Neon) são outros pontos destacados da Chrysler.

A Figura C2.3 mostra os pontos fortes e fracos da Chrysler antes da fusão com a Daimler-Benz. Também mostra as oportunidades e ameaças externas da companhia, assim como as estratégias alternativas. Em essência, a Chrysler seguiu sua estratégia de fortalecer seu mercado de SUV e minivans comercializados nos países do Acordo de Livre Comércio da América do Norte (Nafta). Ao mesmo tempo, a companhia enfrentava uma crescente concorrência e a necessidade de crescer para mercados fora do Nafta. Além disso, existia o perigo de uma aquisição "hostil" de outra companhia, e fazia sentido explorar uma fusão amigável com uma empresa de boa reputação que pudesse complementar sua linha de produtos e permitisse crescer para novos mercados.

A Mercedes-Benz (uma parte da Daimler Corporation) era conhecida por sua excelência em engenharia e qualidade de produto; a imagem da marca eram os automóveis

* Essa discussão mostra a aplicação da matriz de fusões SWOT apresentada no Capítulo 5.

26 Maynard, Micheline, "Smart Car: Get smart". *Fortune*, 30 de abril de 2001.

Ambiente interno / Ambiente externo	*Pontos fortes internos (S)*	*Pontos fracos internos (W)*
	• Tradição e imagem da marca no Nafta • Rede de vendas e serviço no Nafta • Portfolio equilibrado nos Estados Unidos • Imagem do Jipe e minivans rentáveis	• Enfoque estreito no mercado doméstico e o Nafta • Companhia pouco conhecida fora do Nafta • Rede frágil fora do Nafta • Situação financeira geral delicada
Oportunidades externas (O) • Demanda de minivans de alta margem • Crescente mercado SUV • Avanços na tecnologia da informação	*SO: maxi-maxi* • Fortalecer os produtos SUV e minivan no Nafta • Procurar fusão com companhia de alta tecnologia	*WO: mini-maxi* • Entrar em mercados fora do Nafta • Desenvolver vendas e serviço fora do Nafta
Ameaças externas (T) • Saturação e estagnação do mercado dos Estados Unidos • Crescente concorrência do SUV e minivans (Nissan, Toyota) • Possibilidade de uma aquisição hostil • Concorrência (General Motors, Ford)	*ST: maxi-mini* • Utilizar conhecimentos para melhorar posição do SUV e minivans • Desenvolver automóveis inovadores • Explorar uma fusão amigável	*WT: mini-mini* • Encontrar um sócio para entrar no mercado mundial

FIGURA C2.3 Matriz SWOT para a Chrysler Corporation antes da fusão. Nafta: Acordo de Livre Comércio da América do Norte; SUV: sigla em inglês de veículo esportivo utilitário

Ambiente interno / Ambiente externo	*Pontos fortes internos (S)*	*Pontos fracos internos (W)*
	• Imagem da marca de automóveis de luxo • Experiência em engenharia • Qualidade do produto • Poder financeiro	• Só concentrar-se no mercado mundial de automóveis de luxo • Falta de um segmento de alto volume • Altos preços • Presença frágil em mercados asiáticos
Oportunidades externas (O) • Necessidade de ampla linha de produção • Demanda de automóveis de luxo pequenos • Necessidade de novos canais de vendas	*SO: maxi-maxi* • Utilizar a imagem da marca para entrar em novas áreas e ampliar a linha de produtos • Desenvolver o carro Smart • Utilizar conceitos de plataforma para reduzir custos • Desenvolver minivans	*WO: mini-maxi* • Ingressar no segmento de preços mais baixos • Desenvolver produtos para incrementar volume • Utilizar sócios existentes • Encontrar novos sócios no segmento de menor preço
Ameaças externas (T) • Saturação do mercado doméstico • Problemas econômicos em mercados emergentes • Competição no mercado de automóveis de luxo (BMW, Lexus, Infiniti, Accord, Jaguar) • Linha de produtos ampliada dos concorrentes (Volkswagen, Audi)	*ST: maxi-mini* • Utilizar conhecimentos tecnológicos para combater os concorrentes • Buscar sócios que cooperem	*WT: mini-mini* • Estabelecer uma nova marca para um segmento de menor preço

FIGURA C2.4 Matriz SWOT para a Daimler-Benz antes da fusão

de luxo. Por sua vez, a Mercedes carecia de uma oferta de produtos no segmento de preço mais baixo e de alto volume. Como mostra a Figura C2.4, os altos custos de desenvolvimento e a necessidade de obter economias de escala exigiam encontrar um sócio que lhe permitisse oferecer uma linha de produtos completa de veículos de alto e baixo preços.

A análise situacional depois da fusão mostra que os pontos fortes e fracos das duas companhias se complementam (ver a Figura C2.5). Agora podem oferecer uma linha de produtos completa em todos os segmentos em seus respectivos mercados domésticos. Existe pouca sobreposição de produtos, com a exceção do Jipe Cherokee, competindo

Condições internas → (à direita) Condições externas ↓ (abaixo)	*Pontos fortes internos (S)* • Imagem de marca para automóveis de luxo • Engenharia • Qualidade de produto • Poder financeiro	*Pontos fracos internos (W)* • Enfoque só no mercado mundial de automóveis de luxo • Falta de um segmento de alto volume • Preços altos • Presença fraca nos mercados asiáticos
Oportunidades externas (O) • Necessidades de ampla linha de produtos • Demanda de automóveis de luxo pequenos • Necessidades de novos canais de vendas	*SO: maxi-maxi* • Utilizar imagem de marca para introduzir e ampliar linha de produtos • Desenvolver auto Smart • Utilizar conceitos de plataforma para reduzir custos • Desenvolver minivan	*WO: mini-maxi* • Entrar no segmento de preços baixos • Desenvolver produtos para aumentar o volume • Recorrer aos sócios existentes • Encontrar novos sócios no segmento de preço baixo
Ameaças externas (T) • Saturação no mercado nacional • Problemas econômicos nos mercados emergentes • Competição no mercado de luxo (BMW, Lexus, Infinity, Accord, Jaguar) • Ampliação da linha de produtos dos concorrentes (Volkswagen, Audi)	*ST: maxi-mini* • Uso de perícia tecnológica para lutar contra os concorrentes • Procurar sócios que cooperem	*WT: mini-mini* • Estabelecer uma nova marca para segmentos de preço baixo.

FIGURA C2.5 Matriz SWOT da DaimlerChrysler depois da fusão

diretamente com o SUV Classe M da Mercedes, fabricado no Alabama. Além disso, agora os sócios podem utilizar a inovação em suas respectivas áreas de experiência. Suas instalações em vários países podem ser utilizadas para a produção e montagem de carros de baixo e alto preços. Em resumo, a fusionada DaimlerChrysler Corporation pode obter sinergia e economia em custos.

Apesar das vantagens potenciais da fusão, os desafios continuam. A companhia tem pouca experiência para entrar no mercado mundial de produtos de menor preço. Também há o potencial de conflitos na integração dos sistemas operacionais e administrativos das companhias fusionadas. As ameaças externas persistem e podem piorar. Os mercados de automóveis na União Europeia e no Nafta estão cada vez mais saturados, e a deterioração econômica em economias desenvolvidas e emergentes reduz e para o crescimento desses países. Além disso, a competição (em especial nos segmentos de luxo) torna-se mais forte.

O desafio para Jürgen Schrempp, o CEO da Daimler, é integrar as duas companhias e obter as eficiências, que eram uma das metas importantes da fusão. Além disso, integrar as culturas de organização de ambas as companhias será um desafio importante.

Jürgen Schrempp: um artista das sacudidas?

Além de dispor da fusão DaimlerChrysler, Schrempp iniciou muitas mudanças na operação alemã. Ao assumir o cargo, considerou que a companhia não tinha propósito nem direção. Em consequência, desfez-se da AEG e reduziu o número de empresas de 35 para 23. Seu interesse no valor para o acionista é contrário à cultura tradicional de empresas alemã. Schrempp modela seu estilo gerencial seguindo o de Jack Welch, o antigo CEO da General Electric.[27] Welch acreditava que a General Electric deveria ser número 1 ou 2 (ou ter um plano para levá-la até lá) em um mercado ou empresa determinado, ou a companhia deveria sair desse mercado.

Muitos desafios aguardam Schrempp. A Mercedes enfrenta uma forte competição no segmento de luxo dos japoneses Lexus, Infiniti e Acura, assim como dos europeus BMW e Jaguar. O custo trabalhista da Alemanha é o mais alto do mundo, e são necessárias de 60 a 80 horas por homem para fabricar uma Mercedes, enquanto só se requerem 20 para um Lexus. Schrempp precisa cortar custos e melhorar a produtividade para sobreviver. Para continuar competitivo em um mercado mundial com menos fabricantes de automóveis, porém maiores, a DaimlerChrysler tem de crescer e lançar novos modelos. Na Feira do Automóvel de Frankfurt de 1999, a companhia anunciou que investiria US$ 48 bilhões para lançar 64 novos modelos nos próximos cinco anos. Do mesmo modo, a Chrysler enfrenta competição nas linhas de produto SUV e minivan.

Implementação da estratégia: o calcanhar-de-aquiles da fusão?

A estratégia de fusão foi planejada e formulada com cuidado. As perspectivas mundiais de Schrempp e Eaton, assim como as linhas de produto, indicavam um ajuste, como aparece na matriz SWOT da companhia combinada (Figura C2.5). Não obstante, implementar uma estratégia bem concebida tem seus desafios. Alguns projetistas e gerentes da Chrysler viram a fusão mais como uma absorção por parte da Daimler, e saíram da empresa para ir para a GM e Ford. Eaton, o promotor moral norte-americano, se aposentou pouco depois da fusão. Embora exista compreensão mútua do país e das culturas corporativas no mais alto nível organizacional (tendo ambos os CEOs uma perspectiva mundial), incorporar as diferentes culturas e estilos gerenciais em níveis inferiores é muito mais difícil.

Os altos gerentes alemães podem depender de um relatório de 50 páginas para discutir e tomar decisões, enquanto os norte-americanos preferem a comunicação frente a frente. Mais abaixo do nível do conselho, os subordinados em geral pesquisam um problema e o apresentam a seu chefe alemão, que quase sempre aceita a recomendação. Por outro lado, os gerentes norte-americanos com frequência aceitam o relatório e o arquivam, o que frustra os subordinados alemães. Também, os projetistas da Chrysler se sentem frustrados por não poder se envolver no projeto dos autos Mercedes. Embora neste momento existam dois escritórios principais (Detroit e Stuttgart), um alto gerente antecipou que no futuro próximo só haveria um, na Alemanha. Tanto os norte-americanos como os alemães podem aprender entre si. Os alemães têm de preparar relatórios mais curtos, ser mais flexíveis, reduzir a burocracia e acelerar a tomada de decisões gerenciais. Os norte-americanos, por outro lado, esperam aprender a disciplina dos alemães. Como um funcionário da Chrysler comentou: "Um dos verdadeiros benefícios para nós é instalar certa disciplina, que sabíamos que era necessária, mas não fomos capazes de impor".[28]

---

27 Ver, por exemplo, Welch, Jack com John A. Byrne. *Jack: Straight from the gut*. Nova York: Warner Books, 2001.

28 "DaimlerChrysler: crunch time", p. 74.

Esse funcionário parece que estava certo, porque em 2001 a Chrysler precisava de uma forte sacudida. As ameaças externas haviam crescido, e o ambiente interno necessitava de um reajuste geral. No aspecto externo, a demanda das muito rentáveis minivans e SUV da Chrysler caiu, em parte devido às economias mais lentas dos Estados Unidos e Europa e em parte pela crescente concorrência da Toyota, Honda e Volkswagen. Na tentativa, os gastos extravagantes do passado se tornaram uma fuga dos recursos da Chrysler e da DaimlerChrysler Corporation. Para resolver os problemas internos, Dieter Zetsche da Mercedes tomou o controle em Auburn Hills, nos Estados Unidos. Em sua análise da situação, notou que as hipóteses dos planos eram incorretas. Possivelmente, ainda mais importante, os planos careciam de avaliações apropriadas dos pontos fortes e fracos da Chrysler.[29] Com Zetsche focado na operação da Chrysler e Schrempp na estratégia geral da DaimlerChrysler, a fusão cumprirá sua promessa? Essa é a pergunta!

Atualização de caso[30]

O que, em 1998, foi chamado de "uma fusão entre iguais", nove anos depois se tornou uma tomada de poder pela Daimler que terminou em divórcio. Em 2007, 80,1% da Chrysler foi vendida à Cerberus Capital Management, um grupo de capital privado, o que significou uma grande perda para a companhia alemã. A Daimler manteve uma participação de 19,9% da companhia, mas a administração da Chrysler será responsabilidade dos novos donos. Como indica a matriz SWOT, havia certo potencial de sinergia, mas vários fatores levaram ao conflito. As sinergias possíveis foram superestimadas e os componentes não foram suficientemente compartilhados pelas empresas; só foram usados a transmissão, um motor Diesel e alguns componentes da direção e a suspensão nos veículos Chrysler. Outros pensam que foi uma correspondência irreal entre o fabricante de automóveis de luxo Mercedes e o fabricante de automóveis em série Chrysler. Talvez, Juergen Schrempp, arquiteto da fusão, falhou na abordagem da formulação estratégica. Ele poderia ter aproveitado a análise da terceira matriz SWOT, que é sugerida mais adiante. A estratégia de implantação pode ser um fator importante no divórcio da DaimlerChrysler.

Perguntas

1. Avalie a formulação da fusão entre a Daimler e a Chrysler. Discuta o ajuste estratégico e as diferentes linhas de produtos.
2. Analise as perspectivas internacionais de Eaton e Schrempp.
3. Quais são as dificuldades ao fundir as culturas organizacionais das duas companhias?
4. Qual é a probabilidade de sucesso ou fracasso da fusão? Que outras fusões se preveem na indústria automobilística?
5. Faça uma pesquisa em bibliotecas e na Internet para avaliar se a estratégia da DaimlerChrysler apresentada na Figura C2.4 foi bem-sucedida. Se não foi assim, o que complicou a implementação da estratégia?
6. Pesquise como o Cerberus Capital Management Group administra a Chrysler depois do divórcio.

---

[29] Taylor III, "Can the Germans rescue Chrysler?".

[30] "Divorced". *The Economist*, 19 de maio de 2007; "DaimlerChrysler divorce sparks wrangling over company name". Disponível em: http://www.dw-world.de/dw/article/0,2144,2541650,00.html, acesso em 2 de agosto de 2007; "DaimlerChrysler divorce brings $8.9bn settlement". Disponível em: http://www.theage.com.au/news/business/daimlerchrysler-divorce-brings-89bn-settlement/2007/05/15/1178995155826.hTML, acesso em 2 de agosto de 2007. Ver também "DaimlerChrysler: Divorce german style". *BusinessWeek*, 15 de agosto de 2005.

Parte 3

Organização

Capítulo 7 — Natureza da organização, o espírito empreendedor e a reengenharia

Capítulo 8 — Estrutura da organização: departamentalização

Capítulo 9 — Autoridade de linha/pessoal de staff, delegação de autoridade de decisão e descentralização

Capítulo 10 — Organização eficaz e cultura organizacional

Conclusões — Organização global e empresarial

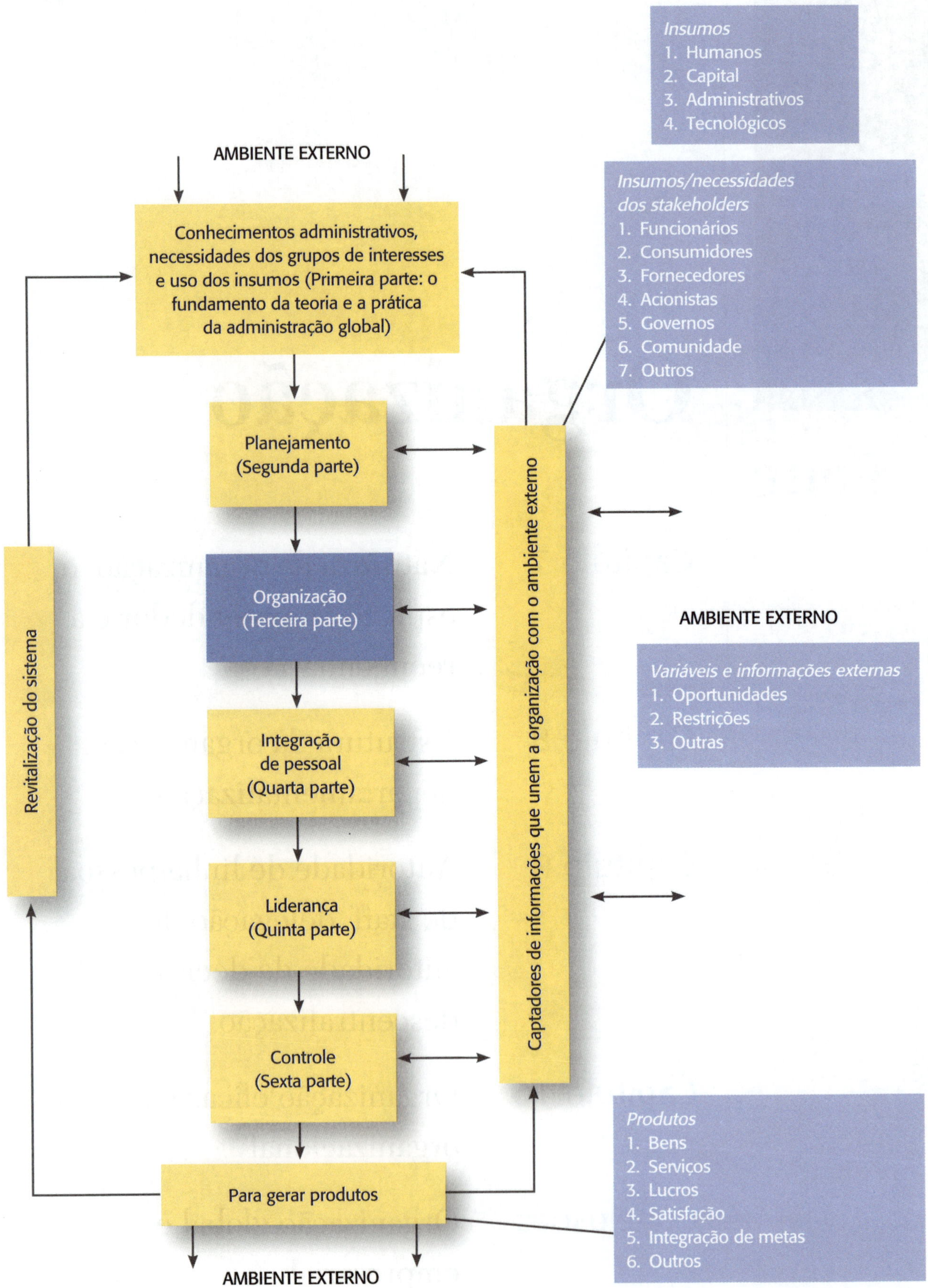

Insumos
1. Humanos
2. Capital
3. Administrativos
4. Tecnológicos
AMBIENTE EXTERNO
Insumos/necessidades dos stakeholders
1. Funcionários
2. Consumidores
3. Fornecedores
4. Acionistas
5. Governos
6. Comunidade
7. Outros
Conhecimentos administrativos, necessidades dos grupos de interesses e uso dos insumos (Primeira parte: o fundamento da teoria e a prática da administração global)
Planejamento (Segunda parte)
Organização (Terceira parte)
Integração de pessoal (Quarta parte)
Liderança (Quinta parte)
Controle (Sexta parte)
Revitalização do sistema
Captadores de informações que unem a organização com o ambiente externo
AMBIENTE EXTERNO
Variáveis e informações externas
1. Oportunidades
2. Restrições
3. Outras
Para gerar produtos
Produtos
1. Bens
2. Serviços
3. Lucros
4. Satisfação
5. Integração de metas
6. Outros
AMBIENTE EXTERNO

7

Capítulo

Natureza da organização, o espírito empreendedor e a reengenharia

Objetivos de aprendizagem

Depois de estudar o capítulo, você deverá ser capaz de:

1. Compreender que o propósito da estrutura de uma organização é estabelecer um sistema de papéis formais.
2. Compreender o significado de organizar e organização.
3. Estabelecer uma distinção entre organização formal e informal.
4. Demonstrar como as estruturas de organização e seus níveis se devem à limitação do âmbito da administração.
5. Identificar que o número exato de pessoas que um gerente pode supervisionar de maneira eficaz depende de uma série de variáveis e situações subjacentes.
6. Descrever a natureza do espírito empreendedor e o espírito intraempreendedor (dentro da organização).
7. Compreender os aspectos-chave e as limitações da reengenharia.
8. Demonstrar a lógica de organizar-se e sua relação com outras funções gerenciais.
9. Apreciar que organizar requer considerar as situações.

Frequentemente se diz que as pessoas certas podem fazer funcionar qualquer estrutura de organização. Alguns chegam a afirmar que a ambiguidade em uma organização é boa, já que obriga ao trabalho em equipe, pois as pessoas sabem que devem cooperar se querem obter algo. Entretanto, não há dúvida de que as pessoas adequadas, e que desejam cooperar, trabalharão melhor juntas e com maior eficácia se conhecerem os papéis que devem desempenhar em qualquer operação em equipe e a forma em que seus papéis se relacionam entre si. Isso é válido tanto em uma empresa ou no governo, como no futebol ou em uma orquestra sinfônica. Definir e manter estes sistemas de papéis é basicamente a função gerencial de organizar.

Para que um **papel organizacional** exista e seja significativo para as pessoas, deve incorporar 1) objetivos verificáveis, que, como destacamos na segunda parte, são uma função importante do planejamento; 2) uma ideia clara dos principais deveres ou atividades envolvidas; e 3) uma área entendida de discrição ou autoridade para que a pessoa que desempenha esse papel saiba o que pode fazer para alcançar as metas. Além disso, para que um papel funcione com eficácia, devem tomar-se medidas para proporcionar a informação requerida e outras ferramentas necessárias para o desempenho desse papel.

É neste sentido que definimos **organizar** como:

- Identificação e classificação das atividades requeridas.
- Agrupamento das atividades necessárias para alcançar objetivos.
- Alocação de cada grupo a um gerente com a autoridade (delegação) necessária para supervisioná-lo.
- Disposição de coordenação horizontal (ou no mesmo nível organizacional, ou similar) e verticalmente (como entre os escritórios corporativos, divisão e departamento) na estrutura da organização.

Deve ser definida uma estrutura organizacional para especificar quem faz quais tarefas, e quem é responsável por quais resultados, para retirar os obstáculos ao desempenho causados por confusão e incerteza de atribuição e proporcionar redes de tomada de decisões e comunicação que reflitam e apoiem os objetivos da empresa.

Organização é uma palavra que muitas pessoas utilizam livremente. Alguns diriam que consideram os comportamentos de todos os participantes. Outros a comparariam com o total do sistema de relações sociais e culturais. Outros se referem a uma organização como uma empresa, por exemplo, a United States Steel Corporation ou o Departamento de Defesa. Mas, para a maioria dos administradores praticantes, o termo **organização** envolve uma estrutura formalizada intencional de papéis ou cargos. Neste livro, o termo é utilizado geralmente para fazer referência a uma estrutura formalizada de papéis, mesmo que algumas vezes se utilize para indicar uma empresa.

Organização

Estrutura intencional formalizada por papéis ou cargos.

O que significa *estrutura intencional de papéis*? Em primeiro lugar, como está implícito na definição da natureza e conteúdo dos papéis organizacionais, as pessoas que trabalham juntas devem desempenhar certos papéis. Em segundo lugar, pede-se às pessoas que desempenhem papéis definidos expressamente para garantir que as atividades requeridas se realizem e se ajustem entre si para trabalhar em grupo com harmonia, eficácia e eficiência. Logicamente, a maioria dos administradores acredita que, estabelecendo essa estrutura intencional, realiza uma boa organização.

Organização formal e informal

Muitos autores de administração distinguem entre organização formal e informal. Ambos os tipos são encontrados nas organizações, como mostra a Figura 7.1.

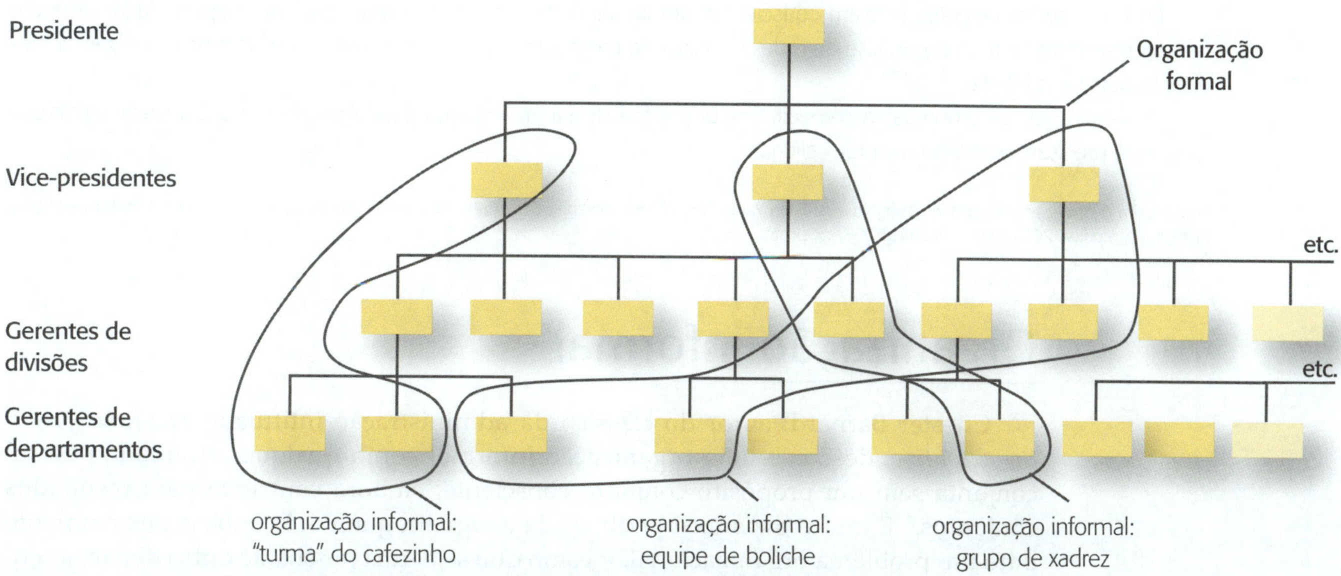

FIGURA 7.1 Organização formal e informal

Organização formal

Nesta obra, **organização formal** significa a estrutura intencional de papéis em uma empresa formalmente organizada. Entretanto, descrever uma organização como formal não significa que exista algo inerentemente inflexível ou que algo a engesse de maneira indevida. Se um gerente tiver de organizar-se bem, a estrutura deve contribuir com um ambiente em que o desempenho individual, tanto no presente como no futuro, contribua com maior eficácia para as metas do grupo.

Organização formal
Estrutura intencional de papéis em uma empresa formalmente organizada.

A organização formal deve ser flexível e permitir o raciocínio, a utilização positiva de talentos criativos e o reconhecimento de gostos e capacidades individuais. Entretanto, o esforço individual em uma situação de grupo deve ser canalizado para as metas do grupo e as organizacionais.

Perspectiva
A outra organização

Em um estudo realizado para *Fortune*, Jon Katzenbach e seu sócio Zia Khan da empresa de consultoria Katzenbach Partners analisam a estrutura que surge de maneira paralela à organização. Afirmam que, na medida em que o gerente compreenda a "constelação de colaborações, relações e redes de trabalho", em especial quando passa por situações de grande estresse ou transição, poderá alcançar seus objetivos. "Não significa que deva formalizar o informal; mas pode ter uma influência maior do que a que tem", afirma Katzenbach. Uma pesquisa realizada por ele entre 390 participantes revelou que um terço preferiria evitar as regras se encontrassem uma melhor maneira de fazer as coisas. Além disso, nas empresas em que os gerentes trabalhavam próximos da rede informal de funcionários, os pesquisados estavam três vezes mais dispostos a descrever seu ambiente de trabalho como positivo. Katzenbach chamou de quociente organizacional (QO) a habilidade de relacionar-se com ambas as estruturas.

Embora muitos gerentes estejam conscientes dessa influência, em geral não sabem como aproveitá-la. Uma das ferramentas mais efetivas é a análise de redes sociais, que mostra as relações entre um indivíduo e seus colegas, chefes e, às vezes, até unidades.

O desafio para as empresas é aproveitar os benefícios dessa organização paralela sem querer controlá-la, pois sua força está precisamente em sua informalidade.

Fonte: Com informações de Jennifer Reingold e Jia Lynn Yang, "The hidden workplace". *Fortune.* Disponível em: http://money.cnn.com/magazines/fortune/fortune_archive/2007/07/23/100135706/index.htm

Organização informal

Organização informal

Rede de relações interpessoais que surgem quando as pessoas se associam entre si.

Chester Barnard, autor do clássico da administração intitulado *The functions of the executive*, descreve uma organização informal como qualquer atividade pessoal conjunta sem um propósito conjunto consciente, embora contribua para resultados conjuntos.[1] É muito mais fácil pedir ajuda a alguém que você conhece pessoalmente para um problema organizacional, mesmo que seja uma pessoa de outro departamento, do que a alguém só conhecido de nome ou de um organograma. A **organização informal** é uma rede de relações interpessoais que surgem quando os indivíduos se associam entre si. As organizações informais (que não aparecem no organograma) poderiam incluir o grupo da oficina mecânica, os funcionários do sexto andar, o grupo que joga boliche na sexta-feira à noite ou os que se reúnem para tomar o cafezinho pela manhã.[2]

Divisão organizacional: o departamento

Departamento

Área, divisão ou sucursal específica de uma organização sobre a qual um gerente tem autoridade para o desempenho de atividades estabelecidas.

Um aspecto de organizar é o estabelecimento de departamentos. A palavra departamento designa uma área, divisão ou sucursal específica de uma organização sobre a qual um gerente tem autoridade pelo desempenho das atividades estabelecidas. Um **departamento**, como geralmente é usado o termo, pode ser a divisão de produção, o departamento de vendas, a sucursal da Costa Oeste, a seção de pesquisa de mercado ou a unidade de contas a receber. Em algumas empresas, a terminologia departamental é utilizada com liberdade. Em outras, em especial nas grandes, uma terminologia mais estrita indica relações hierárquicas. Um vice-presidente pode comandar uma divisão; um diretor, um departamento; um gerente, uma sucursal; e um chefe, uma seção.

1 Barnard, Chester I. *The functions of the executive.* Cambridge: Harvard University Press, 1938, 1964. Ver também http://www.hup.harvard.edu/catalog/BARFUX.html, acesso em 30 de setembro de 2006.

2 Ver também Truss, Catherine. "Complexities and controversies in linking HRM with organizational outcomes". *Journal of Management Studies*, dezembro de 2001.

Níveis organizacionais e o âmbito da administração*

Mesmo que o propósito de organizar seja fazer efetiva a cooperação humana, o motivo dos níveis da organização é a limitação do âmbito da administração. Em outras palavras, os níveis organizacionais existem porque existe um limite no número de pessoas que um gerente pode supervisionar com eficácia, mesmo que este limite varie, dependendo das circunstâncias. As relações entre o âmbito da administração e os níveis organizacionais aparecem na Figura 7.2. Um amplo âmbito da administração é associado com poucos níveis organizacionais; um âmbito estreito, com muitos.

Organização com hierarquia estreita

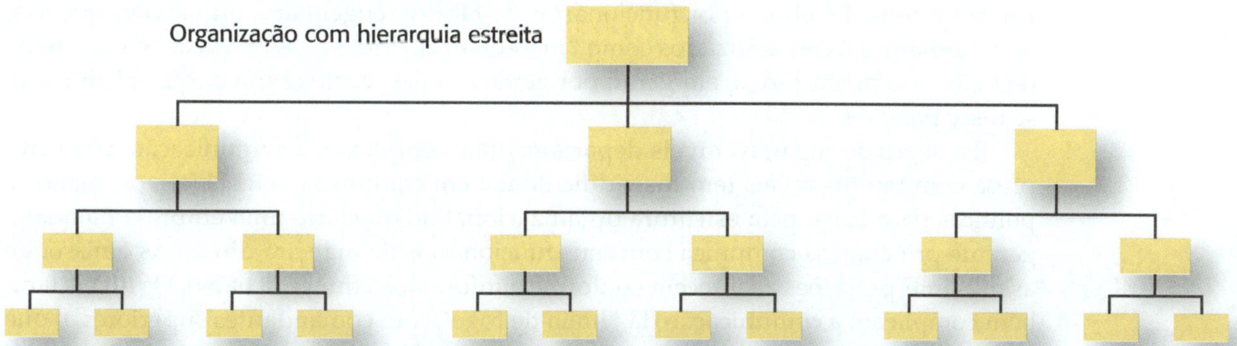

Vantagens
- Supervisão estreita
- Controle estrito
- Comunicação rápida entre subordinados e superiores

Desvantagens
- Os superiores tendem a envolver-se demais no trabalho dos subordinados
- Muitos níveis administrativos
- Altos custos devido aos numerosos níveis
- Excessiva distância entre o nível mais baixo e o mais alto

Organização com hierarquia larga

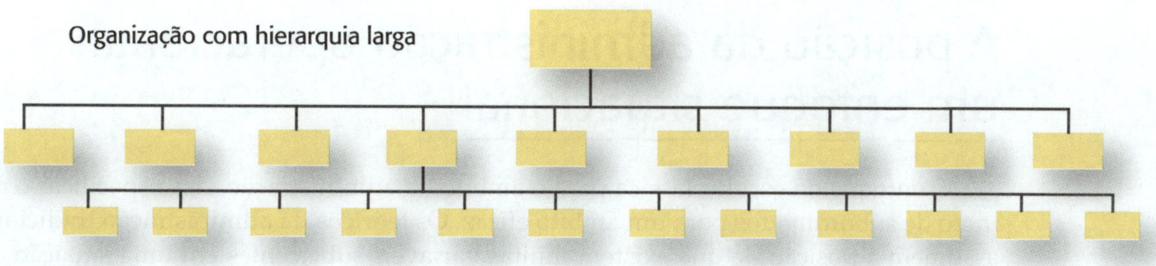

Vantagens
- Os superiores se veem obrigados a delegar
- Devem ser estabelecidas políticas claras
- Os subordinados devem ser selecionados com muito cuidado

Desvantagens
- Tendência de os superiores, sobrecarregados, tornarem-se gargalos nas decisões
- Risco de perda de controle para o superior
- São necessários administradores de ótima qualidade

FIGURA 7.2 Estruturas organizacionais com hierarquia administrativa estreita e larga

* Em muitas literaturas administrativas, isto é chamado *âmbito de controle*. Apesar do amplo uso do termo, neste livro se utilizará *âmbito da administração*, pois o âmbito é da administração, e não só do controle, que é uma função de administrar.

Problemas com os níveis organizacionais

Existe a tendência de considerar a organização e a divisão por departamentos como fins em si mesmos e medir a eficácia das estruturas da organização em termos de clareza e integridade dos departamentos e os níveis departamentais. A divisão de atividades em departamentos e a criação de múltiplos níveis não são totalmente desejáveis em si mesmos.

Em primeiro lugar, os níveis são caros. Conforme crescem, mais e mais esforço e dinheiro são dedicados a administrar, devido aos gerentes adicionais, ao pessoal que os assiste e à necessidade de coordenar atividades departamentais, assim como ao custo das instalações para o pessoal. Os contadores chamam esses custos de gastos indiretos, encargos ou gastos gerais e administrativos, ao contrário dos chamados custos diretos. A produção real é obtida por funcionários de fábrica, engenharia ou vendas, que são, ou poderiam ser, contabilizados como "mão-de-obra direta". Os níveis acima da "linha de fogo" são preenchidos, em geral, por gerentes cujos custos seria desejável eliminar, se fosse possível.

Em segundo lugar, os níveis departamentais complicam a comunicação. Uma empresa com muitos níveis tem mais dificuldade em comunicar seus objetivos, planos e políticas para baixo pela estrutura organizacional do que teria uma empresa na qual o gerente principal se comunica com seus funcionários de maneira direta. As omissões e as más interpretações acontecem conforme a informação flui para baixo. Os níveis também complicam a comunicação da "linha de fogo" com comandantes superiores, o que é tão importante como a comunicação descendente. Já foi afirmado, e com razão, que os níveis são "filtros" da informação.

Por último, numerosos departamentos e níveis complicam o planejamento e o controle. Um plano que poderia ser definido e estar completo no mais alto nível perde coordenação e clareza quando é subdividido nos níveis inferiores. O controle se torna mais difícil conforme aumentam os níveis e gerentes; ao mesmo tempo, as complexidades do planejamento e as dificuldades de comunicação tornam este controle mais importante.

A posição da administração operacional: um enfoque situacional

O enfoque da escola clássica para o âmbito da administração visa especificar o número de subordinados para um âmbito eficaz. Os teóricos da administração tradicional assumem a posição de que existem muitas variáveis subjacentes em uma situação administrativa para poder especificar o número concreto de subordinados que um gerente pode supervisionar com eficácia. Por isso, o **princípio do limite de gestão de pessoas** estabelece que haja um limite para o número de subordinados que um gerente pode supervisionar com eficácia, mas o número exato dependerá de fatores subjacentes.

Princípio do limite de gestão de pessoas

Há um limite para o número de subordinados que um gerente pode supervisionar com eficácia, mas o número exato dependerá de fatores subjacentes.

Em outras palavras, a diretriz dominante atual é procurar as causas do limite restrito em situações concretas, em vez de supor que exista um limite numérico de ampla aplicação. Um enfoque útil para determinar o melhor lance em casos individuais será examinar o que consome o tempo dos gerentes nas suas relações com os subordinados mais próximos e validar dispositivos que possam ser utilizados para reduzir estas pressões de tempo. Mas será também uma ferramenta poderosa tanto para determinar como para ampliar o âmbito sem destruir uma supervisão efetiva. Não há um argumento válido de que os custos dos níveis de supervisão recomendem que cada gerente concreto tenha o máximo de subordinados que possam ser supervisionados com eficácia.

Fatores que determinam um âmbito eficaz

O número de subordinados que um gerente pode administrar com eficácia depende do efeito dos fatores subjacentes. Além das capacidades pessoais, como uma fácil compreensão, dar-se bem com outras pessoas e comandar com lealdade e respeito, o determinante de maior importância é a habilidade de um gerente de reduzir o tempo que dedica a seus subordinados. Esta habilidade varia naturalmente com os gerentes e seus cargos, mas vários fatores têm influência real no número e frequência desses contatos e, portanto, no âmbito da administração, como mostra a Tabela 7.1.

Necessidade de equilíbrio

Não há dúvida de que, apesar de ser desejável uma estrutura de organização plana, o âmbito da administração está limitado por restrições reais e importantes. Os gerentes podem chegar a ter mais subordinados do que os que podem administrar com eficácia, mesmo que deleguem autoridade, realizem capacitação, formulem planos e políticas claras e adotem técnicas de controle e comunicação eficientes. Também é verdade que, conforme uma empresa cresce, as limitações do âmbito da administração obrigam a um incremento no número de níveis, simplesmente porque há mais pessoas para supervisionar.

TABELA 7.1 FATORES QUE INFLUENCIAM NO ÂMBITO DA ADMINISTRAÇÃO

Âmbitos estreitos (muito tempo dedicado aos subordinados)	Âmbitos amplos (pouco tempo dedicado aos subordinados)
• Pouca ou nenhuma capacitação dos subordinados	• Plena capacitação dos subordinados
• Delegação de autoridade pouco clara	• Delegação clara e tarefas bem-definidas
• Planos pouco claros para operações não repetitivas	• Planos bem-definidos para operações repetitivas
• Objetivos e padrões não verificáveis	• Objetivos verificáveis usados como padrões
• Mudanças rápidas em ambientes internos e externos	• Mudanças lentas em ambientes externos e internos
• Uso de técnicas de comunicação erradas ou inadequadas, instruções vagas	• Uso de técnicas apropriadas como uma estrutura de organização e comunicação verbal e escrita formal
• Interação ineficaz entre o superior e o subordinado	• Interação efetiva entre o superior e o subordinado
• Reuniões ineficazes	• Reuniões efetivas
• Maior número de especialidades nos níveis médio e baixo	• Maior número de especialidades nos níveis superiores (altos gerentes preocupados com o ambiente externo)
• Gerente incompetente e não capacitado	• Gerente competente e capacitado
• Tarefa complexa	• Tarefa simples
• Falta de disposição dos subordinados para aceitar responsabilidades e riscos razoáveis	• Disposição dos subordinados para aceitar responsabilidades e riscos razoáveis
• Subordinados imaturos	• Subordinados maduros

O que é necessário é um equilíbrio mais preciso em uma situação determinada de todos os fatores pertinentes. Ampliar âmbitos e reduzir o número de níveis pode ser a resposta em alguns casos; o contrário poderia ser válido em outros. Devemos balancear todos os custos de adotar um projeto ou outro. Não só os custos financeiros, mas também os custos na moral, no desenvolvimento pessoal e no alcance dos objetivos da empresa. Em uma organização militar, possivelmente alcançar os objetivos com rapidez e sem erros seria o mais importante. Na operação de uma loja de departamentos, o objetivo de lucros de longo prazo pode ser mais bem atendido forçando a iniciativa e o desenvolvimento pessoal até os níveis inferiores da organização.

Ambiente organizacional para o espírito empreendedor e o espírito intraempreendedor[3]

http://www.intrapreneur.com
http://www.entrepreneur.com

Às vezes é necessário fazer ajustes organizacionais para promover e utilizar o espírito empreendedor. Com frequência se acredita que o espírito empreendedor somente se aplica à administração de empresas pequenas, mas muitos autores agora estendem o conceito para organizações grandes e para os administradores que desempenham papéis empresariais por meio dos quais lançam mudanças para aproveitar oportunidades. Mesmo que seja comum procurar a "personalidade empreendedora" nas pessoas, Peter Drucker sugere que esta busca poderia não ser bem-sucedida.[4] Em lugar disso, deveríamos procurar um compromisso com a inovação sistemática, que é uma atividade específica dos empresários. A essência do espírito empresarial é a inovação, isto é, a mudança orientada a metas para utilizar o potencial da empresa. Como empresários, os administradores tratam de melhorar a situação.

O intraempreendedor e o empreendedor

Intraempreendedor

Pessoa que foca a inovação e a criatividade e transforma um sonho ou uma ideia em um projeto rentável operando dentro do ambiente organizacional estabelecido.

Empreendedor

Pessoa que faz algo similar ao intraempreendedor, mas fora do âmbito organizacional.

Gifford Pinchot faz uma distinção entre o intraempreendedor e o empreendedor.[5] Especificamente, um **intraempreendedor** é uma pessoa que foca a inovação e a criatividade, e transforma um sonho ou uma ideia em um projeto rentável operando dentro do ambiente organizacional. Em algumas ocasiões, essa noção é chamada de projeto corporativo. Pelo contrário, o **empreendedor** é uma pessoa que faz algo similar, mas fora do âmbito organizacional. Os empreendedores têm a habilidade de ver uma oportunidade, obter o capital, mão-de-obra e outros insumos necessários e integrá-los em uma operação bem-sucedida. Estão dispostos a assumir o risco pessoal do sucesso e o fracasso. No livro, o termo empreendedor designa uma pessoa empreendedora que trabalha dentro ou fora da organização.

---

3 Ver também Schwartz, John. "Finding some middle ground in a world obsessed with the new and impatient with the old". *New York Times*, 9 de outubro de 2000; Steward, Thomas. "Finding the fault line where a new business can grow". *Fortune*, 30 de outubro de 2000.

4 Drucker, Peter F. "The discipline of innovation". *Harvard Business Review*, maio-junho de 1985, p. 67-72, rev. novembro-dezembro de 1998, p. 3-8. Ver também Drucker, "A prescription for entrepreneurial management", *Industry Week*, 29 de abril de 1985, p. 33-40; Rosenstein, Bruce, "All about Drucker: Drucker wrote the book on innovation". *Information Outlook*, março de 2002, p. 34ff.

5 Pinchot III, Gifford. *Intrapreneuring*. Nova York: Harper & Row, 1985. Disponível em: http://www.pinchot.com, acesso em 1º de outubro de 2006.

Perspectiva internacional

Um destino empreendedor

Parece até que o destino colaborou para reuni-los, e para que a PESS surgisse. Raúl Siller e Gerardo Navarro foram companheiros no primário e depois se reencontraram no *Itesm*. Lá conheceram também o terceiro mosqueteiro, Abel Salazar. Os três coincidiram depois na General Electric (G) Power Systems. Em dezembro de 2003, os três participaram de um projeto da GE para instalar equipamentos de geração de energia em Altamira, Tamaulipas (México). Foi então que decidiram formar sua própria empresa: Power Engineering Services and Solutions (PESS), empresa que presta serviços e consultoria a plantas geradoras de energia. Tiveram seu primeiro cliente, a Tractebel Energia Monterrey, em junho de 2004. E, embora as coisas não fossem fáceis, agora essa empresa conta, em sua carteira de clientes, com a Iberdrola, Intergen, Sempra-Energy, Termoeléctrica de Mexicali, a Comissão Federal de Eletricidade e a Pemex, além de empresas nos Estados Unidos, Argentina, Colômbia e República Dominicana. Em 2005, seu faturamento foi de 340 mil dólares. Além disso, desenvolveram um software de monitoramento que se conecta com equipamentos Palm, o qual ajuda a evitar acidentes e falhas.

Fonte: Araceli Cano. *Cría empreendedores*, México: *Expansión*, n. 944, de 12 a 26 de julho de 2006, p. 32.

Criar um ambiente para o espírito empreendedor

Criar um ambiente para atingir as metas de grupo, efetivas e eficientes, é uma responsabilidade gerencial, e os administradores devem promover oportunidades para que os empreendedores utilizem seu potencial de inovação. Estes assumem riscos pessoais quando iniciam a mudança e esperam ser recompensados por isso. Assumir um risco razoável às vezes pode levar ao fracasso, mas deve ser tolerado. Por último, os empreendedores necessitam de certo grau de liberdade para seguir suas ideias; isso, por sua vez, exige delegar suficiente autoridade. Os riscos pessoais para os empreendedores que têm sua própria empresa são diferentes, e o fracasso pode significar a falência.

As pessoas inovadoras frequentemente têm ideias contrárias à "sabedoria popular". É comum que esses indivíduos não sejam apreciados por seus colegas e que suas contribuições com frequência não sejam bem aceitas. Portanto, não é de surpreender que muitos empreendedores saiam das grandes companhias e criem sua própria empresa. Quando Steve Wozniak não pôde realizar seu sonho de construir um computador pequeno na Hewlett-Packard, deixou essa prestigiosa companhia para formar a Apple Computer, junto com outro empresário, Steve Jobs. Companhias progressistas, como a 3M, conscientemente tratam de desenvolver um ambiente organizacional que promova o espírito empreendedor dentro da empresa.

http://www.3m.com
http://www.apple.com
http://www.hp.com

Tornar-se um empreendedor é uma alternativa na carreira cada vez mais popular para muitos indivíduos, e por muitas razões. Para fazer frente a este crescente interesse no espírito empreendedor, mais universidades começaram a lecionar a matéria. De fato, o espírito empreendedor é um campo de aprendizagem oferecido em recintos universitários, e não só dentro das faculdades de administração. Os programas de espírito empreendedor (ver http://www.EntrepreneurshippProgram.org) que são oferecidos em instalações universitárias populares para os estudantes proporcionam um meio pelo qual eles podem estabelecer contato com a comunidade empresarial local. Os estudantes põem em prática sua mente empreendedora em várias disciplinas dentro do plano universitário de empresas, no qual submetem seus planos de empresas a um grupo de avaliação integrado por empresários e investidores bem-sucedidos. Alguns dos eventos mais notáveis incluem: Moot Corp na Universidade do Texas (http://www.mootcorp.org), a USF International Business Plan Competition (http://www.BusinessPlanCompetition.org) e a HKUST International Business Plan Competition de Hong Kong (http://www.ChinaBusinessPlanCompetition.com).

Do mesmo modo, a comunidade de negócios valoriza a interação com as universidades, pois elas proporcionam o acesso de mentes jovens cheias de energia às tecnologias emergentes. A confiança em si mesmo, a disposição para trabalhar duro, a experiência no produto, a boa educação geral e alguns recursos financeiros são requisitos importantes para tornar-se um bom empreendedor.

Perspectiva empresarial

O que há em seu futuro?[6]

Em seu livro *The new rules: How to succeed in today's post-corporate world*, John P. Kotter, professor de Harvard, entrevistou 115 graduados de carreiras de negócios de Harvard. Alguns dos resultados foram surpreendentes. Muitos dos graduados deixaram grandes empresas e entraram em companhias menores. Vários dos que começaram em grandes empresas passaram também para outras menores. Consideraram que as grandes companhias não estavam abertas para suas ideias criativas a favor da mudança, nem eram receptivas para mudanças radicais. Resumindo, as grandes empresas tradicionais podem reprimir as pessoas com ideias novas. Kotter sugere que aqueles com ideias pouco convencionais costumam ter sucesso. Em um ambiente de mudanças rápidas, os gerentes devem procurar novas oportunidades e evitar seus perigos.

As pequenas empresas empreendedoras frequentemente apresentam mais oportunidades de avanço, estão mais abertas a situações ambíguas e oferecem o ambiente para exercer influência. Ainda que muitos dos pesquisados graduados de Harvard prefiram companhias menores, podem estar conectados com grandes empresas, como consultores, distribuidores, fornecedores, financeiros etc.

Quais são, então, alguns dos envolvimentos dos gerentes ao realizar funções gerenciais? O planejamento deve ser feito de maneira menos burocrática. Um monitoramento frequente do ambiente e uma rápida resposta às mudanças são essenciais. As companhias pequenas, com uma estrutura hierárquica menor, podem estar mais dispostas à mudança. No aspecto pessoal, os graduados possivelmente queiram explorar as oportunidades em companhias menores. Os graduados de Harvard que trabalhavam para companhias pequenas não só eram mais bem recompensados financeiramente do que os das grandes empresas, como também eram recompensados por meio da satisfação no emprego.

---

[6] Kotter, John P. *The new rules: how to succeed in today's post-corporate world*. Nova York: Free Press, 1995; Hammonds, Keith. "Thumbing their nose at corporate America". *BusinessWeek*, 20 de março de 1995, p. 14; Kotter, John P. *What leaders really do*. Boston: Harvard Business School Press, 1999. Ver também http://leadertoleader.org/leaderbooks/l2l/fall98/kotter.html, acesso em 30 de setembro de 2006.

Inovação e espírito empreendedor[7]

Ao ouvir falar de inovação e espírito empreendedor, pensamos imediatamente nas histórias de sucesso de pessoas como Steve Jobs, da Apple Computer, e Bill Gates, da Microsoft. Os empreendedores têm ideias criativas; usam suas habilidades e recursos administrativos para satisfazer necessidades no mercado. Se tiver sucesso, o empreendedor pode enriquecer. Peter Drucker sugere que a inovação se aplica não só a companhias de alta tecnologia, mas também a empresas de baixa tecnologia. A inovação notável não é só questão de sorte; requer um trabalho sistemático e racional, bem organizado e administrado para obter resultados.

O que envolve o espírito empreendedor? Sugere insatisfação sobre como são as coisas e a percepção da necessidade de fazê-las de outra maneira. A inovação surge devido a algumas destas situações:

- Um sucesso, fracasso ou acontecimento inesperado.
- Uma incongruência entre aquilo que se supõe e o que realmente é.
- Um processo ou tarefa que precisa de melhoria.
- Mudanças na estrutura do mercado ou da indústria.
- Mudanças na demografia.
- Mudanças no significado ou na forma de percepção das coisas.
- Conhecimentos recém-adquiridos.

As inovações baseadas em ideias brilhantes podem ser muito arriscadas em ocasiões sem sucesso. Os ambiciosos planos da General Electric para a "fábrica do futuro" puderam tornar-se um erro caro. Os planos poderiam estar baseados em prognósticos e expectativas irreais para automatizar a indústria. O conceito da nova fábrica expressava o desejo do presidente do conselho, que queria promover o espírito empreendedor em uma organização conhecida por ser muito estruturada.

http://www.ge.com

As inovações mais bem-sucedidas frequentemente são as corriqueiras. Consideremos algumas companhias automobilísticas e eletrônicas japonesas que realizam inovações menores (como oferecer pequenas conveniências que agradam aos clientes) em seus automóveis ou equipamentos eletrônicos. A pesquisa mostrou que as companhias grandes e bem-sucedidas atendem com capricho às necessidades de seus clientes, e suas equipes procuram alternativas criativas para os servirem melhor, mas dentro de um marco limitante e com metas claras.

Perspectiva empresarial

Blocos de notas Post-it[8]

Até em companhias com a política de promover o espírito empresarial e a inovação, o desenvolvimento de novos produtos requer constância para transformar uma ideia em realidade.

---

[7] Bylinsky, Gene. "Heroes of U.S. manufacturing: Through innovation and entrepreneurship, they have slashed costs, speeded automation, and developed products of exceptional quality and reliability". *Fortune*, 18 de março de 2002, p. 130; Amit, Raphael e Christoph Zott. "Value creation in e-business". *Strategic Management Journal*, junho-julho de 2001, p. 493ff.

[8] A história do Post-it foi apresentada em diversas fontes, incluindo a fita de vídeo "In search of excellence"; Pinchot, *Intrapreneuring*; ver também http://www.intrapreneur.com, acesso em 30 de setembro de 2006.

Art Fry cantava em um coro de igreja. Os marcadores de página no seu livro de hinos saíam do lugar depois do primeiro serviço religioso, dificultando a localização das páginas importantes para o segundo serviço. A necessidade era clara: uma fita de papel adesivo que pudesse ser retirada sem danificar a página. Mas desenvolver um adesivo com o grau de aderência certo não era tarefa fácil. A 3M, onde Art Fry trabalhava, era conhecida por elaborar produtos com grande força de aderência. Para a necessidade de Art era necessário um material com suficiente aderência, mas também fácil de remover. No entanto, o laboratório da 3M não forneceu muita ajuda na pesquisa e desenvolvimento desse produto, tampouco o departamento de marketing sentia algum entusiasmo por essa ideia. Mas sendo um inventor e um inovador, Art Fry perseguiu com afinco sua meta. O resultado foi o bloco de notas Post-it, que se tornou um produto muito rentável para a 3M.

3M no Chile

Fiel à sua tradição inovadora, a 3M instituiu um concurso que promove, desde 2002, a iniciativa criadora de estudantes e profissionais no Chile. O pretexto foi que naquele ano comemorava seu primeiro século. Entretanto, já são cinco anos consecutivos desse concurso que busca dar oportunidade de desenvolver novos produtos ou processos inovadores que ajudem a solucionar problemas da vida real em diferentes âmbitos: saúde, mineração, automóvel, construção, escritório, segurança viária, energia e telecomunicações, entre outros.

http://www.3M.com

Reengenharia da organização[9]

Faz algum tempo, um conceito gerencial chamado reengenharia entrou na literatura administrativa. Em algumas ocasiões é chamado "voltar a começar", porque Michael Hammer e James Champy, que popularizaram o conceito, sugeriram esta análise: "Se você criasse hoje de novo esta companhia (partindo do zero), sabendo o que agora sabe e considerando a tecnologia atual, como seria"?[10]

Especificamente, Hammer e Champy definem a reengenharia como "repetir o pensamento *fundamental* e o redesenho *radical de processos* de empresas para obter melhorias importantes com medidas críticas de desempenho atuais, como custos, qualidade, serviço e rapidez".[11] As palavras em itálico são consideradas aspectos-chave pelos autores.

Krogh, Lester C. "Can the entrepreneurial spirit exist within a large company?", mensagem executiva da 3M apresentada na Conference Board, Conferência sobre pesquisa e desenvolvimento. Nova York, 25 de abril, 1984; Dumaine, Brian. "Ability to innovate". *Fortune*, 29 de janeiro de 1990, p. 43-46. Disponível em: http://www.3m.com, acesso em 1 de outubro de 2006.

9 Hammer, Michael e James Champy. *Reengineering the corporation*. Nova York: HarperBusiness, 1993. Ver também Gray, Michael C. http://www.profitadvisors.com/reengin.shtml, acesso em 1º de outubro de 2006.

10 Hammer e Champy, p. 31.

11 Ibidem, p. 32.

Aspectos-chave da reengenharia

Consideremos brevemente estes aspectos-chave. O primeiro consiste em que quase ninguém discordaria da necessidade de repetir o pensamento fundamental do que a organização faz e por quê. Enquanto trabalhava como analista de sistemas, um dos autores percebeu que os sistemas e os procedimentos geralmente eram obsoletos, ineficientes e completamente desnecessários. Poucas vezes os usuários dos sistemas questionavam por que eram necessários os procedimentos e seu propósito. Assim, um enfoque isento, em especial o de um "analista de sistemas externo", pode, na verdade, revelar muitas ineficiências. Uma maneira nova de pensar a respeito da administração pode contribuir com uma perspectiva diferente do que está sendo feito e o porquê.

O segundo aspecto-chave na definição é um *redesenho radical* dos processos da empresa. Na edição original, os autores sugeriram que "radical" significava precisamente isso, não uma modificação, mas uma reinvenção. Também sugeriram que este é o aspecto mais importante de seu enfoque. Em uma edição posterior de seu livro, Hammer e Champy admitem que poderiam ter errado ao sugerir que o aspecto-chave mais importante é o redesenho radical,[12] que frequentemente gera uma redução radical do tamanho com efeitos negativos para as organizações.

Reduzir o tamanho ou estabelecer o "tamanho correto" não é o propósito principal da reengenharia, embora em muitos casos diminua a necessidade das pessoas. Infelizmente, a reengenharia foi utilizada de maneira reativa por administradores decididos a reduzir custos, sem considerar indispensável atender às necessidades e expectativas dos clientes. Outro resultado do redesenho radical é um sistema de empresas baseado principalmente no modelo de engenharia sem levar em consideração o sistema humano. Embora o redesenho radical acompanhado de uma redução no tamanho possa resultar em economias de custos de curto prazo, também afeta negativamente a força de trabalho restante. O trabalho em equipe se tornou cada dia mais importante na organização moderna, mas os esforços de equipe são construídos com base na confiança, uma tarefa de longo prazo. Com o redesenho radical, a confiança pode desaparecer.

O terceiro aspecto-chave requer *resultados importantes*. Frequentemente são apresentados exemplos para apoiar este aspecto-chave na definição de reengenharia que requer melhoras vitais. A Union Carbide cortou US$ 400 milhões de seus custos fixos em três anos. A GTE, a companhia telefônica Baby Bell, desenvolveu compras de uma única etapa; os clientes, que antes tratavam com vários departamentos, agora podem fazê-lo com uma única pessoa ou conectar-se diretamente com o departamento que oferece o serviço procurado. Mas as melhorias importantes também incluem fracassos. Hammer e Champy admitem que "de 50% a 70% dos esforços de reengenharia deixam de render os importantes resultados procurados".[13]

O quarto aspecto-chave na definição de reengenharia é *processos*. A necessidade de uma análise cuidadosa e o questionamento dos processos da empresa são, na verdade, importantes. Mas a análise do processo deve ir além das operações e incluir a análise e a integração de sistemas técnicos, sistemas humanos e o processo administrativo total, além de incluir a integração da empresa com o ambiente externo. Os engenheiros podem focar o processo do negócio; mas para que sejam realmente eficazes, os diversos subsistemas precisam estar integrados em um sistema total, como mostra a Figura 7.3. O modelo indica que o processo de transformar os insumos em saídas deve ir além do sistema de processos das empresas (o enfoque da reengenharia), incluindo aspectos tecnológicos e humanos e realmente todo o sistema gerencial.

---

[12] Ibidem, p. 219.

[13] Ibidem, p. 217.

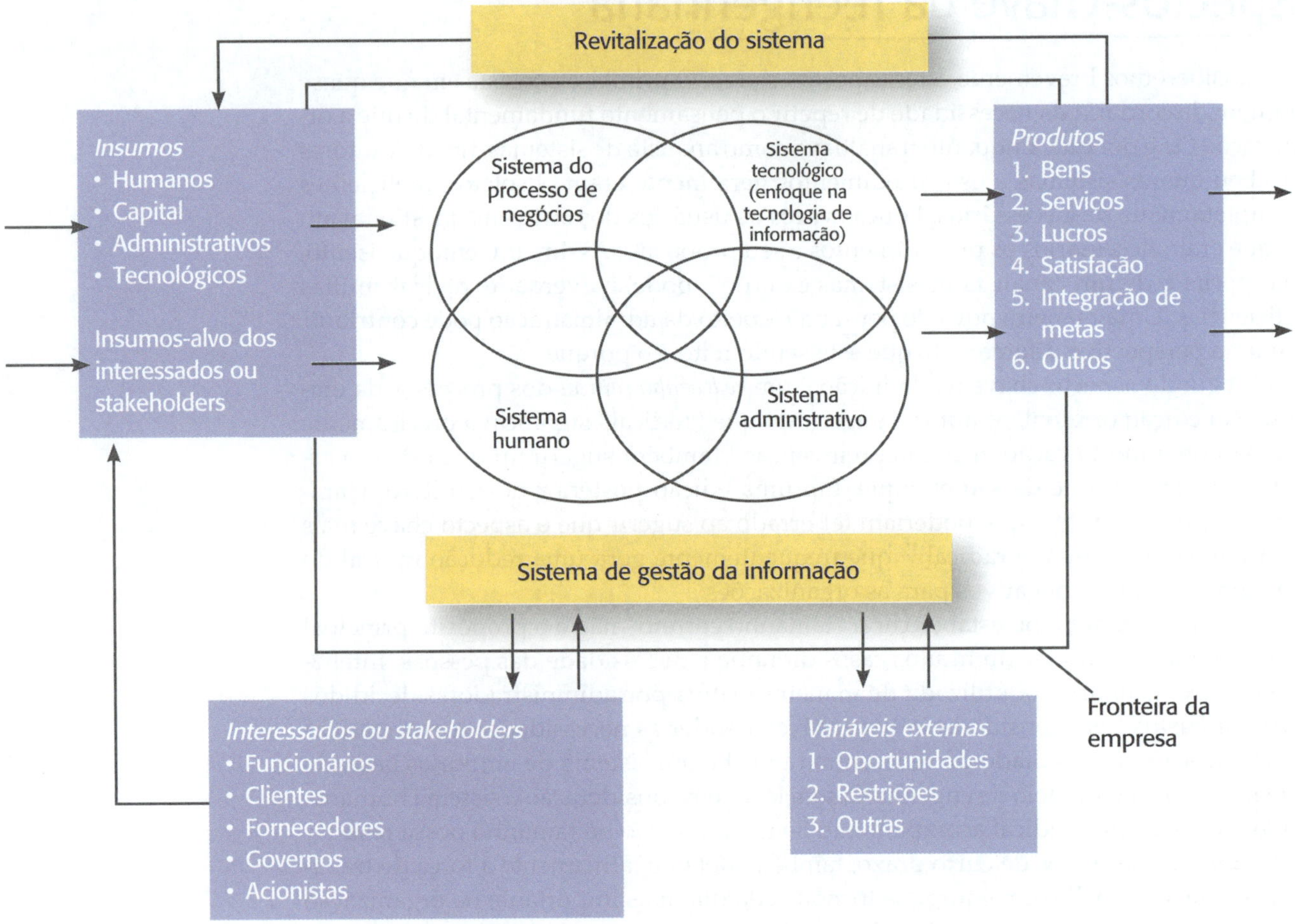

FIGURA 7.3 Administração por processos

Apesar das limitações, a reengenharia pode ser uma ferramenta poderosa; mas é apenas uma ferramenta. Sugerimos integrar a reengenharia com outros sistemas por meio de um modelo novo de sistemas chamado administração por processos[14] para superar alguns pontos fracos do enfoque limitado da reengenharia.

A estrutura e o processo de organizar

Organizar é um processo que exige considerar vários elementos fundamentais. Em primeiro lugar, a estrutura deve refletir os objetivos e planos porque as atividades

[14] Weihrich, Heinz e Salvatore Belardo. "Beyond reengineering: Toward a systems approach to management by processes (MBP)", em Ralph Berndt (ed.). *Business reengineering*. Berlim: Springer, 1997, p. 19-32; Weihrich e Belardo. "Reengineering revisited: Toward a systems approach to management by processes", em *World Management Forum*, Proceedings of the IFSAM Management Conference, 1997, Xangai, organizado pela International Federation of Scholarly Association of Management (IFSAM) e a China National Economic Management Association (CNEMA), edição especial 97, p. 352.

derivam deles. Em segundo lugar, refletir a autoridade disponível para a gerência da empresa. A autoridade, em uma dada organização, é um direito socialmente determinado de fazer opções, mas está sujeita a mudanças.

Em terceiro lugar, a estrutura de uma organização, como qualquer plano, deve refletir o ambiente que a rodeia. Assim como as premissas de um plano podem ser econômicas, tecnológicas, políticas, sociais ou éticas, também podem ser as da estrutura da organização. Deve estar definida para funcionar, permitir contribuições dos membros de um grupo e ajudar as pessoas a alcançar os objetivos com eficiência em um futuro cambiante. Nesse sentido, uma estrutura de organização que funcione nunca pode ser estática, pois não há uma estrutura de organização apenas que funcione melhor em todo tipo de situação: ela depende da situação.

Em quarto lugar, como a organização está dotada de pessoal, o agrupamento de atividades e as relações de autoridade de uma estrutura de organização devem considerar as limitações e os costumes das pessoas. Isso não quer dizer que a estrutura deva ser estabelecida em função dos indivíduos em vez das metas e das atividades que as acompanham. Mas uma consideração importante é o tipo de pessoas que irão integrá-la.

A lógica de organizar

Existe uma lógica fundamental para organizar, como mostra a Figura 7.4. O processo de organizar consiste nestes seis passos, mesmo que os passos 1 e 2 façam realmente parte do planejamento:

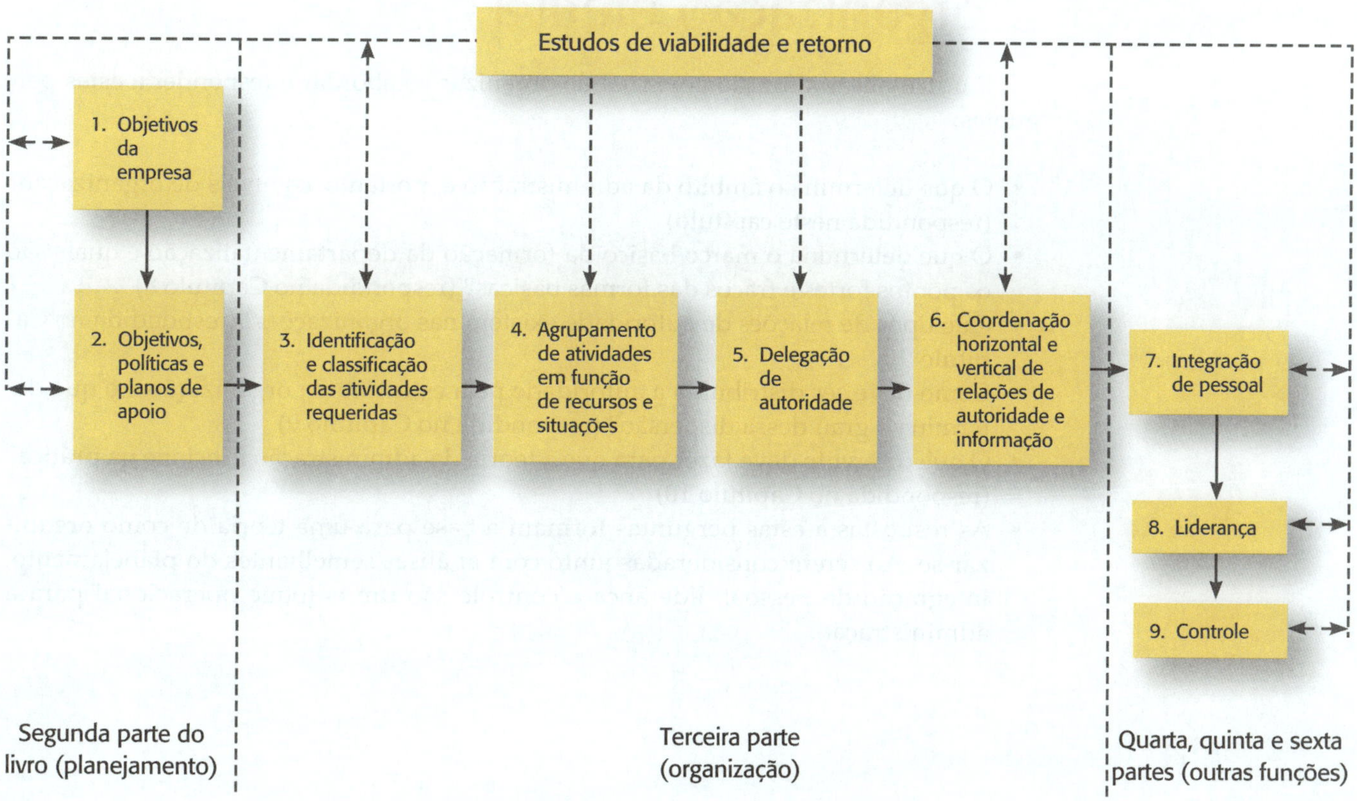

FIGURA 7.4 Processos de organização

1. Estabelecer os objetivos da empresa.
2. Formular objetivos, políticas e planos de suporte.
3. Identificar, analisar e classificar as atividades necessárias para alcançar estes objetivos.
4. Agrupar as atividades do ponto de vista dos recursos humanos e materiais disponíveis e a melhor forma de utilizá-las, conforme as circunstâncias.
5. Delegar para o coordenador de cada grupo a autoridade necessária para desempenhar as atividades.
6. Unir os grupos horizontal e verticalmente por meio de relações de autoridade e fluxos de informação

Alguns conceitos errôneos

Organizar não significa nenhuma especialização ocupacional extrema, que em muitas ocasiões torna o trabalho pouco interessante, entediante e muito restritivo. Nada em organizar obriga a isto. Dizer que as tarefas devem ser específicas não significa que sejam limitadas e mecânicas. Em qualquer organização, os cargos são definidos para permitir pouca ou nenhuma liberdade pessoal ou, inversamente, para a maior liberdade possível. Lembremos que não existe uma forma mágica de organizar e que a aplicação da teoria estrutural da organização deve considerar a situação.

Perguntas básicas para uma organização efetiva

É útil analisar a função gerencial de organizar ao abordar e responder a estas perguntas:

- O que determina o âmbito da administração e, portanto, os níveis de organização? (respondida neste capítulo)
- O que determina o marco básico da formação da departamentalização e quais são os pontos fortes e fracos das formas básicas? (respondida no Capítulo 8)
- Que tipos de relações de autoridade existem nas organizações? (respondida no Capítulo 9)
- Como deve ser distribuída a autoridade pela estrutura da organização e o que determina o grau dessa dispersão? (respondida no Capítulo 9)
- O que o gerente deve fazer para que a teoria da administração funcione na prática? (respondida no Capítulo 10)
- As respostas a estas perguntas formam a base para uma teoria de como organizar-se. Ao serem consideradas junto com análises semelhantes do planejamento, integração de pessoal, liderança e controle são um enfoque operacional para a administração.

Resumo

O termo *organização* frequentemente é utilizado com grande liberdade. A organização formal é a estrutura intencional de papéis. A organização informal é uma rede de relações pessoais e sociais não estabelecidas nem requeridas por uma autoridade formal, mas que surgem de maneira espontânea. O âmbito da administração se refere ao número de pessoas que um gerente pode supervisionar com eficácia. Um âmbito amplo administrativo resulta em poucos níveis organizacionais, e um âmbito estreito, em muitos níveis. Não há um número definido de pessoas que um gerente possa supervisionar com eficácia; o número depende de vários fatores subjacentes. Estes incluem o grau de capacitação necessário dos subordinados, a clareza na delegação da autoridade, a clareza dos planos, o uso de padrões objetivos, a taxa de câmbio, a eficácia das técnicas de comunicação, a quantidade de contato pessoal necessária e o nível na organização.

Os intraempreendedores e os empreendedores focam a inovação e a criatividade. É responsabilidade do gerente criar um ambiente que promova o espírito empresarial.

A reengenharia, que pode precisar de um redesenho dos processos de empresas, se tornou popular em algumas companhias. Os resultados desses esforços foram positivos, mas alguns foram também negativos.

Os passos para organizar incluem formular objetivos, objetivos de suporte, políticas e planos para alcançar os fins (no sentido estrito, isto é, feito no planejamento); identificar e classificar atividades; agrupar estas atividades; delegar autoridade e coordenar a autoridade, assim como as relações de informação.

Ideias e conceitos básicos

- Papéis organizacionais
- Organizar
- Organização formal
- Organização informal
- Departamento
- Princípio do limite de gestão de pessoas
- Fatores que determinam âmbito eficaz
- Espírito empreendedor e intraempreendedor
- Inovação e espírito empreendedor
- Aspectos-chave da reengenharia
- A lógica de organizar
- Perguntas básicas para uma organização efetiva

Para analisar

1. Já que os cargos em uma organização devem ser ocupados por pessoas, e considerando que uma organização efetiva depende das pessoas, frequentemente comenta-se que a melhor organização surge quando um gerente contrata pessoas adequadas e permite que trabalhem a seu gosto. Comente.
2. Uma organização formal frequentemente é considerada um sistema de comunicação. É verdade? Como?
3. Elabore um diagrama que ilustre a organização formal de uma empresa ou atividade com a qual você tenha familiaridade. De que maneira este diagrama de organização ajuda ou atrapalha o estabelecimento de um ambiente para o desempenho?
4. Utilizando a mesma empresa da pergunta anterior, faça um rascunho de sua organização informal. Ajuda ou atrapalha a organização formal? Por quê?
5. Quando você se tornar um gerente, que critérios terão prioridade para determinar seu âmbito da administração?

Exercícios e atividades

1. Organize um dia de piquenique familiar e ponha em prática os passos sugeridos no capítulo.
2. Entreviste um gerente de sua comunidade e pergunte quantos subordinados tem. Existem diferentes números de subordinados supervisionados no topo, no nível médio e na base da hierarquia organizacional? Na verdade, o que determina o âmbito da administração nesta organização? Você acredita que o âmbito é apropriado para a empresa?

Pesquisa na Internet

Use um mecanismo de busca e faça anotações "post-it" para saber mais sobre os papéis adesivos que foram tão rentáveis para a 3M.

Caso internacional 7.1

Reengenharia do processo de empresas na Procter & Gamble[15]

A Procter & Gamble (P&G) é uma corporação transnacional conhecida por produtos como fraldas, xampu, sabão e pasta de dente e estava comprometida em melhorar os preços para o cliente. Seus produtos eram vendidos por meio de diversos canais como varejistas, quitandas, atacadistas, grandes comerciantes e lojas para associados. O fluxo dos bens no canal de lojas de varejo era do depósito de fábrica para o armazém dos distribuidores antes de chegar às lojas, nas quais os clientes escolhiam a mercadoria das prateleiras.

A companhia, impulsionada pelas melhorias, não estava satisfeita com seu desempenho e desenvolveu diversos programas para melhorar o serviço e a eficiência de sua operação. Um desses programas foi o intercâmbio eletrônico de dados, que proporcionava informação diária dos varejistas para a P&G. A instalação do sistema gerou um melhor serviço, níveis de estoque reduzidos e economias de custo de mão-de-obra. Outro enfoque, o programa de suprimento contínuo, trouxe benefícios adicionais para a P&G e para seus clientes de varejo. Com o tempo, todo o sistema de pedidos foi redesenhado, o que gerou notáveis melhorias no desempenho.

---

15 Foram consultadas várias fontes. Ver também Clark, Theodore Henry King e James L. McKenney. "Procter & Gamble: Improving consumer value through process redesign", em Applegate; Lynda M.; F. Warren McFarlan e James L. McKenney. "Corporate information systems management: Text and case". 4. ed. Chicago: Irwin, 1996; Clark e McKenney, "Procter & Gamble: Improving consumer value through process redesign". *Harvard Business School Caso 9-195-126*, 1995. Observe que na pesquisa da *Fortune* das companhias mais admiradas nos Estados Unidos, a P&G estava em primeiro lugar na categoria de sabões e cosméticos; ver Sung, Jessica e Christopher Tkaczyk. "Who's on top and who flopped". *Fortune*, 4 de março de 2002, p. 75-78. Ver também http://www.pg.com/en_US/index.jhtml, acesso em 2 de outubro de 2006.

Os esforços de reengenharia também exigiram a reestruturação da organização. A P&G foi reconhecida por sua administração de marcas durante mais de 50 anos. Mas no final da década de 1980 e início da de 1990, o enfoque da administração de marcas promovido pela companhia da década de 1930 exigia parar para pensar e reestruturar. Em um impulso por melhorar a eficiência e a coordenação, foram combinadas várias marcas com autoridade e responsabilidade atribuídas a gerentes de produto. Esse gerente determinaria a atribuição geral de preços e as políticas de produtos. Além disso, os gerentes de produto tinham autoridade para retirar marcas fracas, evitando, deste modo, conflitos entre marcas similares. Também tinham responsabilidade sobre os lucros da linha de produtos que administravam. A mudança para administração por linha de produtos requereu não só novas habilidades, mas também uma nova atitude. ■

Perguntas

1. Os esforços de reengenharia da P&G focaram o sistema de processos de empresas. Você acredita que outros processos, como o sistema humano ou outras políticas gerenciais, devem ser considerados em uma redefinição de processos?
2. Qual você acredita que foi a reação dos gerentes de marca, que trabalhavam durante muitos anos pelo sistema anterior, quando foi instalada a estrutura de administração por categorias?
3. Como consultor, você teria recomendado um enfoque de cima para baixo, um de baixo para cima, ou ambos na redefinição de processos e mudança organizacional? Quais são as vantagens e desvantagens de cada enfoque?

Caso internacional 7.2

Molinos Río de la Plata

Elaborado pelo professor Hugo Garde, Departamento de Administração da Faculdade de Ciências Sociais e Econômicas da Universidade Católica Argentina
Caso elaborado a partir de informação pública disponível.

A empresa Molinos Río de la Plata foi fundada em 1902 por Bunge e Born, exportadores de cereais desde 1884, que decidiram fundar um moinho para farinha em dique III, implantando processos de fabricação inovadores.

Em 1925, a direção tomou a decisão de diversificar as atividades econômicas e comerciais e começou a fabricar azeites vegetais; além disso, por meio de uma cooperação econômica, desenvolveram o mercado do cultivo de arroz, em 1933. Em 1942, desenvolveram o mercado da erva-mate e começaram sua fabricação.

Em 1950, de acordo com sua política de diversificação, decidiram incluir na organização produtos de maior valor agregado visando satisfazer as necessidades observadas nos consumidores. Por isso lançaram, em 1955, o produto 'Vitina', de semolina; em 1956, a farinha para fermento 'Blancaflor'; em 1956, o biscoito 'Exquisito'; em 1963, a margarina 'Delícia'; em 1966, o azeite de uva 'Río'; e, em 1968, a Maionese 'RI-K'. Com a ideia de continuar satisfazendo a demanda dos consumidores, lançam entre 1970 e 1980 gelatinas de baixas calorias, arroz parbolizado, enriquecido e integral. Em 1972, lançam o empanado Preferido.

Em 1978, adquirem a empresa de massas Matarazzo. Em 1985, compram a empresa Fanacoa, que se fusiona com Molinos Río de la Plata. Em 1990, adquirem o Frigorífico Tres Cruces, produtor das salsichas Vieníssima e frios Tres Cruces. Em 1995, entram no mercado de sucos com a compra da marca Pindapoy. Em 1997, lançam no mercado os produtos congelados da marca 'Granja del Sol', e em 1998, os produtos 'Exquisita Bakery Preparado'.

No início de 1999, a Pérez Companc Family Group adquire o controle acionário da Molinos Río de la Plata da Bunge International, do grupo Bunge e Born, por um valor de cerca de US$ 400 milhões. Na atualidade, Pérez Companc possui 63% das ações da empresa.

Molinos Río de la Plata (Moinhos) é uma das companhias líderes do mercado de alimentos argentino com uma ampla trajetória. Produz e comercializa produtos de consumo de massa de marca, sendo um dos principais fornecedores do setor supermercadista, e exporta produtos de marca e a granel (em especial azeites e farinhas industriais).

A partir da aquisição da empresa, os novos acionistas iniciaram uma série de medidas para reverter a tendência negativa de seus resultados. A decisão de aplicar nesta empresa um processo de reconversão resultou na designação de Juan Manuel Fon como gerente geral, que trabalhava nos Estados Unidos para a Philip Morris.

Antes da aquisição pelo grupo Pérez Companc, a estrutura organizacional da empresa era a divisão por áreas de negócios. A partir da incorporação de Fon, reestruturou-se e adotou uma organização funcional. O efeito desta medida foi a redução do número de gerentes.

Foi implementada uma nova cultura que consistia no trabalho em equipe, simplificação das tarefas, tomada de decisões rápidas e unificação da força de vendas, com a ideia de que o cliente tivesse um único interlocutor.

Esta reestruturação organizacional reduziu em 17,5% o pessoal da empresa, e foram despedidas 700 pessoas. A ideia central dos recursos humanos era atrair jovens profissionais para desenvolver sua carreira na empresa.

Na atualidade, pode-se dizer que é uma organização com foco no consumidor com base em três ideias: liderança pela melhoria contínua em custos e produtividade, liderança em marcas por inovação e liderança pela excelência na execução. Por isso, o sucesso da Moinhos se baseia em seus valores e princípios e, acima de toda a diferenciação para obter seu posicionamento e da tecnologia, está a excelência das pessoas que a integram. Por isso, os valores em que baseia sua missão são: desenvolvimento pessoal, sinceridade, qualidade, segurança e ambiente, ética com base em relações justas e transparentes entre os funcionários, clientes, consumidores e a comunidade e, por último, desenvolvimento e inovação, que é a diferença competitiva entre administrar e adaptar-se ao ambiente procurando novos desafios e metas a alcançar.

As características do pessoal que contrata são:

- Ser flexível.
- Ter uma boa formação acadêmica.
- Saber trabalhar em equipe.
- Ser proativo e dinâmico.
- Ter capacidade analítica.
- Dominar os idiomas inglês e/ou espanhol.
- Ser criativo e inovador.
- Atitude de liderança.

Com as metas de "ser o número um ou um forte número dois" e "tolerância zero com os negócios deficitários", a Moinhos empreendeu sua estratégia de desenvolver e fortalecer as linhas de produtos de maior penetração no mercado.

Esta nova política fez com que se concentrasse em seu *core business*, isto é, em suas marcas líderes, e que se desfizesse dos negócios não rentáveis ou não alinhados com seu enfoque estratégico. Foram basicamente três as políticas neste sentido:

- Aquisição de empresas e marcas, e alianças estratégicas.
- Lançamento de novos produtos.
- Redução e desinvestimento no negócio de *commodities* e venda de empresas e marcas não alinhadas com sua carteira de marcas líderes.

A seguir mostramos o posicionamento das marcas líderes.

Categoria de produto	Posição	2001	2000	Variação
Azeites	Líder	48,6	48,6	0,0
Farinhas	Líder	52,8	59,0	−6,2
Pré-misturas (Misturas prontas ou misturas pré-prontas) para tortas	Líder	49,2	51,1	−1,9

(*continua*)

(*continuação*)

Categoria de produto	Posição	2001	2000	Variação
Empanador	Líder	53,9	52,6	1,3
Salsichas	Líder	48,0	46,4	1,6
Massa seca (1)	Líder	29,1	25,8	3,3
Massa fresca (1)	Líder	18,0	18,0	0,0
Aperitivos (1)	Líder	4,7	3,1	1,6
Vegetais (2)	Líder	46,5	34,1	12,4
Refogado de frango	Líder	61,3	59,0	2,3
Hambúrgueres	Segundo	27,6	13,6	14,0
Chá mate	Segundo	14,4	15,2	–0,8
Arroz	Segundo	11,4	11,9	–0,5
Margarinas	Segundo	39,1	41,4	–2,3
Pré-misturas para sobremesas	Segundo	24,3	22,3	2,0

Notas: (1) Corresponde atualmente a Pastas del Plata S.A., sociedade controlada pela Moinhos.
(2) Corresponde atualmente a Congelados del Plata S.A., sociedade controlada pela Moinhos.
Fonte: Elaboração própria em função de dados do CCR.

A seguir, as marcas por categoria de produto:

- Azeites: Cocinero/Lira/Patito/Ideal/Valdivia/La Patrona/Gallo/Fritolin/Tute/Reno
- Massas secas: Don Vicente/Matarazzo/Lucchetti/Favorita/La Bella/Regio/Olímpico/Letizia/Bon Apetit/Piove/Colombo/Buen Sol
- Massas frescas: Matarazzo/Favorita
- Pré-pizzas: Matarazzo
- Massas e pizzas congeladas: Matarazzo
- Massa com molho: Matarazzo/Lucchetti
- Chá mate: Nobleza Gaucha/Chamigo Pico de Oro
- Semolina: Vitina
- Vegetais e pescados congelados: Granja del Sol/Iglo
- Empanados de frango: Granja del Sol/Iglo
- Hambúrgueres: Good Mark/Granja del Sol/Wilson
- Salsichas: Vieníssima/Wilson/Hamond
- Misturas pré-prontas: Blancaflor
- Farinhas: Blancaflor/Favorita/Letizia/Toay
- Margarinas: Manty/Delícia/Blancaflor
- Aperitivos: Blancaflor/Matarazzo
- Farinha de rosca e empanados: Preferido/Favorita
- Milanesas congeladas: Granja do Sol
- Biscoitos: Exquisita/Favorita/Betty Crocker
- Coberturas: Exquisita/Betty Crocker
- Gelatinas, sobremesas, sorvetes, pudins, mousse, madalenas e Pio IX: Exquisita
- Frios: Tres Cruces/Wilson
- Sucos de fruta: Pindapoy
- Arroz: Máximo/Cóndor/Cerro Blanco/Bari

No novo processo iniciado em 1999 foram adquiridas empresas e marcas, e também houve desinvestimentos em negócios não rentáveis. O efeito deste novo enfoque gerou os seguintes resultados econômicos:

Em milhões de pesos	2001	2000	1999	1998
VENDAS	621,5	611,3	820,6	1 082,7
Mercado local	468,9	478,0	580,6	742,7
Mercado externo	152,6	133,3	240,0	340,0
RESULTADO OPERACIONAL	48,2	37,2	36,9	2,0
(% sobre as vendas)	8	6	4	0
RESULTADO LÍQUIDO	24,3	19,6	4,4	(40,4)
(% sobre as vendas)	4	3	1	(4)
ROE: Resultado líquido/Patrimônio líquido (%)	6	5	1	(14)
Resultado por ação (pesos)	0,10	0,08	0,02	(0,23)
EBITDA	86,7	71,1	64,6	41,1
(% sobre as vendas)	14	12	8	4

Aquisição de empresas e marcas

Aquisições de empresas e marcas:

- Marcas de massas e farinhas fracionadas da Cargill: Leticia, Olímpico, Eggio, Regio e Toay.
- Licença das marcas de misturas pré-prontas da Betty Crocker e Betty Crocker and Spoon Design.
- Fagnani Hnos. S.A, proprietária da marca de massas Don Vicente.
- A Wyeth Whitehall da Argentina da marca e da linha de produção de Fritolim, líder do mercado de vegetais congelados oleosos.
- A Lucchetti do Chile de sua filial Lucchetti Argentina S.A., assim como a licença da marca de massas Lucchetti para a Argentina e Uruguai (por 25 e 5 anos, respectivamente).
- Marca de hambúrgueres Good Mark.
- Sublicença por três anos da marca Iglo de alimentos congelados.

Alianças estratégicas

- Em farinhas industriais com a Cargill S.A. É formada a Trigalia S.A.
- Com as empresas Carozzi, no Chile. É fechada a subsidiária da Moinhos no Chile e assinado um acordo de distribuição com a Carozzi.
- Com a Carrau e Cia. no Uruguai. É fechada a subsidiária da Moinhos no Uruguai e assinado um acordo de distribuição com a Carrau e Cia.
- Mudança de distribuidores no Brasil. Acordo com distribuidores: Empresa Brasileira de Distribuição Ltda. e Cami Alimentos S.A.

Lançamento de novos produtos:

- Chá mate aromatizado, chá mate em latas colecionáveis, chá mate suave, da marca Nobleza Gaucha.
- Vinagre balsâmico di Módena e azeite de oliva Lira Variedades, da marca Lira.
- Margarina especial para tortas, mistura para pizzas caseiras, da marca Blancaflor.
- Massas com molhos, linha de massas Matarazzo Ricceta Originale, da marca Matarazzo.

- Salgadinhos de frango empanados com batatas fritas (Palotes), da marca Granja del Sol.
- Salsichas Vieníssima Super Sabor, da marca Vieníssima.
- Implantação de moinhos on-line, o primeiro serviço de compras por Internet que também oferece informação para o setor, promoções e logística.

Redução e desinvestimento no negócio de *commodities*, fechamento e venda de empresas e marcas não rentáveis ou não alinhadas com sua lista de marcas líderes

- Fechamento da subsidiária da Moinhos no Chile.
- Fechamento da subsidiária da Moinhos no Uruguai.
- Venda das marcas de molhos e temperos RI-K, Fanacoa, Gurmet e Supra, entre outras, para a Refinaria de Milho S.A. e Bestfoods.
- Desinvestimento no negócio de *commodities* por meio da assinatura de uma *joint venture* com a Cargill S.A. para a formação da empresa Trigalia S.A.
- Desinvestimento no negócio de gorduras, adquirido pela Calsa.
- Redução das exportações de produtos a granel (*commodities*), especialmente azeite.

Trigalia S.A.

A aliança estratégica em farinhas industriais com a Cargill S.A. começou a operar em setembro de 1999 no mercado de farinhas industriais. Essa aliança estratégica em forma de uma *joint venture* tem como acionistas a Moinhos e a Cargill, com 35% e 65% de participação acionária, respectivamente. Essa aliança permitirá a ambas as companhias alcançarem as economias de escala e a eficiência operativa que exige um mercado cada vez mais competitivo.

Dessa maneira, a Moinhos pôde reduzir sua exposição no mercado de farinhas industriais, no qual experimentou fortes perdas durante os últimos três anos, e se concentrou na comercialização de produtos para o consumo caseiro, conservando o negócio de farinhas fracionadas sob as marcas líderes Blancaflor e Favorita.

Do ponto de vista financeiro, a Moinhos recebeu $ 30,5 milhões como compensação de contribuições integradas para a sociedade, recursos que foram utilizados para a redução do endividamento. Além disso, foi transferido o capital de trabalho do negócio, formado basicamente por estoques de trigo e créditos por vendas. Como resultado desta operação, a empresa reduziu sensivelmente seu nível de estoques de trigo e, além disso, diminuiu a volatilidade de suas receitas. A Trigalia apresenta hoje uma gestão com fortes sinergias e uma clara liderança como o maior complexo de farinhas do país.

Por outro lado, para garantir o fornecimento em tempo e forma de farinhas fracionadas e de farinha para consumo interno, foram assinados contratos de suprimento com a Trigalia. Em julho de 2001, a Moinhos e a Cargill modificaram seu acordo, a partir do qual a Moinhos tem a possibilidade de exercer uma opção de venda para a Cargill de 100% de sua participação acionária na Trigalia. Essa opção poderá ser exercida pela companhia a partir de dezembro de 2003.

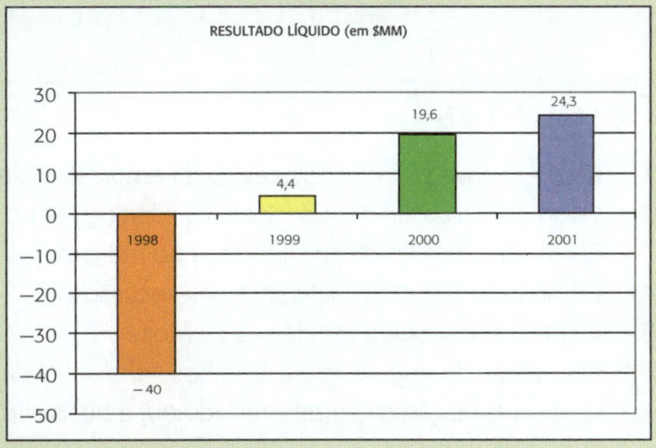

Em relação à reestruturação financeira, a organização reduziu sensivelmente seu endividamento. Em princípio, os acionistas fizeram uma injeção de 100 milhões para reduzir o passivo e venderam ativos fixos e empresas, além da reorganização administrativa. As consequências destas decisões foram:

- Fechamento de sete unidades improdutivas.
- Venda do edifício central de Paseo Colón e construção dos novos escritórios em Victoria, província de Buenos Aires, onde funcionava seu centro de distribuição.
- Redução dos gastos de estrutura de 334 milhões para 224 milhões, dos quais 34 milhões de encargos trabalhistas.
- Redução de gastos fixos, afetando quase todas as linhas de produto.
- Redução de sua dívida de 378 milhões em 1998 para 110 milhões em 2000.
- O endividamento da empresa caiu para 28%. Isso significa que, à medida que a empresa adotou a estratégia e foi concentrando seu *core business* em produtos com alto valor agregado, melhorou sua estrutura geral de endividamento.

Em relação ao comércio internacional, a organização pretende consolidar suas operações de exportação em mais de 45 países.

A maneira de desenvolver negócios internacionais é por meio de escritórios próprios em alguns países, e com representantes comerciais em outros casos.

Os produtos que está exportando atualmente são azeite Cocinero e Ideal, massa Matarazzo, farinha de trigo Favorita, arroz Máximo e pré-misturas Deliciosa.

Os principais países de destino de exportações são: Rússia, Brasil, Colômbia, Peru, Cuba, Chile, Uruguai, Paraguai, Venezuela, CEI, África do Sul, Oriente Médio e Oriente, onde as diferentes marcas da Moinhos mantêm consideráveis participações de mercado.

Dados relevantes em moeda constante	2002	2001	2000	1999
Vendas	2009,4	1356,3	1334,0	1790,6
Mercado local	988,4	1023,1	1043,1	1266,9
Mercado externo	1021,0	333,2	290,9	523,7
Resultado operacional	84,2	93,1	81,1	80,6
% sobre vendas	4,2%	6,9%	6,1%	4,5%
Interesses financeiros	-44,8	-31,8	-31,2	-66,3
Resultado (antes do impacto da desvalorização e previsões extraordinárias)	25,6	52,9	42,7	9,6
Impacto da desvalorização e previsões extraordinárias	109,9			
Resultado líquido	-84,3	52,9	42,7	9,6
% sobre vendas	-4,2%	3,9%	3,2%	0,5%
EBITDA	177,7	179,0	155,1	159,8
% sobre vendas	8,8%	13,2%	11,6%	8,9%
EBITDA (interesses financeiros)	4,0	5,7	5,0	2,4

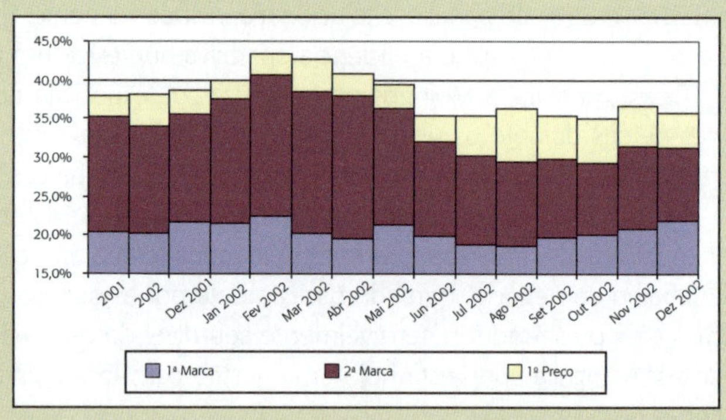

Fechou um acordo de complementação industrial com a empresa Chumak, da Ucrânia, para produzir aproximadamente mil toneladas de azeite de girassol embalado em suas instalações na cidade da Kakhovka, Ucrânia, destinadas a abastecer o mercado de países da Comunidade de Estados Independentes (CEI), incluindo a Federação Russa.

A Moinhos tem o principal e mais competitivo complexo produtivo em azeites embalados do país. Pelo peso desta categoria de produto no complexo de azeites global, é um dos mais competitivos do mundo. Além disso, em massas, farinhas e arroz desenvolveu uma posição muito competitiva, que lhe permite oferecer seus produtos a todo o mundo. ■

Perguntas

1. Qual é o novo enfoque estratégico da empresa Moinhos?
2. Quais são as bases dos princípios da liderança em custos?
3. Quais são as bases de sua liderança no mercado?
4. Como implementam a liderança na execução?
5. Identifique o modelo estratégico da Moinhos.
6. Que classe de organização a Moinhos tinha antes da reestruturação?
7. Que configuração organizacional adotou, e quais são suas vantagens?

8

Capítulo

Estrutura da organização: departamentalização

Objetivos de aprendizagem

Depois de estudar o capítulo, você deverá ser capaz de:

1. Identificar os padrões básicos da departamentalização tradicional, assim como suas vantagens e desvantagens.
2. Analisar as organizações matriciais.
3. Explicar as unidades estratégicas de negócios.
4. Examinar as estruturas organizacionais para as empresas globais.
5. Compreender as organizações virtuais e sem fronteiras.
6. Reconhecer que não existe um único e melhor padrão de departamentalização.

A limitação quanto ao número de subordinados que podem ser administrados diretamente restringiria o tamanho das empresas, se não fosse pela aplicação da departamentalização. Agrupar atividades e pessoas em departamentos torna possível que a organização cresça, pelo menos em teoria, até um grau ilimitado. Entretanto, os departamentos diferem com relação aos padrões básicos usados em atividades de grupo. A natureza desses padrões, desenvolvidos a partir da lógica e da prática, e de seus méritos relativos será estudada nas seções seguintes.

Para começar, devemos ressaltar que não existe apenas uma forma de criar departamentos aplicável a todas as organizações, ou a todas as situações. A diretriz utilizada dependerá de situações concretas e do que os gerentes acreditem que dará os melhores resultados para eles, na situação que enfrentam. A diretriz também pode estar baseada nos conceitos de reengenharia, analisados no capítulo anterior.

Departamentalização funcional

Departamentalização funcional

Agrupar as atividades de acordo com as funções de uma empresa, como produção, vendas e finanças.

Agrupar as atividades de acordo com as funções de uma empresa (a **departamentalização funcional**) inclui o que as empresas normalmente fazem. Como todas as companhias empreendem a criação de algo útil e desejado por outros, as funções empresariais básicas são: produzir (criar valor ou agregar valor a um produto ou serviço), vender (encontrar usuários, pacientes, clientes, estudantes ou membros que concordarão em aceitar o produto ou serviço por um preço ou um custo) e financiar (reunir e cobrar, guardar e gastar os recursos da empresa). Tem sido lógico agrupar essas atividades em departamentos, como engenharia, produção, vendas ou marketing e finanças. A Figura 8.1 mostra o agrupamento funcional típico de uma empresa de manufatura.

Com frequência, essas designações funcionais concretas não aparecem no organograma. Primeiro, não há uma terminologia de aceitação geral: uma fábrica utiliza os termos produção, vendas e finanças; um atacadista está preocupado com atividades como compras, vendas e finanças, e uma ferrovia está envolvida em operações, tráfego e finanças.

Um segundo motivo para a variação de termos é que, com frequência, as atividades básicas diferem em importância: os hospitais não têm departamentos de vendas; as igrejas não têm departamentos de produção. Isso não significa que essas atividades não sejam realizadas; talvez não sejam especializadas ou tenham um âmbito mais estreito, por isso estão integradas com outras atividades.

Um terceiro motivo para a ausência de departamentos de vendas, produção ou finanças em muitos organogramas é que teriam sido selecionados deliberadamente outros métodos de departamentalização. Os responsáveis pela empresa podem decidir organizar-se sobre a base de produtos, clientes, territórios ou canais de marketing (a forma como os bens ou serviços chegam ao usuário).

A departamentalização funcional é a base mais comum para organizar atividades e está presente em algum nível da estrutura da organização em cada empresa. As características das funções de vendas, produção e finanças são tão reconhecidas e compreendidas a fundo que representam a base não só da organização departamental, mas em geral também da departamentalização no mais alto nível.

A coordenação de atividades entre departamentos pode ser obtida por meio de regras e procedimentos, vários aspectos do planejamento (como metas e orçamentos), a hierarquia organizacional, contatos pessoais e, em situações específicas, departamentos de ligação. Um departamento como este pode ser utilizado para gerenciar desenhos ou problemas de mudanças entre engenharia e manufatura. As vantagens e desvantagens da departamentalização funcional estão listadas na Figura 8.1.

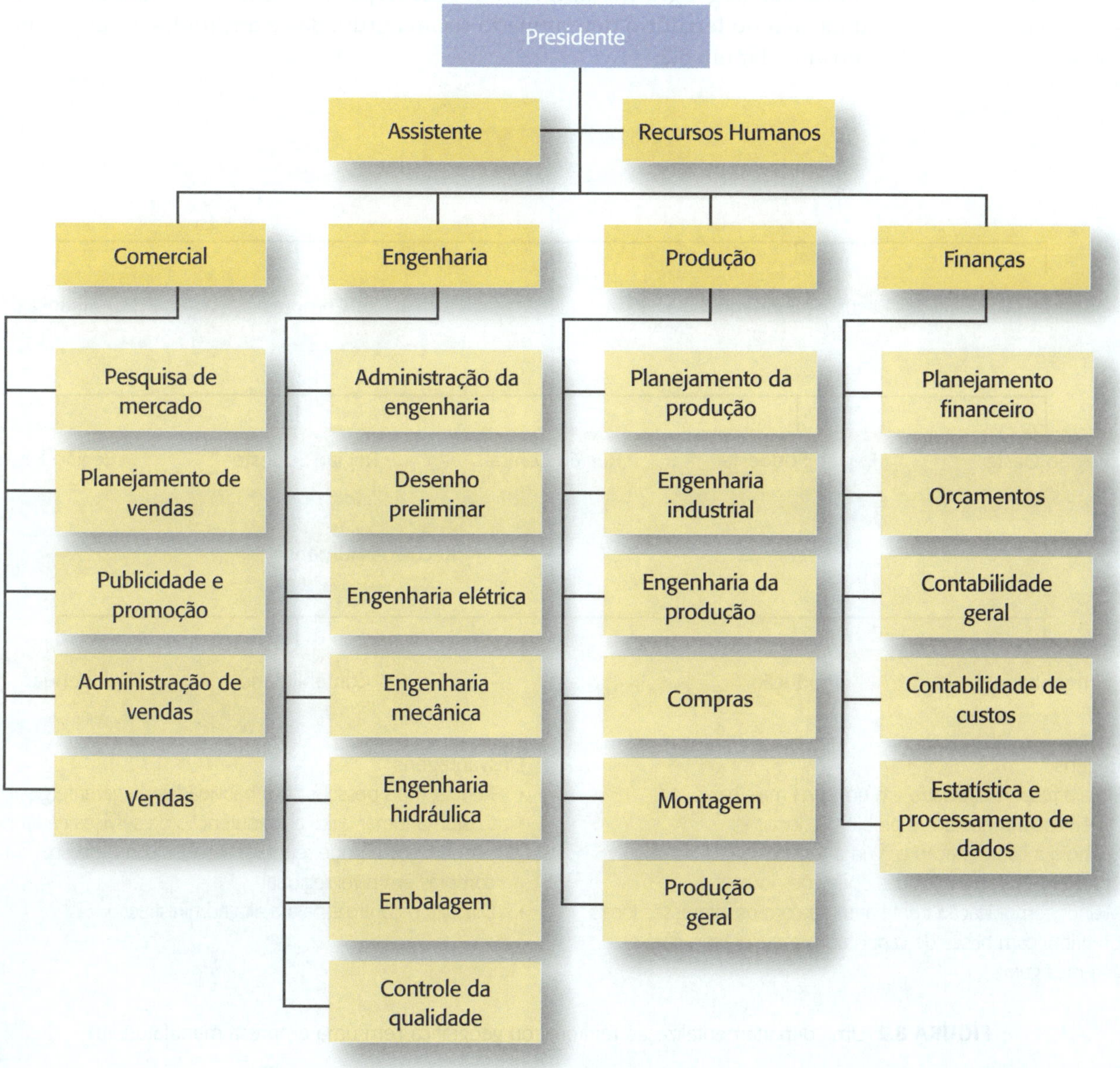

Vantagens
- É reflexo lógico das funções
- É mantido o poder e o prestígio das funções principais
- Segue-se o princípio da especialização ocupacional
- Simplifica-se a capacitação
- Conta-se com meios para um rigoroso controle de cima para baixo

Desvantagens
- Diminui a importância dos objetivos gerais da empresa
- O ponto de vista do pessoal-chave é superestimado e concentrado
- Diminui a coordenação entre funções
- A responsabilidade pelos lucros fica concentrada exclusivamente no topo
- Lenta adaptação a novas condições
- Diminui o desenvolvimento de gerentes gerais

FIGURA 8.1 Agrupamento organizacional funcional (empresa de manufatura)

Departamentalização territorial ou geográfica

Departamentalização territorial ou geográfica

Agrupar atividades por área ou território é comum em empresas que operam em áreas geográficas amplas.

A **departamentalização em função do território** é comum em empresas que operam em áreas geográficas amplas. Nesse caso, pode ser importante que as atividades em uma área ou território determinado sejam agrupadas e atribuídas a um gerente, como mostra a Figura 8.2.

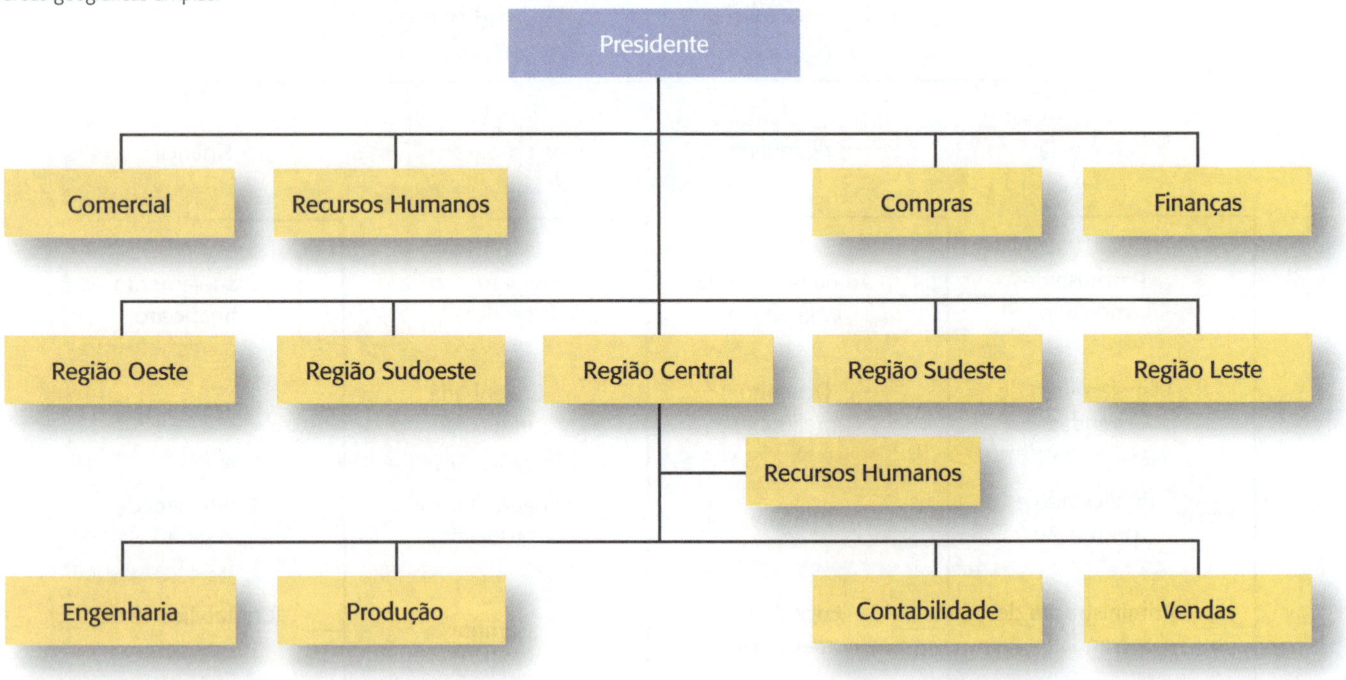

Vantagens

- Situa a responsabilidade em um nível mais baixo
- Dá ênfase a mercados e problemas locais
- Melhora a coordenação em uma região
- Aproveita as economias das operações locais
- Melhor comunicação frente a frente com os interesses locais
- Contribui com bases de capacitação mensuráveis para os gerentes gerais

Desvantagens

- Requer mais pessoas com habilidades de gerente geral
- Costuma tornar difícil a manutenção de serviços centrais econômicos e pode requerer serviços como pessoal ou compras em nível regional
- Dificulta o controle para a alta administração

FIGURA 8.2 Uma departamentalização territorial ou geográfica (em uma empresa manufatureira)

Embora a departamentalização territorial seja especialmente atrativa para empresas de grande porte ou companhias com uma grande dispersão física ou geográfica, uma unidade local em suas atividades pode alocar o pessoal de seu departamento de segurança sobre uma base territorial, por exemplo, colocando dois guardas em cada uma das portas sul e oeste. As lojas de departamentos alocam vigilantes de pisos com esta base, e é uma forma comum de alocar faxineiros, limpadores de janelas etc. As empresas recorrem a esse método quando empreendem operações semelhantes em diferentes áreas geográficas, como na montagem de automóveis, nas vendas em cadeia e no atacado e refinação de petróleo. Muitas divisões governamentais (repartições de impostos, o banco central, os tribunais e o serviços de correio etc.) adotam essa base de organização em seu esforço por proporcionar serviços parecidos de maneira simultânea em todo o país. A departamentalização territorial é utilizada com maior frequência em vendas e produção, mas não em finanças, que normalmente está concentrada nos escritórios principais.

As vantagens e desvantagens da departamentalização territorial ou geográfica são apresentas na Figura 8.2.

Departamentalização por grupo de clientes

Departamentalização por grupo de clientes
Agrupar atividades que mostrem um interesse principal pelos clientes.

Agrupar atividades para mostrar um interesse principal nos clientes é comum em um grande número de empresas. Os clientes são a chave para a forma de agrupar as atividades quando cada grupo de clientes é administrado por um chefe de departamento. Um bom exemplo é o departamento de vendas industriais de um atacadista que também vende a varejistas. Os proprietários de empresas e seus gerentes com frequência organizam as atividades sobre essa base para atender aos requisitos de grupos de clientes bem-definidos.

Para a estrutura e as vantagens e desvantagens da departamentalização por clientes, ver a Figura 8.3.

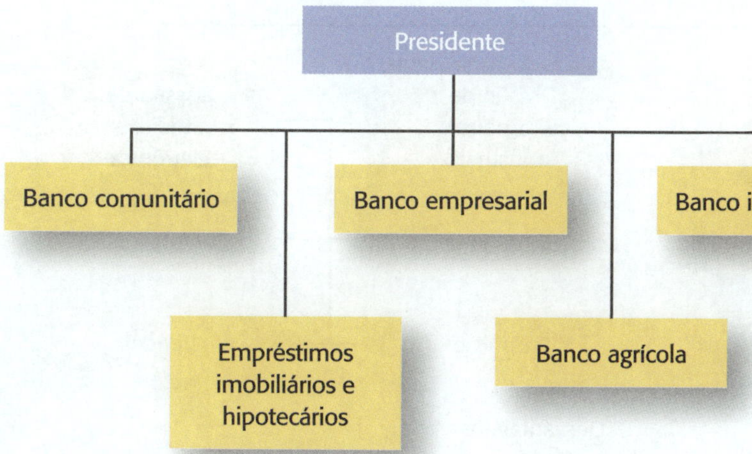

Vantagens
- Estimula o enfoque nas necessidades dos clientes
- Dá aos clientes a sensação de terem um fornecedor compreensivo (o banqueiro)
- Desenvolve experiência em áreas de clientes

Desvantagens
- Pode ser difícil coordenar operações entre demandas de clientes distintos
- Requer gerentes e pessoal experientes nos problemas dos clientes
- Os grupos de clientes nem sempre podem estar bem-definidos (por exemplo, grandes empresas corporativas diante de outras)

FIGURA 8.3 Departamentalização por tipo de clientes de um grande banco

Departamentalização por produtos

Departamentalização por produtos

Agrupamento de atividades de acordo com produtos ou linhas de produtos, em especial em grandes empresas com diversas linhas.

Agrupar atividades sobre uma base de produtos ou **linhas de produtos** tornou-se uma prática comum em empresas com diversas linhas e produtos em grande escala. Pode ser visto como um processo em evolução. Normalmente, as empresas que adotam esse tipo de departamentalização estavam organizadas por funções. Com o crescimento da empresa, os gerentes de produção, os de vendas e serviços e os executivos de engenharia enfrentaram problemas de tamanho. O cargo gerencial se tornou complexo, e o âmbito de administração limitava a capacidade dos gerentes de incrementar o número de subordinados imediatos. Nesse ponto, tornou-se necessária a reorganização sobre a base de divisão de produtos. Essa estrutura permite à alta administração delegar a um executivo de divisão ampla autoridade sobre as funções de manufatura, vendas, serviços e engenharia relacionadas com um produto ou linha de produtos determinados e obter um grau considerável de responsabilidade sobre o lucro de cada um destes gerentes. A Figura 8.4 apresenta um exemplo de uma departamentalização por produtos, típico de uma empresa manufatureira,[1] junto com as vantagens e desvantagens dessa departamentalização.

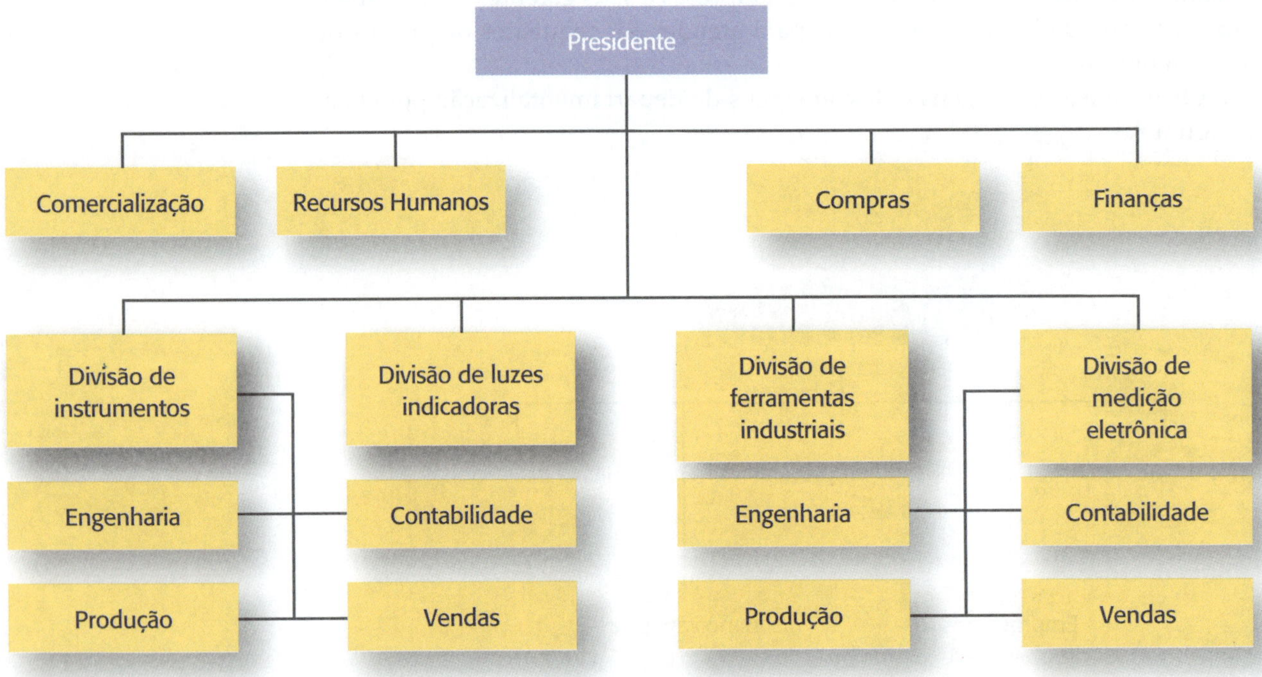

Vantagens

- Concentra a atenção e esforços na linha de produtos
- Facilita o uso de capital, instalações, habilidades e conhecimentos especializados
- Permite o crescimento e a diversidade de produtos e serviços.
- Melhora a coordenação de atividades funcionais
- Coloca a responsabilidade pelos lucros no nível de divisão
- Contribui com condições de capacitação mensurável para gerentes gerais

Desvantagens

- Requer mais pessoas com habilidades de gerente geral
- Tende a tornar difícil a manutenção econômica de serviços centrais
- Apresenta o crescente problema do controle da alta administração

FIGURA 8.4 Departamentalização por produtos (empresa de manufatura)

[1] A departamentalização por produtos também é utilizada em companhias de serviços.

O perigo da supersimplificação

Ao considerar as vantagens, é essencial evitar a supersimplificação. Os gerentes de linhas de produtos podem se ver afetados por pesados custos indiretos derivados dos gastos de operação das centrais, talvez uma divisão de pesquisa central e, às vezes, muitas divisões centrais de serviço. É compreensível que os gerentes de produto reclamem do peso de custos sobre os quais não têm nenhum controle.

Organização matricial

Outro tipo de departamentalização é a organização matricial, de grade ou de projeto. Entretanto, uma administração de projeto pura não envolve uma grade ou matriz. A essência da **organização matricial** normalmente é a combinação de padrões funcionais de departamentalização e de projeto ou produto na mesma estrutura da organização. Como mostra a Figura 8.5, que ilustra uma organização matricial em um departamento de engenharia, existem gerentes funcionais a cargo de funções de engenharia, e uma sobreposição de gerentes de projeto responsáveis pelo produto final. Embora esta forma seja comum em engenharia e pesquisa e desenvolvimento, também teve um amplo uso, embora poucas vezes traçado como matriz em organizações de marketing do produto.

Organização matricial
A combinação de padrões funcionais de departamentalização e projeto ou produto na mesma estrutura da organização.

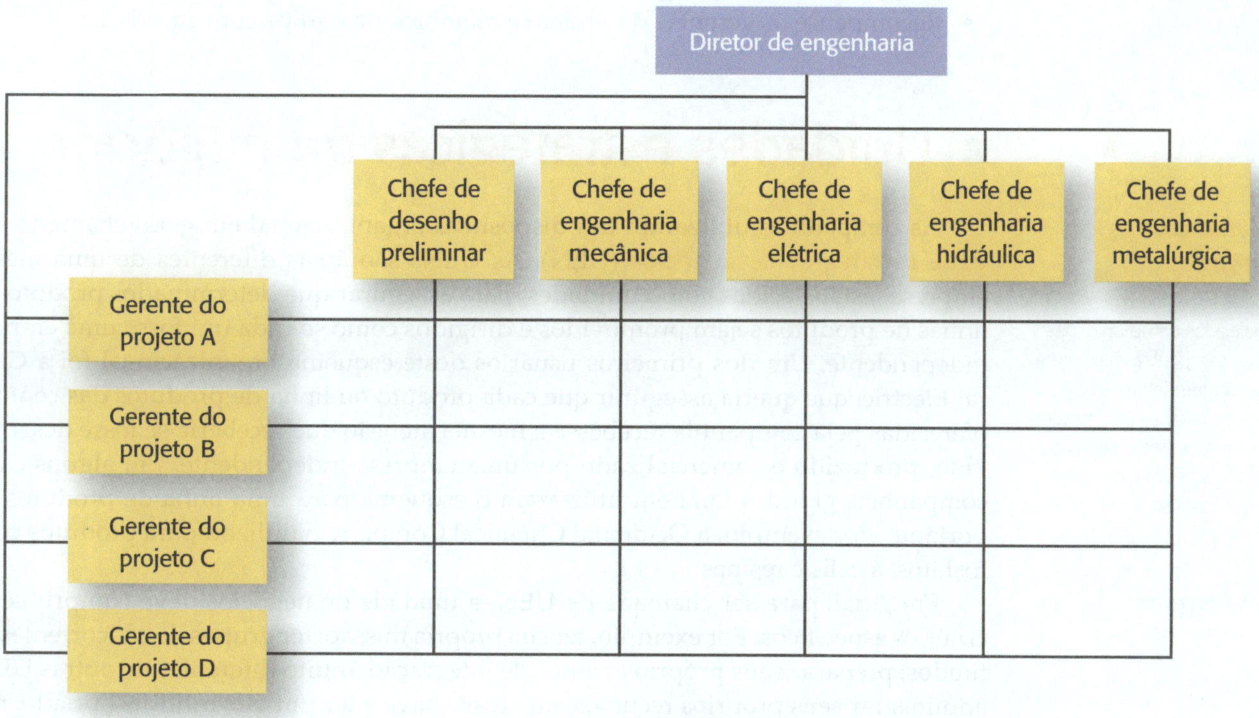

Vantagens
- Orientada para resultados finais
- Mantém-se a identificação profissional
- Define a responsabilidade produto-lucro

Desvantagens
- Existe conflito na autoridade organizacional
- Possibilidade de desunião do comando
- Requer um gerente eficaz em relações humanas

FIGURA 8.5 Organização matricial (em engenharia)

Esse tipo de organização está presente com frequência na construção (por exemplo, construir uma ponte), na indústria aeroespacial (como projetar e lançar um satélite meteorológico), em marketing (uma campanha publicitária para um importante produto novo), na instalação de um sistema eletrônico para o processamento de dados ou em empresas de consultoria administrativa, nas quais especialistas trabalham juntos em um projeto.

Diretrizes para tornar eficaz a administração matricial

A administração matricial pode tornar-se mais eficaz aplicando as seguintes diretrizes:

- Defina os objetivos do projeto ou tarefa.
- Esclareça os papéis, autoridade e responsabilidades de gerentes e membros das equipes.
- Assegure que a influência esteja baseada em conhecimentos e informação, e não em níveis organizacionais.
- Balanceie o poder dos gerentes funcionais e de projetos.
- Selecione um gerente experiente que contribua com liderança para o projeto.
- Promova a organização e o desenvolvimento das equipes.
- Implante controles apropriados de custos, tempo e qualidade que informem a tempo sobre alterações de padrões.
- Recompense os gerentes de projeto e membros da equipe com equidade.

Unidades estratégicas de negócios

Unidades estratégicas de negócios
Negócios específicos estabelecidos como unidades de uma companhia maior para assegurar que determinados produtos ou linhas de produtos sejam promovidos e orientados como se cada um fosse uma empresa independente.

http://www.ge.com
http://www.oxychem.com

As companhias utilizaram um dispositivo organizacional em geral chamado **unidade estratégica de negócios** (UEN). As UENs são áreas diferentes de uma mesma empresa, estabelecidas como unidades, para assegurar que determinados produtos ou linhas de produtos sejam promovidos e dirigidos como se cada um fosse uma empresa independente. Um dos primeiros usuários deste esquema organizacional foi a General Electric, que queria assegurar que cada produto ou linha de produtos das centenas oferecidas pela companhia recebesse a mesma atenção que receberia se fosse desenvolvido, produzido e comercializado por uma empresa independente. Em alguns casos, companhias grandes também utilizaram o esquema para uma linha de produtos importante. Por exemplo, a Ocidental Chemical Company o utilizou para produtos como fosfatos, álcalis e resinas.

Em geral, para ser chamada de UEN, a unidade de negócios deve cumprir certos critérios específicos. Por exemplo, ter sua própria missão; ter grupos de concorrentes definidos; preparar seus próprios planos de integração, muito diferentes de outras UENs; administrar seus próprios recursos em áreas-chave e ter um tamanho apropriado: nem muito grande nem muito pequena. Obviamente, na prática, poderia ser difícil estabelecer UENs que cumpram todos os critérios.

Para cada UEN, um gerente (normalmente um gerente de negócios) tem a responsabilidade de guiar e promover o produto a partir do laboratório de pesquisa por meio da engenharia de produto, pesquisa de mercado, produção, embalagem e marketing com responsabilidade sobre sua rentabilidade. Assim, uma UEN recebe sua própria missão

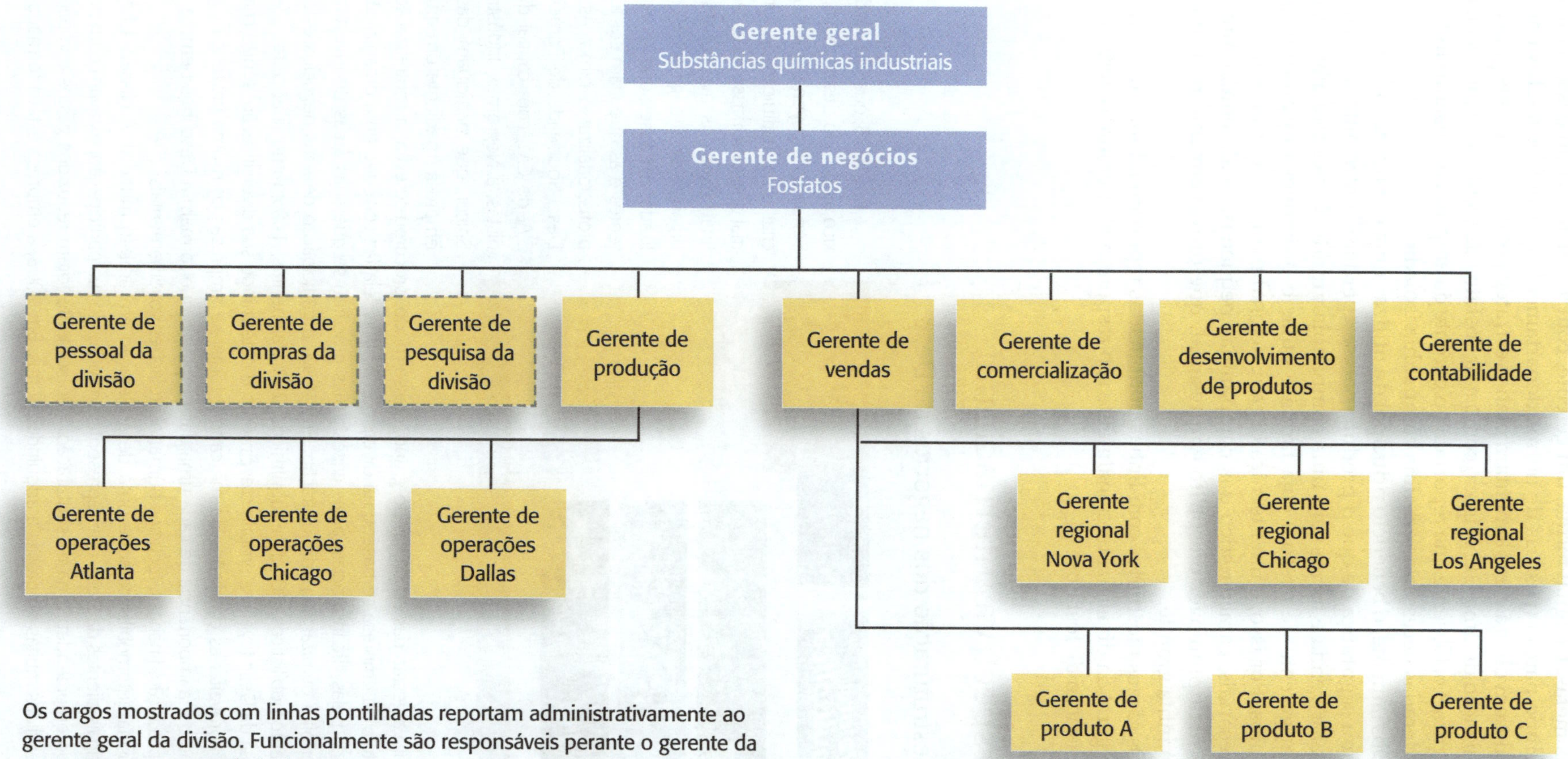

Os cargos mostrados com linhas pontilhadas reportam administrativamente ao gerente geral da divisão. Funcionalmente são responsáveis perante o gerente da empresa na operação de fosfatos.

FIGURA 8.6 Organização típica de uma unidade estratégica de negócios (em uma companhia química industrial grande)

e suas metas. De igual forma, um gerente, com a assistência do pessoal da unidade ou em tempo parcial (pessoas de outros departamentos atribuídas à UEN em tempo parcial), desenvolverá e implementará planos estratégicos e operacionais para o produto. A organização de uma UEN típica, como a de fosfatos da Ocidental Chemical, é mostrada na Figura 8.6. Observe que reportam ao gerente da empresa de fosfatos todas as funções consideradas necessárias em uma companhia isolada.

Obviamente, o benefício principal de utilizar uma organização de UENs é proporcionar a segurança de que o produto não se "perderá" entre outros (normalmente os de maior venda e lucros) em uma companhia grande. Concentra a atenção e energia de um gerente de pessoal cuja tarefa é guiar e promover um produto ou linha de produtos. Por isso, é uma técnica organizacional para concentrar a atenção e energia empresariais, característico das companhias pequenas. Realmente, é um meio excelente para promover o espírito empresarial, que provavelmente não se encontre na companhia grande.

Os cargos mostrados com linhas pontilhadas reportam administrativamente ao gerente geral da divisão. Funcionalmente são responsáveis perante o gerente da empresa na operação de fosfatos.

Perspectiva internacional

A reestruturação dos negócios da Desc

Em 1973, quando a indústria no México ainda não deslanchava, Don Manuel Senderos Irigoyen viu a necessidade de criar uma instituição de fomento industrial que canalizasse os escassos recursos financeiros dos investidores mexicanos e organizasse um grupo técnico especializado em assessorar as empresas existentes e as que iriam ser fundadas, para profissionalizar o ramo. Assim nasceu a Desc, Sociedade de Fomento Industrial, S.A. de C.V., com capital de vários acionistas: a Negromex, Indústrias Resistol e Spicer, que participam das políticas da empresa, mediante um grupo de assessores que supervisionam a gestão das empresas do grupo. Desse modo, procurou-se evitar a centralização. Além disso, desde o início, a estrutura da empresa se baseou na diversificação pois "ela faz com que uma organização desta natureza seja menos afetada pelas circunstâncias, pelas crises", mas procurou-se que suas áreas de investimento fossem compatíveis, o que permitiu otimizar sua administração. Em 1993, a participação de seus negócios estava distribuída da seguinte maneira: automobilísticos, 30%; petroquímicos, 20%; alimentos, 14%; ramo financeiro, 13%, e imóveis, 15%: "... cada empresa da Desc teve seu próprio crescimento e determinou sua diversificação, sendo criados pólos de desenvolvimento para aproveitar as condições do mercado e tornar-se empresas com uma presença significativa... A sinergia que dá o número e a importância de cada uma das empresas que formam a Desc lhes permite dar apoio em diversas áreas, como: produção, finanças, recursos humanos, relações governamentais".

Em 2002, a indústria automobilística sofre uma desaceleração em âmbito mundial. A Nissan, Chrysler, General Motors e Ford, os principais clientes da Desc, que representavam 60% de sua participação, estavam com problemas econômicos. Então o grupo empreendeu uma reestruturação. Não somente foram reduzidos gastos e contidos os custos, mas também foram vendidas muitas empresas e adquiridas outras. Em 2003, a empresa estava formada por:

1. Setor de autopeças, formado por três grupos de negócios:
- Transmissões: Tremec, STP e TTC.
- Spicer: Etrac, Cardanes, Autopar, TF Victor, Enco, Forja Spicer e Autometales.
- Uniko: Pemsa, Velcon, Comosa, Pistones Moresa, Hayes Wheels Acero y Aluminio, Morestana, Bumex, Uniko Inc. e Tecnysia.

2. Setor químico, também formado por três grupos de negócios:
- Polímeros e especialidades: Resirene, Dynasol, Insa, Nhumo, Plastiglas, Fenoquimia e ParaTec.
- Produtos de consumo: Productos de Consumo Resistol.
- Ecossistemas: Quimir e Rexcel.

3. Setor de alimentos:
- Authentic Specialty Foods (produtos de consumo nos Estados Unidos).
- Corfuerte (administra as marcas Del Fuerte, atum Nair, azeite e gelatinas La Gloria, geleias Smucker's, café Blasón, entre outras).
- Grupo Porcícola Mexicano, que vende no atacado e exporta para o Japão.

4. Setor imobiliário com as seguintes unidades de negócios:
Projetos turísticos: Punta Mita, Punta Ixtapa e Hotel Four Seasons de Punta Mita.
Projetos residenciais: Bosques de Santa Fé, Bosques y Lagos de la Estadía.
Negócios de escritórios: Conjunto Arcos Bosques.
Negócios comerciais: Centro Comercial Santa Fe.
No final de 2006, o Grupo Desc anunciou que faria uma cisão do grupo em duas empresas: Dine, que foca o negócio imobiliário; e Kuo, que levará a parte industrial e de consumo.

Sobre isso, Fernando Senderos Mestre, presidente do Conselho de Administração do Grupo Desc, comenta: "Estamos comprometidos em ter uma gestão de classe mundial, sabendo que contamos com um portfolio dinâmico de negócios. A partir deste momento, a Desc se transforma e torna-se um divisor de águas que permite ao grupo seguir diversificando-se".

Fonte: Com informação da Desc, relatório anual 2006. Disponível em: http://www.desc.com.mx, acesso em 20 de setembro de 2007; e Matilde Morales Betancourt, "Un líder: Fernando Senderos Mestre". *Líderes Mexicanos*, abril de 2007, p. 48-54.

Problemas potenciais com as unidades estratégicas de negócios[2]

C. K. Prahalad e Gary Hamel, dois professores de administração estratégica, sugerem que as companhias deveriam investir em suas **competências centrais** e evitar a tirania das UENs. A competência central é a aprendizagem coletiva da organização, especialmente a capacidade de coordenar as distintas habilidades de produção e a integração dessas habilidades nos chamados "fluxos de tecnologia". Por exemplo, para a Honda, fabricante de automóveis, os motores são o produto central para os quais estão orientadas as habilidades de projeto e desenvolvimento que resultam em produtos

Competência central
Aprendizagem coletiva, coordenação e integração de habilidades para obter "fluxos de tecnologia".

[2] Prahalad, C. K. e Gary Hamel, "The core competence of the corporation". *Harvard Business Review*, maio-junho de 1990, p. 79-91; Hamel e Prahalad. *Competing for the future*, Boston: Harvard Business School Press, 1994. Para uma crítica do livro anterior, ver Broida, Judith K., "Competing for the future: Breakthrough strategies for seizing controle of your industry and creating the markets for tomorrow". *Academy of Management Executive*, novembro de 1994, p. 90-91. Ver também Prahalad, C. K. e Venkatram Ramaswamy, "Co-opting customer competence". *Harvard Business Review*, janeiro-fevereiro de 2000, p. 79-87.

finais como automóveis e motocicletas. Se a divisão de motocicletas tivesse recebido recursos para o desenvolvimento, não poderia compartilhar essa tecnologia com a divisão de carros. A atribuição de recursos para as UENs individuais pode resultar em baixos investimentos em competências centrais (como nos motores) que beneficiam toda a organização. Por outro lado, os gerentes da UEN podem não estar dispostos a compartilhar pessoal de talento e querer ocultá-lo, em vez de compartilhá-lo com outra UEN.

Estruturas organizacionais de âmbito global

As estruturas de organização diferem em maior grau para empresas que operam no ambiente global. O tipo de estrutura depende de uma variedade de fatores, como o grau de orientação e compromisso internacionais. Uma companhia pode internacionalizar sua operação simplesmente criando um departamento internacional em seus escritórios centrais, liderado por um gerente de exportação. À medida que a companhia amplia suas operações internacionais, podem ser estabelecidas subsidiárias estrangeiras e, mais tarde, divisões internacionais em diversos países, com relatórios ao gerente a cargo da operação mundial na matriz, ou talvez ao diretor executivo. Com o crescimento adicional das operações internacionais, vários países podem agrupar-se em regiões como a África, Ásia, Europa e América do Sul. Também, a comunidade europeia (e outras comunidades) pode ser dividida em grupos de países como a Comunidade Europeia (UE), países não pertencentes à UE e países da Europa Oriental.

Perspectiva internacional

Desafios organizacionais para a Viag Interkom[3]

A companhia alemã Viag Interkom era, até a primavera de 2001, uma das três companhias de serviços da Alemanha. Três sócios a apoiavam. Um era a E.On, uma destacada companhia holding com mais de 213 mil funcionários, que nasceu como resultado da fusão da Veba e a Viag. Tinha uma participação de 45%. Outra companhia, a Telenor, empresa da Noruega, com mais de 23 mil funcionários, tinha 10%; e a BT (British Telephone), com quase 137 mil funcionários, tinha 45%.

A Viag, fundada em 1995, teve uma vida corporativa curta, pois passou a fazer parte do gigante BT britânico em março de 2001. Isso exigiu mudanças e ajustes organizacionais. Além disso, a companhia deve fazer frente às tendências do mercado, como as demandas do consumidor de conveniências e personalização de serviços, assim como a globalização e hipercrescimento do mercado. Também estão presentes as tendências do mercado, como a consolidação de companhias e uma queda geral dos preços. Além disso, a organização precisa responder às tendências tecnológicas, como a alta taxa de inovação e o desenvolvimento de tecnologias de acesso à banda larga. Somente companhias com estruturas de organização flexíveis podem responder a esses desafios e integrar diferentes organizações de diversos países com diferentes culturas nacionais e organizacionais, podendo assim sobreviver nesse ambiente competitivo.

http://www.viaginterkom.de
http://www.telenor.com

3 "Viag Interkom and the challenges on the telecommunications market", apresentação de Hans-Ulrich Schroeder, 16 de julho de 2001. Disponível em: http://www.Viag.nl, www.teltarif.de/a/Viag, e http://www.telenor.no/reports/1998/20report/ organisation.shtml, acesso em 1º de outubro de 2006.

As companhias também podem escolher outras formas de departamentalização, além do critério geográfico. Por exemplo, uma companhia petrolífera pode subdividir o grupo funcional de exploração por regiões, como exploração no Alaska ou no Golfo Pérsico. Da mesma maneira, os grupos funcionais de refinação e marketing podem ser subdivididos nas diversas regiões. Claramente, os produtos do petróleo podem ser comercializados em áreas distintas daquelas em que acontece a exploração e a produção.

A organização virtual[4]

A **organização virtual** é um conceito um tanto solto de um grupo de empresas ou pessoas independentes conectadas, geralmente, por meio da tecnologia da informação. Essas empresas podem ser fornecedores, clientes e até companhias concorrentes. A meta da organização virtual é obter acesso à concorrência de outra empresa, obter flexibilidade, reduzir riscos ou responder com rapidez às necessidades do mercado. As organizações virtuais coordenam suas atividades por meio do mercado, onde cada parte vende seus produtos e serviços.

Organização virtual
Conceito um tanto vago de um grupo de empresas ou pessoas independentes conectadas, geralmente, por meio da tecnologia da informação.

http://www.ibm.com

A organização virtual tem vantagens e desvantagens. Quando a IBM desenvolveu o computador pessoal em 1981, todos os componentes principais foram adquiridos de outras companhias. Isso permitiu à IBM comercializar o produto em 15 meses. O microprocessador foi comprado da Intel e o software foi desenvolvido pela Microsoft. A arquitetura "aberta" se baseava em padrões bem conhecidos, e os componentes podiam ser adquiridos de muitos fornecedores. Utilizando terceiros, a IBM teve de investir pouco pela sua estratégia descentralizada. Porém, mais tarde, a estratégia de arquitetura aberta mostrou seu lado negativo. Outras empresas podiam comprar microprocessadores diretamente da Intel e o sistema operacional da Microsoft.

http://www.microsoft.com

As organizações virtuais podem não ter um contrato social, nem um prédio de escritórios centralizados. A biblioteca moderna pode não ser um edifício com muitas estantes. Talvez nunca tenhamos que visitar uma biblioteca: uma base de dados, um computador, um modem e uma senha podem ser o necessário para acessá-la. A Open University do Reino Unido pode ser um exemplo de uma universidade sem uma localização física. Tem uma base central com um corpo administrativo, mas sem estudantes, que estão espalhados por todo o mundo, igual aos professores. Talvez nunca se conheçam. As possibilidades tecnológicas são emocionantes, mas como administramos pessoas que vemos poucas vezes? É claro que muitas perguntas sem resposta cercam a organização virtual.

http://www.open.ac.uk

4 Chesbrough, Henry W. e David J. Teece, "When is virtual virtuous? Organizing for innovation". *Harvard Business Review*, janeiro-fevereiro de 1996, p. 65-73; Handy, Charles, "Trust and the virtual organization". *Harvard Business Review*, maio-junho de 1995, p. 40-50; Hosmer, Larue Tone, "Trust: The connecting link between organizational theory and philosophical ethics". *Academy of Management Review*, abril de 1995, p. 379-403; Wardell, Charles, "The art of managing virtual teams: Eight key lessons". *Harvard Management Update*, novembro de 1998, p. 3-4.

Perspectiva empresarial

Estruturar uma companhia que começa

Os novos projetos costumam iniciar sua vida organizacional como uma organização virtual. Com frequência, amigos e colegas com espírito empresarial começam a formular uma empresa que inicia enquanto continuam em seus "empregos diários". Em cafeterias por todo o Vale do Silício, é possível ouvir conversas de empresários otimistas que analisam ideias para a próxima grande empresa da Internet. Esses empresários costumam estar contratados por outras empresas, mas mesmo assim sonham e planejam sua nova empresa própria com amigos de confiança. Organizando seu novo projeto por e-mail, mensagens instantâneas e Skype, os empresários desenvolvem estruturas organizacionais muito enxutas, atribuindo títulos e responsabilidades a sua equipe administrativa nascente. Geralmente, estas primeiras estruturas são de natureza funcional. Por exemplo, um sócio pode ser o chefe técnico, outro o chefe de marketing, e assim por diante. São desenvolvidos rapidamente cartões de visita, logotipos da companhia e um website, e a empresa virtual iniciante está pronta para começar a busca de clientes e de financiamento. Se a empresa tiver algum sucesso inicial, normalmente vem a seguir uma estrutura mais formal com status legal e espaço para escritórios. O sucesso adicional e o financiamento do projeto normalmente significam uma nova administração com experiência para a empresa, que ajude a garantir um crescimento firme. Entretanto, se a empresa fracassar, a jovem estrutura virtual é fácil de desfazer, permitindo que os empresários potenciais "conservem seus empregos diários" e sonhem com seu próximo empreendimento.

Perspectiva internacional

O negócio das empresas virtuais

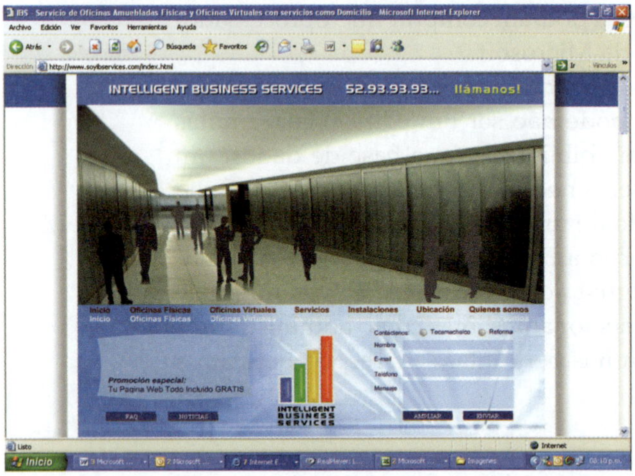

O negócio dos imóveis andava bem para Leo London até chegar a crise do México, em 1995, quando teve de fechar. Então, iniciou um pequeno negócio de aluguel de espaços para escritórios, fundando a Intelligent Business Services, junto com alguns sócios. Depois viram o enorme potencial em oferecer às pequenas e médias empresas um centro de negócios a muito baixo custo, para não ser afetados pelos custos de aluguel, serviços de recepção e gastos de escritório; então, London e seus sócios decidiram entrar no aluguel de escritórios virtuais. Para isso, viajaram para os Estados Unidos e a Europa com o fim de estudar os negócios desse tipo que lá havia. "Aproximamo-nos de empresários que prestavam esse serviço em outros países, e os trouxemos para o México", comenta London; mas viram que as pequenas e médias empresas mexicanas tinham outras necessidades quanto a preços e serviços, por isso adaptaram o negócio.

Como pequena empresa, teve de se assessorar para poder ser bem administrada. Por isso procuraram a ajuda de uma instituição governamental que apoia pequenas e médias empresas, a Subsecretaria para a Pequena e Média Empresa (Spyme) e a Universidade Anáhuac. Também fizeram alianças estratégicas com o ArCcanto Pyme, Coparmex, o governo do Estado do México e a Câmara de Deputados.

Agora, a Intelligent Business Services tem duas instalações em regiões de alto nível na cidade do México e sua área metropolitana, onde oferece diferentes serviços por uma taxa mensal. Assim, o plano básico que consta de endereço, número de telefone exclusivo, resposta telefônica personalizada, correio de voz, recepção de mensagens, correspondência e encomendas, envio de mensagens por correio eletrônico, registro de chamadas, recepção bilíngue e um portal na Internet custa cerca de US$ 110 por mês. O serviço Intelligent, que além do citado inclui o envio de correspondência, serviço de cafeteria, recepção de fax, sala de reunião, serviço de escritório com Internet de banda larga e chamadas locais e fotocópias custa aproximadamente US$ 145 por mês. Sua meta em cinco anos é contar com dois mil clientes de escritórios virtuais, não somente pequenas e médias empresas, mas também outros negócios virtuais que não necessitam de espaço físico.

Fonte: Com informação de Daniela Clavijo López, "La otra forma de hacer negocios". *Empresas y Empresarios,* 4 de dezembro de 2006. Disponível em: http://empresarios.mundoejecutivo.com.mx/articulos.php?id_sec=9&id_art=826&id_ejemplar=19, acesso em 20 de setembro de 2007; e no website da Intelligent Business Services, http://www.soyibservices.com/

A organização sem fronteiras

Jack Welch, ex-diretor executivo da General Electric, estabeleceu sua visão da companhia como uma "companhia sem fronteiras". Com isso, referia-se a um "ambiente aberto e amigável para a busca e compartilhamento de novas ideias, sem importar sua origem".[5] O propósito dessa iniciativa era eliminar barreiras entre os diversos departamentos e entre as operações domésticas e internacionais. Para premiar as pessoas que adotavam o "modelo de integração", eram dados bônus àqueles que não só geravam novas ideias, mas as compartilhavam com os demais.

http://www.ge.com, acesso em 16 de agosto de 2007.

Escolha da diretriz para a departamentalização[6]

Não existe uma orientação ideal para a departamentalização aplicável em todas as organizações e em todas as situações. Os gerentes devem determinar o que é melhor examinando a situação que enfrentam, os trabalhos a serem realizados e a forma como devem ser feitos, as pessoas envolvidas e suas personalidades, a tecnologia utilizada no departamento, os usuários a serem atendidos e outros fatores ambientais internos e externos da situação. Entretanto, conhecendo os diversos padrões para a departamentalização, suas vantagens e desvantagens e os perigos de cada um, os gerentes praticantes devem ser capazes de definir a estrutura de organização mais adequada para suas operações concretas.

5 "GE'S two-decade transformation: Jack Welch's leadership". *Harvard Business School.* Caso 9-399-150, rev. 2 de maio de 2001.

6 Ver também Dess, Gregory G., Abdul M. A. Rasheed, Kevin J. McLaughlin e Richard L. Priem, "The new corporate architecture". *Academy of Management Executive*, agosto de 1995, p. 7-18; Lucas, Henry. *The T-Form Organization.* São Francisco: Jossey-Bass, 1996. Ver também a crítica do livro de Lucas em *The Executive*, maio de 1996.

A meta: alcançar objetivos

A departamentalização não é um fim em si mesmo, mas simplesmente um método para organizar atividades e facilitar o cumprimento de objetivos. Cada método tem suas vantagens e desvantagens. Em consequência, o processo de seleção inclui a consideração das vantagens relativas de cada orientação em cada nível da estrutura da organização. Em todos os casos, a questão central se relaciona com o tipo de ambiente organizacional que o gerente quer estabelecer e a situação que enfrenta. A análise que antecede o método de departamentalização alternativo mostra que cada método envolve prós e contras.

Combinar tipos de departamentalização

Outro ponto a ressaltar se refere à combinação de tipos de departamentalização dentro de uma área funcional. Por exemplo, uma empresa de medicamentos no atacado agrupa as atividades de compras e vendas em um departamento de produtos, mas agrupa no mesmo nível as demais atividades de vendas com critério territorial. Um fabricante de artigos de plástico atribui por territórios tanto a produção como a venda de todos os seus produtos, exceto os serviços de mesa, que por si só são um departamento de produtos. Em outras palavras, um gerente de departamento funcional pode utilizar dois ou mais critérios para agrupar atividades para o mesmo nível organizacional. Essas práticas podem justificar-se pela lógica. O objetivo da departamentalização não é construir uma estrutura rígida e equilibrada, em termos de níveis e caracterizada por consistência e bases idênticas, mas de atividades de grupo que contribuam para atingir melhor os objetivos da empresa. Se diversas bases conseguem isso, não há motivo para os gerentes deixarem de aproveitar as alternativas disponíveis.

Resumo

É possível a expansão organizacional agrupando atividades e pessoas em departamentos. A departamentalização pode ser realizada em função da empresa, do território ou da geografia ou pelo tipo de clientes atendidos. Outros tipos de departamentalização consistem em agrupar por organização de produtos, organização de matriz ou rede, organização de projetos e a unidade estratégica de negócios. A estrutura da organização para o ambiente mundial pode variar muito, indo desde um departamento de exportação nos escritórios centrais até grupos regionais, com muitas variações. Além disso, as companhias também podem ter um ou mais grupos organizados por funções dentro de uma região. A organização virtual é um conceito solto de um grupo de companhias ou pessoas independentes geralmente conectadas pela tecnologia da informação.

Não existe apenas uma e melhor maneira de organizar-se; a orientação mais apropriada depende de vários fatores em cada situação, incluindo o tipo de trabalho a ser realizado, a forma como deve ser feita a tarefa, o tipo de pessoas envolvidas, a tecnologia, as pessoas atendidas e outras considerações internas e externas. De qualquer modo, a seleção de uma orientação de departamentalização específica deve ser feita para que os objetivos organizacionais e individuais possam ser obtidos de maneira eficaz e eficiente. Obter essa meta costuma exigir a combinação de várias formas de departamentalização.

Ideias e conceitos básicos

- Departamentalização por funções da empresa
- Departamentalização territorial ou geográfica
- Departamentalização por grupo de clientes
- Departamentalização por produtos
- Organização matricial
- Unidade estratégica de negócios
- Estruturas organizacionais de âmbito global
- Organização virtual
- A organização sem fronteiras

Para analisar

1. Alguns sociólogos afirmam que a estruturação da organização é um invento social. O que você acredita que querem dizer com isso? Insinuam que exista uma forma "correta" ou "incorreta" de organização? O que você sugere como prova de que uma estrutura de organização é "correta"?
2. Se você é o presidente de uma companhia organizada por linhas funcionais, e um consultor sugerisse organizá-la por linhas territoriais ou de produtos, o que lhe preocuparia ao seguir essa recomendação?
3. Por que a maioria das grandes lojas de departamentos e redes de supermercados organiza suas lojas sobre uma base territorial e as unidades internas da loja por produtos? Mostre exemplos de sua própria experiência.
4. Por que a maioria das companhias pequenas usa departamentos organizados funcionalmente?
5. Por que tantas repartições de um governo nacional estão organizadas principalmente sobre bases territoriais?
6. Você vê alguns motivos pelos quais administrar por objetivos poderia provocar um crescente uso de estruturas de organização matricial?
7. Como o capítulo ilustra um enfoque situacional da administração?

Exercícios e atividades

1. Divida a classe em grupos de quatro ou cinco estudantes (dependendo do tamanho da classe). Atribua uma diretriz de departamentalização a cada grupo (ou duas a cada um, se a classe for pequena). Os grupos devem discutir: a) a natureza da departamentalização atribuída, b) companhias que usem este arranjo departamental e c) as vantagens e desvantagens desta forma de departamentalização.
2. Selecione uma companhia e identifique a diretriz (ou diretrizes) de departamentalização que utiliza. Elabore um organograma da empresa. Por que você acredita que a companhia selecionou esse tipo de departamentalização? Você o recomendaria?

Pesquisa na Internet

1. Procure na Internet o termo "organização matricial" para encontrar exemplos. Também anote as dificuldades que essas companhias encontram.
2. Procure na Internet o termo "unidades estratégicas de negócios". Procure as formas em que diversas organizações utilizam essas unidades para fortalecer sua administração.

Caso internacional 8.1

A reestruturação da Daimler-Benz[7]

Em um discurso em 1996 aos acionistas e amigos da Daimler-Benz, o CEO Jürgen Schrempp revisou a posição da companhia diversificada. Começou por dizer: "1995 foi um ano notável na história da Daimler-Benz". Também foi um ano em que o conselho de administração fez uma ruptura importante com o passado.

A Daimler-Benz, com mais de 300 mil funcionários em nível mundial, consistia em quatro grupos importantes: o primeiro, o maior e mais bem-sucedido, era a Mercedes-Benz, com aproximadamente 200 mil funcionários. É mais conhecida por seus automóveis para passageiros e veículos comerciais. O segundo era a AEG Daimler-Benz Industries no negócio de sistemas de ferrovias, microeletrônica, motores a diesel pesados, sistemas de tecnologia de energia e automatização. O terceiro era o Grupo Aerospace, no negócio de aeronaves (a companhia tem uma participação de mais de um terço no consórcio Airbus), sistemas espaciais, sistemas de defesa e civis e sistemas de propulsão. Por último estava o Grupo InterServices, composto por systemshaus, serviços financeiros, corretagem de seguros, comércio, serviços de marketing, serviços de comunicação móvel e administração de imóveis.

A Daimler-Benz passou por várias fases de desenvolvimento. Desde 1985 até 1990 diversificou-se para a engenharia aeroespacial e elétrica. A meta era tornar-se um grupo integrado de alta tecnologia. Essa diversificação ficou ainda mais consolidada na seguinte fase, que foi de 1990 até 1995. Sob a liderança de Schrempp, o negócio central foi redefinido e a estratégia, reorientada.

Uma revisão do portfolio em 1995 até 1996 mostrou a necessidade de reorientar-se para o que a companhia podia fazer melhor. A alta administração voltou a avaliar suas estratégias e negócios centrais seguindo critérios econômicos e o ajuste estratégico das diversas atividades. Foi evidente que os pontos fortes da companhia estavam na fabricação de automóveis, o negócio de caminhões e o setor ferroviário. A Mercedes-Benz, por exemplo, tinha uma forte posição competitiva com seus carros e caminhões na Europa, América do Norte e América Latina. As caminhonetes também eram relativamente fortes na Europa, e os ônibus tinham uma boa posição competitiva na América Latina. Baseadas nessa análise, as estratégias para o crescimento potencial se concentraram na globalização e no desenvolvimento de segmentos de novos produtos.

Em 1996, a alta administração voltou a avaliar a posição da companhia e os resultados insatisfatórios de suas operações em 1995. Descobriram que a companhia estava exposta a flutuações do câmbio que afetavam seus lucros, e sua imagem também era afetada por sua participação em muitos mercados. O conselho de administração decidiu recortar suas perdas e traçar um rumo novo para a companhia, dando maior importância à rentabilidade. A estrutura de organização foi ajustada, e foi retirado o investimento em alguns negócios. De fato, as decisões de política de um período anterior foram revertidas. O nada rentável Grupo AEG e Fokker, o fabricante de aviões holandês, não receberam apoio financeiro, e tanto o governo holandês como a Daimler-Benz retiraram seu apoio; desta maneira, a Fokker declarou a falência. Mesmo que esta e outras decisões drásticas tenham ajudado a reduzir as perdas financeiras de 1995, a meta da companhia não era dar importância à otimização da rentabilidade em curto prazo, mas trabalhar a favor da rentabilidade em médio e longo prazos.

Várias outras decisões gerenciais foram tomadas para conseguir as ambiciosas metas de reduzir custos e melhorar a rentabilidade. Funcionários próximos às operações receberam poder para tomar as decisões necessárias para realizar suas tarefas. A estrutura de organização foi simplificada e descentralizada para que as unidades organizacionais pudessem responder mais rapidamente às mudanças ambientais. Além disso, a nova estrutura da organização foi estabelecida

7 Este caso se baseia em diversas fontes, incluindo uma visita aos escritórios centrais da Daimler-Benz na Alemanha com estudantes do programa Executive MBA da Universidade de São Francisco, em 2000. Outras fontes incluem *Daimler-Benz Annual Report*, 1995, e a ata da Reunião Geral Anual, celebrada em 22 de maio de 1996 em Stuttgart, Alemanha; *Daimler-Benz: A survey of the group*, 1995; Woodruff, David, "Dustup at Daimler". *BusinessWeek*, 3 de fevereiro de 1997, p. 52-53. Daimler-Benz faz agora parte da DaimlerChrysler; ver http://www.daimlerchrysler.com, acesso em 15 de fevereiro de 2007.

para promover um espírito empresarial. O controle era exercido por meio de um sistema de recompensas impulsionado pelas metas e baseado no desempenho. Ao mesmo tempo, a nova estrutura foi estabelecida para promover a cooperação. Em 1997, o conselho de administração reestruturou e integrou o Grupo Mercedes-Benz na Daimler-Benz. Em consequência, Helmut Werner, líder da Mercedes-Benz, que tinha o crédito de uma bem-sucedida política de modelo, renunciou à companhia.

Perguntas

1. Qual é sua avaliação das operações da Daimler-Benz em muitos diferentes campos?
2. Os diversos grupos deveriam operar de maneira autônoma? Que tipo de atividades deveriam estar centralizadas?
3. A Daimler-Benz é mais conhecida por seus carros Mercedes-Benz. Por que você acredita que a Daimler comprou a AEG em primeiro lugar e por que se aventurou nos negócios Aerospace e InterServices?
4. Devido aos aparentes erros ao adquirir empresas não automobilísticas, o que Jürgen Schrempp deveria fazer agora?

Caso internacional 8.2

Estruturação da Pailera Especializada e Equipe Médica S.A. de C.V.

Elaborado por María del Rosario Trejo García, professora pesquisadora, Unidade Profissional Interdisciplinar de Engenharia e Ciências Sociais e Administrativas, Instituto Politécnico Nacional (IPN)

Essa empresa, fundada em 1993, é líder na fabricação, manutenção e serviço de equipamentos médicos e industriais no México. Produz uma grande variedade de equipamentos, como: esterilizadores de vapor manuais, automáticos, semiautomáticos e de controle digital; autoclaves e geradores de vapor; destiladores e trocadores de calor. Fabricam equipamento industrial, como tanques industriais, recipientes de pressão, contêineres, bandejas e queimadores. Também oferece serviços como solda, montagem, polimento, manutenção preventiva, venda e reformas.

Essa empresa distribui equipamentos e serviços para grandes instituições de saúde públicas mexicanas, como o Instituto Mexicano da Seguridade Social (IMSS), o Instituto da Seguridade e Serviços Sociais para os Trabalhadores do Estado (ISSSTE) e a Secretaria de Saúde, assim como para empresas industriais de prestígio, como a Vinícola Pedro Domeq, e de produtos domésticos de limpeza, como Corona, entre outras.

Sua estrutura orgânica está formada por uma direção geral, responsável pelo funcionamento tanto interno como externo da empresa, de acordo com as normas e procedimentos aprovados pela diretoria; uma gerência geral, encarregada do cumprimento de objetivos e metas dos planos de produção e serviços, marketing e inovação tecnológica. Fazem parte também as gerências funcionais de produção e serviços, marketing, recursos humanos, finanças e inovação tecnológica. Tem diversas chefias de departamento, como chefia de vendas, qualidade assegurada, seleção e recrutamento, publicidade, crédito e cobranças, sistemas de controle digital, inspeção e ensaios, promoção, capacitação e indução, tesouraria, projeto industrial avançado, contabilidade, manutenção e controle de equipamentos, projetos de melhoria contínua, compras e controle de estoques.

Como mais uma forma de readequação contínua em seu funcionamento, a empresa tem um programa de reestruturação de seus sistemas de trabalho, enfocando a norma de qualidade ISO 9000, para seguir oferecendo a melhor atenção e serviços a seus clientes. ■

Perguntas

1. Que considerações você acredita que essa empresa fez para incluir em sua estrutura uma direção geral e uma gerência geral? É adequado ou não? Argumente sua resposta.
2. Elabore o organograma que represente o conjunto de áreas orgânicas que formam sua estrutura com os dados proporcionados pelo caso.
3. Depois de elaborada graficamente a configuração estrutural dessa empresa, analise e destaque seu tipo de departamentalização, assim como os princípios de organização visíveis.
4. Você poderia sugerir outros tipos de departamentalização para essa empresa? Se sua resposta for afirmativa, diga quais são e por quê.

Caso internacional 8.3

Acción S.A.

Elaborado por Mónica Río Nevado de Zelaya, diretora do Departamento de Administração de Empresas, Faculdade de Ciências Econômicas da Universidade Francisco Marroquín

A Acción S.A. é uma corporação da Guatemala que inclui cinco tipos de academias de ginástica. A organização cresceu muito nos últimos quatro anos, passando de uma única academia, administrada diretamente pelos donos, para uma organização com dez instalações em diferentes partes da cidade.

Devido ao rápido crescimento, a empresa teve alguns problemas de coordenação quanto às funções e requisitos de cada academia, principalmente porque cada uma está dirigida a um público diferente. Por isso, requer diferentes processos para satisfazer as necessidades de seus clientes.

A gerência geral tentou fazer algumas mudanças nos processos, mas considera que o principal problema é a estrutura organizacional, pois, apesar do crescimento, não mudou sua estrutura. (Ver estrutura atual da corporação.)

Acción S.A.

Cada tipo de academia tem duas instalações localizadas em diferentes pontos, em função da conveniência do tipo de cliente-alvo. A estratégia de cada uma pode ser descrita da seguinte maneira:

Light weight:

Possui uma atenção muito personalizada, o que permite ao cliente não somente fazer exercício, mas também dispor de um treinador determinado, uma nutricionista e um tutor, que é quem praticamente dá seguimento a seu plano. É analisado o plano ideal de cada necessidade, que combina uma série de exercícios e serviços que a academia oferece. É estabelecido um horário para cada membro para o uso desses serviços ou equipamentos de exercício, que é respeitado para que as pessoas que assistem percebam que são especiais na organização. Houve casos até em que a academia comprou equipamentos novos para clientes que deles necessitavam. Suas mensalidades não são baratas, mas existe uma grande comunicação com o cliente, o que faz com que sejam fiéis à academia e que a considerem uma solução total para suas necessidades de condicionamento físico.

Gym & health:

Descobriu-se que existe uma parcela do mercado com necessidades particulares de ginástica relacionadas com sua saúde, tanto para processos de manutenção cardiovascular como para processos de reabilitação. É uma academia para pessoas sadias, mas que precisam ter um cuidado especial em sua rotina diária e de exercícios. Para isso, foi criada uma academia que, em vez de treinadores, tem fisioterapeutas, nutricionistas com experiência em alimentação para doenças específicas e médicos com especialidade em medicina esportiva, que são os encarregados de dar seguimento a cada um dos planos desenvolvidos para essa fatia do mercado. Seu lema é "Nossa preocupação... sua saúde".

Fast gym:

O diferencial desta academia é ter uma operação muito bem organizada, sem ausências na equipe nem irregularidades nos horários. Funciona como um relógio e existem padrões de medição para prestar cada um dos serviços; entre eles, a limpeza é um aspecto cuidado com rigor. Cuida para que qualquer pessoa que chegue à academia se sinta satisfeita com o tempo investido em fazer seus exercícios e que esteja pronta para voltar para o trabalho. Não existe o "desperdício de tempo". Possui muitos procedimentos bem-definidos e os serviços que presta estão muito "automatizados". Inclusive, a reserva de espaços é feita on-line, via Internet. Seus clientes são de diversos perfis, desde altos executivos até donas de casa, que precisam planejar com exatidão o tempo que investem nisso.

Ginástica para todos:

Esta é uma cadeia localizada em zonas comerciais, perto de escritórios ou lojas. Tem diversos horários, mas principalmente pela manhã, ao meio-dia ou na hora de saída dos escritórios. Suas instalações estão abertas para essas pessoas, mas não dispõem de estacionamento e, mesmo sem um equipamento sofisticado, seus aparelhos estão em muito bom estado. Possuem muitos serviços relacionados com aeróbica, mais do que com equipamentos ou máquinas para exercícios. Seus locais são amplos, não tão cuidadosamente decorados, mas práticos, pois permitem atender a muitas pessoas simultaneamente.

New gymnastic:

Esta academia desenvolveu uma aliança com as academias mais revolucionárias dos Estados Unidos. Constantemente está renovando seus equipamentos, inclusive com aqueles apresentados na televisão como os mais novos. É realizada uma visita periódica por especialistas no campo de inovação de produtos para capacitar os treinadores que dirigem os exercícios, especialmente para que possam usar as novas técnicas com seus clientes, que as combinam com exercícios, alimentação balanceada, vitaminas, cremes e loções. ■

Perguntas

1. Qual você acredita que seja a estratégia global de competência de cada uma dessas academias de ginástica?
2. Considerando as diferentes necessidades e as diferentes estratégias de cada empresa, que organização você recomenda, em nível corporativo ou da sociedade completa, para poder manter o controle de todas as suas operações simultâneas? Por quê?
3. Indique qual é o tipo de departamentalização e trace o organograma.
4. Trace o organograma sugerido para a academia Light Weight.

9

Capítulo

Autoridade de linha/pessoal de staff, delegação de autoridade de decisão e descentralização

Objetivos de aprendizagem

Depois de estudar o capítulo, você deverá ser capaz de:

1. Compreender a natureza da autoridade, do poder e da delegação de autoridade de decisão (*empowerment*).
2. Distinguir entre a autoridade de linha, o pessoal administrativo de apoio (*staff*) e o funcional.
3. Analisar a natureza da centralização, a descentralização e a delegação de autoridade de decisão.
4. Identificar a importância de balancear a centralização e a descentralização da autoridade.

Agora que foram analisadas as orientações da departamentalização, é o momento de considerar outra pergunta essencial: que tipo de autoridade se encontra na estrutura de uma organização? A pergunta tem a ver com a natureza das relações de autoridade: o problema da autoridade de linha e o pessoal administrativo de apoio *(staff)*. O capítulo também se ocupará da questão na quantidade de autoridade que deve ser delegada na tomada de decisões. A resposta se refere à descentralização da autoridade. Sem a autoridade (o poder de exercer discrição na tomada de decisões) devidamente colocada nos gerentes, os departamentos não podem ser unidades de trabalho fluidas que operem de maneira harmônica com a finalidade de cumprir os objetivos da empresa. As relações de autoridade, verticais ou horizontais, são os fatores que fazem possível a organização, facilitam as atividades departamentais e produzem coordenação em uma empresa.

Autoridade e poder

O diretor de alguma organização detém um poder que lhe confere seu cargo na organização.

Antes de focar a autoridade dentro da organização, será útil distinguir entre autoridade e poder. O **poder** é um conceito muito mais amplo que a autoridade, é a capacidade de indivíduos ou grupos de induzir ou influenciar nas crenças ou ações de outras pessoas ou grupos.[1] A **autoridade** na organização é o direito próprio de um cargo (e, por meio dela, o direito da pessoa que o ocupa) de exercer discrição na tomada de decisões que afetam os outros. É lógico que é um tipo de poder, mas um poder no âmbito organizacional. É o poder legítimo que um cargo confere em uma organização.

Mesmo que existam muitas bases de poder, será analisado neste livro o poder *legítimo*.[2] Normalmente surge do cargo e deriva de nosso sistema cultural de direitos, obrigações e deveres, pelo qual um "cargo" é aceito pelas pessoas como "legítimo". Em uma empresa de propriedade privada, a autoridade de cargo surge em primeiro lugar da instituição social (um "pacote de direitos") de propriedade privada. A autoridade que é distribuída ao longo da estrutura organizacional nasce do poder que vem da propriedade privada dos donos. De outra forma, em instituições de governo essa autoridade surge basicamente da instituição de governo representativo. Um oficial de trânsito que aplica uma multa tem o poder de fazê-lo porque temos um sistema de governo representativo no qual escolhemos os legisladores que fazem leis e definem sua aplicação.

Poder

A habilidade de indivíduos ou grupos de induzir ou influenciar nas crenças ou ações de outras pessoas ou grupos.

Autoridade

O direito em um cargo de exercer discrição ao tomar decisões que afetam os outros.

---

1 O conceito de poder foi analisado amplamente na literatura. Ver, por exemplo, Gary, Loren, "Power: How its meaning in corporate life is changing". *Harvard Management Update*, 1 de outubro de 1996, p. 3-5; Teal, Thomas A., "The human side of management". *Harvard Business Review*, novembro-dezembro de 1996, p. 4-10; Kotter, John P., "What effective general managers really do". *Harvard Business Review*, março-abril de 1999, p. 3-12.

2 French, Jr., John R. P., e Bertram Raven, "The bases of social power", em Natemeyer, Walter E. (ed.). *Classics of organizational behavior*. Oak Park: Moore Publishing, 1978, p. 198-210.

Perspectiva empresarial

Requisitos do poder

Segundo Jeffrey Pfeffer, pesquisador sobre liderança, recursos humanos e poder nas organizações, da Universidade de Stanford, para ter poder são necessários três aspectos: 1) a vontade ou o interesse de exercer o poder; 2) a habilidade para fazê-lo e 3) um cargo na estrutura que dê poder. Na década de 1980, o cargo que permitia alcançar com maior facilidade o poder estava na área tecnológica ou em pesquisa e desenvolvimento; nos anos 1990, o melhor cargo era marketing; mas nas organizações atuais, o cargo de inovador é o ideal para obter poder.

Além disso, menciona seis atributos pessoais como fontes de poder, que são:

1. Energia, resistência e força física.
2. Foco nos objetivos.
3. Sensibilidade para os demais.
4. Flexibilidade.
5. Tolerância ao conflito.
6. Afabilidade e boa predisposição.

Pfeffer afirma que um líder deve ser consciente de suas fontes de poder, pois só assim conseguirá que as coisas aconteçam e, o mais importante, obterá uma mudança estratégica. Também deve saber usá-las para poder influenciar os outros e identificar os membros de sua equipe que podem fomentar essas mudanças estratégicas. Por último, um líder deve conhecer e saber usar recursos que lhe permitam avaliar as mudanças, e assim poder aplicar ajustes quando necessário.

Fonte: com informação de "Atributo y símbolos", entrevista com Jeffrey Pfeffer. Disponível em: http://www.geographos.com/sistemas complejos/articulos/ATRIBUTOS%20y%20SIMBOLOS%20DEL%20PODER.doc, acesso em 21 de setembro de 2007.

O poder pode vir também da experiência de uma pessoa ou grupo. Este é o poder do conhecimento. Médicos, advogados e professores universitários podem influenciar muito os outros porque são respeitados por seu conhecimento especializado. O poder também pode existir como um poder de referência, isto é, influência que pessoas ou grupos podem exercer sobre outros porque as pessoas acreditam neles e em suas ideias. Martin Luther King tinha pouco poder legítimo, mas pela força de sua personalidade, suas ideias e sua habilidade para pregar foi capaz de exercer uma forte influência no comportamento de muitas pessoas. Do mesmo modo, uma estrela de cinema ou um herói militar poderia ter considerável poder de referência.

Rigoberta Menchú, prêmio Nobel da Paz de 1992, tem poder de referência por sua luta contra a injustiça aos camponeses guatemaltecos.

Além disso, o poder surge da habilidade de uma pessoa para premiar. Os agentes de compras, com cargos de pouco poder, poderiam ser capazes de exercer influência considerável por meio de sua habilidade de acelerar ou retardar o fornecimento de uma peça ou componente de reposição muito necessário em uma operação. De igual maneira, os professores universitários têm considerável *poder de recompensa*: podem conceder ou não qualificações altas. O *poder coercitivo* é outro tipo de poder, estreitamente relacionado com o poder de recompensa, mas que surge quase sempre do poder legítimo; é o poder de castigar, seja pela demissão de um subordinado ou pela retenção de um aumento de salário por méritos.

Embora a autoridade organizacional seja o poder de exercer discrição na tomada de decisões, quase invariavelmente surge do poder do cargo ou do poder legítimo. Quando as pessoas falam de autoridade em ambientes gerenciais, normalmente se referem ao poder do cargo. Ao mesmo tempo, outros fatores, como a personalidade e o estilo de tratar as pessoas, também têm a ver com a liderança.

Delegação de autoridade de decisão

Delegação de autoridade de decisão (*empowerment*)
Funcionários de todos os níveis da organização recebem o poder de tomar decisões sem pedir autorização a seus superiores.

Há alguns anos esteve na moda utilizar diversos enfoques sobre a delegação de autoridade de decisão, ou *empowerment*. Esta **delegação** significa que funcionários, gerentes ou equipes de todos os níveis da organização recebem o poder de tomar decisões sem solicitar autorização de seus superiores. A noção por trás do *empowerment* é que os que estão mais próximos da tarefa são mais capazes de tomar decisões, sempre que tenham as capacidades necessárias. Na verdade, a noção de delegação de autoridade de decisão se baseia historicamente em esquemas de sugestões, enriquecimento do cargo e participação de trabalhador.[3] Mais ainda, conceitos de delegação de autoridade analisados mais adiante no capítulo também estão muito relacionados com a faculdade na tomada de decisões.

Perspectiva internacional

Doces práticas de *empowerment* em Tucumán, Argentina

A província do Tucumán, na Argentina, é famosa por ser uma região de cultivo de diversas frutas e hortaliças, como batata, berinjela, tomate, ameixa, pêssego, framboesa, lima, limão, laranja, marmelo, figo etc., que os habitantes utilizam para elaborar conservas de frutas em calda de açúcar, doces e geleias. Esses produtores pediram apoio ao governo mediante um Programa de Qualidade dos Alimentos Argentinos para modernizar seus métodos e dar uma qualidade de exportação a seus produtos. Dessa maneira, procuraram capacitação no Programa de Implementação das Boas Práticas de Manufatura em diferentes lugares da região. Esse programa incluía um curso de práticas de melhoria da qualidade, mas se baseou em autorizar os produtores para que realizassem a implementação do programa, adotassem as mudanças e fossem capazes de aplicar processos de qualidade. A vantagem da autoridade na tomada de decisões é dar os conhecimentos necessários para fiscalizar eles mesmos seus processos de qualidade.

Fonte: Com informação de Sara Luluaga, "Implementación de buenas prácticas de manufactura en establecimientos productores de dulces". Disponível em: http://www.alimentosargentinos.gov.ar/03/revistas/r_31/articulos/4_ejemplos_cambio.htm, acesso em 21 de setembro de 2007.

---

3 Eccles, Tony, "The deceptive allure of empowerment", no Thompson, Jr., Arthur A., A. J. Strickland III e Tracy Robertson Kramer (eds.). *Readings in strategic management*, 5. ed., Chicago: Irwin, 1995, p. 496-509. Ver também Kane, Kathleen, "A framework for understanding dysempowerment in organizations". *Human Resource Management*, novembro de 1999.

Tanto a delegação de autoridade como de autoridade de decisão são uma questão de grau.[4] Também é necessário que os funcionários e a equipe aceitem as responsabilidades de suas ações e tarefas. Do ponto de vista conceitual, isso pode ser ilustrado assim:

- O poder deve ser igual à responsabilidade (P = R), ou como mencionavam os conhecidos princípios de Fayol: paridade entre autoridade e responsabilidade.
- Se o poder for maior que a responsabilidade (P > R), isso poderia resultar em um comportamento autocrático do superior que não é responsável por suas ações.
- Se a responsabilidade for maior que o poder (R > P), poderia resultar em frustração, porque a pessoa não tem o poder necessário para realizar a tarefa de que é responsável.

O crescente interesse pela delegação de autoridade de decisão se deve em parte ao surgimento da competitividade global, à necessidade de responder com rapidez às demandas e expectativas dos clientes e a uma força de trabalho mais bem educada que exige maior autonomia. Autorizar aos subordinados na tomada de decisões significa que os superiores devem compartilhar com eles sua autoridade e poder. Por isso, um estilo de liderança autocrática, utilizado como a única forma de administrar, frequentemente é inadequado para a organização do século XXI. A maioria dos funcionários quer se envolver e participar das decisões; essa participação cria um sentido de pertencimento, alcance e eleva a autoestima.

A administração eficaz requer que a delegação de autoridade de decisão seja sincera, baseada na confiança mútua, acompanhada de informação relevante para que os funcionários possam realizar suas tarefas, e deve ser dada a pessoas competentes.[5] Além disso, os funcionários devem ser premiados por exercer sua autoridade de decidir.

Perspectiva internacional

Delegação de autoridade de decisão no Ritz-Carlton Hotel[6]

Os clientes são tão importantes quanto os funcionários. No Ritz-Carlton Hotel, não só os clientes, mas também os funcionários, são tratados com dignidade e respeito, como prova o slogan da companhia: "Damas e cavalheiros atendendo a damas e cavalheiros". Horst Schulze, o presidente, delega autoridade de decisão aos funcionários quando autoriza o pessoal de recepção a gastar até US$ 2.000 para atender aos clientes e assegurar a satisfação dos hóspedes. A autoridade dos gerentes de vendas é ainda maior: US$ 5.000. Os funcionários são incentivados a fazer recomendações que melhorem a qualidade. A meta é obter o dobro de sugestões dos funcionários do que o número de queixas dos clientes. Tratar funcionários e clientes com respeito ajudou o Ritz-Carlton a ganhar o prestigioso Prêmio Malcolm Baldrige de Qualidade.

http://www.ritzcarlton.com

4 Ford, Robert C. e Myron D. Fottler, "Empowerment: A matter of degree". *Academy of Management Executive*, agosto de 1995, p. 21-29; Argyris, Chris, "Empowerment: The emperor's new clothes". *Harvard Business Review*, maio-junho de 1998, p. 76ff. Também analisado em http://www.monitor.com/cgi-bin/iowa/ideas/?article=16, acesso em 30 de maio de 2002.

5 Dean, Jr., James W. e James R. Evans, *Total quality: Management, organization, and strategy*, Minneapolis/ St. Paul, MN: West Publishing, 1994, Capítulo 8; Randolph, Alan, "Real empowerment? Manage the boundaries". *Harvard Management Update*, v. 5, n. 7, p. 10, 2000; Schrage, Michael, "More power to whom?". *Fortune*, 23 de julho de 2001, p. 270; Titunik, Vera, "Plenty of power, not a man in sight". *Fortune*, 1º de abril de 2002, p. 40. Para as mulheres mais poderosas nas empresas, ver http://www.fortune.com/lists/women, acesso em 30 de maio de 2002.

6 Dean e Evans, *Total quality*, Capítulo 8.

Conceitos de autoridade de linha, pessoal de staff e autoridade funcional

Princípio de escala funcional

Quanto mais clara for a linha de autoridade, mais clara será a responsabilidade na tomada de decisões e mais eficaz será a comunicação organizacional.

A autoridade de linha dá a um superior uma linha de autoridade sobre um subordinado. Em todas as organizações existe uma espécie de escala não interrompida ou uma série de passos. Este é o **princípio de escala** na organização: quanto mais clara for a linha de autoridade entre o máximo cargo de gerência e cada cargo subordinado, mais clara será a responsabilidade na tomada de decisões e mais eficaz será a comunicação organizacional. Em muitas empresas grandes, os passos são longos e complexos, mas até nas menores o próprio fato de organizar introduz o princípio de escala.

Autoridade de linha

Relação em que um superior exerce supervisão direta sobre um subordinado.

Portanto, a partir do princípio de escala fica claro que a **autoridade de linha** é a relação em que um superior exerce supervisão direta sobre um subordinado, uma relação de autoridade em linha ou passos diretos.

Pessoal de staff

Sua função é pesquisar e dar assessoria aos gerentes de linha.

A natureza da **relação do pessoal de apoio** (staff) é de assessoria. A função de quem tem uma posição exclusiva de pessoal de apoio é pesquisar e dar assessoria aos gerentes de linha.

Perspectiva internacional

Linha ou pessoal de staff? Qual é sua meta profissional?

A meta de muitos dos graduados em mestrado de administração é trabalhar em posições administrativas, utilizando suas habilidades analíticas para assessorar os gerentes de linha. Foi publicado que, em 1985, mais de um terço dos graduados em mestrado de administração de Harvard escolheram essa carreira.[7] Nos anos anteriores, a porcentagem era ainda superior.

Na década de 1980, em parte devido a uma economia lenta e à pressão competitiva, a situação mudava à medida que muitas empresas grandes reduziam sua força administrativa. Por exemplo, a tarefa de formulação de estratégia era realizada com maior frequência pelos gerentes de linha, que também tinham de implementá-la, mais do que pelos planejadores estratégicos nos escritórios centrais. Em consequência, pessoas que costumavam planejar, assessorar e analisar situações de empresas passaram a posições de linha em que lhes era solicitado que estabelecessem prioridades, tomassem decisões e motivassem as pessoas a contribuir para as metas da empresa.

Embora algum pessoal de staff ou de apoio tenha conseguido realizar uma transição eficaz para posições de linha, outros fracassaram. Um dos problemas que estes "recém-chegados" enfrentaram foi o ressentimento dos gerentes "antigos", que viram que as posições às que aspiravam eram passadas aos que ocupavam cargos de staff. É evidente que os cargos de linha têm diferenças com os de staff. Ter autoridade real para executar decisões pode ser emocionante, mas nem todos podem executar a transição. Por isso, os aspirantes a gerentes devem analisar com todo cuidado seus pontos fortes e fracos e suas motivações antes de escolher a rota de suas carreiras.

Autoridade funcional

Direito delegado a um indivíduo ou um departamento para controlar processos, práticas e políticas específicas ou outros assuntos relacionados com atividades realizadas por pessoal de outros departamentos.

Autoridade funcional é o direito delegado a um indivíduo ou a um departamento para controlar processos, práticas e políticas específicas ou outros assuntos relacionados com atividades realizadas por pessoas de outros departamentos. Podemos

---

7 Bailey, Jeff, "Where the action is: Executives in staff jobs seek line positions". *Wall Street Journal*, 12 de agosto de 1986. Ver também Caudron, S., "Delegate for results". *Industry Week*, 6 de fevereiro de 1995, p. 27-28.

compreender melhor a autoridade funcional pensando nela como uma pequena fatia da autoridade de um superior de linha. A autoridade funcional pode ser atribuída por um cargo de linha a outro de linha ou de apoio. É muito importante que essa autoridade seja claramente definida para evitar confusões. Se o princípio de unidade de comando fosse seguido sem exceção, a autoridade sobre essas atividades seria exercida só pelos superiores de linha relevantes. Mas numerosas razões explicam por que a esses gerentes não lhes é permitido em algumas ocasiões exercer essa autoridade: falta de conhecimentos especializados, falta de capacidade para fiscalizar processos específicos, risco de diversas interpretações das políticas etc. Nesses casos, os gerentes de linha são privados de certa autoridade, delegada pelo seu superior comum a um especialista administrativo ou a um gerente de outro departamento. Por exemplo, geralmente o controller de uma companhia tem autoridade funcional para estabelecer o sistema de contabilidade em toda a empresa, mas esta autoridade especializada é, na realidade, uma delegação do diretor executivo.

Descentralização da autoridade

A seção anterior se concentrou nos tipos de relações de autoridade como linha, de apoio (staff) e funcional. Esta seção foca a dispersão de autoridade na organização.

A natureza da descentralização

A autoridade organizacional é simplesmente a discrição conferida às pessoas para utilizar seu julgamento na tomada de decisões e dar instruções. A **descentralização** é a tendência de distribuir a autoridade de tomada de decisões em uma estrutura organizada. É um aspecto fundamental da delegação o grau em que é descentralizada a autoridade delegada. Quanto se deve concentrar ou distribuir autoridade na organização? Poderia haver uma centralização absoluta da autoridade em uma pessoa, mas isso significa que não há gerentes subordinados e, portanto, tampouco há uma organização estruturada. Em todas as organizações existe alguma descentralização. Por outro lado, não pode haver uma descentralização absoluta, pois se os gerentes delegam toda a sua autoridade, seu status como gerentes deixaria de existir, suas posições seriam eliminadas e, de novo, não haveria organização. A centralização e a descentralização são tendências, como mostra a Figura 9.1.

Descentralização
Tendência de distribuir a autoridade para tomada de decisões em uma estrutura organizada.

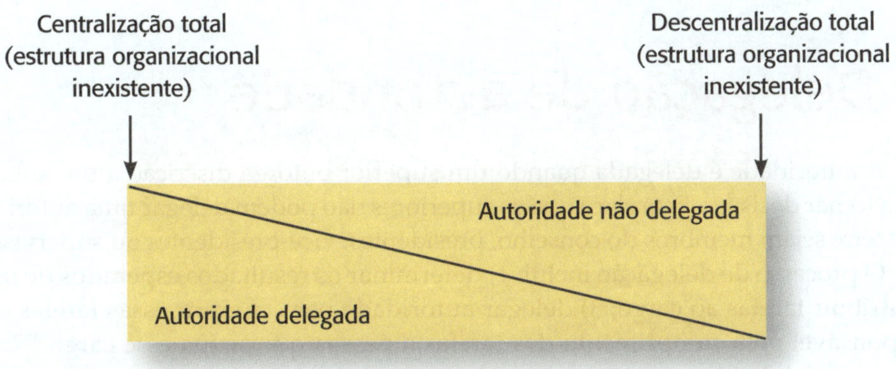

FIGURA 9.1 A centralização e a descentralização como tendências

Perspectiva empresarial

Administrar gerentes empresariais (de alto nível)

Os gerentes empresariais (de alto nível) em ambientes corporativos necessitam de liberdade para obter grandes coisas para suas organizações. A estrutura descentralizada permite essa liberdade e um ótimo desempenho do gerente empresarial. Para inovar, é necessário assumir certos riscos e tolerar certos fracassos. Os líderes corporativos determinam os objetivos de inovação, as habilidades de seus gerentes empresariais e a melhor estrutura para permitir que a inovação tenha sucesso. É necessário reforçar a confiança e o respeito e delinear orientações de comportamento. Depois, dar liberdade, tempo e recursos para permitir que os gerentes empresariais tenham sucesso. A melhor forma de frear a inovação em uma organização é tratar igualmente todos os gerentes e impor estruturas rígidas em todos os departamentos. Mais organizações adotam estruturas que favorecem a inovação e a criatividade, em especial empresas de alta tecnologia, em que os ciclos de vida do produto se reduzem e requerem que as empresas inovem ou fracassem.

Diferentes tipos de centralização

O termo *centralização* tem vários significados:

- A *centralização de desempenho* se refere à concentração geográfica; por exemplo, de uma companhia que opera em uma única localidade.
- A *centralização departamental* se refere à concentração de atividades especializadas, normalmente em um departamento. Por exemplo, a manutenção de toda uma planta pode ser realizada por um único departamento.
- A *centralização da administração* é a tendência de restringir a delegação de tomada de decisões. Os gerentes, do topo da hierarquia ou próximos, mantêm alto grau de autoridade.

A descentralização como filosofia e política

A descentralização envolve algo mais que delegar: reflete uma filosofia de organização e administração. Requer uma seleção cuidadosa de quais decisões enviar para baixo na estrutura da organização e quais manter perto do topo, uma elaboração de políticas específicas para orientar a tomada de decisões, a seleção e a capacitação de pessoal apropriadas e controles adequados. Uma política de descentralização afeta todas as áreas da administração e pode ser vista como um elemento essencial de um sistema gerencial. De fato, sem ela os gerentes não poderiam utilizar sua discrição para tratar as situações voláteis que enfrentam.

Delegação de autoridade

A autoridade é delegada quando um superior outorga discrição a um subordinado para tomar decisões. Está claro que os superiores não podem delegar uma autoridade que não têm, sejam membros do conselho, presidentes, vice-presidentes ou supervisores.

O processo de delegação inclui: 1) determinar os resultados esperados de um cargo; 2) atribuir tarefas ao cargo; 3) delegar autoridade para cumprir essas tarefas e 4) fazer responsável pelo cumprimento das tarefas a pessoa que ocupa esse cargo. Na prática, é impossível dividir esse processo, pois esperar que uma pessoa cumpra metas sem ter recebido autoridade para alcançá-las não é prático, assim como delegar autoridade sem conhecer os resultados finais esperados. Além disso, já que a responsabilidade de um superior não pode ser delegada, um chefe deve fazer os subordinados responsáveis por completar suas atribuições. Este processo pode realizar-se centrado no princípio da confiança, que é fundamental para poder efetuar o processo de delegação. Se a confiança não existir, a delegação nunca se realizará por completo.

A arte de delegar

A maioria dos fracassos na delegação eficaz não acontece porque os gerentes não entendem a natureza e os princípios da delegação. Acontece porque são incapazes ou não estão dispostos a aplicá-los. A delegação é, em certo modo, um ato elementar de administração. Mas quase sempre os estudos mostram que a delegação errada ou sem aptidão é uma das causas dos fracassos gerenciais. Grande parte do motivo está na atitude pessoal para a delegação.

Atitudes pessoais para a delegação

Determinadas atitudes pessoais estão por trás da delegação real, apesar de que o fato de estabelecer uma organização e de definir as metas e deveres gerenciais irá ajudar a tomar a decisão de delegar, e de que o conhecimento dos princípios de delegação também ajudará.

Receptividade

Um atributo subjacente dos gerentes que delegarão autoridade é a disposição de dar uma oportunidade às ideias de outras pessoas. A tomada de decisões sempre inclui certa discrição, e a decisão de um subordinado nem sempre será exatamente a que um superior teria tomado. O gerente que sabe como delegar deve ter um mínimo do "fator NIA" (não inventado aqui) e ser capaz não só de receber bem as ideias de outros, mas também de ajudá-los a apresentar ideias e cumprimentá-los por seu engenho.

Disposição a conceder[8]

Um gerente que delegará autoridade com eficácia deve estar disposto a conceder o direito de tomar decisões a seus subordinados. Uma falha importante de alguns gerentes que sobem na escala executiva (ou do pioneiro que construiu uma empresa grande partindo de baixo; por exemplo, uma oficina mecânica) é que querem seguir tomando decisões dos cargos que deixaram. Presidentes e vice-presidentes corporativos que insistem em confirmar cada compra ou aprovar a designação de cada trabalhador ou

---

[8] Robert Waterman, o ex-diretor sênior da McKinsey e coautor do bem-sucedido livro *In search of excellence*, afirmou em uma entrevista que os gerentes detestam ceder o poder. Ver Bogner, William C., Robert H. Waterman, Jr., On being smart and lucky". *Academy of Management Executive*, fevereiro de 2002, p. 45-50.

secretária não compreendem que fazer isso toma seu tempo e atenção, necessários para decisões muito mais importantes.

Se o tamanho ou a complexidade da organização obriga a delegação de autoridade, os gerentes devem compreender que existe uma "lei de vantagem gerencial comparativa", algo como a lei de vantagem econômica comparativa aplicada às nações. Bem conhecida para os economistas e logicamente razoável, a lei da vantagem econômica comparativa estabelece que a riqueza de um país se fortalecerá se exportar o que produz com maior eficiência e importar o que produz com menor eficiência, embora fosse bom que fabricasse os bens importados a um menor preço que qualquer outra nação. Da mesma maneira, os gerentes fortalecerão suas contribuições à empresa se focarem as tarefas em que têm uma vantagem especial por ser um de seus pontos fortes e que impactam diretamente nas metas da empresa. Por isso, darão a seus subordinados outras tarefas, mesmo que eles mesmos possam fazê-las melhor. A delegação não é um processo fácil, pois requer disciplina das posições mais altas.

Disposição a permitir enganos dos subordinados

Embora nenhum gerente responsável permita que um subordinado cometa um erro que ponha em perigo a companhia ou o cargo do subordinado, a verificação contínua dos subordinados para assegurar que nunca aconteçam estes erros faria impossível a delegação. Como todos cometemos erros, deve-se permitir que um subordinado cometa alguns, e seu custo deve ser considerado um investimento no desenvolvimento pessoal.

Podem ser evitados erros graves ou repetidos em maior grau sem anular a delegação ou entorpecer o desenvolvimento de um subordinado. O assessoramento paciente, fazer perguntas que guiem ou esclareçam e explicar com cuidado o planejamento estratégico da empresa e dar a conhecer o planejamento operacional, em assuntos como os objetivos e políticas, são alguns dos métodos disponíveis para que o gerente delegue bem. Nenhuma destas técnicas inclui desanimar os subordinados com críticas, intimidações ou insistir em seus erros, mas passar um sinal de referência que os guie, que seja claro, mas que deixe espaço para usar seu próprio critério minimizando o risco para a empresa.

Disposição de confiar nos subordinados

Os superiores não têm outra alternativa senão confiar em seus subordinados, pois a delegação envolve uma atitude de confiança entre eles. Em certas ocasiões, essa confiança é difícil de alcançar. Um superior atrasa a delegação com a ideia de que os subordinados ainda não têm a experiência suficiente, que não podem liderar, que ainda não desenvolvem o raciocínio ou que não consideram todos os fatos que afetam uma situação. Em algumas ocasiões, essas considerações são válidas, mas então o superior deveria capacitar os subordinados ou selecionar outros mais bem preparados para assumir a responsabilidade. Entretanto, com frequência os chefes desconfiam de seus subordinados porque não os conhecem o suficiente, possivelmente não querem soltar as rédeas ou até podem sentir-se ameaçados pelo sucesso dos subordinados, e por isso não sabem como delegar com prudência ou como estabelecer controles para garantir o uso apropriado da autoridade.

Disposição de estabelecer e utilizar controles amplos

Já que os superiores não podem delegar a responsabilidade pelo desempenho, também não devem delegar a autoridade, a menos que estejam dispostos a encontrar meios para obter retroalimentação, isto é, garantir que a autoridade se utilizará para apoiar as metas e planos da empresa ou departamentais. Obviamente, não se podem estabelecer e exercer controles a menos que existam metas claras e outros tipos de planos como as políticas, que são utilizadas como padrões básicos para julgar as atividades dos subordinados. Com frequência, a relutância em delegar e confiar nos subordinados vem de um planejamento inadequado do superior e o compreensível temor de perder o controle. Muitas vezes, a ausência de mecanismos de informação periódica é outra das razões pelas quais se limita a delegação, por temor à desinformação.

Superar uma delegação fraca

A seguinte orientação prática facilitará uma delegação bem-sucedida:

- *Defina atribuições e delegue autoridade em função dos resultados esperados*. Em outras palavras, conceda suficiente autoridade para fazer possível o cumprimento das metas atribuídas. Isso reforça o princípio de paridade entre autoridade e responsabilidade e na prática permite que os resultados possam ser obtidos.
- *Selecione a pessoa em função da tarefa a realizar*. Embora o bom organizador foque a delegação do ponto de vista da tarefa a realizar, na análise final não pode ser ignorada a atribuição de pessoal de apoio como parte do sistema de delegação total. É necessário lembrar que os cargos não são feitos para as pessoas, mas as pessoas são selecionadas de acordo com os conhecimentos, habilidades e talentos que o cargo requer.
- *Mantenha linhas de comunicação abertas*. Já que o superior não delega toda a autoridade nem abdica da responsabilidade (princípio da responsabilidade absoluta: tudo o que se delega significa que a responsabilidade é compartilhada) e, portanto, o desentendimento gerencial não existe, a descentralização não deve levar ao isolamento. Deve haver um livre fluxo de informação entre superior e subordinado, proporcionando a este a informação necessária para tomar decisões e interpretar devidamente a autoridade delegada. A delegação, então, depende das situações.
- *Estabeleça controles apropriados*. Como nenhum gerente pode fugir da responsabilidade, a delegação deve vir acompanhada de técnicas para assegurar que a autoridade seja utilizada como é devido. Mas se os controles devem fortalecer a delegação, devem ser relativamente amplos e estar desenhados para mostrar separações dos planos, mais do que interferir com as ações rotineiras dos subordinados. Além desses métodos de controle, fortalecer os mecanismos de comunicação é a chave para o sucesso desse processo.
- *Reconheça e premie quando houver delegação eficaz e a autoridade for assumida com sucesso*. Os gerentes sempre devem estar atentos aos meios para reconhecer e premiar se a delegação for eficaz e a autoridade for assumida com eficácia. Embora muitas dessas recompensas sejam monetárias, a concessão de maior discrição e prestígio (tanto em um cargo determinado e por promoção a outro mais alto) frequentemente é mais do que um incentivo.

Recentralização da autoridade[9] e balanço como a chave para a descentralização

Recentralização

Centralização de autoridade que antes estava descentralizada; normalmente não é uma reversão completa da descentralização, já que a autoridade delegada não é retirada por completo.

Em certas ocasiões, pode-se dizer que uma empresa recentraliza a autoridade (centralizar a autoridade que já esteve descentralizada). A **recentralização** não é uma reversão completa da descentralização, já que a delegação de autoridade não é retirada totalmente dos gerentes que a tinham. O processo é uma centralização de autoridade sobre certo tipo de atividade ou função em qualquer ponto da organização em que se encontre. Para evitar obstáculos, qualquer programa de descentralização de autoridade deve levar em consideração as vantagens e limitações apresentadas na Tabela 9.1.

TABELA 9.1 Vantagens e limitações da descentralização
Vantagens
1. Libera a alta gerência de parte da responsabilidade da tomada de decisões e obriga os gerentes de alto nível a soltar as rédeas.
2. Estimula a tomada de decisões e a assunção da autoridade e da responsabilidade.
3. Dá aos gerentes mais liberdade e independência na tomada de decisões.
4. Promove o estabelecimento e o uso de amplos controles que possam incrementar a motivação.
5. Permite a comparação do desempenho de diferentes unidades organizacionais.
6. Facilita o estabelecimento de centros de negócios.
7. Facilita a diversificação de produtos.
8. Promove o desenvolvimento de gerentes gerais.
9. Ajuda a adaptação ao ambiente de mudanças rápidas.
Limitações
1. Dificulta a existência de uma política uniforme.
2. Incrementa a complexidade da coordenação de unidades organizacionais descentralizadas.
3. Pode provocar a perda de controle dos gerentes de alto nível.
4. Pode ser limitada por técnicas de controle inadequadas.
5. Pode ser restringida por sistemas de planejamento e controle inadequados.
6. Pode estar limitada pela falta de gerentes qualificados.
7. Inclui gastos consideráveis para capacitar gerentes.
8. Pode ser limitada por forças externas (sindicatos trabalhistas nacionais, controles governamentais, políticas de impostos).
9. Pode não ser favorecida por economias de escala de certas operações.

[9] Para uma análise da recentralização na organização de sistemas de informação, ver Von Simson, Ernest M., "The 'centrally decentralized' IS organization". *Harvard Business Review*, julho-agosto de 1990, p. 158-162.

Resumo

Existem diferentes bases de poder. O poder pode ser legítimo, oriundo da experiência, referente, de recompensa ou coercitivo. A delegação de autoridade de decisão ou *empowerment* permite às pessoas tomar decisões sem pedir a autorização de seus superiores. A autoridade de linha é aquela relação em que um superior exerce supervisão direta sobre os subordinados. As relações de pessoal de apoio ou staff, por outro lado, consistem em dar assessoria, conselho e/ou apoio. A autoridade funcional é o direito de controlar processos, práticas, políticas e até assuntos concretos em departamentos distintos ao da pessoa. É uma pequena parte da autoridade de um gerente de linha e deve ser definida especificamente para que funcione.

Outro conceito importante é a descentralização, que é a tendência a distribuir a autoridade de tomada de decisões. A centralização, por outro lado, é a concentração de autoridade. Pode referir-se a uma concentração geográfica, centralização departamental, ou à tendência de restringir a delegação de tomada de decisões. O processo de delegação de autoridade inclui determinar os resultados a alcançar, atribuir tarefas, delegar autoridade para realizar as tarefas e fazer as pessoas responsáveis pelos resultados.

Os fracassos na delegação eficaz costumam ser consequência de atitudes pessoais. Uma delegação fraca pode ser superada considerando as tarefas e as metas, mantendo uma comunicação aberta, estabelecendo controles eficazes e motivando por meio de recompensas apropriadas. A autoridade previamente descentralizada pode ser recentralizada. Um bom equilíbrio é a chave para a descentralização apropriada.

Ideias e conceitos básicos

- Poder
- Autoridade
- Bases de poder
- Delegação de autoridade de decisão (*empowerment*)
- Princípio de escala
- Autoridade de linha
- Pessoal de apoio (staff)
- Autoridade funcional
- Descentralização
- Três tipos de centralização
- Processo de delegação
- Atitudes pessoais para a delegação
- Recentralização
- Vantagens e limitações da descentralização

Para analisar

1. Quais são os tipos de poder exercidos em uma organização que você conheça, como sua organização ou universidade?
2. Tome como exemplos vários cargos em qualquer tipo de organização (empresa, igreja, governo etc.). Classifique cada um como de linha ou de staff.
3. Quantos casos de autoridade funcional na organização você conheceu? Analisando alguns, você considera que podiam ter sido evitados? Se isso tivesse sido possível, você os teria eliminado? Se não puderam ser evitados ou não queriam ser eliminados, como eliminaria a maioria das dificuldades que pudessem surgir?
4. Se lhe pedissem que assessorasse um jovem graduado da universidade que aceitou um cargo administrativo como assistente de um gerente de fábrica, que sugestões você daria?
5. Por que a causa principal de fracassos gerenciais costuma estar em erros de delegação de autoridade?
6. Em muitos países, as companhias costumam crescer de dentro e são de propriedade familiar. Nessas empresas, há pouca autoridade descentralizada. O que explicaria essa tendência? Que efeito ela tem?
7. Se você fosse um gerente, descentralizaria a autoridade? Exponha vários motivos para sua resposta. Como você garantiria que não descentralizou demais?
8. Em uma organização, a autoridade deve ser impulsionada para baixo, até chegar onde? Por quê?

Exercícios e atividades

1. Entreviste um gerente de linha e uma pessoa de staff de uma empresa local. Pergunte-lhes do que gostam e do que não gostam em seus cargos. Analise as entrevistas e avalie se um cargo de linha ou de apoio é a meta principal de seu plano da carreira.
2. Entreviste dois gerentes de linha a respeito de seus pontos de vista sobre a delegação. Acreditam que seus superiores lhes delegam suficiente autoridade? Pergunte também sobre como se sentem a respeito de delegar autoridade a seus subordinados.

Pesquisa na Internet

1. Procure na Internet o termo "empowerment de funcionários" ou "employee empowerment" e leia o que outros pensam a respeito da teoria da delegação de autoridade de decisão. Saiba também o que é a "retirada da outorga de poder" (disempowerment).
2. Procure na Internet utilizando as palavras-chave "princípio de escala" (*scalar principle*). Conheça os detalhes sobre o princípio.

Caso internacional 9.1

A organização europeia da Ford muda de estratégia[10]

A Ford Motor Company tem um amplo histórico de operações na Europa. Começando com exportações para o Reino Unido, em 1903, a companhia estabeleceu sucursais de vendas na França e Inglaterra, em 1908 e 1909. Mais adiante, estabeleceu lá linhas de montagem e mais uma na Alemanha, em 1926. Durante várias décadas, as operações europeias foram subsidiárias separadas, cada uma responsável perante os escritórios principais nos Estados Unidos, com pouca coordenação entre si. A explicação para a estrutura da organização era que os clientes de cada país tinham diferentes necessidades, gostos e preferências. Além disso, cada país tinha seus próprios regulamentos alfandegários.

Com a aproximação dos países europeus, a Ford contemplou suas operações europeias, como servir um mercado comum com uma organização regional chamada Ford Europa e duas grandes instalações de manufatura na Alemanha e Inglaterra. Quando as companhias europeias não foram mais consideradas separadas e independentes, a Ford usou uma estratégia de coordenação. A meta era obter economias de escala e reduzir o custo de engenharia. Portanto, a Ford projetou automóveis que foram considerados adequados para a maioria dos países europeus. Modelos como o Fiesta, Capri e Escort foram o resultado dessa nova estrutura de organização. Coerentes com a nova estratégia, os produtos foram projetados em maior grau na Grã-Bretanha e na Alemanha e fabricados lá, além da Bélgica e da Espanha.

Em 1994 surgiu uma nova estratégia, chamada Ford 2000. A Ford fundiu sua unidade de Operação Automobilística na América do Norte com a da Europa, em 1995. De novo, um motivo importante foi ser mais competitiva e obter economias de custos por meio da eliminação de plataformas de automóveis não necessárias e da duplicação de modelos de motores.

---

[10] Este caso se baseia nas seguintes fontes: Melcher, Richard A. e John Templeman, "Ford of Europe: Slimmer, but maybe not luckier". *BusinessWeek*, 18 de janeiro de 1993, p. 44, 46; Kurylko, Diana T., "European profits are a priority, new focus world car is crucial". *Automotive News*, 14 de setembro de 1998, p. 41; Wernele, Bradford, "Ford blames aging products for European sales slide". *Automotive News*, 26 de abril de 1999, p. 6; Kerwin, Kathleen e Keith Naughton, "Remaking Ford". *BusinessWeek*, 11 de outubro de 1999, p. 134-142; várias edições dos relatórios anuais da Ford Motor Company; http://www.ford.com, acesso em 30 de maio de 2002.

Isso significou menos plataformas, motores e transmissões de veículos básicos. Também, o conceito de centro de custos regional foi substituído por uma concentração de linhas de produtos. Especificamente, a Operação Automobilística Ford consistia em cinco centros de veículos com desenvolvimento mundial para automóveis e caminhões. Embora quatro dos centros estivessem na América do Norte, o centro europeu era responsável por desenvolver automóveis pequenos e médios. Além disso, os centros americanos trabalharam com os europeus para desenvolver o Mondeo, que era produzido nos Estados Unidos e México, assim como o Mercury Mystique e o Ford Contour. Esses modelos eram vendidos em cerca de 78 países.

Mas a estratégia Ford 2000 e a organização não funcionaram bem, como prova a ata de desempenho de 1998: na Europa, a Ford perdia participação de mercado diante de concorrentes como a General Motors e a Volkswagen. Em consequência, Jacques Nasser, o recém-nomeado revisou a estratégia centralizada Ford 2000 e reintroduziu a orientação focada no mercado que dá maior autonomia às regiões, em especial a Europa, onde muitos de seus concorrentes introduziram marcas que atendiam às necessidades específicas dos clientes. Além disso, Nasser criou o Premier Automotive Group para automóveis de luxo, que eram mais rentáveis que os carros de baixo e médio preços. Essa divisão consistia em automóveis de luxo, como o Lincoln, Volvo, Jaguar e Aston Martin.

O século XXI trouxe novos desafios para a Ford. Embora no passado os fabricantes de automóveis europeus estivessem protegidos por cotas para os carros japoneses, essas restrições foram reduzidas ou eliminadas. Isso significa que os fabricantes de automóveis japoneses e coreanos competirão com maior firmeza no mercado europeu. A introdução da moeda europeia também permite aos clientes comparar preços entre fronteiras em busca da melhor opção. Por último, a indústria do automóvel mundial tem uma capacidade excessiva e, portanto, uma feroz concorrência. William C. Ford Jr., o sucessor de Jacques Nasser, talvez tenha de revisar a estratégia e a organização da companhia para se ajustar à situação sempre mutável. ■

Perguntas

1. Quais são as vantagens e desvantagens da centralização e da descentralização?
2. Qual foi a lógica do programa Ford 2000?
3. Por que a Ford passou da descentralização para a centralização e para a recentralização?
4. Por que a Ford estabeleceu uma divisão de automóveis de luxo?
5. Você acredita que a Ford estará no competitivo mercado mundial no futuro? Por quê?

Caso internacional 9.2

Nemak: O mundo é muito pequeno

De Alba Leal García, em *Expansión*, n. 745, v. XXIX, México, julho de 1998, p. 67-71.

Essa companhia do Grupo Alfa está localizada no município de García, em Nuevo León, México, e é a maior fabricante de cabeçotes de alumínio concentrada em um único lugar. Tem quatro unidades em operação, que em conjunto somam uma capacidade instalada de 7,6 milhões de peças, entre cabeçotes e monoblocos. Entre 1995 e 1998, lançou no mercado 14 produtos novos.

A empresa está trabalhando a passo acelerado porque a indústria automobilística cada vez se mexe mais rapidamente. Antes, os veículos mudavam a cada cinco anos; hoje os reprojetos são feitos a cada 24 ou 36 meses. Além disso, a tendência atual está voltada a trabalhar com um único fornecedor de classe mundial; daí a importância de manter um estreito contato com as montadoras desde o momento em que se projetam os novos modelos.

A Europa oferece interessantes perspectivas porque está aumentando a demanda de cabeçotes de alumínio. O mesmo acontece nos Estados Unidos e América do Sul, em que 60% dos veículos são fabricados com esse tipo de componente. Em monoblocos, interessa focar mais a América do Norte e Europa, mercados em que o ferro tem menos procura porque as montadoras estão fabricando veículos mais leves.

A Nemak iniciou a construção da primeira unidade em 1979, e em 1981 iniciou as operações. Nasceu como uma associação com a Ford, mas essa companhia se desligou da operação desde 1984. Hoje mantém 20% de participação acionária e tem a dupla condição de ser cliente e concorrente.

A expansão começou no início dos anos 90 com a segunda unidade, para ter uma capacidade conjunta de 3,8 milhões de peças anuais. Sete anos depois começou a operar a terceira unidade.

A Nemak começou a trabalhar com a administração por programas (*program management*) em 1994 para substituir a "organização funcional", que era um esquema adequado para crescer, mas não ao ritmo que requeria a companhia, pois não permitia administrar simultaneamente mais de três produtos novos.

Perceberam que precisavam de uma estrutura diferente quando começaram a ter problemas com o lançamento de seus produtos, o que ocorreu no período de 1995-1996, quando o corpo executivo implantou o conceito de administração por programas, que consiste em designar uma pessoa como responsável pelo lançamento de um produto, o qual exige interagir com as diferentes funções da companhia. "Isso nos permitiu crescer de forma mais rápida e lançar paralelamente vários programas", disse Armando Tamez.

Em 1997, continuaram a reestruturação do negócio, e agora a Nemak é uma organização mais sólida, porque obteve uma integração mais completa dos processos. Um bom exemplo é a área de comercialização e desenvolvimento de novos produtos, ferramentas e processos, compra de equipamentos e engenharia e elaboração de projetos. Além disso, é responsável pela administração de programas de toda a companhia.

Todo o processo completo é como uma unidade de negócios, e isso permite que todos os recursos estejam sob uma mesma gestão. Quando o programa alcança determinados objetivos quanto à qualidade, custo e investimento, liberam o produto para as diretorias operacionais para concentrar-se em um novo lançamento, e assim reiniciar o ciclo.

Essa organização permite integrar os recursos e administrá-los de forma mais eficaz. Desse modo, o crescimento foi mais rápido e foram obtidos níveis de qualidade superiores aos do mercado. A Nemak se posicionou como líder mundial entre as empresas do ramo. ■

Perguntas

1. É correta a abordagem de reestruturação da Nemak? Por quê?
2. Comente as vantagens e as desvantagens de centralizar a gestão sobre o uso dos recursos. Em que casos pode ser conveniente e em quais não?
3. De acordo com o que foi estudado neste capítulo, que outras alternativas de estrutura organizacional você recomendaria para o processo de expansão da Nemak?

10 Capítulo

Organização eficaz e cultura organizacional

Objetivos de aprendizagem

Depois de estudar o capítulo, você deverá ser capaz de:

1. Evitar erros ao organizar por planejamento.
2. Demonstrar como a organização pode ser melhorada, mantendo a flexibilidade e tornando o pessoal de staff mais eficaz.
3. Evitar conflitos, esclarecendo a estrutura da organização e assegurando um entendimento de como organizar.
4. Promover e desenvolver uma cultura organizacional apropriada.

Para organizar, não existe uma única melhor forma. Depende da situação específica.

Organizar significa o desenvolvimento de uma estrutura intencional de papéis para um desempenho eficaz. Requer uma rede de centros de decisão e comunicação para coordenar esforços em direção às metas do grupo e da empresa. Para que funcione, a estrutura da organização deve ser compreendida, e os princípios devem ser implantados. Como já destacamos, não existe uma única melhor forma de organizar, como em qualquer aspecto da administração. O que funciona, sempre dependerá da situação específica.

Evitar erros ao organizar por planejamento

O estabelecimento de objetivos e um planejamento ordenado são necessários para uma boa organização.

Como as demais funções de administrar, o estabelecimento de objetivos e um planejamento ordenado são necessários para uma boa organização. Como Lyndall Urwick disse em seu livro clássico *The elements of administration*: "A falta de projeto [na organização] é ilógica, cruel, um desperdício e ineficiente".[1]

Planejamento da organização ideal

A busca de uma organização ideal que reflita as metas da empresa em determinadas circunstâncias é a base do planejamento. A busca envolve traçar as principais linhas de organização, considerar a filosofia organizacional dos gerentes da empresa (isto é, se a autoridade deveria estar centralizada o máximo possível, ou se as operações da empresa devem estar separadas em divisões de produtos semi-independentes ou territoriais) e traçar as relações de autoridade consequentes. A forma definitiva estabelecida, como os outros planos, poucas vezes permanece sem mudanças, e a remodelação contínua do plano apropriado costuma ser necessária. No entanto, um plano de organização apropriado constitui um padrão; ao compará-lo com a estrutura atual, os líderes da empresa sabem que mudanças fazer quando for possível.

Quem organiza não deve se deslumbrar pelas ideias populares sobre a organização, pois o que funciona em uma empresa pode não dar certo em outra. Os princípios de organizar têm aplicação geral, mas os antecedentes e as necessidades de operação de cada empresa devem ser considerados ao aplicar esses princípios. A estrutura da organização deve ser feita sob medida.

Perspectiva

A reestruturação organizacional: a causa mais frequente do desemprego

De acordo com uma pesquisa do Observatório Europeu de Reestruturações (OER), 55% das demissões se devem à reestruturação interna das empresas na Europa. O OER coleta as notícias sobre reestruturação organizacional. As regiões europeias com maiores cortes são Reino Unido, Polônia, Itália, Países Baixos e Alemanha. Por outro lado, 97% dos novos empregos são produto da expansão dos negócios.

1 Urwick, Lyndall, *The elements of administration*. Nova York: Harper & Row, 1944, p. 38.

Modificação para o fator humano

Se o pessoal disponível não se ajusta à estrutura ideal e se não é possível deixá-lo de lado, a única opção é modificar a estrutura para ajustá-la a capacidades, atitudes ou limitações individuais. Embora essa modificação possa parecer voltada para as pessoas, neste caso estamos organizando antes as metas a cumprir e as atividades a empreender, e depois serão feitas as modificações para o fator humano. Assim, o planejamento limitará o comprometimento necessário enquanto as mudanças aconteçam no pessoal disponível.

Vantagens de planejar a organização

Planejar a estrutura da organização ajuda a determinar as necessidades futuras do pessoal e os programas de capacitação requeridos. Sem saber que tipo de pessoal gerencial é necessário e que experiência exigir, uma empresa não pode recrutar pessoal com sucesso e capacitá-lo.

Planejar a estrutura da organização ajuda a determinar necessidades futuras de pessoal e os programas de capacitação requeridos.

Além disso, planejar a organização pode revelar pontos fracos. Esforços dobrados, linhas de autoridade pouco claras, linhas de comunicação excessivamente longas, burocracia e práticas obsoletas são melhores observados quando as estruturas desejáveis e as reais são comparadas.

Perspectiva internacional

A reestruturação da Parmalat deixa sem emprego cerca de seis mil brasileiros

Desde o escândalo financeiro dos diretores italianos da Parmalat, no fim de 2003, as coisas não foram bem para a Parmalat Brasil, que tem nove fábricas com um total de seis mil trabalhadores e é o segundo comprador de leite. Sua estabilidade econômica ficou abalada logo depois de descobrirem a fraude de cerca de 1,1 bilhão de euros que o diretor italiano Callisto Tanzi e o ex-diretor financeiro Fausto Tonna, entre outros, realizaram na matriz italiana, pois os bancos brasileiros retiraram os créditos, deixando a Parmalat indefesa diante dos compromissos assumidos com seus fornecedores. Diante dessa situação, a empresa fechou provisoriamente uma fábrica de biscoitos em Jundiaí, deixando em "férias forçadas" 423 funcionários; também paralisou sua planta de produção de leite UTH em Santa Helena, onde 120 pessoas foram demitidas.

Em junho de 2004, a multinacional italiana apresentou seu plano de reestruturação, que contemplava se desfazer de sua operação brasileira, pois, de acordo com o presidente desta subsidiária, "nunca foi rentável". A Parmalat Brasil representa só 10% dos ganhos totais do grupo, mas sua dívida é estimada em US$ 1.330 milhões.

Acredita-se que, antes da reestruturação, a empresa entregará seu ativos aos credores brasileiros ou tratará de vendê-los a alguns interessados.

Fonte: Com informação de Michela Romani, "¿Está o no está en crisis Parmalat Brasil?". *América Económica*, 16 de janeiro de 2004. Disponível em: http://www.americaeconomica.com/numeros4/248/reportajes/miki248.htm, acesso em 23 de setembro de 2007; e de Uita, "La multinacional Parmalat pretende salir del mercado brasileño". Uita, Secretaria Regional Latino-americana, Montevidéu, 23 de junho de 2004. Disponível em: http://www.rel-uita.org/companias/parmalat/ sale_brasil.htm, acesso em 23 de setembro de 2007.

Evitar a inflexibilidade organizacional

Uma vantagem básica de planejar a organização é evitar a inflexibilidade organizacional. Muitas empresas, especialmente as que vêm operando há muitos anos, tornam-se muito rígidas para passar no primeiro teste de uma estrutura de organização eficaz: a capacidade de adaptar-se a um ambiente mutável e fazer frente a novas contingências. Esta resistência à mudança pode provocar uma perda considerável de eficiência nas organizações.

Algumas companhias antigas oferecem ampla evidência de inflexibilidade: uma diretriz de organização que não é mais adequada aos tempos, uma organização regional que poderia ser eliminada ou aumentada devido à melhor comunicação, ou uma estrutura muito centralizada para uma empresa maior que requer descentralização.

Evitar a inflexibilidade por meio da reorganização

Mesmo que a reorganização tenha o propósito de responder às mudanças que afetam a empresa, pode haver outros motivos fortes para a reorganização, como os relacionados com o ambiente da empresa, que considera as mudanças na operação ocasionadas pela aquisição ou venda de propriedades importantes, mudanças na linha de produtos ou métodos de marketing, ciclos de empresas, influências competitivas, novas técnicas de produção, políticas sindicais, políticas regulamentares e fiscais do governo e o estado atual do conhecimento sobre a organização. Novas técnicas e princípios podem se tornar aplicáveis, como desenvolver gerentes permitindo que administrem unidades descentralizadas semi-independentes de uma companhia. Ou podem ser aplicados novos métodos, como obter um controle financeiro adequado com um alto grau de descentralização.

Também é provável que um novo diretor executivo e novos vice-presidentes e chefes de departamento tenham algumas ideias organizacionais próprias. As mudanças podem ser devidas simplesmente ao desejo dos novos gerentes de fazer modificações baseadas em ideias formuladas por meio de sua experiência anterior ou ao fato de que seus métodos de administrar e sua personalidade exigem uma nova estrutura de organização.

Além disso, a reorganização pode acontecer por deficiências presentes em uma estrutura existente. Algumas surgem de fraquezas organizacionais: muitos níveis hierárquicos, um número de comitês exagerado, falta de política uniforme, tomada de decisões lenta, não cumprimento dos objetivos, incapacidade de cumprir programas, custos excessivos ou uma quebra do controle financeiro. Outras deficiências podem ser por incapacidade dos gerentes. O fracasso devido a uma falta de conhecimentos ou habilidades de um gerente, que por algum motivo não pode ser substituído, pode ser evitado adaptando a organização de modo a atribuir a outro cargo grande parte da autoridade pela tomada de decisões.

Os choques de personalidade entre gerentes também podem ser solucionados mediante a reorganização. Os conflitos entre o pessoal de staff e de linha podem chegar a tal grau que só são resolvidos pela reorganização.

Perspectiva internacional

Hilasal: reestruturação ou morte

Desde que a China entrou no mercado norte-americano dos têxteis, a vida ficou complicada para a Hilasal, o maior fabricante de toalhas do México. Não era só porque não podia competir com os baixos preços dos produtos importados. Também se viu afetada pelas importações ilegais de têxteis que entram no México e que representam cerca de 55% do mercado total. O panorama em 2002 era desalentador: suas vendas caíram 8,6% e as exportações, 24,3%.

Então, Jorge García Fernández, diretor executivo, reuniu sua diretoria para estudar o negócio e transformá-lo. Descobriram que as grandes empresas como o Wal-Mart, no México, ou a JC Penney, nos Estados Unidos, preferem otimizar sua cadeia de suprimento do que economizar no preço. Assim, reorientaram seu negócio para o serviço e o atendimento ao cliente. Mediante um agressivo programa de reestruturação, que consistiu em procurar clientes que quisessem produtos de maior valor agregado, redefiniram seus núcleos de mercado, procuraram otimizar seus processos de distribuição, diminuíram os gastos e otimizaram seus estoques com o sistema *just in time*. Estas medidas conseguiram que a Hilasal se recuperasse: no primeiro trimestre de 2006 suas vendas cresceram 18,8%. Uma grande vantagem que tiveram com a reestruturação é que puderam tirar um grande proveito da integração vertical, que não é fácil no mercado mexicano, onde a empresa tem 50% de participação, de acordo com Miguel Ángel Díaz, diretor de operações do Sewing Group: "A verticalização não é uma tendência no México, porque requer um maior investimento inicial e pessoas especializadas em cada etapa da cadeia de valor." Não obstante, a Hilasal é uma das poucas empresas que abrangem todo o processo de manufatura, além de ter desenvolvido tecnologia própria para o processo de impressão.

Embora ainda não possa cantar vitória, seu sucesso dependerá da sua capacidade para adaptar-se às mudanças do mercado.

Fonte: Com informação de Andrea Tunarosa, "Sin tirar la toalla". *América Economía*, Santiago, Chile, n. 331, 20 de outubro a 9 de novembro de 2006, p. 36-38.

A necessidade de reajuste e mudança

Além de motivos urgentes para a reorganização, existe certa necessidade de reajustes moderados e contínuos para evitar a paralisia da estrutura. A "construção de impérios" (a construção de uma organização grande para que o gerente pareça mais importante) não é tão atrativa quando os envolvidos sabem que suas posições estão sujeitas a mudanças. O presidente de uma companhia disse a seus subordinados: "Não se preocupem em construir impérios, porque posso garantir que vocês não estarão no mesmo cargo dentro de três anos". Compreendendo que a estrutura de uma organização deve ser algo vivo, alguns gerentes fazem mudanças estruturais só para acostumar os subordinados à mudança.

Perspectiva internacional

A melhor estratégia é a flexibilidade

De acordo com Jay R. Galbraith, professor e pesquisador do Centre for Effective Organizations da Universidade de Southern California, a administração das empresas estava focada em adotar uma teoria eficaz e, em função dela, gerava sua estratégia e estrutura organizativas. Uma organização bem-sucedida devia estar alinhada com sua estratégia.

Entretanto, algumas pesquisas indicam que o alinhamento pode ser um grande obstáculo, pois faz com que se concentrem em uma vantagem que rapidamente pode deixar de existir. As organizações atuais devem lidar com um ambiente muito variável, em que as fórmulas eficazes são cada vez mais efêmeras e imitadas com rapidez. Por isso, a sobrevivência depende da rapidez com que consigam reconfigurar sua estrutura e organização quando não existem vantagens competitivas sustentáveis. No ambiente de negócios do século XXI, as organizações que terão sucesso são aquelas que podem dar soluções flexíveis aos problemas temporários; isto é chamado de uma "organização reconfigurável".

As características de uma organização reconfigurável são:

1. Forma equipes que podem superar os limites impostos por estrutura linear ou departamental, e para isso devem conseguir uma interconexão interna.
2. Emprega os recursos do mercado e os preços internos para coordenar suas diversas equipes.
3. Procura associações estratégicas para resolver suas limitações.

Fontes: Com informação de Jay Galbraith, "La organización reconfigurable", em *La organización del futuro.* Buenos Aires. Ediciones Granica, 1998.

Tornar eficaz o trabalho do pessoal de apoio

O problema linha-staff não só é um dos mais difíceis que as organizações enfrentam, mas também a fonte de uma ineficiência muito grande. Resolver esse problema requer uma grande habilidade gerencial, cuidadosa atenção aos princípios e paciência para ensinar o pessoal.

Compreender as relações de autoridade

Os gerentes devem compreender a natureza das relações de autoridade se querem resolver os problemas entre o pessoal de linha e de apoio. Sempre que os gerentes considerarem a linha e o staff como grupos de pessoas ou grupos de atividades, haverá confusões. Linha e staff são relações de autoridade, e muitos cargos têm elementos de ambos. A relação de linha requer tomar decisões e agir. A relação de staff, por outro lado, envolve o direito de assistir e aconselhar. Resumindo, a linha pode "dizer", mas o staff deve "vender" (suas recomendações).

Fazer com que a linha escute o staff

http://www.gm.com

Os gerentes de linha devem ser estimulados ou obrigados a consultar o pessoal de apoio. As empresas fariam bem em adotar a prática de assistência obrigatória, em que a linha deve escutar o pessoal de apoio. Na General Motors, por exemplo, os gerentes de divisão do produto consultariam as divisões de staff dos escritórios gerais antes de propor um programa ou política importante ao diretor executivo ou ao comitê financeiro. Talvez não sejam obrigados a isso, mas é provável que essa prática acelere suas propostas; e, se podem apresentar uma "frente unida" com a divisão administrativa envolvida, haverá melhor oportunidade para a adoção de suas propostas.

Manter informado o pessoal de apoio

As críticas comuns ao pessoal administrativo são que os especialistas operam em um vazio, deixam de apreciar a complexidade da tarefa de um gerente de linha e ignoram fatos importantes ao fazer recomendações. Até certo grau, estas críticas são justificadas porque não se pode esperar que os especialistas conheçam os pontos concretos do trabalho de um gerente. Os especialistas devem cuidar que suas recomendações só tratem de assuntos de sua competência, e os gerentes operacionais não depender por completo de uma recomendação que só trata de parte de um problema.

Muitas críticas surgem porque o pessoal administrativo não informa sobre assuntos relacionados com seu campo. Até o melhor administrativo não pode assessorar de maneira apropriada nessas situações. Se os gerentes de linha deixam de informar seu pessoal da assessoria sobre decisões que afetam seu trabalho ou se não preparam o caminho (por meio de anúncios e solicitações de cooperação) para que os administrativos obtenham informação sobre requisitos de problemas específicos, os assessores não podem atuar como devem. Ao aliviar seus superiores da necessidade de coletar e analisar essa informação, o pessoal de apoio justifica melhor sua existência.

Requerer um trabalho completo do assessor

O pessoal de apoio frequentemente ignora o fato de que, para serem mais úteis, suas recomendações deverão ser suficientemente completas para permitir a um gerente de linha dar uma simples resposta positiva ou negativa. O pessoal de apoio é quem soluciona problemas, não quem os cria. Trazem problemas aos gerentes quando sua assessoria é indecisa ou vaga, suas conclusões são erradas, não consideraram todos os fatos ou não consultaram todas as pessoas afetadas por uma solução proposta ou não mostraram a seus superiores os riscos e as vantagens de um projeto de ação recomendado.

Um trabalho completo do assessor envolve a apresentação de uma recomendação clara baseada na consideração plena de um problema, a aprovação das pessoas que se verão afetadas, as sugestões para evitar as dificuldades envolvidas e, frequentemente, a preparação da papelada (cartas, diretrizes, descrições de cargos e especificações) para que o gerente possa aceitar ou rejeitar a proposta sem estudo adicional, longas conferências ou trabalho desnecessário. Se for aceita uma recomendação, o trabalho do assessor proporciona aos gerentes de linha o que for necessário para implantá-la. As pessoas em posições administrativas com estas capacidades podem ser muito valorizadas e apreciadas.

Fazer do trabalho de staff um gerador de bom clima organizacional

Compreender a autoridade da assessoria estabelece as bases para um bom clima organizacional. Em qualquer lugar em que o pessoal da assessoria esteja envolvido, sua responsabilidade é desenvolver e manter um clima de relações pessoais favoráveis. Em resumo, a tarefa do assessor é contribuir para fortalecer a imagem de gerentes de linha responsáveis e ajudá-los a fazer um trabalho melhor. Uma pessoa de apoio não deve tentar assumir o crédito de uma ideia. Isto seria uma forma segura de incomodar os membros da equipe de linha, que não gostam de serem postos em segundo plano por um assessor, e também significaria ignorar o fato de que os gerentes operacionais aceitem ideias e assumam a responsabilidade pela implementação das propostas.

As companhias também contratam a assistência de empresas profissionais, como consultorias, para proporcionar assessoria aos gerentes de linha. As relações entre o pessoal de linha e o assessor externo são semelhantes às já mencionadas. Entretanto, a assistência externa frequentemente ocorre por um tempo limitado, e é ainda mais difícil tornar responsável o pessoal externo, em especial quando não está envolvido com a implementação de suas recomendações.

Evitar conflitos mediante o esclarecimento

Uma causa importante dos conflitos nas organizações é que as pessoas não compreendem suas atribuições e as de seus colegas. Independentemente de uma estrutura organizacional estar ou não bem concebida, as pessoas devem compreendê-la para que funcione. A compreensão é ajudada materialmente pelo uso apropriado de quadros de organização, descrições precisas de cargos, especificação das relações de autoridade de informação e introdução de metas específicas para cargos concretos.

Organogramas

Um organograma

Indica como estão ligados os departamentos ao longo das principais linhas de autoridade.

Toda estrutura organizacional, por mais simples que seja, pode ser representada em um organograma, pois ele só indica como estão ligados os departamentos ao longo das principais linhas de autoridade. Portanto, não deixa de surpreender que às vezes altos gerentes se orgulhem do fato de não ter um organograma ou, se o tiverem, considerem que deva ser confidencial.

Vantagens dos organogramas

Um destacado fabricante disse, certa vez, que, mesmo que acreditasse na relativa utilidade do organograma de sua fábrica, não aceitava que constassem os cargos acima do nível de superintendente de fábrica. Seu argumento era que os organogramas tendem a tornar as pessoas muito conscientes de ser superiores ou inferiores, destroem o espírito de equipe e dão às pessoas que ocupam um quadro no organograma um excessivo sentido de "propriedade". Outro alto executivo disse, em outra ocasião, que a organização pode ser mudada com maior facilidade quando não é esquematizada em um organograma e que sua ausência também estimula o impulso competitivo para ocupar posições executivas mais elevadas pelo grupo de gerência média que não aparece no organograma.

Estes motivos para não documentar o organograma carecem de fundamento. As relações subordinados-superiores existem, mesmo não estando em um quadro, por relações hierárquicas essenciais. Quanto ao fato de um organograma gerar uma sensação de muito conforto, que ocasione uma falta de impulso para aqueles que "chegaram lá", trata-se de questões de alta liderança, de reorganizar quando o ambiente da empresa o exigir, de desenvolver uma tradição de mudança e de fazer com que os gerentes subordinados sigam cumprindo padrões de desempenho adequados e bem entendidos. Os gerentes que acreditam que o espírito de equipe pode acontecer sem necessidade de estabelecer as relações se enganam e ajudam a gerar politicagens, intrigas, frustrações, irresponsabilidades, falta de coordenação, esforços dobrados, políticas vagas, tomada de decisões incertas e outras atitudes que levam à ineficiência organizacional.

Como um organograma traça linhas de autoridade de tomada de decisões, em certos casos sua elaboração pode mostrar inconsistências e complexidades, que devem ser corrigidas. O organograma também revela aos gerentes e ao pessoal novo como se encaixam na estrutura como um todo.

Limitações dos organogramas

Os **organogramas** estão sujeitos a sérias limitações. O diagrama só mostra relações de autoridade formais e omite as muitas relações informais e informacionais significativas. A Figura 10.1 ilustra muitas, mas não todas, relações informais e informacionais presentes em uma empresa tipicamente organizada. Também apresenta as relações de linha principais ou formais. Não mostra quanta autoridade existe em qualquer ponto da estrutura. Poderia ser necessário traçar linhas de diferentes espessuras para destacar a autoridade formal de vários graus, mas a autoridade não está sujeita a isso. E se fossem traçadas as diversas linhas de relações informais e de comunicação, complicariam tanto o organograma que ele não poderia ser entendido.

Um organograma

Mostra as relações de autoridade formal e omite as muitas relações informais e informacionais significativas.

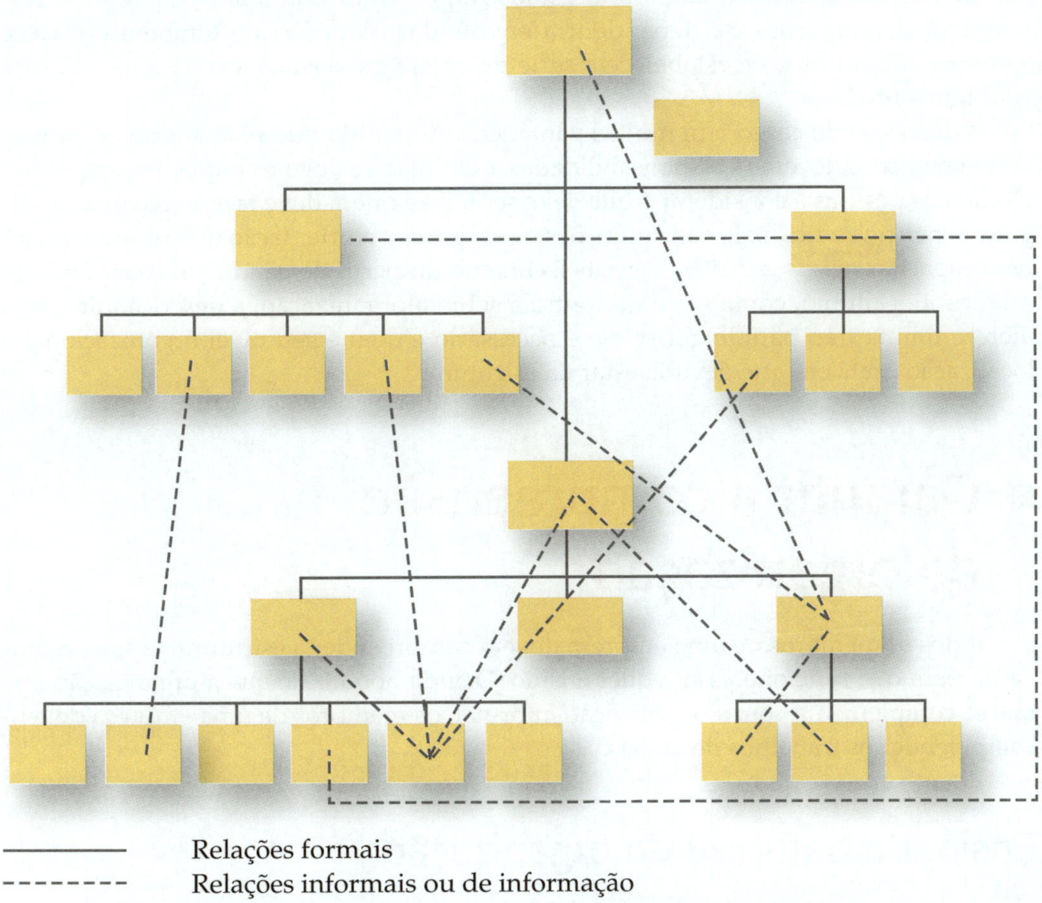

FIGURA 10.1 A organização formal ou a organização informal ou de informação

Muitos organogramas mostram as estruturas como deveriam ser idealmente ou como costumavam ser, mas não as reais. Os gerentes duvidam ou esquecem de alterar os organogramas, esquecem que as estruturas de organização são dinâmicas e por isso devem ser atualizadas constantemente.

Outra dificuldade com os organogramas é que os indivíduos podem confundir as relações de autoridade com o status. O funcionário assessor que reporta ao presidente da corporação pode aparecer no topo do quadro de organização, enquanto um funcionário de linha pode aparecer um ou dois níveis abaixo. Mesmo quando se procura organizar os níveis do organograma de acordo com os níveis de importância na empresa, isso nem sempre é possível. Esse problema é mais bem enfocado estabelecendo com clareza as relações de autoridade e utilizando o indicador adequado de status, salário e níveis de bônus. Por exemplo, não é provável que alguém ouça comentar que o gerente da Chevrolet na General Motors se sinta inferior porque sua posição no organograma está abaixo do secretário da companhia.

http://www.chevrolet.com

Descrições de cargo

Uma boa descrição de cargo

Informa a todos sobre as responsabilidades do ocupante.

Cada cargo gerencial deve estar definido. Uma **boa descrição de cargo** informa a todos sobre as responsabilidades do ocupante. A descrição moderna do cargo não é uma lista detalhada de todas as atividades que se espera que o indivíduo realize e certamente tampouco especifica como fazê-las. Mas estabelece a função básica da posição, as áreas de resultados finais mais importantes das quais o gerente é responsável e as relações de dependência envolvidas. A descrição também esclarece a autoridade do cargo e estabelece a série de objetivos verificáveis para as áreas de resultados finais.

A descrição de cargo tem muitas vantagens. À medida que se analisam os cargos, definem-se seus deveres e responsabilidades, e as áreas de deveres implícitos aparecem. Obrigar as pessoas a considerar o que deve ser feito e quem deve fazê-lo compensa. Alguns benefícios adicionais das descrições de cargo são: a orientação que proporcionam para capacitar novos gerentes, o estabelecimento do perfil do candidato e os níveis de salários. Por último, como meio de controle sobre a organização, a descrição de cargo oferece um padrão para julgar se ele é necessário e qual é seu nível organizacional e localização exata em que deveria estar na estrutura.

Garantir a compreensão da organização

Todos os membros de uma empresa devem compreender a estrutura de sua organização para que funcione. Isso requer ensino. Devido ao fato de que a organização formal se complementa com a organização informal, os membros de uma empresa devem compreender os trabalhos de ambas.

Ensinar a natureza da organização

Muitos planos bem concebidos da organização fracassam porque os membros da organização não os compreendem. Um manual de organização bem escrito (que contenha um relatório da filosofia organizacional, programas, organogramas e um perfil de descrições de cargos) ajuda muito a compreender a organização. Se a estrutura organizacional estiver escrita e tiver gráficos, terá mais possibilidade de ser clara do que se não for escrita. Entretanto, até as melhores palavras escritas e os organogramas nem sempre transmitem claramente o mesmo significado para cada leitor. Por isso, os gerentes eficazes não podem se limitar à explicação escrita. Devem ensinar àqueles em sua operação o significado da estrutura de organização, sua posição nela e as relações envolvidas. Os gerentes podem fazê-lo por meio de assessoria individual, reuniões de pessoal ou especiais ou simplesmente observando como funciona a estrutura.

Identificar a importância da organização informal e a rede interna de relações

Outra forma de fazer com que a organização formal funcione com eficácia é identificar e aproveitar a presença da organização informal. A natureza da organização informal e sua distinção da formal foi analisada no Capítulo 7. Muitas organizações informais surgem da organização formal em que operam, como as inter-relações que normalmente não estão registradas no organograma, como as regras não escritas da conduta organizacional, a forma de aprender as "regras internas". Esta rede natural de relações é típica da organização informal e existe em todo departamento e organização.

A rede natural de relações

A organização informal existe quando os membros de uma organização formal (possivelmente o departamento de uma companhia) se conhecem o suficiente para trocar informações (conversas descompromissadas) relacionadas de alguma forma com a empresa. Na empresa típica (cujos membros passam muitas horas por dia obtendo da rede de boatos segurança material e status, assim como satisfação social), o desejo de informação relativa à organização e sua gente é bastante forte para que essa informação seja transmitida com rapidez entre pessoas que se conhecem e têm confiança mútua.

Essa rede, logicamente, prospera com informação não disponível para todo o grupo, seja porque é considerada confidencial, seja porque as linhas de comunicação formal são inadequadas para difundi-la ou porque é de um tipo, como grande parte dos rumores, que nunca se revelaria formalmente. Até os gerentes, que conscientemente informam os funcionários por meio de boletins ou periódicos da companhia, nunca revelam toda a informação de interesse de maneira tão completa ou rápida, de modo que a rede informal perca seu propósito.

Já que todas as formas de organização informal atendem necessidades essenciais de comunicação humana, a rede é inevitável e valiosa. Há muito a dizer de um gerente que se coloque (seja pessoalmente ou por meio de um assistente ou secretária de confiança) na rede natural de relações da companhia.

Vantagens da organização informal

A organização informal traz certa coesão à organização formal. Agrega aos membros de uma organização formal um sentido de propriedade, status, autorrespeito e satisfação. Conhecendo este fato, muitos gerentes conscientemente usam as organizações informais como canais de comunicação e modeladores do moral dos funcionários.

Promover uma cultura de organização apropriada[2]

A eficácia de uma organização é influenciada por sua cultura.

A eficácia de uma organização também é influenciada por sua cultura, que afeta a forma como se desenvolvem as funções gerenciais de planejamento, organização, integração de pessoal, liderança e controle. Alguns exemplos de cultura de organização são apresentados na Tabela 10.1. Se for possível optar, a maioria das pessoas talvez prefira trabalhar em uma organização com um ambiente como o B, no qual podemos participar do processo de tomada de decisões, somos avaliados com base em critérios de desempenho mais do que com base na amizade, temos canais de comunicação abertos em todas as direções e a oportunidade de exercer um elevado grau de autocontrole. Na sua busca de companhias excelentes, Thomas Peters e Robert Waterman, os autores de um *best-seller* sobre administração, observaram que o predomínio de uma cultura coerente caracterizava essas organizações.[3]

TABELA 10.1 Exemplos de cultura de organização e prática administrativa

Ambiente A	Ambiente B
Planejamento	
Fixação de metas de forma autocrática	Fixação de metas com um alto grau de participação
Centralização da tomada de decisões	Descentralização da tomada de decisões
Organização	
Centralização da autoridade	Descentralização da autoridade
Limitada definição da autoridade	Ampla definição da autoridade
Integração de pessoal	
Seleção do pessoal com base nas relações de amizade	Seleção de pessoal com base em critérios de desempenho
Capacitação em especialidades de limitada definição	Capacitação em muitas áreas funcionais
Liderança	
Exercício de liderança diretiva por parte dos administradores	Administração fundamentalmente descendente no fluxo de comunicação

(*continua*)

[2] Ver também Bogner, William C., "Robert H. Waterman, Jr., on being smart and lucky". *Academy of Management Executive*, fevereiro de 2002, p. 45-50; Cox, Jr., Taylor, "The multicultural organization". *Academy of Management Executive*, maio, 1991, p.34-47.

[3] Peters, Thomas J. e Robert H. Waterman, Jr., *In search of excellence*, Nova York: Harper & Row, 1982. Para mais informações sobre este e os outros livros dos autores, ver nota no Capítulo 1.

TABELA 10.1 *(conclusão)*

Ambiente A	Ambiente B
Prática da liderança participativa por parte dos administradores	Administração descendente, ascendente, horizontal e diagonal do fluxo de comunicação
Controle	
Exercício de um estrito controle por parte dos superiores	Exercício de um elevado grau de autocontrole por parte dos indivíduos
Atenção prioritária aos critérios financeiros	Atenção a múltiplos critérios

Mas o reconhecimento da importância da cultura corporativa não é novidade (embora alguns gurus da administração queiram fazer acreditar que é). Há mais de dois mil anos, em 431 a.C., Péricles, na antiga Grécia, pregava com eloquência aos atenienses, que estavam em guerra com os espartanos, a adesão a valores como os da democracia: informalidade na comunicação, importância da dignidade individual e promoção baseada no desempenho. Péricles compreendeu que os valores subjacentes poderiam significar vitória ou derrota. Esses valores não são tão diferentes dos patrocinados por muitas companhias norte-americanas.

Definir a cultura da organização

Nas organizações, **cultura** é o guia geral de comportamento, crenças compartilhadas e valores que os membros têm em comum.[4] A cultura pode ser inferida do que as pessoas dizem, fazem e pensam dentro de um ambiente organizacional. Inclui a aprendizagem e a transmissão de conhecimentos, crenças e padrões de comportamento ao

Cultura organizacional
Guia geral de comportamento, crenças compartilhadas e valores que os membros da organização têm em comum.

Perspectiva empresarial

Como criar uma cultura organizacional baseada em valores[5]

Hatim Tyabji foi o presidente fundador e diretor executivo da VeriFone, Inc., de 1986 a 1998, quando fundou a Saraide, uma respeitada companhia no ramo das telecomunicações. Na reunião nacional da Academy of Management em Toronto em 2000, Tyabji compartilhou sua experiência de criar uma organização baseada em valores éticos. Em uma ocasião foi informado de que um gerente com excelentes cifras de desempenho estava envolvido em negócios suspeitos. Revelar essa informação teria um efeito negativo no valor das ações da companhia. Em vez de guardar esta informação para depois do próximo relatório trimestral, e após verificar os fatos com todo cuidado, Tyabji foi até o gerente, que estava a cargo de uma operação estrangeira e o despediu no ato. Impressionados com esta decisão, os sócios se esforçaram muito para que ainda pudesse ser alcançada a projeção do trimestre. Que mensagem a decisão de Tyabji transmitiu aos funcionários da companhia? Trata-se de uma companhia com uma cultura em que o desempenho, seja qual for, não pode ser alcançado por meio de um comportamento sem ética. E ponto.

http://www.saraide.com

[4] Schein, Edgar. *Organizational culture and leadership*. 2. ed., San Francisco: Jossey-Bass, 1992.

[5] Whetten, David A. e Andre L. Delbecq, "Saraide's chairman Hatim Tyabji on creating and sustaining a value-based organizational culture". *Academy of Management Executive*, novembro de 2000, p. 32-40.

longo de um período, o que significa que a cultura de uma organização é bastante estável e não muda tão rapidamente. Frequentemente estabelece o tom para a companhia e fixa regras implícitas para a forma como as pessoas devem comportar-se. Muitos lemas de companhias apresentam uma ideia geral do que a empresa em particular representa. Eis aqui alguns exemplos: para a General Electric, "o progresso é nosso produto mais importante". A AT&T está orgulhosa de seu "serviço universal". A DuPont faz "melhores coisas para viver melhor através da química". A Delta Airlines descreve seu clima interno como "o sentimento familiar Delta". A KLM Royal Dutch Airlines quer ser conhecida como "a linha aérea confiável". Seu presidente, Jan F. A. de Soet, declarou que a KLM não é uma linha aérea extravagante, mas a cultura da organização reflete a aversão holandesa pela ostentação.

http://www.ge.com
http://www.att.com
http://www.dupont.com
http://www.delta.com
http://www.klm.com

De igual modo, a IBM quer ser conhecida pelo seu serviço, a Sears pela qualidade e preço, a Caterpillar por seu serviço de peças em 24 horas etc. Na verdade, a orientação dessas companhias, frequentemente expressa em lemas, contribui para sua condução bem-sucedida.

http://www.ibm.com
http://www.sears.com
http://www.caterpillar.com

A Asea Brown & Boveri (uma gigantesca companhia elétrica), que compreende uma empresa sueca e uma suíça, guia-se por uma cultura ilustrada pela frase "pense mundialmente, atue localmente".[6] A cultura de organização desta descentralizada companhia com mais de 200 mil funcionários em todo o mundo está integrada com a cultura do país em que a divisão opera. Por outro lado, seus gerentes atuam mundialmente com relação ao suprimento. Por exemplo, dependendo das condições reais do mercado financeiro, os bens e serviços são adquiridos onde for mais favorável.

http://www.abb.com

Perspectiva empresarial

A estrutura e a cultura corporativa da Acer em Taiwan e ao redor do mundo[7]

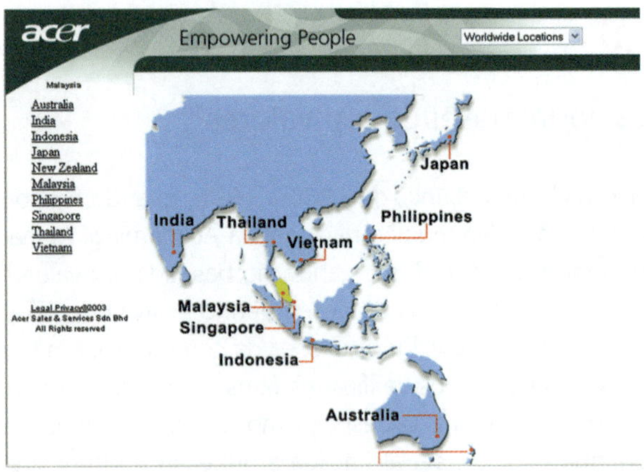

http://www.acer.com

A Acer Inc. está entre os principais vendedores de computadores pessoais (PC, sigla em inglês) do mundo, oferecendo ampla variedade de produtos para PC. No início do século, o Grupo Acer tinha 230 empresas, dando emprego a cerca de 35 mil pessoas em mais de 40 países. A companhia foi muito bem-sucedida até 1999, mas enfrentou dificuldades em 2000 devido a circunstâncias internas e externas. No aspecto externo, o crescimento do mercado dos PCs se estagnou. Internamente, a companhia experimentou problemas em geral associados ao crescimento. A estrutura da companhia consistia de duas partes: a operação de manufatura de equipamento original (OEM), que produzia computadores para companhias como a IBM e Dell Computers e para a operação da marca

6 Solomon, Charlene Marmer, "Translating corporate culture mundially", em Thompson, Jr., Arthur A., A. J. Strickland III e Tracy Robertson Kramer (eds.). *Readings in strategic management*, 5. ed., Chicago: Irwin, 1995, p. 623-634.

7 Acer. Disponível em: http://www.global.acer.com, acesso em 1º de outubro, 2006; "Acer in major restructuring plan". Disponível em: http://news.zdnet.co.uk/story/0,t269,-s2083376,00.htm, acesso em 30 de setembro, 2006; Einhorn, Bruce, "For Acer, a bad year turns brutal". *BusinessWeek Online*, 15 de janeiro de 2001. Disponível em: http://www.businessweek. com:/2001/01_03/b3715129.htm?scriptFramed, acesso em 1º de junho de 2002.

Acer, focada em sua própria marca. A unidade OEM era mais rentável, com uma constante demanda dos principais fabricantes de computadores. Conflitos entre as duas unidades levaram a uma nova estrutura de organização, que as dividiu. No entanto, a companhia se guiava por uma filosofia comum. Especificamente, a cultura corporativa da Acer está apoiada em quatro crenças básicas:[8] 1) a natureza humana é essencialmente boa; 2) o cliente é o número 1; 3) colocar o conhecimento a trabalhar para a companhia e 4) ser pragmático e responsável.

A crença na bondade da natureza humana se baseia na filosofia chinesa. Também é congruente com as hipóteses de McGregor da natureza humana, um tema que será tratado mais adiante no livro quando focarmos a liderança. A orientação ao cliente é semelhante à que está na moda nos Estados Unidos, desde a década de 1990. A aplicação do conhecimento é crítica na nova economia do conhecimento. Ser pragmático, o quarto ponto nas crenças da Acer, significa um enfoque de sentido comum à administração, em que os indivíduos são responsáveis por seus próprios atos.

O desafio para a Acer é desenvolver estratégias que possam adaptar-se com eficácia ao ambiente mutável e à queda de demanda de PCs. Ao mesmo tempo, a organização, ancorada em sua filosofia básica, deve criar uma organização flexível que possa mudar com o ambiente dinâmico.

A influência do líder na cultura da organização

Os gerentes, em especial os de mais elevada posição, criam o clima da empresa. Seus valores têm influência na sua gestão. Mesmo que o termo *valor* seja utilizado de maneira diferente, um **valor** pode ser definido como uma crença relativamente permanente a respeito do que é apropriado e do que não é, que guia as ações e o comportamento dos funcionários no cumprimento das metas da organização. Os valores podem ser considerados uma forma de ideologia que permeia as decisões diárias.

Valor
Uma crença relativamente permanente a respeito do que é apropriado e do que não é, que guia as ações e o comportamento dos funcionários no cumprimento das metas da organização.

Em muitas companhias bem-sucedidas, os líderes corporativos impulsionados pelos valores desempenham papéis de modelos, estabelecem os padrões de desempenho, motivam os funcionários, tornam especial a companhia e são um símbolo para o ambiente externo. Foi Edwin Land, o fundador da Polaroid, quem criou um ambiente organizacional favorável à pesquisa e à inovação. Jim Treybig da Tandem, no Vale do Silício perto de São Francisco (Estados Unidos), insistiu que cada pessoa é um ser humano e merece ser tratada como tal. William Cooper Procter, da Procter & Gamble, operou a companhia com o lema: "Faça a coisa certa". Foi Theodore Vail da AT&T quem atendeu às necessidades dos clientes ao dar importância ao serviço. Woolard, diretor executivo da DuPont, iniciou o programa "Adote um cliente", em que os trabalhadores são estimulados a visitar seus clientes uma vez por mês para atender a suas necessidades e preocupações. A cultura de organização criada pelos líderes corporativos pode gerar funções gerenciais desenvolvidas de maneiras muito diferentes.

http://www.polaroid.com
http://www.pg.com

Embora o diretor executivo deva indicar a direção, alguns mantêm que a mudança deve vir do fundo da organização. Na planta Towanda da DuPont, na Pensilvânia, as pessoas estão organizadas em equipes autogeridas. Os funcionários têm grande liberdade para estabelecer seus próprios programas, resolver seus próprios problemas e até participar da seleção de colegas de trabalho. Um indicador dessa cultura é que os gerentes são chamados de facilitadores, mais do que superiores.

Mudar uma cultura pode exigir muito tempo, de cinco a dez anos. Exige mudar valores, símbolos, mitos e comportamentos. Pode requerer, primeiro, compreender a antiga cultura, depois identificar uma subcultura na organização e recompensar os que

8 Disponível em: http://global.acer.com/about/culture.html, acesso em 16 de fevereiro de 2007.

vivem esta nova cultura. As recompensas não precisam ser em termos financeiros. Na fábrica da Sharp, no Japão, aqueles de mais alto desempenho são recompensados tornando-se membros da equipe da "placa de ouro", que se reporta diretamente ao presidente. De qualquer modo, os diretores executivos devem simbolizar a cultura que querem promover.

http://www.sharp-world.com

A visão clara de um propósito comum exige compromisso. Além disso, quando as pessoas participam do processo de tomada de decisões e exercem autogestão e autocontrole, sentem-se comprometidas com seus próprios planos. Mas os valores adotados devem ser reforçados mediante prêmios e incentivos, cerimônias, histórias e ações simbólicas.

Resumo

Organizar inclui o desenvolvimento de uma estrutura intencional de papéis para um desempenho eficaz. Muitos erros ao organizar podem ser evitados planejando antes a organização apropriada para alcançar metas e depois fazendo modificações para os fatores humanos ou outros casuais. O planejamento da organização identifica necessidades de pessoal e ajuda a superar deficiências na sua dotação. Também revela a duplicação de esforços, autoridade e linhas de comunicação pouco claras e formas obsoletas de fazer as coisas. A organização eficaz permanece flexível e se ajusta a mudanças no ambiente.

Para tornar eficaz o trabalho de assessoria, é importante esclarecer relações de autoridade, fazer com que a linha escute o pessoal de staff e o mantenha informado. Além disso, exige que os assessores preparem recomendações completas e que a utilização do staff se torne uma forma de trabalho que melhore o clima organizacional.

O conflito organizacional pode ser reduzido mediante o uso de organogramas e descrições de cargos. A organização melhora ensinando sua natureza e identificando a organização informal e a rede natural de relações. Além disso, as empresas eficazes desenvolvem e nutrem uma cultura organizacional apropriada.

Ideias e conceitos básicos

- Evitar erros ao organizar por planejamento
- Evitar a inflexibilidade organizacional
- Pessoal de apoio (staff) eficaz
- Evitar conflitos mediante o esclarecimento
- Organograma
- Descrição de cargo
- Garantir a função da organização
- Organização informal
- Rede natural de relações
- Cultura organizacional e valores

Para analisar

1. Muitos psicólogos destacam a vantagem do enriquecimento do cargo, que se refere a atribuir tarefas que não são excessivamente especializadas, para que o indivíduo não perca o sentido de fazer coisas significativas. Assumindo que os gerentes querem limitar a especialização de tarefas e "enriquecer" os cargos, eles podem fazê-lo e ainda aplicar os princípios básicos de organizar? Como?
2. Lembre-se de uma empresa organizada, com a qual está familiarizado. Você pode encontrar algumas das deficiências que normalmente acontecem em estruturas da organização?
3. Às vezes se diz que o quadro de organização típico não é democrático, já que ressalta a superioridade e inferioridade de pessoas e posições. Comente isso.
4. O que você teria de saber para planejar uma estrutura organizacional? Com que antecedência deveria planejá-la? Como procederia para elaborar esse plano?
5. Cite uma organização que você conheça e analise sua cultura. A cultura organizacional ajuda ou atrapalha para alcançar suas metas? De que maneira?

Exercícios e atividades

Visite uma companhia de sua área considerada modelo de administração eficaz. Obtenha alguma informação que lhe dê percepção de sua operação. O que faz essa organização ser excelente? Você gostaria de trabalhar para essa empresa? Por quê?

Pesquisa na Internet

1. Procure na Internet o termo "planejamento da organização" e compare com o estudado no capítulo.
2. Procure na Internet críticas do livro *In search of excellence*, de Peters e Waterman.

Caso internacional 10.1

Reestruturação na Daewoo da Coreia[9]

A Daewoo foi fundada em 1967 pelo seu presidente Kim Woo-Choong, que sempre foi dedicado ao trabalho. Depois de seu sucesso inicial na exportação de têxteis, a companhia se estendeu para o comércio, automóveis, máquinas, eletrônica de consumo, construção, grandes navios, computadores, telefones e serviços financeiros, e agora é o quarto maior grupo de empresas da Coreia. Tornou-se um fornecedor de tecidos para a Sears, Christian Dior, Calvin Klein e London Fog. Também empreendeu um investimento conjunto com a General Motors (GM) para construir o automóvel Le Mans. Entretanto, a mão-de-obra e outros problemas limitaram os embarques de carros.

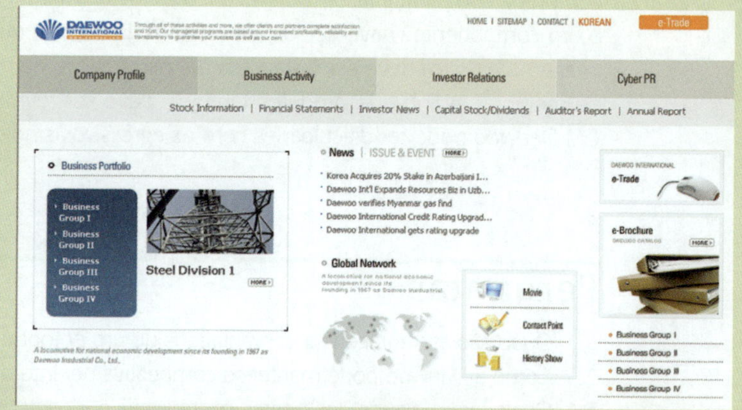

9 O caso se baseia em diversas fontes, que incluem Brown, Eryn e Melanie Warner, "Daewoo's daring drive into Europe". *Fortune*, 13 de maio de 1996, p. 145-152; "After Japan". *The Economist*, 5 de outubro de 1996, p. 17-18; Nakarmi, Laxmi, "Ford to Daewoo: Forget It!." *AsianWeek.com*, 29 de setembro de 2000; Cordingley, Peter e Laxmi Nakarmi, "In search of Daewoo's Kim". *AsianWeek.com,* 16 de fevereiro de 2001; Moon Ihlwan, "Daewoo: stuck in neutral". *BusinessWeek,* 18 de fevereiro de 2002, p. 54; "One step forward, one step back". *BusinessWeek*, 4 de maio de 2002, p. 61; Daewoo Motor. Disponível em: http://www.daewoomotor.com, acesso em 16 de fevereiro de 2007.

A filosofia do presidente Kim, de trabalho árduo e do valor posto nas pessoas, foi um fator importante para o sucesso da empresa. Entretanto, no final da década de 1980 e início da de 1990, a companhia enfrentava vários problemas. Em primeiro lugar, Kim se preocupava com o fato de que, em virtude da crescente prosperidade dos coreanos, a mão-de-obra havia perdido o espírito do trabalho duro. Além disso, havia um crescente descontentamento e falta de motivação entre os trabalhadores mais jovens.

Em virtude do enfoque de Kim de não se envolver, algumas das empresas do grupo Daewoo saíram do controle. Por exemplo, em uma nada rentável unidade de embarcações pesadas, foram observados muitos gastos desnecessários. A eliminação de barbearias patrocinadas pela companhia economizou para a empresa US$ 8 milhões por ano. Em geral, a força de trabalho da Daewoo era jovem e bem-educada. Em contraste com cargos semelhantes em muitas outras companhias coreanas, os cargos principais na Daewoo eram ocupados por gerentes sem laços familiares.

Mesmo a Daewoo sendo uma companhia importante com seus 91 mil funcionários, não dominava nenhum mercado. A estratégia de ser fornecedor de importantes companhias estrangeiras, como a Caterpillar, GM e Boeing, deixou passar oportunidades de tornar-se um importante comercializador de suas próprias marcas. Na década de 1990, Kim também procurava oportunidades na Europa; por exemplo, formou um investimento conjunto com uma companhia distribuidora na França.

A reestruturação maciça já tinha mostrado alguns efeitos positivos. Kim vendeu algumas unidades de aço, financeiras e de bens de capital. O estilo gerencial de não colocar as mãos foi substituído por um estilo contrário, resultando na recentralização. Gerentes foram "aposentados". Também foram eliminados milhares de cargos.

As coisas melhoraram em 1991. A companhia perdeu dinheiro em 1988 e 1989, mas obteve alguns lucros em 1990, em parte devido à venda de alguns ativos importantes. O investimento conjunto com a GM mostrava um crescimento saudável. A companhia também estava otimista sobre o futuro do novo automóvel compacto Espero. No entanto, a Daewoo devia enfrentar seus custos trabalhistas e a concorrência japonesa.

O que parecia bom no início da década de 1990 mudou de maneira importante no final dela, em especial nos anos 2000 a 2002. Em 2000, a Ford planejava comprar a Daewoo Motor por cerca de US$ 7 bilhões. Entretanto, o acordo caiu mais tarde, nesse mesmo ano. Além disso, a companhia foi à falência em novembro de 2000. O presidente Kim desapareceu misteriosamente. Gostava de pensar alto e deixou para trás uma companhia com grandes dívidas. Vários bilhões de dólares não foram contabilizados. Com a Ford fora do panorama, a GM iniciou negociações sérias com a Daewoo, que havia sido o segundo maior fabricante de automóveis da Coreia. Em 30 de abril de 2002, a GM aceitou comprar a companhia falida, que recebeu o novo nome de GM-Daewoo. O que isso tem a ver com a GM? A aquisição é um componente-chave de sua estratégia mundial. Por outro lado, reestruturar a Daewoo será uma tarefa enorme. A imagem da marca deve ser restaurada e a participação no mercado coreano de 10% (que em 1998 era de 37%) tem de melhorar. A linha de produtos também deve ser revisada e complementada com novos modelos. Além disso, a GM-Daewoo pode ter dificuldades com os agressivos sindicatos coreanos. ■

Perguntas

1. Quais são as vantagens e desvantagens de um enfoque administrativo descentralizado, de "não colocar as mãos"?
2. Como a Daewoo pode manter-se competitiva perante os japoneses?
3. Quais foram alguns dos fatores controláveis e incontroláveis deste caso? Como Kim deveria ter respondido a esses fatores?
4. Qual a sua opinião sobre a expansão da Daewoo na Europa? Quais são as vantagens e os riscos para a companhia?
5. Por que, na sua opinião, foi a GM, e não a Ford, que adquiriu a Daewoo?
6. Que problemas a GM-Daewoo pode esperar no futuro?

Caso internacional 10.2A

La Serenísima

Elaborado por Hugo Garde, Departamento de Administração,
Faculdade de Ciências Sociais e Econômicas, Universidade Católica Argentina.
Caso baseado em informação pública disponível.

Don Antonino Mastellone, fundador de La Serenísima, nasceu em Piano di Sorrento, Nápoles, no dia 12 de dezembro de 1899, em uma família de tradição queijeira. Viajou a Milão para aprender novas técnicas de elaboração de queijos. Depois trabalhou na queijaria da cidade de Sassari, na Sardenha. Formou-se com o título de técnico em queijaria. Chegou à Argentina em 1925.

Seu primeiro trabalho foi como técnico em uma indústria láctea de Junín, província de Buenos Aires. Posteriormente, trabalhou para um frigorífico, cujo dono era do mesmo povoado de Nápoles e que lhe emprestou uma casa que tinha na localidade de General Rodríguez, para que instalasse nela uma queijaria. Em 1927, Antonino Mastellone mudou para General Rodríguez, província de Buenos Aires, junto com seu irmão José.

Os irmãos Mastellone iniciaram a elaboração de mozzarella, ricota e provolone, queijos pouco difundidos até esse momento na Argentina.

Em 1929 don Antonio casou-se com dona Teresa Aiello, que pertencia a uma família vizinha dos Mastellone na Itália. Esta união foi a pedra fundamental da origem de La Serenísima. Considera-se oficialmente a data desta união matrimonial como a data da fundação de La Serenísima.

No início, os produtos elaborados pelos irmãos Mastellone eram vendidos de porta em porta, em especial entre a coletividade italiana e também em alguns comércios que logo começavam a vender produtos quase desconhecidos pela dieta dos argentinos daquela época.

Don Antonino transportava de trem os numerosos e pesados volumes até a estação Once e fazia a pé e de bonde a distribuição pelos bairros da Capital Federal.

A esta empresa de origem familiar foram se incorporando os filhos, já desde pequenos. Seu primeiro filho, Pascual, começou a acompanhar José, irmão de don Antonino, na distribuição dos produtos.

O esforço gerou crescimento e deu como resultado a criação de uma sociedade de responsabilidade limitada La Serenísima SRL, com um capital de 40 mil pesos, constituída em 1942. A sociedade tinha um crescimento autossustentado, o que motivou a confiança dos pecuaristas da região de General Rodríguez, que diariamente entregavam sua produção de leite à empresa. Essa confiança determinou um novo aumento na atividade.

A firma decidiu aumentar o número de trabalhadores. No final da década de 1940 e início da década de 1950, a companhia evoluiu a um ritmo constante.

Ao longo do tempo, foram incorporados novos métodos e técnicas avançadas; buscava-se o controle do leite para melhorar sua qualidade, outra constante da companhia. São realizadas as primeiras análises para comprovar o teor de gordura e a acidez da matéria-prima. Por sua vez, estas técnicas de controle melhoraram a qualidade do leite entregue pelos pecuaristas.

Don Antonino faleceu em 1952, e dona Teresa decidiu que a direção da empresa fosse assumida pelo filho mais velho, Pascual, acompanhado de seus irmãos Victorio, José e Mateo.

A empresa seguiu a regulamentação de elaborar leite pasteurizado. O leite pasteurizado "La Serenísima" foi vendido pela primeira vez nos bairros de Buenos Aires em 1º de janeiro de 1961.

O constante crescimento fez com que a organização adotasse novas ferramentas de gestão para uma melhoria contínua dos parâmetros de qualidade do leite que utilizava para a elaboração de seus produtos. Por isso, criou-se o cargo de Inspetor de Fazendas, cuja tarefa essencial é manter contato direto com os produtores de leite para que garantam a higiene em seus estabelecimentos.

A empresa criou o laboratório microbiológico, com o qual se controlava e verificava a qualidade do leite produzido, e substituiu a garrafa pelo sachê, assegurando ao consumidor o recebimento de um produto inviolável. Ao iniciar a década de 1970, desenvolveu o primeiro Programa Privado de Promoção da Atividade Leiteira, que permitiu triplicar em oito anos a produtividade das vacas. A finalidade era contar com um adequado fornecimento de leite ao longo do ano, especialmente durante os meses de inverno, de baixa produção.

Nos anos 80, impulsionou a criação da categoria de leite selecionado no Código Alimentar Argentino. Implementou o selo de qualidade L,S com o qual distinguiu um grupo de produtores que cumpriam com as normas de qualidade estabelecidas.

No final da década de 1980, introduziu a tecnologia dos probióticos de forma maciça, desenvolveu o leite cultivado e outros produtos de grande benefício para a qualidade de vida. Nos anos 90, foi a primeira organização láctea do país que começou a pagar por proteína de leite. Esta modalidade estabeleceu um novo padrão de qualidade. Também agregou o leite fluido, iogurte, leite em pó e sobremesas, o sulfato ferroso em forma microencapsulada, um desenvolvimento exclusivo da empresa. O objetivo desejado era diminuir a deficiência nutricional desse elemento.

A estratégia inovadora da companhia continuou ao longo dos anos: introduziu no leite cultivado e nos iogurtes o lactobacilo GG, o probiótico mais reconhecido em nível mundial por suas propriedades benéficas para a saúde. Lançou no mercado o leite ultrapasteurizado, que pode se manter refrigerado e fechado até 25 dias, sem perder suas qualidades nutricionais. No fim dos anos 90, culmina o processo de reconversão de produtores, iniciado em 1982, que incorporou a tecnologia para esfriar o leite na fazenda.

Foi a primeira marca da Argentina que certifica, durante as 24 horas do dia, os 365 dias do ano, que um instante antes da pasteurização todo o leite, e não a média, contém menos de 100 mil bact/ml.

Este parâmetro, similar ou superior ao dos países mais desenvolvidos em lácteos, é muito importante, porque a pureza é determinada pela recontagem de bactérias.

É a única marca cujos produtos são elaborados com leite procedente de fazendas oficialmente livres de brucelose e tuberculose.

Existe uma valorização da marca por parte dos consumidores. Sua filosofia de trabalho se relaciona com a qualidade e a inovação de produtos por mais de 70 anos.

Na atualidade, a organização deseja ser vista como:

> Empresa láctea número um, a partir da elaboração de produtos com níveis de eficiência similares ou superiores aos dos países mais desenvolvidos.

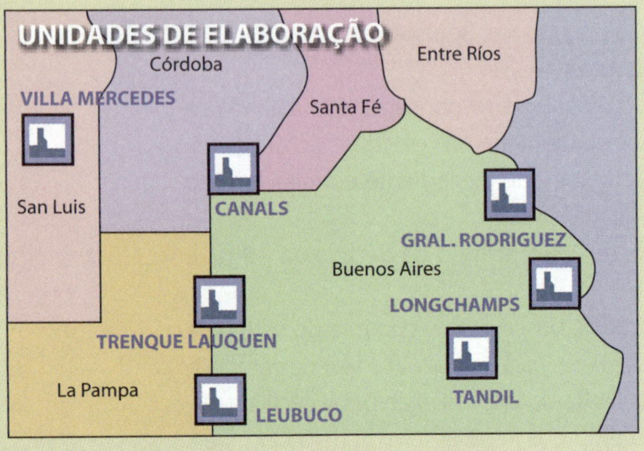

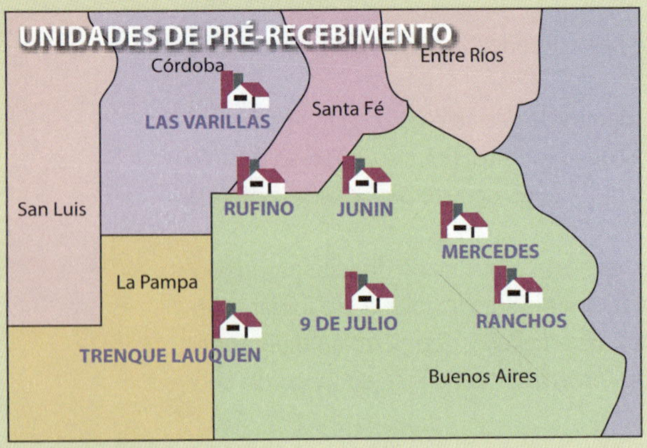

A organização concentra sua produção basicamente nos 10 hectares de sua planta, localizada no complexo industrial de General Rodríguez, a 52 km de Buenos Aires. Também em Longchamps e em outras cinco unidades localizadas no interior do país, como Trenque Lauquen, Leubucó e Tandil (província de Buenos Aires), Canais (província de Córdoba) e Vila Mercedes (província de San Luis).

Em 2002, seu faturamento chegou a cerca de 1.135 milhões de pesos.

As unidades contam com uma capacidade de processamento de 4,5 milhões de litros diários de leite.

Ciclo da qualidade

O primeiro elo da cadeia da qualidade é a fazenda. Ao entregar o leite, devem cumprir com as exigências de qualidade em nível internacional.

O ciclo de controle de qualidade inclui vacas sadias e controladas, para que estejam livres de aftosa, brucelose e tuberculose. Trabalham com equipamentos de resfriamento para manter a temperatura exigida pelo controle de qualidade da organização. O transporte é o segundo elo da cadeia: o leite é transportado em caminhões-cisterna, assegurando assim o frio e a higiene necessários para proteger a pureza do leite retirado nas vacarias.

O terceiro elo da cadeia é a unidade de pré-recebimento, em que se classifica o leite de acordo com sua pureza. O leite com menos de 100 mil bactérias/ml será a matéria-prima selecionada para elaborar produtos La Serenísima.

Produção de iogurtes

Dados estatísticos da atividade láctea na República da Argentina:

Na Argentina, a produção de iogurte aumentou 54% entre 1987 e 1996: este crescimento se deve ao aumento do consumo interno per capita, que foi da ordem de 37%. O aumento da demanda é um dos mais altos em nível mundial.

O produto iogurte é um dos mais interessantes, por isso os consultores de marketing dizem que ele tem um grande dinamismo.

Só 3% do leite é destinado à elaboração deste produto, o que significa que são produzidas por ano 216 mil toneladas, que dentro da combinação dos produtos lácteos representam 21%.

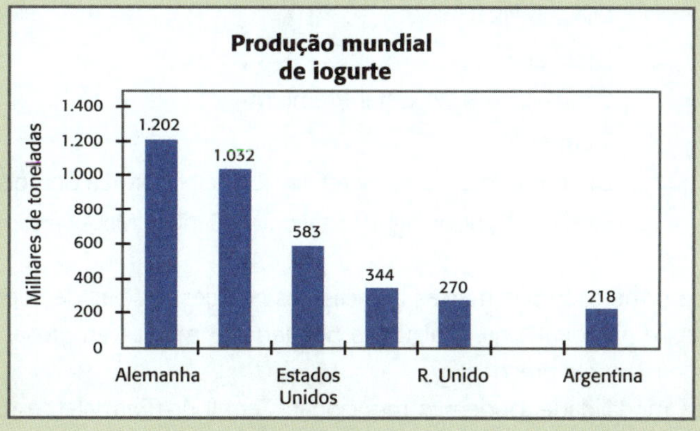

Este quadro comparativo por países simboliza a produção em toneladas por país. Podemos observar no gráfico seguinte que a produção da Argentina aumentou 70%.

O crescimento explosivo começa a estabilizar-se a partir de 1991. Em 1995, a demanda interna caiu 4% e, em 1996, 2%.

Mercado

O aumento tão vertiginoso do consumo de iogurte se deve à alta rentabilidade desse produto. O efeito da política empresarial de desenvolvimento desse produto em grande escala trouxe forte concorrência entre as empresas estabelecidas. O mercado foi segmentado com produtos dirigidos a crianças, jovens, esportistas, mulheres, pessoas idosas. Isso se traduziu em investimento em nova tecnologia. Surgiu uma grande quantidade de produtos com adição de pedaços da polpa de frutas, verduras, cereais, mel, probióticos, lactobacilos em potes de 160-200 g e garrafas de 1 e 2 litros em sachês e as caixas de 0,5, 1 e 2 litros.

Na Argentina existem aproximadamente 25 empresas que produzem iogurtes e leites cultivados, localizadas em Buenos Aires, Santa Fé e Córdoba.

A Danone concentra 91% do negócio de Mastellone Hnos S.A., sendo que esta empresa tem uma fatia de mercado de 50% e o resto está nas mãos das seguintes empresas: SanCor CUL; Parmalat, S.A.; Lactona, S.A.; Asoc. Unión Tambera Milkaut e Nestlé Argentina. Nelas estão concentrados 90% da produção e venda de iogurtes.

No quadro seguinte, detalham-se as empresas e as marcas com que são vendidos seus produtos no mercado:

Empresa	Marca comercial
La Lácteo	La Lácteo
Parmalat	Parmalat - Yogurbelt - Gándara
Lácteos Amanecer	Amanecer
Nestlé	Nido - Molico - La Lechera
Williner	Ilolay - Ilolay Diet
Milkaut	Milkaut - JR
Industrias Lácteas	Lheritier
Cotar	Cotar - Line 037- Cotar Premium
Manfrey	Manfrey
Danone - La Serenísima	La Serenísima - Ser - Serenito - La Selección- La Serenísima Plus (L. Cult.)
SanCor	SanCor - SanCor Light - Sancorito - SanCor Mix - SanCor Bio (L. Cult.)

Nestes anos, a participação no mercado das marcas brancas das grandes cadeias de supermercados cresceu mediante convênios com empresas de primeira linha, e algumas pequenas e médias empresas concorrem no mercado com produtos de boa qualidade e menores preços.

Como exemplos desta nova modalidade, podemos mencionar: Carrefour (Parmalat, ex-Lactona), Coto (Sancor e Parmalat), Great Value (do supermercado Wal-Mart, elaborados por La Lácteo), Norte (Milkaut) e Bell's (de Disco, elaborados pela Parmalat).

Em 1997, Mastellone consolidou sua aliança, que havia começado em 1995, com a empresa francesa Danone para elaborar queijos brancos, leites com sabor, sobremesas e pudins, e foi ampliada a linha de iogurtes. Estes são comercializados com a marca La Serenísima e sua elaboração se concentra na unidade de Longchamps (Buenos Aires). Em janeiro de 1999, a Danone fez um novo aporte de capital e passou a controlar 91% da sociedade Lácteos Longchamps, S.A.

A empresa global francesa, líder no mercado mundial de iogurtes e sobremesas, teria desembolsado no empreendimento global US$ 120 milhões, aproximadamente. Mastellone recebeu o prêmio Invertir 1995, pela construção da planta modelo (o maior complexo da América Latina), para a elaboração de iogurtes, leites fermentados e sobremesas na localidade de Longchamps (Buenos Aires). Investimento: $ 60 milhões. A planta foi oficialmente inaugurada no final de 1998. ■

Perguntas

1. Qual é a diferença da estratégia competitiva com relação à SanCor?
2. Qual é sua cadeia de valor?
3. Semelhanças e diferenças com referência à cadeia de valor da SanCor.
4. Qual é a cultura organizacional do projeto?
5. Quais são as barreiras de entrada que construiu a La Serenísima?

Caso internacional 10.2B

SanCor

Elaborado por Hugo Garde, Departamento de Administração,
Faculdade de Ciências Sociais e Econômicas, Universidade Católica Argentina.
Caso baseado em informação pública disponível.

A SanCor nasce a partir da união de um grupo de cooperativas de pecuaristas produtores de nata e caseína, da zona limítrofe das províncias de Córdoba e Santa Fé. O objetivo da consolidação era a produção de manteiga com base na nata produzida pelas empresas cooperativistas.

As cooperativas fundadoras da SanCor foram:

- Cooperativa Limitada de Tamberos[10] de Sunchales (onde, até hoje, encontra-se a Casa Matriz da SanCor).
- Cooperativa Limitada de Tamberos da Ataliva.
- Cooperativa Limitada de Tamberos de Raquel.
- Cooperativa Limitada de Tamberos Colonoia Frias.
- Cooperativa Limitada de Tamberos Las Tres Colonias.
- Cooperativa Limitada de Tamberos Unidos Wavelberg.
- Cooperativa Limitada de Tamberos Unidos Las Palmeras.
- Cooperativa Limitada de Tamberos Las Dos Províncias.
- Cooperativa Limitada de Tamberos Las Dos Colonias.
- Cooperativa Limitada de Tamberos Tacurales.
- Cooperativa Limitada de Tamberos de Virginia.
- Cooperativa Limitada de Tamberos La Bonita.
- Cooperativa Limitada de Tamberos Sunchales Norte.
- Cooperativa Limitada de Tamberos Morterense.
- Cooperativa Limitada de Tamberos La Unión.
- Cooperativa Limitada de Tamberos La San Pedrina.

Na localidade de Sunchales, província de Santa Fé, assinou-se o acordo institucional da SanCor em 1938 e, em 1940, foi construída a primeira fábrica.

Os frutos econômicos desta união de cooperativas determinou que uma grande quantidade de cooperativas pecuaristas se unisse ao projeto da SanCor. Assim, a cooperativa SanCor tornou-se uma Cooperativa de cooperativas.

A atividade produtiva e comercial da empresa cresceu, por isso é conhecida na atualidade como o vale leiteiro central. À produção e comercialização de manteiga se somaram novas atividades leiteiras industrializadas. Isso tornou a firma uma empresa líder no mercado lácteo nacional e começou a consolidar o desenvolvimento de sua presença internacional. O crescimento deste modelo está ligado à incorporação das atividades primárias que fazem parte de uma sociedade comum que se traduz em um crescimento qualitativo e quantitativo.

A empresa tem um sistema cooperativista. Esta união de cooperativas dá como resultado a vinculação entre cooperativas de produtores primários e a cooperativa SanCor, que fabrica e comercializa produtos lácteos. No aspecto legal, a estrutura societária dá a cada cooperativista voz e voto e poder de controle.

A direção administrativa da cooperativa SanCor está baseada em uma combinação de direitos de cooperativas e por volume produtivo. A assembleia de cooperativas é a autoridade suprema. Existe um Conselho de Administração e uma comissão fiscalizadora. Os conselhos são integrados por produtores associados ativos.

A SanCor recebe 100% de leite frio em condições de qualidade, de acordo com as mais altas exigências internacionais.

A Argentina tem condições naturais que permitem obter lácteos em ótimas condições sanitárias.

Os produtores primários da SanCor contam com 300 mil vacas leiteiras, o que representa uma produção anual de 1,4 bilhão de litros de leite com os seguintes valores:

---

[10] NE: *Tambero*: profissional pecuarista.

- Teor médio de gordura: 3,57%
- Proteína: 3,23%
- Lactose: 4,75%
- Sólidos não gordurosos: 8,64%
- Minerais: 0,73%

As cooperativas primárias recolhem 3,5 milhões de litros de leite frio por dia. A retribuição aos produtores supera os $ 40 milhões mensais.

Os membros das cooperativas de produção primária recebem da organização SanCor assessoria e serviços em matéria de qualidade, gestão e outros requisitos da empresa atual. Esses serviços se traduzem em assistência técnica por meio de programas às cooperativas primárias e em assistência aos produtores de leite.

Em termos de produção leiteira, os serviços estão voltados a:

- Produção e conservação de forragem.
- Alimentação do gado leiteiro.
- Controle reprodutivo, genético e sanitário do gado leiteiro.
- Criação e acasalamento do gado.
- Controle de solos e resíduos.

Com relação à economia agrária, programas e assistência em:

- Programas de computação para o controle de empresas agropecuárias.
- Custos de produção.
- Administração e gestão.

Com relação à qualidade do leite, programas de qualidade higiênico-sanitária:

- Assessoramento na higiene e lavagem de currais.
- Assessoramento sobre controle de mastites.
- Composição química (gorduras, proteína, sólidos).
- Sistema de Qualidade Assegurada SanCor.
- Desenvolvimento e implementação.

Por último, em controle da qualidade, assistência em análises programadas:

- Químicos: gorduras, proteína, sólidos.
- Qualidade: Unidades Formadoras de Colônias (UFC), Células Somáticas (CS).
- Prova do Anel em Leite (PAL).
- Substâncias indesejadas: antibióticos, inibidores etc.

Analíticos pontuais:

- Qualidade da água.
- Qualidade dos alimentos.
- Componentes especiais do leite.

Os serviços relacionados com as cooperativas primárias são:

- Serviços agropecuários.
- Preparação de reservas (armazenamento, formação de feno).
- Fumigação, lavouras.
- Plantio direto de cultivos.

- Controle de resíduos.
- Fornecimento de insumos.
- Sementes.
- Suplementos e concentrados.
- Veterinários.
- Insumos agrários em geral.
- Assessoramento técnico.
- Programa de assessoramento e capacitação para produtores e pecuaristas.
- Outros.

Serviços gerais:

- Assistência financeira.
- Seguros.
- Serviços de saúde.
- Outros.

Serviços institucionais:

Convênios de integração e vinculação tecnológica com:

- Estações experimentais do Inta.
- Universidades – faculdades.
- Associações de produtores.
- Entidades privadas.

Participação em:

- Ministérios da Agricultura e Pecuária (regionais e nacionais).
- Senasa.
- Coprosa.
- Coninagro.
- Junta Intercooperativa de Produtores de Leite.

A Administração da SanCor está centralizada em Sunchales, comunicando-se com os demais estabelecimentos industriais e comerciais por meio da mais moderna tecnologia informatizada.

Em Sunchales se reúne o Conselho de Administração e encontra-se a sede da gerência e subgerência geral, junto com comercialização, administração e suprimentos, operações industriais e logística, atendimento às associadas, relações e comunicações e auditoria interna.

Estrutura industrial

Os estabelecimentos industriais da SanCor têm uma capacidade total de processamento de 5,5 milhões de litros de leite por dia. Trata-se de unidades industriais distribuídas em diferentes localidades da Argentina.

Planta Industrial Córdoba
Planta Industrial Chivilcoy
Planta Industrial Sunchales
Planta Industrial San Guillermo
Planta Industrial Brinkmann
Planta Industrial Devoto

Depósito de Maduración de Quesos Gálvez
Planta Industrial Hurlingham
Planta Industrial La Carlota
Planta Industrial Balnearia
Planta Industrial Centeno
Planta Industrial Ceres
Planta Industrial Coronel Charlone
Planta Industrial Coronel Moldes
Planta Industrial Morteros
Planta Industrial San Justo
Planta Industrial Moisés Ville

Seus produtos se encontram em toda a Argentina e nos cinco continentes, devido à ampla rede comercial da SanCor.

Liderança comercial

Por meio de 14 filiais de vendas, um escritório de vendas, uma delegação de vendas e um centro de distribuição que abastece 400 concessionárias ou clientes atacadistas independentes, a cobertura nacional alcança 1.500 supermercados e 85 mil comércios varejistas.

Além disso, a cooperativa conta com filiais no Brasil, a SanCor do Brasil Produtos Alimentícios; nos Estados Unidos, a SanCor Dairy Corporation; delegações no México e outros países da América Latina.

Centro de distribuição número 1, Buenos Aires Norte
Filial de Vendas La Plata
Filial de Vendas Rosario
Filial de Vendas Bahía Blanca
Filial de Vendas Mar del Plata
Filial de Vendas Córdoba
Filial de Vendas Santa Fe
Filial de Vendas Mendoza
Filial de Vendas Tucumán
Filial de Vendas Resistencia
Oficina Comercial Posadas
Filial de Vendas Quilmes
Filial de Vendas Río Cuarto
Filial de Vendas Neuquén
Filial de Vendas General Pico
Vendas a Clientes Especiales
SanCor do Brasil Produtos Alimentícios Limitada
SanCor Dairy Corporation

Qualidade

A SanCor estabeleceu uma política rigorosa de qualidade, que contempla integrar a todos no processo de superação permanente e apoiar a competitividade na excelência.

Oferecer aos mercados produtos de boa qualidade constava, de forma explícita, entre os objetivos que os fundadores da SanCor se propuseram a alcançar. Seu produto exclusivo na etapa inicial, a manteiga, também origem das exportações da cooperativa, mereceu imediatamente o reconhecimento dos consumidores e alcançou um significado emblemático dentro do mercado.

O critério aplicado na elaboração de manteiga passou a ser norma de referência para as especialidades que posteriormente ampliaram sua linha de lácteos.

Atualmente, a SanCor aplica as normas ISO 9002, com certificação internacional, em três de seus principais polos industriais; em outros, as operações são asseguradas mediante o método HACCP. Os cuidados relacionados com a qualidade contam com o apoio de programas de capacitação do pessoal, assim como convênios de complementação com instituições ou organismos nacionais e internacionais especializados na questão.

As ações ligadas à qualidade também incluem o controle de insumos e abrangem os estabelecimentos fornecedores de matéria-prima, cujo sistema de pagamento estimula sua entrega em condições ótimas.

O cuidado com o meio ambiente é um aspecto-chave das atividades da SanCor, o qual se materializou em significativos investimentos.

Particularmente, os estabelecimentos de instalação mais recente contam com elementos e processos de última geração.

Minimizar os efluentes gerados pelas unidades de recepção e processamento de matéria-prima é um objetivo da otimização dos processos produtivos, de acordo com a política ambiental promovida pela empresa.

Em todas as unidades industriais funciona um Sistema de Gestão Ambiental, com base na norma internacional ISO 14001, cujo fim é regular e racionalizar as operações internas, em busca da autogestão e de uma melhoria contínua dos padrões ambientais.

A missão da cooperativa, sua razão de ser e eixo de sua filosofia empresarial é:

> Otimizar o valor do leite entregue por nossos associados e maximizar seus lucros, para satisfazer as expectativas dos consumidores, administrar de maneira flexível sua operação e assim promover o desenvolvimento das pessoas que integram seu sistema cooperativo e o das comunidades em que atua.

Sua visão:

> Ser a empresa láctea líder da Argentina e América Latina, e crescer em projeção internacional, a partir do enfoque em nossos negócios principais e o fortalecimento de nosso sistema cooperativo.

Processo do controle da qualidade

O trato dos animais é realizado com muita tranquilidade, para minimizar o nível de estresse e otimizar assim seu rendimento. Quando já estão em seu lugar, são lavadas as úberes cuidadosamente, com estimulação manual para que as vacas colaborem na saída do leite.

Cada vaca é ordenhada durante quase seis minutos. Utilizam-se equipamentos de ordenha de avançada tecnologia que, mediante tubulações especiais, enviam o leite para os sistemas de esfriamento, que o mantêm refrigerado até sua retirada.

O cuidado extremo da higiene é o fundamento da qualidade do leite da SanCor. Uma prática normal e habitual para manter a qualidade baseada na higiene é que, na conclusão da ordenha, o equipamento é enxaguado e posteriormente lavado com detergente alcalino clorado, para garantir sua limpeza e desinfecção. A sala de ordenha é varrida e lavada.

Quando o leite chega às unidades industriais, é submetido a estritos controles físico-químicos e bacteriológicos; depois, é enviado por tubulações a tanques de armazenagem. Esses tanques se localizam dentro de silos térmicos. Neles, é realizada a preparação da matéria-prima, que consiste na padronização e depois a pasteurização. Depois dessas duas etapas, o leite está pronto para ser processado.

De acordo com o produto a elaborar (leite UAT, leite em pó, queijo, doce de leite, iogurte) seguem-se diferentes procedimentos.

Por meio de máquinas automáticas, os diferentes produtos são fracionados em recipientes herméticos.

Também são controladas as exigências do código de alimentação.

Por meio de caminhões dotados de equipamentos de refrigeração e sujeitos aos máximos controles de higiene e temperatura, os produtos são transportados aos centros de distribuição.

A organização utiliza, para a distribuição de seus produtos na Argentina, 14 filiais de vendas, um centro de distribuição, um escritório de vendas e uma delegação de vendas. Eles abastecem 400 concessionárias, que levam os produtos a 1.500 supermercados e 85 mil comércios varejistas.

Os produtos da SanCor são exportados para mais de 30 países nos cinco continentes.

A seguir, mostramos o processo completo da elaboração dos produtos lácteos:

Nos estabelecimentos rurais:

- Encaminhamento para o setor de ordenha.
- Higiene das vacas.
- Ordenha.
- Envio do leite para os equipamentos de esfriamento.
- Limpeza dos equipamentos de ordenha.
- Limpeza e desinfecção da sala.
- Coleta do leite.

Nas unidades industriais:

- Controle da matéria-prima.
- Armazenamento em silos térmicos.
- Preparação da matéria-prima (padronização e pasteurização).
- Elaboração dos diferentes produtos.
- Fracionamento do produto.
- Embalagem.

Etapa de comercialização:

- Envio para as filiais de vendas e centros de distribuição.
- Venda às concessionárias.
- Abastecimento de supermercados e comércios varejistas do país e do exterior.

Os tipos de produtos, com diferentes apresentações, passam de cem. Sua participação no mercado nacional é a seguinte:

Manteiga, 35%; queijos, 20%; leite em pó, 25%; doce de leite, 15%; leite resfriado, 16%; iogurte e leites especiais, 17%; leite pasteurizado, UAT, 41%; nata, 46%; pudins e sobremesas, 12% e soro de queijo em pó, 30%.

As marcas utilizadas são SanCor, SanCor Bio, SanCor BioSalud, Yogs, SanCor Natur, SanCor Vida e SanCor Mix (iogurtes), SanCorito e SanCorito Crunchy (pudins e sobremesas), SanCor Infantil, SanCor Bebé, SanCor Primeros Años, SanCor Mamá e SanCor Prematuro (leites modificados), Los Maestros Queseros e San Regim (linha de baixas calorias).

Perguntas

1. Qual é a estratégia competitiva da SanCor?
2. Qual é sua cadeia de valor?
3. Qual é a disciplina de valor, de acordo com Treacy?
4. Qual é a cultura organizacional do projeto?
5. Compare a cadeia de valor com a cadeia da La Serenísima.
6. Qual é a estratégia para agregar valor às marcas?

CONCLUSÕES DA TERCEIRA PARTE

Organização global e empresarial

Esta conclusão da terceira parte se refere à organização global e empresarial. Primeiro, o enfoque internacional está na análise das práticas organizacionais no Japão, Estados Unidos, República Popular da China, México e Colômbia. Em segundo lugar, estuda-se o serviço da qualidade na Europa, América do Norte e Japão. Depois, analisam-se as formas legais e a propriedade organizacional e intelectual de novos projetos. Por último, o caso da indústria automobilística global é ilustrado com a companhia de autos Lexus.

Práticas organizacionais no Japão, Estados Unidos, China, México e Colômbia[1]

Nas conclusões da segunda parte foram comparadas as práticas administrativas de planejamento do Japão, Estados Unidos, China, México e Colômbia. Nas conclusões desta outra parte se procederá a uma análise similar da função administrativa de organizar, e na tabela complementar aparece uma versão sintetizada.

Organizar significa estabelecer uma estrutura para coordenar os esforços humanos, para que os indivíduos possam contribuir eficaz e eficientemente a favor dos propósitos da empresa. Isso representa determinar funções, responsabilidades e prestação de contas.

Organização no Japão[2]

Devido sobretudo à busca de consensos na tomada de decisões, nas companhias japonesas tem ênfase a responsabilidade e a prestação de contas coletivas. Em consequência, as responsabilidades individuais são implícitas, em vez de serem definidas explicitamente. Embora isso contribua para desmotivar a atribuição de culpas aos indivíduos por uma decisão incorreta, o certo é que também pode gerar um alto grau de incerteza. Na verdade, a estrutura organizacional é ambígua, tanto que o desestímulo da autoridade formal promove a informalidade e o igualitarismo. Outra característica das empresas japonesas é uma cultura e filosofia organizacionais comuns, o que significa um alto valor da unidade e harmonia dentro da organização. Ao mesmo tempo, prevalece um elevado espírito competitivo em relação às demais empresas. A mudança organizacional é efetuada mediante a modificação de processos, sempre visando manter

---

1 As fontes de informação aparecem na nota de rodapé 6 da segunda parte. Ademais, para as redes corporativas e os costumes administrativos japoneses, ver Anita D. Bhappu, "The Japanese family: An institutional logic for Japanese corporate networks and Japanese management". *Academy of Management Review*, abril de 2000, p. 409-415. Lembre: as práticas administrativas chinesas são as da empresa paraestatal. Sobre a diminuição do poder dessas empresas, ver "China – The withering away of the party". *The Economist*, 1º de junho de 2002, p. 40.

2 Para um excelente levantamento da bibliografia sobre organização e propostas para o futuro da administração japonesa, ver J. Bernard Keys, Luther Trey Denton e Thomas R. Miller, "The Japanese management theory jungle revisited". *Journal of Management*, v. 20, n. 2, 1994, p. 373-402.

TABELA C3.1 Comparação das formas de organização japonesa, norte-americana, chinesa, mexicana e colombiana*

Administração japonesa	Administração norte-americana	Administração chinesa	Administração mexicana	Administração colombiana
1. Responsabilidade e prestação de contas coletiva	1. Responsabilidade individual	1. Responsabilidade coletiva e individual	1. Responsabilidade individual e coletiva	1. Responsabilidade individual
2. Responsabilidade ambígua na tomada de decisões	2. Responsabilidade clara e específica para tomar decisões	2. Tentativas de introduzir o "sistema de responsabilidade industrial"	2. Responsabilidade específica para a tomada de decisões	2. Tomada de decisões centralizada
3. Estrutura informal de informação	3. Estrutura formal da organização burocrática	3. Estrutura de organização formal burocrática	3. Estrutura formal da organização com gestão informal de informação	3. Estrutura de organização formal, burocrática.
4. Cultura e filosofia comuns da organização bem conhecidas, espírito competitivo perante outras empresas	4. Carência de uma cultura organizacional comum: identificação com a profissão, e não com a companhia	4. Identificação com a companhia, mas sem espírito competitivo	4. Cultura organizacional em processo de mudança; espírito competitivo, mais individual que institucional	4. Ausência de uma cultura organizacional comum; atitude competitiva mais entre níveis hierárquicos do que entre outras empresas

* As fontes de informação constam na nota 6 da segunda parte.

a harmonia entre os afetados. Do mesmo modo, o agente de mudança (o consultor de desenvolvimento da organização) é quase sempre um funcionário da companhia, e não um consultor externo.

Organização nos Estados Unidos

As organizações norte-americanas focam a responsabilidade individual, o que representa definir e explicitar quem é responsável pelo quê. Frequentemente, nas descrições específicas de cargos são esclarecidos a natureza e grau das responsabilidades individuais. Muitas organizações, especialmente as que operam em condições estáveis, tiveram sucesso na aplicação de estruturas organizacionais formais burocráticas. Com respeito ao ambiente que predomina nas empresas, poucos administradores fazem esforços especiais para criar uma cultura organizacional compartilhada. Isso pode ser difícil pelo fato de que os profissionais (tanto administrativos como técnicos) costumam identificar-se mais estreitamente com sua profissão do que com uma companhia em particular. Além disso, a força de trabalho é formada, em geral, por pessoas com diferentes valores, devido a suas diferentes tradições culturais. O índice de rotatividade dos funcionários de muitas empresas é muito elevado, devido em parte à grande mobilidade da população, o que prejudica a lealdade com as empresas. A mudança organizacional costuma ser realizada mediante a modificação das metas, mais do que dos processos. Entretanto, nas organizações cujos agentes de mudança se inclinam a favor das ciências da conduta, é dada, às vezes, atenção particular aos processos interpessoais, para reduzir conflitos e melhorar o desempenho. Nos Estados Unidos, é muito comum recorrer a consultores externos de desenvolvimento organizacional, diferentemente do Japão.[3]

Organização na China

As práticas administrativas chinesas são muito influenciadas pelo fato de que as empresas são propriedade do Estado, e sua condução é realizada por funcionários públicos. Isso gera uma estrutura organizacional burocrática, incapaz de responder de maneira adequada a novas condições. É provável que essa estrutura não tenha sido decisiva (mas sim, ineficaz) no passado, pois anteriormente os administradores não tinham de lidar com organizações concorrentes. Isso mudou principalmente porque a China foi admitida como membro da Organização Mundial de Comércio (OMC), em 2001. Embora se espere que os administradores de fábricas individualmente cumpram o plano anual, nos níveis inferiores prevalece a noção de uma vaga responsabilidade coletiva. Dentro da estrutura burocrática formal, as relações entre as pessoas são de caráter bem mais informal. Quem lidera a organização não é sempre quem tem o poder. As relações pessoais e familiares e o direito de antiguidade costumam ser mais importantes do que a autoridade formal.

Recentemente, por meio do "sistema de responsabilidade industrial", foram realizadas tentativas de delegar mais autoridade para os níveis inferiores. As fábricas já estão autorizadas a gerar lucros. Como no Japão, também nas empresas chinesas persistem sólidas culturas organizacionais. As pesquisas com relação a isso indicam que o grau de identificação com a empresa varia muito, mas um baixo nível de compromisso com a empresa não gera mudanças organizacionais frequentes, pois é muito difícil mudar de cargo entre organizações estatais. Do mesmo modo, impera uma falta de espírito competitivo entre os funcionários, diferentemente do que acontece nos Estados Unidos.

Organização no México

As organizações produtivas mexicanas tradicionalmente se integram sobre a base de uma divisão horizontal do trabalho e vertical das decisões. A definição de unidades administrativas, níveis hierárquicos e funções normalmente deriva do objetivo contido em seu instrumento jurídico de criação, da visão de negócio de seu titular e da alta administração, assim como das condições do mercado em que participam.

3 "Zhengxu Wang reforming state – Owned enterprises in China: Two decades of struggles", Universidade de Chicago. Disponível em: http://cosa.uchicago.edu/zhengxuwang6.htm, acesso em 4 de junho de 2002.

Sua estrutura orgânica é formal e define com clareza a atribuição de tarefas. Mas, paralelamente, existe uma grande quantidade de dados informais, o que faz com que a cultura organizacional seja percebida como um vínculo individual mais do que institucional, circunstância que mostra seus efeitos nos índices de rotatividade do pessoal.

Na atualidade, as organizações encaram sérios processos de mudança, que é um fator decisivo para complementar os modelos regidos pela administração clássica, estabelecendo grupos de trabalho com equipes de alto desempenho, orientados ao compromisso, que estão contribuindo para criar um ambiente de trabalho-aprendizagem que incrementa a motivação e criatividade em seus esquemas e normas de atuação.

Organização na Colômbia

Pode ser observada a organização da perspectiva da estrutura, dos processos e dos mecanismos que determinam as relações entre os membros da empresa.

Do primeiro ponto de vista, a empresa é concebida como um sistema que transforma insumos em produtos, de maneira que a estrutura somente reconhece como legítimas as funções que se referem a esse processo de transformação. Esse enfoque dá lugar a uma das principais deficiências das organizações colombianas: a estrutura não incorpora os processos que se referem ao aperfeiçoamento, à aprendizagem, à inovação e à busca de flexibilidade.

As estruturas predominantes são aptas para administrar a rotina, para a execução das mesmas operações repetitivas do passado. A estrutura reconhece o óbvio, o tangível, o mais simples; mas as ações que mais profundamente determinam a capacidade competitiva das organizações, o mais sutil, o mais complexo, são completamente ignorados: não existem órgãos para administrar a flexibilidade nem a inteligência institucional.

A organização é vista como um sistema de relações entre as pessoas que a formam, o projeto estrutural é orientado pelos princípios clássicos, que destacam as relações de autoridade e subordinação e a necessidade de delimitar funções e responsabilidades como uma condição necessária para qualificar os méritos individuais e atribuir prêmios e sanções.

Nos últimos anos, as reformas na estrutura organizacional se basearam em um ou mais destes quatro critérios de projeto:

- Conseguir que a estrutura se ajuste mais estritamente à missão e à estratégia.
- Reduzir o número de níveis hierárquicos em busca de uma estrutura mais achatada.
- Incorporar a administração da melhoria dos processos, priorizando a qualidade e o atendimento ao cliente.
- Introduzir uma maior flexibilidade mediante a gestão de projetos.

Embora se fale com insistência sobre o clima trabalhista e se façam declarações sobre a importância dos recursos humanos, ainda não aparece na estrutura um órgão que assuma formalmente a administração sistemática dos comportamentos organizacionais.

Essa carência, unida à já mencionada sobre a situação incipiente dos órgãos de governo, são os dois problemas de maior importância que afetam o projeto das estruturas organizacionais das empresas colombianas.

Enfoque internacional

Organizar para o serviço da qualidade na Europa, América do Norte e Japão[4]

A excelência no serviço será um dos fatores-chave do sucesso no ambiente competitivo mundial. John Humble, com o apoio do Management Centre Europe e sua matriz, a American Management Association, assim como a Japanese Management Association, realizou um estudo internacional histórico sobre o serviço no fim da década de 1980. Participaram do estudo um total de 3.375 gerentes de alto e médio nível: 1.300 europeus, quase o mesmo número de norte-americanos e canadenses e quase 800 japoneses. Embora fossem encontradas diferenças entre europeus, norte-americanos e japoneses, todos pareciam estar de acordo sobre a importância de um serviço superior.

Neste artigo, o conceito de serviço foi utilizado em um sentido amplo, aplicado à filosofia, políticas, procedimentos externos e internos e outros elementos selecionados.

Resultados gerais

Em resumo, estes foram os resultados: mais de 90% dos participantes no estudo consideraram que o serviço seria mais importante nos próximos cinco anos. Possivelmente, mais importante para os gerentes é que cerca de 80% dos participantes consideraram que melhorar a qualidade do serviço seria "a chave para o sucesso competitivo". Oferecer um serviço superior não está limitado às posições de alta administração ou de menor nível; 92% dos participantes declararam que é uma das responsabilidades-chave de qualquer cargo.

Satisfação do cliente

Uma análise mais detalhada do estudo destaca alguns resultados interessantes. Quando os participantes foram questionados sobre a importância do serviço cinco anos atrás, comparada com a dos cinco próximos, os japoneses atribuíram maior importância ao serviço do que os europeus ou os norte-americanos. Alguns motivos baseiam-se na questão de que é um fator de diferenciação elementar, a concorrência é mais feroz e os clientes são mais exigentes do que no passado.

Eram utilizados diversos meios para melhorar o serviço: discussões com a força de vendas, reuniões regulares entre clientes e a alta administração, pesquisa de mercados de clientes potenciais e questionários para os clientes. Em todos os critérios para melhorar o serviço, os japoneses se qualificaram mais alto do que os europeus e os norte-americanos.

---

[4] Baseado na pesquisa realizada por John Humble e Domenico Fanelli, "Service: The new competitive edge", Bruxelas: *Management Centre Europe*, sem data. A pesquisa começou em 1988 e continuou até 1989. Extratos resumidos com autorização de John Humble.

Para medir o grau de satisfação do cliente, foram utilizados diversos métodos. Os japoneses obtiveram uma pontuação superior à dos europeus e norte-americanos em todos os critérios. Houve algumas diferenças interessantes entre os participantes norte-americanos e europeus nos métodos utilizados para medir a satisfação, que incluíram visitas pessoais de representantes de vendas e gerentes, análise das queixas dos clientes, reuniões focadas em grupos de clientes, uso de profissionais independentes e de questionários (europeus, 65%; norte-americanos, 97%) e serviços telefônicos gratuitos (europeus, 39%; norte-americanos, 51%). É surpreendente como os japoneses medem a satisfação do cliente. Ao perguntar se as companhias haviam quantificado os padrões de desempenho, só 36% dos japoneses responderam que "sim" (os europeus, 59%; os norte-americanos, 58%), enquanto 53% responderam "não" (europeus, 32%; norte-americanos, 38%). Os outros participantes responderam "não sei". Pelos dados, parece que os japoneses são os que mais sentiram com relação ao serviço ao cliente.

Organizar para a excelência no serviço

Na organização para um excelente serviço, os participantes das três áreas disseram que a burocracia costuma interferir na tarefa de eliminar barreiras. Uma descoberta muito interessante é o grau de autoridade concedido aos gerentes para satisfazer os clientes. Especificamente, quando se perguntou aos participantes "Em sua organização, você tem autoridade para utilizar seu próprio julgamento para satisfazer o cliente?", 84% nos Estados Unidos e 68% na Europa responderam "sim", mas só 34% no Japão. Isso indica com clareza o enfoque individualista da administração nos Estados Unidos perante o enfoque de grupo que busca o consenso no Japão.

Consequências da pesquisa

Os resultados da pesquisa têm importantes consequências. Os gerentes e os não-gerentes precisam prestar mais atenção ao serviço para continuar competitivos. A capacitação é uma resposta. É preciso também observar os enfoques dos concorrentes ao prestar serviços a seus clientes. Além disso, a satisfação do cliente deve ser monitorada sistematicamente. Possivelmente, o mais importante é que o compromisso com o atendimento melhorado ao cliente deve ser parte importante da tarefa de todos (incluído como um padrão de desempenho) e um aspecto integral do plano estratégico da companhia.

Enfoque empresarial

Formas legais de organização e propriedade intelectual de novos projetos

Em um contexto empresarial, organizar costuma incluir os passos iniciais que os fundadores de uma nova empresa dão para estabelecer legalmente a organização. Este passo organizacional é essencial, pois o novo projeto não existe oficialmente até que tenha algum reconhecimento governamental de seu status. Isso significa que os fundadores e gerentes da organização devem seguir determinados passos legais para estabelecer o projeto. As novas empresas podem adotar diversas formas legais em uma destas três categorias: propriedade única, sociedade ou corporação.[5]

Propriedade única é uma forma legal e reconhecida de uma organização; entretanto, a organização não distingue o proprietário da empresa. Por exemplo, John Smith pode estabelecer a companhia "ABC" como propriedade única, com o propósito de fazer empresas, mas a lei reconhece que a companhia ABC é uma extensão de John Smith e ele é, portanto, responsável por todos seus assuntos (gastos e obrigações). A propriedade única é uma forma legal comum de empresa nos Estados Unidos porque é simples e barata de estabelecer. No entanto, não proporciona um mecanismo para reunir quantidades significativas de capital, tampouco proporciona limites à responsabilidade da empresa para o empresário/fundador.

Uma sociedade é outra entidade de empresas de formação comum, em que dois ou mais fundadores são proprietários do conjunto de empresas e compartilham os lucros e obrigações da organização. Organizar uma empresa como sociedade tem vantagens, pois os sócios compartilham os custos e contribuem com seus talentos e recursos únicos para a empresa. Todos os sócios, porém, são igualmente responsáveis pelas obrigações da empresa. Um contrato de sociedade deve ser redigido de maneira que defina com clareza as responsabilidades de todos os sócios.

A corporação é apropriada para organizações que precisam reunir quantidades importantes de capital acionário. Como a corporação é uma entidade legal independente dos proprietários, as participações (ações) da corporação podem ser vendidas para financiar as operações e investimentos da companhia. Além disso, como a corporação é uma entidade legal independente, os proprietários não são responsáveis pelas dívidas da corporação além de sua propriedade de capital.[6]

A Tabela C3.2 apresenta um resumo de problemas específicos de controle, administração e responsabilidade de vários tipos de formas organizacionais. Foram proporcionados por Hason Bridgett Marcus Vlahos & Rudy, LLP, destacada corporação de escritórios de advogados de São Francisco. Pode servir como um guia útil para gerentes empresariais que pensam lançar um projeto novo no Vale do Silício, ou em outro lugar.

Tabela C3.2 Comparação de empresas em 2006[7]

	Controle	Administração	Obrigações	Lucros
Proprietário único	Proprietário	Proprietário	Proprietário /seguro	Proprietário
Sociedade geral	Sócios	Sócios ou designado	Sócios /seguro	Sócios ações
Sociedade limitada	Geral /limitado	Sócio geral ou designado, NÃO os sócios limitados	Sócio geral e sociedade limitada /seguro	Sócios gerais e limitados conforme contrato

(continua)

[5] Ver "California corporation law", de Marsh, Harold, R. Roy Finkle e Larry W. Sonsini, *Aspen Law and Business Publishers*, 4. ed., Ring, janeiro de 2000, para uma análise ampla de todos os aspectos da lei corporativa da Califórnia.

[6] Ver "Entrepreneurship: Starting and operating a small business", de Mariotti, Steve, *Pearson Prentice Hall*, 2007, para uma breve análise das vantagens e desvantagens de cada tipo de entidade legal.

[7] Resumo da "Corporate Entity Table" criada por Jonathan Storper, sócio legal de Hanson Bridgett Marcus Vlahos & Rudy, LLP.

TABELA C3.2 (*conclusão*)				
	Controle	**Administração**	**Obrigações**	**Lucros**
Corporação	Conselho e acionistas	Conselho e funcionários	Corporação, mas o conselho e funcionários têm dever fiduciário	Acionistas como dividendos ou salários
Corporação	Conselho e acionistas	Conselho e funcionários	Corporação, mas o conselho e funcionários têm dever fiduciário	Acionistas como dividendos ou salários. Se os lucros não são rateados, a distribuição excessiva poderia ser tratada como a criação de uma 2ª classe de ações
Corporação profissional	Limitações em porcentagem de proprietários sem licença	Conselho e funcionários	Corporação, mas o conselho e funcionários têm dever fiduciário	Limitações em porcentagem de receptores de distribuições sem licença
Não lucrativa	Conselho fiduciário/ membros votantes	Conselho e funcionários	Maiores limitações na responsabilidade permitida/ seguro	Não distribuídas
Companhias de responsabilidade limitada	Gerente e/ou membros	Gerentes e/ou membros e/ou funcionários	Companhia de responsabilidade limitada, mas o gerente ou os membros dirigentes têm dever fiduciário /seguro	Membros, conforme contrato de operação ou contribuição
Sociedade de responsabilidade limitada	Sócios: 1. Advogados 2. Contadores 3. Arquitetos	Sócios ou designado	LTDA; cada sócio só terá uma responsabilidade pessoal limitada por reclamações contra outros sócios ou LTDA; a responsabilidade pode ser coberta /seguro	Sócios, conforme contrato de sociedade ou contribuição

A escolha da entidade legal é uma ação administrativa crucial, pois facilita e limita o tipo de opções organizacionais disponíveis. Estas decisões organizacionais iniciais dos gerentes da empresa determinam em grande medida o futuro de uma companhia nova. Como destacamos na Tabela C3.2, o controle e a administração da organização são determinados, em parte, pela forma legal da empresa. Estará a empresa mais bem organizada como uma sociedade de partes iguais ou uma corporação de propriedade de acionistas e dirigida por membros do conselho? Como serão divididos os lucros? Quem é responsável pelos gastos e obrigações da empresa? Essas questões são determinadas em grande medida pela escolha da entidade legal. Portanto, os gerentes devem entender a fundo as necessidades das empresas que administram e a melhor entidade legal que ajude a organizar este projeto.

Propriedade intelectual

Para organizar uma companhia, os gerentes devem ser capazes de desenvolver e impulsionar os ativos intelectuais da empresa. Ideias e conhecimentos criados pelos funcionários da companhia podem se tornar ativos da empresa mediante o desenvolvimento de direitos de propriedade intelectual. A propriedade intelectual pode ser um recurso vital para as empresas e costuma servir como uma competência central da companhia, a qual pode ser desenvolvida em muitos produtos e serviços diferentes. A propriedade intelectual pode tomar várias formas. Tipos comuns de propriedade intelectual incluem direitos registrados, marcas registradas, patentes e segredos industriais.

Uma breve panorâmica destes tipos de propriedade intelectual é apresentada na Tabela C3.3. Os dados foram proporcionados por Wilson Sonsini Goodrich and Rosati, uma destacada empresa legal de investimentos, no Vale do Silício.[8]

TABELA C3.3 Resumo de tipos de propriedade intelectual

Direitos registrados	Protegem os trabalhos originais de autoria documentados em qualquer meio tangível de expressão. Protegem a expressão, não a ideia. E só contra a cópia, não a criação independente. A propriedade inicialmente está no autor, a menos que seja um trabalho contratado. Os materiais deverão ser marcados ©2006 (Nome). O registro não é exigido para ter os direitos de registro, mas é necessário para proceder a uma ação legal por violação dos direitos registrados.
Marca registrada/marca de serviço	É uma palavra, slogan, desenho, imagem ou símbolo utilizado para identificar e distinguir bens ou serviços no comércio. As marcas registradas ou as marcas de serviço identificam a fonte dos bens e funcionam comercialmente para permitir aos consumidores esperar uma qualidade consistente. Pelo menos a primeira letra da marca registrada deve vir em maiúscula, e o símbolo ® (para marcas com registro federal) deve aparecer junto à marca.
Patente	Dá o direito de o proprietário excluir outros de fabricar, utilizar ou vender.
Patentes de utilidade	São utilizadas para um artigo ou método novo e útil.
Patentes de desenho	São características ornamentais visuais incluídas em, ou aplicadas a, um artigo de manufatura. É inseparável do artigo e não pode existir isoladamente. Características funcionais não são protegidas pela patente de desenho.
Segredo industrial	Informação que pode ser descrita com a particularidade de separá-la de assuntos de conhecimento geral no mercado. A informação envolve valor econômico independente, por não ser de conhecimento geral.

Organizar a propriedade intelectual de uma empresa de maneira adequada pode levar a receitas significativas para os acionistas.[9] Entre as empresas de tecnologia foi dada muita atenção à organização de um portfolio de patentes eficaz e ao uso estratégico do registro de patentes. Em essência, uma companhia pode pôr sob vigilância o terreno relacionado com seus produtos centrais registrando patentes sobre tecnologias ou processos relacionados com sua linha de empresas. Este tipo de estratégia organi-

[8] Resumo de uma apresentação de Cecily Anne O'Reagan, destacada advogada de Wilson Sonsini Goodrich and Rosati, LLP.

[9] Ver também "Technology ventures: from idea to enterprise", de Dorf, Richard C. e Thomas H. Byers, McGrawHill, 2007, 2. ed., para uma análise da propriedade intelectual em projetos de alto crescimento tecnológico.

zacional de patentes agrega valor à empresa de duas maneiras. Incrementa o valor das opções de desenvolvimento futuro do produto relacionadas com o portfolio de patentes da empresa (como possíveis produtos futuros que partem de uma tecnologia em particular que agora é propriedade da empresa). Ter um portfolio amplo de patentes também incrementa as oportunidades de licenças potenciais, na medida em que outras empresas queiram desenvolver produtos relacionados com tecnologia propriedade da empresa que tem as patentes e são obrigadas legalmente a pagar à empresa pelos direitos de produzir e vender um produto que utiliza essa tecnologia.[10]

Embora frequentemente seja dada muita atenção às patentes, o uso eficaz de segredos industriais, direitos adquiridos e marcas registradas também pode fortalecer o valor da empresa. A estrutura organizacional pode desempenhar um papel na administração da propriedade intelectual (PI). Por exemplo, quem deve ter acesso e a quais elementos do portfolio de patentes da empresa? Como se podem utilizar melhor as patentes de uma empresa entre as diversas unidades organizacionais? A capacidade inovadora de uma empresa pode ser fortalecida pela organização de sua propriedade intelectual? Que estrutura de criação de departamentos é a mais adequada para o portfolio da PI de uma empresa em particular? Que grau de centralização ou descentralização do controle da PI de uma empresa é o melhor? Deve ser estabelecido um departamento separado para fiscalizar a propriedade intelectual de uma empresa e autorizar seu uso a outros elementos de uma companhia? Um gerente deve procurar as melhores respostas a estas perguntas no desenvolvimento de uma estratégia organizacional adequada para a empresa.

Caso da indústria mundial de automóvel

Como o Lexus nasceu e continuou seu sucesso nos Estados Unidos. Mas terá sucesso também no Japão?[11]

Um dos melhores exemplos da concorrência mundial está no mercado do automóvel. À medida que os japoneses conseguiam participação de mercado nos Estados Unidos, os fabricantes de automóveis norte-americanos pediram que os japoneses se autoimpusessem cotas sobre os carros exportados para os Estados Unidos. Isso incentivou as empresas japonesas não só a estabelecer suas unidades nos Estados Unidos, mas também a construir automóveis maiores e luxuosos para concorrer com os automóveis norte-americanos de maior preço e os caros automóveis europeus, como a Mercedes e a BMW.

Um desses automóveis japoneses é o Lexus, da Toyota. Esse automóvel visa a clientes que gostariam de comprar uma Mercedes ou uma BMW, mas não podem pagar por ela. Com um preço de US$ 35 mil, o Lexus é substancialmente mais barato do que as importações europeias comparáveis.

Em 1983, a Toyota se propôs a desenvolver o melhor automóvel do mundo, focando a Mercedes e a BMW. A meta era produzir um carro silencioso, confortável e seguro, que pudesse viajar a 240 kph e evitar o elevado imposto

---

[10] Ver também "Top ten practical tips for strategic patent portfolio management", de Liu, Michele e Dennis Fernández, *USF Entrepreneur Newsletter*. Disponível em: http://www.usfca.edu/sobam/nvc/newsletter/2005/9/2.html.

[11] Foram utilizadas fontes diversas: Taylor III, Alex, "Here come Japan's new luxury cars". *Fortune*, 14 de agosto de 1989, p. 62-66; Zellner, Wendy, "Two days in Boot Camp: Learning to love Lexus". *BusinessWeek*, 4 de setembro de 1989, p. 87; Landler, Mark e Wendy Zellner, "No joyride for Japan", *BusinessWeek*, 15 de janeiro de 1990, p. 20-21; "Mercedes-Benz unit in U.S. to unveil car priced under $30,000". *Wall Street Journal*, 31 de agosto de 1990; Technical Notes, Motor Age, novembro de 2001, p. 45; "Lexus ES 300 engineering demands: Quiet handling". *Automotive News*, 6 de agosto de 2001, p. 16; "Lexus 2001 technology preview", *Motor Age*, janeiro de 2001, p. 38; "Two boulevard cruisers that flip their lids". *BusinessWeek*, 8 de outubro de 2001, p. 118; "Near-luxury is a problem for Cadillac". *Automotive Industries*, maio de 2001, p. 20; Lexus. Disponível em: http://www.lexus.com, acesso em 1º de outubro de 2006; e http://www.lexussafety.com, acesso em 1º de outubro de 2006.

aos carros de alto consumo de gasolina. Isso parecia ser uma ideia de metas incompatíveis: os carros rápidos pareciam irreconciliáveis com os eficientes no consumo de combustível. Para igualar essas metas em conflito, cada subsistema do carro teria de ser examinado com todo cuidado, melhorado se fosse possível e integrado ao projeto geral. A primeira versão do motor de 32 válvulas de 8 cilindros em V não cumpriu o requisito de economia de combustível. Os engenheiros aplicaram uma técnica para solucionar problemas chamada "contramedidas a fundo na fonte". Isso significa uma tentativa de melhorar cada componente até alcançar os objetivos do projeto. Não só o motor, mas também a transmissão e outros componentes foram submetidos a uma fina análise para que o automóvel cumprisse os requisitos de consumo norte-americanos.

O enfoque da Toyota para alcançar a qualidade é diferente do enfoque dos fabricantes alemães. Estes utilizam processos de produção com mão-de-obra intensiva. Em contraste, a avançada tecnologia de manufatura da Toyota procura a alta qualidade por meio da automatização, que só requer uma fração da força de trabalho utilizada pelos fabricantes alemães. Na verdade, se esta estratégia fosse bem-sucedida, poderia ser a arma secreta para obter a participação no mercado dos automóveis de luxo.

No desenvolvimento do Lexus, cada aspecto do carro foi estudado com cuidado, tendo o consumidor como foco. A carroceria do automóvel e a parte posterior, por exemplo, foram meticulosamente projetadas e testadas em relação à resistência aerodinâmica. Os carros dos concorrentes utilizados como pontos de comparação foram estudados a fundo. As semelhanças do Lexus com a Mercedes e a BMW são inequívocas. Até o nome do Lexus foi escolhido cuidadosamente. Diversos nomes formados por palavras sem sentido foram selecionados por computador. Considera-se que Lexus transmite um sentido de luxo.

Para comercializar o carro, a Toyota estabeleceu uma rede de distribuidores independente, medida adotada antes pela Honda para vender seus carros Acura. De novo, foram aplicados grandes esforços para projetar os showroom e a capacitação dos mecânicos. Para lançar o carro, foram enviados jornalistas à Alemanha, onde eles tiveram a oportunidade de comparar o Lexus com carros Jaguar, BMW e Mercedes na *autobahn*, autoestrada sem limite de velocidade. Depois de seis anos, o automóvel de US$ 500 milhões finalmente nasceu. O que o futuro reserva para o Lexus?

Aos fabricantes europeus lhes preocupa naturalmente a invasão de automóveis de luxo japoneses. A Mercedes e a BMW não só têm de competir no mercado norte-americano, mas também podem enfrentar as ameaças de uma invasão japonesa no continente, conforme a União Europeia avança em direção a um mercado automobilístico mundial.

Desde seu nascimento na década de 1980, o Lexus se tornou um concorrente formidável nos Estados Unidos. Os carros Lexus são conhecidos por sua qualidade, confiabilidade e suavidade na condução. Originalmente, o modelo ES 250 se baseava no Toyota Camry, mais barato, fato que os concorrentes utilizaram em sua publicidade. Entretanto, para 2002, a companhia oferecia diversos modelos, como os automóveis para cinco passageiros LS 430 (por um preço de US$ 54.800 nos Estados Unidos), ES 300, GS 430 e IS 300. Estes automóveis são complementados pelo LX 470, veículo esportivo utilitário para oito passageiros, e o RX 300 para cinco passageiros. Seus críticos consideram alguns dos carros Lexus como veículos de luxo confortáveis, mas quadrados. Esta imagem não se aplica ao Lexus SC 430, que é um conversível de teto duro e retrátil automático. É evidente que o alinhamento de modelos ofuscou a linha Cadillac da General Motors, de grande prestígio. Por outro lado, as marcas alemãs como a Mercedes-Benz, BMW e Audi, assim como a japonesa Infiniti, concorrem pelos mesmos mercados que o Lexus.

O Lexus da Toyota foi um automóvel de luxo bem-sucedido nos Estados Unidos, mas até agora não no Japão. Os compradores de automóveis de luxo japoneses preferiram os carros alemães da BMW, Mercedes e Audi (fabricado pela Volkswagen). Com a popularidade da Toyota no Japão, havia pouca necessidade de introduzir um Lexus de luxo. Mas agora a Toyota vê a oportunidade de vender seu modelo de luxo, o Lexus, a jovens profissionais com dinheiro. Mas isso pode não ser fácil, porque eles apreciam a engenharia alemã.

Automóveis que foram vendidos, semelhantes aos modelos Lexus norte-americanos, circulam no Japão sob a marca Toyota. Talvez fosse uma tarefa difícil para os distribuidores japoneses vender automóveis similares com a marca Lexus. Para preparar a introdução dos modelos Lexus no Japão (o LS 430 estava projetado para 2006), a Toyota capacita seus distribuidores no que foi chamado de a "Universidade Lexus" para comparar seus carros com as marcas alemãs. Se a Toyota tiver sucesso, as japonesas Nissan e Honda podem seguir com a introdução de suas marcas de luxo Infinity e Accord, ambas disponíveis nos Estados Unidos, mas não no Japão.

Perguntas

1. Os fabricantes norte-americanos poderiam aplicar o mesmo enfoque da Toyota para construir um automóvel como esse? Por quê? Quais poderiam ser os obstáculos?
2. Você acredita que o Lexus pode obter uma imagem semelhante à dos automóveis BMW e Mercedes?
3. Prepare um perfil do comprador potencial do Lexus.
4. O que a Mercedes e a BMW devem fazer para contra-atacar a ameaça japonesa nos Estados Unidos e na Europa?
5. Por que o modelo Lexus foi bem-sucedido nos Estados Unidos, mas não foi comercializado no Japão? (Sugestão: revise a frequência de registros de consertos dos automóveis de luxo. Também fale com distribuidores ou proprietários de um Lexus.)
6. Você acredita que o Lexus terá sucesso no Japão? Por quê?

4

Parte

Integração de pessoal

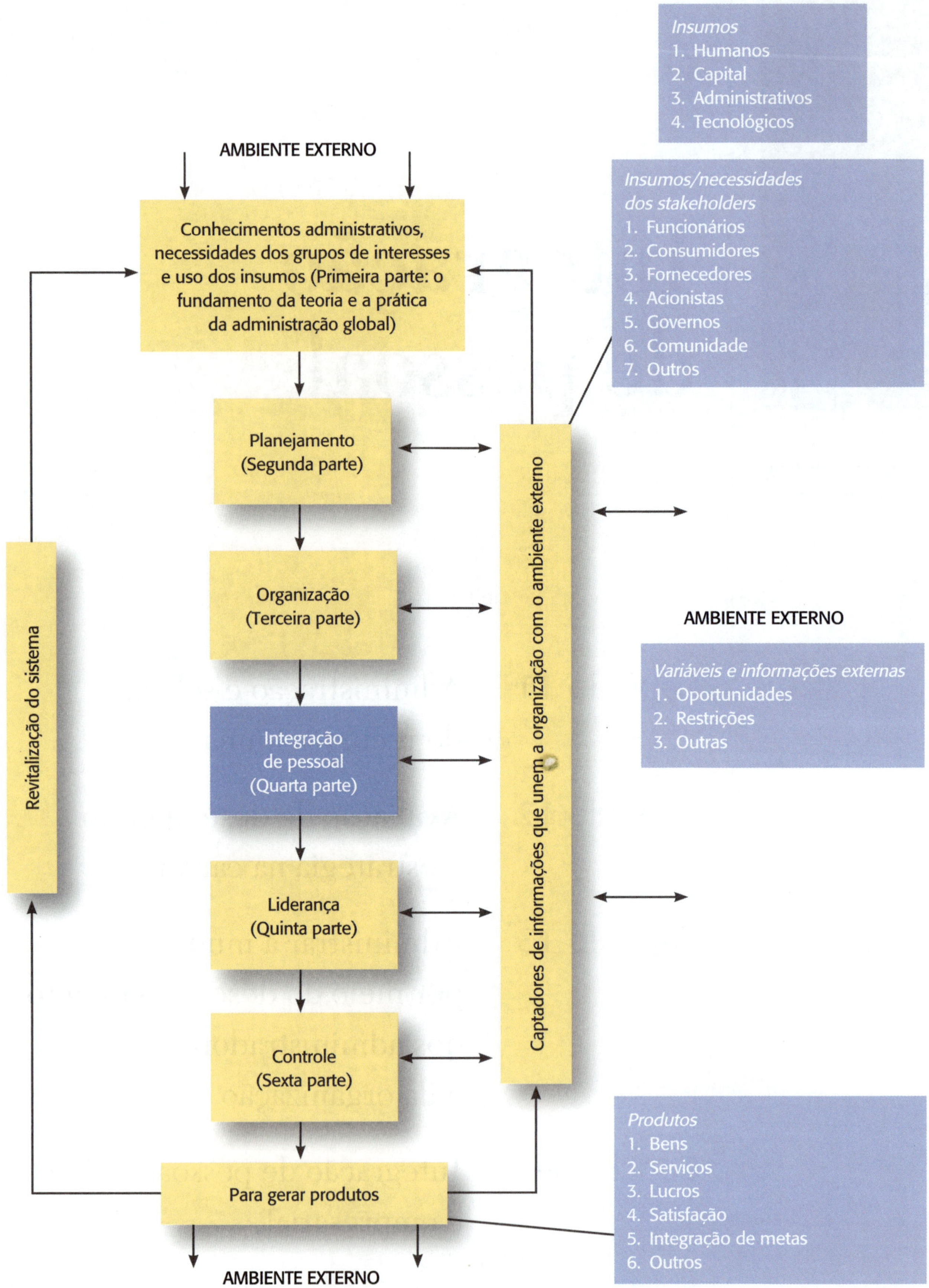

Insumos
1. Humanos
2. Capital
3. Administrativos
4. Tecnológicos
AMBIENTE EXTERNO
Conhecimentos administrativos, necessidades dos grupos de interesses e uso dos insumos (Primeira parte: o fundamento da teoria e a prática da administração global)
Insumos/necessidades dos stakeholders
1. Funcionários
2. Consumidores
3. Fornecedores
4. Acionistas
5. Governos
6. Comunidade
7. Outros
Planejamento (Segunda parte)
Organização (Terceira parte)
Integração de pessoal (Quarta parte)
Liderança (Quinta parte)
Controle (Sexta parte)
Revitalização do sistema
Captadores de informações que unem a organização com o ambiente externo
AMBIENTE EXTERNO
Variáveis e informações externas
1. Oportunidades
2. Restrições
3. Outras
Para gerar produtos
Produtos
1. Bens
2. Serviços
3. Lucros
4. Satisfação
5. Integração de metas
6. Outros
AMBIENTE EXTERNO

Capítulo 11

Administração e seleção de recursos humanos

Objetivos de aprendizagem

Depois de estudar o capítulo, você deverá ser capaz de:

1. Definir a função gerencial da integração de pessoal.
2. Descrever o enfoque de sistemas na administração de recursos humanos.
3. Explicar o inventário da administração e os fatores nos ambientes interno e externo que afetam a integração de pessoal.
4. Explicar a política de concorrência e formas de fazer a integração de pessoal mais efetiva.
5. Resumir aspectos importantes do enfoque de sistemas na seleção de gerentes.
6. Analisar requisitos de posições, características importantes da estrutura organizacional e características pessoais necessárias nos gerentes.
7. Descrever o processo de adequar as qualificações do gerente aos requisitos da posição.
8. Analisar o processo de orientação e socialização para novos funcionários.

Poucos executivos discutiriam o fato de que as pessoas talentosas são vitais para a operação efetiva de uma companhia. Os gerentes costumam dizer que as pessoas são seu ativo mais importante. Contudo, os "ativos humanos" quase nunca aparecem no demonstrativo financeiro como uma categoria separada, embora grande quantidade de dinheiro seja investida na busca de talentos, sua seleção e capacitação. Foi por esse motivo que o falecido Rensis Likert e seus colegas sugeriram levar em conta os valiosos ativos humanos por meio do processo que chamou de "contabilidade dos recursos humanos". Esse enfoque não deixa de ter problemas e até existem conflitos entre os especialistas em administração e os defensores da contabilidade dos recursos humanos, por um lado, e os financeiros que têm de desenvolver o sistema para medir os ativos humanos, por outro.[1] O importante aqui é o reconhecimento de que a integração de pessoal é uma função crucial dos gerentes, que pode muito bem determinar o êxito ou o fracasso de uma empresa.

O capítulo começa com uma definição da função gerencial da integração de pessoal e uma explicação do papel do gerente nessa função. Em seguida, apresenta um panorama do enfoque de sistemas na administração de recursos humanos, concluindo com uma análise dos diversos aspectos da seleção correta de uma pessoa.

Definição da integração de pessoal

Integração de pessoal

Ocupar e manter ocupadas as posições na estrutura da organização.

A função gerencial da **integração de pessoal** (*staffing*) é definida como ocupar e manter ocupadas as posições na estrutura da organização. Isto se faz ao identificar as necessidades da força de trabalho, encontrar os talentos disponíveis, selecioná-los e recrutá-los. Envolve ainda colocar, promover, planejar carreiras, desenvolvendo candidatos e ocupantes atuais dos cargos para que possam cumprir suas tarefas com eficácia e eficiência. A integração de pessoal deve organizar, ou seja, estabelecer estruturas que definam posições e consequentes papéis na administração.

Muitos autores que tratam da teoria da administração consideram a integração de pessoal uma fase de organização. Contudo, neste livro, integrar pessoal se identifica como uma função gerencial separada por vários motivos. Primeiro, a integração de posições organizacionais inclui conhecimentos e enfoques nem sempre reconhecidos pelos gerentes praticantes, que comumente pensam que organizar é apenas estabelecer uma estrutura de papéis e se preocupam pouco em preenchê-los. Segundo, fazer da integração de pessoal uma função separada possibilita dar maior importância ao elemento humano na seleção, avaliação, planejamento da carreira e desenvolvimento de gerentes de pessoal. Terceiro, desenvolver um importante corpo de conhecimento e experiência na área de integração de pessoal. O quarto motivo para separar a integração de pessoal é que os gerentes costumam ignorar o fato de que designar pessoal é sua responsabilidade, e não do departamento de pessoal. É verdade que esse departamento oferece uma assistência valiosa, mas é tarefa dos gerentes determinar as posições em sua organização e mantê-las preenchidas com pessoal qualificado.

---

1 Ver também contabilidade de ativos humanos para a economia em http://www.knowledgeu.com/human_capital.html, acesso em 5 de junho de 2002.

Enfoque de sistemas na administração de recursos humanos: uma introdução à função de integração de pessoal[2]

A Figura 11.1 ilustra como a função gerencial da integração de pessoal se relaciona com o sistema de administração total. Especificamente, os planos da empresa convertem-se na base dos planos de organização, necessários para alcançar os objetivos da companhia. As estruturas de organizações atuais e projetadas determinam o número e o tipo de gerentes requeridos. Essas demandas são comparadas ao talento disponível por meio do inventário gerencial. Com base nessa análise, utilizam-se fontes externas e internas nos processos de recrutamento, seleção, colocação, promoção e separação. Outros aspectos essenciais da integração de pessoal são a avaliação, a estratégia na carreira e a capacitação e o desenvolvimento dos gerentes.

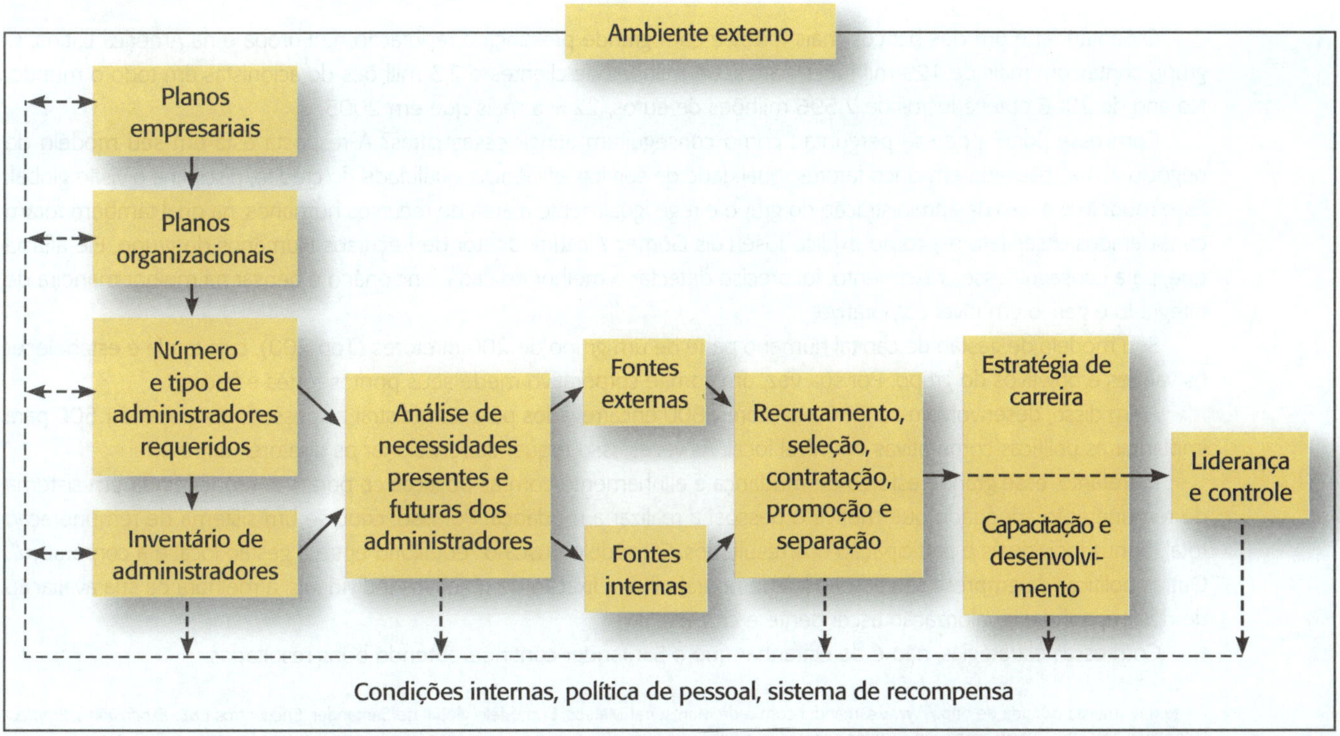

Nota: A figura é um esboço da função de integração de pessoal. As variáveis não discutidas na quarta parte, mas que também afetam a integração de pessoal, aparecem em linhas pontilhadas. Os planos da empresa são discutidos na segunda parte, os planos de organização na terceira, e liderança e controle na quinta e sexta partes.

FIGURA 11.1 Enfoque de sistemas da integração de pessoal

---

2 Para uma análise da administração de recursos humanos em empresas alemãs e americanas, ver Wagner, Helmut e Marion Linke. "Internationales Management der Humanressourcen en deutschen und amerikanischen Unternehmen", em Berndt, Ralph (ed.). *Global Management*, Berlim: Springer, 1996, p. 457-475. Ver também Society for Human Resource Management. Disponível em: http://www.shrm.org, acesso em 1º de outubro de 2006.

A integração de pessoal, como se vê no modelo, afeta a liderança e o controle. Por exemplo, gerentes bem capacitados criam um ambiente em que as pessoas, trabalhando em grupos, podem atingir os objetivos da empresa e, ao mesmo tempo, alcançar suas metas pessoais. Em outras palavras, a integração de pessoal apropriada facilita a liderança. Do mesmo modo, selecionar gerentes de qualidade afeta o controle, por exemplo, ao prevenir que muitos desvios indesejáveis se convertam em problemas importantes.

A integração de pessoal requer um enfoque de sistema aberto. Realiza-se dentro da empresa que, por sua vez, está ligada ao ambiente externo. Portanto, fatores internos da companhia, como políticas de pessoal, clima organizacional e o sistema de recompensas devem ser levados em conta. É evidente que sem recompensas adequadas é impossível atrair e conservar gerentes de qualidade. O ambiente externo tampouco pode ser ignorado: a alta tecnologia exige gerentes capacitados, bem educados e muito hábeis. A impossibilidade de suprir a demanda desses gerentes pode impedir que a empresa cresça à taxa desejada.

Perspectiva internacional

O Santander e seu modelo global de recursos humanos

O Santander é um dos bancos mais fortes e com grande presença e reputação na Europa e na América Latina. O grupo conta com mais de 129 mil funcionários, 69 milhões de clientes e 2,3 milhões de acionistas em todo o mundo. No ano de 2006 obteve lucros de 7.596 milhões de euros, 22% a mais que em 2005.

Com esse porte, pode-se perguntar: como conseguiram atingir essas cifras? A resposta está em seu modelo de negócio global, baseado em cinco fatores: qualidade de serviço, eficiência, qualidade do crédito, disciplina e visão global. Esse modelo é o eixo da administração do grupo e rege igualmente a área de recursos humanos, na qual também foram considerados esses fatores, como explica José Luis Gómez Alciturri, diretor de Recursos Humanos do grupo. Ele afirma que, para conseguir esse crescimento, foi preciso detectar o melhor de cada funcionário e pensar na melhor maneira de integrá-lo e geri-lo em nível corporativo.

Seu modelo de gestão de capital humano parte de um grupo de 200 diretores (Top 200), cuja tarefa é estabelecer os valores e objetivos do grupo. Por sua vez, um comitê corporativo mede seus pontos fortes e fracos.

Além disso, desenvolvem-se 2.300 diretores, 800 encarregados para administrar as pessoas do grupo e 1.500 para implantar as políticas corporativas em nível local. Às vezes, isso requer supervisionar os diretores um a um.

Entretanto, esse grande esforço de mudança e alinhamento com as políticas corporativas requer ainda um sistema de remuneração adequado que motive o pessoal a realizar a mudança. Por isso, criou-se um sistema de remuneração total, bônus individuais e participação nos resultados. O modelo busca o "equilíbrio entre a gestão local e a corporativa". Outras políticas da empresa são a flexibilidade no trabalho, a fixação de objetivos individuais, a melhora da sua avaliação de desempenho e a valorização ascendente e cruzada.

Com essas estratégias, não é de estranhar que o Santander continue obtendo bons resultados.

Fonte: Informação extraída de http://www.santander.com e de Montserrat Mateos, El modelo global de Santander, Encuentros E&E. *Expansión y Empleo.* Disponível em: http://www.expansionyempleo.com/edicion/expansionyempleo/recursos_humanos/encuentros_exe/es/desarrollo/990276.html.

Fatores que afetam o número e tipo de gerentes requeridos

O número de gerentes necessários em uma empresa depende não apenas de seu tamanho, mas também da complexidade da sua estrutura de organização, dos planos de expansão e da taxa de rotatividade do pessoal gerencial. A relação entre o número de gerentes e o número de funcionários não segue nenhuma regra. Ao aumentar ou contrair a delegação de autoridade, é possível modificar uma estrutura para que o número de gerentes em um dado momento aumente ou decresça, seja qual for o tamanho de uma operação.

Ainda que se tenha ressaltado aqui a necessidade de determinar o número de gerentes requeridos, é evidente que os números são apenas uma parte do panorama. Especificamente, devem-se identificar as qualificações para posições individuais, de modo que os gerentes mais indicados possam ser escolhidos. Esse tipo de análise detalhada dos requisitos da posição será estudado mais adiante no capítulo.

Determinar os recursos gerenciais disponíveis: o inventário de administradores

É comum em qualquer negócio, mesmo em empresas sem fins lucrativos, manter um inventário de matérias-primas e bens que lhe permitam realizar sua operação. No entanto, é muito menos comum que as empresas mantenham um inventário dos recursos humanos disponíveis, em especial dos gerentes, embora o número necessário de gerentes competentes seja um requisito vital para o êxito. Manter-se à frente do potencial administrativo dentro de uma empresa pode ser feito mediante o uso de um organograma de inventário (também chamado de organograma de substituição de administradores), que é simplesmente um organograma de uma unidade com as posições gerenciais indicadas e ligadas à possibilidade de promoção de cada ocupante.

Perspectiva internacional

Drenagem de cérebros na BMW[3]

A BMW, fabricante de automóveis de luxo que pretende ser conhecida por produzir a "melhor máquina para dirigir", enfrentou o êxodo de gerentes-chave depois da fracassada associação com a MG Rover britânica. Bernd Pischetsrieder, o diretor executivo, foi para a Volkswagen; Carl-Peter Forster, o gerente de produção, foi para a Opel; Wolfgang Reitzle, do grupo de desenvolvimento e compras, transferiu-se para a Ford, enquanto seu sucessor, Wolfgang Ziebart, está agora na Continental Tire. Poderíamos nos perguntar se, com a perda de tanto talento gerencial, uma companhia pode sobreviver na supercompetitiva indústria de automóveis.

O Sr. Milberg, o novo diretor executivo da BMW, antigo professor e aprendiz de ajustador de máquinas em seus anos de formação, tem confiança em que a BMW se sairá bem apostando no nicho com 20 novos modelos na etapa de planejamento. Acredita-se que o tamanho da organização seja essencial para a sobrevivência na supercompetitiva indústria automobilística, mas o Sr. Milberg declara que "não há motivo para que a BMW se funda com alguém".[4] Na verdade, é importante que se tenha em mente a força ou a fraqueza de seu inventário de talento gerencial.

http://www.bmw.com

[3] Tierney, Christine e Joann Muller. "BMW: Speeding into a tight turn". *BusinessWeek*, 5 de novembro de 2001, p. 54-55. Ver também BMW, http://www.bmw.com, acesso em 5 de junho de 2002.

[4] Tierney e Muller, p. 55.

A Figura 11.2 ilustra um organograma típico de inventário de gerentes. Percebe-se a posição do *controller* em face da função de integração de pessoal.

O sucessor do *controller* é provavelmente o gerente de contabilidade geral que, por sua vez, tem um sucessor pronto para ser promovido. Apoiando essa pessoa, existe um subordinado pronto para promoção dentro de um ano, mas abaixo dessa posição há uma pessoa que não tem potencial, além de dois funcionários contratados recentemente.

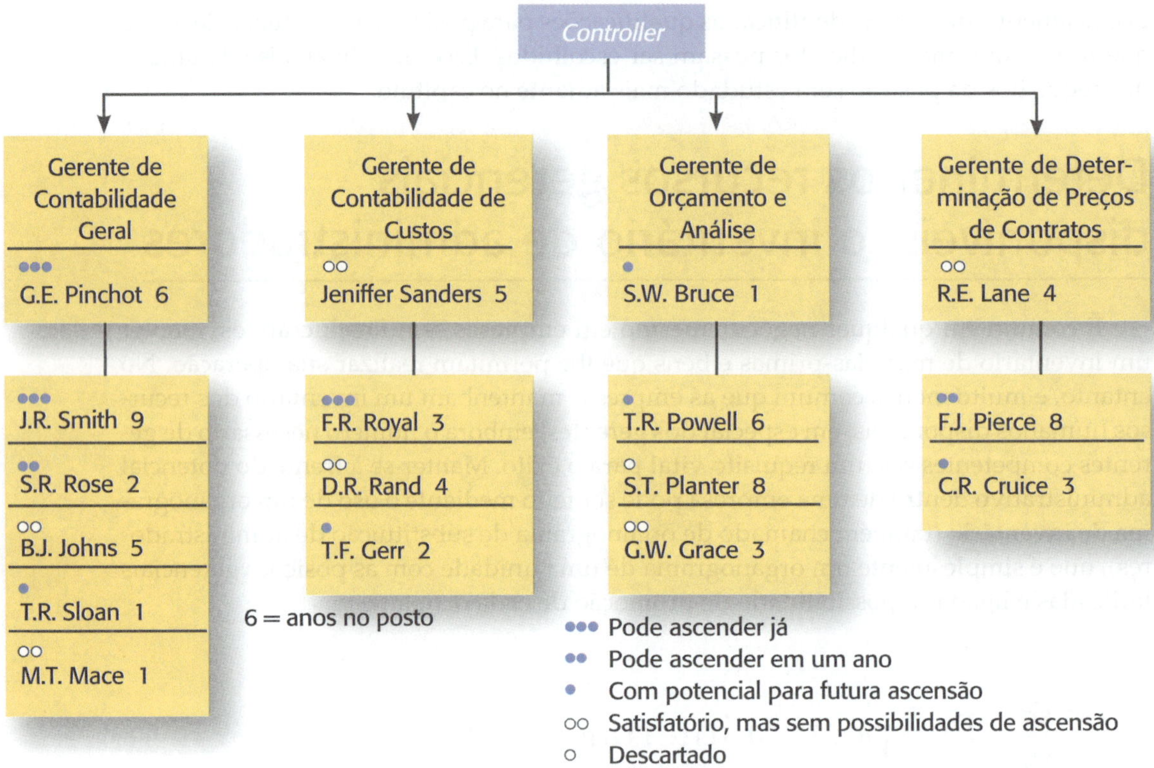

FIGURA 11.2 Organograma de inventário de administradores

Análise da necessidade de administradores: fontes de informação externas e internas

A demanda de mão-de-obra qualificada aumentou com o desenvolvimento econômico.

Como ilustra a Figura 11.1, a necessidade de administradores é determinada pela empresa e pelos planos de organização e, mais especificamente, por uma análise do número de gerentes requeridos e pelo número disponível identificado por meio do inventário administrativo. Mas há outros fatores, internos e externos, que têm influência na demanda e na oferta de administradores. As forças externas incluem fatores econômicos, tecnológicos, sociais, políticos e legais (que foram analisados nos capítulos 2 e 3). Por exemplo, o crescimento econômico pode resultar em maior demanda de um produto, o que, por sua vez, requer uma expansão da força de trabalho, com o incremento na demanda de gerentes. Ao mesmo tempo, empresas concorrentes também podem expandir-se e recrutar em uma fonte comum, reduzindo assim a provisão de gerentes. Devemos considerar ainda as tendências do mercado de trabalho, a demografia e a composição da comunidade quanto a conhecimentos e habilidades da oferta de trabalho e à atitude em relação à companhia. Pode-se obter informação acerca das tendências de longo prazo do mercado de trabalho de várias fontes. Por exemplo, o governo dos Estados Unidos publica o *Monthly Labor Review* e o *Manpower Report of the President* anual, que faz projeções a longo prazo. Algumas associações e sindicatos industriais também projetam a demanda de mão-de-obra.

A necessidade e a disponibilidade de pessoal dão lugar a quatro situações de oferta e demanda que têm certa importância nas ações de pessoal, como mostra a matriz ilustrada na Figura 11.3.

Demanda de administradores \ Oferta de administradores	Alta	Baixa
Alta	Seleção Contratação Promoção	**Interna** Capacitação e desenvolvimento Remuneração **Externa** Recrutamento
Baixa	Mudança de planos da companhia Contratação externa Demissões Rebaixamentos Aposentadoria antecipada	Capacitação e desenvolvimento quando se esperam mudanças futuras na demanda

FIGURA 11.3 Ações de pessoal baseadas na oferta e demanda de administradores dentro da empresa

A oferta e demanda de mão-de-obra não devem ser vistas apenas de uma perspectiva nacional, ou até local. Em escala mundial, constatamos que o desequilíbrio da oferta e da demanda cresce. No passado, a mão-de-obra era um fator de produção relativamente fixo. Porém, em vários países em desenvolvimento, como Taiwan, Coreia do Sul, Polônia e Hungria, a demanda de mão-de-obra e de gerentes qualificados aumentou com seu rápido desenvolvimento econômico, resultando em escassez de mão-de-obra. O nível de educação da força de trabalho mundial também está mudando, com a crescente proporção de pessoas com grau universitário em países em desenvolvimento, como Brasil e China.

Outros aspectos importantes do enfoque de sistemas de integração de pessoal

Uma vez determinada a necessidade de pessoal administrativo, é possível que se tenha de *recrutar* vários candidatos (ver Figura 11.1). Isso requer atrair candidatos qualificados para ocupar os papéis organizacionais. Deles são *selecionados* administradores ou administradores potenciais; esse é o processo de escolher entre os candidatos os mais adequados. A meta é colocar as pessoas em posições que lhes permitam utilizar seus pontos fortes pessoais e talvez superar suas fraquezas ao adquirir experiência ou capacitação nessas habilidades em que precisam melhorar. Por último, colocar um gerente

O modelo de integração de pessoal mostra que os gerentes têm de ser recrutados, selecionados, contratados e promovidos.

dentro da empresa em uma nova posição costuma significar *promoção*, o que normalmente envolve mais responsabilidade. Uma vez que recrutamento, seleção, colocação e promoção são processos complexos, eles serão analisados em detalhes mais adiante neste capítulo. Do mesmo modo, a avaliação, a estratégia na carreira, a capacitação e o desenvolvimento serão analisados nos capítulos de integração de pessoal que se seguem. A referência à liderança e ao controle da Figura 11.1 alude a que a efetiva integração de pessoal tem influência nessas funções.

Fatores situacionais que afetam a integração de pessoal

O processo eficaz de integração de pessoal ilustrado na Figura 11.1 é afetado por muitos fatores situacionais. Os fatores externos incluem o nível de educação, as atitudes que prevalecem na sociedade (como a atitude em relação ao trabalho), as muitas leis e os regulamentos que dizem respeito à integração de pessoal de maneira direta, às condições econômicas e à oferta e demanda de administradores fora da empresa.

Há igualmente muitos fatores internos que afetam a integração de pessoal. Incluem metas organizacionais, tarefas, tecnologia, estrutura da organização, tipo de pessoas contratadas pela empresa, oferta e demanda internas de gerentes de sistema de recompensas e os diversos tipos de políticas. Algumas organizações estão muito estruturadas, outras não. Para algumas posições, como a de gerente de vendas, a habilidade em relações humanas pode ser de importância vital, enquanto a mesma habilidade pode ser menos crítica para um cientista pesquisador no laboratório. A efetiva integração de pessoal requer então o reconhecimento de muitos fatores situacionais internos e externos, mas o enfoque aqui está naqueles que têm uma importância particular na integração de pessoal.

Perspectiva empresarial

Por que deixar o "emprego dos sonhos" na Microsoft?[5]

A Microsoft é conhecida por atrair pessoas excepcionalmente brilhantes e ambiciosas. Muitas ficaram multimilionárias durante sua permanência na empresa. Então, por que deixar a companhia? Estima-se que cerca de 50 ou mais funcionários deixam a companhia por semana. Muitos dos que saíram estavam na companhia desde seu início e se tornaram muito ricos nesse período. Contudo, o número dos que vão embora da companhia é de apenas cerca de metade da média da indústria.

Devido ao crescimento fenomenal da companhia, o número de funcionários elevou-se a mais de 30 mil. Mesmo com os melhores programas, a atmosfera de companhia pequena dá lugar a mais estrutura com alguma perda de liberdade para criar e inovar. Talvez a Microsoft tenha conseguido manter uma cultura corporativa aberta maior que das outras empresas. Contudo, algumas pessoas criativas se sentem restringidas pelo tamanho da corporação.

http://www.microsoft.com

5 Nocera, Joseph. "I remember Microsoft". *Fortune*, 10 de julho de 2000, p. 114-136.

As mudanças no ambiente externo também incitaram muitos funcionários a sair. A Internet, novas companhias ponto-com e companhias de serviço de comunicação sem fio oferecem novos desafios. Embora deixar a Microsoft e ligar-se a empresas iniciantes possa significar grandes riscos na carreira, alguns ainda sentem o ardente desejo de "mudar o mundo", e isso costuma ser mais fácil de realizar ligando-se a uma empresa que está começando e que explora as novas tecnologias. Para a Microsoft, a perda de capital intelectual é uma ameaça séria, talvez maior que para os seus concorrentes Sun e Oracle ou até o governo, que ameaça dividir a companhia. Para muitas pessoas, foi uma decisão difícil deixar o "emprego dos sonhos".

Ambiente externo

Fatores no ambiente externo afetam a integração de pessoal em vários graus. Essas influências podem ser agrupadas em restrições ou oportunidades educacionais, socioculturais, legais, políticas e econômicas. Por exemplo, a alta tecnologia utilizada em muitas indústrias requer educação extensa e intensiva. Do mesmo modo, os gerentes no ambiente sociocultural dos Estados Unidos em geral não aceitam ordens às cegas, mas querem se tornar participantes ativos no processo de tomada de decisões. Mais ainda, agora e no futuro, os administradores terão de estar mais orientados ao público do que estiveram no passado, respondendo às necessidades legítimas do público e aderindo a altos padrões éticos.

O ambiente econômico, que inclui a situação competitiva, determina a oferta e a demanda externas de administradores. As restrições legais e políticas requerem que as organizações respeitem leis e orientações emitidas por diversos níveis de governo. Como exemplos, a Tabela 11.1 resume importantes leis federais dos Estados Unidos relativas ao emprego equitativo que interferem na função de integração de pessoal. A análise a seguir enfoca a igualdade de oportunidades de emprego e o papel das mulheres na administração, assim como a integração de pessoal de empresas internacionais.

Perspectiva internacional

Seleção global no BBVA

Assim como o Santander implantou um modelo de gestão de recursos humanos global, o BBVA tratou de globalizar seu processo de seleção. Isso porque o grupo tornou-se uma transnacional que opera em 37 países, por meio de 7 mil agências e com mais de 95 mil funcionários.

A fim de homogeneizar seu processo de seleção, foram implantados diversos procedimentos e ferramentas, como criar um imenso banco de dados, realizar teste de seleção e contratar uma consultora que os apoia na sua administração e também desenvolver um site de seleção na Internet, para receber solicitações, anunciar as vagas em cada país e elaborar estatísticas e informes de todas as etapas do processo de seleção.

Com esse processo, o Grupo BBVA conseguiu reduzir custos e tempo de resposta às unidades do grupo.

Fonte: Informações do site do Grupo BBVA. Disponível em: http://www.bbva.com, e de E&E, BBVA: Internacionalizar la selección. *Expansión y Empleo.* Disponível em: http://www.expansionyempleo.com/edicion/expansionyempleo/recursos_humanos/los_mejores_casos_en_recursos_humanos/seleccion_y_retencion/es/desarrollo/990309.html, acesso em 4 de outubro de 2007.

TABELA 11.1 Principais leis federais dos Estados Unidos sobre a igualdade de oportunidades no emprego

Lei	Disposições
Lei de igualdade salarial (1963)	Para trabalho igual, salário igual, independentemente do sexo.
Título VII da Lei de direitos civis (1964) (segundo emendas de 1972)	Igualdade de oportunidades no emprego independentemente de raça, cor, religião, sexo e origem nacional.
Lei contra a discriminação no trabalho por idade (1967) (emendada para idades de 65 a 70 anos em 1978)	Igualdade de oportunidades de emprego para idades de 40 a 70 anos.
Lei de reabilitação vocacional (1973)	Igualdade de oportunidades no emprego e ação afirmativa razoável para pessoas deficientes.
Lei de discriminação por gravidez (1978)	Igualdade de oportunidades de emprego para mulheres grávidas.
Lei reformada de imigração e controle (1986)	Ilegalidade na contratação, recrutamento ou emissão de referências em relação a estrangeiro não autorizado.
Lei de invalidez (1990)	Melhores acessos a serviços e trabalhos para pessoas deficientes.
Lei de auxílio a trabalhadores mais velhos (1990)	Proteção para funcionários com mais de 40 anos com relação a auxílios; concessão de prazo para que os funcionários tenham tempo de avaliar uma oferta de aposentadoria precoce.
Lei dos direitos civis (1991)	Direito de mulheres, pessoas com deficiências e pessoas de minorias religiosas a um júri e a instaurar processos por danos punitivos em certas situações.
Lei de ausência temporária do emprego por motivos familiares e médicos (1993)	Autorização às pessoas que cumpram certos requisitos a ter licenças prolongadas sem remuneração, por motivos familiares e relacionados à saúde, sem o temor de perder o emprego.
Lei Sarbanes-Oxley (2002)	Aprovada em parte como resposta a importantes escândalos corporativos e contábeis, que incluem a Enron e a Tyco. Exige que as empresas sejam mais transparentes em seus estatutos e adotem padrões econômicos mais elevados.

Fontes: Davis, Keith e John W. Newstrom. *Human behavior at work: Organizational behavior.* 8ª ed. Nova York: McGraw-Hill, 1990; Byars, Lloyd L. e Leslie W. Rue. *Human resource management.* 5ª ed. Chicago: Irwin, 1997; Family and Medical Leave Act of 1993. Disponível em: http://www.dol.gov/esa/regs/statutes/whd/fmla.htm, acesso em 5 de junho de 2002; http://en.wikipedia.org/wiki/Sarbanes-Oxley_Act, acesso em 2 de fevereiro de 2007.

Perspectiva internacional

Regularização do trabalho doméstico na Argentina

Todos sabem que o trabalho doméstico é um dos menos reconhecidos como tal e, portanto, dos mais desamparados quanto a auxílios e seguridade social. Segundo as estatísticas, existem no México 1,8 milhão de empregados do lar que ganham por mês de US$ 130 a US$ 190 aproximadamente e que não contam com a seguridade social nem com os auxílios que marcam a lei nesse país.

Contudo, na Argentina, estabeleceu-se um regime de trabalho para esse setor; isso porque, com a crise do "corralito", o trabalho doméstico aumentou para 48% na classe pobre. Segundo uma pesquisa, calcula-se que 75% dos empregados domésticos não contam com nenhum auxílio. Eles podem ter acesso aos benefícios de seguridade e pensão desde que paguem cerca de US$ 20 ao governo.

Fonte: Informação de Georgina Navarrete, "El ejemplo argentino". *Expansión*, México, n. 943, 28 de junho de 2006, p. 61.

Igualdade de oportunidades no emprego

Foram aprovadas várias leis nos Estados Unidos que garantem igualdade de oportunidades no emprego. É proibida a discriminação por raça, cor, religião, origem nacional, sexo ou idade (em faixas etárias especificadas). Essas leis afetam a integração de pessoal, já que o recrutamento e a seleção para promoção devem respeitá-las. Isso significa que os gerentes que tomam decisões nessas áreas devem ter conhecimento dessas leis e da forma como se aplicam à função de integração de pessoal.

Mulheres na administração

Na última década, as mulheres tiveram um notável avanço ao conseguir posições isonômicas de responsabilidade nas organizações. Entre os motivos para esse desenvolvimento estão leis que governam as práticas de emprego, a revalorização social no trabalho e o desejo das companhias de projetar uma imagem favorável ao colocar mulheres qualificadas em cargos gerenciais.

Diversidade no centro de trabalho[6]

As organizações de hoje têm uma força de trabalho muito diversificada em nível mundial. Além de uma grande diversidade étnica e de gênero, o trabalhador e o administrador médio também são mais velhos. A crescente diversidade é vista igualmente em relação a assuntos educacionais e econômicos.

A força de trabalho diversificada tem implicações para a integração de pessoal, como recrutamento, seleção, capacitação e desenvolvimento, flexibilidade dos programas de trabalho, ações afirmativas, disposições para prevenir o assédio sexual e o estabelecimento de uma cultura de organização apropriada.

Trabalhar em uma área em que há trabalho diversificado é vantajoso, mas também impõe desafios aos administradores. As vantagens podem incluir conhecimento de problemas gerenciais e não-gerenciais, aprender a tolerar diferentes pontos de vista, desenvolver flexibilidade de comportamentos e aceitar as diferenças entre as pessoas. Os desafios gerenciais consistem de problemas de comunicação, dificuldade para chegar a acordos, passar de uma monocultura ao pluralismo e superar a perspectiva etnocêntrica que supõe que sua posição é a única correta. Muitas companhias, em especial as grandes corporações, estabeleceram programas de diversidade administrativa.[7] McDonald's, Ford Motor Company, Allstate Insurance, IBM, Dole Food e Xerox são apenas algumas delas. Contudo, os conflitos persistirão e precisam ser manejados com eficácia, como assinalamos no Capítulo 10 e voltaremos a tratar no Capítulo 13, no qual analisaremos a administração do conflito.

---

6 Dass, Parshotam e Barbara Parker. "Strategies for managing human resource diversity: from resistance to learning". *The Academy of Management Executive*, maio de 1999, p. 68-80. Ver também http://money. cnn. com/magazines/fortune/bestcompanies/minorities/, acesso em 31 de agosto de 2006; July, Richard W. e Carol D. A'Amico. *Workforce 2020*. Indianapolis: Hudson Institute, agosto de 1999.

7 Disponível em: http://www.mcdonalds.com/corp/values/diversity.html, acesso em 31 de agosto de 2006; http://www.rmhc.org/usa/good/people.html, acesso em 31 de agosto de 2006; http://media.ford.com/ newsroom/feature_display.cfm? release=17674, acesso em 31 de agosto de 2006.

Integrar pessoal no ambiente internacional[8]

Devemos entender não só o ambiente externo imediato, mas identificar as mudanças mundiais decorrentes principalmente da avançada tecnologia da comunicação e da existência de corporações transnacionais. Não é raro que as grandes empresas internacionais tenham altas equipes gerenciais compostas por administradores de muitas nacionalidades. A atitude geocêntrica é a base para considerar a organização uma entidade mundial envolvida na tomada de decisões mundiais, que inclui decisões de integração de pessoal.

As companhias têm três fontes para ocupar as posições nas operações internacionais: 1) administradores do país de origem da empresa, 2) administradores do país de destino e 3) administradores de terceiros países. Nas primeiras etapas do desenvolvimento de um negócio internacional, em geral selecionam-se os administradores do país de origem. Alguns dos motivos para tomar essa decisão têm a ver com a experiência destes na sede e sua familiaridade com os produtos, pessoal, metas e políticas da empresa etc. Isso facilita não apenas o planejamento, mas também o controle. Por outro lado, o administrador do país de origem pode não estar familiarizado com o idioma ou o ambiente do país estrangeiro. Mais ainda, costuma ser oneroso enviar gerentes e suas famílias para o exterior, e para a família é difícil muitas vezes ajustar-se ao sistema de um país estrangeiro. Além disso, os países hóspedes podem pressionar a matriz para que contrate administradores do país de destino

Os administradores do país de destino falam o idioma local e estão familiarizados com o ambiente de seu país. Em geral, é menos oneroso contratá-los e pode não exigir realocá-los junto com suas famílias. O problema é que esses administradores podem não estar familiarizados com os produtos e operações da empresa, o que torna o controle mais difícil.

Há a alternativa de contratar nativos de terceiros países que geralmente são administradores internacionais de carreira. Contudo, o país de destino pode preferir ter pessoas nascidas ali nas posições de poder. Também devemos ser cautelosos ao selecionar administradores de países que tiveram conflitos políticos no passado. Naturalmente, há muito mais fatores que devem ser levados em conta ao operar no exterior.

Ambiente interno

Os fatores internos selecionados para esta análise referem-se à integração de posições gerenciais, com pessoal dentro da empresa assim como do exterior, e determinar a responsabilidade da integração do pessoal.

Promoção interna

Originalmente, a promoção interna implicava que os operários avançavam para posições de supervisão de primeira linha e depois ascendiam pela estrutura da organização. Assim, uma companhia tinha a imagem de que recebia um fluxo de funcionários não-gerenciais dos quais emergiam futuros gerentes. Como se costumava dizer na indústria ferroviária, "quando um presidente se aposenta ou morre, contratamos um novo funcionário".

---

[8] Phatak, Arvind V. *International dimensions of management*. 4. ed. Cincinnati, OH: South-Western, 1995, Capítulo 6; Phatak. *International management*, Cincinnati, OH: South-Western, 1997, Capítulo 13.

Quando se considera a questão em termos gerais, há pouca dúvida de que a maioria esmagadora dos funcionários é favorável a uma política de promoção interna. A não contratação de pessoas de fora reduz a concorrência por posições e dá aos funcionários preferência em relação às vagas gerenciais. Contudo, os funcionários chegam a duvidar da eficiência dessa política quando têm de enfrentar a seleção de um de seus próprios colegas para promoção. Essa sensação está presente em todos os níveis da organização, em maior grau por ciúmes, ou por uma rivalidade para a promoção. A dificuldade se torna mais evidente quando se seleciona um gerente geral entre os gerentes de vendas, produção, finanças ou engenharia. Normalmente, os altos gerentes tendem a escolher o caminho fácil e a evitar problemas ao selecionar alguém de fora.

Promover dentro da empresa não só tem valores positivos relativos à moral, ao compromisso a longo prazo dos funcionários com a companhia e à reputação da empresa, como também permite que esta aproveite a presença de gerentes potencialmente bons entre seus funcionários. Embora esses valores positivos e incomensuráveis sejam importantes, os executivos não devem fechar os olhos aos perigos de valorizar demais essa fonte ou de depender dela de maneira exclusiva.

Um perigo que surge por se adotar uma política de promover exclusivamente dentro da empresa é que isso pode levar à seleção de pessoas que talvez só tenham imitado seus superiores. Isso não é necessariamente uma falha, sobretudo quando apenas se cultivam os melhores métodos, rotinas e pontos de vista, mas é provável que seja um ideal inalcançável. O fato é que as empresas muitas vezes precisam de pessoas de fora para introduzir novas ideias e práticas. Por isso, há um bom motivo para evitar uma política de promoção exclusiva dentro da empresa.

Perspectiva

Cifras e fatos sobre mobilidade de talento na América Latina

De acordo com o estudo sobre o futuro do trabalho na América Latina, com o objetivo de conhecer as tendências e mobilidade da força de trabalho nessa região, realizado por Manpower, junto com a Organização Internacional do Trabalho e diversas empresas globais, constatam-se os seguintes aspectos relevantes:

- A América Latina terá uma grande força de trabalho jovem que lhe proporcionará uma vantagem demográfica com abundância de recursos.
- Essa vantagem demográfica deve ser aproveitada na geração de empregos formais e produtivos e investimentos em educação e serviços.
- Devem ser deixados para trás os velhos esquemas protecionistas de cultura do trabalho.
- Os países latino-americanos deverão modificar seu status de provedores de mão-de-obra barata para se tornarem provedores de *outsourcing* e *offshoring*.
- Devem centrar-se na inovação, na transformação de indústrias e na renovação de produtos.
- As empresas necessitarão de talentos com habilidades no pensamento lógico e autoaprendizagem.
- Deverão desenvolver legislações que protejam a propriedade intelectual, patentes, conhecimento, publicações e projetos de pesquisa.
- O êxito das empresas dependerá de como enfoquem os fundamentos da competitividade.
- Requerem-se talentos em: representantes de vendas, engenheiros, técnicos, operadores de produção, ofícios manuais, pessoal de TI, assistentes administrativos e pessoais, motoristas, contadores, gerentes executivos.
- Aumentará a mobilidade global, principalmente na mesma empresa.

Fonte: Manpower, *El futuro del trabajo en América Latina*, 2005-2006, Manpower, Inc., 2006.

Perspectiva internacional

Administrar os recursos humanos na Wal-Mart[9]

A Wal-Mart é a maior empresa privada dos Estados Unidos, com mais de um milhão de funcionários. Sam Walton, o fundador da companhia, tinha um contato especial com seus funcionários, que chamava de associados. Depois que morreu, em 1992, era lembrado por seu afeto, sua preocupação, por saber ouvir e por sua política de portas abertas. Sua herança continua. Era chamado afetuosamente de Sr. Sam, que mostrou sua preocupação com as pessoas ao iniciar a política de pagar uma jornada e meia pelo trabalho aos domingos. A Wal-Mart pagava salários baixos, mas os funcionários, de maneira geral, estavam contentes, o que foi um dos motivos pelos quais a companhia cresceu rapidamente. A importância das pessoas está presente também no manual dos recursos humanos: "A inegável pedra angular do êxito da Wal-Mart pode ser rastreada em nossa firme convicção na dignidade de cada indivíduo".

Os sucessores de Sam procuraram manter o clima organizacional e conseguiram em grande medida. Porém, as coisas mudam, e vão desde a eliminação do pagamento adicional de 50% pelo trabalho dominical a demandas criadas pelos horários longos das lojas, como horários de trabalho inadequados em lojas que permanecem abertas 24 horas por dia. A mudança na orientação é observada ainda na frase impressa nos aventais azuis vestidos pelos associados, que mudou de "Nossa gente faz a diferença" para "Como posso ajudá-lo?", o que podia ser interpretado como uma mudança no enfoque do associado ao cliente. Aproveitando a preocupação de alguns associados, os sindicatos trabalhistas tentam recrutar membros em vários lugares.

Embora a Wal-Mart continue tendo muito êxito, seu crescimento diminuiu. O desafio está em manter uma organização humana preocupada, apesar de seu tamanho.

Promoção interna em grandes companhias

http://www.sears.com
http://www.dupont.com
http://www.gm.com

Por outro lado, uma política de promoção interna pode ser muito adequada para companhias muito grandes, como Sears, Du Pont ou General Motors. Organizações com ou sem grandes metas de lucro costumam ter tanta gente qualificada que a promoção interna tem uma condição similar a uma política de concorrência aberta. Contudo, até nessas grandes companhias pode ser necessário recorrer a pessoal de fora, como fez a General Motors ao contratar um professor universitário como vice-presidente para liderar seu pessoal de controle ambiental.

Política de concorrência aberta

Princípio de concorrência aberta

As vagas devem ser disponíveis às pessoas mais qualificadas, seja dentro ou fora da empresa.

Os administradores decidirão se os benefícios de uma política de promoção interna superam suas limitações. Existem motivos claros para implementar o **princípio de concorrência aberta** ao abrir vagas às pessoas mais qualificadas, seja dentro ou fora da empresa. Em última análise, isso dá à companhia a oportunidade de assegurar os serviços dos candidatos mais adequados. Ataca as limitações de uma política de promoção exclusiva interna, permite à companhia adotar as melhores técnicas para recrutar gerentes e motiva o "herdeiro aparente" acomodado. Trocar essas vantagens pelas vantagens morais atribuídas à promoção interna seria questionável.

Uma política de concorrência aberta é um meio melhor e mais honesto de assegurar a concorrência gerencial do que a promoção obrigatória interna. Contudo, impõe aos gerentes que a adotam uma obrigação especial. Se a moral é protegida ao se aplicar uma política de concorrência aberta, a empresa deve ter métodos justos e objetivos de

[9] Gimein, Mark. "Sam Walton made us a promise". *Fortune*, 18 de março de 2002, p. 120-30; Wal-Mart. Disponível em: http://www. walmart.com, acesso em 1º de outubro de 2006.

avaliação e seleção de seu pessoal. Deve também fazer todo o possível para ajudá-lo a se desenvolver e se qualificar para uma promoção.

Quando esses requisitos são cumpridos, seria de se esperar que todo gerente que faz uma indicação para uma vaga ou uma nova posição tivesse disponível um grupo de candidatos qualificados dentro de toda a empresa. Se as pessoas sabem que suas qualificações são consideradas, se foram avaliadas com equidade e se lhes deram oportunidades de se desenvolver, é menos provável que tenham um sentimento de injustiça quando uma vaga é oferecida a uma pessoa de fora. Em igualdade de condições, os funcionários atuais devem ser capazes de competir com candidatos externos. Se uma pessoa tem a habilidade para ocupar uma posição, ela tem a enorme vantagem de conhecer a empresa e seu pessoal, sua história, problemas, políticas e objetivos. Para o candidato superior, a política de concorrência aberta deve ser um desafio, não um obstáculo para avançar.

Perspectiva internacional

Que características têm os melhores lugares para trabalhar na América Latina

De acordo com um estudo realizado pela revista *América Economía* sobre os melhores lugares para trabalhar, existem semelhanças nas políticas de recursos humanos entre as 30 empresas latino-americanas escolhidas. São elas:

1. Revelam uma liderança inspiradora. Seus líderes têm grande controle e autonomia para dirigir o negócio. Recompensam efetivamente seus funcionários e oferecem oportunidades de treinamento. Além disso, conhecem seu negócio. Passam mais tempo em comunicação com seu pessoal. Dedicam grande parte de seu tempo a ampliar o talento e a desenvolver executivos.
2. Consideram o funcionário um ativo-chave. Têm consciência de que devem reter e desenvolver seu capital humano. Sabem que sua força está em manter uma força de trabalho motivada e comprometida.
3. Buscam que seus funcionários desenvolvam sua carreira dentro da empresa, e por isso identificam e desenvolvem talentos e os estimulam a dar o melhor.
4. Centram-se nas metas e na aplicação das estratégias. Centram-se no fundamental e procuram comunicar de maneira efetiva os objetivos e as estratégias. Implantam processos claros e alinhados.
5. Criam um ambiente propício para a diversidade com grande respeito à individualidade e tentam proporcionar-lhes programas de auxílio justos.

Entre as empresas consideradas os melhores lugares para trabalhar em 2006, estão:

1. Sheraton Iguazú Resort, Argentina.
2. Kimberly-Clark, Guatemala.
3. Cisco Systems, Brasil.
4. Kimberly-Clark, Nicarágua.
5. Four Points by Sheraton, Bogotá, Colômbia.
6. Four Points by Sheraton, Galerias Monterrey, México.

Fonte: Hewitt-América Economía, "Los mejores empleadores de América Latina". *América Economía*, Santiago, n. 331, 20 de outubro a 9 de novembro de 2006, p. 46-54.

Responsabilidade na integração de pessoal

Embora a responsabilidade que implica a integração de pessoal deva pesar sobre todo gerente em qualquer nível, a responsabilidade final deve recair sobre o diretor executivo e o grupo formulador de políticas de altos executivos. Eles têm o dever de desenvolver políticas, atribuir sua execução a subordinados e garantir sua aplicação apropriada. Considerações políticas incluem decisões acerca do desenvolvimento de um programa de integração de pessoal; o desejável é promover internamente, ou assegurar gerentes do exterior, as fontes de candidatos, o procedimento de seleção a seguir, o tipo de programa de avaliação a utilizar, a natureza do desenvolvimento do gerente e a organização e as políticas de promoção e aposentadoria a seguir.

Certamente, os gerentes de linha devem fazer uso dos serviços de membros do pessoal administrativo, geralmente do departamento de pessoal, no recrutamento, seleção, colocação, promoção, avaliação e capacitação das pessoas. Mas, em última análise, é responsabilidade do gerente ocupar posições com as pessoas mais qualificadas.

Seleção: equiparar a pessoa com o cargo

Seleção

Eleger entre candidatos, dentro ou fora da organização, a pessoa adequada para uma posição.

Planta, equipe, materiais e pessoas não fazem uma empresa, assim como aviões, tanques, barcos e pessoas não fazem uma força militar efetiva. Um outro elemento é indispensável: administradores eficazes. A qualidade dos administradores é um dos fatores mais importantes para determinar o êxito permanente de qualquer organização. Portanto, a **seleção** destes é necessariamente um dos passos mais críticos de todo o processo de administrar. A seleção é o processo de eleger entre candidatos, dentro ou fora da organização, a pessoa adequada para o posto atual ou para posições futuras.

Introdução ao enfoque de sistemas na seleção

Dado que os administradores qualificados são críticos para o êxito de uma empresa, um enfoque sistemático é essencial na seleção de administradores e na avaliação de necessidades presentes e futuras de pessoal gerencial. Um esboço do enfoque de sistemas na seleção é ilustrado na Figura 11.4. O plano de requisitos gerenciais baseia-se nos objetivos, prognósticos, planos e estratégias da empresa. Esse plano se traduz em requisitos da posição e desenho do cargo, comparados com as características individuais, como inteligência, conhecimentos, habilidades, atitudes e experiência. Para cumprir os requisitos organizacionais, os gerentes recrutam, selecionam, colocam e promovem pessoas. Isso, naturalmente, deve ser feito com a devida consideração ao ambiente interno (ou seja, políticas da companhia, oferta e demanda de gerentes e o clima organizacional) e o ambiente externo (leis, regulamentos, disponibilidade de gerentes). Depois que as pessoas foram selecionadas e colocadas nas posições adequadas, devem ser envolvidas no novo cargo. Essa orientação inclui aprender acerca da companhia, sua operação e seus aspectos sociais.

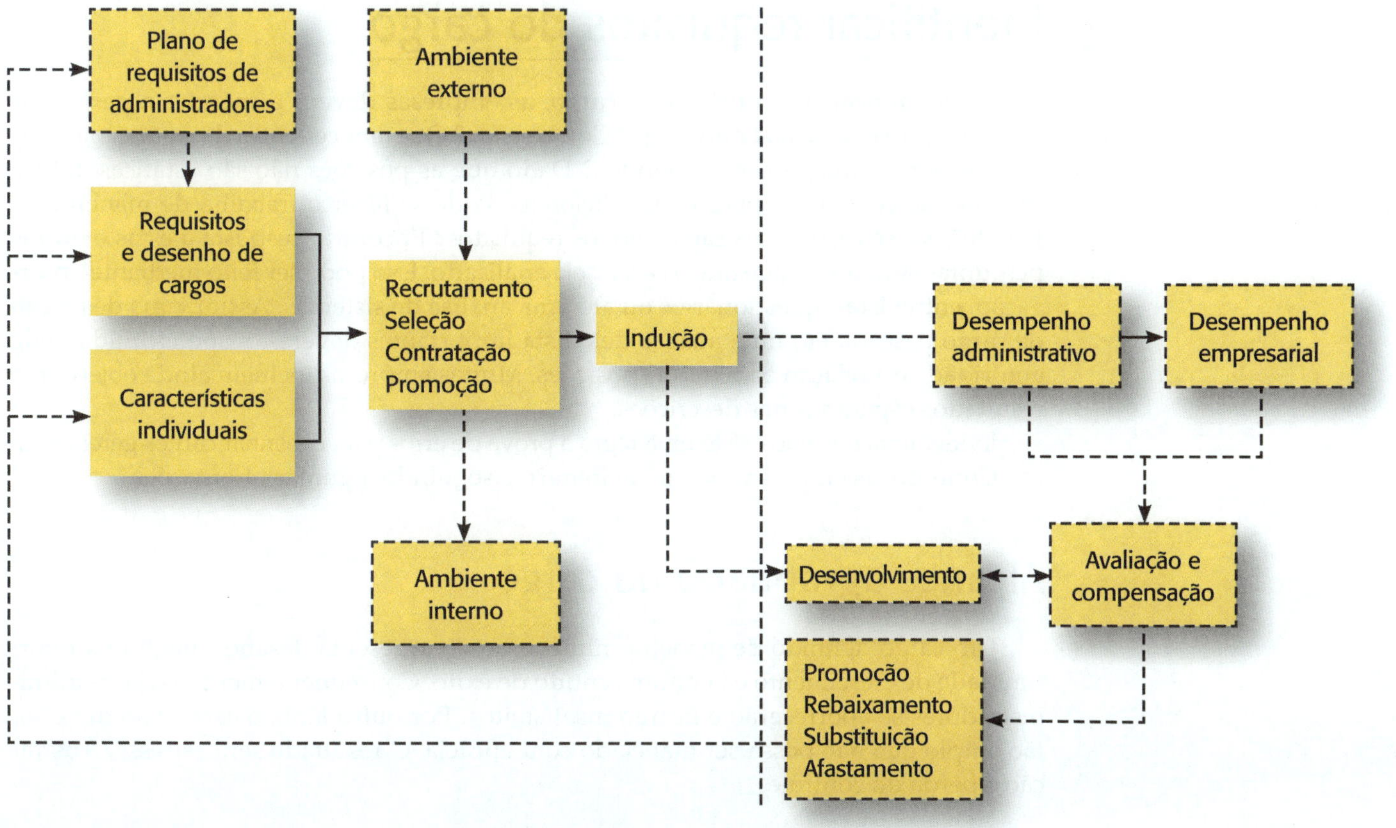

FIGURA 11.4 Enfoque de sistemas na seleção

Os gerentes recém-colocados realizam suas funções gerenciais e não-gerenciais (como marketing), e o desempenho gerencial resultante determina eventualmente o desempenho da empresa. Mais adiante, o desempenho gerencial é avaliado, e os administradores que cumprem suas metas de desempenho são recompensados (ver o Capítulo 12). Com base nessa avaliação, inicia-se o desenvolvimento do gerente e da organização (Capítulo 13). Por último, a avaliação também pode se converter na base de decisões de promoção, rebaixamento, substituição e afastamento.

Esse é o modelo de seleção sinteticamente. Agora, cada variável importante receberá uma atenção mais minuciosa.

Requisitos da posição e desenho do cargo

Selecionar um administrador com eficácia requer uma compreensão clara da natureza e propósito da posição a ocupar. Deve-se fazer uma análise objetiva dos requisitos da posição e, na medida do possível, o cargo deve ser desenhado de modo a satisfazer as necessidades organizacionais e individuais. Além disso, as posições são avaliadas e comparadas para que os ocupantes possam ser tratados equitativamente. Entre outros fatores a considerar estão as habilidades requeridas, visto que elas variam conforme o nível na hierarquia organizacional e as características pessoais desejadas nos administradores.

Identificar requisitos do cargo

Ao identificar os requisitos do cargo, as empresas devem responder a perguntas como: O que se deve fazer no cargo? Como se faz? Que antecedentes de conhecimentos, atitudes e habilidades são requeridos? Dado que as posições não são estáticas, talvez seja preciso considerar perguntas adicionais: Pode-se fazer o trabalho de maneira diferente? Nesse caso, quais são os novos requisitos? Encontrar resposta a estas e outras perguntas similares exige que o cargo seja analisado. Isso pode ser feito mediante observação, entrevistas, questionários ou até uma análise de sistemas. Assim, uma descrição de cargo baseada em uma análise dele lista importantes deveres, responsabilidade de autoridade e a relação com outras posições. Muitas empresas incluem ainda objetivos e resultados esperados nas descrições.

Evidentemente, não existe uma regra à prova de erros para desenhar cargos gerenciais. Contudo, as empresas podem evitar erros seguindo algumas orientações.

Alcance apropriado do cargo

Um cargo definido de maneira minuciosa não apresenta desafios, nenhuma oportunidade de crescimento e nenhum sentido de êxito. Consequentemente, os bons administradores se aborrecerão e ficarão insatisfeitos. Por outro lado, o cargo não deve ser tão amplo que não possa ser manejado com eficácia. O resultado será estresse, frustração e perda do controle.

Cumprir as habilidades gerenciais requeridas pelo desenho do cargo

Em geral, o desenho do cargo deve começar com as tarefas a cumprir. Normalmente, o desenho é bastante amplo para acomodar as necessidades e desejos das pessoas. Porém, alguns autores que escrevem sobre administração sugerem que pode ser necessário desenhar o cargo para ajustar-se ao estilo de liderança de uma pessoa em particular. Seria apropriado desenhar cargos para pessoas excepcionais a fim de utilizar seu potencial. O problema, naturalmente, é que essa posição talvez tivesse de ser reestruturada toda vez que um novo funcionário a ocupar. A descrição do cargo deve então proporcionar uma ideia clara dos requisitos de desempenho para uma pessoa em uma posição em particular, mas também deve permitir certa flexibilidade para que o empregador possa aproveitar as características e capacidades individuais.

Qualquer descrição de posição é contingente ao cargo em particular e à organização. Por exemplo, em um ambiente organizacional burocrático e bastante estável, uma posição pode ser descrita em termos relativamente específicos. Em contraste, em uma organização dinâmica com um ambiente instável e de mudanças rápidas, uma descrição de cargo teria de ser mais geral e provavelmente revista com mais frequência. Requer-se um enfoque situacional na descrição do cargo e em seu desenho.

Desenho do cargo

As pessoas passam muito tempo no trabalho e, portanto, é necessário desenhar cargos para que os indivíduos se sintam bem em seu trabalho. Isso requer uma estrutura de trabalho apropriada em termos de conteúdo, função e relações.

Desenho de cargos para indivíduos e equipes de trabalho

O enfoque do desenho de cargos pode estar na posição individual ou em grupos de trabalho. Primeiro, os cargos individuais podem enriquecer-se ao agrupar tarefas em unidades de trabalho naturais. Isso significa colocar tarefas relacionadas em uma categoria e designar um indivíduo para que as realize. Um segundo enfoque relacionado é combinar várias tarefas em um único cargo. Por exemplo, em vez de as tarefas de montar uma bomba d'água serem realizadas por várias pessoas da linha de montagem, podem-se estabelecer estações de trabalho com indivíduos que realizam a tarefa de forma completa e provar a unidade. Uma terceira forma de enriquecer o cargo seria estabelecer relações diretas com o consumidor ou cliente. Em lugar de reportar-se ao seu superior, que depois faria recomendações à alta administração, um analista de sistemas pode apresentar suas descobertas e recomendações diretamente aos gerentes envolvidos na mudança do sistema. Quarto, deve-se estabelecer um retorno rápido e específico no sistema quando for apropriado. Em uma loja de varejo, por exemplo, os vendedores recebem quantidades de vendas diárias e um resumo a cada mês. Quinto, os cargos individuais podem enriquecer-se mediante suas atribuições e encargos verticais do cargo, o que significa aumentar a responsabilidade dos indivíduos de planejar, executar e controlar seu trabalho.

Argumentos similares poderiam ser apresentados para melhorar o desenho de cargos de equipes de trabalho. Os cargos devem ser desenhados para que os grupos tenham uma tarefa completa a realizar. Mais ainda, pode-se dar uma grande autonomia às equipes na forma de autoridade e liberdade de decidir como se realizarão os trabalhos. Dentro da equipe, costuma-se capacitar os indivíduos para que realizem diferentes tarefas dentro do grupo. Por último, podem-se oferecer recompensas com base no desempenho do grupo, o que tende a induzir a cooperação, em vez da concorrência entre os membros da equipe.

Fatores que influem no desenho do cargo

Ao desenhar cargos, levam-se em conta os requisitos da empresa. Mas devem-se considerar também outros fatores para obter benefícios máximos, incluindo diferenças individuais, a tecnologia envolvida, os custos associados à reestruturação dos cargos, a estrutura da organização e o clima interno.

As pessoas têm necessidades diferentes. Aquelas com capacidades que não foram utilizadas e com uma necessidade de crescimento e desenvolvimento desejam normalmente que seu cargo seja enriquecido, além de adquirir maior responsabilidade. Enquanto algumas pessoas preferem trabalhar sozinhas, aquelas com necessidades sociais quase sempre trabalham bem em grupos. A natureza da tarefa e a tecnologia relacionada com o cargo também devem ser consideradas. Embora seja possível que equipes de trabalho montem automóveis, como se fazia em uma planta da **Volvo** na Suécia, pode não ser eficiente utilizar o mesmo desenho de trabalho para as grandes linhas de produção da General Motors nos Estados Unidos. Além disso, levam-se em conta os custos de mudar para novos desenhos de cargos. Existe uma grande diferença se uma planta é de desenho recente ou se é preciso redesenhar e mudar uma velha planta para acomodar novos conceitos de desenho de cargos.

http://www.volvo.com
http://www.gm.com

Deve-se levar em conta igualmente a estrutura de organização. Os cargos individuais se ajustarão à estrutura mundial. Por exemplo, os grupos de trabalho autônomos podem trabalhar bem em uma organização descentralizada, mas podem ser inadequados em uma estrutura centralizada. Do mesmo modo, o clima organizacional influi no

Perspectiva

Conselhos que o administrador deve levar em conta

1. Sempre comemore os êxitos e os resultados com sua equipe.
2. Discuta de maneira regular com sua equipe os procedimentos, regras e políticas que os desagradam e procure modificá-los.
3. Analise com sua equipe a missão e metas do departamento e da empresa e pensem em como alcançá-las.
4. Mostre seu apreço aos membros de sua equipe.
5. Sempre analise as falhas ou erros e as razões pelas quais não se alcançaram os objetivos.
6. Aprenda com os especialistas, nunca hesite em pedir-lhes conselho.
7. Leia um livro por mês sobre habilidades gerenciais.
8. Trate os demais com respeito e seja justo com eles.
9. Antes de tomar uma decisão, analise todas as possibilidades e os diversos cenários, inclusive os que não o favorecem, e se imagine neles.
10. Revise os 12 últimos meses de sua vida no trabalho e tire conclusões sobre suas prioridades, hábitos, decisões, planejamento e execução.
11. Nunca perca de vista o fator tempo.

desenho do cargo. Os grupos podem funcionar bem em uma atmosfera que fomente a participação, o enriquecimento do cargo e o trabalho autônomo, ao passo que podem não se ajustar a uma empresa com um enfoque autocrático de cima para baixo da liderança gerencial.

Habilidades e características pessoais necessárias nos administradores

Para ser eficazes, os administradores necessitam de certas habilidades: técnicas, humanas, conceituais e de formulação. A importância relativa dessas habilidades varia de acordo com o nível na organização, como se destacou no Capítulo 1. Além disso, buscam-se nos gerentes capacidade analítica e de solução de problemas e certas características pessoais.

Capacidade analítica e de solução de problemas

http://www.purex.com

Uma das habilidades frequentemente desejadas nos gerentes é a capacidade analítica e de solução de problemas. Como costumava dizer Alan Stoneman, ex-presidente da **Purex** Corporation: "Aqui não temos problemas; todos são oportunidades; tudo o que um problema deve ser é uma oportunidade". Em outras palavras, os gerentes devem ser capazes de identificar problemas, analisar situações complexas e, ao solucionar os problemas encontrados, explorar as oportunidades que se apresentam. Devem analisar o ambiente e identificar, mediante um processo racional, os fatores que interferem nas oportunidades. Assim, as habilidades analíticas serão utilizadas para descobrir as necessidades de clientes atuais ou potenciais e depois satisfazer essas necessidades com um produto ou serviço. Demonstrou-se amplamente que esse enfoque de buscar oportunidades pode significar o êxito da corporação. Por exemplo, Edwin H. Land da Polaroid satisfez as necessidades de pessoas que queriam fotografias instantâneas. Porém, a identificação e a análise de problemas não são suficientes. Os gerentes também precisam da vontade de implementar as soluções; devem identificar as emoções, necessidades e motivações das pessoas envolvidas para iniciar a mudança exigida, assim como as dos que resistem à mudança.

Características pessoais necessárias nos administradores

Além das diversas habilidades de que os administradores eficazes necessitam, várias características pessoais são importantes. O desejo de administrar; a capacidade de comunicar com empatia; integridade e honestidade; e experiência como gerente, que é uma característica muito significativa.

O desejo de administrar

O administrador bem-sucedido tem um forte desejo de administrar, de influir em outros e de obter resultados por meio dos esforços de equipe dos subordinados. Certamente, muitas pessoas querem os privilégios das posições gerenciais, que incluem status e salário elevado, mas carecem da motivação básica para alcançar resultados ao não criar um ambiente em que as pessoas trabalham juntas por metas comuns. O desejo de administrar requer esforço, tempo, energia e, normalmente, longas horas de trabalho.

Habilidades de comunicação e empatia

Outra característica importante dos administradores é a capacidade de comunicar por meio de relatórios escritos, cartas, discursos e discussões. A comunicação exige clareza, porém, mais ainda, requer empatia. Esta é a capacidade de compreender os sentimentos de outra pessoa e fazer frente aos aspectos emocionais da comunicação. As habilidades de comunicação são importantes para a efetiva **comunicação intragrupo**, ou seja, a comunicação com pessoas da mesma unidade organizacional. Contudo, conforme se ascende na organização, a **comunicação intergrupo** torna-se cada vez mais importante. Isso significa não apenas a comunicação com outros departamentos, mas também com grupos fora da empresa: clientes, fornecedores, governos, a comunidade e os acionistas em empresas de negócios.

Comunicação intragrupo
Comunicação com pessoas na mesma unidade organizacional.

Comunicação intergrupo
Comunicação com outros departamentos e grupos fora da empresa.

Integridade e honestidade

Os administradores devem ser moralmente impolutos e dignos de confiança. A integridade dos administradores inclui honestidade em assuntos de dinheiro e, ao tratar com outros, fazê-lo com base na verdade, força de caráter e comportamento em conformidade com padrões éticos.

Muitas dessas qualidades, e outras, foram mencionadas por altos executivos de companhias importantes. Por exemplo, Henry Ford II, ex-presidente do conselho da **Ford** Motor Company, considera fundamentais as qualidades de honestidade, franqueza e abertura.

http://www.ford.com

Desempenho anterior como administrador

Outra característica importante para a seleção é o desempenho anterior como gerente. Talvez seja o prognóstico mais confiável do desempenho futuro de um gerente. Evidentemente, uma avaliação da experiência gerencial não é possível ao selecionar supervisores nas primeiras camadas da hierarquia, pois eles não tiveram essa experiência. Contudo, os êxitos passados são considerados importantes na seleção de administradores de níveis médio e superior.

Igualar qualificações com requisitos da posição

Depois de identificar as posições, conseguem-se os administradores por meio de recrutamento, seleção, colocação e promoção (ver a Figura 11.4). Existem basicamente duas fontes de provimento de pessoal gerencial: 1) promoção ou transferência de pessoas dentro da empresa e 2) contratar fora. Para promoções internas, um sistema de informação computadorizado pode ajudar a identificar candidatos qualificados. Ele pode

Perspectiva internacional

"Busco gerente"

Devido, em grande medida, ao ambiente global que impera no mundo dos negócios, as empresas pequenas têm sempre de adotar as tendências administrativas ditadas pelo ambiente. No terreno do recrutamento, também precisam abandonar a estrutura vertical, na qual o dono era o gerente ou o contador que ficava 20 anos nesse cargo, e buscar os talentos que não apenas tirem a empresa de apuros, mas que a levem a competir em vantagem. Contudo, para uma pequena empresa conseguir o capital humano de que necessita ao ritmo de seu crescimento não é tão fácil como para as grandes; e isso porque poucas podem pagar pelos serviços de uma consultoria encarregada da seleção e recrutamento. Sua principal fonte são as recomendações familiares ou de outro gerente amigo. E eles não conhecem o perfil do executivo de que precisam. Por essas razões, Rodrigo Horvilleur, gerente de recursos humanos da nicaraguense Casa Pellas, pensou um programa de responsabilidade social empresarial que consiste em um sistema de consultoria para pequenas e médias empresas.

Além disso, esta ainda sofre a concorrência de algumas empresas grandes que preferem atrair algum gerente de uma empresa menor, ação que é chamada de "guindaste". Os candidatos preferem a grande pela projeção profissional que lhes oferece. "Em uma companhia pequena você pode subir no máximo dois escalões, mas em uma grande pode subir uns 10 em uma década", afirma Alejandro Fosk, da empresa chilena on-line Certifica.com, que perdeu vários talentos atraídos por ofertas importantes do Banco de Chile e da rede de supermercados D&S.

Fonte: Informação de María de Jesús Rioseco, "Talentos. Se buscan". *América Economía*, n. 327, 18 a 31 de agosto de 2006, p. 94-95.

ser utilizado em conjunto com um amplo plano de recursos humanos. Especificamente, para antecipar requisições de pessoal, novas vagas, demissões, necessidades de desenvolvimento e planificação da carreira.

As variáveis marcadas com linhas pontilhadas são as atividades de designação de pessoal e outras que são analisadas em outros capítulos.

Dispõe-se de várias fontes externas e a empresa pode utilizar diferentes canais para encontrar administradores qualificados. Muitas agências de emprego, públicas e privadas, e recrutadores executivos (às vezes chamados de caçadores de talentos, os *headhunters*) encontram candidatos adequados para posições específicas. Outras fontes de gerentes são as associações profissionais, instituições educativas, referências de pessoas dentro da empresa e solicitações de pessoas interessadas na empresa.

Recrutamento de administradores

O **recrutamento** inclui atrair candidatos para ocupar as posições na estrutura da organização. Antes que o recrutamento comece, os requisitos da posição, que se relacionam diretamente com a tarefa, devem ser identificados com clareza para facilitar o recrutamento externo. Para as empresas com uma imagem pública favorável, é mais fácil atrair candidatos qualificados. Uma companhia como a Sony tem uma imagem bem reconhecida, enquanto empresas pequenas, que frequentemente oferecem excelentes oportunidades de crescimento e desenvolvimento, precisariam fazer grandes esforços para comunicar aos interessados o tipo de negócios que realizam e as oportunidades que oferecem.

Recrutamento
Atrair candidatos para ocupar posições na estrutura da organização.

Perspectiva internacional

Onde as companhias chinesas recrutam?[10]

Na medida em que as companhias chinesas adotam uma orientação mais globalizada, muitas passaram a contratar gerentes ocidentais. A Lenovo, maior fabricante de computadores na China, contratou Bill Amelio como diretor executivo. Amelio era o chefe da região Ásia-Pacífico da Dell Computer. Do mesmo modo, Phil Murtaugh migrou da General Motors para a Shanghai Automotive Industry Corp (Saic), a maior empresa automobilística da China que produz carros para exportação. Como é de se esperar, algumas companhias chinesas locais têm reservas acerca de tais práticas, mas é cada vez mais frequente que os principais cargos na China se tornem interessantes para executivos ocidentais; embora tal mudança seja arriscada pelo fato de não estarem familiarizados com o conhecimento detalhado da cultura chinesa. Hoje, várias companhias chinesas contratam executivos chineses com experiência ocidental que têm a vantagem de conhecer bem o ambiente chinês.

Há igualmente uma grande necessidade de gerentes de nível médio na China, pois a Revolução Cultural entorpeceu a educação. Conforme as companhias chinesas adotam uma orientação mundial, a necessidade de altos gerentes e de nível médio cresce, o que abre oportunidades atrativas para alguns ocidentais.

10 "Management in China – Go East, my son". *The Economist*, 12 de agosto de 2006, p. 53.

Seleção, colocação e promoção

Dois enfoques para ocupar posições: **seleção** e **colocação**.

Selecionar um administrador é eleger entre os candidatos aquele que preencha melhor os requisitos da posição. Visto que a seleção pode ser para uma vaga em um cargo específico, ou para necessidades de administradores futuros, existem dois enfoques para ocupar as posições organizacionais. No **enfoque de seleção**, os candidatos são buscados para ocupar uma posição com requisitos específicos, enquanto no **enfoque de colocação** os pontos fortes e fracos do indivíduo são avaliados para que se encontre, ou até se desenhe, uma posição adequada para ele.

A *promoção* é uma medida dentro da organização para uma posição mais alta, com maiores responsabilidades, e requer habilidades mais avançadas. Normalmente, inclui uma elevação de status e de salário. As diversas facetas da seleção, em geral, se aplicam também à promoção, que pode ser uma recompensa por um desempenho que se destaca ou o resultado do desejo da empresa de utilizar melhor as capacidades e habilidades de um indivíduo. As promoções podem ser uma recompensa por desempenho passado, mas só quando há evidência de competência potencial; de outro modo, as pessoas são promovidas a um nível em que se tornam incompetentes.

O princípio de Peter

Os erros na seleção são possíveis, talvez até comuns. Segundo Laurence J. Peter e Raymond Hall, autores de *The Peter principle*, os administradores tendem a ser promovidos até o nível de sua incompetência.[11] Especificamente, se um gerente tem êxito em uma posição, esse êxito pode levá-lo a uma promoção, a uma posição mais alta, muitas vezes uma posição que requer habilidades que a pessoa não possui. Tal promoção pode envolver um trabalho que está além de suas possibilidades. Embora não se deva ignorar a possibilidade de crescimento individual, o princípio de Peter pode servir como advertência para que não se adote o processo de seleção e promoção apressadamente.

O processo de seleção, técnicas e instrumentos

Esta seção apresenta uma introdução do processo de seleção, seguida da análise de vários instrumentos e técnicas de seleção, incluindo entrevistas, provas e o enfoque do centro de avaliação. Para uma boa seleção, a informação acerca do candidato deve ser válida e confiável. Quando as pessoas perguntam se os dados são válidos, estão perguntando se eles medem o que devem medir. Na seleção, **validade** é o grau em que os dados predizem o êxito do candidato como gerente. A informação também deve ter um alto grau de **confiabilidade**, termo que se refere à precisão e à congruência da medição. Por exemplo, caso se repetisse uma prova confiável nas mesmas condições, os resultados seriam essencialmente os mesmos.

Validade

O grau em que os dados predizem o êxito do candidato como gerente.

Confiabilidade

A precisão e consistência da medição.

11 Peter, Laurence J. e Raymond Hall. *The Peter principle*. Nova York: Bantam, 1969. Ver também Peter, Laurence J. *The Peter pyramid: Or will we ever get the point?* Nova York: Morrow, 1986, e sua crítica por Shaw, Peter. "A management guru Peters out". *Wall Street Journal*, 24 de janeiro de 1986. Para a aplicação do princípio de Peter ao desenvolvimento do software, ver Kirkwood, Craig. "Adobe and the Peter principle". Disponível em: http://www.planetpublish.com, 17 de abril de 2002, acesso em 5 de junho de 2002.

Perspectiva empresarial

Como designar pessoal para uma empresa?

Como os gerentes designam pessoal para suas empresas? Como buscam certo tipo de pessoa para trabalhar em um projeto visando ao crescimento?

Essas perguntas foram feitas a Venky Ganesan, sócio e diretor gerente da Globespan Capital Partners, uma empresa de capital de investimento da área da baía de São Francisco que assessora empresas de portfolio a desenvolver presença mundial. Venky Ganesan atuou antes como vice-presidente da JAFCO Ventures e foi cofundador da Trigo Technologies, adquirida posteriormente pela IBM. Quando lhe perguntaram o que os gerentes buscam no pessoal administrativo potencial, respondeu: "Bons atletas gerais, flexíveis, mais do que especialistas enfocados na área. A princípio (em um projeto), é necessário aprender a ter flexibilidade, e você quer pessoas abertas e ávidas pelo conhecimento do mercado, mais do que "especialistas" que têm uma imagem predeterminada do mercado. Eles, os gerentes, buscam pessoas de alta energia e inteligentes, obstinadas em sua execução, que veem cada problema como uma oportunidade para resolver, mais que uma barreira..." Perguntado sobre o que atrai os indivíduos a trabalhar em ambientes de alta intensidade com longas horas de trabalho e futuro incerto, Ganesan respondeu: "Os indivíduos são atraídos pela cultura de ritmo rápido e alta intensidade, que lhes dá amplo espaço para crescer e aprender. O alto grau de aprendizagem e camaradagem de quem se inicia compensa as longas horas de trabalho e o futuro incerto. Além disso, a maioria das companhias jovens tem pouca burocracia e muito pouca gerência média, de modo que as pessoas podem, na realidade, implementar ações em vez de se atulhar de papéis e preencher relatórios".

É evidente que os riscos e recompensas do pessoal de apoio e o fato de estar ligado a um projeto novo dão lugar a um ambiente de trabalho excitante e de ritmo rápido. É essencial que os administradores reconheçam as necessidades únicas dos projetos visando ao crescimento e selecionem de maneira apropriada os candidatos cujas expectativas e talentos se ajustem a esse ambiente único.

Processo de seleção

Há algumas variações dos passos específicos no processo de seleção. Por exemplo, a entrevista de um candidato para um cargo de supervisão de primeira linha pode ser bastante simples, comparada com as rigorosas entrevistas de um executivo de alto nível. Contudo, o amplo perfil a seguir é indicativo do processo típico.

Primeiro, estabelecem-se os critérios de seleção, geralmente com base nos requisitos atuais, e às vezes futuros, do cargo. Esses critérios incluem temas como educação, conhecimentos, habilidades e experiência. Depois se pede ao candidato que preencha uma solicitação (esse passo pode ser omitido se o candidato já pertence à organização). Em seguida, vem uma primeira entrevista para identificar os candidatos mais promissores. Informação adicional pode ser obtida para comprovar se o candidato é qualificado para a posição. Então, o gerente, seu superior e outras pessoas dentro da organização fazem as entrevistas formais. A informação proporcionada pelo candidato é revista e verificada. Pode-se requerer um exame físico. Por último, com base na informação reunida, oferece-se o cargo ao candidato, ou se informa que ele não foi selecionado para a posição. Examinemos algumas partes do processo de seleção com mais detalhes.

Entrevistas

A rigor, todo administrador contratado ou promovido por uma companhia é entrevistado por uma ou mais pessoas. Apesar de seu uso generalizado, a entrevista é vista com desconfiança como um meio confiável e válido para selecionar gerentes. Diferentes entrevistadores podem pensar ou interpretar a informação reunida de maneira distinta. É comum que os entrevistadores não façam as perguntas corretas. Eles podem ser influenciados pela aparência geral do entrevistado, o que pode ter pouco peso no desempenho do cargo. É comum também formarem uma opinião no início da entrevista, antes de levantar toda a informação necessária para fazer um juízo justo.

Podem ser utilizadas várias técnicas para melhorar o processo da entrevista e superar algumas dessas deficiências. Primeiro, os entrevistadores serão capacitados para saber o que buscar. Por exemplo, ao entrevistar pessoas dentro da empresa, devem analisar e discutir registros passados; estudar os resultados alcançados e ainda a forma como foram desempenhadas as atividades gerenciais-chave. O Capítulo 12, sobre a avaliação de desempenho, mostra com mais detalhes como se pode fazer isso. Ao selecionar administradores fora da empresa, esses dados são mais difíceis de obter, e os entrevistadores podem consegui-los ao verificar com as referências mencionadas.

Segundo, os entrevistadores estarão preparados para fazer as perguntas corretas. Há entrevistas estruturadas, semiestruturadas e não-estruturadas. Em uma entrevista *não-estruturada*, o entrevistador pode dizer algo como "Fale-me de seu último emprego". Na entrevista *semiestruturada*, o entrevistador segue um roteiro de entrevista, mas também pode fazer outras perguntas. Em uma entrevista *estruturada*, o entrevistador faz uma série de perguntas preparadas.

Uma terceira forma de melhorar a seleção é realizar entrevistas múltiplas utilizando diferentes entrevistadores. Assim, várias pessoas podem comparar suas avaliações e percepções. Contudo, nem todos os entrevistadores devem votar ao se selecionar um candidato; seu papel é apenas o de proporcionar informação adicional para o gerente que será responsável pela decisão final.

Quarto, a entrevista é apenas um aspecto do processo de seleção. Ela deve ser complementada com dados da solicitação do candidato, os resultados das provas e a informação obtida das pessoas citadas como referências. A verificação de referências e as cartas de recomendação serão necessárias para verificar a informação proporcionada pelo candidato. Para que uma referência seja útil, a pessoa deve conhecer bem o candidato e apresentar uma avaliação verídica e completa dele. Muitas pessoas se mostram resistentes a prestar informação que possa prejudicar as oportunidades de um candidato, assim como os seus pontos fortes costumam ser ressaltados em excesso, enquanto suas fraquezas podem ser omitidas, ou "douradas". Nos Estados Unidos, a Lei de Privacidade de 1974 e a legislação das sentenças judiciais relacionadas tornaram mais difícil obter referências objetivas. Nessa lei, o candidato tem o direito legal de inspecionar as cartas de referência, a menos que renuncie a esse direito. Esse é um dos motivos para que os professores se mostrem resistentes a preparar referências de trabalho objetivas e precisas de seus alunos.

Testes

A meta principal dos testes é obter dados sobre os candidatos que ajudem a avaliar seu potencial como gerentes. Alguns dos benefícios das provas incluem encontrar a pessoa mais adequada para o cargo, obter um alto grau de satisfação no emprego para o novo funcionário e reduzir a rotatividade. Alguns dos testes mais usados podem ser classificados como segue:

- Os *testes de inteligência* são desenhados para medir a capacidade mental e testar a memória, a velocidade do pensamento e a capacidade de ver relações em situações de problemas complexos.

- Os *testes de perícia e aptidão* são construídos para identificar interesses, capacidades existentes e potencial para aprender novas habilidades.
- Os *testes vocacionais* são desenhados para indicar a ocupação mais adequada de um candidato, ou as áreas em que os interesses do candidato se igualam aos das pessoas que trabalham nessas áreas.
- Os *testes de personalidade* são desenhados para revelar as características pessoais de um candidato e a forma como ele pode interagir com outros, apresentando assim uma medida de liderança potencial.

Contudo, os *testes* apresentam várias limitações. Primeiro, psicólogos industriais competentes concordam que os *testes* não têm precisão suficiente para serem utilizados como a única medida das características de um candidato, mas devem ser interpretados à luz de toda a história de cada indivíduo. Segundo, quem utiliza testes deve saber quais utilizar e quais são suas limitações. Uma das principais limitações é a incerteza relativa a se os *testes* são aplicáveis na prática; nem os psicólogos estão muito certos de que os *testes* de hoje sejam efetivos para medir habilidades e potenciais gerentes. Terceiro, antes que um teste passe a ser amplamente utilizado, é preciso averiguá-lo, se possível com pessoal interno para ver se é válido para funcionários cujas habilidades gerenciais já são conhecidas. Quarto, é importante ainda que os testes sejam administrados e interpretados por especialistas na matéria. Por último, os testes não devem discriminar injustamente e devem respeitar as leis e orientações governamentais.

Centros de avaliação

Centro de avaliação
Técnica para selecionar e promover gerentes.

http://www.att.com

O **centro de avaliação** não é um local, mas sim uma técnica para selecionar e promover gerentes. Esse enfoque pode ser utilizado em combinação com a capacitação. Os centros de avaliação foram utilizados inicialmente para selecionar e promover supervisores de nível mais baixo, mas agora são aplicados também aos gerentes de nível médio. Contudo, parecem inadequados para altos executivos. A técnica do centro de avaliação não é nova. Foi utilizada pelos militares alemães e britânicos e pelo American Office of Strategic Services durante a Segunda Guerra Mundial. Mas seu primeiro uso corporativo nos Estados Unidos é atribuído geralmente à American Telephone and Telegraph Company na década de 1950.

Com o propósito de medir como atuará um gerente potencial em situações gerenciais típicas, o enfoque usual de centro é fazer com que os candidatos participem de uma série de exercícios. Durante esse período, eles são observados e avaliados por psicólogos ou gerentes experientes. Um centro de avaliação típico conduzirá os candidatos a fazer o seguinte: submeter-se a várias provas psicológicas; participar de jogos administrativos em grupos pequenos; participar de exercícios "de canastra", em que se pede que manejem uma variedade de assuntos que poderiam enfrentar em uma função gerencial; participar de um debate de grupo sobre algum problema sem líder; fazer uma apresentação oral breve sobre um tópico ou tema em particular; recomendar um projeto de ação desejável a um superior imaginário e empreender vários outros exercícios, como preparar um relatório escrito.

Durante esses exercícios, os candidatos são observados pelos avaliadores, que também os entrevistam de vez em quando. Ao final do período do centro de avaliação, os assessores resumem sua avaliação do desempenho de cada candidato; depois, comparam suas avaliações, chegam a conclusões relativas ao potencial gerencial de cada candidato e preparam um resumo escrito de cada candidato. Esses relatórios são colocados à disposição dos gerentes que farão a designação para sua orientação. Em geral, são utilizados igualmente como orientação para o desenvolvimento gerencial. Em muitos casos, os candidatos recebem retorno de sua avaliação; em outros, o retorno é proporcionado apenas quando os candidatos o solicitam. Às vezes, a avaliação global sobre probabilidades de promoção permanece confidencial, ainda que os candidatos possam ser informados por meio dos assessores acerca de seu desempenho nos diversos exercícios.

A evidência da utilidade do enfoque do centro de avaliação, embora não conclusiva, é alentadora. Por outro lado, há controvérsia quanto a quem, por quem e em que circunstâncias esta e outras provas devem ser administradas e quem deve receber seus resultados.

Os centros de avaliação apresentam alguns problemas. Primeiro, são onerosos em termos de tempo, em particular quando muitos programas eficazes se estendem por um período de cinco dias. Segundo, capacitar os assessores é um problema, especialmente em companhias em crescimento, com certa justificativa em que provavelmente os melhores assessores são gerentes de linha experimentados, mais que psicólogos capacitados. Terceiro, embora se utilizem vários exercícios diferentes para cobrir o tipo de coisas que um gerente faz, há dúvidas quanto a se esses exercícios são o melhor critério de avaliação. Um problema ainda maior está em determinar que medidas de avaliação devem ser aplicadas a cada exercício. Orientada ao comportamento individual e interpessoal em diversas circunstâncias, a maioria dos centros de avaliação pode ignorar o elemento mais importante para selecionar gerentes, em especial aqueles que estão para ingressar nas fileiras gerenciais pela primeira vez. Esse elemento é a motivação, se uma pessoa quer verdadeiramente ser gerente. Para ter essa motivação, os gerentes devem saber o que é administrar, o que inclui e o que se requer para ser um gerente bem-sucedido. Obviamente, a motivação é uma qualidade difícil de avaliar. Contudo, quando se esclarece a um candidato sobre o que implica administrar e depois se pede a ele que pense bem nisso, o entrevistador pode dar ao candidato uma boa condição para determinar se quer mesmo ser gerente.

Limitações do processo de seleção

A diversidade de enfoques e provas de seleção indica que não existe uma forma perfeita para selecionar gerentes. A experiência demonstrou que até os critérios de seleção escolhidos com cuidado são imperfeitos para predizer o desempenho. Mais ainda, há uma distinção entre o que as pessoas podem fazer, ou seja, sua capacidade para desempenhar-se, e o que farão, que tem a ver com a motivação. Esta última é uma função do indivíduo e do ambiente. Por exemplo, as necessidades de uma pessoa podem ser diferentes em diversos momentos. O ambiente organizacional também muda. O clima de uma empresa pode passar de um que encoraja a iniciativa a outro que a restringe, porque uma nova alta administração introduz uma nova filosofia gerencial. Portanto, as técnicas e instrumentos de seleção não são uma forma segura de antecipar o que as pessoas vão fazer, mesmo que tenham capacidade de fazê-lo.

As provas em si mesmas, em particular as psicológicas, têm limitações. Especificamente, a busca de certa informação pode ser vista como uma invasão de privacidade. Além disso, reclamou-se que certas provas discriminam de maneira injusta as mulheres ou membros de grupos minoritários. Esses problemas complexos não são resolvidos com facilidade e não podem ser ignorados quando a empresa seleciona gerentes.

Outras preocupações adicionais na seleção e contratação são o tempo e os custos envolvidos, que incluem publicidade, comissões de agência, provas, entrevistas, verificação de referências, exames médicos, realocação, orientação e tempo de experiência requeridos para que o novo gerente se adapte ao cargo. Quando os custos de recrutamento são definidos, pode ser evidente que o processo seja muito oneroso para uma empresa.

Orientação e socialização de novos funcionários

A seleção da melhor pessoa para o cargo é apenas o primeiro passo para construir uma equipe de administração eficaz. Até mesmo as companhias que fazem grandes esforços no processo de recrutamento e seleção costumam ignorar as necessidades dos novos gerentes depois de contratá-los. Contudo, os primeiros dias e semanas podem ser cruciais para integrar a nova pessoa à organização.

A **orientação** inclui a introdução dos novos funcionários na empresa e em suas funções, tarefas e com o pessoal. As grandes empresas costumam ter programas de orientação formal que explicam as características da companhia: história, produtos e serviços, políticas e práticas gerais, organização (divisões, departamentos e localizações geográficas), benefícios (seguros, licença e férias), requisitos de confidencialidade e segredos profissionais (em especial com relação a contratos de defesa), assim como seguridade e outros regulamentos. Eles são descritos detalhadamente em um folheto da companhia, e a reunião de orientação proporciona aos novos funcionários a oportunidade de fazer perguntas. Embora esses programas formais sejam dirigidos normalmente por funcionários do departamento de pessoal, a responsabilidade maior de orientar o novo gerente ainda é do superior.

Orientação
Apresentação de novos funcionários à empresa e em suas funções, tarefas e com o pessoal.

Há outro aspecto, talvez mais importante, da orientação: a socialização de novos gerentes. A **socialização organizacional** é definida de várias maneiras distintas. Uma panorâmica mundial inclui três aspectos: a aquisição de habilidades e capacidades de trabalho, a adoção de papéis de comportamento apropriados e ajuste às normas e

Socialização organizacional
A aquisição de habilidades e capacidades de trabalho, a adoção de padrões de comportamento apropriados e ajuste às normas e valores do grupo de trabalho.

Perspectiva internacional

Criar um ambiente que as pessoas desfrutam[12]

No novo milênio, as companhias competem ferozmente pelo talento em um mercado de trabalho muito concorrido. Perder um funcionário valioso pode custar a uma companhia de US$ 50 mil a US$ 100 mil. Como, então, uma companhia pode reter capital intelectual?

Líderes como Herb Kelleher, da Southwest Airlines, e Jack Welch, da General Electric, se empenharam muito para inspirar seus funcionários ao oferecer um ambiente de trabalho e oportunidades desafiadoras para o crescimento pessoal e profissional. As companhias seguem várias estratégias para reter os funcionários. As empresas com boa reputação, como a Southwest Airlines e a General Electric, podem mostrar para os seus funcionários a vantagem competitiva de sua empresa e as oportunidades em uma organização em crescimento. As companhias em uma posição de liderança no mercado têm igualmente uma vantagem para reter os funcionários, pois podem dizer que deixar a companhia seria dar um passo para trás. Outras empresas criam uma sensação de comunidade e de família em sua organização. Os funcionários também gostam da flexibilidade de ter vários tipos de experiência em vários setores da companhia. A outorga do poder mediante uma delegação ampla dá aos funcionários autoridade de tomada de decisões e um sentido de responsabilidade. A Cisco Systems sempre lembra aos seus funcionários que eles são bem-recebidos. A General Electric investe nas melhores pessoas por meio de capacitação e apoio. A Southwest Airlines se preocupa muito em encontrar as pessoas certas durante o processo de seleção para contratar quem se ajuste à cultura da organização.

Enquanto as companhias enfrentam fortes desafios para recrutar e reter funcionários, as pessoas que se preparam para uma carreira na administração, ou como assessores, encontram nessa situação uma grande oportunidade.

http://www.southwest.com
http://www.ge.com
http://www.cisco.com

---

12 Stein, Nicholas. "Winning the war to keep top talent". *Fortune*, 29 de maio, p. 132-138.

valores do grupo de trabalho. Assim, além de reunir os requisitos específicos do cargo, os novos gerentes, de maneira geral, encontram novos valores, novas relações pessoais e novos modos de comportamento. Não sabem a quem recorrer em busca de apoio, nem como funciona a organização, e têm medo de fracassar em seu novo trabalho. Toda essa incerteza pode causar grande ansiedade para um novo funcionário, em particular um administrador em treinamento. Dado que a experiência inicial em uma empresa pode ser importante para o futuro comportamento administrativo, o primeiro contato deve ser com os melhores superiores da empresa, pessoas que podem servir como modelo para o comportamento futuro.

Administrar os recursos humanos com vistas a 2020[13]

O futuro é difícil de antecipar. Entretanto, os gerentes devem tomar decisões agora para se preparar para o futuro. A Economist Intelligence Unit pesquisou cerca de 1.650 executivos de todo o mundo perguntando-lhes como veem as mudanças pensando no ano 2020. As atividades que têm o maior potencial para melhorar a produtividade são administrar o conhecimento, proporcionar serviços e apoio aos clientes, melhorar as operações e os processos de produção, desenvolver negócios e estratégias, administrar as atividades de marketing e vendas, administrar os recursos humanos e a capacitação, assim como outras áreas. Esses pontos de vista dos executivos têm importantes implicações para a administração dos recursos humanos.

As contribuições de conhecimentos dos trabalhadores podem ser extremamente importantes para ganhar uma vantagem competitiva. Mais ainda, a colaboração dentro da organização, assim como no exterior, será fundamental. Isto, naturalmente, requer pessoas com boas relações interpessoais. Elas precisam ser capazes de operar em diferentes ambientes culturais e se comunicar bem. As funções de integração de pessoal de recrutamento, seleção, capacitação e desenvolvimento desempenharão papéis importantes ao se preparar para o futuro. Do mesmo modo, as funções de liderança, motivação e comunicação efetivas, analisadas na quinta parte do livro, serão essenciais para competir no ambiente mundial.

Resumo

Integrar pessoal significa ocupar posições na estrutura da organização. Requer identificar os requisitos da força de trabalho, inventariar as pessoas disponíveis e recrutar, selecionar, colocar, promover, avaliar, planejar as carreiras, recompensar e capacitar as pessoas.

No enfoque de sistemas na integração de pessoal, os planos da empresa e da organização se tornam insumos importantes. O número e a qualidade dos administradores necessários para realizar tarefas cruciais dependem de muitos fatores distintos. Um passo importante na integração de pessoal é determinar as pessoas disponíveis ao fazer um inventário gerencial, que pode ser feito em forma de um inventário.

[13] "Foresight 2020, Economic, Industry, and Corporate Trends", Economist Intelligence Unit 2006, Londres: *The Economist*, 2006; ver também "2020 Management Insight: Management Development". Disponível em: http://www.2020.eu.com/content/view/15/30, acesso em 3 de fevereiro de 2007.

A integração de pessoal não se dá no vazio; devemos considerar muitos fatores situacionais, tanto internos como externos. A integração de pessoal exige respeito às leis de igualdade de oportunidades no emprego para que as práticas não discriminem, por exemplo, minorias ou mulheres. Devemos avaliar ainda os prós e os contras de promover pessoal interno da organização ou selecionar pessoas de fora.

No modelo de sistemas para seleção, o plano amplo de necessidades gerenciais é a base para os requisitos da posição. Ao desenhar cargos, a empresa deve cuidar para que o cargo tenha um âmbito apropriado, que seja desafiador e que reflita as habilidades requeridas. A estrutura do cargo deve ser apropriada em termos de conteúdo, função e relações. Os cargos podem ser desenhados para indivíduos ou equipes de trabalho. A importância de habilidades técnicas, humanas, conceituais e de desenho varia de acordo com o nível na hierarquia organizacional. Os requisitos da posição devem ser comparados com as diversas habilidades e características pessoais dos indivíduos. A comparação é importante no recrutamento, seleção, colocação e promoção.

Os erros na seleção podem levar à concretização do princípio de Peter, que estabelece que os gerentes tendem a ser promovidos ao seu nível de incompetência. Embora se deva buscar a assessoria de várias pessoas, a decisão de seleção cabe geralmente ao superior imediato do candidato para a posição.

O processo de seleção pode incluir entrevistas, várias provas e o uso de centros de avaliação. Para evitar insatisfação e rotatividade de pessoal, as companhias devem assegurar-se de que os novos funcionários sejam introduzidos e integrados com outras pessoas da organização.

Ideias e conceitos básicos

- Integração de pessoal
- Enfoque de sistemas na administração dos recursos humanos
- Inventário gerencial
- Fatores situacionais que afetam a integração de pessoal
- Igualdade de oportunidades no emprego
- Mulheres na administração
- Diversidade no trabalho
- Integração de pessoal no ambiente internacional
- Promoção interna
- Política de concorrência aberta
- Enfoque de sistemas na seleção
- Posição e requisitos do cargo
- Desenho do cargo
- Recrutamento
- Seleção
- Colocação
- Promoção
- Princípio de Peter
- Validade e confiabilidade
- Processo de seleção
- Entrevista
- Tipos de provas
- Centro de avaliação
- Orientação e socialização
- O futuro da administração dos recursos humanos

Para analisar

1. Por que a função de integração de pessoal poucas vezes é enfocada com lógica? Descreva brevemente o enfoque de sistemas na integração de pessoal. Como essa integração se relaciona a outras funções e atividades gerenciais?
2. Liste e avalie os fatores externos que afetam a integração de pessoal. Quais são os mais críticos hoje? Explique.
3. Quais são os perigos e dificuldades ao aplicar uma política de promoção interna? O que significa uma política de concorrência aberta? Você é favorável a essa política? Por quê?
4. Qual é o enfoque de sistemas na seleção de gerentes? Por que é chamado de enfoque de sistemas? Em que difere de outros enfoques?

5. Quais são alguns dos fatores importantes para desenhar cargos individuais e cargos para equipes de trabalho? Quais lhe parecem mais importantes? Por quê?
6. O princípio de Peter foi amplamente citado em círculos administrativos. Qual sua opinião sobre ele? Acredita que alguma vez poderia se aplicar a você? Isso significa que todos os diretores executivos são incompetentes? Explique.
7. O que é um centro de avaliação? Como funciona? Você gostaria de participar de um centro como esse? Por quê?

Exercícios e atividades

1. Selecione uma organização que você conhece e avalie a eficácia de seu recrutamento e seleção de pessoas. Como é o sistema em que se realizam estas e outras atividades de integração de pessoal?
2. Vá à biblioteca e pesquise os antecedentes de CEO bem-sucedidos. Pode começar a busca na revista *Exame* ou ler a biografia de um CEO. O que torna os CEO bem-sucedidos?

Pesquisa na Internet

Use um dos populares sites de busca para encontrar "recursos humanos". Quais são alguns dos temas da atualidade que preocupam os gerentes de recursos humanos? O que significa igualdade de oportunidades no emprego? Busque na Internet, selecione um tema e apresente-o na sala de aula.

Caso internacional 11.1

Tribulações e desafios do Sr. Barrett na Intel[14]

A Intel Corporation é mais conhecida por seus processadores. O lema "Intel Inside" é familiar para a maioria das pessoas que usam um computador. Entre eles estão, por exemplo, os Pentiuns 3 e 4 e o Itanium de nova geração. Para servidores e estações de trabalho, a Intel produz o Xeon. Andy Grove, o carismático CEO, hoje consultor sênir de gerenciamento executivo, levou a companhia ao êxito durante muitos anos. Contudo, Craig R. Barrett, que foi CEO da Intel, enfrentou muitos desafios e críticas.

A nova estratégia de adentrar em outros mercados, como aplicações de informação, comunicação e serviços de Internet, foi onerosa e, até agora, não muito bem-sucedida. De fato, ao se afastar de seus negócios centrais,

[14] Consultou-se uma variedade de fontes, que incluem Edwards, Cliff e Ira Sager, "Intel: Can CEO Craig Barrett reverse the slide?". *BusinessWeek*, 15 de outubro de 2001, p. 80-90; Intel, http://www.intel.com, acesso em 1º de outubro de 2006; Schlender, Brent, "Intel unleashes its inner Attila". *Fortune*, 15 de outubro de 2001.

ela pode ter descuidado de seu negócio central dos chips de computador. Esses novos interesses resultaram em reorganização frequente, causando incertezas organizacionais para os gerentes. Enquanto alguns acreditavam que as mudanças constantes eram necessárias para adaptar-se a novas situações e manter ágil a organização, outros não concordavam.

A liderança de Barrett e suas mudanças em várias direções são bastante diferentes da estratégia cuidadosamente estudada de Grove, que se centrava nos chips. Os pontos fortes de Barrett estão na manufatura. Ele investiu pesado em pesquisa e desenvolvimento. Porém, novos produtos, como o Itanium, requerem vários anos para mostrar resultados, e só restam a Barrett alguns anos antes de sua aposentadoria. Investir em novas tecnologias de manufatura com a meta de obter plantas virtualmente automatizadas leva à redução de custos na manufatura de chips. Entretanto, o mercado de computadores pessoais estancou no início do século XXI, enquanto as comunicações sem fio e os telefones celulares crescem no mercado. Por exemplo, no mercado de telefonia celular, a Motorola e a Texas Instruments desenvolvem novos processadores de sinal digital, e a Intel deveria se esforçar para alcançá-las. Uma chave para o êxito da Intel poderia ser a companhia converter-se em participante importante no mercado sem fio. Barrett fez várias aquisições onerosas, que incluem a Level One Communications. Porém, continua em aberto se o forte investimento em novas tecnologias resultará em um negócio rentável. Isso pode determinar o legado de Craig Barrett. ■

Perguntas

1. Qual é sua avaliação do desempenho de Barrett e de sua visão da Intel? Ele é a pessoa indicada para o posto na Intel?
2. Quais são alguns dos problemas associados a uma reorganização frequente?
3. Quais são os prós e contras de centrar-se no futuro distante e fazer pesados investimentos em novas tecnologias?

Caso internacional 11.2

A era da inteligência coletiva

As recompensas do talento

Para 2001, as 138 empresas participantes da pesquisa de remunerações realizada anualmente pelo departamento de pesquisa e desenvolvimento da revista *Expansión* projetava um aumento de salário médio de 13%, quando as estimativas oficiais eram inferiores a um dígito, entre 6,5% e 7% para a inflação. Nos últimos anos, os salários do pessoal executivo e não-executivo indicam uma tendência de aumento acima da inflação anual.

Contudo, o ritmo de crescimento dos salários entre níveis executivos e o restante do pessoal é desigual. Isso obedece às pressões do mercado: a crescente demanda de executivos bem preparados eleva seu preço de forma mais acelerada que em outros segmentos. O tipo e o tamanho de empresa também são determinantes. Isso explica que o salário pago a executivos de igual nível seja diferente, ou que se pague igual a pessoas ocupando cargos diferentes.

Os resultados da pesquisa mostram que, tomando como base os diretores e gerentes de segundo nível de empresas de diferentes tamanhos, a remuneração anual monetária dos executivos de cargos inferiores equivale a uma faixa entre 60% e 15% do salário do diretor de administração e finanças; entre 51% e 16% do diretor de vendas e marketing e de 56% a 16% do diretor de operações e manufatura. Em geral, observa-se que as remunerações dos cargos gerenciais oscilam entre 60% e 10% do salário recebido pelos diretores de área.

Com isso, é previsível que nos próximos anos o mercado de trabalho seja cada vez mais agressivo. A tendência mundial aponta para o abandono das velhas estruturas piramidais por uma organização horizontal que permita diminuir a defasagem das remunerações dos executivos dos diferentes níveis. O princípio dos novos modelos de organização do trabalho baseia-se no conceito do líder/treinador, nas equipes participativas e na comunicação organizacional para incrementar a produtividade da empresa. ■

Perguntas

1. O que justificaria que o aumento projetado dos salários para executivos seja maior que os de outro tipo de pessoas?
2. Você considera que os altos salários são suficientes para fomentar a produtividade dos administradores? Por quê?
3. Se você tivesse a oportunidade de escolher entre um cargo de alto nível em uma empresa pequena, mas que lhe oferece um salário apenas um pouco superior ao que lhe oferece outra empresa grande, mas que o contrataria para uma posição muito inferior ao que poderia ter na primeira, em qual escolheria trabalhar? Justifique sua resposta.
4. Um salário alto é suficiente para manter o pessoal mais qualificado dentro da empresa? Por quê?
5. O que você recomendaria às empresas para reter na organização seus melhores administradores, além de lhes oferecer salários competitivos?

Fonte: Informação de Raquel Ochoa. *Expansión*, n. 803, vol. XXI, México, novembro de 2000, p. 63, 69, 71-72.

12

Capítulo

Avaliação de desempenho e estratégia na carreira

Objetivos de aprendizagem

Depois de estudar o capítulo, você deverá ser capaz de:

1. Identificar a importância de avaliar os administradores com eficácia.
2. Identificar as qualidades que devem ser medidas ao avaliar os administradores.
3. Apresentar um sistema de avaliação gerencial baseado em medir o desempenho diante de objetivos mensuráveis e o desempenho como gerente.
4. Descrever o enfoque de equipe na avaliação.
5. Identificar as recompensas e o estresse de administrar.
6. Identificar aspectos importantes do planejamento da carreira.

A avaliação gerencial foi chamada algumas vezes de calcanhar-de-aquiles da integração de pessoal gerencial, mas é uma chave importante da própria administração. É a base para determinar quem pode ser promovido a um cargo mais alto. É importante também para o desenvolvimento administrativo, porque é difícil determinar se os esforços de desenvolvimento vão na direção correta quando não se conhecem os pontos fortes e fracos de um gerente. A avaliação é, ou deveria ser, parte integrante de um sistema de administração. Saber se um gerente planeja, organiza, integra pessoal, lidera e controla bem é, na verdade, a única forma de assegurar que os ocupantes de cargos gerenciais administram realmente com eficácia. Para que um negócio, uma repartição pública, uma organização beneficente ou até uma universidade atinjam suas metas com eficácia e eficiência, é preciso encontrar e implementar formas de medir o desempenho administrativo.

Há outros motivos pelos quais a avaliação gerencial é importante. Um dos mais prementes nos Estados Unidos surge das disposições do Título VII da Lei de Direitos Civis de 1964 (emendada em 1972) e os regulamentos da Comissão de Oportunidades Iguais no Emprego e da Oficina de Cumprimento de Contratos Federais. Esses órgãos foram críticos de muitos programas de avaliação, constatando que frequentemente resultam em discriminação, em particular no que se refere a raça, idade e sexo. Os tribunais apoiam os órgãos federais em sua insistência de que, para ser aceitável, um programa de avaliação deve ser confiável e válido. É evidente que essas agências estabelecem padrões rigorosos.

http://www.eeoc.gov

Uma avaliação eficaz do desempenho também deve identificar o legítimo desejo de progresso dos funcionários em suas profissões. Uma forma de integrar as demandas organizacionais e as necessidades individuais é a partir da administração da carreira, que pode ser parte da avaliação de desempenho, como se explicará neste capítulo.

Definir critérios de avaliação

A avaliação deve medir o desempenho para alcançar metas e planos, assim como o desempenho como administrador. Ninguém quer, em um papel gerencial, uma pessoa que parece fazer tudo bem como gerente, mas não consegue apresentar um bom relatório nas áreas de finanças, marketing, controladoria ou qualquer outra área sob sua responsabilidade. Tampouco devemos ficar satisfeitos por ter, em uma posição gerencial, um "executivo" que não consegue ser um gerente eficaz. Alguns executivos consagrados podem ter tido sucesso por acaso e não a partir de uma administração eficaz.

Desempenho para alcançar metas

Ao analisar o desempenho, os sistemas de avaliação de metas mensuráveis previamente selecionadas têm um valor extraordinário. Para um dado planejamento consistente, integrado, compreendido e desenhado para alcançar objetivos específicos, talvez os melhores critérios do desempenho gerencial estejam relacionados à habilidade de estabelecer metas com inteligência, planejar programas que atinjam essas metas e ter êxito ao atingi-las. Aqueles que operaram sob alguma variação desse sistema afirmam com frequência que esses critérios por si só são inadequados e não excluem elementos de sorte e outros fatores que vão além do controle do gerente ao chegar a qualquer avaliação. Em inúmeros casos, os administradores que atingem resultados com base na sorte são promovidos, e os que não alcançam os resultados esperados devido a fatores que vão além de seu controle são culpados pelos fracassos. Assim, a avaliação diante de objetivos mensuráveis é, por si só, insuficiente.

Desempenho como administradores

O sistema de medir o desempenho diante de objetivos estabelecidos previamente deve ser complementado com uma avaliação do administrador como gerente. Os administradores de qualquer nível também desempenham deveres não gerenciais e não podem ser ignorados. Contudo, o principal propósito pelo qual os administradores são contratados, e diante do qual devem ser medidos, é seu desempenho como gerentes, o que significa que devem ser avaliados partindo do pressuposto de que compreendem e empreendem igualmente bem as funções gerenciais de planejar, organizar, integrar pessoal, liderar e controlar. Os padrões a ser utilizados nessa área são os fundamentos da administração, porém primeiro devemos examinar a avaliação em relação aos objetivos de desempenho.

O sistema de medir o desempenho diante de objetivos estabelecidos previamente deve ser complementado por uma avaliação do administrador como gerente.

Perspectiva internacional

O Carrefour Espanha mede o desempenho de seu pessoal

Como muitas empresas transnacionais, o quadro de pessoal e de processos do Carrefour, gigante francês dos supermercados, é muito grande e complexo. Por isso, a administração dessa empresa na Espanha desenvolveu um plano anual de avaliação de desempenho. Seu sistema de avaliação de desempenho baseia-se em avaliadores de cada elemento da empresa dependendo do cargo e categoria, que entrevistam seus avaliados de acordo com certos parâmetros estabelecidos previamente. Depois, analisa-se o desempenho de cada um e trata-se de capacitá-los para que alcancem os níveis requeridos. A informação obtida é colocada na Intranet corporativa de maneira a que se possa utilizá-la em outras aplicações. Como se queria distinguir a avaliação de desempenho da política de administração por objetivos da empresa, conta-se com a ferramenta de Acompanhamento Profissional, que mede como se realizam as tarefas e se alcançam os objetivos, e o Sistema de Administração por Objetivos, que resgata a contribuição de cada membro ao conjunto.

Exposta dessa maneira, a tarefa parece imensa, mas, como assinala Alfredo Núñez, diretor de Recursos Humanos da Espanha: "Há um aspecto mais organizacional do que de remuneração que nos permite atualizar a informação de todos os funcionários, assim como identificar as necessidades de seu desenvolvimento e propor ações nesse sentido, por meio da própria ferramenta, e por isso serve também para o seu planejamento e gestão.

Fonte: Com informação do Carrefour Espanha. Disponível em: http://www.carrefour.es e "Carrefour. 2X1 en evolución del desempeño", Redes & Telecom. Disponível em: http://www.redestelecom.com/Actualidad/Casos_de_%C3%A9xito/Inform%C3%A1tica_profesional/Empresas/20070105036, acesso em 6 de outubro de 2007.

Avaliar os administradores diante de objetivos atingíveis

Uma rede de objetivos desafiadores, mas atingíveis, é básica para a administração eficaz.

Um enfoque de amplo uso na avaliação gerencial é o sistema de avaliar o desempenho gerencial em face do estabelecimento e realização de objetivos atingíveis. Como se destacou no Capítulo 4, uma rede de objetivos desafiadores, mas atingíveis, é básica para a administração eficaz. Isto é simples lógica, já que não se pode esperar que as pessoas realizem uma tarefa com eficácia ou eficiência a menos que saibam quais são os pontos finais de seus esforços. Tampouco se pode esperar que uma empresa organizada o faça.

Processo de avaliação

Uma vez que um programa de administração por objetivos atingíveis está em operação, a avaliação é um passo bastante fácil. Os superiores determinam se os administradores estabeleceram bem os objetivos e como se desempenharam diante deles. Nos casos em que a avaliação por resultados fracassou, ou foi decepcionante, o motivo principal é que a administração por objetivos só era vista como uma técnica de avaliação. É improvável que o sistema funcione se for utilizado somente para esse propósito. A administração por objetivos deve ser uma forma de administrar, uma forma de planejar, assim como a chave para organizar, integrar pessoal, liderar e controlar. Quando isso acontece, a avaliação se reduz a saber se os gerentes estabeleceram objetivos adequados e razoavelmente alcançáveis e como se desempenharam em face deles durante um certo período. Observe o enfoque de sistemas da administração por objetivos na Figura 4.4 do Capítulo 4. Como ilustra a figura, a avaliação é apenas o último passo de todo o processo.

Há também outros pontos a considerar: As metas foram adequadas? Exigiram um desempenho "superior" (alto, mas razoável)? Essas perguntas só podem ser respondidas a partir do julgamento e da experiência do superior de uma pessoa, embora esse julgamento possa tornar-se mais agudo com tempo e experiência e ser ainda mais objetivo, se o superior puder utilizar as metas de outros gerentes em posições similares para comparar.

Ao avaliar o cumprimento de metas, o avaliador deve considerar, por exemplo, se as metas eram razoavelmente atingíveis em primeiro lugar, se fatores além do controle de uma pessoa ajudaram ou entorpeceram indevidamente o indivíduo para alcançar as metas e quais foram os motivos dos resultados. O avaliador também deve observar se um indivíduo continuou operando diante de metas obsoletas quando as situações mudaram e se requeriam metas revisadas.

Diferentes pontos de vista sobre problemas de avaliação

As pessoas têm diferentes pontos de vista acerca de problemas de avaliação de desempenho. Destacaremos três deles.

Avaliação subjetiva diante da objetiva

Há aqueles que ainda sustentam que a qualificação subjetiva dos subordinados é suficiente. Além de tudo, argumenta-se, o desempenho gerencial é difícil de avaliar. Do outro lado da discussão, há aqueles que defendem que uma avaliação deve ser completamente objetiva e que apenas as cifras contam; uma pessoa alcança os objetivos estabelecidos previamente ou não.

A avaliação deve centrar-se em resultados, mas devemos ter cuidado de evitar o "jogo dos números". Os números podem ser manipulados para se adaptar ao indivíduo, desacreditando assim o propósito da avaliação. Além disso, seguir um número limitado de critérios mensuráveis pode deixar de lado outros objetivos, não estabelecidos formalmente, já que não podemos estabelecer objetivos para todas as tarefas. Portanto, não apenas é importante observar os números do desempenho, como também as causas de desvios positivos ou negativos dos padrões, embora isso possa envolver um julgamento subjetivo.

A avaliação deve centrar-se em resultados, mas devemos ter cuidado de evitar o "jogo dos números".

Julgar ou autoavaliar

Existe o ponto de vista de que os administradores são investidos da autoridade de sua posição e, por isso, devem ser os únicos juízes para avaliar o desempenho de seus subordinados. Muitos administradores, porém, não gostam de ser colocados no papel de juízes, em particular quando lhes pedem que avaliem os subordinados a respeito de características de personalidade. Do mesmo modo, os funcionários se sentem incomodados por serem julgados sobre fatores que têm relações questionáveis com as tarefas que desenvolvem. O outro ponto de vista sustenta que se deveria pedir às pessoas que se avaliem. Compreende-se que alguns subordinados podem ser mais duros consigo mesmos do que seu superior seria; mas outros indivíduos podem se atribuir uma qualificação exageradamente alta, sobretudo se a qualificação pode influir em seu salário.

A filosofia da administração por objetivos dá importância ao autocontrole e à autogestão. Mas isso pressupõe que se tenham estabelecido objetivos atingíveis previamente (antes de tudo pelo subordinado, em conjunto com o superior), diante dos quais o desempenho pode ser medido. De fato, se isso é bem-feito, a avaliação é relativamente fácil. Não deve haver surpresas durante a reunião de avaliação: os subordinados sabem o que querem realizar e os superiores sabem que contribuições podem esperar de seus subordinados. Além da avaliação ampla, um monitoramento periódico e constante do desempenho pode revelar desvios dos padrões. Assim, em geral, os subordinados devem ter a oportunidade de exercer autocontrole, mas o superior ainda tem o poder de veto no caso de controvérsia acerca do objetivo, que é a base da avaliação de desempenho.

A filosofia da administração por objetivos dá importância ao autocontrole e à autogestão.

Avaliar o desempenho anterior diante do desenvolvimento futuro

Alguns gerentes veem o propósito da avaliação antes de tudo como uma avaliação do desempenho passado, mas outros se centram nos aspectos de desenvolvimento da avaliação. A orientação para a melhoria no último caso é no sentido do futuro.[1]

1 Scherreik, Susan, "Your performance review: Make it perform". *BusinessWeek*, 12 de dezembro de 2001, p. 139-140.

Devemos aprender com os erros passados e traduzir essas percepções em planos de desenvolvimento para o futuro.

Com a importância na autoavaliação e na autogestão responsável, o aspecto de julgamento na avaliação se reduz de maneira considerável. Sem dúvida, temos de aprender com erros passados, mas deveríamos utilizar essas percepções para traduzi-las em planos de desenvolvimento para o futuro. Claramente, a avaliação pode ser uma excelente oportunidade para valorizar os pontos fortes de uma pessoa e preparar planos de ação para superar os pontos fracos, como se assinala mais adiante na seção de planejamento da carreira neste capítulo.

Três tipos de revisões

O modelo simplificado da avaliação de desempenho ilustrado na Figura 12.1 indica três tipos de avaliações: 1) uma revisão ampla, 2) progresso ou revisões periódicas e 3) monitoramento constante.

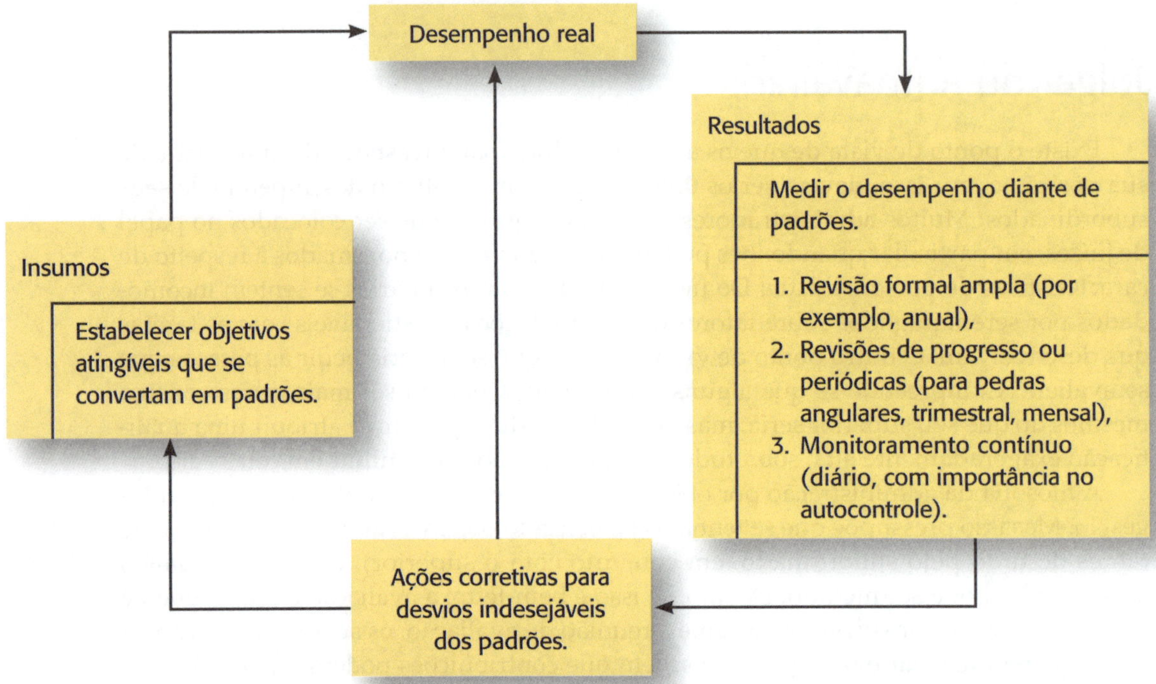

FIGURA 12.1 O processo da avaliação

A avaliação formal ampla deve ser realizada pelo menos uma vez por ano, com discussões que ocorram com maior frequência. Deve ser complementada com revisões frequentes de progresso ou periódicas e também com um monitoramento constante.

Existe um acordo geral de que uma *avaliação formal ampla* deveria ser realizada pelo menos uma vez por ano, mas algumas pessoas sugerem que tais discussões deveriam ocorrer com maior frequência. Algumas empresas fazem todas as revisões dentro de um período curto todo ano, enquanto outras programam as avaliações ao longo do ano, em geral no aniversário da contratação. Poderia haver um caso contra qualquer programação rígida das revisões anuais de desempenho. Em vez disso, poderia argumentar-se, com razão, que o desempenho deve ser revisto, por exemplo, ao final de um projeto importante. Obviamente, não se pode fazer uma recomendação de aplicação universal acerca da referência de tempo para a revisão formal ampla. Depende da natureza da tarefa, das práticas anteriores da companhia e de outros fatores situacionais. Uma, duas ou até três vezes podem ser apropriadas para uma organização em particular ou para uma pessoa que é nova no cargo.

O importante é que a revisão formal ampla deveria ser complementada por *revisões de progresso ou periódicas* frequentes. Essas revisões podem ser curtas e relativamente informais, mas ajudam a identificar problemas ou barreiras que entorpecem o desempenho eficaz. Além disso, mantêm a comunicação aberta entre o superior e os subordinados. Mais ainda, as prioridades podem ser rearranjadas e os objetivos renegociados se as situações mutáveis merecerem. Certamente, é inadequado buscar objetivos obsoletos ou até impróprios que foram acordados em um ambiente de incerteza.

Por último, há o monitoramento constante do desempenho. Com esse sistema, quando o desempenho se desvia dos planos, não teremos de esperar até a revisão periódica para corrigi-lo. O superior e o subordinado discutem a situação de imediato para que possam adotar ações corretivas no momento e impedir que um pequeno desvio se converta em um problema importante.

Vantagens da avaliação em relação aos objetivos atingíveis

As vantagens de avaliar diante de objetivos são quase as mesmas que as de administrar por objetivos. Ambas são parte do mesmo processo, ambas são básicas para a administração eficaz e ambas são meios para melhorar a qualidade da administração.

Na área de avaliação, há outros pontos fortes particulares e importantes. Avaliar com base no desempenho diante de objetivos atingíveis tem a grande vantagem de ser operacional. As avaliações não estão separadas das tarefas que os gerentes realizam, mas são uma revisão do que fizeram na realidade como administradores.

Sempre há perguntas sobre se uma pessoa se desempenhou bem; se as metas falharam ou foram cumpridas e por quais motivos e o que se deveria esperar na forma de consecução de metas. Mas dispõe-se de informação acerca do que uma pessoa fez, medida em relação ao que esse indivíduo concordou que era um objetivo razoável. Essa informação proporciona fortes suposições de objetividade e reduz o elemento de julgamento puro em uma avaliação. Além disso, a avaliação pode ser realizada em uma atmosfera em que os superiores trabalham em cooperação com os subordinados, em vez de julgá-los.

Perspectiva empresarial

Avaliação de um novo projeto

Os diretores executivos ou CEO de novos projetos estabelecem alvos ou objetivos a alcançar para suas empresas com os investidores da companhia, em geral capitalistas. As pedras angulares podem incluir desenvolvimento de protótipos, início das vendas, metas de receitas e lucros e outras. A decisão de reinvestimento dos acionistas da empresa muitas vezes é condicionada a que a companhia alcance esses objetivos acordados. O diretor executivo é basicamente responsável por assegurar que a empresa alcance esses objetivos. Se os objetivos não são cumpridos, os investidores da empresa devem decidir se o CEO é responsável pelo fracasso ou se outras causas fora de seu controle podem estar em jogo. De qualquer modo, os investidores em novos projetos estabelecem objetivos ou pedras angulares que devem ser alcançadas para que a companhia tenha sucesso e sobreviva, e cabe ao diretor executivo assegurar que esses objetivos sejam atingidos.

Dificuldades de avaliar diante de objetivos atingíveis

Como se assinalou no Capítulo 4, há certas dificuldades na implementação de administrar por objetivos, o que pode ocorrer também em relação à avaliação. Uma delas é que é muito possível que as pessoas cumpram ou deixem de cumprir metas sem nenhum esforço ou falhas próprias. A sorte muitas vezes tem um papel no desempenho. A aceitação de um novo produto pode ir muito além das expectativas e seu êxito pode dar a impressão de que o gerente de marketing é excepcionalmente bom, ainda que a qualidade do programa de marketing e sua implementação possam ter sido insuficientes na realidade. Ou um cancelamento imprevisto de um contrato militar importante poderia fazer parecer insatisfatório o resultado de um gerente de divisão. Pode-se também dar uma importância excessiva ao volume de produção e não dar a devida atenção à qualidade do produto ou serviço.[2]

A maioria dos avaliadores dirá que sempre leva em conta os fatores incontroláveis ou inesperados ao avaliar o desempenho em relação às metas, e o faz em altíssimo grau. Porém, isso é extremamente difícil. Em um recorde de vendas excepcional, por exemplo, como alguém pode estar seguro de quanto se deveu à sorte e quanto à competência? Os que têm um desempenho excepcional recebem altas qualificações, sempre que obtêm resultados. Os que têm mal desempenho dificilmente escaparão de que uma nuvem paire sobre eles.

Com seu interesse por cumprir objetivos de operação, o sistema de avaliação em relação a eles pode ignorar as necessidades de desenvolvimento individual. A consecução de metas tende a ser de curta duração na prática. Ainda que as metas a mais longo prazo sejam alimentadas no sistema, poucas vezes são de duração tão longa a ponto de permitir o desenvolvimento adequado a longo prazo dos administradores. Os administradores, preocupados principalmente com os resultados, poderiam ser demasiadamente impelidos pelo sistema para se dar muito pouco tempo para planejar, implementar e seguir os programas requeridos para o seu desenvolvimento e o de seus subordinados.

Um organograma

Indica como os departamentos estão ligados ao longo das principais linhas de autoridade.

Por outro lado, dado que administrar por objetivos proporciona uma melhor visão das necessidades gerenciais, os programas de desenvolvimento podem ser identificados com mais precisão. Se é preciso assegurar o desenvolvimento individual, as metas nessa área devem ser estabelecidas especificamente.

Do ponto de vista da avaliação e da administração da operação, talvez a maior deficiência da administração por objetivos seja a avaliação somente do desempenho da operação. Não apenas há a questão da sorte, como também há outros fatores a avaliar, particularmente as capacidades gerenciais de um indivíduo. É por essa razão que um sistema de avaliação adequado deve avaliar o desempenho como gerente e o desempenho para estabelecer e cumprir metas.

Avaliar os administradores como gerentes: um programa sugerido

Os padrões mais apropriados a serem utilizados para avaliar administradores como gerentes são os fundamentos da administração.

Os padrões mais apropriados a serem utilizados para avaliar administradores como gerentes são os fundamentos da administração. Não é suficiente avaliar um

[2] Ghorpade, Jai e Milton M. Chen, "Creating quality-driven performance appraisal systems". *Academy of Management Executive*, fevereiro de 1995, p. 32-39.

gerente com amplitude, avaliar apenas o desempenho das funções básicas do gerente; a avaliação deve ir além.

O melhor enfoque é utilizar as técnicas e princípios básicos da administração como padrões. Se são básicos, como demonstraram ser em uma ampla variedade de ambientes e posições gerenciais, devem servir como padrões razoavelmente bons. Tão incipientes como podem ser e mesmo quando seria necessário certo julgamento para aplicá-los na prática, oferecem ao avaliador alguns pontos de comparação para medir se compreendem e seguem bem as funções de administrar os subordinados. Definitivamente, são mais específicos e mais aplicáveis para a avaliação que os padrões amplos, como hábitos de trabalho e vestimenta, cooperação, inteligência, julgamento e lealdade. Pelo menos focam a atenção no que se pode esperar de um administrador como gerente. E ao ser utilizados em conjunto com a avaliação de desempenho de planos e metas, podem ajudar a retirar grande parte da fraqueza em muitos sistemas de avaliação administrativa.

Em suma, o programa de avaliação que sugerimos inclui classificar as funções do gerente como se faz no livro e depois tratar cada função mediante uma série de perguntas. As perguntas são formuladas para pensar os fundamentos mais importantes da administração em cada área. Ainda que toda a lista de 73 perguntas-chave, a forma utilizada, o sistema de qualificações e as instruções para operar o programa sejam demasiado extensos para tratar neste livro, apresentam-se na Tabela 12.1 "pontos de verificação" como exemplos nas áreas de planejar e organizar.

TABELA 12.1 Exemplos de perguntas para avaliar os administradores como gerentes
Planejar
• O gerente estabelece metas atingíveis a curto e longo prazos para o departamento em termos verificáveis que estão relacionados de maneira positiva com os dos superiores e os da companhia? • Ao escolher entre alternativas, o gerente reconhece e dá atenção primária aos fatores que são limitantes ou críticos para a solução de um problema? • O gerente revê os planos periodicamente para ver se continuam sendo consistentes com as expectativas atuais?
Organizar
• O gerente delega autoridade aos subordinados com base nos resultados esperados deles? • O gerente evita tomar decisões nessa área uma vez que a autoridade foi delegada aos subordinados? • O gerente ensina os subordinados com regularidade ou se assegura de outra forma de que compreendem a natureza das relações de linha e staff?

Fonte: Koontz, Harold e Heinz Weihrich, *Measuring managers: A double-barreled approach.* Nova York: Amacom, 1981.

A semântica sempre foi um problema na administração. Portanto, é prudente utilizar um livro de administração padrão (como este) e fazer referência às páginas que correspondem às perguntas. Este enfoque leva a um grau adequado de desenvolvimento gerencial.

Os gerentes são qualificados com base no modo como desenvolvem as atividades. A escala utilizada é de 0 para "inadequado" a 5 para "superior." Para atribuir maior rigor às qualificações numéricas, cada qualificação é definida. Por exemplo, "superior" significa "um padrão de desempenho que não poderia ser melhorado em nenhuma circunstância ou condição conhecida para o avaliador".

Para reduzir mais a subjetividade e incrementar a discriminação entre níveis de desempenho, o programa requer que: 1) na avaliação anual ampla se apresentem exemplos de eventos para apoiar certas qualificações; 2) qualificações revistas pelo superior do superior, e 3) os qualificadores sejam informados de que sua própria avaliação dependerá, em parte, de como discriminam as qualificações de níveis de desempenho ao avaliar seus subordinados. É óbvio que a objetividade é fortalecida pelo número e a especificidade das perguntas de verificação.

Vantagens do programa

A experiência com esse programa em uma companhia transnacional mostrou certas vantagens. Ao focar os elementos essenciais da administração, esse método de avaliação dá um significado operacional ao que é verdadeiramente a administração. Além disso, o uso de um texto de referência-padrão para a interpretação de conceitos e termos dissipa muitas dificuldades semânticas e de comunicação que é tão comum encontrar. Elementos como orçamentos variáveis, objetivos atingíveis, pessoal assessor, autoridade funcional e delegação adquirem um significado consistente. Da mesma forma, muitas técnicas de administração são compreendidas de maneira uniforme.

Mais ainda, o sistema demonstrou ser uma ferramenta para o desenvolvimento administrativo. Em muitos casos, chamou a atenção dos gerentes para certos conceitos básicos que há muito tempo tinham descartado ou não compreendiam. Além disso, foi considerado útil para identificar áreas em que existem fraquezas para as quais se deve dirigir o desenvolvimento. Por último, como se propunha, o programa atua como complemento e ponto de verificação da avaliação da eficácia dos gerentes para estabelecer e alcançar metas. Se um gerente tem um recorde de desempenho excepcional no cumprimento de metas, mas se determinou que é um gerente abaixo da média, os encarregados buscarão o motivo. Normalmente, esperaríamos que um gerente eficaz de verdade seja eficaz também no cumprimento de metas.

Desvantagens do programa

Contudo, há várias fraquezas ou deficiências no enfoque. Só se aplica a aspectos gerenciais de uma posição determinada e não a qualificações técnicas, como competências em marketing ou engenharia que também poderiam ser importantes. Assim, estas seriam calculadas com base em metas selecionadas e alcançadas. Há também a aparente complexidade dos 73 pontos de verificação; qualificar cada um leva tempo, embora seja bem aplicado.

Talvez a maior deficiência de avaliar os administradores como gerentes seja a subjetividade envolvida. Certa subjetividade ao qualificar cada ponto de verificação é inevitável. Porém, o programa tem ainda um alto grau de objetividade e é muito mais justo que avaliar os gerentes apenas nas áreas mais amplas das funções gerenciais. Ao menos os pontos de verificação são específicos e se referem aos elementos essenciais da administração.

Perspectiva internacional

Busca de talento por avaliação de desempenho

Uma prática cada vez mais comum na indústria automobilística é buscar o talento de que necessitam entre seu próprio pessoal, de maneira que os gerentes de recursos humanos da Volvo, Toyota, Peugeot, Honda e Santana Motor trataram de descobrir os talentos de seu capital humano e potencializá-lo. As vantagens desse enfoque são: profissionalizar seus trabalhadores e envolvê-los nas metas comuns.

Duas ferramentas são fundamentais para ter sucesso: as pesquisas de clima no trabalho e os programas de avaliação do desempenho. Para isso, destinam um orçamento para esses projetos, orientados principalmente a desenvolver diretores e profissionais com alto potencial. Assim, na Toyota realizam-se avaliações do desempenho e retorno de 360º que produzem informação essencial para que o avaliado elabore seu próprio plano de melhora. "Em função dos resultados, desenvolvemos um plano de carreira para pessoas com alto potencial", afirma Miguel Carsi, diretor financeiro e de recursos humanos da empresa.

Fonte: Com informação de M. Mateos e Á. Méndez, "Automoción pisa el acelerador de la promoción interna", *Expansión y empleo.com*, em http://www.expansionyempleo.com/edicion/expansionyempleo/recursos_humanos/desayunos_y_tertulia_exe/es/desarrollo/971951.html, acesso em 6 de outubro de 2006.

Um método de avaliação de equipes[3]

Outro enfoque da avaliação do desempenho foi introduzido. Os critérios selecionados para a avaliação são, em parte, similares àqueles mencionados anteriormente e incluem planejar, tomar decisões, organizar, coordenar, integrar pessoal, motivar e controlar. Mas podem-se incluir também outros fatores, como habilidades de vendas.

O processo de avaliação inclui a pessoa avaliada e consiste nos seguintes passos:

- Seleção de critérios relacionados com o cargo.
- Desenvolvimento de exemplos de comportamento observável.
- Seleção de quatro a oito avaliadores (iguais, associados, outros supervisores e, naturalmente, o superior imediato).
- Preparação das formas de qualificação aplicáveis ao cargo.
- Preenchimento dos formulários pelos avaliadores.
- Integração das diversas qualificações.
- Análise dos resultados e preparação do relatório.

Esse enfoque foi utilizado não apenas para a avaliação, mas também para selecionar candidatos à promoção, para desenvolvimento do pessoal e até para tratar o alcoolismo.

3 Edwards, Mark R., Walter C. Borman e J. Ruth Sproull, "Solving the double bind in performance appraisal: A saga of wolves, sloths, and eagles". *Business Horizons*, maio-junho de 1985, p. 59-68; Edwards e Sproull, "Team talent assessment: Optimizing assessee visibility and assessment accuracy". *Human Resource Planning*, 1985, p. 157-171; Edwards, *360 degree feedback: A new model for employee development and performance improvement*, Nova York: Amacom, 1996; Toegel, Ginka e Jay A. Conger, "360-degree assessment: Time for reinvention". *Academy of Management-Learning & Education*, setembro de 2003, p. 297-311, os autores argumentam a favor do desenvolvimento de duas ferramentas distintas: uma para retorno e a outra para o desenvolvimento administrativo.

As vantagens sugeridas pelos pioneiros desse enfoque incluem um alto grau de precisão na avaliação de pessoas, já que se têm várias respostas, e não apenas a contribuição do superior. O programa pode ser utilizado para identificar preconceitos dos avaliadores (como sempre qualificar alto ou baixo, ou dar essas qualificações a certos grupos de pessoas, como mulheres ou integrantes de grupos minoritários). As pessoas qualificadas aparentemente considerariam esse enfoque bastante justo, já que estão envolvidas na seleção de critérios de avaliação em igualdade com os avaliadores. Permite também a comparação de indivíduos entre eles mesmos. Embora esse enfoque tenha sido utilizado por uma variedade de empresas, parece necessária maior análise a respeito.

Aplicação de software na revisão do desempenho[4]

A revisão anual do desempenho muitas vezes é recebida com desagrado pelo superior e pelo subordinado. Mais ainda, toma tempo. Um estudo da Universidade Cornell constatou que, em empresas grandes, os gerentes dedicam cerca de seis horas por ano a cada funcionário.[5] Mais recentemente, várias companhias desenvolveram um software que pode tornar as avaliações entre superiores mais congruentes ao proporcionar uma estrutura para a avaliação. A avaliação em papel pode ser substituída ou complementada por uma avaliação na rede. Evidentemente, o programa de computador não é um substituto da interação humana entre o superior e o subordinado. Contudo, o software pode incluir várias características valiosas.

Perspectiva

Software de gestão de recursos humanos

À medida que o ambiente dos recursos humanos se torna mais complexo e especializado, sua administração se complica, em particular para as grandes empresas e para muitas médias e pequenas. Por isso, surgiu uma variedade impressionante de software e sistemas de administração dos recursos humanos. Podem ser tão complexos quanto se desejar e podem abarcar todas as funções da área ou somente algumas. As áreas que contemplam são:

1. Administração do pessoal, que tem a ver com assistência e pontualidade, incapacidades etc.
2. Gestão de recursos humanos, que se encarrega da avaliação do pessoal, desenvolvimento da carreira, busca e seleção de candidatos.
3. Pagamento de salários e serviços.

Entre os pacotes mais conhecidos, encontra-se aquele desenvolvido por SAP, Nexus, Meta4, Cezanne, RRHH, entre muitos outros.

4 Totty, Michael, "The dreaded performance review". *The Wall Street Journal*, 27 de novembro de 2006. Disponível em: http://www.halogensoftware.com, acesso em 27 de novembro de 2006.

5 Disponível em: http://digitalcommons.ilr.cornell.edu/cahrswp/414, acesso em 27 de novembro de 2006.

O gerente pode preencher eletronicamente o formulário de avaliação. Este seria revisado por outros gerentes, que poderiam oferecer subsídios adicionais, e pelo próprio funcionário, antes de ser enviado ao departamento de recursos humanos. A base de dados seria utilizada então para identificar necessidades de capacitação e desenvolvimento gerencial e para identificar os indivíduos que já estão prontos para ser promovidos a posições dentro de toda a organização.

Os gerentes que não submetem as avaliações de seus funcionários a tempo podem receber avisos automáticos por meio do programa de software. Isso estimula a conclusão a tempo das avaliações. Embora não elimine a frequentemente temida avaliação anual, pode poupar tempo e tornar mais fácil essa importante tarefa.

Recompensas e estresse de administrar

Os administradores-gerentes são todos diferentes: têm diferentes necessidades, desejos e motivos. Os elementos essenciais da motivação serão discutidos no Capítulo 14; a preocupação aqui é com algumas das recompensas gerais e financeiras e também com os aspectos estressantes da administração.

Recompensas de administrar: aspectos gerais

Visto que os candidatos gerenciais diferem muito em idade, posição econômica e nível de maturidade, suas necessidades e desejos variam, mas, de maneira geral, incluem oportunidade, poder e rendimentos. A maioria dos candidatos gerenciais deseja a oportunidade de uma carreira progressiva que proporcione profundidade e amplitude de experiência gerencial. Relacionado com isso está o desafio encontrado em um trabalho significativo. A maioria das pessoas, mas talvez os administradores em particular, quer acreditar que tem o poder de dar uma contribuição significativa às metas de uma empresa e até à sociedade.

Além disso, os gerentes querem ser, e devem ser, recompensados por suas contribuições, ainda que o tamanho das recompensas financeiras seja criticado.

Pagamento por desempenho

Talvez não exista um tema mais controverso que a relação entre a avaliação de desempenho e o pagamento. Na General Electric (GE), os trabalhadores são pagos por seu desempenho; recebem bônus quando alcançam metas desafiadoras, e não de acordo com a titulação da pessoa ou o tempo de serviço. Tal enfoque requer que as metas sejam claras e que as pessoas saibam o que se espera delas. Além disso, deve-se explicar aos funcionários qual é a recompensa total, que inclui os benefícios. Por exemplo, em uma universidade, os membros do pessoal acadêmico recebem um relatório de benefícios que mostra não apenas o salário anual, mas também a contribuição da universidade ao plano de saúde, o programa de assistência para pessoal acadêmico, seguro de vida, assistência dentária, seguro por incapacidade prolongada, recompensas aos trabalhadores, seguro por acidentes em viagens, imposto do Seguro Social e a contribuição da universidade ao plano de aposentadoria.

http://www.ge.com

Perspectiva internacional

Pagamento por desempenho na Lincoln Electric[6]

O plano de incentivos da Lincoln Electric foi o modelo para outras companhias por vários anos. Contudo, até mesmo seu bem-sucedido sistema de pagamento por desempenho começa a mudar.

A companhia controlada pela família, que produz equipamento e suprimentos para solda, ficou conhecida por seu sistema único de remuneração. Seus 3.400 funcionários são pagos por seu trabalho, sem remuneração por dias festivos ou ausências por doença; são considerados empresários autoadministrados. Duas vezes por ano são avaliados por seus resultados, qualidade, cooperação, confiabilidade e ideias. Seu salário médio por hora é superior à média de manufatura na área próxima a Cleveland, e os bônus foram, em média, 56% dos rendimentos anuais em 1995. Substancial? Sim, apesar de mais baixos que em alguns anos anteriores. Devido ao bônus, o diferencial de pagamento entre trabalhadores é substancial, de cerca de US$ 32 mil a mais de US$ 100 mil anuais.

A pressão pelo desempenho é enorme, mas a taxa de rotatividade é de menos de 4% entre aqueles que sobreviveram aos primeiros 180 dias na companhia. Quando a Lincoln Electric perdeu dinheiro em 1992 e 1993 por uma má aquisição no exterior, pediu empréstimo para pagar os bônus aos seus trabalhadores.

Mas as coisas começaram a mudar um pouco quando a companhia fez ofertas públicas em 1996, pelas quais investidores externos ganharam 40% do lucro na empresa. Embora o sistema único de bônus deva permanecer, os bônus podem reduzir-se. Com a concorrência mundial, a companhia espera modernizar suas instalações, expandir-se no exterior e recrutar mais pessoas no mercado.

http://www.lincolnelectric.com

http://www.gemedicalsystems.com

A recompensa precisa ser oportuna. Isso significa que deve ser entregue pouco depois do trabalho bem-feito. O grupo **GE Medical Systems**, por exemplo, tem um programa Quick Thanks que permite aos funcionários indicar um colega por um desempenho excepcional. O certificado de prêmio de US$ 25 pode ser utilizado em lojas e restaurantes selecionados. O efeito psicológico positivo pode ser mais importante que a recompensa monetária.

Um incremento de salário raramente pode ser revertido. Um bônus, por outro lado, pode ser contingente a um desempenho destacado. Steven Kerr da GE recomenda uma remuneração variável baseada no desempenho, mas também reconhece que isso pode não ser adequado em alguns países. Um bônus em espécie poderia ser considerado um suborno no Japão, pois pode ser visto como pagamento por um trabalho que é parte da função. Além disso, alguns funcionários podem preferir férias adicionais em vez de um pagamento em espécie. Portanto, as diferenças culturais devem ser levadas em conta ao utilizar a remuneração variável.

Os médicos deveriam ser pagos por seu desempenho? Essa é a grande pergunta para 80 médicos com especialidades em psiquiatria, neurologia, pediatria geral, assim como em medicina para adolescentes e emergência médica no Hospital Infantil de Oakland, Califórnia.[7] O plano sugerido proporcionaria bônus para os médicos em vez de remunerá-los pelo tempo trabalhado. Ainda que os critérios de desempenho não estejam muito claros, poderiam incluir o número de visitas e outros fatores. A maioria dos médicos opõe-se a isso, argumentando que o plano de incentivos levaria a que os médicos passassem menos tempo com cada paciente, dessem mais atenção aos pacientes de consulta privada e menos aos cobertos pelo Medi-Cal. Embora o pagamento por desempenho seja aceito geralmente nas companhias, o conceito pode ser mais difícil de aplicar em certos campos, como o atendimento médico.

---

6 Schiller, Zachary, "A model incentive plan gets caught in a vise". *BusinessWeek*, 22 de janeiro de 1996, p. 89-90; Wiley, Carolyn, "Incentive plan pushes production", em Thompson, Jr., Arthur A., A. J. Strickland III e Tracy Robertson Kramer (eds.), *Readings in strategic management*, 5. ed., Chicago: Irwin, 1995, p. 590-599; "Incentive performance: A cornerstone of our culture". Disponível em: .http://www.lincolnelectric.com/corporate/career, acesso em 8 de junho de 2002.

7 Vesely, Rebecca, "Doctors Protest Move from Hospital Payroll". *Contra Costa Times*, 9 de dezembro de 2006.

Estresse na administração[8]

O estresse é um fenômeno muito complexo. Portanto, não é de se surpreender que não tenha uma definição de aceitação comum. Uma definição de trabalho de uso amplo é uma resposta de adaptação, mediada por diferenças individuais e/ou processos psicológicos, que é a consequência de qualquer ação externa (ambiental), situação ou acontecimento que coloca demandas psicológicas e/ou físicas excessivas em uma pessoa.

Estresse
Uma resposta de adaptação, mediada por diferenças individuais e/ou processos psicológicos, que é a consequência de qualquer ação externa, situação ou acontecimento que coloca demandas psicológicas e/ou físicas excessivas em uma pessoa.

Hans Selye, talvez a autoridade mais destacada no conceito de estresse, descreve-o como "a taxa de desgaste causada pela vida".[9] Existem muitas fontes físicas do estresse: a sobrecarga de trabalho, horários de trabalho irregulares, perda de sono, ruídos fortes, luzes brilhantes e iluminação insuficiente. As fontes psicológicas do estresse podem decorrer de uma situação em particular, como um trabalho entediante, incapacidade de socializar, falta de autonomia, responsabilidade por resultados sem autoridade suficiente, objetivos irreais, ambiguidade ou conflito de papéis. Mas o que pode ser estressante para uma pessoa poderia não ser para outra; as pessoas reagem de maneira diferente às situações.

O estresse pode ter diversos efeitos no indivíduo e na organização.[10] Há os efeitos fisiológicos que podem ser relacionados a uma variedade de doenças. Depois, há os efeitos psicológicos, como o esgotamento ou o aborrecimento. Vários tipos de comportamento, como o abuso de drogas ou álcool, consumo desordenado de alimentos, acidentes ou afastamento da situação estressante (absenteísmo ou rotatividade excessiva no trabalho), podem ser uma reação ao estresse. Claramente, não é só o indivíduo que sofre, mas a organização também pode ser afetada pela rotatividade ou a limitada tomada de decisões de seus gerentes e não-gerentes.

Indivíduos e organizações tentaram fazer frente ao estresse de diversas maneiras. Os indivíduos podem tentar reduzir o estresse mediante uma melhor administração do tempo, nutrição saudável, exercício, planejamento da carreira, mudança de emprego, promoção da saúde psicológica, relaxamento, meditação e oração. As organizações podem proporcionar assessoramento ou facilidades de recreação ou podem melhorar o desenho do cargo, adequando a pessoa a ele.

Perspectiva

O valor econômico agregado como base para medir o desempenho

Em busca de harmonizar os interesses dos funcionários com os da empresa, algumas organizações adotaram um enfoque para medir sua eficácia e eficiência, como o Grupo Peñoles, o Grupo Vitro, o Grupo Nacional Provincial e o Grupo IMSA. Esse novo enfoque é o valor econômico agregado ou VEA.

Trata-se de uma medição de caráter financeiro desenvolvida nos Estados Unidos, que tem como objetivo determinar qual é o rendimento que a empresa alcança em suas operações, dado um nível de custo de capital e o total de ativos utilizados. Ou seja, essa metodologia de avaliação do desempenho total da empresa permite determinar se as ações empreendidas incrementam realmente o valor do investimento feito pelos acionistas.

Esse sistema é utilizado para orientar a tomada de decisões visando incrementar o valor da empresa. Por isso, serve também para medir a contribuição dos administradores nesse incremento e, consequentemente, suas recompensas com base no nível dos resultados obtidos, e em quanto contribuem para a rentabilidade real dos negócios da empresa.

Mediante esse enfoque, consegue-se que os administradores orientem sua tomada de decisões para os interesses dos acionistas.

---

8 Levinson, Harry, "Burn out". *Harvard Business Review*, julho-agosto de 1996, p. 152-163.

9 Selye, Hans, *The stress of life*, ed. Rev., Nova York: McGraw-Hill, 1976, p. viii.

10 Ver, por exemplo, "Undue diligence". *The Economist*, 24 de agosto de 1996, p. 47-49.

Ajustar as necessidades do indivíduo às demandas do cargo

Assim, ser gerente resulta em recompensas, mas também inclui estresse. Um indivíduo que aspira a uma posição gerencial deve avaliar tanto as vantagens como as desvantagens de ser gerente antes de empreender essa carreira. Um ajuste adequado entre as necessidades individuais e as demandas da tarefa beneficiará o indivíduo e a empresa. A administração da carreira ajudará a conseguir esse ajuste.

Formular a estratégia de carreira[11]

A avaliação de desempenho deve identificar as forças e as fraquezas de um indivíduo; essa identificação pode ser o ponto de partida de um plano de carreira. A estratégia pessoal deve ser desenhada para utilizar as forças e superar as fraquezas de modo a aproveitar as oportunidades na carreira. Ainda que existam diferentes enfoques do desenvolvimento na carreira,[12] aqui é considerado como o processo de desenvolver uma estratégia pessoal conceitualmente similar a uma estratégia organizacional. Esse processo é resumido na Figura 12.2 e elaborado a seguir.

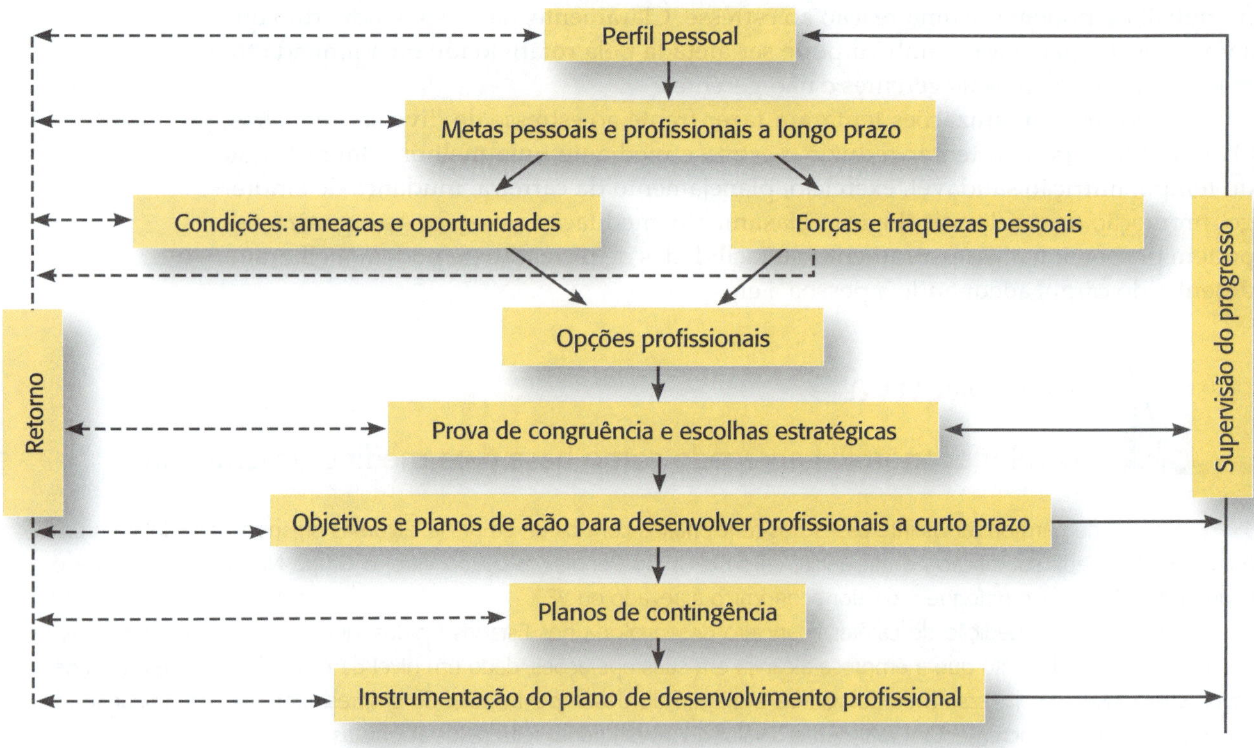

Retomada de Weihrich, Heinz, *Management excellence: Productivity through MBO*. Nova York: McGraw-Hill, 1985, p. 125.

FIGURA 12.2 Formulação de uma estratégia para desenvolver o plano de carreira

11 Para uma variedade de perspectivas sobre as carreiras por vários autores, ver a edição especial sobre "Careers in the 21st century" da *Academy of Management Executive*, novembro de 1996.

12 Malos, Stanley B. e Michael A. Campion, "An options-based model of career mobility in professional service firms". *Academy of Management Review*, julho de 1995, p. 611–644.

1. Preparação de um perfil pessoal

Uma das tarefas mais difíceis é obter uma percepção de si mesmo, embora este seja um primeiro passo essencial para desenvolver uma estratégia na carreira. As perguntas que os gerentes devem se fazer são: sucesso introvertido ou extrovertido? Quais são minhas atitudes em relação ao tempo, ao sucesso, ao trabalho, às coisas materiais e à mudança? As respostas a essas perguntas e a outras similares e uma clareza de valores ajudarão a determinar a direção da carreira profissional.

2. Desenvolvimento de metas pessoais e profissionais a longo prazo

Nenhum avião decolaria sem um plano de voo, que inclui, evidentemente, um destino. Contudo, que clareza têm os gerentes sobre a direção de suas vidas? As pessoas muitas vezes resistem ao planejamento da carreira porque isso envolve tomar decisões. Ao escolher uma meta, a pessoa abre mão de oportunidades para buscar outras; se um indivíduo estuda para ser advogado, não poderá ser médico ao mesmo tempo. Os gerentes também resistem a estabelecer metas porque incertezas no ambiente causam preocupação acerca de criar compromissos. Mais ainda, há o temor de deixar de cumprir metas porque o fracasso é um golpe para nosso ego.

Porém, ao compreender os fatores que inibem o estabelecimento de metas, podemos dar os passos necessários para incrementar o compromisso. Primeiro, quando o estabelecimento das metas de desempenho se converte em parte do processo de avaliação, é mais fácil identificar as metas na carreira. Além disso, não estabelecemos todas as metas na carreira de uma só vez. Ao contrário, o estabelecimento de metas é um processo contínuo que permite flexibilidade; as metas profissionais podem ser revistas à luz de circunstâncias mutáveis. Outro fator que reduz a resistência ao estabelecimento de metas é a integração de metas a longo prazo com o requisito de ação mais imediato. Por exemplo, a meta de se tornar médico obriga a aceitar estudar matérias entediantes que são necessárias para obter um diploma de medicina.

Com que antecedência devemos planejar? A resposta pode ser encontrada no princípio de compromisso. Esse princípio estabelece que o planejamento deve cobrir um período necessário para cumprir os compromissos envolvidos na decisão tomada hoje. Portanto, a referência de tempo para o planejamento da carreira variará de acordo com as circunstâncias. Por exemplo, se alguém quer ser professor, é necessário planejar um curso universitário de sete a nove anos. Por outro lado, se a meta na carreira é ser motorista de táxi, o lapso é muito menor; de qualquer forma, a meta a longo prazo deve ser traduzida em objetivos a curto prazo. Antes disso, é necessário fazer uma cuidadosa avaliação do ambiente, o que inclui ameaças e oportunidades.

3. Análise do ambiente: ameaças e oportunidades

Na análise do ambiente, interno e externo, muitos fatores diferentes precisam ser levados em conta. Incluem-se fatores econômicos, sociais, políticos, tecnológicos e demográficos e ainda o mercado de trabalho, a concorrência e outros fatores relevantes para uma situação particular. Por exemplo, ligar-se a uma companhia em expansão geralmente oferece mais oportunidades na carreira do que trabalhar para uma empresa madura que não se espera que cresça. Do mesmo modo, trabalhar para um gerente móvel significa uma maior probabilidade de que a posição do superior fique vaga, ou poderíamos "seguir à sombra" de um superior móvel competente ao segui-lo por uma série de promoções na hierarquia organizacional. De qualquer forma, o planejamento bem-sucedido da carreira requer um exame sistemático do ambiente, considerando oportunidades e ameaças.

Devemos nos preocupar não apenas com o ambiente presente, mas também futuro. Isso requer fazer prognósticos. Visto que existem muitos fatores que devem ser analisados, para planejar nossa carreira precisamos ser seletivos e nos concentrar nesses fatores críticos para o sucesso pessoal.

4. Análise das forças e fraquezas pessoais[13]

Para um planejamento bem-sucedido da carreira, as oportunidades e ameaças ambientais devem ser comparadas com as forças e fraquezas dos indivíduos. As capacidades podem ser classificadas como técnicas, humanas, conceituais ou de idealização. Como ilustra a Figura 1.2 do Capítulo 1, a importância relativa dessas habilidades difere para as diversas posições na hierarquia organizacional, sendo as habilidades técnicas muito importantes no nível supervisor, as habilidades conceituais e de idealização cruciais para a alta administração e as habilidades humanas importantes para todos os níveis.

Perspectiva internacional

Qual é o caminho em sua carreira?[14]

A administração de recursos humanos eficaz deve incluir traçar o caminho de sua carreira. Sua estratégia na carreira deve ser orientada para metas, mas deve ser suficientemente flexível para aproveitar as oportunidades. Talvez muitos estudantes possam identificar-se com a carreira precoce de Lee Scott, diretor executivo do Wal-Mart. Enquanto estudava na Universidade de Pittsburg State, em Kansas, trabalhava à noite fazendo moldes de aço em uma fábrica local. Depois de obter seu diploma em administração, trabalhou como despachante para a companhia caminhoneira Yellow Freight System.

O primeiro contato com o Wal-Mart foi em 1977, quando tratou de cobrar uma fatura de US$ 7 mil. Mas o Wal-Mart recusou a solicitação. Entretanto, durante a disputa, Scott impressionou Glass do Wal-Mart, que lhe ofereceu o cargo de diretor assistente de transporte, cargo que envolvia o estabelecimento da frota de caminhões do Wal-Mart. Catorze anos mais tarde, em 1993, Scott foi promovido a vice-presidente executivo de logística, uma área em que o Wal-Mart obteve mais tarde uma vantagem competitiva. Isto foi seguido pela promoção a vice-presidente executivo de mercadorias em 1995, vice-presidente executivo da divisão de lojas do Wal-Mart em 1998, vice-presidente do conselho e funcionário chefe de operações em 1999 e diretor executivo em 2000. Em 2002, sob a liderança de Lee Scott, o Wal-Mart converteu-se na maior corporação do mundo com base em suas receitas.

Scott não obteve um mestrado (MBA) de Harvard, Stanford ou de qualquer universidade de renome, mas ofereceu ao Wal-Mart conhecimentos particulares adquiridos trabalhando para a Yellow Freight. Quais são seus pontos fortes e o que você tem a oferecer ao seu empregador potencial que o coloca no caminho do sucesso?

---

13 Bolles, Richard Nelson, *What color is your parachute*, Berkeley, CA: Ten Speed Press, 2002. Ver também http://www.jobhuntersbible.com, acesso em 1º de outubro de 2006.

14 Zimmerman, Ann, "Wal-Mart boss's unlikely role: Corporate defender-in-chief". *The Wall Street Journal*, 26 de julho de 2005. Ver também http://www.usatoday.com/money/industries/retail/2005-01-12-walmartus-at_x.htm, acesso em 3 de outubro de 2006.

5. Desenvolvimento de alternativas estratégicas na carreira

Ao desenvolver uma estratégia na carreira, normalmente temos várias alternativas. A estratégia mais bem-sucedida seria a de construir nossos pontos fortes para aproveitar as oportunidades. Por exemplo, se uma pessoa tem um conhecimento excelente de computadores e muitas companhias procuram programadores de computador, ela deveria encontrar muitas oportunidades de uma carreira satisfatória. Por outro lado, se existe demanda de programadores e um indivíduo está interessado em programação, mas não tem as habilidades necessárias, o enfoque apropriado seria uma estratégia de desenvolvimento para superar a fraqueza e desenvolver as habilidades de modo a aproveitar as oportunidades.

Pode ser importante também identificar as ameaças ambientais e desenvolver uma estratégia para enfrentá-las. Se uma pessoa com excelentes habilidades gerenciais e técnicas trabalha em uma companhia ou indústria em declínio, a estratégia apropriada poderia ser conseguir emprego em uma empresa em expansão ou em uma indústria em crescimento.

6. Provas de consistência e escolhas de estratégias

Ao desenvolver uma estratégia pessoal, devemos compreender que a escolha racional baseada em pontos fortes e oportunidades nem sempre é a alternativa mais satisfatória. Ainda que pudéssemos ter certas habilidades demandadas no mercado de trabalho, uma carreira nesse campo pode não ser congruente com nossos valores ou interesses pessoais. Por exemplo, uma pessoa pode preferir tratar com o público a programar computadores. Alguns podem encontrar uma grande satisfação na especialização, enquanto outros preferem ampliar seus conhecimentos e habilidades.

As escolhas estratégicas requerem intercâmbios. Algumas alternativas incluem altos riscos; outras, baixos. Certas escolhas exigem ação agora; outras podem esperar. Carreiras que eram deslumbrantes no passado podem ter um futuro incerto. A análise racional e sistemática é apenas um passo no processo de planejamento da carreira, já que uma escolha inclui também preferências pessoais, ambições pessoais e valores pessoais.

7. Desenvolvimento de objetivos e planos de ação na carreira de curto prazo

Até agora, a atenção se centrou na direção da carreira. Porém, a estratégia tem de ser apoiada por objetivos e planos de ação a curto prazo, que podem ser parte do processo de avaliação de desempenho. Desse modo, se a meta é atingir certa posição administrativa que requer um mestrado em administração, o objetivo a curto prazo pode ser concluir vários cursos relevantes. Eis aqui um exemplo de um objetivo atingível a curto prazo: completar o curso de "Fundamentos da administração" em 30 de maio com uma qualificação A. Esse objetivo é mensurável, pois estabelece a tarefa a realizar, a data limite e a qualidade de desempenho (a qualificação).

Os objetivos serão apoiados geralmente por planos de ação. Continuando com o exemplo, a conclusão do curso de administração pode requerer a preparação de um programa para assistir às aulas, fazer tarefas e obter a compreensão e o apoio da esposa ao sacrificar tempo para a família por fazer o curso. É óbvio que o plano estratégico da carreira a longo prazo precisa ser apoiado por objetivos e planos de ação a curto prazo.

8. Desenvolvimento de planos de contingência

Os planos para a carreira são desenvolvidos em um ambiente de incerteza, e o futuro não pode ser antecipado com grande precisão. Portanto, é preciso preparar planos de contingência baseados em suposições de alternativa. Embora possamos desfrutar o trabalho em uma pequena companhia de investimento de rápido crescimento, pode ser prudente preparar um plano de carreira alternativo diante da suposição de que o projeto poderia não ter sucesso.

9. Implementação do plano da carreira

O planejamento da carreira pode começar durante a avaliação de desempenho. Nesse momento, devem-se discutir o crescimento e desenvolvimento pessoais. As metas na carreira e as ambições pessoais podem ser consideradas ao selecionar e promover e ao formular programas de capacitação e desenvolvimento.

Perspectiva internacional

Planejamento da carreira na nova economia

O modelo tradicional da carreira em que as pessoas se preparavam para trabalhar por toda a vida em uma única organização precisa ser modificado. Atualmente, as pessoas mudam de emprego com mais frequência ou até trabalham em casa. Há mais oportunidades de trabalho. Isto é particularmente válido nas empresas de alta tecnologia da Califórnia no Vale do Silício, com seu ambiente de negócios de mudanças rápidas. Embora existam muitas oportunidades nesse ambiente, a insegurança no emprego também cresce. Não é raro que alguém com 32 anos tenha trabalhado para nove empresas diferentes. Os trabalhadores da Califórnia permanecem no trabalho uma média de três anos. Os que buscam emprego ali estão mais bem informados, pois a Internet oferece dados sobre ofertas de trabalho e escalas de salários. Estimou-se que a taxa de rotatividade no Vale do Silício é de quase 20% ao ano.

Mas, em geral, o Vale do Silício não é representativo dos Estados Unidos. Normalmente, os americanos trabalham mais horas que as pessoas na maioria dos países europeus, como França, Alemanha e Suécia. Os trabalhadores japoneses trabalham um número de horas similar ao dos americanos. A prática japonesa de emprego vitalício começa a mudar, substituída pela insegurança no emprego. Mais ainda, o uso de trabalhadores temporários também cresceu no Japão.

Talvez mais do que nunca, desenvolver uma estratégia para a carreira é importante. Tenha em mente uma meta clara, mas seja flexível e encontre formas alternativas para alcançá-la. Muitas pessoas mudam de grandes empresas manufatureiras para pequenas companhias de serviços ao longo de sua carreira. Além disso, é essencial desenvolver as novas habilidades necessárias para a nova economia. Associe-se a organizações profissionais e invista na educação e na reeducação porque as mudanças rápidas no ambiente de trabalho requerem novas habilidades.

10. Monitorar o progresso

Monitorar é o processo de avaliar o progresso no sentido das metas da carreira e fazer as correções necessárias nas metas ou planos. Um momento oportuno para avaliar programas da carreira é durante a avaliação de desempenho. Esse é o momento não só de rever o desempenho em relação aos objetivos nas áreas de operação, como também o cumprimento de metas no plano da carreira. Além disso, o progresso deve ser monitorado em outras ocasiões, como na conclusão de uma tarefa ou de um projeto importante.

Estratégia para casais com carreiras duplas[15]

Uma estratégia eficaz na carreira requer que se dê atenção à carreira do cônjuge. Os casais com carreiras duplas, em que as duas partes trabalham, precisam às vezes fazer escolhas muito estressantes. Por exemplo, se as duas partes têm carreiras bem-sucedidas, a oportunidade de uma promoção que exige uma realocação cria uma situação muito difícil. Algumas companhias estão acomodando as necessidades especiais de casais de carreiras duplas adotando um enfoque flexível nas transferências que incluam uma realocação, considerando as necessidades dos dois cônjuges no planejamento da carreira, ajudando a outra parte a conseguir emprego dentro ou fora da companhia e oferecendo licenças por maternidade e atenção diurna para as crianças. Com a elevada participação de mulheres casadas na força de trabalho, um número crescente de companhias reconheceu a situação estressante dos casais com duas carreiras e incorporou mais flexibilidade em suas políticas, no planejamento da carreira e na seleção, colocação e promoção do pessoal.

Resumo

A avaliação é essencial para uma administração eficaz. Deve medir o desempenho para alcançar metas e planos, assim como o desempenho de um gerente. Um método eficaz é avaliar os gerentes em relação a objetivos atingíveis. Esse enfoque é operacional, relacionado com a atividade do gerente e relativamente objetivo. Contudo, uma pessoa pode ter um bom (ou mau) desempenho devido à sorte ou fatores fora de seu controle. Portanto, o enfoque da administração por objetivos deve ser complementado pela avaliação dos administradores como gerentes, que avalia como desempenham suas atividades gerenciais-chave.

Há três tipos de revisões: 1) a avaliação formal ampla, 2) revisões de progresso ou periódicas e 3) monitoramento contínuo. Em um programa de avaliação sugerido, as atividades gerenciais-chave são apresentadas como perguntas de uma lista de verificação e agrupadas nas categorias de planejamento, organização, integração de pessoal, liderança e controle.

Dado que os gerentes diferem em maior grau, buscam diferentes recompensas, como oportunidades e rendimentos. A tarefa de um gerente também é estressante, e isso pode afetar tanto o indivíduo como a organização. Por isso, foram desenvolvidas várias formas de enfrentar o estresse.

O planejamento da carreira pode ser integrado à avaliação de desempenho com eficácia. Ainda que os passos específicos para desenvolver uma estratégia para a carreira possam variar, o processo é similar a desenvolver uma estratégia organizacional. Visto que os casais com carreiras duplas são bastante comuns hoje, uma estratégia para a carreira eficaz deve incluir a consideração da carreira do cônjuge.

---

15 Ver também a Dual career network, da Ohio University, http://cscwww.cats.ohiou.edu/dual, acesso em 2 de outubro de 2006.

Ideias e conceitos básicos

Três tipos de revisões

Avaliação diante de objetivos atingíveis

Avaliar os administradores como gerentes

Enfoque de avaliação como equipe

Recompensas da administração

Estresse na administração

Dez passos para formular uma estratégia de carreira

Estratégia na carreira para casais com carreiras duplas

Para analisar

1. Você acredita que os gerentes deveriam ser avaliados com regularidade? Nesse caso, como?
2. Muitas empresas avaliam os gerentes em relação a fatores de personalidade, como energia, cooperação, liderança e atitude. Você acredita que esse tipo de qualificação faz sentido?
3. Defendeu-se no livro a necessidade de avaliar os gerentes diante de sua capacidade de administrar. Deve-se esperar algo mais deles?
4. Qual sua opinião sobre um sistema de avaliação com base nos resultados esperados e obtidos? Você preferiria ser avaliado sobre essa base? Se não, por qual?
5. Sobre que base se deveria avaliar seu desempenho na universidade?
6. O que você diria a um estudante que comenta que estudou pelo menos quatro horas diárias para se preparar para o exame de meio de curso e só obteve uma qualificação C?
7. Descreva os aspectos mais gratificantes e estressantes de seu trabalho ou experiência escolar.
8. Qual é sua meta na carreira? Você desenvolveu um plano para atingir sua meta? Se não, por quê?

Exercícios e atividades

1. Entreviste dois gerentes. Pergunte-lhes que critérios são utilizados para sua avaliação de desempenho. Os critérios são mensuráveis? Esses gerentes acreditam que a avaliação de desempenho mede sua atuação de maneira justa?
2. Desenvolva seu próprio plano para a carreira e estabeleça suas metas pessoais e profissionais a longo prazo. Quais são suas forças e fraquezas? Siga os passos explicados no capítulo para elaborar um plano estratégico amplo na carreira para você mesmo.

Pesquisa na Internet

1. Acesse o site da revista *Fortune** e leia três temas na seção de "Carreiras". Como essas fontes podem ajudá-lo a desenvolver uma estratégia para a carreira?
2. Busque na Internet "avaliação de desempenho". Que critérios são utilizados para avaliar o desempenho? Com base em que critérios você gostaria ser avaliado como estudante, como subordinado ou como gerente?

* NE: Pode-se consultar, também, os sites das revistas *Exame* ou *Você S.A.* e buscar matérias relacionadas ao tema "carreira".

Caso internacional 12.1

Diretora executiva administra conforme o livro-texto[16]

A demanda de gerentes com experiências internacionais é grande. Considere Marisa Bellisario, uma das executivas mais solicitadas da Europa. Foi a primeira mulher a encabeçar uma importante empresa industrial na Itália, a Italtel Società Italiana, controlada pelo Estado. Essa companhia era o maior fabricante de equipamentos de telecomunicações da Itália. Contudo, as experiências de Bellisario eram internacionais. Depois de graduar-se em economia e administração de negócios na Universidade de Turim, trabalhou na Olivetti, na divisão de eletrônica. Quando a Olivetti vendeu sua unidade de processamento de dados para a General Electric (GE), ela passou algum tempo em Miami trabalhando na estratégia de marketing mundial da GE para computadores. Deixou a GE para encabeçar o planejamento corporativo da Olivetti. Como diretora executiva (CEO) da Italtel, conseguiu apresentar um pequeno lucro. (A empresa tinha registrado enormes perdas no passado.) Seu enfoque gerencial se caracterizara como "tirado diretamente do livro-texto", e companhias como GTE Corporation, IBM, AT&T e outras empresas europeias e japonesas estavam interessadas em recrutá-la. ■

Perguntas

1. Por que Bellisario era uma diretora executiva muito solicitada? Qual era sua trajetória na carreira?
2. Que problemas particulares pode ter encontrado como mulher ao encabeçar uma companhia importante na Itália?
3. Se teve sucesso ao administrar conforme o livro-texto, por que alguns gerentes ainda pensam que a administração não pode ser ensinada?

Caso internacional 12.2

Incentivos: estímulo à produtividade

Além do salário, algumas empresas no México também concedem alguns benefícios que Guillermo Sander e Jorge Ponga, diretor geral e sócio consultor da Hewitt Intergamma, chamaram de "remuneração complementar". Esta se divide em garantida (que o funcionário recebe pelo simples fato de sê-lo) e variável (que inclui a participação nos lucros e os rendimentos por resultados da empresa ou do próprio executivo).

"Costuma haver grandes diferenças na forma de outorgar incentivos entre os diferentes setores produtivos, e além disso em cada um deles existem exceções que, às vezes, são bastante significativas. O setor agroindustrial geralmente não tem esse tipo de programas, enquanto o industrial e o comercial tendem a utilizá-los mais", afirma Sander.

Segundo dados proporcionados por Jorge Ponga, de uma amostra integrada por mais de 300 transnacionais estabelecidas no México, 73% concedem bônus aos seus executivos e apenas 18% oferecem planos acionários. Um diretor geral recebe, em média, até 116 dias de salário por ano, os executivos de primeiro nível, 440 mil pesos ou 27% de seu salário e, em alguns casos, essa remuneração se estende a executivos de segunda linha.

[16] "Italtel's New chief gets what she wants". *BusinessWeek*, 30 de abril de 1984, p. 51; Ball, Robert, "Italy's most talked-about executive". *Fortune*, 2 de abril de 1984, p. 99-102; Bellisario, Marisa, "The Turnaround At Italtel". *Long Range Planning*, v. 18, n. 6, 1985, p. 21-24.

O critério de 93% das empresas para conceder bônus está diretamente relacionado ao desempenho do executivo, 47% aos resultados do negócio no México e 15% aos lucros da empresa no mundo. Para muitas transnacionais, ainda que o negócio esteja indo mal em um país, não há razão para que seus executivos não desfrutem dos lucros da empresa em escala mundial.

"Na 3M temos 20 anos de experiência em remuneração variável. Fomos pioneiros no México. Um diretor pode ganhar adicionalmente até 25% de seu salário anual a título de incentivos porque está muito relacionado com a estratégia da empresa. Em nível gerencial, concede-se 20% e, nos demais níveis, o incentivo pode chegar a 15%", garante Germán Suárez, diretor de recursos humanos da companhia.

María Teresa Maldonado, gerente administrativa e de remuneração das Ceras Johnson, comenta: "No caso dos executivos, temos um plano de bônus com base em resultados há mais de 13 anos. Um executivo pode obter mais de 25% de seu salário anual se superar os objetivos planejados".

Segundo os consultores da Hewitt Intergamma, no México a porcentagem de ganho variável que um executivo pode obter é de 20% a 30%. Em países desenvolvidos, a porcentagem pode ser muito maior, como ocorre nos Estados Unidos.

De acordo com Sander, o número de executivos que recebem prêmios em espécie é muito maior do que os que recebem ações da empresa. Os planos acionários são considerados incentivos a longo prazo e normalmente incluem apenas a administração geral e alguns executivos-chave de primeira linha.

Não é uma tarefa fácil formular um programa de incentivos para pessoal administrativo, porque a relação entre os resultados do trabalho individual e os da empresa é muito mais difícil de medir. Os tipos de programas para esse nível estão relacionados aos resultados da empresa ou do pessoal de apoio. O montante médio dessa remuneração para os funcionários administrativos é de 31 dias de salário por ano.

"Às vezes, os critérios para repartir a quantidade individual por executivo baseiam-se em aspectos difíceis de medir: melhora na posição ou imagem da empresa no mercado. Além disso, podem incidir nessas melhoras variáveis externas que não se referem à capacidade do executivo", completa Sander.

"Parte do êxito de um incentivo é que, primeiro, você tenha muita objetividade para qualificá-lo; segundo, que seja muito simples de entender e de explicar; terceiro, que seja muito fácil demonstrar que a pessoa que o recebe tem uma incidência direta nos resultados da empresa", destaca Suárez, que acredita que no âmbito operacional coletivo é difícil de avaliar, e o individual é mais fácil de perceber.

Sander acredita que é importante determinar primeiro o que se deve melhorar e depois saber se os programas de incentivos podem realmente fazer parte da melhora. "Para que um programa de produtividade funcione, primeiro você tem de pagar salários decentes, mas muitas companhias ainda não entendem isso". ■

Perguntas

1. As "remunerações complementares" podem ser eficazes para incentivar a produtividade dos funcionários?
2. Indique as vantagens e desvantagens dos incentivos econômicos variáveis.
3. Considerando as dificuldades para medir as melhoras do desempenho dos administradores, como deveria ser um plano de incentivos para esse tipo de pessoal?

13

Capítulo

Administrar a mudança por meio do desenvolvimento dos administradores e da organização

Objetivos de aprendizagem

Depois de estudar o capítulo, você deverá ser capaz de:

1. Distinguir entre o desenvolvimento do administrador, a capacitação gerencial e o desenvolvimento da organização.
2. Analisar o processo de desenvolvimento do administrador e sua capacitação.
3. Descrever os diversos enfoques do desenvolvimento do administrador.
4. Identificar mudanças e fontes de conflitos e mostrar como administrá-las.
5. Descrever as características e o processo de desenvolvimento da organização.
6. Compreender a organização que aprende.

Este capítulo trata de mudança. Primeiro, o enfoque está na mudança dos indivíduos, especificamente no desenvolvimento e capacitação do administrador. Contudo, as pessoas não operam de maneira isolada. Consequentemente, na segunda parte do capítulo, o enfoque passa a ser os grupos de indivíduos e as organizações.

Os executivos excelentes olham para o futuro e se preparam para ele. Uma forma importante de fazer isso é desenvolver e capacitar os administradores para que sejam capazes de enfrentar novas demandas, novos problemas e novos desafios. Na verdade, os executivos têm a responsabilidade de proporcionar oportunidades de capacitação e desenvolvimento aos seus funcionários para que possam alcançar todo o seu potencial.

Desenvolvimento do administrador
O uso de programas a longo prazo orientados para o futuro para desenvolver a habilidade administrativa de uma pessoa.

Capacitação gerencial
O uso de programas, em sua maioria, a curto prazo, que facilitam o processo de aprendizagem para ajudar os administradores a fazer melhor seu trabalho.

Desenvolvimento da organização
Um enfoque sistemático, integrado e planejado para melhorar a eficácia de grupos de pessoas e de toda a organização, ou de uma unidade organizacional importante.

O termo **desenvolvimento do administrador** refere-se a programas a longo prazo orientados ao futuro e ao progresso de uma pessoa que quer aprender a administrar. A **capacitação gerencial**, por outro lado, refere-se aos programas que facilitam o processo de aprendizagem e, em maior grau, é uma atividade a curto prazo para ajudar os administradores a fazer melhor seu trabalho. Neste livro, o **desenvolvimento da organização** é um enfoque sistemático, integrado e planejado para melhorar a eficácia de grupos de pessoas e de toda a organização ou uma unidade organizacional importante. O desenvolvimento da organização usa várias técnicas para identificar e resolver problemas.

Assim, em essência, o desenvolvimento enfoca toda a organização (ou um segmento importante), enquanto o desenvolvimento do administrador se concentra em indivíduos. Esses enfoques apoiam-se mutuamente e devem estar integrados para melhorar a eficácia dos gerentes e da empresa.

O processo de desenvolvimento e capacitação do administrador

Antes de eleger programas de capacitação e desenvolvimento, é importante considerar três tipos de necessidades. Primeiro, as necessidades da organização incluem temas como os objetivos da empresa, a disponibilidade de gerentes e as taxas de rotatividade. Segundo, necessidades relacionadas às operações e ao próprio cargo podem ser determinadas pelas suas descrições e dos padrões de desempenho. Terceiro, os dados relativos às necessidades de capacitação individuais podem ser obtidos de avaliações de desempenho, entrevistas com o ocupante do cargo, provas, pesquisas e planos na carreira para os indivíduos. Vejamos mais de perto os passos no processo de desenvolvimento do administrador, enfocando primeiro o cargo atual, depois o seguinte na escala da carreira e, por último, as necessidades futuras de longo prazo da organização. Os passos no desenvolvimento do administrador são ilustrados na Figura 13.1.

Cargo atual

O desenvolvimento e a capacitação do administrador baseiam-se em uma análise de necessidades derivada de uma comparação do desempenho e comportamento reais com o desempenho e comportamento requeridos. Essa análise é ilustrada na Figura 13.2. Um gerente de vendas de distrito decidiu que mil unidades é uma expectativa de vendas razoável, mas as vendas reais são de apenas 800, ou seja, 200 unidades distantes da meta. A análise do desvio da meta poderia indicar que o gerente carece dos conhecimentos e habilidades para fazer um prognóstico e que o conflito entre gerentes subordinados impede um trabalho em equipe eficaz. Com base nessa análise, identificam-se

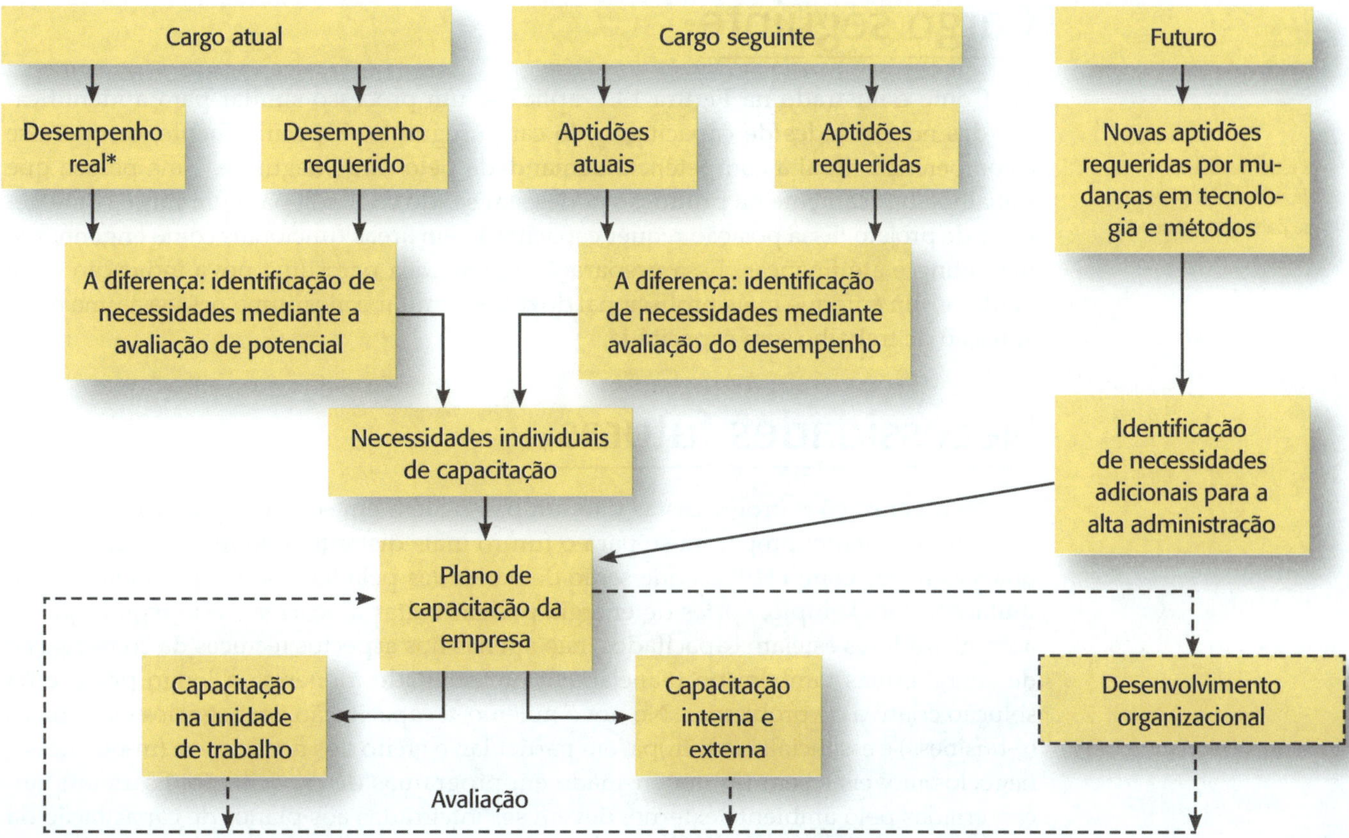

* Isto inclui o desempenho medido em relação a objetivos atingíveis e o desempenho ao realizar atividades gerenciais chave.
Adaptada de Humble, John W. *Improving business results*, Maidenhead, Inglaterra: McGraw-Hill (UK), 1968.

FIGURA 13.1 Processo de desenvolvimento e capacitação do administrador

necessidades e métodos de capacitação para superar as deficiências. Consequentemente, o gerente de vendas de distrito inscreve-se em cursos para prognósticos e solução de conflitos. Mais ainda, empreendem-se esforços de desenvolvimento da organização para facilitar a cooperação entre as unidades organizacionais.

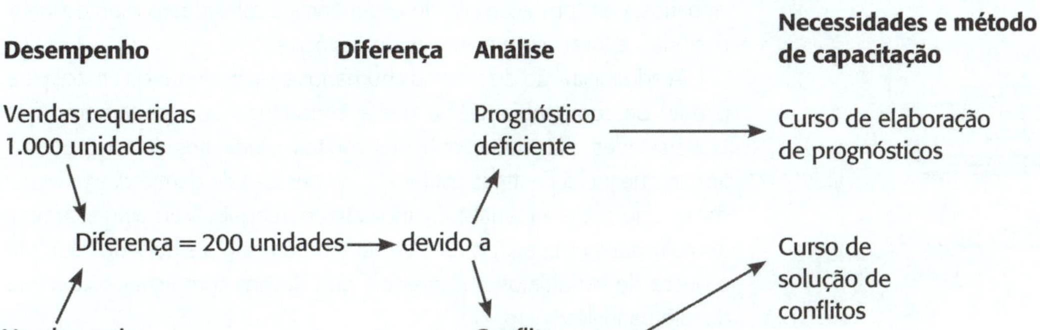

FIGURA 13.2 Análise de necessidades de capacitação

Cargo seguinte

Uma rede de objetivos significativos e atingíveis é básica para a administração eficaz.

Como é ilustrado na Figura 13.1, aplica-se um processo similar para a identificação das necessidades de capacitação do cargo seguinte. Especificamente, compara-se a competência atual à competência demandada pelo cargo seguinte. Uma pessoa que trabalhou basicamente na produção pode estar sendo cogitada para um cargo como gerente de projeto. Essa posição requer capacitação em áreas funcionais como engenharia, marketing e até finanças. Essa preparação sistemática para uma nova indicação é, na verdade, um enfoque mais profissional do que se limitar a alçar uma pessoa a uma nova situação de trabalho sem capacitá-la.

Necessidades futuras

As organizações progressistas dão um passo além em seu enfoque de capacitação e desenvolvimento: preparam-se para o futuro mais distante. Isso requer diagnosticar quais as novas competências que serão demandadas pela tecnologia e os métodos em mutação. Por exemplo, cortes de energia podem voltar a ocorrer e isso requer que os administradores estejam capacitados, não apenas nos aspectos técnicos da conservação de energia, mas também no planejamento relacionado à energia a longo prazo e na solução criativa de problemas. No novo milênio, a capacitação em negócios eletrônicos (e-business) é essencial. Na Europa, em particular, o efeito dos negócios-m (m-business – negócios móveis e sem fio) foi ensinado em programas de capacitação. Essas mudanças, criadas pelo ambiente externo, devem ser integradas aos planos de capacitação da empresa, com enfoque no presente e no futuro. Os planos são contingentes, não apenas nas necessidades de capacitação, mas igualmente nos diversos enfoques no desenvolvimento de gerentes que estejam disponíveis.

Perspectiva internacional

Administração de recursos humanos da PriceWaterhouseCoopers na China[1]

http://www.pwcglobal.com

A PriceWaterhouseCoopers (PWC) é a maior companhia na China que oferece serviços de seguro e de negócios, serviços de consultoria administrativa e serviços de impostos e legais. Seus mais de 3 mil funcionários, com um acúmulo de experiência local, ajudam clientes internacionais e locais com soluções de negócios.

A administração de recursos humanos é de importância crucial para o êxito da companhia. Dá-se muita importância ao recrutamento nas universidades. Selecionar entre os muitos candidatos é um processo amplo que inclui contatos estreitos com pessoas de dentro das universidades que podem identificar candidatos potenciais. Mais ainda, currículos colocados em páginas da Internet também são pesquisados durante a busca de candidatos qualificados, que devem comprovar o domínio do idioma inglês.

1 Ver a PWC na China. Disponível em: http://www.pwcmundial.com/cn, acesso em 30 de setembro de 2006; mais detalhes foram obtidos de pessoas familiarizadas com a informação.

O processo de seleção inclui entrevistas iniciais, exercícios de dinâmica, entrevistas adicionais e a decisão de contratação. Depois de serem contratados, os novatos são submetidos a uma capacitação extensa com várias conferências, material audiovisual, simulações e programas de autoestudo. O desempenho e o avanço são medidos a partir do processo de avaliação. A companhia utiliza escalas de qualificação ancoradas no comportamento e outros instrumentos que enfocam objetivos específicos e mensuráveis acordados entre o superior e o subordinado.

O enfoque da PWC na administração dos recursos humanos ilustra como as práticas gerenciais podem ser transferidas entre as companhias mundiais mediante o uso de ferramentas de administração modernas.

Aproximações no desenvolvimento do administrador: capacitação no cargo

No trabalho, podem-se encontrar muitas oportunidades de desenvolvimento. Os funcionários em capacitação aprendem ao mesmo tempo em que contribuem para as metas da empresa. Contudo, dado que esse enfoque requer gerentes de alto nível e competentes que possam ensinar e assessorar os funcionários em capacitação, há limitações à capacitação no cargo.

Avanço planejado

O avanço planejado é uma técnica que dá aos administradores uma ideia clara de sua rota de desenvolvimento. Os administradores sabem qual é sua posição e até onde vão. Por exemplo, um gerente de menor nível pode ter um perfil de desenvolvimento que vai de superintendente a gerente de obras e, eventualmente, a gerente de produção. O administrador conhece, então, os requisitos para avançar e os meios para conseguir isso. Por infelicidade, pode dar uma importância excessiva ao cargo seguinte, em vez de ter um bom desempenho nas tarefas atuais. A **progressão planejada** pode ser vista pelo pessoal em capacitação como um caminho sem obstáculos para o alto, mas, na realidade, é um enfoque passo-a-passo que requer que as tarefas sejam bem realizadas em cada nível.

A **progressão planejada** dá aos gerentes uma ideia clara de sua rota de desenvolvimento.

Rotação de cargos

O propósito da **rotação de cargos** é ampliar os conhecimentos de administradores ou gerentes potenciais. Os funcionários em capacitação aprendem sobre as diferentes funções da empresa ao se revezar em diferentes posições. Pode passar por: 1) trabalho de não-supervisão; 2) indicações de observação (observar como os administradores fazem e não como lideram na realidade); 3) diversas posições de capacitação gerencial; 4) posições de "assistente" de nível médio; e 5) até diversas posições gerenciais em diferentes departamentos, como produção, vendas e finanças.

A **rotação de cargos** tem o propósito de ampliar os conhecimentos dos administradores ou gerentes potenciais em diferentes posições da empresa.

A ideia da rotação de cargos é boa, mas tem dificuldades. Em alguns programas de rotação de cargos, os participantes, na realidade, não têm autoridade gerencial. Em vez disso, observam ou assistem os gerentes de linha, não recaindo sobre eles a responsabilidade que teriam se liderassem de verdade. Até em rotações para posições gerenciais os participantes no programa de capacitação podem não permanecer o tempo suficiente em cada posição para demonstrar sua eficácia futura como gerentes. Mais ainda, uma vez que o programa de capacitação se completa, pode não haver posições adequadas disponíveis para os administradores recém-capacitados. Apesar dessas limitações, se tanto administradores como pessoas em capacitação compreendem as dificuldades inerentes, a rotação de cargos tem aspectos positivos e deve beneficiar os capacitados.

Criação de posições de "assistentes"

As **posições como "assistente"** são criadas, em geral, para ampliar os pontos de vista ao trabalhar de forma estreita com gerentes experientes.

As posições de "assistente" são criadas, em geral, para ampliar os pontos de vista das pessoas em capacitação, permitindo que trabalhem perto de gerentes experimentados que podem dar atenção particular às necessidades de desenvolvimento do capacitado. Os gerentes podem, entre outras coisas, ordenar indicações selecionadas para testar o raciocínio dos novatos em capacitação. Assim como na rotação de cargos, esse enfoque pode ser eficaz quando os superiores são também professores qualificados, que podem guiar e desenvolver seus pupilos até que estejam prontos para assumir todas as suas responsabilidades como gerentes.

Promoções temporárias

A **designação temporária** de um gerente em funções é utilizada para cobrir as responsabilidades do gerente ausente.

É comum que os indivíduos sejam designados como gerentes "em exercício" quando, por exemplo, o gerente permanente sai de férias, está doente, faz uma viagem de negócios prolongada ou mesmo quando uma posição fica vaga. Assim, as promoções temporárias são um dispositivo de desenvolvimento e uma conveniência para a empresa.

Quando se dá ao gerente em exercício autoridade para tomar decisões e assumir responsabilidade plena, a experiência pode ser valiosa. Por outro lado, se esse gerente é apenas uma figura decorativa, não toma decisões e não lidera de verdade, o benefício de desenvolvimento será mínimo.

Perspectiva

Capacitação ao natural

De acordo com uma pesquisa sobre a capacitação no exterior ou *outdoor training*, realizada pelo pesquisador Miguel Reinoso, da Universidade de Granada, descobriu-se que os capacitados são altamente sensíveis ao desenvolvimento de suas competências quando trabalham ao ar livre e com provas físicas e de desenvolvimento de habilidades estabelecidas. A prova consistiu em vários desafios físicos e psicológicos (entre eles, construir uma balsa ou pilotar um barco com os olhos fechados) que enfocavam quatro competências emocionais: a colaboração no trabalho em equipe, o estabelecimento de vínculos afetivos, a comunicação entre sujeitos e a catalisação ou grau de adaptação à mudança. A tese de Reinoso é que esses desafios proporcionam informação que é difícil encontrar no local de trabalho, pois a natureza dá um status de igualdade a todos os participantes.

O acompanhamento da prova permitiu constatar que, com o tempo, a maioria dos participantes havia aumentado sua habilidade nas quatro competências e, além disso, o grau de retenção do que foi aprendido.

Fonte: Com informação de "Un estudio demuestra que la naturaleza es la mejor aula para la formación de los altos ejecutivos", Departamento de Sociologia da Universidade de Granada, *Los Recursos Humanos*, 16 de junho de 2006. Disponível em: http://www.losrecursoshumanos.com/outdoor-training.htm, acesso em 8 de outubro de 2007.

Comitês e conselhos diretores

Os comitês e conselhos diretores menores, também conhecidos como administração múltipla, são utilizados às vezes como técnicas de desenvolvimento. Dão aos novatos em treinamento a oportunidade de interagir com gerentes experimentados. Mais ainda, os funcionários de nível médio em capacitação (e às vezes do nível inferior) se familiarizam com uma variedade de problemas que afetam toda a organização. Aprendem sobre as relações entre diferentes departamentos e sobre os problemas criados pela interação dessas unidades organizacionais. Os funcionários em capacitação podem ter a oportunidade de apresentar relatórios e propostas ao comitê ou ao conselho e demonstrar suas habilidades analíticas e conceituais. Por outro lado, os novatos podem ser tratados com uma atitude paternalista pelos altos executivos e não ter oportunidades de participar, omissão que poderia frustrá-los e desanimá-los. O programa seria, então, prejudicial para o seu desenvolvimento.

Os comitês permitem aos capacitados interagir com gerentes experimentados e ter uma visão geral da empresa.

Treinamento (coaching)

A capacitação no cargo é um processo infindável. Um bom exemplo de uma capacitação no cargo é o treinamento atlético. Para que seja eficaz, o treinamento (coaching), que é responsabilidade de cada gerente de linha, deve ser feito em um clima de confiança entre o superior e os novatos. Requer paciência e bom senso dos superiores, que devem ser capazes de delegar autoridade e de manifestar reconhecimento e elogiar o trabalho bem-feito. Os treinadores (ou coaches) eficazes desenvolverão os pontos fortes e os potenciais dos subordinados e os ajudarão a superar suas carências. O treinamento requer tempo; mas, se for bem-feito, poupará tempo e dinheiro e impedirá erros onerosos dos subordinados. Assim, acabará por beneficiar todos, o superior, os subordinados e a empresa.

Os **comitês e conselhos diretores menores**, também conhecidos como administração múltipla, dão aos funcionários em capacitação a oportunidade de interagir com gerentes experimentados.

O **treinamento** deve ser feito em um clima de confiança, com o propósito de desenvolver os pontos fortes dos subordinados e superar seus pontos fracos.

Enfoques do desenvolvimento de administradores: capacitação interna e externa[2]

Como ilustra a Figura 13.1, além da capacitação no cargo, há muitos outros enfoques do desenvolvimento do administrador. Esses programas podem ser realizados dentro da companhia ou ser oferecidos fora, por instituições educativas e associações administrativas.

---

[2] Para uma análise da gestão da educação europeia e norte-americana, ver McCarthy, Daniel J. et al. "Contributions to management practice by European and North American management education programs". In: Berndt, Ralph (ed.). *Global management*. Berlim: Springer, 1996, p. 3-18; Beamish, Paul W. et al. *International management*. Burr Ridge, IL: Irwin/McGraw-Hill, 2000, p. 191-192.

As conferências são um meio muito usado para capacitar os administradores

Programas de conferências

Os programas de conferências podem ser utilizados na capacitação interna ou externa. Expõem os administradores ou gerentes potenciais às ideias de oradores especialistas em seu campo. Dentro da companhia, os funcionários serão instruídos sobre a história da empresa e seus propósitos, políticas e relações com os clientes, consumidores e outros grupos. As conferências externas podem variar muito, desde programas sobre técnicas gerenciais específicas a programas sobre temas amplos, como a relação entre o negócio e a sociedade.

Esses programas podem ser valiosos se suprirem uma necessidade de capacitação e forem planejados com cuidado. Uma criteriosa seleção de temas e oradores aumentará a eficácia desse dispositivo de capacitação. Mais ainda, as conferências podem ser mais úteis se incluírem a análise, já que a comunicação de mão dupla permite aos participantes pedir o esclarecimento de temas que são relevantes para eles.

Programas universitários de administração

Os **programas de conferências** expõem os administradores ou gerentes potenciais às ideias de oradores especialistas em seu campo.

Os programas universitários de administração expõem os gerentes a teorias, princípios e novos desenvolvimentos na administração.

Além de oferecer cursos para não graduados e graduados em administração de negócios, muitas universidades passaram a organizar cursos, workshops, conferências e programas formais para treinar gerentes. Essas ofertas incluem cursos noturnos, seminários curtos, programas de residência, um currículo completo para graduados ou até programas adaptados para as necessidades de uma companhia em particular. Alguns centros de desenvolvimento executivo proporcionam assistência no desenvolvimento da carreira com programas desenhados para ajustar-se às necessidades de capacitação e desenvolvimento típicas de supervisores de primeira linha, gerentes de nível médio e altos executivos.

Esses programas universitários expõem os gerentes a teorias, princípios e novos desenvolvimentos na administração. Além disso, há geralmente um valioso intercâmbio de experiências entre os gerentes que enfrentam desafios parecidos em posições similares.

Perspectiva internacional

Como ingressar na escola de administração de sua escolha[3]

Os gerentes experimentados podem decidir se querem voltar à escola. A decepção ocorre quando os solicitantes são informados de que sua inscrição foi recusada ou de que foram colocados em uma "lista de espera". Porém, essa notícia não deve esmorecer o candidato, mas estimulá-lo a saber qual foi o motivo da recusa de sua solicitação. Eis aqui algumas ideias sobre o que os funcionários da admissão podem estar procurando: Há uma falha no registro de emprego? O que o candidato oferece em termos de habilidades ou conhecimentos específicos? Os pontos fortes do candidato estão articulados com eficácia? O que a pessoa pretende fazer com o título a obter? O candidato mostra que é diferenciado (por exemplo, falar outros idiomas ou ter experiência internacional)? A trajetória na carreira indica uma promoção rápida?

Em geral, uma carta de solicitação genérica não é suficiente. O solicitante precisa estar inteirado acerca da instituição e, se possível, deve visitar a universidade e conhecer os membros do pessoal acadêmico, assim como os alunos. Estudos avançados ou cursos especiais podem ser o caminho para uma carreira bem-sucedida.

3 Harrington, Ann. "Or not to B". *Fortune*, 4 de março de 2002, p. 223-224.

"Universidades" corporativas

Uma das primeiras instalações educacionais em casa foi estabelecida por Ralph Cordiner, diretor executivo da General Electric, no final da década de 1950, em Crotonville, Nova York. Jack Welch, o recém-aposentado diretor executivo da GE, gostava de ensinar em Crotonville sobre seu tema de estratégia favorito, de fazer das unidades da GE o número 1 e o número 2 no mercado.[4] Crotonville converteu-se no centro de aprendizagem da GE.

Outro centro muito conhecido para a aprendizagem dentro da companhia é a Universidade McDonald's, perto de Chicago. Tem sua própria biblioteca e modernas salas de aula eletrônicas, em que os gerentes estudam como operar os restaurantes McDonald's. Universidades similares estão localizadas estrategicamente em várias partes do mundo. Muitas companhias implantaram suas próprias universidades.

Outras companhias dedicadas à capacitação e desenvolvimento de gerentes são a Intel, a FedEx, a Capital One e muitas outras. Companhias alemãs, conhecidas por sua ampla capacitação de aprendizes, estenderam seus programas para incluir educação gerencial. Por exemplo, a SAP (conhecida por suas ofertas de software) e a Basf (uma empresa química transnacional) complementaram suas atividades com um programa na Universidade de Ciências Aplicadas de Ludwigshafen.

Leituras, televisão, instrução por vídeo e educação *on-line*

Outro enfoque do desenvolvimento é a leitura planejada de literatura administrativa relevante e atualizada. Essencialmente, trata-se de autodesenvolvimento. O gerente pode ter a ajuda do departamento de capacitação, que costuma elaborar bibliografias valiosas. Essa experiência de aprendizagem pode ser fortalecida a partir da análise de artigos e livros com outros administradores e o superior.

Cada vez mais, a administração e outros temas são apresentados em programas de instrução pela TV. Podem-se obter créditos universitários para certos programas. Mais ainda, estão disponíveis vídeos sobre uma grande variedade de temas com fins de instrução e aprendizagem na universidade ou na sala de aula da companhia.

O investimento em educação *on-line* está crescendo. Os provedores desse tipo de educação podem ser catalogados em três grupos: 1) escolas; 2) universidades e 3) organizações de capacitação comercial e de negócios.[5] As universidades usam a nova tecnologia para programas de graduados e cursos de extensão. Na Universidade da Califórnia, em Los Angeles, a maioria dos 3 mil cursos para não graduados é acompanhada por páginas na Internet que contêm notas de conferências e material complementar; até os exames podem ser feitos *on-line*. A Universidade de Phoenix mescla a aprendizagem à distância com aulas noturnas. Faculdades de administração, como as da Universidade de Chicago, Universidade Columbia, Universidade Stanford, Escola de Economia de Londres e Universidade Carnegie Mellon, trabalham com a Universidade Cardean para oferecer cursos *on-line* completos. Empresas como a Blackboard e a WebCT desenvolveram plataformas para colocar material de cursos na rede. Embora a educação *on-line* possa ser útil, os céticos questionam a rentabilidade e eficácia da aplicação das novas tecnologias.

http://www.education.com
http://www.ucla.edu
http://www.phoenix.edu
http://www.uchicago.edu
http://www.columbia.edu
http://www.stanford.edu
http://www.lse.ac.uk
http://www.cmu.edu
http://www.cardean.edu
http://www.blackboard.com
http://www.webct.com

4 Welch, Jack e Byrne, John A. *Jack – straight from the gut*. Nova York: Warner Brooks, 2001, Capítulo 12.

5 "Online education: "Lessons of a virtual timetable". *The Economist*, 17 de fevereiro de 2001, p. 69-71.

Perspectiva internacional

Storewars

Graças ao desenvolvimento da tecnologia computacional, já existem vários simuladores de negócios enfocados em diversas indústrias, que ajudam as empresas a capacitar seu pessoal. Um desses simuladores é o Storewars. Esse simulador cria um mercado virtual no qual podem competir em geral até cinco equipes de gerentes e diretores de empresas, que ali devem atuar e obter a maior rentabilidade e participação em um mercado pronto. Uma das vantagens é seu modelo de aprendizagem muito semelhante à realidade, que reproduz as relações entre empresas varejistas, fabricantes e consumidores.

O simulador ajuda as empresas a integrar uma equipe multifuncional, com departamentos como finanças, pesquisa, produção, operações e desenvolvimento de produto. Um dos requisitos é que os participantes tenham noções de estratégia, tomada de decisões, análise de estados financeiros e estudos de mercado.

Algumas empresas que já o utilizam para capacitar seus funcionários são: Wal-Mart, Phillip Morris e Sabritas, em suas unidades no México.

Fonte: Com informação de Pilar Melero de la Cámara. "El súper virtual". *Expansión*, n. 973, México, 3 a 17 de setembro de 2007, p. 54; "Para mejorar sus relaciones de negocios". *El Universal*, 29 de maio de 2007. Disponível em: http://www.el-universal.com.mx/articulos_h/40226.html; e páginas da Storewars. Disponível em: http://www.storewars.org.

Simulação de negócios e exercícios de experiência

Os jogos de empresas e os exercícios de experiência são utilizados há muito tempo, mas a introdução dos computadores tornou esses enfoques na capacitação e no desenvolvimento ainda mais populares. Contudo, o computador é apenas uma das várias ferramentas; muitos desses exercícios não requerem um hardware.

http://www.towson.edu/~absel

A grande variedade de simulações de negócios é mais bem ilustrada pelos temas discutidos em reuniões da Association for Business Simulation and Experiential Learning (Absel). Os enfoques vão de exercícios de comportamento, abordando, por exemplo, atitudes e valores, a simulações em cursos como marketing, contabilidade, sistemas de suporte de decisões e política de negócios e administração estratégica.

E-training[6]

Com operações em diferentes lugares, companhias como McDonald's, Thrifty Car Rental e Circuit City oferecem aulas de treinamento *on-line*, que podem ser mais

---

[6] Vaas, Lisa. "The e-training of America". *PC Magazine*, 26 de dezembro de 2001, encarte de Internet Business, p. 1-4; Goodridge, Elisabeth. "Slowing economy sparks boom in e-learning: online training lets companies provide more employee instruction for less money". *Information Week*, 12 de novembro de 2001, p. 100; "Harvard adds online courses". *Information Week*, 15 de outubro de 2001, p. 67; Symonds, William C. "Giving it the old online try". *Business Week*, 3 de dezembro de 2001, p. 76-80.

eficazes em custos que o treinamento na sala de aula tradicional. O McDonald's, por exemplo, começou seu treinamento piloto *on-line* em 2001, com 3 mil funcionários em quatro idiomas em seis países. Vários enfoques são possíveis. Um é criar uma sala de aula virtual com o professor interagindo com os alunos. O e-training está sincronizado com instruções ao vivo e parece ser mais eficaz que o treinamento por conta própria, o que exige autodisciplina. As instruções ao vivo podem ser adaptadas às necessidades dos alunos no momento, incorporando transparências, *slides* e notas de leitura.

http://www.mcdonalds.com
http://www.thrifty.com
http://www.circuitcity.com

O e-training foi utilizado com êxito em companhias que têm treinamentos intensivos, como o e-training Basic Blue da IBM. Mais recentemente, o e-training é utilizado para ensinar habilidades. O Serviço de Arrecadação Interna dos Estados Unidos utiliza capacitação com base na rede, assim como a Neptune Orient Lines, grande transportadora de contêineres. A companhia de contêineres precisa capacitar sua força de trabalho mundial em vários países da Europa, Ásia, América do Sul e outras regiões. Em vez de enviar instrutores para todo o mundo, usa-se o e-training como uma alternativa efetiva em termos de custos.

http://www.ibm.com
http://www.irs.gov
http://www.nol.com.sg

A tendência do e-training encontra-se ainda em suas primeiras etapas. Será preciso pesquisar melhor para torná-la mais eficaz e encontrar o equilíbrio apropriado entre a aprendizagem por conta própria e a capacitação orientada por um instrutor.

Programas especiais de capacitação

O desenvolvimento administrativo deve adotar um enfoque de sistema aberto que responda às necessidades e exigências do ambiente externo. Existe uma percepção crescente da necessidade de programas de capacitação especificamente desenhados para membros de grupos minoritários ou com necessidades especiais. Muitas empresas realizam esforços particulares para capacitar essas pessoas a utilizar todo o seu potencial, contribuindo para as metas da empresa.

As companhias oferecem igualmente programas especiais sobre temas selecionados. O tema "ética" pode ser analisado para dar à força de trabalho orientações sobre o comportamento ético. O tema "cultura corporativa" pode ser tratado de maneira formal ou informal. As companhias japonesas, em particular, são conhecidas por seus esforços especiais para imbuir a filosofia da empresa nos funcionários e promover a cultura corporativa que desejam.

Avaliação e relevância dos programas de capacitação

É difícil determinar a eficácia dos programas de capacitação. Requer medições com base em padrões e uma identificação sistemática de necessidades e objetivos de capacitação.

Determinar a eficácia dos programas de capacitação requer medição com base em padrões e uma identificação sistemática de necessidades e objetivos de capacitação.

Em geral, o desenvolvimento de objetivos inclui: 1) um incremento de conhecimentos; 2) o desenvolvimento de atitudes que conduzam a uma boa administração; 3) a aquisição de habilidades; 4) a melhora do desempenho administrativo e 5) o êxito dos objetivos da empresa.

Perspectiva internacional

Tornar relevante a educação administrativa

Para tornar os cursos de administração mais significativos, muitas escolas convidam executivos da indústria a compartilhar suas experiências. Isso cria laços estreitos entre as faculdades e as empresas. Enquanto os executivos familiarizam-se com a qualidade do currículo de cada escola, para os estudantes é vantajoso saber sobre as companhias ao procurar emprego. Mais ainda, os executivos com frequência participam como membros dos comitês assessores e conselhos diretores, o que faz com que as instituições tenham consciência das necessidades da comunidade de negócios. Contudo, isso não significa que as escolas impulsionadas pelo mercado deveriam adotar qualquer prática administrativa passageira. Ao contrário, a educação administrativa deve ser suficientemente ampla para incluir o ensino de todas as atividades gerenciais chave para planejar, organizar, integrar pessoal, liderar e controlar.

Se a capacitação deve ser eficaz, é de extrema importância que os critérios utilizados na situação de sala de aula reproduzam, na medida do possível, os critérios relevantes do ambiente de trabalho. O desenvolvimento dos gerentes requer um enfoque situacional em que objetivos de capacitação, técnicas e métodos sejam bastante congruentes com os valores, normas e características do ambiente.

Administrar a mudança[7]

As forças da mudança podem provir do ambiente externo à empresa, de dentro da organização ou dos próprios indivíduos.

As forças da mudança podem provir do ambiente externo à empresa, de dentro da organização ou dos próprios indivíduos.

Mudanças que afetam o desenvolvimento do administrador e da organização

Várias tendências, algumas delas já em curso, terão implicações para o desenvolvimento dos recursos humanos. Eis aqui algumas ilustrações:

- O uso crescente de computadores, em especial os microcomputadores, requer que professores e alunos se qualifiquem para o uso deles.
- A educação estende-se à vida adulta. A aprendizagem de toda a vida converte-se em uma necessidade; instituições de educação e empresas devem identificar as necessidades de qualificação especiais dos adultos.
- A proporção de trabalhadores do conhecimento tende a crescer, enquanto a necessidade de trabalhadores de habilidade tende a diminuir, o que exigirá mais capacitação em habilidades de conhecimentos, conceituais e de idealização.
- A mudança de indústrias de manufatura para as de serviços implica a capacitação para novas posições.
- A escolha de modelos de educação se expandirá. Por exemplo, muitas companhias já desenvolvem seus próprios programas de capacitação.

7 Ver, por exemplo, Galpin, Timothy J. *The human side of change: a practical guide to organization redesign.* San Francisco: Jossey-Bass, 1996. Para críticas de várias tendências nas carreiras, ver a edição especial de *Academy of Management Executive*, novembro de 1996, p. 8-103.

- Pode haver maior cooperação e interdependência entre o setor privado e o público, pelo menos em alguns países como o Canadá.
- A internacionalização continuará e, por isso, os gerentes devem aprender a se comunicar com gerentes de outros países e adaptar-se a eles. As companhias necessitam capacitar com uma perspectiva mundial.

Há várias formas de responder a essas forças. Um enfoque é simplesmente reagir a uma crise. Infelizmente, essa não costuma ser a resposta mais eficaz. Outro enfoque é planejar a mudança com antecedência, o que pode requerer novos objetivos ou políticas, rearranjos organizacionais ou uma mudança no estilo de liderança e cultura da organização.

Técnicas para iniciar a mudança

As organizações podem encontrar-se em um estado de equilíbrio, com forças que impulsionam no sentido da mudança, por um lado, e forças que resistem à mudança ao tentar manter o *status quo*, por outro. Kurt Lewin expressou esse fenômeno em sua **teoria da força de campo**, em que sugere que um equilíbrio se mantém por *forças impulsoras* e *forças restritivas*, como ilustra a Figura 13.3.[8] Ao iniciar a mudança, a tendência é incrementar as forças impulsoras. Na verdade, isso pode produzir algum movimento, mas é comum também incrementar a resistência ao fortalecer as forças restritivas. Outro enfoque, que quase sempre é mais eficaz, é reduzir ou eliminar as forças restritivas e depois alcançar um novo nível de equilíbrio. Nas organizações, uma mudança nas políticas encontra menos resistência quando os que são afetados por ela participam da mudança.

Teoria da força de campo

Mantém-se um equilíbrio por forças impulsoras e forças restritivas.

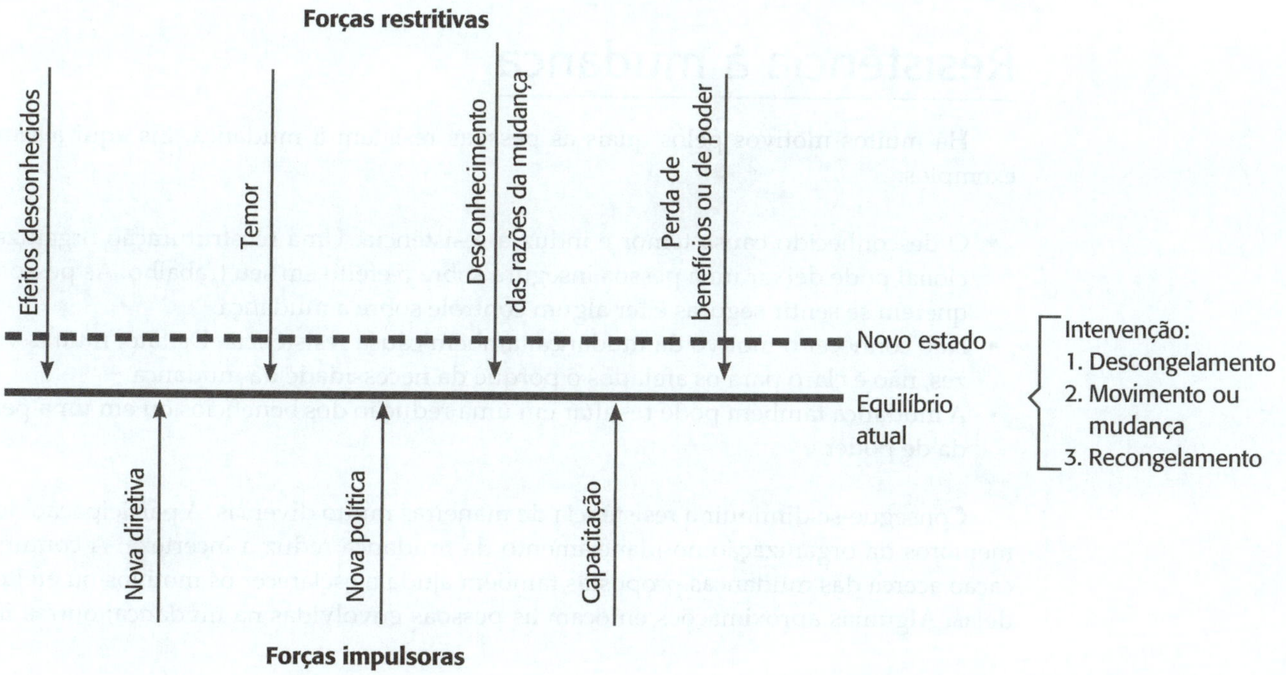

FIGURA 13.3 Mover um equilíbrio organizacional

[8] Lewin, Kurt. *Field theory in social science: selected theoretical papers*. Nova York: Harper, 1951.

Perspectiva

A Terceira Revolução Industrial: o conhecimento

O economista Lester Thurow afirmou, em uma entrevista, que a Terceira Revolução Industrial se baseará no conhecimento. A economia global é impulsionada pelas mudanças e as interações de seis áreas: as telecomunicações, a microeletrônica, a computação, os novos materiais, a robótica e a biotecnologia. A riqueza virá dos processos de conhecimento.

Agora, é preciso ser capaz de julgar de maneira global por meio das habilidades que se possui, pois a nova economia requer novos conhecimentos e formas de pensar; por isso, a educação e também a pesquisa devem ser orientadas para eles.

Fonte: Ferry, Steven. "La clave para prosperar en la nueva economía global", entrevista com Lester Thurow, em *Los Grandes Debates Económicos.* Disponível em: http://www.mercado.com.ar/grandesdebates/vernota.asp?id033, acesso em 22 de maio de 2007.

O processo da mudança inclui três passos: 1) descongelar; 2) mover ou mudar e 3) voltar a congelar.[9] A primeira etapa, descongelar, cria a motivação para a mudança. Se as pessoas se sentem incomodadas com a situação atual, podem se dar conta da necessidade da mudança. Contudo, em alguns casos, pode surgir um problema ético relativo à legitimidade de criar deliberadamente um incômodo que pode iniciar a mudança.

A segunda etapa é a própria mudança. Esta pode ocorrer a partir da assimilação de nova informação, da exposição a novos conceitos ou do desenvolvimento de uma perspectiva distinta. A terceira etapa, voltar a congelar, estabiliza a mudança. Para que a mudança seja eficaz, ela tem de ser congruente com o autoconceito e os valores de uma pessoa. Se a mudança é incongruente com as atitudes e os comportamentos de outros na organização, é provável que a pessoa volte ao comportamento anterior. Assim, o reforço do novo comportamento é essencial.

Resistência à mudança

Há muitos motivos pelos quais as pessoas resistem à mudança. Eis aqui alguns exemplos:

- O desconhecido causa temor e induz à resistência. Uma reestruturação organizacional pode deixar uma pessoa insegura sobre o efeito em seu trabalho. As pessoas querem se sentir seguras e ter algum controle sobre a mudança.
- Não conhecer o motivo da mudança também causa resistência. De fato, muitas vezes, não é claro para os afetados o porquê da necessidade da mudança.
- A mudança também pode resultar em uma redução dos benefícios ou em uma perda de poder.

Consegue-se diminuir a resistência de maneiras muito diversas. A participação dos membros da organização no planejamento da mudança reduz a incerteza. A comunicação acerca das mudanças propostas também ajuda a esclarecer os motivos ou efeitos delas. Algumas aproximações enfocam as pessoas envolvidas na mudança; outras in-

9 Schein, Edgar H. *Organizational psychology*. 3ª ed. Englewood Cliffs, NJ: Prentice Hall, 1980, Capítulo 13; Warrick, D. D. *Managing organization change and development*. Chicago: Science Research Associates, 1984.

Perspectiva empresarial

Como os administradores empresariais iniciam a mudança em suas empresas?

Ao enfrentar uma situação de mudança total, como os administradores empresariais iniciam a mudança em suas empresas? Joe Mandato é diretor gerente da De Novo Ventures de Palo Alto, Califórnia. Nesse papel, teve de atuar algumas vezes como diretor executivo interino para alguma companhia do portfolio da De Novo[10] que necessitasse de nova liderança ou estratégia de mudança total. Em geral, isso significa que a empresa poderia gastar em excesso sem uma estratégia e liderança clara ou eficaz. E, dada a etapa em que se encontra, pode não haver uma justificativa econômica nem a necessidade de um diretor executivo em tempo integral.

Mandato comentou sobre seu processo para a mudança total de um projeto inicial em problemas.[11] Depois de identificar as deficiências de uma empresa e assumir a responsabilidade de liderança, o primeiro passo é avaliar a equipe instalada nesse momento. Quem faz as coisas acontecerem para a empresa e quem não faz? Muitas vezes, é necessária uma redução na força da equipe de gestão e de seu pessoal; essa redução deve ocorrer o mais rápido possível e de maneira definitiva, isto é, demitir de imediato todos os funcionários com desempenho insatisfatório ou os que não são essenciais para o futuro da empresa. É importante fazer os cortes de pessoal em um único movimento para que aqueles que vão ficar não sintam medo de perder seu emprego, mas que, ao contrário, estejam confiantes em seu papel na empresa e se concentrem em reconduzir a companhia à terra firme. Em seguida, é preciso identificar as lacunas no talento necessário e supri-las. O processo de contratação de funcionários permanentes será lento e metódico. A necessidade urgente em certas posições pode ser coberta mediante a contratação de terceiros no mercado, mesmo nos níveis mais elevados da organização. A designação de pessoal temporário dá flexibilidade à empresa, além de reduzir custos. Nesse processo, as metas da companhia devem ser recalibradas e comunicadas ao pessoal que ficou e aos recém-chegados, o que torna necessário obter a anuência dessas pessoas-chave.

Mandato conclui dizendo que a avaliação de desempenho dos gerentes e do pessoal restante deve ser feita mediante um processo formal, comparando a métrica de objetivo com o êxito real a cada trimestre. A métrica de objetivo deve ser determinada em conjunto com os funcionários da empresa, tendo em mente que as tarefas de uma companhia que está começando serão de um nível mais amplo que as de organizações estabelecidas.

cluem mudanças na estrutura da organização ou na tecnologia. O enfoque de sistemas sociotécnicos ilustrado na Figura 1.3, no Capítulo 1, sugere que a organização eficaz requer considerar as dimensões sociais e técnicas de uma empresa.

Conflito organizacional

O conflito é parte da vida organizacional e pode ocorrer dentro do indivíduo, entre indivíduos, entre o indivíduo e o grupo e entre grupos. Embora o conflito seja visto geralmente como disfuncional, ele também pode ser benéfico, porque faz com que um problema se apresente de diferentes perspectivas. Como afirmou um alto executivo de uma companhia importante, se não houvesse conflito sobre algum problema, ele poderia não ter sido analisado em profundidade e a decisão final seria postergada até que todos os aspectos fossem avaliados a fundo.

O conflito é parte da vida organizacional e pode ocorrer dentro do indivíduo, entre indivíduos, entre o indivíduo e o grupo e entre grupos.

10 Uma companhia de portfolio de uma empresa de investimento é financiada totalmente ou em parte pela empresa investidora. Ao financiá-la, a empresa de investimento exerce importante influência formal (ao ocupar cargos no conselho) e informal (papel de consultoria) na companhia.

11 Entrevista por telefone feita com Joe Mandato da De Novo Ventures, em 3 de janeiro de 2007, por Mark Cannice.

Fontes de conflito

Há muitas fontes potenciais de conflito. As organizações de hoje caracterizam-se por relações complexas e um alto grau de interdependência de tarefas, de modo que os atritos ocorrem com facilidade. Mais ainda, as metas das partes muitas vezes são incompatíveis, em especial quando os interessados competem por recursos limitados. As pessoas também têm diferentes valores e diferentes percepções dos problemas. Um gerente de produção pode assumir a posição de que reduzir a linha de produtos e concentrar-se em alguns poucos pode tornar a organização mais produtiva, enquanto um gerente de vendas pode desejar uma linha de produtos ampla que satisfaça as demandas de diversos clientes. Um engenheiro pode querer projetar o melhor produto sem se importar com o seu custo ou as considerações de demanda do mercado.

O conflito também pode surgir de outras fontes, isto é, entre pessoas em posições de linha ou *staff*. O estilo de liderança autocrático de um superior pode causar conflitos. Diferentes antecedentes na formação profissional são fontes potenciais de conflito. Talvez com mais frequência a falta de comunicação. Muitos desses temas são analisados em diversos capítulos deste livro.

Administração do conflito

O conflito pode ser administrado de diferentes maneiras, algumas enfocando relações interpessoais e outras, mudanças estruturais.

O conflito pode ser administrado de diferentes maneiras, algumas enfocando relações interpessoais e outras, mudanças estruturais. Evitar a situação que causa o conflito é um exemplo do enfoque interpessoal. Outra forma de fazer frente ao conflito é amenizá-lo, dar importância às áreas de acordos e metas comuns e menos aos desacordos. Uma terceira forma é forçar, impor nosso ponto de vista sobre os demais; evidentemente, isso causará resistência aberta ou dissimulada. Uma forma tradicional de fazer frente ao conflito é chegar a um compromisso, aceitando em parte o ponto de vista ou demanda da outra pessoa.

Há ainda tentativas de mudar o comportamento dos indivíduos, tarefa na verdade difícil. Às vezes, pode-se deslocar o indivíduo para outra unidade organizacional. Em muitas situações, o conflito é resolvido por uma pessoa de maior hierarquia na organização e com autoridade suficiente para decidir sobre um problema. Contudo, se a solução é considerada injusta, o perdedor pode tentar a desforra do vencedor em data posterior, perpetuando assim o conflito. No enfoque de solução de problemas ao conflito organizacional, as diferenças são confrontadas abertamente e os problemas analisados com a maior objetividade possível.

Outra forma de fazer frente ao conflito é realizar mudanças estruturais. Isso significa modificar e integrar os objetivos de grupos com diferentes pontos de vista. Mais ainda, a estrutura da organização pode mudar, fazendo com que as relações de autoridade-responsabilidade sejam explicitadas. É possível que se necessite de novas formas de coordenar as atividades. Podem-se ainda reordenar as tarefas e locais de trabalho. Em uma planta industrial de uma empresa, por exemplo, as máquinas foram colocadas de maneira a impedir que as partes conflitantes pudessem interagir diretamente. Em geral, não apenas devemos decidir acerca das mudanças necessárias, como também escolher o processo apropriado. Por esse motivo, a seção seguinte enfoca o desenvolvimento da organização.

Perspectiva internacional

Ensina-se a administrar o conflito

A Universidade de Belgrano, na Argentina, iniciou uma pós-graduação para administrar o conflito. O objetivo é proporcionar às pessoas as ferramentas conceituais, filosofias e habilidades necessárias para poder lidar com os conflitos que enfrentam diariamente no desempenho de seu trabalho. Assim, os participantes aprendem quais são os diferentes conflitos que podem enfrentar nos seus ambientes, como se desenvolvem e que fatores intervêm neles; e a forma de chegar a uma resolução favorável. O curso enfatiza as habilidades de mediação e negociação. Além disso, enfoca o trabalho em equipe, a fim de obter o melhor de seus membros.

Fonte: Com informação da Universidade de Belgrano. Disponível em: http://www.ub.edu.ar/carreras/default_posgrado.htm, acesso em 8 de outubro de 2007.

Desenvolvimento organizacional

Como se explicou antes, o **desenvolvimento organizacional (DO)** é um enfoque sistemático, integrado e planejado, destinado a melhorar a eficácia da empresa. É formulado para resolver problemas que reduzem a eficiência operativa em todos os níveis. Esses problemas incluem falta de cooperação, descentralização excessiva e deficiência de comunicação.

As técnicas de DO, além disso, podem incluir capacitação de laboratório (por exemplo, pessoas comunicando-se em uma situação de grupo), capacitação de grade gerencial (*managerial grid*) e retorno de sondagens. Alguns praticantes do DO utilizam igualmente a construção de equipes, consultas de processos, enriquecimento de cargo, modificação do comportamento organizacional, desenho de cargos, administração de estresse, planejamento da carreira e da vida e administração por objetivos como parte de seu enfoque.

O processo do desenvolvimento organizacional

O DO é um enfoque situacional ou de contingência para melhorar a eficácia da empresa. Ainda que se utilizem várias técnicas, o processo normalmente inclui os passos mostrados na Figura 13.4. Um exemplo pode ilustrar a aplicação do modelo.

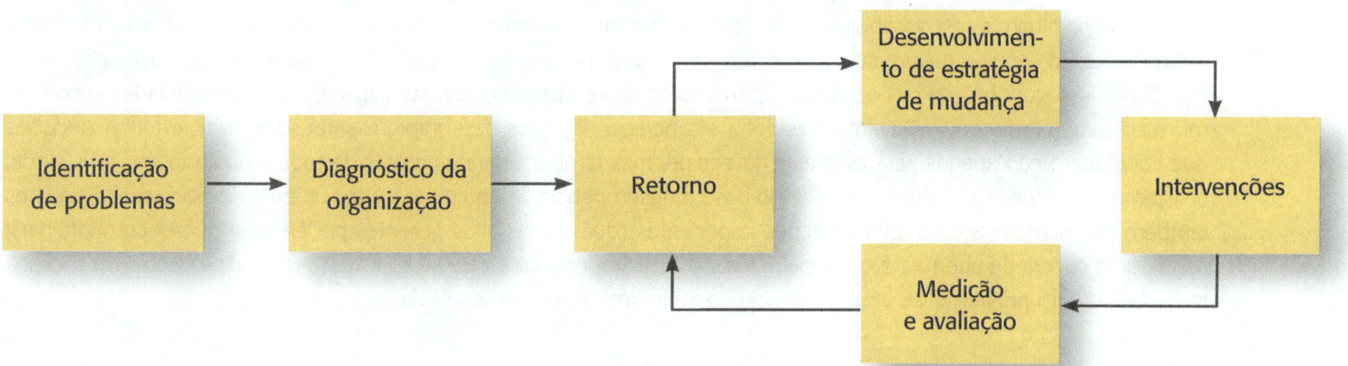

Adaptado de Rush, H. M. F. *Organizational development: a reconnaissance*. Nova York: National Industrial Conference Board, 1973, p. 6. Utilizado com autorização.

FIGURA 13.4 Modelo do processo de desenvolvimento organizacional

Consideremos uma empresa que enfrenta certos problemas: conflito entre unidades organizacionais, moral baixo, queixas dos clientes e custos crescentes (*reconhecimento do problema* no modelo). O diretor executivo estabelece contato com um especialista em DO para analisar a situação. Os dois reconhecem a necessidade de um *diagnóstico organizacional*. O consultor compila informação de várias unidades organizacionais, utilizando questionários, entrevistas e observação. Os dados são analisados e preparados para retorno.

O executivo conversa com os outros gerentes para fazer uma reunião com eles. Na junta, depois de alguns comentários introdutórios, o consultor apresenta suas descobertas sob os títulos "relações entre departamentos", "metas da empresa" e "relações com os clientes" (*retorno*). Em seguida, o grupo qualifica os problemas em ordem de importância. Com a orientação do consultor, o grupo discute as dificuldades, identifica as causas subjacentes e explora soluções possíveis.

O papel do consultor é o de um assessor que facilita o processo. Conferências e exercícios breves sobre tomada de decisões, construção de equipes e solução de problemas são integrados ao processo. Às vezes, formam-se subgrupos para tratar de problemas específicos. A importância está na abertura e na objetividade. A reunião termina com um acordo sobre uma *estratégia de mudança*.

As *intervenções* específicas podem incluir uma mudança na estrutura da organização, um procedimento mais eficaz para contornar as queixas dos clientes e a formação de uma equipe responsável por implementar um programa de redução de custos. Mais ainda, o grupo concorda em voltar a se reunir em três meses para *medir* e *avaliar* a eficácia dos esforços DO.

Mesmo quando três fases completam o ciclo DO, o esforço não termina. Ao contrário, o DO converte-se em um esforço contínuo; planejado, sistemático e focado na mudança, que se propõe tornar a empresa mais eficaz.

Perspectiva internacional

Trabalho em equipe bem-sucedido[12]

A posição de chefe de operações é considerada habitualmente como uma plataforma de lançamento para chegar à posição mais alta de diretor executivo. Mas isso pode mudar em favor de equipes que implementem a estratégia corporativa. Em vez de o chefe de operações implementar a estratégia corporativa, as equipes podem desenvolver essa tarefa. Isso eliminaria um nível na hierarquia organizacional.

A principal característica das equipes é o compromisso compartilhado com um propósito comum. Os membros da equipe compartilham a responsabilidade não apenas com eles mesmos, mas também com a meta comum. Entretanto, as habilidades da equipe devem ser aprendidas. Nem todas as equipes têm êxito; na verdade, muitas fracassam.

O que assegura o êxito das equipes? Os membros da equipe precisam ser capacitados em habilidades como comunicação, que inclui ouvir. Devem aprender a estabelecer objetivos da equipe, manter-se focados e tomar decisões que contribuam não apenas para as metas da equipe, mas também para as metas de toda a organização. Mais ainda, o sistema de remuneração deve tomar como base o desempenho da equipe e menos os êxitos individuais. As equipes também precisam ter acesso a informações importantes (que alguns altos gerentes podem não querer compartilhar); assim, uma cultura de abertura é essencial. Talvez o mais importante é que a capacitação da equipe não é um sucesso individual, ou um programa de uma única ocasião, mas sim um processo contínuo.

---

[12] Brady, Diane. "An executive whose time has gone". *BusinessWeek*, 28 de agosto de 2000; "Why some teams succeed (and so many don't)". *Harvard Management Update*, janeiro de 2000. Ver também Orsburn, Jack D. e Linda Moran. *The new self-directed work teams: mastering the challenge*. 2ª ed. Nova York: McGraw-Hill, 2000.

A organização que aprende

A organização que aprende adapta-se às mudanças no ambiente externo a partir da renovação constante de sua estrutura e práticas. Peter Senge, que popularizou os conceitos da organização que aprende em seu livro, *The fifth discipline*,[13] sugere cinco técnicas que ajudam a organização a aprender: 1) pensamento em sistemas; 2) habilidade pessoal; 3) modelos mentais; 4) visão compartilhada e 5) aprendizagem da equipe. A organização que aprende está associada normalmente a conceitos como compartilhar a visão da empresa, o autoexame das suposições e práticas prevalentes, considerar radicalmente novas estruturas de organização, criar equipes que aprendem e estabelecer vínculos com as partes fora da empresa para gerar novas ideias e perspectivas.

Organização que aprende
Organização que pode adaptar-se às mudanças no ambiente externo a partir da renovação constante de sua estrutura e práticas.

David Garvin oferece a seguinte definição: "Uma organização que aprende é aquela com habilidades para criar, adquirir e transferir conhecimentos e modificar seu comportamento para refletir novos conhecimentos e percepções".[14] Isso significa que as organizações se dedicam à solução sistemática de problemas, a experimentar e buscar permanentemente novos conhecimentos. Deve haver também tolerância ao fracasso, porque a experimentação pode não ter êxito; obviamente, a meta é aprender com erros passados. A aprendizagem não deve se restringir à nossa própria experiência. Podemos aprender muito com os demais, dentro e fora da organização. Aprender com outras organizações é algo que se consegue facilmente a partir de pontos de comparação (benchmarking), o que requer a busca das melhores práticas, não apenas dentro da mesma companhia, mas também em outras indústrias. O que se aprende deve ser compartilhado, por exemplo, com relatórios obtidos de projetos e programas de educação e capacitação. Indivíduos ou grupos devem ser encorajados a compartilhar seu conhecimento especializado e a disseminá-lo em toda a organização. Adquirir conhecimentos não é suficiente; ele deve ser aplicado. A menos que o comportamento mude, os esforços de criar uma organização que aprende não ajudarão muito. Portanto, o progresso e a melhora devem ser medidos por questionários, sondagens, entrevistas e observação do comportamento. Por exemplo, as lojas de departamentos podem usar os compradores para avaliar o serviço de seus assistentes de vendas. Assessores da loja de departamentos L.L. Bean utilizam o telefone para avaliar o serviço de seus operadores. Uma ampla auditoria de aprendizagem pode incluir várias medições.

http://www.llbean.com

Perspectiva internacional

A aprendizagem global do Wal-Mart[15]

Quando o mercado norte-americano do Wal-Mart ficou saturado, precisou de mercados internacionais para sua expansão. Em 2006, suas vendas internacionais representaram aproximadamente 20% do total de vendas. Porém, a expansão no exterior, em cerca de 15 países, não deixou de ter problemas, até mesmo onde a companhia teve um êxito relativo.

http://www.aldi.com
http://www.asda.co.uk
http://www.seiyu.co.jp/english/index.shtml
http://www.aeon.info/en
http://www.carrefour.com/english

---

[13] Senge, Peter M. *The fifth discipline*. Nova York: Doubleday, 1990; Senge, Peter M. et al. *The fifth discipline fieldbook*. Nova York: Doubleday, 1994.

[14] Garvin, David A. "Building a learning organization". *Harvard Business Review*, julho-agosto de 1993. Disponível em: http://doi.contentdirections.com/mr/hbsp.jsp?doi=10.1225/93402, acesso em 1º de outubro de 2006.

[15] Samor, Geraldo et al. "Innocents abroad?". *The Wall Street Journal*, 16 de maio de 2006. Disponível em: http://www.sbaer.uca.edu/research/allied/2004/internationalBusiness/pdf, acesso em 5 de setembro de 2006. Ver também http://www.strategy-business.com/press/16635507/13866, acesso em 3 de outubro de 2006.

- Na Alemanha, o Wal-Mart teve problemas com funcionários, clientes e a Aldi Einkauf GmbH, o concorrente de baixo preço. Os funcionários contestaram a política que não lhes permite estabelecer relações românticas entre supervisores e subalternos. Os clientes consideravam os sorrisos amáveis dos caixas como ironia. Talvez mais importante, a Aldi já estava bem estabelecida na Alemanha por oferecer um número limitado de produtos a baixos preços. Além disso, certos consumidores não tinham uma imagem do Wal-Mart como líder dos preços baixos. Em 2006, o Wal-Mart não era rentável e havia rumores de que a empresa deixaria a Alemanha.
- No Reino Unido, a Asda, subsidiária do Wal-Mart, equilibrou-se melhor, porque a companhia era reconhecida por seus baixos preços. Além disso, a Asda obedeceu às leis de zoneamento locais ao abrir lojas menores.
- Desde 2002, o Wal-Mart opera no Japão, onde investiu na Seiyu Ltd., uma cadeia que, então, vendia alimentos e roupa. A Aeon Co., sua concorrente, parece ter ficado tão impressionada com o modelo de negócios do Wal-Mart, que enviou funcionários à China e à Coreia do Sul para estudar a operação. E ainda, outros concorrentes japoneses reduziram seus preços e abriram hipermercados em uma única planta.
- Mas o modelo não necessariamente funcionou bem no Brasil, onde já existiam outros hipermercados bem estabelecidos além do fato de alguns consumidores preferirem o mercado local. Além disso, promover tacos de golfe no país do futebol não foi apropriado. Mas os gerentes brasileiros ajudaram a ajustar o enfoque da companhia ao oferecer, por exemplo, mais artigos de alimentação em suas lojas.
- Na China, onde muitos consumidores têm poucas opções de locomoção, o Wal-Mart oferecia serviço de transporte gratuito e entrega em domicílio de artigos pesados, como refrigeradores. Embora a participação de mercado em 2005 tenha sido de apenas 2%, estima-se que um incremento para 3% poderia render-lhe US$ 20 bilhões em vendas anuais. Mas a companhia enfrenta forte concorrência do Carrefour SA, o varejista francês.
- O México é um mercado muito importante para o Wal-Mart. Lá, eles tiveram de aprender que os patins para o gelo não são importantes para os consumidores. Além disso, muitos mexicanos estão familiarizados com o Wal-Mart devido às suas experiências nos Estados Unidos.
- O Wal-Mart tem novos planos. Embora a Índia não permita que varejistas estrangeiros ingressem no país, a empresa estuda esse mercado com cuidado para estar pronta caso as restrições sejam retiradas.

Com vendas internacionais que representam 20% do total de suas vendas, o mercado mundial é crucial para o futuro do Wal-Mart. É verdade que cometeram alguns erros por não compreender o ambiente cultural no exterior. Contudo, o Wal-Mart aprende com os erros, porque os clientes internacionais são vitais para o seu crescimento.

Resumo

O desenvolvimento do gerente refere-se ao progresso que um administrador faz ao aprender como administrar com eficácia. Frequentemente, refere-se também a programas de desenvolvimento. Além disso, o desenvolvimento da organização é um enfoque sistemático, integrado e planejado para tornar eficaz toda a organização ou uma unidade organizacional.

Podem-se obter bons resultados mediante um enfoque sistemático ao desenvolvimento e capacitação do administrador. A capacitação no cargo inclui a progressão planejada, rotação de cargos, criação de posições de "assistente", promoções temporárias, uso de comitês e conselhos diretores e assessoramento. O desenvolvimento do administrador pode incluir uma variedade de programas de capacitação internos e externos.

Há muitas fontes de conflito. Formas de administrar o conflito incluem evitar situações críticas, amenizá-las, buscar comprometimento, mudar o comportamento, deslocar os indivíduos, resolver conflitos em níveis mais altos e empreender solução de problemas. Outro enfoque é fazer mudanças estruturais: modificar objetivos, desenvolver novos métodos de coordenação, assim como reordenar relações de autoridade-responsabilidade, tarefas e locais de trabalho.

O processo típico de desenvolvimento organizacional inclui o reconhecimento de problemas, diagnóstico de uma organização, retorno de informações sobre a organização, desenvolvimento de uma estratégia de mudanças, intervenções, medição e avaliação dos esforços de mudanças. A organização que aprende adapta-se com rapidez às mudanças no ambiente a partir da aprendizagem contínua.

Ideias e conceitos básicos

Desenvolvimento do gerente
Capacitação gerencial
Desenvolvimento organizacional
Processo de desenvolvimento do gerente
Capacitação no cargo
Capacitação e desenvolvimento interno e externo
Simulação de negócios e exercícios de experiência
E-training
Teoria da força de campo
Fontes de conflito organizacional
Formas de administrar o conflito organizacional
Processo de desenvolvimento organizacional
Organização que aprende

Para analisar

1. Afirmou-se que as empresas têm a obrigação de capacitar e desenvolver todos os funcionários com potencial gerencial. Você concorda? Por quê?
2. Quais são alguns dos fracassos típicos no desenvolvimento e capacitação do gerente? Você pode explicar esses fracassos? O que recomendaria para superar as deficiências?
3. Avalie as vantagens e as limitações de diferentes enfoques à capacitação no cargo.
4. No cargo que ocupa agora, o que espera ter no futuro, que tipo de assessoramento e desenvolvimento gerencial seria mais benéfico para você?
5. Quais são as principais características do desenvolvimento organizacional? Em que diferem o desenvolvimento organizacional e o desenvolvimento do gerente? Você acredita que o desenvolvimento organizacional poderia funcionar em sua organização? Explique por quê.

Exercícios e atividades

1. Escolha uma organização que você conhece e analise seus esforços de desenvolvimento gerencial.
2. Que tipo de conflitos você experimentou em uma organização com a qual está familiarizado? Quais são as causas dos conflitos? O que fez, se é que se fez, para resolver esses conflitos?

Pesquisa na Internet

1. Busque "universidade corporativa" na Internet. Quais são suas vantagens e desvantagens? Compare a universidade corporativa à universidade tradicional.
2. Busque "desenvolvimento organizacional" na Internet. Discuta suas descobertas com a classe.

Caso internacional 13.1

Jack Welch lidera as mudanças organizacionais na GE[16]

Quando Jack Welch, presidente e diretor executivo da General Electric (GE), aposentou-se em 2001, pôde ver em retrospectiva uma carreira muito bem-sucedida. Tornou-se CEO em 1981 aos 45 anos de idade. Nessa época, a GE tinha uma estrutura de organização muito complexa, com excesso de regras burocráticas.

Uma de suas primeiras mudanças foi iniciar um processo de formulação de estratégia com a meta de que cada um dos negócios deveria ser o número 1 ou 2 em suas respectivas áreas. Se isso não acontecia, os gerentes tinham a opção de resolver o problema, vender a sua unidade de negócio em particular ou fechá-la. No esforço de diminuir a organização, Welch acabou com o nível de setor e eliminou milhares de cargos de funcionários assalariados e pagos por hora. Devido a essas medidas drásticas, ganhou o apelido de "Neutron Jack". A reorganização ampliou o âmbito da administração (também chamado de âmbito de controle) para muitos gerentes que passaram a ter 10 ou até 15 subordinados.

A reestruturação foi seguida pela mudança da cultura da organização e dos estilos gerenciais dos gerentes da GE. Um desses programas foi o Trabalhar (*Work-Out*): reuniam-se grupos de gerentes para compartilhar abertamente seus pontos de vista em sessões de três dias. No início das reuniões, o superior apresentava os desafios para sua unidade organizacional. Em seguida, o superior devia pedir aos grupos que encontrassem soluções para os problemas. Coordenadores ajudavam nessas análises. No último dia, apresentavam ao superior soluções para o problema, que tinha três alternativas: aceitar a proposta, recusá-la ou coletar mais informações. O processo representava uma grande pressão sobre o superior para que tomasse decisões.

Outro programa para melhorar a eficácia e a eficiência era conhecido como Melhores Práticas (*Best Practices*). A meta era aprender com outras companhias como obtinham satisfação do cliente, como se relacionavam com os fornecedores e de que forma desenvolviam novos produtos. Isso ajudou o pessoal da GE a enfocar os processos em suas operações que melhorariam o desempenho da companhia.

Jack Welch envolvia-se pessoalmente no desenvolvimento de gerentes no centro de capacitação da GE em Crotonville. Os líderes, sugeria Welch, não são apenas os que alcançam resultados, mas também aqueles que compartilham os valores da companhia. Os gerentes que compartilhavam os valores da companhia, mas não alcançavam resultados, tinham uma segunda oportunidade para melhorar seu desempenho, enquanto os gerentes que alcançavam resultados, mas não compartilhavam os valores, recebiam assessoramento destinado a mudar sua orientação de valores. Havia poucas esperanças para os gerentes que não alcançavam resultados nem compartilhavam os valores da companhia.

A iniciativa de expansão da GE ressaltava "metas dos sonhos" sem muita consideração sobre como alcançá-las. O enfoque é similar ao estabelecimento de objetivos criativos utilizado em alguns programas de administração por objetivos de outras companhias. Essas metas dos sonhos não substituíam o enfoque tradicional de estabelecimento de objetivos; simplesmente o complementavam.

Para melhorar a qualidade, o enfoque Six Sigma que era utilizado pela Motorola foi introduzido na GE. O programa Six Sigma sugere um nível de qualidade de não mais que 3,4 falhas para um milhão de operações. Os gerentes deviam participar do programa e seus bônus estavam relacionados a alcançar o nível de qualidade. Com a firme convicção de relacionar o desempenho às recompensas, também se introduziu um sistema de avaliação que qualificava os funcionários em cinco categorias, de 10% superior a 10% inferior. Para 25% superior havia a opção de ações como recompensa.

Enquanto alguns gerentes eram favoráveis à transformação organizacional, porque sentiam mais liberdade e eram recompensados por seu bom desempenho e por compartilhar valores, outros viam falhas no sistema. ■

---

16 Foram consultadas várias fontes, que incluem as seguintes: Byrne, John A. "Jack: A close-up look at how America's #1 manager runs GE". *BusinessWeek*, 8 de junho de 1998, p. 92ff.; Schlosser, Julie. "Jack? Jack who? Six CEOs who have outperformed GE's Welch". *Fortune*, 17 de setembro de 2001; vários casos da Escola de Negócios de Harvard que discutem a GE e Jack Welch; Welch, Jack e Byrne, John A. *Jack: straight from the gut*. Nova York: Warner Books, 2001. Disponível em: http://www.ge.com, http://www.motorola.com, http://www.ge.com/sixsigma, acesso em 1º de outubro de 2006.

Perguntas

1. Você acredita que é ético empreender uma reestruturação e eliminação de níveis hierárquicos que resulta em uma redução maciça de posições?
2. Como você se sentiria se fosse chefe da seção Work-Out e lhe pedissem para sair da reunião enquanto seus subordinados discutem problemas e sugerem soluções às quais você teria de responder "sim", "não" ou "requer mais estudo"?
3. Por que outras companhias aceitariam que suas melhores práticas fossem estudadas?
4. O que você acha de avaliar o desempenho dos gerentes não só quanto à obtenção de resultados, mas também em relação ao grau em que compartilham os valores organizacionais?
5. Como você se sentiria acerca de estabelecer objetivos não realistas (de expansão)?
6. Os gerentes devem ser qualificados dentro de sua unidade organizacional? O que você sugeriria quando uma dessas unidades é muito superior à outra na qual os gerentes são bons em geral, porém você precisa identificar os 10% "não tão bons"?
7. Genericamente, como você avaliaria o enfoque da GE na mudança organizacional? Quais são as vantagens e problemas possíveis?

Caso internacional 13.2

Inovação *à la carte*

Elaborado pelas professoras Tiziana Priede Bergamini e Cristina Figueroa Domecq,
da Universidad Europea de Madrid

O Grupo Vips

O Grupo Vips é um consórcio inovador na indústria gastronômica e de turismo na Espanha. Sua evolução demonstra a importância da mudança e a agilidade para competir em um mercado complexo e dinâmico. É uma empresa da família Arango, cuja fortuna se constituiu na indústria têxtil mexicana e chegou à Espanha em forma de supermercados. Mas foi no setor de restaurantes que se encontrou a oportunidade de erguer um dos maiores grupos empresariais espanhóis. Sigla, S.A., é o nome comercial do grupo do qual a família é a principal acionista e proprietária. O Vips conta com 16 conceitos e marcas diferentes, possui 410 estabelecimentos em 18 cidades da Espanha e da França, 10.100 funcionários de 85 nacionalidades e uma das mais avançadas políticas de integração social da Espanha. Para 2007, esperava-se um faturamento de 469 milhões de euros e a capacidade de atender mais de 140 mil pessoas diariamente no mundo.

O Grupo Vips administra as cadeias: Vips, Ginos, Tío Pepe, The Wok, TGI Friday's, além de controlar outros 10 restaurantes: El Bodegón, Iroco, Bice, Teatriz, Lucca, Tattaglia, Rugantino, Paparazzi, Mood e Root, posicionados em diferentes segmentos do mercado. A essas marcas, soma-se a rede de cafeterias norte-americana Starbucks, líder mundial da distribuição de café, que tem o grupo como aliado na Espanha e França desde 2001 e 2003, respectivamente.

Os Arango, uma família empreendedora

Em 1899, nasce Jerónimo Arango Díaz, em um povoado chamado Zorrina, Astúrias. Estudou em Oviedo até que, aos 12 anos, sua família emigra para o México e começa a trabalhar em uma fábrica têxtil na cidade de Tampico.

Nessa época, os magnatas norte-americanos do petróleo precisavam de pessoas que falassem inglês e, por isso, Jerónimo estuda esse idioma em Nova York. Regressa ao México dominando-o bem e com conhecimentos de contabilidade, o que lhe dá a oportunidade de ascender na empresa têxtil, tornando-se um dos diretores mais importantes do setor. Seus filhos, Jerónimo e Plácido, também mostraram interesse pelos negócios e desenvolveram suas próprias iniciativas empresariais. Assim, iniciaram o primeiro autosserviço mexicano. Dado seu êxito, importaram dos Estados Unidos o conceito de hipermercado e, de fato, os resultados alcançados nesse setor foram a base do império econômico da família Arango.

Nos anos 1950, o espírito empreendedor e inovador da família levou-os a ingressar no setor de restaurantes, com a novidade de que os estabelecimentos incluíam uma pequena loja em que se vendiam jornais, brinquedos e bombons, além da cafeteria e do restaurante: nasce assim o conceito Vips.

O primogênito da família fica no México à frente dos negócios e lhe atribuem uma das maiores fortunas da América Latina após a venda da cadeia de supermercados à transnacional Wal-Mart, durante o período de 1991 e 1997.

Por sua vez, o segundo filho, Plácido, retorna à Espanha em 1965 com o negócio dos supermercados. Eram os primeiros estabelecimentos que se abriam na Espanha e o projeto foi um sucesso. Além disso, seu espírito inovador e sua inclinação à mudança levaram-no a implantar, em 1973, o conceito Vips. Dois anos mais tarde, depois de comprovar os resultados da excelente ideia dos restaurantes-loja, vendeu os supermercados à antiga cadeia de distribuição Galerías Preciados, hoje absorvida por El Corte Inglés, para dedicar-se exclusivamente ao seu novo propósito.

Desde sua fundação, o Grupo Vips focou o crescimento e a consolidação. No começo, estabeleceu-se em Madri, para, mais tarde, expandir-se às demais Comunidades Autônomas espanholas e à França. O avanço da empresa tornou necessário que se unificassem no mesmo conglomerado todas as marcas que tinham se somado ao conceito inicial; para isso criou-se a Sigla, S.A. Essa transformação foi liderada pelo fundador da cadeia, Plácido Arango, com o apoio de vários colaboradores que trabalharam com ele na época dos supermercados e dos quais nunca prescindiu: José Ramón Nachón, presidente do grupo até 2003 e hoje presidente honorário, e Joaquín Menéndez Arango, primo dos Arango Arias, já falecido.

De seu matrimônio com Teresa García-Urtiaga, nasceram Plácido, Maite e Francisco. O primogênito, Plácido Arango García-Urtiaga, é o atual presidente e principal responsável pelo grupo, tendo assumido o cargo em 2005. Além disso, sua irmã, Maite, atua como vice-presidente do grupo e seu irmão Francisco, cantor e produtor de televisão, é conselheiro.

Evolução e adaptação ao mercado

O setor de hotelaria compõe-se das atividades de alojamento e restaurantes; esta última inclui atividades de restaurante, cafeteria, bar, *pub*, discoteca e outras empresas e estabelecimentos similares. É uma atividade que faz parte do turismo, mas não depende apenas dele, ainda que seja afetada pelas políticas desse setor. A importância dos restaurantes reside no fato de que foi uma das atividades econômicas que mais evoluíram nos últimos anos. Para citar alguns dados, em 2006, 49% dos funcionários em turismo trabalhavam em restaurantes, segundo dados da conta do turismo. Por outro lado, o restaurante representa 29% da produção dos ramos característicos do turismo, e este, por sua vez, responde por 11% do PIB.

Nesse ambiente, o Grupo Vips focou seu trabalho diário em "exercer uma liderança baseada na excelência e na confiança do consumidor" que assumiu como sua principal razão de ser. Entre os princípios que orientam o grupo a alcançar essa meta estão: o respeito às pessoas e a valorização da diversidade, o trabalho em equipe, a orientação aos clientes e aos resultados, sem perder de vista o serviço que se presta à sociedade.

Cadeias

1. **Vips:** é a marca de origem mais representativa do grupo, além de ser líder nacional do conceito de restaurantes e comércio no mesmo local. A variedade de sua oferta em *fast-food* de qualidade, assim como a amplitude de horário e disponibilidade de serviço, fez dele um lugar para todo tipo de público e uma referência do mercado. Existem cerca de 70 estabelecimentos em diferentes cidades da Espanha, com uma capacidade de expansão e crescimento muito elevada.
2. **Ginos:** é a proposta ítalo-mediterrânea do grupo. A decoração é inspirada em ambientes da Toscana para desfrutar de uma cozinha de qualidade e em constante renovação, com menus oferecidos periodicamente e propostas gastronômicas diferentes. Esse conceito unifica a rapidez de uma cafeteria com a atenção de um restaurante. Também está presente em diversas cidades espanholas com forte potencial de crescimento e expansão.

3. **TGI Friday's:** a primeira cadeia de restaurantes de comida típica norte-americana, propriedade da Carlson Restaurants Worldwide Inc., que possui mais de 1.450 estabelecimentos em todo o mundo, está presente na Espanha por meio da aliança estratégica[17] que mantém com o Grupo Vips desde 1985. Os restaurantes apresentam um ambiente típico norte-americano com ícones e objetos daquele país, assim como a permanente música ambiente que completa o conceito, buscando conseguir em cada visita uma agradável experiência gastronômica, visual e pessoal.
4. **Tío Pepe:** desde 2004, Gonzáles Gonzáles Byass e o Grupo Vips mantêm uma aliança estratégica que permite ao grupo utilizar a marca Tío Pepe para desenvolver um conceito de restaurante baseado na cozinha tradicional espanhola em um ambiente moderno e urbano, com uma ampla adega em que se pode degustar o famoso vinho que dá nome ao lugar.
5. **Starbucks:** essa cadeia é considerada como um dos principais fornecedores e tostadores de café do mundo, líder mundial de *coffe shops* com mais de 12 mil estabelecimentos em todo o mundo (América do Norte, América Latina, Europa, Ásia e Pacífico). Em 2001, concretiza-se a aliança estratégica da Starbucks com o Grupo Vips. As duas empresas compartilham princípios similares, o que lhes permitiu criar uma sólida união. Em 2002, são abertos os dois primeiros estabelecimentos em Madri e, posteriormente, em Barcelona. Atualmente, conta com 78 lojas na Espanha, incluindo a cidade de Sevilha. Sua decoração combina sofás, poltronas, banquinhos, mesas etc., em um ambiente tranquilo e acolhedor, em que se pode desfrutar de um bom café. Finalmente, em 2003, a Starbucks voltou a confiar no Grupo Vips para sua expansão na França, onde já conta com mais de 10 estabelecimentos.
6. **The Wok:** em 2005, o grupo comprou essa cadeia de restaurantes de cozinha asiática, o que lhe abriu caminho nesse mercado. Sua estratégia de expansão centrou-se em Madri e Barcelona. Especializou-se na comida milenar oriental, que busca extrair o máximo sabor de cada alimento de forma natural, saudável e leve. Seu ambiente é elegante, moderno e informal e se elaboram os pratos na hora e diante do público. Esse conceito surge em um momento adequado em que a sociedade demanda cada vez mais a incorporação de outras culturas à gastronomia, assim como lugares inovadores com preços razoáveis.

Restaurantes

1. **El Bodegón:** inaugurado em 1956, é considerado um dos melhores restaurantes de cozinha tradicional e de grande qualidade de Madri. Caracteriza-se por um serviço excelente e uma decoração exótica em um ambiente tranquilo e acolhedor.
2. **Iroco:** é um dos restaurantes da moda na capital. Sua principal característica é o terraço-jardim decorado dentro de um privilegiado pátio interno, o que o define como um dos lugares mais encantadores de Madri. A cozinha internacional, mistura de tradição e de fusão, representa a clientela que recebe, moderna e cosmopolita.
3. **Teatriz:** esse restaurante foi construído sobre o antigo Teatro Beatriz, no centro de Madri. Em seu interior, são oferecidos ao cliente dois conceitos diferentes: bar de taipas, mais informal, no qual se servem verdadeiras obras de arte em miniatura, e um restaurante que se situa no antigo auditório do teatro. O restaurante é preparado para abrigar eventos de qualquer tipo.
4. **Bice:** cadeia internacional de restaurantes italianos, presente nas principais capitais do mundo: Miami, Montreal, Milão, Amsterdã, Monte Carlo, Tóquio, Dubai, Buenos Aires etc. Chegou a Madri em 2001, por uma aliança estratégica entre seus fundadores e o Vips. O restaurante situa-se em uma das melhores zonas de Madri e oferece alta cozinha italiana e mediterrânea. *Glamour* e ambiente completam o conceito que o cliente pode experimentar em qualquer dos Bice do mundo.

---

[17] *Joint venture* é uma **aliança estratégica**; supõe um acordo de cooperação conjunta a longo prazo entre duas ou mais empresas. O objetivo pode ser muito variado, desde a produção de bens ou a prestação de serviços até a busca de novos mercados. *Joint venture* poderia ser traduzido como *aventura conjunta*. A vasta experiência do Grupo Vips no setor de restaurantes e seu grande prestígio conquistaram a confiança de importantes empresas nacionais e transnacionais que querem se desenvolver dentro e fora da Espanha por meio dessas alianças.

5. **Lucca, Tattaglia, Rugantino, Paparazzi:** são diferentes restaurantes, mas todos sob um conceito muito similar, baseado na cozinha italiana e mediterrânea de qualidade a preços acessíveis. O Lucca conta com uma pizzaria informal, o Tattaglia tem um bar na entrada que o torna único, o Rugantino foi o primeiro em Madri inaugurado pelo Grupo Vips em 1970, e o Paparazzi é decorado com uma exposição de quase 700 fotos, tiradas por famosos paparazzis, dos líderes e personagens mais interessantes do século XX.
6. **Mood e Root:** é a última inovação desenvolvida pelo grupo. Fundem-se o ambiente e a cozinha. A decoração do local é ousada e vanguardista, a combinação de luzes, cores e mobiliário não deixa o cliente indiferente; por isso a experiência gastronômica se torna única. No Root inova-se também no cardápio e na decoração com uma cozinha internacional de fusão e criativa, pensada para compartilhar, servida em um espaço moderno, bem cuidado e com uma excelente música ambiente que completa o conceito.

Como se evidenciou na descrição dos diversos conceitos do grupo, a inovação e a qualidade estão sempre presentes, graças ao seu departamento de pesquisa e desenvolvimento (P&D), pioneiro e referência no setor de restaurantes na Espanha, o que lhe permitiu o crescimento recém-descrito. A área de P&D abarca todos os processos produtivos, assim como seus sistemas de gestão, com o apoio de uma avançada tecnologia do processo, focando basicamente três ideias:

A. Pesquisa gastronômica: por meio da elaboração de novo pratos, sabores, incorporação de outras cozinhas ao menu etc.
B. Gestão da qualidade em compras: estabelecendo procedimentos e normas para a homologação dos fornecedores e a análise de todos os produtos com base nos padrões fixados por seus biólogos e analistas. Isso permite assegurar a qualidade das matérias-primas e a segurança do consumidor.
C. Gestão da qualidade dos produtos no ponto-de-venda: as auditorias internas constantes permitem assegurar a qualidade das instalações, dos produtos, assim como do serviço.

Outra característica é o Club Vips. Em 1996, põe-se em prática a ideia de fidelização dos clientes à marca, que hoje já tem mais de 1,2 milhão de sócios. Estima-se que 46% das vendas procedem dos sócios. O clube luta para manter seus clientes, concedendo-lhes benefícios e vantagens pelo uso do cartão. Chegou a enviar aos seus sócios mais de 5 milhões de euroVips para consumo nos estabelecimentos do grupo. As campanhas e promoções realizadas por essa via de comunicação geram excelente acolhida e bons resultados para a marca.

Em 2007, foi concluída a segunda fase de um plano de expansão que já alcançou seus principais objetivos: superar 400 estabelecimentos e um volume de negócios de mais de 400 milhões de euros. Durante 2006, o grupo anunciou que a Goldman Sachs Capital Partens havia adquirido 30% do capital do Grupo Vips, operação que proporcionaria o apoio adicional de um sócio financista para colaborar na implementação do novo e ambicioso plano de expansão. A entrada na bolsa de valores, como coroação de uma etapa, é outro dos projetos que o grupo pretende alcançar a médio prazo.

Uma empresa comprometida

O Grupo Vips é uma empresa comprometida e responsável com a sociedade a que pertence, o que inclui em sua missão. A responsabilidade social corporativa do Vips é orientada principalmente às pessoas, tanto aos funcionários como ao conjunto da sociedade. Participa ativamente, já há vários anos, de programas e ações voltados a fomentar a integração social e profissional das pessoas com dificuldades, por um lado, e oferecer oportunidades de voluntariado por meio de diversas ferramentas, por outro.

Para o Vips, seus profissionais são a chave de seu funcionamento, por isso preocupa-se com seus trabalhadores, que formam uma equipe multicultural, dinâmica e em constante formação. O grupo aposta na igualdade de oportunidades entre as pessoas, independentemente de nacionalidade, raça ou sexo, como demonstra em suas políticas de emprego. Segundo um estudo realizado pela Fundación Empresa y Sociedad, em 2007, o Grupo Vips foi considerado como uma das melhores entidades por sua ação social, precisamente por seu programa de emprego. Recebeu vários prêmios por seus programas de integração no trabalho para grupos em situações de risco, preconceito ou exclusão, como imigrantes, mulheres maltratadas e pessoas com necessidades especiais.

Por outro lado, apostou em uma política inovadora de profissionalização da hotelaria, estabelecendo planos de estabilidade no emprego e desenvolvimento profissional interno. Para isso, criou seu próprio centro de formação com uma equipe de 150 especialistas e capacidade para a formação de 125 pessoas por dia; e possui várias zonas de formação para os diversos conceitos do grupo. Seu objetivo é formar até 2008 mais de 15 mil pessoas. A formação profissional é complementada pela política de promoção interna, que permitiu que 95% da equipe de direção fosse formada por pessoas que começaram suas carreiras na empresa.

O quadro do grupo é formado por mais de 10 mil funcionários dos quais quase metade são imigrantes que encontraram um lugar para poder trabalhar, aprender e desenvolver-se de forma digna. ■

Perguntas

1. O que é a inovação empresarial? Destaque os aspectos mais inovadores do Grupo Vips que aparecem ao longo do caso apresentado.
2. Descreva o crescimento e o desenvolvimento do grupo, assim como suas principais unidades de negócios.
3. O que é uma aliança estratégica? Busque as principais alianças realizadas pelo grupo ao longo de sua história e destaque suas vantagens.
4. Por que se pode considerar o Grupo Vips como uma empresa socialmente responsável?
5. Qual é a missão e os principais valores do grupo?

CONCLUSÕES DA QUARTA PARTE

Integração de pessoal global e empresarial

A conclusão desta parte refere-se à integração de pessoal global e empresarial. Primeiro, expõem-se as práticas de integração pessoal no Japão, Estados Unidos, República Popular da China, México e Colômbia. Em seguida, estuda-se o enfoque internacional do modelo alemão/europeu para capacitação e desenvolvimento. O terceiro ponto refere-se a atrair talento para um projeto de alta intensidade. Por último, o caso da indústria automobilística mundial enfoca os diretores executivos dos fabricantes de carros.

Prática de integração de pessoal no Japão, Estados Unidos, China, México e Colômbia[1]

A integração de pessoal requer a identificação das necessidades de recursos humanos e da ocupação da estrutura organizacional com pessoas competentes; e sua conservação nesse estado. Os métodos administrativos do Japão e da China são muito diferentes daqueles das companhias norte-americanas, justamente no que se refere à administração de recursos humanos (à parte o processo de tomada de decisões), como mostra a tabela que complementa esta seção, que inclui também México e Colômbia.

TABELA 1 Comparação da integração de pessoal no Japão, Estados Unidos, China, México e Colômbia*

Administração japonesa	Administração norte-americana	Administração chinesa	Administração mexicana	Administração colombiana
1. Os jovens são contratados na escola; pouquíssima mobilidade de pessoal entre companhias	1. O pessoal é contratado em escolas e outras companhias; frequentes mudanças de companhia	1. O pessoal é contratado em sua maioria em escolas e, em menor medida, em outras companhias	1. As pessoas são contratadas nas escolas e em outras áreas produtivas	1. As pessoas são contratadas em escolas, organismos de formação e capacitação técnicas e no mercado de trabalho
2. Lenta ascensão na hierarquia	2. Desejo e demanda intensos de crescimento rápido	2. Ascensão lenta, mas aumentos salariais regulares	2. O ritmo das ascensões determina a dinâmica de crescimento das empresas	2. Ascensões lentas na hierarquia

*As fontes de informação aparecem na nota 6 das "Referências" das conclusões da Parte 2.

(*continua*)

1 As fontes de informação são listadas na nota 6 das referências da Parte 2. Ver também "A survey of Japan: what alls Japan?". *BusinessWeek*, 20 de abril de 2002, Encarte, p. 1-16 e "The sadness of Japan". *The Economist*, 16 de fevereiro de 2002, p. 11.

TABELA 1 (*continuação*)				
Administração japonesa	**Administração norte-americana**	**Administração chinesa**	**Administração mexicana**	**Administração colombiana**
3. Lealdade à companhia	3. Lealdade à profissão	3. Ausência de lealdade tanto à companhia como à profissão	3. Lealdade à companhia, ao grupo de filiação e à profissão	3. Lealdade à profissão
4. Avaliação do desempenho uma ou duas vezes por ano	4. Exaustiva avaliação de desempenho geralmente uma vez por ano	4. Revisão de desempenho geralmente uma vez por ano	4. A avaliação do desempenho é contínua e formalmente uma vez por ano	4. Revisão anual do desempenho
5. As ascensões baseiam-se no desempenho a longo prazo e em outros critérios	5. As ascensões baseiam-se primordialmente no desempenho individual e, em geral, no desempenho relativamente a curto prazo	5. Supõe-se que as ascensões se baseiem no desempenho, na capacidade potencial e no nível de estudos, mas os laços familiares e as boas relações com os administradores de alto nível são importantes	5. As ascensões baseiam-se no desempenho individual e também na contribuição para alcançar resultados em projetos instrumentados por meio de grupos de trabalho	5. As ascensões baseiam-se no desempenho individual, geralmente a curto prazo
6. Capacitação e desenvolvimento são considerados um investimento a longo prazo	6. Prevenção com capacitação e desenvolvimento (os funcionários podem ir para outra empresa)	6. Conta-se com programas de capacitação; os administradores fazem exames impostos pelo Estado	6. A capacitação e o desenvolvimento fazem parte da estratégia de crescimento das organizações	6. A capacitação e o desenvolvimento são limitados
7. Emprego por toda a vida, comum nas companhias	7. Impera a insegurança no emprego	7. Segurança no emprego; praticamente emprego por toda a vida	7. Existe uma segurança mais ou menos razoável no emprego	7. Existe insegurança no emprego

Integração de pessoal no Japão

No Japão, a pessoa é contratada desde que frequente a escola. Escolher a companhia em que se trabalhará é uma das decisões mais importantes para os jovens, assim como a escolha do cônjuge e da universidade. Uma vez integrada a uma companhia, é muito difícil que uma pessoa tenha a oportunidade de conseguir emprego em outra empresa. A ascensão dentro das companhias é lenta; e a trajetória profissional da maioria dos jovens durante os primeiros anos nas companhias é similar. Contudo, os funcionários desenvolvem uma forte identificação com a companhia em que trabalham, e esta, por sua vez, lhes concede atenção especial. Os funcionários correspondem com sua lealdade.

Embora a frequência das avaliações do desempenho varie de uma companhia a outra, não é raro que o desempenho dos funcionários seja avaliado uma ou duas vezes por ano. Além disso, seu avanço é vigiado de maneira informal. O fato de trabalhar juntos em uma mesma área física, sem paredes separando funcionários e superiores, indica que não se duvida do desempenho correto dos indivíduos. Poucos anos depois da incorporação de um funcionário a uma empresa realiza-se uma revisão mais detalhada do desempenho. A existência desse tipo de avaliação a longo prazo reduz a probabilidade de que a sorte ou o azar influenciem na trajetória profissional. O que se avalia é o êxito geral a longo prazo e a capacidade de decisão dos indivíduos. Essa prática tem como resultado a vinculação das recompensas (como ascensões) com a eficácia do desempenho a longo prazo. Não obstante, as diferenças nos aumentos salariais aos funcionários jovens após sua integração a uma empresa são menores; as recompensas se baseiam essencialmente no desempenho dos grupos e da companhia, mais do que nas contribuições individuais.

Visto que os funcionários são parte integrante da comunidade de uma empresa, as práticas de ascensão devem ser consideradas por todos como justas e equitativas. No Japão, os critérios para a ascensão costumam ser uma combinação de idade e muitas tradições. A avaliação dos funcionários jovens, de até cerca de 35 anos, baseia-se comumente na idade; depois dessa faixa, os méritos e o desempenho se convertem na base de avaliação. Além disso, os antecedentes educacionais também estão presentes nas decisões de ascensão. As companhias japonesas investem fortemente na capacitação e desenvolvimento de seus funcionários, ao mesmo tempo em que a prática da rotação de cargos ao longo da vida profissional destes tem como efeito uma trajetória profissional mais variada, durante a qual os funcionários tomam conhecimento de muitas das diversas atividades da empresa.

Talvez seja o emprego por toda a vida o que exerça um impacto mais profundo sobre as práticas administrativas. As companhias japonesas fazem todo o esforço possível para garantir um emprego estável até chegar o momento da aposentadoria aos seus funcionários de meio período ou temporários, que não são considerados como membros da força de trabalho permanente. Em vez de demitir funcionários permanentes, é comum que sejam transferidos para unidades organizacionais que necessitam de ajuda. Porém, tudo indica que a prática do emprego por toda a vida está perdendo terreno.[2] Executivos japoneses declararam em uma entrevista que o emprego por toda a vida é muito oneroso para as empresas e tem como resultado uma estrutura organizacional excessiva na cúpula, o que terá de mudar gradualmente.

Integração de pessoal nos Estados Unidos

A administração de recursos humanos nos Estados Unidos é muito diferente da do Japão. As empresas norte-americanas também recrutam seus funcionários nas escolas, mas contratam igualmente funcionários de outras companhias. Por exemplo, os altos índices de rotação entre os recém-egressos do mestrado em administração de empresas são muito evidentes. Parte-se da expectativa de avanços rápidos e, quando isso não ocorre, pode induzir um funcionário a ir para outra companhia. Os profissionais, como os engenheiros e os contadores, costumam se identificar mais com sua profissão do que com uma empresa em particular, de maneira que a mudança de emprego não é incomum.

Nas companhias norte-americanas é uma prática corrente avaliar o desempenho dos funcionários novos pouco depois que eles são integrados às suas funções. Se o desempenho não atende às expectativas da companhia, existe a possibilidade de destituí-lo do

---

2 Pollack, Andrew. "Shock in a land of lifetime jobs: 35 managers dismissed in Japan", em Frost, Peter J.; Mitchell, Vance F. e Nord, Walter R. *Managerial reality*. 2ª edição. Nova York: HarperCollins College Publishers, 1995, p. 245-246.

emprego. Mas, mesmo o desempenho de quem já está há vários anos em uma empresa é avaliado pelo menos uma vez por ano; em muitos casos, ele é revisto periodicamente durante o ano. Em geral, o interesse da avaliação do desempenho está voltado aos resultados de curto prazo e às contribuições individuais aos propósitos da companhia. Além disso, os diferenciais nos aumentos de salário baseiam-se frequentemente no desempenho individual. Essas diferenças de pagamento podem ser substanciais, especialmente nos níveis mais altos da administração. As ascensões nas companhias norte-americanas baseiam-se sobretudo no desempenho individual.

Embora as companhias progressistas ofereçam desenvolvimento permanente, é habitual que a capacitação seja empreendida com certas reservas, dados seu custo e a preocupação de que as pessoas capacitadas se transfiram para outra empresa. Assim, o comum é que os funcionários sejam capacitados em funções específicas, o que resulta em uma trajetória profissional mais limitada dentro das companhias. Finalmente, em muitas empresas norte-americanas, os funcionários temem ser demitidos em caso de crise econômica, o que contribui para a insegurança no emprego.

Integração de pessoal na China[3]

Alguns aspectos das práticas de integração de pessoal na China assemelham-se aos do Japão. Como neste último país, na China, os funcionários são contratados desde quando estão nas universidades. Espera-se deles que permaneçam na empresa durante muito tempo. Contudo, mais recentemente adotou-se também a prática de contratar pessoal de outras organizações, embora o costume seja que as altas autoridades é que garantam os cargos ao pessoal. Do mesmo modo que no Japão, a ascensão na hierarquia é lenta, embora se concedam aumentos salariais regularmente.

Em compensação, na China não há dedicação nem lealdade, seja às companhias (como no Japão), seja à profissão (como nos Estados Unidos). As revisões de desempenho são feitas em geral uma vez por ano, como no Japão e nos Estados Unidos. Supõe-se que a ascensão deva basear-se fundamentalmente no desempenho, no nível de estudos e na capacidade potencial. Contudo, os laços familiares e as boas relações com o superior exercem grande influência no progresso dentro de uma organização. Antes, apenas alguns tinham acesso a cursos de capacitação, mas recentemente passou-se a oferecer capacitação a um número maior de administradores, por meio tanto da televisão educativa quanto de escolas profissionais noturnas.[4] Além disso, atualmente, alguns administradores devem passar por um exame imposto pela Comissão Econômica Estatal. O emprego é seguro; essa segurança implica um emprego para toda a vida (chamado de "vasilha de arroz de ferro"), independentemente do desempenho.

Integração de pessoal no México

A integração de recursos humanos é uma das funções a que as empresas mexicanas dão mais atenção, uma vez que consideram que sua autonomia e sua força dependem em grande medida da confiabilidade e da capacidade de seu pessoal.

---

[3] Essas práticas dizem respeito principalmente às empresas paraestatais.

[4] Uma das escolas de administração mais conhecidas na China é a China Europe International Business School (Ceibs), com sede em Pudong. Consulte sua página na Internet em http://www.ceibs.edu.

Os quadros de trabalho são estruturados com familiares, pessoas conhecidas por algum membro da organização ou por recomendação de pessoas situadas nos níveis de decisão. Também se consideram aqueles que, de forma individual, solicitam emprego, desde que preencham a totalidade dos requisitos estabelecidos, que no geral são extremamente rigorosos.

As fontes de recrutamento a que costumam recorrer são instituições de ensino, câmaras, associações, colégios de profissionais e executivos de outras companhias. O cuidado que se adota na seleção e admissão de pessoal obedece ao propósito de formar equipes de trabalho estáveis para as organizações. Contudo, devido à grande competitividade que prevalece no mercado e ao valor que se atribui ao recurso humano experiente, existe rotação de pessoal: no nível operacional é significativa, em cargos de comando médios decresce, enquanto nos níveis de decisão é mínima. Vale assinalar que, embora na alta administração não exista muita mobilidade de pessoal, quando ocorre é relevante pelo peso e conhecimento dos executivos que migram para outras empresas.

Em matéria de capacitação e desenvolvimento, as organizações fazem investimentos razoáveis, já que estão plenamente conscientes de que sua posição e crescimento potencial dependem muito de sua capacidade de resposta às demandas do ambiente, além de constituir um fator importante para motivar seu pessoal. Para promover uma pessoa, avalia-se seu comportamento e os resultados obtidos nos projetos de que participa, assim como seus vínculos pessoais e/ou familiares. O acompanhamento e a avaliação do desempenho são contínuos, ainda que formalmente se realizem de forma anual.

Integração de pessoal na Colômbia

Não se pode classificar como burocráticas as organizações colombianas, se esse termo é relacionado a uma organização altamente formalizada, em que cada funcionário tem funções definidas; se são estabelecidos procedimentos que deve adotar; um chefe supervisiona a execução do trabalho; se conta com um plano de carreira que indica um panorama de progresso para os funcionários; e se utiliza um sistema de qualificação do desempenho para atribuir com alguma objetividade os prêmios e as sanções. Salvo no que se refere à carreira de pessoal, que apenas excepcionalmente encontra-se nas empresas privadas e que existe de maneira extremamente limitada nas públicas, a maior parte das grandes organizações, e com frequência as médias, possui as características próprias das organizações burocráticas.

Entretanto, e de maneira paradoxal, não se pode qualificar de burocráticas as organizações colombianas porque a maior parte das decisões que afetam o pessoal é tomada à margem dos regulamentos, embora se possa recorrer a estes quando se trata de resolver os conflitos ou de punir um funcionário. As normas e os mecanismos formais de tipo burocrático são utilizados em casos particulares para legitimar as decisões tomadas de maneira informal.

A cada dia, aumenta o número de organizações que contam com sistemas para avaliar o desempenho dos trabalhadores com base na qualificação subjetiva de alguns fatores. Sistemas que estão desvinculados da capacitação, das ascensões e dos benefícios econômicos, ficando reduzidos a um recurso de que os chefes dispõem para castigar os subordinados que, a seu ver, apresentam um baixo desempenho ou são menos submissos. Isso deu lugar a um modelo de gestão muito particular que combina as vantagens da rigorosa formalização burocrática com a flexibilidade de uma organização informal baseada nas relações de submissão à autoridade dos chefes.

Um dos inconvenientes dessa forma de gestão consiste em que o modelo que lhe serve de suporte não foi formulado explicitamente, de maneira consciente ou deliberada, o que dificulta a aprendizagem e dá lugar a confusões e conflitos.

Nas organizações colombianas, a integração de pessoal limita-se à execução dos processos de vinculação, remuneração, bem-estar e outros similares, mas ainda não se incorporaram as funções relacionadas à administração sistemática dos comportamentos organizacionais, que é o campo em que se encontram os maiores desafios e as oportunidades mais atraentes para melhorar o desempenho das empresas.

Enfoque internacional

Capacitação e desenvolvimento para o mercado global: o modelo alemão/europeu

A Alemanha demorou muito a aceitar a ideia de que a administração pode ser aprendida e ensinada. Dado que a educação gerencial proporcionada pelas universidades é insuficiente, as companhias desenvolveram seus próprios programas ou firmaram convênios de cooperação com as escolas. Um desses convênios cooperativos é o sistema de aprendizes.

Capacitação interna e externa combinada: sistema de aprendizes

O aprendiz adquire experiência prática ao trabalhar na companhia e aprende conceitos teóricos que podem ser aplicados no trabalho ao frequentar uma escola vocacional.[5] O professor Gary Becker da Universidade de Chicago diz que o enfoque alemão na capacitação vocacional pode ser útil para reduzir o número de desistentes das escolas preparatórias dos Estados Unidos.[6] Sugere que alguns jovens prefeririam participar de um programa de capacitação no emprego a continuar seus estudos em uma escola preparatória regular. Devido à falta de interesse em matérias acadêmicas, alguns estudantes simplesmente abandonam a escola.

Embora não sejam cursos de capacitação gerencial como tais, os programas de aprendizagem na companhia desempenham um papel vital na preparação de futuros gerentes para seu trabalho. Esses programas, complementados com educação adicional, proporcionam o fundamento para o desenvolvimento de supervisores de primeira linha na Alemanha.

Os jovens que escolhem a capacitação de aprendiz de três anos trabalham três ou quatro dias por semana e passam um ou dois dias por semana na escola vocacional. O governo estabelece os padrões de mais de 400 ocupações. Por exemplo, um aprendiz de mecânico de automóveis pode ser obrigado a aprender certas habilidades básicas de utilização de uma lima, um torno ou uma furadeira enquanto trabalha na companhia.

---

5 Drucker, Peter F. "What we can learn from the Germans". *Wall Street Journal*, 6 de março de 1986.

6 Becker, Gary S. "Tuning in to the needs of high school dropouts". *BusinessWeek*, 3 de julho de 1989.

Essas atividades podem ser supervisadas por um treinador (cada um supervisionando de 10 a 15 jovens), um gerente e um diretor. Em geral, o trabalho dos aprendizes não contribui com os lucros a curto prazo da empresa. É típico que esses aprendizes se dediquem a projetos que depois são cuidadosamente avaliados em busca de precisão, preparação de superfícies, ângulos apropriados e precisos etc. A capacitação em mecânica de automóveis avançada exige que se trabalhe em componentes de carros mais complexos, como transmissões automáticas ou motores.

Além de fazer com que os aprendizes frequentem cursos de capacitação vocacional, muitas grandes empresas oferecem capacitação com aula dentro de casa. Assim, os aprendizes não só aprendem acerca dos produtos ou serviços da companhia, como podem aprender idiomas estrangeiros, importantes para técnicos ou gerentes enviados a outros países. As atividades sociais tampouco são descuidadas durante a capacitação de aprendizagem. Por exemplo, os aprendizes têm a oportunidade de participar de passeios no campo patrocinados pela companhia, de esportes de competição, como futebol ou eventos de pista e campo, e outras atividades recreativas. Em um sentido, a capacitação de aprendizagem é, na realidade, uma continuação da escola básica com ênfase em habilidades de trabalho. Isso se reflete no fato de que, ao final da capacitação, os aprendizes passam por um exame administrado pela escola vocacional pública. Por sua vez, devem cumprir os requisitos da companhia. É interessante assinalar que Jürgen Schrempp, ex-diretor executivo da Daimler-Benz, começou sua carreira como aprendiz de mecânico de automóveis.[7]

Ainda que os salários dos aprendizes sejam relativamente baixos, a capacitação é muito onerosa para a empresa, em particular quando o aprendiz vai embora ao terminar o programa. A Hewlett-Packard na Alemanha contratava cerca de 80 aprendizes por ano a um custo médio de US$ 5 mil por aprendiz. A maioria dos aprendizes fica na companhia, fazendo com que o investimento a longo prazo gere retorno para a empresa. Sem os programas de aprendizagem, as empresas alemãs não teriam sido tão bem-sucedidas na elaboração dos produtos e serviços de qualidade vendidos em todo o mundo.

A Lufthansa, empresa aérea alemã, tem um anúncio que mostra aprendizes inspecionando o motor de um avião. A mensagem é que o investimento na capacitação de técnicos resulta em maior qualidade de produtos e serviços. Cerca de meio milhão de empresas alemãs capacitam 1,8 milhão de adolescentes, ou 6% da força de trabalho; aproximadamente 70% dos estudantes dos cursos preparatórios preferem a educação vocacional.[8]

Um benefício do sistema de aprendizagem é que ensinar a operários qualificados e técnicos capacitados o fundamento teórico de seu trabalho cria profissionais que se empenharão continuamente para melhorar a produtividade.

A Academia Vocacional

Embora a capacitação de aprendizagem dê importância aos conhecimentos e habilidades técnicos, em geral não se ensina habilidades gerenciais. Quando se reconheceu a necessidade de ensinar habilidades gerenciais e integrar a teoria com a prática, formulou-se um novo programa, a Academia Vocacional (*Berufsakademie*), para atender a essa necessidade. Devido ao seu êxito, é necessária uma análise mais detalhada.

---

7 Disponível em: http://www.manager-magazin.de/koepfe/mdj/0,2828,167372,00.html, acesso em 1º de outubro de 2006.

8 Perry, Nancy J. "The new, improved vocational school". *Fortune*, 19 de junho de 1989, p. 127-138. As escolas alemãs também foram criticadas; ver "Vocational schools under scrutiny". *BBC News*, 28 de janeiro de 2002.

Em 1974, o Estado alemão de Baden-Wuerttemberg, junto com empresas como a Daimler-Benz e a Bosch, deu início à Academia Vocacional (também chamada de Modelo Educacional Stuttgarter, em homenagem à cidade Stuttgart). Esse modelo de capacitação gerencial, que enfoca a tecnologia, as ciências sociais e os negócios, mais do que temas acadêmicos, foi considerado uma alternativa importante aos cursos universitários. A academia tem as seguintes características:[9]

- Os estudos teóricos e vocacionais estão estreitamente integrados. O processo educacional consiste em duas séries de módulos de aprendizagem, uma para a teoria e a outra para a prática;
- Os estudantes devem ter um contrato vocacional com uma empresa ou uma instituição social para ser admitidos na academia;
- A academia e as empresas têm autoridade igual para determinar as metas educacionais;
- O primeiro passo do programa é atingido depois de dois anos, quando os estudantes devem passar por um exame de qualificação vocacional reconhecido pelo Estado;
- O processo educacional completo dura três anos, ou seis semestres. Os estudantes devem passar por um segundo exame e, depois disso, se graduam, o que é similar a um título universitário em engenharia.

Dez anos depois da concepção da academia, pesquisas indicavam que as oportunidades profissionais eram consideravelmente maiores para os seus graduados do que para aqueles que não tinham recebido essa capacitação. As solicitações de matrícula excediam muito as vagas disponíveis, com até 20 jovens competindo por uma oportunidade educativa. Implantados originalmente nas cidades de Stuttgart e Mannheim, os programas da Academia Vocacional estão estabelecidos hoje em oito cidades, com uma participação aproximada de 3 mil empresas, que oferecem 22 currículos.[10]

Podemos concluir que o Modelo Educacional Stuttgarter, que integra a teoria e a experiência prática, supre uma importante lacuna educacional não coberta pelas universidades e pelos programas de aprendizagem tradicionais. Esse modelo cooperativo relativamente recente envolve a academia, a indústria e o governo, apresentando resultados alentadores. Pode estimular companhias em outros países a buscar métodos de capacitação alternativos para desenvolver gerentes e incrementar a produtividade.

O novo gerente europeu

Até agora, a análise centrou-se na capacitação e no desenvolvimento para gerentes de níveis baixo e médio; agora o enfoque muda para a capacitação para a gerência de alto nível. Os gerentes de muitas empresas europeias foram criticados por insuficiência de conhecimentos e habilidades necessários para administrar de forma mundial. De maneira específica, as demandas sobre os gerentes mundiais de hoje incluem a capacidade de pensar globalmente, de compreender as mentalidades de gerentes de outros países, experiência gerencial no exterior e a possibilidade de falar pelo menos dois idiomas estrangeiros.

---

[9] *Informationen zu den Berufsakademien des Landes Baden-Wuerttemberg* (sem data); Leitl, Michael. "Berufsakademien: Doppelt Genaeht". *Manager Magazin*, 6 de setembro de 2001. Disponível em: http://www.manager-magazin.de/koepfe/uniguide, acesso em 1º de outubro de 2006.

[10] "Interesenten Stehen Schlange", *IWD* (Institut der Deutschen Wirtschaft), 1986. Ver também a página principal da Berufsakademie em Stuttgart. Disponível em: http://www.ba-stuttgart.de, acesso em outubro de 2006.

O programa 1992 da Comunidade Europeia (agora União Europeia) destaca a necessidade de desenvolver gerentes com mentalidade global. Um estudo investigativo de 11 empresas europeias do grupo consultor internacional Korn/Ferry constatou que muitos gerentes não atendiam às demandas europeias do futuro, embora os participantes do estudo reconhecessem a necessidade de experiência gerencial internacional. Não apenas os gerentes europeus precisam adquirir experiência no exterior, como também as corporações transnacionais devem compreender que precisam recrutar e capacitar gerentes não europeus para suas operações estrangeiras. Os exemplos a seguir ilustram a exceção, mais que a regra, sob a qual operam as companhias. O Deutsche Bank tem um programa de desenvolvimento para gerentes estrangeiros, que passam pelo menos um ano em sua sede em Frankfurt. A Bosch, fabricante de uma variedade de produtos, que vão de refrigeradores a acessórios para automóveis, convida estrangeiros, em particular espanhóis, para se capacitarem na Alemanha. Também exige de seus novatos alemães que passem pelo menos seis meses no exterior. Embora essas oportunidades internacionais sejam atrativas para gerentes jovens, existe a preocupação, sobretudo entre os gerentes mais velhos, de que ficar afastados das unidades principais pode frear o avanço em suas carreiras.

Segundo Korn/Ferry, as seguintes características são muito importantes para o gerente europeu ideal:[11]

- Ter educação universitária ou superior;
- Ter experiência de trabalho no exterior;
- Entender de economia;
- Ser um generalista;
- Ter domínio de inglês e de francês como línguas estrangeiras.

O estudo investigativo constatou que os gerentes alemães, franceses e italianos tinham pouca experiência de trabalho no exterior. Os gerentes alemães e italianos careciam de experiência gerencial geral, enquanto os gerentes alemães e britânicos não dominavam francês. Em orientação para as equipes e pensamento global, alemães e italianos recebiam baixa qualificação. Os alemães tinham baixa qualificação também em habilidades de comunicação e motivação. Quanto à "disposição de contribuir acima da média", os gerentes ingleses e franceses receberam avaliação baixa, enquanto na tomada de decisões os gerentes italianos obtiveram avaliações baixas. Ainda que sejam generalizações, elas indicam que muitos gerentes europeus não estão suficientemente preparados para o ambiente competitivo que a União Europeia criará.

Escolas de negócios na Europa

Embora as universidades alemãs não estejam preparando gerentes para o contexto global de maneira adequada, há muitas faculdades com mestrado no resto da Europa, entre elas as seguintes:[12]

---

[11] Lentz, Brigitta. "Der polyglotte Supermann". *Manager Magazin*, de maio, 1989, p. 257-270.

[12] *MBA-Schulen auf dem Pruefstand: die Top Ten 1988*. Frankfurt: Cox Communication, 1988; Staehli, Albert. "Helvetische Spitzenausbildung fuer Europas Topmanagers". *The best of Switzerland*. Zurique: Jean Frey AG, 1989; Fisher, Andrew. "Putting Europe's business schools under the microscope". *Financial Times*, 22 de setembro de 1989; Cox, William H. e Cox, Ingrid. *Der MBA in Europa*. Frankfurt: Allgemeine Zeitung, 1987; folhetos das instituições; "The MBA tour: Graduate programs in management". Disponível em: http://www.thembatour.com/fairs/sme.htm, acesso em 10 de junho de 2002.

- Escola de Administração de Rotterdam (RSM, sigla em inglês), nos Países Baixos;
- Instituto Internacional para o Desenvolvimento Administrativo (IMD, sigla em inglês), em Lausanne, Suíça;
- Escola de Graduados em Administração de Negócios (GSBA, sigla em inglês), em Zurique, Suíça;
- Institute Superieur des Affaires (ISA), em Jouy-en-Josas, França;
- Escola de Negócios de Manchester, na Inglaterra;
- Scuola Di Direzione Aziendale Dell'Universita Luigi Bocconi (SDA Bocconi), em Milão, Itália;
- Institut Europeen d'Administration des Affaires (Insead), em Fontainebleau, França;
- Escola de Negócios Nijenrode em Breukelen, Países Baixos;
- Escola Superior de Administração e Direção de Empresas (Esade), em Barcelona, Espanha;
- Escola de Negócios de Londres, na Inglaterra.

O século XXI é marcado por uma feroz concorrência global em que somente as organizações mais produtivas sobreviverão. Esse ambiente competitivo impõe um novo olhar à capacitação dos recursos humanos. Os gerentes devem avaliar a conveniência da capacitação cooperativa pela indústria e instituições educacionais, como se pratica na Alemanha. O modelo do novo gerente europeu pode inspirar enfoques mais eficazes e relevantes para capacitar futuros executivos.

Enfoque empresarial

Atrair talentos para o projeto de alta intensidade

Como os gerentes empresariais integram pessoal em suas empresas? Eles buscam determinado tipo de pessoa para trabalhar em um projeto de expansão? Como administram o custo do pessoal quando o quadro de pessoal é uma preocupação básica para um orçamento de novos projetos? Em que grau os gerentes empresariais utilizam a contratação externa para maximizar a eficiência de suas decisões de integração de pessoal? Por último, o que atrai os indivíduos a trabalhar em ambientes com longas jornadas de trabalho e com futuro incerto?

Sabemos que o êxito ou fracasso das empresas costuma recair sobre a habilidade dos seus gerentes para executar uma estratégia apropriada para a companhia. As pessoas fazem a empresa e são necessárias para que a companhia tenha êxito. Mas será que essa equação difere de algum modo em um contexto empresarial?

As empresas em expansão do Vale do Silício são notáveis pelas altas exigências que impõem aos seus funcionários. Essas exigências decorrem da necessidade de um pequeno número de gerentes de empresas iniciantes para cumprir uma infinidade de tarefas. Os gerentes não apenas devem fabricar e vender produtos superiores, como também devem conseguir um financiamento importante para custear as operações e investimento na companhia, desenvolver uma rede de relações com a indústria, construir uma marca atrativa, negociar questões legais sobre a estrutura corporativa e a proteção da propriedade intelectual e, evidentemente, contratar mais pessoal. Nos primeiros meses e anos de um projeto de expansão, todas as tarefas, ou a maior parte delas, acabam recaindo sobre a liderança da empresa. Dadas as elevadas demandas de um novo projeto de expansão e a necessidade de cada pessoa de desenvolver várias tarefas, as primeiras decisões de contratação são cruciais para a sobrevivência e o êxito da empresa.[13]

Devido à forte carga de trabalho e sobreposição de responsabilidades dos projetos de expansão, os primeiros funcionários desse tipo de empresas precisam ter tolerância a crescentes níveis de estresse e ambiguidade. O estresse e a ambiguidade provêm não somente da carga de trabalho dessas posições, mas também da incerteza quanto ao futuro da empresa.[14] Mais ainda, a remuneração para os funcionários costuma vir em forma de opções de ações além dos salários, que, às vezes, são menores do que poderiam receber em organizações maiores. Esse pacote de remuneração (salário menor acoplado a opções de ações) condiz com a posição de baixo efetivo de pessoal de um novo projeto que deve ser preservado o máximo possível. Além disso, as opções de ações tendem a alinhar melhor as prioridades dos novos funcionários às da empresa do que a remuneração puramente em espécie. Contudo, os novos funcionários devem, na verdade, "*ser comprados*" com a empresa à qual se unem, visto que seu pacote de remuneração está alinhado mais estreitamente ao êxito da empresa do que em companhias mais estáveis. Os gerentes contratantes de projetos iniciais devem explicitar esses riscos e benefícios a funcionários potenciais e fazer ofertas somente àqueles cuja tolerância ao risco e a capacidade de desempenho sob estresse se igualam às necessidades da companhia.

Outras formas que podem prover pessoal com eficácia, mas conservando também o efetivo, é o uso prudente da contratação externa (*outsourcing*) e trabalhar além das fronteiras (*offshoring*). A contratação externa, como se discute no Capítulo 20 do livro, é essencialmente a transferência de alguns elementos das atividades da empresa a fornecedores externos mais eficazes ou eficientes na produção de aspectos da cadeia de valor de suas atividades. Trabalhar além das fronteiras é o movimento de certos processos de negócios de um país a outro.[15] Esse movimento de atividades pode ocorrer por meio de subsidiárias internacionais de propriedade da empresa ou supridores estrangeiros. A Índia, com sua enorme disponibilidade de trabalhadores com boa educação e que falam inglês a baixos salários reais, é o destino número 1 para empresas norte-americanas que buscam reduzir custos de desenvolvimento e implementação de seu modelo de negócios. De fato, segundo um estudo realizado pela Universidade de Santa Clara, mais de metade das empresas do Vale do Silício contratam algumas de suas atividades interna-

---

13 Uma regra elementar relativa à contratação no Vale do Silício estabelece que os jogadores 'A' (gerentes muito talentosos) tendem a contratar outros gerentes muito talentosos, porque têm confiança em suas próprias habilidades e buscam outros gerentes fortes que contribuam para o êxito da empresa. Contudo, os jogadores 'B' (gerentes modestamente talentosos) tendem a contratar jogadores 'C' (gerentes pouco competentes) porque os gerentes B têm menos confiança em suas próprias habilidades e, portanto, contratam os que são menos capazes do que eles para que seus cargos estejam mais seguros. Uma vez que esse cenário se desenvolve, podemos ver que as decisões precoces de contratação de recrutar jogadores 'A' são cruciais para assegurar uma empresa bem suprida de pessoal e o êxito do projeto.

14 Por sua natureza, as empresas iniciantes participam de uma carreira para obter rentabilidade antes de esgotar seu financiamento. Ao decidir se vão se ligar a um projeto que se inicia, os funcionários potenciais devem verificar o nível de financiamento que a empresa tem nesse momento e com que rapidez a empresa está "torrando" esse financiamento (quanto tempo a empresa pode sobreviver, dados seu fluxo negativo monetário mensal e o nível de financiamento). Conhecer essa informação pode aliviar parte do risco e do estresse ao se ligar a uma companhia iniciante.

15 Disponível em: http://en.wikipedia.org/wiki/Offshoring, acesso em 28 de janeiro de 2007.

cionalmente; e mais de metade dessas atividades contratadas fora ocorrem na Índia.[16] Por exemplo, a Cisco Systems, uma poderosa empresa de tecnologia do Vale do Silício, anunciou o investimento de US$ 1,2 bilhão em Bangalore, na Índia, para estabelecer um novo centro de P&D (Pesquisa e Desenvolvimento) que empregaria 3 mil pessoas.[17] A China é também um destino cada vez mais popular para transferir ao exterior as atividades de uma empresa. Por exemplo, a Hewlett-Packard tinha quase 5 mil funcionários na China no final de 2006.[18]

A transferência de atividades para fora das fronteiras não se restringe a grandes empresas transnacionais. Novas empresas de crescimento que esperam financiar-se com investidores consideram estratégias de contratação externa e transferência para fora das fronteiras potenciais para suas empresas. As decisões de investimento para novos projetos baseiam-se em financiar as atividades que produzam uma vantagem distintiva para uma nova companhia. As empresas de investimento conhecedoras estão mais interessadas em financiar as atividades que levem diretamente a uma vantagem competitiva em um mercado em crescimento e esperam que a equipe de administração realize outras atividades não centrais com a maior eficiência possível. Essas eficiências podem ser encontradas comumente em táticas coerentes de contratação externa e transferências para fora das fronteiras. De fato, cada vez mais as companhias iniciantes são impelidas a contratar além-mar como uma estratégia de custos.[19] Entretanto, esse processo requer enredar-se em uma estratégia a longo prazo de racionalizar o processo de produção e distribuição da empresa, mais que ser uma reação brusca a um impulso de cortar custos, pois manejar uma força de trabalho estrangeira exige tempo de supervisão e acarreta certos riscos, como a perda de tecnologia, controle de qualidade etc.

Em suma, o que atrai os funcionários a uma empresa iniciante e qual a melhor maneira de administrar esses funcionários? Assim como os próprios empresários, os funcionários para novas empresas aceitam cientemente certos riscos adicionais em troca de recompensas potencialmente mais elevadas, tanto financeiras quanto de aspiração. Está nas mãos dos líderes empresariais de uma empresa primeiro encontrar o tipo certo de pessoas, que estejam motivadas e sobressaíam nesse ambiente de negócios; em seguida, devem continuar motivando o novo pessoal a se destacar a partir da articulação de uma visão do propósito da empresa que vá além da pura lucratividade. Em seu livro mais recente, *The art of the start*, Guy Kawasaki analisa a importância de que as empresas 'façam sentido' com suas companhias.[20] Ele se refere com isso ao efeito que as empresas têm na sociedade para além das receitas e gastos. Então, que papel desempenha a empresa para melhorar o mundo em que vivemos? Kawasaki ressalta que os gerentes empresariais precisam recrutar seus funcionários todos os dias para ter certeza de que voltarão no dia seguinte. Essa energia de motivação contínua e a articulação de uma visão de inspiração é que atraem e retêm o pessoal em uma empresa iniciante e que são essenciais para uma administração empresarial eficaz.

---

16 Disponível em: http://services.silicon.com/itoutsourcing/0,3800004871,39152881,00.htm, acesso em 28 de janeiro de 2007.

17 Naughton, Keith. *Newsweek*, edição de 6 de março de 2006. Disponível em: http://www.msnbc.msn.com/id/11571580/site/newsweek/, acesso em 28 de janeiro de 2007.

18 Disponível em: http://www.computerworld.com/action/article.do?command=viewArticleBasic&articleId=268501&page Number=2, acesso em 28 de janeiro de 2007.

19 Disponível em: http://www.siliconvalley.com/mld/siliconvalley/business/special_packages/venture_capital_survey/8679984.htm, acesso em 28 de janeiro de 2007.

20 Kawasaki, Guy. *The art of the start*. Portafolio, 2004.

Caso da indústria global do automóvel

Conheça os diretores executivos dos fabricantes de veículos

As estratégias organizacionais são determinadas em maior grau pelos diretores executivos. Portanto, na indústria do automóvel é importante conhecer as trajetórias das carreiras e os enfoques gerenciais dos altos executivos de destacados fabricantes de carros.

Os diretores executivos da Honda: Soichiro Honda, Nobuhiko Kawamoto e Hiroyuki Yoshino[21]

Sabe-se relativamente pouco do falecido Soichiro Honda, diretor executivo de expressão suave da Honda Motor Company. Não escreveu autobiografia e raramente concedia entrevistas. Tampouco fazia parte do grupo "íntimo" dos fabricantes de automóveis japoneses. Nem era amigo do Ministério do Comércio e Indústria Internacional do Japão (MITI, sigla em inglês) ou dos burocratas do governo. Porém, era fascinado pelos veículos motorizados e tinha um enorme interesse nas necessidades de seus clientes de automotores. Quando os consumidores quiseram motocicletas depois da Segunda Guerra Mundial, os funcionários do MITI não ajudaram a Honda a explorar a demanda. Quando quis produzir automóveis, os funcionários do MITI argumentaram que o Japão precisava de menos (e não de mais) fabricantes de carros.

A Honda iniciou a produção de automóveis com um modelo muito pequeno. Mais tarde, a série de modelos estendeu-se ao Accord e ao relativamente luxuoso Acura. Em 1991, a Honda ampliou sua linha de modelos com a introdução da caminhonete Accord EX, que é a versão familiar do Accord mais vendido nos Estados Unidos.

Mesmo depois que Honda se aposentou, sua presença tinha influência na direção da companhia nos anos posteriores. Sua liderança era muito diferente da dos outros CEOs de fabricantes de automóveis. Seu desejo de explorar coisas novas refletia na filosofia da empresa. Quando começou a produzir motocicletas Honda para o mercado norte-americano, poucos acreditaram que teria êxito. Sua estratégia não se baseava em uma ampla pesquisa de mercados, mas sim na intuição. Sua obsessão pela qualidade e

---

21 A informação foi tomada de uma variedade de fontes, que incluem Kotkin, Joel. "Mr. Iacocca, meet Mr. Honda". *Inc.*, novembro de 1986, p. 37-39; Lowry Miller, Karen e Treece, James B. "Honda's nightmare: maybe you can't go home again". *BusinessWeek*, 24 de dezembro de 1990, p. 36; Asari, Keita. "Soichiro Honda on himself and his machines". *Economic Eye*, setembro de 1985, p. 27-32; Taylor III, Alex. "The man who put Honda back on track". *Fortune*, 9 de setembro de 1996, p. 92-100; "Q&A: Honda CEO Hiroyuki Yoshino". *BusinessWeek Online*. Disponível em: http://www.businessweek.com, acesso em 11 de junho de 2001; "Hiroyuki Yoshino, Honda Motor". *Business Week*, 14 de janeiro de 2002; Honda. Disponível em: http://www.honda.com, acesso em 25 de setembro de 2006.

o desejo de agradar os clientes levaram ao desenvolvimento da bem-sucedida linha de automóveis, que inclui o Honda Accord, o mais vendido. Porém, o êxito nos Estados Unidos não se refletiu no mercado japonês, em que a Honda ficava em terceiro, vendendo menos de um quarto do que vendia a Toyota. A outra paixão de Honda referia-se à segurança. Insistia que seus trabalhadores levassem a sério suas tarefas para proteger os clientes de ferimentos que poderiam ser o resultado de uma mão-de-obra ruim. Na verdade, criou um fundamento para a segurança dos carros no Japão.

Outro aspecto da filosofia de Honda era seu trato com as pessoas. Não fazia distinções entre operários e funcionários ou entre as pessoas ricas ou pobres com quem mantinha contato. Sua atitude em relação às pessoas se refletia nas políticas da planta da Honda em Ohio, onde trabalhadores, gerentes e até o presidente comiam na mesma cantina.

Soichiro Honda faleceu em 1991. O novo presidente e CEO, Nobuhiko Kawamoto, engenheiro como Honda, reenfocou a estratégia da Honda ao insistir em desenhos que agradassem as pessoas. No início da década de 1990, a Honda estava com problemas: não tinha caminhões para oferecer, nem minivans, nem um veículo utilitário desportivo atraente. Contudo, a companhia não demitiu nenhum dos funcionários permanentes. Ainda que se desenvolvessem carros grandes, eles tinham um atrativo público limitado. Seu negócio de motocicletas, em particular com as vendas crescentes na Indonésia, na Tailândia e na China, manteve o negócio em pé. A Honda estava mais voltada para a engenharia e pouco para os clientes. Kawamoto mudou isso ao desenvolver veículos utilitários desportivos e recreativos (RV). Em vez de desenhar RV novos por inteiro, a Honda utilizou as plataformas do Civic e do Accord para os novos veículos a custos de desenvolvimento relativamente baixos. Em 1996, a Honda tinha uma linha de veículos, incluindo os RV, relativamente menores que os dos concorrentes, com um grande atrativo para os compradores mais jovens.

A velocidade se converteu em uma arma estratégica. Kawamoto interrompeu a prática de administrar por consenso, por julgar que consumia tempo demais. A Honda reduziu para 18 meses o tempo de desenvolvimento para novos modelos, indo da etapa de desenho à de produção. Para manter a qualidade, utilizava conceitos de administração da qualidade total.

Hiroyuki Yoshino, ex-presidente e CEO da Honda, agora o segundo maior fabricante de automóveis do Japão (superando a Nissan), estabeleceu metas extremamente altas para a companhia. Propôs atingir vendas anuais de um milhão de automóveis (foram vendidos 850 mil em 2001) sem uma fusão ou aquisição. A Honda é um dos poucos fabricantes de automóveis que querem seguir adiante sozinhos, estratégia diferente da dos seus concorrentes, como General Motors, Ford e DaimlerChrysler.[22] Por que Yoshino, capacitado como engenheiro em aeronáutica, estava tão confiante? Por um lado, sua linha de veículos incluía produtos com demanda, como os veículos utilitários desportivos, as minivans e os carros subcompactos. Outro ponto forte da Honda é o uso de robôs "inteligentes" e o compartilhamento de partes entre modelos, o que permite ajustes rápidos para os gostos instáveis e demandas de veículos dos consumidores. Yoshino conhecia bem o rentável mercado norte-americano, no qual foi presidente da subsidiária da Honda por quatro anos. Seu desafio então era abrir caminho nos mercados da Europa e China.

[22] NE: A fusão da DaimlerChrysler acabou em fevereiro de 2007.

Os diretores executivos da Daimler-Benz: Edzard Reuter e Jürgen Schrempp[23]

Edzard Reuter, ex-diretor executivo da Daimler-Benz, estudou matemática, física e direito. Antes de se unir à Daimler, ocupou vários postos gerenciais em diversas companhias, sendo a última a Bertelsmann, uma editora.

Quando Reuter se uniu à Daimler, primeiro trabalhou em finanças. Mais tarde, foi responsável pelo planejamento corporativo. Depois de atuar como membro suplente do conselho durante alguns anos, tornou-se membro pleno em 1976. Um ano mais tarde, assumiu também o departamento de planejamento técnico. Nessa época, foram tomadas decisões importantes na reorganização das linhas de produtos e de produção, em particular no setor de automóveis. Em 1980, assumiu a responsabilidade pela seção de administração de finanças e negócios e, em 1987, tornou-se presidente do conselho de administração da Daimler-Benz.

Além de ser o presidente, Reuter era membro de muitas outras instituições. Por exemplo, era presidente do conselho de supervisão da AEG AG (companhia que poderia ser comparada à General Electric nos Estados Unidos) e do Berliner Bank AG. Era membro também do conselho de supervisão da Karlsruher Lebensversicherung AG e da Alliance AG Holding (ambas companhias de seguros). Porém, seus interesses iam além dos negócios, como demonstra o fato de ser membro de vários conselhos de fundações que promovem as artes.

Sob a liderança de Reuter, a companhia adotou várias medidas estratégicas, que incluíam reorganização drástica. A Daimler-Benz Holding Company supervisionava e coordenava três grupos: Mercedes-Benz, AEG e Aerospace (Dasa). As pedras angulares da nova estratégia eram técnicas de microeletrônica e sistemas. Contudo, o setor de automóveis era o negócio central. Por outro lado, as divisões relacionadas à defesa tiveram de ser cortadas com o fim da guerra fria entre o bloco soviético e o Ocidente. Reuter via a Daimler-Benz como uma companhia mundial mediante o uso de novas tecnologias, novos materiais e a última informação e conhecimento de sistemas. Mas sua estratégia não teve êxito e ele foi substituído por Jürgen Schrempp.

Jürgen Schrempp começou como aprendiz de mecânico de automóveis na Daimler-Benz antes de prosseguir seus estudos. Em 1967, voltou para a companhia e mais tarde foi designado chefe da operação sul-africana. Em 1995, tornou-se CEO da companhia. Pouco depois de ser nomeado presidente, perguntou a 20 altos gerentes qual era o preço da ação da Daimler. Apenas dois deduziram mais ou menos qual era o preço. Depois dessa experiência, todos os gerentes tomaram consciência da importância do valor dos acionistas. Schrempp enfocou a "zona de utilidades", mais que a "preocupação com a tecnologia integrada" patrocinada por Reuter. A trajetória da carreira de Schrempp não apenas incluía ter a responsabilidade pela operação Mercedes-Benz na África do Sul, mas também na América do Norte. Ele também liderou a problemática subsidiária aeroespacial Dasa antes de ser elevado à posição de CEO da Daimler-Benz.

[23] A informação foi obtida de uma variedade de fontes, que incluem "Neutron Jürgen?". *The Economist*, 16 de março de 1996, p. 72; http://www.manager-magazin.de/koepfe/mdj/0,2828,167372,00.html para a carreira de Schrempp; "Jürgen E. Schrempp at the annual shareholder meeting: First quarter reinforces 2002 performance target". *Worldwide News*, 10 de abril de 2002. Disponível em: http://www.daimlerchrysler.co.jp/index_e.html?/news/2002/020410_e.html, acesso em 10 de junho de 2002.

Na reorganização da Dasa, Schrempp eliminou 8.800 postos. Alguns compararam Schrempp a Jack Welch, que teve de tomar algumas decisões difíceis ao dar uma virada na General Electric. Porém, medidas drásticas como essas não condizem com a cultura e as práticas gerenciais alemãs; e o sindicato trabalhista poderia não mais aceitar o enfoque de cortar custos de Schrempp.

Schrempp foi eleito Gerente do Ano em 1998 pela revista *Manager Magazin*, por seu êxito em melhorar o desempenho financeiro da Daimler depois de assumir o comando em 1995. Mas o desempenho de sua operação Freightliner nos Estados Unidos e a fusão com a Chrysler deixaram uma marca nova durante seu reinado. Entretanto, Schrempp não tinha planos de vender a Chrysler, como disse: "A linha de pensamento estratégico que nos levou à fusão é a mesma de anteriormente".[24] Na reunião anual de acionistas em 2002, afirmou que os carros de passeio e a divisão *Smart car* iam bem na primeira metade de 2002. Até o Grupo Chrysler, que registrou enormes perdas no passado, apresentava pequenos resultados positivos de operação, enquanto a Divisão de Veículos Comerciais sofria com a difícil situação do mercado. No entanto, a Daimler acabou por vender a Chrysler em 2007.

Perguntas

1. Qual dos estilos de liderança anteriores é o mais atrativo para você? Por quê?
2. Que antecedentes (técnicos/produção, marketing, finanças ou quaisquer outros) são mais adequados para o diretor executivo de uma importante companhia automotora? O que é adequado pode variar conforme as demandas em um momento particular?
3. Se você estivesse nos comitês de seleção da Honda e da Daimler-Benz, que características teria buscado ao escolher o novo diretor executivo para cada uma das companhias?
4. Como se distinguem Honda e seu sucessor?
5. Enquanto na Daimler-Benz Reuter enfocava a tecnologia e os grupos interessados, a preocupação de Schrempp estava no valor para os acionistas. Como você acha que gerentes, funcionários, sindicatos e a comunidade reagiram ao enfoque gerencial de Schrempp, que parece ser mais norte-americano do que alemão?
6. Como Schrempp preparou a trajetória na carreira para o posto de diretor executivo na Daimler-Benz? Quais foram algumas de suas decisões mais importantes?

[24] "Faces in the news". *Forbes*, 21 de fevereiro de 2002.

5

Parte

Liderança

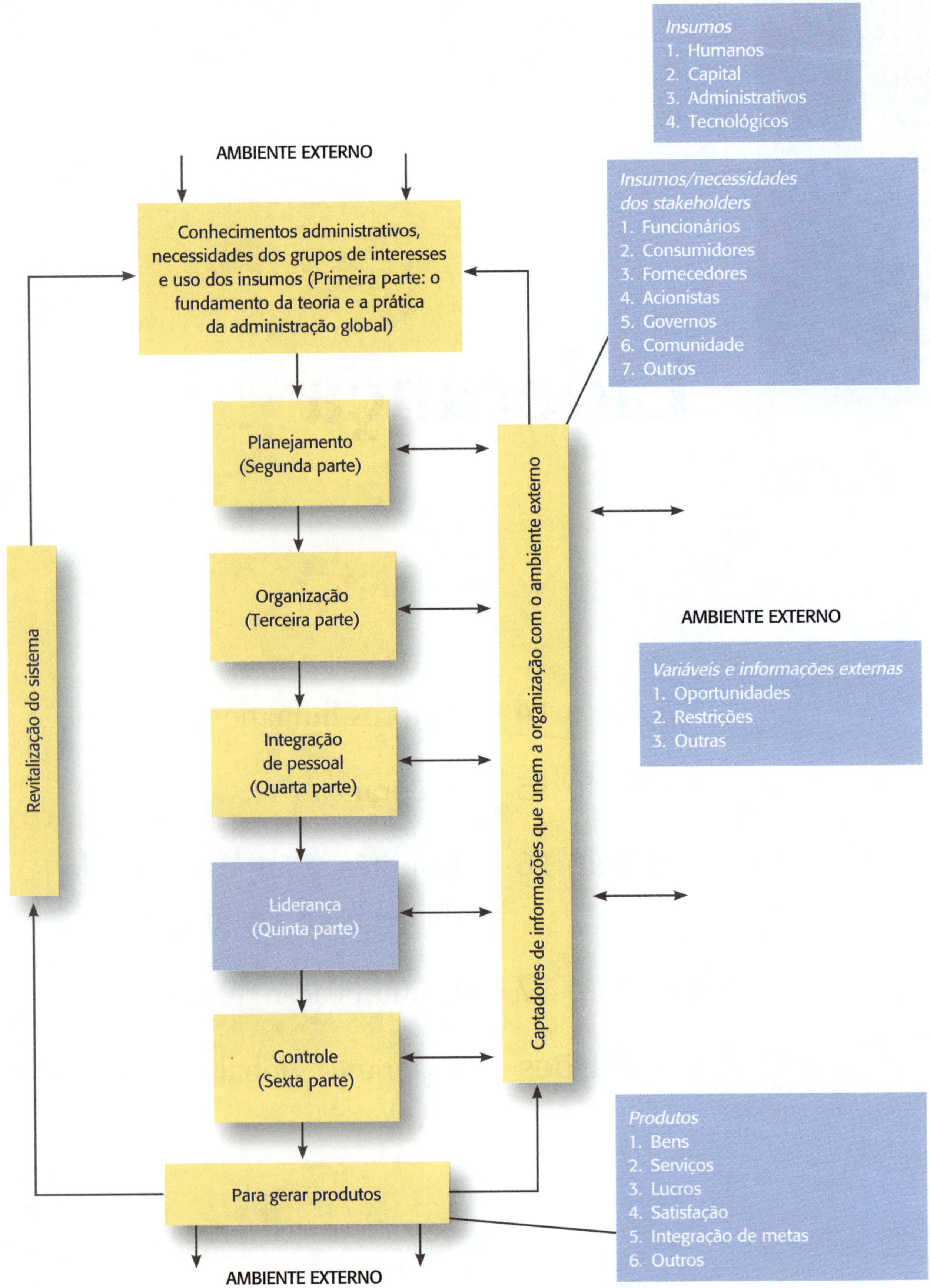

Insumos
1. Humanos
2. Capital
3. Administrativos
4. Tecnológicos
AMBIENTE EXTERNO
Insumos/necessidades dos stakeholders
1. Funcionários
2. Consumidores
3. Fornecedores
4. Acionistas
5. Governos
6. Comunidade
7. Outros
Conhecimentos administrativos, necessidades dos grupos de interesses e uso dos insumos (Primeira parte: o fundamento da teoria e a prática da administração global)
Planejamento (Segunda parte)
Organização (Terceira parte)
Integração de pessoal (Quarta parte)
Liderança (Quinta parte)
Controle (Sexta parte)
Revitalização do sistema
Captadores de informações que unem a organização com o ambiente externo
AMBIENTE EXTERNO
Variáveis e informações externas
1. Oportunidades
2. Restrições
3. Outras
Para gerar produtos
Produtos
1. Bens
2. Serviços
3. Lucros
4. Satisfação
5. Integração de metas
6. Outros
AMBIENTE EXTERNO

Capítulo 14

Fatores humanos e motivação

Objetivos de aprendizagem

Depois de estudar o capítulo, você deverá ser capaz de:

1. Definir a natureza da liderança.
2. Descrever os fatores humanos básicos que afetam a administração.
3. Explicar o significado da motivação.
4. Descrever as diversas teorias da motivação e seus pontos fortes e fracos.
5. Analisar técnicas de motivação, com ênfase no papel da remuneração, da participação, da qualidade das condições de trabalho e do enriquecimento de cargo.
6. Apresentar um enfoque de sistemas e situacional da motivação.

A administração e a liderança costumam ser vistas como uma coisa só. Não há dúvida de que o gerente mais eficaz é quase sempre um líder eficaz e de que liderar é uma função essencial dos gerentes. Administrar, porém, é mais do que apenas liderar. Como foi assinalado em capítulos anteriores, administrar inclui um planejamento cuidadoso, o estabelecimento de uma estrutura de organização que ajude as pessoas a alcançar metas e a integração de pessoal à estrutura da organização da forma mais competente possível. A medição e correção das atividades das pessoas mediante o controle são também uma função importante da administração, como será demonstrado na Parte 6. Contudo, todas essas funções gerenciais não terão muito efeito se os gerentes não souberem como liderar as pessoas ou não compreenderem os fatores humanos de suas operações, de forma a produzir os resultados desejados.

Liderar
O processo de influenciar pessoas para que contribuam com as metas organizacionais e do grupo.

A função gerencial de **liderar** é definida como o processo de influenciar as pessoas para que contribuam com as metas organizacionais e do grupo. Como mostrará a análise dessa função, é nessa área que as ciências do comportamento mais contribuem para a administração. Em seu exame do conhecimento pertinente à liderança, a quinta parte do livro enfocará os fatores humanos, motivação, liderança e comunicação.

Administrar requer a criação e manutenção de um ambiente em que os indivíduos trabalham juntos, em equipe, para a consecução de objetivos comuns.

Neste capítulo, a análise se centra em uma variedade de fatores humanos. **Administrar** requer a criação e manutenção de um ambiente em que os indivíduos trabalham em equipe para a consecução de objetivos comuns. Este capítulo ressalta a importância de conhecer e aproveitar fatores humanos e de motivação, mas isso não significa que os administradores devem se converter em psiquiatras aficionados. A tarefa do administrador não é manipular as pessoas, e sim identificar o que as motiva.

Fatores humanos na administração

Embora os objetivos da empresa possam diferir um pouco entre organizações, é óbvio que os funcionários também têm necessidades e objetivos particularmente importantes para eles. A partir da função de liderar, os administradores ajudam as pessoas a ver que podem satisfazer suas próprias necessidades e utilizar seu potencial ao contribuir para as metas de uma empresa. Assim, os administradores devem entender os papéis assumidos pelas pessoas, assim como suas individualidades e personalidades.

Multiplicidade de papéis

Os indivíduos são muito mais que um fator produtivo nos planos da administração. São membros de sistemas sociais de muitas organizações; são os consumidores de bens e serviços e, assim, influem de maneira vital na demanda; e são membros de famílias, escolas, igrejas, associações industriais ou partidos políticos. Nesses diferentes papéis, estabelecem-se leis que governam os administradores, éticas que guiam o comportamento e uma tradição de dignidade humana, que é uma característica importante de nossa sociedade. Em resumo, os administradores e as pessoas que lideram são membros que interagem em um amplo sistema social.

Não há um indivíduo "padrão"

As pessoas atuam em diferentes papéis, mas também são diferentes entre si; não há uma pessoa padrão. Entretanto, em empresas organizadas, costuma-se acreditar que há. As empresas desenvolvem regras, procedimentos, programas de trabalho, normas de segurança e descrições de cargo, tudo isso com base na suposição implícita de que, na essência, todas as pessoas são iguais. Naturalmente, essa suposição é necessária em maior grau nos esforços organizados, mas é importante também admitir que os indivíduos são únicos, têm diferentes necessidades, diferentes ambições, atitudes, padrões de responsabilidade, níveis de conhecimentos e habilidades e diferentes potenciais.

Se os gerentes não compreendem a complexidade e a individualidade das pessoas, podem aplicar mal as generalizações acerca de motivação, liderança e comunicação. Embora de maneira geral sejam corretos, os princípios e conceitos devem ser ajustados a situações específicas. Em uma empresa, nem todas as necessidades dos indivíduos podem ser completamente satisfeitas, mas os administradores têm bastante espaço para fazer arranjos individuais. Ainda que os requisitos da posição dependam normalmente dos planos da empresa e da organização, esse fato não necessariamente exclui a possibilidade de reordenar o cargo para que se ajuste à pessoa em uma situação específica.

A administração sempre deve considerar a dignidade da pessoa.

Perspectiva

A sensibilidade dos líderes

Durante sua participação no Fórum Mundial de Negociação, George Kohlrieser, professor de liderança e conduta organizacional da IMD, opinou sobre a forma como os administradores mexicanos fazem negócios.

No momento de negociar algo com o chefe, deve-se estabelecer um vínculo suficientemente forte que expresse por que se necessita ou se quer algo mais. "Não pode ser apenas uma razão externa, você tem de incluir o que os outros necessitam, considerar o seu lado, mas também a equipe de trabalho, a organização e o chefe." Segundo ele, os líderes mexicanos são mais sensíveis às emoções porque estão preparados em inteligência emocional, o que lhes permite se relacionar e ter vínculos sociais, diferentemente de outras culturas em que os líderes são mais agressivos.

Afirmou que a base de toda negociação reside na habilidade de criar relações que atinjam interesses comuns benéficos para todos.

Entre os erros mais comuns no momento de negociar, estão:

1. Perder o controle das próprias emoções em um conflito;
2. Fazer dos problemas algo pessoal.

Concluiu dizendo que os bons negociadores esclarecem sua mente e suas emoções, separam o lado pessoal do problema e, ao mesmo tempo, se envolvem completamente para ter uma melhor colaboração.

Fonte: Com informação de Aída Ulloa, "Más sensitivos, los líderes mexicanos". *El Universal, Finanzas*, 4 de outubro de 2007, p. B-5.

A importância da dignidade pessoal

Conceito de dignidade individual

As pessoas devem ser tratadas com respeito, não importa qual seja sua posição

Administrar inclui alcançar os objetivos da empresa. Obter resultados é importante, mas os meios nunca devem violar a dignidade das pessoas. O **conceito de dignidade individual** significa que as pessoas devem ser tratadas com respeito, não importa qual seja sua posição na organização. Presidente, vice-presidente, gerente, supervisor de primeira linha e trabalhador, todos contribuem para as metas da empresa.

Cada um é único, com diferentes capacidades e aspirações, mas todos são seres humanos e merecem ser tratados como tais.[1]

Consideração da pessoa como um todo

Não podemos falar da natureza das pessoas, a menos que se considere a pessoa como um todo, e não apenas características distintas e separadas como conhecimento, atitude, habilidades ou traços da personalidade. Uma pessoa tem tudo isso em diversos graus. Mais ainda, essas características interagem entre si, e seu predomínio em situações específicas muda com rapidez e de maneira imprevisível. O ser humano é uma pessoa totalmente influenciada por fatores externos. As pessoas não podem se despojar do efeito dessas forças quando vão para o trabalho. Os administradores devem identificar esses fatos e estar preparados para fazer frente a eles.

Perspectiva internacional

Gerentes de nível médio desiludidos[2]

A recente tendência de reduzir o tamanho das organizações e de fusão de empresas teve um efeito traumático nos gerentes de nível médio em muitas organizações. No afã de se aumentar a eficiência, os cargos desses gerentes de nível médio foram eliminados. A drástica redução de pessoal em muitas empresas dos Estados Unidos teve consequências inesperadas. Por exemplo, dizia-se que as condições de trabalho dos gerentes que ficam enriqueceriam com cargos mais significativos. A realidade é que muitos gerentes sentem agora que estão sobrecarregados e que suas contribuições não são consideradas.

A reestruturação das organizações resultou em grande insegurança no emprego e baixo moral. Os gerentes resistem frequentemente a compartilhar informação porque querem proteger seus empregos. Mais ainda, evitam falar com liberdade nas reuniões para não correr o risco de aborrecer o chefe. Os gerentes de nível médio acham que não recebem informação suficiente dos altos gerentes, que muitas vezes não proporcionam visão e liderança à empresa.

Qualquer que seja a situação, a amargura e o afastamento de muitos gerentes de nível mais baixo afetam o moral e a produtividade. Se as companhias querem ser competitivas, os funcionários devem estar comprometidos com as metas da empresa. Estimular essa dedicação requer interesse corporativo pelo indivíduo, o reconhecimento de sua dignidade como ser humano e uma segurança razoável no emprego com a oportunidade de crescimento e desenvolvimento pessoal.

---

[1] Esta é também uma das mensagens importantes na *Second Draft–Pastoral Letter on Catholic Social Teaching and the U.S. Economy*, 7 de outubro de 1985 e em *Economic Justice for All: Catholic Social Teaching and the U.S. Economy*, Washington, DC: Conferência Nacional de Bispos Católicos, 1996.

[2] Ver também http://www.management-issues.com/2006/8/24/research/organisations-get thumbs-down-from-disillusioned-managers.asp, acesso em 3 de fevereiro de 2007, e http://www.blackwell-synergy.com/doi/pdf/10.1111/j.1365-2934.2005.00612.x?cookieSet=1, acesso em 3 de fevereiro de 2007.

Perspectiva internacional

Automotivação

Os gerentes são responsáveis por proporcionar um ambiente que conduza ao desempenho. Os próprios indivíduos, porém, são responsáveis pela automotivação. Um enfoque é a partir da administração estratégica da carreira (que se analisou no Capítulo 12). George Odiorne, professor de administração, erudito e consultor experimentado, fez recomendações específicas para motivar a si mesmo. Eis aqui algumas:

- Estabeleça uma meta para você mesmo e não a perca de vista. Lee Iacocca (ex-presidente da Chrysler) estabeleceu a meta de se tornar vice-presidente da Ford Motor Company aos 35 anos de idade, e durante 15 anos essa meta o motivou e guiou seu comportamento.
- Complemente seus objetivos a longo prazo com metas e ações específicas a curto prazo. Alguém já disse que fazer algo é começar.
- Aprenda uma nova tarefa desafiadora a cada ano. Aprender a se tornar gerente não termina ao obter uma licenciatura ou mestrado em administração. Um título é, na verdade, o começo, e não o fim da aprendizagem. Aprender e aplicar tecnologia de microcomputadores poderia ser considerado uma tarefa desafiadora.
- Faça de seu trabalho algo diferente. Estabeleça objetivos de melhoria para sua posição. Com alguma imaginação, talvez possa incrementar significativamente sua produtividade.
- Desenvolva uma área de experiência. Construa sobre suas forças ou minore suas fraquezas para convertê-las em forças. Talvez você queira ser reconhecido como o melhor contador ou o melhor engenheiro em sua área de competência específica.
- Conceda-se retorno e recompensa. Estabelecer metas mensuráveis oferece-lhe um padrão em relação ao qual se pode medir seu desempenho. Por que não se conceder um jantar especial para festejar seus êxitos?

http://www.chrysler.com
http://www.ford.com

Motivação

Os motivos humanos baseiam-se em necessidades, sejam elas sentidas consciente ou inconscientemente. Algumas são necessidades primárias, como as necessidades fisiológicas de água, ar, alimentos, sono e abrigo. Outras necessidades podem ser consideradas secundárias, como autoestima, status, filiação a outros, afeto, doação, êxito e autoafirmação. Naturalmente, estas necessidades variam em intensidade e com o tempo entre os indivíduos.

A **motivação** é um termo geral que se aplica a todo tipo de impulsos, desejos, necessidades, aspirações e forças similares. Dizer que os gerentes motivam seus subordinados significa que fazem coisas esperando satisfazer esses impulsos e desejos e induzem os subordinados a atuar da maneira desejada.

Motivação

Termo geral que se aplica a todo tipo de impulsos, desejos, necessidades, aspirações e forças similares.

Um modelo de comportamento precoce: a teoria X e a teoria Y de McGregor

Um ponto de vista acerca da natureza das pessoas foi expresso por Douglas McGregor em sua teoria X e teoria Y.[3]

A teoria X e a teoria Y de McGregor

Duas séries de suposições sobre a natureza das pessoas.

[3] McGregor, Douglas. *The human side of enterprise*. Nova York: McGraw-Hill, 1960. Para críticas de seus trabalhos, ver http://www.lib.uwo.ca/business/dougmcgregor.html, acesso em 2 de outubro de 2006.

Administrar, sugere McGregor, deve começar com a pergunta básica sobre como os gerentes veem a si mesmos em relação a outros. Esse ponto de vista requer uma ideia sobre a percepção da natureza humana. As teorias X e Y são duas séries de suposições acerca da natureza das pessoas. McGregor escolheu esses termos porque queria uma terminologia neutra, sem a conotação de ser "boas" ou "más".

Suposições da teoria X

As suposições "tradicionais" acerca da natureza das pessoas, segundo McGregor, estão incluídas na teoria X, como segue:

- Os seres humanos geralmente sentem uma aversão inerente pelo trabalho e o evitarão se puderem;
- Devido a essa característica humana de aversão ao trabalho, as pessoas, em sua maioria, serão obrigadas, controladas, lideradas e ameaçadas com castigos para que façam o esforço adequado para alcançar os objetivos organizacionais;
- Os seres humanos em geral preferem ser liderados, desejam evitar a responsabilidade, têm relativamente pouca ambição e querem segurança acima de tudo.

Suposições da teoria Y

McGregor vê as suposições sob a teoria Y, como segue:

- O gasto do esforço físico e mental no trabalho é tão natural como brincar ou descansar;
- O controle externo e a ameaça de um castigo não são os únicos meios para produzir esforço para os objetivos organizacionais. As pessoas exercerão autogestão e autocontrole a serviço dos objetivos com os quais estão comprometidas;
- O grau de compromisso com os objetivos é proporcional ao tamanho das recompensas associadas ao seu êxito;
- Os seres humanos geralmente aprendem, nas condições apropriadas, não apenas a aceitar a responsabilidade, mas também a buscá-la;
- A capacidade de exercer um grau relativamente alto de imaginação, ingenuidade e criatividade na solução de problemas organizacionais é distribuída amplamente, não restritamente, na população;
- Sob as condições da vida industrial moderna, as potencialidades intelectuais do ser humano são, em geral, utilizadas apenas de maneira parcial.

É óbvio que essas séries de suposições são fundamentalmente distintas. A teoria X é pessimista, estática e rígida. O controle é, antes de tudo, externo, imposto ao subordinado pelo superior. Em contraste, a teoria Y é otimista, dinâmica e flexível, centrada na autogestão e na integração das necessidades individuais com as demandas organizacionais. Está mais ou menos claro que cada série de suposições afetará a forma como os administradores realizam suas funções e atividades gerenciais.

Esclarecimento das teorias

McGregor estava aparentemente preocupado com o fato de que a teoria X e a teoria Y fossem mal interpretadas. Os pontos a seguir esclarecem algumas áreas de mal-entendidos e mantêm as suposições na perspectiva apropriada. Primeiro, as suposições das teorias X e Y são apenas isso: suposições. Não são prescrições ou sugestões para estratégias gerenciais. Essas suposições devem, porém, ser provadas em face da realidade. Mais ainda, são deduções intuitivas e não se baseavam em pesquisa. Segundo, as teorias X e Y não implicam uma administração "dura" ou "branda". O enfoque "duro" pode produzir resistência e antagonismo; o enfoque "brando" pode resultar em uma administração de *laissez-faire* (deixar fazer) e não é congruente com a teoria Y. O gerente eficaz reconhece a dignidade e capacidades, assim como as limitações das pessoas, e ajusta o comportamento conforme a situação exige. Terceiro, as teorias X e Y não devem ser vistas como se estivessem em uma escala contínua, com X e Y em extremos opostos. Não são questão de grau; são antes pontos de vista completamente diferentes das pessoas. Quarto, a análise da teoria Y não é um caso para administração por consenso, tampouco um argumento contra o uso da autoridade. Sob a teoria Y, a autoridade é vista apenas como uma das muitas formas como um gerente exerce a liderança. Quinto, a variedade de tarefas e situações requer diferentes enfoques da administração. Às vezes, autoridade e estrutura podem ser eficazes para certas tarefas, como mostrou a pesquisa de John J. Morse e Jay W. Lorsch.[4] Eles sugerem que diferentes enfoques sejam eficazes em situações distintas. Assim, a empresa produtiva é aquela que ajusta os requisitos da tarefa às pessoas e à situação particular. Na próxima seção descreveremos várias teorias da motivação.

Teoria da hierarquia das necessidades de Maslow

Uma das teorias da motivação mais citadas é a teoria da hierarquia das necessidades, proposta pelo psicólogo Abraham Maslow.[5] Maslow via as necessidades humanas na forma de uma hierarquia, indo das mais baixas às mais altas, e concluiu que, quando uma série de necessidades é satisfeita, deixa de ser um motivador.

Teoria da hierarquia das necessidades de Maslow

Quando uma série de necessidades é satisfeita, esse tipo de necessidade deixa de ser um motivador.

A hierarquia das necessidades

As necessidades humanas básicas colocadas por Maslow em ordem de importância ascendente, como se vê na Figura 14.1, são as seguintes:

1. *Necessidades fisiológicas*. Trata-se das necessidades básicas para sustentar a própria vida humana, como alimento, água, calor, abrigo e sono. Segundo Maslow, quando essas necessidades forem satisfeitas no grau necessário para manter a vida, outras não motivarão as pessoas.
2. *Necessidades de segurança*. As pessoas querem estar livres de perigos físicos e do temor de perder o trabalho, propriedades, alimentos ou abrigo.

---

4 Morse, John J. e Jay W. Lorsch. "Beyond theory Y". *Harvard Business Review*, maio-junho de 1970, p. 61-68. Para outras publicações de Lorsch na Escola de Negócios de Harvard, ver http://dor.hbs.edu, acesso em 12 de junho de 2002.

5 Maslow, Abraham. *Motivation and personality*. Nova York: Harper & Row, 1954. Para as publicações de Maslow, ver http://www.maslow.com, acesso em 2 de outubro de 2006.

Perspectiva empresarial

Como administrar os gerentes empreendedores

Os empreendedores estão não apenas nas novas empresas que criam, mas também em organizações maiores. Como podem ser motivados e administrados esses gerentes empreendedores? Os empreendedores tendem a valorizar a liberdade e a possibilidade de buscar as oportunidades que percebem que existem. Em vez de procurar supervisioná-las de perto, os líderes organizacionais são encorajados a soltar seus gerentes empreendedores para que busquem mais inovações e oportunidades para a companhia. Eles constatarão que esses gerentes empresariais apreciarão a liberdade e conseguirão coisas maravilhosas para as organizações que os apoiam. Mas, frequentemente, os gerentes de nível médio exercem um controle excessivo e esmagam a capacidade criativa e a motivação de seus empreendedores corporativos. Recomenda-se aos líderes organizacionais que protejam seus gerentes empreendedores, visto que, com o tempo, sua visão pode se converter no futuro da organização.

3. *Necessidades de afiliação ou aceitação*. Dado que as pessoas são entes sociais, elas precisam pertencer, ser aceitas por outros.
4. *Necessidades de estima*. Segundo Maslow, quando as pessoas começam a satisfazer sua necessidade de pertencer, a tendência é que queiram ser tidas em alta estima, tanto por si mesmas como por outros. Esse tipo de necessidade produz satisfações como poder, prestígio, status e confiança em si mesmo.
5. *Necessidade de autorrealização*. Maslow considera que esta é a necessidade mais elevada em sua hierarquia. É o desejo de converter-se no que alguém é capaz de se converter, maximizar nosso potencial e conseguir algo.

FIGURA 14.1 Hierarquia das necessidades de Maslow

Questionar a hierarquia das necessidades

O conceito de Maslow de uma hierarquia das necessidades foi submetido a uma vasta pesquisa. Edward Lawler e J. Lloyd Suttle coletaram dados de 187 gerentes em duas organizações distintas em um período de seis a 12 meses.[6] Encontraram pouca evi-

[6] Lawler III, Edward e Suttle, J. Lloyd, "A causal correlation test of the need-hierarchy concept". *Organizational Behavior and Human Performance*, abril de 1972, p . 265-287.

dência que apoiasse a teoria de Maslow de que as necessidades humanas formam uma hierarquia. Contudo, notaram que há dois níveis de necessidades, biológicas e outras, e que as outras necessidades só surgiriam quando as necessidades biológicas estivessem razoavelmente satisfeitas. Constataram ainda que, no nível mais alto, a força das necessidades varia em o indivíduo: em alguns indivíduos, as necessidades sociais predominam, enquanto em outros as necessidades de autorrealização são as mais fortes.

Em outro estudo da hierarquia das necessidades de Maslow que incluiu um grupo de gerentes em um período de cinco anos, Douglas T. Hall e Khalil Nougaim não encontraram forte evidência de uma hierarquia.[7] Verificaram, porém, que, conforme os gerentes avançam em uma organização, suas necessidades fisiológicas e de segurança tendem a decrescer em importância, enquanto suas necessidades de filiação, estima e autorrealização tendem a crescer. No entanto, insistem em que o movimento ascendente da necessidade de se destacar decorre de mudanças em ascensão na carreira e não da satisfação de necessidades de ordem mais baixa.

A teoria ERG (Existence, Relatedness, Growth) de Alderfer

A teoria ERG de Clayton Alderfer é similar à hierarquia das necessidades de Maslow. Porém, a ERG tem apenas três categorias: necessidades de existência (similares às necessidades básicas de Maslow), necessidades de relação (relativas a relacionar-se com outros de maneira satisfatória) e necessidades de crescimento (referindo-se ao autodesenvolvimento, criatividade, crescimento e competência).[8] Assim, a ERG refere-se a essas três categorias de existência, relação e crescimento. Alderfer sugere que podemos ser motivados pelas necessidades a vários níveis ao mesmo tempo. Por exemplo, ir trabalhar para ganharmos a vida (satisfação das necessidades de existência) e ao mesmo tempo ser motivados pelas boas relações com os colegas de trabalho. Além disso, segundo Alderfer, quando as pessoas sentem frustração em um nível, enfocam uma categoria de necessidades em um nível mais baixo.

Teoria ERG de Alderfer

As pessoas são motivadas por necessidades de existência, de relação e de crescimento.

Teoria de dois fatores de Herzberg

O enfoque nas necessidades de Maslow foi bastante modificado por Frederick Herzberg e seus colaboradores.[9] Sua pesquisa propõe encontrar uma **teoria de dois fatores** da motivação. Em um grupo de necessidades estão a política e a administração,

Teoria de dois fatores de Herzberg

Os fatores de insatisfação, também chamados de fatores de manutenção, higiene ou contexto do trabalho, não são motivadores, enquanto os fatores de satisfação são motivadores e estão relacionados com o conteúdo do trabalho.

7 Hall, Douglas T. e Nougaim, Khalil, "An examination of Maslow's hierarchy in an organization setting". *Organizational Behavior and Human Performance*, fevereiro de 1968, p. 12-35. Para uma outra avaliação da teoria da hierarquia das necessidades, ver Miner, John B. *Theories of organizational behavior*. Hinsdale, IL: Dryden Press, 1980, Capítulo 2.

8 Alderfer, C. P. *Existence, relatedness, and growth: Human needs in organizational settings*. Nova York: Free Press, 1972.

9 Herzberg, Frederick et al. *Job attitudes: Review of research and opinion*. Pittsburgh: Psychological Services of Pittsburgh, 1957; Herzberg, Frederick et al. *The motivation to work*. Nova York: Wiley, 1959.

supervisão, condições de trabalho, relações interpessoais, salário, status, segurança no emprego e na vida pessoal da companhia. Herzberg constatou que são apenas fatores de insatisfação, não motivadores. Em outras palavras, se existem em um ambiente de trabalho em alta quantidade e qualidade, não trazem insatisfação. Sua existência não motiva no sentido de trazer satisfação; sua falta de existência, porém, resultaria em insatisfação. Herzberg chama-os de *fatores de manutenção, higiene ou contexto do trabalho.*

No segundo grupo, Herzberg lista certos fatores de satisfação e, portanto, motivadores, todos relacionados ao conteúdo do trabalho. Incluem êxito, reconhecimento, trabalho desafiador, progresso e crescimento no trabalho. Sua existência trará sentimentos de satisfação ou não-satisfação (não-insatisfação). Como indica a Figura 14.2, os fatores de satisfação e insatisfação identificados por Herzberg são similares aos fatores sugeridos por Maslow.

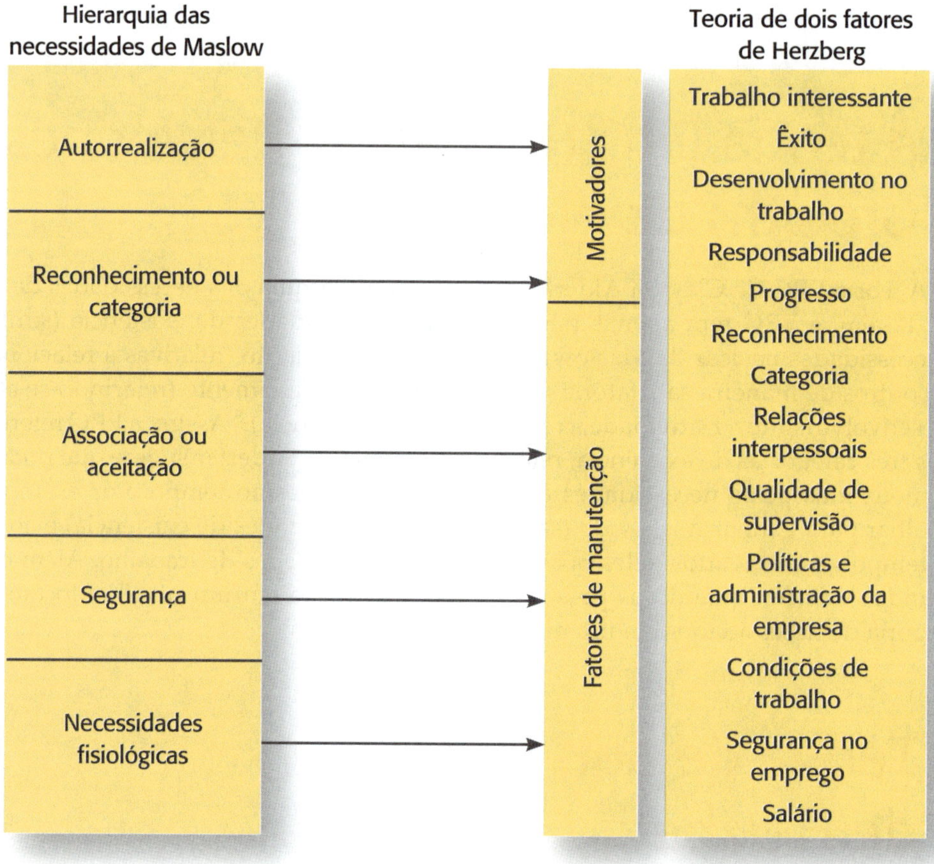

FIGURA 14.2 Comparação das teorias da motivação de Maslow e Herzberg

O primeiro grupo de fatores (de insatisfação) não motivará as pessoas de uma organização; contudo, eles devem estar presentes ou surgirá a insatisfação. Os do segundo grupo, os fatores de conteúdo do trabalho, foram determinados como os verdadeiros motivadores por ter o potencial de trazer um sentido de satisfação. É evidente que, se essa teoria da motivação é válida, os administradores devem dar muita atenção a elevar o conteúdo do cargo.

A pesquisa de Herzberg não deixou de ser desafiada. Alguns pesquisadores questionam os métodos de investigação de Herzberg, que, segundo eles, tendem a prejulgar os resultados. Por exemplo, a tendência bastante conhecida das pessoas de atribuir os bons resultados aos seus próprios esforços e a culpar os outros pelos maus resultados, teriam prejulgado as descobertas de Herzberg. Sem seguir seus métodos, outros pesquisadores chegaram a conclusões que não apoiam a teoria.

Teoria da expectativa da motivação

Outro enfoque, que muitos creem que vá além de explicar como as pessoas são motivadas, é a teoria da expectativa. Um dos líderes a apresentar e explicar essa teoria é o psicólogo Victor H. Vroom. Ele sustenta que as pessoas serão motivadas a fazer coisas para atingir uma meta se acreditarem na sua capacidade de alcançá-la e se o que fazem os ajudar a atingi-la.[10] Em certo sentido, esta é uma expressão moderna do que o clérigo alemão Martinho Lutero observou há séculos quando disse "tudo o que se faz no mundo é feito pela esperança".

Em particular, a teoria de Vroom indica que a motivação das pessoas para fazer qualquer coisa será determinada pelo valor que atribuem ao resultado de seu esforço (seja positivo ou negativo), multiplicado pela confiança que têm de que seu esforço ajudará

Perspectiva internacional

O valor da experiência

O hotel Nikko, da Cidade do México, é um dos mais importantes no ramo do grande turismo. É conhecido pelas maravilhosas instalações, localizadas junto a uma das principais avenidas da cidade, e pelo serviço. A política de contratação de pessoal é bastante flexível.

Donalda Reyes foi demitida do hotel Krystal, outra rede hoteleira, aos 55 anos, depois de uma vida nessa empresa. Pensava em estabelecer um negócio próprio, mas lhe recomendaram que procurasse o hotel Nikko. Embora não tivesse muitas ilusões, visto que a maioria das empresas não contrata gente mais velha, conseguiu o emprego. "Trouxe minhas cartas de recomendação. A funcionária que me entrevistou cumprimentou-me; disse que não é qualquer pessoa que traz essas cartas", comenta Donalda. A empresa é uma das poucas que privilegiam a contratação de pessoas com mais de 45 anos no México. "A vantagem de ter pessoas mais velhas é que elas não faltam. É bonita a combinação de gente jovem, que traz toda a energia, com uma pessoa que tem toda a experiência", afirma Grazia Castro, diretor de Recursos Humanos do Nikko.

Fonte: Com informação de "Las 60 mejores". *Expansión*, México, 14-28 de maio de 2007, n. 965, p. 102

---

[10] Vroom, Victor H. *Work and motivation*. Nova York: Wiley, 1964. Ver também Nadler, David A. e Edward E. Lawler III, "Motivation: A diagnostic approach", Hackman, J. Richard Edward et al. (eds.). *Perspectives on behavior in organizations*. 2. ed. Nova York: McGraw-Hill, 1983, p. 67-87.

materialmente a atingir uma meta. Segundo suas próprias palavras, a teoria de Vroom pode ser expressa como

$$\text{Força} = \text{valência}^{11} \times \text{expectativa}$$

Teoria da expectativa da motivação de Vroom

As pessoas serão motivadas a fazer coisas para alcançar uma recompensa se acreditarem nela e se o que fazem as ajudam a alcançá-la.

Sendo que *força* é a motivação de uma pessoa, *valência* é a preferência que um indivíduo dá a recompensas e *expectativa* é a probabilidade de que uma ação em particular levará a uma recompensa desejada. Quando uma pessoa é indiferente quanto a alcançar certa meta, ocorre uma valência zero; há uma valência negativa quando a pessoa preferiria não alcançar a meta. O resultado de qualquer das duas seria, evidentemente, uma motivação nula. Do mesmo modo, uma pessoa não teria motivação para atingir uma meta se a expectativa fosse zero ou negativa. A força exercida para fazer algo dependerá tanto da valência quanto da expectativa. Mais ainda, um motivo para realizar certa ação poderia ser determinado pelo desejo de obter algo mais. Por exemplo, uma pessoa poderia estar disposta a trabalhar duro para elaborar um produto por uma recompensa, ou um gerente estaria disposto a se esforçar para atingir as metas da companhia em marketing ou produção para uma promoção.

Teoria de Vroom e a prática

Um dos grandes interesses da teoria de Vroom é reconhecer a importância das necessidades e motivações do indivíduo. Dessa maneira, evita algumas das características simplistas dos enfoques de Maslow e Herzberg. Parece mais realista. Ajusta-se ao conceito de harmonia de objetivos: os indivíduos têm metas pessoais diferentes das metas organizacionais, mas estas podem ser harmonizadas. Mais ainda, a teoria de Vroom é muito consistente com o sistema de administrar por objetivos.

A força da teoria de Vroom é também sua fraqueza. Sua suposição de que as percepções de valor variam entre indivíduos em diferentes momentos e lugares parece ajustar-se à vida real com maior precisão. É congruente com a ideia de que a tarefa de um gerente é desenhar um ambiente para o desempenho, necessariamente levando em conta as diferenças em várias situações. Por outro lado, a teoria é difícil de aplicar na prática. Apesar da dificuldade em sua aplicação, a precisão lógica da teoria de Vroom indica que a motivação é muito mais complexa que os enfoques de Maslow e Herzberg parecem implicar.

Modelo de motivação de Porter e Lawler

Lyman W. Porter e Edward E. Lawler criaram um modelo de motivação substancialmente mais completo, baseado em grande parte na teoria das expectativas. Em seu estudo, aplicaram o modelo principalmente a gerentes.[12] Ele é resumido na Figura 14.3.

Como indica o modelo, a quantidade de esforço (a força da motivação e a energia exercida) depende do valor de uma recompensa mais a quantidade de energia que uma pessoa acredita que se requer e a probabilidade de receber essa recompensa. O esforço

11 NE: Victor Vroom utiliza o termo *valência* ao tratar de valor, portanto valência é o termo usado neste livro.

12 Porter, Lyman W. e Lawler III, Edward E. *Managerial attitudes and performance*. Homewood, IL: Irwin, 1968; Pavett, Cynthia M. "Evaluation of the impact of feedback on performance and motivation". *Human Relations*, julho de 1983, p. 641-654.

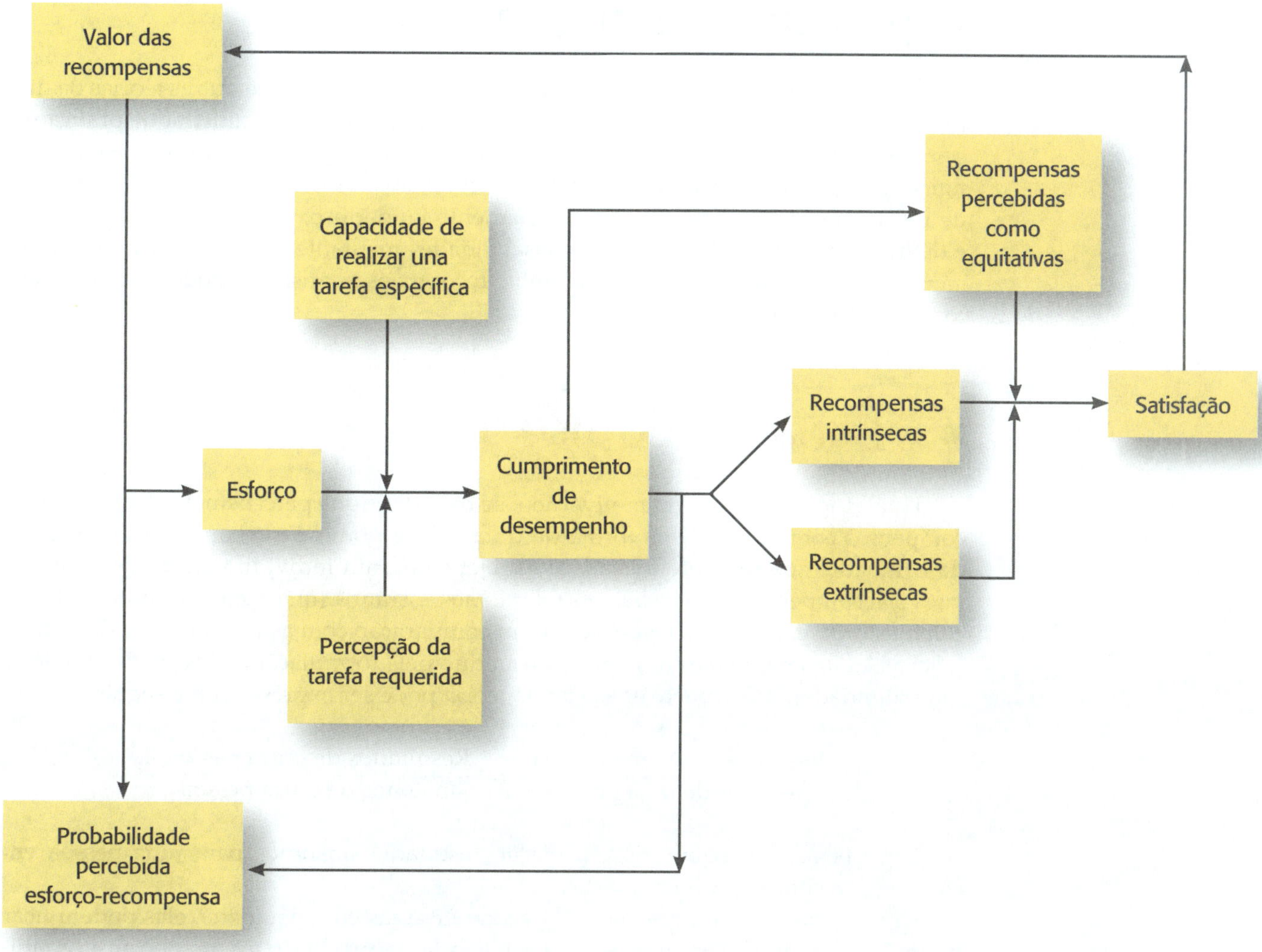

Adaptado de Porter, L. W. e Lawler, E. E. *Managerial attitudes and performance*. Homewood, IL: Richard D. Irwin, Inc., 1968, p. 165.

FIGURA 14.3 Modelo da motivação de Porter e Lawler

percebido e a probabilidade de obter uma recompensa são influenciados, na verdade, pela experiência do desempenho real. Está claro que, se as pessoas sabem que podem fazer um trabalho, ou se já o fizeram, têm uma ideia melhor do esforço requerido e conhecem melhor a probabilidade de receber uma recompensa.

O desempenho real em um cargo (a execução das tarefas ou o cumprimento de metas) é determinado em maior grau pelo esforço realizado. Mas é muito influenciado também pela capacidade do indivíduo (conhecimentos e habilidades) para realizar a tarefa e por sua percepção de qual é a tarefa requerida (o grau em que a pessoa compreende as metas, as atividades requeridas e outros elementos de uma tarefa). O desempenho, por sua vez, é visto como o que conduz às recompensas intrínsecas (como um sentido de êxito ou autorrealização) e recompensas extrínsecas (como as condições de trabalho e o status). Essas recompensas, temperadas pelo que o indivíduo vê como equitativo, levam à satisfação. Mas o desempenho influencia também nas recompensas equitativas percebidas. É compreensível que aquilo que o indivíduo vê como uma recompensa justa por um esforço necessariamente afetará a satisfação decorrente. Do mesmo modo, o valor real das recompensas será influenciado pela satisfação.

Implicações na prática

O modelo de Porter e Lawler, embora seja mais complexo que outras teorias da motivação, certamente representa melhor esse sistema. Para o administrador praticante, esse modelo significa que a motivação não é uma mera questão de causa e efeito. Significa igualmente que os administradores devem avaliar com cuidado suas estruturas de recompensas. A partir de um planejamento cuidadoso, administrar por objetivos e definir com clareza deveres e responsabilidades mediante uma boa estrutura de organização, o sistema esforço–desempenho–recompensa–satisfação pode integrar-se em todo um sistema de administração.

Teoria da equidade

Teoria da equidade

A motivação é influenciada pela avaliação subjetiva de um indivíduo acerca do quanto é justa a recompensa que recebe, relativa aos insumos, comparada com as recompensas de outros.

Um fator importante na motivação é se os indivíduos percebem a estrutura de recompensas como justa. Uma forma de tratar desse ponto é mediante o uso da teoria da equidade, que se refere à avaliação subjetiva de um indivíduo acerca de quanto é justa a recompensa que recebe, em relação aos insumos (que incluem muitos fatores, como esforço, experiência e educação), em comparação com as recompensas de outros. J. Stacy Adams recebeu grande parte do crédito pela formulação da teoria da equidade (ou iniquidade).[13] O aspecto essencial da teoria pode ser expresso como segue:

$$\frac{\text{Resultados de uma pessoa}}{\text{Insumos de uma pessoa}} = \frac{\text{Resultados de outra pessoa}}{\text{Insumos de outra pessoa}}$$

Deve haver um equilíbrio da relação resultados/insumos para uma pessoa em comparação com a de outra.

Se as pessoas acham que não são recompensadas com equidade, elas podem ficar insatisfeitas, reduzir a quantidade ou qualidade da produção ou até deixar a organização. Se as pessoas percebem as recompensas como equitativas, talvez continuem no mesmo nível de produção. Se acreditam que as recompensas são maiores do que é considerado equitativo, podem trabalhar mais. É possível também que alguns desprezem as recompensas. Essas três situações são ilustradas na Figura 14.4.

Um dos problemas é quando as pessoas superestimam suas próprias contribuições e as recompensas que outros recebem. Os funcionários podem tolerar certas iniquidades durante algum tempo,[14] mas os sentimentos de iniquidade prolongados resultam em fortes reações a uma ocorrência aparentemente menor. Por exemplo, um funcionário repreendido por chegar uns minutos atrasado pode se aborrecer e decidir deixar o emprego, não tanto pela reprimenda, mas por sentimentos antigos de que as recompensas por suas contribuições não são equitativas em comparação com as recompensas de outros. Do mesmo modo, uma pessoa pode estar muito satisfeita com um salário

---

13 Adams, J. Stacy. "Toward an understanding of inequity". *Journal of Abnormal and Social Psychology*, v. 67, 1963, p. 422-436; Adams. "Inequity in social exchange". In: Berkowitz, L. (ed.). *Advances in experimental social psychology*. Nova York: Academic Press, 1965, p. 267-299.

14 Cosier, Richard A. e Dan R. Dalton. "Equity theory and time: a reformulation". *Academy of Management Review*, abril de 1983, p. 311-319. Ver também Huseman, Richard C. et al. "A new perspective on equity theory: the equity sensitivity construct". *Academy of Management Review*, abril de 1987, p. 222-234.

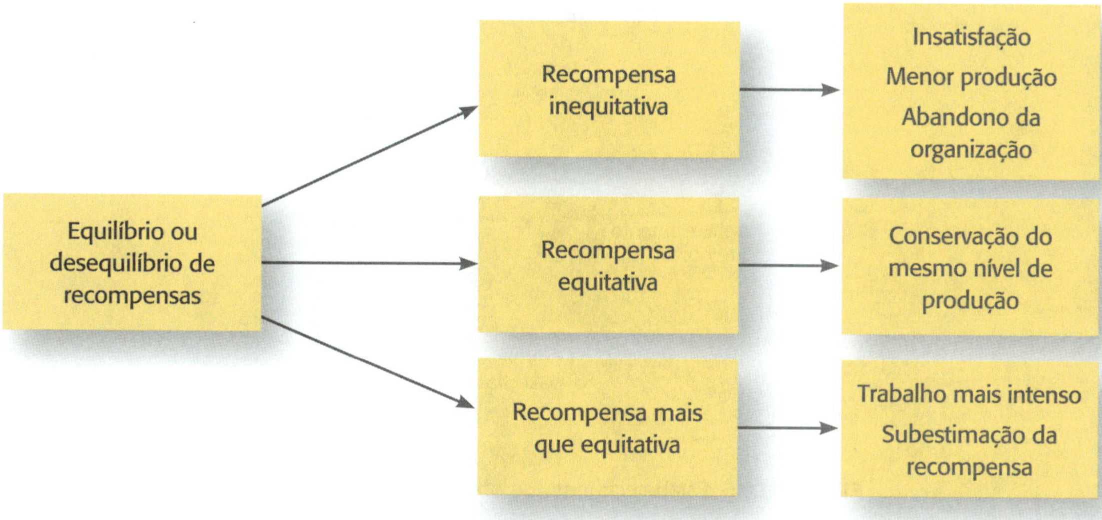

FIGURA 14.4 Teoria da equidade

semanal de US$ 500 até ficar sabendo que outra pessoa, que faz um trabalho similar, ganha US$ 10 a mais.

Teoria da motivação do estabelecimento de metas[15]

No Capítulo 4, apresentou-se o enfoque de sistemas da administração por objetivos (APO). O modelo ilustrado na Figura 4.4 neste capítulo oferece um panorama amplo da APO. A pesquisa demonstrou que, para serem eficazes, muitas atividades gerenciais chave têm de se integrar em um sistema amplo. Contudo, uma parte importante desse sistema refere-se aos passos requeridos para estabelecer objetivos, ações de planejamento, implementação e controle e avaliação, como ilustra a Figura 14.5. Deve-se recordar que os termos objetivos e metas são utilizados habitualmente de maneira indistinta na literatura administrativa.

Para que os objetivos sejam significativos, precisam ser claros, alcançáveis e mensuráveis. Na verdade, as metas claras, quando aceitas, são motivadoras. As pessoas querem saber o que se espera delas. Contudo, devem-se cumprir várias condições, que incluem objetivos mensuráveis; isto significa que, ao final do período, devemos ser ca-

[15] Foi realizada uma pesquisa ampla sobre os aspectos de motivação do estabelecimento de metas. Ver Locke, Edwin A. e Bryan, Judith F. "Performance goals as determinants of level of performance and boredom". *Journal of Applied Psychology*, abril de 1967, p. 120-130; Locke, Edwin A. "The relationship of intentions to level of performance". *Journal of Applied Psychology*, fevereiro de 1966, p. 60-66; Locke. "The ubiquity of the technique of goal setting in theories of and approaches to employee motivation". *Academy of Management Review*, julho de 1978, p. 594-601; Weihrich, Heinz. "A study of the integration of management by objectives with key managerial activities and the relationship to selected effectiveness measures". Dissertação de doutorado. Los Angeles: Universidade da Califórnia, 1973. Para o estabelecimento de metas computadorizado em Cypress Semiconductor, ver Rogers, T. J. "No excuses management". *Harvard Business Review*, julho-agosto de 1990, p. 84-98. Ver também Weihrich, Heinz. *Management excellence: Productivity through MBO*. Nova York: McGraw-Hill, 1985, Capítulo 5.

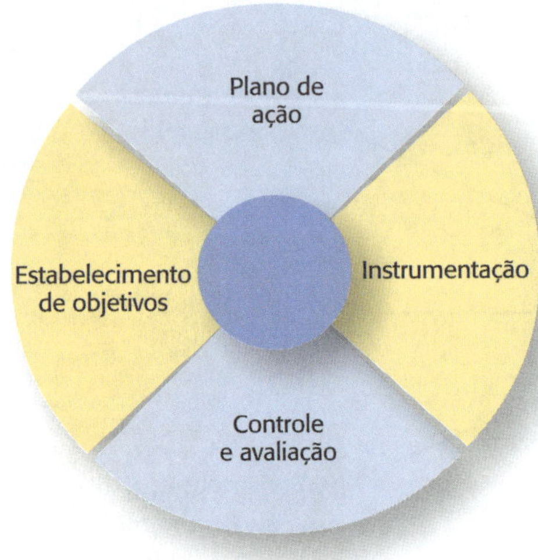

FIGURA 14.5 Estabelecimento de objetivos para a motivação

Para que os objetivos sejam significativos, têm de ser claros, alcançáveis e mensuráveis

pazes de medir se os objetivos foram atingidos e em que grau. Objetivos como "obter as melhores qualificações possíveis na escola" não são mensuráveis, mas uma graduação com uma nota média de 3,8 pontos é. Os objetivos devem ser desafiadores, porém, terão de ser também razoáveis. Objetivos fora da realidade que não podem ser alcançados desmotivam ao invés de motivar, meta importante da APO.

Para obter o compromisso de alcançar as metas, uma verdadeira participação ao estabelecê-las é essencial. No ambiente apropriado, os próprios indivíduos serão encorajados a estabelecê-las. Evidentemente, o superior deve revê-las e aprová-las. No ambiente apropriado, possivelmente as pessoas tendem a estabelecer metas mais altas do que as que o superior estabeleceria.

Sobre outras condições para um estabelecimento eficaz de metas que melhorem a motivação, ver a lista de verificação na Tabela 4.2 do Capítulo 4.

Teoria do reforço de Skinner

Reforço positivo ou **modificação do comportamento**

Os indivíduos podem ser motivados mediante o desenho apropriado de seu ambiente de trabalho e do elogio de seu desempenho, enquanto o castigo por um mau desempenho produz resultados negativos.

O psicólogo B. F. Skinner, de Harvard, desenvolveu uma interessante, mas controversa, técnica para a motivação. Esse enfoque, chamado de **reforço positivo** ou **modificação do comportamento**,[16] sustenta que os indivíduos podem ser motivados mediante o desenho apropriado de seu ambiente de trabalho e do elogio de seu desempenho e que o castigo por um mau desempenho produz resultados negativos.

Skinner e seus seguidores fazem muito mais que elogiar um bom desempenho. Analisam a situação de trabalho para determinar o que faz os trabalhadores atuarem de tal forma e depois iniciam mudanças para eliminar áreas problemáticas e obstruções ao desempenho. Em seguida, estabelecem-se metas específicas com a participação e a cooperação dos trabalhadores, disponibiliza-se retorno imediato e regular sobre os resultados e recompensam-se as melhoras no desempenho com reconhecimento e elogios. Mesmo quando o desempenho não é igual às metas, encontram-se formas de ajudar as pessoas e de elogiá-las pelo que fazem bem. Além disso, revelou-se muito útil e motivador dar

[16] Luthans, Fred e Kreitner, Robert. *Organizational behavior modification and beyond: an operant and social learning approach*. Glenview, IL: Scott, Foresman and Company, 1984.

às pessoas informação completa sobre os problemas da companhia, em especial aqueles nos quais estão envolvidas.

Essa técnica parece simples demais para funcionar, e muitos cientistas do comportamento e gerentes se mostram céticos acerca de sua eficácia. Contudo, várias companhias destacadas consideraram benéfico o enfoque. A Emery Air Freight Corporation, por exemplo, observou que esse enfoque poupava quantidades importantes de dinheiro para a companhia apenas induzindo os funcionários a se assegurar de que os contêineres estivessem completamente cheios, e de maneira apropriada, com pacotes pequenos antes de embarcá-los.

http://www.emeryworld.com

Talvez a importância do enfoque de Skinner resida em ser bastante afinado com os requisitos da boa administração. Ressalta a remoção de obstruções ao desempenho, planejamento e organização cuidadosa, controle a partir do retorno e a expansão da comunicação.

Teoria das necessidades da motivação de McClelland

David C. McClelland contribuiu para a compreensão da motivação ao identificar três tipos de necessidades básicas motivadoras.[17] Classifica-as como necessidade de poder, necessidade de aceitação e necessidade de realização. Foi feita uma ampla pesquisa sobre os métodos de testar as pessoas com relação aos três tipos de necessidades, e McClelland e seus colaboradores investigaram de maneira substancial, especialmente sobre a necessidade de realização.

Teoria das necessidades de McClelland

As necessidades motivadoras básicas são: necessidade de poder, necessidade de aceitação e necessidade de realização.

Os três impulsores, poder, aceitação e realização, são importantes para a administração, pois todos devem ser reconhecidos para que uma empresa organizada funcione bem.

Necessidade de poder

McClelland e outros pesquisadores constataram que as pessoas com uma alta necessidade de poder têm grande preocupação em exercer influência e controle. Em geral, esses indivíduos buscam posições de liderança; com frequência falam bem, mas costumam discutir muito; gostam de se impor, são normalmente muito expressivos, teimosos e exigentes e apreciam ensinar e falar em público.

Necessidade de aceitação

As pessoas com alta necessidade de aceitação geralmente sentem prazer quando são amadas e tendem a evitar a dor de ser rechaçadas por um grupo social. Como indivíduos, é provável que se preocupem em manter relações sociais prazerosas, desfrutar um sentido de intimidade e de compreensão, estar prontas para consolar e ajudar quem está com problemas e desfrutar de uma interação amistosa com os outros.

---

17 McClelland, David C. *The achievement motive*. Nova York: Appleton-Century-Crofts, 1953; *Studies in motivation*. Nova York: Appleton-Century-Crofts, 1955; e *The achieving society*. Princeton: Van Nostrand, 1961. Ver também seu "Achievement motivation can be developed". *Harvard Business Review*, janeiro-fevereiro de 1965, p. 6-24, 178; e, com David G. Winter. *Motivating economic achievement*. Nova York: Free Press, 1969.

Necessidade de realização[18]

As pessoas com alta necessidade de realização têm o intenso desejo de êxito e igualmente o intenso temor do fracasso. Querem ser desafiadas e estabelecem metas para si próprias moderadamente difíceis (mas não impossíveis). Adotam um enfoque realista do risco; e é improvável que sejam competidores, mas, ao contrário, preferem analisar e avaliar problemas, assumir a responsabilidade pessoal de comprovar a realização do trabalho e gostam do retorno rápido e específico sobre seu desempenho. Tendem a ser inquietas, gostam de trabalhar longas jornadas, não se abalam muito com o fracasso quando ocorre e gostam de liderar seu próprio espetáculo.

Como se aplica o enfoque de McClelland aos gerentes

Em estudos investigativos de McClelland e outros, os empresários, pessoas que começam e desenvolvem um negócio ou outro tipo de empresa, mostraram impulsos de alta necessidade de realização e uma necessidade relativamente alta de poder, mas tinham uma condição bastante baixa em sua necessidade de aceitação. Em geral, os gerentes se revelaram com níveis altos em realização e poder e baixos em aceitação, mas não tão altos ou tão baixos como os empresários.

McClelland identificou melhor o padrão de motivação da realização em pessoas em companhias pequenas, nas quais o presidente costuma ter uma motivação muito alta para o êxito. Em companhias grandes, o interessante foi identificar que os diretores executivos têm motivação mediana à realização, mas são comumente mais fortes em impulsos de poder e aceitação. Os gerentes na hierarquia média alta da administração dessas companhias demonstraram ser mais motivados que seus presidentes em direção à realização. Talvez, como indica McClelland, essas qualificações sejam compreensíveis. O diretor executivo "chegou lá", enquanto os que estão embaixo lutam para avançar.

Frequentemente se pergunta se todos os gerentes deveriam ter uma alta motivação para a realização. Essas pessoas tendem a avançar mais rápido em relação àquelas que não têm a mesma motivação. Visto que a administração requer outras características além do impulso à realização, toda companhia deveria ter muitos gerentes que, mesmo tendo uma motivação à realização bastante forte, também têm uma alta necessidade de aceitação. Esta última necessidade é importante para trabalhar com outras pessoas e para coordenar os esforços de indivíduos que trabalham em equipes.

Técnicas especiais de motivação

Depois de ver as teorias da motivação, poderíamos muito bem perguntar o que elas significam para os administradores. Que técnicas de motivação os administradores podem utilizar? Embora a motivação seja tão complexa e individualizada que não pode haver uma boa resposta única, é possível identificar algumas das mais importantes técnicas de motivação.

[18] McClelland, David C. "That urge to achieve". In: Richards, Max D. (ed.). *Readings in management*, 7ª ed., Cincinnati: South-Western, 1986, p. 367-375.

Perspectiva internacional

A motivação do salário na América Latina

Nos últimos anos, os salários na América Latina se valorizaram, sobretudo os dos administradores de alto nível. Em particular, os salários no Brasil são os mais altos da região. Assim, não é raro que um diretor executivo brasileiro ganhe cerca de US$ 52.800 por mês, enquanto no México, um país com salários em alta, ele ganha US$ 35 mil aproximadamente.

Esses salários se devem ao crescimento que tem ocorrido na América Latina, que, por sua vez, impulsionou a demanda de executivos. Enquanto nos Estados Unidos se espera que os salários aumentem 3,5%, na América Latina o aumento será de 4% a 4,5%.

Por outro lado, na Colômbia, os executivos são movidos não pelo aumento salarial, mas pelo regresso ao seu país ou pelo desafio do cargo em si. O mesmo ocorre na Argentina, que não tem aumento de salário, mas os executivos têm outros benefícios, como automóvel da empresa, seguros ou plano de aposentadoria.

Fonte: Com informação de Felipe Aldunate. "Nos vamos a Brasil". *América Economía*, Santiago, n. 327, 18-31 agosto de 2006, p. 70-71.

Dinheiro[19]

O **dinheiro**, em geral, é mais que valor monetário; significa também status ou poder, ou outras coisas.

O dinheiro nunca pode ser superestimado como motivador. Seja na forma de salários, trabalho por peça (pago por unidades produzidas com certo nível de qualidade), ou outro incentivo de pagamento, bônus, opções de ações, seguros pagos pela companhia ou qualquer coisa que se possa dar às pessoas por seu desempenho, o dinheiro é importante. E, como assinalam alguns autores, o dinheiro, em geral, é mais que valor monetário; significa também status, poder, ou outras coisas.

Os economistas e a maioria dos gerentes tendem a colocar o dinheiro em posição alta na escala dos motivadores, enquanto os cientistas do comportamento tendem a colocá-lo em posição baixa. Talvez nenhum dos pontos de vista esteja correto, porém, se o dinheiro é o tipo de motivador que pode e deve ser, os administradores precisam recordar várias coisas.

Primeiro, é provável que o dinheiro, como tal, seja mais importante para as pessoas que têm família, por exemplo, do que para as que já estão satisfeitas, uma vez que suas necessidades financeiras não são tão urgentes. O dinheiro é um meio urgente para alcançar um padrão de vida mínimo, embora possa ser mais alto conforme as pessoas fiquem mais acomodadas. Um indivíduo que antes se conformava com uma casa pequena e um carro barato, agora só conseguiria sentir a mesma satisfação com uma casa grande e confortável e um automóvel mais ou menos luxuoso. Entretanto, é impossível generalizar mesmo nesses termos. Para algumas pessoas, o dinheiro sempre será da maior importância, enquanto para outras pode nunca ser.

Segundo, talvez seja bastante óbvio que, na maioria dos tipos de negócios e outras empresas, o dinheiro é utilizado como um meio para manter uma organização com o pessoal apropriado e não basicamente como motivador. As empresas costumam tornar competitivos seus ganhos e salários dentro de sua indústria e de sua área geográfica para atrair e reter as pessoas.

[19] Para uma variedade de temas e estudos de recursos humanos, que incluem benefícios, ver http://www.hewittassociates.com, acesso em 12 de junho de 2002.

Perspectiva internacional

A outra face da moeda

A atração do dinheiro e o poder podem levar a ações inadequadas e ilegais. Ivan F. Boesky foi acusado de comercializar informação privilegiada, o que resultou em enormes vantagens pessoais e uma multa de US$ 100 milhões. O escândalo, um dos piores em Wall Street desde a década de 1920, abalou a confiança do público com o temor de que o comércio de ações pudesse estar comprometido.[20] Embora o dinheiro seja utilizado geralmente para motivar, ele também se presta à avareza humana, o que entorpece a consciência e pode levar a um comportamento ilegal e carente de ética.

Terceiro, o dinheiro, como motivador, tende a ofuscar-se um pouco pela prática de tornar os salários dos diversos gerentes razoavelmente similares. Em outras palavras, as organizações costumam ter muito cuidado de assegurar que as pessoas em níveis comparáveis recebam a mesma, ou quase a mesma, remuneração. Isto é compreensível, pois as pessoas geralmente avaliam sua remuneração à luz do que seus pares recebem.

Quarto, se o dinheiro deve ser um motivador eficaz, as pessoas em diversas posições, ainda que de nível similar, devem receber salários e bônus que reflitam seu desempenho individual. Mesmo que uma companhia esteja comprometida com a prática de ganhos e salários comparáveis, uma empresa bem administrada nunca adotará a mesma prática com relação aos bônus. De fato, a menos que os bônus para gerentes se baseiem em maior grau no desempenho individual, a empresa não está comprando muita motivação com eles. A forma de assegurar que o dinheiro tem um significado, como recompensa de um êxito e como um meio de dar prazer às pessoas por um êxito, é basear a remuneração no desempenho tanto quanto possível.

É bem verdade que o dinheiro pode motivar somente quando um pagamento projetado é grande em relação à renda de uma pessoa. O problema com muitos aumentos de ganhos e salários, e até com o pagamento de bônus, é que eles não são suficientemente grandes para motivar quem recebe. Podem manter o indivíduo afastado da insatisfação e levá-lo a buscar outro trabalho, mas não é provável que sejam um forte motivador, a menos que sejam suficientemente grandes para ser sentidos. No Japão, é uma tradição que o pagamento e a promoção se baseiem na antiguidade. Contudo, em algumas companhias japonesas introduziu-se o pagamento por méritos. O motivo é que alguns jovens profissionais japoneses estão deixando cargos seguros por um trabalho emocionante nas companhias de Internet. Para reter os funcionários, as companhias utilizam o pagamento por méritos baseado no desempenho.

Outras considerações sobre as recompensas

As **recompensas intrínsecas** podem incluir um sentimento de êxito e autorrealização.

As **recompensas extrínsecas** incluem benefícios, reconhecimentos, símbolos de status e dinheiro.

Implícitas na maioria das teorias da motivação estão as recompensas intrínsecas e extrínsecas. As recompensas intrínsecas podem incluir uma sensação de êxito, ou até de autorrealização. As recompensas extrínsecas incluem benefícios, reconhecimento, sím-

[20] Glaberson, William B. et al. "Who'll be the next to fall?". *BusinessWeek*, 1º de dezembro de 1986, p. 28-30; Welles; Chris e Weiss, Gary. "A man who made a career of tempting fate". Ibidem, p. 34-35.

bolos de status e, naturalmente, dinheiro. Alguns planos de remuneração podem não proporcionar um forte incentivo, como o salário por hora, semanal ou até anual. Por outro lado, os planos de incentivos podem basear-se em trabalho por peça, comissão de vendas, pagamento por méritos, planos de bônus, repartição de lucros ou ganhos (por exemplo, ganho por produtividade) e opções de ações. No Capítulo 12 sobre a avaliação do desempenho, apresentamos o plano de incentivos da Lincoln Electric Company. Algumas companhias oferecem planos de remuneração de "cafeteria" adaptados às necessidades e preferências do funcionário individual.

O pagamento se baseia no **desempenho individual**, do grupo e organizacional.

O pagamento se baseia no desempenho individual, do grupo e organizacional. Quando o pagamento é apenas pelo desempenho individual, as pessoas competem entre elas, o que torna difícil o trabalho em equipe e a cooperação. Por outro lado, se o desempenho do grupo é o único critério para o pagamento por méritos, alguns indivíduos podem não contribuir com a parte que lhe cabe do esforço. Considerar o desempenho organizacional um critério para os bônus baseia-se na ideia de que os funcionários contribuíram para um desempenho excepcional, e por isso devem ser recompensados. Para outorgar os benefícios dos sistemas de recompensas individual, de grupo e organizacional, algumas companhias usam uma combinação de planos.

Participação

Há uma percepção e o uso crescente de uma técnica que recebeu forte apoio da teoria e da pesquisa da motivação: a da participação. É raro as pessoas não ficarem motivadas quando consultadas sobre uma ação que as afeta, por ser parte "do ato". Além disso, a maioria das pessoas que estão no centro de uma operação tem conhecimento dos problemas e de sua solução. Consequentemente, o tipo de participação correta cria motivação e conhecimentos valiosos para o sucesso da empresa.

A participação é também um meio de reconhecimento. É atrativa para a necessidade de afiliação e aceitação. Antes de tudo, dá às pessoas um sentido de êxito. Porém, encorajar a participação não deve significar que os gerentes enfraqueçam sua posição. Ainda que estimulem a participação dos subordinados em questões em que eles podem ajudar e ainda que os ouçam com atenção, eles próprios devem decidir sobre assuntos que requeiram sua decisão.

Qualidade de vida no trabalho

http://www.qwl.com

Um dos enfoques mais interessantes para a motivação é o programa da qualidade de vida no trabalho (QVT), que é um enfoque de sistemas do desenho do cargo e um desenvolvimento promissor no amplo panorama do enriquecimento de cargo combinado com um fundamento no enfoque dos sistemas sociotécnicos à administração (ver o Capítulo 1). QVT não é apenas um enfoque muito amplo do enriquecimento de cargo, mas sim um campo interdisciplinar de consulta e ação, que combina a psicologia industrial e organizacional, a sociologia, a engenharia industrial, a teoria da organização e do desenvolvimento, a teoria da motivação e da liderança e as relações industriais. Ainda que a QVT só tenha ganhado importância na década de 1970, existem hoje centenas de casos de estudo e programas práticos e vários centros de QVT, basicamente nos Estados Unidos, Grã-Bretanha e Escandinávia.

A QVT recebeu um apoio entusiástico de várias fontes. Os administradores a consideram um meio promissor para tratar a produtividade estancada, em especial nos

Perspectiva internacional

QVT em ação

No desenvolvimento de um programa QVT, normalmente se empreendem certos passos. Em geral, forma-se um comitê para dirigir a administração trabalhista, quase sempre com um especialista em QVT ou um assessor, que é encarregado de encontrar formas de fortalecer a dignidade, a importância e a produtividade dos cargos a partir do enriquecimento e redesenho do cargo. Considera-se essencial a participação dos trabalhadores e de seus sindicatos (se a operação for sindicalizada) no esforço, não apenas pelo exercício da democracia industrial, mas também devido à grande vantagem prática que oferece: as pessoas no cargo são as mais indicadas para identificar o que as enriqueceria e tornaria possível serem mais produtivas. Essa técnica de QVT típica tende a resolver o problema encontrado em muitos programas de enriquecimento do cargo, no qual os trabalhadores não são consultados sobre o que faria o trabalho ficar mais interessante para eles.

Das deliberações desse comitê, podem surgir várias propostas de mudanças no desenho dos cargos e de todo o ambiente de trabalho. As recomendações do comitê podem se estender a temas como reorganização da empresa, meios para melhorar a comunicação, problemas que poderiam não ter ocorrido antes e suas soluções, mudanças na distribuição do trabalho a partir de modificações técnicas, como o redesenho de uma linha de montagem, maior controle de qualidade e outras coisas que poderiam melhorar a saúde organizacional e a produtividade.

Estados Unidos e na Europa. Trabalhadores e representantes sindicais também a viram como um meio de melhorar as condições de trabalho e a produtividade e como um meio para justificar salários mais altos. As repartições públicas foram atraídas pela QVT como um meio para incrementar a produtividade e reduzir a inflação e como uma forma de obter a democracia industrial e minimizar as disputas trabalhistas.

Não é de se surpreender que a QVT, com tantos ganhos importantes possíveis, esteja se difundindo rapidamente, em particular nas companhias grandes. Tampouco surpreende que os campeões na adoção dos programas de QVT sejam companhias tão bem administradas, como General Motors, Procter & Gamble, American Aluminum (Alcoa) e AT&T.

http://www.gm.com
http://www.pg.com
http://www.alcoa.com
http://www.att.com

Enriquecimento de cargo

A pesquisa e a análise da motivação assinalam a importância de tornar os cargos desafiadores e significativos. Isso se aplica a cargos de gerentes e de não-gerentes. O enriquecimento do cargo está relacionado à teoria da motivação de Herzberg, na qual fatores como desafio, êxito, reconhecimento e responsabilidade são os verdadeiros motivadores. Embora sua teoria ainda seja desafiada, ela atraiu um amplo interesse em todo o mundo pelo desenvolvimento de formas de enriquecer o conteúdo do cargo , em particular para funcionários não administrativos.

O enriquecimento de cargo deve ser distinguido do crescimento de cargo (mas alguns autores não fazem essa distinção). O **crescimento de cargo** tenta fazer um trabalho mais variado ao retirar o aborrecimento associado à execução de operações repetitivas. Significa ampliar o âmbito do cargo ao agregar tarefas similares sem aumentar a responsabilidade. Por exemplo, um operário de linha de produção pode instalar não apenas o parachoque de um carro, mas também a peça frontal. Os críticos diriam que isso significa simplesmente agregar uma tarefa monótona a outra, visto que não aumenta a responsabilidade do operário. No **enriquecimento de cargo**, a intenção é construir nos cargos um sentido mais elevado de desafio e de realização. Os cargos podem ser enri-

Crescimento de cargo

Ampliar o âmbito do cargo ao agregar tarefas similares sem aumentar a responsabilidade.

Enriquecimento de cargo

Construir nos cargos um sentido mais elevado de desafio e realização.

quecidos pela variedade. Mas também: 1) concedendo aos trabalhadores mais liberdade de decidir acerca de coisas como métodos de trabalho, sequência e ritmo ou a aceitação ou recusa de materiais; 2) encorajando a participação dos subordinados e a interação entre trabalhadores; 3) proporcionando aos trabalhadores a sensação de responsabilidade pessoal de suas tarefas; 4) dando passos para assegurar que os trabalhadores possam ver como suas tarefas contribuem para um produto final e para o bem-estar da empresa; 5) dando às pessoas retorno sobre seu desempenho no cargo, de preferência antes que seus supervisores a obtenham, e 6) envolvendo os trabalhadores na análise e mudança de aspectos físicos do ambiente de trabalho, como distribuição, temperatura, iluminação e limpeza.

Limitações do enriquecimento de cargo

Até os mais ferrenhos defensores do enriquecimento de cargo admitem facilmente que há limitações em sua aplicação. Uma delas é a tecnologia. Com maquinário especializado e técnicas de linha de montagem talvez não seja possível tornar todas as tarefas muito significativas. Outra limitação são os custos. A General Motors testou equipes de seis e três pessoas na montagem de *trailers*, mas constatou que esse enfoque era excessivamente difícil, lento e oneroso. Por outro lado, dois fabricantes de automóveis suecos, Saab e Volvo, utilizaram o enfoque de equipes e concluíram que os custos são ligeiramente mais altos, mas acreditam que este incremento é mais do que compensado pela redução do absenteísmo e da rotatividade.

http://www.gm.com
http://www.saab.com
http://www.volvo.com

Há dúvidas também quanto a se os trabalhadores querem realmente o enriquecimento de cargo, especialmente se isso implicar mudar o conteúdo básico de seus cargos. Várias pesquisas sobre as atitudes dos trabalhadores, inclusive as dos trabalhadores de linhas de montagem, mostraram que uma alta porcentagem não está insatisfeita com seus cargos e que poucos desejam trabalhos "mais interessantes". O que esses trabalhadores parecem desejar, antes de tudo, é segurança no emprego e pagamento. Mais ainda, preocupa os trabalhadores que a mudança da natureza das tarefas para incrementar a produtividade signifique a perda de empregos.

As limitações do enriquecimento de cargo aplicam-se principalmente a cargos que exigem poucas habilidades. Os cargos de trabalhadores com muitas habilidades, de profissionais e gerentes já contêm diversos graus de desafio e realização. Talvez pudessem ser bastante enriquecidos, mais do que já estão, mas o melhor para isso seriam possivelmente técnicas administrativas, como administrar por objetivos, utilizar mais orientação de políticas com delegação de autoridade, introduzir mais símbolos de status em forma de títulos e associar bônus e outras recompensas mais estreitamente ao desempenho.

Tornar eficaz o enriquecimento de cargo

Podem ser utilizados vários enfoques para que o enriquecimento de cargo seja importante para as motivações de mais alto nível. Primeiro, as organizações precisam ter uma compreensão melhor do que as pessoas desejam. Como destacaram diversos pesquisadores da motivação, os desejos variam conforme as pessoas e as situações. A pesquisa demonstrou que os trabalhadores com poucas habilidades querem fatores como segurança no emprego, pagamento, benefícios, regras menos restritivas e supervisores mais gentis e compreensivos. À medida que as pessoas ascendem na escala de uma empresa, constatam que outros fatores se tornam cada vez mais importantes. Mas se fez pouca pesquisa sobre o enriquecimento de cargo para profissionais de alto nível e gerentes.

Segundo, se a melhora da produtividade é a principal meta do enriquecimento, o programa deve mostrar como os trabalhadores se beneficiarão. Em uma companhia com frotas de caminhões de serviço com dois operadores não supervisionados, um programa para dar a esses funcionários 25% das economias em custos por incrementar a produtividade, estabelecendo com clareza que a companhia se beneficiaria com seus esforços, resultou em um aumento surpreendente dos resultados e em interesse muito maior por esses cargos.

Terceiro, as pessoas gostam de se envolver, que as consultem e que lhes deem a oportunidade de oferecer sugestões. Gostam de ser consideradas pessoas. Em uma planta de mísseis aeroespaciais, observaram-se um moral e uma produtividade crescentes, assim como uma redução significativa da rotatividade e do absenteísmo, como resultado da simples técnica de colocar placas com os nomes dos funcionários em suas estações de trabalho; além disso, os grupos do programa, da produção de partes e montagem até a inspeção passaram a trabalhar em áreas em que máquinas e equipamentos foram pintados de uma cor diferente para cada grupo.

Quarto, as pessoas gostam de sentir que seus gerentes estão preocupados de verdade com seu bem-estar. Os trabalhadores gostam de saber o que fazem e por quê. Gostam do retorno sobre seu desempenho. Gostam de ser apreciados e reconhecidos por seu trabalho.

Um enfoque de sistemas e contingência da motivação

A motivação deve ser considerada de um ponto de vista de sistemas e contingência.

A análise anterior de teoria, pesquisa e aplicação demonstra que a motivação deve ser considerada de um ponto de vista de sistemas e contingência. Dada a complexidade de motivar as pessoas com personalidades individuais e em diferentes situações, existe o risco do fracasso quando qualquer motivador único, ou grupo de motivadores, é aplicado sem levar em conta essas variáveis. O comportamento humano não é uma questão simples, mas deve ser visto como um sistema complexo de variáveis e interações, entre as quais certos fatores de motivação são um elemento importante.

Resumo

Liderar é o processo de influenciar as pessoas para que contribuam com as metas organizacionais e do grupo. As pessoas assumem diferentes papéis, e o indivíduo padrão não existe. Ao trabalhar com as metas, um gerente deve levar em conta a dignidade de cada um.

A motivação não é um conceito simples; ao contrário, está relacionada a vários impulsos, desejos, necessidades, aspirações e outras forças. Os gerentes motivam ao proporcionar um ambiente que induz os membros da organização a contribuir.

Há diferentes pontos de vista e suposições acerca da natureza humana. McGregor chamou suas séries de suposições sobre as pessoas de teoria X e teoria Y. A teoria de Maslow sustenta que as necessidades humanas formam uma hierarquia que vai das necessidades de ordem mais baixa (necessidades fisiológicas) às de ordem mais alta (a necessidade de autorrealização). A teoria ERG de Alderfer, que só tem três categorias (a de Maslow tem cinco), sugere que uma pessoa possa ser motivada em mais de uma categoria ao mesmo tempo. Segundo a teoria dos fatores de Herzberg, há duas séries de fatores de motivação. Em uma estão os insatisfatores, relacionados ao contexto do cargo (circunstâncias e condições). A ausência desses fatores resulta em insatisfação. Na outra série estão os satisfatores, ou motivadores, relacionados ao conteúdo do trabalho.

A teoria das expectativas da motivação de Vroom sugere que as pessoas são motivadas a atingir uma meta se acreditarem que vale a pena e se suas atividades os ajudarão a atingi-la. O modelo de Porter e Lawler tem muitas variáveis. Essencialmente, o desempenho é uma função da capacidade, da percepção da tarefa requerida e do esforço. O esforço é influenciado pelo valor das recompensas e a probabilidade percebida do esforço-recompensa. O resultado do desempenho, por sua vez, está relacionado a recompensas e satisfação.

A teoria da equidade refere-se ao julgamento subjetivo de um indivíduo sobre se é justa a recompensa recebida por insumos em comparação com as recompensas de outros. A teoria do reforço de Skinner sugere que as pessoas sejam motivadas pelo elogio por um comportamento desejável; elas devem participar no estabelecimento de suas metas e receber retorno regular com reconhecimento e elogio. As metas podem motivar quando são alcançáveis, mensuráveis, compreendidas e aceitas pelas pessoas que devem alcançá-las. A teoria de McClelland baseia-se na necessidade de poder, na necessidade de aceitação e na necessidade de êxito.

Técnicas de motivação especiais incluem usar o dinheiro e outras considerações de recompensas, encorajar a participação e melhorar a qualidade de vida no trabalho. O enriquecimento de cargo busca tornar os cargos desafiadores e significativos. Mesmo quando se registram alguns êxitos com o enriquecimento de cargo, não se devem ignorar certas limitações.

A complexidade da motivação requer um enfoque de contingência que leve em conta fatores ambientais.

Ideias e conceitos básicos

- Liderar
- Fatores humanos na administração
- Dignidade individual
- Motivação
- Teoria X e teoria Y de McGregor
- Hierarquia das necessidades de Maslow
- Teoria ERG de Alderfer
- Teoria dos fatores de motivação e higiene de Herzberg
- Teoria das expectativas de Vroom
- Modelo da motivação de Porter e Lawler
- Teoria da equidade
- Teoria do estabelecimento de metas da motivação
- Reforço positivo ou modificação do comportamento
- Teoria das necessidades de McClelland
- Dinheiro e outras considerações de recompensas
- Qualidade de vida no trabalho
- Enriquecimento de cargo
- Enfoque de sistemas e contingência na motivação

Para analisar

1. O que é motivação? Como a administração eficaz aproveita e contribui para a motivação?
2. Quais são as suposições da teoria X e da teoria Y? Estabeleça seus motivos para estar de acordo ou em desacordo com essas suposições. Quais são alguns dos mal-entendidos dessas teorias?
3. Por que se criticou a teoria das necessidades de Maslow? Até que ponto é válida?
4. Compare e contraste as teorias da motivação de Maslow e Herzberg. Com base em que se criticou a teoria de Herzberg? Por que você suporia que o enfoque de Herzberg foi muito popular entre os gerentes praticantes?
5. Explique a teoria das expectativas da motivação de Vroom. Em que difere do enfoque de Porter e Lawler? Qual lhe parece mais precisa? Qual é mais útil na prática?
6. Explique a teoria da motivação de McClelland. Como se ajusta a um enfoque de sistemas?

7. "Não se podem motivar os administradores. Eles são autopropulsionados. Afaste-se de seu caminho se quiser verdadeiramente desempenho." Comente.
8. Em que grau e como o dinheiro é um motivador eficaz?
9. O que motiva você a buscar a excelência em seu trabalho na escola? Essas forças de motivação aparecem em algum dos modelos analisados no capítulo?

Exercícios e atividades

1. O professor pode fazer uma pesquisa na classe e pedir aos alunos que respondam a duas perguntas: 1) "Você pode descrever em detalhes quando se sentiu excepcionalmente bem em relação ao seu trabalho?" e 2) "Você pode descrever em detalhes quando se sentiu excepcionalmente mal em relação ao seu trabalho?". Os alunos devem anotar suas respostas em uma folha de papel. Em seguida, cada indivíduo deve ser estimulado a compartilhar sua boa ou má experiência de trabalho com a classe. O instrutor pode classificar as respostas segundo a teoria dos dois fatores de Herzberg e assinalar as fraquezas nesse desenho de pesquisa.
2. Busque informações sobre uma organização que você conhece e identifique os motivos pelos quais as pessoas contribuem com as metas da empresa.

Pesquisa na Internet

1. Navegue pela Internet em busca do termo "motivação". Você obterá muitas "fontes". Selecione uma para discutir em classe.
2. Utilize um site de busca popular e anote o nome e o sobrenome de qualquer dos autores discutidos no capítulo. Você encontra informação que vá além do que se discutiu no capítulo? Caso encontre, do que se trata?

Caso internacional 14.1

Administrar à maneira da Hewlett-Packard: Continuará?[21]

William R. Hewlett e David Packard são dois líderes organizacionais que demonstraram um estilo gerencial único. Iniciaram operações em uma pequena garagem em 1939 com US$ 538 e, com o tempo, construíram uma companhia muito bem-sucedida, que produz atualmente mais de 10 mil produtos, como computadores, equipamento periférico, instrumentos de teste e medição e calculadoras manuais. Ainda mais conhecido que seus produtos talvez seja o estilo gerencial distintivo, apregoado e praticado na Hewlett-Packard (HP). É conhecido como "a maneira HP".

21 A informação para esse caso foi recompilada de várias fontes que incluem Guzzardi Jr. Walter. "The U.S. Business Hall of Fame". *Fortune*, 14 de março de 1988, p. 142-144; *HP Annual Report*, 1987; Levine, Jonathan B. "Mild-mannered Hewlett-Packard is making like Superman". *BusinessWeek*, 7 de março de 1988, p. 110-114; Verespej, Michael A. "Where people come first". *Industry Week*, 16 de julho de 1990, p. 22-32; "The HewlettPackard/Compaq merger". *The Economist*, 6 de abril de 2002, p. 52; "Let the HP-Compaq merger begin". *BusinessWeek*, 12 de maio de 2002, p. 54; Lashinsky, Adam. "Hanging chads: Take 2". *Fortune*, 13 de maio de 2002, p. 28-29. Disponível em: http://www.hp.com/hpinfo/execteam/bios/fiorina.html, acesso em 3 de janeiro de 2007.

Qual é a maneira HP? Creio que, em termos gerais são as políticas e ações que fluem da crença de que homens e mulheres querem fazer um bom trabalho, um trabalho criativo, e que, se lhes proporcionarem o ambiente apropriado, eles o farão.

Bill Hewlett, cofundador da HP[22]

Os valores dos fundadores, que se afastaram da administração ativa em 1978, ainda prevalecem na organização. A maneira HP ressalta a honestidade, uma forte crença no valor das pessoas e na satisfação do cliente. O estilo gerencial também dá importância a uma política de portas abertas, que promove o esforço de equipe. A informalidade nas relações pessoais é ilustrada pelo uso dos nomes de batismo. A administração por objetivos é complementada pelo que se conhece como administrar caminhando por aí. Ao reduzir a organização, os altos gerentes se mantêm em contato com o que acontece realmente na companhia.

Esse clima organizacional informal não significa que a estrutura da organização não tenha mudado. Na verdade, as mudanças organizacionais na década de 1980 como resposta a forças ambientais foram bastante difíceis. Mas essas mudanças resultaram em um extraordinário crescimento da companhia nessa década.

Contudo, no século XXI, a sorte começou a mudar. No novo ambiente competitivo, a HP julgou necessário fundir-se com a Compaq, outro gigante dos computadores. A arquiteta da fusão, Carly Fiorina, encontrou forte resistência de Walter Hewlett, filho de William Hewlett. Depois de uma votação apertada, a fusão, a qual a maioria dos funcionários da HP se opunha, foi aprovada. Começou, então, o desafio para Carly Fiorina, não só de restabelecer o moral do pessoal da HP, mas também de fundir a cultura da HP com a da Compaq. Os críticos anteciparam que a maneira HP não podia continuar.[23] ■

Perguntas

1. A maneira de administrar da HP está criando um clima em que os funcionários estão motivados a contribuir para as metas da organização? O que há de único na maneira HP?
2. O estilo gerencial da HP funcionaria em qualquer organização? Por quê? Quais são as condições para que esse estilo funcione?
3. Você acredita que é possível manter a maneira HP depois da fusão com a Compaq, a batalha em tribunais e o moral abalado na HP? Por quê?

Caso internacional 14.2

Proactiva, S.A.

Caso elaborado pelo professor Juan Guzmán Cuevas, Universidade Andrés Bello, Santiago do Chile

A Proactiva Consulting Management S.A., empresa de consultoria em que trabalham 25 pessoas, presta assessorias e capacitação a empresas no Chile no âmbito da administração de empresas e administração de recursos humanos.

Começou a funcionar em 1999, com Alejandra Palacios e Mauricio Manríquez. Palacios é especialista em educação e em comunicação. Eles haviam trabalhado durante um ano e seis meses em outra empresa voltada às comunicações e à capacitação, mas decidiram, depois de muita conversa, criar sua própria empresa, com a ideia de que fosse a melhor empresa em assessorias.

22 Disponível em: http://www.hp.com/abouthp/hpway.html#values, acesso em 12 de junho de 2002.

23 Nota: em fevereiro de 2005, Fiorina foi demitida. Disponível em: http://www.internetnews.com/bus-news/article. php/3481866, acesso em 2 de fevereiro de 2007. Disponível em: http://money.cnn.com/2005/02/09/technology/hp_fiorina/index.htm, acesso em 3 de fevereiro de 2007. Em um artigo de outubro de 2006, analisa seu caso em uma entrevista. Disponível em: http://money.cnn.com/2006/10/09/technology/fastforward_fiorina.fortune/index.htm, acesso em 3 de fevereiro de 2007. Para sua carreira, ver http://en.wikipedia.org/wiki/Carly_Fiorina, acesso em 3 de fevereiro de 2007.

Antes de deixar a antiga empresa, convenceram outros profissionais a participar com eles como sócios. A proposta era criar uma companhia de acordo com um ideal de organização. Os dois profissionais eram Diego Rivera e Juan Guzmán. Rivera era um psicólogo reconhecido por suas contribuições ao sistema construtivista em psicologia, e Guzmán um especialista em desenvolvimento organizacional.

No início, o negócio foi fácil, pois uma parte importante de clientes continuou com eles. O que complicou para eles foi o grande número de empresas assessoras que existem no Chile. Contudo, eles achavam que tinham todas as condições para sair na frente, já que o êxito era a finalidade a alcançar, os ganhos de todos tinham duplicado e o investimento inicial fora recuperado, as relações com os clientes eram cada dia melhores, fazendo de seu sonho realidade.

Seu modo de trabalho tinha uma clara orientação para o cliente, cada um deles era diretor de contas e tinha a responsabilidade sobre seu grupo-cliente, todos sabiam como fazer prosperar o negócio e se sentiam inteiramente apoiados e sincronizados com os outros três sócios. A ligação que sentiam era tão forte que, diante de qualquer problema, seja trabalhista ou pessoal, se apoiavam incondicionalmente. Esse espírito de confiança, lealdade e amizade foi transmitido a toda a organização, o que fez da Proactiva um lugar em que os clientes, sem dúvida, notavam a qualidade nas relações interpessoais, sentindo-se orgulhosos do "selo Proactiva".

A Proactiva tornou-se o lugar ideal para trabalhar e, por isso, dedicar tempo ao trabalho era divertido, estimulante e satisfatório.

O trabalho começava de manhã bem cedo, sempre em campo, em reuniões com clientes ou tratando de captar novos; os quatro sócios não paravam até muito tarde da noite, pois também preparavam as assessorias e capacitações para as quais a empresa tinha sido criada.

Durante o segundo ano de vida, as coisas começaram a mudar, as longas horas e o ritmo de trabalho foram cansando Palacios e Manríquez, pois ambos tinham compromissos familiares e queriam mais tempo livre. Por isso, era preciso organizar a forma de trabalho de outra maneira, com horários estabelecidos de entrada e saída, maior controle e uma clara divisão das funções.

Rivera e Guzmán, que eram solteiros, adoravam esse estilo de trabalho e estavam dispostos a manter o "selo Proactiva".

À medida que o tempo passava, ficavam mais claras as diferenças ideológicas entre os sócios sobre como fazer o trabalho. Palacios e Manríquez se queixavam constantemente da falta de sistemas de controle e das longas ausências do escritório devido às reuniões com os clientes, enquanto Rivera e Guzmán eram fanáticos pelo "selo Proactiva". Os clientes estavam satisfeitos, recomendavam-nos, e era isso o que realmente importava.

No início do terceiro ano, as diferenças estavam a ponto de provocar uma ruptura. Os quatro sócios se perdiam em eternas discussões sobre como manejar o negócio, e essas diferenças eram cada vez mais profundas. Em síntese, as discussões estavam tensionando as relações pessoais, a confiança e a lealdade. A Proactiva estava deixando de ser um lugar divertido, estimulante e satisfatório.

Palacios e Manríquez decidiram se reunir separadamente e começar a pensar na melhor forma de reorganizar a Proactiva. A ideia era entregar a proposta em uma reunião que teriam dentro de quatro dias. Quando Palacios e Manríquez apresentaram sua proposta de organização, Rivera e Guzmán concordaram e a apoiaram.

A reunião deu o que falar durante oito semanas na Proactiva. Conversava-se nos corredores, na hora do almoço, os funcionários faziam deduções sobre o que tinha ocorrido, mas todos continuaram trabalhando com o mesmo profissionalismo que a empresa requeria. Entretanto, sabia-se que o trabalho já não era o mesmo, que o "selo Proactiva" tinha se perdido.

Palacios e Manríquez estavam mais tranquilos e satisfeitos, sentiam-se mais organizados e seguros.

Rivera e Guzmán, poucos meses depois, criaram uma nova empresa, a CMG-Consultores, com um selo característico em relações interpessoais, divertido e estimulante. ■

Perguntas

1. Quais foram os fatos que marcaram a ruptura da Proactiva?
2. Por meio de que estilo de liderança situacional e de que maneira se poderia ter manejado a situação?
3. Como se poderia ter evitado chegar aos problemas?

15

Capítulo

Liderança

Objetivos de aprendizagem

Depois de estudar o capítulo, você deverá ser capaz de:

1. Definir a liderança e seus componentes.
2. Descrever a abordagem de traços e a abordagem carismática da liderança e suas limitações.
3. Analisar vários estilos de liderança com base no uso da autoridade.
4. Identificar as duas dimensões da grade gerencial e os estilos de liderança extremos resultantes.
5. Compreender que a liderança pode ser vista como um *continuum*.
6. Explicar o enfoque de contingência na liderança.
7. Descrever a abordagem de meta-roteiro da liderança eficaz.
8. Distinguir entre os líderes transacionais e transformacionais.

Liderança e motivação estão interconectadas.

Embora algumas pessoas considerem os termos "capacidade de gerenciar" e "liderança" sinônimos, eles têm significados distintos. De fato, pode haver líderes de grupos completamente desorganizados, mas só pode haver administradores, como são concebidos aqui, nas estruturas organizadas em que se criam esses papéis. Separar a liderança da capacidade de gerenciar tem vantagens analíticas importantes. Permite separar a liderança para estudo sem o incômodo de qualificações relativas à questão mais geral da gestão.

A liderança é um aspecto importante da administração. Como o capítulo demonstrará, a capacidade de gerenciar com eficácia é uma das chaves para ser um administrador competente. Além disso, empreender as outras atividades essenciais de administrar, fazer toda a tarefa gerencial tem a importante missão de assegurar que um administrador será um líder eficaz. Os administradores exercem todas as funções de seu papel para combinar recursos humanos e materiais e atingir os objetivos. A chave para isso é a existência de um papel claro e um grau de discrição ou autoridade para apoiar as ações dos administradores.

A liderança pode ser eficaz de acordo com a capacidade das outras pessoas de segui-la. Em outras palavras, a disposição das pessoas em seguir a liderança é o que faz de uma pessoa um líder. Mais ainda, as pessoas tendem a seguir aqueles que veem como capazes de proporcionar um meio para realizar seus desejos, aspirações e necessidades, e responder ao permanente desejo de qualquer ser humano de melhorar.

Liderança e motivação estão interconectadas. Entendendo a motivação, podemos apreciar melhor o que as pessoas querem e por que agem da forma como o fazem. Os líderes não apenas respondem às motivações dos subordinados, como as despertam ou reprimem por meio do clima organizacional que desenvolvem. Esses dois fatores são igualmente importantes para a liderança e para a capacidade de gerenciar. O ambiente ou clima pode ser um motivador ou um limitante dentro de uma organização.

Definir a liderança

Liderança tem diferentes significados para autores diversos.[1] Harry Truman, ex-presidente dos Estados Unidos, dizia que liderança é a capacidade de levar homens e mulheres a fazer o que não gostam e que passem a gostar de fazê-lo. Neste livro, liderança é definida como influência, isto é, a arte ou processo de influenciar pessoas para que alcancem as metas do grupo com êxito, disposição e entusiasmo.[2] De forma apropriada, as pessoas devem ser encorajadas a se desenvolverem, não apenas com disposição para trabalhar, mas também com interesse e confiança. O interesse produz energia, entusiasmo e intensidade na execução do trabalho; a confiança reflete experiência e capacidade técnica. Os líderes atuam para ajudar um grupo a alcançar os objetivos a partir da aplicação máxima de

Liderança

Arte ou processo de influenciar as pessoas para alcançar as metas do grupo com êxito, disposição e entusiasmo.

[1] John Kotter faz distinção entre administração e liderança. Para ele, a administração trata de complexidades, práticas e procedimentos, responde basicamente a emergências em organizações grandes. Em contraste, a liderança, a seu ver, faz frente à mudança. Liderança e administração são consideradas complementares. Ver Kotter, John P., "What leaders efectivoly do", *Harvard Business Review*, dezembro de 2001, publicado primeiro em 1990.

[2] Para outras definições de liderança, ver Bennis, Warren e James O'Toole, "Don't hire the wrong CEO", *Harvard Business Review*, maio-junho de 2000.

Perspectiva internacional

A liderança na Southwest Airlines[3]

Consideremos o estilo de liderança de Herbert Kelleher, presidente do conselho da Southwest Airlines. Ele cria uma sensação familiar entre seus funcionários ao recordar seus nomes e enviar-lhes cartões pessoais de aniversário. Em uma tentativa de se manter competitivo na difícil indústria da aviação, pediu e recebeu concessões importantes dos funcionários e de seu sindicato. Sua liderança de participação direta ganhou o respeito e o seguimento de todo o pessoal. As medidas de austeridade aplicam-se por igual a administradores e qualquer outro funcionário. Seu escritório, por exemplo, fica em um edifício que parece um barracão. Administra através do exemplo, preocupa-se com as tarefas a realizar e com as pessoas que trabalham para ele. Seu estilo de liderança é coerente com a política da empresa de proporcionar um serviço satisfatório e de custos baixos.

Depois do ataque de 11 de setembro de 2001 ao World Trade Center e outras instalações nos Estados Unidos, a maioria das linhas aéreas norte-americanas sofreu grandes perdas pela redução das viagens de avião. Não foi o caso da Southwest. Herb Kelleher e seu sucessor, Jim Parker, manejaram a crise sem demissões ao aderir à política da Southwest de que a primeira prioridade é com os funcionários, a segunda com os clientes e a terceira com os acionistas (para os quais, a propósito, foi muito bom). O enfoque da Southwest à administração é direcionado a simplificar as coisas: ter essencialmente um único tipo de aeronave (o que facilita sua manutenção e a gestão dos estoques de peças de reposição), definir rotas de modo a maximizar o tempo que os aviões estão no ar (que é o único momento em que ganham dinheiro) e deixar os funcionários satisfeitos. Tudo isso resultou em um desempenho excelente e sem perdas nos últimos 26 anos. Não é de surpreender que Herb Kelleher tenha sido nomeado Morningstar CEO em 2001.[4]

http://www.southwest.com

suas capacidades. Não se colocam atrás de um grupo para empurrar e impulsionar; colocam-se diante do grupo para facilitar o progresso e inspirar o êxito das metas organizacionais. Um bom exemplo é o líder de uma orquestra, cuja função é produzir um som coordenado, no tempo correto, mediante o esforço integrado dos músicos. A execução da orquestra depende da qualidade da liderança do maestro. E a intensidade com que os músicos tocam cada peça depende diretamente dessa liderança do maestro, que busca gerar paixão em cada um dos músicos. Isso faz a diferença entre uma bela peça e um concerto excepcional.

Componentes da liderança[5]

Os líderes olham para o futuro; inspiram os membros da organização e traçam o seu curso. Os ex-diretores executivos Lee Iacocca, da Chrysler, e Jack Welch, da General Electric, assim como Bill Gates, da Microsoft, desenvolveram e implementaram a visão de suas companhias. Os líderes devem defender e consolidar valores, considerando a qualidade, a honestidade e assunção de riscos calculados, preocupados com os funcionários e clientes.

http://www.chrysler.com
http://www.ge.com
http://www.microsoft.com

Componentes da liderança

Poder; uma compreensão fundamental das pessoas; a habilidade de inspirar os seguidores a utilizar todas as suas capacidades; o estilo do líder e o desenvolvimento de um clima organizacional estimulante.

3 "The corporate elite", *BusinessWeek*, 19 de outubro de 1990, p. 229. Herbert Kelleher foi eleito o diretor executivo do ano de 1999 pelo *Chief Executive*, http://www.chiefexecutive.net/mag/146/cover.htm, acesso em 4 de outubro de 2000.

4 "Morningstar CEO of the year 2001", http://www.morningstar.com.

5 Ver também Gardner, Howard, *Leading minds: An anatomy of leadership*, Nova York: Basic Books, 1995; Bennis, Warren, "The leader as storyteller", *Harvard Business Review*, janeiro-fevereiro de 1996, p. 154-160.

Cada grupo que opera com toda a sua capacidade tem à sua frente alguém com habilidades na arte da liderança. Essa habilidade parece ser composta de pelo menos quatro componentes importantes: 1) a capacidade de utilizar o poder com eficácia e de maneira responsável, 2) a capacidade de compreender que os seres humanos têm diferentes forças motivadoras em diversos momentos e em diferentes situações, 3) a capacidade de inspirar e 4) a capacidade de atuar de maneira a desenvolver um clima que leve a responder e a despertar motivações.

O primeiro componente da liderança é o poder. A natureza do poder e as diferenças entre poder e autoridade foram discutidas no Capítulo 9. O segundo componente é uma compreensão fundamental das pessoas. Como em todas as práticas, uma coisa é saber a teoria da motivação, os tipos de forças de motivação e a natureza de um sistema de motivação, e outra é ser capaz de aplicar esse conhecimento às pessoas e situações. Um administrador ou qualquer outro líder que conheça a teoria da motivação e compreenda os seus elementos está consciente da natureza e da força das necessidades humanas e é mais capaz de definir e conceber formas de satisfazê-las e administrá-las para obter as respostas desejadas. Isso implica conhecer e entender cada um de seus subordinados.

O terceiro componente da liderança é a rara habilidade de inspirar os seguidores a investir todas as suas capacidades em um projeto. Embora o uso de fatores de motivação pareça centrar-se nos subordinados e em suas necessidades, a inspiração provém dos cabeças do grupo, que podem ter qualidades importantes para inspirar lealdade, devoção e forte desejo dos seguidores de promover o que os líderes desejam. Essa não é uma questão de satisfação de necessidades, mas antes uma questão de dar apoio desinteressado a um campeão escolhido. Os melhores exemplos de liderança inspiracional provêm de situações desesperadoras e atemorizantes: uma nação despreparada na véspera de uma batalha, um campo de prisioneiros com moral excepcional ou um líder derrotado não abandonado por fiéis seguidores. Alguns poderão argumentar que tal devoção não deixa de revelar um certo egoísmo, que é interesse daqueles que enfrentam a catástrofe seguir uma pessoa em que confiam. Mas poucos negarão a importância do valor pessoal em qualquer caso. Inclusive nas mais recentes publicações sobre esse tema, a abordagem é não apenas dedicar todas as capacidades na consecução das metas, mas também facilitar a possibilidade de descobrir o talento de cada pessoa, o que ajudará o líder a gerar um desempenho extraordinário.

O quarto componente refere-se ao estilo do líder e ao clima organizacional desenvolvido por ele. Como vimos no capítulo anterior, a força da motivação depende em maior grau das expectativas, das recompensas recebidas, da quantidade de esforço que se supõe necessário, da tarefa a realizar e de outros fatores que fazem parte de um ambiente, assim como do clima organizacional. O reconhecimento desses fatores conduziu a uma vasta pesquisa sobre o comportamento da liderança e ao desenvolvimento de várias teorias pertinentes. Os pontos de vista que há muito tempo definiram liderança como um estudo psicológico de relações interpessoais convergiram com a abordagem deste livro, de que as tarefas primárias dos administradores são o projeto e o desenvolvimento de um ambiente propício para o bom desempenho.

John Gabarro e John Kotter agregaram outro ingrediente: os administradores eficazes desenvolvem uma relação saudável com seu chefe.[6] Significa que essa relação é fundamentada na dependência mútua. Assim, o administrador compreende as metas e pressões do chefe e dá atenção às suas preocupações.

[6] Gabarro, John J. e John P. Kotter, "Managing your boss", *Harvard Business Review*, janeiro-fevereiro de 2000.

Perspectiva internacional

Sobre a liderança, segundo Deepak Chopra

Em uma entrevista realizada com o guru indiano do bem-estar, Deepak Chopra, perguntou-se sobre liderança, ao que ele respondeu: aprende-se a ser um líder sendo catalisador da mudança e da transformação. Os grandes líderes respondem com criatividade, visão e sentido de unidade, não importa a magnitude do problema. Conseguem-se a inspiração e unidade do grupo quando se compreende a hierarquia das necessidades. Os grandes líderes estão em contato com todos os níveis da experiência humana.

Os conselhos de Chopra aos líderes são:

1. Ver e ouvir sem julgar, mas considerando os sentimentos. E responder com visão e criatividade.
2. Delegar para gerar autogoverno e elevar ao mesmo nível o líder e seus subordinados.
3. Conscientizar é conhecer as perguntas inerentes aos desafios e fazer com que os seguidores também questionem a si mesmos.
4. Atuar é ser coerente com o prometido, ser persistente, mas ao mesmo tempo flexível e generoso.
5. Ser livre emocionalmente para compreender as necessidades dos demais sem medo, sem depressão e sem querer competir.
6. Ser responsável ajuda a assumir os desafios significativos com integridade.
7. Ter sincronia é a capacidade de gerar um ambiente positivo e encontrar o impulso para ir além do previsto.

Fonte: Com informação de A. Colmenarejo, "Deepak Chopra: 'Todos tenemos talento para el éxito'", em *Expansión y Empleo*, 6 de maio de 2007, em http://www.expansionyempleo.com/edicion/expansionyempleo/desarrollo_profesional/expomanagement/es/desarrollo/977201.html.

Quase todo papel em uma empresa organizada se torna mais satisfatório para os participantes e mais produtivo para a empresa se puderem ajudar uns aos outros a satisfazerem suas necessidades de dinheiro, status, poder e realização. O **princípio** fundamental da **liderança** é: visto que as pessoas tendem a seguir aqueles que, do seu ponto de vista, lhes oferecem um meio para satisfazer suas metas pessoais, quanto mais os administradores compreendam o que motiva seus subordinados e como esses motivadores operam, e quanto mais demonstrem essa compreensão ao realizar suas ações gerenciais, é mais provável que sejam líderes eficazes.

Princípio da liderança

Visto que as pessoas tendem a seguir aqueles que lhes oferecem um meio para satisfazer suas metas pessoais, quanto mais os gerentes compreendam o que motiva seus subordinados e como esses motivadores operam, e quanto mais revelem essa compreensão ao realizar suas ações gerenciais, é mais provável que sejam líderes eficazes.

Dada a importância da liderança em todo tipo de ação de grupo, há um volume considerável de teoria e de pesquisa relacionadas ao assunto. É difícil resumir um corpo tão vasto de pesquisa de forma relevante para a administração do dia-a-dia. Contudo, na sequência examinaremos vários tipos importantes de teorias e pesquisas sobre liderança, juntamente com perfis de alguns tipos básicos de estilos de liderança.

Perspectiva internacional

Fumio Mitarai da Canon: o oposto do diretor executivo japonês típico

Segundo os padrões japoneses, Fumio Mitarai é um inconformista. Não tem muito de construtor de consensos, mas, ao contrário, adota ações decisivas unilateralmente, como encerrar a divisão de computadores pessoais da Canon. Mais ainda, em vez de se concentrar em fazer crescer a participação no mercado (como é o caso típico das companhias japonesas nos Estados Unidos), Mitarai focaliza os lucros. Essa orientação para os lucros pode ter sido influenciada por sua experiência nos Estados Unidos. Atribui-se a ele ter afirmado: "havia diferentes padrões de negócios e achei o Japão irracional demais".[7] De qualquer forma, incrementou sua participação no mercado digital mundial, de 9% em 2000 para 14% em 2001. Será que outros administradores japoneses seguirão seu exemplo?

http://www.canon.com

[7] "Fumio Mitarai, Canon", *BusinessWeek*, 14 de janeiro de 2002, p. 54.

Abordagem de traços da liderança[8]

Até 1949, os estudos de liderança eram fundamentados, em sua maioria, em uma tentativa de identificar os traços, ou características, que os líderes possuem. Começando com a teoria do "grande homem" de que os líderes nascem, não se fazem, uma crença que remonta aos gregos e romanos antigos, os pesquisadores procuraram identificar os traços físicos, mentais e de personalidade de vários líderes. Essa teoria perdeu muito de sua aceitação com o surgimento da escola do comportamento da psicologia.

A teoria X e a teoria Y de McGregor

Duas séries de suposições sobre a natureza das pessoas.

Foram realizados muitos estudos dos traços. Ralph M. Stogdill mostrou que vários pesquisadores tinham identificado traços específicos relacionados à habilidade de liderança: 5 traços físicos (como energia, apresentação e estatura), 4 traços de inteligência e habilidade, 16 traços de personalidade (como adaptabilidade, dinamismo, entusiasmo e autoconfiança), 6 características relacionadas com a tarefa (como impulso para o êxito, persistência e iniciativa) e 9 características sociais (como espírito de cooperação, habilidades interpessoais e capacidade administrativa).[9]

A análise da importância dos traços da liderança continua. Recentemente, os seguintes traços-chave de liderança foram identificados: impulso (inclui êxito, motivação, energia, ambição, iniciativa e tenacidade), motivação para a liderança (a aspiração de liderar, mas não a busca do poder como fim em si mesmo), honestidade e integridade, autoconfiança (inclui estabilidade emocional), habilidade cognitiva e compreensão do negócio. Menos claro é o efeito da criatividade, da flexibilidade e do carisma na eficácia da liderança.

De modo geral, o estudo dos traços dos líderes não foi uma abordagem muito frutífera para explicar a liderança. Nem todos os líderes possuem todos os traços, e muitos que não são líderes podem ter a maioria ou todos os traços. Além disso, o enfoque de traços não oferece orientação sobre a quantidade que uma pessoa deveria ter de qualquer traço. Mais ainda, as dezenas de estudos realizados não estão de acordo sobre quais são os traços de liderança ou quais são suas relações com instâncias reais de liderança. A maioria desses traços constitui, na realidade, padrões de comportamento.

Enfoque de liderança carismática

A liderança carismática está estreitamente relacionada à análise anterior. Um dos primeiros estudos das características carismáticas foi realizado por Robert J. House.[10] Ele e outros autores indicam que os líderes carismáticos podem ter certas características, como confiar em si mesmos, ter convicções firmes, articular uma visão, ser capazes de iniciar a mudança, comunicar expectativas elevadas, ter a necessidade de influenciar

---

8 Um enfoque popular ao classificar os traços de personalidade é o Indicador de Tipo Meyers-Briggs (MBTI). Jung, Carl, *Psychological types*, Routledge, London e Kegan, Paul, 1923; Quenk, N. L., *Essentials of Myers-Briggs type indicator assessment*, Nova York: Wiley, 2000.

9 Stogdill, Ralph M., *Handbook of leadership: A survey of theory and research*, Nova York: Free Press, 1974. Ver também seu estudo anterior, "Personal factors associated with leadership: A survey of the literature", *Journal of Psychology*, v. 25 (1948), p. 35-71. Para uma análise dos traços de liderança russa, ver Puffer, Sheila M., "Understanding the bear: A portrait of Russian business leaders", *Academy of Management Executive*, fevereiro de 1994, p. 41-54.

10 House, Robert J., "A 1976 theory of charismatic leadership", em Hunt, J. G. e L. L. Larson (eds.), *Leadership: the cutting edge*, Carbondale, IL: Southern Illinois University Press, 1977.

os seguidores e apoiá-los, demonstrar entusiasmo e emoção e estar em contato com a realidade.[11] Ainda que possam ser características admiráveis, como destacaremos mais adiante neste capítulo, outros fatores, como as características dos seguidores e a situação, podem afetar a eficácia da liderança.

Comportamento e estilos de liderança

Há várias teorias sobre comportamento e estilos de liderança. Esta seção discute: 1) a liderança fundamentada no uso da autoridade, 2) a grade gerencial e 3) a liderança que inclui uma variedade de estilos, que vai do uso máximo a mínimo de poder e influência.

Estilos fundamentados no uso da autoridade

As primeiras explicações dos estilos de liderança foram classificadas com base em como os líderes usam sua autoridade. Os líderes são vistos pela adoção de três estilos

Perspectiva internacional

Conheça Azim Premji da Wipro, o arquiteto líder da alta tecnologia da Índia[12]

Quando Premji era estudante de engenharia na Universidade de Stanford, na década de 1960, recebeu um chamado para regressar ao seu país de origem, a Índia, e assumir o negócio de óleo de amendoim da família. A Western India Vegetable Products Limited converteu-se na Wipro, empresa de US$ 3 bilhões, líder em tecnologia da informação, operações de processos de negócios e serviços de pesquisa e desenvolvimento. Incluída entre as quatro maiores companhias de software de alto nível na Índia, a Wipro é direcionada a sistemas de tecnologia.

Premji é uma das pessoas mais ricas da Índia, construiu uma companhia com base em valores de liderança. Acredita que as pessoas comuns são capazes de coisas extraordinárias. Está muito interessado em desenvolver equipes e líderes e participa dando aulas nos programas de desenvolvimento de liderança na Wipro. É reconhecido por seus esforços na administração reduzida (analisada no Capítulo 20) e a Wipro foi a primeira empresa indiana a implantar o Seis Sigma (um nível de qualidade de não mais que 3,4 defeitos por um milhão de operações) à administração da qualidade. Sua visão da sociedade é educação primária de qualidade para toda criança.

O respeitadíssimo Instituto de Tecnologia da Índia, entre outras instituições, conferiu-lhe o grau de doutor *honoris causa*. Apesar de sua fama e riqueza, é moderado na escolha dos automóveis que dirige, a começar pelo Ford Escort (fabricado na Índia) e, mais tarde, o supereconômico Corolla da Toyota.

Através de sua liderança, Azim Premji transformou a empresa de óleo de amendoim em uma das companhias de serviços de tecnologia mais respeitadas da Índia.

http://www.wipro.com

[11] Ver, por exemplo, Conger, Jay A. e Rabrinda N. Kanung, *Charismatic leadership in organizations*, Thousand Oaks, CA: Sage, 1996; Rowden, R. W., "The relationship between charismatic leadership behaviors and organizational commitment", *Leadership and Organization Development Journal*, janeiro de 2000, p. 30-35; Goleman, D., *Emotional intelligence*, Nova York: Bantam, 1995.

[12] McCormick, Joel, "The world according to Azim Premji", *Stanford Magazine*, maio-junho de 2006; "Q&A with Wipro's Azim Premji", *Business Week Online*, 27 de novembro de 2006; Internet http.www.wipro.com, acesso em 30 de novembro de 2006.

O **líder autocrático** ordena e espera que se cumpra, é dogmático e positivo e lidera pela habilidade de reter ou outorgar recompensas e castigos.

O **líder democrático** ou participativo consulta os subordinados e estimula sua participação.

O **líder de rédea solta** usa muito pouco o poder e, quando o faz, dá aos subordinados um alto grau de independência.

básicos. O **líder autocrático** ordena e espera que se cumpra, é dogmático e positivo e lidera pela habilidade de reter ou outorgar recompensas e castigos. O **líder democrático** ou **participativo** consulta os subordinados sobre ações e decisões propostas e estimula sua participação. Esse tipo de líder inclui a pessoa que não empreende uma ação sem a concordância dos subordinados e aquela que toma decisões, mas consulta os subordinados antes de fazê-lo.

O **líder de rédea solta** usa muito pouco seu poder e, quando o faz, dá aos subordinados um alto grau de independência em suas operações. Esses líderes dependem em maior grau dos subordinados para estabelecer suas metas e os meios de alcançá-las e veem seu papel como o de ajudante nas operações dos seguidores, proporcionando-lhes informação e atuando primordialmente como contato com o ambiente externo do grupo. A Figura 15.1 ilustra o fluxo da influência nas três situações de liderança.

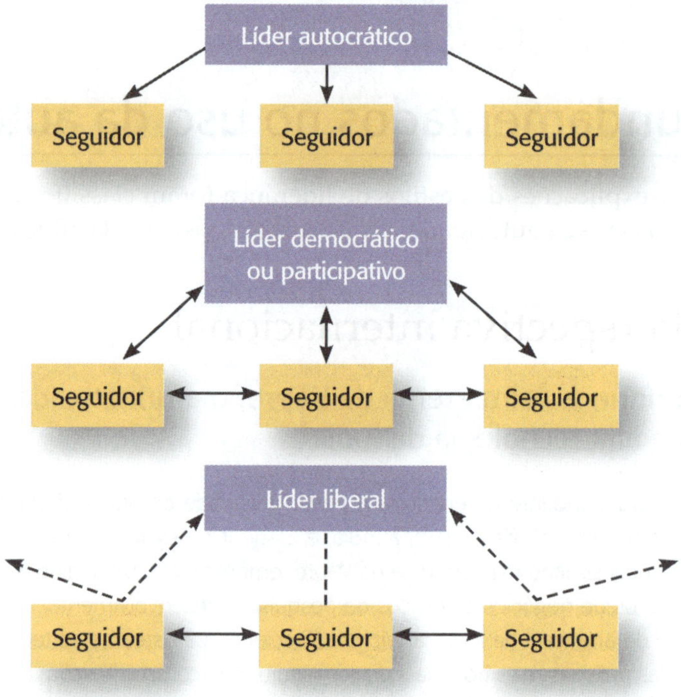

FIGURA 15.1 O fluxo de influência em três estilos de liderança

Há variações dentro dessa classificação simples dos estilos de liderança. Alguns líderes autocráticos são vistos como "autocratas benevolentes". Embora ouçam bastante as opiniões de seus seguidores antes de tomar uma decisão, no final a decisão é deles. Podem estar dispostos a ouvir e considerar as ideias e preocupações dos subordinados; mas quando é preciso tomar uma decisão, podem ser mais autocráticos que benevolentes.

Uma variação do líder participativo é a pessoa que dá apoio. Os líderes dessa categoria podem ver sua tarefa não apenas como a de consultar os seguidores e considerar com todo cuidado suas opiniões, mas também de fazer todo o possível para apoiar os subordinados no cumprimento de seus deveres.

O uso de qualquer estilo dependerá da situação. Um administrador pode ser muito autocrático em uma emergência; não podemos imaginar um chefe de bombeiros realizando uma longa reunião com seu pessoal para discutir a melhor forma de combater um incêndio. Os administradores também podem ser autocráticos quando somente eles têm as respostas a certas questões.

Um líder pode adquirir conhecimentos importantes e um compromisso maior das pessoas envolvidas ao consultá-las. Como já se afirmou, isso é válido no desenvolvimento de objetivos mensuráveis em sistemas de administração por objetivos. Mais ainda, um administrador que trata com um grupo de cientistas de pesquisa pode lhes dar rédea solta no desenvolvimento de suas consultas e experiências. Mas o mesmo administrador poderia ser bastante autocrático ao aplicar uma regra que estipula o uso de roupa protetora ao manipular produtos químicos potencialmente perigosos.

As mulheres lideram de maneira diferente?

As mulheres, como gestoras, podem utilizar um estilo de liderança diferente do estilo dos homens. Um estudo revelou que as mulheres veem a liderança como a ação de transformar o autointeresse dos seguidores em uma preocupação com toda a empresa, utilizando habilidades interpessoais e traços pessoais para motivar os subordinados.[13] Esse estilo de liderança interativo inclui compartilhar informação e poder, inspirar a participação e mostrar às pessoas que elas são importantes. Quanto aos homens, ao contrário, é mais provável que vejam a liderança como uma sequência de transações com seus subordinados. Mais ainda, usam com mais frequência o controle de recursos e a autoridade de sua posição para motivar seu pessoal. Isso não significa que todas as mulheres e homens bem-sucedidos utilizem os respectivos estilos de liderança. Certamente, alguns homens usam a liderança interativa para orientar seus subordinados e algumas mulheres usam a estrutura de mando tradicional ao liderar seus seguidores.

Perspectiva empresarial

A Body Shop International[14]

A Body Shop International é uma companhia de cosméticos ambientalmente consciente e socialmente responsável com mais de 1.600 lojas em todo o mundo. Foi fundada na Inglaterra, em 1976, por Anita Roddick. No início, ela própria desenvolvia os produtos em sua cozinha. Sua filosofia e práticas de negócios únicas eram pouco convencionais na indústria de cosméticos, dando importância ao uso de ingredientes naturais e acondicionando os produtos em embalagens que podiam ser reutilizadas. A companhia evitava os testes de seus produtos em animais e também identificava os ingredientes usados. Os funcionáros eram selecionados com base em suas motivações idealistas e em sua consciência social e ambiental. Os métodos de marketing e vendas da The Body Shop estavam em nítido contraste com os das grandes companhias de cosméticos que utilizavam modelos da moda e muita publicidade.

Nos primeiros tempos, a The Body Shop foi muito bem-sucedida, mas encontrou dificuldades na década de 1990. Ainda que o número de lojas continuasse crescendo, havia pouca rotatividade de produtos nas lojas. Em 1998, Anita Roddick renunciou à diretoria executiva. Alguns observadores se perguntavam se os clientes compartilhavam da sua consciência social. Também tinham curiosidade de saber por que as pessoas eram atraídas por uma empresa que utilizava pouca publicidade, quando a fazia. Mais ainda, a companhia poderia manter a filosofia e práticas de negócios de Roddick depois de ela ter deixado seu posto como CEO?

http://www.bodyshop.com

[13] Rosener, Judy B., "Ways women lead", *Harvard Business Review*, novembro-dezembro de 1990, p. 119-125.

[14] Com base em várias fontes, que incluem The Body Shop, http://www.bodyshop.com; Adler, Carlye, "The disenfranchised", *Fortune*, 17 de setembro de 2001; "The Body Shop International", Caso 392-032 da Escola de Negócios de Harvard.

A grade gerencial

Uma abordagem bem conhecida para definir os estilos de liderança é a grade gerencial, desenvolvida há décadas por Robert Blake e Jane Mouton.[15] Trabalhando sobre pesquisas anteriores que mostraram a importância da preocupação de um gerente pela produção e pelas pessoas, Blake e Mouton desenvolveram um engenhoso dispositivo para expressar essa preocupação. Essa grade, apresentada na Figura 15.2, foi utilizada em todo o mundo como um meio para capacitar os gerentes e identificar várias combinações de estilos de liderança.

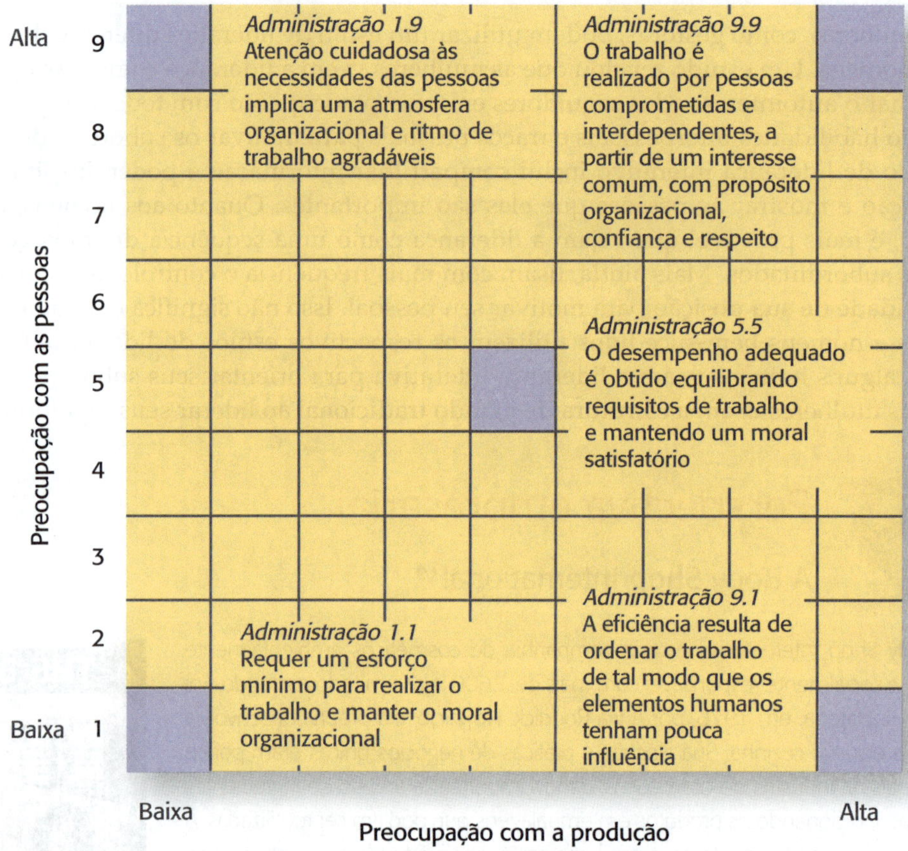

FIGURA 15.2 A grade gerencial

Dimensões da grade

A grade gerencial tem duas dimensões: a preocupação com as pessoas e a preocupação com a produção.

A grade tem duas dimensões: preocupação com as pessoas e preocupação com a produção. Como ressaltam Blake e Mouton, o uso da expressão *preocupação com* tem o propósito de mostrar que os gerentes se preocupam com a produção ou que se preocupam com as pessoas, e não com *quanta* produção esperam conseguir de um grupo.

---

[15] Blake, Robert R. e Jane Mouton, *The managerial grid*, Houston, Tex.: Gulf Publishing Company, 1954 e *Building a dynamic corporation through grid organization development*, Reading, Mass.: Addison-Wesley Publishing Company, Inc., 1969. O conceito de grade foi aprimorado em Blake, Robert R. e Jane S. Mouton, *The versatile manager: A grid profile*, Homewood, Ill.: Richard D. Irwin, 1981; e pelos mesmos autores, *The managerial grid III*, Houston, Tex.: Gulf Publishing Company, 1985.

A preocupação com a produção inclui a atitude de um supervisor perante uma ampla variedade de temas, como a qualidade das decisões relacionadas a políticas, procedimentos e processos, criatividade da pesquisa, qualidade do serviço, eficiência no trabalho e volume da produção. A preocupação com as pessoas é igualmente interpretada de forma ampla. Inclui elementos como o grau de compromisso pessoal com o cumprimento de metas, a preservação da autoestima dos trabalhadores, a atribuição de responsabilidade com base na confiança, mais do que na obediência, a oferta de boas condições de trabalho e a preservação de relações interpessoais satisfatórias.

Os quatro estilos extremos

Blake e Mouton identificam quatro estilos extremos. No estilo **1.1** (mencionado como administração empobrecida), os administradores se preocupam muito pouco com as pessoas ou com a produção e têm uma participação mínima em suas tarefas; para qualquer propósito, abandonaram seus postos e só confirmam presença, ou atuam como mensageiros, transmitem informações dos superiores aos subordinados. No outro extremo estão os gerentes **9.9**, que expressam em suas ações a maior dedicação possível, tanto às pessoas quanto à produção. São os verdadeiros "gerentes de equipe", capazes de mesclar as necessidades de produção da empresa com as necessidades dos indivíduos.

Outro estilo é a administração **1.9** (chamada por alguns de administração de clube de campo), em que os administradores têm pouca ou nenhuma preocupação com a produção e só se preocupam com as pessoas. Promovem um ambiente em que todos estão relaxados, são amistosos e felizes e ninguém se preocupa em fazer um esforço coordenado para alcançar as metas da empresa. No outro extremo estão os administradores **9.1** (às vezes chamados de administradores autocráticos das tarefas), que só se preocupam em desenvolver uma operação eficiente, que têm pouca ou nenhuma preocupação com as pessoas e que são bastante autocráticos em seu estilo de liderança.

Ao utilizar esses quatro extremos como pontos de referência, cada técnica, enfoque ou estilo gerencial pode ser colocado em algum lugar da grade. É evidente que os administradores **5.5** têm uma preocupação mediana com a produção e com as pessoas. Obtêm moral e produção adequados, mas não excelentes. Não estabelecem metas altas demais, e é provável que tenham uma atitude autocrática um tanto benevolente em relação às pessoas.

A grade gerencial é um dispositivo útil para identificar e classificar os estilos gerenciais, mas não nos diz *por que* um administrador é classificado em uma parte ou outra da grade. Para determinar o motivo, temos de buscar as causas subjacentes, como as características de personalidade do líder ou dos seguidores, a habilidade e capacitação dos administradores, o ambiente na empresa e outros fatores situacionais que influenciam o modo de atuar de líderes e seguidores.

Liderança como um *continuum*

A adaptação dos estilos de liderança a diferentes contingências foi bem caracterizada por Robert Tannenbaum e Warren H. Schmidt, formuladores do **conceito do *continuum* da liderança**. Como ilustra a Figura 15.3, a liderança, para eles, inclui uma variedade de estilos, desde o estilo centrado no chefe até outro centrado no subordinado. Os estilos variam conforme o grau de liberdade que um líder ou gerente concede aos subordinados. Assim, em vez de sugerir uma escolha entre os dois estilos de liderança, autoritário ou democrático, esse enfoque oferece uma posição de estilos, sem sugerir que um é sempre correto e o outro, sempre equivocado.

Conceito do *continuum* da liderança
A liderança inclui uma variedade de estilos, desde o estilo centrado no chefe até outro centrado no subordinado.

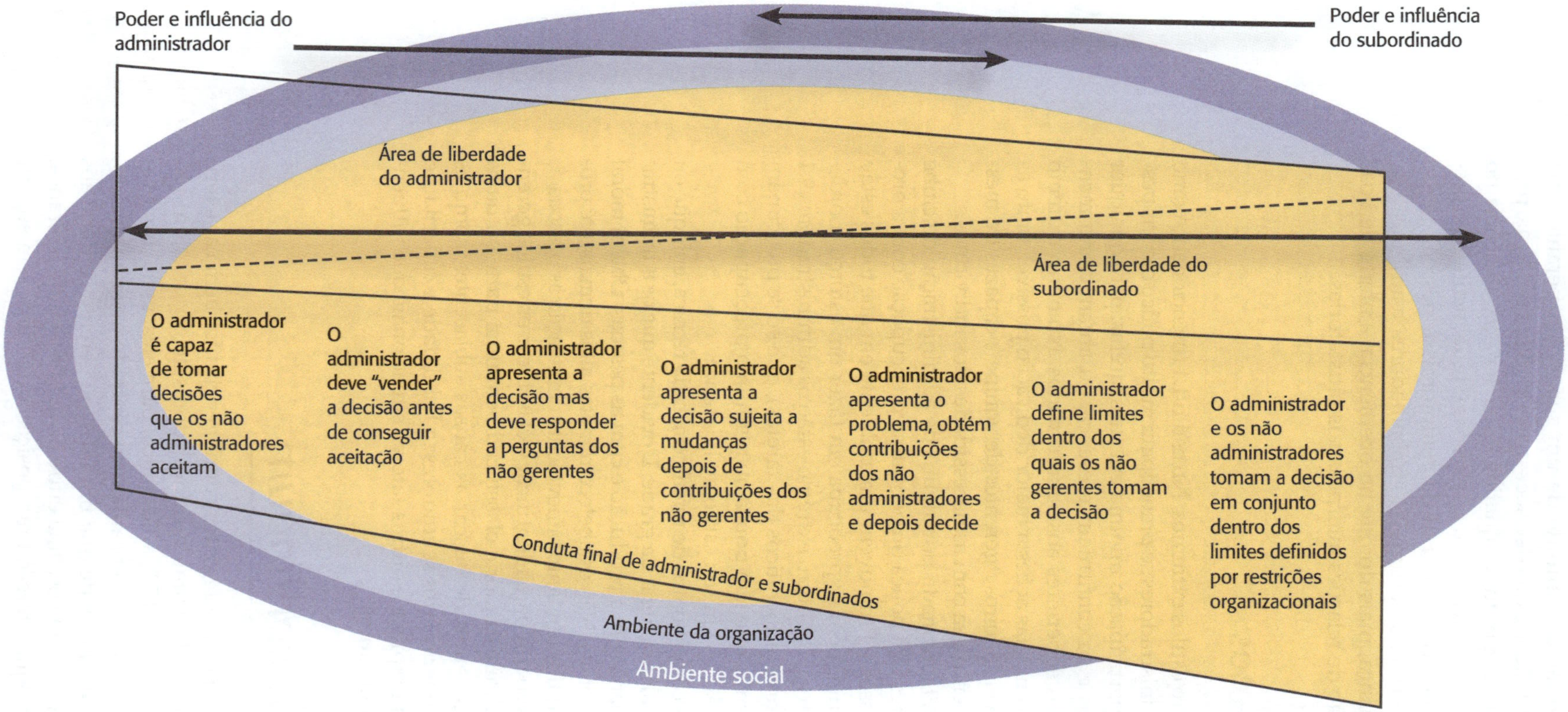

Utilizado com autorização de Tannenbaum, R. e W. H. Schmidt, "Retrospective commentary on how to choose a leadership pattern", *Harvard Business Review*, v. 51, n. 3, maio-junho de 1973, p. 167.

FIGURA 15.3 Modelo do ***continuum*** do comportamento administrador-não administrador

A teoria do *continuum* reconhece que o estilo de liderança apropriado depende do *líder*, dos *seguidores* e da *situação*. Para Tannenbaum e Schmidt, os elementos mais importantes que podem influenciar no estilo de um administrador podem ser vistos ao longo de um *continuum* como: 1) as forças que operam na personalidade do administrador, incluindo sistema de valores, confiança nos subordinados, inclinação aos estilos de liderança e sentimentos de segurança em situações incertas; 2) as forças que atuam nos subordinados (como sua disposição a assumir responsabilidade, seus conhecimentos e experiência e sua tolerância à ambiguidade) que afetarão o comportamento do administrador e 3) as forças inerentes à situação, como os valores organizacionais e as tradições, a eficácia dos subordinados trabalhando como unidade, a natureza de um problema, a viabilidade de delegar autoridade e de liderar com segurança e sob a pressão do tempo.

O estilo de liderança apropriado depende do líder, dos seguidores e da situação.

Ao rever seu modelo do *continuum* em 1973 (formulado em 1958), Tannenbaum e Schmidt acrescentaram círculos ao modelo, como ilustra a Figura 15.3, para representar as influências impostas pelo ambiente organizacional e pelo ambiente social aos estilos de liderança.[16] Isso foi feito para ressaltar a natureza do sistema aberto dos estilos de liderança e os diversos efeitos do ambiente organizacional e do ambiente social externo à empresa. Em seu comentário de 1973, dão mais importância à interdependência do estilo de liderança e das forças ambientais, como sindicatos trabalhistas, pressões mais fortes relacionadas à responsabilidade social, o movimento dos direitos civis e os movimentos ecológico e do consumidor, que desafiam os direitos dos gerentes de tomar decisões ou de gerenciar seus subordinados sem considerar interesses externos à organização.

Perspectiva internacional

Liderança na italiana Italtel[17]

Quando Marisa Bellisario tornou-se diretora e CEO da Italtel, uma fabricante de equipamento de telecomunicações de propriedade do Estado na Itália, a companhia estava com problemas: perdas consideráveis, dívidas enormes, pesquisa e desenvolvimento insuficientes e uma organização sindicalizada com excesso de pessoal. Bellisario deu alguns passos importantes para dar uma virada na companhia e melhorar a produtividade. Eis aqui alguns exemplos da ações da nova administração:

- Reestruturar a organização em unidades de negócios, o que se conseguiu mediante comunicação aberta e cooperação com o sindicato.
- Levar a companhia à era eletrônica, o que exigia a recapacitação dos funcionários.
- Desenvolver um programa para recolocar em melhores posições mulheres com poucas habilidades na força de trabalho.
- Buscar a cooperação intraeuropeia com empresas da França, Inglaterra e Alemanha.
- Melhorar a eficiência a partir da inovação em produtos e processos de manufatura.

Uma liderança como essa deve ser analisada em termos das características do líder (habilidades técnicas, humanas, conceituais e de formulação); relações com os seguidores, em particular a força de trabalho sindicalizada; e a situação, que exigia um líder forte para fazer frente à crise.

http://www.italtel.it

[16] Tannenbaum, Robert e Warren H. Schmidt, "How to choose a leadership pattern", reimpresso com um comentário dos autores, *Harvard Business Review*, maio-junho de 1973, p. 162-180.

[17] Com base em uma variedade de fontes, que inclui correspondência pessoal.

Enfoque situacional ou de contingência da liderança

À medida que aumentava a desilusão com os enfoques do "grande homem" e dos traços para compreender a liderança, a atenção se voltava para o estudo das situações e a crença de que os líderes são o produto de situações específicas. Foram realizados inúmeros estudos sob a premissa de que a liderança é afetada pela situação da qual surge o líder e em que ele opera. Esse é um enfoque persuasivo, indicado pelo aparecimento de Franklin Delano Roosevelt, na Grande Depressão da década de 1930, nos Estados Unidos, e o surgimento de Mao Tsé-Tung na China, no período posterior à Segunda Guerra Mundial. Esse enfoque da liderança reconhece que existe uma interação entre o grupo e o líder. Apoia a teoria do seguidor segundo a qual as pessoas tendem a seguir aqueles que veem (com ou sem razão) como capazes de lhes oferecer um meio para realizar seus desejos pessoais. O líder é, então, a pessoa que reconhece esses desejos e empreende programas elaborados para satisfazê-los.

Os enfoques situacionais ou de contingência obviamente têm muito significado para a teoria e a prática gerencial. Estão ligados também ao sistema de motivação analisado no Capítulo 14 e são importantes para os gerentes em exercício, que devem considerar a situação quando projetam um ambiente para o desempenho.

Abordagem de Fiedler de contingência da liderança

Teoria de contingência da liderança

As pessoas se convertem em líderes não apenas devido aos atributos de suas personalidades, mas também devido a vários fatores situacionais e às interações entre líderes e os membros do grupo.

Embora seu enfoque da teoria da liderança seja principalmente analisar o estilo de liderança, Fred E. Fiedler e seus colaboradores na Universidade de Illinois produziram uma **teoria de contingência da liderança**.[18] A teoria sustenta que as pessoas se convertem em líderes não só pelos atributos de suas personalidades, mas também devido a vários fatores situacionais e às interações entre líderes e os membros do grupo.

Dimensões críticas da situação de liderança

Com base em seus estudos, Fiedler descreve três dimensões críticas da situação que ajudam a determinar que estilo de liderança será mais eficaz:

1. *Posição de poder*. É o grau em que o poder de uma posição, diversa de outras fontes de poder, como a personalidade ou a experiência, permite a um líder fazer com que os membros do grupo cumpram suas instruções. No caso dos administradores, é o poder que emerge da autoridade organizacional. Como afirma Fiedler, um líder com uma clara e considerável posição de poder obtém bom seguimento com mais facilidade do que sem esse poder.

---

[18] Fiedler, Fred E., *A theory of leadership effectiveness*, Nova York: McGraw-Hill, 1967. Ver também Fiedler, Fred E. e Martin M. Chemers, *Leadership and effective management*, Glenview, IL: Scott, Foresman and Company, 1974; Fiedler e Chemers, com Linda Mahar, *Improving leadership effectiveness*, Nova York: Wiley, 1977.

2. *Estrutura da tarefa*. Com essa dimensão, Fiedler tem em mente o grau em que as tarefas podem ser estabelecidas com clareza e as pessoas responsáveis por elas. Se as tarefas são claras (em vez de vagas e não estruturadas), a qualidade do desempenho pode ser controlada com mais facilidade, e os membros do grupo podem ser mais responsáveis pelo desempenho.
3. *Relações líder-membro*. Fiedler considera essa dimensão como a mais importante do ponto de vista de um líder, já que o poder da posição e a estrutura da tarefa podem estar sob o controle de uma empresa. Está relacionada ao grau em que os membros do grupo têm satisfação e confiança em um líder e estão dispostos a segui-lo.

Estilos de liderança

Em seu estudo, Fiedler estabeleceu dois estilos de liderança importantes. Um é orientado prioritariamente às tarefas, e com isso o líder obtém satisfação ao ver que as tarefas são cumpridas. O outro é orientado basicamente a conseguir boas relações interpessoais e obter uma posição de proeminência pessoal.

Para medir os estilos de liderança e determinar se um líder é orientado principalmente às tarefas, Fiedler utilizou uma técnica de teste em desuso. Baseou suas descobertas em dois tipos de fontes: 1) qualificações de uma escala do *colega de trabalho menos preferido* (CTMP), qualificações feitas pelas pessoas de um grupo de membros com os quais menos gostariam de trabalhar, e 2) qualificações em uma escala sobre a *semelhança assumida entre opostos* (SAP), qualificações baseadas no grau em que os líderes veem os membros do grupo em relação a si mesmos, na suposição de que as pessoas ficarão mais satisfeitas e trabalharão melhor com aqueles mais parecidos com elas. Atualmente, a escala CTMP é mais utilizada na pesquisa. Ao desenvolver essa escala, Fiedler pediu aos participantes que identificassem os traços de uma pessoa com a qual poderiam trabalhar menos bem.[19] Os participantes descreveram a pessoa qualificando 16 temas em uma escala de atributos como os seguintes:

Agradável : : : : | : : : : Desagradável

Recusa : : : : | : : : : Aceitação

Com base em seus estudos desse método, assim como de outros, Fiedler constatou que as pessoas que qualificaram alto seus colegas de trabalho (ou seja, em termos favoráveis) foram aquelas que obtêm mais satisfação de relações interpessoais bem-sucedidas. As pessoas que qualificaram baixo seu "colega de trabalho menos preferido" (ou seja, em termos desfavoráveis) foram vistas como as que encontram maior satisfação no desempenho da tarefa.

De sua pesquisa, Fiedler chegou a algumas conclusões interessantes. Reconheceu que as percepções pessoais podem não ser claras, e até bastante imprecisas, mas mesmo assim considerou válidos os pontos apresentados a seguir.

[19] Fiedler, *A theory of leadership effectiveness*, p. 41.

Perspectiva internacional

Onde estão os melhores líderes da América Latina?

Segundo um estudo realizado pela Hewitt Associates sobre as melhores empresas para líderes globais em 2007, as melhores companhias na América Latina são a Natura Cosméticos, do Brasil, a Bancolombia, a Cargill, a Copa Holdings do Panamá e a Wal-Mart do México. O estudo revelou também que, na América Latina, as empresas já instituíram as práticas e processos de desenvolvimento de liderança como parte de seus processos, o que lhes assegura vantagens competitivas.

As cinco áreas fundamentais que distinguem as melhores companhias de líderes globais são: enfoque no crescimento e na globalização, desenvolvimento de um banco de talentos global, estratégia de negócios vinculada ao desenvolvimento de líderes.

Fonte: Com informação de Juliana Fragoso, "Wal-Mart de México, de las mejores en formar líderes", *Excélsior*, México, 20 de setembro de 2007, seção *Dinero*, p. 2.

O desempenho da liderança depende tanto da organização quanto dos atributos do próprio líder. Mas, a não ser em algum caso raro, simplesmente não é significativo falar de líder eficaz *versus* ineficaz; só podemos falar de um líder que tende a ser eficaz em uma situação e ineficaz em outra. Se queremos incrementar a eficácia organizacional e do grupo, temos de aprender não apenas a capacitar os líderes com maior eficácia, mas também a construir um ambiente organizacional em que o líder possa desempenhar bem.[20]

O modelo de contingência da liderança de Fiedler é apresentado em um gráfico na Figura 15.4. A figura é, na realidade, um resumo da pesquisa de Fiedler, na qual constatou que, em situações "desfavoráveis" ou "favoráveis", o líder orientado às tarefas seria o mais eficaz. O favorável de uma situação é definido por Fiedler como o grau em que uma determinada situação permite ao líder exercer influência em um grupo. Em outras palavras, quando a posição de poder do líder é fraca, a estrutura da tarefa não é clara e as relações líder-membro são moderadamente pobres, a situação é desfavorável para o líder, e o líder mais eficaz será o que tiver uma orientação para a tarefa (ver o canto inferior direito do gráfico). No outro extremo, em que a posição de poder é forte, a estrutura da tarefa é clara e as relações líder-membro são boas, a situação é favorável para o líder, e o líder orientado à tarefa também será mais eficaz. Contudo, se a situação é apenas moderadamente desfavorável ou favorável (a metade da escala horizontal da figura), o líder orientado às relações será mais eficaz.

Em uma situação muito estruturada, como na milícia durante uma guerra, em que o líder tem uma forte posição de poder e boas relações com os membros, existe uma situação favorável na qual a orientação à tarefa é a mais apropriada. No outro extremo, uma situação desfavorável com relações moderadamente pobres, uma tarefa não estruturada e uma posição de poder fraca, também sugere uma orientação às tarefas do líder, no sentido de reduzir a ansiedade ou ambiguidade que a situação mal-estruturada poderia criar. Entre os dois extremos, o enfoque sugerido ressalta a cooperação e boas relações com as pessoas.

20 Fiedler, p. 261.

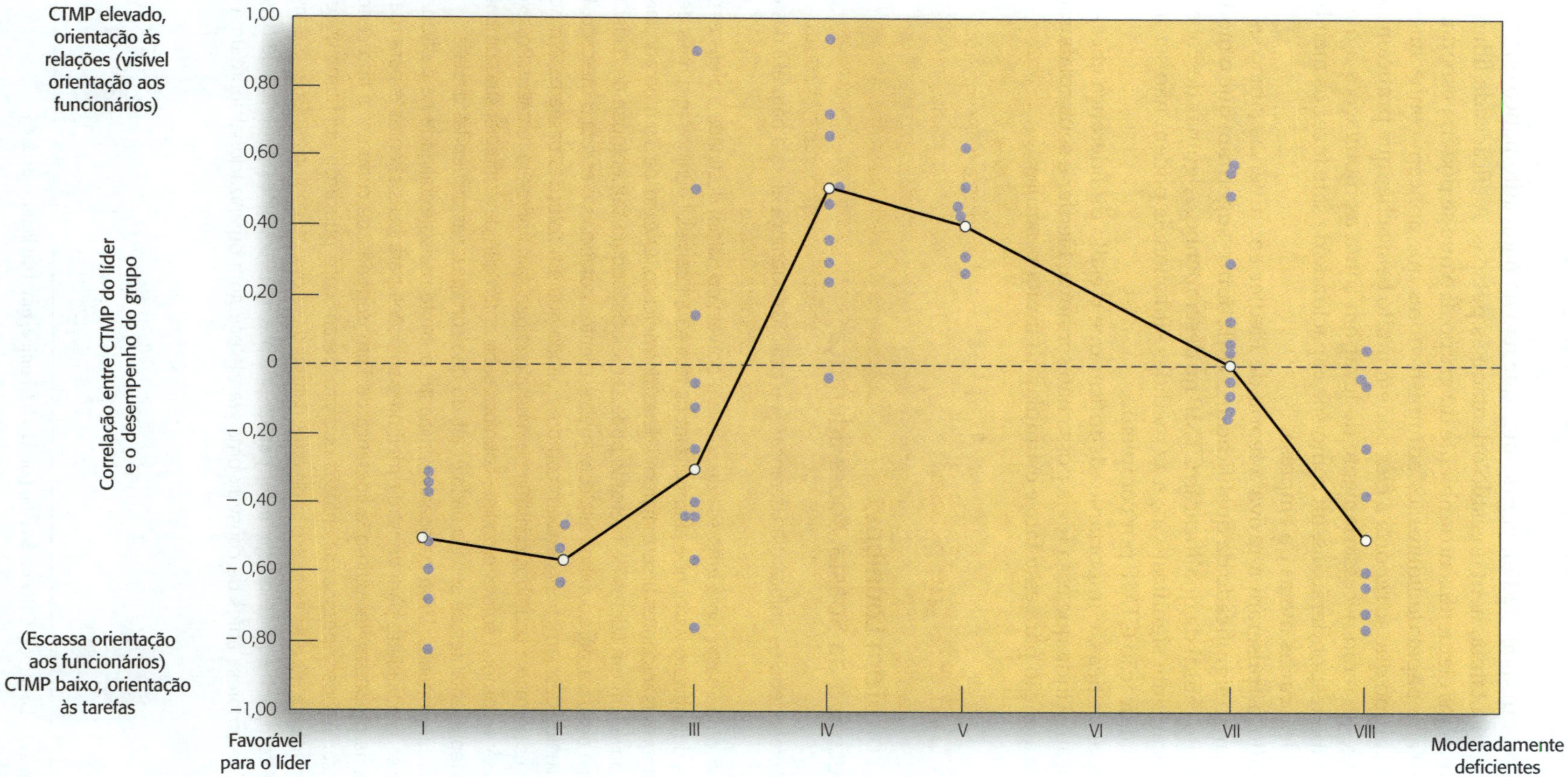

Relações líder-membros	Boas	Boas	Boas	Boas	Moderadamente deficientes	Moderadamente deficientes	Moderadamente deficientes	Moderadamente deficientes
Estrutura das tarefas	Estruturadas	Estruturadas	Não estruturadas	Não estruturadas	Estruturadas	Estruturadas	Não estruturadas	Não estruturadas
Poder que o cargo outorga ao líder	Forte	Fraca	Forte	Fraca	Forte	Fraca	Forte	Fraca

Cada ponto do gráfico representa descobertas de um estudo da pesquisa.
Adaptado de Fiedler, F. E., *A theory of leadership effectiveness*, Nova York: McGraw-Hill, 1967, p. 146. Utilizado com autorização.

FIGURA 15.4 O modelo de liderança de Fiedler

A pesquisa e administração de Fiedler

Ao rever a pesquisa de Fiedler, verificamos que não há nada automático ou "bom" no estilo orientado à tarefa, nem no estilo orientado às pessoas. A eficácia da liderança depende dos diversos elementos no ambiente do grupo. É o que se poderia esperar. Colocados no desejado papel de líderes, os administradores que aplicam conhecimentos às realidades do grupo que se reporta a eles podem muito bem achar que praticam uma arte. Mas, ao fazê-lo, terão necessariamente de levar em conta as motivações a que os membros do grupo responderão, assim como sua capacidade de satisfazer os membros no interesse de alcançar as metas da empresa.

Vários estudiosos puseram à prova a teoria de Fiedler em diversas situações. Alguns questionaram o significado da qualificação CTMP, outros sugeriram que o modelo não explica o efeito causal da qualificação CTMP no desempenho. Algumas descobertas não são estatisticamente significativas, e as medidas situacionais podem não ser independentes da qualificação CTMP por completo.

Apesar dessas críticas, é importante identificar que o estilo de liderança eficaz depende da situação. Ainda que essa ideia possa não ser nova, Fiedler e seus colaboradores chamaram a atenção para esse fato e estimularam muita pesquisa.

Perspectiva empresarial

Entrevista com Tom Lounibos, diretor executivo da Soasta, sobre liderança[21]

Como os administradores empreendedores enfocam a liderança? Seu estilo de liderança afeta a natureza das empresas que administram?

Tom Lounibos é diretor executivo na Soasta, uma empresa de software do Vale do Silício, destinada a oferecer uma série revolucionária de ferramentas de software visual que automatizam os testes na Internet. Lounibos tem mais de 20 anos de experiência em auxiliar empresas iniciantes a se tornarem líderes de mercado. O êxito de Tom ao administrar empresas iniciantes para que se convertam em líderes de mercado pode ser relacionado ao seu enfoque de "Liderança em escutar". Antes de construir uma organização, Lounibos fala com muitos clientes potenciais e escuta o mercado. Não apenas verifica que soluções os clientes desejam, mas também como e quando querem soluções baseadas em novos produtos. Escutar primeiro os clientes permite a Lounibos construir bem uma companhia na primeira tentativa. Por exemplo, se os clientes preferem pesquisar e comprar software on-line, Lounibos sabe então que deve integrar sua companhia com mais gerentes de produtos e representantes de serviço na Internet, do que com pessoas de vendas diretas.

Lounibos também ouve seus funcionários. Uma companhia iniciante permite mais flexibilidade na participação de todo o pessoal, e Tom usa essa flexibilidade para construir melhores soluções para seus clientes e para manter os funcionários muito envolvidos na empresa. Por último, a liderança de Tom depende de contratar o tipo certo de pessoas para um negócio empresarial. Busca pessoas talentosas que prosperam com pouca ou nenhuma estrutura e se sentem à vontade com a mudança, já que esse é o ambiente natural das novas tecnologias. Qual é a visão? Certamente, uma visão do que a companhia pode chegar a ser parece precoce, mas Lounibos permite que os seus clientes ajudem a refinar a visão da empresa antes de construir uma grande estrutura organizacional sobre uma premissa equivocada.

http://www.soasta.com

[21] Entrevista com Tom Lounibos, CEO da Soasta, por Mark Cannice, em 9 de janeiro de 2007.

A abordagem da meta-roteiro sobre a liderança eficaz

A **teoria da meta-roteiro** sugere que a principal função do líder é esclarecer e estabelecer metas com os subordinados, ajudá-los a encontrar o melhor roteiro para atingir as metas e afastar obstáculos. Os proponentes desse enfoque estudaram a liderança em uma variedade de situações; e como declarou Robert House, a teoria é construída sobre várias teorias da motivação e de liderança de outros autores.[22]

Teoria da meta-roteiro
A principal função do líder é esclarecer e estabelecer metas com os subordinados, ajudá-los a encontrar o melhor roteiro para atingir as metas e afastar obstáculos.

A teoria propõe que se considerem os fatores situacionais que contribuem para a liderança eficaz. Esses fatores incluem: 1) as características dos subordinados, como suas necessidades, confiança em si mesmos e habilidades; 2) o ambiente de trabalho, que inclui componentes como a tarefa, o sistema de recompensas e a relação com os colegas de trabalho (ver a Figura 15.5).

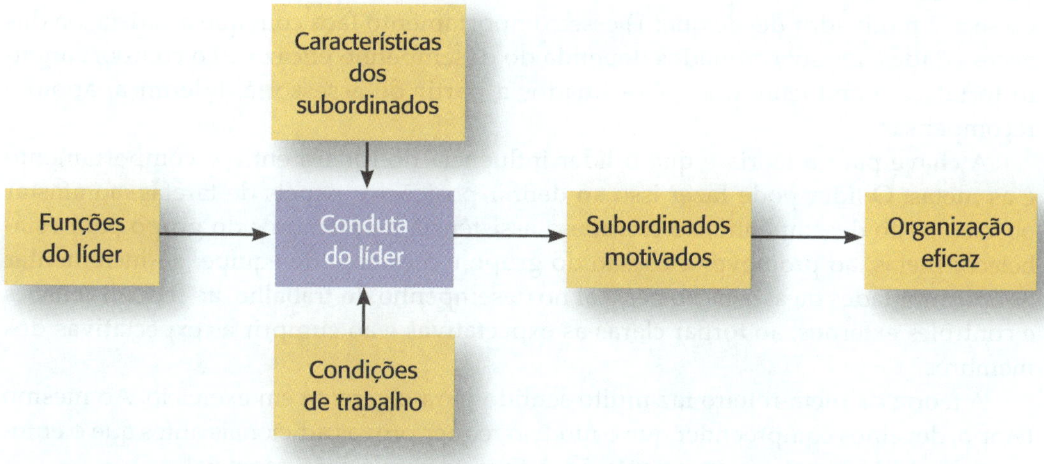

Adaptada de Blake, R. R. e J. S. Mouton, *The managerial grid*, Houston, TX: Gulf Publishing Company, 1964, p. 10.

FIGURA 15.5 Enfoque meta-roteiro para a liderança eficaz

A teoria cataloga o **comportamento do líder** em quatro grupos:

1. O comportamento de *liderança* de apoio considera as necessidades dos subordinados, manifesta preocupação com seu bem-estar e cria um clima organizacional agradável. Tem mais efeito no desempenho dos subordinados quando estão frustrados e insatisfeitos.
2. A *liderança participativa* permite aos subordinados influenciar as decisões de seus superiores, o que pode incrementar a motivação.
3. A *liderança instrumental* proporciona aos subordinados orientações específicas e esclarece o que se espera deles. Inclui aspectos de planejamento, organização, coordenação e controle do líder.

[22] House, Robert J., "A path-goal theory of leadership effectiveness", *Administrative Science Quarterly*, setembro de 1971, p. 321-38; House, Robert J. e Terence R. Mitchell, "Path-goal theory of leadership", em Koontz, Harold, Cyril O'Donnell e Heinz Weihrich (eds.), *Management: A book of readings*, 5. ed., Nova York: McGraw-Hill, 1980, p. 533-540; Filley, Alan C., Robert J. House e Steven Kerr, *Managerial process and organizational behavior*, Glenview, IL: Scott, Foresman and Company, 1976, Capítulo 12.

4. A *liderança orientada* ao êxito inclui estabelecer metas desafiadoras, buscar a melhora do desempenho e confiar que os subordinados alcançarão metas elevadas.

Mais do que propor que há uma forma melhor de liderar, essa teoria sugere que o estilo apropriado depende da situação. Situações ambíguas e incertas podem ser frustrantes para os subordinados, e talvez seja necessário um estilo mais orientado às tarefas. Em outras palavras, quando os subordinados estão confusos, o líder pode lhes dizer o que fazer e mostrar-lhes um caminho claro para as metas. Por outro lado, para tarefas de rotina, como as que existem na linha de montagem, uma estrutura adicional (geralmente proporcionada por um líder orientado às tarefas) pode ser considerada redundante; os subordinados podem achar que esses esforços são um controle excessivo e, por sua vez, insatisfatório. Em outras palavras, os funcionários querem que o líder se mantenha longe de seu caminho porque o roteiro já é bastante claro.

A teoria propõe que o comportamento do líder é aceitável e satisfaz aos subordinados no grau em que o veem como uma fonte de satisfação pessoal. Outra proposição da teoria é que o comportamento do líder incrementa o esforço dos subordinados, ou seja, é motivador desde que: 1) esse comportamento faça com que a satisfação das necessidades dos subordinados dependa do desempenho eficaz e 2) o comportamento fortaleça o ambiente dos subordinados a partir de assessoria, liderança, apoio e recompensas.

A chave para a teoria é que o líder influencia no roteiro entre o comportamento e as metas. O líder pode fazer isso ao definir posições e papéis de tarefas, ao afastar obstáculos ao desempenho, ao recrutar a assistência de membros do grupo para estabelecer metas, ao promover a coesão do grupo e o esforço de equipe, ao incrementar as oportunidades da satisfação pessoal no desempenho do trabalho, ao reduzir tensões e controles externos, ao tornar claras as expectativas e ao cumprir as expectativas dos membros.

A teoria da meta-roteiro faz muito sentido para o gerente em exercício. Ao mesmo tempo, devemos compreender que o modelo requer provas adicionais antes que o enfoque seja utilizado como uma orientação definitiva para a ação gerencial.

Liderança transacional e transformacional

Os **líderes transacionais** identificam o que os subordinados precisam fazer para alcançar os objetivos, o que inclui esclarecer papéis e tarefas, recompensar o desempenho e suprir as necessidades dos seguidores.

Os **líderes transformacionais** articulam uma visão, inspiram e motivam os seguidores e criam um clima favorável à mudança organizacional.

http://www.ibm.com
http://www.att.com

Administrar inclui realizar as tarefas gerenciais com eficácia e eficiência. Uma dessas funções está relacionada a dirigir no geral e liderar no particular. Pode-se fazer uma distinção entre os líderes transacionais e os transformacionais. Os **líderes transacionais** identificam o que os subordinados precisam fazer para alcançar os objetivos, esclarecem os papéis e tarefas organizacionais, estabelecem uma estrutura de organização, recompensam o desempenho e suprem as necessidades sociais de seus seguidores. Tais líderes trabalham duro e tratam de operar a organização com eficácia e eficiência.

Os **líderes transformacionais** articulam uma visão e inspiram os seguidores. Eles têm também a capacidade de motivar, estabelecer a cultura da organização e criar um clima favorável para as mudanças organizacionais. Companhias como IBM e AT&T têm programas voltados a promover uma liderança transformacional projetada para transformar suas organizações com rapidez e responder às rápidas mudanças do ambiente. Há muitas semelhanças entre os líderes transformacionais e os líderes carismáticos, sendo que os primeiros se destacam por iniciar a inovação e a mudança. Quando pensamos nos líderes carismáticos, pensamos em pessoas como Winston Churchill, Martin Luther King e Madre Teresa, que inspirou as pessoas por meio de um serviço para os pobres desprovido de egoísmo.

Perspectiva empresarial

Liderança no Grupo Haier chinês e na Volkswagen[23]

Zhang Ruimin é fundador e diretor executivo do Grupo Haier, o fabricante de aparelhos eletrodomésticos mais conhecido na China. Seus muitos produtos incluem refrigeradores, condicionadores de ar, freezers e fornos de micro-ondas. Durante a Revolução Cultural da China, Zhang foi enviado para trabalhar em uma fábrica processadora de metais, o que possivelmente o ajudou mais tarde a administrar a empresa de eletrodomésticos.

Com a abertura da China, Zhang conheceu o livro de Michael Porter, professor de Harvard, sobre a estratégia competitiva, que ressalta a importância de identificar as necessidades dos clientes. Mais ainda, o enfoque da General Electric na administração da qualidade e na dedicação à cultura corporativa ilustrada por Jack Welch, seu diretor executivo, também influenciou o ponto de vista de Zhang sobre a administração.

A qualidade era a principal preocupação de Zhang. Ao visitar sua empresa de refrigeradores, notou que muitos produtos estavam com defeito. Para demonstrar sua paixão pela qualidade, fez com que os novos refrigeradores fossem destruídos em um gesto teatral. Não é exagero dizer que os trabalhadores ficaram impressionados, não apenas pelo compromisso de Zhang com a qualidade, mas também por seu programa de atividades diárias de 14 horas. Estranho ao costume na China nessa época, relacionava o bom desempenho dos funcionários a recompensas monetárias e promoções. Ele adotou ainda outras práticas gerenciais que aprendeu com a Liebherr, a companhia alemã a qual é associado.

Sua liderança, por exemplo, transformou a empresa burocrática no Grupo Haier, que é atualmente a fábrica de refrigeradores chinesa mais conhecida, operando em muitos países, incluindo os Estados Unidos. Porém, um líder não pode se acomodar em seus êxitos; ao contrário, deve articular uma visão para o futuro. Guiada pela visão de Zhang, a Haier aventurou-se em computadores e fármacos. O ingresso da China na Organização Mundial do Comércio em 2001 abriu oportunidades, mas também apresentou novos desafios para o Grupo Haier. A liderança de Zhang ilustra que as práticas administrativas ocidentais podem ser transferidas a países orientais como a China.

Enquanto Zhang Ruimin pode ter-se beneficiado de práticas administrativas alemãs, Wolfgang Bernhard, o alto gerente da Volkswagen, adotou alguns enfoques gerenciais dos norte-americanos. Bernhard obteve mestrado (MBA) na Escola de Negócios de Columbia. Trabalhou para a empresa de consultoria McKinsey e mais tarde para a DaimlerChrysler. Posteriormente foi contratado pela Mercedes e ingressou na rota rápida de promoções. Quando essa rota foi interrompida, conquistou um alto cargo administrativo na Volkswagen, sendo responsável pela marca VW. Sua tarefa era reduzir o custo e desenvolver novos modelos, tarefa que desempenhara antes na Chrysler. Usando sua experiência na Chrysler, encomendou um estudo no qual constatou que a VW levava o dobro do tempo para montar um carro, em comparação com seu concorrente mais eficiente.

Mais do que seguir o estilo alemão tradicional de delegar tarefas aos departamentos apropriados, Bernhard reuniu 200 pessoas da VW em um auditório com o objetivo de reduzir os custos do recém-planejado veículo utilitário desportivo a US$ 2.500. Não retornariam ao seu local de trabalho até que se alcançasse o objetivo. A cada noite, Bernhard observava o progresso das equipes que trabalhavam até tarde para completar a tarefa. Depois de quatro semanas de trabalho duro, a meta foi alcançada graças ao esforço de equipe. Isso ilustra que os gerentes alemães, conforme adquirem experiência internacional, podem transferir suas habilidades e enfoques ao seu país de origem.

http://www.haier.com
http://www.ge.com
http://www.liebherr.com
http://www.vw.com

[23] "Zhang Ruimin, CEO, Haier Group China", *BusinessWeek Online*, http://www.businessweek.com, 14 de junho de 1999; "Haier rises through reform and opening up", *People's Daily*, 8 de agosto de 2001; "The Haier group (A)", Caso 9-398-101 da Escola de Negócios de Harvard, revisto em 13 de julho de 1999; Arndt, Michael, "Can Haier freeze out Whirlpool and GE?", *BusinessWeek*, 11 de abril de 2002; Power, Stephen, "Top Volkswagen executive tries U.S.-style turnaround tactics", *The Wall Street Journal*, 18 de julho de 2006.

Resumo

A liderança é a arte ou o processo de influenciar pessoas para que contribuam com disposição e com entusiasmo para as metas do grupo. A liderança requer seguimento. Há várias abordagens sobre o estudo da liderança, que vão da abordagem de traços à de contingência. Uma dessas abordagens centra-se em três estilos: autocrático, democrático ou participativo e de rédea solta.

A grade gerencial identifica duas dimensões: preocupação com a produção e preocupação com as pessoas. Com base nessas dimensões, identificam-se quatro estilos extremos e um estilo "a meio caminho". A liderança também pode ser vista como um *continuum*. Em um extremo do *continuum*, o administrador tem grande quantidade de liberdade, enquanto os subordinados têm muito pouca. No outro extremo, o administrador tem pouquíssima liberdade, enquanto os subordinados têm muita.

Um outro enfoque à liderança, construído sobre a suposição de que os líderes são o produto de situações determinadas, é voltado ao estudo das situações. O enfoque de contingência de Fiedler leva em conta a posição de poder do líder, a estrutura da tarefa e as relações entre o líder e os membros do grupo. A conclusão é que não há um estilo de liderança melhor e que os gerentes podem ser bem-sucedidos se forem colocados nas situações apropriadas. O enfoque meta-roteiro à liderança sugere que os líderes mais eficazes ajudam os subordinados a alcançar as metas da empresa e as metas pessoais. Os líderes transacionais esclarecem papéis e tarefas, estabelecem uma estrutura e ajudam os seguidores a alcançar objetivos. Os líderes transformacionais articulam uma visão, inspiram outros e transformam a organização. Os conceitos de liderança transformacional e carismática são similares.

Ideias e conceitos básicos

Liderança
Componentes da liderança
Princípio da liderança
Traços da liderança
Liderança carismática
Estilos de liderança com base no uso da autoridade
Grade gerencial
Liderança como um *continuum*
Enfoque situacional à liderança
Teoria da contingência de Fiedler
Enfoque meta-roteiro da liderança
Líder transacional
Líder transformacional

Para analisar

1. O que você vê como a essência da liderança?
2. Como a teoria e os estilos de liderança se relacionam com a motivação?
3. Por que a abordagem de traços como um meio para explicar a liderança esteve tão sujeita a questionamentos?
4. Você pode entender por que a grade gerencial foi tão popular como dispositivo de capacitação?
5. Escolha um líder de negócios ou político a quem admire e identifique seu estilo de liderar aplicando a grade gerencial ou o modelo do *continuum* do comportamento de Tannenbaum e Schmidt.
6. Qual é a teoria da liderança de Fiedler? Aplicando-a a casos de líderes que conheça, você a considera precisa?
7. Quais são as vantagens e limitações do enfoque meta-roteiro à liderança?
8. Se você fosse selecionado para ser o líder de grupo para um projeto de classe (por exemplo, fazer um estudo de caso de uma companhia em particular), que estilo de liderança ou que comportamento adotaria? Por quê?

Exercícios e atividades

1. Analise uma situação em que você tenha sido líder. Que enfoque da liderança discutido no capítulo ajuda a explicar por que você foi o líder?
2. Analise um caso no livro utilizando a abordagem de grupo. Especificamente, a classe deve se dividir em grupos de cerca de cinco alunos. Cada grupo deve escolher um porta-voz que apresentará a análise do caso perante a classe. Para cada grupo, um observador (essa pessoa não pode ser um participante da análise do caso) deverá descrever as interações do grupo. Havia um líder no grupo? Se a resposta é sim, por que ele era considerado o líder? Foi devido à sua personalidade, aos outros membros do grupo (seguidores) ou à natureza da tarefa (situação)? Explique os processos do grupo à luz de qualquer teoria ou conceitos de liderança discutidos no capítulo.

Pesquisa na Internet

1. Utilize qualquer mecanismo de busca para encontrar fontes do termo "liderança de negócios". Encontre diferentes pontos de vista sobre a liderança.
2. Jack Welch, da General Electric, é considerado por muitos como um líder e administrador eficaz. Busque na Internet "Jack Welch" e identifique seu comportamento de liderança.

Caso internacional 15.1

Perfis de dois visionários: Bill Gates e Steve Jobs[24]

Dois homens que se dedicaram de corpo e alma a desenvolver suas visões comandaram a revolução do computador pessoal. Contudo, a forma como cada um desses homens empreendeu sua busca foi diferente. Steve Jobs e Bill Gates mudaram a forma como o mundo faz negócios, mas a história de seus estilos de liderança é ainda mais atraente que o êxito e a inovação provocados pela Apple e pela Microsoft.

---

[24] Utilizou-se uma variedade de fontes que incluem Rosenzweig, Philip, "Bill Gates and the management of Microsoft", Caso da Escola de Negócios de Harvard, 8 de julho de 1993; Elmer-DeWitt, Philip, "Steve Jobs: Apple's anti-Gates", *Time*, 7 de dezembro de 1998, p. 205ff.; King, Susan, "Pirates of a modern age", *Los Angeles Times*, 20 de junho de 1999, p. 3ff.; Isaacson, Walter, "In search of the effective Bill Gates", *Time*, 13 de janeiro de 1997, p. 44ff.; Bill Gates, *The road ahead*, Nova York: Penguin, 1996; Green, Jay et al. "On to the living room: Can Microsoft control the digital home?", *BusinessWeek*, 21 de janeiro de 2002, p. 68-71; Edwards, Cliff, "Come on, Steve, think beyond the Mac", ibid., p. 72; "Microsoft: Extending its tentacles", *The Economist*, 20 de outubro de 2001, p. 59-61; http://www.apple.com/pr/bios/jobs.html, acesso em 2 de outubro de 2006. Ver também Apple Computer, http://www.apple.com, acesso em 2 de outubro de 2006; Microsoft, http://www.microsoft.com, acesso em 2 de outubro de 2006; IBM, http://www.ibm.com, acesso em 2 de outubro de 2006.

Bill Gates *versus* Steve Jobs: os primeiros anos

Bill Gates começou a desenvolver suas habilidades de computação com Paul Allen, seu amigo de infância na Escola Lakeside de Seattle. Aos 14 anos, os dois haviam formado sua primeira empresa de computadores. Ao terminar o curso preparatório, Allen e Gates deixaram Seattle e foram para Boston. Gates foi para Harvard e Allen começou a trabalhar para a Honeywell. Depois de apenas dois anos em Harvard, Gates e Allen trocaram Boston por Albuquerque para desenvolver uma linguagem de computador para o novo PC Altair 8080. Essa linguagem de computador se converteria em Basic e na fundação da Microsoft, que foi criada como uma sociedade em 1975.

Depois de cinco anos no Novo México, a Microsoft se mudou para Bellevue, Washington, em 1980, com o Basic e duas linguagens de computador (Cobol e Fortran) em seu arsenal. Nesse mesmo ano, a IBM começou a desenvolver seu primeiro PC e necessitava de um sistema operacional. A Microsoft desenvolveu o Sistema Operacional de Disco Microsoft (MS-DOS) para a IBM, enquanto outras duas companhias criavam sistemas concorrentes. A determinação de Gates e a pressão de outras empresas de software de desenvolver programas para MS-DOS converteram-no na plataforma padrão para a IBM.

Com o êxito cada vez maior da Microsoft, Gates compreendeu que precisava de ajuda para administrar a empresa. Seu entusiasmo, visão e trabalho árduo eram a força impulsionadora por trás do crescimento da companhia, mas ele reconheceu a necessidade de ajuda profissional. Gates chamou um de seus amigos de Harvard, Steve Ballmer. Ballmer havia trabalhado para a Procter & Gamble depois de se graduar em Harvard e estava tentando obter seu MBA em Stanford. Gates convenceu Ballmer a deixar a escola e unir-se à Microsoft. Com o passar dos anos, Ballmer converteu-se em um ativo indispensável para Gates e a Microsoft. Em 1983, Gates continuou demonstrando seu brilho ao contratar Jon Shriley, que pôs ordem na Microsoft e reduziu a estrutura da organização, enquanto Ballmer atuava como assessor e homem de confiança para Gates. A Microsoft cresceu e prosperou na década de 1990, dominando o mercado de sistemas operacionais com o Windows e o mercado de software para escritório com o pacote Microsoft Office.

Gates reconheceu que seu papel era ser o visionário da companhia e que necessitava de administradores profissionais para administrar a Microsoft. Combinou sua ferrenha determinação e paixão com uma bem-estruturada equipe administrativa para fazer da Microsoft o gigante que é hoje.

Steve Jobs, o outro visionário, e seu amigo Steve Wozniak iniciaram a Apple Computer na garagem de Jobs em Los Altos, Califórnia, em 1976. Em contraste com Bill Gates, Jobs e Wozniak eram especialistas em hardware e começaram com a visão de um computador pessoal de preço acessível e fácil de utilizar. Quando a Microsoft ofereceu o Basic para a Apple, Jobs de imediato descartou a ideia acreditando que ele e Wozniak podiam criar sua própria versão do Basic em um fim de semana. Esse era o Jobs típico: decidido e às vezes quase maníaco. Depois, Jobs aceitou adotar o Basic da Microsoft sob licença, enquanto mantinha sua ideia de desenvolver uma interface mais utilizável e amigável para o PC.

Muitos veem Jobs como o antiGates. Ele gosta de abrir brechas e é um criador, em oposição a Gates, que é mais um gerador ou implementador dos padrões da indústria. A meta de Jobs era mudar o mundo com seus computadores. Também bastante exigente com seus funcionários, Jobs era diferente de Gates, Allen e Wozniak. Não se considerava como um programador de computadores fanático. Era a pessoa que vendia a ideia do PC ao público. Jobs decidiu mudar a direção da Apple ao desenvolver o Macintosh (Mac), utilizando uma nova interface gráfica para o usuário que apresentou ao mundo o mouse e ícones na tela. Jobs obrigou as pessoas a escolher entre o sistema operacional Microsoft-IBM e seu sistema operacional Mac. No início, Jobs foi o visionário que mudou o mundo dos computadores, e a Apple ofuscou a Microsoft. Com todo esse êxito, um problema importante surgia na Apple: Steve Jobs confiou demais em si e não via Gates e a Microsoft como uma ameaça séria para a Apple.

Pouco depois do lançamento do computador Macintosh, Jobs pediu à Microsoft que desenvolvesse um software para o sistema operacional Mac. Gates aceitou e tratou de lançar um projeto copiando e melhorando a interface do usuário da Apple. O resultado dessa aventura foi o Microsoft Windows.

Essa atitude presunçosa e a falta de habilidades administrativas fizeram de Jobs uma ameaça para o êxito da Apple. Ele nunca se preocupou em elaborar orçamentos e sua relação com os funcionários era criticada. Wozniak saiu da Apple depois do lançamento do Mac por diferenças com Jobs. Em 1985, John Scully, CEO da PepsiCo, substituiu Steve Jobs como presidente e CEO da Apple Computer.

Microsoft e Apple no início do século: um gigante da indústria e um líder revitalizado

Com o êxito do Windows, o pacote de aplicativos Office e o Internet Explorer, os produtos Microsoft passaram a ser o padrão de uso em todos os lares, e Bill Gates foi promovido a gênio dos negócios. O fato de os concorrentes da Microsoft, a imprensa e o Departamento de Justiça dos Estados Unidos terem acusado a Microsoft de monopólio reforça a determinação de Gates de tomar a dianteira. Muitas pessoas questionam se a Microsoft poderia sobreviver à decisão do Departamento de Justiça. Contudo, Bill Gates mostrou que é o mestre da adaptação às condições mutáveis do mercado e da tecnologia.

A Apple foi em direção contrária na década de 1990. O antiquado sistema operacional e uma participação menor no mercado acabaram levando a uma redução no desenvolvimento de software para Mac. Era necessário fazer algo. Em 1998, Steve Jobs voltou à Apple como CEO "interino". Sua visão, mais uma vez, resultou no inovador iMac. O projeto é clássico de Jobs. Na década de 1980, criou o Mac fácil de operar, para atrair pessoas que usavam o PC da IBM e seus clones. Desenvolveu um computador simples, com estilo e amigável para a Internet, agregando a emoção tão necessária ao mercado da computação. Jobs havia mudado também como gerente e como líder. Amadureceu e recorreu aos seus profissionais em busca de assessoria e ideias. Ainda como CEO interino, Jobs vendeu todas as suas ações da Apple, menos uma. Larry Ellison, CEO da Oracle e membro do conselho da Apple, atribui a habilidade de Jobs para administrar a Apple a esse fato: "Ele tem apenas um título das ações da Apple, mas obviamente é dono do produto e da ideia por trás da companhia. O Mac é uma expressão de sua criatividade e a Apple, em seu conjunto, é uma expressão de Steve. É por isso que, apesar do 'interino' em seu título, ficará na Apple por longo tempo".[25] Muitas pessoas acreditam que isso levará a um êxito contínuo para a Apple e a uma batalha renovada entre Gates e Jobs. ■

Perguntas

1. Em que Bill Gates e Steve Jobs diferem em seus estilos de liderança?
2. Compare e contraste as práticas gerenciais de Gates e Jobs.
3. Como você vê o futuro para a Microsoft e para a Apple Computer?

Caso internacional 15.2

O planeta de Jorge Vergara

Todos na Omnilife ("vida total"), desde o funcionário da segurança até o chefe, admiram Jorge Vergara como um astro de cinema ou um líder carismático que desconecta a razão e ativa as emoções.

Já há dois anos, viaja a qualquer hora em seu próprio Boeing Business Jet, um 737-700, avaliado em US$ 50 milhões, o primeiro entregue pelo fabricante na América Latina.

Desde 1991, o Grupo Omnilife tem criado pelo menos duas empresas com capital de giro diferente por ano. Embora o *core business* seja sempre os suplementos alimentícios, a holding engloba a Educare, uma escola privada; uma produtora de cinema (Anhelo) e outra de música (Suave); uma distribuidora de produtos (Transur); uma concessionária de automóveis e financiadora de bens (Omniarrenda); uma seguradora (OML Seguros); um parque industrial (Ecopark) e até um viveiro (Florian); além de 19 outros negócios. "Se tenho dinheiro para realizar um projeto, faço e acabou", comenta o empresário.

---

[25] Brent Schlender, "The three faces of Steve", *Fortune*, 9 de novembro de 1998, p. 96ff.

Sejam ilusões, sonhos ou placebos o que vende e apregoa, poucos podem negar que Vergara sabe comercializá-los. Para começar, conseguiu que um exército de pobres venda produtos caros a outro exército de pobres. Seus 1 milhão e 880 mil distribuidores independentes em todo o mundo e a maioria de seus consumidores vêm dos segmentos C e D.

Os suplementos nutricionais são acessíveis a qualquer um: uma caixa com 30 envelopes de Omniplus custa US$ 30. "Minha vizinha me propõe que lhe pague quando puder, um envelope por dia; inclusive, às vezes compramos entre várias pessoas", comenta Susana O., consumidora da periferia da Cidade do México, que ganha a vida como faxineira. Sua vizinha tem um carrinho de suco, que combina com os suplementos da Vergara a US$ 3.

A motivação sistemática sustenta a estrutura da empresa. Comprova-se isso quando, por questões climáticas, o consumo de refrescos diminui durante o inverno. Em fevereiro, por exemplo, a fábrica de líquidos da Omnilife Manufacturas, em Guadalajara, onde se produzem todas as bebidas do grupo, duplica o volume de fabricação até seis milhões de peças. A solução óbvia teria sido oferecer bebidas quentes em lata? Não. Nesse mês, Vergara realiza um evento chamado Extravaganza, em que apresenta seus produtos e planos a mais de 10 mil distribuidores em Guadalajara. Organiza também o Rali de Verão, em agosto, com o qual promove seus artigos e motiva seus vendedores a acumular pontos para ganhar uma viagem.

Parece que o poder de motivação do empresário nesses eventos dá e sobra.

Nada existiria se Vergara não desenvolvesse a imagem de "Rei Jorge". O principal veículo de motivação é seu passado e presente, o de um "menino tímido na infância", como ele mesmo conta, que se tornou um líder carismático. No discurso protótipo dos agrupamentos piramidais, romantismo puro e drama com final feliz: a transição do passado fracassado e insalubre ao presente bem-sucedido. Tudo graças aos produtos nutricionais quase milagrosos da Omnilife, o poder de limpeza da Amway ou a beleza que proporciona a Mary Kay.

"Somos uma empresa de multidesenvolvimento (pelo enfoque no desenvolvimento pessoal), não de multinível; de estrutura geométrica, não piramidal, porque aqui se pode crescer infinitamente", diz Raúl Cuevas, diretor de finanças corporativas.

Segundo esse modelo, os que já supriram suas necessidades econômicas imediatas podem buscar seu desenvolvimento pessoal e reinvestir na companhia. O Grupo Expanda, por exemplo, concentra 27 distribuidores, os mais comprometidos com a filosofia Omnilife, que participam de um conselho de diretores dentro do consórcio.

No Inter Circul, outro grupo de 17 vendedores, estão os apóstolos do empresário. Ele os promove para que comandem os eventos anuais, viajem para o exterior representando-o e abram o negócio em novos países. Alguns dos velhos distribuidores, que começaram com ele, têm ações (simbólicas) no grupo, do qual Vergara controla a maioria. "Nunca deixarei o controle enquanto não morrer", afirmou a um jornal estrangeiro.

Se não fosse quem é, Vergara seria o gerente de Recursos Humanos que todo funcionário deseja. Criou escolas especiais para homens, mulheres e jovens. A empresa de consultoria Muller, onde trabalha sua irmã Patrícia, formulou cursos básicos e avançados de quatro meses para capacitar vendedores. Nas oficinas femininas, a Omnilife ensina sobre a independência e o papel da mulher. A filosofia das aulas, a que se pode assistir todos os anos, é autoestima pura. "Conceda-se o que necessita e sonhe" é a frase mais ouvida aqui. Com essa onipresença, é factível que o grupo consiga reter maior quantidade de vendedores em comparação com as demais empresas piramidais, que alcançam níveis de rotatividade superiores a 60% ao ano. ■

Perguntas

1. O que o carisma pessoal pode fazer para facilitar um uso ótimo das habilidades e aptidões de um administrador profissional para se sair bem como líder de um grupo de trabalho?
2. Por que o principal dirigente de uma empresa, como Jorge Vergara, requer esforços para motivar o pessoal?
3. Costuma-se dizer, no caso, que a motivação "sustenta os andaimes da empresa". Qual sua opinião a respeito?
4. Como se pode explicar a liderança de Jorge Vergara com base nas teorias apresentadas sobre a liderança?

16

Capítulo

Comitês, equipes e tomada de decisões em grupo

Objetivos de aprendizagem

Depois de estudar o capítulo, você deverá ser capaz de:

1. Explicar a natureza de vários tipos de comitês e grupos.
2. Listar os motivos pelos quais se utilizam os comitês e os grupos, com especial atenção ao seu uso na tomada de decisões.*
3. Apresentar as desvantagens dos comitês, em especial na tomada de decisões.
4. Analisar os requisitos para utilizar os comitês de modo eficaz.
5. Explicar diferentes conceitos de grupo.
6. Compreender a natureza das equipes, formação de equipes, equipes autodirigidas e equipes virtuais.
7. Identificar o conflito em comitês, grupos e organizações.

* A tomada de decisões é vista também no Capítulo 6.

Um dos recursos mais presentes na organização é o comitê. Não importa como seja chamado – conselho, comissão, força tarefa, equipe, equipe autodirigida, grupo de trabalho autodirigido, grupo de trabalho autônomo – sua natureza essencial é similar. Um **comitê** é um conjunto de pessoas as quais, como grupo, se delega um assunto. É essa característica de ação de um grupo que distingue os comitês e equipes de outros recursos organizacionais, embora, como se verá, nem todos os comitês incluam a tomada de decisões em grupo. Como veremos mais adiante neste capítulo, a definição de equipe é similar. Portanto, grande parte da análise dos comitês refere-se também às equipes, ainda que o termo não seja utilizado repetidamente.

Comitê
Conjunto de pessoas as quais, como grupo, se delega um assunto.

A natureza dos comitês e dos grupos

A variação na autoridade atribuída aos comitês causou grande confusão quanto à sua natureza.

Processos de grupo nos comitês

As quatro etapas do desenvolvimento de um grupo:
1) formação,
2) conflito,
3) normatividade,
4) desempenho.

Alguns autores afirmam que os grupos passam por quatro etapas: 1) *formação*, quando os membros do grupo se conhecem; 2) *conflito*, quando os membros do grupo determinam o objetivo da reunião e surge o atrito; 3) *normatividade*, quando o grupo decide de comum acordo normas e algumas regras de comportamento e 4) *desempenho*, quando o grupo se dedica à tarefa. Essas características podem ser encontradas na maioria dos grupos, mas não necessariamente nessa sequência.

As pessoas desempenham papéis distintos nos comitês. Algumas buscam informação; outras fornecem informação. Algumas estimulam outras a contribuir; outras são seguidoras. Por último, algumas tratam de coordenar os esforços do grupo ou de obter um consenso quando ocorrem desacordos, enquanto outras assumem um papel mais agressivo.

Para sermos eficazes em um grupo, não devemos apenas ouvir o que se diz, mas também observar o comportamento não-verbal. Mais ainda, observar a forma como os membros se acomodam nos dá indicações dos laços sociais entre os participantes do grupo. Os que se conhecem costumam sentar-se juntos. A disposição das cadeiras pode afetar a interação do grupo. Em geral, o diretor senta na cabeceira de uma mesa retangular.

Reunir-se em torno de uma mesa redonda dissipa a hierarquia dos participantes.

http://www.mercedes.com

Porém, na Daimler-Benz, fabricante dos automóveis Mercedes-Benz, o conselho de diretores se reúne em torno de uma mesa redonda para reduzir a importância da posição do presidente do conselho.

Funções e grau de formalidade de comitês e grupos

Alguns comitês e equipes empreendem as funções gerenciais de planejar, organizar, integrar pessoal, liderar e controlar diferentemente de outros. Alguns tomam decisões, enquanto outros apenas deliberam sobre os problemas, sem autoridade para decidir. Alguns têm autoridade para fazer recomendações a um gerente, que pode aceitá-las ou não, enquanto outros são formados para receber informação, sem fazer recomendações ou tomar decisões.

Um comitê pode ter funções de linha ou *staff*, dependendo de sua autoridade. Se sua autoridade inclui tomada de decisões que afetam subordinados pelos quais é responsável, trata-se de um **comitê executivo plural**, isto é, um *comitê de linha* que também desempenha funções gerenciais, como o conselho diretivo. Se sua relação de autoridade com um superior é de assessoria, então se trata de um *comitê de staff*.

Comitê executivo plural
Comitê de linha que também desempenha funções gerenciais, como o conselho diretivo.

Os comitês também podem ser formais ou informais. Quando se estabelecem como parte da estrutura da organização, com deveres e autoridade especificamente delegados, são *formais*. A maioria dos comitês com maior permanência inclui-se nessa categoria. Os comitês *informais* se organizam sem que lhes seja delegada uma autoridade específica e geralmente são formados por uma pessoa que deseja o consenso do grupo ou uma decisão de grupo sobre um problema em particular. Por exemplo, um gerente pode ter um problema sobre o qual precisa de assessoria ou do acordo de outros gerentes

Perspectiva internacional

Governo corporativo[1]

Recentemente, os conselhos diretores de companhias americanas sofreram intensa investigação da Securities and Exchange Commission e de outros grupos devido a práticas contábeis indevidas em organizações como Tyco (um conglomerado), WorldCom (uma companhia de telecomunicações) e Enron (uma distribuidora de energia elétrica) que levaram a dois dos maiores casos de bancarrota da história dos Estados Unidos. Pediu-se o fortalecimento do conselho de diretores, um comitê executivo plural. Entre as recomendações de vários grupos estão as seguintes:

- Alterar os padrões contábeis e os regulamentos de auditoria.
- Publicar orientações éticas e de governança corporativa no site da empresa na Internet.
- Fortalecer o papel de diretores independentes.
- Tornar o conselho responsável perante os acionistas e envolver estes últimos na escolha dos membros do conselho.
- Obter maior participação de investidores institucionais (como gerentes de fundos de pensão).
- Separar o cargo de presidente do conselho do cargo de diretor executivo (CEO).
- Que o conselho participe mais ativamente da escolha do diretor executivo.

Outros países também estão revendo sua governança corporativa. Por exemplo, as companhias alemãs têm dois conselhos. O conselho de supervisão proporciona vigilância, enquanto o conselho administrativo é responsável por administrar a empresa. Mais recentemente, surgiu a intenção de publicar os salários dos altos executivos, o que no passado era considerado um assunto privado. Há também a intenção de ampliar a vigilância do conselho de supervisão sobre as atividades do conselho de administração. Na França e na Itália, a questão da governança não se tornou ainda um problema importante. Por exemplo, na Fiat italiana, as famílias têm uma grande parcela das ações. Contudo, a publicidade dos escândalos corporativos pode aumentar a percepção do papel da governança corporativa.

http://www.tyco.com
http://en.wikipedia.org/wiki/worldcom
http://www.enron.com

1 "Corporate governance: Under the board talk", *The Economist*, 15 de junho de 2002, p. 13-14; "Designed by committee", ibid., p. 69-71; Byrne, John A., "Restoring trust in corporate America", *BusinessWeek*, 24 de junho de 2002, p. 31-35; Thornton, Emily e David Henry, "Big guns aim for change", ibid., p. 36-39. Ver também Enron, http://www.enron.com, acesso em 2 de outubro de 2006; Tyco, http://www.tyco.com, acesso em 2 de outubro de 2006; e WorldCom, http://www.worldcom.com, acesso em 15 de junho de 2002.

ou especialistas de fora de seu departamento. Portanto, o gerente pode convocar uma reunião especial com o propósito de resolver o problema.

Os comitês podem ser relativamente *permanentes* ou *temporários*. Os comitês formais são mais permanentes que os informais, embora não necessariamente funcionem assim. Um comitê formal poderia ser estabelecido por ordem do presidente da companhia, com uma designação apropriada na estrutura da organização, com o único propósito de estudar em que medida seria recomendável construir uma nova fábrica, e desmontado ao concluir sua tarefa. Por outro lado, um comitê informal, estabelecido pelo gerente de fábrica para fazer recomendações sobre a melhoria da qualidade do produto ou para ajudar a coordenar as datas de entrega com os compromissos de vendas, poderia continuar de maneira indefinida.

Motivos para utilizar comitês e grupos

Não é muito difícil encontrar os motivos para o amplo uso de comitês e equipes. Mesmo quando se considera que o comitê tem origens democráticas e características de uma sociedade democrática, os motivos de sua existência vão além do simples desejo da participação de grupo. Os comitês têm amplo uso até em organizações autoritárias.

Deliberação e parecer do grupo

Talvez o motivo mais importante para adotar os comitês seja a vantagem de ter a deliberação e o parecer do grupo, uma aplicação do dito popular: "duas cabeças pensam melhor do que uma". Poucos problemas de negócios importantes recaem em uma única função empresarial como produção, engenharia, finanças ou vendas. A maioria dos problemas requer mais conhecimentos, experiência e sabedoria do que qualquer indivíduo possua.

Não se deve inferir que o parecer do grupo só pode ser obtido mediante um comitê. O *staff* especializado, que conversa individualmente com muitas pessoas em determinada fase de um problema, pode obter o parecer do grupo sem a formação de comitê. Do mesmo modo, um executivo pode pedir aos seus subordinados-chave ou a outros especialistas suas análises e recomendações. Às vezes, o parecer do grupo é obtido dessa maneira com mais eficácia, em termos de tempo, do que mediante as deliberações de um comitê.

Temor de que recaia autoridade demais sobre uma única pessoa

http://www.supremecourtus.gov
http://www.house.gov
http://www.whitehouse.gov

Outro motivo para adotar comitês é o temor de delegar autoridade demais a uma única pessoa. Esse temor, particularmente importante no governo, inspirou os formuladores da Constituição dos Estados Unidos, e da maioria dos países, não apenas a estabelecer uma legislatura de duas câmaras e uma Suprema Corte composta de vários membros, como também à divisão dos poderes do governo entre o Congresso, a Suprema Corte e o presidente. Apesar desse temor da autoridade centralizada, os fundadores da República norte-americana colocaram a administração das leis nas mãos de um único alto executivo. Contudo, como constatou o presidente Nixon, a legislatura tem o poder de destituir ou de obrigar à renúncia do executivo principal.

Perspectiva empresarial

Conselhos assessores de novos projetos

Os empresários que buscam assessoria experiente e apoio executivo costumam formar conselhos assessores para seus novos projetos. Os conselhos assessores proporcionam ao empresário um mecanismo de grupo para reunir conselho corporativo a um custo mínimo. Os conselhos assessores não têm o cargo formal de um conselho de diretores, mas proporcionam ao empresário um grupo de executivos de suporte que podem assisti-lo com assessoria estratégica, vínculos com os clientes e financiamento. Os conselhos assessores funcionam igualmente bem para empresas não lucrativas e comerciais. Contudo, o empresário deve assegurar-se de que utiliza os talentos do conselho e articula uma visão que inspira a participação e o apoio do conselho.

Representação de grupos interessados

A representação desempenha um papel no estabelecimento e integração de pessoal dos comitês. Os conselhos de diretores geralmente são escolhidos com base nos grupos interessados na companhia e talvez, mais comumente, com base nos grupos nos quais a companhia tem interesse. Quando os executivos têm um problema interno particularmente difícil, envolvendo gerentes e especialistas de vários departamentos e atividades, podem escolher os membros como forma de dar representação a essas partes interessadas.

Coordenação de departamentos, planos e políticas

Existe o acordo geral de que os comitês são muito úteis para coordenar as atividades entre várias unidades organizacionais. Também são úteis para coordenar planos e políticas, assim como sua implantação. A dinâmica das empresas modernas atribui muita responsabilidade aos gerentes para integrar planos e atividades. Um comitê permite aos indivíduos não apenas obter conhecimentos de primeira mão dos planos e de seu próprio papel na execução destes, mas também fazer sugestões para sua melhora.

Transmitir e compartilhar informação

Os comitês são úteis para transmitir e compartilhar informação. Todos os membros de um grupo afetados por um problema ou projeto mútuo podem inteirar-se dele de forma simultânea e podem receber decisões e instruções de maneira uniforme com oportunidades de esclarecimento de dúvidas. Isso poupa tempo. A palavra falada pode esclarecer melhor um ponto do que memorandos escritos com todo cuidado.

Consolidação da autoridade

Um gerente de departamento, filial ou seção geralmente tem apenas uma parte da autoridade necessária para completar um programa. Isso é conhecido como *autoridade dividida*. Uma forma de lidar com um problema em tal situação é reportá-lo para os

Uma equipe pode estudar o problema, conseguir informação e chegar a uma solução.

níveis superiores na hierarquia organizacional até chegar a um ponto em que exista a autoridade necessária. Entretanto, muitas vezes essa autoridade é o presidente, e o problema pode não ter importância suficiente para ser considerado nesse nível.

Por exemplo, um cliente de um fabricante de máquinas-ferramentas pode querer uma pequena alteração no desenho de uma peça de equipamento. O cliente recorre ao departamento de vendas, que (se não há um procedimento estabelecido para lidar com a mudança) não pode agir sem a autoridade dos departamentos de engenharia, produção e estimativa de custos. Nesse caso, o gerente de vendas poderia estabelecer uma equipe com o propósito específico de estudar o problema, chegar a um acordo sobre a natureza e custo da mudança e utilizar a autoridade combinada de seus membros para aprovar a solicitação.

O uso informal dos comitês proporciona muita flexibilidade a uma organização. Contudo, a consolidação da autoridade dividida a partir de um comitê deve ser considerada com cautela. Deve-se determinar se a própria estrutura da organização deverá ser modificada para concentrar em uma posição a autoridade apropriada e tomar decisões recorrentes.

Motivação a partir da participação

Os comitês permitem uma ampla participação na tomada de decisões. As pessoas que participam do planejamento de um programa, ou de uma tomada de decisão, em geral têm mais entusiasmo para aceitá-lo e executá-lo. Até uma participação limitada pode ser útil.

Desvantagens e mau uso dos comitês

Mesmo quando há bons motivos para utilizar os comitês, eles também têm suas desvantagens. São onerosos. Podem resultar em compromissos no denominador menos comum, mais do que em uma decisão ótima, assim como levar à indecisão. Também podem dividir a responsabilidade. Por último, podem levar a uma situação em que algumas pessoas impõem sua vontade sobre a maioria, não permitindo a participação de outros membros.

A formação de comitês é muitas vezes questionada devido ao seu mau uso. Em geral, os comitês não devem ser utilizados para substituir um gerente, para um estudo investigativo, para decisões pouco importantes ou que vão além da autoridade dos participantes.

Perspectiva internacional

O que as pessoas opinam sobre os comitês

Atitudes ressentidas em relação aos comitês se refletem em expressões como as seguintes:

- "Um camelo é um cavalo inventado por um comitê".
- "Um comitê é integrado pelos não adaptados, escolhidos pelos que não estão dispostos a fazer o desnecessário".
- "Um comitê é um lugar em que a solidão do pensamento é substituída pela união do nada".

Perspectiva internacional

O comitê de clientes do BancoEstado Microempresas, S.A.

O BancoEstado Microempresas (Beme) é uma empresa que foi criada pelo BancoEstado do Chile com a finalidade de oferecer financiamento bancário aos microempresários, que eram excluídos do sistema financeiro. Em 2005, concedeu 500 mil créditos que representavam cerca de US$ 790 milhões; tinha uma carteira de 200 mil clientes, um volume de colocação de US$ 60 mil e um risco creditício de 1,2%. Essas cifras só foram possíveis com a implantação de um programa de clientes único: a Unidad Visión de Clientes (Uvic), cujo objetivo é lutar por mudanças na gestão a fim de servir os clientes como eles desejam. Por sua vez, a Uvic se apoia nos comitês de clientes, que são representantes dos clientes do Beme e por isso não buscam um bem pessoal, mas o bem comum.

Os comitês de clientes avaliam o desempenho dos funcionários do Beme e estimulam a participação dos clientes na formulação de soluções para suas empresas e famílias; melhoram a qualidade do atendimento, dos produtos e dos serviços do Beme.

Os comitês são formados por clientes com bons antecedentes creditícios, escolhidos ao acaso. Realizam sessões de duas horas a cada dois meses por um período de um ano, mas há sessões extraordinárias quando se justificam. A dinâmica das sessões é por tema e sobre qualidade do serviço e também para que testem produtos, serviços e campanhas. Os comitês podem ser territoriais, que trabalham com qualidade de serviço transversal, ou de segmentos, que analisam problemáticas específicas.

O objetivo de trabalhar com comitês é mudar a forma de gestão do Beme para que se ajuste às necessidades, expectativas e desejos de seus clientes. E parece que estão conseguindo! Um exemplo é que se conseguiu ampliar os montantes e prazos de créditos, pois os microempresários em crescimento argumentavam que eram insuficientes para financiar seus projetos. Assim, aumentou em 100% a quantidade do crédito para totalizar US$ 4.200 aproximadamente, que podem ser pagos em 48 a 72 meses. Também melhoraram os canais de comunicação com os clientes e foi incorporado o uso de mensagens SMS a celulares para informação em massa. Tudo parece indicar que os comitês cumprem amplamente sua função.

Fonte: Com informação de "Los clientes al centro de la gestión". *Aprender de los Mejores*, Boletim informativo da Fundación Iberoamericana para la Gestión de la calidad, n. 6, fevereiro de 2007, p. 2-5. Disponível em: http://www.fundibeq.org/AprenderDeLosMejores/documentos/Boletines/Aprender%20de%20los%20Mejores%20N%206.pdf

A operação bem-sucedida de comitês e grupos

Os gerentes investem muito tempo nos comitês. O uso dos comitês se deve não apenas à tradição democrática, mas também a uma crescente importância na administração de grupo e à participação do grupo nas organizações. Ao tentar superar algumas das desvantagens dos comitês, os administradores podem considerar úteis as orientações seguintes.

Autoridade

A autoridade de um comitê deve ser especificada para que seus membros saibam se sua responsabilidade é tomar decisões, fazer recomendações ou simplesmente deliberar e apresentar ao presidente algumas percepções sobre o tema em questão.

Tamanho

O tamanho de um comitê é muito importante. Como ilustra a Figura 16.1, a complexidade das inter-relações cresce em maior grau com o tamanho do grupo. Se o tamanho

A complexidade das inter-relações cresce em maior grau com o tamanho do grupo.

é grande demais, pode não haver oportunidades suficientes para uma comunicação adequada entre seus membros. Por outro lado, se o grupo consiste somente de três pessoas, existe a possibilidade de que dois façam uma aliança contra o terceiro membro. Não se podem tirar conclusões precisas aqui sobre o tamanho apropriado. Regra geral, um comitê deve ter tamanho suficiente para promover a deliberação e incluir a amplitude de experiência exigida para a tarefa, mas não tão grande para promover perda de tempo ou indecisão. É óbvio que, quanto maior o grupo, maior será a dificuldade para "unir as mentes" e maior será o tempo necessário para permitir que todos contribuam.

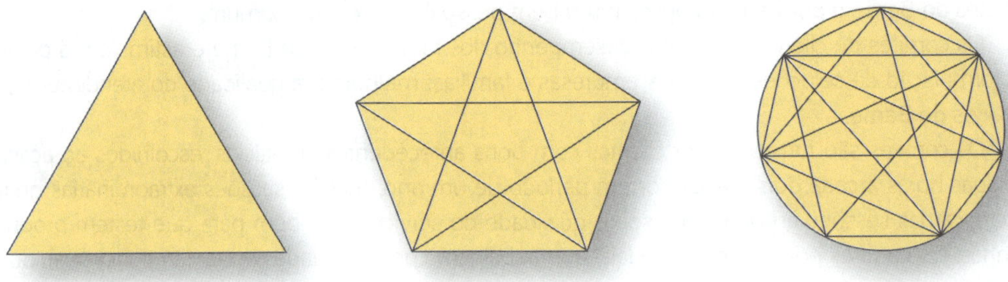

FIGURA 16.1 A complexidade é maior quando o tamanho do grupo aumenta

Membros

Os membros de um comitê devem ser escolhidos com cuidado. Para que um comitê tenha êxito, os membros devem ser representativos dos interesses a que se espera que sirvam. Também devem ter a autoridade requerida para desempenhar-se bem em um grupo. Por último, os membros devem ter a capacidade de se comunicar bem e chegar a decisões de grupo mediante pensamentos de grupo integrados, mais do que por compromissos inadequados.

O assunto

O assunto deve ser selecionado com cuidado. O trabalho do comitê deve limitar-se a um tema possível de ser resolvido pela análise do grupo. Certos tipos de temas se prestam à ação de um comitê, enquanto outros não. Por exemplo, disputas jurisdicionais e formulação de estratégias seriam adequadas para deliberar em grupo, enquanto certos problemas técnicos isolados podem ser mais bem solucionados por um especialista do setor. Os comitês serão mais eficazes se uma agenda e a informação relevante forem divulgadas com antecedência suficiente para que os membros possam estudar o tema em questão antes da reunião.

O presidente

A escolha do presidente do comitê é crucial para uma reunião de comitê eficaz. Essa pessoa pode evitar os desperdícios e deficiências comuns aos comitês ao planejar a reunião, preparar a agenda, providenciar para que os resultados de pesquisa estejam disponíveis aos membros previamente, formular propostas definitivas para análise ou ação e conduzir a reunião com eficácia. O presidente dá o tom da reunião, integra as ideias e impede que a análise se desvie.

Perspectiva internacional

Proibida a entrada de amigos

Depois de vários escândalos de fraudes empresariais, é cada vez mais necessário que as organizações tenham conselheiros independentes na direção, de modo a assegurar a transparência no manejo das finanças. Segundo uma pesquisa da Deloitte com as 500 principais empresas mexicanas, 60% têm conselheiros independentes. Isso porque a independência é um dos fatores relevantes nessa função, comenta Mike Lubrano, gerente de práticas corporativas e de investidores da International Finance Corporation do Banco Mundial, pois assegura sua autonomia. Outro fator é a capacidade de aconselhar de maneira correta.

Rubén Aguilar Monteverde sabe disso, pois atuou como conselheiro independente de algumas empresas do Grupo Carso, cujo principal investidor é Carlos Slim, da Kuo, Organização Ramírez, da usina de açúcar Beta San Miguel, do Fincomun e da Polycrom; além de ter sido presidente da Associação de Banqueiros do México e vice-presidente do conselho de administração e diretor geral da Banamex. "Já se foi o tempo dos nomes, agora estamos na era dos homens", comenta. "Já não importa como você se chama, mas sim quem é." Assim, as empresas buscam cada vez mais assessores que tenham um perfil sólido e os conhecimentos necessários para assessorar os acionistas. A época dos conselheiros amigos terminou, agora são fundamentais pessoas com o perfil e o conhecimento necessários para oferecer mais do que concordar com as decisões da empresa.

Fonte: Com informação de Roberto Campa Zúñiga, "Adiós a los cuates", *Poder y Negocios*, México, ano 3, edição n. 9, 24 de abril de 2007, p. 24-25.

Atas

A comunicação eficaz nos comitês normalmente requer circular atas e verificar conclusões. Às vezes, os indivíduos saem de uma reunião com diversas interpretações dos acordos negociados. Isso pode ser evitado fazendo atas cuidadosas da reunião e circulando-as em rascunho para correção ou modificação antes que o comitê aprove o texto final.

Eficácia de custos

Um comitê deve valer seus custos. Pode ser difícil mensurar os benefícios, em particular fatores intangíveis como moral, *status* fortalecido dos membros do comitê e o valor do comitê como um dispositivo de capacitação para fortalecer o trabalho em equipe. Porém, o comitê só se justifica se os custos forem compensados por benefícios tangíveis e intangíveis.

Conceitos adicionais de grupo[2]

Ainda que o comitê seja particularmente importante como dispositivo organizacional, ele é, na verdade, apenas um dos muitos tipos de grupos presentes nas organizações. Além dos comitês, há equipes, conferências, grupos-tarefa e sessões de negociação, todos incluindo atividades de grupo.

2 Ver também Leavitt, Harold J. e Jean Lipman-Blumen, "Hot groups". *Harvard Business Review*, julho-agosto de 1995, p. 109-116.

Grupo

Duas ou mais pessoas que atuam de modo interdependente, de maneira unificada. para a consecução de metas comuns.

Um **grupo** pode ser definido como duas ou mais pessoas que atuam de forma interdependente, de maneira unificada, para a consecução das metas comuns. Um grupo não é apenas um conjunto de indivíduos; mais do que isso, a partir de suas interações criam-se novas forças e propriedades que precisam ser identificadas e estudadas separadamente. As metas podem referir-se a tarefas específicas, mas também significar que as pessoas compartilham preocupações, valores ou ideologias comuns. Assim, os membros do grupo são atraídos por alguns laços sociais.

Características dos grupos

Os grupos, especificamente os grupos de uma organização, têm várias características. Primeiro, os membros do grupo compartilham uma ou mais metas comuns, como desenvolver, fabricar e comercializar um produto novo. Uma segunda característica dos grupos é que, por norma, requerem interação e comunicação entre os membros. É impossível coordenar os esforços dos membros do grupo sem comunicação. Terceiro, os membros assumem papéis dentro de um grupo. Em um grupo de produtos, vários indivíduos são responsáveis por projetar, produzir, vender ou distribuir um produto. Naturalmente, os papéis se relacionam para realizar a tarefa comum. Quarto, os grupos, normalmente, são partes de um grupo maior. O grupo de produtos pode pertencer a uma divisão de produtos que elabora muitos artigos de natureza similar. Os grupos grandes também podem consistir de subgrupos. Assim, dentro do grupo de produtos pode haver um subgrupo que é especializado, de maneira exclusiva na venda do produto. Além disso, os grupos interagem com outros grupos. Isto é, o grupo do produto A pode cooperar com o grupo do produto B na distribuição de seus produtos. É evidente, então, que o ponto de vista de sistemas, que enfoca na inter-relação das partes, é essencial para compreender o funcionamento dos grupos.

Normas

Comportamento esperado dos membros do grupo.

Há várias características sociológicas, mas que devem ser reconhecidas. Os grupos desenvolvem **normas**, que se referem ao comportamento esperado dos seus membros.

Perspectiva internacional

Pressão pela conformidade: como você responderia?

Em uma experiência amplamente divulgada, S. E. Asch mostrou o efeito da pressão do grupo pela conformidade.[3] Pediu-se aos membros de um grupo pequeno que comparassem uma linha padrão (de 20 centímetros de comprimento) com três outras linhas (de 16, 20 e 17 centímetros de comprimento) (ver a Figura 16.2). Um membro do grupo (o sujeito ingênuo) não tinha conhecimento de que os demais estudantes do grupo (apoiadores do experimentador) tinham instruções de ocasionalmente dar respostas erradas, como dizer que a linha de 17 centímetros tinha o mesmo comprimento que a linha padrão de 20 centímetros. O cenário foi disposto para que o sujeito ingênuo fosse um dos últimos a emitir seu parecer. Constatou-se que um membro "inocente" fazia escolhas erradas quando os apoiadores o faziam de maneira unânime. Em entrevistas posteriores, os sujeitos relataram que queriam estar de acordo com a maioria. Isso ilustra que, até em uma tarefa nada complicada, as pessoas podem decidir contra seu melhor parecer devido à pressão do grupo. Essas descobertas explicam, até certo ponto, a influência da pressão do grupo pela conformidade e como ela pode resultar em decisões gerenciais que são menos que ótimas.

---

3 Ver Krech, David, Richard S. Crutchfield e Egerton L. Ballachey, *Individual in society*. Nova York: McGraw-Hill, 1962, p. 507-508; ver também Harvey, Jerry B., "The Abilene paradox: The management of agreement". *Organizational Dynamics*, 1988, p. 17-43.

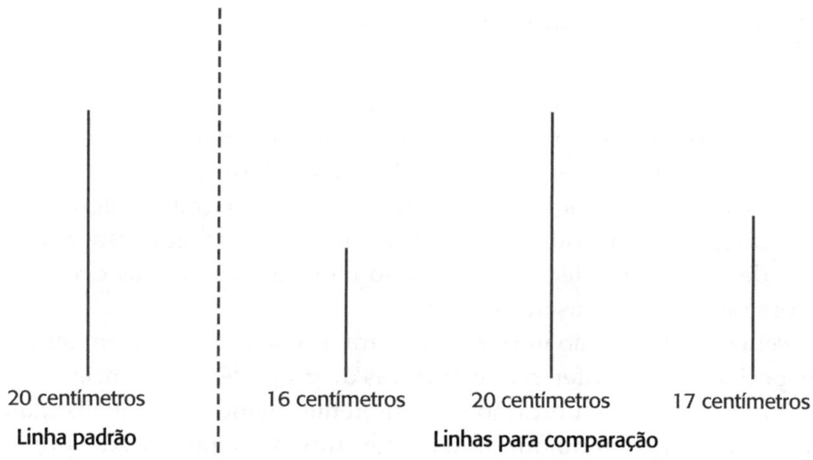

FIGURA 16.2 Qual linha tem a mesma extensão que a linha padrão?

Se os indivíduos se desviam das normas, há uma pressão para fazer com que as cumpram. Isso pode ser funcional quando, por exemplo, uma pessoa que frequentemente chega tarde ao trabalho é repreendida por outros membros do grupo. Mas há também situações em que os grupos podem ser disfuncionais. Por exemplo, funcionários ambiciosos e muito motivados podem ser pressionados a produzir em concordância com as normas geralmente aceitas, mais do que de acordo com suas habilidades.

Um tipo especial de grupo: o *focus group*

Os *focus groups* têm sido utilizados há algum tempo em pesquisas de mercado. Por exemplo, pede-se a clientes reais ou potenciais em um cenário de grupo que comentem sobre um produto ou serviço antes de empreender uma pesquisa em grande escala. Os comentários podem ser gravados, ou podem-se tomar notas. Analisam-se as respostas para determinar as atitudes, percepções ou satisfação dos clientes em relação ao produto ou serviço.

Os elementos dos grupos de interesse também são utilizados na Europa. O público alemão participou de fóruns de valor para determinar políticas energéticas a longo prazo. A experiência indicou que o público pode contribuir para os fóruns de valor; os participantes ficaram satisfeitos com esse tipo de procedimento e estavam ávidos para ajudar a resolver inconsistências.

Os *focus groups* também podem ser utilizados para avaliar aspectos gerenciais dentro de uma organização. A Public Service Company of New Mexico estabeleceu seis *focus groups* para provocar respostas acerca de seus sistemas de avaliação de desempenho, compensação e benefícios. Com base nas descobertas, a companhia implementou um programa de benefícios mais flexível, um programa de redesenho de cargos e um novo processo para a tomada de decisões. Em vez de impor mudanças organizacionais, a empresa permitiu que os funcionários participassem ativamente do processo de mudança. http://www.pnm.com

Funções e vantagens dos grupos[4]

Os grupos têm muitas funções. São poderosos para mudar o comportamento, atitudes e valores e para disciplinar os membros. Como dissemos anteriormente, os membros que se desviam podem ser pressionados para aderir às normas do grupo. Além disso, os grupos se dedicam à tomada de decisões, negociações e intercâmbios. Assim, os membros do grupo com antecedentes diversos podem trazer perspectivas diferentes ao processo de tomada de decisões. Mas isso não significa que as decisões do grupo sejam sempre melhores que as individuais.

Os conceitos de grupo são importantes para os temas tratados em outros capítulos da obra. Especificamente, diferentes estruturas de grupo têm influência nos padrões de comunicação. Assim, a comunicação será diferente quando for canalizada através de um membro-chave ou quando fluir livremente entre os membros. Não podemos considerar várias pessoas como equipe quando cada membro só se comunica com o chefe; o trabalho em equipe requer uma comunicação aberta entre todos os membros.

A interação eficaz do grupo também pode afetar a motivação. Por exemplo, os membros do grupo que participam do estabelecimento de objetivos podem se sentir comprometidos com o êxito das metas do grupo. Por último, a liderança deve ser vista no contexto dos processos do grupo. Uma ideia dos conceitos do grupo ajuda a compreender as interações entre líderes e seguidores, como também entre todos os membros do grupo. Em suma, é importante compreender os grupos para realizar todas as funções gerenciais. Os grupos são um fato da vida organizada e não-organizada. É importante saber como funcionam e utilizá-los de maneira eficaz e eficiente em situações que favorecem suas ações.

Os grupos também oferecem vantagens aos indivíduos. Proporcionam satisfação social aos seus membros, a sensação de pertencer e o apoio para satisfazer suas necessidades. Outro benefício dos grupos é que promovem a comunicação. Pode ser o "toma-lá-dá-cá" em uma reunião formal, ou a comunicação informal através da qual os membros do grupo ficam sabendo "o que ocorre de verdade na organização". Os grupos também proporcionam segurança. Os sindicatos trabalhistas se formam às vezes justamente por esse motivo: dar segurança no emprego a seus membros. Por último, os grupos proporcionam oportunidades de promover a autoestima através do reconhecimento e da aceitação dos pares.

Equipes[5]

Uma equipe consiste de várias pessoas que têm o poder de cumprir as metas estabelecidas. Como mencionamos no início do capítulo, comitês, grupos e equipes têm

---

4 Brockmann, Erich, "Removing the paradox of conflict from group decisions". *Academy of Management Executive*, maio de 1996, p. 61-62.

5 Ver Ray, Darrel e Howard Bronstein, *Teaming up*. Nova York: McGraw-Hill, 1995. As equipes podem trabalhar melhor na cultura japonesa do que no ambiente dos Estados Unidos, segundo Nahavandi, Afsaneh e Eileen Aranda, "Restructuring teams for the re-engineered organization". *Academy of Management Executive*, novembro de 1994, p. 58-68. Para administrar equipes internacionais, ver Phillips, Nicola, *Managing international teams*, Burr Ridge, IL: Irwin, 1994; Mankin, Don, Susan G. Cohen e Tora K. Bikson, *Teams and technology*. Boston: Harvard Business School Press, 1996; Donnellon, Ann, *Team talk*. Boston: Harvard Business School Press, 1996.

características similares. Uma **equipe** pode ser definida como "um pequeno número de pessoas com habilidades complementares e comprometidas com um propósito comum, uma série de metas de desempenho e conscientes de que são todos responsáveis pelo sucesso".[6] Assim como no caso dos comitês, há diferentes tipos de equipes. Algumas fazem recomendações, outras têm o poder de tomar decisões e outras ainda administram de fato as operações. Algumas equipes são criadas para resolver problemas, como os círculos de qualidade; outras se dedicam a atividades que cruzam as áreas funcionais, como projeto, marketing, finanças, manufatura, pessoal etc. Tais equipes transfuncionais podem ser utilizadas para desenvolver um novo produto ou para melhorar a qualidade de um produto ou serviço. Por exemplo, no projeto e desenvolvimento do avião Boeing 777, participaram cerca de 200 equipes transfuncionais. Evidentemente, o que se disse sobre os comitês também se aplica às equipes.

Equipe

Um pequeno número de pessoas com habilidades complementares e comprometidas com um propósito comum, uma série de metas de desempenho e conscientes de que são todos responsáveis pelo êxito.

http://www.boeing.com

Formação de equipes[7]

Não há regras definidas para formar equipes eficazes. Contudo, constatou-se que as abordagens a seguir podem ser úteis. Os membros da equipe devem estar convencidos de que o propósito da equipe vale a pena, é significativo e urgente. Os membros da equipe devem ser escolhidos de acordo com as habilidades necessárias para alcançar o propósito. As equipes devem ter o conjunto certo de habilidades, como habilidades funcionais ou técnicas, habilidades para resolver problemas e tomar decisões e, naturalmente, habilidades de relações humanas. A equipe precisa ser guiada por regras para o comportamento do grupo, como assistência regular, confidencialidade, discussões com base em fatos e na contribuição de todos. As metas e as tarefas devem ser designadas no início da formação da equipe. Os membros devem encorajar-se mutuamente através de reconhecimento, retorno positivo e recompensas.

Equipes autoadministradas[8]

Recentemente, as organizações passaram a utilizar **equipes autoadministradas**, que, de modo geral, consistem de membros com várias habilidades necessárias para realizar uma tarefa relativamente completa. Assim, essa equipe pode ter o poder de determinar o que se deve fazer, como será feito, quando precisa ser concluído e quem o fará. Os membros da equipe também podem ser avaliados e recompensados como grupo. Em particular, quando a equipe tem muito poder, pode ser chamada de equipe de alto desempenho ou até de superequipe.

Equipe autoadministrada

Grupo com membros que têm uma variedade de habilidades necessária para realizar uma tarefa relativamente completa.

---

6 Katzenbach, Jon R. e Douglas K. Smith, "The discipline of teams", em Thompson, Jr., Arthur A., A. J. Strickland III e Tracy Robertson Kramer (eds.), *Readings in strategic management*, 5. ed., Chicago: Irwin, 1995, p. 483-495.

7 Katz, Nancy, "Sport teams as a model for workplace teams: Lessons and liabilities". *Academy of Management Executive*, agosto de 2001, p. 56-67.

8 Katzenbach e Smith, "The discipline of teams"; Barker, James R., "Tightening the iron cage: Concertive control in self-managing teams". *Administrative Science Quarterly*, setembro de 1993, p. 408-437; Williams, Ron, "Self-directed work teams: A competitive advantage". *Quality Digest*, novembro de 1995, p. 50-52; Donovan, Michael, "Maximizing the bottom-line impact of self-directed work teams". *Quality Digest*, junho de 1996, p. 34-39; Nicholls, Chantell E., Henry W. Lane e Mauricio Brehm Bechu, "Taking self-management teams to Mexico". *Academy of Management Executive*, agosto de 1999, p. 15-25.

Equipes virtuais

Administração virtual

Administrar uma equipe cujos membros não estão na mesma localidade, não se reportam à pessoa que a administra e podem nem sequer trabalhar para a mesma organização.

No ambiente de mudanças rápidas, as empresas têm de responder com rapidez para aproveitar as oportunidades. Isso, por sua vez, requer uma **administração virtual**, descrita como "a habilidade de administrar uma equipe cujos membros não se encontram na mesma localidade, não se reportam a você e podem nem sequer trabalhar para sua organização".[9] Não estar na mesma localidade nem se reportar ao mesmo superior tornam a administração ainda mais difícil para essas equipes. Assim, é importante ter um propósito claro, definir com precisão tarefas e comunicar-se de maneira eficaz por meios como o correio eletrônico (e-mail), fax, telefone e talvez até um site do projeto na Internet. É essencial também tratar com cuidado um possível conflito para que se possa resolvê-lo rapidamente.

Conflito e comitês, grupos e equipes[10]

O conflito pode surgir entre indivíduos, entre grupos e entre a organização e seu ambiente.

Apesar das muitas vantagens de comitês, grupos e equipes, o conflito surgirá. Na análise dos comitês mostramos suas desvantagens; isso também se aplica a grupos e equipes. Além disso, há uma grande quantidade de literatura que trata do conflito em grupos e equipes de trabalho.[11] O conflito pode surgir entre indivíduos (conflito interpessoal), entre grupos (conflito intergrupos) e entre a organização e seu ambiente ou com outras organizações. Pode haver também ressentimentos contra os "parasitas", indivíduos que não contribuem como deveriam e mesmo assim compartilham as recompensas do grupo.

Resumo

Um comitê é um grupo de pessoas que, como grupo, é incumbido de algum assunto específico. Os comitês podem ser de linha ou *staff*, formais ou informais, permanentes ou temporários. Os comitês são utilizados para ter a deliberação e o parecer do grupo, para evitar que uma pessoa acumule autoridade demais e para apresentar os pontos de vista de diferentes grupos. Os comitês são utilizados igualmente para coordenar departamentos, planos e políticas e para compartilhar informação. Às vezes, um gerente pode não ter toda a autoridade necessária para tomar uma decisão; portanto, a autoridade se consolida a partir de comitês. Além disso, os comitês geralmente aumentam a motivação ao permitir que as pessoas participem do processo de tomada de decisões.

Os comitês também têm desvantagens: podem ser onerosos, suas ações podem resultar em compromissos no denominador menos comum, suas discussões podem levar a indecisões e têm a tendência a ser autodestru-

---

9 Wardell, Charles, "The art of managing virtual teams: Eight key lessons". *Harvard Management Update*, novembro de 1998, p. 4. Ver também Townsend, Anthony M., Samuel M. DeMarie e Anthony R. Hendrickson, "Virtual teams: Technology and the workplace in the future". *Academy of Management Executive*, agosto de 1998; Cascio, Wayne F., "Managing a virtual workplace". *Academy of Management Executive*, agosto de 2000, p. 81-90.

10 Forrester, Russ e Allan B. Drexler, "A model for team-based organization performance". *Academy of Management Executive*, agosto de 1999, p. 36-49.

11 Ver, por exemplo, Jehn, K. A., "A multimethod examination of the benefits and detriments of intergroup conflict". *Administrative science quarterly*, junho de 1995, p. 256-282.

tivos quando uma pessoa domina as reuniões. Outra desvantagem é que a responsabilidade é dividida, sem que uma pessoa se sinta responsável por uma decisão. Além disso, um pequeno grupo de membros do comitê pode insistir na aceitação de um ponto de vista injustificado, contra a vontade da maioria.

A operação eficaz de um comitê requer determinar sua autoridade, escolher um tamanho adequado, selecionar os membros com cuidado, utilizá-lo apenas para o tema indicado, designar uma pessoa apropriada para presidi-lo, fazer e circular atas e só usá-lo quando seus benefícios forem superiores aos custos.

A experiência de Asch mostra o efeito da pressão do grupo pela conformidade. O *focus group* é um tipo específico de grupo que provoca respostas de clientes, do público ou de funcionários. Antes que uma organização opte por ações de grupo, deve considerar as vantagens e desvantagens. O comitê é um tipo de grupo; outro tipo é a equipe. Na equipe autoadministrada, os membros têm várias habilidades necessárias para desenvolver tarefas relativamente completas. Na administração virtual, os membros da equipe não estão na mesma localidade, não se reportam ao mesmo superior e podem não trabalhar para a mesma organização. Com a ampla utilização de comitês, grupos e equipes, pode surgir o conflito interpessoal e intergrupal. E é preciso cuidar também do conflito entre organizações e entre organizações e seu ambiente.

Ideias e conceitos básicos

- Comitê
- Quatro etapas nos processos de grupo
- Executivo plural e conselho de diretores
- Comitês de linha e *staff*
- Comitês formais e informais
- Comitês permanentes e temporários
- Motivos para utilizar os comitês
- Desvantagens e mau uso dos comitês
- Recomendações para que os comitês sejam bem-sucedidos
- Características dos grupos
- Normas
- Experiência de Asch sobre a pressão do grupo
- *Focus group*
- Funções e vantagens dos grupos
- Equipes e formação de equipes
- Equipe autoadministrada
- Equipe virtual
- Conflito em comitês, grupos e equipes

Para analisar

1. Um famoso escritor-crítico do cenário administrativo disse: "Não creio que possamos prosseguir por muito tempo com a luxuosa prática de contratar dez homens para tomar a decisão de um só. Com todas as suas vantagens, a administração profissional tende a estimular a corpulência burocrática". Comente.
2. Distinga entre um comitê, uma equipe e um grupo.
3. Quais os motivos para utilizar comitês? Se há bons motivos, por que os comitês são tão criticados?
4. Qual é a eficácia relativa da ação individual e do comitê nas atividades funcionais? Identifique as atividades que podem ser empreendidas com mais eficácia por um comitê.
5. Descreva e discuta a natureza de más aplicações dos comitês.
6. O que você recomendaria para tornar os comitês eficazes?
7. Pesquise na Internet o que há sobre a administração de equipes.
8. Quais são as principais características dos grupos nas organizações?

Exercícios e atividades

1. Analise os casos deste capítulo em grupos. Divida a classe em grupos de diversos tamanhos (por exemplo, de 3, 6, 9 e 12 alunos). Cada grupo deve analisar o mesmo caso e fazer recomendações. É preciso escolher um porta-voz para apresentar os pontos de vista do grupo sobre o caso. Sobre que base foi escolhido o porta-voz? Quais são as semelhanças e as diferenças entre um porta-voz e um presidente? Analise as vantagens e problemas encontrados nos grupos de diversos tamanhos. Qual você considera o tamanho adequado do grupo?
2. Entreviste dois gerentes e pergunte-lhes sobre suas experiências com comitês. Eles têm uma visão positiva ou negativa dos comitês? O que eles acham que é mais importante para tornar os comitês eficazes e eficientes? Qual eles acreditam que seja o tamanho adequado de um comitê?

Pesquisa na Internet

1. Busque na Internet o termo "equipe virtual" e veja como as empresas desenvolvem e aplicam ferramentas para as equipes virtuais em situações reais.
2. Pesquise na Internet as palavras-chave "efeito Asch" ou "experiência Asch". Encontre os detalhes da experiência.

Caso internacional 16.1

Fundir-se ou não fundir-se: eis a questão para HP, Compaq e Fiorina, diretora executiva da HP[12]

O negócio de alta tecnologia modifica-se rapidamente. Algumas companhias, como Dell e IBM, ganharam força e se tornaram uma ameaça para outras como Hewlett-Packard (HP) e Compaq. A fusão parecia ter sentido para as duas últimas. No centro da decisão da fusão estava a diretora executiva da HP, Carleton (Carly) S. Fiorina, que foi crucial na engenharia para a fusão proposta. Do outro lado estava Walter B. Hewlett, filho de um dos fundadores da HP Corporation, conhecida por sua cultura organizacional humanística. Hewlett, representando a Fundação HP, opunha-se à fusão. Assim, a decisão final sobre a fusão seria uma decisão de grupo.

Fiorina foi trazida do mercado para encabeçar a HP com a meta de revigorar a organização e conduzir a companhia em uma nova direção. Houve argumentos que apoiavam a fusão com a Compaq, mas havia igualmente motivos para não seguir essa estratégia. Depois que se anunciou a fusão, as ações de ambas as empresas caíram.

Cada empresa tem seus pontos fortes e fracos, mas há também sobreposição de seus respectivos produtos e serviços. Os pontos fortes da HP estão nos sistemas de imagens e de impressão. Seus negócios de software e serviços têm potencial de crescimento, embora representem apenas uma pequena parte do negócio total. A companhia também é

---

[12] Foram consultadas várias fontes, incluindo: Burrows, Peter, Andrew Park e Jim Kerstetter, "Carly's last stand?". *BusinessWeek*, 24 de dezembro de 2001, p. 63-70; Park, Andrew, "Can Compaq survive as a solo act?" ibid., p. 71; "In the family's way". *The Economist*, 15 de dezembro de 2001, p. 56.

forte em servidores Unix, área dominada pela Sun Microsystems.[13] Talvez o mais importante, a HP tem uma excelente reputação de inovação e qualidade. Quanto à Compaq, os pontos fortes são o negócio de hardware e os fortes canais de distribuição. Além disso, é conhecida pelos serviços de tecnologia da informação, proporcionando soluções em larga escala.

Mas as duas companhias têm igualmente seus pontos fracos. Para a HP, um desses pontos é o declínio do crescimento do mercado de computadores pessoais (PC), em que é difícil competir com a IBM e a Dell. Além disso, a empresa é fraca ainda no mercado de servidores, que tem potencial de lucros (mas observe que a Dell também está entrando nesse mercado). A direção da companhia é um tanto vaga e não se mostra suficientemente agressiva no mercado, problema que, se supunha, seria resolvido por Fiorina. Em vez disso, perdeu a confiança de uma parcela da força de trabalho.

Uma das fraquezas da Compaq no momento da fusão proposta era seu elevado estoque. Em contraste, sua concorrente Dell aceitava pedidos e adaptava seus computadores, reduzindo assim os custos de estoque. Do mesmo modo, a força da Dell nos negócios on-line mostrava a deficiência da Compaq nessa área.

É claro que uma fusão entre a HP e a Compaq poderia ser benéfica ao combinar produtos e serviços (apesar de algumas sobreposições), por mais que se pudesse argumentar contra a fusão. Um desses argumentos seria a dificuldade de fundir duas empresas grandes (150 mil funcionários em cerca de 160 países). Mais ainda, o mercado do PC está perdendo importância, e concorrentes como a IBM e a Dell estão mais bem posicionados nesse campo. Também seria difícil fundir duas companhias com culturas de organização muito diferentes. Certamente, a oposição à fusão de Walter Hewlett, que estava no conselho da HP, contribuía para retardar essa medida estratégica.

A HP e a Compaq sustentavam que a situação competitiva parecia exigir a fusão, que poderia resultar em redução de custos (estimados em US$ 2,5 bilhões para o ano de 2004, mas isso parecia otimista demais). Além disso, compartilhar a tecnologia e a consolidação dos clientes das duas empresas beneficiaria a nova HP fundida, que rivalizaria com a IBM em tamanho.

Ainda que Fiorina defendesse a fusão com firmeza, ela deveria compreender os riscos da fusão e analisar os prós e os contras dessa medida estratégica, os riscos não apenas para a companhia, mas também para sua sobrevivência na HP. A decisão de fundir-se ou não fundir-se foi uma decisão de grupo. A Fundação David e Lucile Packard, administrada pelos filhos dos fundadores da companhia, votou contra a fusão. A ação legal de Packard não teve êxito e a fusão aconteceu. A pergunta imediata era: Fiorina, que foi qualificada como a mulher de negócios mais poderosa dos Estados Unidos,[14] poderá construir uma equipe administrativa de coesão, apesar da ruptura dentro da HP e das culturas diversas da HP e da Compaq?[15] ■

Perguntas

1. Liste e analise os prós e os contras da fusão.
2. Quais foram os riscos pessoais para Fiorina? Pesquise na Internet o que ocorreu depois da fusão.
3. Como ela conseguiu influenciar os membros do grupo para que apoiassem a fusão entre a HP e a Compaq?
4. Por que você acha que Fiorina perdeu a confiança da força de trabalho?
5. O que Fiorina poderia ter feito para construir uma equipe administrativa coesa da companhia fundida?

---

[13] Mas a Sun tem de lutar com a IBM no mercado de servidores. Ver "Sun Microsystems: Stealing each other's clothes". *The Economist*, 13 de outubro de 2001, p. 61-63.

[14] "Powerful women". *Fortune*, 15 de outubro de 2001, p. 188-200.

[15] Nota: Fiorina foi demitida em fevereiro de 2005 e substituída por Mark Hurd. Observadores disseram que isso trouxe estabilidade à companhia. Ver Tam, Pui-Wing, "Hitting the ground running". *The Wall Street Journal*, 4 de abril de 2005; Tam, Pui-Wing, "Hurd's big challenge at H-P: Overhauling corporate sales". *The Wall Street Journal*, 3 de abril de 2006; Wong, Nicole C., "HP has prospered in CEO Hurd's first year". *The Wall Street Journal*, 7 de abril de 2006. Fiorina discutiu os detalhes da saída em suas memórias; ver Clark, Don, "Fiorina memoir details H-P board conflicts preceding her ouster". *The Wall Street Journal*, 6 de outubro de 2006.

Caso internacional 16.2

La Sexta

Elaborado por Moisés Ruiz González, Universidad Europea de Madrid

Em 1989 o governo socialista espanhol aprovou a lei de reforma do mercado audiovisual, conhecida como Lei das Televisões Privadas. Foi um momento-chave para o panorama televisivo e para todo o setor da informação na Espanha, por romper com o modelo único de televisão. A empresa televisiva não pertencia mais ao Estado, e o mercado de capitais deu rumo a essa proposta que revolucionou a empresa informativa de modo geral.

Os grupos midiáticos deram ênfase à televisão, enquanto a imprensa perdia poder no protagonismo da informação. O governo concedeu três licenças que deram origem à Tele 5 e à Antena 3, ambas empresas de canal aberto, e ao Canal +, que codificava suas emissões. Durante a década de 1990, foram concedidas mais licenças, que deram origem a empresas televisivas de todo tipo. O segundo governo socialista deu continuidade às reformas da lei de televisões privadas, concedendo duas novas licenças para emissão aberta que resultaram na Prisa (Quatro) e na Gestora de Inversiones Audiovisuales (La Sexta).

O apagão analógico de 2010 e a passagem ao digital terrestre é outro acontecimento que impulsionou, e continuará impulsionando, a abertura de novas empresas de televisão.

A história de La Sexta começa em junho de 2005, com a publicação no Boletim Oficial do Estado da concorrência para a concessão de uma nova licença de âmbito nacional e generalista, tanto para emissões analógicas como digitais. Em 25 de novembro desse ano foi concedida a nova licença, e a cadeia foi fundada formalmente em 27 de março de 2006, em um ambiente muito competitivo, em que a consciência do consumidor desconfiava de tanta oferta. Esse é um dos problemas que o novo canal televisivo vem enfrentando. Sua oferta de programas teria de ser diferente dos outros canais já existentes e consolidados. Sua imagem deveria crescer a um ritmo muito superior ao de seus concorrentes com o único objetivo de conseguir penetração e confiança da audiência, ou seja, de ficar conhecido no país.

O caminho não foi fácil. O principal obstáculo era técnico: para sintonizar a cadeia, em analógico, o edifício necessitava, e ainda requer, um equipamento especial.

O outro problema enfrentado era conseguir a diferenciação nos conteúdos de seus programas e presença, muita presença, na mente do consumidor. A segunda parte foi resolvida com um *spot* que contém um lema identificador do que a cadeia pretende: bom humor. A imagem foi assumida pelos principais apresentadores, todos eles conhecidos do público.

A cadeia encontrou uma pauta programática identificada com os apresentadores, em que eles desempenham com desenvoltura uma ideia em que acreditam cegamente e que querem transmitir ao espectador. Não são apenas os apresentadores famosos que mostram a cara para conseguir a atenção do público; funcionários de altos cargos também descem à arena para colaborar na difusão da empresa e fazer repercutir a ideia de diferenciação de seus programas.

Emilio Aragón, presidente, assumiu o papel de apresentador de um programa de humor, *Los irrepetibles*, como uma prova de integração eficaz. Sua liderança possui um duplo sentido: centra sua ação tanto no trabalho quanto nas expectativas dos trabalhadores. Foi o primeiro a adquirir essa dupla função, e seu exemplo demonstra segurança no futuro sem igual.

Emilio Aragón concentra-se na realização das tarefas com a missão clara de influir nas condutas de modo a alcançar objetivos imediatos. Todos os integrantes do plantel de La Sexta têm claros seus objetivos: ser conhecidos pelo público e conseguir rapidamente uma cota de tela suficiente para pensar com alegria nos anos vindouros. Ele envolve a todos nesses objetivos com seu exemplo. Transmite diretrizes de como fazer, não perde tempo, sabe priorizar, distingue entre o importante, que é seu trabalho como apresentador, e o urgente, que é conseguir um efeito midiático interessante que os coloque na mente dos espectadores.

Seu estilo é orientado para tarefas, mas considera isso insuficiente, e por isso é também orientado às pessoas, tem consciência de que sem o apoio e a confiança de todos os funcionários no projeto dificilmente conseguirá alcançar os objetivos. Isso significa somar eficácia e eficiência. Significa atuar segundo condutas de expectativa, isto é, criar a expectativa; aprimorar os objetivos, estruturar os fluxos de trabalho e proporcionar retorno à medida que se aproximem do previsto inicialmente. De resto, presta apoio à consecução das tarefas, participa ativamente no trabalho e orienta a expectativa em êxitos importantes, que se tornam elementares aos funcionários que acreditam no projeto.

O passo seguinte concentrou toda a atenção dos diretores na obtenção de um grande sucesso que apontasse, definitivamente, o conhecimento da La Sexta pelo público. Depois de árduas negociações, duras pela ingerência lógica da concorrência, compraram os direitos de transmissão do Mundial de Futebol de 2006. A notícia se espalhou como pólvora na redação e foi acolhida com alvoroço, não sem razão – a grande expectativa era que se tornariam conhecidos em todo o território espanhol, estariam na boca de todos porque na Espanha se aprecia, e muito, o futebol.

Uma vez adquiridos os direitos, o obstáculo técnico se revelou crítico: o Mundial começaria em junho e, por lei, o futebol é considerado de interesse geral, as residências espanholas deveriam dispor de antenas para receber o sinal. O tempo pressionou e o objetivo também: havia apenas dois meses e meio para chegar aos 80% que o governo exige. O tempo correu contra por culpa da lei e a seu favor; cada chamada para solicitar a instalação da antena era um pequeno êxito para a cadeia, residências que receberiam seu sinal.

A ideia foi muito estudada, assim como sua consequência: através do futebol era preciso conseguir identificar os espanhóis com a filosofia da cadeia. Ainda resta muito a fazer.

O passo seguinte foi contratar alguém conhecido para popularizar o Mundial: o Koala é um fenômeno do disco espanhol, com uma canção contagiante e simpática intitulada *Opa, voy a hacer un corral.* O sucesso do músico malaguenho não passou despercebido pela administração da cadeia, que o chamou para formalizar um contrato de imagem para o Mundial de Futebol. O Koala pôs letra e música no hino da seleção espanhola de futebol; com a camiseta da La Sexta e a guitarra na mão, difundiu a imagem da cadeia, à direita e à esquerda. A canção era contagiante, o que a tornou conhecida quase de imediato pelo público, que a cantava e repetia sem parar, especialmente entre os jovens, um público do qual La Sexta quis se aproximar desde o primeiro momento.

Os passos foram dados com total acerto. Não regatearam nos custos para alcançar seus propósitos porque acreditavam neles, desde o conselheiro delegado até a redação. O compromisso com os objetivos foi absoluto.

O futebol foi, portanto, uma vitrine de luxo, mas não apenas pelo fato em si. Era necessário também empreender esforços na escolha de bons narradores que representassem a ideia da cadeia, e por isso contratou-se Andrés Montes, um narrador de basquete um tanto quanto histriônico e transgressor em sua forma de transmitir as partidas. Era disso que se precisava, romper com o estabelecido, e conseguiram. Essa decisão proporcionou outro êxito que, embora previsto, não deixava de ser inesperado, que foi a popularidade do narrador.

Ele formou uma dupla com Salinas, um simpático ex-jogador de futebol que aceitava todas as gozações de Andrés Montes. As partidas da seleção espanhola foram narradas com simpatia e informalidade; foi uma nova maneira de ver futebol, de desdramatizá-lo, que caiu muito bem para amenizar a decepção.

Mas essa conquista era pouco, e os diretores se lançaram a outro desafio esportivo: obter os direitos de transmissão do Mundial de Basquete a ser realizado no Japão. O resultado da decisão foi positivo. A audiência se envolveu naturalmente na competição devido às boas partidas da seleção. A final do Mundial foi apoteótica. A Espanha venceu a Argentina nos últimos 19 segundos na semifinal. A Grécia deu conta dos poderosos Estados Unidos. As duas seleções chegam à final, mas é a Espanha que obtém o triunfo, tendo La Sexta como anfitriã desse momento inesquecível.

O esporte foi um dos vínculos criados com o espectador. A presença da Mediapro entre os acionistas ajudou na consecução desse desafio. O F.C. Barcelona foi o primeiro clube da primeira divisão a ceder os direitos ao grupo, e depois a negociação se estendeu a outros clubes. Em 21 de agosto de 2006, a direção do canal anunciou a transmissão aberta, aos sábados, por três anos e às dez da noite, de uma partida aberta da primeira divisão. A aposta pelo futebol foi se concretizando e cresceu durante a temporada 2006-2007. Como novidade, de fato um marco na televisão espanhola, foi a apresentação de um programa carrossel aos domingos à tarde.

A audiência permanece atenta às notícias que chegam dessa empresa televisiva que não consegue decolar em *market share*, apesar de ser conhecida em todo o país.

Fiéis aos seus princípios, não mudam nem sua maneira de enfrentar a mídia nem a filosofia global dos conteúdos. Sua ideia é aparecer ligada ao esporte e ao entretenimento, tendo o humor como intermediário protagonista.

Quase 3% de *market share* está sendo superado parcialmente por acontecimentos, mas, em geral, na cadeia nunca é superado, o que no entanto não insufla o desânimo. Há programas de evidente qualidade que só conseguem chegar a 350 mil pessoas, enquanto outras cadeias com programação mais descuidada têm cerca de 20%.

Os acionistas são o Grupo Audiovisual de Medios (50%) e o Grupo Árbol, que por sua vez é formado por suas produtoras de sucesso: Globomedia e Mediapro, a primeira tendo ganhado fama com a produção de *Médico de família* e prosseguindo com *Los Serrano* e *Caiga quien caiga*. Depois vieram outras séries de igual sucesso, uma das últimas *El internado*, transmitido por Antena 3 TV, Televisa, com 40%; os 10% restantes são compostos por um grupo de investidores, entre os quais inclui-se Gala Capital, propriedade do húngaro George Soros, conhecido investidor e filantropo. Um dos acionistas da La Sexta é o grupo El Terrat, do qual faz parte Andreu Buenafuente. Essa é uma das razões pelas quais o apresentador catalão escolheu essa TV para continuar sua trajetória.

Menção especial merece a presença da Globomedia e da Mediapro por se tratar de empresas muito vinculadas à televisão, circunstância que ajudou a entender, desde o primeiro dia, as dificuldades de lançamento e de posicionamento de um canal de televisão em um setor tão competitivo.

A Globomedia é uma produtora de televisão, epicentro do Grupo Árbol, fundada em 1993 por Emilio Aragón. Em 2005, a Globomedia impulsionou a criação do Gamp (Grupo Audiovisual de Medios de Producción) do qual participa como primeiro acionista.

A Mediapro é uma das holdings midiáticas mais importantes da Espanha. Foi fundada em 1994 vinculada ao cinema (*Jamón, Jamón* e *Smoking room* estão entre seus filmes) e à produção de informativos, revistas, documentários, reportagens, programas de entretenimento e séries de ficção.

A equipe administrativa é composta por: Emilio Aragón, presidente; José Miguel Contreras, conselheiro delegado; Juan Ruiz de Gauna, diretor geral; Antonio García Ferreras, diretor. Todos são especialistas, conhecedores do setor do jornalismo e do espetáculo televisivo na Espanha. Essa é outra das razões de seu êxito; amam aquilo a que se dedicam acima de subjetividades econômicas. Dominam o meio e querem ganhar um espaço no mercado porque são conscientes de seu valor e da necessidade desse tipo de filosofias programáticas para a população.

Entre os apresentadores figuram pessoas conhecidas do mundo do espetáculo vinculadas ao humor, como Bermúdez, Agustín Jiménez, Wyoming, Florentino, Patricia Conde, Ángel Martin e Raúl Cimas. Outros apresentadores são Cristina Villanueva, Helena Resano, Cristina Saavedra e Mamen Mendizábal. ■

Perguntas

1. Que tipo de teorias da liderança podem se aplicar aos diretores de La Sexta?
2. Que tipo de líder é Emilio Aragón?
3. Que contribuição implica a inteligência emocional no êxito da cadeia?
4. Quais emoções se evidenciam no caso? Explique as condutas da diretoria.
5. Eles atingirão no futuro índices de 15% de audiência? Justifique.

17

Capítulo

Comunicação

Objetivos de aprendizagem

Depois de estudar o capítulo, você deverá ser capaz de:

1. Descrever o propósito da comunicação e o processo básico de comunicação.
2. Explicar o fluxo da comunicação em uma organização.
3. Descrever as características da comunicação escrita, oral e não verbal.
4. Identificar barreiras e interrupções na comunicação e sugerir enfoques para melhorá-la.
5. Compreender o papel dos meios eletrônicos na comunicação.

Comunicação

Transferência de informação de um emissor a um receptor, sendo a informação compreendida pelo receptor.

A comunicação se aplica a todas as fases da administração, mas é um fator de máxima importância na função de liderança. **Comunicação** é a transferência de informação de um emissor a um receptor, sendo a informação compreendida pelo receptor. Essa definição forma a base do modelo do processo de comunicação analisado neste capítulo. O modelo enfoca o emissor, a transmissão e o receptor da mensagem. E dirige a atenção também ao "ruído", que interfere na boa comunicação, e no retorno, que facilita a comunicação. O capítulo aborda ainda o efeito dos meios eletrônicos na comunicação.

Propósito da comunicação

Em seu sentido mais amplo, o propósito da comunicação em uma empresa é ter informação disponível para atuar ou facilitar processos de mudança, influenciar ações para o bem-estar da empresa. A comunicação é essencial para o funcionamento interno das empresas porque integra as funções gerenciais. Em particular, a comunicação é necessária: 1) para estabelecer e disseminar as metas de uma empresa; 2) desenvolver planos para alcançar os objetivos; 3) organizar os recursos humanos da maneira mais eficiente e eficaz; 4) selecionar, desenvolver e avaliar os membros da organização; 5) liderar, motivar e criar um clima em que as pessoas queiram contribuir e 6) controlar o desempenho.

A Figura 17.1 ilustra graficamente não apenas como a comunicação facilita as funções gerenciais, mas também relaciona uma empresa com seu ambiente externo. É através do intercâmbio de informação que os administradores tomam consciência das necessidades dos clientes, da disponibilidade de fornecedores, das reclamações dos acionistas, dos regulamentos governamentais e das preocupações da comunidade. É a partir da comunicação que qualquer organização se torna um sistema aberto que interage com seu ambiente, fato cuja importância é ressaltada ao longo do livro.

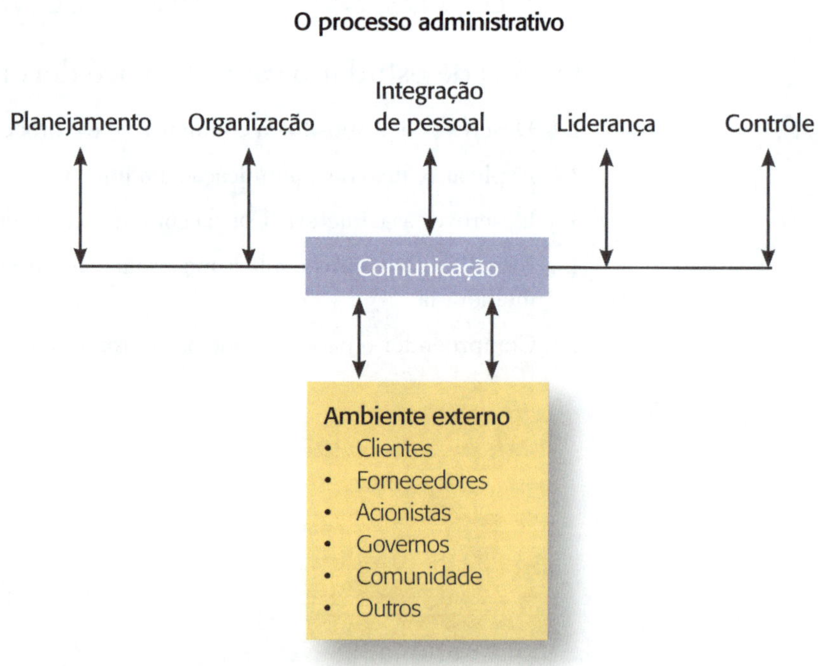

FIGURA 17.1 Propósito e função da comunicação

Processo de comunicação

Em termos simples, o processo de comunicação esquematizado na Figura 17.2 inclui o emissor, a transmissão de uma mensagem através de um canal selecionado e o receptor. Examinemos de perto os passos específicos do processo.

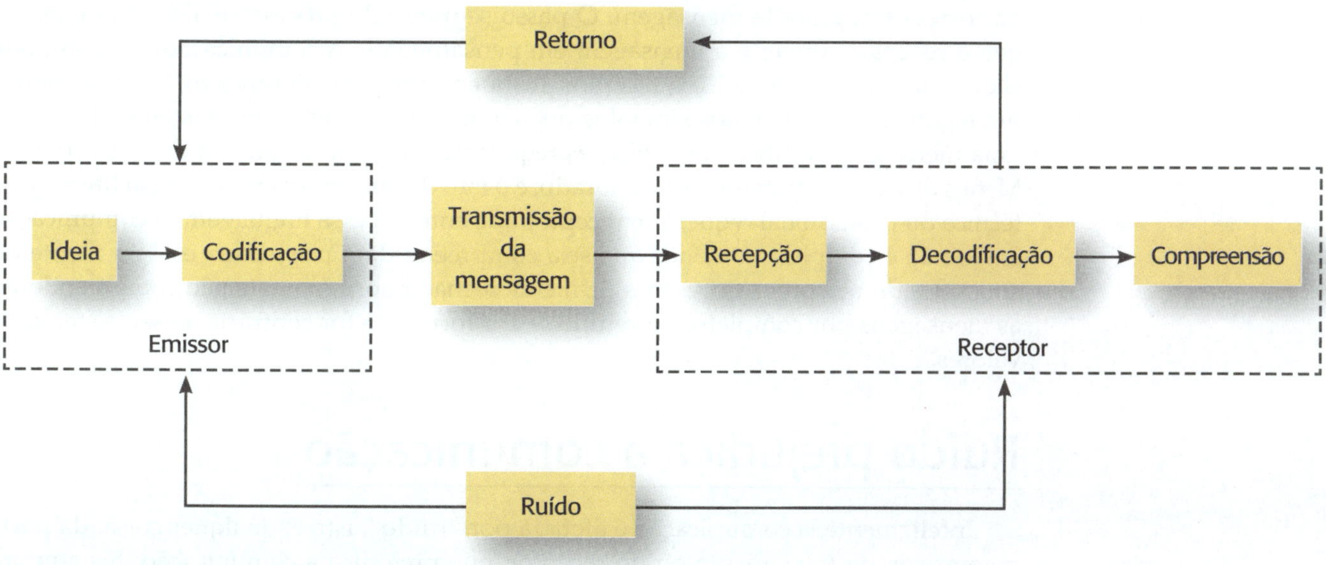

FIGURA 17.2 Modelo do processo de comunicação

O emissor da mensagem

A comunicação começa com um *pensamento* ou uma ideia do emissor, o qual em seguida é codificado de maneira que possa ser compreendido pelo emissor e pelo receptor. É comum pensar na *codificação* de uma mensagem através da linguagem falada, mas há muitas outras formas para codificar, como traduzir o pensamento em uma linguagem numérica.

Uso de um canal para transmitir a mensagem

A informação é transmitida em seguida por um canal que liga o emissor ao receptor. A mensagem pode ser oral ou escrita e transmitida através de um memorando, de um computador, do telefone, de um telegrama, de correio eletrônico (e-mail), da televisão ou de outros meios digitais (como páginas ou espaços colaborativos). A televisão, naturalmente, também facilita a transmissão de gestos e outros aspectos visuais. Às vezes, utilizam-se dois ou mais canais. Em uma conversa telefônica, por exemplo, duas pessoas podem chegar a um acordo básico que mais tarde confirmam por carta. Dado que se dispõe de muitas opções, cada uma com vantagens e desvantagens, a escolha apropriada do canal é vital para uma comunicação eficaz.

A televisão é um veículo de comunicação de informação entre o emissor e o receptor.

O receptor da mensagem

O receptor deve estar disposto à *recepção* da mensagem para poder decodificá-la em pensamentos. Uma pessoa que está pensando em uma emocionante partida de futebol, por exemplo, pode não prestar atenção suficiente ao que se diz sobre um relatório de estoque, aumentando com isso a probabilidade de uma interrupção na comunicação ou na correta recepção da mensagem. O passo seguinte do processo é a *decodificação*, em que o receptor converte a mensagem em pensamentos. A comunicação clara só pode ocorrer quando o emissor e o receptor atribuem o mesmo significado, ou pelo menos um significado similar, aos símbolos que compõem a mensagem. Assim, é óbvio que uma mensagem codificada em francês requer de um receptor que ele entenda francês. Menos óbvio, e frequentemente ignorado, é o fato de que uma mensagem em linguagem técnica ou profissional requer um receptor que entenda essa linguagem. A comunicação então não é completa, a menos que seja compreendida. *Compreender* está na mente do emissor e do receptor. As pessoas de mente fechada normalmente não compreenderão as mensagens por completo, sobretudo se a informação for contrária ao seu sistema de valores.

Ruído prejudica a comunicação

Ruído é qualquer coisa, da parte do emissor, da transmissão ou do receptor, que prejudica a comunicação.

Infelizmente, a comunicação é afetada por "ruído", isto é, qualquer coisa, da parte do emissor, da transmissão ou do receptor, que prejudica a comunicação. Eis aqui alguns exemplos de "ruído":

- Barulho ou um ambiente confinado prejudica o desenvolvimento de um pensamento claro.
- A codificação pode ter falhas pelo uso de símbolos ambíguos.
- A transmissão pode ser interrompida por estática no canal, como a que se experimenta em uma má comunicação telefônica.
- A falta de atenção pode provocar uma recepção imprecisa.
- A decodificação tem falhas quando se atribui um significado equivocado a palavras e outros símbolos.
- A compreensão é impedida por preconceitos.

Perspectiva internacional

Barreiras entre culturas

Os mal-entendidos são maiores quando a comunicação é feita em idiomas distintos. O idioma alemão, por exemplo, é muito diferente em sua formalidade e na maneira como as pessoas se dirigem umas às outras. O formal *Sie* raramente é substituído por *Du*. Só depois que as pessoas se conhecem bem se usa o informal *Du*. Do mesmo modo, os adultos usualmente tratam-se entre si como *herr* (senhor) ou *frau* (senhora). O uso do prenome só é comum entre parentes, amigos muito próximos ou crianças e adolescentes. Uma pessoa de outro país, a quem alguém se dirige com o formal *Sie*, *frau* ou *herr*, pode interpretar como um sinal de que não está agradando ou de que seu interlocutor quer manter uma distância social. Isso pode não ser verdade, já que o uso é ditado simplesmente pelas normas culturais. Por outro lado, se um conhecido casual alemão for chamado por seu prenome em alemão, a pessoa pode ficar ofendida. Embora essas distinções do idioma não tenham importância para alguém de uma cultura diferente, elas não apenas criam barreiras de comunicação, como podem resultar em relações prejudicadas e, possivelmente, na perda de um negócio.

Perspectiva empresarial

Aceitar retorno negativo

Os empresários são otimistas por natureza. Acreditam em si mesmos e na visão de suas empresas. Contudo, em sua trajetória, devem receber retorno real acerca da visão de seu novo projeto. A maneira como o empresário aceita e utiliza esse retorno é fundamental para a sobrevivência do projeto. Os capitalistas investidores e outros procurarão encontrar furos ou problemas no plano de negócios de um empresário. O empresário deve receber esse retorno respeitosamente e fazer o melhor possível para respondê-lo. O empresário nunca deve se colocar na defensiva ou em posição de combate diante do retorno negativo, pois isso põe fim ao trato com a maioria dos investidores. Ao contrário, o empresário deve admitir as críticas, proporcionar uma resposta racional, se tiver, ou aceitar explorar e corrigir a deficiência apontada.

- A comunicação de uma mudança desejada pode não ocorrer devido ao temor das possíveis consequências da mudança.
- Na comunicação entre culturas, não apenas a expressão verbal, como também os gestos e a postura podem causar má comunicação.

Retorno na comunicação

Para verificar a eficácia da comunicação, a pessoa deve ter *retorno*. Nunca podemos estar seguros se uma mensagem foi bem codificada, transmitida, decodificada e entendida ou não, até que isso seja confirmado mediante retorno. Do mesmo modo, o retorno indica se a mudança individual ou organizacional ocorreu como consequência da comunicação.

Fatores situacionais e organizacionais na comunicação

Muitos fatores situacionais e organizacionais afetam o processo de comunicação. Esses fatores no ambiente externo podem ser educacionais, sociológicos, político-legais e econômicos. Por exemplo, um ambiente político repressivo inibirá o livre fluxo da comunicação. Outro fator situacional é a distância geográfica. A comunicação direta face a face é diferente da conversa telefônica com uma pessoa do outro lado do mundo e da troca de e-mails. O tempo também deve ser considerado na comunicação. O executivo ocupado não tem tempo suficiente para receber e enviar informação com clareza. Outros fatores situacionais que afetam a comunicação dentro de uma empresa incluem a estrutura da organização, processos gerenciais e não gerenciais e a tecnologia. Um exemplo é o forte efeito da tecnologia da computação no manejo de enormes quantidades de dados.

O processo de comunicação é afetado por muitos fatores situacionais e organizacionais.

Em resumo, o modelo de comunicação apresenta uma panorâmica do processo de comunicação, identifica as variáveis críticas e mostra suas relações. Isso, por sua vez, ajuda os administradores a esclarecer problemas de comunicação para poderem adotar medidas para resolvê-los ou, melhor ainda, evitar as dificuldades logo de início, antes que ocorram.

O modelo de comunicação apresenta uma panorâmica do processo de comunicação, identifica as variáveis críticas e mostra suas relações.

Perspectiva internacional

Comunicação é também entender a cultura

Olivier Soumah-Mis é um especialista em administração intercultural e em capacitar executivos que precisam negociar com pares de outros países. Entre uma de suas tantas anedotas, ele conta a seguinte:

Quando a companhia inglesa Cadbury Schweppes comprou a indústria de doces Adams, de propriedade da Pfizer, seus administradores, que chegaram em 2003 às instalações da Adams no México, tiveram um verdadeiro choque cultural...isso porque seus parceiros mexicanos eram "desorganizados" a seus olhos: não seguiam a agenda estabelecida em uma reunião, não esperavam sua vez de falar e sempre interrompiam quem estava falando.

Foi um problema de adaptação de culturas: enquanto os ingleses não tinham tempo para se socializar, os mexicanos privilegiavam a relação social, tomar um café falando de futebol era importante. Graças à assessoria e treinamento de Soumah-Mis aos executivos mexicanos sobre a importância para os ingleses da pontualidade, do rigor e do enfoque na qualidade e nos resultados, foi possível concretizar a integração dessas duas companhias. Contudo, Soumah-Mis afirma que viu outras fracassarem por não conseguirem se adaptar.

Fonte: Com informação de Verónica García de León, "Adaptarse o morir". *Expansión*, México, n. 947, 23 de agosto de 2006, p. 172-176.

Um meio de comunicação muito importante nas empresas é a comunicação informal, que os executivos estabelecem de maneira casual.

Comunicação na organização

Nas empresas de hoje, a informação deve fluir mais rápido do que nunca. Mesmo uma breve parada em uma linha de produção de rápido movimento pode ser muito onerosa em termos de produção perdida. Portanto, é essencial que os problemas de produção sejam comunicados rapidamente para adotar uma ação corretiva. Outro elemento importante é a quantidade de informação que aumentou enormemente com os anos, causando com frequência uma sobrecarga de informação. Em geral, o que é

Perspectiva internacional

Administrar por percurso

A liderança demanda informação acerca do que ocorre de fato na organização. Os líderes que nunca deixam sua sala e dependem dos canais de comunicação formais podem receber somente a informação que coloca os subordinados sob uma luz favorável. Para superar seu isolamento, precisam complementar os canais de comunicação formais com os informais.

Em sua busca de companhias excelentes, Thomas Peters e Robert Waterman notaram que os gerentes da United Airlines praticam o que foi chamado de "administração por percurso".[1] Uma prática similar é chamada de "administrar caminhando por aí" na Hewlett-Packard. A crença é que os executivos melhorarão os canais de comunicação informal ao percorrer a fábrica.

http://www.ual.com
http://www.hp.com

1 Peters, Thomas J. e Robert H. Waterman, Jr., *In search of excellence*. Nova York: Harper & Row, 1982, Capítulo 5. Para uma análise do livro, ver os diversos artigos na edição de fevereiro de 2002 de *Academy of Management Executive*.

necessário não é mais informação, e sim informação relevante. É preciso determinar o tipo de informação de que um diretor necessita para uma tomada de decisão eficaz. Obter informação requer frequentemente conseguir informação dos superiores e subordinados, dos gerentes e também de departamentos e pessoas de outras partes da organização.

A necessidade de estar informado

Para ser eficaz, um administrador precisa da informação necessária ao bom desempenho de suas funções e atividades gerenciais. Contudo, um mero olhar casual aos sistemas de comunicação mostra que muitas vezes a liderança carece de informação vital para a tomada de decisão ou pode receber informação demais, resultando em sobrecarga. É evidente que os diretores devem ser seletivos ao coletar informação. Uma forma simples de começar é perguntar a si mesmo: "o que preciso saber realmente para o meu trabalho?" ou "o que pode acontecer se não obtiver essa informação com regularidade?". O que um executivo precisa não é do máximo de informação, mas sim de informação pertinente. É claro que não existe um sistema de comunicação aplicável universalmente; ao contrário, o sistema de comunicação deve ser adaptado às necessidades do administrador.

O fluxo da comunicação na organização

Em uma organização eficaz, a comunicação flui em várias direções: para baixo, para cima e cruzada. Tradicionalmente, a comunicação descendente é a mais comum, mas há forte evidência de que surgirão problemas se a comunicação fluir apenas para baixo. De fato, poderíamos argumentar que a comunicação eficaz deve começar no subordinado, e isso significa, antes de tudo, comunicação ascendente. A comunicação também flui horizontal e diagonalmente. Os diferentes tipos de fluxos de informação são esquematizados na Figura 17.3 e comentados em seguida.

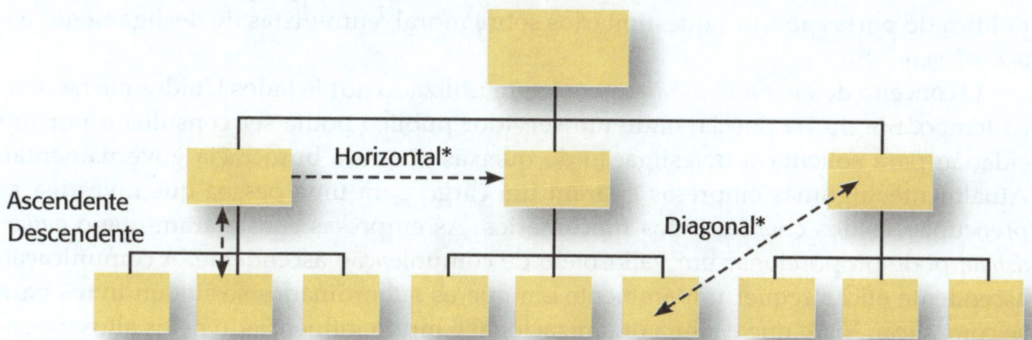

*Dado que os fluxos da comunicação horizontal e diagonal têm certas características comuns, nós os denominamos "comunicação cruzada". Vamos expô-los em uma seção posterior deste capítulo.

FIGURA 17.3 Fluxo da informação em uma organização

Comunicação descendente

A **comunicação descendente** flui de pessoas dos níveis mais altos aos mais baixos na hierarquia organizacional.

A **comunicação descendente** flui de pessoas dos níveis mais altos até os níveis mais baixos na hierarquia organizacional. Esse tipo de comunicação existe especialmente em organizações com uma atmosfera autoritária. Os meios utilizados para a comunicação oral descendente incluem instruções, discursos, reuniões, telefone, alto-falantes e até a comunicação informal. Exemplos de comunicação descendente escrita são memorandos, cartas, manuais, folhetos, informes de política, procedimentos e releases eletrônicos de notícias.

Lamentavelmente, a informação muitas vezes se perde ou é distorcida ao descer pelos níveis hierárquicos. A emissão de políticas e procedimentos da alta administração não garante a comunicação. De fato, muitas diretrizes não são compreendidas ou sequer lidas. Por isso, é essencial um sistema de retorno para comprovar se a informação foi recebida como o emissor pretendia.

O fluxo de informação descendente pelos vários níveis da organização exige tempo. Na verdade, as demoras podem ser tão frustrantes que alguns altos executivos insistem que a informação seja enviada diretamente à pessoa ou grupo que a requer ou dela necessita.

Comunicação ascendente

A **comunicação ascendente** parte dos subordinados aos superiores e sobe na hierarquia organizacional.

A **comunicação ascendente** parte dos subordinados aos superiores e sobe pela hierarquia organizacional. Infelizmente, esse fluxo muitas vezes é interrompido na cadeia de comunicação pelos gerentes, que filtram as mensagens e não transmitem a informação, em particular as notícias desfavoráveis, aos seus chefes. Contudo, a transmissão objetiva da informação é essencial para fins de controle. A alta administração precisa saber especificamente sobre o desempenho da produção, informação de marketing, dados financeiros, o que pensam os funcionários de nível mais baixo etc.

A comunicação ascendente é primordialmente não diretiva e, em geral, está presente em ambientes organizacionais participativos e democráticos. Os meios de comunicação ascendentes típicos, além da cadeia de comando, são sistemas de sugestões, procedimentos para solicitações, sistemas de queixas, sessões de aconselhamento, estabelecimento conjunto de objetivos, reuniões de grupo, a prática de uma política de portas abertas, questionários sobre moral, entrevistas de desligamento e o *ombudsman*.

Ombudsman

Pessoa que investiga as preocupações dos funcionários e dos clientes, proporcionando um valioso elo de comunicação ascendente.

O conceito de **ombudsman** quase não era utilizado nos Estados Unidos até há pouco tempo. Surgiu na Suécia, onde um servidor público podia ser consultado por um cidadão para solicitar a investigação de queixas contra a burocracia governamental. Atualmente, algumas empresas criaram um cargo para uma pessoa que investiga as preocupações dos clientes e dos funcionários. As empresas constataram que o *ombudsman* pode proporcionar um valioso elo de comunicação ascendente. A comunicação ascendente eficaz requer um ambiente em que os subordinados se sintam livres para se comunicar. Visto que o clima organizacional é muito influenciado pelos altos executivos, a responsabilidade de criar um livre fluxo de comunicação ascendente cabe, em maior grau, embora não exclusivamente, aos superiores.

Perspectiva internacional

Ser um bom *ombudsman*

Essa figura, que só era concebida como mediador entre a sociedade e o governo, já se introduziu no terreno das empresas. O *ombudsman* corporativo busca promover um sistema de administração mais humano, em que se ouça quem tem algo a dizer de maneira imparcial. Assessora os trabalhadores para que lidem com os problemas de forma eficaz. A ideia é que o *ombudsman* seja intermediário nas situações difíceis entre empresa e clientes ou funcionários, nas quais é possível incorrer em injustiças e abusos de autoridade. Como afirma Beatriz Dale, *ombudsperson* da American Express na América Latina: "Proporcionamos um canal confidencial para que funcionários, clientes, fornecedores ou vendedores possam expor suas preocupações ou problemas sem medo de represálias".

As características que um bom *ombudsman* deve ter, segundo Thomas Zgambo, *ombudsman* corporativo da Coca-Cola Enterprises Inc., são:

1. Deve ser muito criterioso e ter um elevado senso de imparcialidade.
2. Deve saber ouvir todas as partes envolvidas sem tirar conclusões apressadas.
3. Deve ser muito discreto e não ter necessidade de reconhecimento.
4. Deve estar bem informado sobre os valores e a ética da organização, como também sobre temas interculturais.
5. Deve conhecer as políticas, procedimentos e regulamentações da organização.
6. Deve ter capacidade de análise para identificar os problemas.

Fonte: Com informação de "Por una oficina en paz", SHL Psicólogos Empresariales, 21 de março de 2006. Disponível em: http://www.shlconfidentia.com.ar/noticias_amp.asp?id=307, acesso em 14 de outubro de 2007.

Perspectiva internacional

A falta de comunicação ascendente pode ser desastrosa

No desastre do ônibus espacial de 1986, aparentemente não chegou informação vital à alta administração da National Aeronautics and Space Administration (Nasa). Altos executivos do Bank of America se surpreenderam com a baixa qualidade de seu portfolio de hipotecas, a qual resultou em perdas substanciais para o banco. Os executivos da casa de corretagem E. F. Hutton aparentemente não tinham conhecimento da fraude com cheques de seus gerentes de mais baixo escalão.

Em algumas organizações, a comunicação ascendente é prejudicada pela cultura e pelo clima de uma organização que "castiga" os funcionários que comunicam más noticias ou informações com as quais a alta administração não está de acordo. Na verdade, a tendência de só reportar boas notícias para os níveis superiores é bastante comum. Contudo, a informação correta é absolutamente necessária para administrar uma empresa.

Então, o que se pode fazer para facilitar o livre fluxo de informação? Primeiro, criar um clima informal que estimule a comunicação ascendente. Uma política de portas abertas só é útil quando é praticada. Segundo, a estrutura formal do fluxo de informação deve ser clara. Terceiro, os executivos de todos os níveis podem aprender muito simplesmente percorrendo os corredores. A Hewlett-Packard é mencionada frequentemente como um exemplo de comunicação aberta graças à prática de "administrar caminhando por aí".

http://www.nasa.gov
http://www.bofa.com
http://en.wikipedia.org/wiki/E.F._Hutton_&_Co

Comunicação cruzada

O **fluxo horizontal** da informação ocorre entre pessoas no mesmo nível organizacional ou em um nível similar.

O **fluxo diagonal** da informação ocorre entre pessoas de níveis diferentes que não têm relações diretas de interlocução entre elas.

A comunicação cruzada combina o **fluxo horizontal** da informação, entre pessoas no mesmo nível organizacional ou em um nível similar, e o **fluxo diagonal**, entre pessoas de diferentes níveis que não têm relações diretas de interlocução entre si. Esse tipo de comunicação é utilizado para acelerar o fluxo da informação, melhorar a compreensão e coordenar esforços no sentido de alcançar os objetivos organizacionais. Uma boa parte da comunicação não segue a hierarquia organizacional, mas cruza a cadeia de comando.

O ambiente da empresa oferece muitas possibilidades de comunicação oral, desde reuniões informais do time de futebol e da hora do almoço que os funcionários passam juntos, até conferências mais formais e reuniões de comitês e do conselho. Esse tipo de comunicação também ocorre quando membros de diferentes departamentos formam equipes de tarefas ou grupos de projetos. Por último, a comunicação cruza as fronteiras organizacionais quando, por exemplo, membros assessores com autoridade funcional interagem com gerentes de linha em diferentes departamentos.

Além disso, as formas de comunicação escrita mantêm as pessoas informadas sobre a empresa, incluindo a publicação da companhia e avisos no painel de notícias. As empresas modernas utilizam muitos tipos de padrões de comunicação cruzada oral e escrita para complementar o fluxo vertical da informação.

A informação que a alta administração deve comunicar é tão importante como a que os subordinados compartilham.

Dado que o fluxo da informação pode não seguir a cadeia de comando, é preciso implantar salvaguardas para impedir problemas potenciais. Especificamente, a comunicação cruzada deve compreender que as relações cruzadas serão incentivadas apenas quando forem necessárias, que os subordinados se absterão de adquirir compromissos além de sua autoridade e que manterão os superiores informados sobre atividades interdepartamentais importantes. Em suma, a comunicação cruzada pode criar dificuldades, mas é necessária em muitas empresas para responder às demandas do ambiente organizacional complexo e dinâmico.

Comunicação escrita, oral e não verbal[2]

Os meios de comunicação escrita e oral têm características favoráveis e desfavoráveis. Assim, muitas vezes são utilizados em conjunto para que as qualidades favoráveis de cada um possam complementar as limitações do outro. Além disso, podem-se empregar apoios visuais para complementar as comunicações oral e escrita. Uma conferência em uma sessão de capacitação administrativa pode se tornar mais eficaz mediante o uso de documentos escritos, transparências, vídeos e filmes. A evidência demonstrou que uma mensagem repetida por vários meios será entendida e lembrada pelo receptor com mais precisão.

[2] Ver também Tannen, Deborah, "The power of talk: Who gets heard and why". *Harvard Business Review*, setembro-outubro de 1995, p. 138-148. Sobre a comunicação escrita ver Bell, Arthur H., NTC's *Business Writer's Handbook*, Lincolnwood, IL: NTC, 1996; Joy Clayton, "The ten principles of good business writing". *Harvard Management Communication Letter*, setembro de 2000; ou o livro clássico do estilo de Strunk, Jr., William e E. B. White, *The elements of style*, 4. ed., Nova York: Longman, 1999.

Ao escolher o meio, devemos considerar o comunicador, a audiência e a situação. Um executivo que se sente desconfortável diante de uma grande audiência pode optar pela comunicação escrita em vez do discurso. Por outro lado, para certas audiências que podem não ler um memorando, consegue-se motivá-las mediante a comunicação oral direta.

Comunicação escrita

Os administradores franceses são quase obcecados com o uso da comunicação escrita, não apenas para mensagens formais, mas também para notas informais. Um gerente francês declarou que nada é real a não ser que esteja escrito.

A comunicação escrita tem a vantagem de proporcionar registros, referências e provas legais para defesa. Uma mensagem pode ser preparada com cuidado e, em seguida, enviada a uma grande audiência mediante a correspondência maciça. A comunicação escrita pode também promover uniformidade nas políticas e procedimentos e, em alguns casos, reduzir custos.

As desvantagens são que as mensagens escritas podem criar montanhas de papel ou se perder na caixa de entrada do correio eletrônico, ser mal-escritas por redatores ineficazes e não proporcionar retorno imediato. Consequentemente, pode demorar muito para saber se uma mensagem foi recebida e entendida de maneira adequada.

Comunicação oral

Muitas informações são comunicadas oralmente. A comunicação oral pode ocorrer em uma reunião face a face entre duas pessoas ou em uma apresentação para uma grande audiência. Pode ser formal ou informal, planejada ou casual.

A principal vantagem da comunicação oral é que ela possibilita o rápido intercâmbio com retorno imediato. As pessoas podem fazer perguntas e esclarecer pontos. Em uma interação face a face, o efeito pode ser notado. Mais ainda, uma

Perspectiva internacional

Uma pessoa que tem medo de falar em público pode se tornar diretor da uma grande corporação?[3]

Pense em Lee Scott, o diretor executivo do Wal-Mart, que odiava falar diante de grandes grupos de pessoas. Recordando que temia falar nas reuniões, ele disse: "Começava a tremer e minha voz ficava embargada". Entretanto, em fevereiro de 2005 dirigiu-se a 500 diretores de negócios em Los Angeles, em um dos muitos discursos públicos em que teve de defender o Wal-Mart de críticas. Estas incluíam não oferecer benefícios de saúde suficientes para os funcionários, salários abaixo da média, pedir que os funcionários trabalhassem além de seus turnos, comprar no exterior em prejuízo das companhias dos Estados Unidos e acabar com negócios do mercado local.

Alunos também enfrentam às vezes o temor de falar diante da classe como parte dos requisitos do curso. O exemplo de Scott poderia servir de modelo para superarem o temor de falar em público?

http://www.walmart.com

3 "Wal-Mart boss's unlikely role: Corporate defender-in-chief". *The Wall Street Journal*, 26 de julho de 2005.

reunião com o superior pode dar ao subordinado uma sensação de importância. É evidente que reuniões informais ou planejadas contribuem para a compreensão dos problemas.

Porém, a comunicação oral também tem desvantagens. Nem sempre poupa tempo, como qualquer pessoa que tenha assistido a reuniões sabe: muitas vezes não se chega a nenhum resultado ou acordo. Essas reuniões podem ser onerosas em termos de tempo e dinheiro.

Comunicação não verbal

A **comunicação não verbal** inclui expressões faciais e gestos corporais.

As pessoas se comunicam de maneiras muito distintas. O que uma pessoa diz pode ser reforçado (ou contradito) pela **comunicação não verbal**, como expressões faciais e gestos corporais. Espera-se que a comunicação não verbal apoie a verbal, mas nem sempre é assim. Um diretor autoritário pode dar um murro na mesa ao anunciar que aplicará a administração participativa; tais comunicações contraditórias certamente criarão uma brecha na credibilidade. Do mesmo modo, os gerentes podem declarar que têm uma política de portas abertas, mas ordenar que sua secretária filtre com cuidado as pessoas que querem falar com eles; isso cria incongruência entre o que dizem e o que fazem. Essa é uma ilustração de "ruído" no modelo do processo da comunicação (Figura 17.2). É evidente que a comunicação não verbal pode apoiar ou contradizer a comunicação verbal, dando lugar ao adágio de que as ações falam mais alto do que as palavras.

Métodos de comunicação

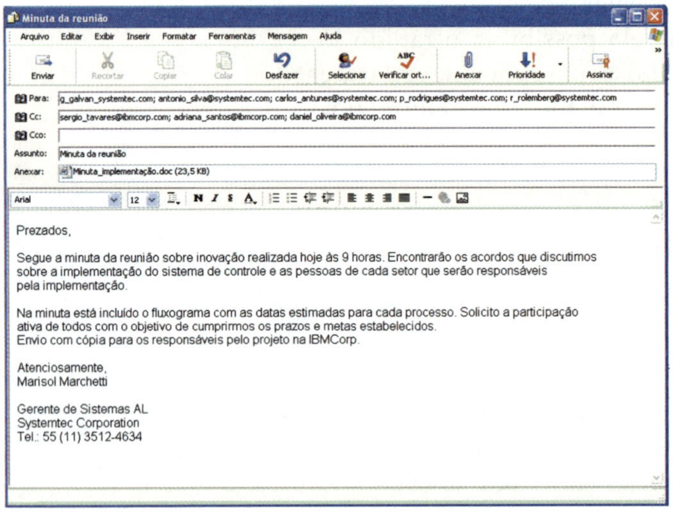

O correio eletrônico pode servir para acertar os detalhes de uma reunião de pessoal e enviar mais informação.

Há diferentes métodos e canais de comunicação: alguns são orais, outros são escritos e vários utilizam tecnologia da informação. Vão desde a comunicação face a face às reuniões de grupo e aos diversos tipos de comunicação escrita mencionados anteriormente. A tecnologia é utilizada para certos tipos de comunicação, como o telefone fixo e o celular, fax, correio de voz, correio eletrônico, assim como a teleconferência e a videoconferência. Comentamos anteriormente algumas das vantagens e desvantagens de diversos tipos de comunicação, entre as quais a rapidez do retorno, a facilidade de uso, o custo e o tempo, assim como a formalidade e a informalidade. Talvez não seja adequado convidar alguém de destaque por e-mail. Por outro lado, para uma comunicação informal quando o tempo é essencial e se dispõe da tecnologia, pode ser melhor utilizar uma mensagem eletrônica, em vez do correio tradicional.

Mais temas de comunicação são tratados em outras partes do livro. Por exemplo, o canal de comunicação informal e não oficial foi discutido no Capítulo 10. O efeito da tecnologia na comunicação será analisado no Capítulo 19.

Barreiras e interrupções na comunicação[4]

Talvez não surpreenda o fato de que as interrupções na comunicação são citadas como um dos problemas administrativos mais importantes. Contudo, esses problemas de comunicação geralmente são sintomas de problemas mais enraizados. Por exemplo, um planejamento ruim pode ser a causa da incerteza acerca da liderança da empresa. Do mesmo modo, uma estrutura de organização mal elaborada não comunica com clareza as relações organizacionais. Padrões de desempenho vagos podem deixar os gerentes inseguros quanto ao que se espera deles. Assim, o administrador perceptivo buscará as causas dos problemas de comunicação em vez de tratar apenas dos sintomas. As barreiras podem estar no emissor, na transmissão da mensagem, no receptor ou no retorno. Barreiras específicas à comunicação são discutidas a seguir.

Falta de planejamento

A boa comunicação raramente ocorre por casualidade. É muito frequente que as pessoas comecem a falar e a escrever sem antes pensar, planejar e estabelecer o propósito da mensagem. Entretanto, apresentar os motivos de uma instrução, selecionar o canal mais adequado e escolher o momento certo pode melhorar em maior grau a compreensão e reduzir a resistência à mudança.

Suposições não esclarecidas

Muitas vezes ignoradas, embora muito importantes, são as suposições não comunicadas subentendidas a partir das mensagens. Uma cliente envia uma nota anunciando que visitará a fábrica de um vendedor. Ela presume que o vendedor a receberá no aeroporto, fará uma reserva de hotel para ela, disporá o transporte e organizará uma revisão em todas as escalas do programa na fábrica. Porém, o vendedor acredita que a cliente vá à cidade principalmente para assistir a um casamento e que a visita à fábrica é apenas uma questão de rotina. Essas suposições não esclarecidas em ambos os casos podem levar à confusão e à perda de boa vontade.

Distorção semântica

Outra barreira à comunicação eficaz é a distorção semântica, que pode ser deliberada ou casual. Um anúncio que diz "vendemos por menos" é deliberadamente ambíguo, gerando a pergunta: menos do quê? As palavras podem evocar diferentes respostas. Para algumas pessoas, a palavra "governo" pode significar interferência ou gasto deficitário; para outras, a mesma palavra pode significar ajuda, igualdade e justiça.

---

[4] Ver também Robbins, Stever, "Communication breakdown: Nine mistakes managers make". *Harvard Management Communication Letter*, setembro de 2000, p. 3-5.

Mensagens mal expressas

Por mais clara que esteja a ideia na cabeça do emissor, a mensagem pode ser marcada por palavras mal escolhidas, omissões, falta de coerência, má organização, estrutura estranha da frase, obviedades, verborreia desnecessária e falhas no esclarecimento. Essa falta de clareza e precisão, que pode custar caro, pode ser evitada tendo mais cuidado ao codificar a mensagem.

Barreiras à comunicação no ambiente internacional[5]

http://www.exxon.com

A comunicação no ambiente internacional torna-se mais difícil pela diferença de idiomas, culturas e etiqueta.[6] Traduzir os lemas publicitários é muito arriscado. O *slogan* "Put a tiger in your tank" ("Ponha um tigre em seu tanque") da Exxon foi muito eficaz nos Estados Unidos, mas pode ser um insulto para as pessoas na Tailândia. As cores têm significados diferentes nas diversas culturas. O preto costuma ser associado à morte em muitos países ocidentais, enquanto no Extremo Oriente, o branco é a cor do luto. Em assuntos de negócios, nos Estados Unidos é normal comunicar-se pelo prenome. Contudo, na maioria das outras culturas, em particular naquelas com uma acentuada estrutura hierárquica, as pessoas geralmente se dirigem umas às outras pelo sobrenome.

Na cultura chinesa, as palavras podem não transmitir o que as pessoas querem verdadeiramente dizer, porque talvez queiram parecer humildes. Por exemplo, quando se oferece uma promoção, a pessoa pode dizer que não é qualificada para assumir uma grande responsabilidade. Mas a expectativa é que o superior insista para que o subordinado aceite a promoção e mencione todas as virtudes e pontos fortes do candidato e o quanto é adequado para a nova posição.

Perspectiva internacional

Diferenças na comunicação explícita e implícita entre países

Os padrões de comunicação diferem entre países com relação ao grau em que são explícitos ou implícitos. Em países como a Alemanha e os Estados Unidos, esperamos que as pessoas digam o que sentem. A necessidade de precisão é ilustrada na popularidade da administração por objetivos, em que as metas são estabelecidas com precisão em termos quantitativos e mensuráveis, até onde for possível. Em contraste, a comunicação japonesa é implícita; o significado deve ser inferido. Por exemplo, os japoneses não gostam de dizer "não" nas comunicações; em vez disso, uma resposta negativa se apresenta em termos ambivalentes. Isto foi demonstrado muitas vezes em acordos comerciais entre Japão e Estados Unidos, assim como entre Japão e Europa.

Embora essas observações até certo ponto possam ser consideradas uma generalização exagerada, os líderes que estiverem conscientes dos diferentes padrões de comunicação se beneficiarão desse conhecimento.

---

5 Ver também Adler, Nancy J., *International dimensions of organizational behavior*, 3. ed., Boston: PWS-Kent, 1997.

6 Ver, por exemplo, Phatak, Arvind V., *International management*, Cincinnati, OH: South-Western, 1997, Capítulo 6.

Para superar as barreiras da comunicação no ambiente internacional, as grandes corporações adotaram uma variedade de medidas. A Volkswagen, por exemplo, oferece extensa capacitação em idiomas e também conta com um grande número de tradutores. Geralmente contrata para altos cargos nativos da localidade, que conhecem bem o idioma e a cultura do país anfitrião. Nos Estados Unidos, as empresas estrangeiras consideram vantajoso contratar estudantes de seu país de origem que frequentam universidades norte-americanas.

http://www.vw.com

Perdas por transmissão e má retenção

Em uma série de transmissões de uma pessoa a outra, a mensagem vai se tornando cada vez menos precisa. A má retenção da informação é outro problema sério. Assim, a necessidade de repetir a mensagem e utilizar vários canais é bastante clara. Consequentemente, as companhias costumam usar mais de um canal para comunicar a mesma mensagem.

Escuta deficiente e avaliação prematura

São muitos os que falam, mas poucos os que escutam. É provável que todos já tenham observado pessoas empreenderem uma análise com comentários que não têm relação com o tema tratado. Um motivo pode ser que essas pessoas estão ponderando seus próprios problemas – como preservar seus egos ou causar uma boa impressão nos outros membros do grupo – em vez de escutar a conversa. Escutar exige uma atenção completa e autodisciplina. Requer também que a pessoa que escuta evite a avaliação prematura do que o outro tem a dizer. Uma tendência comum é julgar, aprovar ou desaprovar o que se diz, mais do que tentar compreender o objetivo de quem fala. Contudo, escutar sem fazer juízos precipitados pode tornar toda a empresa muito mais eficaz e eficiente. Por exemplo, **escutar com amabilidade** resulta em melhores relações trabalhistas e em um melhor entendimento entre administradores. Especificamente, o pessoal de vendas passa a compreender melhor os problemas do pessoal de produção, e o gerente de crédito passa a entender que uma política de crédito excessivamente restritiva pode levar a uma

Perspectiva internacional

O diretor executivo multilíngue[7]

Como os executivos passam suas merecidas férias? Alguns jogam golfe, outros aprendem a velejar e outros ainda estudam a ética de Aristóteles. Josef Ackermann, diretor executivo do Deutsche Bank, utilizou uma semana de férias para estudar espanhol seis horas por dia com um professor particular. Já sabe inglês, italiano, francês e seu alemão natal. Com o Deutsche Bank operando em muitos países do mundo, Ackermann considera que suas habilidades multilíngues o ajudam a se comunicar com funcionários, clientes e chefes de governo em todo o mundo.

Muitos executivos americanos dependem de seu domínio do inglês para fazer negócios em todo o mundo. E, na verdade, grande parte da comunicação de negócios é em inglês, mas o conhecimento de outros idiomas promove os negócios e as relações pessoais. O tempo é um dos recursos pessoais mais importantes, e alguns executivos estressados combinam o descanso com a educação sempre contínua.

http://www.db.com/index_e.htm

[7] Hymowitz, Carol, "Executives who make their leisure time inspiring and useful". *The Wall Street Journal*, 14 de agosto de 2006.

Escutar bem implica não só escutar com atenção, mas também evitar fazer juízos prematuros.

perda desproporcional nas vendas. Em suma, escutar com empatia reduz algumas frustrações diárias na vida organizacional e resulta em melhor comunicação.

Comunicação impessoal[8]

A comunicação eficaz é mais do que simplesmente transmitir informação aos funcionários. Requer contato frente a frente em um ambiente de abertura e confiança. Melhorar a comunicação não requer normalmente meios de comunicação caros e sofisticados (e impessoais), e sim a disposição dos superiores de enfrentar uma comunicação face a face. Essas reuniões informais, sem ilusões de *status* ou uma base de autoridade formal, podem ser ameaçadoras para um alto executivo, mas os riscos envolvidos são superados pelos benefícios que uma melhor comunicação produz.

Desconfiança, ameaça e temor

A desconfiança, a ameaça e o temor minam a comunicação. Em um clima com esses fatores, qualquer mensagem será vista com ceticismo. A desconfiança pode ser o resultado de um comportamento inconsistente do superior ou decorrer de experiências passadas em que o subordinado foi punido por relatar honestamente ao chefe informações desfavoráveis, mas corretas. Do mesmo modo, à luz de ameaças, sejam reais ou imaginárias, as pessoas tendem a se fechar, a ficar na defensiva e a distorcer a informação. O que se requer é um clima de confiança que facilite a comunicação aberta e sincera.

Período insuficiente para se ajustar à mudança

O propósito da comunicação é realizar uma mudança que pode atingir seriamente os funcionários: mudanças no horário, lugar, tipo e ordem do trabalho ou mudanças nos arranjos de grupos ou nas habilidades a serem utilizadas. Algumas comunicações assinalam a necessidade de capacitação adicional, ajustes na carreira ou mudanças de posição hierárquica. As mudanças afetam as pessoas de diferentes maneiras, e pode levar muito tempo até assimilarem todo o significado de uma mensagem. Em consequência, para uma máxima eficiência, é importante não forçar a mudança antes que as pessoas possam se ajustar às suas implicações.

Sobrecarga de informação

Poderíamos pensar que um fluxo maior e irrestrito ajudaria as pessoas a superar os problemas de comunicação. Porém, um fluxo irrestrito pode resultar em excesso de informação. As pessoas respondem à sobrecarga de informação de diversas formas.[9]

---

8 Williams, Dean, "Ethics: Are you up for the challenge?", *International Association of Business Communication*. Disponível em: http://www.iabc.com/help/ethicsresourcelist.htm, acesso em 2 de outubro de 2006.

9 Para uma análise detalhada desse tema, ver a análise de J. D. Miller da sobrecarga da informação em Katz, Daniel e Robert L. Kahn, *The social psychology of organizations*. Nova York: Wiley, 1978, p. 451-455.

Primeiro, podem *ignorar* a informação. Uma pessoa que recebe correspondência demais ignora certas cartas que deveriam ser respondidas. Segundo, sobrecarregada de informação, a pessoa pode *cometer erros* ao processá-la. Por exemplo, esquecer a palavra "não" em uma mensagem, invertendo o significado desejado. Terceiro, as pessoas podem *atrasar* o processo da informação, seja permanentemente ou com a intenção de ficar em dia mais para a frente. Quarto, podem *filtrar* a informação. A filtragem é útil quando a informação mais urgente e importante é processada antes, e as mensagens menos importantes têm uma prioridade menor. Contudo, é provável que se dê atenção primeiro aos assuntos que sejam fáceis de lidar e que os mais difíceis, embora urgentes, sejam ignorados. Por último, as pessoas respondem à sobrecarga de informação simplesmente ao *escapar* da tarefa de comunicação. Em outras palavras, ignoram a informação ou não a comunicam.

Algumas respostas à sobrecarga de informação podem ser táticas de adaptação que às vezes podem ser funcionais. Por exemplo, atrasar o processamento da informação até que a quantidade se reduza pode ser eficaz. Por outro lado, omitir-se da tarefa de comunicar normalmente não é uma resposta útil. Outra forma de enfrentar o problema da sobrecarga é reduzir a demanda de informação. Dentro de uma empresa, pode-se conseguir isso insistindo para que apenas os dados essenciais sejam processados, como, por exemplo, informações que apontem desvios sérios do planejamento. Reduzir a demanda externa de informação em geral é mais difícil, pois é menos controlável. Um exemplo seria a demanda do governo de documentação detalhada para contratos públicos – as companhias que fazem negócios com o governo simplesmente têm de cumprir esses requisitos.

Outras barreiras à comunicação

Há muitas outras barreiras à comunicação eficaz. Na *percepção seletiva*, as pessoas tendem a perceber o que esperam perceber. Na comunicação, isso significa que escutam o que querem escutar e ignoram outras informações relevantes.

Estreitamente relacionada à percepção está a influência da *atitude*, que é a predisposição a agir ou não de uma certa maneira; é uma posição mental relativa a um fato ou situação. Claramente, se as pessoas tomaram uma decisão oposta, não podem escutar o que se diz com objetividade.

Outras barreiras à comunicação são diferenciais de *status* e poder entre o emissor e o receptor da informação. E ainda, quando a informação tem de passar por vários *níveis* organizacionais, tende a ser distorcida.

Para a comunicação eficaz[10]

O modelo do processo de comunicação apresentado anteriormente (Figura 17.2) ajuda a identificar os elementos importantes deste processo. Podem ocorrer interrupções em cada etapa: na codificação da mensagem pelo emissor, na transmissão da mensagem e na decodificação e compreensão da mensagem pelo receptor. Na verdade, o "ruído" interfere na comunicação eficaz em cada etapa do processo.

[10] Ver também, Zorn, Theodore E., "Converging within divergence: Overcoming the disciplinary fragmentation in business communication, organizational communication, and public relations". *Business Communication Quarterly*, março de 2002, p. 44-53.

Orientações para melhorar a comunicação

A comunicação eficaz é responsabilidade de todas as pessoas da organização, gerentes e não-gerentes, que necessitam trabalhar por uma meta comum. Para determinar se a comunicação é eficaz podem se avaliar os resultados propostos. As orientações a seguir ajudam a superar as barreiras à comunicação.

1. Esclareça o propósito da mensagem

Os emissores das mensagens devem ter claro na mente o que querem comunicar. Isso significa que um dos primeiros passos para a comunicação eficaz é esclarecer o propósito da mensagem e fazer um plano para alcançar o fim desejado.

2. Utilize codificação inteligível

A comunicação eficaz requer que a codificação e a decodificação sejam feitas com símbolos familiares ao emissor e ao receptor da mensagem. Assim, o gerente (e, em particular, o assessor especializado) deve evitar termos técnicos desnecessários, inteligíveis apenas para *especialistas* em seu campo particular. Um dos problemas enfrentados por gerentes de áreas técnicas é que usam códigos de comunicação que funcionam bem com pessoas que manejam a parte técnica, mas criam uma barreira com as outras pessoas.

3. Consulte os pontos de vista dos outros

O planejamento da comunicação não deve ser feito no vazio. Devem-se consultar outras pessoas e incentivá-las a participar: para coletar dados, analisar a mensagem e escolher os meios apropriados. Por exemplo, um gerente pede a um colega que leia um memorando importante antes de distribuí-lo na organização. O conteúdo da mensagem deve ajustar-se ao nível de conhecimentos dos receptores e ao clima organizacional.

4. Considere as necessidades dos receptores

É importante considerar as necessidades dos receptores da informação. Quando for conveniente, devemos comunicar algo que seja valioso para eles, tanto no curto prazo quanto para um futuro mais distante. Às vezes, ações impopulares no curto prazo podem ser mais facilmente aceitas se forem benéficas no longo prazo. Por exemplo, reduzir a semana de trabalho será mais aceitável se ficar claro que essa ação fortalecerá a posição competitiva da companhia no longo prazo e evitará demissões.

5. Utilize o tom e a linguagem apropriados para assegurar a credibilidade

Há um ditado que diz: o tom faz a música. Do mesmo modo, na comunicação, o tom de voz, a escolha da linguagem e a congruência entre o que se diz e como se diz têm influência na reação do receptor da mensagem. Um gerente autoritário que ordene aos supervisores subordinados que pratiquem a administração participativa criará um problema de credibilidade que será difícil superar.

6. Obtenha retorno

É bastante frequente que a informação seja transmitida sem que haja comunicação. A comunicação só é completa quando a mensagem é compreendida pelo receptor. E o emissor nunca saberá se a mensagem foi compreendida se não receber retorno. Consegue-se isso fazendo perguntas, solicitando resposta a uma carta e incentivando os receptores a apresentar suas reações à mensagem.

7. Considere as emoções e motivações dos receptores

A função da comunicação é mais do que simplesmente transmitir informação. Ela mexe também com emoções, que são muito importantes nas relações interpessoais entre superiores, subordinados e colegas em uma organização. Mais ainda, a comunicação é vital para criar um ambiente em que as pessoas são motivadas a trabalhar pelas metas da empresa, ao mesmo tempo em que alcançam suas metas pessoais. Outra função da comunicação é o controle. Como discutimos na análise da administração por objetivos (APO), o controle não necessariamente necessita ser de cima para baixo. Ao contrário, a filosofia APO ressalta o autocontrole, e isso requer uma comunicação clara e que os critérios mediante os quais se mede o desempenho sejam bem compreendidos

8. Escute

A comunicação eficaz é responsabilidade não apenas do emissor, mas também do receptor da informação. Assim, escutar é um aspecto que merece um comentário adicional.

Escutar: a chave para compreender

O gerente apressado que nunca escuta dificilmente terá uma visão objetiva do funcionamento da organização. Tempo, empatia e concentração na mensagem do comunicador são pré-requisitos para o entendimento. As pessoas querem ser ouvidas, levadas a sério, compreendidas. Assim, os executivos devem evitar interromper os subordinados ou pô-los na defensiva. É prudente também dar e pedir retorno, pois sem ele nunca teremos certeza se a mensagem foi compreendida. Para provocar retorno sincero, é necessário desenvolver uma atmosfera de confiança e um estilo de liderança de apoio, evitando a afirmação do *status*.

Escutar é uma habilidade que pode ser desenvolvida mediante técnicas apropriadas.

Escutar é uma habilidade que pode ser desenvolvida. John W. Newstrom e Keith Davis propõem dez técnicas para melhorar a arte de escutar: 1) pare de falar, 2) deixe aquele que fala à vontade, 3) demonstre a quem fala que quer escutá-lo, 4) evite as distrações, 5) crie empatia com quem fala, 6) seja paciente, 7) contenha-se, 8) vá com cuidado em seus argumentos e críticas, 9) faça perguntas, 10) pare de falar! O primeiro e o último pontos são os mais importantes: as pessoas precisam parar de falar para poder escutar.[11]

Sugestões para melhorar a comunicação escrita

A escrita eficaz pode ser mais a exceção do que a regra; nem a educação nem a inteligência garantem a boa escrita. Muitas pessoas criam o hábito de utilizar uma linguagem técnica que só pode ser entendida por especialistas da área. Um dos problemas comuns na comunicação escrita é quando os autores omitem a conclusão, ou a relegam no relatório, utilizam palavras demais e cometem erros de gramática, termos inadequados, estruturas de frases ineficazes e erros de ortografia. Contudo, algumas orientações ajudam muito a melhorar a comunicação escrita:[12]

[11] Newstrom, John W. e Keith Davis, *Organizational behavior: Human behavior at work*, 9. ed., Nova York: McGraw-Hill, 1993, p. 109.

[12] Davis, Keith e John W. Newstrom, *Human behavior at work: Organizational behavior*. Nova York: McGraw-Hill, 1985, p. 438.

- Utilize palavras e frases simples.
- Utilize palavras curtas e familiares.
- Utilize pronomes pessoais (como "você") quando for apropriado.
- Apresente ilustrações e exemplos gráficos.
- Utilize orações e parágrafos curtos.
- Utilize verbos na voz ativa, como "O gerente projetou..."
- Evite palavras desnecessárias.

John Fielden sugere que o estilo de escrita deve ajustar-se à situação e ao resultado que o escritor quer conseguir.[13] Especificamente, recomenda um estilo *forte* quando o autor tem poder, utilizar um tom cortês, mas firme. O estilo *passivo* é apropriado quando o escritor está em uma posição inferior à do receptor da mensagem. O estilo *pessoal* é recomendado para comunicar boas notícias e fazer solicitações persuasivas de ação. O estilo *impessoal* geralmente é correto para transmitir informação negativa. O estilo *animado* ou *festivo* é para boas notícias, anúncios e cartas de vendas. Já um estilo menos festivo, que combina o impessoal com o passivo, pode ser apropriado para textos de negócios comuns.

Sugestões para melhorar a comunicação oral

Para algumas pessoas, inclusive executivos, a ideia de fazer um discurso pode causar pesadelos. Contudo, é possível aprender a fazer discursos e ainda divertir-se com

Perspectiva internacional

Aprender com os comentaristas de notícias[14]

Alguns dos comunicadores mais eficazes são os apresentadores de noticiários de televisão norte-americanos como Tom Brokaw, da NBC, Peter Jennings da ABC e o já aposentado Dan Rather, da CBS. Como eles mantêm a atenção dos telespectadores, apesar dos muitos programas importantes de outros canais? Eis aqui algumas sugestões do que se poderia fazer:

- Comunique-se com uma grande plateia como faria em uma conversa um a um.
- Conte uma história, uma anedota e apresente exemplos.
- Faça pausas, não se apresse. Em uma análise, uma pausa mostra que está escutando.
- Utilize suportes visuais como diagramas, quadros, slides e apresentações gráficas em computador.
- Comunique segurança e estabeleça confiança. Isso pode ser feito com uma voz forte e clara, boa postura e um sorriso.
- Utilize uma linguagem rica e específica e, através de sua linguagem, mostre que está confiante e controla a situação.

Da próxima vez que assistir à TV, pense no que pode aprender com os apresentadores muito bem pagos, que às vezes chegam a milhões de pessoas.

[13] Fielden, John S., "What do you mean you don't like my style?". *Harvard Business Review*, maio-junho de 1982, p. 128-138.

[14] Hennefrund, William, "Learning from anchors". *The Toastmaster*, junho de 2002, p. 17-19.

isso. Um exemplo clássico de que a comunicação oral pode ser aprendida foi Demóstenes, o estadista grego, que ficou muito desanimado depois de seu primeiro discurso em público, que foi ruim, e acabou se tornando um dos maiores oradores graças à prática, prática e mais prática.

Os gerentes precisam inspirar, liderar, comunicar uma visão. Ter uma ideia clara do propósito da organização é essencial, mas insuficiente para administrar. Essa visão deve ser articulada. Significa não só estabelecer os fatos, como também expô-los de maneira a inspirar as pessoas, levando em conta seus valores, seu orgulho e seus objetivos pessoais.

A maioria das sugestões para a comunicação escrita aplica-se igualmente à comunicação oral. A perspectiva a seguir apresenta sugestões valiosas para melhorar a comunicação oral.

Meios eletrônicos na comunicação

As organizações vêm adotando cada vez mais vários dispositivos eletrônicos que melhoram a comunicação. O equipamento eletrônico inclui computadores centrais (mainframes), minicomputadores, computadores pessoais e sistemas de correio eletrônico (e-mail), assim como telefones celulares, para fazer chamadas enquanto se está em movimento, e buscadores para manter-se em contato com a fábrica. O efeito dos computadores em todas as fases do processo administrativo será analisado no Capítulo 19, com enfoque nos sistemas de informação de gestão; por isso, só vamos mencionar esse assunto brevemente aqui. Vejamos primeiro as telecomunicações em geral e o uso crescente das teleconferências em particular.

Perspectiva internacional

O mensageiro não desejado pelas empresas

Em muitas empresas da América Latina há grande desaprovação de que seus funcionários utilizem os serviços de chat instantâneos do Hotmail, Yahoo!, Google, Windows Live Messenger ou outro similar. Entre os argumentos contrários estão o de que esse tipo de comunicação não pode ser filtrado, podendo gerar brechas na segurança da rede; não é codificado e pode ocasionar fuga de informação que prejudique a empresa; causa perda de produtividade, o que não deixa de ter fundamento: de acordo com um estudo do Websense realizado em empresas do Chile, Colômbia, México e Brasil, 68% dos funcionários usam algum programa de mensagens instantâneas (o mais comum é o MSN), a produtividade cai de 10% a 40% e a exposição a vírus de computadores por essa via aumentou 1.700%. Entretanto, não se podem negar suas grandes vantagens: a comunicação instantânea, o intercâmbio de arquivos e a agilidade maior que a do correio.

Assim, parece que a única saída é regulamentar o uso desses programas de mensagens instantâneas nas empresas, com políticas explícitas de boas práticas.

Fonte: Com informação de Juan Pablo Dalmasso, "El regreso del mensajero". *América Economía*, n. 333, 24 de novembro a 7 de dezembro de 2007, p. 65-67.

Telecomunicações

As telecomunicações têm amplo uso atualmente. Muitas organizações já utilizam de maneira eficaz a nova tecnologia nas mais variadas formas, como mostram os exemplos a seguir:

- Alguns bancos proporcionam hardware e software aos seus clientes corporativos para que possam transferir fundos aos seus fornecedores com facilidade.
- Vários bancos oferecem atualmente serviços bancários por telefone até para pessoas físicas.
- A informação pode ser transmitida em segundos ou minutos a países do outro lado do mundo por fax ou correio eletrônico.
- Os fabricantes de automóveis se mantêm em estreito contato com seus fornecedores pelos meios de telecomunicações para informá-los de suas necessidades, o que permite a entrega no prazo e redução nos custos de estoques.
- Os sistemas de reservas informatizados das empresas aéreas facilitam a programação de voos.
- Muitas empresas contam atualmente com bancos de dados com informação detalhada do pessoal, incluindo avaliações de desempenho e planos para o desenvolvimento da carreira.

Como se poderá ver, há muitas aplicações das telecomunicações. Mas para torná-las eficazes, os técnicos especialistas devem fazer o máximo esforço para identificar as verdadeiras necessidades das organizações e de seus clientes, projetando sistemas úteis e amigáveis ao usuário. Vejamos agora uma aplicação específica da nova tecnologia: as teleconferências.

Teleconferências

No ambiente global dos negócios, as teleconferências se tornaram uma prática comum.

Teleconferência

Um grupo de pessoas que interagem por meio de áudio e vídeo, com imagens fixas ou em movimento.

Dada a ampla variedade de sistemas, inclusive os de áudio, sistemas de áudio com fotografias mostradas em um monitor de vídeo e sistemas de vídeo ao vivo, o termo *teleconferência* é difícil de definir. Em geral, imagina-se uma **teleconferência** como um grupo de pessoas que interagem por meio de áudio e vídeo, com imagens fixas ou em movimento.

O vídeo com movimento pleno é utilizado com frequência para fazer reuniões. Não apenas os participantes escutam uns aos outros, como também podem ver as expressões e apresentações visuais. Esse tipo de comunicação é, naturalmente, um tanto caro. Uma alternativa é utilizar áudio com vídeo sem movimento. Esse método de comunicação é útil para mostrar gráficos ou ilustrações durante uma análise técnica.

Algumas das vantagens potenciais das teleconferências incluem economia com despesas e tempo gasto com viagens. Além disso, as conferências podem ser realizadas quando necessário, sem depender de planos de viagem com muita antecedência. Visto que as reuniões podem ser realizadas com mais frequência, a comunicação melhora, por exemplo, entre as instalações principais e as divisões dispersas geograficamente.

Há também desvantagens nas teleconferências. Dada a facilidade de fazer reuniões dessa maneira, elas podem ser realizadas com mais frequência do que seria necessário. Além disso, por utilizar tecnologia relativamente nova, o equipamento é mais sujeito a interrupções. Mais importante, talvez, é que a teleconferência não é um bom substituto das reuniões face a face. Apesar dessas limitações, é provável o uso crescente das teleconferências no futuro.

O uso de computadores para o manejo da informação e o trabalho em redes

O processamento de dados eletrônicos hoje torna possível manipular grandes quantidades de dados e colocar a informação ao alcance de um grande número de pessoas. Assim, podemos obter, analisar e organizar dados oportunos de maneira bastante econômica. Porém, jamais podemos esquecer que dados não são, necessariamente, informação; a informação deve comunicar algo a alguém. Novos gráficos computadorizados podem informar visualmente, mostrar importantes informações da companhia em questão de segundos. Na PepsiCo, Inc., os gerentes costumavam remexer entre folhas e folhas impressas em busca de informação; agora podem mostrar com rapidez um mapa em cores que indica seu panorama competitivo.

http://www.pepsi.com

As novas tecnologias da informação alteraram a forma de comunicação de maneira fundamental.[15] Fax, e-mail e mensagens instantâneas substituem os canais de comunicação tradicionais, como o correio postal. Os programas de **mensagens instantâneas** revelam se um amigo ou colega está conectado à Internet; se estiver, as mensagens podem ser trocadas naquele momento. Provedores de acesso à Internet, como UOL, Terra, America Online, AT&T, Earthlink e MSN, oferecem sistemas através dos quais a correspondência pode ser enviada por meio eletrônico com rapidez e a um baixo custo. A tecnologia da informação possibilita a uma organização tornar-se mundial e permite às companhias responder com mais rapidez às mudanças em todos os locais.

As **mensagens instantâneas** mostram se um amigo ou colega está conectado à Internet; se estiver, as mensagens podem ser trocadas naquele momento.

http://www.aol.com
http://www.attbi.com
http://www.earthlink.com
http://www.msn.com

No início da expansão da informática, especialistas, profissionais e gestores foram os principais usuários da infraestrutura computadorizada; atualmente, os funcionários em posições não gerenciais têm acesso à mesma informação que a alta administração. Houve também uma mudança do trabalho, do computador pessoal para o de grupo e do computador interno para o interorganizacional, conectados com pessoas e organizações fora da companhia, como bancos, governos, distribuidores, clientes e fornecedores. Por exemplo, a contratação externa (terceirização ou *outsourcing*) é facilitada pela comunicação mais rápida e melhor, o que também ajuda na coordenação e cooperação.

O computador estendeu seu papel de simplesmente administrar a informação para o de comunicador. O trabalho em rede (*networking*) abriu canais de comunicação que nunca existiram antes e converteu-se em uma ferramenta para a organização moderna. A Internet, por exemplo, facilita o trabalho em redes. Porém, a nova era da tecnologia trouxe consigo um acúmulo de novos problemas, como invasão de privacidade,[16] quebra de segurança e até ameaças à liberdade. Veremos mais sobre o efeito do computador e o trabalho em rede no Capítulo 19.

---

15 Tapscott, Don e Art Caston, *Paradigm shift: The new promise of information technology*. Nova York: McGraw-Hill, 1993; Tapscott, *The digital economy: Promise and peril in the age of networked intelligence*. Nova York: McGraw-Hill, 1996.

16 Ver Behar, Richard, "Who is reading your e-mail?". *Fortune*, 3 de fevereiro de 1997, p. 56-58; Brown, Eryn, "The myth of e-mail privacy", ibid., p. 66.

Resumo

A comunicação é importante para o funcionamento interno da organização e para a interação com o ambiente externo. Comunicação é a transferência de informação de um emissor a um receptor, cuja mensagem é compreendida pelo receptor. O processo da informação começa com o emissor, que codifica uma ideia que é enviada de maneira oral, escrita, visual ou de alguma outra forma ao receptor. Este decodifica a mensagem e obtém a compreensão do que o emissor quer comunicar, o que, por sua vez, pode resultar em uma troca ou ação. Mas o processo de comunicação pode ser interrompido por um "ruído", que é qualquer coisa que prejudica a comunicação.

Em uma organização, os gestores devem ter a informação necessária para realizar um bom trabalho. A informação pode fluir não só para baixo ou para cima na estrutura da organização, mas também horizontal ou diagonalmente. A comunicação pode ser escrita, mas comunica-se mais informação de forma oral. Além disso, as pessoas se comunicam por meio de gestos e expressões faciais. Dispõe-se de uma grande variedade de métodos de comunicação. Por exemplo, a tecnologia é utilizada por meio de telefone fixo, celular, fax, correio de voz e eletrônico, teleconferências e videoconferências.

A comunicação é prejudicada por barreiras e interrupções no processo de comunicação. Identificar essas barreiras e ouvir melhor ajuda não só a compreender o processo, mas também a administrar. Existem várias técnicas para melhorar a comunicação oral e escrita. Os meios eletrônicos podem melhorar a comunicação, como ilustram as teleconferências e o uso dos computadores, dois dos muitos enfoques para manipular a quantidade crescente de informação nas organizações e fazer frente à tendência de globalização.

Ideias e conceitos básicos

Comunicação
Modelo do processo de comunicação
"Ruído" na comunicação
Comunicação descendente
Comunicação ascendente
Ombudsman
Comunicação cruzada
Comunicação escrita: vantagens e desvantagens
Comunicação oral: vantagens e desvantagens
Comunicação não verbal
Barreiras e interrupções na comunicação
Respostas à sobrecarga de informação
Orientações para melhorar a comunicação
Escutar é a chave para a compreensão
Teleconferências
Mensagens instantâneas

Para analisar

1. Descreva brevemente o modelo do processo de comunicação. Escolha um problema de comunicação e determine a causa (ou causas) ao aplicar o modelo em sua análise.
2. Liste diferentes canais para transmitir uma mensagem. Discuta as vantagens e desvantagens dos diversos canais.
3. Quais são alguns tipos de comunicação descendente? Discuta aqueles utilizados com mais frequência em uma empresa que você conhece. Em que medida os diversos tipos de comunicação são eficazes?
4. Quais são alguns problemas da comunicação ascendente? O que você sugere para superar as dificuldades?
5. Quais são as vantagens e desvantagens da comunicação oral e escrita? Qual você prefere, a oral ou a escrita? Em que circunstâncias?
6. O que é uma sobrecarga de informação? Alguma vez você já experimentou isso? Como lida com ela?
7. Até que ponto você escuta bem? Como melhoraria suas habilidades para escutar?
8. Analise o rol dos meios eletrônicos na comunicação.

Exercícios e atividades

1. Recorde uma situação ocorrida em casa ou no trabalho e identifique os problemas de comunicação que você observou ou experimentou. Analise como o modelo de comunicação do capítulo pode ajudá-lo a situar os problemas.
2. Vá à biblioteca e faça uma pesquisa sobre uma figura pública que se comunica bem. Discuta as características da pessoa no que se refere à comunicação.

Pesquisa na Internet

1. Busque na Internet o termo "processamento eletrônico de dados" (PED). Encontre a definição do termo e veja como evoluiu ao longo da história da comunicação de negócios.
2. Utilize um mecanismo de busca para localizar várias formas de comunicação sem fio ou móveis. Como os diferentes tipos de dispositivos sem fio podem fortalecer sua capacidade de comunicação de negócios?

Caso internacional 17.1

O acidente do ônibus espacial Challenger poderia ter sido evitado?[17]

O acidente do ônibus espacial Challenger, em 28 de janeiro de 1986, afetou os Estados Unidos mais do que qualquer outro acontecimento dos últimos 10 ou 12 anos. Foi um acidente trágico em que morreram sete pessoas. Hoje há evidências de que os astronautas poderiam ter sobrevivido à explosão inicial e morrido quando o ônibus espacial caiu na água. O propósito de relatar o acidente do Challenger é expor brevemente o que ocorreu, as razões possíveis para o que houve, como poderia ter sido evitado e o que podemos aprender com isso.

A missão do Challenger era formada por dois sistemas complexos: o sistema técnico e o sistema gerencial. O problema técnico estava nos revestimentos complicados que, sob pressão e baixa temperatura, se tornaram ineficazes e não proporcionaram a vedação necessária. Engenheiros e gerentes estavam conscientes do problema. Então, por que o lançamento da nave espacial foi aprovado? A explicação estaria na forma como o sistema gerencial funcionava?

Os engenheiros da Morton Thiokol, empresa contratada responsável pelo impulsionador do foguete, se opuseram ao lançamento, citando problemas anteriores a baixas temperaturas. A administração, por outro lado, pode ter sofrido pressão da Nasa para proceder ao lançamento. Roger Boisjoly, um dos engenheiros que se opuseram firmemente ao lançamento, declarou ter recebido olhares que pareciam dizer-lhe "vá embora e não nos importune com os fatos". Disse que se sentiu impotente. A outro engenheiro sugeriram que tirasse o boné de engenheiro e pusesse o chapéu de administrador.

Casualmente, a luz verde foi dada pelos gerentes. Os engenheiros foram excluídos da decisão final. Quais foram então alguns dos possíveis motivos do desastre? Há quem argumente que foi falta de comunicação entre engenheiros e gerentes. Eles tinham metas diferentes: segurança *versus* lançamento no prazo. Outros sugeriram que pessoas com

---

[17] A informação para esse caso foi extraída de várias fontes, que incluem sessões do Congresso e uma apresentação de Roger Boisjoly. Ver Allinson, Robert Elliott, "A call for ethically-centered management". *Academy of Management Executive*, fevereiro de 1995, p. 73-76; Mulvey, Paul W., John F. Veiga e Priscilla M. Elsass, "When teammates raise a white flag", *Academy of Management Executive*, fevereiro de 1996, p. 40-48; Nasa, http://www.nasa.gov, acesso em 2 de outubro de 2006.

responsabilidades não queriam escutar as más notícias. Assim, ninguém escutou. Outros ainda sugeriram que houve disposição insuficiente para a comunicação ascendente fora da cadeia de comando. Sugeriu-se também que as diferenças de *status* entre engenheiros e gerentes e entre gerentes de alto e baixo nível podem ter desempenhado um papel importante para inibir a comunicação ascendente. Talvez tenha havido igualmente uma falsa confiança na missão devido à sorte anterior. Gerentes e engenheiros conheciam o problema, mas ninguém havia morrido antes. Além disso, ninguém na unidade organizacional queria ser o "espírito de porco" que deteve o lançamento. A Morton Thiokol também podia estar preocupada com um contrato pendente.

O resultado da série de acontecimentos foi a morte de sete americanos: Jarvis, McAuliffe, McNair, Onizuka, Resnik, Scobee e Smith. A pergunta que fica é: esse acidente poderia ter sido evitado? ■

Perguntas

1. O que você pode aprender com esse desastre que seja relevante para sua organização ou alguma que conheça?
2. Qual foi ou quais foram as causas do desastre do ônibus espacial Challenger?

Caso 17.2

A nova tendência da comunicação

Elaborado por Carolina Cornejo Orellana, professora da Universidade Andrés Bello

No Chile, na década de 1980, teve início toda uma reestruturação econômica, resultado de grandes crises sociais e financeiras ocorridas em nível nacional. Como contrapartida a essa situação, nas ruas de Ñuñoa começava a nascer uma pequena empresa.

Até então, o negócio das comunicações era principalmente dos meios tradicionais, isto é, rádio, televisão e imprensa escrita. A LitoralPress aflorou como uma das primeiras empresas na seleção e elaboração das notícias como produto final.

O que começou como um negócio familiar tomou forma até se transformar em uma empresa chilena com projeção internacional. No princípio, a análise de imprensa baseava-se nos periódicos da capital, classificando as notícias segundo os requisitos do cliente. Com o tempo, a empresa cresceu, o que atraiu o interesse de homens de negócios que acabaram investindo e potencializando a empresa em termos internacionais, pois já contavam com uma sede na Argentina.

Dessa forma, a empresa se posicionou no mercado como uma das pioneiras no negócio de seleção e classificação de informação jornalística, inovando com modernos softwares que permitiram otimizar o tempo e, sobretudo, a qualidade do produto. Foi então que começou a seleção de notícias de rádio e televisão em formato digital.

Em nível organizacional, começou com um escritório com dez trabalhadores e em dez anos já contava com cerca de 30 funcionários. Hoje emprega cerca de 120 pessoas. A maioria da mão-de-obra é profissional (muitos são jornalistas), distribuída em três turnos, produzindo assim 24 horas por dia. O nível de produção é de mais de mil notícias que entram na base de dados diariamente.

Em 2000 passaram a fazer parte da Fibep (*Federation Internationale des Bureaux d'Extraits de Presse*), que congrega as agências de monitoramento integral de imprensa em nível mundial e agrupa cerca de 100 empresas em 40 países. Foi a primeira empresa na América Latina a ser admitida na federação.

Junto com o crescimento da empresa, cresceram também os níveis de comando, criando-se assim o nível médio, encarregado de supervisionar e otimizar a produção do nível operacional. Esses cargos foram ocupados por trabalhadores que, em sua maioria, foram ascendendo na empresa pelo tempo de serviço, o que é um mérito, pois a rotatividade é comum, devido à grande quantidade de especialistas na área e ao ritmo do trabalho que termina por esgotar uma grande parcela dos trabalhadores.

A capacitação do pessoal foi uma variável ausente nessa empresa, mas, apesar disso, o investimento em novas tecnologias não parou, o que deu resultado até o momento, posicionando-a entre os líderes do mercado.

Com isso, a empresa vem gerando lucros de maneira constante, o que possibilita sua expansão no mercado. Atualmente, monitora notícias em grande parte da América Latina e cobre a quase totalidade do mercado das comunicações no Chile, incluída a Internet. A maioria de seus clientes são empresas e órgãos estatais (como museus e organismos beneficentes, entre outros).

Embora o crescimento tenha sido constante ao longo de sua história, também ocorreram problemas organizacionais, sobretudo no nível de supervisão. Muitas vezes as decisões da gerência não são transmitidas da melhor forma ao pessoal executante, o que resulta em má comunicação e coordenação ruim entre as diversas unidades organizacionais. Isso pode ocorrer devido a conflito entre os diferentes departamentos quando submetidos a pressões excessivas (como ocorre em empresas desse setor), o que é típico de empresas cujas estruturas são baseadas em processos. ■

Perguntas

1. De que maneira a empresa pode otimizar sua produtividade sem precisar contratar ou substituir pessoal?
2. Que papel os canais de comunicação desempenham entre os diversos níveis de uma empresa para o seu bom funcionamento?
3. O investimento e o suporte tecnológico são suficientes para aproveitar todos os pontos fortes e potencialidades que a empresa apresenta?
4. Essa empresa deve mudar sua estrutura organizacional?

CONCLUSÕES DA QUINTA PARTE

Liderança global e empresarial

Esta parte final trata da liderança global e empresarial. Primeiro, veremos como a gestão é praticada de diferentes maneiras em diferentes países. Faremos uma comparação entre Japão, Estados Unidos, China, México e Colômbia. Depois, o enfoque internacional será dirigido a aspectos selecionados da liderança, especificamente a influência de diferentes culturas. Segue-se a análise dos possíveis traços de líderes empresariais e da comunicação. Por último, apresentaremos um caso global da indústria automobilística sobre os diretores executivos da Ford para ilustrar os estilos de gestão e liderança gerencial.

Práticas de gestão no Japão, Estados Unidos, China, México e Colômbia[1]

Liderança é o processo por meio do qual as pessoas são influenciadas para que contribuam em favor dos propósitos organizacionais. Está relacionada com a motivação e a comunicação. As práticas administrativas correspondentes ao Japão, Estados Unidos, China, México e Colômbia são resumidas na tabela seguinte.

TABELA 1 Comparação entre práticas de gestão do Japão, Estados Unidos, China, México e Colômbia*

Administração japonesa	Administração americana	Administração chinesa	Administração mexicana	Administração colombiana
1. O líder atua como facilitador social e membro do grupo.	1. O líder atua como responsável pela tomada de decisões e é o dirigente do grupo.	1. O líder funciona como dirigente do grupo (comitê).	1. O líder atua como a pessoa encarregada de tomar decisões e coordenar o grupo diretivo.	1. O líder atua como o cabeça do grupo.
2. Estilo paternalista.	2. Estilo diretivo (enérgico, firme, resoluto).	2. Estilo diretivo (relações pais-filho, em termos da análise transacional).	2. Estilo diretivo enérgico, conciliador no processo de tomada de decisão.	2. Estilo diretivo autocrático.
3. A comunidade de valores facilita a cooperação.	3. É frequente a divergência de valores, o individualismo tende a dificultar a cooperação.	3. Valores comuns, ênfase na harmonia.	3. Existem valores comuns, mas também uma grande dose de individualismo, e por isso a cooperação às vezes requer maior esforço.	3. Ausência de valores comuns.

* As fontes de informação encontram-se nas referências da conclusão da segunda parte.

(continua)

[1] As fontes de informação encontram-se nas referências da conclusão da segunta parte.

TABELA 1 (*conclusão*)				
Administração japonesa	**Administração americana**	**Administração chinesa**	**Administração mexicana**	**Administração colombiana**
4. Evita os confrontos, o que às vezes gera ambiguidades; ênfase na harmonia.	4. É comum o confronto direto, ênfase na clareza.	4. Evita o confronto.	4. Evita o confronto; insiste na clareza para evitar ambiguidades e promover o trabalho em equipe.	4. Evita os confrontos.
5. Comunicação importante descendente e ascendente, comunicação não -importante em geral ascendente.	5. Comunicação principalmente descendente.	5. Comunicação descendente.	5. A comunicação é multidirecional.	5. A comunicação é fundamentalmente de cima para baixo.

Gestão no Japão[2]

Os administradores japoneses são integradores sociais que fazem parte de uma equipe de trabalho. Por meio da adoção de um estilo paternalista de liderança, mostram grande preocupação com o bem-estar de seus subordinados. A comunidade de valores e o espírito de equipe facilitam a cooperação. O papel dos administradores é criar as condições necessárias para o *esprit de corps*, de modo que estejam dispostos a colaborar realizando as mesmas atividades que seus subordinados. Em uma tentativa de manter a harmonia quase a qualquer custo, os administradores evitam o confronto direto. Isso significa que, talvez de forma deliberada, procura-se a ambiguidade. Os líderes precisam de seguidores, e os administradores se favorecem do fato de esperarem que os indivíduos subordinem seus interesses pessoais aos do grupo e da organização. Ainda que, de maneira geral, os administradores não deem muitas ordens diretas, exerce-se influência através da pressão dos pares. Na realidade, prosperam as estreitas relações pessoais, não só porque os funcionários trabalham juntos em tarefas comuns, mas também porque se reúnem e se associam fora do âmbito estritamente trabalhista. O resultado disso é a confluência da vida organizacional e da vida privada.

Os padrões de comunicação seguem de forma paralela aos próprios padrões da tomada de decisão. A comunicação mais importante é descendente e ascendente, enquanto a comunicação menos importante costuma ser ascendente. Esse padrão de comunicação é promovido pelos administradores japoneses, que dedicam muito tempo a se comunicar com os subordinados, e para isso preferem o contato pessoal aos memorandos.

---

2 Para uma exposição sobre liderança e todas as funções administrativas, ver a história da Sony na entrevista de Paul W. Beamish, "Sony's Yoshihide Nakamura on structure and decision making", em *Academy of Management Executive*, novembro de 1999, p. 12-16.

Gestão nos Estados Unidos

Nas companhias norte-americanas, a função administrativa de liderança é exercida de forma muito diferente da japonesa. Os líderes são vistos como responsáveis pela tomada de decisão e são os cabeças do grupo; espera-se que deem ordens, que sejam fortes, firmes e resolutos. Sua tarefa é integrar os diversos valores, mas é provável que a ênfase no individualismo, tanto na sociedade em geral como nas organizações em particular, dificulte a cooperação. Espera-se dos administradores que empreendam ações decisivas e deixem clara a liderança do grupo ou da companhia, mesmo que isso implique confronto direto com os que discordam. Embora os administradores trabalhem intensamente, valorizam sua vida privada, que mantêm à distância da vida no trabalho. O padrão de comunicação dentro das organizações é, em grande medida, descendente ao longo da hierarquia, com destaque para a comunicação escrita.

Gestão na China[3]

A função administrativa de liderança na China tem características tanto da prática japonesa como da norte-americana. O líder é o chefe do grupo (nos comitês, por exemplo), e, em geral, o estilo de liderança é muito direto. Espera-se que as ordens dos líderes sejam obedecidas. Estes, por sua vez, são responsáveis perante as autoridades pelo desempenho e pelas metas de satisfação das necessidades e demandas dos clientes (o que, no entanto, já começou a mudar lentamente). A liderança na China é favorecida pelos valores comunitários e pela ênfase na harmonia, mais do que no confronto. Por outro lado, a comunicação é totalmente descendente, como em muitas companhias norte-americanas.

Gestão no México

A liderança no México é exercida de maneira aberta e firme, visto que é depositária da máxima autoridade formal da organização. É responsável pelos princípios orientadores a que todos os níveis devem aderir como estrutura orgânica.

O diretor, como responsável por ditar as estratégias e estabelecer as regras, é quem encabeça o processo de tomada de decisão. Para imprimir coesão para obter resultados, promove a integração franca dos grupos de trabalho em termos quantitativos e qualitativos.

A prática dessa função consiste na delegação de autoridade e das instâncias que participam dos processos centrais da organização, complementadas por uma rede de comunicação via computador, documentos e de forma oral.

A atenção aos clientes representa uma das prioridades mais importantes. A supervisão das ações em todas as suas fases tem o objetivo de preservar e fortalecer a imagem da empresa.

Recai sobre a liderança a responsabilidade não só de fomentar a qualidade e produtos e/ou serviços da organização, mas também de criar uma cultura administrativa positiva.

[3] Como mencionamos na seção final sobre planejamento, as práticas na China referem-se às empresas paraestatais. Para uma análise dessas empresas, ver, por exemplo, Zhong-Ming Wang, "Economic Reform Foundation's presidente Shangquan Gao on organizational reform and sustainable business development", em *Academy of Management Executive*, fevereiro de 2000, p. 8-11.

Gestão na Colômbia

Entre as condições administrativas em que se realiza a liderança, e que determinam, em alguma medida, o estilo de administrar, algumas merecem ser mencionadas.

A estratégia para influenciar o comportamento do trabalhador inclui prêmio e punição, mas em muitos casos não existe um sistema de qualificação de méritos suficientemente objetivo; são mais frequentes as punições do que os prêmios; as relações entre as empresas e o trabalhador mostram a tendência a ser cada vez mais transitórias.

As estruturas organizacionais que centralizam numerosas funções e a cultura organizacional que exagera os símbolos exteriores de *status* induzem os trabalhadores a serem submissos e conformistas, estimulam o individual e a concorrência. Em condições como as enunciadas, as pessoas têm a convicção de que são pagas para dar ordens, de que essa é a essência da sua função e de que devem supervisionar estreitamente as operações de seus subordinados para corrigir erros e, eventualmente, puni-los.

Por sua vez, os funcionários se adaptam consultando seu chefe sobre as decisões próprias da função que executam, não porque impere um clima de participação, mas sim pelo temor de serem desautorizados ou castigados se as coisas não derem certo. Esse quadro reflete com bastante fidelidade o estilo de liderança típico das organizações colombianas, estilo que se mantém apesar das frequentes manifestações da gerência acerca das virtudes da liderança participativa e da autonomia do trabalhador. Enquanto a intensificação da concorrência resultante da globalização da economia não se manifesta de maneira ameaçadora, os chefes preferem continuar desfrutando das vantagens do poder, evitando penetrar no território ainda desconhecido da participação, indiscutivelmente mais complexo do que o autoritarismo cômodo.

Enfoque internacional

A gestão em culturas distintas[4]

A função gerencial de liderar requer interações humanas entre pessoas. Os administradores que operam no ambiente mundial precisam entender pelo menos alguns dos aspectos culturais do país em que pretendem trabalhar. A influência da cultura da nação

---

4 Para leitura adicional, ver Adler, Nancy J. *International dimensions of organizational behavior*, 4. ed., Boston: PWS-Kent, 2002; Ronen, Simcha, *Comparative and multinational management*. Nova York: Wiley, 1986; Harris, Philip R. e Robert T. Moran, *Managing cultural differences*, 2. ed., Houston, TX: Gulf Publishing, 1987; Brannen, Christalyn, *Going to Japan on business*, Berkeley, CA: Stone Bridge Press and BLC Intercultural, 1991; Condon, John C., *With respect to the Japanese*, Yarmouth, ME: Intercultural Press, 1984; Lu, David J., *Inside corporate Japan: The art of fumble-free management*. Tóquio: Charles E. Tuttle, 1987; Neff, Robert, Ted Holden, Karen Lowry Miller e Joyce Barnathan, "Hidden Japan: The scandals start to reveal how the system really works". *BusinessWeek*, 26 de agosto de 1991, p. 34-38; Neff, Robert, "Japan's small smoke-filled room", ibid., p. 42-44; Whiting, Robert, *You gotta have Wa*, Nova York: Vintage Books, 1990; Zimmerman, Mark, *How to do business with the Japanese*. Nova York: Random House, 1985. Para uma análise sobre a administração em vários países, ver artigos sobre países concretos em várias edições da *Academy of Management Executive*: Canadá, maio de 1999; México, agosto de 1999; Japão, novembro de 1999; China, fevereiro de 2000; Índia, maio de 2001; Rússia, novembro de 2001; Alemanha, fevereiro de 2002.

na cultura da organização pode não ser reconhecida de imediato, mas está refletida no comportamento organizacional e nas práticas gerenciais.

A cultura e o comportamento gerencial

A cultura não é fácil de definir. Uma forma de descrever a cultura é como um padrão de comportamento relacionado com valores e crenças que se desenvolvem em um período de tempo. Os símbolos, por exemplo, podem indicar o que os membros de uma sociedade ou organização valorizam. Na verdade, podemos distinguir entre a cultura de uma nação e a de uma organização. O ambiente externo influencia a forma como as pessoas interagem dentro de uma organização. Podemos perceber ainda que, dentro de um país, a cultura pode diferir de maneira ampla, não só em países tão grandes e diversificados como os Estados Unidos, mas também em países geograficamente pequenos e relativamente homogêneos, como a Alemanha. Os alemães do Norte se comportam de maneira diferente dos do Sul do país. É com essa precaução que se devem analisar a cultura e seu efeito nas organizações.

Os administradores de hoje precisam desenvolver uma perspectiva mundial; a visão paroquial é inadequada. No passado, muitas corporações norte-americanas (exceto as transnacionais) tinham poucos motivos para desenvolver uma panorâmica mundial. O imenso mercado dos Estados Unidos em geral era suficiente para as empresas pequenas e médias. Essas companhias não achavam necessário expandir-se além das fronteiras nacionais e aventurar-se em países estrangeiros, com culturas diferentes, idiomas diferentes e riscos maiores. Atualmente, quase nenhuma empresa pode ignorar o ambiente mundial, mesmo que não pretenda operar no exterior. Cada vez mais, as empresas estrangeiras estão entrando no mercado dos Estados Unidos. Mais ainda, muitas empresas norte-americanas contratam pessoas de diferentes nações com culturas distintas.

As diferenças culturais afetam o comportamento e as práticas gerenciais, como planejamento (por exemplo, uma orientação a curto prazo contra uma de longo prazo), organização (o tipo de estrutura da organização ou a atitude em face da delegação), designação de pessoal (escolha com base em relações familiares contra qualificações profissionais), liderança (administração de estilo participativo contra autoritário) e controle (controle firme e restrito contra controle amplo).

A cultura também afeta as relações interpessoais, como aquelas presentes nas negociações. Na Rússia, por exemplo, as pessoas de negócios talvez não busquem relações a longo prazo com seus sócios de negociação.[5] Tampouco devemos nos surpreender ao constatar que poucos russos sorriem em público. Nos tratos de negócios russos, fazer brindes com bebidas são muito comuns, e por isso os administradores estrangeiros devem se informar melhor sobre a forma como os russos ingerem bebidas alcoólicas.

É provável que os norte-americanos considerem relativamente fácil fazer negócios com os britânicos. Americanos e britânicos não só compartilham muitos aspectos culturais, como se comunicam no mesmo idioma nativo, o que facilita as relações interpessoais. Contudo, os britânicos não gostam de falar de negócios durante a refeição.

---

[5] Para uma análise excelente da liderança empresarial na Rússia, ver Puffer, Sheila M. e Daniel J. McCarthy, "Navigating the hostile maze: A framework for Russian entrepreneurship". *Academy of Management Executive*, novembro de 2001, p. 24-36.

Na França, o conflito é um componente comum da vida diária. Os franceses tentam buscar a verdade em leis universais. Também baseiam sua confiança pessoal no caráter do indivíduo, mais do que no êxito profissional. Além disso, o impulso competitivo não é tão pronunciado na França como nos Estados Unidos. A estrutura de classes sociais e o *status* relacionado a essa estrutura são muito importantes para as interações sociais dentro e fora da organização.

Dado que as relações com as empresas japonesas se tornam cada vez mais frequentes e que os gerentes estrangeiros, em particular os ocidentais, muitas vezes não têm consciência ou ficam inseguros quanto a certos aspectos culturais japoneses das interações sociais, oferecemos algumas orientações.

Compreender a cultura de negócios no Japão

As pessoas dos países ocidentais podem se sentir incomodadas ao fazer negócios no Japão. Pode ser extremamente difícil compreender as sutilezas da cultura japonesa, portanto uma boa preparação é de vital importância para relações de negócios harmoniosas.

Estabelecer relações de negócios

É praticamente impossível conhecer novos sócios de negócios japoneses sem estabelecer contato muito antes de viajar ao Japão. Os encontros devem ser precedidos de conexões e cartas planejando as reuniões. Ainda que possa ser difícil falar o idioma japonês, é preciso aprender pelos menos as saudações e algumas frases comuns. Em uma sociedade dominada pelos homens, como a do Japão, as mulheres ocidentais podem se sentir pouco à vontade no início. Contudo, elas são ajudadas pelo fato de que os japoneses são muito corteses com os estrangeiros em geral. Além disso, nos últimos anos, até as mulheres japonesas fizeram alguns progressos em suas carreiras nas empresas do país.

Para os japoneses, a comunicação face a face é muito importante. Querem conhecer muito bem seus sócios estrangeiros antes de fazer negócios com eles. Deve-se recordar ainda que os gerentes japoneses tratam de chegar a um consenso entre si antes de responder a perguntas ou fazer declarações. Um dos autores deste livro teve a oportunidade de visitar um importante fabricante de automóveis japonês. As perguntas dirigidas ao anfitrião japonês eram discutidas primeiro pelos gerentes (em japonês) antes que um deles respondesse.

Identificar o que os japoneses podem pensar dos ocidentais

Os japoneses admiram o caráter inovador dos ocidentais, assim como sua energia para realizar coisas. Porém, os estrangeiros costumam ser vistos como impacientes, que fazem contatos facilmente, mas amizades pouco profundas. Além disso, os japoneses com frequência consideram que a privação, como a experimentada depois da Segunda Guerra Mundial, obrigou-os a se esforçar no trabalho. Alguns líderes políticos e de negócios japoneses acham que o Japão deveria estar assumindo hoje a liderança econômica do mundo. Esses mesmos líderes compreendem que a prosperidade econômica de seus mais de 120 milhões de pessoas depende das exportações e da operação das corporações transnacionais do Japão no exterior. Além disso, o Japão tem recursos naturais limitados, entre eles, o petróleo, que deve ser importado do exterior.

Compreender a arte de dar presentes

Podemos distinguir entre dois tipos de presentes: pessoais e corporativos. Os presentes pessoais podem incluir álbuns para fotos ou artigos típicos do país de origem de quem está presenteando. Outros são bolas de golfe, bonés, prendedores de gravata ou bijuteria nativa. Se o sócio japonês tiver filhos, então camisetas, livros infantis ou canetas e lápis podem ser presentes apropriados. Os presentes corporativos podem incluir canetas, camisetas, marcadores de livros e outros artigos com o logotipo da companhia. Esses artigos devem ser confeccionados no país de origem, não no Japão.

A forma como são apresentados os brindes também é importante. Os presentes devem estar embalados em cores apropriadas para a ocasião, como azul, marrom, cinza ou verde. Cores chamativas, como rosa ou vermelho e papel florido não são apropriados. Devem-se evitar igualmente o preto e o branco, considerados cores fúnebres. Ao dar e receber presentes devem-se usar as duas mãos. Em geral, os pacotes com os presentes não são abertos diante de quem os dá, para evitar que possam se sentir envergonhados. Se um brinde consiste de vários artigos similares, evite dar quatro ou nove artigos iguais, pois isso pode significar morte ou enforcamento, respectivamente.

Reunião com os japoneses

Em geral, as reuniões de negócios no Japão são mais formais que nos Estados Unidos. Os aspectos preliminares levam muito tempo; contudo, são essenciais para uma reunião bem-sucedida. A menos que sejam apresentados, primeiro deve-se apresentar à pessoa japonesa de maior nível hierárquico. Nesse momento, trocam-se os cartões de visita empresariais. Se a pessoa de posição superior não é conhecida, isso muitas vezes fica evidente pelo comportamento dos subordinados, que mostram grande respeito por ela; também é comum que ela entre primeiro na sala. Durante a reunião, a pessoa de maior posição costuma se sentar no lugar central da mesa ou no centro, entre seus assessores. (Observe que há pouquíssimas mulheres nos altos cargos de liderança nas companhias japonesas.)

A apresentação de cartões de visita empresariais é um ritual essencial. Nunca saia de casa sem seu cartão de visita empresarial quando viajar ao Japão. Idealmente, o cartão deve estar em inglês e japonês. Pessoas mais jovens, ou de nível mais baixo, apresentam seu cartão de visita primeiro ao sócio de negócios japonês. Contudo, os executivos estrangeiros de nível mais baixo só entregam o próprio cartão depois que o CEO japonês apresentou o seu. O cartão deve ser oferecido com as duas mãos, a menos que sejam trocados com um cumprimento de mão. Além disso, o lado impresso (a face impressa em inglês, se a outra estiver em japonês) deve estar para cima, de tal modo que o receptor possa ler sem ter de virá-lo. Embora os japoneses tenham o hábito de fazer reverências, um assentimento de cabeça amistoso do estrangeiro será suficiente.

As reuniões servem não apenas para "fechar acordos", mas também para estabelecer relações. Os japoneses querem saber se estão à vontade para tratar com a contraparte. Isso significa saber se a pessoa é digna de confiança, se tem um conhecimento profundo do produto ou serviço oferecido e se ouve e é receptiva às suas necessidades. Muitas vezes, percebem os americanos como pessoas que falam demais ou que pressionam muito para obter uma decisão.

Os administradores modernos precisam desenvolver uma perspectiva com orientação mundial, geográfica e multicultural. Estar conscientes das diferenças culturais é um pré-requisito para o êxito pessoal e organizacional.

Enfoque empresarial

Traços de líderes empresariais e a comunicação do "lançamento no elevador"

As pessoas nascem ou se fazem líderes empresariais? Essa pergunta foi objeto de importante pesquisa e debate. A habilidade empresarial seria inerente a todos nós? Requer um estímulo externo para despertar no nosso íntimo? Podemos identificar as características ou traços dos grandes líderes empresariais e assimilar esses traços?[6]

Quando pensamos em grandes empresários, quem nos vem à mente e quais as suas características que se destacam? São visionários e decididos? São criativos e persuasivos? Como podemos definir o que faz das pessoas grandes empresários? Uma das primeiras definições de um empresário foi feita por Richard Cantillion em 1734. Cantillion, economista, definiu o espírito empresarial como um autoemprego com retorno incerto.[7] Joseph A. Schumpeter estabeleceu que os empresários são uma força para a mudança e tornam obsoletos os produtos existentes.[8]

Ainda que os estudos tenham demonstrado que os traços de personalidade não são indicadores muito bons do comportamento futuro,[9] os pesquisadores continuam examinando o efeito das características pessoais do empresário. Por exemplo, Singh e DeNoble constataram que a característica de personalidade de "abertura" está relacionada ao espírito empresarial, dado que "promove a criatividade, a originalidade e a receptividade à nova experiência".[10]

Outros traços comumente associados aos empresários incluem: um impulso à excelência, a assumir riscos (embora quase sempre riscos calculados), confiança em si mesmos e ser persuasivos.[11] Art Ciocca, presidente do Wine Group, uma das maiores

---

6 Recomenda-se ver "How do you teach entrepreneurship", USF Entrepreneur E-newsletter, setembro de 2003, para uma análise de mesa redonda sobre como vários professores ensinam o espírito empresarial. Disponível em: http://www. usfca.edu/sobam/nvc/newsletter/2003/9/3.html.

7 Sharma, Pramodita e James J. Chriman, "Toward a reconciliation of the definitional issue in the field of entrepreneurship". *Entrepreneurship Theory and Practice*, primavera de 1999, p. 11-27.

8 Morris, Michael, Pamela S. Lewis e Donald L. Sexton, "Reconceptualizing Entrepreneurship: An input-output perspective". *Advanced Management Journal*, 1994, p. 21.

9 Boyd, Nancy G. e George S. Vozikis, "The influence of self-efficacy on the development of the entrepreneur", *Entrepreneurship Theory and Practice*, 1994.

10 Singh, Gangaram e Alex DeNoble, "Views on self-employment and personality: An exploratory study". *Journal of Development Entrepreneurship*, dezembro de 2003.

11 Recomenda-se ver também "How do students learn entrepreneurship", USF Entrepreneur E-newsletter, novembro de 2003, para uma análise de mesa-redonda sobre características empresariais e motivações de estudantes empresários. Disponível em: http://www.usfca.edu/sobam/nvc/newsletter/2003/11/2.html.

companhias vinícolas dos Estados Unidos, comentou que "quase todos os empresários que conheci estavam apaixonados por seu projeto e muito empenhados no êxito. A maioria tem excelentes habilidades intra e interpessoais e, além disso, tem uma orientação para a parte direita do cérebro com excelente sentido e intuição. Sabem como tomar o caminho da sorte!". Ao refletir sobre suas experiências, Brett Bonthron, gerente de vendas da Microsoft, declarou ao refletir sobre suas experiências: "Todos mencionam que os empresários são otimistas, e creio que isso é verdade, mas os melhores empresários nunca são tão otimistas a ponto de ignorar os verdadeiros problemas centrais que seu negócio enfrenta. Os empresários bem-sucedidos são flexíveis e podem mudar; sei que isto soa um pouco como clichê, mas conheci muitos empresários tão apaixonados para comprovar sua visão que não foram flexíveis, incapazes de mudar diante da forte evidência". Em seu texto *New venture creation*, Timmons e Spinelli estabelecem: "Os administradores de empresas precisam identificar e fazer frente à inovação, assumindo riscos e respondendo com rapidez, assim como absorver reveses significativos. Os administradores mais eficazes parecem deleitar-se com o ritmo alucinado e às vezes caótico e acham isso desafiador e estimulante, mais do que frustrante ou opressivo".[12]

Contudo, não está claro se os traços anteriores são preexistentes nos empresários bem-sucedidos ou se a experiência empresarial desenvolve esses traços neles. As circunstâncias parecem afetar o comportamento empresarial. Por exemplo, há uma grande coincidência de espírito empreendedor entre as populações de imigrantes, talvez porque outras oportunidades de negócios profissionais não estejam tão disponíveis para eles como para os residentes nativos de um país. A perda de um emprego ou o declínio de uma indústria também podem requerer um comportamento empreendedor.

Assim, a pergunta persiste: que aspectos dos empresários são dignos de serem imitados? Embora certos traços da personalidade (como a autoconfiança) talvez contribuam mais para um espírito empresarial bem-sucedido, sabemos que a habilidade de comunicação e persuasão é vital. O empresário deve ser capaz de se comunicar com efetividade com investidores, clientes, sócios, funcionários e vários grupos interessados na empresa. Um aspecto essencial dessa habilidade comunicativa pode ser demonstrado pelo "lançamento no elevador".

A noção do "lançamento no elevador" baseia-se em um cenário fictício em que uma jovem empresária entra casualmente em um elevador em que se encontra um investidor potencial. A empresária reconhece essa feliz oportunidade, mas também compreende que tem apenas um minuto ou dois para apresentar e "lançar" sua ideia de negócios ao provável investidor. A meta da empresária não é descrever em detalhes cada aspecto do negócio, mas sim apresentar o suficiente sobre o negócio para despertar o interesse do investidor e marcar uma reunião mais formal. Por conseguinte, ela deve ser um tanto quanto assertiva, muito clara e precisa em sua descrição do negócio e da oportunidade, e ser breve.

A importância da habilidade de se comunicar com clareza e eficácia é muito maior no ambiente de negócios cada vez mais rápido de hoje. A brevidade tende a ser mais apreciada pelos investidores de capital cujo tempo é limitado, visto que são permanentemente assediados por empresários ávidos.

Essa habilidade de "lançar" com eficácia uma ideia de negócios de maneira eficiente e clara é também cada vez mais reconhecida pelas escolas de negócios, está incluída em seu currículo e nos importantes concursos estudantis empresariais organizados regularmente. As "Competências de lançamento no elevador" realizadas todos os anos

12 Timmons, Jeffry A. e Stephen Spinelli, *New venture creation: Entrepreneurship for the 21st Century*, 7. edição, McGraw-Hill, Irwin, 2007, p. 266.

na Universidade de São Francisco, na Universidade Wake Forest e em outras grandes universidades empresariais se tornaram famosas por sua intensidade, a oportunidade empresarial que oferecem e seu valor de aprendizagem, tanto para os apresentadores como para os espectadores.[13]

Mas, o que inclui, na realidade, um "lançamento no elevador"? Essencialmente, o mesmo material de um plano de negócios, mas em um formato muito mais condensado. Por exemplo, depois de uma apresentação pessoal breve, um "lançamento no elevador" deve incluir, no mínimo, o seguinte:

- Nome da companhia e uma descrição breve.
  Uma ligeira e clara descrição da companhia é essencial. Se a descrição da empresa não estiver clara, o resto da apresentação deve ser reduzido, já que a audiência ainda está focada em entender o negócio da empresa, enquanto o empresário pode já estar descrevendo outros temas.

- A oportunidade ou problema que a companhia ataca.
  Um novo projeto deve ser orientado às oportunidades, já que esse é o motivo de sua existência. Que problema o empresário está resolvendo? É um problema enfrentado por muitas pessoas ou negócios?

- Como o produto ou serviço da companhia resolve esse problema se aproveitar essa oportunidade?
  Deve ficar claro que produto do empresário resolve de forma perfeita, ou quase perfeita, o problema enfrentado pelos consumidores ou cria um novo valor para eles.

- Qual é a concorrência da empresa e qual é a vantagem competitiva da companhia?
  Em outras palavras, se o empresário demonstrou que há uma necessidade de mercado e que seu produto pode satisfazer a essa necessidade, o investidor potencial quer saber quem mais está tratando de resolver esse problema de mercado e por que a empresa desse empresário é melhor para fazer isso e receber o financiamento.

- Uma estimativa do tamanho do mercado e a estratégia de marketing para chegar a esse mercado.
  É importante especificar como o empresário chegará ao primeiro cliente.

- Descreva o modelo de negócios da companhia.
  Um modelo de negócios ilustra como funciona a companhia, do fornecimento à produção, à distribuição, marketing e recepções. Se o tempo é curto, descreva o modelo de receitas (como a empresa é remunerada a partir da venda do produto, publicidade, comissões etc.).

- Se sobrar tempo, ressalte a experiência da equipe administrativa, a quantidade de financiamento de que necessita e em que o financiamento será aplicado.

[13] Recomenda-se ver http://www.usfca.edu/sobam/nvc/pub/bpc05mus.html para uma gravação de áudio da 2005 USF Elevator Pitch Competition.

Isso pode ser muito para falar em 90 segundos ou menos (o tempo aproximado de uma viagem média de elevador). De fato é. Porém, é uma habilidade de comunicação essencial a um empresário bem-sucedido. Pode servir até para produtos e serviços técnicos (como dispositivos médicos ou software). Não há necessidade de descrever exatamente como funciona o produto; é melhor focalizar o problema que o produto resolve. É importante inspirar a escuta falando da importância do problema e da promessa do produto para resolvê-lo. Por exemplo, o empresário de uma companhia de equipamentos médicos pode descrever uma doença específica que afeta um grande número de pessoas todo ano. Contudo, a doença pode ser tratada com uma detecção precoce, e o produto do empresário possibilitará essa detecção precoce de maneira econômica e com precisão e, por conseguinte, salvará muitas vidas. Se um investidor em ciências da vida quiser ouvir mais, o lançamento no elevador foi bem-sucedido.

É essencial que a comunicação seja clara, mas também inspiradora. Os empresários devem ser capazes de causar interesse com sua comunicação para convencer pessoas desconhecidas a se unirem para o desenvolvimento de um projeto novo e potencialmente arriscado. Pratique seu próprio lançamento no elevador várias vezes. Esteja preparado para lançá-lo a qualquer momento, quer suba pelo elevador ou pelas escadas.

Caso global da indústria automobilística

A liderança na Ford: com Bill Ford ao volante, até onde a empresa avançará?[14]

Em 2000, a Ford Motor Company era considerada a empresa mais bem administrada entre os três grandes fabricantes de automóveis dos Estados Unidos: Ford, General Motors e Chrysler (a antiga DaimlerChrysler). Mas, desde então, vários problemas surgiram. Por um lado, os trabalhadores assalariados da Ford estavam descontentes com a liderança de seu CEO, Jacques A. Nasser, rechaçado por seu estilo autocrático que permitia pouca delegação. Era duro igualmente para tratar com fornecedores e distribuidores e pensava em reduzir o tamanho da companhia devido à superprodução de automóveis na indústria. Além disso, a qualidade dos carros começou a cair e havia poucos planos para automóveis novos e interessantes para o futuro próximo. O pagamento oneroso à fábrica de pneus Firestone e a decrescente popularidade do bem-sucedido veículo esportivo utilitário Explorer (SUV) e da caminhonete pickup F-150 contribuíram para a má situação de rentabilidade e a queda nos preços das ações.

Essa era a situação quando William C. (Bill) Ford, o bisneto de Henry Ford, assumiu a direção como CEO em outubro de 2001. A grande pergunta é se ele poderá conduzir a companhia para a rentabilidade. Ele não apenas tem a vantagem de levar o nome Ford, como é apreciado pelos funcionários, em parte porque está menos inclinado a reduzir o tamanho da companhia que seu predecessor. Sua preocupação com o efeito dos autos no ambiente mereceu elogios dos ambientalistas, e sua meta é tornar os veículos Ford 25% mais eficientes em combustíveis. Bill Ford também tem a reputação de ser socialmente responsável.

Os desafios são grandes. Bill Ford parece mais inclinado a delegar tarefas aos mais altos integrantes de sua equipe de administração, que inclui o chefe de operações, Nick Scheele, e o experiente vice-presidente Carl E. Reichardt, que tem a responsabilidade de solucionar os problemas financeiros causados, em parte, pelos enormes descontos de fábrica dos veículos Ford. Scheele tem um bom recorde de pista por melhorar a qualidade da divisão Jaguar da Ford, enquanto Reichardt, presidente aposentado do conselho da Wells Fargo & Company, tem a reputação de tomar decisões finan-

14 Kerwin, Kathleen e Joann Muller, "Bill takes the wheel". *BusinessWeek*, 12 de novembro de 2001, p. 50-52; Taylor III, Alex, "What's behind Ford's fall?". *Fortune*, 29 de outubro de 2001, p. 104-108; "The shake-up at Ford: Jacques knifed". *The Economist*, 3 de novembro de 2001, p. 65-66; Taylor III, Alex, "The fiasco at Ford". *Fortune*, 4 de fevereiro de 2002, p. 111-112; http://www.ford.com/serv/let/ecmcs/ford/index.jsp, acesso em 18 de junho de 2002.

ceiras decisivas. Além disso, James Padilla, com sua experiência em manufatura, enfocará a melhora da qualidade dos veículos. Com a equipe de alta liderança instalada, Bill Ford enfrenta o problema de reduzir o excesso de capacidade, o que será difícil, porque o contrato com o sindicato estabelece que, durante certo período, a Ford não fechará ou venderá nenhuma fábrica. Contudo, para reduzir custos, poderá ser necessário. A liderança de Bill Ford será posta à prova ao decidir como tratar com o líder sindical Stephen P. Yokich, que, de todo modo, está perto de se aposentar.

Além de tratar com os diversos grupos de interesses, Ford também precisa tomar várias decisões estratégicas, como lançar no mercado novos produtos atrativos para o consumidor e com mais qualidade. Embora o Explorer tenha tido muito sucesso, vários concorrentes oferecem agora SUV menores, muito atrativos para os consumidores. Do mesmo modo, a rentável caminhonete F-150 pode exigir melhoras ou ser substituída. A liderança de Bill Ford tem sido posta à prova duramente, em especial depois do ataque de 11 de setembro de 2001 às torres do World Trade Center de Nova York, que tanto afetou a economia norte-americana. Na verdade, os críticos apontam várias fraquezas, como a decrescente participação de mercado no início de 2002 e a eliminação de certas linhas de automóveis, que incluem o Mercury Cougar e o Lincoln Continental. Até os modelos populares Taurus e Explorer da Ford mostram deficiências. Mas há esperanças para o Premier Automotive Group, que inclui o Volvo e o Jaguar.

Perguntas

1. Como Bill Ford deve tratar os membros do sindicato, que mostram apreço por ele, mas também estão preocupados com o fechamento de fábricas e a necessidade de cortar custos?
2. Que modelo de estratégia deveria ser adotado por Ford?
3. O método de liderança branda de Bill Ford é mais adequado para a companhia que o estilo duro e autocrático de Jacques Nasser, seu predecessor?
4. O estilo de liderança mais brando de Bill Ford mudaria se os lucros estivessem em queda?

6 Parte

Controle

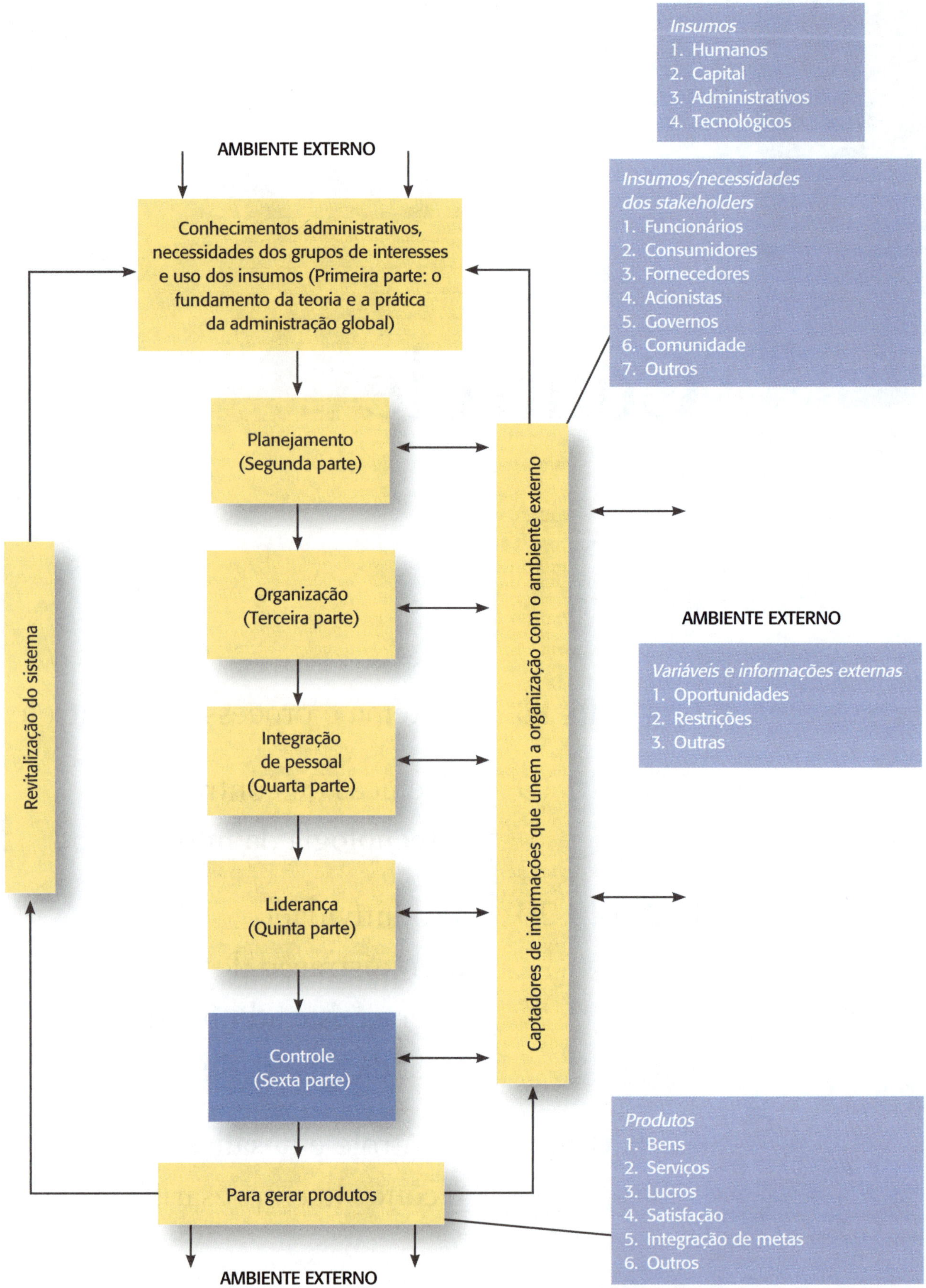

Insumos
1. Humanos
2. Capital
3. Administrativos
4. Tecnológicos
AMBIENTE EXTERNO
Conhecimentos administrativos, necessidades dos grupos de interesses e uso dos insumos (Primeira parte: o fundamento da teoria e a prática da administração global)
Insumos/necessidades dos stakeholders
1. Funcionários
2. Consumidores
3. Fornecedores
4. Acionistas
5. Governos
6. Comunidade
7. Outros
Planejamento (Segunda parte)
Organização (Terceira parte)
Integração de pessoal (Quarta parte)
Liderança (Quinta parte)
Controle (Sexta parte)
Revitalização do sistema
Captadores de informações que unem a organização com o ambiente externo
AMBIENTE EXTERNO
Variáveis e informações externas
1. Oportunidades
2. Restrições
3. Outras
Produtos
1. Bens
2. Serviços
3. Lucros
4. Satisfação
5. Integração de metas
6. Outros
Para gerar produtos
AMBIENTE EXTERNO

18

Capítulo

Sistema e processo de controle

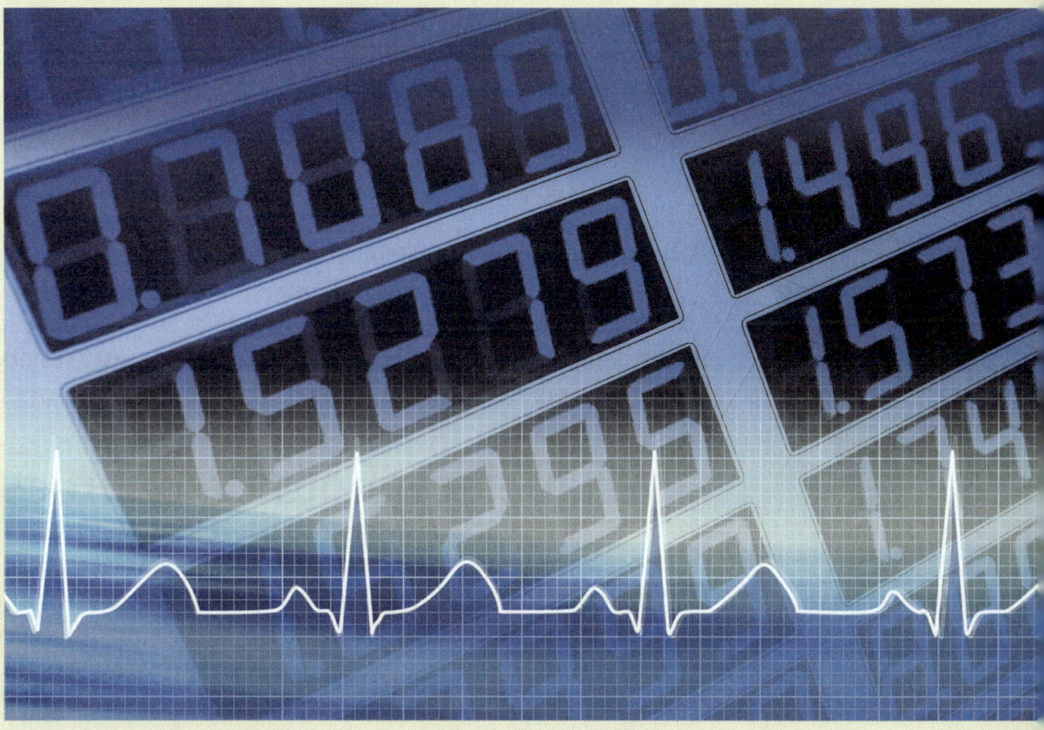

Objetivos de aprendizagem

Depois de estudar o capítulo, você deverá ser capaz de:

1. Descrever os passos no processo de controle básico.
2. Enumerar e explicar os pontos de controle críticos, padrões e *benchmarking*.
3. Ilustrar as aplicações do sistema de retorno.
4. Compreender que a informação em tempo real não resolverá todos os problemas do controle administrativo.
5. Mostrar que os sistemas de controle preventivo podem tornar o controle administrativo mais efetivo.
6. Descrever algumas técnicas de controle geral mais usadas em uma empresa.
7. Identificar o uso e os problemas das auditorias administrativas dos relatórios de contabilidade.
8. Compreender a diferença entre o controle burocrático e o de clãs.
9. Listar e explicar os requisitos para controles eficazes.

Controle

Medição e correção do desempenho para garantir que os objetivos da empresa sejam alcançados, assim como o planejamento para sua execução.

A função gerencial de **controle** consiste na medição e na correção do desempenho para garantir que os objetivos da empresa e os planos elaborados sejam atingidos. Planejamento e controle estão estreitamente relacionados. De fato, alguns autores de administração consideram que essas funções não podem ser separadas. Entretanto, é sensato diferenciá-las conceitualmente, e por isso são analisadas de maneira independente na segunda e na sexta partes do livro. Planejamento e controle podem ser vistos como as lâminas de uma tesoura: a tesoura não pode funcionar se não tiver as duas lâminas. Sem objetivos e planos, o controle não é possível porque o desempenho deve ser medido em relação aos critérios estabelecidos.

Processo de controle básico

As técnicas e sistemas de controle são essencialmente os mesmos para controlar o efetivo, os procedimentos administrativos, a ética organizacional, a qualidade do produto e qualquer outra coisa. O processo de controle básico, em qualquer local e independentemente do que se vai controlar, inclui três passos: 1) estabelecer padrões, 2) medir o desempenho em face desses padrões e 3) corrigir desvios dos padrões e do planejamento.

Estabelecimento de padrões

Padrões

Critérios de desempenho.

Visto que o planejamento é o direcionamento com o qual os administradores desenham os controles, logicamente o primeiro passo do processo de controle é estabelecer um bom planejamento. Mas como o planejamento varia em detalhes e complexidade e os administradores nem sempre conseguem controlar o todo, são estabelecidos padrões especiais. Os **padrões** são simplesmente critérios de desempenho. São pontos selecionados de todo um programa de planejamento, nos quais se estabelecem medidas de desempenho para que os administradores recebam indicações do que está acontecendo e não tenham de vigiar cada passo na execução do que foi planejado.

Há muitos tipos de padrões. Entre os melhores estão as metas ou objetivos mensuráveis, como se discutiu na administração por objetivos – APO (ver Capítulo 4). Você aprenderá mais sobre os padrões ainda neste capítulo, em particular os que indicam desvios em pontos críticos.

Medição do desempenho

Ainda que nem sempre seja praticável, a medição do desempenho em relação aos padrões deve ser feita de forma mais adequada olhando para o futuro, para que os desvios possam ser detectados antes que ocorram e mediante ações apropriadas. O administrador alerta, com uma visão do futuro, pode prever possíveis desvios dos padrões. Mas, na falta dessa possibilidade, os desvios devem ser descobertos o mais rápido possível.

Correção de desvios

Os padrões devem refletir as diversas posições na estrutura de uma organização. Se o desempenho é medido de acordo com as posições, é mais fácil corrigir desvios. Os administradores sabem com precisão onde devem ser aplicadas as medidas corretivas na atribuição dos deveres individuais ou de grupo.

A correção de desvios é o ponto em que o controle pode ser visto como uma parte de todo o sistema de administração e relacionado com as outras funções gerenciais. Os administradores podem corrigir desvios reformulando seus planos ou modificando suas metas. (Esse é um exercício do princípio da mudança de direção.) Ou podem corrigir desvios exercendo sua função na organização, a partir da redistribuição ou esclarecimento dos deveres. Eles podem ser corrigidos ainda pela designação de mais pessoal, pela melhor seleção e capacitação de subordinados ou pelo último recurso de ajustamento de pessoal, as demissões. Outra forma é corrigir a partir de uma mudança de direção, explicação mais detalhada da tarefa ou técnicas de liderança mais efetivas.

Perspectiva internacional

Considerações particulares ao controlar companhias internacionais

O controle de companhias domésticas geralmente é difícil, mas muito mais difícil é exercer o controle de operações em diferentes países. As distâncias geográficas fazem com que certos controles, como a observação, sejam muito difíceis, apesar do moderno serviço aéreo. O Wal-Mart, por exemplo, tem operações em todo o mundo. É improvável que os mesmos critérios de medição possam ser aplicados em todas as suas lojas.

Os padrões de controle devem estar ajustados ao ambiente local. As subsidiárias em países com baixo custo de mão-de-obra podem ter menores orçamentos de custos do que países com uma força de trabalho de alto custo. E a produtividade em países com baixo custo de mão-de-obra será menor que a de outros países.

A fixação de preços por transferência entre a matriz e as subsidiárias, ou entre subsidiárias, pode distorcer o panorama da rentabilidade e o rendimento sobre o investimento. Uma distorção similar pode ocorrer por flutuações da moeda entre os diversos países. Além disso, a inflação errática ou crônica torna difícil o estabelecimento de padrões e a medição por esses padrões.

Há outros fatores a serem considerados no ato de controlar. Como se afirmou anteriormente, a estrutura da organização deve facilitar o controle. As corporações transnacionais requerem uma departamentalização diferente daquela das empresas domésticas. Outra forma de exercer o controle é impedir que ocorram desvios ao selecionar administradores competentes. No passado, as corporações transnacionais enviavam administradores experientes para liderar suas subsidiárias no exterior. Contudo, mais recentemente, as companhias selecionam e capacitam administradores locais do país em que operam. Além disso, administradores com habilidades especiais na adaptação cultural podem vir de terceiros países. Em um determinado momento, o diretor executivo da Volkswagen nos Estados Unidos não era nem alemão nem americano, mas canadense.

A forma como se exerce o controle difere entre países. Nos Estados Unidos, há um esforço em apontar a responsabilidade nos desvios dos padrões. Em muitos países asiáticos, os superiores, em geral, tratam de encobrir a pessoa que não cumpre as normas. Mas, antes de tudo, nem sequer se estabelecem os padrões de maneira mensurável. Como, então, se pode exercer o controle? Em países como o Japão, onde o trabalho em grupo é comum, a pressão dos colegas pode ser um meio muito eficaz para exercer controle.

Em suma, o controle – estabelecer padrões, medir o desempenho e realizar ações corretivas – deve ser suficientemente flexível para levar em conta o ambiente organizacional e específico de cada país.

http://www.walmart.com
http://www.vw.com

Pontos de controle críticos, padrões e *benchmarking*[1]

Os padrões são pontos de referência em face dos quais se mede o desempenho real ou esperado. Em condições operacionais simples, um administrador pode exercer controle mediante uma cuidadosa observação pessoal do trabalho que é realizado. Contudo, na maioria das operações, isso não é possível devido à complexidade das operações e ao fato de que um administrador tem muito mais coisas a fazer do que observar pessoalmente o desempenho diário. O administrador deve estabelecer pontos de atenção especial e depois vigiá-los para se assegurar de que toda a operação transcorre conforme o planejado.

Os pontos selecionados para o controle devem ser *críticos*, no sentido de ser fatores limitantes na operação, ou os melhores indicadores de que os planos estão funcionando. Com tais padrões, os administradores podem gerenciar um grupo maior de subordinados e assim incrementar seu âmbito de administração, com as consequentes economias em custos e a melhora da comunicação. O **princípio de controle de pontos críticos**, um dos princípios de controle mais importantes, estabelece que o controle eficaz chama a atenção para os fatores críticos para a avaliação do desempenho em relação aos planos. Outra forma de controle é comparar o desempenho da companhia com o de outras empresas a partir dos pontos de referência ou *benchmarking*.

Princípio de controle de pontos críticos

O controle eficaz chama a atenção para os fatores críticos para a avaliação do desempenho em face dos planos.

Tipos de padrões de pontos críticos

Cada objetivo, cada meta dos muitos programas de planejamento, cada atividade desses programas, cada política, cada procedimento, cada pressuposto pode se converter em um padrão para medir o desempenho real ou esperado. Porém, na prática, os padrões tendem a ser dos seguintes tipos: 1) físicos, 2) de custos, 3) de capital, 4) de receitas, 5) de programas, 6) intangíveis, 7) metas como padrões e 8) planos estratégicos como pontos de controle para o controle estratégico.

O administrador necessita comparar o desempenho real com os padrões estabelecidos.

Padrões físicos

Os padrões físicos são medidas não monetárias e comuns no âmbito operacional, em que se utilizam materiais, se contrata mão-de-obra, se prestam serviços e se produzem bens. Podem refletir quantidades, como horas de mão-de-obra por unidade de produção, litros de combustível por cavalo de força-hora, toneladas-milhas de trânsito de carga transportada, unidades de produção por máquina-hora ou polegadas de arame por tonelada de cobre. Os padrões físicos também podem refletir qualidade, como dureza de assentos, capacidade de voo de um avião, durabilidade de uma tela ou a permanência de uma cor.

[1] Ver também, Kaplan, Robert S. e David P. Norton, *Balanced scorecard: Translating strategy into action*, Boston: Harvard Business School Press, 1996.

Padrões de custos

Padrões físicos são medidas relacionadas aos processos operacionais.

Os padrões de custos são medidas monetárias e, assim como os padrões físicos, são comuns no âmbito operacional. Agregam valores monetários a aspectos específicos das operações. Alguns exemplos comuns de padrões de custos são medidas de uso amplo como custos diretos e indiretos por unidade produzida, custo de mão-de-obra por unidade ou por hora, custo de materiais por unidade, custos de máquina-hora, custos por assento-milha, custo de venda por dólar ou unidade de vendas e custo por pé de perfuração em um poço de petróleo.

Padrões de capital

Há uma variedade de padrões de capital, que surgem da aplicação de medidas monetárias a artigos físicos. Têm mais a ver com o capital investido na empresa do que com os custos de operação e, portanto, estão relacionados principalmente com o balanço geral, mais do que com a situação das receitas. Talvez o padrão de capital mais amplamente usado para um novo investimento, como também para o controle geral, seja o rendimento sobre o investimento. O balanço geral típico revelará outros padrões de capital, como as relações de ativos correntes com as obrigações correntes, dívida em valor líquido, investimento fixo ou investimento total, efetivo e contas a cobrar com contas a pagar e bônus a ações, assim como o tamanho e a rotação de estoques.

Padrões de receitas

Os padrões de receitas decorrem da atribuição de valores monetários às vendas. Podem incluir padrões como receitas por passageiros de ônibus-milha, vendas médias por cliente e vendas *per capita* em uma determinada área de mercado.

Padrões de programa

Um gerente pode ser designado para instalar um programa de orçamento variável, um programa formal de acompanhamento para o desenvolvimento de novos produtos ou um programa para melhorar a qualidade da força de vendas. Mesmo que seja necessário aplicar certo julgamento subjetivo ao avaliar o desempenho de um programa, os tempos e outros fatores podem ser utilizados como padrões de objetivos.

Padrões intangíveis

Mais difíceis de estabelecer são os padrões não expressos em medidas físicas ou monetárias. Que padrão um administrador pode utilizar para determinar a competência do agente de compras de divisão ou do diretor de pessoal? O que se pode utilizar para determinar se o programa de publicidade alcança os objetivos a curto e longo prazos? Ou se o programa de relações públicas funciona? Os supervisores são leais aos objetivos da companhia? Essas questões mostram a dificuldade de estabelecer padrões ou metas para uma medição quantitativa ou qualitativa clara.

Perspectiva internacional

Transportes Olympic atravessa a fronteira

É antigo o pleito entre os transportadores mexicanos e o governo dos Estados Unidos para que abra suas fronteiras ao transporte de carga transfronteiriço. Embora o Acordo de Livre Comércio da América do Norte tenha estabelecido a abertura das fronteiras para transporte a partir de 1995, os transportadores norte-americanos, através de seu sindicato, pressionaram o governo a retratar-se e a pedir mais requisitos aos seus equivalentes mexicanos. O pleito foi resolvido na Suprema Corte de Justiça dos Estados Unidos, em 2004, a favor dos transportadores mexicanos. Agora, quem quiser fazer transportes para os Estados Unidos deve entrar em um programa piloto que contempla apenas 100 empresas.

A partir dessa notícia, Fernando Páez, diretor geral da Transportes Olympic, preparou sua empresa para atender aos padrões impostos pela Administração Federal de Segurança de Transporte automotivo dos Estados Unidos. Comprou 13 caminhões com tração a um custo de U$ 100 mil cada um, que têm de obedecer às normas da Agência de Proteção Ambiental dos Estados Unidos e recebem manutenção constante de oito funcionários encarregados de manter baixas as emissões de poluentes. Quanto ao capital humano, matriculou seus 30 funcionários em cursos de inglês e os submeteu a testes pré-admissionais. Além disso, seu pessoal teve de passar por cinco exames antidrogas, e outros deverão ser realizados ao acaso e periodicamente. Foi assim que a Transportes Olympic tornou-se a primeira empresa certificada para transportar mercadorias do México para os Estados Unidos. "Se você realmente quer, vai conseguir fazer. Os requisitos não são tão complicados ou complexos. Nós os cumprimos e não somos uma empresa excepcional", concluiu Páez.

Fonte: Com informação de Roberto Morales, "Camioneros aplicados", *Expansión*, México, n. 973, 3-17 de setembro de 2007, p. 155-158.

Metas como padrões

Com a tendência atual das empresas mais bem administradas de estabelecer toda uma rede de metas qualitativas ou quantitativas mensuráveis em cada nível da administração, o uso de padrões intangíveis, embora ainda seja importante, está diminuindo. Em operações de programas complexos, assim como no desempenho dos próprios administradores, os pesquisadores concluíram que, por meio da investigação e do pensamento, é possível definir metas que podem ser utilizadas como padrões do desempenho. É provável que as metas quantitativas tomem a forma dos padrões descritos aqui, mas a definição das metas qualitativas representa um desenvolvimento importante na área dos padrões. Por exemplo, se o programa de um posto de vendas de um distrito é detalhado para incluir elementos como "capacitar o pessoal de vendas conforme o planejamento" com características específicas, o planejamento e suas próprias características estabelecem padrões que tendem a se converter em objetivos e, portanto, são "tangíveis".

Planos estratégicos como pontos de controle para o controle estratégico

Controle estratégico

Monitoramento sistemático em pontos de controle estratégicos e alteração da estratégia da organização com base nessa avaliação.

O **controle estratégico** requer monitoramento sistemático em pontos de controle estratégicos e a modificação da estratégia da organização com base nessa avaliação. Como se afirmou antes, planejar e controlar são ações estreitamente relacionadas. Portanto, o planejamento estratégico requer controle estratégico. Além disso, visto que o controle facilita a comparação das metas propostas com o desempenho real, oferece igualmente oportunidades de aprendizagem, o que por sua vez é a base para a mudança organizacional. Por último, mediante o uso do controle estratégico, obtemos percepções não só do desempenho organizacional, mas também do ambiente sempre variável ao monitorá-lo.

Pontos de referência (*benchmarking*)[2]

Benchmarking é um conceito que tem, atualmente, ampla aceitação. É uma abordagem para estabelecer metas e medidas de produtividade com base nas melhores práticas do mercado. O *benchmarking* desenvolveu-se a partir da necessidade de dados para medir o desempenho. Quais devem ser os critérios? Se uma empresa precisa de seis dias para atender ao pedido de um cliente e um concorrente do mesmo segmento precisa de apenas cinco dias, mas uma empresa que não pertence ao mesmo segmento entrega pedidos em quatro dias, qual seria o padrão para uma entrega em tempo adequado? O critério de quatro dias converte-se no ponto de referência mesmo que, a princípio, pareça uma meta inalcançável. O processo envolvido para atender a um pedido é analisado com cuidado e são incentivadas formas criativas para alcançar esse ponto de referência.

Benchmarking
Abordagem para o estabelecimento de metas e medidas de produtividade com base nas melhores práticas do setor.

Há três tipos de *benchmarking*. Primeiro, o *benchmarking estratégico* compara várias estratégias e identifica os elementos estratégicos essenciais para o êxito. Segundo, o *benchmarking operacional* compara custos relativos ou possibilidades de diferenciação de produtos. Terceiro, o *benchmarking administrativo* enfoca funções de suporte como planejamento de mercados e sistemas de informação, logística, administração de recursos humanos etc.

Três tipos de *benchmarking*: estratégico, operacional e administrativo.

O procedimento de *benchmarking* começa com a identificação do que deve ser comparado. Depois, é preciso selecionar as práticas de melhor desempenho. É necessário recompilar e analisar dados, que se convertem na base das metas de desempenho. Durante a implementação do novo enfoque, o desempenho é medido periodicamente, e nesse momento adotam-se medidas corretivas.

O controle como um sistema de retorno

O controle gerencial consiste essencialmente no mesmo processo de controle dos sistemas físicos, biológicos e sociais. Muitos sistemas controlam a si mesmos mediante retorno de informação que mostra desvios dos padrões e inicia mudanças. Em outras palavras, os sistemas utilizam parte de sua energia para retornar informação que compara o desempenho com um padrão e inicia uma ação corretiva. Na Figura 4.1 do Capítulo 4 ilustrou-se um sistema de retorno simples.

Em geral, o controle administrativo é percebido como um sistema de retorno similar ao que opera no termostato comum de um aparelho elétrico.

Em geral, o controle administrativo é percebido como um sistema de retorno similar ao que opera no termostato comum de aparelhos elétricos ou eletrônicos. Isso é ilustrado com clareza na Figura 18.1, que mostra o processo de retorno no controle administrativo. Esse sistema situa o controle sob uma luz mais complexa e realista se for considerado apenas como uma questão de estabelecer padrões, medir o desempenho e corrigir desvios. Os administradores medem o desempenho real, comparam essa

[2] Camp, Robert C., "Learning from the best leads to superior performance", em Thompson, Jr., Arthur A., A. J. Strickland III e Tracy Robertson Kramer (eds.), *Readings in strategic management*, 5. ed., Chicago: Irwin, 1995, p. 518-524; Shetty, Y. K., "Aiming high: Competitive benchmarking for superior performance", ibid., p. 525-535; Juran, J. M., "A history of managing for quality in the United States, Part 2", *Quality Digest*, dezembro de 1995, p. 40; Burke, Charles J., "10 steps to best-practices benchmarking", *Quality Digest*, fevereiro de 1996, p. 23-28. Para o *benchmarking* na Europa, ver http://www.benchmarking-in-europe.com, acesso em 3 de outubro de 2006.

Perspectiva internacional

Exemplos de sistemas de retorno

O termostato de um aparelho elétrico/eletrônico é um sistema de retorno e controle da informação. Quando a temperatura cai abaixo do nível estabelecido, envia-se uma mensagem elétrica ao sistema de aquecimento, que se ativa. Quando a temperatura sobe e chega ao nível estabelecido, outra mensagem desliga o sistema. Essa medição contínua e o ligar-desligar do sistema mantêm o aparelho na temperatura desejada. Esse processo é facilmente compreendido em um sistema de ar condicionado, por exemplo. Tão logo a temperatura exceda o nível preestabelecido, o sistema de ar condicionado esfria a casa na temperatura desejada. Do mesmo modo, no corpo humano, vários sistemas de retorno controlam a temperatura, a pressão sanguínea, reações motoras e outras condições. Outro exemplo de retorno é a qualificação que um estudante recebe sobre um exame de meio de curso. Seu propósito é, naturalmente, dar informação ao estudante acerca de como está indo e, se o desempenho estiver abaixo do desejável, enviar um sinal sugerindo melhora.

medição com os padrões e identificam e analisam desvios. Em seguida, para fazer as correções necessárias, devem desenvolver um programa de ação corretiva e implementá-lo para atingir o desempenho desejado.

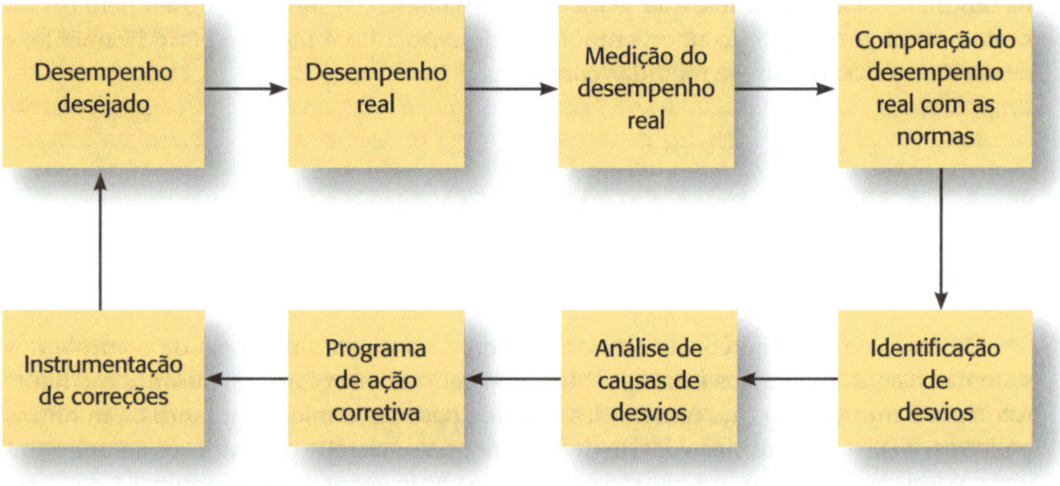

FIGURA 18.1 Circuito de retorno do controle administrativo

Informação e controle em tempo real

Informação em tempo real
Informação no momento em que o fato está ocorrendo.

Um dos avanços interessantes que surgem do uso do computador e da compilação eletrônica, a transmissão e o armazenamento de dados é o desenvolvimento de sistemas de **informação em tempo real**. É a informação fornecida praticamente ao mesmo tempo em que o fato ocorre. Através de vários meios, é tecnicamente possível obter dados em tempo real sobre muitas operações. Durante anos, as empresas aéreas obtiveram informação acerca da disponibilidade de assentos apenas anotando um número de voo, o trajeto da viagem (como de Londres a Nova York) e a data em um sistema de memória, que responde de imediato com a informação. Os supermercados e as lojas de departamentos têm em operação caixas registradoras eletrônicas que transmitem prontamente os dados sobre cada venda a uma instalação central de armazenamento de dados em que se pode obter informação sobre estoques, vendas brutas, lucratividade etc. que vai sendo produzida conforme as vendas ocorrem. O gerente de uma fábrica conta com um sistema que lhe reporta a qualquer momento a situação de um programa de produção, como em qual etapa da produção está no momento, as horas de trabalho acumuladas e até se o projeto está atrasado ou dentro do prazo no processo de manufatura.

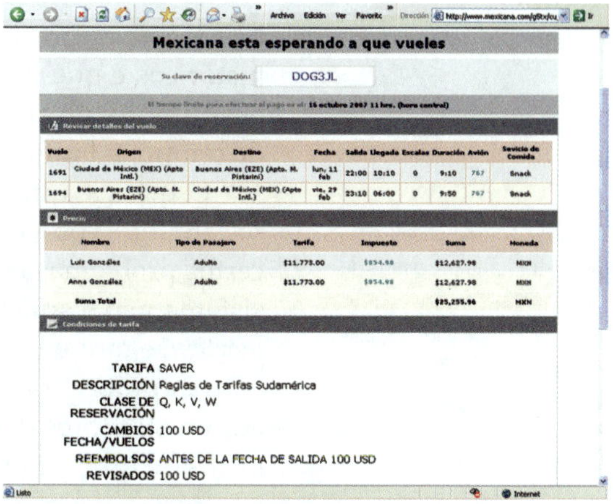

Há programas que dão informação em tempo real, por exemplo, os programas de reserva de voos.

Algumas pessoas veem a informação em tempo real como uma oportunidade de controlar aspectos importantes para os administradores; em outras palavras, é a ação que se pode exercer justamente quando a informação mostra um desvio dos planos. Se tomamos como referência o ciclo de retorno de controle administrativo na Figura 18.1, ele mostra que a informação em tempo real, exceto talvez nos casos mais simples e incomuns, não torna possível o controle em tempo real. Em muitas áreas é factível coletar dados em tempo real que medem o desempenho. Em muitos desses casos, é possível também comparar esses dados com os padrões e até identificar desvios. Mas a análise das causas dos desvios, o desenvolvimento de programas de correção e a implementação desses programas provavelmente são tarefas que vão requerer mais tempo.

No caso do controle da qualidade, por exemplo, pode-se levar muito tempo para descobrir o que causa as devoluções de fábrica e mais tempo para pôr em vigor as medidas corretivas. No caso mais complexo do controle de estoques, em particular em uma companhia manufatureira com muitos artigos – matérias-primas, partes componentes, bens em processo e produtos acabados –, o tempo de correção pode ser muito longo. Quando se constata que um estoque é muito grande, os passos envolvidos para reduzi-lo ao nível desejado podem levar vários meses. E isso acontece na maioria dos casos de problemas de controle administrativo: a demora é inevitável.

Isso não significa que a medição imediata do desempenho não seja importante. Quanto mais prontamente os administradores souberem que as atividades pelas quais são responsáveis não estão atuando conforme o planejado, mais rapidamente poderão agir para fazer correções. Ainda assim, há sempre a pergunta de se o custo de reunir dados em tempo real justifica os poucos dias economizados. Em geral sim, como no caso do negócio das empresas aéreas, em que a informação atualizada sobre a disponibilidade de assentos provavelmente é crucial para atender aos clientes e lotar os aviões. Em uma companhia de defesa importante, que produz um dos artigos de equipamento de defesa da mais alta prioridade, havia pouca informação em tempo real apesar da existência de um sistema de controle de informação muito sofisticado. Até para esse programa, considerava-se que o benefício de compilar dados em tempo real não justificava o gasto porque o processo de correção era longo demais.

Alimentação para o futuro, o sistema de manutenção preventiva

A demora no processo de controle administrativo mostra que o controle deve ser direcionado para o futuro se quiser ser eficaz. É como retornar apenas a saída de um sistema e medir essa produção como meio de controle. Mostra a deficiência dos dados históricos, como os relatórios da contabilidade. Uma das dificuldades com os dados históricos é que informam aos administradores em novembro que perderam dinheiro em outubro (ou até em setembro) devido a algo que se fez em julho. Nesse espaço longo de tempo, tal informação é apenas um fato histórico de caráter perturbador.

Para um controle eficaz, os administradores precisam de um **sistema de manutenção preventiva** que lhes informe de problemas potenciais, dando-lhes tempo para realizar uma ação corretiva antes que os problemas ocorram.

O que os administradores precisam para um controle eficaz é de um **sistema de manutenção** preventiva que lhes informe, a tempo de realizar uma ação corretiva, que certos problemas ocorrerão se não fizerem algo de imediato. O retorno da saída de um sistema não é suficientemente bom para o controle, é apenas pouco mais que um *post mortem*, e ninguém encontrou ainda a forma de mudar o passado.

Na prática, o controle voltado para o futuro é ignorado em maior grau porque os administradores dependem muito de dados contábeis e estatísticos. Podemos estar seguros de que, na falta de quaisquer outros meios para visualizar o futuro, a referência à história – sobre a questionável suposição de que o passado ajuda a prever o que pode acontecer – é reconhecidamente melhor que nenhuma referência.

Informação preventiva nos sistemas humanos

Há muitos exemplos de sistemas de manutenção preventiva em sistemas humanos. Para citar um caso, um motorista que quer manter uma velocidade constante ao subir uma colina normalmente não espera que o velocímetro indique uma queda de velocidade para soltar o acelerador. Além disso, sabendo que a colina representa uma variável perturbadora no sistema, o motorista talvez o corrigisse ao pisar no acelerador antes que a velocidade caísse. Do mesmo modo, um caçador sempre apontará antes do voo de um pato para compensar o lapso de tempo entre o disparo e o alvo esperado.

Sistemas de manutenção preventiva em relação aos de retorno

Os **sistemas de manutenção preventiva** monitoram os insumos em um processo para garantir que os insumos sejam os planejados; caso contrário, os insumos, ou talvez o processo, são modificados para obter os resultados desejados.

Os sistemas de retorno simples medem os resultados de um processo e alimentam o sistema ou os insumos do sistema de ações corretivas para obter os resultados desejados. Devido à demora no processo de correção, para a maioria dos problemas administrativos, isso não é suficiente. Os sistemas de informação de manutenção preventiva monitoram os *insumos* em um processo para certificar-se de que os insumos sejam os planejados; caso contrário, os insumos, ou talvez o processo, são modificados para obter os resultados desejados. Uma comparação dos sistemas de informação de manutenção preventiva e de retorno é apresentada na Figura 18.2.

Em certo sentido, um sistema de manutenção preventiva é, na realidade, um tipo de sistema de retorno. Contudo, o retorno de informação está do lado dos *insumos* do sistema para que as correções possam ser feitas antes que os resultados sejam afetados. Além disso, mesmo com um sistema de alimentação visando ao futuro, um administrador gostaria de medir o resultado final do sistema, já que não se pode esperar que tudo funcione suficientemente bem e o resultado final seja sempre exatamente como se deseja.

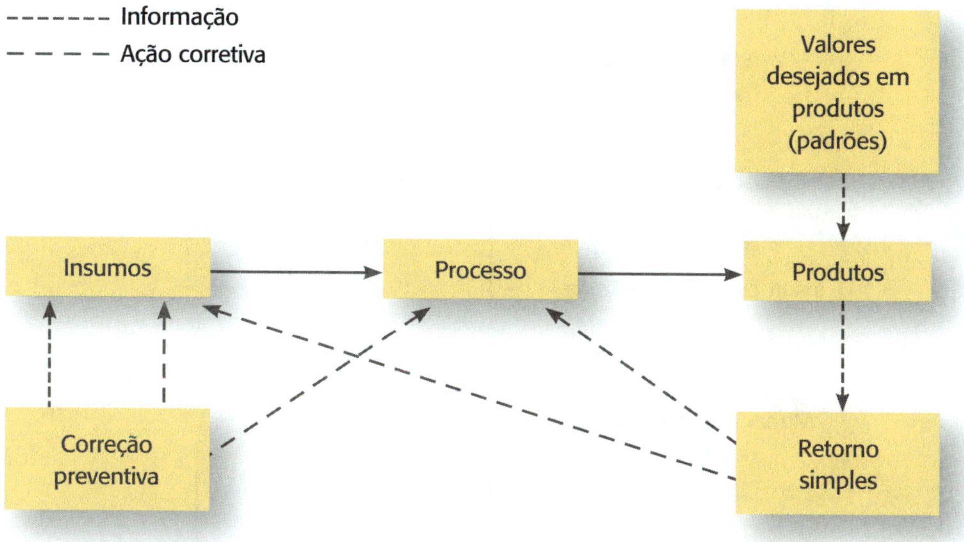

FIGURA 18.2 Comparação de sistemas de retorno simples e de manutenção preventiva

A manutenção preventiva na administração*

Podemos ilustrar o que a manutenção preventiva significa no controle da administração analisando o exemplo do sistema de planejamento de estoques. A Figura 18.3 ilustra os processos envolvidos. A figura esquemática, um pouco simplificada, das variáveis de insumos para o planejamento e controle de estoques indica que, para os administradores exercerem um controle eficaz sobre o estoque, devem identificar as variáveis do sistema. Algumas variáveis têm efeito negativo ou positivo no estoque.

Além disso, se o sistema de variáveis e seu efeito em um processo são representados com precisão – e cada empresa deve formular seu próprio sistema, adequado às realidades de sua situação –, um desvio de qualquer insumo planejado pode levar a um resultado não planejado, a menos que se faça algo a respeito a tempo. Por exemplo, no caso do modelo do estoque, se as compras entregues são maiores do que as planejadas, ou se o uso da fábrica é menor do que o planejado, o resultado será um estoque maior que o projetado, a menos que se adotem medidas corretivas. Naturalmente, para fazer com que o sistema de manutenção preventiva funcione na prática, os insumos devem ser monitorados com cuidado.

Um dos problemas em todos os sistemas de manutenção preventiva é a necessidade de precaver-se contra o que os engenheiros chamam de perturbações. Trata-se de fatores que não foram levados em conta no modelo de insumos, mas que podem ter um efeito no sistema e no resultado final desejado. Obviamente, é impraticável levar em conta em um modelo todos os insumos que possam afetar a operação de um programa. Por exemplo, a falência de um grande fornecedor pode ser uma variável de insumo não antecipada e não programada e causar atraso no embarque de provisões. Já que acontecimentos não programados podem ocorrer e alterar o resultado desejado, o monitoramento dos insumos regulares deve ser complementado com a vigilância de perturbações incomuns e inesperadas, justamente as que devem ser levadas em conta.

* Às vezes chamada manutenção preliminar ou controle do direcionamento.

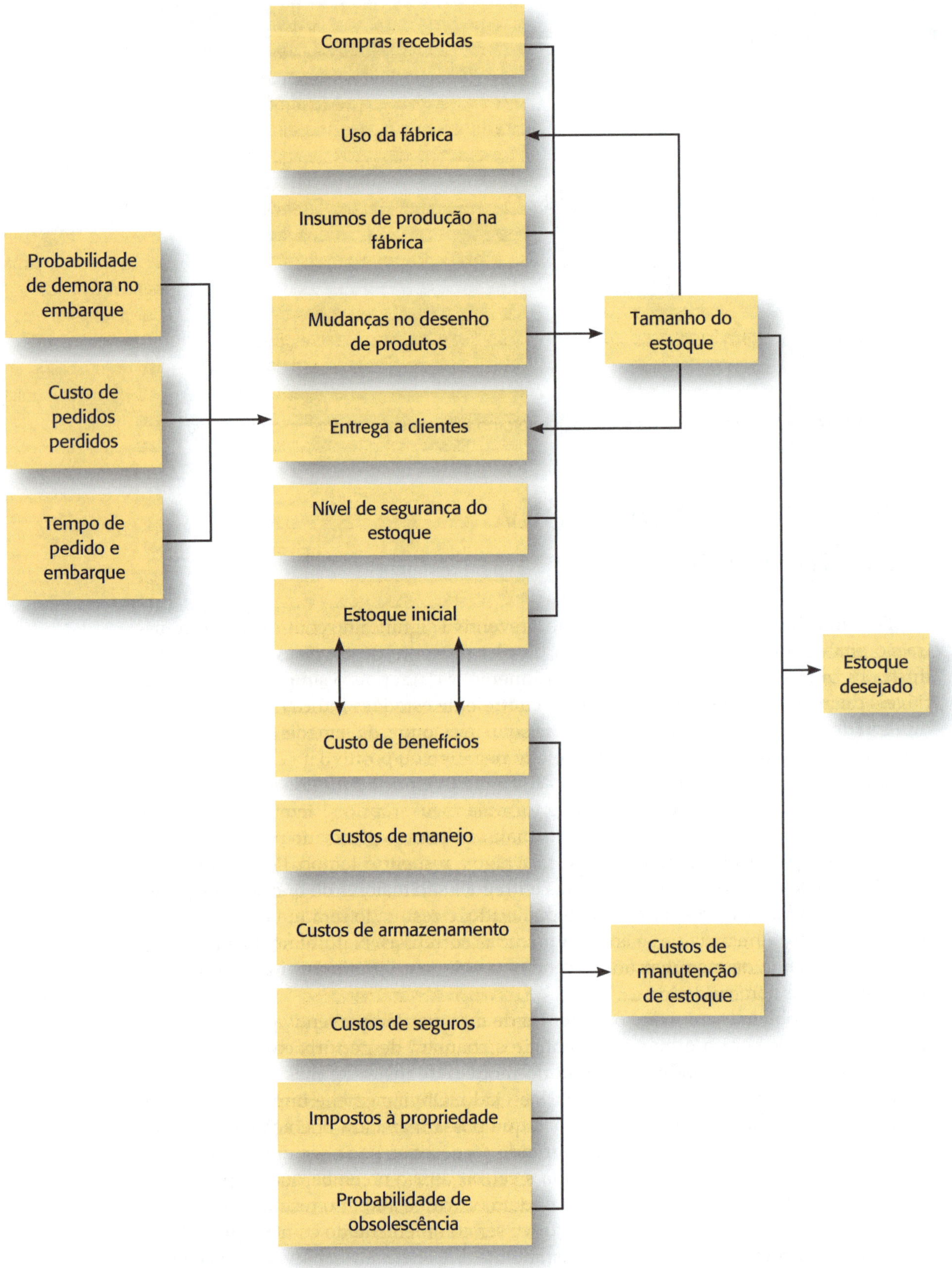

FIGURA 18.3 Sistemas de insumos para o controle de estoque com controle preventivo

Requisitos para o sistema de manutenção preventiva

Podemos resumir os requisitos para um sistema prático de manutenção preventiva de informação da seguinte maneira:

1. Faça uma completa e cuidadosa análise do sistema de planejamento e controle e identifique as variáveis de insumos mais importantes.
2. Desenvolva um modelo do sistema.
3. Tenha o cuidado de manter o modelo atualizado; em outras palavras, o modelo deve ser revisto regularmente para saber se as variáveis de insumo identificadas e suas inter-relações continuam representando realidades.
4. Compile dados sobre as variáveis de insumos regularmente e alimente-os no sistema.
5. Avalie regularmente as variações de dados de insumos reais em relação aos insumos planejados e o efeito no resultado final esperado.
6. Aja. Como qualquer outra técnica de planejamento e controle, tudo o que o sistema pode fazer é indicar problemas; é evidente que as pessoas devem agir para resolvê-los.

Controle geral[3] do desempenho

O planejamento e o controle são tratados cada vez mais como um sistema inter-relacionado. Junto com técnicas para o controle parcial, foram desenvolvidos dispositivos de controle para medir o desempenho geral de uma empresa – ou de uma divisão integrada ou projeto dentro dela – contra as metas totais.

Há muitos motivos para o controle do desempenho geral. Em primeiro lugar, assim como o planejamento geral deve aplicar-se às metas da empresa ou de uma divisão importante, também deve aplicar-se o controle geral. Em segundo lugar, a descentralização da autoridade – em particular nas divisões de produtos ou territoriais – cria unidades semi-independentes, e estas devem estar sujeitas a um controle geral para evitar o caos da independência completa. Em terceiro lugar, o controle geral permite a medição do esforço total de um gerente de área integrada, mais do que de partes dela.

Muitos controles gerais são, como era de se esperar, financeiros. Os negócios só continuam existindo quando são vantajosos; seus recursos de capital são um elemento escasso e que precisam se revitalizar. Visto que as finanças são a força coesiva dos negócios, os controles financeiros são certamente uma válvula objetiva importante para medir o êxito do planejamento. Além disso, programas de computador sofisticados podem utilizar os registros financeiros como ferramentas estratégicas.[4]

Muitos controles gerais nos negócios são financeiros.

[3] Outra medida ampla é o cartão de registro com o foco em perspectivas financeiras, do cliente, processo interno e aprendizagem e crescimento para esclarecer a visão e estratégia da empresa. Esse não é um sistema de medição, mas sim um sistema administrativo. Ver http://www.balancedscorecard.org/basics/bsc1.html, acesso em 3 de outubro de 2006. Ver também Kaplan e Norton, *Balanced scorecard*, acesso em 4 de outubro de 2006.

[4] Zweig, Phillip L. et al., "Beyond bean-counting", *Business Week*, 28 de outubro de 1996, p. 130-132.

Perspectiva internacional

Planejamento e controle no Grupo Modelo[5]

O planejamento e o controle estão estreitamente relacionados. Sem planos, o controle não é eficaz. O Grupo Modelo mexicano, mais conhecido pela cerveja Corona, tem presença mundial. Seu crescimento precoce foi alcançado mediante alianças estratégicas, seguidas de uma estratégia de integração. Para controlar sua empresa mundial, o Grupo Modelo mede seu êxito em relação aos seus concorrentes. Outro fator de êxito crítico é a importância da qualidade do produto, medida pelas expectativas do cliente. Mais ainda, as fábricas de manufatura adotaram os padrões de certificação ISO 9000. Um estrito controle financeiro ajudou a companhia a fazer frente à crise do peso mexicano, assim como a períodos de recessão econômica na América do Sul.

As medições financeiras resumem ainda, como um denominador comum, a operação de vários planos. Além disso, indicam com precisão o gasto total de recursos para alcançar metas. Isso é válido para todas as formas de empresas. Mesmo que o propósito de uma empresa educacional ou governamental não seja obter lucro, qualquer administrador responsável deve ter algum meio de saber quanto custou atingir as metas em relação aos recursos. A contabilidade adequada é importante, não apenas para os negócios, mas igualmente para o governo.

Os controles financeiros, como qualquer outro controle, devem ser adaptados às necessidades específicas da empresa ou da posição. Médicos, advogados e gerentes em diferentes níveis organizacionais têm diferentes necessidades para controlar sua área de operação. As análises financeiras oferecem ainda uma "janela" excelente através da qual se pode ver o resultado em áreas não financeiras. Um desvio dos custos planejados, por exemplo, pode levar um gerente a encontrar as causas no mau planejamento, na capacitação inadequada para os funcionários ou em outros fatores não financeiros.

Controle de perdas e ganhos

As receitas de uma empresa, em seu conjunto, servem a importantes propósitos de controle, principalmente por serem úteis para determinar os fatores imediatos de receitas ou custos que representam o êxito ou o fracasso. Obviamente, se é colocado primeiro na forma de um prognóstico, a situação das receitas é um dispositivo de controle ainda melhor, pois dá aos gerentes uma oportunidade, antes que os fatos ocorram, para influir nas receitas, gastos e, consequentemente, nos lucros.

Natureza e propósito do controle de perdas e ganhos

Perdas e ganhos mostram todas as receitas e gastos de um período determinado e são também um verdadeiro resumo dos resultados das operações do negócio.

Visto que a sobrevivência de um negócio depende normalmente dos lucros, e que estes são um padrão definitivo para medir o êxito, muitas companhias utilizam

5 Dieusaert, Tom, "Grupo Modelo: Success keeps brewing with a winning record", *Business Mexico*, janeiro de 2002.

Perspectiva empresarial

Entrevista com Tom Lounibos, diretor executivo da Soasta, sobre o controle[6]

Como os gerentes empresariais controlam suas empresas que começam como organizações mal-estruturadas e muito fluidas?

Tom Lounibos, diretor executivo da Soasta, uma companhia de software do Vale do Silício, compartilhou conosco sua experiência. Embora as empresas de propriedade privada não estejam sob o mesmo escrutínio que as empresas públicas, são responsáveis perante seus conselhos diretores. Medidas como receitas e lucros em geral não são aplicáveis a novos projetos no início de sua vida, que estão enfocados em construir produtos. Contudo, é necessário estabelecer pedras angulares para o desempenho da companhia e exigir seu cumprimento. Por exemplo, quando a versão beta de um produto estará completa? Quantos clientes utilizarão a versão beta do produto? E eventualmente, quantos clientes pagarão pelo produto e qual é o limite de preço alcançável?

Com relação aos prognósticos de vendas, é essencial ter uma clara compreensão do ciclo de vendas. Normalmente, produtos de preço alto requerem ciclos de vendas de vários meses, ou mais longos. Os prognósticos de receitas só podem ser feitos na medida em que se compreenda e se planeje esse ciclo de vendas. Se os objetivos de receitas não estão se cumprindo, os sistemas de controle para antecipar essa queda nas receitas são necessários para permitir que a companhia responda reduzindo os gastos planejados. A vantagem de lançar um novo projeto é que os gerentes empresariais podem começar com uma planilha limpa, sem as dores de cabeça de um grande *status quo* organizacional. Contudo, os administradores devem construir uma empresa que responda ao mercado e seja capaz de planejar e controlar um processo para cumprir seus objetivos e atender as expectativas do mercado.

as receitas para o controle das divisões ou departamentos. Desse modo, a situação de todas as receitas e gastos de um período determinado constitui um verdadeiro resumo das operações do negócio. Ao aplicar o controle de perdas e ganhos a divisões ou departamentos, as empresas baseiam-se na premissa de que, se o propósito de todo negócio é ter lucro, cada parte da empresa deve contribuir para esse propósito. Assim, a habilidade de cada uma das partes em obter o lucro esperado torna-se um padrão para medir seu desempenho.

Limitações do controle de perdas e ganhos

O controle de perdas e ganhos necessita do custo da contabilidade e transações em papel, que incluem a transferência intracompanhia de custos e receitas. Porém, o uso do computador reduziu esse custo consideravelmente. A duplicação de registros contábeis, os esforços envolvidos para designar os muitos custos indiretos e o tempo e esforço requeridos para calcular as vendas intracompanhia podem tornar oneroso esse controle, caso ele se estenda.

6 Entrevista realizada com Tom Lounibos, CEO da Soasta, por Mark Cannice, em 9 de janeiro de 2007.

Controle por meio do rendimento sobre o investimento[7]

O **controle do rendimento sobre o investimento** mede o êxito absoluto e relativo de uma companhia, ou sua uniformidade, pela relação dos ganhos com o investimento de capital.

Outra técnica de controle é medir o êxito absoluto e relativo de uma companhia, ou sua uniformidade, pela relação dos ganhos com o investimento de capital. O enfoque do rendimento sobre o investimento, a que se costuma referir simplesmente como RSI, foi o método principal do sistema de controle da Companhia Du Pont. Essa medida é a taxa do ganho que uma companhia ou uma divisão pode ter sobre o capital que lhe é designado. Portanto, essa ferramenta considera o lucro, não como absoluto, mas sim como um rendimento sobre o capital utilizado no negócio. Em conformidade com isso, a meta de um negócio não é necessariamente otimizar os lucros, mas otimizar o rendimento do capital dedicado aos propósitos do negócio. Esse padrão reconhece o fato fundamental de que o capital é um fator crítico em qualquer empresa, e sua escassez limita o progresso. E também ressalta o fato de que a tarefa dos administradores é fazer o melhor uso possível dos ativos que lhes são confiados.

Auditorias administrativas e empresas de contabilidade

As empresas de auditoria agora se encarregam também de analisar como as empresas estão administrando.

Ainda que muitas empresas de consultoria tenham empreendido vários tipos de avaliações de sistemas administrativos, geralmente como parte de um estudo organizacional, o maior interesse em buscar as auditorias administrativas foi demonstrado por empresas de auditorias contábeis. Um dos desenvolvimentos significativos foi seu ingresso no campo dos serviços de administração de ampla natureza de consulta. Embora tenha sido um campo de expansão importante para essas empresas de auditoria, quando já estão dentro de uma organização e a informação financeira a que têm acesso proporciona abertura quanto aos problemas de gestão, surge a questão do conflito de interesses. Em outras palavras, a questão é se a mesma empresa pode estar na posição de um consultor administrativo, prestando tanto assessoria como serviços, e continuar sendo um auditor contábil. Para estarem seguras, as empresas contábeis tentaram evitar esse problema ao separar as duas atividades dentro da organização.

As empresas contábeis desfrutavam de grande confiança, mas isso mudou quando os fiscais federais americanos acusaram a empresa de consultoria Arthur Andersen de obstrução da justiça em relação ao colapso da Enron em 2002.[8]

---

7 Ver também Arthur, W. Brian, "Increasing returns and the new world of business", *Harvard Business Review*, julho-agosto de 1996, p. 100-109.

8 Zellner, Wendy e Dan Carney, "The price of victory over Andersen", *Business Week*, 1º de julho de 2002, p. 38; Weber, Joseph, "The lingering lessons of Andersen's fall", ibid., p. 39; France Mike e Dan Carney, "Why corporate crooks are tough to nail", ibid., p. 35-37; Nocera, Joseph, "System failure", *Fortune*, 24 de junho de 2002, p. 62-74. Ver também Arthur Andersen, http://www.arthurandersen.com, acesso em 3 de outubro de 2006 e Enron, http://www.enron.com, acesso em 3 de outubro de 2006.

Controle burocrático e de clã

As organizações exercem controle de diferentes maneiras. Podemos distinguir entre dois tipos de controle estrutural: o burocrático e o controle de clã. O **controle burocrático** caracteriza-se por um uso amplo de regras, regulamentos, políticas, procedimentos e autoridade formal. Esse tipo de controle requer descrições de cargos e orçamentos claros e, frequentemente, tarefas padronizadas. Espera-se que os funcionários cumpram as regras e regulamentos e possam ter oportunidades de participação limitadas.

O **controle burocrático** caracteriza-se por um amplo uso de regras, regulamentos, políticas, procedimentos e autoridade formal.

O **controle de clã**, por sua vez, fundamenta-se em normas, valores compartilhados, comportamento esperado e outros aspectos relacionados com a cultura da organização que foram analisados no Capítulo 10.[9] O controle de clã pode ser ilustrado pelo uso de equipes e por organizações que operam em um ambiente muito dinâmico que requer adaptação rápida às mudanças. A Nokia, o maior fabricante de telefones móveis da Finlândia, procura manter a burocracia no mínimo, criando um ambiente coerente com a cultura finlandesa.

O **controle de clã** baseia-se em normas, valores compartilhados, comportamento esperado e outras variáveis culturais.

http://www.nokia.com

Requisitos para controles eficazes

Os administradores sempre alertas querem ter um sistema adequado e eficaz de controle que os apoiem para se assegurarem de que as ações correspondam aos planos. Nem sempre se compreende que os controles utilizados pelos administradores devem ser elaborados para a tarefa e a pessoa específicas a que se propõem servir. Ainda que o processo básico e os fundamentos do controle sejam universais, o sistema real requer um desenho especial.

Na verdade, para que os controles funcionem, devem ser adaptados aos planos e posições, aos administradores como indivíduos e suas personalidades e às necessidades de eficiência e eficácia.

Adaptar os controles aos planos e cargos

Todas as técnicas e sistemas de controle devem refletir os planos para os quais foram desenvolvidos. Também devem se adaptar aos cargos. O que for apropriado a um vice-presidente encarregado da manufatura certamente não será adequado para um supervisor de oficina. Os controles devem refletir ainda a estrutura da organização, mostrando quem é responsável pela execução dos planos e qualquer desvio deles.

Adaptar os controles aos administradores individuais

Os controles devem se adaptar aos administradores individuais. Os sistemas de controle e a informação visam, naturalmente, a ajudar os administradores individuais a

9 William Ouchi descreveu os clãs como um sistema de controle. As características de uma cultura de clã podem ser encontradas em "Managing corporate culture through reward systems", por Kerr, Jeffrey e John W. Slocum, Jr. em *The Academy of Management Executive*, novembro de 2005, p. 132-133.

desenvolver sua função de controle. Se forem do tipo que um gerente não possa compreender, não serão úteis. Os indivíduos não confiam naquilo que não conseguem compreender. E não utilizam aquilo em que não confiam.

Desenhar controles para assinalar exceções em pontos críticos

Uma das formas mais importantes de adaptar os controles às necessidades de eficiência e eficácia é desenvolvê-los de forma a assinalar exceções. Em outras palavras, os controles que se concentram em exceções ao desempenho planejado permitem aos administradores se beneficiar do honroso *princípio de exceção* e detectar áreas que requeiram sua atenção.

Mas não é suficiente circunscrever-se a observar exceções. Alguns desvios dos padrões têm pouco significado, enquanto outros têm muito. Os pequenos desvios em certas áreas podem ter um significado maior que grandes exceções em outras áreas. Um gerente poderia ficar preocupado se o custo de mão-de-obra da fábrica desviasse do orçamento em 5%, mas poderia não se preocupar se o custo dos selos postais desviasse do orçamento em 20%.

O controle eficiente requer que os administradores busquem exceções, na medida em que o controle eficaz requer que deem atenção primária às coisas mais importantes.

Por isso, o princípio de exceção deveria ser acompanhado na prática do *princípio do ponto de controle crítico*. Não é suficiente limitar-se a buscar exceções; devemos buscá-las em pontos críticos. É evidente que, quanto mais os gerentes concentrarem seus esforços nas exceções, mais eficiente será seu controle. Porém, o controle efetivo requer que os administradores deem atenção primária ao que for mais importante.

Buscar a objetividade dos controles

A administração tem, inevitavelmente, muitos elementos subjetivos, mas, se um subordinado está fazendo um bom trabalho, o ideal é que não fosse uma questão de determinação subjetiva. Se os controles são subjetivos, a personalidade de um administrador ou de um subordinado pode interferir nos juízos de desempenho e torná-los menos precisos. Contudo, as pessoas concordam com a avaliação de seu desempenho se os padrões e medições se mantivessem atualizados mediante revisões periódicas. O controle eficaz requer padrões objetivos, precisos e adequados. O McDonald's, por exemplo, aplica e mantém com muito rigor os mesmos padrões de qualidade em todas as suas lanchonetes, como se viu no caso discutido no Capítulo 1.

http://www.mcdonalds.com

Assegurar a flexibilidade dos controles[10]

Os controles devem permanecer funcionais mesmo com um fracasso ou mudanças inesperadas de planos, e por isso devem ser flexíveis.

Os controles devem continuar sendo funcionais com a mudança de planos, circunstâncias imprevistas ou fracassos rotundos. Se os controles têm de permanecer eficazes apesar do fracasso ou de mudanças inesperadas de planos, precisam ser flexíveis.

A necessidade de um controle flexível pode ser ilustrada facilmente. Um sistema orçamentário pode projetar um certo nível de gastos e conceder autoridade aos admi-

[10] Ver também Lacity, Mary C., Leslie P. Willcocks e David F. Feeny, "IT outsourcing: Maximize flexibility and control", *Harvard Business Review*, maio-junho, 1995, p. 84-94.

nistradores para contratar mão-de-obra e comprar materiais e serviços nesse nível. Se, como ocorre com frequência, esse orçamento estiver fundamentado no prognóstico de um certo nível de vendas, pode perder o sentido como sistema de controle se o volume de vendas real estiver muito acima ou abaixo do prognóstico. Os sistemas de orçamentos têm má reputação em algumas companhias pela inflexibilidade nessas circunstâncias. O que é preciso, evidentemente, é um sistema que reflita as variações nas vendas, assim como outros desvios do planejamento.

Ajustar o sistema de controle à cultura da organização

Para ser mais eficaz, qualquer sistema ou técnica de controle deve ajustar-se à cultura da organização. Se uma empresa concedeu aos funcionários muita liberdade e participação, um sistema de controle estrito pode ir na contracorrente a tal ponto que estará destinado ao fracasso. Por outro lado, se os subordinados forem administrados por um superior que permite pouca participação na tomada de decisões, um sistema de controle generalizado e permissivo terá pouca probabilidade de êxito. As pessoas que não têm muita vontade de participar ou que não estão acostumadas a participar talvez prefiram padrões e medições claras e instruções precisas. Em determinada ocasião a Mercedes-Benz, fabricante de automóveis de luxo, anunciou que todos os seus carros eram submetidos a revisões de muitos inspetores. Mas, posteriormente, com uma mudança na cultura da organização, grande parte da responsabilidade pela qualidade foi outorgada aos trabalhadores de produção individuais.

Para ser mais eficaz, qualquer sistema ou técnica de controle deve ajustar-se à cultura da organização.

http://www.mercedes.com

Conseguir economia de controles

Os controles devem valer seus custos. Embora seja um requisito simples, muitas vezes é difícil praticá-lo. Um administrador pode ter dificuldade de determinar quanto vale um sistema de controle em particular, ou quanto custa. A economia é relativa, visto que os benefícios do controle variam conforme a importância da atividade, o tamanho da operação, o gasto em que se poderia incorrer na ausência do controle e a contribuição que o sistema pode dar.

Os controles devem valer seus custos.

Estabelecer controles que levem à ação corretiva

Um sistema adequado revelará onde ocorrem as falhas e quem é responsável por elas e garantirá que se realize uma ação corretiva. O controle só se justifica se os desvios dos planos são corrigidos mediante planejamento, organização, integração de pessoal e liderança adequados. Como mencionado no Capítulo 13, a General Electric e a Motorola buscam a qualidade Seis Sigma, ou não mais que 3,4 defeitos por milhão de operações.[11]

Um sistema de controle adequado revelará onde ocorrem as falhas e quem é responsável por elas e garantirá que se realize uma ação corretiva.

[11] Ver também os artigos nas diversas edições de *Quality Digest*. Por exemplo, Fleming, Steve e E. Lowry Manson, "Six Sigma and process simulation", *Quality Digest*, março de 2002, p. 35-39 y http://www. isixsigma. com/sixsigma/six_sigma.asp, acesso em 24 de fevereiro de 2007.

Resumo

A função gerencial de controle consiste na medição e na correção do desempenho, a fim de assegurar que os objetivos da empresa e os planos elaborados para alcançá-los sejam atingidos. É função de cada administrador, do presidente ao supervisor.

As técnicas e sistemas de controle são basicamente os mesmos, independentemente de quem esteja controlando. Onde quer que se encontre e o que quer que se esteja controlando, o processo de controle básico inclui três passos: 1) estabelecer padrões, 2) medir o desempenho em relação a esses padrões e 3) corrigir variações dos padrões e do planejamento. Há diferentes tipos de padrões e todos devem assinalar desvios em pontos críticos. O desempenho pode ser medido em face das melhores práticas da indústria, enfoque conhecido como pontos de referência ou *benchmarking*.

O controle gerencial é visto geralmente como um mero sistema de retorno, similar ao termostato comum em um aparelho elétrico/eletrônico. Contudo, não importa a rapidez com que a informação esteja disponível (até informação em tempo real, que é informação sobre o que ocorre no momento em que o fato está acontecendo), há demoras inevitáveis ao analisar os desvios, desenvolver planos para realizar uma ação corretiva e implementar esses programas. Para superar essas demoras no controle, sugere-se que os administradores utilizem um enfoque de manutenção de retorno para o futuro ou manutenção preventiva, e não dependam apenas do retorno. O controle de retorno preventivo requer elaborar um modelo de processo ou sistema e monitorar insumos com o objetivo de detectar desvios futuros dos padrões e planos, dando assim tempo aos administradores para realizar uma ação corretiva antes que os problemas ocorram.

Muitos controles gerais são financeiros, e um deles é o controle de perdas e ganhos. Outro é o exercício do controle calculando e comparando o rendimento sobre o investimento. Esse enfoque baseia-se na ideia de que o lucro não deve ser considerado como uma medida absoluta, mas sim como um rendimento do capital empregado em um negócio, ou em um de seus segmentos. A auditoria administrativa também foi utilizada como dispositivo de controle. O controle burocrático baseia-se em regras, regulamentos, políticas, procedimentos e autoridade formal. Por outro lado, o controle de clã é influenciado por normas, valores compartilhados e comportamento esperado.

Para que os controles funcionem, devem ser adaptados especialmente aos planos e aos cargos, aos administradores individuais e às necessidades específicas, a fim de obter eficiência e eficácia. Para que sejam eficazes, os controles devem ser elaborados de modo a assinalar exceções em pontos críticos, ser objetivos, flexíveis, ajustar-se à cultura da organização, ser econômicos e direcionar a ação corretiva.

Ideias e conceitos básicos

Controle
Etapas do controle
Controle de pontos críticos
Tipos de padrões de ponto crítico
Pontos de referência ou *benchmarking*
Sistema de retorno
Sistema de informação em tempo real
Sistema de manutenção preventiva
Controle de perdas e ganhos
Controle de rendimento sobre o investimento
Auditoria administrativa
Controle burocrático
Controle de clã
Requisitos para controles eficazes
Princípio de exceção
Princípio de controle de ponto crítico

Para analisar

1. Planejamento e controle costumam ser vistos como um sistema; o controle é mencionado frequentemente como um sistema. O que significam essas observações? As afirmações podem ser válidas?
2. Por que a informação em tempo real não é suficiente para o controle eficaz?
3. O que é o controle de retorno preventivo? Por que é importante para os administradores? Além do exemplo de controle de estoques mencionado no capítulo, você imagina outras áreas em que o retorno preventivo seria utilizado? Selecione uma delas e explique como você procederia.
4. Por que a maioria dos controles de desempenho geral tende a ser financeiro? Deveria ser? O que mais você sugeriria?
5. "O controle de perdas e ganhos é falho porque não ressalta o rendimento sobre o investimento; é falho porque enfatiza demais os resultados presentes, talvez pondo em perigo os resultados futuros". Comente.
6. Se lhe pedissem que estabelecesse um sistema de controles "adaptados" em uma empresa, como você faria? O que precisaria saber?
7. No *benchmarking*, as empresas comparam seu desempenho com as melhores práticas. Por que você acredita que as empresas que têm um sistema eficaz estão dispostas a compartilhar informação com outras companhias?

Exercícios e atividades

1. Desenhe um sistema de controle para medir o progresso do seu trabalho no curso. Aplique os conceitos de retorno e alimentação preventiva analisados no capítulo.
2. Entreviste dois administradores acerca dos controles utilizados em suas companhias. Você pode identificar padrões de referência para medir o desempenho com precisão? Como se mede o desempenho em face dos padrões e qual a vantagem do relato de desvios? Se os desvios são detectados, quanto tempo demora antes que sejam feitas correções em situações específicas?

Pesquisa na Internet

1. Busque na Internet o termo "manutenção preventiva" ou *management feedforward control* (a versão em inglês do termo). Em que difere do controle de retorno?
2. Busque na Internet o termo "situação de perdas e ganhos". O que é?

Caso internacional 18.1

O Wal-Mart nos Estados Unidos e em todo o mundo[12]

Em 2001, o Wal-Mart tinha se tornado a segunda maior companhia do mundo em termos de vendas (a maior é a Exxon Mobil). É também a maior empresa privada do mundo. Além disso, a empresa tem um dos sistemas de logística mais sofisticados, controlado por computadores. Contudo, seus principais escritórios estão situados na cidadezinha de Bentonville, Arkansas. A orientação para cidades pequenas na abordagem de negócios contribuiu para sua história de êxito fundamentada em valores.

O êxito não aconteceu por acaso; ao contrário, baseia-se no cuidadoso planejamento de uma estratégia única, em uma estrutura de organização simples, em uma política de recursos humanos efetiva, em um estilo de liderança inspirador iniciado por Sam Walton, seu fundador, e no uso adequado da tecnologia da informação para administrar seus estoques. Quando a companhia cometia erros, aprendia com eles. Uma preocupação é se a estratégia de penetrar nas áreas rurais também funcionará nas áreas urbanas dos Estados Unidos e no ambiente mundial.

O antecedente

Tudo começou em 1962 em uma cidadezinha de Arkansas, quando Sam Walton sentiu a necessidade de atender clientes em lugarejos. Varejistas como Kmart e Sears concentravam-se nas grandes populações. Isso criou a oportunidade para o Wal-Mart de satisfazer as necessidades dos moradores das áreas rurais. Esta orientação para cidades pequenas reflete os valores da companhia, que valoriza as boas relações com o pessoal e os fornecedores. Os valores de Sam Walton e sua filosofia de simplicidade e frugalidade persistem depois do seu falecimento. O foco na economia de custos permite à companhia oferecer "preços baixos todos os dias", que se converteu no conhecido *slogan* da empresa.

Planejamento: de uma estratégia de populações pequenas a uma mundial

Além das lojas tradicionais, a empresa tem Supercentros, com uma linha completa de alimentos para as compras domésticas de uma só vez. Conta ainda com lojas especializadas como um centro de ótica, instalações para pneus e lubrificação e revelação de fotografias. Há ainda o Sam's Club, um clube de compras para pessoa física e jurídica com benefícios para os sócios.

Desde o início da década de 1990, o Wal-Mart tornou-se internacional, começando com uma loja Sam's Club perto da Cidade do México. Atualmente, o Wal-Mart opera clubes e lojas por todo o mundo, em países como Argentina, Brasil, Canadá, China, Alemanha, Coreia do Sul, México, Porto Rico e Reino Unido, empregando mais de 280 mil pessoas.

As fabulosas dimensões da empresa lhe dão um enorme poder de compra, o que, por sua vez, permite oferecer bens a preços baixos, política que distingue o Wal-Mart de outros varejistas. A companhia é conhecida por sua estratégia de marcas nacionais, que possibilita aos consumidores comparar preços. Além disso, o Wal-Mart tem marcas próprias com ofertas de produtos em roupas, cuidados com a saúde e a beleza, comida para cachorros e outros artigos.

---

12 "Wal-Mart, Wal around the world", *The Economist*, 8 de dezembro de 2001, p. 55–57; "Wal-Mart stores, Inc.", Caso 9-794-024 da Escola de Negócios de Harvard, revisto em 6 de agosto de 1996; Wal-Mart, http://www.walmartstores.com, acesso em 3 de outubro de 2006; H. Lee Scott Jr., Wal-Mart stores", *BusinessWeek*, 14 de janeiro de 2002, p. 71; ver também Fishman, Charles, *The Wall-Mart effect*, Stratford: Penguin Press, 2006; o livro foi revisto por Gillespie, Daniel T., em *Academy of Management Learning & Education*, setembro de 2006, p. 378-379; http://www.walmart.com, acesso em 24 de fevereiro de 2007.

Em seu sistema de distribuição centralizado, a mercadoria é levada a uma central de distribuição, onde é classificada e preparada para a entrega às lojas. Esses centros de distribuição muito automatizados operam 24 horas por dia e podem atender a cerca de 150 lojas. Outras mercadorias são enviadas diretamente dos fornecedores para as lojas.

Estrutura de organização simples: centralizada e descentralizada

Embora o sistema de informação privado da companhia seja centralizado, a operação é descentralizada, com alto grau de autoridade delegada aos gerentes locais, como, por exemplo, estipular os preços das mercadorias segundo o ambiente local. A autonomia outorgada aos gerentes de loja faz deles, em certo sentido, pequenos lojistas que podem tomar decisões para ajustar o estoque de acordo com as necessidades locais. Os funcionários, chamados de associados, são informados e festejados nas reuniões dos sábados de manhã, em que são elogiados por seus êxitos. As reuniões são também a oportunidade de reforçar a noção de que o cliente é o número 1.

A cultura de organização do Wal-Mart é construída sobre três valores básicos promulgados por Sam Walton. Foi estabelecida em 1962 e ainda persiste na organização. Os valores são: 1) respeito ao indivíduo, 2) serviço ao cliente e 3) busca da excelência. Outros fatores que influenciam a cultura da organização incluem superar as expectativas dos clientes, orientar as pessoas para que possam perceber diferenças, aproximar-se rapidamente dos clientes para ajudá-los, fazer hoje o que pode ser feito hoje, em vez de postergar, e estipular preços que proporcionem valor ao cliente.

Administração de recursos humanos: as pessoas, o ativo mais importante

É evidente que a cultura da organização tem efeito na função de pessoal. Os associados são tratados com respeito nessa organização saudável. Ter alto grau de autoridade motiva as pessoas. A capacitação é descentralizada, com seminários de administração oferecidos nos centros de distribuição, e não na matriz. A atmosfera da companhia encoraja os funcionários a apresentar suas ideias, muitas delas implementadas através do sistema de sugestões "Sim, podemos, Sam". Os associados recebem bônus por reduzir custos através do "plano de incentivos de redução de custos". Supervisores e gerentes recebem um salário e remuneração de incentivos com base no desempenho da loja. Os associados também podem participar de um plano de distribuição de lucros em que o Wal-Mart contribui com uma certa porcentagem.

Liderança pelo exemplo: frugalidade simples comunicada com eficácia

Sam Walton, o fundador, proporcionava liderança com o exemplo. Sua filosofia influía em seu estilo. Por algum tempo o homem mais rico dos Estados Unidos era um homem muito simples, viajando na classe econômica e dirigindo uma velha caminhonete picape. Do mesmo modo, Lee Scott, o atual CEO, dirige um Beetle, da Volkswagen. Sam Walton foi um bom comunicador durante seu período como CEO, e seu estilo foi descrito como "administrar caminhando e circulando por aí" por suas frequentes visitas às lojas. Embora acreditasse que confiar nas pessoas e atribuir-lhes responsabilidade era essencial para administrar as pessoas com eficácia, também tinha os sistemas de controle necessários. Mesmo depois do falecimento de Walton em 1992, sua herança e filosofia persistem na organização, como mostram os escritórios centrais com mobiliário espartano em Bentonville.

Controlar uma grande organização: compartilhar informação e tecnologias com os fornecedores

Um dos fatores-chave para o êxito do Wal-Mart é o sistema de estoques que utiliza tecnologia moderna. O sistema de logística privado controlado por computador é considerado um dos maiores dos Estados Unidos, ficando atrás apenas do sistema do Pentágono. O gerente da loja pode averiguar com facilidade como vão seus gerentes de departamento e que produtos têm mais demanda. O estoque do Wal-Mart é renovado quase duas vezes mais rapidamente que a média da indústria, o que reduz de forma significativa os custos de armazenamento. Os fornecedores, considerados parte da família Wal-Mart, também têm acesso ao sistema e recebem dados em tempo real para poder planejar reposições para os produtos de venda rápida.

Contudo, a relação com os fornecedores é muito peculiar desse tipo de segmento. Os contratos são negociados em escritórios austeros com uma mesa e cadeiras, nada de escritórios luxuosos. É possível encontrar um cartaz anunciando que os compradores do Wal-Mart não aceitam suborno, o que poderia influir nas decisões de compra.

Desafios mundiais para o futuro[13]

Apesar do êxito do Wal-Mart, há enormes desafios pela frente. Para continuar crescendo, o Wal-Mart teria de continuar abrindo novas lojas com agressividade, em seu país e no exterior. Além disso, as ofertas de produtos e serviços precisam ser ampliadas, como oferecer serviços bancários e agregar alimentos. A expansão internacional é outra forma de crescer. A companhia teve êxito na expansão no Canadá e no México, mas outras estratégias não foram tão bem-sucedidas. Um desses exemplos foi a entrada na Alemanha, que não foi planejada com cuidado. Lee Scott atribui o fracasso à má administração. A companhia trata de aprender com seus erros e insiste com seus associados para que proporcionem bom serviço com um sorriso. Na verdade, um grande problema para a companhia, devido ao rápido crescimento, é desenvolver gerentes e associados competentes.

No plano doméstico, a imagem do Wal-Mart foi prejudicada pela publicidade sobre o efeito do grande varejista nas pequenas comunidades. O programa de televisão *60 Minutes* mostrou que pequenos varejistas de pequenas cidades não puderam concorrer eficazmente com o gigante e se viram obrigados a fechar as portas. Contudo, os consumidores das pequenas comunidades eram atraídos pelos preços baixos todos os dias. O Wal-Mart também foi citado pelos baixos benefícios de saúde concedidos aos seus funcionários. Talvez em parte para desviar a atenção desse problema, a companhia chamou a atenção para o alto custo da saúde nos Estados Unidos com uma estratégia de reduzir drasticamente os preços de vários medicamentos genéricos em suas lojas, começando pela Flórida. Embora os críticos vejam isso como uma medida publicitária, os consumidores recebem bem.[14]

Uma das tentativas mais recentes do Wal-Mart para se manter como o maior varejista do mundo é converter-se na mercearia do bairro, o que provocou temor entre outras lojas de alimentos. O negócio de alimentos é um grande negócio. As pessoas podem ir comprar alimentos uma ou duas vezes por semana e, ao mesmo tempo, ser incitadas a comprar outros produtos que o Wal-Mart lhes oferece.[15]

O Wal-Mart praticou com eficácia as funções gerenciais de planejar, organizar, integrar pessoal, liderar e controlar, o que o levou ao êxito excepcional, mas os desafios permanecem. Companhias como Costco e Kmart, e mesmo empresas estrangeiras como a francesa Carrefour e a alemã Metro (embora ambas sejam muito menores que o Wal-Mart), são fortes concorrentes do Wal-Mart. ■

---

13 Ver também Drucker, Peter, "The next society", *The Economist*, 3 de novembro de 2001, encarte p. 3-20.

14 "Wal-Mart – high risk, high reward", *The Economist*, 14 de outubro de 2006, p. 32.

15 O'Keefe, Brian, "Meet your new neighborhood grocer", *Fortune*, 13 de maio de 2002, p. 93-96; Berner, Robert e Stephanie Anderson Forest, "Wal-Mart is eating everybody's lunch", *BusinessWeek*, 15 de abril de 2002, p. 43.

Perguntas

1. Com a saturação de lojas nas áreas rurais dos Estados Unidos, o Wal-Mart pode utilizar as mesmas estratégias para abrir lojas nas cidades? Por quê? Que dificuldades a empresa pode encontrar?
2. A cultura da organização, que foi tão efetiva nos Estados Unidos, pode ser transferida a outros países? Que mudanças, se forem possíveis, você sugeriria?
3. Os concorrentes poderiam copiar o sistema de estoques do Wal-Mart?
4. Você gostaria de ser um gerente no Wal-Mart? Por quê?
5. O que o Wal-Mart deveria fazer para ter êxito em outros países?
6. Como o Wal-Mart pode controlar a empresa mundial?

Caso internacional 18.2

Grupo Leche Pascual

Elaborado por Sonia Benito Hernández e Cristina López-Cózar Navarro,
da Universidad Europea de Madrid

Descrição de grupo empresarial

O Grupo Leche Pascual, criado em 1969, é uma empresa pioneira na indústria alimentícia espanhola. Sua principal atividade é embalar e preparar leite, iogurtes pasteurizados depois da fermentação, sucos, cereais para o café da manhã, ovo líquido ultrapasteurizado, tortilhas, água mineral, produtos lácteos e sua comercialização. Uma das chaves de seu êxito é a qualidade e a inovação permanente, que o diferencia de seus concorrentes. O Grupo Leche Pascual diversificou sua atividade introduzindo-se em outros setores econômicos, como o imobiliário, de seguros etc. Contudo, é líder no mercado alimentício espanhol.

Origem

O Grupo Leche Pascual iniciou suas atividades em 1969, quando don Tomás Pascual Sanz assumiu uma pequena cooperativa leiteira quebrada, que denominou de Indústrias Lácteas Pascual, S.A.

Os primeiros anos foram direcionados a procurar embalagens que garantissem a preservação da qualidade do leite; porém, os 400 sócios da cooperativa e os outros irmãos Pascual duvidaram da aposta de embalar o produto com a maior qualidade da Espanha e acabaram abandonando a empresa.

Na década de 1970, Pascual introduz na Espanha a pasteurização do leite e o acondicionamento asséptico Tetra BriK, uma completa inovação nas embalagens da época. Além disso, para garantir a qualidade do leite, contrataram uma equipe de veterinários e especialistas em gado, que atualmente é constituída de mais de 100 pessoas, o que lhes permite garantir que, na origem, o leite está 100% livre de antibióticos.

Na década de 1980, a empresa seguiu uma estratégia de diversificação, criando e desenvolvendo novos produtos como o suco de frutas Zumosol, o leite desnatado e semidesnatado.

Nos primeiros anos da década de 1990, o grupo se consolidou com a totalidade das ações da empresa Pascual Aranda, S.A., empresa que reestrutura, já que os pagamentos estavam suspensos, e realizou outras aquisições, como a Cérex (fábrica de cereais em Valladolid) e a fábrica engarrafadora de água mineral em Tarragona.

Em 1993, o Grupo Pascual põe em atividade a indústria de ovo líquido em Aranda de Duero (produto 100% livre de salmonelose), cuja utilização tornou-se obrigatória no setor hoteleiro pelas autoridades sanitárias, a fim de evitar as intoxicações que ocorriam no setor.

No final da década de 1990, Pascual lança os iogurtes Pascual Crecimiento, pasteurizados depois da fermentação, desnatados, com frutas, sabores etc., destinados a crianças de até 4 anos; e o BioFrutas, produto que fez grande sucesso nos mercados de alimentação na Espanha. Nos últimos 10 anos, lançou no mercado os produtos Pascual Calcio, Natillas e Arroz con Leche, além de pôr em atividade a indústria de elaboração de tortilha de batatas, que utiliza ovo líquido pasteurizado.

No período de 2000-2004, o grupo continuou desenvolvendo novos produtos, como o Vivesoy (mistura de suco com soja), e realizou novos investimentos na criação de três fábricas: uma em Córdoba, destinada à fabricação de sucos recém-espremidos; outra em León, destinada ao engarrafamento de água mineral Pascual Nature; e a última em Segóvia, destinada ao engarrafamento de água mineral, com as instalações mais modernas da Europa.

Nos últimos anos, o Grupo Leche Pascual adquiriu uma indústria de comida de animais em Lugo, inaugurada por uma Delegação Comercial em Tarragona para abastecer a zona da Catalunha.

Ontem e hoje

O Grupo Leche Pascual passou de uma empresa monoproduto a uma empresa diversificada com mais de 300 referências diferentes. Seu crescimento foi responsável e consequente, pois criou emprego e riqueza, evoluindo de um modelo de empresa familiar a um modelo de família empresarial titular do capital acionário.

Antes da morte de don Tomás Pascual Sanz em 2006, e para poder consolidar esse modelo empresarial atual, formalizou-se um protocolo familiar em 2000, que estabelecia os critérios de sobrevivência da empresa e a salvaguarda dos direitos dos funcionários. O protocolo define os parâmetros sobre os quais se baseará a sucessão familiar da companhia e os princípios que devem reger sua atuação na empresa. Os parâmetros são a responsabilidade com seus agentes mais importantes (fornecedores, funcionários, clientes) e a independência na designação do sucessor.

A qualidade e a segurança na alimentação como prioridade do grupo

Devido às crises alimentares recentes (mal da vaca louca, dioxinas, febre asiática, gripe aviária), a preocupação com a segurança alimentar passou a fazer parte de todos os países desenvolvidos. Portanto, o Grupo Leche Pascual, sensibilizado com essas ameaças do setor, buscou um duplo objetivo na segurança de seus alimentos: por um lado, estabeleceu um sistema integral de identificação que garante um alto nível de proteção da saúde humana e animal graças ao maior número de controles ao longo de toda a cadeia alimentar e, por outro, implantou o conceito de qualidade como prioridade.

A noção de qualidade, que está indissociavelmente ligada à de segurança alimentar, afeta desde as matérias-primas até os processos tecnológicos ou o acondicionamento.

O grupo estendeu sua ideia de qualidade não apenas aos processos produtivos, mas também às pessoas, principais elementos que formam sua empresa; assim, estabeleceu oito ações para o desenvolvimento da qualidade humana:[1]

1. Transferir as iniciativas estratégicas da companhia: conhecemos o negócio profundamente, antecipando-nos às necessidades de nossos clientes, orientados à consecução de êxitos e resultados. Provemo-nos das ferramentas e sistemas adequados para vencer o desafio comercial e industrial que é "ser a melhor experiência de consumo nutricional, liderando a qualidade e inovação de produto e a excelência do serviço".
2. Recrutamento e seleção: aproveitamos os recursos de promoção interna e utilizamos as técnicas de seleção mais avançadas para atrair os melhores profissionais, fazendo do Grupo Leche Pascual uma companhia admirada, onde

---

1 Grupo Leche Pascual. Informação disponível em HTML em http://www.lechepascual.es/e02.aspx, acesso em 22 de junho de 2007.

as pessoas querem trabalhar. Baseamo-nos nas descrições e perfis de competências dos cargos e realizamos processos de seleção e entrevistas com altos padrões.

3. Assimilação e integração: provemos os funcionários das ferramentas adequadas para desenvolver suas responsabilidades ao mais alto nível. Informamos de maneira clara a organização com um plano de acolhimento e formação, revendo a idoneidade dos processos e realizando acompanhamento da pessoa para manter seu nível de entusiasmo e ilusão.
4. Avaliação do rendimento: desenvolvemos os sistemas de avaliação para que, de maneira objetiva, nos permitam avaliar cada funcionário com relação às suas funções, objetivos, valores da companhia e competências-chave. Asseguramo-nos de que todos os sistemas de avaliação sejam compartilhados e eficazes, para alcançar os êxitos mais desafiadores propostos pela companhia. Avaliamos de forma honrada e clara os planos de aperfeiçoamento.
5. Desenvolvimento profissional e formação: facilitamos um plano de desenvolvimento individualizado, com um claro enfoque na formação e treinamento, que permita a cada funcionário atingir as máximas metas profissionais e que contribua de maneira eficaz aos desafios e êxitos da companhia.
6. Desenvolvimento da organização: asseguramo-nos de que a empresa conta com pessoas preparadas para assumir maiores responsabilidades no momento e lugar adequados, garantindo que os planos de formação sejam um investimento rentável para a companhia. Tomamos decisões objetivas, promovendo os mais capazes e sendo magnânimos para oferecer talento ao restante da organização.
7. Recompensa e reconhecimento: estabelecemos e mantemos diretrizes de retribuição que combinem a equidade interna e a competitividade externa, assegurando-nos de que as pessoas que mais contribuam para a organização sejam recompensadas por isso, assim como o reconhecimento individual para manter a motivação pelo trabalho bem-feito.
8. Movimento e saída: impulsionamos os movimentos de promoção interna dentro das empresas do grupo. Asseguramo-nos de que as pessoas que deixam a companhia sejam tratadas com os mais altos padrões de compromisso social e ético.

Portanto, como se pode ver, a ideia de qualidade e melhora permanente vai da gestão e administração da empresa, através de seu capital humano, até a qualidade, em suas atividades produtivas.

A garantia de qualidade no desempenho de suas atividades produtivas constitui parte de sua identidade e complementa a cadeia de valor de sua política de segurança alimentar.

Para obter essa qualidade na seleção das matérias-primas, o grupo intervém nos processos de nossos fornecedores para colaborar na obtenção da máxima qualidade desde sua origem:

> O leite é recolhido diariamente junto a mais de 2.300 criadores, procedente de um seleto gado *vacum* criado sem antibióticos.
> As laranjas para sucos são colhidas em Andaluzia, onde se cultiva a laranja de melhor qualidade para sucos.

A qualidade de nossos processos produtivos incorpora as mais modernas tecnologias da Espanha e, às vezes, da Europa:

> Tecnologia avançada em processos térmicos (Uperização).
> Rigorosos controles de qualidade: logo que todas as matérias-primas e complementos chegam às nossas fábricas são submetidos aos mais estritos controles de qualidade, rejeitando-se todos que não cumprem nossos rigorosos padrões de qualidade. Durante o processo de fabricação e acondicionamento retiram-se várias amostras que são analisadas nos laboratórios de cada fábrica.
> Tecnologia avançada em processos asssépticos de acondicionamento.
> Sistemas modernos de acondicionamento, pasteurização e armazenamento.

A qualidade no controle de pós-produção, isto é, antes de ser postos à venda, os produtos já acondicionados são novamente submetidos a controles que asseguram que nada será posto à venda que não cumpra nossos padrões de qualidade.

A qualidade na infraestrutura ambiental é assegurada mediante equipamentos e sistemas que otimizam o consumo energético e reduzem ao mínimo as emissões de resíduos.

Essa preocupação constante com a qualidade se traduz em alguns marcos significativos:

Primeira empresa espanhola certificada pela UE para a comercialização de leite em todo o território da União.

Obteve as mais exigentes certificações de qualidade, como a ISO 9000.

Em 1999, o Grupo Leche Pascual converteu-se na primeira empresa láctea do mundo que pode exportar iogurtes para os Estados Unidos, depois de obter a homologação "Grau A" outorgada pelo governo norte-americano. Recentemente, renovou essa homologação com a máxima pontuação possível, 100 pontos.

Futuro da empresa

O Grupo Leche Pascual é uma empresa com crescimento sustentado, como demonstra a evolução de seu faturamento nos últimos anos. O crescimento médio anual constante é de 7% nos últimos anos.

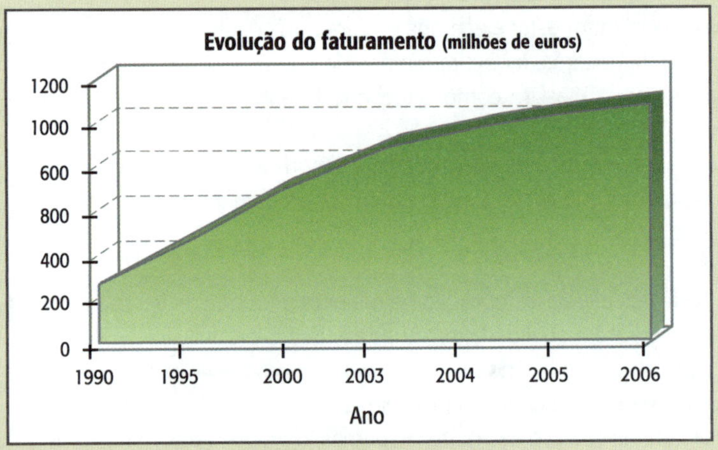

FIGURA 1 Evolução do faturamento

Fonte: Grupo Leche Pascual. http://www.lechepascual.es

O volume das vendas do leite líquido sobre os demais produtos, no total do faturamento, decresceu nos últimos anos, e dessa forma fica demonstrada a aposta do Grupo Leche Pascual pela diversificação e busca de novos mercados; assim, o número de produtos vendidos nos últimos anos cresceu de forma espetacular. O último exemplo de inovação, apresentado na recente Feira Alimentar, foi uma tortilha francesa acondicionada para micro-ondas. Trata-se de uma tortilha francesa clássica, elaborada com ovos frescos do dia, sem aditivos e destinada ao grande público, a qual até então só era vendida a estabelecimentos de hotelaria.

Uma das estratégias do grupo para o futuro é expandir-se na China, México e Brasil, e para isso mantém conversações com empresas e fabricantes de produtos alimentícios com uma ampla rede de distribuição.

Conforme declarou, em 30 de novembro de 2006, o presidente e conselheiro delegado do Grupo Leche Pascual, Tomás Pascual Gómez-Cuétara: "quando a empresa encontrar 'um sócio de confiança que conheça bem o mercado' estudará montar unidades de produção para comercializar produtos lácteos com sua marca própria, ainda que não descarte aproveitar a empresa de seu sócio local se tiver o reconhecimento entre os consumidores", disse ele.

Assim, começaram a comercializar novos produtos em janeiro de 2007, como Tealia e Essencial.

O presidente da companhia afirmou igualmente na mesma data: "Duplicaremos as vendas em cinco, seis ou sete anos", disse. "Avançar na orientação ao cliente, reforçar a inovação, melhorar a cadeia de suprimentos, aplicar uma gestão empresarial mais participativa e 'levar a excelência à qualidade operacional' são os 'pilares' do projeto de futuro do grupo", ressaltou. ■

Perguntas

1. Qual o conceito da qualidade no Grupo Leche Pascual.
2. Que ações o Grupo Leche Pascual realiza em nome da qualidade?
3. O que impulsionou o Grupo Leche Pascual a seguir sua política diferenciadora?
4. Em que resultados se vê refletido o êxito ou fracasso da estratégia adotada pelo Grupo Leche Pascual?
5. Que certificações de qualidade obteve o Grupo Leche Pascual? Em que territórios são válidas? O que ou quem é Aenor?
6. Explique os "pilares" que o presidente da companhia afirma serem necessários para crescer nos anos propostos e no tempo estimado.

Referências

1. AZNAR AGUILAR, J. Caso Leche Pascual. Pioneros en uperisación y comunicación. Informação disponível em HTML em: http://empresas.telefonica.es/documentacion/casos_exito/CP_Leche_Pascual.pdf, acesso: 11 de junho de 2007.
2. GRUPO PASCUAL. Informação disponível em HTML em: http://www.lechepascual.es, acesso: 17 de junho de 2007. GRUPO LECHE PASCUAL. *La seguridad y la calidad de los productos.* Informação disponível em HTML em: http://www.lechepascual.es, acesso: 17 de junho de 2007.
3. LA BOLSA.COM. Noticias sobre empresas, informação disponível em HTML em: http://www.labolsa.com/noticias/20061 130 142433/, acesso: 15 de junho de 2007.
4. SABI. Base de dados privada sobre empresas.

19

Capítulo

Técnicas de controle e tecnologia da informação

Objetivos de aprendizagem

Depois de estudar o capítulo, você deverá ser capaz de:

1. Explicar a natureza da atribuição de orçamentos e os tipos de orçamentos.
2. Descrever a atribuição de orçamentos base zero.
3. Analisar dispositivos de controle não orçamentários.
4. Explicar a análise da rede tempo-resultado como uma importante técnica de planejamento e controle.
5. Compreender a natureza e aplicações da tecnologia da informação.
6. Identificar a importância dos computadores para o acesso à informação.
7. Explicar as oportunidades e os desafios criados pela nova tecnologia da informação.
8. Analisar a economia digital, assim como os desenvolvimentos no e-commerce e no m-commerce.

Ainda que a natureza básica e o propósito do controle administrativo não mudem, uma variedade de ferramentas e técnicas foi utilizada ao longo dos anos para ajudar os administradores a exercerem controle. Como veremos neste capítulo, essas técnicas são, em primeira instância, ferramentas de planejamento. Ilustram a verdade fundamental de que a função do controle é fazer com que o planejamento tenha êxito. Naturalmente, para fazer isso, o controle deve refletir os planos, e o planejamento deve preceder o controle.

Orçamento como dispositivo de controle

Um dispositivo bastante usado para o controle gerencial é o orçamento.* Já se disse algumas vezes que a atribuição de orçamentos é o dispositivo para manter o controle. Contudo, muitos dispositivos não orçamentários são igualmente essenciais.

Conceito de determinação de orçamentos[1]

A **determinação de orçamentos** é a formulação de planos para um período futuro determinado em termos numéricos. Como tal, os orçamentos são declarações de resultados antecipados, seja em termos financeiros (receitas e gastos, assim como orçamentos de capital) ou em termos não financeiros – orçamentos de horas de mão-de-obra direta, materiais, volume de vendas físicas ou unidades de produção. É comum afirmar, por exemplo, que os orçamentos financeiros representam a "dolarização" dos planos.

Determinação de orçamentos
Formulação de planos para um período futuro determinado em termos numéricos.

Perspectiva empresarial

Em novos projetos, o dinheiro é o rei

Enquanto os negócios bem estabelecidos fazem orçamentos com cuidado, supervisionam e reportam as inúmeras medidas financeiras de suas operações, os empresários que dirigem novos projetos estão mais focados no fluxo monetário. Isto se deve ao fato de que, em um novo investimento, o dinheiro normalmente é limitado e o planejamento de saídas e recebimentos monetários é essencial para a sobrevivência do projeto. Questões como a cobrança de recebimentos dos clientes, a negociação de termos de pagamentos extensivos aos fornecedores e o estabelecimento de linhas de crédito com prestamistas podem levar para a frente ou quebrar uma nova empresa. Controlar os fluxos de dinheiro em financiamentos, operações e investimentos são coisas que o empresário sempre deve ter em mente, ao mesmo tempo que projeta a estratégia de sua empresa para o crescimento a curto e longo prazos.

* Principalmente devido às implicações negativas da determinação de orçamentos no passado, utiliza-se às vezes a expressão mais positiva *planejamento de lucros* e o orçamento é conhecido então como *plano de utilidades*.

1 Ver também Cooper, Robin e W. Bruce Chew, "Control tomorrow's costs through today's design". *Harvard Business Review*, janeiro-fevereiro, 1996, p. 88-97; "Budget types and uses". Disponível em: http://able.harvard.edu/fbud, acesso em 25 de junho de 2002.

Perigos na determinação de orçamentos

Os orçamentos são utilizados para planejamento e controle. Infelizmente, alguns programas de controle orçamentário são tão completos e detalhados que se tornam incômodos, sem sentido e indevidamente onerosos. Além disso, o controle orçamentário pode ser usado para propósitos equivocados.

Quantas vezes se ouviu um gerente dizer "é uma boa ideia, mas não está no meu orçamento"? De modo geral, os orçamentos controlam as coisas erradas. Medem insumos, mas ignoram saídas como a qualidade do produto e a satisfação do cliente. Esses itens são difíceis de medir; contudo, podem ser a chave do êxito ou do fracasso do negócio. Os gerentes podem tomar decisões equivocadas para se ajustar ao orçamento, em particular quando recebem incentivos por se manter dentro dele. Podem não investir em pesquisa e desenvolvimento, não fazer investimento de capital para a produtividade, ou não investir em atividades que resultem em maior participação de mercado porque esses investimentos não apresentam resultados imediatos. Algumas dessas ações deveriam ser incluídas no planejamento de longo prazo, em vez de no orçamento anual. As economias reais podem vir de máquinas mais eficientes, novos produtos ou outras ideias criativas, não de apegar-se ao orçamento.

Determinação de orçamentos base zero

Determinação de orçamentos base zero

Dividir os programas da empresa em pacotes compostos de metas, atividades e recursos necessários e depois calcular os custos de cada pacote partindo de uma base zero.

Um tipo de determinação de orçamentos é a de **orçamentos base zero**. A ideia por trás dessa técnica é dividir os programas da empresa em "pacotes" compostos de metas, atividades e recursos necessários, e depois calcular os custos de cada pacote partindo do nada. Ao começar o orçamento de cada pacote da base zero, seus elaboradores calculam os custos do nada para cada período do orçamento; com isso, evitam a tendência comum de só buscar as mudanças de um período anterior.

Em geral, essa técnica foi aplicada às chamadas áreas de suporte, mais que às áreas de produção real, sob a suposição de que há lugar para a contenção em gastos na maioria dos programas em áreas como marketing, pesquisa e desenvolvimento, de pessoal, planejamento e finanças. Os diversos programas considerados desejáveis são custeados e revistos em termos de seus benefícios para a empresa e depois classificados de acordo com esses benefícios e selecionados com base no pacote que renderá o benefício desejado.

A principal vantagem dessa técnica é, evidentemente, o fato de que obriga os administradores a planejar cada pacote do programa partindo do nada. À medida que os administradores fazem isso, revisam os programas estabelecidos e seus custos na totalidade, junto com os programas mais novos e seus custos.

Dispositivos de controle não orçamentários tradicionais

Naturalmente, há muitos dispositivos de controle tradicionais não vinculados aos orçamentos, ainda que alguns tenham relação e sejam utilizados com os controles orçamentários. Entre os mais importantes estão o uso de dados estatísticos de muitos aspectos da operação, relatórios especiais e análise de áreas específicas, auditoria operacional e avaliação independente por um grupo de auditores internos ou externos e a observação pessoal, como administrar observando diretamente, caminhando pela empresa.

Análise de rede tempo-resultado

Outra técnica de planejamento e controle é uma análise de rede tempo-resultado chamada de técnica do programa de avaliação e revisão (Pert – Program Evaluation and Review Technique). Antes do desenvolvimento do Pert, havia outras técnicas para avaliar como as partes de um programa se ajustam com o tempo e de acordo com os resultados.

Gráfico de Gantt

A primeira dessas técnicas foi o sistema de gráficos desenvolvido por Henry L. Gantt, no início do século XX, que culminou no gráfico de barras que leva seu nome (ver a Figura 19.1). Embora seja um conceito simples, esse gráfico, que mostra as relações de tempo entre as atividades, ou os "resultados" de um projeto, foi considerado revolucionário na administração. O que Gantt reconheceu é que as metas totais do projeto devem ser vistas como uma série de atividades inter-relacionadas que as pessoas possam entender e acompanhar. Os desenvolvimentos de controle mais importantes refletem esse princípio simples, assim como os princípios básicos de controle, como escolher os elementos mais críticos do planejamento que devem ser supervisionados com cuidado.

Gráfico de Gantt
Gráfico de barras que mostra as relações de tempo entre os "resultados" de um projeto.

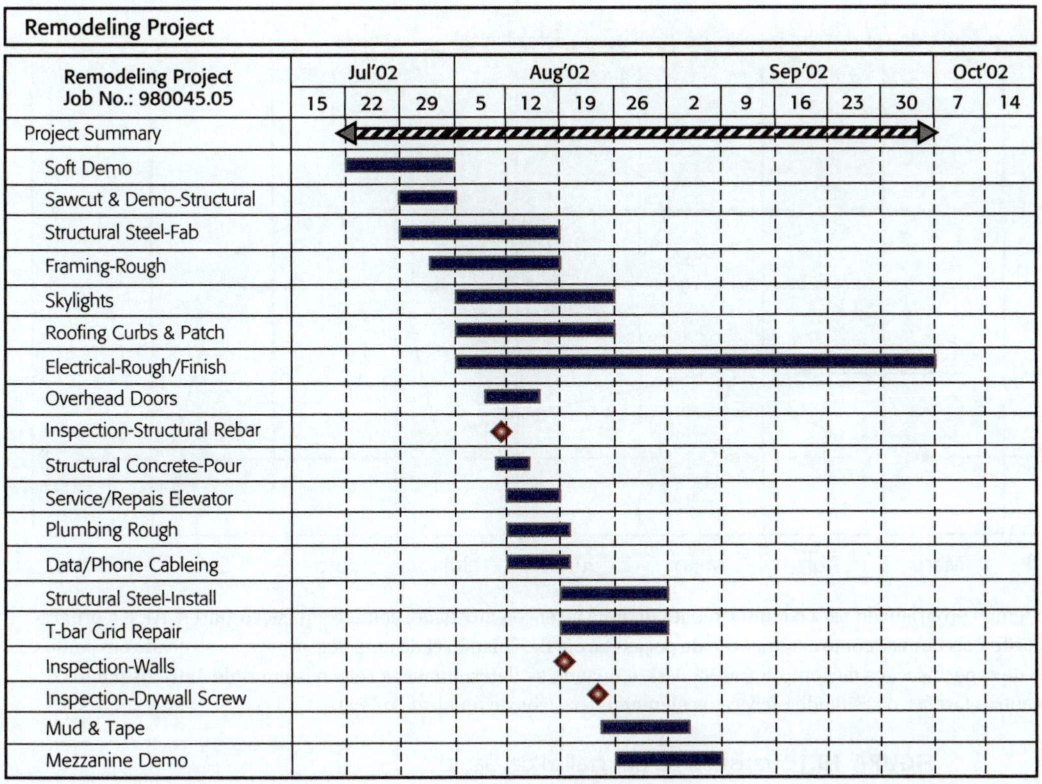

O gráfico de Gantt baseia-se no conceito de que as metas gerais de um projeto devem ser consideradas uma série de planos inter-relacionados.

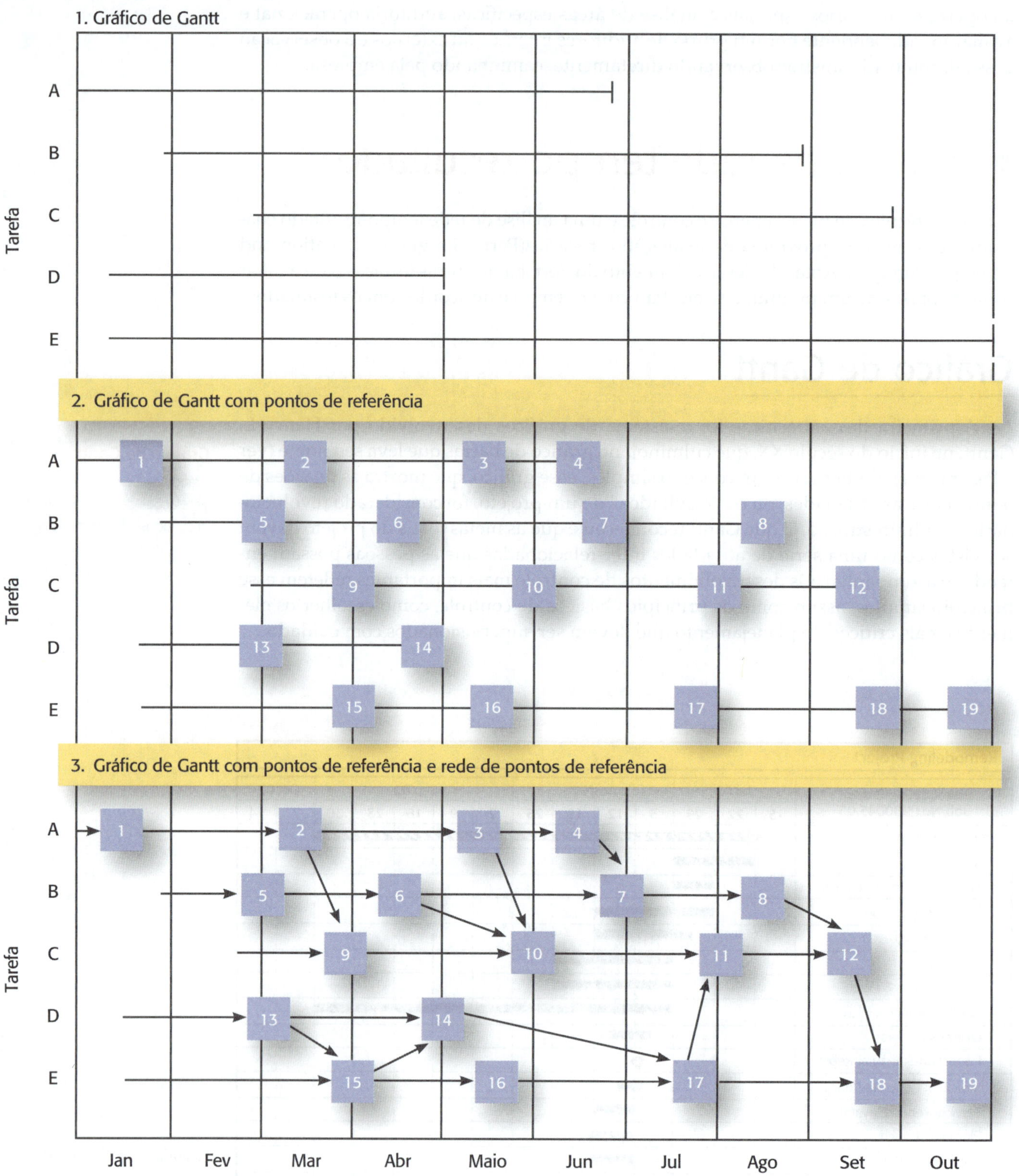

O gráfico de Gantt nº 1 mostra o tempo programado para o cumprimento de uma tarefa ou atividade, como a aquisição (tarefa A), e a programação relacionada à realização das demais tarefas, como a fabricação de peças (tarefa B). Quando cada uma dessas tarefas se divide em pontos de referência, como a elaboração de especificações de compra (tarefa A-1), e quando se determinam as relações em rede entre os pontos de referência de cada tarefa e os de outras tarefas, o resultado oferece os elementos básicos de um gráfico Pert.

FIGURA 19.1 Transição de um gráfico de Gantt

Pontos de referência na determinação de orçamentos

Como resultado do desenvolvimento de técnicas adicionais dos princípios do gráfico de Gantt e de uma melhor compreensão da natureza de rede dos programas, elaborou-se a determinação de orçamentos com base em "pontos de referência" e o Pert, contribuindo para melhorar o planejamento e o controle de muitos projetos e operações. A determinação de orçamentos de pontos de referência separa um projeto em atividades controláveis e depois faz o acompanhamento com cuidado. Até projetos relativamente simples contêm uma rede de planos ou projetos de apoio. Nesse enfoque do controle, os pontos de referência são definidos como segmentos identificáveis. Quando um determinado segmento é concluído, os custos ou outras atividades podem ser determinados.

Técnica de avaliação e revisão do programa (Pert)*

Desenvolvido pelo Departamento de Projetos Especiais das Forças Armadas dos Estados Unidos, o Pert foi aplicado formalmente pela primeira vez no planejamento e controle do Sistema de Armas Polaris em 1958 e funcionou bem para agilizar a conclusão desse programa. Durante vários anos, foi recebido com tanto entusiasmo pelas forças armadas, que se converteu em uma ferramenta indispensável para importantes contratados e subcontratados na indústria de armamentos e na indústria espacial. Embora o Pert já não seja tão mencionado nos contratos de defesa e espaciais, seus elementos fundamentais continuam sendo ferramentas essenciais para planejamento e controle. Além disso, em inúmeras aplicações não governamentais, incluindo projetos de construção, engenharia e ferramentas, e até em tarefas tão simples, como a programação de atividades para a produção de relatórios financeiros mensais, utiliza-se o Pert ou sua técnica de rede de acompanhamento, o método de caminho crítico.

Perspectiva internacional

Planejamento e controle em engenharia

A melhor forma de planejar e controlar um projeto de engenharia é desmembrá-lo em várias etapas ou atividades, como a conclusão de planos anteriores, um modelo experimental, o desenho de um pacote, um protótipo empacotado e um projeto. Ou um projeto poderia ser desmembrado verticalmente em subprojetos – por exemplo, o desenho de um circuito, um motor, um mecanismo impulsor, um dispositivo sensor, um dispositivo de retorno de sinal e componentes similares – que seriam completados individualmente, em uma sequência de tempo para que os componentes estejam prontos no momento preciso. A atribuição de orçamentos aos pontos de referência permite a um administrador ver um programa complexo como uma série de partes mais simples e assim manter algum controle para saber se o programa vai seguir em frente ou fracassar.

* A técnica também foi desenvolvida separadamente como o método de caminho crítico por engenheiros da Companhia Du Pont, praticamente ao mesmo tempo. Apenas o Pert é analisado aqui porque o método de caminho crítico, embora se distinga em alguns aspectos, utiliza os mesmos princípios.

Principais características do Pert

Pert (Program Evaluation and Review Technique)
Sistema de análise de rede de tempo-resultado em que as diversas etapas de um programa ou projeto são identificadas, com um tempo estabelecido para cada uma.

O **Pert** é um sistema de análise de rede de tempo-resultado em que as diversas atividades de um programa ou projeto são identificadas, com um tempo estabelecido para cada uma. Essas atividades são colocadas em uma rede que mostra as relações de cada resultado com os outros. Em certo sentido, o Pert é uma variação da determinação de orçamentos de pontos de referência (ver a Figura 19.1).

A Figura 19.2 mostra um diagrama de fluxo Pert da principal linha de conjunto de um avião. Esse exemplo ilustra a natureza básica do Pert. Cada círculo representa uma *etapa precedente* – um plano de suporte cuja conclusão pode ser medida em um determinado momento. Os círculos são numerados na ordem em que as atividades ocorrem. Cada seta representa uma *atividade* – o elemento que consome tempo de um programa, o esforço que se deve fazer entre as atividades. *O tempo da atividade*, representado pelos números ao lado das setas, é o tempo necessário para chegar a um resultado.

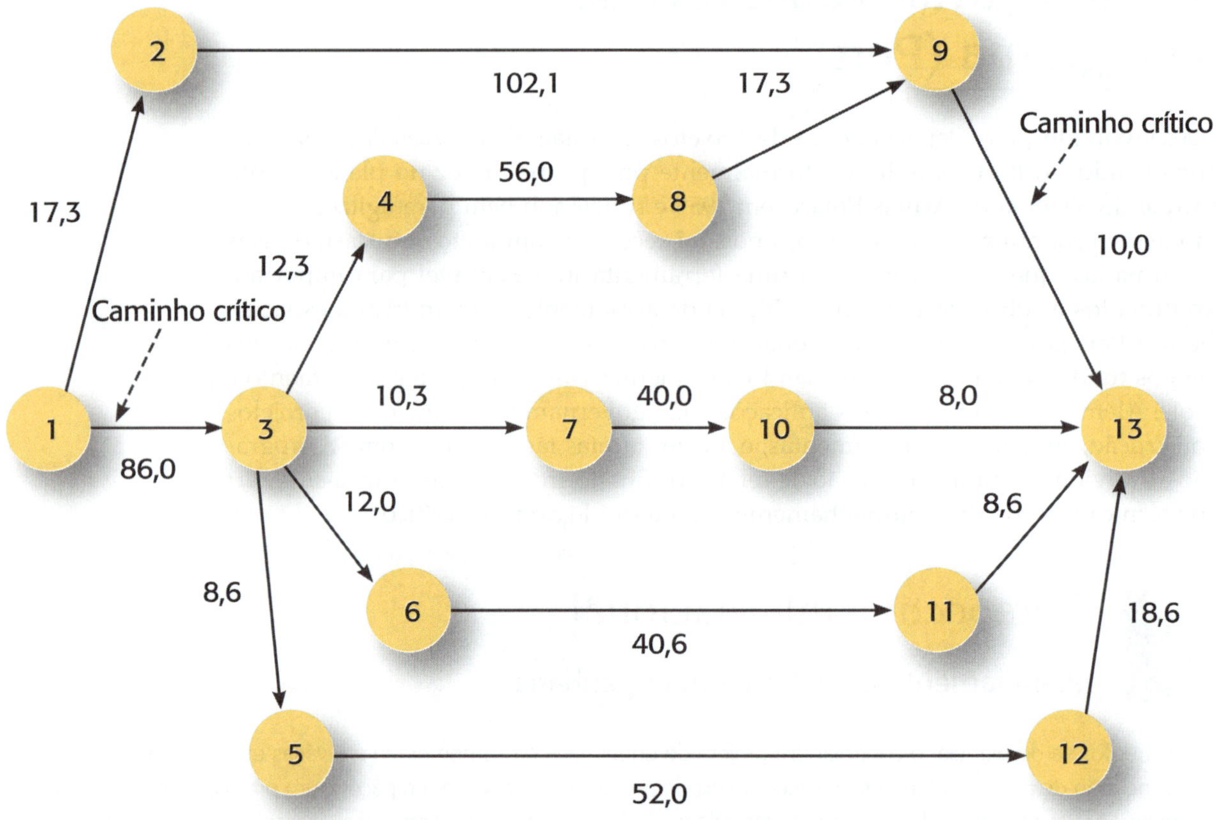

Conjunto principal de um avião. Os eventos (principais pontos de referência de avanço) são: 1) encaminhamento do programa de pedidos; 2) andamento da aquisição do motor; 3) conclusão de planos e especificações; 4) conclusão de planos de fuselagem; 5) apresentação de requerimentos de GFAE;* 6) adjudicação de subcontratação do conjunto de cauda; 7) adjudicação de subcontratação das asas; 8) conclusão de fabricação da fuselagem; 9) conclusão do conjunto de motor na fuselagem; 10) recepção de asas dos subcontratados; 11) recepção do conjunto de cauda dos subcontratados; 12) recepção de GFAE; 13) conclusão do avião.

FIGURA 19.2 Diagrama de fluxo Pert: tempo em semanas

*GFAE significa *government-furnished airplane equipment* (equipamento de aviação fornecido pelo governo)

Nesse exemplo, mostra-se apenas um tempo para cada atividade, mas no programa original Pert havia três estimativas de tempo: o tempo "otimista", uma estimativa do tempo necessário se tudo caminha excepcionalmente bem; o tempo "mais provável", uma estimativa com base no tempo que o engenheiro do projeto realmente acredita que é necessário para a tarefa; e o tempo "pessimista", uma estimativa de tempo com base na suposição de que um revés concebível logicamente, à parte um grande desastre, será enfrentado. Essas estimativas costumam ser incluídas no Pert porque é bastante difícil, em muitos projetos de engenharia e de desenvolvimento, estimar o tempo com precisão. Quando se fazem várias estimativas, em geral trabalha-se com uma média, atribuindo um peso particular à estimativa mais provável; assim, utiliza-se uma única estimativa para os cálculos.

O passo seguinte é calcular o **caminho crítico**, ou Critical Path Method – CPM, que é a sequência de etapas que leva o tempo mais longo e que tem um tempo morto de zero (ou o mais curto). Na Figura 19.2, o caminho crítico compreende os resultados 1-3-4-8-9-13. Seguindo esse caminho, o tempo de atividade para essa sequência de resultados é de 131,6 semanas; se a entrega é prometida para 135 semanas, mesmo esse caminho crítico estará completo 3,4 semanas antes do prazo. Alguns outros caminhos são quase tão longos como o caminho crítico. Por exemplo, o caminho 1-2-9-13 é de 129,4 semanas. Isso não é incomum nos gráficos Pert/CPM e costuma-se identificar vários caminhos cruciais em ordem de importância. Ainda que o caminho crítico tenha a tendência de mudar conforme os resultados-chave atrasem em outras partes do programa, identificar essas alterações no início torna possível um monitoramento estrito da sequência de resultados, em particular para certificar-se de que todo o programa caminhe dentro do prazo.

Caminho crítico

A sequência de etapas que requer o tempo mais longo e que tem um tempo morto de zero (ou o mais curto).

As análises Pert/CPM típicas incluem centenas de milhares de resultados. Embora análises Pert/CPM menores possam ser feitas manualmente, as estimativas indicam que, quando há mais de 200 a 300 resultados envolvidos, é praticamente impossível manejar os cálculos sem um computador.

Forças e deficiências do Pert/CPM

Existem cinco vantagens importantes do Pert/CPM. Primeiro, obriga os administradores a planejar porque é impossível fazer uma análise tempo-resultado sem planejar e ver como as peças se encaixam entre elas. Segundo, obriga o planejamento em todos os escalões, porque cada gerente subordinado deve planejar o resultado pelo qual é responsável. Terceiro, concentra a atenção em elementos críticos que podem precisar de correção. Quarto, torna possível um tipo de controle de visão para o futuro; qualquer atraso afetará os resultados subsequentes e talvez todo o projeto, a menos que o gerente possa recuperar o tempo ao remanejar o que é atribuído a alguma ação futura. Quinto, o sistema de rede, com seus subsistemas, permite aos administradores exigir relatórios e pressionar para a ação no ponto e nível correto da estrutura da organização, no momento oportuno.

O Pert/CPM também tem algumas limitações. Dada a importância do tempo de atividade para sua operação, a técnica não é útil quando um programa é muito claro e não é possível fazer "estimativas de adivinhação" razoáveis. Mas, em casos como esse, ainda é possível uma margem de segurança, como colocar dois ou mais grupos de pessoas para trabalhar em uma mesma atividade quando os custos permitem. Uma desvantagem importante do Pert/CPM é seu enfoque apenas no tempo, não nos custos. Embora essa abordagem seja adequada para programas em que o tempo é essencial, ou em que, como ocorre frequentemente, tempo e custos têm uma relação estreita e direta, a ferramenta é mais útil quando se introduzem considerações diferentes do tempo na análise. (Contudo, existe outro programa chamado Pert/Custo que considera os custos.)

Perspectiva internacional

Desenvolvedores de serviços de TI da América Latina ganham terreno

Os desenvolvedores de tecnologia tiveram grande surpresa com a incursão de empresas da América Latina no negócio de serviços tecnológicos, embora suas empresas ainda precisem ganhar escala. Esse fenômeno se deve em grande parte à recuperação do mercado tecnológico na AL. Segundo um informe da IDC, consultor em tecnologias da informação, o gasto em tecnologia cresceu 14% em 2004 e se esperava que fosse de 8,5% em 2005.

Não é de se estranhar que, das 100 principais empresas de tecnologia atuando na AL, 30% sejam originadas dessa região, buscando concorrer com as cinco principais empresas globais de serviços de tecnologia da informação. O que as empresas latino-americanas podem oferecer? De acordo com a Jones Lang LaSalle, empresa de gestão imobiliária, os latino-americanos, mais do que custos baixos no nível da China, podem oferecer mão-de-obra qualificada em serviços sofisticados. Assim, Brasil, México e Buenos Aires despontaram como regiões atrativas para empresas de tecnologia global como Tata Consultancy Services Iberoamerica, Sabre e RCI.

Carlos Palloti, presidente da Câmara de Empresas de Software e Serviços Informáticos (Cessi) da Argentina comenta que as empresas da AL não devem perder o mercado externo que conquistaram: "Uma é a tecnologia para agroindústria e a outra o chamado marketing interativo, que envolve desde a geração de soluções publicitárias até desenvolvimento de sites para a Internet". No Brasil, há muitas empresas bem-sucedidas em software de gestão, capazes de competir em nível global, comenta Mauricio Monteiro, analista da IDC: "As empresas brasileiras têm um know-how muito interessante para implementações em grandes, médias e pequenas empresas. É isso que deveríamos explorar, nossas competências específicas".

Fonte: Com informação de "¿La nueva India", *América Economía*, n. 307, 2 de setembro de 2005, em http://www.americaeconomia.com.

Tecnologia da informação[2]

O desenvolvimento da tecnologia da informação facilita em maior grau o controle organizacional a um custo relativamente baixo. O modelo de sistemas da administração (Capítulo 1) mostra que a comunicação é necessária para realizar as funções gerenciais e vincular a organização com seu ambiente externo. A comunicação e o sistema de informação gerencial (SIG) são o vínculo que torna possível a administração.

A princípio, devemos compreender a distinção entre dados e informação. Os *dados* são fatos brutos que não são muito úteis até que se convertam em *informação*; isto é, depois de ser processados, tornam-se significativos e compreensíveis para o receptor (ver também o modelo de comunicação no Capítulo 17). Embora isto se aplique à comunicação interpessoal, é válido também para a tecnologia da informação.

A tecnologia da informação inclui uma variedade de tecnologias, incluindo diversos tipos de hardware (como computadores e impressoras), software (sistemas operacionais e processamento de texto ou dados) e tecnologias de computação e comunicação (telecomunicação e administração de base de dados).[3] De fato, desenvolvem-se com rapidez novas tecnologias como 4G, a quarta geração de tecnologia sem fio, que amplia e fortalece as capacidades da tecnologia da informação.[4]

---

2 Ver também Drucker, Peter F., "The information executives truly need". *Harvard Business Review*, janeiro-fevereiro, 1995, p. 54-63; Drucker, "The next society". *The Economist*, 3 de novembro de 2001, encarte p. 3-20.

3 Howard, Bill, "On technology: What to expect in 2002". *PC Magazine*, 15 de janeiro de 2002, p. 65.

4 Nadel, Brian, "Waiting for the wireless revolution". *PC Magazine*, 21 de maio de 2002, p. 84-86.

A tecnologia da informação promoveu o desenvolvimento do SIG. A definição do termo **sistema de informação gerencial** varia. Neste contexto, definimos SIG como um sistema formal para compilar, integrar, comparar, analisar e difundir informação interna e externa à empresa de maneira oportuna, eficaz e eficiente para apoiar os administradores dos mais diversos níveis no desempenho de suas tarefas. O SIG deve ser adaptado a necessidades específicas e pode incluir informação de rotina, como relatórios mensais; informação que assinale exceções, em particular em pontos críticos; e informação necessária para predizer o futuro.

Sistema de informação gerencial
Sistema formal para compilar, processar e difundir informação interna e externa à empresa de maneira oportuna, eficaz e eficiente para apoiar os administradores no desempenho de suas tarefas.

O equipamento eletrônico permite o processamento rápido e econômico de enormes quantidades de dados. O computador, com a programação apropriada, processa dados para conclusões lógicas, classifica-os e torna-os facilmente acessíveis para uso. Como se mostrou antes, os dados não se convertem em informação antes de ser processados de forma útil que informe.

Perspectiva internacional

A China assumirá o papel da Índia na terceirização de TI?[5]

Muito se escreveu acerca da terceirização (*outsourcing*) de projetos de software na Índia. Na verdade, a Índia tem cerca de 200 mil engenheiros de TI trabalhando no nível de arquitetura de projetos. O domínio do idioma inglês e o alto nível educacional são outros pontos fortes desse país. Contudo, a Índia está preocupada com os serviços competitivos oferecidos pelas companhias chinesas. Nesse momento, a China está em desvantagem competitiva. Não apenas tem escassez de talento gerencial, como também de habilidade no idioma inglês. Além disso, uma estrutura da indústria de TI fragmentada não conduz ao desenvolvimento de capacidades de terceirização de TI. Talvez o ponto mais importante, as empresas estrangeiras se preocupam com a proteção da propriedade intelectual. Apesar dessas desvantagens, a China trabalha com afinco para desempenhar um papel significativo na terceirização de TI.

O investimento conjunto da Microsoft e do governo municipal de Xangai realiza algumas tarefas para o suporte com base na rede da Microsoft. Para superar a fraqueza no domínio do idioma inglês, os funcionários recebem capacitação para melhorar suas habilidades em idiomas. Além disso, toda semana é realizada uma sessão de "imersão no inglês" de 30 minutos, em que só se pode falar inglês. E ainda, as principais universidades requerem que grande parte dos cursos que oferecem seja dada em inglês.

Assim, apesar de no momento a Índia ser líder em terceirização de TI devido às condições favoráveis, o país pode esperar uma concorrência pesada da China.

5 Yuan, Li, "Chinese companies vie for a role in U.S. IT outsourcing". *The Wall Street Journal*, 5 de abril de 2005.

Expansão dos dados básicos

O foco de atenção sobre a administração da informação, associado à melhora do processamento, levou à redução de antigas limitações. Os administradores reconhecem que a informação contábil tradicional, direcionada ao cálculo de lucros, teve valor limitado para o controle. Porém, em muitas companhias, foi praticamente o único tipo de dados coletados e analisados com regularidade. Os administradores necessitam de todo tipo de informação não contábil sobre o ambiente externo, como acontecimentos sociais, econômicos, políticos e técnicos. Além disso, necessitam de informação não contábil sobre as operações internas. A informação deve ser qualitativa e quantitativa.

Embora não se tenha feito progressos suficientes para alcançar esses requisitos, o computador, junto com a pesquisa de operações, levou a uma enorme expansão da informação gerencial disponível. Vemos isto particularmente em relação a dados de marketing, concorrência, produção e distribuição, custos do produto, mudança tecnológica e desenvolvimento, produtividade do trabalho e cumprimento de metas. Quando foi perguntado a leitores do *The Economist* que tipo de tecnologia influiria na atividade econômica, a ampla maioria mencionou a tecnologia da informação.[6]

Indigestão de informação e serviços de inteligência computacional

Os administradores que sabem o efeito de um processamento de dados melhor e mais rápido têm razão em seu temor de sofrer uma "indigestão de informação". Tendo despertado seu apetite pelos números, os dispositivos geradores e processadores de dados produzem material a uma taxa quase atemorizante. Os gerentes se queixam de estar sendo sepultados por impressos, relatórios, projeções e prognósticos que não têm tempo de ler ou não conseguem compreender ou que não satisfazem suas necessidades particulares.

Uma tentativa de resolver o problema da sobrecarga de informação é o estabelecimento de serviços de inteligência computacional e o desenvolvimento de uma nova profissão de especialistas em inteligência. O serviço é proporcionado por especialistas que sabem (ou verificam) qual o tipo de informação de que os administradores necessitam e como digeri-la e interpretá-la para uso gerencial. Algumas companhias estabeleceram unidades organizacionais com nomes tais como "serviços administrativos" ou "análise e serviços de administração" para tornar a informação compreensível e útil.

O uso de computadores para gerenciar informação

O computador armazena, recupera e processa dados para convertê-los em informação. Apesar de cada vez mais os computadores diminuírem de tamanho, existem diferentes tipos de computadores. Muito usado até poucos anos atrás, o central ou mainframe é um computador de grande porte, que frequentemente custa milhares de dólares, capaz de gerenciar enormes quantidades de dados. Os mais poderosos

6 "The same – only more so?". *The Economist*, 8 de dezembro de 2001, encarte p. 12.

mainframes são supercomputadores utilizados para engenharia, simulações e a manipulação de grandes bases de dados.* O minicomputador tem menos memória e é menor que o mainframe; anteriormente era também denominado estação de trabalho e hoje equivale aos servidores de rede. Esse tipo de computador costuma estar conectado a equipamentos periféricos. O microcomputador é ainda menor e é amplamente usado em escritórios, em casa, podendo ser portátil ou mesmo de mão. Contudo, cada vez mais, os servidores são utilizados por grandes organizações, como computadores independentes ou como partes de uma rede.

A distinção entre as diversas classes de computadores diminui a cada dia, devido ao uso do microcomputador e à conexão de computadores menores em rede. Algumas tarefas que antes requeriam um computador poderoso são realizadas em computadores menores, conectados entre si. A Monsanto, companhia de biotecnologia de alimentos, utiliza tecnologia de rede de pequeno porte, ou rede local, para obter esse poder numérico. Em vez de comprar computadores maiores, conecta os computadores menores. Embora a tecnologia de rede local tenha sido desenvolvida na universidade e em laboratórios de pesquisa do governo, passou a ser amplamente usada nos negócios.[7] É preciso assinalar que a utilização plena do hardware (os computadores) depende também do desenvolvimento dos programas de software.

Entre as muitas aplicações do computador nos negócios estão o planejamento de requisitos de materiais, o planejamento de recursos de manufatura, o controle de maquinário de manufatura assistido por computador, custeio de projetos, o controle de estoque e compras. Algumas das ferramentas serão analisadas no próximo capítulo. O computador ajuda igualmente no projeto e engenharia, uma aplicação que tornou possível o programa espacial dos Estados Unidos. Naturalmente, entre os muitos usos estão ainda o processamento de informação financeira como cobrança, contas a pagar, informações sobre os funcionários, atribuição de orçamentos de capital e planejamento financeiro. A comunicação assistida por computador tem efeito não só na tomada de decisões, mas também no desenho organizacional.

O computador armazena, recupera e processa dados para convertê-los em informação.

Perspectiva internacional

UPS: da administração do tempo à tecnologia da informação (TI)[8]

No negócio das entregas, o tempo é crítico para a United Parcel Service Inc. (UPS) e a FedEx Corporation, dois ferozes concorrentes. Na década de 1980, a UPS era conhecida por suas operações de baixa tecnologia, mas de mão-de-obra intensiva de caminhões, com um enfoque em estudos intensivos de administração do tempo. Mas, em 2006, o enfoque mudou para TI, em parte impulsionado pela FedEx, conhecida por seu serviço de entrega de alta velocidade da noite para o dia. Para melhorar a rapidez, os clientes da UPS podem preparar suas próprias etiquetas antes que o pacote seja recolhido, acessando o site da UPS ou utilizando software oferecido pela empresa. Mediante o uso do sistema de posicionamento mundial por satélite (GPS), a companhia pode estimar com bastante precisão a hora da entrega. No futuro, talvez a UPS possa programar as entregas pelos prazos.

* O supercomputador foi desenvolvido pelo legendário Seymour Cray, que foi chamado de pai da supercomputação. O primeiro supercomputador foi utilizado no Laboratório Nacional de Los Álamos, em 1978, e custou cerca de US$ 8,8 milhões.

7 Little, Darnell e Ira Sager, "Who needs supercomputers?". *BusinessWeek*, 3 de junho de 2002, p. 82-83.

8 Dade, Corey, "Moving ahead – how UPS went from low-tech to IT power – and where it's headed next". *The Wall Street Journal*, 24 de julho de 2006.

A função dos computadores nas tarefas dos administradores de diferentes níveis organizacionais

A informação deve variar em diferentes níveis organizacionais. Portanto, a função dos computadores também será diferente. No nível de supervisão, as atividades normalmente são muito programáveis e repetitivas. Consequentemente, o uso dos computadores está muito difundido nesse nível. Programação, planejamento diário e controle das operações são apenas alguns de seus usos.

Os administradores de nível médio, como chefes de departamento, gerentes e supervisores de fábricas, em geral são responsáveis pela administração e coordenação. Muita informação importante para eles também já está disponível para a alta administração se a companhia dispuser de um amplo sistema de informação. Por esse motivo, alguns acreditam que o computador reduzirá a necessidade de administradores de nível médio. Outros preveem que seus papéis podem se estender e mudar.

Os membros da alta administração são responsáveis pela estratégia e pela política geral da organização. Além de determinar a direção geral da companhia, são responsáveis pela interação apropriada entre a empresa e seu ambiente. Claramente, muitas das tarefas dos diretores executivos não podem ser programadas com facilidade. Contudo, os executivos de alto nível utilizam programas de computador para obter informação de uma base de dados e facilitar a aplicação de modelos de decisões. Isso permite que a companhia tenha respostas oportunas a mudanças no ambiente externo. Mas o uso de programas de computador talvez afete menos as funções dos executivos do que afetará as tarefas dos que se encontram em níveis inferiores.

A aplicação e efeitos dos microcomputadores

O computador pessoal tornou-se cada vez mais atrativo para os administradores porque é flexível e relativamente barato e pode ser utilizado com maior rapidez. Suas aplicações incluem as seguintes: planilhas de cálculo, apresentações gráficas, análises financeiras, preparação de orçamentos, prognósticos, modelagem de simulação, processamento da palavra, correio eletrônico (e-mail), acesso a bases de dados e tempo compartilhado.

As implicações do uso do microcomputador são múltiplas. Existe a necessidade de pessoal de suporte especializado, de capacitação de administradores e não administradores e de redefinição de tarefas. Por exemplo, a distinção entre pessoal de linha e *staff* é cada vez menos clara. A informação que antes era compilada pelo pessoal administrativo agora pode ser obtida com facilidade pelos administradores de linha acessando uma base de dados comum. Por outro lado, a informação que antes era prerrogativa de gerentes de nível mais alto agora pode ser disponibilizada ao pessoal em níveis mais baixos, talvez resultando em uma mudança do poder para níveis mais baixos da organização. Porém, nem toda informação deve estar disponível a todas as pessoas da companhia. Assim, um dos problemas que muitas empresas enfrentam atualmente é garantir a segurança da informação.

Oportunidades e desafios criados pela tecnologia da informação

Evitar o uso não autorizado da informação é apenas um dos muitos desafios criados pela tecnologia da informação. Outros desafios, assim como oportunidades, incluem superar a resistência ao uso dos computadores, adaptar dispositivos de reconhecimento de voz, telecomutação, instalar redes de computadores e utilizar a Internet.

Resistência ao uso de computadores

Enquanto os estudantes de ensino médio podem se sentir à vontade utilizando um computador, alguns administradores o temem. Um estudo revelou que o executivo típico afetado por essa fobia é homem, de cerca de 50 anos de idade e que trabalhou a maior parte da vida para a mesma companhia. Alguns gerentes estão vacilantes quanto a usar o computador porque temem parecer não estar qualificados se não forem capazes de compreender a nova tecnologia ou não têm a habilidade de mecanografia, muitas vezes necessária para inserir dados no computador. No passado, a mecanografia era considerada tarefa da secretaria, não do gerente. Na Kaiser Permanente, maior organização de assistência à saúde nos Estados Unidos, os médicos resistiam à nova tecnologia da informação porque precisavam inserir os registros médicos dos pacientes. Para estimular seu uso, eles receberam listas de verificação que podiam ser preenchidas facilmente na tela. Quando os benefícios foram evidentes, a resistência decresceu.

http://www.kp.org

Dispositivos de reconhecimento de voz

Uma forma crescente do uso dos computadores é através de dispositivos de reconhecimento de voz. A meta é inserir os dados no computador falando de maneira natural em vez de utilizar o teclado. Várias empresas trabalham no desenvolvimento desses dispositivos. Durante algum tempo, o reconhecimento de voz simples teve uso limitado. Conseguir ampliar o vocabulário mediante uma memória maior não é suficiente. Imagine a sofisticação do programa necessária para distinguir entre sons similares (no vocabulário inglês) como "then" e "than" ou "to", "too" e "two" Apesar dos problemas complexos, algumas pessoas acreditam que os esforços realizados nessa área resultarão em produtos que podem revolucionar as operações de um escritório.

Depois de um arranque lento, o reconhecimento de voz é utilizado cada vez mais em centrais de companhias telefônicas, empresas aéreas e de serviços financeiros e também em programas de tradução.[9] A eficácia de custos dessa tecnologia é um dos principais fatores de seu uso crescente. Os computadores já não são tão caros, e o acesso à banda larga, à Internet e à Ethernet sem fio se generalizou. Contudo, o maior uso prático do reconhecimento de voz pode estar no carro. Talvez o impedimento mais importante a esse desenvolvimento, pelo menos nos Estados Unidos, é o desacordo quanto a um padrão comum na indústria.

Telecomutação

Telecomutação

Trabalhar em um terminal de computador em casa em vez de se deslocar para o local de trabalho.

O uso amplo dos computadores e a facilidade de conectá-los através de linhas telefônicas (ou em dispositivos sem fio) ao computador central de uma empresa levaram à **telecomutação**, ou **home-office**. Isso significa que uma pessoa pode trabalhar em um terminal de computador em casa em vez de se deslocar para o local de trabalho. Algumas das vantagens incluem maior flexibilidade na programação do trabalho, evitar os congestionamentos de trânsito e a necessidade reduzida de espaços de escritório.

O futurista Alvin Toffler imaginou uma "cabana eletrônica" com terminais de computador instalados em casa. Porém, John Naisbitt, em seu livro *Megatrends*, é cético quanto à ideia e sugere que depois de telecomutar durante algum tempo, os trabalhadores vão sentir saudades do burburinho dos escritórios e da interação humana com seus colegas.[10] Algumas empresas que contrataram trabalho de telecomutadores foram criticadas por não proporcionar os benefícios oferecidos aos trabalhadores de escritório. Contudo, na Pacific Bell, os participantes no programa voluntário são considerados funcionários em tempo integral. Além disso, alguns funcionários vão ao escritório pelo menos uma vez por semana para rever sua correspondência e conviver com seus colegas de trabalho.

Com a deterioração do trânsito, em particular em áreas metropolitanas, podemos ver um uso maior da telecomutação. Mas é duvidoso que substitua o escritório tal como conhecemos hoje.

Redes de computadores

O uso amplo dos computadores independentes geralmente resulta na duplicação de esforços. A base de dados no servidor, por exemplo, pode não ser acessível no computador de escritório. Assim, foram desenvolvidas redes de computadores que conectam as estações de trabalho entre elas, com os servidores e com equipamentos periféricos, como impressoras, scanners etc. A interconexão permite a vários usuários em diferentes computadores comunicar-se entre eles e ter acesso a outros computadores. Além disso, os computadores se conectam a um hardware oneroso que pode ser subutilizado por um usuário único. Por exemplo, podem-se compartilhar impressoras a laser ou unidades de segurança em fitas para guardar arquivos de dados. Há muitas outras aplicações das redes de computadores, como o e-mail e a coleta, disseminação e intercâmbio de dados, informações e conhecimentos.

---

9 "Just talk to me". *The Economist*, 8 de dezembro de 2001, encarte p. 13-15.

10 Naisbitt, John. *Megatrends*. Nova York: Warner Books, 1982, cap. 1.

Perspectiva internacional

A Cable-Aconcagua aproveita os nichos do mercado das telecomunicações

É um fato que o mercado das telecomunicações no Chile está mudando. Basta considerar projetos como Chilesat, VTR-CableExpress, Entel-Internet e a aliança VTR-Startel, para mencionar apenas alguns. É óbvio que um desses gigantes acabará liderando o mercado. Mas é preciso estar atento às empresas pequenas que estão atuando bem, de um jeito diferente e sem alarde. É o caso da Cable-Aconcagua, uma empresa independente de televisão a cabo localizada em Los Andes e a única na América Latina que oferece, em um mesmo sinal, televisão a cabo e conexão à Internet.

Essa empresa nasceu no início de 1993 devido à iniciativa de pessoas que tinham concessões para televisão a cabo em quatro cidades e perceberam a oportunidade de explorar a concessão e desenvolver o potencial do negócio. Mas foi Maurice Poisson Adriasola, gerente geral da Cable-Aconcagua, que teve a ideia de oferecer conjuntamente televisão a cabo e o serviço de modem a cabo (conexão à Internet). Maurice sempre desejou que houvesse no Chile serviços de conectividade, como o SMDS, que opera nos Estados Unidos e na Europa.

Na origem, era uma empresa típica de televisão a cabo cujo objetivo era selecionar a programação mundial para criar uma programação de interesse local. Nessa época, a Microsoft lançou o que seria a solução para concretizar a ideia de Poisson Adriasola. Tratava-se de um sistema que permitia habilitar clientes e servidores em um conjunto de protocolos TCP/IP, o que permitiu a conectividade simultânea entre estações e, ao mesmo tempo, com equipamentos de Internet. Sobre essa base, a Cable-Aconcagua estabeleceu seus dois principais negócios: televisão a cabo e serviços de modem a cabo com objetivos bem concretos:

1. No que se refere à televisão a cabo, desenvolver um negócio que perdure no tempo, sem se dispersar pretendendo um ganho imediato, mas sim em gerar um mercado "saudável " e uma carteira de clientes estável e crescente.
2. Na área de modem a cabo, expandir a demanda por meio de novos serviços para clientes tradicionais e desenvolver um serviço atrativo para segmentos comerciais específicos: cartórios, bancos, lojas etc.

Com essas premissas, passou de 150 clientes captados em seu primeiro ano para uma carteira de 1.800.

Todos esses êxitos se devem a um sistema de trabalho discreto em áreas abandonadas pelas grandes empresas do setor, hipnotizadas pelo mercado da telefonia local.

Com o tempo, a Cable-Aconcagua conseguiu se consolidar, ainda que tenha pela frente grandes desafios, como a entrada de empresas grandes em seu mercado; contudo, a empresa mantém uma atitude otimista em vista dos resultados obtidos até agora.

Internet

A Internet é a maior rede de computadores; na realidade, é a rede de redes. Vai de grandes redes formais na AT&T a redes informais que podem ser acessadas por qualquer um. A Internet começou no Departamento de Defesa dos Estados Unidos em 1969 com o propósito de conectar-se com contratados de pesquisa militar e universidades que faziam pesquisas para os militares. Hoje, governos, universidades, empresas e qualquer pessoa com um computador e um modem podem utilizar a Internet. As pessoas utilizam um serviço on-line para enviar e receber e-mail, conversar em salas de bate-papo virtual (chat) com outras pessoas em qualquer parte do mundo e obter informação (de uma biblioteca ou jornal on-line). Podem ver a previsão do tempo ou os resultados dos jogos. A Internet é também uma excelente ferramenta para realizar

A Internet é a maior rede de computadores, uma rede de redes.

http://www.aol.com
http://www.compuserve.com
http://www.earthlink.net
http://www.att.com

pesquisas para a empresa e fazer negócios.[11] Outro uso comum é para discussões em fóruns específicos sobre algum tema, desde assistência técnica para computadores a interesses pessoais e eventos esportivos. Construir comunidades on-line é um dos propósitos da Internet.[12]

A Internet recebeu um impulso através da World Wide Web, sistema de documentos e hipermídia desenvolvido no European Particle Physics Laboratory. O padrão para representar dados na rede é chamado de HyPertext Markup Language (HTML).

Ninguém tem certeza de quantas pessoas usam a Internet. O número de usuários foi estimado em cerca de 1 bilhão em 2006 e continua crescendo.[13]

A Internet transformou muitos setores de negócios, das telecomunicações às viagens. Empresas virtuais foram criadas, com existência apenas na Internet.[14] E transformou também a forma de fazer negócios e entregar os serviços. Por exemplo, podemos receber um serviço de notícias personalizado através de software especializado. A intervalos regulares, o software conecta-se através da Internet ao servidor para coletar o tipo de informação solicitada.[15]

A comunicação eletrônica tem ainda um forte efeito no idioma. Um novo jargão cibernético criou palavras específicas da área, como navegador, netiqueta etc.[16] A linguagem conecta o mundo e o idioma mais utilizado na Internet é o inglês. Estima-se que 80% de toda a informação armazenada nos computadores está em inglês. Na verdade, não se sabe exatamente, mas quase todo o material científico na Internet está nesse idioma. Para avançar na carreira e obter resultados no ambiente mundial, as pessoas terão de saber um pouco de inglês, mesmo que não seja seu idioma natal.

A Internet tem igualmente implicações políticas e sociais.[17] Na Ásia, por exemplo, os governos querem que seus países estejam tecnologicamente avançados no ciberespaço; contudo, pensam em limitar material contestatório, social ou politicamente sensível transmitido pela Internet.

---

11 Ver, por exemplo, Spar, Debora e Jeffrey J. Bussgang, "Ruling the net". *Harvard Business Review*, maio-junho de 1996, p. 125-133.

12 Armstrong, Arthur e John Hagel III, "The real value of on-line communities". *Harvard Business Review*, maio-junho de 1996, p. 134-141; Williams, Ruth L. e Joseph Cothrel, "Four smart ways to run online communities". *Sloan Management Review*, 2000, p. 81-91.

13 IDGNow, "Mundo atinge 1 bilhão de usuários de Internet, diz pesquisa do e-Marketer", de 19 de junho de 2006.

14 "The birth of a new species". *The Economist*, 25 de maio de 1996, p. 3-5.

15 Martin, Michael H., "The news you want on your PC". *Fortune*, 27 de maio de 1996, p. 181-182.

16 "The coming global tongue". *The Economist*, 21 de dezembro de 1996, p. 75-78; "Why First May Not Last". *The Economist*, 16 de março de 1996, p. 65.

17 "Asia and the Internet: Not too modern, please". *The Economist*, 16 de março de 1996, p. 42-43.

Perspectiva internacional

Aumento da aldeia global da Internet

Cada vez mais pessoas se unem à aldeia global da Internet, mas essa tendência aumentou a passos largos na América Latina. No México, isso se deve em parte à redução dos custos da Internet, há mais prestadores de serviço, e uma notícia notável é que a população de menor renda começou a gastar nesse serviço. De acordo com a Pesquisa Nacional de Gastos dos Domicílios do México, o gasto com Internet nos domicílios com menor renda chegou a 38,4% e 3,2 milhões de domicílios estiveram conectados em 2006.

Já o Brasil está à frente no que se refere aos usuários da Internet ativos. O Fotolog Inc., site dos Estados Unidos dedicado a compartilhar fotos, teve um crescimento explosivo graças à sua utilização pelos brasileiros para compartilhar arquivos e fotos. Além disso, a Microsoft anunciou que 12% dos usuários globais de seu pacote de bate-papo MSN provinha do Brasil.

Fonte: Com informação de Mónica Ramírez, "Tienen internet más hogares". *Reforma*, México, seção Negócios, 15 de agosto de 2007, p. 6; e de Antonio Regalado, "La venta de Fotolog ilustra la creciente fuerza de los usuarios latinoamericanos en internet". *Reforma*, México, seção Negócios, 28 de agosto de 2007, p. 10.

Outros tipos de redes

Além da Internet, existem outros tipos de redes. A **intranet** é uma rede que aplica tecnologias de computador e Internet a uma organização ou grupos selecionados dentro da empresa. Do mesmo modo, a **extranet** também usa tecnologias de computador e Internet, mas conecta usuários selecionados dentro e fora da organização. Por exemplo, um agente de compras conecta-se com certos vendedores para realizar transações de compra e venda.

Groupware (software de grupo)

As redes facilitam o processo de administração e outras atividades de negócios. Um grupo de pessoas em uma rede pode colaborar a grandes distâncias ao mesmo tempo utilizando **groupware**. Esse software permite que um documento seja mostrado a vários usuários em seus monitores e que eles comentem ou façam modificações no documento. Assim, pessoas localizadas em diferentes partes do mundo colaboram na mesma tarefa de maneira simultânea.

Groupware

Software que permite a um grupo de pessoas em uma rede colaborar a grandes distâncias ao mesmo tempo.

Segurança da informação[18]

Com o uso crescente da tecnologia da informação, a preocupação com a segurança também aumentou. Não apenas os negócios, mas também os indivíduos são vulneráveis a invasões nos computadores, interceptações ou alterações das transmissões eletrônicas. Um hacker (especialista em invasão de computadores) pode alterar ou até destruir registros bancários ou de outros tipos. A proteção dos computadores é feita por meio de codificação, utilizando um código secreto para codificar a mensagem de ma-

[18] Luhn, Robert e Scott Spanbauer, "Protect your PC". *PC World*, julho de 2002, p. 92-106; "Cyberspace invaders". *Consumer Reports*, junho de 2002, p. 16-20.

neira que não possa ser lida. O uso do firewall também proporciona proteção; ele vem como programa de software ou como hardware. Uma grande variedade de programas antivírus protege contra vírus de computador, que causam enormes danos em computadores e redes. A maior preocupação é com as pessoas que trabalham com sistemas de informação nas organizações. Elas precisam ser responsáveis, estar capacitadas e responder por seu comportamento com penas severas se violarem a segurança. Indivíduos e companhias também devem proteger seus dados ao fazer cópias de segurança e armazená-las em um lugar seguro, talvez fora do local de trabalho.

Economia digital, e-commerce e m-commerce

Alan Greenspan, ex-presidente do Banco Central dos Estados Unidos (Federal Reserve – FED), uma das pessoas mais influentes no mundo da área financeira, declarou em 1999: "As inovações mais recentes, que chamamos de tecnologia da informação, começaram a alterar a maneira como fazemos negócios e criamos valor, muitas vezes de formas que não eram sequer previsíveis há cinco anos". O **e-commerce** – transações de negócios pela Internet – mudou a forma como fazemos negócios.

A emergente economia digital

A tecnologia da informação afeta a maior parte dos aspectos dos negócios e da vida pessoal. Embora o poder do computador continue aumentando com rapidez, seu preço cai quase na mesma proporção. Um automóvel de luxo hoje tem mais poder de processamento do que o mainframe de um milhão de dólares do programa espacial Apollo. A tecnologia da informação aumenta a produtividade, não apenas na produção e distribuição de bens, mas também de serviços. A melhora na produtividade, por sua vez, resulta em padrões de vida mais elevados. O efeito dessa nova tecnologia é global, incrementando a concorrência e a inovação. A habilidade de processar facilmente grandes quantidades de dados em pesquisa e desenvolvimento reduziu o tempo de desenvolvimento de novos produtos, acelerando sua introdução no mercado.[19]

Um dos efeitos mais importantes da Internet é a forma como se realizam os negócios. As relações com fornecedores e clientes sofreram enormes mudanças. As telecomunicações e a tecnologia da informação contribuíram em maior grau para a mais ampla expansão econômica em tempos de paz nos Estados Unidos. O investimento nessas tecnologias finalmente rendeu frutos. Hoje temos e-tudo: e-mail, e-commerce, e-business, cartões eletrônicos (uso de cartões no lugar do dinheiro), e-travel, e-finance, e-loan (empréstimos eletrônicos), e-music, e-book, e muitas outras atividades.

Os ganhos econômicos do e-commerce provêm dos custos mais baixos das empresas on-line (comparados com as lojas físicas), da redução dos custos de distribuição e da eliminação de intermediários. Os compradores se beneficiam de poder comparar preços e escolher a melhor oferta na comodidade de sua casa ou escritório. Como os negócios tradicionais podem competir com os e-business? Muitas lojas,

[19] "Elementary, My Dear Watson". *The Economist*, 23 de setembro de 2000, encarte p. 7-9.

como Americanas, Kmart e Wal-Mart realizam também negócios pela Internet, convertendo-se em empresas de "cliques e cimento" ou "cliques e tijolos". Isso significa que o cliente pode fazer compras com um clique do mouse ou pessoalmente, indo às suas lojas físicas.

A Internet facilita quatro tipos de transações, como ilustra a Figura 19.3. Essas transações são:

	Consumidor	Empresa
Consumidor Empresa	C2C *ebay* Leilões	Empresa *Priceline* O cliente fixa o preço
	B2C *Amazon* (livros, discos etc.) *Travelocity* (viagens)	B2B *Ford, GM, DC* Fabricantes a fornecedores

FIGURA 19.3 Matriz do comércio eletrônico

Adaptado de "e-commerce survey", em *The Economist*, 26 de fevereiro de 2000, encarte, p. 11.

1. *Negócio ao consumidor (B2C, business to consumer).* Fazer o pedido de livros ou outros artigos na Amazon.com ou comprar um computador na Dell on-line são exemplos de transações B2C. A mercearia Safeway entrega produtos pedidos pela Internet na casa dos clientes.
2. *Consumidor ao negócio (C2B, consumer to business).* Um exemplo de transação C2B é a busca de passagens de avião de possíveis viajantes através de Priceline.com.
3. *Consumidor ao consumidor (C2C, consumer to consumer).* O site de leilões on-line do eBay oferece transações C2C, através das quais os indivíduos podem vender artigos.
4. *Negócio a negócio (B2B, business to business).* As transações B2B causam grande impacto na economia; por exemplo, os fabricantes de automóveis General Motors (GM) e Ford desenvolveram lojas virtuais e fazem venda personalizada via Internet. As montadoras atualmente podem construir automóveis mediante pedido para entrega em tantos dias; é possível que se tornem empresas virtuais com experiência em design personalizado de carros e marketing da marca.

A Covisint, investimento conjunto entre Ford, GM, Chrysler e Renault/Nissan, é um portal para compra e venda de automóveis e autopeças, disponível para montadoras e fornecedores, com parcerias em diversos países.[20] Consórcios desse tipo criam a preocupação da possibilidade de práticas monopolistas, passíveis de investigação pelo Departamento de Justiça.

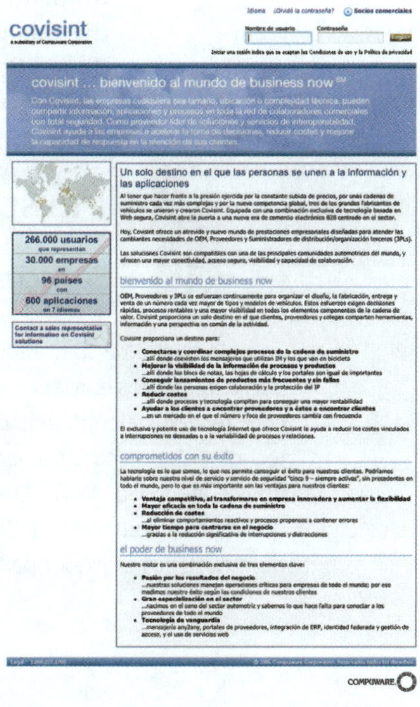

http://www.covisint.com

[20] "A market for monopoly?". *The Economist*, 17 de junho de 2000, p. 59-60.

http://www.orbitz.com

O negócio das linhas aéreas também está organizado on-line. As principais companhias aéreas dos Estados Unidos, por exemplo, têm um site de rede comum chamado Orbitz.com, que concorre com os agentes de viagens tradicionais e também com os agentes de viagens on-line, como Travelocity e Expedia (uma empresa Microsoft), o que ajuda a baixar os preços.[21] Em todos os países, as empresas de viação aérea oferecem horários, reservas e compras de passagens via Internet.

http://www.nokia.com
http://www.lucent.com

Três quartos de todo o e-commerce são realizados nos Estados Unidos, onde 90% de todos os sites comerciais tiveram sua origem.[22] Contudo, o país com mais usuários de Internet por habitante é a Finlândia; os Estados Unidos classificam-se em segundo lugar. Entre as empresas mais admiradas do mundo identificadas pela revista *Fortune*, muitas estão no negócio da tecnologia da informação.[23] Eis aqui alguns nomes conhecidos: Microsoft, Dell, Cisco Systems, Intel, Nokia e muitas outras. Mesmo assim, em 2002, algumas das chamadas empresas ponto.com perderam apoio dos investidores. Além da indústria da tecnologia da informação, muitas empresas utilizam tecnologias sofisticadas para obter vantagem competitiva, inclusive Wal-Mart, General Electric e Ford.

m-commerce e as comunicações sem fio

http://www.palm.com

Embora o e-commerce tenha alterado a forma de fazer negócios, a comunicação sem fio e o m-commerce (comércio móvel) vão conduzi-lo para ainda mais longe. Japão e Europa tomaram a dianteira nessa área. A Europa está atrás do Japão, mas espera-se que as aplicações sem fio e de m-commerce cresçam de forma significativa nos próximos anos. Companhias como BellSouth, Motorola, Qualcomm, Ericsson, Nokia e Microsoft tratam de explorar oportunidades nas comunicações sem fio. Dispositivos que utilizam WAP (Protocolo de aplicação sem fio) incluem telefones celulares e assistentes digitais pessoais (PDA), como a Palm. As aplicações sem fio podem incluir transações de negócios, provisão de informação financeira e de viagens e sites comunitários para conversar ou enviar cartões postais eletrônicos.

Perspectiva internacional

Serviços de telefonia móvel

No final de 2001, a NTT DoCoMo anunciou a introdução do serviço de telefonia móvel 3G no Japão, colocando o país à frente dos europeus e americanos com essa nova tecnologia. Muitos países vêm utilizando as mensagens de texto com tecnologia comparativamente de baixo nível há muito tempo. Os japoneses têm a sorte de ser capazes de usar tecnologias de alto e de baixo nível. O 3G permite conexões com altíssima velocidade, exibição de telas e gráficos coloridos e até vídeo. A NTT DoCoMo é líder nas comunicações móveis no Japão e o maior operador de telecomunicações do globo. A companhia já tem sua meta fixada no futuro com o Vision 2010, que consiste de magic, iniciais em inglês de móvel, em qualquer parte, mundial, integrado e serviço pessoal adaptado.

21 Maroney, Tyler, "An air battle comes to the web". *Fortune*, 26 de junho de 2000, p. 315-318.

22 "First America, then the world". *The Economist*, 26 de fevereiro de 2000, encarte p. 49-53.

23 Stein, Nicholas, "The world's most admired companies". *Fortune*, 2 de outubro de 2000, p. 183-196.

As empresas europeias que introduziram o 3G contraíram pesadas dívidas para adquirir as licenças 3G e podem não dispor dos recursos necessários para construir a extensa rede requerida. Essas companhias estão preocupadas se os clientes estarão dispostos a pagar por esses novos serviços.

Alguns europeus e asiáticos utilizam uma tecnologia muito menos sofisticada e podem não estar dispostos a assinar os serviços muito caros 3G. As mensagens de texto (ou serviço de mensagens curtas, SMS) permitem ao usuário enviar mensagens curtas de um telefone móvel a outro. Esse serviço tem amplo uso na Europa (em particular, na Suécia e na Itália), assim como na Ásia. Em contraste, é pouco utilizado nos Estados Unidos, em parte porque os telefones móveis são menos comuns ali (40% das pessoas os utilizam) que em certos países de Europa (com um uso de até 70%). Ainda que as mensagens de texto sejam um pouco maçantes, não são caras.

http://www.docomo.com

O desenvolvimento de e-business e e-commerce proporciona grandes oportunidades para as empresas. Os administradores precisam observar as tendências e desenvolver estratégias para aproveitar as novas tecnologias.

Gerenciamento do relacionamento com os clientes (CRM)[24]

Os clientes são a razão da existência de uma organização. Portanto, para ter êxito, as empresas devem focar as necessidades de seus clientes. O gerenciamento do relacionamento com os clientes atende a essa necessidade. As empresas também enfrentam a necessidade de um sistema que reduza custos e coordene os esforços de vendas, marketing e serviços para proporcionar uma experiência positiva aos seus clientes (como o suporte de reclamações). É através do sistema CRM que os dados sobre os clientes são armazenados em uma base de dados centralizada.

Não há uma definição consensual para CRM; em termos amplos, CRM (Customer Relationship Management) significa promover as interações entre o cliente e a empresa ao coletar, analisar e utilizar a informação para servir melhor ao cliente. O CRM não é novo, mas passou por várias etapas. O início do CRM talvez remonte à Siebel Systems Inc., em 1993. Na verdade, na década de 1990, o CRM tinha uma série de falhas. Na etapa 1, o interesse estava nos processos de marketing; a etapa 2 concentrava-se nas relações com os clientes; a etapa 3 utilizava a Internet para reavaliar os processos, redesenhar sistemas e o autosserviço. É na etapa 4 que se dá mais atenção às necessidades específicas dos clientes.

Há também preocupações e limitações do CRM. Por um lado, requerem-se grandes investimentos para construir e manter o sistema. Necessita-se de hardware e software e da onerosa capacitação dos usuários do sistema. Os clientes estão preocupados ainda com sua privacidade e se a informação coletada sobre eles pode vir a ter um mau uso.

Depois de algum tempo sendo amplamente usado no mundo dos negócios, ficou evidente que o CRM não é uma panaceia para resolver todos os problemas das relações entre uma organização e seus clientes. Contudo, certos passos podem ajudar a fazer com que o sistema tenha êxito. Certamente, um planejamento cuidadoso é indispensável.

[24] Wagner-Marsh, Fraya, "Customer relationship management" em Helms, Marilyn, ed. *Encyclopedia of Management*, 5ª ed., Detroit: Gale, 2006, p. 150-152; "Coffee, tea, or mortgage? Banks are cozying up to customers while using high-tech tools to identify prospects". *BusinessWeek*; 3 de abril de 2006, p. 48; http://e.wikipedia.org/wiki/Customer_ Relationship_Management, acesso em 9 de dezembro de 2006.

Além disso, visto que a instalação dos sistemas requer mudanças organizacionais, as pessoas precisam estar preparadas para o ajuste cultural. Em muitos casos, poderia não ser prudente começar com um sistema amplo muito caro. Ao contrário, a empresa pode começar com um programa piloto e ir incrementando o sistema, à medida que for necessário. De qualquer forma, para ser competitivas, ou melhor, para conseguir uma vantagem competitiva, as companhias podem utilizar o CRM para se manter sistematicamente em contato com seus clientes, a razão do êxito da organização.

Resumo

Uma variedade de ferramentas e técnicas é utilizada para ajudar os administradores na função de controle. Em geral, essas técnicas são, em primeira instância, ferramentas de planejamento e ilustram o fato de que os controles devem refletir o planejamento. Algumas dessas ferramentas são utilizadas há muito tempo pelos gerentes; outras são refinamentos. Um dos dispositivos de controle mais antigos é o controle orçamentário. A atribuição de orçamentos é a formulação de planos para um período futuro, determinado em termos numéricos. Há perigo também na atribuição de orçamentos, e ela se torna muito mais precisa com a atribuição "de base zero", em que os programas são divididos em "pacotes". Os custos de cada pacote são calculados partindo de uma base zero. Para tornar eficaz o controle orçamentário na prática, os gerentes sempre devem compreender que os orçamentos são ferramentas e não têm o propósito de substituir a administração. Entre os dispositivos de controle não orçamentários tradicionais estão os dados estatísticos e sua análise, relatórios e análises especiais, a auditoria operacional e a observação pessoal.

Uma das técnicas de planejamento e controle é a análise de rede tempo-resultado. O programa de técnica de avaliação e revisão (Pert) é um refinamento do gráfico de Gantt original, desenhado para mostrar, na forma de um gráfico de barras, as diversas tarefas que devem ser realizadas e quando, a fim de cumprir um programa. O Pert também é um refinamento da atribuição de orçamentos de pontos de referência, em que as tarefas a realizar são desmembradas em partes identificáveis e controláveis, chamadas pontos de referência. Quando estas atividades se conectam para formar uma rede e o tempo requerido para completar cada ponto de referência é identificado, tem-se uma rede Pert/CPM, ou tempo-resultado. Utilizando as sequências de atividades e os tempos requeridos para elas, podemos determinar o caminho crítico, que é a sequência que requer o maior tempo.

O sistema de gestão da informação é um sistema formal para compilar, integrar, comparar, analisar e disseminar informação interna e externa para a empresa de maneira oportuna, eficaz e eficiente para apoiar os administradores em seu trabalho.

Os computadores têm um uso extenso na administração de empresas. Seu efeito nos administradores difere nos diversos níveis organizacionais. Os computadores possibilitaram a telecomutação, permitindo que as pessoas trabalhem em casa com um computador conectado a um computador central da empresa. As redes de computadores conectam estações de trabalho com computadores maiores e com equipamentos periféricos.

A revolução da Internet ofereceu novas e excitantes oportunidades para os negócios e a vida pessoal e modificou a forma tradicional dos negócios. As relações entre fornecedores e clientes foram modificadas de maneira irreversível. Os quatro tipos de transações de negócios eletrônicos estão ilustrados na Figura 19.3. A comunicação sem fio e o m-commerce prometem uma nova perspectiva aos negócios on-line. O CRM – o gerenciamento do relacionamento com os clientes – busca atender às necessidades dos clientes.

Ideias e conceitos básicos

Determinação de orçamentos
Tipos de orçamentos
Problemas da determinação de orçamentos
Determinação de orçamentos base zero
Dispositivos de controle não orçamentários
Gráfico de Gantt
Determinação de orçamentos de pontos de referência
Programa de técnica de avaliação e revisão (Pert), caminho crítico (CPM)
Tecnologia da informação
Sistema de gestão da informação
Tipos de computadores
Efeito dos computadores nos administradores
Aplicação dos microcomputadores
Dispositivos de reconhecimento de voz
Telecomutação
Redes de computadores
Internet
Groupware
Segurança da informação
e-commerce B2C, C2B, C2C, B2B
m-commerce e as comunicações sem fio

Para analisar

1. As técnicas de controle parecem ser tanto técnicas de planejamento como de controle. De que forma isso é correto? Por que você acha que é assim?
2. Se tivesse de estabelecer um programa de relatório e análise de controle especiais para um executivo de alto nível, como você faria isso?
3. O Pert é uma invenção administrativa que adota princípios e conhecimentos básicos e, através do desenho, para obter um resultado desejado, apresenta uma técnica útil de planejamento e controle. Analise o Pert tendo isso em mente.
4. Apresente exemplos de como a tecnologia da informação o afetou.
5. Por que você acredita que os computadores exerceram efeito nos gerentes dos vários níveis organizacionais de maneira distinta?
6. Como o e-commerce o afeta ao comprar ou vender produtos e serviços?

Exercícios e atividades

1. Prepare um orçamento para seus estudos na universidade. Quais são as vantagens de preparar um orçamento? Quais são alguns dos problemas?
2. Selecione uma empresa que você conhece e explique como ela utiliza os computadores ou realiza o e-commerce.

Pesquisa na Internet

1. B2C, C2B, C2C e B2B são termos de amplo uso na economia da Internet. Busque-os na Internet para verificar como esses conceitos se aplicam às organizações.
2. Busque na Internet o termo "sistema de gestão da informação" e identifique as diversas aplicações e usos do sistema.

Caso internacional 19.1

O êxito do eBay pode perdurar?[25]

Com o crescimento da Internet e suas mudanças rápidas, o êxito do eBay pode perdurar? Por volta de 1994, Pierre Omidjar começou a utilizar a Internet para transações comerciais. Atualmente, o eBay é mais que uma empresa com milhões de artigos à venda, integrando mais ou menos um quarto de todas as vendas de e-commerce, sem contar produtos de mercearia e viagens. A empresa obteve lucros de bilhões de dólares em 2005 com seu modelo de negócios único em que os usuários fazem a maior parte do trabalho, incluindo ilustrar, descrever, listar, empacotar e enviar seus bens. A companhia cobra uma cota por transação. Um dos serviços lucrativos oferecidos pelo eBay é o PayPal, que oferece pagamentos on-line por uma porcentagem dos valores comercializados.

A popularidade da empresa cresceu no exterior, e o eBay hoje atua não apenas na Europa, mas também na China. Espera-se que o comércio entre fronteiras continue crescendo, pois o eBay investiu cerca de US$ 100 milhões para promover a empresa na China.

O êxito do eBay perdurará? Sua taxa de crescimento nos Estados Unidos caiu e outras empresas virtuais ampliaram seus serviços. O Google, por exemplo, transformou-se em algo mais que um mecanismo de busca, a Amazon vende muitas coisas além de livros e o Yahoo! é hoje mais que um grande portal. De fato, tanto a Amazon como o Yahoo! oferecem leilões atualmente. Além disso, existe hoje a Dangdang, livraria chinesa virtual.[26]

Peggy Yu, a cofundadora da Dangdang, iniciou a companhia como livraria, em 1999. Mais tarde, a empresa se aventurou em outras áreas como os telefones celulares. Para isso, teve de enfrentar concorrentes como Bertelsmann, Amazon, Yahoo!, Google e eBay, que dominavam o mercado chinês. Naturalmente, a Dangdang foi apoiada pelas autoridades chinesas, que criavam dificuldades para que as empresas estrangeiras operassem na China.

No passado, o eBay tinha êxito porque a companhia ouvia seus clientes e suas necessidades, mas será que isto é suficiente para o futuro? Além de tudo, as barreiras de ingresso no negócio são relativamente baixas em comparação com a maioria dos negócios off-line. ■

---

25 "Anniversary lessons from eBay". *The Economist*, 11 de junho de 2005, p. 9 e "Meg and the power of many". *The Economist*, 11 de junho de 2005, p. 65-67.

26 Dean, Jason, "China's Web retailers beat U.S. rivals at their own game". *The Wall-Street Journal*, 22 de agosto de 2006.

Perguntas

1. Qual deveria ser a estratégia do eBay? Quais os seus pontos fortes e suas fraquezas, ameaças e oportunidades?
2. Quais são as oportunidades e riscos nas transações entre fronteiras? Como devem ser acertados os pagamentos entre fronteiras?
3. Como as transações internacionais podem ser controladas?
4. Qual foi sua experiência, se já as teve, com transações com eBay, Mercado Livre, Amazon, Yahoo! e outras empresas on-line?

Caso internacional 19.2

Colaciones López

Elaborado por María Cristina Arias, professora de Engenharia em Administração de Empresas, Universidade Andrés Bello, Santiago do Chile

Introdução

O emprego no mundo foi diminuindo com a incorporação de novas tecnologias, o que também fez com que as jornadas de trabalho se reduzissem. No Chile, a jornada passou de 48 para 45 horas semanais. Por outro lado, os desempregados foram aumentando, e é cada vez mais difícil a criação de novos postos de trabalho; é por isso que o Chile não é exceção, e a cada dia aumentam as PMEs (pequenas e médias empresas), criadas para satisfazer a demanda de trabalho, seja pelo desemprego ou pelos egressos de institutos e universidades, que buscam se tornar independentes, enfrentando o grande risco que isso implica.

Se somarmos os pequenos e médios empresários e aqueles que trabalham por conta própria no Chile, daria um total de cerca de 3.500.000, que têm uma participação de 24% do PIB, mas que geram em torno de 4% dos postos de trabalho.

Apesar disso, a demissão representa um problema importante, e o interesse de formar esse tipo de empresa ainda é baixo por muitas razões. Os especialistas concordam que alguns desses problemas são: os baixos incentivos, o excesso de burocracia, a falta de apoio dos bancos, a cultura do país e, por último, a falta de conhecimento daqueles que o fazem por necessidade.

Breve história, perfil e situação atual da empresa

O negócio dos López

Juan López foi demitido durante uma crise na empresa em que trabalhava há 15 anos no setor administrativo. Seu primeiro impulso foi procurar trabalho em uma empresa com características similares à anterior, mas, apesar de seus esforços, não conseguiu, dada a enorme demanda existente. Quando a situação ficou crítica, e depois de conversar com Marta, sua esposa, com quem compartilhava sua vida há 20 anos, decidiu investir suas economias, produto da indenização de seu último trabalho, em um táxi, para garantir o sustento da família. Com o dinheiro que tinham, deu para dar entrada no carro e o resto foi dividido em 48 prestações, e bem altas, porque a instituição financeira julgou que tinha poucas garantias.

Juan estava convencido de que essa virada solucionaria sua situação trabalhista e lhe permitiria enfrentar os gastos de manutenção de sua família: Marta e seus três filhos (o maior de 17 anos e os menores de 14 e 12 anos, respectivamente). Seu filho mais velho está no último ano de administração em um Liceu Técnico Profissional e os outros dois cursam o terceiro e o primeiro ano do ensino médio. Há pouco tempo se deu conta de que não foi a melhor decisão, pois aparentemente muitos tiveram a mesma ideia e a maior parte do dinheiro que entrava destinava-se a pagar as prestações do carro, e o pouco que sobrava era para satisfazer às necessidades da família.

Marta, em seu afã de contribuir para o orçamento familiar de sua posição de dona de casa, observou que nas imediações de sua casa havia várias fábricas pequenas, cujos funcionários não tinham onde comer; decidiu oferecer comida a alguns por um preço módico.

Em poucos dias, já tinha três clientes habituais, o que dava para pagar o almoço dos clientes e o da família. Os clientes iniciais, satisfeitos com o sabor e o preço da comida, fizeram propaganda e depois de um mês já tinham reformado a sala de jantar, adaptando-a para atender aos clientes.

Em poucos meses, o negócio estava em alta, Marta recorreu primeiro a Juan para usar seu carro e fazer as compras necessárias, e ao seu filho para formalizar o negócio. Esse último trâmite demorou um tempo enorme, dada a quantidade de requisitos exigidos (desde as autorizações sanitárias, de infraestrutura, até a demora em conseguir licença de funcionamento). O negócio foi melhor do que se esperava, e por isso contrataram duas pessoas para ajudar: uma na cozinha e outra para atender as mesas. Juan dedicava cada dia menos tempo ao trabalho com o táxi, já que as atividades do negócio de Marta ocupavam grande parte de seu tempo.

A forma como se estruturou o negócio foi bastante informal. Os menus eram feitos a cada dia, e os insumos também eram comprados diariamente, sem um orçamento desses pedidos nem fornecedores fixos, mas era Juan quem decidia onde e quanto comprar.

O negócio funcionou por três anos nessas condições, e Juan abandonou definitivamente o trabalho com o táxi, pois com o negócio conseguia pagar as prestações do carro e manter a família, da mesma forma de quando trabalhava como auxiliar administrativo. A essa altura, já tinham 15 funcionários, que se dividiam entre a cozinha e o atendimento ao público, além de ter realizado algumas ampliações provisórias na casa com um empréstimo solicitado a um banco privado, para atender à demanda crescente.

Problemas

Embora as vendas continuassem aumentando, os lucros cresciam a uma taxa inferior. O filho mais velho, que tinha prosseguido seus estudos de nível superior em administração, achou que poderia fazer alguma coisa com os controles de custos e o ajuste das operações. Além disso, considerou que esse era o momento adequado para enfrentar os problemas, visto que tinham oferta de uma das maiores empresas do bairro para estabelecer o serviço de refeitório formal para todos os seus funcionários. Os López decidiram contratar um serviço externo para ajudá-los a fazer um diagnóstico e aconselhá-los sobre a maneira apropriada de preparação, planejamento financeiro, comercialização e administração.

O estudo realizado determinou aquilo que os López intuíam, que estavam no limiar de um crescimento importante quanto a volume e comercialização. Recomendaram também que modificassem totalmente o sistema de preparação dos menus. Em vez de fazer um trabalho caseiro, este deveria se converter em algo mais parecido com uma fábrica de produção em massa, e a preparação deveria ser um processo sequencial integrado, preparando grandes quantidades de um tipo de comida e depois outro, e assim sucessivamente, e os encarregados de cozinha deveriam realizar várias operações repetitivas.

No informe, propunham ainda que se deveria ordenar e formalizar a administração de operações, em tarefas para as quais não havia ninguém responsável, como o planejamento da produção e o controle da qualidade e inspeção. Até o momento, cada funcionário era seu próprio planejador e inspetor. Aconselhava-se criar o cargo de supervisor, encarregado de ambas as funções no início; mas, a médio prazo, tinham de contar com dois supervisores, um de produção e outro de controle de qualidade. O primeiro se incumbiria de planejar o processo de elaboração da comida e o segundo estabeleceria os padrões de qualidade, para depois supervisionar para que esses padrões fossem cumpridos.

Esse esquema de produção em massa substituiria o atual, que tendia a seguir um ritmo individual e contingente. Para ajustar-se a esse esquema novo, propunham um sistema de administração muito mais especializado e formal, introduziriam novos postos de trabalho administrativos, aumentando a distância entre os López e os funcionários.

Os López aceitaram os conselhos, mas não sem antes expressar sua preocupação com os funcionários antigos, pois achavam que as tarefas se transformariam em rotineiras e simples, causando frustração e decepção.

Os consultores acolheram as apreensões e sugeriram que promovessem alguns dos funcionários mais antigos a esses novos postos de trabalho, não sem antes capacitá-los. À medida que a empresa crescesse, os outros funcionários mais antigos teriam a possibilidade de continuar ascendendo, enquanto os mais novos ocupariam os postos mais rotineiros e simples.

No final de seis meses, as recomendações do estudo tinham sido implementadas, e não funcionavam mais em casa, arrendaram um local próximo, mais adequado e amplo, depois de serem contratados por duas empresas para fornecerem o serviço de alimentação. O táxi tinha sido trocado por uma caminhonete utilitária, que se adequava melhor às necessidades atuais do negócio. O outro filho decidiu fazer um curso relacionado com a produção e manipulação de alimentos. ■

Perguntas

1. Como funcionarão as modificações de produção e administração implementadas?
2. Que problemas não previstos podem surgir?

20

Capítulo

Produtividade, administração de operações e administração total da qualidade

Objetivos de aprendizagem

Depois de estudar o capítulo, você deverá ser capaz de:

1. Identificar a natureza dos problemas de produtividade e sugerir formas para melhorar a eficácia e a eficiência.
2. Descrever a administração da produção e as operações como um caso aplicado de planejamento e controle gerencial.
3. Compreender o sistema de administração de operações.
4. Discutir as ferramentas e técnicas para melhorar a produtividade.
5. Identificar a importância da qualidade, a natureza de uma variedade de técnicas para melhorar a qualidade e aperfeiçoar a manufatura.
6. Distinguir entre a administração da cadeia de suprimentos e a administração da cadeia de valor, embora os termos sejam utilizados às vezes de maneira indistinta.

Em um sentido amplo, o livro inteiro trata da melhora da produtividade. Mas esse importante tema receberá uma atenção especial no presente capítulo, com ênfase no nível micro da administração da produção e das operações.*

Problemas da produtividade e sua medição

Sem dúvida, a produtividade é uma das maiores preocupações dos administradores no século XXI, assim como em muitas partes do mundo. Até o Japão, que desenvolveu várias técnicas de aperfeiçoamento da produtividade, está preocupado em se manter competitivo no mercado mundial.

Problemas da produtividade

A produtividade implica medição, que, por sua vez, é um passo essencial no processo de controle. Ainda que todos concordem quanto à necessidade de aperfeiçoar a produtividade, há pouco consenso sobre as causas fundamentais dos problemas e sobre o que fazer. A culpa foi atribuída a vários fatores. Alguns a colocam em maior proporção em trabalhadores menos qualificados em relação ao total da força de trabalho, mas outros discordam. Existem aqueles que veem como principais culpados a redução na pesquisa e o enfoque em resultados imediatos. Outro motivo alegado no dilema da produtividade é a crescente competitividade das pessoas. Outros ainda mencionam o rompimento da estrutura da família, as atitudes dos funcionários e as políticas e regulamentos do governo. E cada vez mais, a atenção volta-se à administração como a causa do problema e também como a sua solução, que é o enfoque deste livro.

Produtividade
O índice de entradas e saídas dentro de um período com a devida consideração pela qualidade.

Medição da produtividade de trabalhadores intelectuais

Como se definiu no Capítulo 1, a **produtividade** é o índice de entradas e saídas dentro de um período com a devida consideração pela qualidade. Essa definição pode ser aplicada à produtividade de organizações, administradores, pessoal de suporte e outros trabalhadores. A medição do trabalho qualificado é relativamente simples, mas se torna mais difícil para o trabalho com conhecimento. A diferença entre os dois tipos de trabalho é o uso relativo de conhecimentos e habilidades. Assim, uma pessoa na linha de produção é considerada como um trabalhador com habilidades, enquanto o administrador, cuja principal função é o planejamento,

A produtividade de um professor universitário pode ser medida pela quantidade de alunos aprovados em seu curso.

* Temas adicionais sobre a administração da produção e das operações são discutidos em outras partes do livro. Ver, por exemplo, o Capítulo 6 para vários aspectos da tomada de decisões, o Capítulo 11 para o desenho de cargos e o Capítulo 19 para os sistemas de gestão da informação e diferentes tipos de técnicas de controle.

seria um trabalhador intelectual. Administradores, engenheiros e programadores são trabalhadores intelectuais porque a maior parte do seu trabalho não consiste em utilizar habilidades manuais, como seria o caso de pedreiros, mecânicos e açougueiros. Mas o título do cargo não pode ser a única referência para as distinções. O proprietário de um posto de gasolina pode programar as tarefas diárias, determinar prioridades e administrar os subordinados, mas também pode ajustar freios, regular o carburador ou alinhar as rodas de um carro.

Está claro que, em geral, a produtividade do trabalhador intelectual é mais difícil de medir que a do trabalhador com habilidades. (Observe também que a medição da produtividade do trabalhador é um pouco artificial porque frequentemente ignora o custo do capital.) Uma dificuldade para medir a produtividade dos trabalhadores intelectuais é que alguns resultados são, na realidade, atividades que ajudam a obter os resultados finais. Assim, o engenheiro contribui indiretamente para o produto final. Outra dificuldade é que, muitas vezes, os trabalhadores intelectuais apoiam outras unidades organizacionais. Os esforços do gerente de publicidade deveriam melhorar as vendas, mas é difícil dizer com segurança qual é exatamente sua contribuição. Outro fator complicador é que a qualidade dos resultados dos trabalhadores intelectuais é difícil de medir. Por exemplo, os efeitos de uma decisão estratégica podem não ser evidentes por vários anos e até então o êxito ou fracasso da nova direção estratégica depende de muitas forças externas além do controle do administrador.

É evidente que a melhora da produtividade é obtida pelas boas práticas administrativas apregoadas ao longo deste livro. Mas agora a análise se volta para a área específica da administração da produção e das operações, em que a medição é relativamente fácil e, consequentemente, foi o enfoque dos programas de aperfeiçoamento da produtividade no passado.

Administração da produção e das operações: manufatura e serviço

Uma das principais áreas de qualquer tipo de empresa, seja de negócios, governo ou outros, é a administração da produção e das operações. É também a área em que a administração, como uma arte com bases científicas, teve início. As contribuições de pioneiros da administração, como Frederick Taylor, Henry Gantt e Frank Gilbreth, para mencionar apenas alguns, indicam que seu interesse estava em maior grau em melhorar a produtividade e manufaturar produtos com maior eficiência, reconhecendo ao mesmo tempo a importância do fator humano como um insumo indispensável.

A **administração da produção** se ocupa das atividades necessárias para fabricar produtos.

A **administração das operações** se ocupa das atividades necessárias para produzir e entregar um serviço, assim como um produto físico.

No passado, **administração da produção** era o termo utilizado para se referir às atividades necessárias para fabricar produtos. Contudo, em anos recentes, a área se estendeu para incluir atividades como compras, armazenamento, transporte e outras operações, desde a aquisição de matérias-primas a diversas atividades, até que o produto esteja disponível para o comprador. O termo **administração das operações** refere-se a atividades necessárias para produzir e entregar um serviço, assim como um produto físico.

Naturalmente, há outras atividades essenciais realizadas por uma empresa típica, que em geral incluem pesquisa e desenvolvimento, engenharia, marketing e vendas, contabilidade e finanças. Este capítulo só se ocupa do que foi chamado de administração das operações ou administração da produção ou, muitas vezes, de administração

Perspectiva internacional

A transformação da GE de produtos a serviços[1]

A General Electric (GE) é conhecida por uma variedade de produtos, que incluem equipamento de imagens médicas, como os escâneres CAT, e equipamento de imagens de ressonância magnética. A GE estendeu seu negócio aos serviços, não apenas de seus próprios e sofisticados produtos, mas também os de seus concorrentes. Jack Welch, o então diretor executivo da GE, disse: "Estamos no negócio de serviços para estender nosso leque".

A GE oferece serviços que vão desde o cuidado à saúde a serviços públicos, como a manutenção de sistemas médicos, manutenção e acondicionamento de motores de aviões, operação e manutenção de usinas de energia elétrica, manutenção de locomotivas, serviço de dispositivos de rastreamento eletrônico para ferrovias, até proporcionar ajuda em redes de computadores corporativos. O resultado é que uma grande porcentagem dos lucros da GE provém de serviços. A abordagem moderna demonstra uma tendência aos serviços, de modo que os produtos são apenas um aspecto do negócio.

http://www.ge.com

da produção e das operações. Deve-se assinalar que isso não é o mesmo que a teoria administrativa operacional, que é o estudo da prática (administrar) pela qual essa teoria ou ciência se criou.

As organizações de serviços não produzem resultado físico, mas proporcionam algum serviço como resultado. Por exemplo, o insumo de estudantes com conhecimentos, habilidades e atitudes limitados se enriquece ao assistir a conferências, fazer análises de casos, resolver exercícios e empreender outras atividades que resultarão na produção de estudantes educados, o que é documentado por um título. Outros exemplos de fornecedores de serviços são hospitais, médicos, consultores, linhas aéreas, restaurantes e músicos.

Medição da qualidade na era da informação[2]

No passado, os conceitos de qualidade eram aplicados primordialmente a produtos como automóveis e refrigeradores. Com o aumento das empresas de serviços, os conceitos de qualidade também devem estender-se a elas. Isso significa coisas como medir expectativas, experiências e emoções. Por exemplo, como se sentem os clientes ao esperar na fila de um restaurante, ou nas atrações da Disneylândia, ou na linha de telefone aguardando atendimento?

A qualidade na era da informação adquire novas dimensões. A qualidade em pacotes de software inclui não apenas confiabilidade, mas também serviços de suporte técnico, compatibilidade, capacidade de atualização do software e a integração de infraestrutura de informação, seja com a companhia, seja com seus fornecedores e clientes. O Wal-Mart, por exemplo, obtém vantagem competitiva por meio da administração da cadeia de suprimentos. Enfocar a qualidade da infraestrutura da informação é crítico para o êxito da empresa na nova era da informação.

---

1 Smart, Tim, "Jack Welch's encore". *BusinessWeek*, 28 de outubro de 1996, p. 155-160.

2 Chase, Richard B. e Nicholas J. Aquilano, "Production and operations management: A life cycle approach", 8. ed., Homewood, IL: Irwin, 1997; Prahalad, C. K. e M. S. Krishnan, "The new meaning of quality in the information age". *Harvard Business Review*, setembro-outubro de 1999, p. 109-118.

Perspectiva empresarial

Google traz medidas de qualidade à indústria da publicidade

Durante muitos anos, organizações de diversos tipos dedicaram investimentos importantes à divulgação de marcas e vendas em meios tradicionais (jornais, revistas, rádio e TV) sem saber com clareza qual seria o efeito de seus gastos em publicidade. Por exemplo, como o anunciante saberá quantas pessoas realmente leem o anúncio que pagou em um jornal de circulação local ou nacional? A funcionalidade da Internet (capacidade de rastrear as visitas e cliques dos usuários em anúncios pela rede) e a tecnologia eficaz do Google de rastrear e colocar anúncios pagos permitiram às organizações conhecer com muito mais segurança a eficácia e a produtividade de seus gastos em publicidade. No sistema Google, os anunciantes podem saber com precisão quantas pessoas viram seu anúncio, quantas clicaram em um anúncio e assim visitaram seu site na rede. Além disso, no modelo Google, os anunciantes só pagam pelos cliques de acesso e obtêm gratuitamente a visualização de seus anúncios. Esse serviço permite às organizações destinar seus limitados dólares de publicidade com maior produtividade. Mais ainda, permite às pequenas empresas estabelecer um alcance mundial via Internet de forma eficaz e barata.

http://www.google.com

O sistema de administração das operações

A administração das operações deve ser vista como um sistema. A Figura 20.1 ilustra uma panorâmica da função de operações. No modelo de administração das operações, os *insumos* incluem necessidades dos clientes, informação, tecnologia, administração e mão-de-obra, ativos fixos e ativos variáveis relevantes para o processo de transformação. Administradores e trabalhadores utilizam a informação e os fatores físicos para produzir resultados. Alguns elementos físicos, como terrenos, instalações de plantas, edifícios, máquinas e armazéns, são relativamente permanentes. Outros elementos físicos, como materiais e provisões, são consumidos no processo de produzir resultados. O *processo de transformação* compreende planejar, operar e controlar o sistema. Há muitas ferramentas e técnicas disponíveis para facilitar o processo de transformação. O modelo também reflete uma preocupação constante de *melhorar o sistema*. Os *resultados* consistem de produtos e serviços e até podem ser informação, como aquela proporcionada por uma empresa de consultoria.

A última parte do modelo mostra que as operações são influenciadas por *fatores externos*, como regulamentos de segurança ou práticas de trabalho justas. Visto que o ambiente externo é analisado em outras partes do livro (em particular no Capítulo 2 e na segunda parte), não nos estenderemos mais aqui; o ponto importante é que a administração das operações deve ser um sistema aberto que interage com seu ambiente.

O modelo da administração das operações (Figura 20.1) serve como marco para as análises apresentadas a seguir. Há uma estreita relação entre esse modelo e o que é proposto no Capítulo 1 (Figura 1.6), dado que esse modelo de operações pode ser considerado como um subsistema de um sistema total de administração. Exemplos de sistemas de operações com insumos, transformação (às vezes também chamados processos) e resultados são apresentados na Tabela 20.1.

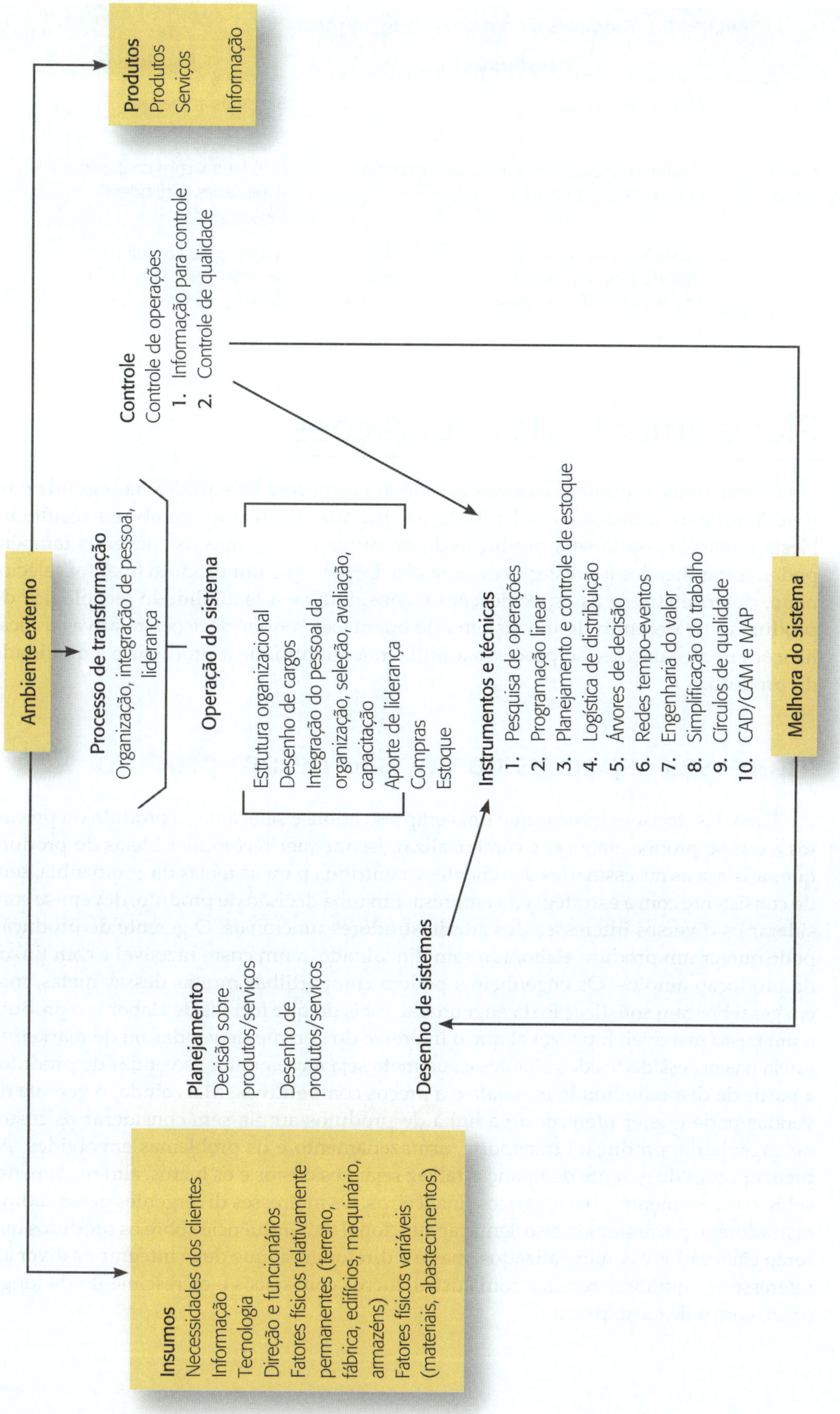

FIGURA 20.1 Sistema da administração de operações

TABELA 20.1 Exemplos de sistemas de operações

Insumos	Transformação	Resultados
• Fábrica, máquinas da fábrica, pessoas, materiais.	Montar bicicletas.	Bicicletas acabadas.
• Estudantes com conhecimentos, habilidades e atitudes limitados.	Conferências, casos, exercícios de experiência, documentos semestrais.	Estudantes com conhecimentos, habilidades e atitudes fortalecidos.
• Problema do cliente.	Consultor: recompilação e análise de dados, avaliação de alternativas, seleção de uma alternativa, recomendação.	Relatório do consultor recomendando um curso de ação.

Planejamento das operações

Os objetivos, premissas e estratégias de uma empresa (discutidos na segunda parte) determinam a busca e a seleção de um produto ou serviço como seu resultado. Nesta análise, ressalta-se a produção de produtos físicos, mas os conceitos também podem ser aplicados à prestação de serviços. Depois que um produto final foi selecionado, determinam-se as especificações e considera-se a factibilidade tecnológica de produzi-lo. O desenho de um sistema de operações requer decisões relativas a localizações de instalações, ao processo a utilizar, à quantidade a produzir e à qualidade do produto.

Interesses especiais na decisão de um produto

Uma das decisões básicas que uma empresa adota é selecionar o produto ou produtos a que se propõe elaborar e comercializar. Isso requer recompilar ideias do produto que satisfaça às necessidades dos clientes e contribua para as metas da companhia, sendo consistente com a estratégia da empresa. Em uma decisão de produto, devem-se considerar os diversos interesses dos administradores funcionais. O gerente de produção pode querer um produto elaborado sem dificuldade, a um custo razoável e com fluxos de produção amplos. Os engenheiros podem compartilhar muitas dessas metas, mas em geral buscam sofisticação da engenharia, mais do que formas de elaborar o produto a um custo razoável. É provável que o interesse do gerente de vendas ou de marketing esteja nas necessidades dos clientes e sua meta seja incrementar as vendas de produtos a partir da disponibilidade imediata e a preços competitivos. Mais ainda, o gerente de vendas pode querer oferecer uma linha de produtos ampla sem considerar os custos de engenharia, produção, transporte, armazenamento e os problemas envolvidos. As preocupações do gerente de finanças talvez sejam os custos e os lucros, alto rendimento sobre o investimento e baixos riscos financeiros. Os interesses divergentes desses administradores e profissionais de orientação funcional têm influência sobre os produtos que serão elaborados e comercializados, mas é o diretor geral que deve integrar os diversos interesses e equilibrar receitas com custos, lucros com riscos e o crescimento de longo prazo com o de curto prazo.

Perspectiva internacional

Filial de alta potência no México

O laboratório Roche instalou uma de suas três fábricas de alta potência na zona industrial de Toluca, estado do México, que fabricará medicamentos de alta potência utilizados em tratamentos para câncer, aids e doenças terminais. Além de suprir o mercado local, venderá aos mercados dos Estados Unidos (50% de sua produção), Europa (40%), Oriente Médio (3%) e América Latina (7%).

Ricardo Jiménez, diretor técnico da Roche México, comentou que a decisão originou-se do fato de que a fábrica, que já operava em Toluca, converteu-se em um centro de excelência manufatureira farmacêutica depois de sua transformação em 2001, com um alto desempenho em nível mundial. Por isso, decidiu-se investir US$ 60 milhões, que foi o que custou a fábrica, que gerará 120 mil empregos, produzirá 250 toneladas anuais e aumentará em 40% a produção nacional.

Franz B. Hummer, presidente executivo da Roche, afirmou que a estratégia da empresa farmacêutica no México se alinha aos objetivos mundiais de incluir um extenso portfolio de produtos e volumes importantes de produção, que assegure o provimento do mercado mundial. Isso faz com que destinem 18% de suas receitas à pesquisa e desenvolvimento.

Fonte: Com informação de Engge Chavarría, "Roche trae planta a México". *Excélsior*, México, seção Dinero, 26 de setembro de 2007, p. 4.

Desenho do produto e a produção[3]

O desenho de um produto e sua produção requerem várias atividades. Comumente, sugerem-se os seguintes passos:

1. Desenvolver ideias para novos produtos ao examinar as necessidades do consumidor e analisar as diversas alternativas.
2. Selecionar o produto com base em várias considerações, que incluem dados do mercado e análises econômicas, e fazer um estudo de factibilidade geral.
3. Preparar um desenho preliminar ao avaliar várias alternativas, levando em conta a confiabilidade, a qualidade e os requisitos de manutenção.
4. Chegar a uma decisão final ao desenvolver, provar e simular os processos para ver se funcionam.
5. Decidir se as instalações atuais da empresa são adequadas ou se são necessárias instalações novas ou modificadas.
6. Selecionar o processo para elaborar o produto e considerar a tecnologia e os métodos disponíveis.
7. Depois que o produto foi desenhado, preparar a distribuição das instalações a utilizar, planejar o sistema de produção e programar as diversas tarefas que devem ser realizadas.

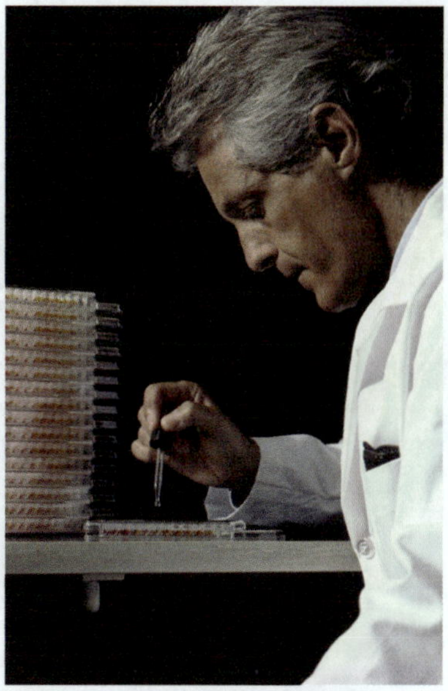

O desenho de produtos é um processo que contempla várias etapas, como pesquisa, desenvolvimento e teste.

Desenho de sistemas

Ao elaborar um produto, podem-se considerar vários tipos de distribuição da produção. Uma alternativa é dispor a distribuição de acordo com a sequência de *produção* ou *montagem do produto*. Por exemplo, uma linha de montagem de caminhões pode ser disposta de maneira a fixar primeiro o chassi, os eixos frontal e traseiro pré-montados,

[3] Ver também Danneels, Erwin, "BPS: The dynamics of product innovation and firm competences". *Academy of Management Proceedings*, 2000.

seguindo-se a instalação da direção, o motor e a transmissão. Depois, as linhas dos freios e os cabos elétricos são conectados e outras partes montadas e pintadas. Por último, o caminhão é testado na estrada.

Uma segunda alternativa é dispor o sistema de produção de acordo com o processo empregado. Em um hospital, por exemplo, é provável que se sigam passos específicos: admissão do paciente, tratamento (em geral, inclui subprocessos específicos), faturamento do serviço e alta. Isto pode continuar com o tratamento pós-hospitalar.

Em um terceiro tipo de distribuição (chamado também de *distribuição fixa*), o produto permanece em um local para sua montagem. Essa distribuição é utilizada na montagem de artigos extremamente grandes e volumosos, como prensas, grandes peças de mineração e barcos.

O quarto tipo de distribuição é determinado pela natureza do *projeto*. Construir uma ponte ou um túnel normalmente é um projeto de uma só ocasião, desenhado para ajustar-se a requisitos geográficos específicos.

No quinto tipo, a distribuição é desenhada para facilitar a venda de produtos. Em um supermercado, os artigos alimentícios básicos, como os lácteos, geralmente são colocados longe das caixas registradoras. Isto faz com que os clientes percorram longos corredores, e espera-se que escolham outros artigos no caminho para a seção de lácteos.

Um sexto enfoque básico é desenhar o processo para que facilite o *armazenamento* ou *movimento* de produtos. O espaço de armazenamento é caro, e um desenho eficaz e eficiente pode manter baixos os custos de armazenamento. Além disso, para pegar um objeto, não deve ser necessário mover muitos outros artigos.

Perspectiva internacional

Quem pode falar de inovação com a Sony do Japão?

O principal lema que impulsionou a Sony durante sua trajetória é: "Produzir algo novo, original e inovador para melhorar a vida das pessoas". E a administração da empresa em nível mundial encarregou-se de validar esse lema em cada produto que lança no mercado.

Por isso, quando Óscar Vega vislumbrou que a fábrica de montagem da Sony em Tijuana, México, da qual era gerente, poderia melhorar a tecnologia japonesa, poucos acreditaram. Mas ele tinha duas boas razões a seu favor: a conveniência de ter um centro de desenho próximo da instalação manufatureira e o conhecimento de seus engenheiros para melhorar os desenhos e reduzir os custos.

Hoje, a filial de Tijuana é a única fora do Japão a adotar processos de manufatura livres de chumbo, a manter um programa de pesquisa com várias universidades sobre ótica, eletrônica e televisão, redes neurais e desenvolvimento de polímeros para fabricar plásticos com resinas vegetais. E registraram sete patentes de produtos.

Contudo, sua história de inovação é mais ampla. Suas áreas de desenho são focadas em software, hardware e na engenharia mecânica, além de produzir equipamentos e sistemas de metrologia para seus componentes elétricos. De fato, aplicaram a inovação em nível global aos seus processos de desenho de linhas de produção, sistemas e certificação e no desenvolvimento de seus próprios métodos de controle. E agora, muitas dessas criações são enviadas a várias partes do mundo. Não casualmente, a Sony Tijuana ganhou o Prêmio Nacional de Tecnologia 2007, outorgado pelo governo mexicano.

Fonte: Com informação de David Luna, *CNN Expansión*, publicado em 3 de outubro de 2007. Disponível em: http://www.cnnexpansion.com/manufactura/nuevamente-innovacion/view.te-innovacion/view.

Operação do sistema

Uma vez que um produto foi escolhido e o sistema para elaborá-lo foi desenhado e construído, o próximo passo importante é operar o sistema. Isso requer estabelecer uma estrutura de organização, designar o pessoal nas posições e capacitar as pessoas. Necessita-se de administradores que possam proporcionar supervisão e liderança para desenvolver as atividades necessárias para elaborar os produtos desejados ou proporcionar os serviços. Outras atividades, como compras e manutenção do estoque, também são requeridas para operar o sistema. A meta é obter o melhor índice de produtividade dentro de um período com a devida consideração à qualidade.

Controle das operações com foco nos sistemas de informação

Controlar as operações, como em qualquer outro caso de controle gerencial, requer estabelecer critérios de desempenho, medir o desempenho com base neles e adotar ações para corrigir os desvios indesejáveis. Assim, podemos controlar a produção, a qualidade do produto e os níveis de confiabilidade, os níveis de estoque e o desempenho da força de trabalho. Para isso, foram desenvolvidas várias ferramentas e técnicas. Dado que sua aplicação se estende além das operações ou da produção, foram

Perspectiva internacional

Os altos custos de operação da Volkswagen: ela deveria rever sua estratégia?[4]

A Volkswagen (VW), conhecida por baixos preços e boa qualidade, enfrentou uma sacudida estratégica em 2005 quando estava perdendo dinheiro. Salários de fábrica, entre os mais altos do mundo, tiraram a competitividade da VW. O salário de manufatura da VW de 34 euros (cerca de 41 dólares) comparava-se desfavoravelmente com os 25,49 euros nos Estados Unidos, como reportava a Associação da Indústria Automotiva Alemã. Ao mesmo tempo, a Alemanha tinha uma taxa de desemprego de mais de 11%, a mais alta no período posterior à Segunda Guerra Mundial. Além disso, havia supostos encargos de subornos de altos funcionários que teriam pago aos líderes sindicais para cooperar nas negociações de contratos de trabalho. As fábricas da VW na Europa utilizam apenas 81% de sua capacidade, muito pior que seus concorrentes Toyota e Renault, que operavam com mais de 90% de sua capacidade. Com uma linha de modelos antiquada, mau desempenho financeiro e supostos encargos por subornos, Bern Pischetsrieder, o CEO, contratou Wolfgang Bernhard, educado nos Estados Unidos e que trabalhou brevemente na DaimlerChrysler, na empresa de consultoria McKinsey e na Mercedes.

A tarefa de Bernhard era preparar uma estratégia de giro que incluía redução de custos, melhora da qualidade, foco no valor oferecido aos mercados de massa e redução da competitividade com marcas de alto padrão como Mercedes. Para alcançar essas metas, Bernhard iniciou um programa que vinculava bônus a melhoras na qualidade. E ainda, os engenheiros receberam instruções para simplificar a complexidade dos produtos.

A Volkswagen começou com uma imagem de fabricante de carros de baixo custo e boa qualidade, depois tentou se colocar na classe de alto padrão, e agora procura aproximar-se do mercado de alto valor. Realidades de operação podem requerer uma reavaliação da estratégia.

http://www.vw.com

4 Power, Stephen. "VW woes go beyond scandal". *The Wall Street Journal*, 8 de julho de 2005.

analisadas antes. Contudo, algumas são importantes para as operações; examinamos aqui o papel dos sistemas de informação no controle das operações.

Sistemas de informação que se tornaram disponíveis há vários anos integram a informação sobre uma base virtualmente instantânea, reduzindo de maneira considerável os atrasos que normalmente impedem um controle eficaz. Com o desenvolvimento de hardware e software de computador, hoje é possível que quase qualquer dado mensurável seja reportado à medida que os eventos ocorram. Há sistemas para coletar dados que afetam toda uma operação de maneira rápida e sistemática, para manter esses dados disponíveis com facilidade e para reportar sem demora a situação de um grande número de projetos a qualquer instante. Assim, são primordialmente sistemas de informação desenhados para proporcionar planejamento e controle eficazes.

Esses e outros sistemas que utilizam a tecnologia de computação rápida permitem vislumbrar que logo chegará o dia em que o planejamento de todas as áreas de produção será mais preciso e o controle mais eficaz. A desvantagem não reside no custo, mas sim na falha dos administradores de dedicar tempo e esforço mental para conceitualizar o sistema e suas relações, ou assegurar que alguém mais na organização o faça. Contudo, como se mostrou no Capítulo 18, a disponibilidade de informação rápida nunca pode proporcionar controle em tempo real dos atrasos em qualquer sistema de retorno; somente um enfoque de retorno para a frente pode superar essas demoras.

Perspectiva internacional

Como um sistema de informação facilita as operações

Aplicados hoje de maneira ampla aos processos de compras, armazenamento, manufatura e embarque, os sistemas de informação podem operar através de estações de remessa e centros de insumos localizados por toda uma fábrica. Nos centros de remessa, os eventos são registrados quando ocorrem e a informação é inserida de imediato em um computador. Por exemplo, quando um trabalhador termina uma tarefa designada no conjunto de um produto, o cartão de registro do tempo da ordem de trabalho passa por um leitor de transações que eletricamente transmite a um computador a informação de que o artigo X passou por um certo processo, que acumulou horas de mão-de-obra, e pode ou não estar dentro do programa, assim como outros dados pertinentes. Os centros de insumos estão equipados para originar a informação necessária de um plano de produção de maneira automática, desde instruções programadas, ordens de compra, ordens para a oficina e outras autorizações. Esses dados são vertidos a um computador e comparados com os planos, que são utilizados como padrões em relação aos quais as operações reais podem ser comparadas.

Além de proporcionar ingresso rápido, comparação e recuperação de informação, esse sistema de controle de operações integrado proporciona a informação necessária para planejar programas em áreas como compras, produção e controle de estoque. E ainda, permite a comparação quase instantânea de resultados com planos, mostrando em que diferem, proporcionando um sistema regular de relatórios (diários ou com mais frequência, se necessário) sobre desvios dos planos, como artigos atrasados ou custos acima do orçamento.

Foram desenvolvidos outros tipos de sistemas de planejamento, controle e informação para refletir com rapidez a interação entre as operações de produção e distribuição e medidas financeiras chave como custos, lucros e fluxo de caixa. As companhias com modelos de computador em tempo real podem dar aos gerentes operacionais uma análise virtualmente instantânea a perguntas "e se", como os efeitos de reduzir ou incrementar as saídas, o efeito de uma queda da demanda e a sensibilidade do sistema a incrementos de mão-de-obra e custos, mudanças de preços e adições de novos equipamentos. Com certeza, os modelos de sistemas que simulam operações reais e seu efeito em fatores financeiros são primordialmente ferramentas de planejamento, mas o mesmo ocorre com a maioria das técnicas de controle. Ao tornar possíveis respostas extremamente rápidas às muitas perguntas "e se" dos gerentes operacionais, os modelos de sistemas podem reduzir muito o tempo transcorrido para corrigir desvios dos planos e realmente melhorar o controle.

Ferramentas e técnicas para melhorar a produtividade

Há muitas ferramentas e técnicas disponíveis para melhorar as operações de manufatura e serviços, que incluem planejamento e controle de estoques, o sistema de estoque *just in time*, contratação externa, pesquisa de operações, engenharia de valor, simplificação do trabalho, círculos de qualidade, administração total da qualidade, manufatura enxuta, desenho desenvolvido por computador e manufatura desenvolvida por computador.

Planejamento e controle de estoques

Na história da pesquisa das operações, talvez se tenha dado mais atenção ao controle de estoques que a qualquer outra área prática das operações. As relações de sistemas essenciais podem ser vistas como uma pequena "caixa preta", como ilustra a Figura 20.2.

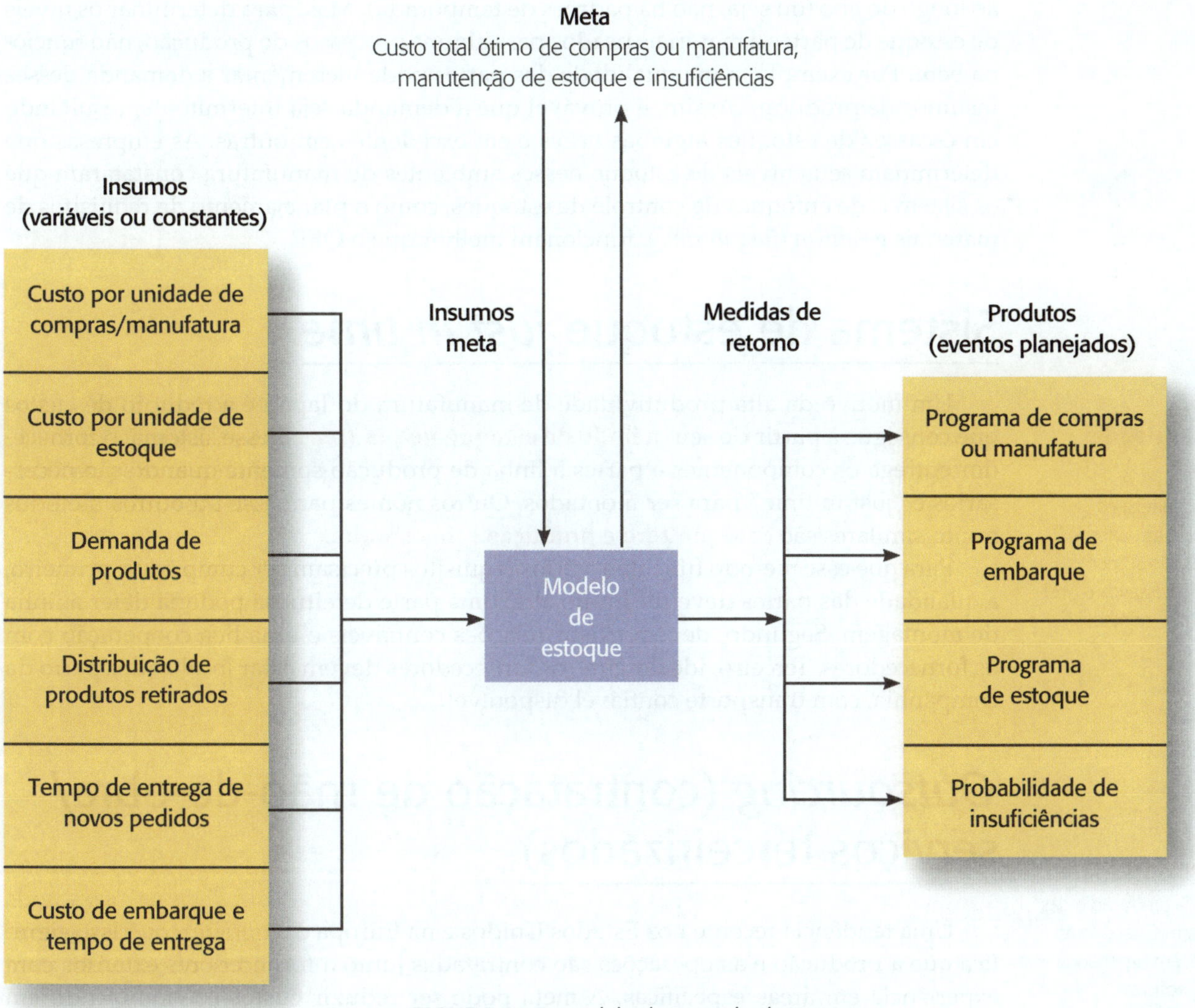

FIGURA 20.2 Modelo de controle de estoque

Em forma matemática, essas relações conceituais se expressam na equação:

$$Q_e = \sqrt{\frac{2DS}{H}}$$

onde
Q_e = quantidade econômica do pedido
D = demanda anual
S = custos de instalação
H = custo de colocar em estoque (arrolar) por artigo ao ano

O modelo da Figura 20.2 ilustra várias coisas. Impõe a consideração das metas desejadas e a necessidade de colocar valores em saídas e insumos. Também apresenta ao administrador a base para os planos e os padrões para medir o desempenho. Entretanto, com todas as suas vantagens, trata-se de um subsistema e não incorpora outros subsistemas como o planejamento da produção, o planejamento da distribuição e o planejamento das vendas.

O **enfoque da quantidade econômica do pedido (QEP)** é utilizado pelas empresas há muitos anos para determinar os níveis de estoque. Funciona relativamente bem para encontrar quantidades de pedido quando a demanda é previsível e bastante constante ao longo do ano (ou seja, não há padrões de temporada). Mas, para determinar os níveis de estoque de partes e materiais usados para alguns processos de produção, não funciona bem. Por exemplo, a má qualidade das partes pode incrementar a demanda desses insumos de produção. Assim, é provável que a demanda seja intermitente, resultando em escassez de estoques algumas vezes e em excedentes em outras. As empresas que determinam seus níveis de estoque nesses ambientes de manufatura constataram que os sistemas de enfoques de controle de estoques, como o planejamento de requisitos de materiais e *kanban* (*just in time*), funcionam melhor que o QEP.

Sistema de estoque *just in time*

Sistema de estoque *just in time*

O fornecedor entrega os componentes e as partes à linha de produção somente quando são necessários e "*just in time*" para ser montados.

Um motivo da alta produtividade de manufatura do Japão é a redução de custos que consegue a partir de seu **método de estoque *just in time***. Nesse sistema, o fornecedor entrega os componentes e partes à linha de produção somente quando são necessários e "just in time" para ser montados. Outros nomes para esse ou outros métodos muito similares são **estoque zero** e **produção sem estoque**.

Para que esse método funcione, vários requisitos precisam ser cumpridos: primeiro, a qualidade das partes deve ser muito alta; uma parte defeituosa poderia deter a linha de montagem. Segundo, devem existir relações confiáveis e uma boa cooperação com os fornecedores. Terceiro, idealmente, os fornecedores devem estar localizados perto da companhia, com transporte confiável disponível.

Outsourcing (contratação de mão-de-obra/serviços terceirizados)

Outsourcing

Contratação da produção e das operações com fornecedores externos que têm experiência em áreas específicas.

Uma tendência recente nos Estados Unidos e na Europa é o ***outsourcing***. Isso significa que a produção e as operações são contratadas junto a fornecedores externos com experiência em áreas específicas. A meta pode ser reduzir custos economizando em benefícios do pessoal, reduzir o número de trabalhadores ou ser capazes de deslocar os funcionários a outras tarefas mais importantes. Assim, a contratação externa é uma ferramenta importante para ampliar uma companhia e manter uma posição competitiva. Permite a uma empresa focar suas competências centrais e facilitar que outras empresas façam o que podem fazer melhor. Por exemplo, a Nike, Inc., grande fabricante de artigos esportivos, usa o *outsourcing* para a produção de seus produtos, só conserva a produção do sofisticado sistema Nike Air.[5] Também contrata fora a publicidade. Ao focar o que faz melhor, a Nike alcança uma extraordinária taxa de crescimento.

http://www.nike.com

Outros motivos para a contratação externa incluem ter acesso às melhores fontes disponíveis em todo o mundo, compartilhar riscos entre a empresa e seus fornecedores, destinar capital a fatores de êxito chave, contratar externamente funções que são difíceis de administrar ou não dispor da capacidade de realizar certas tarefas.

A contratação externa também pode servir como uma arma estratégica. A General Motors produz quase dois terços de seus componentes em casa, comparada com a Chrysler, que só produz internamente cerca de um terço de seus componentes. Isso dá à Chrysler uma vantagem competitiva, porque os custos trabalhistas em casa da General Motors são substancialmente mais altos que os de seus fornecedores. A Kodak constatou que era mais eficaz contratar fora a operação diária de sua frota de 10 mil veículos. Do mesmo modo, a Procter & Gamble beneficiou-se de contratar fora a operação de sua frota, reduzindo assim seus custos e melhorando a produtividade de sua força de vendas. Outra função que se pode contratar externamente é a administração das propriedades. Johnson Controls, por exemplo, proporciona serviços de operação e manutenção de edifícios. O Centro Médico Presbiteriano de Filadélfia escolheu uma fonte única para administrar várias tarefas, que inclui seu serviço de alimentos, segurança, serviços ambientais, processamento central, transporte, manutenção e as funções de engenharia. Até a Apple Computer contratou externamente sua engenharia de siste-

http://www.gm.com
http://www.chrysler.com
http://www.johnsoncontroles.com

Perspectiva empresarial

A contribuição da GE no auge da contratação externa da Índia[6]

Em 1989, poucas companhias compreendiam o potencial de contratação externa da Índia. Quando Jack Welch, o então diretor executivo da GE, visitou a Índia, falou-se a ele da necessidade de o país desenvolver um setor de alta tecnologia. Mas foi depois de 1991, quando o governo indiano começou a reduzir barreiras tarifárias e controles às exportações, que a economia da Índia começou a desatar. O interesse de Welch de cortar custos conscientizou as companhias indianas de suas forças competitivas potenciais. A confiança da GE na vantagem da Índia encorajou outros investimentos. A própria GE abriu o Centro de Tecnologia em Bangalore, tornando possível que milhares de funcionários trabalhassem em muitos projetos, inclusive no desenvolvimento de novos refrigeradores, motores a jato e muitos projetos de software. A GE e outras companhias contribuíram em maior grau para o crescimento econômico da Índia em cerca de 7% em 2005.

A força competitiva da Índia se torna evidente ao comparar suas taxas trabalhistas com as dos Estados Unidos. Por exemplo, programadores de software com experiência de dois a quatro anos ganham aproximadamente US$ 10 mil anuais na Índia, enquanto sua contraparte americana ganha cerca de US$ 62 mil. Do mesmo modo, os trabalhadores de centros de telemarketing na Índia ganham cerca de US$ 3 mil ao ano, enquanto um cargo similar nos Estados Unidos paga US$ 27 mil. Ainda que hoje muitas companhias tenham instalado seus centros de serviço na Índia, apenas poucas pessoas consideram a contribuição da GE como pioneira de contratação externa da Índia.

http://www.ge.com

[5] Mintzberg, Henry e James Brian Quinn, *The strategy process*, 3ª ed., Upper Saddle River, NJ: Prentice Hall, 1996, p. 64.

[6] "In India's outsourcing boom, GE played a starring role". *The Wall Street Journal*, 23 de março de 2005.

mas e redes, assim como suas telecomunicações e serviços de ajuda de escritório a uma companhia canadense. Contratar externamente partes do sistema de informação dos varejistas ajudou a loja de departamentos de Woolworth, na Grã-Bretanha, a reduzir custos e adquirir habilidades.

Sugeriu-se que antes de decidir a contratação externa, deve-se realizar um estudo de prática de negócios de reengenharia.* As descobertas dessa análise podem indicar quais tarefas são as mais adequadas para que permaneçam na companhia e quais contratar fora.

Pesquisa operacional

Pesquisa operacional

Aplicação de métodos científicos ao estudo de alternativas em uma situação problema, visando obter uma base quantitativa para chegar à melhor solução.

Há quase o mesmo número de definições da pesquisa de operações quanto escritores sobre o assunto. Para os propósitos desta análise, a definição mais aceitável é que a **pesquisa operacional** é a aplicação de métodos científicos ao estudo de alternativas em uma situação problema, com a visão de obter uma base quantitativa para chegar à melhor solução. Assim, o enfoque está no método científico, no uso de dados quantitativos, nas metas e na determinação dos melhores meios para alcançar as metas. Em outras palavras, a pesquisa operacional poderia ser chamada de "sentido comum quantitativo".

Engenharia de valor

Engenharia de valor

Processo de analisar as operações do produto ou serviço, estimar o valor de cada operação e tentar melhorar essa operação tratando de manter baixos os custos em cada passo ou parte.

Pode-se melhorar um produto e reduzir seus custos por meio da **engenharia de valor**, que consiste em analisar as operações do produto ou serviço, estimar o valor de cada operação e tentar melhorar essa operação tratando de manter baixos os custos em cada passo ou parte. Sugerem-se os seguintes passos:

1. Dividir o produto em componentes e operações.
2. Identificar os custos de cada componente e operação.
3. Identificar o valor relativo da contribuição de cada componente à unidade ou produto final.
4. Encontrar um novo enfoque para as etapas que pareçam ter um alto custo e um valor baixo.

Simplificação do trabalho

Simplificação do trabalho

Processo de obter a participação dos trabalhadores para simplificar seu trabalho.

Os métodos de trabalho também podem ser melhorados a partir da **simplificação do trabalho**, que é o processo de obter a participação dos trabalhadores para simplificar seu trabalho. Realizam-se sessões de capacitação para transmitir conceitos e princípios de técnicas, como estudos de tempos e movimentos, análises de fluxos do trabalho e a distribuição da situação de trabalho.

Círculo de qualidade

Círculo de qualidade

Grupo de pessoas da mesma área da organização que se reúnem regularmente para resolver os problemas que vivenciam ao realizar suas tarefas.

Um círculo de controle da qualidade, ou simplesmente **círculo de qualidade** (CQ), é um grupo de pessoas da mesma área da organização que se reúnem regularmente

* Ver a análise sobre a reengenharia no Capítulo 7.

Perspectiva internacional

Círculos de qualidade no Japão

Já há algum tempo, os produtos japoneses são bem recebidos em outros países. Em maior grau, devido à qualidade dos produtos, mas nem sempre foi assim. De fato, nas décadas de 1950 e 1960, muitos produtos feitos no Japão tinham uma imagem de má qualidade.

Para competir no mercado mundial, as empresas japonesas tiveram de melhorar a qualidade de seus produtos. A campanha para melhorar a qualidade foi iniciada por disposição regulamentar emitida pelo governo japonês. Pouco depois da Segunda Guerra Mundial, compreendendo que seu êxito econômico dependia de incrementar as exportações, os japoneses instigaram seu governo a estabelecer um sistema de regulações ordenando que todos os exportadores apresentassem a um órgão governamental uma amostra de cada produto a exportar e que cumprissem requisitos demandantes de qualidade antes de receber permissão para exportar.

O impulso legislativo pela qualidade foi apoiado por varias técnicas administrativas estimulando ou exigindo qualidade do produto. Uma das técnicas interessantes é o círculo de qualidade, amplamente utilizado no Japão. A princípio, o enfoque estava na análise de problemas de qualidade, mas agora se trata também de outros problemas, como redução de custos, melhora das instalações de escritório, melhora da segurança, moral dos funcionários, controle da poluição e educação do pessoal.

para resolver os problemas que vivenciam no trabalho. Capacitam-se os membros para resolver problemas, aplicar controle de qualidade estatístico e trabalhar em grupo. Em geral, um coordenador trabalha com cada grupo, que normalmente consiste de 6 a 12 membros. Os CQ podem se reunir quatro horas por mês. Ainda que os membros cheguem a obter reconhecimento, não é costume receber recompensas monetárias.

Os círculos de qualidade evoluíram a partir dos programas de sugestões. Nos dois enfoques, os trabalhadores participam da resolução de problemas relacionados com o trabalho. Mas enquanto nos programas de sugestões os problemas em geral são bastante específicos, aqueles tratados pelos CQ tendem a ser mais complexos e requerem a participação de vários membros da equipe. A equipe consiste primordialmente de trabalhadores comuns e às vezes também dos supervisores. Os chamados especialistas em eficiência normalmente são excluídos da equipe.

É interessante assinalar que, embora o conceito do controle da qualidade tenha surgido nos Estados Unidos, os japoneses parecem tê-lo aperfeiçoado. Mais recentemente, as empresas americanas "voltaram a descobrir" a importância da qualidade, como demonstram os anúncios de automóveis Chrysler e Ford. De qualquer forma, não há motivo para duvidar que os CQ possam ser utilizados por empresas norte-americanas e de outros países, que agora enfrentam uma situação competitiva em um mercado mundial que demanda produtos de qualidade.

Perspectiva internacional

Administrar a qualidade para o êxito

Administrar a qualidade requer liderança e trabalho duro. O esforço constante para obter qualidade rendeu bons resultados para muitas companhias. O diretor executivo da BMW atribui o êxito da companhia à personalização, que lhe permite adaptar os carros às necessidades e desejos dos compradores de automóveis, o que, por sua vez, torna-se possível devido à cultura do artesanato alemão. A Procter & Gamble utiliza conceitos de administração da qualidade para impedir a contaminação. A meta da Motorola é proporcionar satisfação total do cliente ao levar a qualidade ao nível do programa Seis Sigma, o que significa ter não mais que 3,4 defeitos por milhão de componentes. A administração da qualidade também funciona na indústria dos serviços. Nos distribuidores Infiniti da Nissan, as pessoas são capacitadas para tratar os clientes como visitas importantes. A qualidade aplica-se igualmente ao setor público. O Internal Revenue Service de Utah e os governos dos estados de Arkansas, Minnesota e Oregon estão tratando de implementar conceitos de qualidade em suas operações. Os enfoques para melhorar a qualidade e a satisfação do cliente variam, do mesmo modo que as teorias nas quais se baseiam os esforços para alcançar a qualidade. Alguns dos enfoques propostos pelos defensores da qualidade parecem em conflito, criando uma espécie de selva.

Administração da qualidade total[7]

Administração da qualidade total

Compromisso a longo prazo para a melhora contínua da qualidade, em toda a organização e com a participação ativa de todos os membros em todos os níveis, para cumprir e exceder as expectativas dos clientes.

Um enfoque popular para melhorar a qualidade é a **administração da qualidade total** (TQM – Total Quality Management). Entretanto, o termo tem vários significados. Em geral, a TQM inclui o compromisso a longo prazo de perseguir a melhora contínua da qualidade em toda a organização, com a participação ativa dos membros em todos os níveis, para cumprir e exceder as expectativas dos clientes. Essa filosofia, impulsionada pela alta administração, é considerada uma forma de gerenciamento organizacional. Em um sentido específico, a TQM é simplesmente administração eficaz.

Ainda que os programas específicos possam variar, todos requerem, de modo geral, a análise cuidadosa das necessidades dos clientes, a avaliação do grau em que essas necessidades são satisfeitas atualmente e um plano para suprir a possível brecha entre a situação atual e a desejada. O êxito desse enfoque à melhora da qualidade geralmente requer a cooperação dos fornecedores. Além disso, para que o programa de TQM seja eficaz, a alta administração deve envolver-se, proporcionar uma visão, reforçar os valores dando ênfase à qualidade, estabelecer metas de qualidade e destinar recursos ao programa de qualidade. É óbvio que a TQM demanda um livre fluxo de informação, vertical, horizontal e diagonalmente.

A capacitação e o desenvolvimento são muito importantes para desenvolver habilidades e aprender a usar ferramentas e técnicas como o controle de qualidade estatístico. Esse esforço contínuo para melhorar a qualidade requer um ambiente que pode ser chamado de organização de aprendizagem (ver o Capítulo 13). Qualquer esforço para melhorar a qualidade necessita não só do suporte, mas também da participação, da gerência, de cima para baixo, assim como dos funcionários não gerenciais. As pessoas precisam que lhes outorguem poder para iniciar e implementar as mudanças necessárias. Na organização moderna e entrelaçada, o trabalho em equipe muitas vezes se converte em um pré-requisito para uma operação eficaz e eficiente.

Os esforços para melhorar a qualidade têm de ser monitorados de maneira contínua mediante a constante coleta de dados, avaliação, retorno e programas de aperfeiçoamento. A TQM não é o esforço apenas uma vez, mas sim um projeto a longo prazo e contínuo que precisa ser reconhecido, reforçado e recompensado.

Quando é realizada com eficácia, a TQM resulta em maior satisfação do cliente, menores defeitos e menos desperdício, maior produtividade total, custos reduzidos e rentabilidade melhorada e um ambiente em que a qualidade tem alta prioridade.

A preocupação com a qualidade não deve se restringir aos negócios. Os princípios da melhoria da qualidade também se aplicam ao governo. O prefeito de Madison,

---

7 Para uma análise da integração da liderança e TQM, ver Puffer, Sheila M. e Daniel J. McCarthy, "A framework for leadership in a TQM context". *Journal of Quality Management*, vol. 1, n. 1, 1996, p. 109-130. Ver também a relação entre a qualidade e o desempenho em Flynn, Barbara B., "The relationship between quality and other dimensions of competitive performance: Tradeoff or compatibility?". *Academy of Management Proceedings*, 2000. Observe também Praveen, Gupta, *Six Sigma business scorecard*. Nova York: McGraw-Hill, 2004; a crítica do livro é de Mathys, Nicholas, em *The Academy of Management Review*, maio de 2005, p. 163-164.

Wisconsin, demonstrou como os programas de qualidade podem ser implementados no governo municipal. A primeira prova veio com a divisão de equipamento motorizado. Depois do êxito inicial, estabeleceu-se um programa formal em toda a cidade. O surpreendente é que a resistência ao programa partiu não dos sindicatos, nem do conselho da cidade, mas dos burocratas de nível médio, que viram seu poder erodir pela redução de barreiras departamentais e por um maior trabalho em equipe.

A administração da qualidade é uma preocupação mundial. Portanto, os temas das contribuições dos gênios da qualidade, o Prêmio Nacional da Qualidade Malcolm Baldrige, a ISO 9000 e o modelo europeu da administração total da qualidade foram analisados no Capítulo 3, que trata da administração global.

Manufatura enxuta[8]

Um estudo do Massachusetts Institute of Technology que comparou fabricantes de automóveis americanos, japoneses e europeus, mostrou que os japoneses obtiveram vantagem competitiva pelo uso de menos operários, tempo menor de desenvolvimento, estoques mais baixos, menos fornecedores, menos espaço de produção e menos investimento para produzir mais modelos. Os japoneses também tinham tempos de entrega muito mais curtos e eram mais produtivos que os americanos e os europeus.

Algumas das diferenças entre a produção em massa tradicional e as práticas gerenciais da produção enxuta são listadas na Tabela 20.2.

TABELA 20.2 Produção em massa em face de práticas gerenciais de produção enxuta

Produção em massa	Produção enxuta
• Melhoras esporádicas e inconsistentes.	• Melhoria contínua (*kaizen*) com avanços estratégicos.
• Satisfeitos com "razoavelmente bem".	• A busca de zero defeitos.
• Estoques altos aceitáveis.	• Sistema de estoque *just in time*.
• Administração do "eu" com enfoque no desempenho individual.	• Administração do "nós", ou de equipe.
• Atitude de que os trabalhadores são a causa da má qualidade.	• A responsabilidade dos problemas é de todos, em especial da gerência.

Deve-se assinalar que, desde a realização do estudo, os fabricantes de automóveis norte-americanos e europeus adotaram muitos dos conceitos de produção enxuta e se tornaram mais produtivos. O pensamento enxuto estendeu-se a companhias não automobilísticas. O Wal-Mart, uma loja varejista americana, implantou um sistema de entregas *just in time* que funciona permitindo que os fornecedores se conectem ao seu sistema de pedidos computadorizado. Assim, os fornecedores podem antecipar a demanda de seus produtos. A Pratt & Whitney, uma empresa americana aeroespacial, modificou a organização de seu fluxo de trabalho e assim reduziu seu nível de estoque em 70% e seus custos unitários em 20%.

http://www.pw.utc.com

[8] Ver Womack, James P., Daniel T. Jones e Daniel Roos, ***The machine that changed the world***. Nova York: HarperPerennial, 1990; "Lean and its limits". ***The Economist***, 14 de setembro de 1996, p. 65; ver também Friel, Daniel, "Transferring a Lean production concept from Germany to the United States: The impact of labor laws and training systems". ***The Academy of Management Executive***, maio de 2005, p. 50-58.

Perspectiva internacional

Fundir os sistemas de produção da Daimler e da Chrysler: uma missão possível?[9]

Um objetivo importante da fusão da Daimler com a Chrysler era obter sinergia, com as resultantes economias de custos. Contudo, demorou bastante tempo para integrar os sistemas de produção, devido ao fato de que a Chrysler construía mais de três milhões de automóveis ao ano e utilizava primordialmente a produção em massa; e, por outro lado, a Mercedes produzia um milhão de carros desenhados para clientes de alto escalão. A Chrysler ressaltava o enfoque de "empurrar": construir carros para entrega imediata; enquanto a Mercedes praticava o sistema de "puxar": construir carros depois de receber o pedido, com resultados em menores custos de estoque, mas também em listas de espera que iam de quatro meses até dois anos para certos modelos. A integração das duas companhias levou algum tempo, até que engenheiros americanos e alemães começassem a confiar uns nos outros e compartilhassem informação importante.

Contudo, depois de um período de ajuste, os esforços conjuntos renderam frutos. Eis aqui alguns exemplos de como ocorreram sinergias. Engenheiros da Chrysler desmontaram um Mercedes Classe-E, estudaram-no com cuidado e adotaram conceitos úteis. Um processo similar foi utilizado por engenheiros alemães que estudaram o modelo 300M da Chrysler. A renomada caixa de transmissão automática NAG, que é instalada na maioria dos carros Mercedes, estava programada para ser usada na próxima geração do jipe Grand Cherokee e talvez também um motor a diesel modificado. A Chrysler está aprendendo com a Mercedes e vice-versa. A nova DaimlerChrysler aposta que a nova colaboração será a chave para o êxito nesse mercado bastante competitivo.

Ainda que finalmente as duas empresas não tenham concluído a fusão, muitas de suas práticas são resgatáveis e servem como material de estudo.

http://www.daimlerchrysler.com

Técnicas assistidas por computador

O desenho do produto e a manufatura mudaram muito em anos recentes, em maior grau devido à aplicação da tecnologia da computação. O desenho desenvolvido por computador (ou *computer-aided design*, CAD) e a manufatura desenvolvida por computador (*computer-aided manufacturing*, CAM) são parte das pedras angulares da fábrica moderna.

CAD e CAM ajudam os engenheiros a desenhar produtos com muito mais rapidez do que poderiam fazer com o enfoque tradicional de lápis e papel. É um diferencial importante, já que os ciclos de vida do produto tendem a ficar cada vez mais curtos. Capturar o mercado com rapidez é crucial em um ambiente competitivo. Além disso, as empresas podem responder com mais rapidez às solicitações de clientes com requisitos específicos. A meta final de muitas companhias é a manufatura integrada ao computador.

Administração da cadeia de suprimentos e da cadeia de valor[10]

Os termos *administração da cadeia de suprimentos* e *cadeia de valor* são utilizados às vezes de maneira indistinta. Contudo, a *Industry Week* assinala que a

---

9 Maynard, Micheline, "Amid the turmoil, a rare success at DaimlerChrysler". *Fortune*, 22 de janeiro de 2001, p. 112C-P. Ver também o site da DaimlerChrysler, http://www.daimlerchrysler.com, acesso em 29 de junho de 2002.

10 Porter, Michael E., *Competitive advantage: Creating and sustaining superior performance*. Nova York: Free Press, 1985, em especial o Cap. 2. Ver também o site da cadeia de valor de *Industry Week*, http://www.iwvaluechain.com, acesso em 3 de outubro de 2006; o site da cadeia de suprimentos de SAP, http://www.sap.com/solutions, acesso em 3 de outubro de 2006; e Stanford Mundial Supply Chain Management Forum, http://www.stanford.edu/group/scforum, acesso em 3 de outubro de 2006.

administração da cadeia de suprimentos focaliza a sequência de obter matérias-primas e submontagens ao longo do processo de manufatura, de maneira econômica. A **administração da cadeia de valor**, por outro lado, tem um significado mais amplo e inclui analisar cada passo do processo, indo do manejo de matérias-primas ao serviço ao usuário final, atribuindo o maior valor ao mais baixo custo. Portanto, alguns sugerem que a administração da cadeia de suprimentos enfoca mais o processo interno com interesse no fluxo eficiente de recursos, como os materiais, enquanto a administração da cadeia de valor tem metas similares com uma preocupação adicional com o ambiente externo, como o cliente.

O professor Michael Porter popularizou o **modelo do processo da cadeia de valor**, que inclui as atividades primárias da logística de entrada, operações, logística de saída, marketing/vendas e serviço. Esse processo é apoiado pela infraestrutura da empresa, a administração dos recursos humanos, tecnologia e compras. O modelo de Porter ilustra que a análise da cadeia de valor tem uma orientação mais ampla que a administração da cadeia de suprimentos.

A **administração da cadeia de suprimentos** concentra-se na sequência de obtenção de matérias-primas e submontagens ao longo do processo de manufatura, de maneira econômica.

A **administração da cadeia de valor** inclui analisar cada passo do processo, indo do manejo de matérias-primas ao serviço ao usuário final, atribuindo o maior valor ao mais baixo custo.

O **modelo do processo da cadeia de valor** inclui as atividades primárias da logística de entrada, operações, logística de saída, marketing/vendas e serviço. Esse processo é apoiado pela infraestrutura da empresa, a administração dos recursos humanos, tecnologia e compras.

Perspectiva internacional

Empreendedores chilenos tentam o autoabastecimento

Rodrigo e Gabriel Délano são dois empreendedores chilenos da indústria de restaurantes. É comum ver seus seis restaurantes lotados, localizados em uma das zonas mais abastadas de Santiago, Chile. Quando chegaram a Bosque Norte, a zona não era o que é hoje, mas escolheram-na com uma mescla de "bom olho", visão e sorte. Na época já tinham um restaurante com clientela fiel na hora do almoço, mas queriam ter clientes cativos também à noite e nos fins de semana.

Os dois irmãos se comunicam de maneira constante e direta. Embora não tenham "dias de planejamento", estão sempre discutindo ideias ou possibilidades. Tomam as decisões de forma intuitiva e tratam de reagir rapidamente, sem que isso signifique caos para eles. São organizados e dirigem seus negócios com critério moderno. Em sua organização existe a divisão do trabalho e se apoiam em boa tecnologia em seus sistemas de custos, logística e computação.

Seu êxito se deve a cinco fatores: localização, qualidade de produtos, ambientação, preço e qualidade do serviço. Talvez outro fator importante seja que os irmãos são do mesmo nível socioeconômico de seus clientes. Assim, podem interpretar melhor seus gostos e inclinações. Além disso, têm como política não dirigir seus restaurantes como se fossem sucursais.

Embora saibam delegar e premiem os bons funcionários, são eles que dão a palavra final em quase tudo, incluindo a decoração de um prato. É claro que o que não dominam, eles deixam nas mãos de especialistas. Os Délano reconhecem que seu êxito não foi casual, mas sim fruto de 20 anos de trabalho, esforço e perseverança. No início, não dava para viver, de modo que eram austeros, mas sempre reinvestiam. Seu investimento mais recente foi de um milhão de dólares. Ainda que os tempos tenham mudado, atualmente geram vendas de $ 350 milhões por mês, mas seu êxito não é gratuito.

Seus planos para o futuro são criar uma franquia de um de seus restaurantes, instalar um salão de festas em um deles, um bar em outro e ainda ampliar um outro. O mais importante é que os Délano estão conscientes de que o negócio de comida não é só o que se vê, e por isso estão tratando de se transformar em seus próprios fornecedores. Já são donos de uma central de compras. Agora têm em mente criar uma central de pré-elaboração e incorporar a venda de produtos perecíveis como pescado, carne e verdura, para distribuir a terceiros. O maior desafio para os irmãos é fechar o círculo de autoabastecimento, eliminando a intervenção de fornecedores, para obter uma economia significativa em mão-de-obra especializada e, certamente, eles podem fazer isso.

A meta da administração da cadeia de valor é criar uma cadeia de atividades direta, desde o fornecedor, passando pelo fabricante, até o cliente para satisfazer e exceder às suas expectativas. O processo requer que todas as funções gerenciais de planejar, organizar, integrar pessoal, liderar e controlar sejam realizadas com eficácia e eficiência em um ambiente de colaboração. Além disso, a tecnologia é usada para facilitar todo o processo. O capítulo anterior sobre os diversos aspectos da tecnologia da informação discutiu como se pode fazer isso. A administração da cadeia de valor pode requerer uma profunda análise do processo organizacional com a utilização de conceitos de reengenharia que foram discutidos no Capítulo 7. Outra forma ainda de melhorar a cadeia de valor (em especial para manufatura) é estudar e aplicar o modelo da administração das operações mostrado na Figura 20.1.

O futuro da indústria automobilística certamente terá muitos desafios, como clientes menos fiéis, necessidade de melhorar a produtividade, demanda para produzir veículos para os mercados de massa de baixo custo e manutenção de um pequeno mercado de veículos de alto padrão.

Perspectiva internacional

O futuro da indústria automobilística global[11]

A indústria do automóvel pode ser um indicativo da quantidade de indústrias que se globalizam. Embora seja difícil antecipar o futuro, certas tendências parecem evidentes. Países como China e Índia serão os impulsionadores não só do crescimento econômico em geral, mas também da indústria automotiva em particular. A *Economist Intelligence Unit* prevê que, para 2020, cerca de 40% das vendas de automóveis será na Ásia. E ainda, que a produção de componentes de automóveis modificará os mercados emergentes.

Uma grande demanda de automóveis pequenos de baixo custo será incrementada nos mercados emergentes. A fidelidade dos clientes nos mercados desenvolvidos decrescerá, mas os carros de alto padrão manterão um nicho de mercado. O mercado de carros médios pode enfrentar os desafios maiores. Enquanto em 2005 meia dúzia de empresas de automóveis dominavam o mercado, em 2020 pode haver muito mais companhias. As empresas que operarem com eficiência, administrarem a cadeia de suprimentos e desenvolverem bons produtos terão a vantagem competitiva. Especificamente, a pesquisa de *The Economist* sugere que, por volta de 2020, os maiores ganhos em produtividade estarão nas operações e nos processos de produção (assim se expressaram 60% dos participantes), desenvolvimento do produto (40%), administração do conhecimento (32%), administração da cadeia de suprimentos (32%) e atividades de marketing e vendas (listadas por 32% dos participantes).

A relação entre os clientes e distribuidores pode ser substituída pelas relações diretas dos fabricantes com os compradores de automóveis. O Dr. Carl Hahn, antigo presidente do conselho da Volkswagen AG, comentou: "As vendas a varejo revolucionarão até estruturas tipo Wal-Mart";[12] e Kai-Uwe Seidenfuss, vice-presidente da DaimlerChrysler, sugeriu: "É bem possível que vejamos um comprador de carros do tipo 'seguidor da Apple', favorecendo a simplicidade".[13]

11 "Foresight 2020 economic, industry, and corporate trends". *The Economist Intelligence Unit 2006*, 23 de abril de 2006; "Chinese cars – one to watch". *The Economist*, 24 de fevereiro de 2007; p.79; "Briefing Germany's car industry – the big car problem". *The Economist*, 24 de fevereiro de 2007, p. 81-83.

12 Ibid, p. 27.

13 Ibid., p. 26.

Resumo

A produtividade é uma preocupação importante dos administradores. Implica medição, passo essencial no processo de controle. A medição da produtividade dos trabalhadores com habilidades é, em geral, mais fácil que a dos trabalhadores intelectuais, como os gerentes. Contudo, a produtividade gerencial é muito importante, em especial para as organizações que operam em um ambiente competitivo.

A administração da produção refere-se às atividades necessárias para fabricar produtos; também pode incluir compras, armazenamento, transporte e outras operações. A administração das operações tem um significado similar, referindo-se às atividades necessárias para produzir e entregar um serviço, assim como um produto físico. A medição da qualidade na era da informação requer incluir fatores além da confiabilidade, como a infraestrutura da informação e os serviços de fornecedores de software.

O modelo do sistema de administração das operações inclui insumos, o processo de transformação, saídas e o sistema de retorno. Selecionar um produto ou serviço para produzir requer considerar as necessidades dos clientes, as metas organizacionais e os diversos interesses dos administradores funcionais da empresa. Planejar e desenhar um produto e sua manufatura inclui várias atividades. As companhias podem escolher entre pelo menos seis tipos de distribuição para a produção, atendendo diferentes necessidades de operação. Para operar o sistema, as funções gerenciais de organizar, integrar pessoal e liderar devem ser desenvolvidas com eficácia. Controlar as operações requer um sistema de informação em geral apoiado por computadores.

Uma variedade de ferramentas e técnicas está disponível para fazer as operações mais produtivas, inclusive o planejamento e controle de estoques, o sistema de estoques *just in time*, contratação externa (terceirização), pesquisa das operações, engenharia de valor, simplificação do trabalho, círculos de qualidade, administração da qualidade total, manufatura enxuta e uma variedade de enfoques apoiados por computador. Os conceitos da administração da cadeia de suprimentos e administração da cadeia de valor são similares. Contudo, o último é mais amplo e destaca o usuário final do produto ou serviço.

Ideias e conceitos básicos

Problemas e medição da produtividade
Administração da produção
Administração das operações
A qualidade na era da informação
Sistema de administração das operações
Etapas no desenho do produto
e na produção
Distribuições para a produção
Planejamento e controle de estoques
Sistema de estoques *just in time*
Outsourcing
Pesquisa de operações
Engenharia de valor
Simplificação do trabalho
Círculo de qualidade
Administração da qualidade total
Manufatura enxuta
Desenho desenvolvido por computador
Manufatura desenvolvida por computador
Administração da cadeia de suprimentos
Administração da cadeia de valor
Modelo do processo da cadeia de valor

Para analisar

1. Como você mediria a produtividade de gerentes e outros trabalhadores com nível maior de conhecimento? Explique em detalhes.
2. Por que o campo da administração da produção e das operações é bom para exemplificar as técnicas de planejamento e controle? Por que você acredita que essa área foi favorecida para análise e melhora da produtividade pelos pioneiros da administração?
3. Distinga entre as técnicas de planejamento e controle que normalmente são encontradas somente na administração da produção e das operações e aquelas que são consideradas úteis em todas as áreas da administração. Por que há uma distinção?
4. Explique a natureza e motivos para cada um dos passos geralmente encontrados no desenvolvimento de um programa de administração da produção e das operações.
5. Há muitas distribuições típicas utilizadas no desenho de um programa de produção. Qual se costuma usar para a manufatura de automóveis? Por quê?
6. A informação em tempo real pode ser amplamente utilizada na área de produção, porém isso não resolve o problema de controle. Por quê?
7. Que ferramentas encontradas normalmente na pesquisa das operações foram muito usadas na administração da produção e das operações? Elas têm algo em comum? Caso tenham, o que é?
8. Por que você acha que os círculos de controle da qualidade foram tão utilizados no Japão?

Exercícios e atividades

1. Desenhe o plano de distribuição de sua casa ou departamento e indique as rotas que você segue ao realizar suas atividades diárias típicas. Mostre as mudanças nos arranjos que poderiam aumentar sua eficácia e produtividade pessoal.
2. Entreviste vários gerentes de uma companhia local e pergunte como medem a qualidade de suas operações.

Pesquisa na Internet

1. A Toyota foi a primeira a adotar o sistema *just in time* (JIT). A Dell aplicou a rede virtual ao JIT. Busque na Internet a expressão *just in time*. Determine como o JIT é utilizado pelas empresas.
2. Busque na Internet a expressão "administração da qualidade total ou gestão da qualidade total". Como é o enfoque nas organizações? Apresente suas descobertas na classe.

Caso internacional 20.1

A estratégia de produção global da Toyota[14]

A Toyota Motor Corporation é um dos maiores fabricantes de automóveis do mundo. Embora sua sede fique na cidade de Toyota, a cerca de 800 quilômetros a oeste de Tóquio, tem instalações de produção ou montagem em muitas partes do mundo. A companhia é conhecida por seu enfoque eficaz e eficiente na administração da produção, seus produtos de qualidade e suas excelentes relações trabalhistas.

O sistema de produção Toyota (*Toyota Production System*, TPS) integra artesanato com produção em massa e agora é imitado por seus concorrentes. O sistema busca produzir automóveis de alta qualidade a baixos custos, o que foi alcançado em parte entregando os componentes à linha de produção "just in time" para evitar os altos custos de estoque da operação de montagem tradicional. É chamado às vezes de sistema de estoque "para o caso de", referindo-se à prática de armazenar partes adicionais para o caso de um componente sair defeituoso ou ser necessário devido a circunstâncias imprevistas. A eficácia do TPS é auxiliada pelas estreitas relações com os fornecedores e por melhoras contínuas, trabalho em equipe, tomada de decisão descentralizada e uma força de trabalho motivada. Os veículos são desenhados com os clientes em mente, que podem fazer pedidos de automóveis de acordo com suas necessidades. Mesmo depois que o carro é entregue, os clientes continuam felizes com um bom serviço pós-venda.

A Toyota utiliza várias formas para melhorar a produção. Os trabalhadores são capacitados em diversos tipos de habilidades para que possam operar diversas máquinas. Avisos elétricos, chamados painéis Andon, mostram as cifras e os problemas de produção diários na linha de montagem. Também podem indicar se será necessário um tempo extra de trabalho. A qualidade é obtida através do sistema zero defeitos. Os trabalhadores são capacitados para rastrear qualquer erro até sua fonte. Se ocorre um problema de produção na linha de montagem, os trabalhadores puxam uma corda para chamar a atenção para o problema e solicitar assistência ou parar a linha por completo.

A companhia desenvolveu uma relação única com seus fornecedores, que entregam suas peças todos os dias (normalmente, várias vezes por dia) à linha de produção. Frequentemente, os fornecedores são responsáveis por todo um sistema, como freios, bancos ou o sistema elétrico. Para tornar eficaz a relação com o fornecedor, o pessoal da Toyota precisa estar muito familiarizado com a operação do fornecedor e costuma ter representantes nas instalações do fornecedor para proporcionar assistência. A Toyota também faz empréstimos ou investimentos de capital nas operações de seus fornecedores. O resultado são relações de cooperação a longo prazo.

Uma das estratégias de êxito da Toyota foi a introdução do Lexus, o modelo de luxo. Em parte como resposta à pressão dos Estados Unidos de limitar a venda de carros japoneses no país, a Toyota enfocou carros de luxo de alto valor utilizando a BMW e a Mercedes como pontos de comparação (*benchmarks*). O Lexus também foi direcionado a clientes de carros de luxo americanos, como o Cadillac e o Lincoln. Para desenvolver o Lexus, a Toyota adquiriu carros fabricados pela Mercedes, BMW e Jaguar e os testou a fundo. Depois desenvolveu 11 metas de desempenho para melhorar os resultados dessas provas. Para se manter competitiva em preços, investiu em automatização para reduzir os custos de mão-de-obra. Deu muita atenção aos padrões de alta qualidade. O tempo de desenvolvimento foi relativamente curto para o Lexus. Contudo, alguns críticos sugeriram que se tratava de um modelo de luxo baseado na plataforma do Toyota Camry. O baixo preço inicial do carro de luxo subiu várias vezes depois.

O êxito da operação japonesa estendeu-se ao exterior. Um exemplo disso é a New United Motor Manufacturing, Inc. (Nummi) em Fremont, perto de São Francisco. Em 1984, Toyota e General Motors (GM) fizeram um acordo para um investimento conjunto de 50-50. Até então, essa fábrica da GM era uma das menos produtivas. Depois do

---

[14] Womack, James P., Daniel T. Jones e Daniel Roos, *The machine that changed the world.* Nova York: Harper-Perennial, 1990; Kuzmicki, Jana F., "Toyota Motor Corporation in 1994", em Chow, Irene, Neil Holbert, Lane Kelley e Julie Yu. *Business strategy: An Asia-Pacific focus*, Cingapura: Prentice Hall, 1997, p. 124-161; "Toyota and PSA team up to tackle toughest segment". *Automotive News*, 16 de julho de 2001; Whitfield, Kermit, "The current state of quality at Honda and Toyota". *Automotive design and production*, agosto, 2001. Também foi recompilada informação durante várias visitas à Nummi. Ver também Dawson, Chester, "Taking on BMW". *BusinessWeek*, 30 de julho de 2001; "Toyota bets on speed". *Far Eastern Economic Review*, 26 de julho de 2001; ver também http://www.toyota. com, acesso em 24 de fevereiro de 2007.

investimento conjunto, converteu-se em uma das melhores fábricas da GM. O êxito do projeto foi devido às boas relações entre operários e patrões, fundamentadas na confiança e respeito pelos pontos de vista de cada uma das partes. O novo acordo requereu a eliminação de muitas categorias de postos, o uso extensivo de equipamentos, o uso de círculos de qualidade, doutrinação e capacitação. Muitos funcionários foram enviados ao Japão para receber capacitação adicional. A fábrica também se modificou mediante a redistribuição da linha de montagem, a substituição de equipamento velho, uso do sistema de estoque *just in time* e para permitir que os funcionários detivessem a linha de montagem se surgisse algum problema. A relação com os fornecedores também passou de adversária a cooperativa.

Outra fábrica da Toyota foi aberta em Georgetown, Kentucky, em 1988. Foram feitos grandes esforços na seleção de funcionários, que incluíam provas e simulações para avaliar não só as habilidades técnicas, mas também as capacidades pessoais e de liderança. Também se enfatizou o trabalho em equipe na fábrica. A expansão da companhia no mercado dos Estados Unidos não se restringiu à produção de veículos. O Centro de Desenho Calty na Califórnia desenvolveu o modelo Celica e a minivan Previa, projetada especialmente para consumidores americanos. O desenho e a pesquisa foram realizados no centro técnico de Torrance, Califórnia.

A Toyota ainda tem muitas outras operações no exterior. Na Europa havia igualmente restrições à importação de carros japoneses, em especial na França e na Itália. Para superá-las, a Toyota construiu uma fábrica na Grã-Bretanha, que é membro da União Europeia. Em 2001, a Toyota e a francesa Peugeot-Citroën anunciaram planos para investir 1,3 bilhão de euros na construção de uma fábrica para produzir um carro pequeno para clientes de baixa renda em 2005. Dos 300 mil carros a serem produzidos por ano, 100 mil serão vendidos como Toyota e 200 mil como Peugeot ou Citroën. A rentabilidade será o desafio para o investimento conjunto devido às estreitas margens de lucro em carros pequenos. A redução de custos será decisiva para o seu êxito. A contribuição da Toyota para o projeto é a experiência de produzir cinco milhões de carros por ano. A Peugeot-Citroën se beneficia de ter uma forte imagem de marca na região, assim como uma boa compreensão do mercado local. Além disso, a companhia francesa tem experiência em construir carros pequenos. Porém, às vezes não é possível envolver-se em um investimento conjunto ou estabelecer uma fábrica de propriedade da companhia. Esse é o caso de alguns países asiáticos, em especial a Coreia do Sul. Consequentemente, a Toyota adquiriu ações minoritárias em companhias coreanas. ■

Perguntas

1. Por que a Toyota teve êxito?
2. Quais são as estratégias para conseguir ingressar em países estrangeiros?
3. O que a Toyota deveria fazer para ter êxito nos países asiáticos que restringem as importações?

Caso internacional 20.2

Acindar

Elaborado por Hugo Garde, professor do Departamento de Administração da Faculdade de Ciências Sociais e Econômicas da Pontificia Universidad Católica, Argentina. Caso realizado com informação pública disponível.

Introdução

A Acindar é uma das principais empresas da indústria siderúrgica argentina. Durante sua trajetória de mais de 60 anos no setor, expandiu-se até se converter em líder nacional da produção de aços não planos. A empresa se consolidou em 1962, por iniciativa do engenheiro Acevedo. Em sua primeira década, conseguiu a integração vertical da produção de aços não planos.

Sua fábrica principal localiza-se em Villa Constitución, Província de Santa Fé, e é complementada com 22 montadoras situadas na Argentina, Uruguai, Brasil e Chile.

Atualmente, o pacote acionário é repartido entre a Companhia Siderúrgica Belgo-Mineira, pertencente ao grupo europeu Arbed (20,5%); a família Acevedo (20,5%); a Corporação Financeira Internacional, pertencente ao Banco Mundial (5,9%); e a parte majoritária (53,1%) está distribuída no mercado da Bolsa de Valores.

Está dividida em três unidades de negócios:

1. Negócio siderúrgico.
2. Produtos tubulares e estruturais.
3. Fios e cabos.

Os tipos de serviços prestados pela empresa são detalhados a seguir:

Atenção ao cliente. Através desse meio de comunicação coloca-se a serviço do cliente a possibilidade de concluir as compras dos produtos, dados sobre os distribuidores exclusivos, assistência técnica dos produtos.
Serviço de dobradura e corte do aço. Esse serviço resolve com a metodologia *just in time* as armações de aço em estruturas de concreto.
O departamento técnico presta o serviço da melhor solução para produtos, usos e aplicações. O objetivo é a otimização do uso do aço.
Presta um serviço de pré-montagem de estruturas.
Estruturas padrão *armologic*: uma solução que oferece ao mercado da construção (vigas, lintéis, colunas, fundamentos, alicerces e estacas).
Transferência de tecnologia. Programa cujo objetivo é transmitir os conhecimentos adquiridos e a experiência a empresas siderúrgicas. Esse programa de transferência de tecnologia baseia-se em tecnologia do forno de arco eletrônico.
Manuais técnicos e de aplicação dos produtos da Acindar. Têm como objetivo oferecer soluções para cada mercado.
Software para agronegócio e construção. Cumpre a finalidade de ajudar o projeto e elaboração de orçamentos.
Vigas reticuladas *trilogic*: solução para elementos pré-moldados, tais como vigas, placas e placas duplas. São construídas com tecnologia de última geração, o que permite obter produtos da melhor qualidade nas soldaduras e uniformidade.
Alambrados rurais. Produto para construir alambrados fortes e duráveis.
Espaldas para a videira. Essa solução foi desenvolvida conjuntamente com o Inta.
Cerco tradicional ou modular para fechamentos domésticos, industriais, desportivos.

No momento em que analisamos esse caso, existia uma sobreoferta de produtos de aço no mundo, e os direitos de importação formavam uma barreira de entrada para desenvolver uma política de exportações e conquistar mercados externos. Existem países que, para equilibrar seus excedentes de oferta, adotam práticas de *dumping*. A indústria do aço, em particular, precisa obter economias de escala, e observa-se mundialmente uma consolidação de grupos econômicos.

Na Argentina, três companhias concentram 95% da produção de aço: Acindar, Siderar e Siderca. A capacidade instalada total de aço para a construção é de 5,7 milhões de toneladas, sendo utilizados hoje 60%. Do total de 3,42 milhões de toneladas, 60% da produção (2,05 milhão de toneladas), são destinados ao mercado interno, e o restante 40% (1,38 milhão de toneladas), à exportação.

O mercado de aço é dividido em segmentos abastecidos por essas companhias: a Acindar em aços não planos, a Siderar em produtos planos e a Siderca em tubos sem costura.

Em relação ao posicionamento competitivo, a empresa tem alta dependência do fornecimento de matéria-prima do Brasil, líder absoluto em aços não planos. Em relação ao mercado externo, persistiu uma alta rivalidade competitiva por excesso de oferta e baixa dos preços internacionais.

Além disso, no consumo de aço *per capita*, comparado com outros países, existe um significativo potencial de crescimento na Argentina.

Em relação ao comércio internacional, a organização tem como meta fornecer aços de alta qualidade aos principais mercados do mundo e se baseia em uma política de soluções inovadoras e diferenciadas. Essa política se sustenta na produção de aço em fábricas equipadas com tecnologia de última geração e em uma rede de distribuidores e agentes comerciais.

Em mais de 30 anos realizou exportações para os seguintes países:

América do Sul	América do Norte	Resto do Mundo
Bolívia Brasil Chile Colômbia Costa Rica Paraguai Peru Venezuela Uruguai	Canadá Estados Unidos México Porto Rico República Dominicana	Alemanha Austrália Bélgica China Coreia do Sul Filipinas Índia Indonésia Irlanda Itália África do Sul Taiwan

A capacidade instalada da Acindar é de 1,35 milhão de toneladas de aço cru e de 1 milhão de toneladas de ferro esponja. A capacidade utilizada em 2001 foi de 65%. Em três meses de 2002 exportou 75 mil toneladas.

Em seus 45 anos de existência colaborou com a comunidade em diversas atividades beneficentes, coordenadas através de sua fundação.

Nos últimos anos, os resultados da empresa foram adversos, consequência de vários fatores que devem ser levados em conta, como a recessão que atravessa o setor da construção. O excesso de oferta não pode ser compensado com a exportação de produtos e, além disso, como se pôde observar no gráfico da produção mundial, a sobreoferta de aço faz com que exista uma grande concorrência de preços.

Podem-se observar a seguir os resultados da Acindar nos últimos anos.

Passado, presente e futuro				
Os números da Acindar				
	1999	**2000**	**2001**	**2002**
Vendas	529,4	447,1	456,1	596,9
Resultado operacional	13,3	10,5	19,5	59,8
Resultado líquido	(28,3)	(96,0)	(50,2)	10,1

Além do que foi dito no parágrafo anterior, outro problema da empresa é a dívida que contraiu para levar adiante um programa de modernização da fábrica. ■

Perguntas

1. Defina a estratégia corporativa da empresa.
2. Qual é sua cadeia de valor?
3. Faça uma comparação do ativo móvel de exploração e do passivo não oneroso da empresa com relação aos valores equivalentes da Siderar e da Siderca.

CONCLUSÕES DA SEXTA PARTE

Controle e desafios globais e controle empresarial

Assim como as conclusões da primeira à quinta partes, esta trata do âmbito global. O tema desta parte é controle. Tratamos primeiro das práticas de controle no Japão, Estados Unidos, China, México e Colômbia. Em segundo lugar, estudamos o efeito das forças do ambiente externo nas funções administrativas de planejar, integrar pessoal, liderar e controlar. Em outras palavras, projeta-se o futuro da administração. Por último, no caso da indústria automobilística global, apresenta-se a estratégia de produção mundial da Toyota.

Práticas de controle no Japão, Estados Unidos, China, México e Colômbia[1]

Da perspectiva dos administradores ocidentais, o controle supõe estabelecer normas, medir o desempenho e corrigir os desvios indesejáveis. Mas, para os japoneses, esse processo é menos direto, como mostra a Tabela 1.

TABELA 1 Comparação do controle no Japão, Estados Unidos, China, México e Colômbia*

Administração japonesa	Administração americana	Administração chinesa	Administração mexicana	Administração colombiana
1. Controle pelos colegas.	1. Controle pelo superior.	1. Controle pelo líder do grupo (superior).	1. Controle pelo superior.	1. Controle pelo superior.
2. O controle é dirigido ao desempenho grupal.	2. O controle é dirigido ao desempenho individual.	2. O controle é dirigido principalmente a grupos, mas também aos indivíduos.	2. O controle é centrado no desempenho do grupo.	2. O controle é centrado no desempenho individual.
3. Salvação da honra.	3. Atribuição de culpas.	3. Tenta-se salvar a honra.	3. Resolução dos assuntos enfrentando as consequências.	3. Determinação do culpado.
4. Amplo uso de círculos de controle de qualidade.	4. Uso limitado de círculos de controle de qualidade.	4. Uso limitado de círculos de controle de qualidade.	4. Emprego dos recursos de qualidade em suas diferentes modalidades.	4. Uso comum do controle total da qualidade.
5. Amplo uso de TQM.	5. Crescente uso de TQM.	5. Informação escassa sobre o uso de TQM.	5. Crescente uso de TQM.	5. Amplo uso de TQM.

* As fontes de informação aparecem na nota 6 da seção "Referências" das conclusões da segunda parte.

[1] As fontes de informação são apresentadas na seção de "Referências" das conclusões da segunda parte.

Controle no Japão[2]

Como se indicou ao abordar o tema da tomada de decisões, os grupos têm um profundo impacto no processo administrativo (no que se refere à sua dinâmica e pressões). Em um escritório sem paredes divisórias, os indivíduos (todos em condições de igualdade) estão perfeitamente a par do desempenho de seus colegas.

Além disso, os administradores fazem parte do grupo de trabalho, em vez de ficarem separados dos outros funcionários. A medição do desempenho individual não se baseia em objetivos mensuráveis específicos; a ênfase é dada à modificação no desempenho grupal. Ao mesmo tempo, o estilo japonês de permitir que os subordinados não sejam expostos em razão de suas falhas seria incongruente com a atribuição a indivíduos da culpa por desvios dos planos. O que importa no controle é o processo, não os números. Os japoneses são famosos por seu grande interesse na qualidade. Contudo, nem sempre foi assim. Nas décadas de 1950 e 1960 predominou a impressão de que os produtos japoneses eram de má qualidade. Mas essa ideia mudou; hoje, a boa qualidade é uma das características associadas aos produtos japoneses. Isso se deve em parte ao êxito nesse país no controle de qualidade, o que implica a participação ativa dos trabalhadores dos níveis inferiores em círculos de controle de qualidade.

O controle de qualidade total (CQT) requer que os trabalhadores identifiquem e notifiquem problemas de qualidade. Pode implicar, por exemplo, parar a linha de produção para que se possam realizar ações corretivas. Os funcionários devem assumir a responsabilidade pela qualidade, assim como estar dispostos a trabalhar em equipe para resolver problemas nesse aspecto. No Japão, estendeu-se enormemente o uso do método de CQT.

Controle nos Estados Unidos

Nos Estados Unidos, controle costuma significar a medição do desempenho com base em normas precisas preestabelecidas. A administração por objetivos, cuja prática é muito comum nesse país, supõe o estabelecimento de objetivos mensuráveis a partir dos quais se mede o desempenho individual. Desse modo, o superior pode rastrear desvios até indivíduos específicos, o que frequentemente resulta em uma atribuição muito precisa de culpas. A intenção de otimizar resultados individuais pode reduzir o desempenho grupal. Todos sabemos de casos em que o interesse dos indivíduos prevaleceu sobre o interesse grupal ou organizacional.

A aplicação nos Estados Unidos de programas de controle de qualidade não é nova. A Hughes Aircraft Company, por exemplo, pôs em marcha programas desse tipo há muito tempo, com os nomes Zero Defeitos e Engenharia de Valor. Muitos desses programas se desenvolveram nesse país e foram adotados mais tarde pelos japoneses para a elevação da qualidade de seus produtos e de sua produtividade. Atualmente, muitas companhias americanas aplicam conceitos de controle de qualidade total (CQT) em favor da qualidade e da produtividade. O CQT também surgiu nos Estados Unidos, mas foi aperfeiçoado em tal grau no Japão que teve como resultado uma vantagem japonesa em produtividade. Contudo, as diferenças de produtividade entre as companhias japonesas e as americanas tenderam a diminuir na década de 1990.

---

2 Para uma revisão da bibliografia sobre o futuro da administração japonesa, ver H. Bernard Keys, Luther Trey Denton e Thomas R. Miller, "The Japanese management theory jungle-revisited". *Journal of Management*, vol. 20, n. 2, 1994, p. 373-402. Ver também "The sadness of Japan". *The Economist*, 16 de fevereiro de 2002, p. 56; "Japanese management today". Disponível em: http://www.apmforun.com/japan/jmt.htm, acesso em 26 de maio de 2002.

Controle na China

Na China, o controle é exercido primordialmente por líderes de grupos. A responsabilidade do controle recai principalmente nos grupos, mas também nos indivíduos. Dos administradores de fábricas espera-se, por exemplo, que cumpram sua cota anual. Assim, as práticas chinesas de controle são uma combinação das práticas administrativas americanas e japonesas. Quando se identificam desvios com relação às normas, tende-se a permitir que as pessoas responsáveis pelo subdesempenho escondam as evidências (tal como ocorre na prática japonesa). Às vezes utilizam-se círculos de qualidade, mas não são uma prática comum. A China não se distinguia por produtos de qualidade, mas agora, muitas empresas ocidentais que operam nesse país dão atenção à qualidade, ao mesmo tempo em que produzem bens competitivos no mercado global. Entretanto, ainda não se dispõe, até o momento, de dados suficientes para avaliar o grau de uso do CQT na China.

Controle no México

O uso de controles nas empresas mexicanas é uma prática generalizada, que faz parte de sua operação normal, já que todas as suas iniciativas obedecem a objetivos normalmente incluídos em seus planos, programas ou esquemas de trabalho.

A razão primordial pela qual se estabelece o uso de controles é para medir o desempenho organizacional de acordo com unidades de medida predeterminadas que permitem saber se os cursos de ação seguidos se traduziram em êxitos ou desvantagens e de que maneira isso repercutiu na eficácia de seus resultados, especialmente em matéria econômica.

A gama de técnicas de controle utilizada varia em função da área de competência, tipo de produtos e/ou serviços oferecidos e relações com o ambiente. Entre as técnicas mais representativas encontram-se orçamentos, auditorias contábil e administrativa, normatização dos aspectos da qualidade e, em alguns casos, recursos de software e programação de computadores, assim como de modelos matemáticos.

A aprovação depende da alta administração, a aplicação é para todos os níveis hierárquicos e o acompanhamento é feito pelos líderes de projeto, líderes de grupos de trabalho e responsáveis por unidades administrativas.

Controle na Colômbia

São muito raras as empresas que contam com sistemas de controle concebidos como instrumentos para a aprendizagem institucional e para a melhoria contínua. Esse fato condiz com o desenvolvimento escasso alcançado pela direção das empresas e o consequente predomínio de seus componentes operacionais dedicados à transformação de insumos em produtos.

É notória a ausência de controles que estabeleçam o impacto das decisões estratégicas sobre as variáveis-chave dos resultados da empresa. Em contraste com o país anterior, as organizações grandes e médias têm controles de verificação com fins punitivos ou que buscam forçar a execução para que se ajuste às metas planejadas.

O controle de custos e orçamentos e o controle total da qualidade são comuns nas grandes empresas manufatureiras e em algumas de porte médio. Nas organizações financeiras, a auditoria interna é, em geral, bastante desenvolvida. A partir de 1993, as entidades estatais de âmbito nacional, regional e local foram obrigadas, mediante uma lei, a ter sistemas de controle interno e de controle de gestão, o que induziu as organizações privadas a implantar controles de gestão. Contudo, esses controles são limitados porque ainda são muito orientados aos indicadores numéricos de caráter financeiro.

Nos últimos anos, algumas empresas trataram de reduzir a magnitude e a complexidade de seus mecanismos de controle administrativo, especialmente aqueles relacionados à auditoria interna, com a convicção de que esse tipo de controle não agrega valor para o cliente e constitui um mal necessário que se deve eliminar ou pelo menos reduzir à sua expressão mínima.

Embora essa ideia não seja errônea, ela é insuficiente. É preciso que a gerência colombiana entenda o controle não como um simples mecanismo de verificação, mas sim como um meio para aprender sistematicamente a partir da experiência institucional.

Enfoque internacional

O futuro da administração global

Ninguém pode prever o futuro com certeza. Entretanto, há tendências no ambiente que podem influenciar a prática das funções gerenciais de planejar, organizar, integrar pessoal, liderar e controlar.

Ambiente / Função gerencial	Tecnológico	Econômico	Político/Legal	Social/Ético/Ecológico
	• Amplo uso da TI. • Surgimento da sociedade do conhecimento. • Fácil acesso à informação a baixo custo. • e-commerce de ampla difusão e global/mundial.	• Blocos econômicos como a UE e o Nafta reduzem as barreiras internas regionais, mas criam outras externas. • A posição dos sindicatos trabalhistas dos Estados Unidos passa do livre comércio ao protecionismo para proteger empregos. • Sociedade sem fronteiras. • Desenvolvimento de planos de pensões que representam grupos de interesse.	• Expansão da UE via a admissão de novos membros, principalmente da Europa Oriental. • Protecionismo crescente pela queda do emprego em manufatura e serviços (devido, por exemplo, à terceirização na Índia).	• Surgimento de trabalhadores com conhecimento. • As pessoas são mais saudáveis e vivem mais. • Mudanças na demografia: baixas taxas de nascimento e expectativas de vida crescentes resultam em uma população que "envelhece" nos países desenvolvidos. • Maior crescimento dos países em desenvolvimento, mas também maior disparidade de riqueza. • Crescentes preocupações "verdes".

(continua)

FIGURA C6.1 O futuro da administração global

FIGURA C6.1 *(continuação)*

Planejar				
Como estabelecer objetivos, planejamento estratégico, tomada de decisões.	• A TI ajuda no planejamento de cenários. • A informação ajuda na tomada de decisões (mas há possível sobrecarga de informação). • Acesso do consumidor à informação do produto e ao serviço permite comparações com implicações para estratégias de marketing, por isso requer um enfoque nas necessidades do cliente e no serviço requerido. • Alianças transnacionais, investimentos conjuntos, acordos cooperativos (como entre a indústria e as universidades) e fusões facilitadas requerem estratégias globais mundiais.	• Globalização da administração estratégica. • Pesquisa de oportunidades e ameaças mundialmente, não somente no ambiente interno. • Concorrência global mundial incrementada. • A sociedade sem fronteiras apresenta ameaças e oportunidades.	• Maior riqueza nos países da Europa Oriental apresenta oportunidades para os países desenvolvidos. • Uma UE mais poderosa pode se tornar uma ameaça para os Estados Unidos. • Necessita-se de estratégias para fazer frente a barreiras não tarifárias.	• Oportunidade para dirigir produtos à juventude em países em desenvolvimento. • Foco maior em marketing para a população em geral. • As estratégias devem considerar o impacto ecológico de produtos e serviços (como material reciclado).
Organizar				
Como estrutura de organização, relações de autoridade, descentralização.	• As organizações se convertem em agentes da mudança. • Novas formas organizacionais (como contratação externa, operação on-line). • *Outsourcing* requer a reestruturação da organização. • O trabalho de conhecimento promove estruturas não hierárquicas.	• Surgimento de companhias transnacionais. • A formação de alianças e fusões transnacionais requer reestruturação.	• Necessidade de estabelecer estruturas que resolvam conflitos de interesses entre países dentro dos blocos de poder e para desenvolver políticas para competir em outros blocos regionais.	• Grande potencial de mobilidade ascendente na sociedade e nas organizações, em parte devido ao impacto da sociedade do conhecimento. • Pessoas mais velhas como funcionários de meio período ou consultores com autoridade de assessoria.

(continua)

FIGURA C6.1 (*continuação*)

	• A TI facilita a medição da produtividade a baixos custos. • A Internet permite vendas mundiais. • A Internet facilita a passagem de propriedade autônoma a associações (como cooperativas de compras). • O uso maior da Internet para pesquisas sobre o ambiente externo, não só para operações internas.	• Potencial de mais alta produtividade.		

UE: União Europeia; TI: Tecnologia da informação; Nafta: Acordo de Livre Comércio da América do Norte.
Fontes: Drucker, Peter "The next society". *The Economist,* 3 de novembro de 2001, encarte p. 3-20; Asia-Pacific Decision Sciences Institute "Decision making at the speed of light: What is Amiss?". Conferência, Bangkok, 24-27 de julho de 2002; Cooper, Richard N. e Richard Layard (eds.), "What the future holds: Insights from social science" (Cambridge, MA: MIT Press, 2002); Armstrong, J. Scott (ed.), "Principles of forecasting: A handbook for researchers and practitioners", Boston, MA: Kluwer, 2001; John T. Landry, "A future perfect: The essentials of globalization". *Harvard Business Review,* maio de 2000, p. 192; Albrecht, Karl, "Corporate Radar: Tracking the forces that are shaping your business". Nova York: Amacom, 2000.

O ambiente externo pode ser catalogado como tecnológico,[3] econômico, político/legal e social, ético e ecológico, como na matriz do futuro da administração mundial na Figura C6.1. A figura ressalta tendências-chave selecionadas no ambiente externo e o efeito projetado em tarefas-chave agrupadas de acordo com as funções gerenciais. Discutiremos aspectos selecionados com o enfoque nas modificações no ambiente tecnológico.

Vivemos na sociedade do conhecimento, em que a tecnologia da informação tem efeito na maioria dos aspectos de nossas vidas. Até as pessoas dos países em desenvolvimento têm hoje acesso à Internet a custos relativamente baixos. Todo mundo está interconectado. A tecnologia da informação facilita as comunicações via intranet (comunicação dentro da organização), assim como via extranet (comunicação com outros fora da empresa). Essa conectividade torna possíveis o e-business e o m-business (realizado utilizando comunicações móveis), o que, por sua vez, afeta todas as funções gerenciais.

Por exemplo, a tecnologia da informação ajuda no *planejamento* de cenários e contingências (segunda parte). No planejamento estratégico, podem-se desenvolver e avaliar muitas alternativas com rapidez devido à capacidade de processamento dos computadores e à riqueza de informação disponível e de fácil acesso. De fato, há tanta informação que acaba levando a sobrecargas de informação, como descrito antes. A facilidade da comunicação permite a tendência global de fusões, como a fusão transnacional da alemã Daimler-Benz e a americana Chrysler.

[3] Ver, por exemplo, o Technology Quarterly em *The Economist*, 2 de dezembro de 2006, a partir da p. 52.

Do mesmo modo, os desenvolvimentos tecnológicos promovem novas formas *organizacionais* (terceira parte), como a contratação externa da produção e serviços a contratistas e fornecedores. O trabalho do conhecimento e a facilidade de acesso a bases de dados comuns nos diversos níveis da organização promovem estruturas não hierárquicas.

A tecnologia da informação também tem influência na função gerencial de *integrar pessoal* (quarta parte). A demanda de trabalhadores com conhecimento cresce, fortalecendo assim não apenas sua mobilidade ascendente na hierarquia organizacional, mas também sua mobilidade entre organizações, o que, por sua vez promove frequentes mudanças organizacionais. Além disso, os trabalhadores com conhecimento especializado podem se tornar consultores ou contratistas a curto prazo ou funcionários de meio período nas organizações. As atividades de recursos humanos podem ser contratadas externamente, em empresas especializadas. As mudanças rápidas na tecnologia da informação demandam capacitação constante para se manter atualizado, e a avaliação e remuneração dos trabalhadores com conhecimento podem requerer novos enfoques criativos.

Os desenvolvimentos na tecnologia da informação têm efeito ainda nos diversos aspectos da *liderança* (quinta parte). Especificamente, as relações de poder mudam a favor dos trabalhadores com conhecimento e dos clientes. O trabalho em equipe é facilitado pela tecnologia da comunicação eletrônica, como e-mail, intranets, Internet e mídias sem fio. Podem-se motivar trabalhadores com bom nível de conhecimento, proporcionando reconhecimento, oportunidades de participação e autoatualização. Em geral, os custos de comunicação podem ser reduzidos por meio da aplicação das novas tecnologias.

Por último, a função gerencial de *controle* (sexta parte) é apoiada pela tecnologia da informação. Desvios dos padrões podem ser detectados na hora e, em consequência, as ações corretivas podem ser tomadas antecipadamente. Do mesmo modo, a produtividade pode ser medida a baixos custos, estimulando assim sua melhoria. A Internet torna possível as compras e as vendas mundiais através de transações eletrônicas e permite, por exemplo, que os fabricantes de automóveis General Motors, Ford e Chrysler formem cooperativas de compras. A Internet também conecta facilmente a empresa com o ambiente externo.

Enfoque empresarial

Administrar para eventos de rápido crescimento e liquidez

O Vale do Silício, na Califórnia, é famoso por suas empresas de âmbito mundial que começaram muito pequenas, mas cresceram de forma bem rápida. Empresas como Cisco, Yahoo! e Google, embora ainda jovens, cresceram rapidamente para se transformarem em companhias mundiais que servem a milhões de pessoas em todo o mundo. Como se consegue um crescimento tão rápido? Como os administradores empresariais podem dirigir suas empresas a esse nível de êxito? É claro, muitos empresários bem-sucedidos trabalham de perto com a comunidade de capital de investimento e se beneficiam do financiamento estratégico e da assessoria que os capitalistas de investimento podem oferecer. Os empresários também dependem do ecossistema do Vale do Silício, de advogados e contadores para apoiar seu crescimento de maneira sistemática.

Os diretores empresariais bem-sucedidos de empresas de alto crescimento estabelecem objetivos desafiantes, mas alcançáveis, na forma de aumento de receitas, participação de mercado, percepção da marca e rentabilidade. Esses objetivos muitas vezes são estabelecidos em consulta com os capitalistas de investimento que ancoram as empresas, e assim o financiamento proporcionado em geral está vinculado ao alcance desses objetivos. Mas, qual é o processo usado para estabelecer esses alvos? É preciso entender o processo do capital de investimento para orientar uma análise das técnicas de administração empresarial e, desse modo, buscar um crescimento rápido.[4]

As empresas de capital de investimento reúnem o capital de investidores institucionais e acumulam esse dinheiro em fundos que são investidos em empresas privadas por uma participação na propriedade dessas empresas. Inicialmente, esses investimentos não são líquidos (o que quer dizer que não podem ser vendidos com facilidade). A meta da empresa de capital de investimento é revender seu interesse de propriedade nas companhias que financiam um valor muito mais alto depois de vários anos e retornar o incremento aos seus investidores no fundo. O modelo de receitas de capital de investimento baseia-se em dois componentes primários. Ganham uma porcentagem pequena (de cerca de 1,5% a 2%) dos fundos sob sua administração e ganham uma porcentagem (de cerca de 20%) dos ganhos no valor dos fundos do portfolio que investem. Esse ganho é determinado pela diferença no financiamento de capital inicial e subsequente que os capitalistas de investimento destinam a uma companhia em particular, e o valor eventual desse lucro de capital, determinado pelo valor pelo qual a companhia é vendida eventualmente (seja através de uma fusão ou aquisição ou de uma oferta pública inicial, IPO).[5]

Para cumprir seus objetivos, os consultores de investimento assessoram as companhias que recebem seu financiamento sobre como fazer a empresa crescer mais e, por sua vez, incrementar seu valor e se tornar um investimento líquido ao se converter em uma empresa de capital público mediante uma oferta pública inicial (IPO)* ou ao ser adquirida por uma empresa de capital público. O ciclo de vida de um fundo de investimento é de oito a dez anos, e por isso se espera que as empresas que recebem fundos de investimento passem de uma pequena empresa privada para uma empresa com capital aberto em cerca de sete anos. Assim, ao aceitar fundos de capital de investimento, o empresário essencialmente se compromete a esforçar-se para conseguir um crescimento rápido.

A importância de obter liquidez das empresas com respaldo de investimento para as empresas de capital de investimento que as ancoram é assinalada por Igor Sill, da Hambrecht Geneva Ventures, que apresentou a seguinte percepção ao comentar sobre o estado do ambiente de investimento de alto crescimento no Vale do Silício no final de 2006: "Meu nível de confiança na força de hoje da indústria de capital de investimento é predicado em alguns dos fundamentos econômicos básicos de 'nossa indústria', em essência as oportunidades de liquidez do portfolio nos mercados públicos. O calendário IPO da próxima semana lista 13 apresentações IPO e já temos 7 apresentações para a semana seguinte, segundo relatórios disponíveis da SEC. Isso representa um incremento de cerca de três vezes em apresentações IPO da mesma época há um ano (outubro de 2005). O motivo subjacente de tão forte corrente de IPO é a força e o impulso do Índice Composto Nasdaq, que serve como o barômetro do mercado IPO. Antecipo que a janela

---

4 Ver Bartlett, Joseph, *Fundamental of venture capital*. Madison Books (1999) para uma análise da mecânica da indústria do capital de investimento.

5 Ver também Nesheim, John, *High tech start up*. Nova York: Free Press, 2000, para uma análise sobre o processo do crescimento de uma empresa, da ideia à empresa pública.

* NE: IPO – da sigla em inglês *initial public offering*, que significa a abertura do capital de uma empresa no mercado de ações (Bolsa de Valores).

IPO continuará sendo atrativa até finais de 2007". De maneira similar, Mike Carusi, da Advanced Technology Ventures, está de acordo e assinala: "Minha empresa desfrutou várias saídas fortes recentemente e continua assistindo a um fluxo de forte etapa inicial. Isso é bom para a indústria em geral, um ambiente de saída bom (não maravilhoso) com forte atividade de formação de companhias". Igualmente, Deepak Kamra, da Canaan Partners, aponta: "Os prospectos de opções de liquidez são melhores nos Estados Unidos, e as oportunidades no exterior parecem atrativas".*[6]

Conseguir crescimento rápido requer intercâmbios. Às vezes, a rentabilidade é sacrificada para alcançar metas maiores de receitas ou participação de mercado. Lembre-se de que a meta é incrementar o valor da empresa rapidamente, para que os garantidores do investimento na empresa eventualmente traduzam seus valores de capital em efetivo a um múltiplo de cinco a dez vezes maior que seu investimento inicial para distribuí-lo aos investidores de seus fundos. Portanto, normalmente se adota uma estratégia de crescimento agressiva por parte das empresas respaldadas por investimentos. Essa estratégia de crescimento agressiva torna-se operacional ao estabelecer e obter uma série de pedras angulares ao longo dos primeiros anos da vida de uma empresa. Por exemplo, os objetivos de desenvolvimento do produto, as vendas iniciais e o crescimento das vendas por região geralmente são delineados em um plano de negócios, e esses objetivos estão vinculados a rodadas de financiamento pelas empresas de capital de investimentos que ancoram a companhia. Rodadas de financiamento subsequentes e/ou a avaliação desse financiamento frequentemente se vinculam a atingir esses objetivos assim que o empresário tenha um forte incentivo para alcançar essas metas de crescimento.[7] Uma ilustração de uma simples linha de tempo para metas de crescimento rápido ligadas ao financiamento é apresentada na Figura C6.2.

FIGURA C6.2 Ilustração de objetivos e financiamento para obter rapidamente crescimento e liquidez

Horizonte de tempo	Mês 1	Mês 12	Mês 18	Mês 36	Mês 48	Mês 60
Objetivo	Estabelecer a companhia, conseguir financiamento inicial, selecionar a equipe administrativa central	Completar o desenvolvimento do produto e mercado de teste	Iniciar as vendas	Aumentar as vendas regionalmente, meta: 10 milhões de dólares	Aumentar as vendas nacionalmente, meta: 25 milhões de dólares	Elevar as vendas nacionais a 50 milhões de dólares e ter IPO ou ser adquirida
Financiamento	Financiamento inicial 500k – 1 milhão de dólares	Série A 2 – 5 milhões de dólares	Série B 5 – 10 milhões de dólares	Série C 10 – 20 milhões de dólares	Série D ou Mezanino Acima de 20 milhões de dólares	Oferta pública inicial (IPO) acima de 100 milhões de dólares

* NE: É importante lembrar que essa análise foi feita anteriormente à crise financeira que despontou em setembro de 2008 nos Estados Unidos.

6 *USF Silicon Valley Venture Capitalist Confidence Index* 2006 Q3 Report, p. 3. Disponível em: http://www.usfca.edu/sobam/ nvc/pub/svvcindex.html

7 Ver também Dorf, Richard e Thomas Byers, *Technology ventures: From idea to enterprise*. Nova York: McGraw-Hill, 2005, para uma análise sobre o estabelecimento de objetivos de crescimento em uma empresa de tecnologia.

Como se assinala na Figura C6.1, cada série de financiamento está ligada a certos objetivos de desempenho da empresa (como o desenvolvimento bem-sucedido do produto, crescimento das vendas, rentabilidade etc.). Essas metas são estabelecidas pelos líderes da empresa, em concordância com os que apoiam o investimento e o conselho de diretores. O horizonte de tempo para o crescimento de empresas respaldadas por investimentos está ligado de alguma forma à vida do fundo de capital de investimento (dez anos ou menos), e por isso é razoável esperar que os capitalistas de investimento que ancoram a empresa queiram ver um crescimento em receitas suficientemente rápido para fazer da empresa um candidato potencial de IPO ou de ser adquirida em um prazo de sete a oito anos, a partir do primeiro investimento.[8]

O valor da empresa é uma função de seus ganhos e receitas absolutos e da taxa de crescimento desses ganhos e receitas. Visto que os ganhos podem, às vezes, ser administrados, as receitas e sua taxa de crescimento são utilizadas comumente como uma régua para determinar o valor de uma nova empresa privada. Portanto, os diretores empresariais podem se sentir encorajados a buscar o crescimento de receitas a expensas dos lucros e depender do financiamento de seus investidores de capital para cobrir suas perdas operacionais.

Ao administrar suas empresas para um rápido crescimento, os empresários devem conhecer o ambiente da indústria em que operam. Especificamente, enquanto a empresa deve ser administrada para crescer rápido e ser bem-sucedida como uma entidade independente, o empresário e os que a respaldam devem estar muito conscientes de outras empresas que possam considerar essa empresa de alto crescimento como um alvo de aquisição potencial. Portanto, realiza-se uma análise de como nossa companhia pode ser complementar a outras empresas maiores e mais estabelecidas na indústria. Mais uma vez, a companhia não pode contar com uma fusão ou aquisição, mas estar consciente dessa possibilidade enquanto busca seu próprio crescimento. Em particular, isso ocorre quando o potencial de liquidez de uma oferta pública inicial é pouco provável devido a forças de mercado maiores (por exemplo, a Nasdaq em queda). Nesse caso, o empresário assume uma posição ainda mais agressiva ao buscar adquirentes potenciais.

Lembre-se de que a maioria das empresas não busca ou obtém capital de investimento, e nesses casos, a necessidade de rápido crescimento e a busca de liquidez são muito menos urgentes. Ainda assim, o respaldo e a orientação dos investidores geralmente permitem que as empresas cresçam da etapa da ideia a participantes mundiais em um período relativamente curto, assim como essa opção deve ser considerada pelos empresários que querem compartilhar sua visão em grande escala.[9]

Os métodos de rápido crescimento também são multidimensionais. O crescimento pode ser buscado como orgânico (das vendas geradas internamente pela empresa) ou não orgânico (por meio da aquisição de outras empresas). Talvez seja surpreendente que até companhias novas busquem a aquisição de outras empresas se o processo puder ser estruturado de maneira apropriada. As aquisições podem ser feitas por diversos motivos. Por exemplo, um objetivo de aquisição pode ser adquirir uma tecnologia necessária ou incorporar as vendas da empresa adquirida e reduzir a concorrência no setor. Essa estratégia de crescimento por aquisição ficou bem demonstrada pela Cisco

---

8 Segundo a National Venture Capital Association, no ano de 2005 ocorreram 346 fusões e aquisições e 56 IPO de empresas respaldadas por investimentos.

9 Ver também Kawasaki, Guy, "The art of the start". Portafolio (2004) para uma análise do propósito fundamental de criar organizações.

na década de 1990, mas também pode ser utilizada por novos projetos.[10] Essas aquisições são feitas mediante compras em efetivo ou de ações, ou de alguma combinação, gerando assim vendas rápidas.

O empresário deve se preocupar com alguns dos perigos do crescimento rápido. Por exemplo, a empresa cresce além de sua competência central e perde o foco do que faz melhor. Também perde de vista como servir melhor os clientes existentes, talvez os indispondo e perdendo força em seu negócio central. A diluição do capital ou uma carga de dívida excessiva também é possível se o crescimento não for bem administrado.[11] Contudo, se o empresário está apaixonado por seu negócio, administrar para um rápido crescimento lhe permite compartilhar sua criatividade com muito mais amplitude por todo o mundo.

Caso da indústria mundial do automóvel

Qual o carro desejado para o futuro?[12]

Os carros estão mudando constantemente. Os clientes querem carros mais seguros, mais eficientes no consumo de combustíveis e que "pensem" pelo motorista. Até certo grau, o carro futurista já está aqui, mas algumas características evoluem muito rápido. A demanda de híbridos gasolina-elétricos da Toyota e da Honda aumentou desde que os preços da gasolina dispararam. Os híbridos da Toyota (Prius), Lexus (RX 40), Honda (os modelos Civic e Accord) e o SUV Ford (Escape) eram vistos com mais frequência nas estradas dos Estados Unidos. Hoje são comuns em todas as empresas do setor. Companhias como a antiga DaimlerChrysler e outros fabricantes investem em pesquisa de combustível à base de hidrogênio. Mas parece que essa tecnologia ainda está longe de ser utilizada em grandes volumes em carros para passageiros. O alto custo é apenas um dos fatores que retardam o uso de automóveis movidos a hidrogênio; a segurança e a necessidade de uma rede de postos de combustível são outras considerações.

Mas os avanços mais dramáticos podem ser esperados do uso de dispositivos eletrônicos, como "direção ativa" utilizando pequenos motores elétricos controlados por computador no BMW, controles que podem identificar quando o motorista se aproxima demais de outro veículo. Cada vez mais, a partir de 2006, os veículos passaram a ser equipados com rádio via satélite.

A tradicional pechincha com os distribuidores também está mudando. Os consumidores agora podem encontrar informação, não apenas acerca dos detalhes técnicos dos carros, mas também de preços e carros personalizados via Internet.

Perguntas

1. Que características você buscaria em um carro novo?
2. Liste e atribua prioridade às características importantes para você.
3. Qual a importância da segurança, economia de combustíveis, confiabilidade, aparência, entretenimento e outras? Apresente o motivo de suas escolhas.

---

10 Ver Paulson, Ed, *Inside Cisco: The real story of sustained M&A growth*. Nova York: Wiley, 2001, para uma análise de estratégia de crescimento impulsionada por aquisições.

11 Timmons, Jeffry A. e Stephen Spinelli, *New venture creation: Entrepreneurship for the 21st century*, 7. ed., Nova York: McGraw-Hill Irwin, 2007.

12 White, Joseph B., "The car of the future". *The Wall Street Journal*, 25 de julho de 2005; ver também "Foresight 20/20", Economist Intelligence Unit por *The Economist*, p. 24-29.

A

Apêndice

Resumo de princípios ou diretrizes fundamentais das funções administrativas de planejamento, organização, integração de pessoal, liderança e controle

Embora não se tenha descoberto nem codificado um quadro completo dos princípios demonstrados empiricamente e inter-relacionados, a experiência e a observação da administração indicam certos princípios ou diretrizes fundamentais que não só proporcionam aos administradores um esquema conceitual, como também indicam aos estudiosos as áreas de pesquisa. Naturalmente, as abstrações-chave devem ser aplicadas com a devida consideração da situação... e isso é uma arte. Nesta seção, os princípios, ou mais apropriadamente, as diretrizes da administração são organizadas (assim como este livro) de acordo com as funções administrativas de planejamento, organização, integração de pessoal, liderança e controle.

Resumo dos princípios ou diretrizes mais importantes do planejamento

Uma das melhores maneiras de resumir a segunda parte, sobre planejamento, consiste em fazer uma lista dos princípios ou diretrizes mais importantes que podem ser utilizados durante o planejamento. Ainda que se possam acrescentar outros, os princípios diretivos mais essenciais estão descritos a seguir.

O propósito e a natureza do planejamento

O propósito e a natureza do planejamento podem ser resumidos mediante a referência aos seguintes princípios:

P1. *Princípio de contribuição ao objetivo.* O propósito de cada planejamento e de todos os planos de apoio consiste em promover o êxito dos objetivos da empresa.

P2. *Princípio de objetivos.* Se o desejo é que os objetivos sejam significativos para as pessoas, eles devem ser claros, alcançáveis e mensuráveis.

P3. *Princípio de prioridade do planejamento.* O planejamento lógico precede todas as outras funções administrativas.

P4. *Princípio de eficiência dos planos.* A eficiência de um plano se mede por quanto contribui para o propósito e os objetivos, compensado pelos custos requeridos para formulá-lo e operá-lo e pelas consequências imprevistas.

A estrutura dos planos

Dois princípios importantes, relativos à estrutura dos planos, podem contribuir enormemente para a sua coesão: a elaboração de planos de apoio ajuda o planejamento principal e a garantir que os planos em um departamento se harmonizem com os de outro departamento.

P5. *Princípio de premissas de planejamento.* Quanto mais os indivíduos responsáveis pelo planejamento entenderem e estiverem de acordo em utilizar premissas congruentes, maior será a coordenação no planejamento empresarial.

P6. *Princípio da estrutura de estratégias e políticas.* Quanto mais claramente entendidas e mais bem executadas na prática forem as estratégias e políticas, mais coerente e eficaz será a estrutura dos planos da empresa.

O processo de planejamento

Dentro do processo de planejamento existem quatro princípios que ajudam o desenvolvimento de uma ciência prática do planejamento.

P7. *Princípio do fator limite*. Ao eleger entre várias alternativas, quanto maior exatidão houver no reconhecimento e resolução daqueles fatores que são restritivos ou críticos para o êxito de um objetivo desejado, maior facilidade e exatidão haverá na escolha da alternativa mais favorável.

P8. *Princípio de compromisso*. O planejamento lógico deve incluir um período de tempo no futuro, necessário para prever da melhor maneira possível, através de uma série de ações, o cumprimento de compromissos envolvidos em uma decisão tomada no presente.

P9. *Princípio de flexibilidade*. Dar flexibilidade aos planos reduzirá o perigo de perdas causadas por eventos inesperados, mas o custo da flexibilidade deve ser analisado com base em suas vantagens.

P10. *Princípio da mudança de rumo*. Tanto mais comprometedoras sejam as decisões de projeção quanto a um caminho futuro, mais importante é a verificação dos eventos de maneira periódica e as expectativas, assim como a reelaboração dos planos da forma necessária para manter o curso em direção a um objetivo desejado.

O princípio de compromisso e os princípios de flexibilidade e da mudança de rumo representam um enfoque de contingência ao planejamento. Embora para estar razoavelmente seguros de cumprir os compromissos seja conveniente prever e traçar planos para o futuro mais distante possível, muitas vezes isso é impossível, ou o futuro é tão incerto que o cumprimento desses compromissos é arriscado.

O princípio da flexibilidade refere-se à habilidade de mudanças que se concede aos planos. O princípio da mudança de rumo, por outro lado, implica a revisão dos planos de tempos em tempos e seu novo desenho, se isto for requerido pela mudança nos eventos e nas expectativas. A menos que os planos contem com uma flexibilidade inerente, a mudança de rumo pode ser difícil ou onerosa.

Resumo dos princípios ou guias mais importantes da organização

Embora a ciência da organização não tenha se desenvolvido ainda a ponto de os princípios serem leis infalíveis, existe um acordo considerável entre estudiosos e praticantes da administração quanto a vários deles. Esses princípios são verdades (ou são vistos como tais) de aplicabilidade geral, mas sua aplicação não é suficientemente precisa para convertê-los em leis de ciência pura. Sua natureza os define mais como critérios essenciais para a organização eficaz. Os princípios mais essenciais da organização são resumidos nesta seção.

O propósito da organização

O propósito da organização consiste em ajudar a fazer das metas algo significativo e em contribuir para a eficácia organizacional.

O1. *Princípio de unidade de objetivo*. A estrutura de uma organização é eficaz se permitir aos indivíduos contribuírem para os objetivos empresariais.

O2. *Princípio da eficiência da organização*. Uma organização é eficiente se estiver estruturada para dar assistência ao alcance de objetivos empresariais, com um mínimo de consequências ou custos não previstos.

O propósito da organização

A causa básica da estrutura da organização é a limitação da esfera administrativa. Se não existisse tal limitação, uma empresa não organizada poderia ter apenas um administrador.

O3. *Princípio da esfera administrativa*. Em cada posição administrativa, existe um limite para o número de pessoas que um indivíduo pode liderar eficazmente, mas o número exato dependerá do impacto nas variáveis subjacentes.

A estrutura da organização: autoridade

A autoridade é a base que dá coesão à estrutura de uma organização, o tecido que a torna possível, os meios através dos quais os grupos de atividades podem se colocar sob a liderança de um administrador e pelos quais se pode promover a coordenação das unidades organizacionais. É a ferramenta mediante a qual um administrador pode exercer sua liberdade e criar um cenário para o desempenho individual. Alguns dos princípios mais úteis da organização se relacionam com a autoridade.

O4. *Princípio escalar*. Quanto mais clara for a linha de autoridade entre a posição administrativa fundamental em uma empresa e cada posição subordinada, mais clara será a responsabilidade para a tomada de decisões e mais eficaz será a comunicação dentro da organização.

O5. *Princípio de delegação com base em resultados esperados*. A autoridade delegada a todos os administradores individuais deve ser suficientemente adequada para garantir sua capacidade de alcançar os resultados esperados.

O6. *Princípio de responsabilidade absoluta*. A responsabilidade de desempenho dos subordinados para com seus superiores é absoluta, e os superiores não podem se esquivar da responsabilidade pelas atividades de seus subordinados.

O7. *Princípio de paridade de autoridade e responsabilidade*. A responsabilidade pelas ações não deve ser maior que aquela assumida pela autoridade delegada, mas tampouco menor.

O8. *Princípio de unidade de comando*. Quanto mais completa for a relação de remissão de um indivíduo a um só superior, menor será o conflito relativo às instruções e maior o sentimento de responsabilidade pessoal pelos resultados.

O9. *Princípio de nível de autoridade*. A manutenção de uma delegação projetada requer que as decisões no âmbito da autoridade de administradores individuais sejam tomadas por eles, e não remetidas a níveis superiores na estrutura da organização.

A estrutura da organização: atividades divididas por departamentos

A organização implica o desenho de um marco departamental. Ainda que existam vários princípios nessa área, um deles tem maior importância.

O10. *Princípio de definição funcional.* Quanto mais clara for, para um cargo ou departamento, a definição dos resultados esperados, as atividades a serem realizadas e a autoridade da organização delegada, entendendo-se as relações de autoridade e informação com outras posições, mais adequada será a contribuição de um indivíduo responsável para o êxito dos objetivos da empresa.

O processo da organização

Os diferentes princípios de delegação de autoridade e de divisão departamental são verdades fundamentais no processo organizacional. Essas verdades compreendem fases dos dois aspectos principais da organização: autoridade e agrupamento de atividades. Existem outros princípios que têm a ver com o processo de organização. É através de sua aplicação que os administradores podem ter um sentido da proporção ou uma medida do processo total de organização.

O11. *Princípio de equilíbrio.* Em toda estrutura existe uma necessidade de equilíbrio. A aplicação de princípios ou técnicas deve ser equilibrada para garantir uma eficácia geral da estrutura, quanto à satisfação dos objetivos empresariais.

O princípio de equilíbrio é comum a todas as áreas da ciência e a todas as funções de um administrador. As incompetências das amplas esferas administrativas devem ser equilibradas, tomando como parâmetro as incompetências das extensas linhas de comunicação. As deficiências a partir do comando múltiplo devem ser compensadas com os ganhos da perícia e uniformidade, derivadas da delegação de uma autoridade funcional a grupos de apoio ou departamentos de serviço. Os benefícios da especialização funcional na divisão departamental devem ser equilibrados com as vantagens do estabelecimento de departamentos responsáveis pelos ganhos, que sejam semi-independentes ou departamentos regionais. É evidente, uma vez mais, que a aplicação da teoria administrativa depende da situação específica.

O12. *Princípio de flexibilidade.* Quanto mais providências forem tomadas para dar flexibilidade à estrutura de uma organização, esta poderá cumprir seu propósito de maneira mais adequada.

Os dispositivos e as técnicas para antecipar a mudança e reagir a ela devem ser agregados a toda estrutura. Toda empresa se move em direção aos seus objetivos em um ambiente mutável – tanto externo como interno. A empresa que desenvolve inflexibilidade, como resistência à mudança, procedimentos complicados demais ou linhas departamentais excessivamente rígidas, expõe-se ao risco de enfrentar os desafios apresentados pelas mudanças econômicas, técnicas, biológicas, políticas e sociais.

O13. *Princípio da concessão de liderança.* Quanto mais liberdade a estrutura da organização ofereça e quanto mais delegue autoridade aos administradores no que se refere ao desenho e manutenção de um contexto para o desempenho, mais ajudará a desenvolver as habilidades de liderança desses administradores.

Visto que a administração depende, em grande medida, da qualidade de liderança daqueles que se encontram em posições administrativas, é importante que a estrutura de uma organização participe da criação de condições em que um administrador possa atuar de maneira mais eficaz. Nesse sentido, a organização é uma técnica de promoção de liderança. Se a atribuição de autoridade e os arranjos estruturais criam uma situação em que os chefes de departamento tendam a ser considerados líderes e em que seu trabalho de liderança seja apoiado, a estrutura da organização alcançou seu propósito essencial.

Resumo dos princípios ou diretrizes mais importantes da integração de pessoal

Não existem fundamentos para a integração de pessoal universalmente aceitos. Contudo, os listados a seguir são úteis como orientações para entender a função de integração de pessoal. Esses princípios são agrupados sob as categorias de propósito e processo.

O propósito da integração de pessoal

O propósito da integração de pessoal está resumido nos princípios a seguir.

I1. *Princípio do objetivo da integração de pessoal.* O objetivo da integração do pessoal administrativo consiste em garantir que os espaços da organização sejam ocupados por pessoal qualificado, que seja capaz e esteja disposto a ocupá-los.

I2. *Princípio da integração de pessoal.* Quanto mais nítida for a definição dos papéis da organização e de seus requisitos humanos, e quanto melhores forem as técnicas de avaliação administrativa e a capacitação utilizada, maior será a qualidade administrativa.

O primeiro princípio destaca a importância do desejo e a capacidade para aceitar as responsabilidades da administração. Há bastante evidência do fracasso em alcançar resultados quando essas características estão ausentes. O segundo princípio se baseia em um importante nível de conhecimento sobre práticas administrativas. As organizações que não contam com definições trabalhistas estabelecidas, nem com avaliações eficazes, nem com sistemas de capacitação e desenvolvimento terão de depender da coincidência ou das fontes externas para preencher os cargos com administradores capazes. Por outro lado, as empresas que aplicam o enfoque de sistemas à integração de pessoal e à administração de recursos humanos utilizarão os potenciais dos indivíduos na empresa de maneira mais eficaz e eficiente.

Processo da integração de pessoal

Os princípios a seguir indicam os meios para a integração de pessoal eficaz.

I3. *Princípio de definição do cargo.* Quanto maior for a precisão com que sejam identificados os resultados esperados dos administradores, maior será o número de dimensões de seus cargos que podem ser definidas.

Esse princípio é similar ao de definição funcional explicado na terceira parte, sobre organização. Dado que os cargos da organização são ocupados por pessoas com diferentes necessidades, essas funções devem ter muitas dimensões (como pagamento, *status*, poder, julgamento e possibilidade de êxito) que induzem os administradores ao seu desempenho.

I4. *Princípio de avaliação dos administradores.* Quanto mais claramente forem identificados os objetivos mensuráveis e as atividades administrativas requeridas, mais precisa pode ser a avaliação dos administradores sobre esses critérios.

O princípio indica que o desempenho deve ser medido com os objetivos mensuráveis (como na avaliação com base na administração por objetivos) e com normas de desempenho como administradores. A avaliação dos administradores consiste em verificar se realizam bem as atividades administrativas-chave nas funções de planejamento, organização, integração de pessoal, liderança e controle.

I5. *Princípio da concorrência aberta.* Quanto mais uma empresa se comprometer a assegurar uma administração de qualidade, mais encorajará a concorrência aberta entre todos os candidatos aos cargos administrativos.

A violação desse princípio levou muitas empresas a designar administradores com capacidades inadequadas. Embora as pressões sociais favoreçam muito a promoção de dentro da empresa, é preciso resistir a essas forças e, sempre que possível, introduzir melhores candidatos de fora. Ao mesmo tempo, a aplicação desse princípio obriga uma organização a apreciar seu pessoal com exatidão e a oferecer-lhe oportunidades de desenvolvimento.

I6. *Princípio da capacitação e do desenvolvimento dos administradores.* Quanto mais a capacitação e o desenvolvimento dos administradores se integrem ao processo administrativo e aos objetivos da empresa, mais eficazes serão os programas e as atividades de desenvolvimento.

Esse princípio sugere que, no enfoque de sistemas, os esforços de capacitação e desenvolvimento se relacionam com as funções administrativas, as metas da companhia e as necessidades profissionais dos administradores.

I7. *Princípio dos objetivos de capacitação.* A maior precisão na formulação dos objetivos de capacitação levará a maiores probabilidades de alcançá-los.

O principal objetivo da capacitação é analisar as necessidades para direcionar o desenvolvimento e facilitar a medição da eficácia da atividade capacitadora. Esse princípio se concentra na contribuição da capacitação ao propósito da empresa e ao desenvolvimento dos indivíduos.

I8. *Princípio do desenvolvimento contínuo.* Quanto mais uma empresa se aplica na busca da excelência administrativa, mais requer que os administradores prossigam com seu desenvolvimento pessoal.

Esse princípio assinala que, em um ambiente competitivo e mutável, os administradores não podem parar de aprender; ao contrário, precisam atualizar seu conhecimento administrativo permanentemente, reavaliar seus enfoques da administração e melhorar suas habilidades administrativas e seu desempenho para obter resultados para a empresa.

Resumo dos princípios ou diretrizes fundamentais da liderança

Podemos resumir vários princípios para a função administrativa da liderança:

D1. *Princípio da harmonia dos objetivos.* Quanto mais os administradores conseguirem harmonizar as metas da pessoa com as da empresa, mais eficaz e eficiente ela será.

D2. *Princípio da motivação.* Uma vez que a motivação não é mera questão de causa e efeito, quanto mais cuidadosamente os administradores avaliarem a estrutura de recompensas e a considerarem do ponto de vista de situação e contingência e a integrarem em todo o sistema de administração, mais eficaz será um programa de motivação.

D3. *Princípio da liderança.* Como os indivíduos tendem a seguir aqueles que, a seu ver, lhes oferecem um meio para satisfazer suas metas pessoais, quanto mais os administradores entenderem o que motiva seus subordinados e como esses motivadores operam, e quanto mais reflitam esse conceito em suas ações administrativas, mais eficazes serão provavelmente como líderes.

D4. *Princípio de clareza da comunicação.* A comunicação tende a ser clara quando se expressa e se transmite em uma linguagem de maneira que possa ser entendida pelo receptor.

A responsabilidade do emissor é formular a mensagem de modo que seja inteligível para o receptor. Essa responsabilidade pertence inicialmente à comunicação escrita e oral e assinala a necessidade de planejar a mensagem, declarar os pressupostos básicos e aplicar as regras aceitas em geral para a escrita e a fala eficazes.

D5. *Princípio de integridade da comunicação.* Quanto mais íntegras e congruentes forem as mensagens escritas, orais e não-verbais, assim como o comportamento moral do emissor, maior será a aceitação da mensagem pelo receptor.

D6. *Princípio do uso complementar da organização informal.* A comunicação tende a ser mais eficaz quando os administradores utilizam a organização informal para complementar os canais de comunicação da organização formal.

A organização informal é um fenômeno que os administradores têm de aceitar. A informação, verdadeira ou não, flui rapidamente através da organização informal. Por isso, os administradores devem aproveitar esse dispositivo para corrigir a informação errada e prover aquela que não pode ser enviada com eficiência ou recebida apropriadamente através do sistema de comunicação formal.

Resumo dos princípios ou diretrizes fundamentais do controle

Das explicações de capítulos anteriores sobre o controle da administração surgiram vários conceitos essenciais ou verdades básicas. Esses princípios foram pensados para ressaltar aspectos do controle considerados particularmente importantes. Dado que o controle, embora represente um sistema em si, é um subsistema da área maior da administração, alguns desses princípios são compreensivelmente similares aos explicados em outras funções administrativas. Os princípios do controle podem ser agrupados em três categorias que reflitam seu propósito e sua natureza, sua estrutura e seu processo.

Propósito e natureza do controle

O propósito e a natureza do controle podem ser resumidos nos princípios expostos a seguir.

C1. *Princípio do propósito do controle.* A tarefa do controle é assegurar que os planos sejam realizados com êxito, detectando desvios e provendo uma base para empreender ações para corrigir os desvios potenciais ou reais não desejados.

C2. *Princípio dos controles dirigidos ao futuro.* Dadas as defasagens de tempo no sistema total de controle, quanto mais um sistema de controle é fundamentado na correção antecipada em vez de no mero retorno de informação, mais administradores terão oportunidade de perceber desvios indesejáveis dos planos, antes que ocorram, e empreenderão ações a tempo de preveni-los.

Esses dois princípios enfatizam que o propósito do controle em qualquer sistema de ação administrativa é assegurar que os objetivos sejam alcançados mediante a detecção de desvios e a execução de ações pensadas para corrigi-los ou preveni-los. O controle, assim como o planejamento, deve idealmente visar ao futuro. Esse princípio costuma ser ignorado na prática, principalmente porque o estado atual da técnica e os conhecimentos administrativos não proporcionam sistemas de controle de correção antecipada. Os administradores sempre dependem de dados históricos, que podem ser adequados para arrecadar impostos e determinar os ganhos dos acionistas, mas não são suficientemente bons para o controle mais eficaz. Se faltam meios para ver o futuro, a referência à história, com base no pressuposto questionável de que "o passado é prólogo", é melhor do que não ver absolutamente nada. Porém, as defasagens de tempo no sistema de controle da administração impõem que se dediquem maiores esforços para fazer do controle direcionado ao futuro de uma realidade.

C3. *Princípio da responsabilidade do controle*. A responsabilidade primária do exercício do controle cabe ao administrador encarregado da execução dos planos específicos em questão.

Uma vez que a delegação de autoridade, a atribuição de tarefas e a responsabilidade de certos objetivos recaem individualmente a cada administrador, naturalmente o controle sobre esse trabalho deve ser exercido por esses administradores. A responsabilidade de um administrador não pode ser desconsiderada nem prescindir de mudanças na estrutura da organização.

C4. *Princípio da eficiência dos controles*. As técnicas e métodos de controle são eficientes se detectarem e perceberem a natureza e as causas dos desvios com um mínimo de custos ou outras consequências.

As técnicas de controle podem resultar onerosas, complexas e opressivas. Os administradores podem ficar tão absorvidos nas tarefas de controle que podem levar mais tempo do que vale a pena para detectar um desvio. Os controles detalhados de orçamento que deixam o subordinado de mãos atadas, os controles matemáticos complexos que frustram a inovação e os controles de compra que retardam as entregas e custam mais do que o artigo adquirido são exemplos de controles ineficientes.

C5. *Princípio do controle preventivo*. Quanto mais os diretores em um sistema administrativo forem qualificados, menor será a necessidade de controles diretos.

A maioria dos controles baseia-se, em grande parte, no fato de que os seres humanos cometem erros e muitas vezes não reagem aos problemas empreendendo a correção adequada e prontamente. Quanto mais qualificados forem os administradores, mais perceberão os desvios dos planos e atuarão oportunamente para evitá-los.

Estrutura do controle

Os princípios a seguir têm a finalidade de mostrar como criar sistemas e técnicas de controle para melhorar a qualidade do controle administrativo.

C6. *Princípio de reflexo dos planos*. Quanto mais claros, completos e integrados estiverem os planos, e quanto mais os controles para refletir esses planos estiverem elaborados, mais eficazmente os controles servirão às necessidades dos administradores.

Não é possível que um sistema de controles seja elaborado sem planos, na medida em que a tarefa do controle é assegurar que o sistema funcione como se pretende. Sem dúvida, quanto mais claros, completos e integrados estiverem esses planos, e mais técnicas de controle sejam elaboradas para acompanhar o progresso desses planos, mais eficazes serão os controles.

C7. *Princípio da adequação organizacional*. Quanto mais clara, completa e integrada uma estrutura organizacional, e mais apropriadamente forem elaborados os controles para refletir a posição na estrutura da organização em que se situa a responsabilidade da ação, mais os controles facilitarão a correção dos desvios dos planos.

São as pessoas que põem os planos em prática. Inicialmente, os desvios devem ser de responsabilidade dos administradores a quem se confiou a tarefa de executar os programas de planejamento. Como a função de uma estrutura organizacional é definir um sistema de funções, depreende-se disso que é preciso elaborar controles que afetem a função na qual recai a responsabilidade da execução de um plano.

C8. *Princípio da individualidade dos controles*. Quanto mais inteligíveis forem as técnicas de controle e a informação para os administradores individuais que devem utilizá-las, mais serão realmente utilizadas e produzirão um melhor controle eficaz.

Ainda que algumas técnicas e informações de controle possam ser utilizadas da mesma maneira por diversos tipos de empresas e administradores, como regra geral, os controles devem ser ajustados para satisfazer às necessidades individuais dos administradores. Parte dessa individualidade se relaciona ao cargo na estrutura da organização, como indicado no princípio anterior. Outro aspecto da individualidade é a confecção dos controles para a classe e nível dos administradores. Presidentes de empresas e supervisores têm sido tomados de forma semelhante pelo desalento e contrariedade (em geral por razões muito diferentes) diante da natureza ininteligível e a forma inadequada da informação de controle. A informação de controle que não possa ser usada por um administrador tem pouco valor prático.

Processo do controle

O controle, por ser em grande medida uma questão de técnica, apoia-se marcadamente na arte da administração, no conhecimento e habilidade para realizar coisas em situações específicas. Contudo, há certos princípios que a experiência demonstrou serem de ampla aplicação.

C9. *Princípio das normas*. Para o controle eficaz requerem-se normas objetivas, precisas e adequadas.

Deve haver uma forma simples e específica de medir se um programa de planejamento está cumprindo o que propôs. O controle é obtido por meio das pessoas. Nem o melhor administrador escapa da influência de fatores pessoais, e o desempenho real é disfarçado às vezes sob uma personalidade insípida ou brilhante, ou sob a capacidade de um subordinado para "vender" uma atuação deficiente. As boas normas de desempenho, aplicadas de forma objetiva, têm mais probabilidade de serem aceitas pelos subordinados como justas e razoáveis.

C10. *Princípio de controle de ponto crítico*. Um controle eficaz exige atenção especial aos fatores críticos para avaliar o desempenho com relação aos planos.

Normalmente, seria um desperdício e até desnecessário que os administradores acompanhassem cada detalhe da execução de um plano. O que precisam saber é que os planos estão sendo levados a cabo. Assim, a atenção deve estar concentrada nos fatores relevantes do desempenho que indiquem quaisquer desvios importantes dos planos. Talvez todos os administradores possam se perguntar que aspectos de suas operações indicam melhor se os planos sob sua responsabilidade estão sendo realizados.

C11. *Princípio da significância*. Quanto mais os administradores concentrarem esforços nas exceções significativas, mais eficientes serão os resultados do controle.

Esse princípio sustenta que os administradores devem se ocupar dos desvios significativos: as situações especialmente boas ou más. Esse princípio muitas vezes é confundido com o princípio de controle do ponto crítico, e os dois preceitos têm alguma relação. Contudo, o controle do ponto crítico tem a ver com o reconhecimento dos pontos que é preciso vigiar, enquanto o princípio da exceção se aplica à vigilância do tamanho dos desvios nesses pontos.

C12. *Princípio da flexibilidade dos controles*. Para que os controles continuem sendo eficazes, mesmo ocorrendo falhas ou havendo mudanças imprevistas nos planos, é preciso incorporar flexibilidade em seu projeto.

De acordo com esse princípio, os controles não devem estar tão inflexivelmente atados a um plano que se tornem inúteis se o plano inteiro falhar ou se logo for modificado. Vale advertir que esse princípio se aplica às falhas dos planos, não das pessoas que operam no seu acompanhamento.

C13. *Princípio da ação*. O controle apenas se justifica se for demonstrado, ou se os desvios experimentados dos planos forem corrigidos mediante planejamento, organização, integração de pessoal e liderança apropriadas.

Há casos, na prática, em que se esquece desta verdade simples. Se o controle não for seguido da ação, é um desperdício de tempo administrativo e do pessoal. Quando se encontram desvios no desempenho experimentado ou projetado, a ação é indicada, seja na forma de reelaboração dos planos ou de criação de planos adicionais para retomar o rumo. A situação pode exigir a reorganização; pode requerer a substituição de subordinados ou sua capacitação para que façam a tarefa desejada; ou pode indicar que a falha está na ausência de liderança para que os subordinados entendam os planos e em motivá-los a cumpri-los. Em todo caso, a ação é indicada.

B

Pesquisa da excelência na administração

Apêndice

Introdução

Os objetivos do ensino da administração são, em termos amplos: 1) aumentar o conhecimento administrativo, 2) melhorar as habilidades na análise de casos e na pesquisa, 3) examinar as próprias atitudes e seu efeito na administração e 4) transferir conhecimento, habilidades e atitudes ao local de trabalho. Em resumo, o ensino da administração tem a finalidade de possibilitar que os administradores e os estudantes de administração tenham melhor desempenho.

Uma forma apropriada de entender as necessidades de uma organização é fazer uma pesquisa dos talentos administrativos e das áreas que requerem melhoras. A pesquisa a seguir tem esse propósito.

Os resultados são empregados para fortalecer a organização e desenvolver estratégias administrativas para superar suas deficiências. A pesquisa pode ser utilizada também por estudantes e administradores para fazer um levantamento que ajude a entender os conceitos, teorias e princípios explicados neste livro. Por exemplo, as áreas em que se detectam deficiências podem ser melhoradas lendo as partes apropriadas do texto e identificando os princípios de administração tratados no Apêndice A.

Os autores e o editor outorgam aqui sua permissão para a reprodução da pesquisa a seguir para estudos investigativos. Contudo, requer-se que seja feita a devida referência aos proprietários dos direitos autorais e literários.

Pesquisa[1]

As empresas excelentes fundamentam o desenvolvimento de sua administração e organização na análise cuidadosa de suas necessidades administrativas e organizacionais. Esta pesquisa foi projetada para identificar essas necessidades.

Generalidades do estudo

O estudo completo identifica fatores críticos de êxito agrupados de acordo com as funções administrativas de planejamento, organização, integração de pessoal, liderança e controle. As perguntas seguintes tratam dessas funções e pertencem a uma divisão ou unidade organizacional; não se referem, por exemplo, à organização completa em todo o mundo.

Suas respostas são valiosas para elaborar programas de desenvolvimento administrativo e organizacionais para as necessidades dos indivíduos e da organização. Por esse motivo, pede-se que você avalie a importância da necessidade de desenvolvimento administrativo dando um valor numérico às perguntas da segunda coluna ("Necessidades de desenvolvimento") do questionário.

[1] Esta pesquisa é utilizada junto com o livro *Administração: uma perspectiva global*, 13. edição, de Heinz Weihrich e Harold Koontz, publicado pela McGraw-Hill Interamericana do Brasil, 2009, em língua portuguesa, tradução do original em espanhol publicado pela McGraw-Hill Interamericana Editores, México, 2003. No glossário e no índice do livro pode-se encontrar informação adicional sobre diversos temas.

Sistema de qualificação

Coluna 1. Para a qualificação das perguntas, utilize os seguintes indicadores (para cada pontuação use apenas dois algarismos, como 4,0 ou 4,5 para *Muito bom*; não ponha mais decimais):

NA =	Não é aplicável à nossa organização.
? =	Conhecimento insuficiente para qualificar.
5,0 =	Excelente: padrão de desempenho que não poderia ser melhorado em circunstância ou condição nenhuma conhecida pelo qualificador.
4,0 ou 4,5 =	Muito bom: padrão de desempenho que deixa pouco a desejar.
3,0 ou 3,5 =	Bom: padrão de desempenho acima da média e que cumpre todos os requisitos normais.
2,0 ou 2,5 =	Satisfatório: padrão de desempenho considerado médio.
1,0 ou 1,5 =	Abaixo do padrão: padrão de desempenho abaixo dos requisitos normais, mas que pode ser considerado marginal ou temporariamente aceitável.
0,0 =	Inadequado: padrão de desempenho considerado inaceitável.

Coluna 2. Na segunda coluna do questionário, chamada de "Necessidades de desenvolvimento", qualifique o quanto essa atividade administrativa específica é importante para a organização. Use a seguinte escala:

Não se requer maior desenvolvimento	1 2 3 4 5	Requer um grau extremo de desenvolvimento

Escolha um número entre 1 e 5 que represente seu julgamento. Escreva o número na coluna 2 ("Necessidades de desenvolvimento") para cada pergunta. Se você qualificou uma pergunta com "NA" ou "?" na primeira coluna ("Qualificação de desempenho"), use essa mesma qualificação também na segunda coluna ("Necessidades de desenvolvimento").

Ao dar a nota por quaisquer critérios em ambas as colunas, pontue apenas as perguntas qualificadas; exclua as perguntas não aplicáveis ("NA") e aquelas em que não contou com informação adequada para qualificar ("?").

Coluna 3. Os comentários são opcionais. Você pode usar o espaço para trazer suas ideias para a análise em grupo.

EXCELÊNCIA NO PLANEJAMENTO

	Qualificação de desempenho	Necessidades de desenvolvimento	Comentários
1. Os administradores estabelecem as metas de unidade departamental (tanto a curto como a longo prazos) em termos mensuráveis?	___	___	___
2. Em que medida as metas da organização são compreendidas?	___	___	___
3. Quanto se está ajudando as pessoas a estabelecer metas mensuráveis e congruentes para as operações?	___	___	___
4. Em que medida são comunicadas premissas de planejamento (como as previsões) congruentes e aprovadas?	___	___	___
5. Em que grau o pessoal compreende a função das políticas da companhia na tomada de decisões?	___	___	___
6. Os administradores encorajam a inovação?	___	___	___
7. Os superiores ajudam seus subordinados a conseguir a informação que os primeiros necessitam como apoio para seu planejamento?	___	___	___
8. Os administradores buscam alternativas antes de tomar decisões?	___	___	___
9. Ao escolher entre alternativas, os administradores se concentram nos fatores cruciais do problema?	___	___	___
10. Os administradores revisam periodicamente os planos para ver se ainda são congruentes com as expectativas atuais?	___	___	___
11. Os administradores consideram a necessidade de flexibilidade (assim como os custos) para chegar a uma decisão de planejamento?	___	___	___
12. Quando os administradores desenvolvem e implementam os planos, eles consideram as implicações de longo alcance de suas decisões?	___	___	___
13. Quando fazem recomendações, os subordinados apresentam análise de alternativas (com vantagens e desvantagens)?	___	___	___
Número **total** de "NA" e "?":	___	___	
Número **total** de perguntas qualificáveis:	___	___	
Número **total** de perguntas qualificadas:	___	___	
Média de qualificações em EXCELÊNCIA NO PLANEJAMENTO:	___	___	

COMENTÁRIOS E AVALIAÇÃO TOTAL DA FUNÇÃO DE PLANEJAMENTO (optativos; use o verso da folha):

EXCELÊNCIA NA ORGANIZAÇÃO

	Qualificação de desempenho	Necessidades de desenvolvimento	Comentários
1. A estrutura da organização reflete as principais áreas de resultados?			
2. Os administradores delegam autoridade aos subordinados de acordo com os resultados que esperam deles?			
3. Os administradores delegam com clareza?			
4. Os administradores utilizam diretrizes ou descrições de cargos?			
5. Os administradores esclarecem as responsabilidades das contribuições esperadas de metas e programas?			
6. Os administradores mantêm um controle adequado quando delegam autoridade aos subordinados?			
7. Os administradores entendem que compartilham a responsabilidade quando delegam autoridade (responsabilidade) aos subordinados?			
8. Os administradores se asseguram de que seus subordinados em funções gerenciais deleguem apropriadamente autoridade aos seus subordinados?			
9. Os administradores conservam a unidade de comando sempre que possível e só utilizam o comando dual quando as vantagens compensam claramente as desvantagens?			
10. Os administradores aproveitam apropriadamente a assessoria do *staff*?			
11. Os administradores ensinam a seus subordinados a natureza das relações de linha e *staff*?			
12. Os administradores limitam e esclarecem a autoridade funcional?			
13. Os administradores utilizam os departamentos de serviço de maneira eficaz e eficiente?			
14. A empresa está livre do excesso de níveis organizacionais?			
15. Os administradores recorrem aos comitês ou comissões só quando são superiores às decisões individuais?			
16. Os administradores se asseguram de que os comitês ou comissões são precedidos da agenda, da reunião de informação, da análise e das propostas concretas apropriadas?			
17. Os administradores distinguem entre as linhas de autoridade e as linhas de informação?			
Número **total** de "NA" e "?":			
Número **total** de perguntas qualificáveis:			
Número **total** de perguntas qualificadas:			
Média de qualificações em			
EXCELÊNCIA NA ORGANIZAÇÃO:			

COMENTÁRIOS E AVALIAÇÃO TOTAL DA FUNÇÃO DE ORGANIZAÇÃO (optativos):

EXCELÊNCIA NA INTEGRAÇÃO DE PESSOAL

	Qualificação de desempenho	Necessidades de desenvolvimento	Comentários
1. Os administradores assumem total responsabilidade pela integração do pessoal ao departamento (mesmo quando se valem da ajuda do departamento de pessoal)?			
2. A companhia deixa claro que cada cargo no departamento está disponível para o indivíduo mais bem qualificado, venha ele de dentro ou de fora da empresa?			
3. Os administradores se asseguram de que sejam dadas aos subordinados oportunidades de se capacitarem para ocupar melhores cargos?			
4. Os administradores seguem os métodos apropriados para capacitar e desenvolver seus subordinados?			
5. Os administradores realizam uma função instrutiva e de tutela eficaz de seus subordinados?			
6. Os administradores fazem uma apreciação objetiva e regular de seus subordinados com base no desempenho destes em relação a metas pré-selecionadas?			
7. Os superiores fazem uma apreciação objetiva e regular de seus administradores conforme suas capacidades para planejar, organizar, integrar pessoal, liderar e controlar?			
8. Os administradores utilizam as avaliações como meios para ajudar os subordinados a melhorar seu desempenho?			
9. Os administradores selecionam seus subordinados ou recomendam a promoção destes com base na avaliação objetiva de seu desempenho?			
10. A organização oferece uma remuneração e condições de trabalho adequadas e motivadoras?			
11. Os administradores avaliam e desenvolvem a unidade de organização completa?			
Número **total** de "NA" e "?":			
Número **total** de perguntas qualificáveis:			
Número **total** de perguntas qualificadas:			
Média de qualificações em EXCELÊNCIA NA INTEGRAÇÃO DE PESSOAL:			

COMENTÁRIOS E AVALIAÇÃO TOTAL DA FUNÇÃO DE INTEGRAÇÃO DE PESSOAL (optativos):

EXCELÊNCIA NA LIDERANÇA

	Qualificação de desempenho	Necessidades de desenvolvimento	Comentários
1. Os administradores entendem o que motiva os subordinados e procuram criar um ambiente para aumentar a produtividade do pessoal?			
2. Os administradores dirigem os subordinados de modo que estes reconheçam que seus interesses pessoais e os de sua companhia ou departamento estão em harmonia (ainda que não sejam necessariamente os mesmos)?			
3. Os administradores dão instruções claras que sejam plenamente compreensíveis para seus subordinados?			
4. Os administradores empregam técnicas de comunicação eficazes e eficientes?			
5. Os administradores têm a quantidade apropriada de contato pessoal direto?			
6. Os administradores criam um ambiente em que as pessoas são encorajadas a sugerir inovações nas áreas de produtos, processos, marketing e outras?			
7. Os administradores são receptivos às ideias e sugestões, venham de superiores, de pessoas do mesmo nível da organização, de subordinados ou clientes?			
8. Os subordinados (administradores e não administradores) têm liberdade de sugerir mudanças em objetivos, políticas, programas ou decisões?			
9. Os subordinados podem ter acesso facilmente aos seus superiores para tratar de seus problemas e obter orientação?			
10. Os administradores ajudam seus subordinados a se orientarem pelos programas, objetivos e ambiente de organização da companhia?			
11. Os administradores exercem uma liderança participativa e, quando é necessário, uma liderança com autoridade?			
12. Em geral, os administradores são eficazes como líderes? ("Têm capacidade de reunir homens e mulheres e impulsioná-los a um propósito comum?")			
Número **total** de "NA" e "?":			
Número **total** de perguntas qualificáveis:			
Número **total** de perguntas qualificadas:			
Média de qualificações em			

EXCELÊNCIA NA LIDERANÇA:

COMENTÁRIOS E AVALIAÇÃO TOTAL DA FUNÇÃO DE LIDERANÇA (optativos):

EXCELÊNCIA NO CONTROLE

	Qualificação de desempenho	Necessidades de desenvolvimento	Comentários
1. Com que eficácia os administradores criam técnicas de controle e padrões que refletem os planos?			
2. Os administradores aplicam técnicas de controle, dentro do possível, para prever desvios dos planos (o que é chamado de "controle preventivo")?			
3. As técnicas de controle e a informação alertam prontamente sobre os desvios dos planos?			
4. Os administradores desenvolvem uma informação de controle objetiva ou mensurável e se apoiam nela?			
5. Os controles indicam as exceções em pontos cruciais?			
6. As técnicas e a informação de controle são desenhadas de modo a mostrar exatamente onde se produzem os desvios nas organizações?			
7. As técnicas e a informação de controle são compreensíveis para aqueles que devem empreender a ação?			
8. Os administradores empreendem ações imediatas quando ocorrem variações não planejadas no desenvolvimento?			
9. Os administradores se mantêm a par das novas técnicas de planejamento e controle e as utilizam?			
10. Os administradores ajudam os subordinados (mediante a utilização de objetivos mensuráveis) a exercer o autocontrole e a autoliderança?			
11. Os administradores mantêm seus superiores informados de problemas significativos da operação e de suas causas e dos passos que estão sendo dados para corrigi-los?			
Número **total** de "NA" e "?":			
Número **total** de perguntas qualificáveis:			
Número **total** de perguntas qualificadas:			
Média de qualificações em EXCELÊNCIA NO CONTROLE:			

COMENTÁRIOS E AVALIAÇÃO TOTAL DA FUNÇÃO DE CONTROLE (optativos):

RESUMO DA PESQUISA DA EXCELÊNCIA NA ADMINISTRAÇÃO

Por favor, copie as pontuações registradas ao final de cada função.

Qualificação de desempenho

Número de perguntas		Número de perguntas "Não aplicável" ("NA") e "Conhecimento insuficiente" ("?")	Número de perguntas respondidas	Conta total	Média de qualificação
13	Planejamento	________	________	________	________
17	Organização	________	________	________	________
11	Integração de pessoal	________	________	________	________
12	Liderança	________	________	________	________
11	Controle	________	________	________	________
64		________	________	________	________

TOTAL: ____

AVALIAÇÃO DO RESUMO (optativa; use o verso da folha)

Nome da organização avaliada: ________________________________

Necessidades de desenvolvimento

Número de perguntas		Número de perguntas "Não aplicável" ("NA") e "Conhecimento insuficiente" ("?")	Número de perguntas respondidas	Conta total	Média de qualificação
13	Planejamento	________	________	________	________
17	Organização	________	________	________	________
11	Integração de pessoal	________	________	________	________
12	Liderança	________	________	________	________
11	Controle	________	________	________	________
64		________	________	________	________

TOTAL: ____

AVALIAÇÃO DO RESUMO (optativa; use o verso da folha)

Nome da organização avaliada: ________________________________

Glossário

Nota: O número entre parênteses, ao final da definição, corresponde ao capítulo no qual se estuda o conceito.

A

Administração Processo de definir e manter um ambiente no qual indivíduos que trabalham juntos em grupos cumpram metas específicas de maneira eficiente. (1 e 14)

Administração da cadeia de suprimentos Concentra-se na sequência de obter matérias-primas e submontagens ao longo do processo de manufatura, de maneira econômica. (20)

Administração da cadeia de valor Inclui analisar cada passo do processo, indo do manejo de matérias-primas ao serviço ao usuário final, buscando o maior valor ao mais baixo custo. (20)

Administração da produção Ocupa-se das atividades necessárias para fabricar produtos. (20)

Administração da qualidade total Compromisso no longo prazo com a melhora contínua da qualidade em toda a organização e com a participação ativa de todos os membros em todos os níveis, para cumprir e exceder as expectativas dos clientes. (20)

Administração das operações Ocupa-se das atividades necessárias para produzir e entregar um serviço, assim como um produto físico. (20)

Administração por objetivos Sistema gerencial amplo que integra muitas atividades gerenciais-chave de maneira sistemática, conscientemente direcionado para o alcance eficaz e eficiente dos objetivos organizacionais e individuais. (4)

Administração transnacional Focaliza a forma de operar das empresas transnacionais nos países anfitriões. (3)

Administração virtual Administrar uma equipe cujos membros não estão no mesmo local, não se reportam à pessoa que a administra e podem nem mesmo trabalhar para a mesma organização. (16)

Administrar Processo que requer a criação e manutenção de um ambiente em que os indivíduos trabalhem juntos em grupos para a consecução de objetivos comuns. (14)

Análise custo-benefício Processo que busca a melhor relação entre benefício e custo. (6)

Análise marginal Comparação entre a receita e o custo adicional que decorrem do incremento da produção. (6)

Área de resultado-chave Área em que o desempenho é essencial para o sucesso da empresa. (4)

Autoridade Direito em um cargo de exercer discrição ao tomar decisões que afetam outros. (9)

Autoridade de linha Relação em que um superior exerce supervisão direta sobre um subordinado. (9)

Autoridade funcional Direito delegado a um indivíduo ou departamento para controlar processos, práticas e políticas específicas ou outros assuntos relacionados a atividades realizadas por pessoal de outros departamentos. (9)

B

Benchmarking Abordagem para estabelecer metas e medidas de produtividade com base nas melhores práticas da indústria. (18)

C

Caminho crítico Sequência de etapas que requer o tempo mais longo e o que tem um tempo morto de zero (ou o mais curto). (19)

Capacitação gerencial Uso de programas, em sua maioria a curto prazo, que facilitam o processo de aprendizagem para ajudar os administradores a fazer melhor seu trabalho. (13)

Chaebol Modelo coreano de administração caracterizado por uma estreita relação entre o governo e os conglomerados industriais. (3)

Círculo de qualidade Grupo de pessoas da mesma área da organização que se reúnem regularmente para resolver os problemas que vivenciam no trabalho. (20)

Codeterminação Requisito da representação trabalhista no conselho de supervisão e no comitê executivo da corporação. (3)

Código Declaração de políticas, princípios ou regras que guiam o comportamento das organizações e das pessoas. (2)

Comitê Conjunto de pessoas às quais, como grupo, se delega um assunto. (16)

Comitê executivo plural Comitê de linha que também desempenha funções gerenciais, como o conselho diretivo. (16)

Competência central Aprendizagem coletiva, coordenação e integração de habilidades para obter "fluxos de tecnologia". (8)

Componentes da liderança Poder; uma compreensão fundamental das pessoas; habilidade de inspirar os seguidores a aplicar todas as suas capacidades; o estilo do líder e o desenvolvimento de um clima organizacional. (15)

Comunicação Transferência de informação de um emissor a um receptor, sendo a informação compreendida pelo receptor. (17)

Comunicação ascendente A que flui dos subordinados aos superiores e sobe na hierarquia organizacional. (17)

Comunicação descendente A que flui de pessoas dos mais altos níveis aos níveis inferiores na hierarquia organizacional. (17)

Comunicação intergrupo Comunicação com outros departamentos e grupos fora da empresa. (11)

Comunicação intragrupo Comunicação com pessoas na mesma unidade organizacional. (11)

Comunicação não verbal A que inclui expressões faciais e gestos corporais. (17)

Conceito de dignidade individual As pessoas devem ser tratadas com respeito, não importa qual seja sua posição na organização. (14)

Conceito do *continuum* da liderança A liderança inclui uma variedade de estilos, desde o estilo centrado no chefe ao centrado no subordinado. (15)

Confiabilidade Precisão e consistência da medição. (11)

Controle Medição e correção do desempenho individual e organizacional para assegurar que os resultados sejam coerentes com o planejado. (1 e 18)

Controle burocrático Caracteriza-se por um amplo uso de regras, regulamentos, políticas, procedimentos e autoridade formal. (18)

Controle de clã Baseia-se em normas, valores compartilhados, comportamento esperado e outras variáveis culturais. (18)

Controle do rendimento sobre o investimento Sistema que mede o êxito absoluto e relativo de uma companhia, ou a uniformidade de uma companhia pela relação dos ganhos com o investimento de capital. (18)

Controle estratégico Monitoramento sistemático em pontos de controle estratégicos e modificação da estratégia da organização com base nessa avaliação. (18)

Corporações mundiais ou transnacionais Organizações que veem o mundo inteiro como um único mercado. (3)

Corporações transnacionais Organizações que têm sua sede em um país determinado, mas operam em muitos outros. (3)

Crescimento de cargo Ampliar o âmbito de um cargo ao agregar tarefas similares sem aumentar a responsabilidade. (14)

Criatividade Habilidade e capacidade de desenvolver novas ideias. (6)

Cultura da organização Guia geral de comportamento, crenças compartilhadas e valores que os membros da organização têm em comum. (10)

D

Decisões não programadas Utilizadas em situações não estruturadas, novas e maldefinidas, de natureza não recorrente. (6)

Decisões programadas Utilizadas para trabalho estruturado ou rotineiro. (6)

Delegação de autoridade de decisão (*empowerment*) Situação em que os funcionários de todos os níveis da organização recebem o poder de tomar decisões sem pedir autorização aos superiores. (9)

Denúncia de irregularidades Levar ao conhecimento de organizações externas as práticas antiéticas da empresa. (2)

Departamentalização funcional Agrupar as atividades de acordo com as funções de uma empresa, como produção, vendas e finanças. (8)

Departamentalização por grupo de clientes Agrupar atividades que reflitam um interesse primordial nos clientes. (8)

Departamentalização por produtos Agrupar atividades de acordo com produtos ou linhas de produtos, em particular em grandes empresas com diversas linhas. (8)

Departamentalização territorial ou geográfica Agrupar atividades por área ou território em empresas que operam em áreas geográficas amplas. (8)

Departamento Área, divisão ou sucursal específica de uma organização sobre a qual um gerente tem autoridade para o desempenho de atividades estabelecidas. (7)

Descentralização Tendência de distribuir a autoridade para a tomada de decisões em uma estrutura organizada. (9)

Descrição de cargo Informe que dá a conhecer a todos as responsabilidades do ocupante. (10)

Desenvolvimento da organização Enfoque sistemático, integrado e planejado para melhorar a eficácia de grupos de pessoas e de toda a organização ou de uma unidade organizacional importante. (13)

Desenvolvimento do administrador Uso de programas de longo prazo, orientados ao futuro, para desenvolver a habilidade administrativa de uma pessoa. (13)

Determinação de orçamentos Formulação de planos para um período futuro determinado em termos numéricos. (19)

Determinação de orçamentos base zero Divisão dos programas da empresa em pacotes compostos de metas, atividades e recursos necessários e depois cálculo dos custos de cada pacote partindo de uma base zero. (19)

E

Ecologia Relação de pessoas e todos os outros seres vivos com o seu ambiente. (2)

Eficácia Alcance dos objetivos. (1)

Eficiência Alcance dos objetivos com o mínimo de recursos. (1)

Empowerment Ver Delegação de autoridade de decisão. (9)

Empreendedor Pessoa que faz algo similar ao intraempreendedor, mas fora do âmbito organizacional. (7)

Empresa Negócio, escritório governamental, hospital, universidade e qualquer outro tipo de organização. (1)

Empresas transnacionais As que se dedicam às transações entre fronteiras nacionais. (3)

Engenharia de valor Processo de analisar as operações do produto ou serviço, estimar o valor de cada operação e tentar melhorar essa operação procurando manter baixos os custos em cada passo ou etapa. (20)

Enriquecimento de cargo Construção nos cargos de um sentido de desafio e alcance mais elevado. (14)

Equipe Pequeno número de pessoas com habilidades complementares e comprometidas com um propósito comum, uma série de metas de desempenho e enfoque de que são todos responsáveis pelo sucesso. (16)

Equipe autoadministrada Grupo cujos membros têm uma variedade de habilidades necessárias para realizar uma tarefa relativamente completa. (16)

Espírito empreendedor Processo criativo centrado na noção de identificar oportunidades de mercado e necessidades não satisfeitas. (1)

Estado de perdas e ganhos Resumo dos resultados das operações do negócio que mostra todas as receitas e gastos de um período determinado. (18)

Estratégia Determinação dos objetivos básicos de longo prazo, da missão e do propósito de uma empresa e a implementação de cursos de ação e atribuição dos recursos necessários para alcançá-los. (4 e 5)

Estresse Resposta de adaptação, mediada por diferenças individuais e/ou processos psicológicos, que é a consequência de qualquer ação externa, situação ou ocorrência que colocam demandas psicológicas e/ou físicas excessivas em uma pessoa. (12)

Ética Disciplina que se ocupa do que é bom e ruim do ponto de vista do dever e obrigação morais. (2)

Ética nos negócios Ocupa-se da verdade e da justiça relacionadas com aspectos como as expectativas da sociedade, a concorrência, a publicidade, as relações públicas, a responsabilidade social, a autonomia do consumidor e o comportamento corporativo. (2)

F

Fatores qualitativos ou intangíveis Fatores difíceis de medir numericamente. (6)

Fatores quantitativos Fatores medidos em termos numéricos. (6)

Fluxo diagonal da informação Ocorre entre pessoas de diferentes níveis que não têm relações diretas entre si. (17)

Fluxo horizontal da informação Ocorre entre pessoas no mesmo nível organizacional ou num nível similar. (17)

G

Grade gerencial Tem duas dimensões: a preocupação com as pessoas e a preocupação com a produção. (15)

Gráfico de Gantt Gráfico de barras que mostra as relações de tempo entre os "resultados" de um programa de produção. (19)

Groupware Software que permite a um grupo de pessoas em uma rede colaborar ao mesmo tempo a grandes distâncias. (19)

Grupo Duas ou mais pessoas que atuam de modo interdependente, de maneira unificada, para a consecução de metas comuns. (16)

I

Informação em tempo real Informação do que ocorre no momento em que está ocorrendo. (18)

Inhwa Conceito coreano da harmonia. (3)

Inovação Uso de novas ideias. (6)

Insumos Pessoas, capital, habilidades gerenciais, conhecimentos e habilidades técnicas.

Integração de pessoal Preenchimento e manutenção dos cargos na estrutura da organização. Ocupar e manter ocupadas as posições na estrutura da organização. (1 e 11)

Intenção estratégica Compromisso de vencer no ambiente competitivo. (5)

Intraempreendedor Pessoa que focaliza a inovação e a criatividade e transforma um sonho ou uma ideia em um projeto rentável, operando dentro de um ambiente organizacional estabelecido. (7)

L

Líder autocrático Que ordena e espera que se cumpra, é dogmático e positivo e lidera pela habilidade de reter ou outorgar recompensas e castigos. (15)

Líder de rédea solta Usa muito pouco o poder; quando o faz, dá aos subordinados um alto grau de independência. (15)

Líder democrático ou participativo Consulta os subordinados e encoraja sua participação. (15)

Liderança Arte ou processo de influenciar pessoas para que participem com disposição e entusiasmo para o sucesso das metas do grupo. (15)

Liderar Influenciar as pessoas para que contribuam para as metas organizacionais e de grupo. (1)

Líderes transacionais Identificam o que os subordinados precisam fazer para alcançar os objetivos, o que inclui esclarecer papéis e tarefas, recompensar o desempenho e suprir as necessidades dos seguidores. (15)

Líderes transformacionais Articulam uma visão, inspiram e motivam os seguidores e criam um clima favorável à mudança organizacional. (15)

M

Missão Propósito básico, função ou tarefas de uma empresa ou departamento, ou qualquer parte dela. Responde à pergunta: "Qual é o nosso negócio?". (4 e 5)

Modelo do processo da cadeia de valor Inclui as atividades primárias da logística de entrada, operações, logística de saída, marketing/vendas e serviço. Esse processo é apoiado pela infraestrutura da empresa, a administração dos recursos humanos, tecnologia e compras. (20)

Motivação Termo geral que se aplica a todo tipo de impulsos, desejos, necessidades, anseios, aspirações e similares. Implica satisfazer os desejos dos subordinados, induzindo-os a atuarem da maneira desejada. (14)

N

Normas Comportamento esperado dos membros do grupo. (16)

O

Objetivo verificável Aquele que, ao final do período, podemos determinar se foi alcançado ou não. (4)

Objetivos ou metas Fins para os quais se dirige a atividade. (4)

Ombudsman Pessoa que investiga as preocupações dos funcionários e dos clientes, proporcionando um valioso vínculo de comunicação ascendente. (17)

Orçamento Informe de resultados esperados expresso em termos monetários. (4)

Organização Grupo de pessoas que trabalham juntas para criar um *superavit*. Em organizações de negócios, esse *superavit* se traduz em ganhos. Em organizações não lucrativas, como instituições de caridade, pode ser a satisfação de necessidades. (1)

Organização formal Estrutura intencional de papéis em uma empresa formalmente organizada. (7)

Organização informal Rede de relações interpessoais que surgem quando as pessoas se associam umas às outras. (7)

Organização matricial Combinação de padrões funcionais de departamentalização e projeto ou produto na mesma estrutura da organização. (8)

Organização que aprende Organização que pode se adaptar às mudanças no ambiente externo a partir da renovação constante de sua estrutura e práticas. (13)

Organização virtual Conceito um tanto amplo de um grupo de empresas ou pessoas independentes conectadas, geralmente, por meio da tecnologia da informação. (8)

Organizar Estabelecer uma estrutura intencional de papéis para que as pessoas os desempenhem em uma organização. (1)

Organograma Visualização que indica como os departamentos estão ligados ao longo das principais linhas de autoridade. (10)

Orientação etnocêntrica O estilo das operações estrangeiras, com base no estilo da matriz. (3)

Orientação geocêntrica Toda a organização é vista como um sistema interdependente que opera em muitos países. (3)

Orientação policêntrica As subsidiárias estrangeiras desfrutam de uma grande liberdade gerencial. (3)

Orientação regiocêntrica As operações estrangeiras dispõem de pessoal com uma base regional. (3)

Outsourcing Contratação da produção e das operações com fornecedores externos com experiência em áreas específicas. (20)

P

Padrões Critérios de desempenho. (18)

PERT (Program Evaluation and Review Technique) Sistema de análise de rede de tempo-resultado em que as diversas etapas de um programa ou projeto são identificadas, com um tempo estabelecido para cada uma. (19)

Pesquisa operacional Aplicação de métodos científicos ao estudo de alternativas em uma situação problema, visando obter uma base quantitativa para chegar à melhor solução. (20)

Pessoal de staff Sua função é pesquisar e dar assessoria aos gerentes de linha. (9)

Planejamento Selecionar metas e objetivos, assim como as ações para alcançá-los, o que requer tomada de decisões. (4)

Poder Habilidade dos indivíduos ou grupos de induzir ou influenciar as crenças ou ações de outras pessoas ou grupos. (9)

Políticas Declarações ou entendimentos gerais que guiam ou canalizam o pensamento na tomada de decisões. (4 e 5)

Premissas Hipóteses sobre o ambiente em que o planejamento será desenvolvido.

Premissas de planejamento Ambiente antecipado em que se espera que os planos operem. (5)

Princípio da liderança Dado que as pessoas tendem a seguir aqueles que lhes oferecem um meio para satisfazer suas metas pessoais. Quanto mais os gerentes compreenderem o que motiva seus subordinados e como esses motivadores operam e quanto mais refletirem essa compreensão ao realizar suas ações gerenciais, é mais provável que sejam líderes eficazes. (15)

Princípio das premissas de planejamento Quanto mais os indivíduos encarregados do planejamento compreenderem e concordarem em utilizar premissas de planejamento consistentes, melhor será o planejamento coordenado da empresa. (4)

Princípio de concorrência aberta As posições disponíveis devem ser abertas às pessoas mais qualificadas, seja dentro ou fora da empresa. (11)

Princípio de controle do ponto crítico O controle eficaz dirige a atenção para os fatores críticos, para avaliar o desempenho em relação aos planos. (18)

Princípio de escala funcional Quanto mais clara for a linha de autoridade, mais clara será a responsabilidade na tomada de decisões e mais eficaz a comunicação organizacional. (9)

Princípio do fator limitante Identificar e superar os fatores que se opõem fortemente a uma meta permite selecionar o melhor curso de ação. (6)

Princípio do limite de gestão de pessoas Há um limite para o número de subordinados que um gerente pode supervisionar com eficácia, mas o número exato depende de fatores subjacentes. (7)

Procedimentos Planos que estabelecem um método necessário para a realização de atividades futuras. (4)

Processo administrativo ou enfoque operacional Processo que reúne o conhecimento pertinente da administração ao relacioná-lo com a tarefa gerencial. (1)

Produtividade Relação entre saídas de produtos/serviços e entradas de insumos para sua produção dentro de um período de tempo específico, considerando a qualidade. (1 e 20)

Programa Conjunto de metas, políticas, procedimentos, regras, atribuições de tarefas, passos a serem seguidos, recursos a serem utilizados e outros elementos necessários para a realização de um determinado curso de ação. (4)

Progressão planejada Sistema que dá aos gerentes uma ideia clara de sua rota de desenvolvimento. (13)

R

Recentralização Centralização de autoridade que antes estava descentralizada; normalmente não é uma inversão completa da descentralização, visto que a autoridade delegada não é retirada por completo. (9)

Recompensa extrínseca Inclui benefícios, símbolos de *status* e dinheiro. (14)

Recompensa intrínseca Inclui um sentimento de sucesso e de autorrealização. (14)

Recrutamento Atrair candidatos para cobrir posições na estrutura da organização. (11)

Reforço positivo ou modificação do comportamento Os indivíduos podem ser motivados mediante o planejamento apropriado de seu ambiente de trabalho e do elogio ao seu desempenho; o castigo por um mau desempenho produz resultados negativos. (14)

Regras Declarações que estabelecem ações, ou falta de ações, específicas necessárias, em que a livre interpretação não é permitida. (4)

Responsabilidade social das empresas Preocupação real com o efeito das ações da empresa na sociedade. (2)

Rotação de cargos Tem o propósito de ampliar os conhecimentos dos administradores ou gerentes potenciais em diferentes posições da empresa. (13)

Ruído Qualquer coisa – quer se origine do emissor, da transmissão ou do receptor – que prejudica a comunicação. (17)

S

Saídas Produtos, serviços, lucros, satisfação e integração das metas de diversos grupos de interesse da empresa.

Seleção Eleger entre candidatos, dentro ou fora da organização, a pessoa adequada para uma posição. (11)

Sensibilidade social Habilidade de uma corporação em relacionar suas operações e políticas com o ambiente social de maneira que sejam mutuamente benéficas para a empresa e a sociedade. (2)

Simplificação do trabalho Processo de obter a participação dos trabalhadores para simplificar seu trabalho. (20)

Sinergia Sistema em que o todo é maior que suas partes. (4)

Sistema de correção preventiva Processo que informa aos gerentes sobre os problemas potenciais, dando-lhes tempo para adotar uma ação corretiva antes que ocorram. (18)

Sistema de estoque *just in time* O fornecedor entrega os componentes e as partes à linha de produção somente quando são necessários e *just in time* (exatamente no tempo certo) para ser montados. (20)

Sistema de informação gerencial Sistema formal para compilar, processar e difundir informação interna e externa na empresa de maneira oportuna, eficaz e eficiente para apoiar os gerentes no desempenho de suas tarefas. (19)

Sistema de manutenção preventiva Monitoração dos insumos em um processo para garantir que sejam os planejados; caso contrário, os insumos ou o processo podem ser modificados para alcançar os objetivos desejados.

Socialização organizacional Aquisição de habilidades e capacidades de trabalho, adoção de padrões de comportamento apropriados e ajuste às normas e valores do grupo de trabalho. (11)

Sociedade plural Aquela em que muitos grupos organizados representam interesses distintos. (2)

T

Tecnologia Soma total do conhecimento que temos das formas de fazer as coisas. (2)

Telecomutação Trabalho em um terminal de computador em casa, ao em vez se deslocar para o escritório. (19)

Teleconferência Grupo de pessoas que interagem por meio de áudio e vídeo, com imagens fixas ou em movimento. (17)

Teoria baseada nos direitos Afirma que todas as pessoas têm direitos básicos. (2)

Teoria da equidade A motivação é influenciada pela avaliação subjetiva de um indivíduo acerca de quanto é justa a recompensa que recebe, relativa aos insumos, comparada com as recompensas de outros. (14)

Teoria da expectativa de motivação de Vroom As pessoas ficam motivadas para fazer coisas para atingir uma meta quando acreditam no valor dessa meta e quando aquilo que fazem as ajuda a atingi-la. (14)

Teoria da força de campo Teoria segundo a qual o equilíbrio é mantido devido às forças impulsoras e às forças restritivas. (13)

Teoria da hierarquia das necessidades de Maslow Afirma que quando uma série de necessidades é satisfeita, deixa de ser um motivador. (14)

Teoria da justiça Os tomadores de decisão devem guiar-se pela justiça e pela equidade, como também pela imparcialidade. (2)

Teoria da meta-roteiro A principal função do líder é esclarecer e estabelecer metas com os subordinados, ajudá-los a encontrar o melhor roteiro para atingi-las e afastar obstáculos. (15)

Teoria das necessidades de McClelland As necessidades motivadoras básicas são a necessidade de poder, a necessidade de aceitação e a necessidade de realização. (14)

Teoria de contingência da liderança As pessoas se convertem em líderes não só devido aos atributos de suas personalidades, mas também devido a vários fatores situacionais e às interações entre líderes e os membros do grupo. (15)

Teoria de dois fatores de Herzberg Os fatores de insatisfação, também chamados de fatores de manutenção, higiene ou contexto do trabalho, não são motivadores; enquanto os fatores de satisfação são motivadores e estão relacionados com o conteúdo do trabalho. (14)

Teoria ERG de Alderfer As pessoas são motivadas por necessidades de existência, de relacionamento e de crescimento. (14)

Teoria utilitária Os planos e ações devem ser avaliados por suas consequências. (2)

Teoria X e teoria Y de McGregor Duas séries de suposições sobre a natureza das pessoas. (14)

Teoria Z Adaptação de práticas gerenciais japonesas selecionadas para o ambiente americano. (3)

Tomada de decisões Seleção de uma rota de ação entre várias alternativas. (6)

U

Unidades estratégicas de negócios Negócios específicos estabelecidos como unidades de uma companhia maior para assegurar que certos produtos ou linhas de produtos sejam promovidos e manejados como se cada um fosse uma empresa independente. (8)

V

Validade Grau em que os dados preveem o sucesso do candidato como gerente. (11)

Valor Crença relativamente permanente acerca do que é ou não apropriado, que guia as ações e o comportamento dos funcionários no cumprimento das metas da organização. (10)

Créditos fotográficos

Capítulo 1

P. 3 Latin Stock de México
P. 7 Google™ Search
P. 19 Getty Images/RVG Images
P. 34 Cortesia de © McDonald's México

Capítulo 2

P. 43 Latin Stock de México
P. 44 Cortesia de © Greenpeace
P. 48 Reproduzido com autorização da Microsoft. Extraído de http://www.microsoft.com

Capítulo 3

P. 62 Cortesia de © Telefónica México
P. 63 Cortesia de © Grupo Bimbo, S.A. de C.V.
P. 65 Cortesia de Star Alliance. Extraído de http://www.staralliance.com
P. 69 © eBay. Extraído de http://www.wikipedia.com
P. 71 Adaptado de Kokone, em http://www.kokone.com.mx
P. 90 Cortesia de © Starbucks México
P. 100 Cortesia de © Toyota México

Capítulo 4

P. 105 Latin Stock de México

Capítulo 5

P. 130 Latin Stock de México
P. 132 Cortesia de © Sony México
P. 134 Reproduzido com permissão de Wine Group. Extraído de http://www.winegroup.com
P. 136 Reproduzido com permissão de ZXAutos. Extraído de http://www.zxautos.com

Capítulo 6

P. 160 Extraído de http://www.wikipedia.com
P. 165 © IBM. Extraído de http://www.wikipedia.com

Capítulo 7

P. 203 Latin Stock de México
P. 211 Reproduzido com permissão de Pess. Extraído de http://www.pess.com
P. 214 Cortesia de ©3M Chile

Capítulo 8

P. 227 Getty Images/RVG Images
P. 236 Extraído de http://www.desc.com.mx
P. 240 Reproduzido com permissão de http://www.soyibservices.com/index.htm

Capítulo 9

P. 251 AFP Photo/Orlando Sierra

Capítulo 10

P. 265 Latin Stock de México
P. 278 Reproduzido com permissão de Acer. Extraído de http://www.acer.com
P. 281 Reproduzido com permissão de Daewoo. Extraído de http://www.daewoo.com

Capítulo 12

P. 341 Latin Stock de México
P. 343 http://www.carrefour.es

Capítulo 13

P. 368 Extraído do site da PriceWaterHouse Coopers em http://www.pwc.com
P. 374 Cortesia de © Storewars

Capítulo 14

P. 421 Cortesia de © Hotel Nikko México

Capítulo 15

P. 447 Cortesia de © The Body Shop España

Capítulo 17

P. 500 SuperStock/Archivo Digital
P. 506 Think Stock/Archivo Digital

Capítulo 18

P. 530 Getty Images/Archivo Digital

Capítulo 19

P. 575 Reproduzido com permissão de Covisint. Extraído de http://www.covisint.com

Capítulo 20

P. 588 Google™ Search
P. 592 Reproduzido com permissão de Sony Tijuana Este. Extraído de http://www.sonyste.com.mx

Índice analítico

Os números seguidos de um "f" indicam figuras.

A

D

Q

R

Este material foi impresso na Gráfica Santa Marta - João Pessoa / Paraíba